MANUEL DES ANTIQUITÉS ROMAINES

PAR TH. MOMMSEN & J. MARQUARDT

TRADUIT SOUS LA DIRECTION

DE M. GUSTAVE HUMBERT

PROFESSEUR HONORAIRE A LA FACULTÉ DE DROIT DE TOULOUSE, ANCIEN GARDE DES SCEAUX,
ANCIEN VICE-PRÉSIDENT DU SÉNAT, PREMIER PRÉSIDENT DE LA COUR DES COMPTES

IX

ORGANISATION

DE

L'EMPIRE ROMAIN

PAR

JOACHIM MARQUARDT

TRADUIT SUR LA DEUXIÈME ÉDITION ALLEMANDE AVEC L'AUTORISATION DE L'AUTEUR

PAR

PAUL LOUIS-LUCAS,	ANDRÉ WEISS,
De la Société Nationale des Antiquaires de France	De la Société Nationale des Antiquaires de France
et de la Société de l'Histoire de France,	et de l'Institut de Droit international,
Professeur agrégé à la Faculté de Droit de Dijon.	Professeur agrégé à la Faculté de Droit de Paris.

TOME DEUXIÈME

PARIS

ERNEST THORIN, ÉDITEUR

LIBRAIRE DU COLLÈGE DE FRANCE, DE L'ÉCOLE NORMALE SUPÉRIEURE,
DES ÉCOLES FRANÇAISES D'ATHÈNES ET DE ROME,
DE LA SOCIÉTÉ DES ÉTUDES HISTORIQUES

7, RUE DE MÉDICIS, 7

1892

Le prix du présent volume est fixé par exception, à cause de son étendue, à quinze francs.

MANUEL
DES
ANTIQUITÉS ROMAINES
IX

IMPRIMERIE GÉNÉRALE DE CHATILLON-SUR-SEINE. — PICHAT et PEPIN.

MANUEL
DES
ANTIQUITÉS ROMAINES

PAR

THÉODORE MOMMSEN & JOACHIM MARQUARDT

TRADUIT DE L'ALLEMAND SOUS LA DIRECTION DE

M. Gustave HUMBERT

Professeur honoraire à la Faculté de Droit de Toulouse, ancien Garde des Sceaux,
ancien Vice-Président du Sénat, premier Président de la Cour des Comptes.

TOME NEUVIÈME
ORGANISATION DE L'EMPIRE ROMAIN
Par JOACHIM MARQUARDT

TRADUIT SUR LA DEUXIÈME ÉDITION ALLEMANDE AVEC L'AUTORISATION DE L'ÉDITEUR

PAR

P. LOUIS-LUCAS   A. WEISS

Professeur agrégé à la Faculté de Droit de Dijon.   Professeur agrégé à la Faculté de Droit de Paris.

TOME DEUXIÈME

PARIS
ERNEST THORIN ÉDITEUR,
LIBRAIRE DU COLLÈGE DE FRANCE, DE L'ÉCOLE NORMALE SUPÉRIEURE,
DES ÉCOLES FRANÇAISES D'ATHÈNES ET DE ROME,
DE LA SOCIÉTÉ DES ÉTUDES HISTORIQUES.

7, RUE DE MÉDICIS, 7

1892

ORGANISATION
DE
L'EMPIRE ROMAIN

Par J. MARQUARDT

II

L'ADMINISTRATION ROMAINE

PAR

JOACHIM MARQUARDT

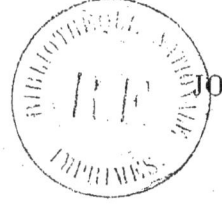

DEUXIÈME PARTIE

ORGANISATION DE L'EMPIRE ROMAIN

TRADUIT DE L'ALLEMAND AVEC L'AUTORISATION
DE L'ÉDITEUR

PAR

PAUL LOUIS-LUCAS,
De la Société Nationale des Antiquaires
de France
et de la Société de l'Histoire de France,
Professeur agrégé à la Faculté de Droit
de Dijon.

ANDRÉ WEISS,
De la Société Nationale des Antiquaires
de France
et de l'Institut de Droit international,
Professeur agrégé à la Faculté de Droit
de Paris.

TOME DEUXIÈME

PARIS

ERNEST THORIN, ÉDITEUR

LIBRAIRE DU COLLÈGE DE FRANCE, DE L'ÉCOLE NORMALE SUPÉRIEURE,
DES ÉCOLES FRANÇAISES D'ATHÈNES ET DE ROME,
DE LA SOCIÉTÉ DES ÉTUDES HISTORIQUES

7, RUE DE MÉDICIS, 7

1892

ORGANISATION DE L'EMPIRE ROMAIN

CHAPITRE DEUXIÈME.

LES CIRCONSCRIPTIONS ADMINISTRATIVES.

A. L'ITALIE SOUS LES EMPEREURS (1).

Des premiers temps de la République à la fin de la guerre sociale (665=89), la population de l'empire romain se divisait

---

(1) Voy. MM. : Mommsen, *Die Schriften d. Röm. Feldmesser*, t. II, [éd. Lachm.], Berlin, 1852, pp. 172-214; — Borghesi, *Iscrizione onoraria di Concordia*, dans ses *OEuvres*, t. V, pp. 383-422; — A. W. Zumpt, *Titulus Concordiensis Arrii Antonini*, dans ses *Comment. epigr.*, t. II, pp. 3-72; — v. Bethmann-Hollweg, *Der Röm. Civilprocess*, t. II, pp. 63 et suiv. ; — Roulez, *Explication d'une inscription latine inédite*, dans le *Bulletin de l'Académie royale de Belgique*, t. XVIII, nos 11, 12 [2e partie, pp. 519-523; Bruxelles, 1852]; — Dirksen, *Die Scriptores Historiae Augustae*, Leipzig, 1842, in-8, pp. 78 et suiv., et, aujourd'hui, M. Mommsen, *Staatsrecht*, t. II, 2te Aufl., pp. 1025-1041 [la trad. franç. de ce vol., parvenu à sa 3e éd., Leipzig, 1887, n'a pas encore paru]. — [Consulter également sur ce sujet, en dehors des travaux recueillis dans le *Thes. Antiquit. Romanar.*, de Graevius, (Traject. ad Rhen., Lugd. Batavor., 1694 et ann. suiv., 12 voll. in-foll.), et dans son *Thesaurus Antiquitatum et Historiarum Italiae*, (Lugduni Batavorum, 1704 et ann. suiv., 30 voll. in-fol.), les auteurs suivants : Mario Guarnacci, *Origini italiche, o siano le memorie istorico-etrusche sopra l'antichissimo regno d'Italia, e sopra i di lei primi abitatori nei secoli più remoti*, Lucca, 1767-1772, 3 voll. in-fol. ; autre éd., revue, corrigée et augmentée, Roma, 1785-1787, 3 voll. in-4; — G. Micali : *L'Italia avanti il dominio dei Romani*, Firenze, 1810, 4 voll. in-8; 2º éd., Firenze, 1821, 4 voll. in-8; 3e éd., Milano, 1827, 4 voll. in-16 ; 4e éd., Genova, 1831, 8 voll. in-12; — *Antichi monumenti per servire all' opera intitolata l'Italia avanti il dominio dei Romani*, Firenze, 1810 et 1821, in-fol., 61 pl.; — *Storia degli antichi popoli italiani*,

en trois classes, dont les droits étaient inégaux : la nation conquérante, concentrée dans la ville de Rome ; les confédérés ita-

---

Firenze, 1832, 3 voll. in-8, avec un atlas de 120 pl. in-fol. intitulé : *Monumenti per servire alla storia degli antichi popoli italiani* ; 2ᵉ éd., Milano, 1836, 3 voll. in-8 (dans cette éd., l'atlas a. été réduit au même format) ; — *Monumenti inediti a illustrazione della Storia degli antichi popoli italiani*, Firenze, 1844, in-8, et atlas de 60 pl. in-fol. — (N. B. : L'ouvrage intitulé : *L'Italia avanti il dominio dei Romani*, a été traduit en français et a paru en France sous le titre : *L'Italie avant la domination des Romains*, par J. Micali ; ouvrage couronné, traduit de l'italien sur la deuxième édition par Joly et Fauriel, et accompagné d'un atlas in-folio de 67 planches, d'une carte et d'une table générale des matières, avec des notes et des éclaircissements historiques, par Raoul Rochette, Paris, 1824, 4 voll. in-8, et atlas de figg. au trait, in-fol., de 67 pl.) ; — A. W. Zumpt : *De C. Julii Caesaris coloniis*, Berolini, 1841 ; *De coloniis Romanorum militaribus*, dans ses *Comment. epigr.*, t. I, 1850, pp. 193-491 ; *De Gallia Romanorum provincia usque ad imperatorem Vespasianum*, dans ses *Studia romana*, Berolini, 1859, pp. 3 et suiv. ; — Huschke, *Ueber den Census und die Steuerverfassung der früheren röm. Kaiserzeit*, Berlin, 1847, p. 63 ; — Hegel, *Geschichte der Städteverfassung von Italien*, Leipzig, 1847 ; — L. Friedländer, *Städtewesen in Italien unter den römischen Kaisern*, dans la *Deutsche Rundschau*, 5 Jahrg., livr. 8 ; — Th. Mommsen : *Bulletin de l'Académie de Saxe*, 1852, pp. 269 et suiv. ; *Hermes* : t. II, 1867, pp. 112-114 ; t. XVI, 1881, pp. 30 et suiv., et pp. 463-477 ; t. XVIII, 1883, pp. 161-213 ; t. XIX, 1884, pp. 31 et suiv. ; *C. I. L.*, t. X, 2, fᵒ 1128 ; *De titulis C. Octavii Sabini*, dans l'*Ephemeris epigr.*, Vol. I, 1872-73, pp. 138 et suiv. ; *Röm. Gesch.*, t. V, 3ᵗᵉ Aufl., Berlin, 1886, pp. 7-57 (= dans la trad. franç. de MM. Cagnat et Toutain, t. IX, pp. 7-78) ; — F. Walter, *Gesch. d. röm. Rechts*, 3ᵗᵉ Aufl., Bonn, 1860, t. I, §§ 299 et suiv., pp. 454 et suiv. (comp. §§ 99 et suiv., 212 et suiv., 230 et suiv., 258 et suiv. ; pp. 140 et suiv., 311 et suiv., 336 et suiv., 387 et suiv.) ; — Em. Kuhn, *Die städt. und bürg. Verf.*, t. II, pp. 217 et suiv. ; — G. di Petra, *Condizioni delle città italiche*, Napoli, 1866, in-8 ; — G. Henzen, *La legiona seconda Partica e la sua stazione in Albano*, dans les *Annali dell' Instit.*, 1867, pp. 73-88 ; — Atto Vannucci, *Storia dell' Italia antica*, Milano, 1873-1876, 4 voll. in-8, grav. ; — E. Desjardins, *Les onze régions de l'Italie sous Auguste*, dans la *Revue historique* de M. Monod, t. I, Paris, 1876, pp. 184 et suiv. ; — J. Beloch : *Italia tributim descripta*, dans la *Rivista di Filologia*, t. VII, 1879, pp. 537-563 ; *Der italische Bund*, 1880, pp. 1-27 ; — L. Holländer, *De militum coloniis ab Augusto in Italiam deductis*, dans les *Dissert. philol. Halenses*, t. IX, 1890, pp. 347-384 ; — de Ceuleneer, *Septime-Sévère*, 1880, pp. 264 et suiv. ; — B. Heisterbergk : *Ueber den Namen Italien*, Freiburg i. B. und Tübingen, 1881, in-8, et *Name und Begriff des Jus Italicum*, Tübingen, 1885, in-8 ; — Éd. Cuq, *Études d'épigr. jur. — De quelq. inscr. relatives à l'admin. de Diocl. — I. L'examinator per Italiam*, Paris, 1881 (= fascic. XXIᵉ de la *Bibl. des Éc. fr. d'Athènes et de Rome*) ; — J. N. Madvig, *Die Verf. und Verw.*, t. II, pp. 96-98 = trad. franç., t. III, pp. 106 et suiv. ; — H. Duméril, *De constitutionibus Marci Aurelii Antonini*, Tolos., 1882, in-8 ; — Quirico Filopanti, *Sintesi della storia universale e specialmente della storia d'Italia dagli antichissimi tempi fino all' anno 1882*, Bologna, 1882-1883, 4 voll. pet. in-8 ; — J. B. Mispoulet, *Les Instit. politiq. des Rom.*, t. II, Paris, 1883, pp. 65 et suiv. ; — G. Schurz, *De mutationibus in imperio Romano ordinando ab impe-*

liens; enfin, les sujets habitant les provinces. Après la *lex Iulia* (664=90) et la *lex Plautia Papiria* (665=89), il n'y eut plus de différence entre Romains et Italiens (1)*. L'Italie tout entière

---

ratore Hadriano factis, Bonnae, 1883; — C. Jullian : *Les transformations politiques de l'Italie sous les empereurs romains, 43 av. J.-C. — 330 ap. J.-C.*, Paris, 1884, gr. in-8 (cette monographie forme le fascic. XXXVII° de la *Bibl. des Écoles fr. d'Athènes et de Rome*); *Les limites de l'Italie sous l'Empire romain*, dans les *Mélanges Graux*, Paris, 1884, gr. in-8, pp. 121-126 (il existe de ce travail un tirage à part); — O. Karlowa, *Röm. Rechtsgesch.*, t. I, Leipzig, 1885, pp. 561-566; — D. Detlefsen, *Das Pomerium Roms und die Grenzen Italiens*, dans *Hermes*, t. XXI, 1886, pp. 497 et suiv.; — A. Bouché-Leclercq, *Manuel des instit. rom.*, Paris, 1886, pp. 188-194; — L. Landucci, *Storia del Dir. rom.*, pp. 450-453; — G. Humbert, v° *Consularis*, et R. Cagnat, v° *Corrector*, dans le *Dict. des Antiq. grecq. et rom.*, de MM. Ch. Daremberg et Edm. Saglio, 10° fascic., Paris, 1886, t. I, pp. 1482 et suiv., et pp. 1538 et suiv.; — Schiller, *Röm. Alterth.*, 1887, pp. 592-594; — P. Willems, *Le Dr. publ. rom.*, 6° éd., Louvain et Paris, 1888, pp. 523 et suiv.; comp. pp. 363 *in fine* et suiv.; voy. aussi *Le Sénat de la Rép. rom.*, sect. II, liv. III, chap. VII, t. II, pp. 675 et suiv., et, plus spécialement, pp. 687 et suiv., et 702 et suiv.; — J. W. Kubitschek, *Imp. rom. trib. discr.*, Prag., Vindob., Lips., 1889, pp. 1 et suiv., et *Additamenta*, pp. 265 et suiv. — Voy. encore: Sigonius, *De antiquo jure Italiæ*, dans ses *Opera omnia*, Mediolani, 1732-1737, 6 voll. in-fol., t. V, f°° 281-472, et dans le *Thes. Antiq. Roman.*, de Graevius, t. II, Traject. ad Rhen., Lugd. Batavor., 1694, f°° 1379-1528; (Comp. *Histor. de regno Ital.*, dans ses *Opp.*, t. II, coll. 1 et suiv.); — v. Savigny, *Verm. Schrift.*, Berlin, 1850, t. III, pp. 279 et suiv., et pp. 290 et suiv.; — Hirschfeld, *Untersuch.*, t. I, Berlin, 1876, pp. 122-127; — J. Marquardt, *Handb.*, t. V, pp. 485 et suiv. (non encore traduit); — E. Ferrero : *L'ordinamento delle armate romane*, Torino, 1878, pp. 23 et 64-158; *Iscrizioni e ricerche nuove*, Torino, 1884; *Inscr. découverte au passage del Furlo*, dans les *Atti de l'Acad. de Turin*, t. XXII, 1886, pp. 46-49; — A. Héron de Villefosse, *Flotte romaine*, au mot *Classis*, dans le *Dict. des antiq. grecq. et rom.*, de MM. Daremberg et Saglio, 8° fascic., Paris, 1882, t. I, pp. 1230, col. 2, et suiv.; — W. Liebenam, *Beiträge*, Iena, 1886, pp. 48-50; — de la Berge, *Sur l'organisation des flottes romaines*, dans le *Bulletin épigr.*, t. VI, Vienne, 1886, pp. 205-217; — C. Jullian, dans les *Annales de la Faculté des Lettres de Bordeaux*, 1886, pp. 35-41. — Enfin, au point de vue géographique, voy. MM. Henri Kiepert, *Manuel de Géographie ancienne*, trad. par M. Émile Ernault, Paris, 1887, pp. 207 et suiv., et J. Jung, *Géographie de l'Italie et des provinces*, dans le t. IX du *Handb. der Klassich. Alterthumswissenschaft*, von I. Müller, et, au point de vue bibliographique: Alfred von Reumont, *Bibliografia di lavori pubblicati in Germania sulla storia d'Italia*, Berlin, 1863, in-8; — D. Giuseppe Bertocci, *Repertorio bibliografico delle opere stampate in Italia nel secolo XIX*, *Storia*, Roma, 1876-1887, 3 voll. in-8, — Manno et Promis, *Bibliografia storica degli Stati Sardi*, Torino, 1884; — Joseph Blanc, *Bibliographie italico-française universelle, ou Catalogue méthodique de tous les imprimés en langue française sur l'Italie ancienne et moderne, depuis l'origine de l'imprimerie (1475-1885)*, Milan et Paris, 1887, 2 voll. gr. in-8; — G. Ottino e G. Fumagalli, *Bibliotheca bibliographica italica*, Roma, 1889, 1 vol. gr. in-8.]

(1) *[Comp., à ce sujet, M. Th. Mommsen, *Röm. Staatsr.*, t. III, 1 Abth., Leipzig, 1887, et la trad. franç. de ce vol., par M. P. F. Girard, Le Droit

se composa dès lors d'une agglomération de villes libres romaines, qui pouvaient au début se passer d'administration commune, puisqu'elles ne payaient pas de contributions foncières, et que, tout au moins sous les empereurs, elles ne fournissaient pas à l'armée un contingent régulier. Il ne subsista de différence qu'entre l'Italie et les provinces; encore la monarchie la fit-elle petit à petit disparaître. En effet, dès que la souveraineté du peuple eut, en fait, été transférée à l'empereur, la population de l'Italie, dépouillée de son droit de participer au gouvernement, fut de plus en plus réduite à un état de sujétion, analogue à celui des habitants des provinces, et soumise à un régime administratif, qui finit par n'être autre que celui des provinces. La démonstration, point par point, de ce fait réclame quelques observations préliminaires sur les diverses limites que l'Italie a reçues, aux différentes époques.

Frontières de l'Italie.

Le nom d'Italie, suivant Niebuhr (1), désignait, à l'origine, le territoire autrefois habité par les *Oenotri* ou *Itali*, entre le Tibre et le mont Gargano; lorsque ceux-ci furent refoulés par les *Sabelli*, il passa, avec eux, à la pointe méridionale de l'Italie, au pays des *Bruttii* (2); mais il ne s'étendit à toute la péninsule, qu'à la suite des progrès de la domination romaine. Au point de vue géographique, l'Italie va, dès le second siècle avant J.-C., jusqu'aux Alpes (3); mais, au point de vue politique, elle

---

PUBLIC ROMAIN, 3º partie, *Le peuple et le Sénat*, t. VI de la collection, 1ᵉʳ et 2ᵉ voll. parus, Paris, 1889.]

(1) Voy. Niebuhr, *Röm. Gesch.*, t. I, p. 17 [=dans la trad. franç. de M. de Golbéry, t. I, pp. 19 et suiv., et, spécialement, pp. 21 et suiv.].

(2) Antiochus de Syracuse donne dans Strabon (VI, p. 254), le nom d'Italie à ce dernier pays. M. B. Heisterbergk (*Ueber den Namen Italien*, Freiburg i. B., 1881, in-8), traite à nouveau cette question.

(3) En l'année 183 av. J.-C., Tite-Live (XXXIX, 54), fait ouvrir le Sénat aux envoyés d'une tribu gauloise, qui avait passé les Alpes : *neque illos recte fecisse, quum in Italiam venerint, oppidumque in alieno agro nullius Romani magistratus, qui ei provinciae praeesset, permissu aedificare conati sint.* Polybe (II, 14; III, 54) assigne de même à l'Italie les Alpes comme frontière septentrionale; pareillement fait Caton (*Orig.*, IV, 11, dans Servius, *Ad Vergil. Aen.*, X, 13) : *Alpes — quae secundum Catonem et Livium muri vice tuebantur Italiam*, et, dans Tite-Live (XXI, 35), Hannibal montre déjà l'Italie à ses soldats du haut des Alpes : *militibus Italiam ostentat moeniaque eos tum transcendere non Italiae modo sed etiam urbis Romae.* — [Voy. aussi M. Ett. de Ruggiero, *Dizionario epigr.*, fasc. 14, Roma, 1889, vº *Alpes*, pp. 424, col. 2, et suiv.]

est, après la guerre contre Pyrrhus, limitée au Nord par l'*Arnus* [Arno] et l'*Aesis* [Esino]. A l'Ouest, on retrouve plus tard encore, dans la contrée de Livourne, deux localités qui s'appellent *ad fines* et qui forment l'ancienne Marche d'Italie (1); en effet, la *Macra* [Magra], qui, sous l'empire, sépare la 9ᵉ région d'Auguste (Ligurie), de la 7ᵉ (Étrurie) (2), était encore comprise, en 569=185, dans le territoire ligurien (3), qui n'a été conquis qu'en 574=180 (4). A l'Est, l'*Aesis* (5), qui tombe dans la mer près d'Ancône, forme la frontière entre l'Italie et la Gaule; car le territoire compris entre l'*Aesis* et le *Rubicon* (aujourd'hui Fiumicino) (6), ayant pour capitale la colonie d'*Ariminum* [Rimini], fondée en 486=268, ne fait plus partie de l'Italie, mais porte le nom d'*ager gallicus* (7) ou de *provincia Ariminum* (8). Nous savons que cet état de choses fut modifié par la suite et qu'en l'an 59 avant J.-C., lorsque la *lex Vatinia* attribua à César les provinces gauloises (9), l'Italie était limitée par le *Rubicon* [Rugone] (10), de telle sorte que Ravenne était la

---

(1) Voy. M. Mommsen, *Röm. Gesch.*, t. I, [7ⁿᵗᵉ Aufl.], p. 428, note 1 [= dans la trad. franç. de M. Alexandre, t. II, p. 250, note 1].

(2) Plin., *Nat. hist.*, III, 49. 50.

(3) Tit. Liv., XXXIX, 32, 2.

(4) Tit. Liv., XL, 41, 3.

(5) Strabo, V, p. 217 : ὅριον δὲ τῆς χώρας ταύτης, ἣν ἐντὸς Κελτικὴν καλοῦμεν, πρὸς τὴν λοιπὴν Ἰταλίαν τό τε Ἀπέννινον ὄρος τὸ ὑπὲρ τῆς Τυρρηνίας ἀπεδέδεικτο καὶ ὁ Αἶσις ποταμός, ὕστερον δὲ ὁ Ῥουβίκων. — P. 227 : πρότερον μέν γε τὸν Αἶσιν ἐποιοῦντο ὅριον, πάλιν δὲ τὸν Ῥουβίκωνα ποταμόν. — [Comp. M. Ett. de Ruggiero, *Dizion. epigr.*, vᵒ *AEsis*, fascic. 10, Roma, 1888, pp. 319, col. 2, et suiv. — Sur *Ancona*, voy. le même auteur, eod., fascic. 15, Roma, 1889, pp. 467, col. 2, et suiv., et M. Th. Mommsen, *C. I. L*, t. IX, fᵒ 572.]

(6) Voy. L. Tonini, *Rimini avanti il principio dell' era volgare*, Rimini, 1848, in-8, p. 82.

(7) Tit. Liv., XXIV, 10, 3 : *iussique in provinciis manere Ti. Gracchus Luceriae, — — C. Terentius Varro in agro Piceno, M'. Pomponius in Gallico.*

(8) Tit. Liv., XXIV, 44, 2; XXVIII, 38, 13 (ann. 205 av. J.-C.) : *Tum praetoriae provinciae in sortem coniectae. Urbana Cn. Servilio obtigit, Ariminum (ita Galliam appellabant) Sp. Lucretio, Sicilia L. Aemilio, Cn. Octavio Sardinia.* Comp. Voigt, *Ius naturale*, t. II, pp. 357 et suiv. — [Sur *Ariminum* (auj. Rimini), voy. M. E. Bormann, dans le *C. I. L.*, t. XI, 1, fᵒ 73 et suiv., et surtout fᵒˢ 76 et suiv.]

(9) Suet., *Caes.*, XXII : *Et initio quidem Galliam Cisalpinam Illyrico adiect, lege Vatinia accepit.* — Dio Cass., XXXVIII, 8; — Appian., *Bell. civ.*, II 13; — Vell. Paterc., II, 44.

(10) Cic., *Phil.*, VI, 3, 5 : *An ille id faciat, quod paulo ante decretum est, ut*

ville la plus méridionale de la Gaule, et qu'*Ariminum* était la ville la plus septentrionale de l'Italie, du côté de l'Est (1). Mais on n'a pas plus d'indications précises sur la date de ce changement que sur la formation de la province de la *Gallia cisalpina*, qui, selon toute vraisemblance, fut l'occasion de la nouvelle délimitation territoriale. Cette région, où la domination romaine s'était implantée en l'an 563=191 (2), et s'était consolidée depuis lors par l'établissement de diverses colonies (3), n'eut certainement pas tout de suite son gouverneur particulier, mais fut, pendant longtemps encore, administrée, comme l'Italie, par les magistrats romains. On discute le point de savoir à qui il faut attribuer la séparation de la Gaule cisalpine d'avec l'Italie ; à ce sujet, les conjectures les plus opposées ont été formulées (4).

Suivant M. Mommsen, c'est Sulla qui réalisa, en l'an 673=81, aussi bien l'organisation de la province cisalpine, qui, en présence des invasions continuelles des peuplades des Alpes,

Gallia cisalpina.

---

exercitum citra flumen Rubiconem, qui finis est Galliae, educeret? — Suet., *Caes.*, XXXI ; — Plut., *Caes.*, XX. XXXII ; — Appian., *Bell. civ.*, II, 35 ; — Lucan., I, 185 et suiv. — Plin., *Nat. hist.*, III, 115.

(1) Appian., *Bell. civ.*, II, 32. 35. — [Sur *Ravenna*, voy. M. E. Bormann, dans le *C. I. L.*, t. XI, 1, f°ˢ 1 et suiv. ; — sur *Ariminum*, voy. p. 5, *supra*, le renvoi de la note 3, *in fine*.]

(2) Tit. Liv., XXXVI, 38.

(3) Voy. M. Mommsen, *Röm. Gesch.* t. I, [7ᵗᵉ Aufl.], pp. 666. 667 [= dans la trad. franç., t. III, pp. 260 et suiv.] ; — A. W. Zumpt, *De Gallia Romanorum provincia*, dans ses *Studia Romana*, Berol., 1859, in-8, pp. 5 et suiv.

(4) Pighius (*Annal.*, Vol. II, p. 140) fait dater la province de l'an 537=217 ; Voigt (*Ius nat.*, t. II, p. 359) et Walter (*Gesch. d. R. Rechts*, I, § 245) admettent tous deux que la province d'*Ariminum* a été organisée en 548=206 et qu'ensuite elle a été peu à peu étendue pour former la province de la *Gallia Cisalpina* ; pour Zumpt, (*op. et loc. sup. citt.*), il est hors de question que la Gaule Cisalpine ne faisait pas, tout au moins jusqu'à l'époque de Sulla, partie des provinces, qui recevaient tous les ans un gouverneur particulier. Le passage de Granius Licinianus (p. 39, éd. Bonn.) : *data erat et Sullae provincia Gallia cisalpina*, passage que Zumpt n'a point encore mis à profit, n'est pas contraire à cette manière de voir ; il se réfère à l'année 665=89, dans laquelle Sulla était légat du consul L. Caton (voy. Drumann, [*Gesch. Roms*], t. II, p. 333), de telle sorte qu'alors comme auparavant, la *Gallia cisalpina* était placée sous l'autorité de l'un des consuls mêmes. Mais lorsque Zumpt (*op. cit.*, p. 70) rattache l'organisation de la province seulement à la *lex Vatinia* (695=59), cette affirmation se trouve en contradiction avec les témoignages historiques. Les recherches de Borghesi (*Œuvres*, t. VII, pp. 349 et suiv. ; comp. t. VIII, p. 203), n'ont de même abouti à aucun résultat certain. — Voy. M. Mommsen, *C. I. L.*, t. I, n° 583.

ne pouvait se passer d'un commandement militaire, que l'extension des frontières de l'Italie, à l'Ouest, jusqu'au *Varus* [Varo] (1), à l'Est, jusqu'au *Rubicon* (2); et, en effet, c'est vers cette époque que semble commencer la série des gouverneurs ordinaires de la province *Gallia cisalpina* (3). Toutefois, elle ne dépasse pas l'année 712=42; à cette date, la province fut de nouveau supprimée (4), et les frontières de l'Italie reculées au Nord, jusqu'aux Alpes, à l'Est jusqu'au *Formio*, aujourd'hui Risano, près de *Tergeste* (Trieste) (5). Sous Auguste, on voit encore citer un *proconsul Galliae cisalpinae* (6), dont les fonctions ne peuvent cependant avoir été que passagères, puisque Auguste lui-même étendit encore le territoire de l'Italie au delà de Trieste au Sud-Est, jusqu'à l'*Arsia* [Arsa] (7).

On sait qu'Auguste partagea l'Italie, ainsi limitée, en onze régions, auxquelles il faut joindre la circonscription de la ville

<small>Division de l'Italie en onze régions.</small>

---

(1) Voy. M. Mommsen, *C. I. L.*, t. V, [2], fo 902.

(2) Voy. M. Mommsen, *Röm. Gesch.*, t. II, [7nte Aufl.], p. 355, note [= dans la trad. franç., t. V, p. 371, note 1]. Dans ce passage, l'auteur rappelle notamment que Sulla étendit le *pomerium* romain, ce qui n'eut lieu que si les frontières de l'Italie ont été reculées. [Sur le *pomerium*, voy. les auteurs cités dans notre *Introd. bibliogr. gén.*, IX, 3o, N. B., 2o.] — Seneca, *De brevitate vitae*, XIII : *Sullam ultimum Romanorum protulisse pomerium, quod nunquam provinciali sed Italico agro adquisito proferre moris apud antiquos fuit.* — Dio Cass., XLIII, 50 ; — Tacit., *Ann.*, XII, 23. — Lange ([*Röm. Allerth.*], t. III, 2te Aufl., p. 163 [voy. aussi p. 169 = dans la trad. franç. de MM. Berthelot et Didier, t. II, p. 180 et p. 186]) partage également l'opinion de M. Mommsen.

(3) C'est ainsi qu'en l'an 682=72, Cassius s'intitule ὁ τῆς περὶ Πάδον Γαλατίας στρατηγός (Plut., *Crass.*, IX), et qu'en l'an 692=62, A. Metellus Celer, après avoir été *praetor* en 63, administra la *Gallia cisalpina* en qualité de *propraetor*. — Cic., *Ad famil.*, V, 1 et 2; — Plin., *Nat. hist.*, II, 170 ; — Mela, III, 5, p. 72, 22, éd. Parthey ; — Dio Cass., XXXVII, 33. — Voy· Drumann, [*op. sup. cit.*], t. II, p. 26.

(4) Voy. M. Mommsen, *C. I. L.*, t. I, fo 118.

(5) Pline (*Nat. hist.*, III, 127) appelle le *Formio antiquus auctae Italiae terminus*. Comp. Ptolemaeus, III, 1, 27.

(6) Sueton., *De gr. et lat. rhet.*, XXX (6), et, sur ce passage, M. Mommsen. *Staatsrecht*, t. II, 2te Aufl., p. 220, note 1. [Ce vol., parvenu aujourd'hui à sa 3e éd., Leipzig, 1887, n'est pas encore traduit en franç. par M. P. F. Girard.]

(7) Plin., *Nat. hist.*, III, 44. 129. 132. 150. — Voy. M. Mommsen, *C. I. L.*, t. V, [1], fo 1. Comp. Strabo, V, p. 210 : ὄψε δέ ποτε, ἀφ' οὗ μετέδοσαν Ῥωμαῖοι τοῖς Ἰταλιώταις τὴν ἰσοπολιτείαν, ἔδοξε καὶ τοῖς ἐντὸς Ἄλπεων Γαλάταις καὶ Ἐνετοῖς τὴν αὐτὴν ἀπονεῖμαι τιμήν, προσαγορεῦσαι δὲ καὶ Ἰταλιώτας πάντας καὶ Ῥωμαίους.

de Rome, qui forme la douzième. Mais on n'est pas fixé sur le rôle qu'il assignait à cette division. Les historiens n'en font pas mention (1); et Pline, le seul auteur qui s'en occupe, n'en parle qu'au point de vue géographique (2). Mais, en admettant que l'intention première de l'Empereur n'ait été que de dresser un état statistique de l'Italie (3), il n'est pas douteux cependant qu'on ne l'ait utilisé en vue de certains intérêts administratifs : c'est par régions qu'étaient désignées les listes des *subseciva* (4), déposées dans le *tabularium* impérial (5), c'est-à-dire les listes des portions de centuries, non assignées, lors de la fondation des colonies, ou laissées aux communes, ou bien encore demeurées disponibles (6); relativement à l'administration des domaines (7),

---

(1) Seul, Dion Cassius (LII, 22) fait donner par Mécène à Auguste le conseil suivant : Τήν τε Ἰταλίαν πᾶσαν τὴν ὑπὲρ πεντήκοντα καὶ ἑπτακοσίους ἀπὸ τῆς πόλεως σταδίους οὖσαν καὶ τἆλλα πάντα τά τε ἐν ταῖς νήσοις καὶ τὰ ἐν ταῖς ἠπείροις ὁμολογοῦντα ἡμῖν κατάνειμον ἑκασταχόθι κατά τε γένη καὶ ἔθνη. Mais ce passage ne nous apprend rien au sujet de la division en régions.

(2) Plin., *Nat. hist.*, III, 46 : *Nunc ambitum cius (Italiae) urbisque enumerabimus, qua in re praefari necessarium est auctorem nos divum Augustum secuturos, descriptionemque ab eo factam Italiae totius in regiones XI, sed ordine eo, qui litorum tractu fiet, urbium quidem vicinitates oratione utique praepropera servari non posse, itaque interiore parte digestionem in literas eiusdem nos secuturos, coloniarum mentione signata quas ille in eo prodidit numero.* Le *liber regionum* d'Auguste (*Gromat. vett.*, [éd. Lachm., t. I], pp. 229, 12; 258, 2), comprit, par suite, une liste alphabétique des villes situées dans chaque région. [Dans sa monographie intitulée :] *Les onze régions d'Auguste. Quelles sont les divisions de l'Italie inscrites sur la table de Peutinger*, (Paris, 1875, in-8 [et *Revue hist.* de M. Monod, t. I, 1876, pp. 184-202]), Desjardins cherche à prouver que les régions sont indiquées dans la *Tabula Peutingeriana.* — [Voy. aussi, sur les onze régions d'Auguste, M. P.-E. Vigneaux, *Essai sur l'histoire de la praefectura urbis à Rome*, dans la *Revue générale du Droit*, t. XII, 1888, p. 433, et surtout M. J. W. Kubitschek, *De Romanarum tribuum origine ac propagatione*, Vindobonae, 1882, et *Imp. Rom. trib. discr.*, 1889, pp. 8-122.]

(3) Voy. M. Mommsen, *Feldmesser*, [dans les *Gromat.*, éd. Lachm., t. II], p. 190.

(4) Notamment dans les *libri beneficiorum.* Voy. *Gromat.*, [éd. Lachm., t. I], pp. 202, 5; 203, 1; 295, 12 : *vel quaeris si in libro beneficiorum regionis illius beneficium alicui Augustus dederit.* C'est ainsi que se trouvent mentionnés dans le *liber coloniarum* : p. 221, 14, la *regio Campaniae*; — p. 226, 5, le *Picenum*; — p. 229, 12, les *civitates Campaniae ex libro regionum*; — p. 252, les *civitates Piceni*; — p. 259, les *civitates regionis Samnii.*

(5) Voy. *Gromat.*, [éd. Lachm., t. I], pp. 202, 17; 203, 3; 400, 9. 14.

(6) Voy. Rudorff, *Feldmesser*, [dans les *Gromat.*, éd. Lachm., t. II], p. 455. — [Sur les *subseciva*, voy. t. I de cette trad. = t. VIII de la collection du *Manuel*, p. 173, note 2.]

(7) Il ne résulte pas de là que chaque région ait eu un *procurator*, comme

à celle des impôts grevant les successions (*XX hered.*) (1)

---

un *proc. reg(ionis) Calabric(ae)* mentionné dans une inscription (Mommsen, *I. R. N.*, n° 2627 [= *C. I. L.*, t. X, 1, n° 4795]); il s'ensuit simplement que les circonscriptions des *procuratores* ont pour base la division des régions, et qu'ils comprenaient, par suite, soit certaines parties d'une région, soit même plusieurs régions. — Voy. M. Mommsen, *Feldmesser*, [dans les *Gromat.*, éd. Lachm.], t. II, p. 190, note 57.

(1) Orelli, n° 3835 [= *C. I. L.*, t. XI, 1, n° 378] : *proc. XX her. region. Camp. Apul. Calabr.*; — Grut., f° 411, n° 1 [= *C. I. L.*, t. XIV, n° 2922] : [*proc.*] *XX her. Umbriae Tusciae, Piceni.* — [Voy., sur cet impôt : J. C. Boulanger de Loudun (1612), *Traité des impôts du peuple romain avec quelques indications sur l'origine et le régime des impôts en France*, traduit du latin par Renaudin, Paris, 1871, in-8; — Franciscus Ramos del Manzano, *Ad legem Juliam de vicesima haereditatum*, dans le *Novus Thesaurus jur. civ. et canon.*, de Meermann, t. V, f°s 68 et suiv.; — Franciscus Balduinus, *De lege Julia de vicesima*; — Heineccius, *Jurispr. Rom. et Att.*, t. I, pp. 228 et suiv.; — Petrus Burmann, *De vectigalibus Populi Romani*, Leidae, 1734, in-4; — Bouchaud, *De l'impôt du vingtième sur les successions et de l'impôt sur les marchandises chez les Romains*, Paris, 1766; 1772 (*adde*, du même auteur : *Mémoire sur les sociétés que formèrent les publicains pour la levée des impôts*, dans les *Mémoires de l'Académie royale des Inscriptions*, t. XXXVII, 1767, pp. 241-261); — Rudorff, *Das Testament des Dasumius*, trad. Laboulaye, dans la *Revue de Législ.*, 1845 (il existe de cette traduction un tirage à part); — Bachofen : *Die Erbschaftsteuer, ihre Geschichte, ihr Einfluss auf das Privatrecht*, dans ses *Ausgew. Lehren des röm. Civilrechts*, Bonn, 1848, pp. 322-395; — Roulez, *De l'impôt d'Auguste sur les successions*, dans le *Bull. de l'Acad. roy. de Belgique* (*Mémoires de Philologie et d'Histoire*), t. XVI, 1re partie, Bruxelles, 1849-1850, pp. 362 et suiv.; — Rein, *Vicesima hereditatium*, dans la *Pauly's Realencycl.*; — Guarini, *La Finanza dei Romani*, Napoli, 1858; — Vangerow, *Die Lex Voconia*, Heidelberg, 1863, p. 33; — L. M. de Valroger, *De l'impôt sur les successions chez les Romains*, dans la *Revue critiq. de législ.*, 1re série, t. XIV, 1859, pp. 494 et suiv.; — Serrigny, *Dr. publ. et admin. rom.*, §§ 842-858; — H. Naquet, *Des impôts indirects chez les Romains*, Paris, 1875, pp. 80-109; — O. Hirschfeld, *Die Erbschaftsteuer*, dans ses *Untersuchungen*, t. I, Berlin, 1876, pp. 62-68; — Vigié, *Études sur les impôts indirects chez les Romains. I. Vicesima libertatis.* — II. *Vicesima hereditatis*, dans la *Revue générale du Droit*, t. V, 1884, pp. 5-47, et pp. 101-130; — R. Cagnat, *Étude historique sur les impôts indirects chez les Romains*, Paris, 1882, pp. 175-226, avec une *Carte des circonscriptions connues de la vicesima hereditatium*; — Ch. Poisnel, *Recherches sur l'abolition de la vicesima hereditatium*, dans les *Mél. d'archéol. et d'hist.*, publiés par *l'École franç. de Rome*, t. III, 1883, pp. 312-327; — Carlo Catinelli, *Imposta sulle successioni nel diritto Romano*, dans les *Studi e Documenti di storia e diritto*, t. VI, Roma, 1885, pp. 273-298, et t. VII, Roma, 1886, pp. 33-47; — L. Correra, *De certains impôts des Romains* (en italien), Turin, 1887. — Voy. aussi J. Marquardt, *Das Finanzwesen* (= t. II, de sa *Röm. Staatsverw.*, ou t. V du *Handb. d. Röm. Alterth.*), 2te Aufl., 1884, pp. 258 et suiv. = dans la trad. franç. de M. A. Vigié, Paris, 1888, t. X du *Manuel*, pp. 335 et suiv.; — Madvig, *Verf.*, t. II, pp. 435 et suiv. = dans la trad. franç., t. IV, pp. 76 et 99; — G. Humbert, *Essai sur les finances*, Paris, 1887, t. II, renvois de la *Table*; — L. Landucci, *Storia del Dir. rom.*, pp. 492 et suiv. — Voy.

et les manumissions (*vicesima libertatis*) (1), c'est par régions que les circonscriptions administratives sont déterminées; c'est aussi par régions que l'on rassemble les résultats du recensement (2); et, plus tard, les régions servent de base à toute l'administration de l'Italie, et à son organisation provinciale définitive. Il n'est donc donc pas dépourvu d'intérêt de placer ici un tableau d'ensemble des régions créées par Auguste.

Liste de ces régions.

A. *Italie supérieure.*

Regio XI, regio Transpadana (3), *Italia Transpadana* (4),

enfin O. Eichhorst, *Quaestionum epigraphicarum de procuratoribus imperatorum Romanorum specimen*, Regiomont., 1861, et *Die procuratores hereditatium der Kaiserzeit*, dans les *Jahrbb. f. Phil. u. Paedag.*, t. LXXXVII, 1863, pp. 209-217; — W. Liebenam, *Beiträge*, I, Iena, 1886, pp. 60 et suiv.]

(1) Voy. une *familia XX lib. reg(ionis) Transpad.*, mentionnée dans Orelli, n° 3340 = *C. I. L.*, t. V, 1, n° 3351. — [Consulter spécialement sur cet impôt MM.: de la Ménardière, *De l'impôt du vingtième sur l'affranchissement des esclaves*, Poitiers, 1872; — G. Humbert: *Aurum vicesimarium*, dans le *Dict. des antiq. grecq. et rom.*, de MM. Ch. Daremberg et Edm. Saglio, 4° fascic., Paris, 1875, t. I, p. 580, et *Essai sur les fin.*, t. II, renvois de la *Table*; — H. Naquet, *op. sup. cit.*, pp. 115-133; — Vigié, *op. et loc. sup. citt.*; — R. Cagnat, *op. sup. cit.*, pp. 153-173; — Larchevêque, *Des impôts sur les affranchissements et sur les mutations de propriété* (Thèse de Doct., Fac. de Dr. de Paris), Paris, 1888. — Voy. aussi: L. Lange, *Röm. Alterth.*, t. II, 3ᵘᵉ Aufl., pp. 26 et suiv. = trad. franç., t. I, pp. 259 et suiv.; — Rudorff, *Gesch. d. röm. Rechts*, t. I, § 26; — O. Hirschfeld, *Die Freilassungssteur*, dans ses *Untersuch.*, t. I, 1876, pp. 68-71; — J. Marquardt, *ubi supra*, pp. 271 et suiv. = trad. Vigié, pp. 355 et suiv.; — Madvig, *op. cit.*, trad. franç., t. I, p. 205; t. IV, pp. 49 et 65; — W. Liebenam, *Beiträge*, I, Iena, 1886, p. 77.]

(2) Plin., *Nat. hist.*, VII, 162 et suiv.: *Accedunt experimenta recentissimi census, quem intra quadriennium imperatores Caesares Vespasiani pater filiusque censores egerunt.* — — (164) *In regione Italiae octava centenum annorum censi sunt homines LIIII, centenum denum homines XIIII, centenum vicenum quinum homines duo, centenum tricenum homines quattuor.* — [Sur les censeurs et les opérations du cens, voy. t. I de cette trad. = t. VIII du *Manuel*, renvois de la note 1 de la p. 219, et M. P. Willems, *Le Droit publ. rom.*, 6° éd., pp. 270 et suiv., et renvois du *Registre alphabétique des termes latins*, pp. 619 *in fine et suiv.* Vⁱˢ *Censor* et autres.]

(3) Plin., *Nat. hist.*, III, 123; — Orelli, nᵒˢ 2273 [= *C. I. L.*, t. X, 1, n° 6658]. 3443; — Grut., f° 890, n° 14 [et non f° 1054, n° 3, comme l'indique Marquardt, *Handb.*, t. IV, *Röm. Staatsverw.*, t. I, p. 224, note 1; — *C. I. L.*, t. V, 1, n° 3351]; — Mommsen, *I. R. N.*, n° 3604 [= *C. I. L.*, t. X, 1, n° 3856.]

(4) Orelli, n° 1194 [= *C. I. L.*, t. VI, 1, n° 1448].

bornée au Nord et à l'Ouest par les Alpes ; au Sud, par le *Padus* [Pô] ; à l'Est, par l'*Addua* (Adda) (1).

Regio X (2), *Venetia et Histria* (3), bornée à l'Ouest par l'*Addua ;* au Nord, par les Alpes carniques ; à l'Est, par l'*Arsia* [Arsa] ; au Sud, par la mer Adriatique et le Pô (4).

Regio IX, Liguria, bornée à l'Ouest par le *Varus* [Varo], par les *Alpes maritimae* et les *Alpes Cottiae*, qui, avant Dioclétien, ne faisaient pas partie de l'Italie ; au Nord, par le Pô ; à l'Est, par la *Trebia* [Trebbia] et par la *Macra* [Magra] ; au Sud, par la mer Tyrrhénienne (5).

Regio VIII, bornée au Nord par le Pô ; à l'Ouest, par la *Trebia ;* au Sud, par l'Apennin, et, vers la côte, par le *Crustumius* [Conca], qui coule au sud d'*Ariminum ;* à l'Est, par la mer Adriatique (6). On lui donna le nom d'*Aemilia* (7), de la *via Aemilia*, que le consul M. Aemilius Lepidus avait établie, en

---

(1) Plin., *Nat. hist.*, III, 123-125 ; — Paulus Diac., *De gestis Longob.*, II, 14 : *Venetia enim non solum in paucis insulis, quas nunc Venetias decimus, constat, sed eius terminus a Pannoniae finibus usque Adduam fluvium protelatur.* — [Sur cette Regio XI, voy. le *C. I. L.*, t. V, 2, et M. Kubitschek, *Imp. rom. trib. discr.*, pp. 117-122.]

(2) Plin., *Nat. hist.*, III, 126-131. — [Voy. aussi le *C. I. L.*, t. V, 1 ; — M. Kubitschek : *De Romanarum tribuum origine ac propagatione*, Vindob., 1882, pp. 30-88, et pp. 91-107, et *Imp. rom. trib. discr.*, pp. 105-117 ; — Heisterbergk, *Name und Begriff des ius Ital.*, 1885, pp, 76 et suiv.]

(3) Plin., *loc. sup. cit.;* — Orelli, n° 2285 [= *C. I. L.*, t. X, 1, n° 5064] ; — Boecking, *Not. Dign. Occid.*, [t. II], pp. 440 et suiv. — [Voy. aussi M. Otto Seeck, *Not. dignit.*, p. 300, col. 2, Index geographicus, v° *Uenetia et Histria*.]

(4) Cette région forme le contenu du t. V, 1, du *C. I. L.*

(5) Plin., *Nat. hist.*, III, 47-49. — [Voy. également *C. I. L.*, t. V, 2 ; – M. Kubitschek, *Imp. Rom. trib. discr.*, pp. 100-105. —Comp. Prof. Art. Issel, *La Liguria e i suoi abitanti nei tempi primordiali*, Genova, 1885, broch. in-8.]

(6) Plin., *Nat. hist.*, III, 115. 116. — [Voy. encore : M. Beloch, *Der Ital. Bund*, pp. 67 et suiv. ; — *C. I. L.*, t. XI, 1 ; — M. Kubitschek : *De Roman. trib. orig.*, p. 76, et *Imp. Rom. trib. discr.*, pp. 92-100. — Sur les Apennins, voy. M. Ett. de Ruggiero, *Dizionar. epigr.*, fascic. 16, Roma, 1889, V° *Apenninus* (mons), p. 512, coll. 1 et suiv.]

(7) Martial., III, 4, 1 :

> *Romam vade, liber : si, veneris unde, requiret,*
> *Aemiliae dices de regione viae.*

VI, 85, 5 :
> *Funde tuo lacrimas, orbata Bononia, Rufo,*
> *Et resonet tota planctus in Aemilia.*

Orelli, n° 3044 [= Wilmanns, *Exempla*, t. I, n° 1197=*C. I. L.*, t. VI, 1, n° 332] ; — Mommsen, *I. R. N.*, n° 4237 [= *C. I. L.*, t. X, 1, n° 5178].

567 = 187, entre *Ariminum* et *Placentia* [Piacenza ; Plaisance] (1).

B. *Italie centrale.*

Regio VII, *Etruria* (2), plus tard *Tuscia* (3), bornée au Nord

---

(1) Tit. Liv., XXXIX, 2, 10 ; — Strabo, V, p. 217. — [Voy., relativement au contenu des deux notes précédentes, M. Ett. de Ruggiero, *Dizionar. epigr.*, V^{is} *AEmilia (via)* et *AEmilia (regio VIII)*, fascic. 10, Roma, 1888, pp. 291, col. 1, *sub, fin.*, et suiv.]
(2) Plin., *Nat. hist.*, III, 50—52.
(3) Voy. Forbiger, *Handb. der alten Geogr.*, t. III, p. 589. — [Voy., sur cette région : *C. I. L.*, t. XI, 1 ; — M. Kubitschek, *Imp. rom.*, pp. 79-92. — Voy. aussi dans les *Archaeologisch-Epigraphische Mittheilungen aus Œsterreich*, 1887, 1re livr., pp. 94 et suiv., l'article de M. Bormann sur une inscription relative à l'écrivain Tarquitius Priscus et sur les *populi* de l'Étrurie. — Les ouvrages les plus autorisés et les plus récents sur l'Étrurie sont, à notre connaissance, ceux de MM. : Karl Ottfried Müller, *Die Etrusker*, Breslau, 1828, 2 voll. in-8 ; — Ed. Gerhard, *Etruskische Spiegel*, Berlin, 1839-1867, 4 voll. in-4, avec 453 pl. ; t. V, bearb. *von* A. Klügmann und G. Körte (la dernière livraison parue est la 6e, Berlin, G. Reimer, in-4, pp. 57-72, et 10 pl.) ; — F. Rossi, *Intorno al diritto italico primitivo. La società Etrusca*, Milano, 1854, in-4 ; — George Dennis, *The cities and Cemeteries of Etruria*, London, 1878, 2 voll. gr. in-8 ; — V. Gardthausen, *Mastarna oder Servius Tullius, mit einer Einleitung über die Ausdehnung des Etruskerreiches*, avec une table, Leipzig, 1882, broch. in-8 ; — Charles Casati : *Fortis Etruria. Origines étrusques du droit romain*, Paris, 1883, broch. in-8 ; *La civilisation étrusque d'après les monuments*, Paris, 1884, broch. in-8 ; *Les noms de familles étrusques et les inscriptions bilingues*, Paris, 1884, broch., in-8 ; *Épigraphie de la numismatique étrusque*, Paris, 1886, broch. in-8 ; *La Gens. Origine étrusque de la gens romaine*, Paris, 1886-1887, broch. in-8. (N. B. : L'auteur annonce comme devant paraître prochainement *L'antiquité étrusque d'après les découvertes les plus récentes*, ouvrage pour lequel il recueillait encore dernièrement les derniers renseignements en Étrurie) ; — E. Brizio, *La provenienza degli Etruschi*, Modena, tip. Vincenzi, broch. in-8 de 116 pp. ; — L. Spadoni Olinto, *The Etruscans : an historical and critical notice of the Origin, development and civilization of the early italian race*, Rome, 1887, broch. in-8 ; — Joh. Gust. Cuno, *Vorgeschichte Roms. II. Die Etrusker und ihre Spuren im Volk und im Staate der Römer*, à Graudenz, chez l'auteur, 1888, in-8. (ibiq. M. Bruck, dans les *Goettingische gelehrte Anzeigen*, 1890, n° 7). — Voy. aussi MM. G. Cousin et F. Durrbach, *Bas-relief de Lemnos avec inscriptions*, notes de M. Bréal ; — Sophus Bugge, *Der Ursprung der Etrusker durch zwei lemnische Inschriften erklaert*, Christiania, Dybwad, 1886 ; — C. Pauli, *Eine vorgriechische Inschrift von Lemnos* ; — W. Deecke, *Die tyrrhenischen Inschiften von Lemnos*. (N. B. : Chacun de ces quatre derniers auteurs réfute presque toutes les raisons des autres.) — Comp. enfin MM. von Ascheraden, *Numa. Eine Geschichte aus altgriechisch-italischen Sagenzeit*, Leipzig, Böhme, 1 vol. in-8 de IV-347 pp.;

par la *Macra* et par l'Apennin; à l'Est et au Sud, par le Tibre.

Regio VI, Umbria (1). Elle s'étend sur la côte de l'Adriatique, de l'embouchure du *Crustumius* à celle de l'*Aesis*; à l'Ouest, jusqu'au Tibre; au Sud, jusqu'à *Ocriculum* [Otricoli], et elle a comme frontière orientale le *Nar* [Nera] et l'*Aesis*.

Regio V, Picenum. Elle comprend le littoral entre l'*Aesis* et l'*Aternus* [cours sup. : Aterno; cours inf. : Pescara] (2).

Regio IV, Samnium (3). Elle est limitée du côté de l'Ombrie par le cours supérieur du *Nar*; du côté de l'Étrurie, par le Tibre; au Sud-Est, elle s'étend jusque dans le voisinage de Rome; au Sud, elle est séparée de la Campanie par une ligne placée au dessous des villes de *Fidenae* [Castel Giubileo], *Tibur* [Tivoli], *Sublaqueum* [Subiaco], *Antinum* [Civita d'Antino], *Aufidena* [Castel di Sangro, *pr*. Alfidena], *Aesernia* [Isernia], *Bovianum undecumanorum* [Bojano] ; à l'Est, elle comprend le littoral entre l'*Aternus* et le *Frento* [Fortore] (4).

Regio I, Campania (5). Cette région, dont la frontière septentrionale nous est déjà connue, allait sur le littoral du Tibre jusqu'au *Silarus* [Sele] (6), et comprenait ainsi tout le *La-*

— Jules Martha : *Manuel d'archéologie étrusque et romaine*, s. d., Paris, Quantin, 1 vol. in-8, et *L'art étrusque*, Paris, 1889, in-4; — les Observations sur la chronologie étrusque présentées par M. d'Arbois de Jubainville à l'Acad. des Inscr. et Bell.-Lett., dans sa séance du 27 juillet 1888, *Journ. off.* du 6 août 1888, p. 3388; — *Ueberreste einer etruskischen Stadt*, dans la *Berliner Philologische Wochenschrift*, 1890, n° 19.]

(1) Plin., *Nat. hist.*, III, 112-114. — [*Adde* M. Kubitschek, *Imp. Rom.*, pp. 67-79. — Voy. aussi M. Antonio de Salvo, *Notizie storiche e topografiche intorno Melauria e Tauriana*, Napoli, 1886, broch. gr. in-8 de 135 pp. et un plan. — Le t. XI, 2, du *C. I. L.*, non encore publié, sera consacré à cette région.]

(2) Plin., *Nat. hist.*, III, 110. 111; — *Liber coloniarum*, dans les *Gromat. vett.*, [éd. Lachm., t. I], pp. 252 et suiv. — [Voy., sur cette région : *C. I. L.*, t. IX; — M. Kubitschek, *Imp. Rom.*, pp. 61-67.]

(3) Plin., *Nat. hist.*, III, 106-109. — [Voy., sur cette région : *C. I. L.*, t. IX; — M. Kubitschek, *Imp. Rom.*, pp. 48-61.]

(4) Pline (*Nat. hist.*, III, 106) fait figurer dans la quatrième région la ville de *Teate* [Chieti], qui se trouve dans le voisinage du *Frento* [Fortore]. — [Voy., sur cette ville, M. Th. Mommsen, *C. I. L.*, t. IX, f° 282. — *Adde* M. Kubitschek, *ubi supra*, p. 51. — Sur *Aesernia* et *Antinum*, voy. M. Ett. de Ruggiero, *Dizionar. epigr.*, fascic. 10 et 16, Roma, 1888-89, pp. 318 *sub fin.* et suiv., et pp. 493, col. 2, et suiv.]

(5) Plin., *Nat. hist.*, III, 53-70. — [Voy., sur cette région : *C. I. L.*, t. X, 1, et t. XIV ; — M. Kubitschek, *Imp. rom.*, pp. 8-36.]

(6) Plin., **Nat. hist., III, 63. 71.**

tium (1) *. Sa frontière de l'Est subit avec le temps plusieurs modifications : en effet, Pline rattache à la deuxième région le pays des *Hirpini* avec la ville de *Beneventum* [Benevento; Bénévent] (2); et, plus tard, il est compris dans la première (3).

C. *Italie inférieure*.

Regio III, Bruttii et Lucania (4), séparée de la Campanie par le *Silarus*, et, de l'Apulie, probablement par le *Bradanus* [Brádano] (5).
Regio II, Apulia et Calabria (6).

On doit admettre que la ville de Rome, que Pline fait rentrer dans la première région (7), avait commencé par former une circonscription particulière (8); mais on ignore l'étendue de

---

(1) * [Le dernier renseignement de nous connu sur le *Latium* nous est fourni par M. R. de La Blanchère, *Un chapitre d'histoire pontine. État ancien et décadence d'une partie du Latium*, Paris, Impr. nat., 1889, in-4 de 159 pp. (Extr. des *Mém. de l'Acad. des Inscr. et Bell.-Lett., savants étrangers*, t. X, 1re partie).]
(2) Plin., *Nat. hist.*, III, 99. 105.
(3) M. Mommsen (*Sulla topographia degli Irpini*, dans le *Bullett.*, 1847, p. 161) croit certainement à une erreur de Pline; plus tard (*Feldmesser*, [dans les *Gromat. vett.*, éd. Lachm.], t. II, p. 206, note 143), il indique la limite comme indécise. (Voy. aussi Desjardins, *De tabulis alimentariis*, Paris, 1854, in-4, pp. 73 et suiv.) — L'attribution ultérieure de Bénévent à la Campanie ressort des témoignages recueillis par M. Mommsen (*I. R. N.*, nos 1413. 1448. 1419. 1422. 1429. 1431 [= *C. I. L.*, t. IX : nos 1566. 1568. 1569. 1575. 1589. 1591]), de la signature du concile sarde de 347 (Mansi, t. III, p. 42), et du *liber colon.* (dans les *Gromat. vett.*, [éd. Lachm., t. I], p. 231), dans lequel *Beneventum* est également cité parmi les *civitates Campaniae ex libro regionum*. — [Sur Bénévent, voy. MM. Th. Mommsen, *C. I. L.*, t. IX, fos 133. 136 et suiv., 190 et 198; — Kubitschek, *op. cit.*, pp. 38 et suiv. — Sur le pays des *Hirpini*, voy. Ang. Mich. Jannacchini, *Topografia storica dell' Irpinia*, volume I (seul paru); Napoli, 1889, in-8.]
(4) Plin., *Nat. hist.*, III, 71-75. — [Voy., sur cette région, *C. I. L.*, t. X, 1, fos 1-57, et fos 683-712 ; — M. Kubitschek, *Imp. Rom.*, pp. 45-48.]
(5) Ce cours d'eau n'est mentionné qu'une seule fois dans l'*Itinerarium Antonini* (p. 104, éd. Wess.); mais sa situation est certaine; il s'appelle encore Bradano, et forme la limite entre la Basilicata et la terra d'Otranto.
(6) Plin., *Nat. hist.*, III, 99-105. — [Voy., sur cette région: *C. I. L.*, t. IX ; — MM. Kubitschek, *Imp. Rom.*, pp. 36-45 ; — Ett. de Ruggiero, *Dizionar. epigr.*, fascic. 17, Roma, 1890, pp. 532, col. 1, et suiv.]
(7) Plin., *Nat. hist.*, III, 65.
(8) Comp. Huschke, *Ueber den Census und die Steuerverfassung der früheren röm. Kaiserzeit*, Berlin, 1847, in-8, p. 63 ; — Bethmann—Hollweg, [*Der Civilprozess*], t. II, p. 64. — Que, sous le rapport des impôts grevant les

cette circonscription, et ses rapports avec l'ancienne banlieue de la ville (1), et avec l'*urbica dioecesis* que l'on rencontre plus tard (2).

Nous avons déjà fait observer qu'Auguste, en divisant le territoire en régions, ne s'était pas proposé de porter atteinte à l'autonomie que la *lex Iulia municipalis* avait reconnue aux villes italiques; au contraire, cette autonomie demeura intacte jusqu'au commencement du deuxième siècle : c'est vers cette époque qu'il faut placer le point de départ de la décadence des communes libres, et, en même temps, se manifeste un certain affaiblissement de l'esprit communal, aussi bien en Italie que dans les provinces. Les plus grands abus paraissent s'être glissés dans l'administration de la justice; le désordre commença à envahir même les finances des villes libres; et la responsabilité incombant de ce chef aux magistrats et aux décurions rendait, déjà alors, leurs fonctions onéreuses et remplies de périls (3); la circulation était loin d'être sûre, grâce à l'organisation défectueuse de la police des rues; enfin, les autorités des villes étaient également, semble-t-il, devenues impuissantes à faire face aux exigences des

Vices des administrations urbaines.

---

successions, Rome formât bien une circonscription particulière, c'est ce que prouve l'inscription n° 2980 du *C. I. Gr.* : [τὸν κράτιστ]ον ἐπίτροπο[ν] εἰκ[ο]στ[ῆς] κληρονομιῶν Ῥώμης Ἰταλίας.

(1) Tit.-Liv. III, 20, 7 : *Neque enim provocationem esse longius ab urbe mille passuum et tribunos, si eo veniant, in alia turba Quiritium subiectos fore consulari imperio*. — Dio Cass., LI, 19 : καὶ τὸν Καίσαρα τήν τε ἐξουσίαν τὴν τῶν δημάρχων διὰ βίου ἔχειν (ἐψηφίσαντο) καὶ τοῖς ἐπιβοωμένοις αὐτὸν καὶ ἐντὸς τοῦ πωμηρίου καὶ ἔξω μέχρις ὀγδόου ἡμισταδίου (c'est-à-dire jusqu'à sept stades et demi, ce qui fait 1.000 *passus*) ἀμύνειν. — Gaius, IV, § 104 : *Legitima sunt iudicia, quae in urbe Roma vel intra primum urbis Romae miliarium inter omnes cives Romanos sub uno iudice accipiuntur.*

(2) Comp. M. Mommsen, *Staatsrecht*, t. II, 2ᵗᵉ Aufl., p. 1039. [Ce vol., parvenu aujourd'hui à sa 3ᵉ éd., Leipzig, 1887, n'est pas encore traduit en français]. — [Voy., au demeurant, *C. I. L.*, t. VI; — M. Kubitschek, *Imp. Rom.*, pp. 7 et suiv., et les auteurs cités dans notre *Introd. bibliogr. gén.*, IX, 3°, N. B., 2°. — Comp. aussi Th. Mommsen, *Röm. Staatsr.*, t. III, Leipzig, 1887 et 1888, ainsi que la trad. franç. de M. P. F. Girard, dont les deux premiers voll. [t. VI, 1ᵉʳ et 2ᵉ voll. du *Manuel*) ont paru, Paris, 1889.]

(3) Voy. ci-dessus, t. I de cette traduction, ou t. VIII du *Manuel*, p. 288. Je me borne à remarquer ici que déjà Pline (*Ep.*, X, 113 [114]) fait mention d'individus, *qui inviti fiunt decuriones*.

16 ORGANISATION DE L'EMPIRE ROMAIN.

levées de troupes, quelque réduites qu'elles fussent en Italie (1).

Pour lutter contre ces abus, on se contenta d'abord de réorganiser, à différentes reprises, l'administration de la justice, et de soumettre, dans la mesure du nécessaire, les diverses autres branches de l'administration à un contrôle, par l'institution de commissaires extraordinaires; et il s'écoula encore près de deux siècles avant que l'on se décidât à dépouiller l'Italie des vieilles libertés que lui garantissait la loi et à lui donner une administration politique permanente et régulière.

L'Italie est placée sous l'autorité de quatre personnages consulaires; Hadrien entreprit, au cours des années 117—138, d'organiser un nouveau régime judiciaire; il divisa l'Italie en quatre ressorts, et, à la tête de chacun d'eux, il plaça un personnage consulaire (2). Cependant, les consulaires ne demeurèrent pas long-

(1) En Italie, les levées générales de troupes n'eurent plus lieu depuis la fin de la guerre civile (Herodian., II, 11. — Voy., pour plus de détails, mon *Hist. equitum Rom.*, pp 62 et suiv.). Seule, la garnison de la ville de Rome se recrutait parmi les Italiens (Tacit., *Ann.*, IV, 5); des volontaires servaient d'ailleurs dans les *cohortes Italicae civium Romanorum voluntariorum* (Voy. Kellermann, *Vig.*, n° 269 ; — Borghesi, *Œuvres*, t. IV, p. 198) ; mais si, aux époques de nécessité, une conscription était tentée en Italie, elle se heurtait à de grandes difficultés, comme sous Auguste après la défaite de Varus (Tacit., *Ann.*, I, 31, avec la note de Nipperdey, et, à ce sujet, Dio Cass., LVI, 23), sous Néron (Suet., *Nero*, XLIV) et sous Vitellius (Suet., *Vitell.*, XV). — [Le lecteur trouvera les renseignements les plus circonstanciés sur l'armée romaine sous la République et sous l'Empire dans Marquardt, *Staatsverwaltung*, t. II, ou t. V du *Handb. d. röm. Alterth.*, 2¹ᵉ Aufl., pp. 309 et suiv. (la trad. franç. de ce vol., faite sur sa 3ᵉ éd., paraîtra sous peu), et dans MM. Bouché-Leclercq, *Manuel des Instit. rom.*, pp. 265-331, et P. Willems, *Le dr. publ. rom.*, 6ᵉ éd., pp. 106 et suiv., et pp. 377 *in fine* et suiv. Ces trois auteurs donnent sur le sujet une bibliographie très complète. Il convient d'y joindre le mot *Dilectus*, dans le *Dict. des Antiq. grecq. et rom.*, de MM. Ch. Daremberg et Edm. Saglio, dû à M. R. Cagnat, et inséré dans les fascic. 12 et 13, Paris, 1888-1889 = t. II, pp. 212, col. 1, à 224, ainsi que le travail de M. Giesing sur l'*Organisation de la phalange et de la légion*, dans les *Neue Jahrbb. für Philologie und Paedagogik*, 1889, 2-3. — Comp. enfin les traités insérés par Graevius dans son *Thes. Antiq. Roman.*, t. X, Traject. ad Rhen., Lugd. Batavor., 1699.]

(2) Spartian., *Hadr.*, XXII, 13 : *Quattuor consulares per omnem Italiam iudices constituit* ; — Capitolin., *Anton. P.*, II, 11 : *Ab Hadriano inter quattuor consulares, quibus Italia committebatur, electus est ad eam partem Italiae regendam, in qua plurimum possidebat* ; c. III : *Huic, quum Italiam regeret, imperii omen est factum. Nam cum tribunal ascendisset, inter alias acclamationes dictum est : Auguste, di te servent* ; — Capitolin., *M. Ant.*, XI... *ad id exemplum, quo Hadrianus consulares viros reddere iura praeceperat* ; — Appian., *Bell. civ.*, I, 38 : ἦσαν γάρ, ὡς ἔοικε, τότε καὶ τῆς Ἰταλίας ἄρχοντες ἀνθύπατοι (il en-

temps en fonctions (1). Marc Aurèle les remplaça, dans la période comprise entre les années 161 et 169 (2), par d'autres magistrats, les *iuridici* (3), qui différaient des *consulares* : 1° en ce qu'ils étaient des *praetorii* (4); 2° en ce que leur compétence était limitée (5); 3° en ce qu'ils ne disaient le droit que dans une partie de l'Italie (6). Depuis cette époque, la juridiction criminelle est exercée, à Rome et dans un rayon de

puis sous celle de *iudirici*.

---

tend par là les *consulares*. Voy. Marini, *Arvali*, [t. II], p. 759) κατὰ μέρη. Ὁ καὶ Ἀδριανὸς ἄρα μιμούμενος ὕστερον χρόνῳ πολλῷ τὴν αὐτοκράτορα ἀρχὴν Ῥωμαίοις ἡγούμενος ἀνεκαίνισε καὶ μετ' αὐτὸν ἐπέμεινεν ἐς βραχύ. On trouve réunies dans Dirksen (*Die Scriptores hist. Aug.*, pp. 80 et suiv., spécialement p. 95) les différentes opinions qui ont été émises sur la compétence des *Consulares*. — [Voy. aussi, sur les *Consulares*, M. G. Humbert, dans le *Dict. de Ant. gr. et rom.*, de MM. Daremberg et Saglio, 10e fascic., Paris, 1886, mot *Consularis*, t. I, p. 1483, col. 1. encore *infra*, note 3.]

(1) Appian., *Bell. civ.*, I, 38.

(2) Cette chronologie ressort de l'inscription de *Concordia* (*C. I. L.*, V, t. [1], n° 1874). — Voy. Borghesi, *Œuvres*, t. V, p. 392. — [Voy. aussi M. H. Duméril, *De constitt. M. Aurel. Anton.*]

(3) Capitolin., *M. Ant. phil.*, XI : *Datis iuridicis Italiae consuluit ad id exemplum, quo Hadrianus consulares viros reddere iura praeceperat.* — [Sur les *consulares* et les *juridici*, voy. MM. Th. Mommsen, dans le *Bull. de l'Acad. de Saxe*, 1852, p. 269 ; *Inst. grom.*, dans les *Gromat. vett.*, ed. Lachm., t. II, p. 192 ; — Roulez, *Explic. d'une inscr. lat. inéd.*, dans le *Bull. de l'Acad. de Belgique*, t. XVIII, 2e partie, Bruxelles, 1852, pp. 519-523 ; — Borghesi, *Œuvres*, t. V, pp. 383-422 ; — Bethmann-Hollweg, *Der. Civilpr.*, t. II, § 66 ; — Zumpt, *Comment. epigr.*, t. II, pp. 40-55 ; — Kuhn, *Die städt. u. bürg. Verf.*, t. II, pp. 217 et suiv. ; — W. Schurz, *De mutation. in imp. rom. ordin.* ; — C. Jullian, *Les transform. polit. de l'It.*, pp. 118-135 ; — P.-E. Vigneaux, *Essai sur l'hist. de la praef. Urb. à Rome*, dans la *Rev. gén. du dr.*, t. XII, 1888, pp. 433 *in fine* et suiv. — Voy. aussi p. 16, note 2, *in fine*, *supra*.]

(4) Ce point résulte des inscriptions qui seront citées plus loin.

(5) Leur juridiction se limitait tout d'abord aux affaires civiles ; mais deux documents nous permettent de conclure que, même relativement à ces affaires, ils ne pouvaient connaître que de celles relatives à des objets d'une valeur inférieure à une certaine somme. Dion Cassius (LXXVIII, 22) dit sur l'année 217 à propos de Macrinus : δικαιονόμοι οἱ τὴν Ἰταλίαν διοικοῦντες ἐπαύσαντο ὑπὲρ τὰ νομισθέντα ὑπὸ τοῦ Μάρκου δικάζοντες, c'est-à-dire, suivant l'explication de Henzen (*Bull.*, 1853, p. 25), adoptée par Borghesi et par M. Mommsen : *iuridici Italiam administrantes desierunt ultra ea, quae a Marco lege ordinata erant, iudicare*. Toutefois, ce passage a, dans l'*Abrégé* de Xiphilin, si peu de lien avec ce qui précède, que son interprétation paraît dans tous les cas incertaine. Plus démonstratif est le *iuridicus de infinito per Flam. et Umbriam Picenum* (Orelli, n° 3174 [= *C. I. L.*, t. XI, 1, n° 376]), que l'on trouve sous Valerianus et Gallienus (253), et qui, au rebours des autres *iuridici*, doit avoir été investi d'un pouvoir extraordinaire.

(6) Voy. Dirksen, *Die Scr. H. Aug.*, pp. 94 et suiv.; — Bethmann-Hollweg, *op. et loc. sup. citt.*, p. 66.

Organisation Romaine, t. II.

18 ORGANISATION DE L'EMPIRE ROMAIN.

cent milles à l'entour, par le *praefectus urbi*, dans le reste de l'Italie, par le *praefectus praetorio* (1). Au point de vue de la juridiction civile, l'Italie se divise également en

(1) *Mos. et Rom. legum coll.*, XIV, 3, 2: *Sed enim iam eo perventum est constitutionibus, ut Romae quidem praefectus urbis solus super ea re cognoscat, si intra miliarium centesimum sit in Fabiam commissum. Enimvero si ultra centesimum, praefectorum praetorio erit cognitio*; — [Ulpian.], L. 1, pr., [*De offic. praef. urb.*], D., I, 12 : *Omnia omnino crimina praefectura urbis sibi vindicavit, nec tantum ea, quae intra urbem admittuntur, verum ea quoque, quae extra urbem intra Italiam.* § 4 : ... *Quidquid igitur intra urbem admittitur, ad praefectum urbi videtur pertinere. Sed et si quid intra centesimum miliarium admissum sit, ad praefectum urbi pertinet.* — Dion Cassius (LII, 22) indique également ce ressort. — Comp. *Fr. Vatic.*, § 155 ; — Gaius, I, 27 ; — Herodian., II, 13, 9 ; — Const. 62, [*De haereticis*], C. Th., XVI, 5. — [Sur le *praefectus urbi* sous l'empire, voy. en particulier : Becker — Marquardt, *Handb. d. röm. Alterth.*, t. II, 3, pp. 277 et suiv. ; — C. Franke, *De praefectura Urbis capita duo*, Berolini, 1850, broch. in-4 (*Nachricht von dem königl. Joachimsthalschen Gymnasium. Michaelis 1849 bis dahin 1850*) ; — Rein, *Praefectus urbis*, dans la *Pauly's Realencycl.* ; — F. Walter, *Gesch. d. röm. Rechts*, 3ᵗᵉ Aufl., t. I, § 286 ; — Léotard, *De praefectura urbana quarto post Christum saeculo* (Thèse de Doct. ès-Lett.), Parisiis, Franck, 1873, in-8 ; — Th. Mommsen, *Röm. Staatsr.*, t. II, 2, 2ᵗᵉ Aufl., pp. 1012 et suiv. (la trad. franç. de ce vol., dont la 3ᵉ éd. a paru à Leipzig en 1887, n'est pas encore terminée) ; — Madvig, trad. franç., t. II, pp. 91 ; 106 ; 224 ; 299 ; 325 ; t. III, pp. 97 et 340 ; — J. B. Mispoulet, *Les Instit. politiq. des Rom.*, t. I, pp. 283 et suiv. ; — les remarquables études publiées par M. P.-E. Vigneaux, sous le titre : *Essai sur l'histoire de la praefectura urbis à Rome*, dans la *Rev. gén. du Droit*, depuis 1885 (t. IX, pp. 444 et suiv.) et actuellement encore en cours ; voy. notamment : t. X, 1886, pp. (146 et suiv.) 337 et suiv., et pp. 532 et suiv. ; t. XI, 1887, pp. 52 et suiv., pp. 142 et suiv., et pp. 224 et suiv. ; t. XII, 1888, pp. 28 et suiv., et pp. 425 et suiv. ; t. XIII, 1889, pp. 215 et suiv. ; t. XIV, 1890, pp. 52 et suiv. et pp. 201 et suiv. ; — E. Klebs, *Sur la préfecture de la ville sous l'Empire* (en all.), dans le *Rhein. Mus.*, t. XLII, 2, 1887, pp. 164-178. On trouvera la liste des *praefecti urbis* dans Borghesi, *Œuvres*, t. IX, 2, Paris, 1884. *Adde* M. G. Tomassetti, *Fastes des préfets de Rome*, dans le *Musco Italiano di Antichità classica*, 1888-1889. — Voy. aussi, sur le Préfet de la ville, MM. Bouché-Leclercq, *Manuel des instit. rom.*, pp. 157 et suiv. ; — P. Willems, *Le dr. publ. rom.*, 6ᵉ éd., pp. 487 et suiv., et pp. 563 *in fine* et suiv. — Sur le *praefectus praetorio*, consulter notamment : Rein, *Praefectus praetorii*, dans la *Pauly's Realencycl* ; — Blau, *Hist. de l'origine et du développement de la préfecture du prétoire* (en allemand), Görlitz, 1860 ; — Walter, *op. sup. cit.*, t. I, § 288 ; — H. Schiller, *Gesch. d. röm. Kaiserzeit*, Berlin, 1872, pp. 395 et suiv. ; — J. J. Mueller, *Geschichte der praefectura praetorio bis auf Constantin*, dans ses *Studien zur Geschichte der röm. Kaiserzeit*, Zurich, 1874, pp. 1-27 ; — Th. Mommsen, *op. et loc. sup. citt.*, pp. 828 et suiv., et pp. 1058 et suiv. ; — Hirschfeld, *Untersuch.*, t. I, pp. 247 et suiv ; — Madvig, *Die Verf. u. Verw.*, t. II, pp. 579 et suiv. ; voy. trad. franç., t. II, pp. 299, 311 et suiv. ; t. III, pp. 156 et 342 ; — J. B. Mispoulet, *op. cit.*, t. I, pp. 285 et suiv. ; — O. Karlowa, *Gesch. d. röm. Rechts*, t. I, pp. 547 et suiv ; — Bouché-Leclercq, *op. cit.*, pp. 153 et suiv. ; — P. Willems, *op. cit.*, pp. 424 et suiv. ; comp. pp. 578 et suiv. —

deux parties : l'*urbica dioecesis*, où le droit est dit par les préteurs urbains, et les régions plus éloignées, où les fonctions prétoriennes passèrent en tout ou en partie aux *iuridici* ; sur la compétence de ces derniers, nous savons seulement que les fidéicommis (1), la nomination des tuteurs (2), et certaines difficultés relatives à la capacité requise pour faire partie de la curie (3), étaient de leur ressort. Malheureusement, on n'a aucun renseignement certain, ni sur l'étendue de l'*urbica dioecesis* (4), ni sur le nombre des *iuridici* et sur leurs circonscrip-

On trouvera la liste des *praef. praet.* dans M. Hirschfeld, *ubi supra*, pp. 219 et suiv. — Voy. aussi C. E. Zachariae, 'Ανέκδοτα, Leipzig, 1843, pp. 231 et suiv. ; — Rudorff, *Röm. Rechtsgesch.*, t. I, § 80 ; — C. Jullian, *Les transform. politiq. de l'Italie*, Paris, 1884, pp. 136 et suiv. ; — Éd. Cuq, *Mémoire sur le concilium principis, d'Auguste à Dioclétien*, dans les *Mém. prés. à l'Acad. des Inscr.*, t. IX, 1884, (ou tirage à part), p. 357, texte et note 3 ; — G. Bloch, *Remarques à propos de la carrière d'Afranius Burrus*, dans d'*Annuaire de la Fac. des Lettres de Lyon*, t. III, 1885, p. 12.]

(1) [Scaevola], L. 41, § 5, [*De fideicommissar. libert.*], D., XL, 5.
(2) Ulpian., *Fr. Vatic.*, § 205 : *Si quis ad urbicam dioecesin pertinens* [*testamento tutor datu*]*r, excusare se debebit ab eo patrimonio, quod in regio*[*nibus iuridicorum est, similiter*] *a re provinciali.* — § 232 : *Observari autem oportet, ne his pupillis tutorem det (praetor), qui patrimonia in his regionibus habent, quae sunt sub iuridicis, ut Claudio Pompeiano praetori imperator noster rescripsit.* — § 241 : *Si quis autem in provincia domicilium habet, debet excusari ; sed et si quis patrimonium in ea regione, quam iuridicus administrat, habet.*
(3) Au titre du Digeste *De variis et extraordinariis cognitionibus et si iudex litem suam fecisse dicetur* (D., L, 13), il est dit dans le *fr.* de Callistrate, qui y forme la L. 5, pr. : *Numerus ergo cognitionum in quattuor fere genera dividi potest : aut enim de honoribus sive muneribus gerendis agitatur, aut de re pecuniaria disceptatur, aut de existimatione alicuius cognoscitur, aut de capitali crimine quaeritur.* C'est dans la troisième classe que rentre l'affaire de Volumnius Serenus de *Concordia*, qui, après être devenu *scriba* et *decurio*, avait ensuite été frappé de la peine de la relégation et se vit, après son retour, empêché d'entrer derechef dans la curie de *Concordia*. Cette affaire fut portée devant le *iuridicus regionis Transpadanae*, Arrius Antoninus, à qui se réfère à ce sujet Fronto (*Ep. ad amicos*, II, 7, p. 193, éd. Naber).
(4) Le ressort judiciaire des Préteurs n'est identique ni avec l'ancienne banlieue (voy. *supra*, p. 15, note 1), ni avec la circonscription de police placée sous l'autorité du *praefectus urbi*, et s'étendant jusqu'à la centième pierre milliaire. En effet, la Campanie, qui faisait partie de l'*urbica dioecesis*, se trouvait déjà située *ultra centesimum lapidem*. Voy. Tacit., *Ann.*, XIII, 26 : *Quid enim aliud laeso patrono concessum, quam ut centesimum ultra lapidem in oram Campaniae libertum releget*, et les commentateurs sur ce passage. — [Comp., sur la question fort controversée de l'étendue de l'*urbica dioecesis*, MM. Th. Mommsen, *Röm. Staatsr.*, t. II, 2, 2te Aufl. p. 1039, note 5 (voy., à ce sujet, p. 18, note 1, *supra*) ; — C. Jullian, *Les Transform. polit. de l'Italie*, pp. 130 et suiv. ; le même, V° *Dioecesis*, dans le *Dict. des Antiq. gr. et*

tions; les inscriptions mentionnent fréquemment ces dernières; mais elles varient si souvent, que l'on est obligé d'admettre, soit que les circonscriptions judiciaires établies à l'origine ont subi des changements continuels (1), soit qu'il n'y a pas eu de circonscription fixe proprement dite, mais que les *iuridici* étaient commis, suivant les circonstances, tantôt pour telle région, tantôt pour telle autre (2).

---

rom., de MM. Ch. Daremberg et Edm. Saglio, 13ᵉ fasc., Paris, 1889, t. II, p. 226, coll. 1 et suiv.]

(1) Telle est l'opinion de Borghesi, qui cherche à expliquer les différences existant dans les indications des circonscriptions, en admettant que toutes les régions dépendant du ressort des *iuridici* n'étaient pas toujours rappelées dans leur titre, mais que ce titre était abrégé, ainsi que cela avait lieu également pour les *correctores*, dont il sera parlé plus tard. J'ai cru tout d'abord, en vertu de ce principe, pouvoir établir l'existence de 5 *iuridici*; mais ce résultat est, en tout cas, des plus incertains. Le nombre de quatre *iuridici*, adopté par Zumpt (*Comment. epigr.*, t. II, p. 45), est tout à fait invraisemblable.

(2) Ce second sentiment est partagé par M. Mommsen (*Feldmesser*, [dans les *Gromat. vett.*, éd. Lachm], t. II, p. 193; *Staatsrecht*, t. II, 2, 2ᵗᵉ Aufl., p. 1009 [voy., à ce sujet, p. 18, note 1, *supra*]) et par Henzen (*Annali*, 1863, p. 282). Je me contente de dresser ici la liste des *iuridici* connus. [Comp., à cet égard, M. C. Jullian, *op. cit.*, pp. 121 et suiv., et surtout M. W. Liebenam, *Forschungen zur Verwaltungsgesch. des röm. Kaiserreichs*, I Bd. *Die legaten in den röm. Provinzen von Augustus bis Diocletian*, Leipzig, 1888, 1 vol. in-8):

[C] *Arrius Antoninus* — iuridicus per Italiam regionis Transpadanae primus (entre 161 et 169) (Inscr. de Concordia, C. I. L., t. V, [1], n° 1874 = Borghesi, *Œuvres*, t. V, 383).

(Sans nom); d'après M. J. Klein (*Rhein. Museum*, 1875, p. 288), il s'agirait de ce même Arrius : *iuridicus regionis Transpadanae* (Inscr. de Cirta, *Revue archéol.*, vol. XXVIII, (1874), p. 333 [= C. I. L., t. VIII, 1, n° 7030]).

M. *Nonius Arrius Paulinus Aper* — iuridicus region(is) Tran(spadanae) (Inscr. de Brixia (avant 207), C. I. L., t. V, [1], n° 4341 = Borghesi, *Œuv.*, t. V, 393).

L. *Fulvius Gavius N(umisius Petronius) Aemilianus* — electus ab op(timo imp. Severo) Alexandro Aug. ad (ius dicendum) per regionem Tra(nspadanam) (223-235) (Mommsen, *I. R. N.*, n° 3604 = Henzen, n° 6486 [= C. I. L., t. X, 1, n° 3856]).

C. *Luxilius Sabinus Egnatius Proculus* — iur. reg. Transpad. (sous les Gordiens, après 237) (Orelli, n° 3134 [= Wilmanns, *Exempla*, t. I, n° 1215]).

(Si)*monius Proculus Iulianus* —(iu)ridicus per Transpadum, de la même époque (Borghesi, *Œuv.*, t. V, 403 [= C. I. L., t. VI, 1, n° 1520]).

L. *Gabonius Arunculeius Pacilius Severus*, iurid. reg. Transpad. (Inscr. de Brixia, C. I. L., t. V, [1], n° 4332).

Axilius Honoratus iur. reg. Transpad. (C. I. L., t. V, [2], n° 8921).

P. *Plotius Romanus* — iur. per Aem. Lig. (avant Alexandre Sévère) (Orelli, n° 3044 [= Wilmanns, *Exempla*, t. 1, n° 1197 = C. I. L., t. VI, 1, n° 332]).

Il ne faut pas croire que l'institution des *iuridici* ait eu pour *Situation des municipes par rapport aux iuridici.*

(Sans nom) — *iuridicus per Aemiliam et Liguriam* (Mommsen, *I. R. N.*, n° 4237 = Henzen, n° 6482 [= *C. I. L.* t. X, 1, n° 5178]).

Q. *Servilius Q. f. Hor. Pudens* — *iuridicus Aemiliae [et Fla]miniae* (Renier, [*Inscr. rom. de l'Algérie*], n° 2749 [= *C. I. L.*, t. VIII, 1, n° 5354]).

iuridicus Aemiliae, Etruriae (peut-être *Liguriae*) *et Tusciae*. (Inscription africaine inédite dans Mommsen, *Staatsrecht*, t. II, 2te Aufl., p. 1039, note 4. [Ce volume, parvenu à sa 3e éd., Leipzig, 1887, n'est pas encore traduit en français. Quant à l'inscription visée, elle est aujourd'hui reproduite dans le *C. I. L.*, t. VIII, 1, n° 597 ; voy. aussi t. VIII, 2, f° 1064, col. 2].)

M. *Fabius M. f. Quir. Magnus Valerianus* — *iur. reg. Tusciae et Piceni* (Henzen, *Annali*, 1863, p. 277 [= Wilmanns, *Exempla*, t. I, n° 1193 = *C. I. L.*, t. XI, 1, n° 2106]).

δικαιοδότης Ἀπολίας Καλαβρίας Λυκαονίας (c'est-à-dire *Lucaniae*) (Mommsen, *Ephem. epigr.*, t. IV, p. 224).

L. *Sempronius Celsus Servilius Fabianus*, — *[iu]rid. per Apu[liam et] Calabria(m)* (Marini, *Arv.*, [t. I], p. 180).

M. *Caecilius Novatillianus* — *iurid. Apul. et Calabr.* (Mommsen, *I. R. N.*, n° 1420 = Orelli, n° 1178 [= *C. I. L.*, t. IX, n° 1572]).

Il convient d'y joindre également :

L. *Ragonius Urinatius Larcius Quintianus*, —— *iuridicus per Apul.*, sous Commode, dans trois inscriptions: Gruter, f° 1029, [1] [= *C. I. L.*, t. VI, 1, n° 1503] ; — Orelli, n° 2377 = *C. I. L.*, t. V, [1], n° 2112 ; — Henzen, n° 6492 [= *C. I. L.*, t. VI, 1, n° 1502]).

G. *Herennius Silvius Maximus* — *iurid. per Calabr. Lucaniam Brittios* (Henzen, n° 6745 [= Mommsen, *I. R. N.*, n° 4851 = *C. I. L.*, t. IX, n° 2213]).

C. *Sallius Aristaenetus* — *iuridicus per Picenum et Apuliam* (Gruter, f° 465, n°s 5. 6 [= *C. I. L.*, t. VI, 1, n°s 1511. 1512]).

C. *Sabucius Maior Caecilianus* — *iurid. per Flamin. et Umbriam*, sous Commode, (Henzen, n° 7420 [= Wilmanns, *Exempla*, t. I, n° 1196 = *C. I. L.*, t. VI, 1, n° 1509]).

C. *Cornelius Felix Thrallus* [*Italus ; sic C. I. L.*], *iurid. per Flam. et Umbr.* (Orelli, n° 3177 [= *C. I. L.*, t. XI, 1, n° 377]).

P. *Aelius Coeranus* — *iuridicus per Flaminiam et Umbriam*, sous Caracalla (Orelli, n° 3851 [= *C. I. L.*, t. XIV, n° 3586]).

L. *Annius Italicus Honoratus*, — *iurid. per Fl. et Umbriam* (Desjardins, *Annali*, 1868, p. 97 [= *C. I. L.*, t. III, 2, n° 6154]).

Q. *Mamilius Capitolinus*, *iurid. per Flaminiam et Umbriam et Picenum* (*C. I. L.*, t. II, n° 2634).

M. *Aelius Aurelius Theo, Aug(usti) iuridicus de infinito per Flam. et Umbriam Picenum* (Orelli, n° 3174 [= *C. I. L.*, t. XI, 1, n° 376]), de l'époque de Valérien et de Gallien (253).

L'inscription n° 3173 d'Orelli, dans laquelle on rencontre un *iuridicus prov. Campaniae*, est fausse. (Voy. Mommsen, *I. R. N.*, *Falsae*, n° 538. — Borghesi, *OEuvres*, t. V, 393. [Voy. aussi *C. I. L.*: t. IX, f° 834, et t. X, 2, f° 1212, *ad h. n.*; voy. enfin t. X, 1, n° 469 *.])

Il n'existe pas de circonscription *Picenum Valeria*. L'inscription, dans laquelle on croyait la trouver, doit être lue, d'après Borghesi (*OEuvres*, t. V, 401 = Henzen, n° 6489) : *Sex. Pedio. Sex. f. Arn. Hirruto Lucilio Pollion. Cos.*

résultat général de restreindre la juridiction municipale (1) : en effet, la connaissance des litiges qui leur étaient attribués avait antérieurement appartenu aux tribunaux romains (2); toutefois, les *iuridici* n'avaient pas tardé à exercer sur l'administration de la justice dans les municipes une action analogue à celle des *praesides provinciae* dans les villes provinciales (3); ce point semble démontré par le cas de Volumnius Serenus de Concordia [Concordia] (voy. *supra*, p. 19, note 3), relatif au maintien dans le Sénat d'un décurion condamné ; or, aux termes de la *lex Genetiva* (c. CV), cette cause était de la compétence de la juridiction municipale ; mais elle ressortit désormais au *iuridicus provinciae*; ce qui prouve que, déjà à cette époque, les magistrats municipaux n'avaient, au regard du *iuridicus*, qu'une condition subalterne.

<small>Correctores dans les provinces.</small> Au premier siècle de l'empire, le Gouvernement n'avait pas troublé les municipes dans leur administration communale ; ce n'est que dans ses dernières années que se fit sentir, aussi bien dans les villes italiques que dans les villes provinciales, avec le désarroi croissant de leurs finances, la nécessité d'un contrôle de comptabilité. C'est pour répondre à cette nécessité que fut institué en Italie, à partir de Nerva et de Trajan, le *curator*, dont il a déjà été question ci-dessus (voy. t. I de cette

---

praef. aer. militar. leg. Aug. iurid. (Asturiae) et Gallaec(iae). — [Voy. aussi C. I. L., t. VI, 1, n° 1486 = t. XIV, n° 3995.]

(1) Voy. Bethmann-Hollweg, *loc. sup. cit.*, p. 68. *Contra* : Puchta, dans la *Zeitschr. f. gesch. Rechtswiss.*, t. X, p. 204 ; *Institutionen*, t. I, § 92 ; — Savigny, *Gesch. d. R. R. im Mittelalter*, t. I, p. 55 [= dans la trad. franç. de M. Ch. Guenoux, t. I, p. 50].

(2) Voy. M. Mommsen, *Staatsrecht*, t. II, 2te Aufl., p. 1039. [Ce vol., parvenu aujourd'hui à sa 3e éd., Leipzig, 1887, n'est pas encore traduit en français.]

(3) Je remarque qu'on trouve également employées, au sujet du *Iuridicus*, les expressions *regionem administrat* (*Fragm. Vatic.*, § 241), *provinciam administrat* (Fronto, *Ad amicos*, II, 7, p. 192, éd. Naber), qui sont ailleurs usitées pour le *praeses*. Une fois aussi on voit mentionnée dans une inscription (Orelli, n° 3177 [=C. I. L., t. XI, 1, n° 377]), l'immixtion d'un *iuridicus* dans les affaires administratives : *C. Cornelio C. f. Quirin. Felici Thrallo (Italo ; sic C. I. L., dont nous suivons ici la leçon] iurid. per Flamin. et Umbri. — — ob eximiam moderationem et in sterilitate annonae laboriosam erga ipsos fidem et industriam, ut et civibus anno(na) superesset et vicinis civitatibus subveneretur*.

trad. = t. VIII du *Manuel*, pp. 225 et suiv.) ; — on ne sait s'il était préposé à tous les municipes, ou si chaque municipe avait le sien. — Dans les provinces, les communes libres, qui ne reconnaissaient pas l'autorité du gouverneur (voy. t. I de cette trad., pp. 97 et suiv.) et qui comprenaient un territoire plus étendu ou formaient la province tout entière, furent soumises à un fonctionnaire impérial, qui porte les noms de διορθωτής ou d'ἐπανορθωτής, ou même de λογιστής, en latin *corrector* (1),

---

(1) Borghesi traite avec détail de ces commissaires impériaux dans ses *Œuvres* (t. V, p. 408). Ceux que l'on rencontre sont :
Sous Trajan : *Sex. Quinctilius Maximus, missus in Achaiam ad ordinandum statum liberarum civitatium* (Plin., *Epist*., VIII, 24, 2 [*ibiq*. M. Alibrandi, dans les *Studi e Docum. di Storia e Diritto*, t. V, 1884, pp. 185 et suiv.]) ; d'après M. Mommsen (*Staatsrecht*, t. II, 2ᵗᵉ Aufl., p. 1036, note 5 [ce vol. parvenu à sa 3ᵉ éd., Leipzig, 1887, n'est pas encore traduit en français]), ce personnage serait le même qu'Épictète (*Diss*. III, 7) appelle διορθωτής τῶν ἐλευθέρων πόλεων.
Sous Hadrien : *P. Pactumeius Clemens legatus divi Hadriani Athenis, Thespiis, item in Thessalia, — — legatus divi Hadriani ad rationes civitatium Syriae putandas* (Henzen, n° 6483 [= *C. I. L.*, t. VIII, 1, n° 7059]) ; — Herodes Atticus, dont Philostrate (*Vitae soph*., I, 25, 6) dit : ἀφῖκτο μὲν ἐς τὴν Σμύρναν, — κατὰ χρόνους, οὓς τὰς ἐλευθέρας τῶν πόλεων αὐτὸς διωρθοῦτο, et (II, 1, 3) : ἦρχε μὲν γὰρ τῶν κατὰ τὴν Ἀσίαν ἐλευθέρων πόλεων ὁ Ἡρώδης ; — Ti. Severus, πρὸς πέντε ῥάβδους πεμφθεὶς εἰς Βειθυνίαν διορθωτὴς καὶ λογιστὴς ὑπὸ θεοῦ Ἀδριανοῦ (*C. I. Gr*., nᵒˢ 4033.4034).
Et, à une époque postérieure : Burbuleius Optatus, — *logista Syriae* (Henzen, n° 6484 [= Borghesi, *Sull'iscr. di L. Burbuleio*, Napoli, 1838 = Mommsen, *I. R. N.*, n° 4060 = *C. l. L.*, t. X, 1, n° 6006]) ; — L. Egnatius Victor Lollianus ἐπανορθωτὴς Ἀχαίας (*C. I. Gr*., n° 1624) ; — Egnatius Proculus ἐπανορθωτὴς (Ἀχαίας) (*C. I. Gr.*, n) 1341) ; — Ti. Claudius Callippianus Italicus — — λογιστὴς καὶ ἐπανορθωτὴς τῶν ἐλευθέρων πόλεων (*Bull. dell'Inst.*, 1862, p. 119 = *C. I. Attic.*, t. III, n° 631) : — Cn. Claudius Leonticus, ὁ λαμπρότατος ὑπατικὸς καὶ ἐπανορθωτὴς (Ἀχαίας) (Dittenberger, dans l'*Ephem. epigr*., Vol. I, p. 248) ; — *L. Turr. Gratianus v(ir) c(larissimus) corr(ector) prov. Achaiae* (*C. I. L.*, t. III, [2], n° 6103).
La dernière inscription date du règne de Dioclétien. Avec lui prennent fin les διορθωταί ou *correctores*. Lorsque Papinien, dans le premier livre de ses *Digesta*, lequel a été écrit entre les années 198 et 206, par conséquent sous Sévère [voy., à cet égard, MM. Hermann Heinrich Fitting, *Ueber das Alter der Schriften Römischer Juristen von Hadrian bis Alexander*, Basel, 1860, pp. 28 et suiv. ; — John Roby, trad. ital. de M. P. Cogliolo, *Introduzione allo studio del Digesto Giustinianeo*, Firenze, 1887, pp. 202 et suiv. ; — Paul Krüger, *Geschichte der Quellen und Litteratur des Römischen Rechts*, Leipzig, 1888, pp. 197 *in fine* et suiv.], dit : *Legatus Caesaris, id est praeses vel corrector provinciae, abdicando se non amittit imperium* (L. 20, [*De officio praesidis*], D., I, 18), il distingue par là deux sortes de *legati*, les gouverneurs ordinaires des provinces impériales, qu'il appelle *praesides*, et les commissaires

Correctores en Italie.

ou encore *curator* dans un document (1), qui a cinq *fasces* (2), et qui exerce ses fonctions à côté du gouverneur. Cette dernière institution passa également des provinces en Italie, mais seulement après plus d'un siècle (3); en effet, les commissaires impériaux que l'on rencontre parfois en Italie, depuis Trajan, ne paraissent avoir été nommés qu'en vue de missions particulières et pour une durée limitée à leur objet : tels le *leg(atus) Aug(usti) p(ro) p(raetore) region(is) Transpadanae*, délégué par Trajan et chargé, semble-t-il, d'une mission militaire (4) ; — le *praeposi-*

extraordinaires de l'empereur, qu'il nomme *correctores* ou διορθωταί. — [Voy. encore les indications bibliographiques données *infra*, note 3.]

(1) *C. Mevius C. f. Donatus — — curator civitatium universarum provinciae Siciliae* (Henzen, n° 6506 [= *C. I. L.*, t. XIV, n° 2107]).

(2) Voy. p. 23, note 1, *supra*.

(3) Il est traité des *correctores Italiae* par : Boecking (*Notit. Dign. Occ.*, pp. 1180 et suiv.) ; — Borghesi (*OEuvres*, t. V, pp. 395 et suiv.). — La situation jusqu'ici très obscure de l'Italie au cours de cette dernière période a été expliquée par M. Mommsen (*Feldmesser*, [dans les *Gromat. vett.*, éd. Lachm.], t. II, pp. 196 et suiv.) avec une heureuse sagacité ; elle a, depuis lors, fait l'objet d'un nouvel examen de sa part dans l'*Ephem. epigr.*, [Vol. I], 1872, pp. 138 et suiv. — [Sur les *correctores* soit dans les provinces, soit en Italie, voy., en dehors des ouvrages cités par Marquardt, les auteurs suivants : Desjardins, *Remarques sur la carrière d'un légat de Pannonie*, dans la *Revue archéol.*, 1873, pp. 182 et suiv. ; — C. Jullian : *De la réforme provinciale attribuée à Dioclétien*, dans la *Revue historiq.* de M. Monod, t. XIX, 1882, pp. 339 et suiv., et *Les transformations politiq. de l'Italie sous les empereurs romains*, Paris, 1884, in-8, pp. 147-171 ; — R. Cagnat, dans le *Dict. des Antiq. grecq. et rom.*, de MM. Daremberg et Saglio, 10° fascic., Paris, 1886, V° *Corrector*, t. I, pp. 1538 et suiv. ; — G. Humbert, *Essai sur les finances et la comptabil. publ. chez les Romains*, Paris, 1887, t. II, p. 36 ; — W. Liebenam, *Forschungen*, I Bd., *Die Legaten*, Leipzig, 1888. — Voy. aussi MM. J. B. Mispoulet, Bouché-Leclercq et P. Willems, *opp. citt.*, renvois des *Tables*, au mot *Corrector*.]

(4) Orelli, n° 2273 = Marini, *Iscr. Alb.*, p. 54 [= Wilmanns, *Exempla*, t. I, n° 1163 = *C. I. L.*, t. X, 1, n° 6658]. Zumpt (*Comment. epigr.*, t. II, p. 41) considère ce légat comme un gouverneur militaire établi dans la *Transpadana* pendant la guerre Dacique [comp. les auteurs cités dans notre *Introd. bibliogr. gén.*, II, B, *Trajan*]; Borghesi (*OEuvres*, t. V, p. 408), dont Henzen (sur le n° 6482) partage l'opinion, y voit un précurseur des *correctores* institués par la suite ; M. Mommsen (*Ephem. epigr.*, [Vol. I], 1872, p. 138) le tient pour un officier chargé de la levée des troupes (*dilectator*; voy. Renier, *Mélanges*, p. 73), analogue à celui qui est mentionné dans l'inscription n° 1817 des *Inscr. de l'Algérie*, de Renier [= *C. I. L.*, t. VIII, 1, n° 7036] : *T. Caesernio — — misso ad dilec[tu]m iuniorum a divo Hadriano in regionem Transpadanam*. Partant de cette inscription, M. Mommsen croit également pouvoir lire au n° 3604 de ses *I. R. N.* [= *C. I. L.*, t. X, 1, n° 3856] : *L. Fulvio Aemiliano — electo ab op[timo imp. Severo] Alexandro ad*

tus tractus Apuliae Calabriae Lucaniae Bruttiorum, auquel avait été confié le soin de rétablir la sécurité dans le pays (1), — et un *praepositus Umbriae Piceni et Apuliae* (2). C. Octavius Appius Suetrius Sabinus, qui fut consul en l'an 214, est le premier auquel ait été donné le titre de *electus ad corrigendum statum Italiae* (3); puis viennent Pomponius Bassus, consul en 258 et en 271, ἐπανορθ(ωτὴς) πάση(ς) ('Ιταλίας) (4); Tetricus, *corrector totius Italiae*, sous Aurélien (5); C. Ceionius Rufius, *corrector Italiae* (6), sous Carinus (7) (il mourut en 285); enfin, sous Dioclétien, Paetus Honoratus, *v. c. corrector Itali(ae)* (8); Acilius Clarus, (*corrector I)tal(iae)*; Numidius, *corrector Italiae* en 290 (9); L. Aelius Helvius Dionysius, —— *corrector utriusque Italiae* (10). M. Mommsen a conclu de ces témoignages que, jusqu'en l'an 290, l'Italie a été placée sous l'autorité d'un seul *corrector* et que Dioclétien le premier partagea l'Italie, comme les provinces (11), en petites circonscriptions administra-

[*dilectum habendum*] *per regionem Tra*[*nspadanam*]. — [Sur le *Dilectus*, voy. M. R. Cagnat, à ce mot, dans le *Dict. des antiq. grecq. et rom.*, de MM. Daremberg et Saglio, 12e et 13e fascic., Paris, 1888-1889, t. II, pp. 212, col. 1, et suiv.]

(1) Mommsen, *I. R. N.*, n° 646 [= *C. I. L.*, t. IX, n° 334] : *ob — singularem industriam ad quietem regionis servandam.*

(2) Orelli, n° 3175.

(3) Voy. l'inscription d'*Aquinum* [Aquino] (*Ephem. epigr.*, [Vol. I], 1872, p. 130, *ibique* M. Mommsen) ; — Desjardins, *Revue archéolog.*, Nouv. série, Vol. XXVI, (1873), p. 67. p. 181.

(4) Voy. MM. de Rossi, *Bullettino di archeologia Christiana*, 1871, p. 45 ; *Roma Sotterranea*, Tomo II, p. 282 ; — Mommsen, *loc. sup. cit.*, p. 139.

(5) Trebellius Pollio, *Trig. tyr.*, XXIV : (*Aurelianus Tetricum*) *correctorem totius Italiae fecit, id est Campaniae, Samnii, Lucaniae, Brittiorum, Apuliae, Calabriae, Etruriae atque Umbriae, Piceni et Flaminiae omnisque annonariae regionis.*

(6) Gruter, f° 387, n° 5 [= Wilmanns, *Exempla*, t. I, n° 1226 = *C. I. L.*, t. VI, 1, n° 1707].

(7) Mommsen, *I. R. N.*, n° 2497 = Henzen, n° 6481 [= Wilmanns, *Exempla*, t. I, n° 1226 = *C. I. L.*, t. X, 1, n° 1655]. Dans l'inscription n° 6328 des *I. R. N.* [= *C. I. L.*, t. X, 1, *Inscriptiones falsae vel alienae*, n° 304*, f° 15*], se trouve mentionné un *Corrector Campaniae*; mais M. Mommsen (*Ephem. epigr.*, [Vol. I], 1872, p. 140, note 2) tient cette inscription pour interpolée.

(8) *C. I. L.*, t. V, [1], n° 2817.

(9) Const. 3, [*Quibus non objic. long. temp. praescr.*], C. Just., VII, 35.

(10) Orelli, n° 60 [= Wilmanns, *Exempla*, t. I, n° 1224 = *C. I. L.*, t. VI, 1, n° 1673]. Le titre s'explique par la division de l'Italie en deux diocèses, dont il va être parlé.

(11) Lactant., *De morte persec.*, VII.

tives (1). Ces circonscriptions ne nous sont connues avec exactitude qu'à partir du quatrième siècle, où le nom de la province vint se joindre au titre du *corrector;* mais, dans quelques provinces, les gouverneurs obtiennent un rang supérieur, et, de *correctores*, avec cinq *fasces*, sont élevés à la dignité de *consulares*, avec six *fasces* (2). La nouvelle distribution provinciale de l'Italie fut accomplie de 290 à 300 (3), et elle eut pour conséquence immédiate de retirer au sol italique l'exemption d'impôts dont il avait joui jusque-là. Maximien, qui était Auguste depuis 286 et qui résidait à Milan (4), leva, dans la partie de l'Italie qui est située au nord de la *Macra* et du *Rubicon* (5), une contribution destinée à l'entretien de sa cour (*annona*); d'où cette région prit dès lors le nom de *regio annonaria;* tandis que l'Italie centrale et l'Italie inférieure fournissaient à la ville de Rome, tout au moins au IV° siècle, de la chaux, du bois, des

<small>Suppression de l'exemption d'impôts.</small>

<small>Regio annonaria et regio urbicaria.</small>

---

(1) M. Mommsen (*Feldmesser,* [dans les *Gromat. vett.,* éd. Lachm.], t. II, p. 196), avait commencé par admettre, avec Borghesi, que le partage de l'Italie en provinces devait être attribué à Aurélien [270-275]. Cette opinion reposait sur quelques inscriptions, qui, d'après le nouvel examen de M. Mommsen (*Ephem. epigr.*, [Vol. I], 1872, pp. 140. 141), ne sont pas décisives, et sur ce fait que Tetricus, qui, dans Trebellius Pollio, porte le titre de *corrector totius Italiae,* est appelé sous Aurélien *corrector Lucaniae* par Vopiscus (*Aurel.,* XXXIX), par Aurelius Victor (*Caes.,* XXXV, et *Epit.,* XXXV, 7) et par Eutrope (IX, 13), tandisque, d'autre part, Aurelius Victor (*Caes.,* XXXIX, 10) cite, lors de la mort de Carus (284), un *Iulianus corrector Venetiae.* Dans tous les cas, ces témoignages ne peuvent être infirmés qu'en supposant que les auteurs précités ont arbitrairement transporté les titres existant de leur temps à une période antérieure. (Voy. M. Mommsen, *loc. sup. cit.,* p. 140.)

(2) Rutilius Namatianus (*Itin.,* I, 579) dit de son père Lachanius, qui administrait vers 389 la *Tuscia* et l'*Umbria* en qualité de *consularis :*

Namque pater quondam Tyrrhenis praefuit arvis,
Fascibus et senis credita iura dedit.

Les *fasces* sont également mentionnés pour le *consularis Campaniae* dans l'inscription n° 3170 d'Orelli = Mommsen, *I. R. N.,* n° 1422 [= *C. I. L.,* t. IX, n° 1575].

(3) Les *correctores* de cette époque sont indiqués ci-après à propos de chaque province.

(4) Voy. Burkhardt, *Die Zeit Constantins des Grossen,* Basel, 1853, pp. 56 et suiv. — Ausonii *Ordo nobilium urbium,* V.

(5) Trebellius Pollio (*Trig. tyr.,* XXIV) désigne comme *annonaria regio* le pays situé au nord de la *Tuscia* et de la *Flaminia.*

porcs, des bœufs et du vin (1), et reçurent le nom de *urbicariae* ou *suburbicariae regiones* (2).

L'empire romain fut, en 292, partagé entre quatre empereurs, Dioclétien, Maximien, Constance et Galerius (3), ayant chacun son *praefectus praetorio* (4); et lorsque, en 324, Cons-

Partage de l'Empire sous Dioclétien*.

---

(1) Voy. les documents justificatifs dans M. Mommsen (*Feldmesser*, [dans les *Gromat. vett.*, éd. Lachm.], t. II, p. 199).

(2) En ce qui concerne les *regiones annonariae* et *suburbicariae*, une controverse ardente a été soulevée, spécialement par rapport à la domination primitive du Pape; on en trouve une bibliographie complète dans la Préface des *Opera iuridica minora* de Jacques Godefroy (éd. Trotz, Lugd. Bat., 1733, in-fol., pp. 16 et suiv.). Godefroy, dans l'écrit anonyme paru sous le titre *De suburbicariis regionibus et ecclesiis, seu de praefectura et episcopi urbis Romae dioecesi coniectura* (Francofurti, 1618, in-4) et sur la Constit. 2, [*De integri restitutione*], C. Th., II, 16, définit la *regio urbicaria* celle qui entourait immédiatement Rome jusqu'à la centième pierre milliaire, et qui était placée sous l'autorité du préfet de la ville, tandis que la *regio annonaria* comprenait tout le reste de l'Italie. [Voy. *Codex Theodosianus cum perpetuis commentariis* Iacobi Gothofredi, etc., éd. Ioan. Dan. Ritter, 6 voll. in-fol., t. I, Lipsiae, 1736, fol. 185, col. 2.] En dehors de Saumaise, Savigny (*Vermischte Schiften*, t. II, p. 105) et Boecking (*Notit. Dignit. Occid.*, p. 172), se sont rangés à son opinion. — Suivant Jacques Sirmond, au contraire (voy. Jac. Sirmondi *Opera*, Venetiis, 1728, in-fol., Vol. IV, pp. 1-159), l'*annonaria regio* n'embrasse que la Lombardie; quant à l'*urbicaria regio*, ce n'est pas la circonscription du *praefectus urbi*, mais le diocèse du *vicarius urbis Romae*, et elle comprend toute l'Italie centrale et inférieure. M. Mommsen (*Feldmesser*, [dans les *Gromat. vett.*, éd. Lachm.], t. II, p. 200), se prononce en faveur de l'opinion de Sirmond, dont il résume les arguments. Je la suis également et renvoie sur ce point à Sirmond et à M. Mommsen. — [Voy. aussi, indépendamment des auteurs cités au début de ce chapitre, p. 1, note 1 : Bethmann-Hollweg, *Gerichtsverf.*, § 7, note 27 ; *Civilpr.*, § 133, notes 25 et 26 ; — F. Walter, *Gesch. des röm. Rechts*, 3tte Aufl., t. I, § 389, note 31, p. 566 ; — E. Léotard, *De praefectura urbana quarto post Christum saeculo*, Paris, 1873, pp. 38 et suiv.; 95 et suiv.; — MM. G. Humbert, dans le *Dict. des antiq. grecq. et rom.*, de MM. Daremberg et Saglio, V° *Annonariae species*, 2° fascic., Paris, 1873, t. I, pp. 279, col. 2, et suiv. — P. Willems, *Le dr. publ. rom.*, 6° éd., p. 580.]

* [Voy. notamment, sur les développements qui vont suivre : Walter, *Gesch. des röm. Rechts*, 3tte Aufl., t. I, § 389, pp. 565 et suiv.; — Bethmann-Hollweg, *Röm. Civilproc.*, §§ 132 et suiv., *passim*; — C. Jullian : *De la réforme provinciale attribuée à Dioclétien*, dans la Revue historiq. de M. Monod, t. XIX, 1882, pp. 331-374, et *Les transformat. politiq. de l'Italie*. pp. 172-180. — Voy. aussi les auteurs cités au début de ce chapitre, ainsi que dans notre *Introd. biblioq. gén.*, II, spécialement B, *Dioclétien et Constantin*, et VI.]

(3) Aurel. Victor, *Caes.*, c. XXXIX, §§ 23-30.

(4) Constance avait pour *pr. praet.* Asclepiodotus (Aurel. Victor, *Caes.*,

tantin devint le seul maître, il conserva les quatre *praefecti praetorio*, pour les quatre parties entre lesquelles il avait divisé son empire, *Oriens, Illyricum, Italia, Galliae* (1). Au-dessous d'eux étaient placés douze *vicarii* (2), ayant eux-mêmes sous leurs ordres cent seize gouverneurs, chargés d'administrer les diverses provinces, et portant des titres variés ; toutefois, les uns (3) et les autres remontent, non pas à Constantin, mais à Dioclétien lui-même; et c'est à ce prince qu'appartient, tout au moins dans ses traits généraux, la nouvelle organisation de l'Italie (4), que nous allons exposer sommairement.

Praefectura Italiae.

La *praefectura Italiae* comprenait trois diocèses, ceux d'*Africa*, d'*Italia* et d'*Illyricum occidentale*. Le dernier qui, dans la *Liste de Vérone*, est désigné sous le nom de *dioecesis Pannoniarum* (5), ressortissait directement au *praefectus praetorio Italiae* (6), tandis que l'Afrique avait un *vicarius*, et que l'Italie, à laquelle avaient été réunies, sous Dioclétien, plusieurs provinces

---

XXXIX, 42); Maxence (306-312), Rufius Volusianus (Zosim., II, 14; — Aur. Vict., XL, 18).

(1) Zosime (II, 32) attribue l'établissement des quatre *praefecti* à Constantin, ce qui n'est pas certain. (Voy. Tillemont, [*Hist. des emp.*], t. IV, p. 284 ; — M. Mommsen, *Memorie dell'Instituto*, t. II, p. 301 ; — Bethmann-Hollweg, *Röm. Civilprocess*, t. III, p. 14.)

(2) Voy. Bethmann-Hollweg, *Röm. Civilprocess*, t. III, pp. 49 et suiv.

(3) Lactance (*De mort. persec.*, VII) dit de Dioclétien : *Tres enim participes regni sui fecit, in quatuor partes orbe diviso, — — provinciae quoque in frusta concisae, multi praesides et plura officia singulis regionibus ac paene iam civitatibus incubare, item rationales multi et magistri et vicarii praefectorum* ; et ce passage se trouve confirmé par l'inscription romaine dont traite M. Mommsen (*Memorie dell'Instituto*, t. II, p. 298) et relative à C. Caelius Saturninus, qui, dès avant Constantin, paraît avoir été *vicarius praeff. praetorio bis in urbe Roma et per Mysias* [= Wilmanns, *Exempla*, t. I, n° 1223 = *C. I. L.*, t. VI, 1, n° 1704], et aussi par l'inscription de *Septimius Valentio v. c.* [*P*; sic *C. I. L.*] *a(gens) v(ices) praeff. praett.*, de l'an 293 (Orelli, n° 1049 [=*C. I. L.*, t. VI, 1, n° 1125]). On rencontre dès l'année 315 un *vicarius Africae*. (Voy. M. Mommsen, *Feldmesser*, [dans les *Gromat. vett.*, éd. Lachm.], t. II, p. 202, [note 101].)

(4) C'est ce qui résulte également aujourd'hui de la *Liste de Vérone* de l'an 297, qui, bien que présentant des lacunes à cet endroit, n'en énumère cependant pas moins déjà les provinces du diocèse italique. (Voy. M. Mommsen, dans les *Abh. d. Berliner Acad.*, 1862, p. 513.)

(5) Voy. M. Mommsen, *loc. sup. cit.*, p. 491.

(6) Voy. M. Mommsen, *loc. sup. cit.*, p. 497, et *Polemii Silvii Laterculus* (dans les *Abh. der sächs. Gesellsch. d. Wiss.*, t. III, p. 260) ; — Bethmann-Hollweg, *Röm. Civilprocess*, t. III, pp. 47 et suiv., 51 et suiv.

voisines, avait deux *vicarii*, dont l'un résidait à Rome et s'appelait, en conséquence, *vicarius in urbe* ou *vicarius urbis* (1), dont l'autre siégeait à *Mediolanum* (Milan) (2) et portait le titre de *vicarius Italiae* (3). Ainsi, le mot *Italia* avait reçu, à cette époque, deux acceptions nouvelles : il désigne d'abord le ressort administratif du *praefectus praetorio*; puis, dans une signification spéciale, l'*Italia annonaria*, avec Milan pour capitale (4), opposée à l'*Urbs* et aux *regiones suburbicariae* (5). L'Italie, agran-

(1) Voy. Bethmann-Hollweg, *loc. sup. cit.*, p. 51, note 27. Le titre est *vicarius praefectorum praetorio in urbe Roma* (voy. l'inscription rapportée par M. Mommsen, dans les *Memorie dell'Inst.*, t. II, p. 315 [voy. aussi *C. I. L.*, t. VI, 1, n° 1704]), et non pas *vicarius praefecti*, car c'est un fonctionnaire indépendant, qui relève directement de l'empereur. (Voy. M. Mommsen, *loc. sup. cit.*) De même *pro praefectis praetorio in urbe Roma finitimisque provinciis* (Orelli, n° 1186 [= Wilmanns, *Exempla*, t. I, n° 641 = *C. I. L.*, t. VI, 1, n° 1698]), ou bien, en abrégé, *vicarius urbis* ou *vicarius urbi* (Const. 1, [*De actorib. et procuratorib. et conductorib. rei priv.*], C. Th., X, 4, de l'an 313 ; — Orelli, n° 3171 [= Wilmanns, *Exempla*, t. I, n° 1237 (cf. n°s 1238 et 1239) = *C. I. L.*, t. VI, 1, n° 1767 (cf. eod., n°s 1676-1678)]; — Henzen, n°s 6471. 6473. 6904 [= *C. I. L.*, t. VI, n°s 1729. 1725. 1736] ; — Cassiodor., VI, 15).

(2) Boecking, *Notit. Dignit. Occid.*, p. 440. — Le *praef. praet. Italiae* réside également à Milan (Const. 6, [*De cohortal., princip., cornicul. et primipil.*], C. Th., VIII, 4 ; — Const. 15, [*De episc., eccles. et cleric.*], C. Th., XVI, 2 ; — Const. 3, [*Ne quid publ. laetit.*], C. Th., VIII, 11).

(3) *Vic(arius) praef(ecturae) per Ital[iam]* (Orelli, n° 3764 [= *C. I. L.*, t. XI, 1, n° 831] ; cf. Borghesi, *OEuvres*, t. VI, p. 385 ; — M. Mommsen, dans les *Memorie*, t. II, p. 315). Le Code Théodosien le mentionne dans les années 320 (Const. 1, [*Si qui eam, cuius tutor fuer., corrup.*], IX, 8), 321 (Const. 4, [*De privil. eor., qui in sacro palat. militar.*], VI, 35), 365 (Const. 12, [*De annona et tributis*], XI, 1 (et non *De accusation. et inscription.*, IX, 1, comme l'indique par erreur Marquardt, p. 232, note 4]), 370 (Const. 31, [*De cursu publ., angar. et parangar.*], VIII, 5 ; Const. 2, [*Ne operae a collator. exig.*], XI, 10), 374 (Const. 10, [*De lustral. collat.*], XIII, 1); en l'année 368, Ammien (XXVII, 7, 5) parle de trois *apparitores potestatis vicariae per Italiam*.

(4) Athanasius (*Hist. Arianorum ad monachos*, dans Athan. *Opp.*, Paris, 1698, in-fol., t. I, p. 363) : Διονύσιος ὁ ἀπὸ Μεδιολάνων · ἐστὶ δὲ καὶ αὕτη μητρόπολις τῆς Ἰταλίας. Cette indication se réfère à l'année 355.

(5) Déjà Trebellius Pollio (*Trig. tyr.*, XXIV) oppose à l'*annonaria regio* les *suburbicaria regiones*, qu'il énumère isolément ; de même, dans une Constitution du Code Théodosien (Const. 9, [*De annona et tributis*], XI, 1), on voit les *suburbicariae regiones* opposées aux *regiones Italiae*. Comp. Const. 9, [*De extraordin. sive sordid. muner.*], XI, 16 : *Non enim per Italiam tantum, sed etiam per urbicarias regiones....*; Const. 1, [*Si per obrept. fuer. impetr.*], XI, 13 : *.... per omnem Italiam, tum etiam per urbicarias Africanasque regiones....* Dans les actes des Conciles, se trouvent les *subscriptiones* suivantes : *Merocles episcopus de civitate Mediolanensi, provincia Italia* (Concil. Arelatense, ann. 314, dans Mansi, t. II, p. 476); — *Lucius ab Italia de Verona, Fortuna-*

die de la sorte et délimitée à nouveau par Dioclétien, se divisait probablement à l'origine en douze districts (1), savoir :

1. *Raetia.*
2. *Venetia et Histria.*
3. *Aemilia et Liguria.*
4. *Alpes Cottiae.*
5. *Flaminia et Picenum.*
6. *Tuscia et Umbria.*
7. *Campania et Samnium.*
8. *Apulia et Calabria.*
9. *Lucania et Bruttii.*
10. *Corsica.*
11. *Sardinia.*
12. *Sicilia.*

---

tianus ab Italia de Aquileia, Ursacius ab Italia de Brixia, Severus ab Italia de Ravenna (Concil. Sardicense, ann. 347, dans Mansi, t. III, pp. 38. 42). Dans la *Notitia Dignit.*, enfin, ce ne sont pas seulement les *vicarii* qui tirent leur titre de ces deux diocèses, mais encore d'autres fonctionnaires, comme le *rationalis rei privatae per Italiam* et le *rationalis rei privatae per urbem Romam et suburbicarias regiones* (*Notit. Dignit. Occid.*, c. XI).

(1) Les provinces d'Italie sont énumérées dans la *Liste de Vérone* (p. 513), dans le *Laterculus* de Polemius Silvius (p. 251), auquel M. Mommsen a également joint la liste des provinces romaines, liste dès longtemps connue, publiée par Schonhoven dans l'édition d'Eutrope (Basil., 1552), et souvent rééditée depuis, et dans la *Notitia Dignitatum Occid.* (c. II); le diocèse du *vicarius urbis* fait, dans cette *Notitia*, l'objet spécial du chapitre XVIII, [=chap. XIX dans M. Otto Seeck, *Notit. Dignit.*, 1876, p. 163]; quant au chapitre qui contenait l'indication des provinces du *vicarius Italiae*, il n'existe plus' dans la *Notitia*, et il a été restitué par Boecking (p. 439). [Voy. le *Laterculus Veronensis* et le *Laterculus Polemii Silvii sive Schonhovianus*, dans M. Otto Seeck, *op. sup. cit.*, pp. 247-253, et pp. 254-260. — Comp., au surplus, p. 27, note *, *supra*, et, ci-dessous, B, *Les Provinces romaines*, note 1.] — En ce qui concerne la délimitation géographique des provinces, l'œuvre principale est celle de Caroli a. S. Paulo, *Geographia sacra. Accesserunt Lucae Holstenii animadversiones* (Amstelaedami, 1704, in-fol.); mais elle ne contient que des matériaux dépourvus de critique, que Bingham (*Origines, vertit* I. K. Grischov, Halae, 1727, in-4. Vol. III, pp. 504 et suiv.) a mis à contribution, et que Boecking de son côté n'a pas toujours contrôlés. Nous devons des recherches approfondies sur les provinces italiennes à l'étude de M. Mommsen intitulée *Die Quellen der Longobardengeschichte des Paulus Diaconus*, et publiée dans le *Neues Archiv der Gesellschaft für ältere deutsche Geschichtskunde* (Bd. V, (1879), pp. 84 et suiv.); une carte est jointe à ce travail, dans lequel on trouve les renseignements les plus complets sur les listes existantes des provinces italiennes.

Ce nombre a été porté à dix-sept au cours du ɪvᵉ siècle, grâce au partage du premier district en *Raetiae duae*, du troisième en *Aemilia* et *Liguria*, du cinquième en *Flaminia et Picenum annonarium* et *Picenum suburbicarium*, du septième en *Campania* et *Samnium*, enfin à la création d'un nouveau district, *Valeria* (1). Parmi ces dix-sept districts, se trouvaient placés :

A. SOUS L'AUTORITÉ DU *VICARIUS ITALIAE*.

1. *Venetia et Histria*(Reg. X), avec *Aquileia* [Aquileja] pour capitale (2), sous un *corrector* (3), plus tard sous un *consularis* (4).

Provinces ressortissant au *Vicarius Italiae.*

2. *Liguria*, composée de la XIᵉ région *Transpadana* (5) et de

---

(1) Voy. M. Mommsen, *op. et loc. sup. citt.*, pp. 84 et suiv.

(2) Voy. Polemius Silvius, p. 251 ; — Gothofred., *Topographia Codicis Theodosiani*, éd. Lips., pp. 112 et suiv.; — Boecking, *Notit. Dignit. Occid.*, p. 441. — [Sur *Aquileia*, voy. MM. Th. Mommsen, *C. I. L.*, t. V, 1, fᵒˢ 83 et suiv. ; — Jos. Wilhelm Kubitschek, *Imp. Rom. trib. discr.*, pp. 106 et suiv.,

(3) *Cor. Gaudentius v. p. com(es) et corr. Ven. et Histr.* (C. I. L., t. V, [1]] nᵒˢ 4327, 4328).

Isteius Tertullus — corr. Ven. et Histriae, sous Maximien (286-305) (Orelli, nᵒ 1050 = *C. I. L.*, t. V, [1], nᵒ 2818).

C. Vettius Cossinius Rufinus c. v. corr. Venetiae et Histriae, vers 312 (Orelli, nᵒ 2285 [=*C. I. L.*, t. X, 1, nᵒ 5061]).

M. Maecius Balburius — corrector Venetiarum et Hystriae, avant 343 (Orelli, nᵒ 3491 = Mommsen, *I. R. N.*, nᵒ 2618 [= *C. I. L.*, t. X, 1, nᵒ 1700]).

L. Nonius Verus — correct. Venetiarum et Istriae, sous Constantin (Orelli, nᵒ 3764 ; — Borghesi, *Œuvres*, t. VI, p. 388 ; — [*C. I. L.*, t. XI, 1, nᵒ 831]).

Vetulenius Praenestius v. p. corr. Venet. et Hist. (362 ou 363) (Henzen, *Bull. dell' Inst.*, 1877, p. 107 = *C. I. L.*, t. V, [2], nᵒ 8987).

(4) *Florianus consularis Venetiae*, 365 (C. Th. : Const. 1, [*De exsecutor. et exaction.*], VIII, 8 ; — Const. 10, [*De exaction.*], XI, 7).

Parecorius Appoll(inaris) consul. Venet. et (Histriae) (C. I. L., t. V, [1], nᵒ 1582).

Val. Palladius v. c. cons. Venet. et Histr. (C. I. L., t. V, [1], nᵒ 3332).

L'inscription en vers publiée au *C. I. L.*, (t. V, [2], nᵒ 6253) en mentionne un quatrième. — De même, d'après la *Notit. Dignit. Occid.* (p. 5), la province a des *consulares*.

(5) A la fin du troisième siècle, la *regio Transpadana* était encore une province particulière, séparée de la *Liguria. T. Flavius Titianus, corrector Campaniae, corrector Italiae Transpadanae* (Orelli, nᵒ 1194 [= Wilmanns, *Exempla*, t. I, nᵒ 1225 a = *C. I. L.*, t. VI, 1, nᵒ 1418]) l'administrait avant 301, an-

32   ORGANISATION DE L'EMPIRE ROMAIN.

la IX° région *Liguria*, avec *Mediolanum* [Milan] pour capitale (1), sous un *consularis* (2).

3. *Aemilia*, la VIII° région, à l'exception du territoire de Ravenne, fut, pendant un certain temps, peut-être jusqu'en

---

née dans laquelle il fut pour la seconde fois consul. A lui se rapporte une deuxième inscription, recueillie par Janssen (*Musei Lugduno-Batavi Inscr.*, tab. IX, n° 2) et par Henzen (*Tab. alim.*, p. 52), inscription dans laquelle il porte le titre de (*cor*)*rector Italiae reg*(*ionis*) *Tr*(*anspadanae*) [= Wilmanns, *Exempla*, t. I, n° 1225 *e* = C. I. L., t. VI, 1, n° 1419].

(1) Jordanes, *Get.*, XLII : *Mediolanum, Liguriae metropolim* ; — Polem. Silvius, p. 251 : *Liguria, in qua est Mediolanum* ; — *Notit. Dignit. Occid.*, p. 47 : *praepositus thesaurorum Mediolanensium Liguriae*; p. 48 : *procurator Gynaecii Mediolanensis Liguriae*; — Procop., *De bell. Goth.*, I, 14 : ἐκ Μεδιολάνων — ἣ ἐν Λιγούροις κεῖται (Cf. II, 18) ; — Paulus Diac., *De gest. Longobard.*, II, 15 : *Liguria — in qua Mediolanum est.* Pareillement, *Vercellae*, qui est située au Nord du Pô, s'appelle, dans Saint-Jérôme (Hieronym., *Ep.*, I, 1 § 3 (vers 370)), *Ligurum civitas*. — [Sur *Mediolanum* et *Vercellae*, voy. MM. Th. Mommsen, *C. I. L.*, t. V, 2, f°ˢ 633 et suiv., et f° 736 ; — Kubitschek, *Imp. rom.*, pp. 120 et 121.]

(2) Il est question d'un gouverneur de Ligurie, Magnillus, avant 392, dans Symmaque (*Epist.*, III, 34) ; — *Arrianus, consularis Liguriae*, 396 (Const. 4, [*Unde vi*], C. Th., IV, 22). Cassiodore (*Var.*, XII, 8) fait encore mention d'un *consularis provinciae Liguriae*. Un passage de Paul Diacre (Paulus Diaconus, *De gestis Longob.*, II, 16) a été, relativement à cette province, la cause d'une grande confusion ; voici ce que l'on y lit: *Quintae provinciae Alpes Cottiae dicuntur, quae sic a Cottio rege qui Neronis tempore fuit, appellatae sunt. Haec a Liguria in eurum versus usque ad mare Tyrrhenum extenditur, ab occiduo vero Gallorum finibus copulatur. In hac Aquis, ubi aquae calidae sunt, Dertona et monasterium Bobium, Genua quoque et Saona civitates habentur.* Si cela était exact, il faudrait que le nom de *Liguria* ait passé de la ix° à la xi° région, et que, d'autre part, la ix° région ait reçu le nom d'Alpes cottiennes. M. Mommsen (*C. I. L.*, t. V, [2], f° 810, et *Neues Archiv*, t. V, pp. 90 et suiv.) a le premier découvert la source de cette erreur. Paul Diacre puise, en effet, ses connaissances géographiques dans une *notitia provinciarum* fautive (Polemius Silvius, p. 251, éd. Mommsen) : *Nona Alpes Cottiacae et Appenn*(*inae*) *in quibus est Genua* ; or, cette *notitia* confond les *Alpes Poeninae* et l'*Apenninus* et place, par suite, *Genua* dans les Alpes cottiennes. La relation de Paul Diacre repose donc sur une grave méprise du document sur lequel elle s'appuie. — [Sur la Ligurie, voy. T. Desjardins, *La Ligurie*, Lyon, 1881, 1 vol. in-8, et comp. M. L. F. Alfred Maury, *Les Ligures et l'arrivée des populations celtiques au midi de la Gaule et en Espagne*, dans la *Bibliothèq. de l'École des Hautes Études*, 35° fascic., Paris, 1878, pp. 1-19. (*Adde*, sur ce dernier point, la communication faite par M. d'Arbois de Jubainville à l'Acad. des Inscr. et Bell.-Lett., séance du 16 mai 1890 ; *Journal off.* du 20 mai, p. 2430, col. 1). — Sur les *Alpes Cottiae*, sur les *Alpes Poeninae* et sur l'*Apenninus*, voy. M. Ett. de Ruggiero, *Dizionar. epigr.*, fascic. 14, Roma, 1889, V°ˢ *Alpes* (*Cottiae*) et *Alpes* (*Poeninae-Graiae*) a), pp. 430 et suiv., et 432, et fascic. 16, Roma, 1889, V° *Apenninus* (*mons*), p. 512, col. 1.]

396, réunie à la Ligurie pour former une province consulaire (1); mais, à partir de cette date, elle forma une circonscription administrative particulière, avec *Placentia* [Piacenza; Plaisance] pour capitale (2).

4. *Flaminia et Picenum annonarium*, placée sous l'autorité d'un *consularis* (3) et portant aussi le nom de *Flaminia*, avec *Ravenna* [Ravenne] pour capitale (4), n'est pas une province de Dioclétien, mais elle n'a été séparée que depuis 364 de la province de *Picenum et Flaminia*, qui, jusqu'alors, faisait tout entière partie des *urbicariae regiones* (5). La *Flaminia* s'étendait au sud jusqu'à l'*Aesis* et comprenait, avec Ravenne, *Fo-*

---

(1) On trouve :
Ann. 321, *Iunius Rufus, consularis Aemiliae* (Const. 1, [*De vectigalib. et commiss.*], C. Th., IV, 12).
Ann. 323, *Ulpius Flavianus, cons. Aemiliae et Liguriae* (Const. 2, [*De extraord. sive sordid. muner.*], C. Th., XI, 16).
Sous Constantin (324-337), *C. Iulius Rufinianus Ablavius* [*Ablabius; sic: C. I. L.*] *Tatianus, — consularis Aemiliae et Liguriae* (Orelli, n° 1181 [=*C. I. L.*, t. X, 1, n° 1125]).
Ann. 357, *Dulcitius, consularis Aemiliae* (Const. 3, [*De censu sive adscript.*], C. Th., XIII, 10).
Ann. 385, *Romulus, consularis Aemiliae et Liguriae* (Const. 4, [*De denuntiat. vel edit. rescr.*], C. Th., II, 4).
Il est donc permis d'admettre avec M. Mommsen (*Feldm.*, [dans les *Gromat. vett.*, éd. Lachm.], t. II, p. 204) que le titre mentionné à deux reprises de *consularis Aemiliae* est abrégé. En 396, on rencontre au contraire un *consularis Liguriae* (Const. 4, [*Unde vi*], C. Th., IV, 22), et, avant 399, *Chronius* [*male: Cronius; sic : C. I. L.*] *Eusebius v. c. consularis Aemiliae, addita praedictae provinciae — etiam Ravennatium civitate, quae antea Piceni caput provinciae videbatur* (Orelli, n° 3649 [= *C. I. L.*, t. VI, 1, n° 1715]). — [Sur *Ravenna*, voy. MM. Eug. Bormann, *C. I. L.*, t. XI, 1, f°s 6 et 70 ; — Kubitschek, *Imp. Rom.*, pp. 98 *in fine* et suiv.] — Dans la *Notit. Dignit.*, l'*Aemilia* est une province particulière.

(2) Voy. Boecking, *Notit. Dignit. Occid.*, p. 442. — [Sur *Placentia*, voy. MM. Eug. Bormann, *C. I. L.*, t. XI, 1, f°s 242 et suiv., et f° 254 ; — Kubitschek, *Imp. Rom.*, p. 98. Voy. aussi M. F. Giarelli, *Storia di Piacenza dalle origini ai nostri giorni*, Volume I (seul paru), Piacenza, 1889, in-16]. — [Sur la province *Aemilia*, voy. M. Ett. de Ruggiero, *Dizionar. epigr.* v° *Aemilia* (*provincia*), fascic. 10, Roma, 1888, p. 293, col. 1.]

(3) *Notit. Dignit. Occid.*, p. 5 et p. 10.

(4) Polem. Silvius, p. 251 ; — Zosimus, V, 27 : Ῥαβέννη μητρόπολις Φλαμινίας. — [Sur *Ravenna*, voy. ci-dessus les renvois de la note 1, *sub fin.*]

(5) Constt. 1 et 3, [*Quib. equor. usus concessus est aut deneg.*], C. Th., IX, 30. — M. Mommsen, *Feldm.*, [dans les *Gromat. vett.*, éd. Lachm.], t. II, p. 210.

Organisation Romaine, t. II. 3

rum Popilii [Forlimpópoli], *Ariminum* [Rimini], *Pisaurum* [Pésaro], *Fanum* [Fano] et *Sena* [Sinigaglia] (1).

5. *Alpes Cottiae*, l'une des provinces gauloises, rattachées à l'Italie depuis Dioclétien (2), sous l'autorité d'un *praeses* (3).

6 et 7. *Raetia*, autrefois une des provinces danubiennes, fut réunie sans partage préalable à l'Italie sous Dioclétien; mais, au IVe siècle, on la divisa (4) en *Raetia prima*, avec *Curia* (Chur [Coïra; Coire]) pour capitale (5), et *Raetia secunda*, avec *Augusta Vindelicorum* (Augsbourg) pour capitale (6); chacune d'elles fut placée sous l'autorité d'un *praeses* (7).

B. SOUS L'AUTORITÉ DU *VICARIUS URBIS* :

Provinces ressortissant au Vicarius Urbis.

8. *Tuscia et Umbria*, qui, dès avant Constantin, avaient une assemblée commune se réunissant à *Volsinii* [*Volsinii veteres* = Orvieto; *Volsinii novi* = Bolsena] (8), furent administrées jus-

---

(1) Voy. M. Mommsen, *loc. sup. cit.* — [Sur *Forum Popilii*, *Ariminum* et *Sena* (ou *Saena*), voy. MM. Eug. Bormann, *C. I. L.*, t. XI, 1, f° 111; f°˙ 76 et suiv. ; f°˙ 332 et suiv.; — Kubitschek. *Imp. Rom.*, p. 97; pp. 94 et suiv.; pp. 75 et 87 *in fine* et suiv. — Sur *Pisaurum* et *Fanum*, voy. M. Kubitschek, *op. cit.*, pp. 74 et 70 *in fine* et suiv.]

(2) Voy. *Liste de Vérone*, p. 514.

(3) *Notit. Dignit. Occid.*, p. 6; — *C. I. L.*, t. V, [2], n°˙ 7248. 7249. 7252. — [Sur les *Alpes Cottiae*, voy. MM. Kubitschek, *Imp. Rom.*, pp. 123 *in fine* et suiv.; — Ett. de Ruggiero, *Dizionar. epigr.*, *h. v.*, fascic. 14, Roma, 1889, pp. 430, col. 1, et suiv.]

(4) Dans la *Liste de Vérone* (p. 514) elle porte le nom de *Raetia*, et, en l'an 290, on trouve un *praeses provinciae v. p.* (*C. I. L.*, t. III, [2], n° 5810); le catalogue de Polemius Silvius, composé en 385, fait pour la première fois mention de la *Raetia prima* et de la *Raetia secunda*, et cette mention se retrouve ensuite dans la *Notitia Dignit. Occid.* (vers 400) (p. 6 et p. 10).

(5) Voy. Boecking, *Notit. Dignit. Occid.*, p. 444.

(6) *Notit. Dignit. Occid.*, p. 48.

(7) *Notit. Dignit. Occid.*, p. 6. — [Sur la *Raetia*, voy. MM. Th. Mommsen, *C. I. L.*, t. III, 2, f°˙ 706 et suiv.; — Kubitschek, *Imp. Rom.*, pp. 222 et suiv.]

(8) Voy. M. Mommsen, dans les *Berichte der sächs. Gesellsch.*, 1850, p. 209. — [Sur *Volsinii*, voy. MM. Eug. Bormann, *C. I. L.*, t. XI, 1, f° 423; — Kubitschek, *Imp. Rom.*, p. 91.]

qu'en 366 par des *correctores*, souvent désignés par abréviation sous le titre de *correctores Tusciae*(1), et résidant à *Florentia* [Florence](2); mais, depuis 370, par des *consulares* (3). Dès 367, la province se divisait en deux parties : la *Tuscia annonaria*, au nord de l'*Arnus*, et la *Tuscia suburbicaria*, au sud de ce fleuve, qui, toutes deux, paraissent à l'origine avoir reconnu l'autorité du même *corrector* ou du même *consularis* (4). Plus tard, en 458, on rencontre un *consularis Tusciae suburbicariae*

---

(1) *C. Vettius Cossinius Rufinus — corr. Tusciae et Umbriae*, vers 312 (Orelli, n° 2285 = Mommsen, *I. R. N.*, n° 4550 [= *C. I. L.*, t. X, 1, n° 5061]).

Tatianus — — corrector Tusciae et Umbriae, sous Constantin (324-337) (Orelli, n° 1184 = Mommsen, *I. R. N.*, n° 1883 [= *C. I. L.*, t. X, 1, n° 1125]).

L. Turcius Apronianus — corrector Tusciae et Umbriae, ann. 346 (Orelli, n° 1100 [= *C. I. L.*, t. VI, 1, n° 1768] ; — Murat. [et non Gruter, comme l'indique Marquardt par erreur, p. 236, note 2], f° 379, n° 1 [= *C. I. L.*, t. VI, 1, n° 1769]).

Corrector anonyme *Tusciae et Umbriae*, entre 315-336 (*Bullett.*, 1863, p. 208).

Dynamius corrector Tusciae, ann. 355 (Ammian., XV, 5, 14).

Iulius Festus Hymetius corrector Tusciae et Umbriae, avant 362 (Henzen, n° 6904, et *Bullett.*, 1852, p. 178 [= *C. I. L.*, t. VI, 1, n° 1736]).

Vettius Agorius Praetextatus — corrector Tusciae et Umbriae, avant 367 (Orelli, n° 2354 [= *C. I. L.*, t. VI, 1, n° 1778] ; — Borghesi, *Œuvres*, t. III, p. 505).

Auxonius corrector Tusciae, ann. 362 (Const. 6, [*De numerar., actuar., scriniar. et exceptor.*], C. Th., VIII, 1).

Terentius corrector Tusciae, ann. 364 et 365 (C. Th. : Const. 4, [*De jurisdict., et ubi quis conven. deb.*], II, 1 ; Const. 61, [*De decurion.*], XII, 1 ; — Const. 65, [*De decurion.*], XII, 1 ; — Ammian., XXVII, 3, 2).

Maximus corrector Tusciae, ann. 366 (Const. 8, [*De accusat. et inscript.*], C. Th., IX, 1).

Maximinus — rexit Tusciam avant 368 (Ammian., XXVIII, 1, 6).

Iulius Eubulides c. v. corr. Tusciae, d'une époque indéterminée (Gruter, f° 422, n° 1).

Publicius Caeionius Iulianus v. c. corrector Tusciae et Umbriae, d'une époque indéterminée (Henzen, n° 5130).

(2) Const. 8, [*De accusat. et inscript.*], C. Th., IX, 1. — [Sur *Florentia*, voy. : *Bulletin de la Soc. nat. des Antiq. de France*, 1887, 3° trimestre, pp. 131-133 ; — MM. Eug. Bormann, *C. I. L.*, t. XI, 1, f° 306 ; — Kubitschek, *Imp. Rom.*, pp. 84 et suiv.]

(3) *Olybrius consularis Tusciae*, ann. 370 (Const. 72, [*De decurion.*], C. Th., XII, 1).

Belicius Perpetuus Arzurius cons. Thusciae et Umbr. (Orelli, n° 3648 [= *C. I. L.*, t. VI, 1, n° 1702]).

Claudius Lachanius consularis Tusciae, ann. 389 (Const. 5, [*De denuntiat. vel edit. rescr.*], C. Th., II, 4 ; — Rutilius Namat., *Itin.*, I, 579).

Caecina Decius Albinus, ann. 416 (Rutil. Nam., *Itin.*, I, 599).

(4) Ammian., XXVII, 3, 1, et M. Mommsen, *Feldm.*, [dans les *Gromat. vett.*, éd. Lachm.], t. II, p. 207.

particulier (1). Il n'en est pas de même pour la *Tuscia annonaria*, et, comme la *Notitia dignitatum* rattache au diocèse d'*Italia* la ville de *Luca* [Lucca], située dans la *Tuscia annonaria* (2), sans que cette dernière soit énumérée parmi les provinces de ce diocèse, il est probable que, d'une manière générale, ce petit district n'eut pas de gouverneur particulier, mais fut réuni à l'*Aemilia* déjà sans doute avant l'an 400.

9. *Campania* (Région I) (3), avec *Capua* [Capoue; S. Maria di Capoa vetere] pour capitale (4). Dès les premiers temps, les *correctores Campaniae* sont des *viri clarissimi* ou des *viri consulares* (5); à partir de l'an 333 environ, ils portent le

---
(1) *Nov. Maiorian.*, IX, 1, p. 327, éd. Haenel.

(2) *Notit. Dignit. Occid.*, p. 43, 24. —[Sur la ville de *Luca*, voy. MM. Eug. Bormann, *C. I. L.*, t. XI, 1, f⁰ˢ 295 et suiv.; — Kubitschek, *Imp. Rom.*, p. 86.]

(3) Sur l'extension de cette région, voy. le *Liber Coloniarum I*, dans les *Gromatici*, éd. Lachm., t. I, pp. 229 et suiv.; — M. Mommsen, *Feldm.* [également dans les *Gromat. vett.*, éd. Lachm.], t. II, p. 203. — [Voy. aussi MM. Th. Mommsen, *C. I. L.*, t. X, 1, f⁰ˢ 365-370; — Kubitschek, *Imp. Rom.*, pp. 14 *in fine* et suiv.]

(4) Athanasius, *Hist. Arian. ad monachos* (écrite en 358), dans *Athan. Opp.*, Paris, 1698, in-fol., t. I, f⁰ 355 : Καπύης· ἔστι δὲ αὕτη μητρόπολις τῆς Καμπανίας. — [Sur *Capua*, voy. les renvois de la note précédente.]

(5) Si l'inscription, qui n'existe plus aujourd'hui, et que M. Mommsen rapporte en ces termes dans ses *I. R. N.* (n⁰ 1413 [= *C. I. L.*, t. IX, n⁰ 1566]): *Divo Valeriano parenti reip. Pio Felici Victori Naeratius Scopi. v. c. Cons. Camp. numini eius maiestatique devot.*, nous a été fidèlement transmise, et qu'elle se rapporte à l'empereur Saloninus, qui mourut en 260, il s'ensuit que Naeratius Scopius, que l'on trouve une fois encore mentionné au n⁰ 1987 du même recueil [= *C. I. L*, t. X, 1, n⁰ 1253] comme *Cons. Camp.*, était déjà gouverneur de la Campanie en cette année-là, ou peu de temps après, dans tous les cas avant l'époque des *correctores*, fait dont la justification est quant à présent absolument incertaine. Plus tard, on trouve :

Ruffius Volusianus v. c. corrector Campaniae (Mommsen, *I. R. N.*, n⁰ 6328 [= *C. I. L.*, t. X, 1, n⁰ 304 *]), *iterum corrector* sous Carin en 283 (Mommsen, *I. R. N.*, n⁰ 2497 = Henzen, n⁰ 6481 [= *C. I. L.*, t. X, 1, n⁰ 1655]).

P. *Helvius Aelius Dionysius, Cons(ularis)vir, corr. Campaniae*, ann. 298 (Mommsen, *I. R. N.*, n⁰ 4087 = Henzen, n⁰ 6909 [= *C. I. L.*, t. X, 1, n⁰ 6084]; — *Fragm. Vatic.*, § 41).

T. *Fl. Postumius Tilianus v. c. — corr. Campaniae*, avant 301 (Orelli, n⁰ 1194 [= Wilmanns, *Exempla*, t. I, n⁰ 1225 *a* = *C. I. L.*, t. VI, 1, n⁰ 1418]).

Pompeius Faustinus v. c. corr. Campaniae, entre 292-306 (Mommsen, *I.R.N.*, n⁰ 3992 [= *C. I. L.*, t. X, 1, n⁰ 4785]; —Borghesi, *OEuvres*, t. VI, p. 381).

C. *Vettius Cossinius Rufinus c. v. — corr. Camp.*, vers 312 (Orelli, n⁰ 2285 = Mommsen, *I. R. N.*, n⁰ 4850 [= *C. I. L.*, t. X, 1, n⁰ 5061]).

Virius Gallus v. c. Corr. Campaniae, d'une époque indéterminée (Henzen, n⁰ 5156 [= Mommsen, *I. R. N.*, n⁰ 3643 = *C. I. L.*, t. X, 1, n⁰ 3867]).

titre de *consulares* (1); on trouve même un *proconsul Campaniae* (2).

10. *Lucania et Brittii* (Région III) (3), avec *Regium* [Reggio] pour capitale (4), administrée par des *correctores* (5).

---

(1) Parmi les *consulares Campaniae*, on en trouve, soit au Code Théodosien, soit dans les *Inscriptions de Naples* de M. Mommsen, soit encore dans le *Bullettino* (1863, p. 208), soit enfin dans Henzen (n. 6909 [= Mommsen, *I. R. N.*, n° 4087 = *C. I. L.*, t. X, 1, n° 6084]], environ 29 en tout, dont le plus ancien est *Barbarus Pompeianus, Consularis Campaniae* en 331 (Const. 6, [*De div. rescr.*], C. Th., I, 2 [N. B. : dans l'éd. Haenel, cette Const. est datée de l'an 333]; — Orelli, n° 3316 = Mommsen, *I. R. N.*, n° 1946 [= *C. I. L.*, t. X, 1, n° 1199]). L'un des plus récents est Acilius Glabrio, vers 438 (Henzen, n° 6920 [= *C. I. L.*, t. VI, 1, n° 1678]).

(2) *Anicius Auchenius Bassus, v. c. proconsul Campaniae*, puis *praefectus urbi* en 383 (Orelli, n° 105 [= *C. I. L.*, t. XIV, n° 2917] ; — Mommsen. *I. R. N.*, n°ˢ 1418. 1419 [= *C. I. L.* t. IX, n°ˢ 1568. 1569]) ; — *C. I. Gr.*, n° 2597 ; — Garucci, *Bullett.*, 1859, pp. 90 et suiv. [Voy. encore, sur ce personnage, M. H. Dessau, *C. I. L.*, t. XIV, *ad* n°ˢ 1875 et 2917.] — L'inscription d'Orelli, n° 753 = Mommsen, *I. R. N.*, n° 520 * [= *C. I. L.*, t. X, 1, n° 450 *], est fausse ; il en est de même de l'inscription d'Orelli, n° 1425 = Mommsen, *I. R. N.*, n° 749 * [= *C. I. L.* t. X, 1, n° 623 *]. — [Voy. *C. I. L.*, t. IX, f° 834, coll. 2 et 5 ; t. X, 2, f° 1212, col. 5, et f° 1213, col. 3.]

(3) Sur l'étendue de la province, voy. le *Liber Coloniarum*, dans les *Gromat.*, éd. Lachm., [t. I], p. 209. — [Le t. X, 1, (f°ˢ 1-57 et f°ˢ 683-742), du *C. I. L.* est consacré à cette région III.]

(4) C. Th. : Const. 1, [*De relation.*], XI, 29 ; Const. 1, [*De filiis militar. apparit. et veteran.*], VII, 22 ; — Olympiodore, dans Photius (p. 58ᵃ, 20, éd. Bekk.) : Τὸ Ῥήγιον μητρόπολίς ἐστι τῆς Βρεττίας. — [Sur *Regium Iulium*, voy. M. Th. Mommsen, *C. I. L.*, t. X, 1, f° 3 et suiv.]

(5) *Claudius Plotianus corrector Lucaniae et Brittiorum*, ann. 313 (C. Th. : Const. 1, [*De relation.*], XI, 29 ; Const. 1, [*De appellat. et poen. car. et consultat.*], XI, 30).

Mechilius Hilarianus corrector Lucaniae et Brittiorum, ann. 316 (C. Th. : Const. 1, [*Ad leg. Cornel. de falso*], IX, 19 ; Const. 3, [*De decur.*], XII, 1).

Octavianus Corrector Lucaniae et Brittiorum (C. Th. : Const. 1, [*De filiis militar. apparit. et veteran.*], VII, 22, [ann. 319]; Const. 2, [*De episc., eccles. et cler.*], XVI, 2 [ann. 319]).

Arthemius corrector, ann. 364 (Const. 1, [*De privileg. apparit. magister. potest.*], C. Th.. VIII, 3).

Q. Aur. Symmachus v. c. corrector Lucaniae et Brittiorum, ann. 365 (Orelli, n° 1187 [=*C. I. L.*, t. VI, 1, n° 1699]).

Alpinus Magnus v. c. corr. Lucaniae et Brittiorum, sous Constantin (Orelli, n° 1074 [= *C. I. L.*, t. X, 1, n° 517]).

Annius Victorius v. c. corr. Lucaniae et Brittiorum (Mommsen, *I. R. N.*, n° 107 [= *C. I. L.*, t. X, 1, n° 519]).

Rullus Festus corr. Lucan. et Brit. (Mommsen, *I. R. N.*, n° 315 [=*C. I. L.*, t. X, 1, n° 212]).

Venantius vir spectabilis, corrector Lucaniae et Brittiorum, sous Théodoric (Cassiodor., *Var.*, III, 8. 46. 47 ; — Marini, *Pap. Dipl.*, p. 138).

11. *Apulia et Calabria* (Région II), pour lesquelles l'existence des *correctores* est établie jusqu'à la fin du ɪᴠᵉ siècle (1).

12. *Samnium* (Région IV) (2), parfois réuni à la *Campania*, ne paraît pas avoir eu de *correctores*. Les gouverneurs y portent, au moins après l'année 352, le nom de *rectores* ou de *praesides* (3).

---

(1) *Vibonius Caecilianus v. p. corr. Apuliae et (Calabriae)*, ann. 312 (Borghesi, Œuvres, t. VI, p. 388). M. Mommsen (*I. R. N.*, n° 210 * [= *C. I. L.*, t. IX, n. 120 *]) tient pour fausse l'inscription publiée par Lupoli (*Iter Venus.*, p. 312) ; mais l'existence de *Caecilianus p. v. — — corr. Apul. et Calab.* est confirmée par une autre inscription (Orelli, n° 3764 = Cavedoni, *Marmi Modenesi*, n° XI [= *C. I. L.*, t. XI, 1, n° 831]).

L. Nonius Verus v. cons. bis correct. Apuliae et Calab., sous Constantin, dans plusieurs inscriptions (Orelli, n° 3764 = Cavedoni, *Marm. Mod.*, n° XI [= *C. I. L.*, t. XI, 1, n° 834] ; — Henzen, n° 5574 = Mommsen, *I. R. N.*, n° 1107 [= *C. I. L.*, t. IX, n° 1115] ; — *Bullett.*, 1855, p. XXVII, et Henzen, n° 5574ᵃ [= *C. I. L.*, t. IX, n° 1116]).

Volusius Venusius v. c. corrector Apul. et Calabr., vers 337 (Orelli, n° 3265 = Mommsen, *I. R. N.*, n° 7205 [= *C. I. L.*, t. IX, n° 329]).

Annius Antiochus v. p. corr. Apul. et Cal., sous Constance II (Mommsen, *I. R. N.*, n° 1108 [= *C. I. L.*, t. IX, n° 1117], inscription fautive dans Orelli, n° 1087) et *Iulianus* (Mommsen, *I. R. N.*, n° 631 = Henzen, n° 5588 [= *C. I. L.*, t. IX, n° 318]), par conséquent ann. 361.

Flavius Sexio, vir perfectissimus, corrector Apuliae et Calabriae, vers 376 (Orelli, n° 1126 = Mommsen, *I. R. N.*, n° 642 [= *C. I. L.*, t. IX, n° 333]).

Clodius Celsinus, v. c. corr. regionum duarum (Inscription de Bénévent, dans Mommsen, *I. R. N.*, n° 1423 [= *C. I. L.*, t. IX, n° 1576]).

Ael. Restitutianus v. p. corr. Apuliae et Calabriae (Mommsen, *I. R. N.*, n° 706 [= *C. I. L.*, t. IX, n° 430]).

Fl. Cornelius Marcellinus v. [c. corr. Apul.] et Calabriae (Mommsen, *I. R. N.*, n° 1425 [= *C. I. L.*, t. IX, n° 1579]).

De même, dans la *Notit. Dignit. Occid.* (p. 6), la province a un *Corrector*. [Sur l'*Apulia* et la *Calabria*, voy. M. Ett. de Ruggiero, *Dizionar. epigr.*, fascic. 17, Roma, 1890, pp. 532, col. 1, à 535, col. 1.]

(2) Sur l'extension de la province, voy. M. Mommsen, *Feldm.*, [dans les *Gromat. vett.*, éd. Lachm.], t. II, pp. 159. 207. [Voy. aussi *C. I. L.*, t. IX, fᵒˢ 205 et suiv., et t. X, 1, fᵒˢ 365 et suiv.]

(3) *Fabius Maximus v. c. rect. provinciae*, ann. 352 (Mommsen, *I. R. N.*, nᵒˢ 4758. 4850. 4926. 5048 [= *C. I. L.*, t. IX, nᵒˢ 2338. 2212. 2447. 2639]).

Fl. Uranius v. p. rec. prov. (Mommsen, *I. R. N.*, n° 5494 [= *C. I. L.*, t. IX, n° 703]).

Maecius Felix — rector provinciae Samnii adiniunctivae vicis (*Ibid.*, n° 4620 [= *C. I. L.*, t. X, 1, n° 4863]).

Avionius Iustinianus praeses provinciae (*Ibid.*, nᵒˢ 4617. 5017. 5292 [= *C. I. L.*, t. X, 1, n° 4858 ; t. IX, nᵒˢ 2638. 2998]).

Flavius Iulius Innocentius V(ir) P[erfectissimus] P[raeses] S[amnii] (*Ibid.*, n° 5020 [= *C. I. L.*, t. IX, n° 2641]).

13. *Flaminia et Picenum* (Région V et partie de la région VI), avec les villes de *Tibur* [Tivoli], d'*Amiternum* [ruines près de S. Vittorino], d'*Alba* [ruines d'Albe] sur le *lacus Fucinus* [lago di Celano; Fucino, aujourd'hui desséché], d'*Ancona* [Ancona; Ancône], de *Fanum* [Fano], de *Ravenna* [Ravenna; Ravenne] (1). L'histoire de cette province, qui se décomposa successivement en trois parties, est encore obscure. La *Liste de Vérone* de 297 mentionne déjà la séparation de la *Flaminia* et du *Picenum* (2); toutefois, ainsi que nous venons de le voir (p. 33, *supra*), les deux districts n'en demeurèrent pas moins, à ce qu'il semble, réunis jusqu'en 364 sous l'autorité d'un seul *corrector* (3). Vers cette époque, le littoral au-dessus de

---

Quintilianus [*rector* S]*amniticus* (*Ibid.*, n° 4621 [= *C. I. L.*, t. X, 1, n° 4865]).
Iulius Festus Hymetius — *consularis Campaniae cum Samnio*, avant 362 (Henzen, n° 6904 [= *C. I. L.*, t. VI, 1, n° 1736]).
(1) Voy. M. Mommsen, *Feldm.*, [dans les *Gromat. vett.*, éd. Lachm.], t. II, p. 210. — [Sur *Tibur*, voy. MM. H. Dessau, *C. I. L.*, t. XIV, f°⁵ 365 et suiv.; — Kubitschek, *Imp. Rom.*, p. 50. — Comp. MM. Maurice Albert, *De villis Tiburtinis principe Augusto*, (Thèse de Doct., Fac. des Lett. Paris), Parisiis, 1883, 1 vol. gr. in-8 avec 1 carte; — Camille Jullian, *La villa d'Horace et le territoire de Tibur*, Rome, 1883. — Sur *Amiternum*, — *Alba Fucens*, — et *Ancona*, voy. MM. Th. Mommsen, *C. I. L.*, t. IX, f°⁵ 397, — 370 et suiv., — 572; — Kubitschek, *op. cit.*, pp. 54 et suiv., — 48 et suiv., — 61 et suiv.; — Ett. de Ruggiero, *Dizion. epigr.*, h. v., fascic. 15, Roma, 1889, p. 450; — fascic. 12 et 13, Roma, 1888-89, pp. 384 et suiv.; — fascic. 15, pp. 467 et suiv. — Sur *Fanum Fortunae*, en Ombrie, voy. M. Kubitschek, *op. cit.*, pp. 70 *in fine* et suiv. — Sur *Ravenna*, voy. MM. Eug. Bormann, *C. I. L.*, t. XI, f°⁵ 6 et 70; — Kubitschek, *op. cit.*, pp. 98 *in fine* et suiv.]
(2) Voy. les *Abhandl. der Berl. Acad.*, 1862, p. 513.
(3) On connaît les *correctores* suivants:
M. Aurelius Valerius Valentinus — corr. *Flam. et* — —, avant 330 (De Constanzo, *Mem. di S. Rufino*, p. 56, cité par M. Mommsen, *Feldm.*, [dans les *Gromat. vett.*, éd. Lachm.], t. II, p. 208).
Fabius Titianus v. c. corrector Flaminiae et Piceni, avant 337 (Grut., f° 407, n° 8 [= *C. I. L.*, t. VI, 1, n° 1717]; — Borghesi, *Œuvres*, t. III, p. 466).
corrector Piceni (*Fragm. Vatic.*, § 35, ann. 337).
L. Crepereius Madalianus v. c. — — *corrector Flaminiae et* [*Pi*]c., avant 341 (Renier, *Inscr. de l'Alg.*, n° 2743 [= *C. I. L.*, t. VIII, 1, n° 5348]; — Mommsen, *Feldm.*, [dans les *Gromat. vett.*, éd. Lachm.], t. II, p. 209).
Turcius Secundus Asterius corr. Flam. Piceni, avant 350, dans plusieurs inscriptions (Orelli, n°⁵ 603. 1099 [= *C. I. L.*, t. XIV, n° 3582]; — Henzen, n° 6475 [= *C. I. L.*, t. VI, 1, n° 1772 (indiqué par erreur comme étant le n° 1773)]; — Grut., f° 1079, n° 1 [= *C. I. L.*, t. XIV, n° 3583]; — Borghesi, *Œuvres*, t. III, pp. 162 et suiv.).

l'*Aesis*, c'est-à-dire l'ancien *ager Gallicus* avec Ravenne pour capitale, fut d'abord peut-être rattaché à l'*Aemilia* (1), mais ensuite constitué en province particulière, sous le nom de *Flaminia et Picenum annonarium*, ressortissant, comme telle, au *vicarius Italiae*; d'autre part, le pays situé au sud de l'*Aesis* fut encore divisé en deux provinces : l'une, celle de l'Est, comprenant les villes de *Potentia* [S. Maria di Potenza], *Firmum* [Fermo], *Asculum* [Ascoli], *Truentum* [Porto di Ascoli], *Hadria* [Atri] (2), s'appela désormais *Picenum suburbicarium* (3) ou *Picenum*, et reçut un *consularis* (4); l'autre, celle de l'Ouest, comprenant les villes de *Tibur* [Tivoli], *Carseoli*

Furius Maecius Gracchus v. c. corrector Flaminiae et Piceni (Orelli, n° 3172 [= *C. I. L.*, t. XIV, n° 3594]).

M. *Aur. Consius Quartus Iunior c. v. corrector Flaminiae et Piceni* (Orelli, n° 3969 [= *C. I. L.* t. VI, 1, n° 1700]).

Parmi les inscriptions d'Orelli, le n° 3173 est faux (voy. Borghesi, *OEuvres*, t. V, p. 393 [voy. aussi Henzen, t. III, p. 291 *in fine, ad h. N^m*; — M. Mommsen, *I. R. N.*, n° 538*; — *C. I. L.*, t. X, 1, f° 23*, col. 3, n° 469*]), et le n° 1087 =Mommsen, *I. R. N.*, n° 1108 [= *C. I. L.*, t. IX, n° 1117] est mal lu.

(1) Orelli, n° 3649 [= *C. I. L.*, t. VI, 1, n° 1715] : *Cronio Eusebio v. c. Consulari Aemiliae addita praedictae provinciae contuitu vigilantiae et iustitiae eius etiam Ravennatensium* [sic Marquardt, p. 239, note 2 ; *Ravennatium* dans le *C. I. L.*] *civitate, quae antea Piceni caput provinciae videbatur*. M. Mommsen (*Feldm.*, [dans les *Gromat. velt.*, éd. Lachm.], t. II, p. 210) tient cet Eusebius pour le Consul de l'an 359, bien que l'inscription ne lui ait été dédiée que 40 ans plus tard, en l'année 399. — [Sur *Ravenna*, voy. supra, p. 39, note 1, *in fine*.]

(2) Voy. M. Mommsen, *Feldm.*, [dans les *Gromat. velt.*, éd. Lachm.], t. II, p. 212. — [Sur *Potentia*, — *Firmum*, — *Asculum*, — *Truentum* — et *Hadria*, voy. MM. Th. Mommsen, *C. I. L.*, t. IX, f°^{s} 556, — 508, — 494, — 492, — 480; — Kubitschek, *Imp. Rom.*, pp. 66, — 64, — 62, — 66 *in fine* et suiv., — 64 *in fine* et suiv. — Sur *Hadria*, voy. aussi MM. Barnabei, *Di alcune iscrizioni del territorio di Hadria nel Piceno*; — V. de Vit, *Adria e le sue antiche epigrafi illustrate*, Vol. 1, Firenze, 1888, in-8; — *Bullett. dell' Istit. di dir. rom.*, t. I, Roma, 1888, p. 81, II.]

(3) *Notit. Dignit. Occid.*, p. 5.

(4) *Patruinus consularis Piceni*, après 355 (Ammian., XV, 7, 5).

Valentinianus Cons. Piceni, 365 (C. Th.: Const. 17, [*De operib. publ.*], XV, 1; — Const. 4, [*Quib. equor. usus*], IX, 30; — Const. 2, [*De exhib. vel transmitt. reis*], IX, 2).

Sophronius Cons. Piceni, 370 (Const. 71, [*De decurion.*], C. Th., XII, 1).

Tarrutenius Maximilianus v. c. — *consularis Piceni*, 438 (Orelli, n° 3171, inscription dans laquelle il faut lire: *consulari Piceni, anno aetatis nonodecimo* [= *C. I. L.*, t. VI, 1, n° 1767]).

Consularis Piceni, 458 (*Nov. Maioriani*, V, 2, éd. Haenel, p. 305).

[ruines de Civita Carenza *pr.* Carsoli], *Reate* [Rieti], *Amiternum*, *Nursia* [Norcia] (1), fut soumise, comme province indépendante, sous le nom de

14. *Valeria*, à l'autorité d'un *praeses* (2).

Il faut enfin joindre à cette énumération trois provinces qui avaient joui, avant le règne de Dioclétien, d'une administration autonome (3) ; ce sont :

15. *Sicilia*, administrée d'abord par un *corrector* (4), puis par un *consularis* (5).

---

(1) Voy. M. Mommsen, *Feldm.*, [dans les *Gromat. velt.*, éd. Lachm.], t. II, p. 212. — [Sur *Tibur* et *Amiternum*, voy. p. 39, note 1, *supra*. — Sur *Carseoli* ou *Carsioli*, — *Reate* — et *Nursia*, voy. MM. Th. Mommsen, *C. I. L.*, t. IX, f°s 382, — 438 et suiv., — 427 ; — Kubitschek, *Imp. Rom.*, pp. 49. 55 et suiv.]

(2) *Notit. Dignit. Occid.*, pp. 6. 64. — Il est fait mention de la *provincia Valeria* en 399 (Const. 5, [*Quibus equor. usus*], C. Th., IX, 30).

(3) Dans la *Liste de Vérone* de l'an 297, qui est incomplète à cet endroit, la *Corsica* tout au moins est déjà citée parmi les provinces italiques.

(4) *Calvisianus corrector Siciliae*, 304 (Ruinart, *Acta primorum martyrum*, p. 406). Sur ce point, qu'il convient ici de lire *corrector*, et non pas *consularis*, voy. *Acta Sanctorum Augusti*, t. II, p. 717. [Voy. aussi M. Th. Mommsen, *Staatsr.*, t. II, 2te Aufl., 2, p. 1040, — ce vol., arrivé aujourd'hui à sa 3e éd., Leipzig, 1887, n'est pas encore traduit en français, — et *C. I. L.*, t. X, 2, f° 714, col. 1.] De ce chef il faut corriger Boecking.

[*Domitius*] *Latronianus corrector Siciliae*, 314 (Mansi, t. II, p. 467 ; — Euseb., *H. E.*, X, 5 ; — Torremuzza, [*Sic.*, IV], p. 35, n° 32 [= *C. I. L.*, t. X, 2, n° 7284]).

Betitius Perpetuus v. c. corr. prov. Sicil., sous Constantin (Torremuzza, p. 36 [= *C. I. L.*, t. X, 2, n° 7204]).

[*Domitius*] *Zenofilus v. c. corr. prov. Sicil.* (Torremuzza, p. 55, n° 42 [= *C. I. L.*, t. X, 2, n° 7234]).

[*Adde* : *Zoilus* ; *C. I. L.*, t. X, 2, n° 7112.]

(5) *Fabius Titianus v. c.* —— *consularis Siciliae*, avant 337 (Grut., f° 407, n° 8 [= *C. I. L.*, t. VI, 1, n° 1717] ; — Borghesi, *Œuvres*, t. III, p. 466).

L. Aradius Val. Proculus v. c. — *consularis provinciae Siciliae*, avant 340 (Orelli, n° 3672 [= *C. I. L.*, t. VI, 1, n° 1690]).

C. Caelius Censorinus — *cos. provinc. Sicil.*, sous Constantin (Henzen, n° 6507 [= *C. I. L.*, t. X, 1, n° 3732]).

Memmius Vitrasius Orfitus — *consularis Sicil.*, avant 353 (Orelli, n° 3185 [= *C. I. L.*, t. VI, 1, n° 1742]).

Orfitus et Fl. Dulcitius vv. cc. consulares p. S. (Orelli, n° 3181 [= *C. I. L.*, t. X, 2, n° 7200]).

Arsinius v. c. consularis p. S., avant 359 (Orelli, n° 5049 = *C. I. Gr.*, n° 5649^b [= *C. I. L.*, t. X, 2, n° 7017]).

M. Valerius Quinctianus [*Quintianus* dans le *C. I. L.*] *v. c. cons. p. S.*, sous

16. *Sardinia*, avec un *praeses* (1).

17. *Corsica*, avec un *praeses* (2).

Ces deux dernières provinces furent, après l'année 439, occupées par les Vandales, et, après qu'elles eurent été reconquises en 534, attribuées au nouveau *praefectus praetorio* d'Afrique.

Valentinien (364-375) (Torremuzza, p. 37, n°ˢ 35. 37 [= *C. I. L.*, t. X, 2, n°ˢ 7229. 7230]).
Domnus Consularis Siciliae, 368 (Const. 29, [*De cursu publ., angar. et parangar.*], C. Th., VIII, 5).
Virius Nicomachus Flavianus — consularis Siciliae, avant 377 (Orelli, n° 1188 [= *C. I. L.*, t. VI, 1, n° 1782]; — Henzen, n° 5593 [= *C. I. L.*, t. VI, 1, n° 1783]).
[Sur la *provincia Sicilia*, voy. MM. Th. Mommsen, *C. I. L.*, t: X, 2, f°ˢ 713 et suiv.; — W. Liebenam, *Beiträge*, Iena, 1886, p. 32, et Tab. n° 29, p. 42; *Forschungen*, Leipzig, 1888, pp. 355 *in fine* — 359; — Kubitschek, *Imp. Rom.*, pp. 128 et suiv. — Voy. surtout *infra*, p. 48, note 1.]

(1) Sex. Rufus, *Brev.*, IV; — *Notit. Dignit. Occid.*, pp. 6. 64. — On trouve au nombre de ces *praesides*:
Septimius Ianuarius v. c. praes. prov. Sard., vers 312 (Henzen, n° 5567 [= *C. I. L.*, t. X, 2, n° 7950]).
Festus praeses Sardiniae, 319 (Const. 3, [*De poenis*], C. Th., IX, 40).
Bibulenius Restitutus praeses Sardiniae, 353 ? (Const. 7, [*De exaction.*], C. Th., XI, 7).
Laodicius praeses Sardiniae, 374 (Const. 12, [*De accusat. et inscription.*], C. Th., IX, 1).
[Sur la *provincia Sardinia*, voy. MM. Th. Mommsen, *C. I. L.*, t. X, 2, f° 777 et suiv.; — Kubitschek, *Imp. Rom.*, pp. 126 et suiv.]

(2) Sex. Ruf., *Brev.*, IV; — *Notit. Dignit. Occid.*, pp. 6. 64. — *Felix, praeses Corsicae*, 319 (C. Th. : Const. 3, [*De offic. rect. prov.*], I, 16; Const. 2, [*De tempor. cursu et reparat. denuntiat.*], II, 6. — [Sur cette province, voy. MM. Th. Mommsen, *C. I. L.*, t. X, 2, f° 838; — Kubitschek, *ubi supra*.]

B. — LES PROVINCES ROMAINES.

1. — APERÇU STATISTIQUE.

Avant d'établir les règles générales auxquelles les Romains se sont conformés dans la fondation et dans l'administration de leurs provinces, il est indispensable de consacrer quelques développements particuliers à chacune de ces dernières; ces développements nous renseigneront d'une part sur leur constitution physique; et, de l'autre, serviront de point de départ aux explications à venir sur l'organisation intérieure des territoires conquis.

Pour passer en revue les provinces romaines, nous avons le choix entre deux procédés d'exposition; nous pouvons suivre l'ordre chronologique, ou nous attacher à la situation géographique. Si nous prenons le premier parti, il faudra distinguer trois périodes: la première, correspondant à la République; la seconde, allant du règne d'Auguste à celui de Dioclétien; la troisième, comprenant le règne de Dioclétien et de ses successeurs (1). Le deuxième procédé nous semble devoir être suivi de

---

(1) Sur les provinces de la première période, voy. : Sigonius, *De antiquo iure populi Romani*, Lips. et Halae, 1715, Vol. II ; — W. Bergfeld, *Commentatio de iure et conditione provinciarum Rom. ante Caesaris principatum*, Neustrelitz, 1841, in-4; — E. Person, *Essai sur l'administration des provinces Romaines sous la république*, Paris, 1878, in-8. — Sur celles de la seconde

préférence dans ce chapitre ; il aura cet avantage de nous dispenser de revenir à plusieurs reprises à la même province, à pro-

période, voy. : Hoeck, *Röm. Gesch. vom Verfall der Rep. bis zur Vollendung der Monarchie Th.*, t. I, pp. 356-387 ; — Th. Mommsen, *Res gestae Divi Augusti*, Berolin., 1865, in-8 [2te Aufl., Berol., 1873, 1 vol. de texte gr. in-8 et 1 vol. de pl. gr. in-4 (adde *C. I. L.*, t. III, 2, f°s 767 et suiv.) ; 3us Aufl., Berol., 1883, 1 vol. de texte gr. in-8 et 1 vol. de 11 pl. gr. in-4 (adde M. A. Allmer, *Les Gestes du Dieu Auguste d'après l'Inscription du Temple d'Ancyre avec restitutions et commentaires Extraits du* Monumentum Ancyranum 1865-83 de M. Mommsen, Vienne, 1889, 1 vol. pet. in-4)] ; — A.-M. Poinsignon, *Essai sur le nombre et l'origine des provinces Romaines créées depuis Auguste jusqu'à Dioclétien*, Paris, 1846, in-8 ; — W. T. Arnold, *The Roman system of provincial administration to the accession of Constantin the great*, London, 1879, in-8, ainsi que les études publiées dans ces dernières années sur chaque province, et qui seront citées en leur lieu et place. — Enfin, pour la période de Dioclétien et de ses successeurs, nous possédons aujourd'hui les cinq sources suivantes : 1. La *Liste de Vérone*, publiée par M. Mommsen sous le titre : *Verzeichniss der römischen Provinzen, aufgeselzt um 297*, [mit einem Anhange von K. Müllenhoff, et carte], dans les *Abhandlungen der Berliner Academie*, 1862, pp. 489-538, réimprimée à nouveau dans la *Notitia Dignitatum*, éd. Seeck, pp. 247 et suiv. [N. B. : L'étude de M. Mommsen a été traduite en français par M. Émile Picot sous ce titre : *Mémoires sur les provinces romaines et sur les listes qui nous en sont parvenues depuis la division faite par Dioclétien jusqu'au commencement du cinquième siècle, par Théodore Mommsen, avec un appendice par Charles Mullenhoff et une Carte*, dans la *Revue archéol.*, Nouv. sér., 1866 ; t. XIII, pp. 377-399 ; t. XIV, pp. 370-395 ; 1867, t. XV, pp. 1-15 ; tirage à part, Paris, 1867, broch. in-8 de 67 pp., avec une carte.] — 2. Le *Breviarium* de Rufus Festus, écrit en 369. — 3. Le *Laterculus* de Polemius Silvius, rédigé vers 385, publié par M. Mommsen, dans les *Abhandl. der Sächs. Gesellschaft der Wiss.*, t. III, (1853), pp. 233 et suiv., réédité par M. Seeck, *loc. sup. cit.*, p. 254. — 4. La *Notitia Dignitatum*, composée vers 400 — [voy., à cet égard, MM. Otto Seeck, *Quaestiones de Notitia dignitatum. Dissertatio inauguralis historica*, Berol., 1872, broch. pet. in-8 ; — P. Louis-Lucas, *Étude sur la vénalité des charges et fonctions publiques et sur celle des offices ministériels depuis l'antiquité rom. jusqu'à nos jours*, t. I, Paris, 1882, *Introd. gén.*, note 9, p. 6 ; — C. Jullian, *A propos du manuscrit Bianconi de la Notitia dignitatum*, dans les *Mélanges d'archéol. et d'hist.*, t. III, Paris et Rome, 1883, pp. 80 et suiv. ; voy. aussi le même, *Note sur un manuscrit de la Notitia dignitatum*, eod., t. I, 1881, pp. 284 et suiv. ; — Geffroy, dans les *Séances et trav. de l'Acad. des sciences mor. et polit.*, 1885, Nouv. Sér., t. XXIV (ou CXXIV de la collection), p. 580 *in init.* ; — H. Thédenat, dans le *Dict. des Antiq. grecq. et rom.*, de MM. Ch. Daremberg et Edm. Saglio, 11e fasc., Paris, 1887, mot *Cura aquarum*, t. I, p. 1615, col. 2 ; — voy. aussi P. Ch. Robert, *Coup d'œil général sur les légions romaines*, p. 3, note 1, et Paul Viollet, *Droit public.* — *Hist. des institut. polit. et administr. de la France*, t. I, Paris, 1890, p. 72, note 3], — publiée par Boecking, Bonn, 1839-1853, 2 voll. in-8 [plus un *Index*, et, plus récemment, par M. Otto Seeck, Berolini, 1876, 1 vol. in-8]. — 5. Pour l'Orient, le *Synecdemus* de Hiéroclès, rédigé vers 535, publié en dernier lieu par Parthey,

pos des modifications successives que le temps aura pu apporter à son territoire. Quatre tableaux, placés à la fin du chapitre,

---

Berolini 1866, in-8. — La *Liste de Vérone* a de nouveau fait l'objet d'une étude approfondie de la part de M. E. Kuhn : *Ueber das Verzeichniss der römischen Provinzen, aufgesetzt um 297*, dans les *Iahrbücher für classische Philologie*, [t. CXV], 1877, pp. 697-719. M. Kuhn arrive à ce résultat que cette liste des provinces appartient en tout cas dans sa rédaction primitive, ainsi que M. Mommsen l'avait reconnu, à l'époque de Dioclétien, mais qu'elle a subi par la suite le contre-coup des changements survenus dans la division des provinces de 297 jusqu'aux environs de l'année 380, et qui y furent transportés en majeure partie. On y trouve, en effet, mentionnées des provinces, qui, sans contredit, n'existaient pas encore en 297, comme on peut le constater expressément à deux reprises en ce qui concerne les indications relatives à la *Paphlagonia, nunc in duas divisa*, et à l'*Armenia minor, nunc et maior addita*, et ainsi que M. Kuhn l'a également établi pour d'autres cas, sur lesquels je reviendrai à propos de chaque province. [N. B. : A la fin du volume de Marquardt dont nous nous occupons actuellement, se trouve un *Appendice* relatif à la présente note (p. 584). Nous croyons préférable de l'y annexer et d'en donner immédiatement ici la traduction :] Relativement à l'organisation des provinces qui eut lieu sous Constantin et après lui, j'avais, dans la dernière édition de ce livre (p. 269), considéré les *Subscriptiones* des Actes des Conciles comme une source des plus obscures. M. E. Kuhn, dans l'étude précitée, a élevé contre cette manière de voir une énergique protestation. Dans les limites étroites du *Manuel*, il ne m'était pas possible de traiter cette question avec les développements nécessaires et, comme M. Kuhn a porté sur elle un examen approfondi, je me suis fait un devoir de tenir compte de ses conclusions aux passages voulus, ce qui m'est arrivé notamment aux pp. 283. 347. 426. 433. 438. [Elles ont trait à la division de la Gaule après Dioclétien, à celle de l'Asie par cet empereur, à la division de la Syrie en sept provinces, à celle de l'Arabie, à la dernière période de la Mésopotamie.] — A la fin de l'impression de ce volume, M. le Docteur C. Czwalina m'envoie sa monographie intitulée *Ueber das Verzeichiss der römischen Provinzen vom Jahre 297 (Programm des Gymnasiums zu Wesel)*, Wesel, 1881, in-4. Contrairement à M. Kuhn, l'auteur arrive au résultat suivant : « La liste des provinces de Vérone appartient, d'après tous les indices qu'elle contient, à l'époque de Dioclétien. La conjecture suivant laquelle une série d'interpolations seraient venues l'altérer, n'atteint pas seulement le plus haut degré de l'invraisemblance ; elle est de plus, injustifiable. Les documents ecclésiastiques, dans lesquels on a surtout voulu trouver la preuve de son bien fondé, manquent absolument de certitude, soit d'une manière générale, soit dans les hypothèses particulières qui doivent être prises ici en considération, et d'autres raisons n'ont pas davantage la puissance de les rendre pleinement démonstratifs. » Cette étude est écrite avec soin et avec connaissance du sujet, et il sera indispensable de l'utiliser pour des recherches plus détaillées. — [Aux auteurs cités dans cette note par Marquardt il convient de joindre également les suivants : C. Sigonius : *De antiquo jure Civium Romanorum Libri II*, dans ses *Opera omnia*, t. V, Mediolani, 1736, et dans le *Thes. Antiq. Roman.*, de Graevius, Traject. ad Rhen., Lugd. Batavor., t. I, 1694, coll. 39-191 ; *De antiquo jure*

en résumeront les données et les conclusions, soit au point de vue géographique, soit au point de vue de la chronologie; on

---

provinciarum, lib. I, dans ses *Opp.*, t. V, coll. 477-537, et dans le *Thes.*, de Graevius, t. II, 1694, coll. 1527-1576; — Franciscus Robortellus, *De provinciis Romanorum et earum distributione atque administratione*, dans le *Thes.*, de Graevius, t. III, 1696, coll. 1-11; — Du Pui, *De jure provinciarum imperii Romani*, Lugd. Batav., 1807; — J. Naudet, *Des changemens opérés dans toutes les parties de l'administr. de l'emp. rom. sous les règnes de Dioclétien, de Constantin*, etc., Paris, 1817, 2 voll. in-8 ; — Fontein, *De provinciis Romanis*, Traj. ad Rhen., 1843 ; — W. Bergfeld, *Die Organisation der römischen Provinzen*, Neustrelitz, 1846 ; — Amédée Thierry, *Mémoire sur l'organisation de l'administration provinciale dans l'empire romain* dans les *Séances et trav. de l'Acad. des sciences morales et polit.*, t. XVI, Paris, 1849 ; — Rein, *Provincia*, dans la *Pauly's Realencycl.*; — Hofmann, *De provinciali sumptu populi Romani*, Berolini, 51 ; — Voigt, *Die Lehre vom Jus naturale*, Leipzig, 1856-1875, t. II, pp. 373-492 et pp. 517-525; — A. W. Zumpt, *Comment. epigr.*, t. II, et *De Gallia Roman. prov.*, dans ses *Studia romana*, Berol., 1859, pp. 3-196; — F. Walter, *Gesch. des röm. Rechts*, 3ᵘᵉ Aufl., Bonn, 1860, §§ 135. 233. 308. 387. 389. 392. 408. 842. 843 ; — D. Serrigny, dans la *Rev. critiq. de législ. et de jurisp.*, t. XVI, Paris, 1860, pp. 13-26, et *Droit publ. et admin. rom.*, Paris, 1862, 2 voll., in-8 ; — E. Kuhn, *Die städt. und bürgerl. Verf.*, t. II, Leipzig, 1865, pp. 58-80 et pp. 144-508 ; — G. Boissier, *Les provinces orientales de l'empire romain*, dans la *Revue des Deux-Mondes*, n° du 1ᵉʳ juillet 1874, pp. 111-137; — Otto Hirschfeld : *Untersuch.*, Berlin, 1876 ; *Die ritterlichen Provinzialstatthalter*, dans les *Sitzungsberichte der Berl. Acad.*, 1889, pp. 417-442; — Chr. Godt, *Quomodo provinciae Romanae per decennium bello civili Caesariano antecedens administratae sint*, Kiliae, 1876 ; — G. d'Hugues, *Une province romaine sous la République*, Paris, 1876 ; — E. Desjardins, *Pays gaulois et patrie romaine*, dans le *Bull. de l'Acad. des Inscr. et Bell.-Lett.*, 1876, pp. 326-348 ; — Fustel de Coulanges, *Hist. des instit. politiq. de l'anc. France*, 1ʳᵉ partie, 2ᵉ éd., Paris, 1877, pp. 1-324, *passim* ; — G. de la Berge, *Essai sur le règne de Trajan*, dans la *Biblioth. de l'École des Hautes Études*, 32ᵉ fascic., Paris, 1877, spécialement pp. 118-132 ; — J. Klein, *Die Verwaltungsbeamten der Provinzen des römischen Reichs*, Bd. I, 1 (*Sicilien und Sardinien*), Bonn, 1878 (catalogue bibliographique) ; — V. Duruy, *Histoire des Romains*, nouv. éd. (3ᵉ), Paris, 1879-1885, 7 voll. gr. in-8, *passim*, surtout à partir du t. III, Paris, 1881 ; — E. Marx, *Essai sur les pouvoirs du gouverneur de province sous la République romaine et jusqu'à Dioclétien*, Paris, 1880; — De Ceuleneer, *Septime Sévère*, Bruxelles, 1880, pp. 244 et suiv. ; — J. Jung, *De l'état de la population de l'empire romain*, dans les *Wiener Studien*, t. I, 1881, pp. 183-217 (voy. aussi, à cet égard, notre *Introd. bibl. gén.*, VI, MM. Joseph Lefort et Julius Beloch), *Les contrées romanes de l'empire romain*, Innsbruck, 1881 ; *Géographie de l'Italie et des provinces*, dans le t. IX du *Handb. der Klassisch. Alterthumswiss.*, Von I, Müller;—C. Jullian : *De la réforme provinciale attribuée à Dioclétien*, dans la *Revue historiq.* de M. Monod, t. XIX, 1882, pp. 331-374 ; *Le breviarium totius imperii de l'empereur Auguste*, dans les *Mél. d'archéol. et d'hist.*, Paris, 1883, pp. 149-182 ; — Guil. ou W. Liebenam : *Quaestionum epigr. de imperii romani administratione capita selecta*, Bonnae, 1882, broch. in-8 (thèse); *Beiträge zur Verwaltungsgesch. des röm. Kaiserreichs*, I, Jena,

y trouvera pour chaque période le nombre des provinces existantes. Dans le dénombrement que nous allons présenter, nous nous placerons à la fin du règne de Trajan, qui marque l'apogée de l'empire romain.

1886; *Forschunhen zur Verwaltungsgesch. des röm. Kaiserreichs*, I Bd., Leipzig, 1888; — J. W. Kubitschek : *De rom. trib. orig. ac propag.*, Vindobonae, 1882; *Imp. Rom. trib. discr.*, Pragae, Vindobonae, Lipsiae, 1889; — J. N. Madvig, *L'État romain*, trad. franç. par M. Ch. Morel, t. III, Paris, 1883, pp. 54 et suiv., et pp. 114 et suiv. ; — G. Zippel, *Die Losung der consularischen Proconsuln in der früheren Kaiserzeit* (Gymn.-Progr.), Königsberg, 1883; — J. B. Mispoulet, *Les instit. polit. des Romains*, t. II, Paris, 1883, pp. 75 et suiv. ; — l'abbé L. Duchesne, *Les documents ecclésiastiques sur les divisions de l'empire romain au IVe siècle*, dans les *Mélanges Graux*, Paris, 1884, pp. 133-141 ; — Ernst Herzog, *Gesch. und System der Röm. Staatsverf.*, Leipzig, 1884-87, voll. I et II, 1; — Alois von Brinz, *Zum Begriff und Wesen der röm. Provinz*, München, 1885, broch. in-4; — O. Karlowa, *Röm. Rechtsgesch.*, t. I, Leipzig 1885, pp. 321-324, et pp. 336-340 ; — Th. Mommsen, *Röm. Gesch.*, t. V, 3te Aufl., Berlin, 1886, (trad. en français par MM. R. Cagnat et J. Toutain, Paris 1887-1889, 3 voll. in-8 = t. IX, X et XI de la trad. Alexandre); *Die Städtezahl des Römerreichs*, dans *Hermes*, t. XXI, 1886, pp. 491 et suiv. ; *Röm. Staatsr.*, t. III, 1, Leipzig, 1887, pp. 649-660, et pp. 719-723 (la trad. franç. de ce vol. par M. P. F. Girard est actuellement en cours); — E. Pais, *Staboniana. Contributo allo studio delle fonti della storia e dell' amministrazione romana*, dans la *Rivista di filologia*, Torino, 1886, t. XV, pp. 97-246, et tirage à part, Torino, Firenze, Roma, 1886, in-8 ; — Schiller, *Röm. Alterth.*, 1887, pp. 667-669; — Lando Landucci, *Storia del dir. rom.*, fascic. 8, Padova, 1887, pp. 453-457 ; — A. Bouché-Leclercq, *Manuel des instit. rom.*, Paris, 1886, pp. 195-217 ; — E. Glasson, *Hist. du dr. et des instit. de la France*, t. I, Paris, 1887, pp. 153 et suiv. ; — P. Willems, *Le Dr. publ. rom.*, 6e éd., Louvain et Paris, 1888, pp. 366 et suiv., 527 et suiv., 576 et suiv. ; — P. Viollet, *Hist. des instit. politiq. et admin. de la France*, t. I, Paris, 1890, pp. 59 et suiv.—Voy. aussi *The provinces of the Roman Empire*, dans *Scottish Review*, octobre 1888, et comp. t. I de cette trad. = t. VIII du *Manuel*, pp. 95-123, et pp. 308-318. — Sur les *res gestae divi Augusti*, voy. les renvois de notre *Introd. bibliogr. gén.*, I, B, 2°, Theodor Mommsen, 8°, et A. Allmer, et, sur la *Liste de Vérone*, MM. C. Jullian, *Corrections à la liste de Vérone* (province africaine), dans les *Mél. d'archéol. et d'hist.*, Vol. II, Paris et Rome, 1882, pp. 84 et suiv., et tirage à part, Rome, Impr. de la Paix, 1882; — J.-B. Mispoulet, *Les instit. polit. des Romains*, t. II, Paris, 1883, pp. 108 et suiv. ; — Dr Wilh. Ohnesorge, *Die römische Provinz-Liste von 297*, Duisburg, 1889, broch. in-4. — En ce qui concerne la géographie, voy. notre *Introd. bibl. gén.*, IV, et J. Jung, *op. et loc. sup. citt.* — Voy., au surplus, pour de plus amples renseignements, cette *Introduction* même, ainsi que les ouvrages cités *supra*, p. 1, note 1, et, *infra*, au début de la partie relative à l'administration des provinces.]

I. — SICILIA.

Formation de la province.

La région ouest de la Sicile, de beaucoup la plus grande partie de l'île, fut occupée par les Romains après la première guerre punique (513=241) (1) et fut leur première pro-

---

(1) Polyb., I, 63 ; II, 1 ; — Zonaras, VIII, 17 ; — Oros., IV, 11 ; — Appian., Sic., II, 2, et, sur les limites de la province, Bergfeld, [*Comment. de iure et condit. prov. Rom. ante Caes. princip.*, Neustrelitz, 1841, in-4], pp. 6 et suiv. — C. G. Zumpt (*Ueber den Zustand und die Verwaltung von Sicilien unter röm. Herrschaft*, dans Seebode's *Archiv f. Philol. und Paedagogik*, t. II, 2, (1825), pp. 259 et suiv.) donne une courte description de la situation de la province. — R. Dareste, *De forma et conditione Siciliae provinciae Romanae*, Lutetiae, 1850, in-8. Voy. en particulier aujourd'hui Jos. Klein, *Die Verwaltungsbeamten der Provinzen des römischen Reichs bis auf Diocletian*, I, 1. Sicilien und Sardinien, Bonn, 1878, in-8. — [On consultera encore avec fruit, sur l'histoire de la Sicile, indépendamment des traités reproduits dans le *Thesaurus Antiquitatum et Historiarum Siciliae*, de Graevius, Lugduni Batavorum, 1723 et ann. suiv., 15 voll. in-fol., les ouvrages suivants : D. Vincenzo Mirabella e Alagona, *Dichiarazione della pianta delle antiche Siracuse*, Napoli, 1613, avec une carte en neuf feuilles ; — Ph. d'Orville, *Sicula*, publié par Burmann Second, Amsterdam, 1764 ; — Andrea Pigonati, *Stato presente degli antichi monumenti Siciliani*, 1767, in-f°, pl. ; — Houel, *Voyage pittoresque des îles de Sicile*, Paris, 1782-1787 ; — Gabriel L. Torremuzza, *Gabr. L. Castelli Principis Torremuzza Siciliae et obiacentium insularum veterum inscriptionum nova collectio*, Panormi, 1784, in-fol. ; — A. Letronne, *Essai critique sur la topographie de Syracuse au commencement du V° siècle avant l'ère vulgaire, pour servir à l'intelligence de quelques auteurs anciens, et faire suite aux éditions et traductions de Thucydide*, Paris, 1812, in-8, plan (travail réimprimé dans les *Œuvres choisies* de Letronne, 2° série, vol. I, pp. 17-76) ; — Girolamo Orti, *Viaggio alle Due Sicilie*, Verona, 1825,

vince (1*). A côté d'elle, subsistait encore à cette époque le

in-8; — Salvadore Morso, *Descrizione di Palermo antico ricavata sugli autori sincroni e i monumenti de tempi*, Palermo, 2° éd., 1827, 1 vol. in-8, portr., pl. et dessins; — duc de Serradifalco, *Antichità di Sicilia*, 1832-1842, 5 voll. in-f°, avec 174 pl.; — Wladimir Brunet de Presle, *Recherches sur les établissements des Grecs en Sicile, jusqu'à la réduction de cette île en province romaine*, Paris, 1845, 1 vol. in-8, avec une carte; — Vito La Mantia, *Storia della legislazione civile e criminale di Sicilia*: I *Tempi primitivi e Greco-Siculi*, Palermo, 1858, 1 vol.; II *Sotto le dominazioni de' Romani, Goti, Bizantini e Musulmani*, Palermo, 1859, 1 vol.; — *Storia della legislazione civile e criminale di Sicilia dai tempi antichi sino ai presenti, comparata con le leggi italiane e straniere*, 1866-1874, 2 voll.; — E. Marvejouls, *Agrigente et Girgenti, ou la Sicile ancienne et moderne; souvenirs et impressions d'un voyage fait en juin 1857*, Paris, 1860, broch. in-12 de 77 pp.; — Ernest Breton, *Syracuse*, Saint-Germain-en-Laye, 1864, in-8; — Ad. Holm: *Beiträge zur Berichtigung der Karte des alten Sicilien*, Lübeck, 1866, in-4, pl.; — *Geschichte Siciliens im Alterthum*, 1870-1874; — Dr Julius Schubring: *Historische Topographie von Akragas in Sicilien während der Klassischen Zeit*, Leipzig 1870, in-4, cartes; — *Die historische Topographie von Panormus*, 1ter Theil, Lübeck, 1870, in-4; — voy. aussi le *Philologus*, t. XXII, pp. 577-638; t. XXIII, pp. 361-367; — Contre-Amiral Serre, *Études sur l'histoire militaire et maritime des Grecs et des Romains*, Paris, 1880, 1 vol. in-18 (Ce volume comprend trois études: *La bataille d'Ecnome*; — *Le Siège de Syracuse par les Romains*; — *La Légion et la Phalange*); — Th. Mommsen, *C. J. L.*, t. X, 2, 1883, f°s 713 et suiv. (adde *Notizie degli Scavi di Antichità*, 1888, pp. 493 et suiv., avec le commentaire de M. Hülsen sur l'inscription de Rome qui y est publiée, et M. René Cagnat, *L'année épigraphique* (*1889*), Paris, 1890, pp. 5, n° 17, et suiv.; comp. *Bullettino comunale*, 1888, p. 391); — Saverio, Cristoforo Cavallari et Ad. Holm, *Topografia archeologica di Siracusa* (texte, en trois livres, rédigé en grande partie par M. Holm, accompagné d'un plan de Syracuse en quinze feuilles dressé par les deux autres collaborateurs; cet ouvrage a été édité en 1885 aux frais du Gouvernment italien); — Bernhard Lupus, *Die Stadt Syrakus im Alterthum. Eine historisch-topographische Skizze. Autorisirte deutsche Bearbeitung der Cavallari — Holm'schen Topografia archeologica di Siracusa*, Strassburg, 1887, 1 vol. in-8, avec deux cartes en couleurs et des vignettes dans le texte; — G. Busolt, *Bemerkungen über die Gründungsdata der griechischen Colonien in Sicilien und Unteritalien*, dans le *Rhein. Mus.*, 1885, pp. 466 et suiv.; — Salvatore Bruno, *La Sicilia greca dalle origini sino alla caduta di Siracusa*, Catania, 1886, 1 vol. in-16; — Henri Kiepert, *Manuel de géographie ancienne*, trad. franç. par M. Émile Ernault, Paris, 1887, pp. 247 *in fine* et suiv.; — G. M. Columba, *La prima spedizione ateniese in Sicilia* (427-424 a. C.), Palermo, 1887, broch. in-8; — Dr Axt, *Zur Topographie von Rhegion und Messana*, Grimma, 1887, broch. in-4; — Ettore Pais, *Alcune osservazioni sulla storia e sull'amministrazione della Sicilia durante il dominio romano*, dans l'*Archivio storico Siciliano*, 1888, fasc. 2-3, et tirage à part, Palermo, 1888, broch. in-8 de 148 pp.; — Ciardelli, *Saggio di antichità pubbliche Siracusane*, dans *La Cultura*, anno VII, vol. IX, n° 4 (15 février 1888); — B. Helsterbergk, *Fragen zur älteren Geschichte Siciliens*, dans le t. IX des *Berliner Studien*, et tirage à part, Berlin, 1889 (ibiq. *Revue critiq. d'hist. et del litér.*, 1889, n° 33, et *Berliner Philolog. Wochenschrift*, 1890, n° 9); — W. Liebenam: *Beiträge*, Iena, 1886, p. 32, et Tab.

(1*) Voy. cette note à la page suivante.

royaume de Syracuse, limité aux territoires des sept villes de *Syracusae* [Siracusa], *Acrae* [Acremonte *juxta* Palazzolo], *Leontini* [Lentini], *Megara*, *Elorum*, *Netum* et *Tauromenium* [Taormina] (1). Lorsque Syracuse, elle aussi, eut été conquise par Marcellus, au cours de la deuxième guerre punique (542= 212)(2), la Sicile tout entière fut pacifiée et réduite en province par M. Valerius Laevinus, en 544=210 (3). Il est vrai que la paix y fut, une fois encore, troublée par la guerre servile, de l'an 619=135 à l'an 622=132 (4); et, à la suite de cette guerre, le proconsul P. Rupilius régla, de concert avec une commission de dix *legati*, la situation juridique de la Sicile, par une loi fondamentale, la *lex Rupilia* (5). La deuxième guerre servile (651—654=103—100) ne paraît pas avoir pesé très lourdement sur les destinées de la province (6).

Administration. Suivant Appien (7), la Sicile aurait été, dès 513=241, admi-

n° 29, p. 42; *Forschungen*, Leipzig, 1888, pp. 355 *in fine* — 359; — Kubitchek, *Imp. Rom.*, pp. 128-133; — de Crozals, *La constitution de Syracuse au quatrième siècle*, dans les *Annales de l'Enseignement supérieur de Grenoble*, 1ʳᵉ année, t. I, Paris et Grenoble, 1889; — Gsell-Fels, *Unteritalien und Sizilien*, 3ᵗᵉ Aufl., 1890. — Voy. aussi M. Ferdinand Gregorovius, *Kleine Schiften zur Geschichte und Kultur*, t. II, où, parmi ces intéressants essais, il convient de remarquer ceux qui concernent la Sicile et la Corse, — et, sur l'inscription de *Tauromenion*, les renvois faits dans notre *Introd. bibl. gén.*, *Append. aux sources épigr. lat.*, École Française de Rome. — Comp. enfin M. G. M. Mira, *Bibliografia Siciliana, ovvero gran dizionario bibliografico delle opere edite e inedite antiche e moderne di autori Siciliani o di argomento Siciliano stampate in Sicilia e fuori*; le t. I (A-L) de ce travail a paru à Palerme, 1875, gr. in-8.]

(1*) Cic., *Accus. in Verr.*, II, 1, 2: (*Sicilia*) *prima omnium, id quod ornamentum imperii est, provincia appellata*.

(1) Diodor., *Exc.*, éd. Hoeschel, XXIII, 5.

(2) Tit.-Liv., XXV, 23-31.

(3) Tit.-Liv., XXVI, 40.

(4) Diodor., *Exc.*, l. XXXIV (*Exc.* Phot., pp. 525-29; *Exc.* Vales., pp. 598-601; — *Exc.* Vatic., pp. 100-102). — Sur les guerres serviles, dont les premiers débuts se placent dès avant l'année 619, voy. Klein, *op. cit.*, pp. 46 et suiv. [et les auteurs cités p. 48, note 1, *supra*].

(5) Cic., *Accus. in Verr.*, II, 16, 39 :... *legem esse Rupiliam, quam P. Rupilius consul de decem legatorum sententia dedisset: hanc omnes semper in Sicilia consules praetoresque servasse*. Cf. II, 16, 40; 13, 32. 34; 15, 37; 37, 90. — Pseudo-Asconius, *In divin.*, p. 106 [éd. Orelli]; *In Act. II*, p. 212 [même éd.]. — *Schol.* Gronov., p. 391, Orelli. — Valer. Max., VI, 9, 8.

(6) Florus, III, 19; — Dio Cass., *fr.* Peiresc. 101. 104 (93 Bekk.); — Tit.-Liv., *Epit.*, LXIX; — Diodor., XXXVI, pp. 536, 26; 608, 23.

(7) Appian., *Sic.*, II : φόρους τε αὐτοῖς ἐπέθεσαν καὶ τέλη τὰ θαλάσσια ταῖς πόλεσι μερισάμενοι στρατηγὸν 'ἐτήσιον ἔπεμπον 'ἐς Σικελίαν.

nistrée par un préteur. Cette affirmation est sans doute erronée. Tite-Live (*Epit.*, XX) nous dit, en effet, que c'est seulement vers l'an 527=227 que le nombre des préteurs avait été porté de deux à quatre, et que l'un des deux préteurs nouveaux avait été désigné pour le gouvernement de la Sicile. Par suite, faute d'indication précise sur l'administration qui fut, dès les premiers temps, donnée à cette province, nous en sommes réduits à conjecturer qu'elle était placée sous l'autorité de l'un des deux préteurs urbains ou d'un gouverneur extraordinaire élu par le peuple. Mais, à partir de 527=227, il y eut en Sicile un *praetor* (1), et, plus tard, depuis 632=122 (2), un *propraetor* (3). Lors du partage des provinces, opéré sous Auguste, en 727=27, la Sicile devint une province sénatoriale; son gouverneur porte le titre de *proconsul* (4) et est assisté d'un *legatus* (5). Ce n'est que sous Dioclétien que la Sicile fut réunie à l'Italie; elle reçut alors, comme les autres provinces italiennes, un *corrector* (6), et, après Constantin, un *consularis* (7).

Les deux parties de la province demeurèrent séparées, de sorte que, par une anomalie qui ne se retrouve nulle part ail-

---

(1) Tit. Liv., *Epit.*, XX : *Praetorum numerus ampliatus est, ut essent quattuor*; — Pomponius, L. 2, § 32, *De orig. iur.*, D., I, [2] : *Capta deinde Sardinia, mox Sicilia, item Hispania, deinde Narbonensi provincia totidem praetores, quot provinciae in dicionem venerant, creati sunt...* Cf. Tit. Liv., XXXII, 27. Le premier *Praetor* de Sicile, par conséquent en l'année 226, fut C. Flaminius, d'après Solinus (*Polyh.*, V, 1). Voy. aujourd'hui la liste des préteurs et des propréteurs connus dans Klein, *op. cit.*, pp. 11 et suiv. — [Voy. aussi MM. Th. Mommsen, *C. I. L.*, *loc. cit.*, et W. Liebenam, *opp. et locc. citt.*]

(2) Je reviendrai ci-dessous plus en détail sur cette question chronologique.

(3) Il est vrai que Cicéron donne souvent encore à Verrès le titre de *praetor* (voy. *Act.* I, 4, 13; — *Act.* II, 2, 13, 33, et nombre d'autres passages); mais ce n'est là qu'une expression impropre, puisque Verrès fut *praetor urbanus* en 74, et qu'il se rendit en 73 comme *propraetor* en Sicile.

(4) Orelli-Henzen, *Inscr.*, nos 151 [= *C. I. L.*, t. X, 2, n° 7192]. 723 [= *C. I. L.*, t. XIV, n° 3607]. 3179 [= Gruter, f° 1025, n° 8 = *C. I. L.*, t. XIV, n° 2498]. 6506 [= *C. I. L.*, t. XIV, n° 2107]. — Borghesi, Œuvres, t. II, p. 208, et pp. 451-457.

(5) On trouvera ces *legati* énumérés dans Klein, *loc. cit.*, pp. 131 et suiv. [Voy. aussi M. W. Liebenam, *Forschungen*, *loc. cit.*]

(6) Voy. ci-dessus, p. 41, note 4.

(7) Voy. ci-dessus, p. 41, note 5.

leurs, la Sicile eut deux *quaestores* (1), résidant l'un à *Lilybaeum* [Marsala, *in* Capo Boëo], l'autre à Syracuse (2). On ignore si cette organisation se maintint à l'époque impériale (3).

Communes. La Sicile se composait, au temps de Cicéron, d'environ 68 associations communales (4), dont le régime intérieur subsista longtemps encore sans altération (5). Lors de la formation de la province, dix-sept d'entre elles reçurent, à titre de distinction particulière, un privilège relatif au culte de *Venus Erycina* (6); mais, au point de vue des droits politiques, toutes furent réparties en quatre classes (7), de la manière suivante : 1° trois *civitates foederatae* : *Messana* [Messina; Messine], *Tauromenium* et *Netum* (8), conservant la possession libre de leur territoire, affranchies de tout impôt et de toute prestation, si ce

---

(1) Cic., *Act. II in Verr.*, 2, 4, 11, et dans beaucoup d'autres passages.

(2) Pseudo-Ascon., p. 100 [éd. Orelli] : *Cum a duobus quaestoribus Sicilia regi soleat, uno Lilybaetano altero Syracusano, ipse vero (Cicero) Lilybaetanus quaestor fuerit Sex. Peducaeo praetore, omnibus tamen se placuisse dicit;* p. 298 : *Lilybaetanus scilicet quaestor, non Syracusanus. Nam hos binos quaestores annuos habuit Sicilia;* — Cic., *Pro Plancio*, XXVII, 65. On trouve mentionné, au *C. I. Gr.*, (n° 5597), un ἀντιταμίας (*pro quaestore*), C. Vergilius Balbus, celui-là même, probablement, qui fut *praetor* en l'an 60 a. Chr.

(3) Voy. dans Klein (*op. cit.*, pp. 147 et suiv.), la liste des nombreux *quaestores* que l'on rencontre. [Voy. aussi les auteurs cités p. 48, note 1, *supra*.]

(4) Dans la première guerre punique, 67 villes sont mentionnées (Diodor., *Exc.*, éd. Hoeschel, XXIII, 5); dans la seconde guerre punique, 66 (Tit. Liv., XXVI, 40, 14 ; — Eutrop., III, 8); suivant Cicéron (*Act. II in Verr.*, 2, 55, 137), on élisait 130 censeurs en Sicile, 2 pour chaque ville (*ibid.*, 2, 53, 133); il compte donc 65 villes; mais c'est un point douteux que celui de savoir s'il fait figurer dans ce nombre les petites îles dépendant de la Sicile ou même les villes libres. Pline (*Nat. hist.*, III, 88) nous donne le chiffre de 68, et Ptolémée (III, 4), celui de 58.

(5) Sur la constitution grecque des villes siciliennes et sur leurs magistrats qui continuèrent à exister sous les Romains, voy. MM. Tittmann, *Darstellung der griech. Staatsverfassungen*, Leipzig, 1822, in-8; — Kuhn, *op. cit.*, pp. 58-63.

(6) Diodor., IV, 83 : ἥ τε σύγκλητος τῶν Ῥωμαίων εἰς τὰς τῆς θεοῦ τιμὰς φιλοτιμηθεῖσα τὰς μὲν πιστοτάτας τῶν κατὰ τὴν Σικελίαν πόλεων οὔσας ἑπτακαίδεκα χρυσοφορεῖν ἐδογμάτισε τῇ Ἀφροδίτῃ. C'est par allusion à ce privilège que les Tyndaritani disent dans Cicéron (*Act. II in Verr.*, 5, 47, 124) : *nos in septemdecim populis numeramur*.

(7) La source principale à cet égard se trouve dans Cicéron (*Act. II in Verr.*, 3, 6, 12. 13).

(8) Cic., *Act. II in Verr.*, 5, 22, 56. Sur *Messana*, Plutarch., *Pomp.*, X.

n'est en temps de guerre; 2° cinq *civitates liberae et immunes*: *Centuripae* [Centorbi], qui, à l'époque de Cicéron, était la ville la plus florissante de l'île (1) et comptait 10,000 citoyens (2), *Alesa, Segesta* [ruines près de Calatafimi], *Panormus* [Palermo; Palerme], *Halicyae* [Salemi]; 3° trente-quatre *civitates decumanae* (3), qui, ainsi qu'elles le faisaient déjà sous Hiéron, payaient, à titre d'impôts, le dixième de leurs revenus annuels en blé, en orge, en vin, en huile, en petits fruits (4); 4° vingt-six *civitates censoriae*, dont le territoire avait été conquis, les armes à la main, et réuni à l'*ager publicus* (5). Dans leur nombre figurent *Syracusae, Lilybaeum*, peut-être même à l'origine *Agrigente* [Girgenti], dont les habitants avaient, après sa prise (544=210), été passés au fil de l'épée ou vendus comme esclaves (6). Trois ans après, on amena dans cette dernière cité des colons venus des villes siciliennes (7); mais il ne nous est pas permis d'en conclure, avec M. Mommsen, que, dès cette époque, *Agrigente* reçut une colonie latine (8).

---

(1) *Ibid.*, 4, 23, 50.
(2) *Ibid.*, 2, 68, 163.
(3) Cicéron, semble-t-il, les énumère dans sa troisième *Verrine* d'une manière complète; ce sont, par ordre alphabétique: *Acestenses, Acherini, Aetnenses, Agyrinenses, Amestratini, Apollonienses, Assorini, Calactini, Capitini, Catinenses, Cephaloeditani, Cetarini, Enguini, Elorini, Ennenses, Entellini, Gelenses, Haluntini, Heracleenses, Herbitenses, Hyblenses, Ietini, Imacharenses, Inenses, Leontini, Liparenses, Menaeni, Murgentini, Mutycenses, Petrini, Soluntini, Thermitani, Tissenses, Tyndaritani*.
(4) Voy. Zumpt, dans Seebode's *Archiv.*, *loc. sup. cit.*, p. 265.
(5) Ce nombre est donné par Tite-Live (XXVI, 40, 14). C'est également celui qu'admet Zumpt (*Ad Verr.*, III, 6, 13), encore que, par suite d'une faute d'impression, on trouve dans ce passage XXI au lieu de XXVI — [Sur l'*ager publicus*, voy. le t. I de cette trad. = t. VIII de la collection, p. 130, texte et note 3, et M. Ett. de Ruggiero, *Dizionar. epigr.*, fascic. 12, Roma, 1888, V° *Ager publicus populi Romani*, pp. 357 et suiv.]
(6) Tite-Liv., XXVI, 40, 13. — [Sur *Agrigente* (aujourd'hui Girgenti), voy., indépendamment de MM. Th. Mommsen et Kubitschek, *opp. et locc. sup. citt.*, M. Ett. de Ruggiero, *Dizionar. epigr.*, fascic. 12, Roma, 1888, V° *Agrigentum*, p. 367.]
(7) Cic., *Act. II in Verr.*, 2, 50, 123: « *de oppidis Siculorum.* »
(8) M. Mommsen, dans sa *Geschichte des Röm. Münzw.*, (p. 663 [= dans la trad. franç. de MM. de Blacas et J. de Witte, t. III, p. 235, note 1]), tient cette fondation pour probable; par contre, il la considère comme certaine dans sa *Röm. Gesch.* (t. I, [7me Aufl.], p. 624 [= trad. franç. de M. Alexandre,

Quant aux modifications que ce régime subit à la fin de la République et dans les premiers temps de l'Empire, nous en sommes souvent encore réduits aux hypothèses; la relation de Pline, en effet, qui forme notre source principale, est certainement, sur ce point, aussi incomplète qu'inexacte. Il comprend, au nombre des soixante-huit communes qui existaient encore de son temps, trois villes de droit latin, *Centuripae*, *Netum*, *Segesta*, deux *oppida civium Romanorum*, *Messana* et *Lipara* [Lipari], et cinq colonies romaines. Il donne aux autres villes, ou tout simplement le nom d'*oppida*, ou celui de *civitates stipendiariae*. Or, *Lipara* est une colonie romaine (1); et, parmi les *oppida*, on trouve *Agrigente*, qui était sans aucun doute une ville latine (2), et *Aluntium* [S. Marco (d'Aluozio)], que les inscriptions appellent *municipium* (3); enfin, parmi les *civitates stipendiariae*, *Henna* [Castro Janni; *vulgo* C. Giovanni], qui était également une ville latine (4); *Melite* (Malta [Malte]) et *Gaulos* [Gozzo], qui faisaient partie de la province (5), mais que Pline ne mentionne que comme de simples expressions géographiques, étaient des municipes romains (6). On voit donc qu'au

---

t. III, p. 198]; t. II, 6ᵗᵉ Aufl., p. 4 [= trad. franç. de M. Alexandre, t. IV, p. 288 *in fine.* — N. B.: Ce passage a été modifié dans la 7ᵉ éd. allemande, qui ne contient plus la mention d'*Agrigente*. — Comp. C. I. L., t, X, 2, fᵒ 737]). Henzen (*Annali dell' Inst.*, 1857, p. 114) partage mon opinion; Walter (*Gesch. des Röm. Rechts*, §§ 245. 246) suit celle de M. Mommsen. — [Voy. aussi les auteurs cités p. 53, note 6, *supra*.]

(1) Voy. J. Friedländer, dans la *Zeitschrift* de v. Sallet, t. VI, (1878), p. 14.

(2) *Agrigente* frappe des monnaies de cuivre avec une légende romaine et a des *IIviri*. — Voy. Eckhel, [*Doctr. Num.*], t. I, p. 194; — Mionnet, *Suppl.* I, p. 368; — Mommsen, *Gesch. des röm. Münzw.*, p. 663 [= dans la trad. franç., t. III, p. 235, note 1].

(3) *C. I. Gr.*, nᵒ 5608: τὸ μουνικίπιον τῶν Ἀλοντίνων, où deux autres inscriptions latines sont citées.

(4) On lit sur des monnaies *MVNicipium HENNA* avec les noms de *IIviri*. (Voy. Eckhel, t. I, p. 207; — Mionnet, t. I, p. 234; *Suppl.* I, p. 385; — Henzen, *Annali*, 1857, p. 113.)

(5) Sur *Melite*, voy. Cic., *Act. II in Verr.*, 4, 46, 103; 4, 18, 39. — Sur *Melite* et *Gaulos*, voy. Plin., *Nat. Hist.*, III, 92. — [*Adde* MM. Th. Mommsen, *C. I. L.*, t. X, 2, fᵒˢ 773, 774 et 994; — Kubitschek, *Imp. Rom.*, pp. 131, 132 et 268.]

(6) Les citoyens des deux villes appartiennent à la *tribus Quirina* (C. I. Gr., nᵒ 5754; — Henzen, nᵒ 6469 [= C. I. L., t. X, 2, nᵒ 7507]). — Voy. Grotefend, *Imperium Romanum tributim descriptum*, Hannover, 1863, in-8, p. 92, [et M. Kubitschek, *locc. citt.* à la note précédente].

temps de Pline, il existait en Sicile beaucoup plus de communes latines et romaines qu'on n'en trouve dans sa relation. Ce changement fut l'œuvre de César, d'Antoine et d'Auguste. César paraît non seulement avoir réglé d'une manière différente le système des impôts dans la province (1), en supprimant notamment les contributions en nature, mais encore avoir concédé à un grand nombre de villes siciliennes, à toutes, s'il faut en croire M. Mommsen, le bénéfice de la latinité (2); de même, il n'est pas possible de déterminer avec précision et détail les effets qu'a reçus la loi d'Antoine sur la concession du droit de cité aux Siciliens (3); enfin, Auguste fonda dans la province sept colonies militaires (4) : *Tauromenium*, *Catina* [Catania ; Catane], *Syracusae*, *Thermae Himerenses* [Termini], *Tyndaris* [S. Maria di Tindaro] (5), *Lilybaeum* et *Panormus* (6).

(1) M. Mommsen (*Röm. Gesch.*, t. III, [7mte Aufl.], p. 507 [= dans la trad. franç., de M. Alexandre, t. VIII, p. 106, note 2]) remarque que déjà Varron (*De re rust.*, II, pr.) ne nomme pas la Sicile parmi les provinces à blé, mais seulement l'Afrique et la Sardaigne, et, dans la liste de Pline, ne figurent pas les *civitates decumanae*, alors que, par contre, 47 *civitates stipendiariae* sont énumérées.

(2) La seule mention qui soit faite de cette concession se trouve dans Cicéron (*Ad Att.*, XIV, 12, 1) : *Scis, quam diligam Siculos et quam illam clientelam honestam iudicem. Multa illis Caesar, neque me invito, elsi Latinitas erat non ferenda, verum tamen.* — Jusqu'ici, ce passage a été compris en ce sens (voy., par ex., Voigt, *Ius nat.*, t. II, p. 720), que les desseins de César n'ont pas été mis à exécution, ou du moins ne l'ont pas été d'une manière complète. M. Mommsen (*Röm. Gesch.*, t. III, [7mte Aufl.], p. 507 [= trad. franç., t. VIII, p. 106] l'interprète en ce sens que la Sicile tout entière reçut le bénéfice de la Latinité.

(3) Cic., *Ad Att.*, XIV, 12, 1 : *Ecce autem Antonius, accepta grandi pecunia, fixit legem a dictatore comitiis latam, qua Siculi cives Romani; cuius rei vivo illo mentio nulla.* A cela se rapporte également ce passage de Cicéron (*Phil.*, II, 36, 92) : *Toto Capitolio tabulae figebantur, neque solum singulis venibant immunitates sed etiam populis universis : civitas non iam singillatim, sed provinciis totis dabatur.* — Dio Cass., XLIV, 53 ; XLV, 23 ; — Diodor., XIII, 35 : πολλαὶ γοῦν τῶν κατὰ τὴν νῆσον πόλεων χρώμεναι διετέλεσαν τοῖς τούτου νόμοις (de Diocles), μέχρι ὅτου πάντες οἱ Σικελιῶται τῆς Ῥωμαίων πολιτείας ἠξιώθησαν. L'abrogation de ces lois est relatée par Cicéron (*Phil.*, XII, 5, 12 ; XIII, 3, 5).

(4) Dio Cass., LIV, 7 ; — *Monum. Ancyr.*, V, 35 ; — Borghesi, Œuvres, t. II, pp. 209. 483.

(5) Pline (*Nat. hist.*, III, 88. 89. 90) nomme ces cinq colonies. Sur *Syracuse*, voy. Dio, LIV, 7 ; — sur *Tyndaris* : Appian., *Bell. civ.*, V, 116 ; — Borghesi, Œuvres, t. II, pp. 452 et suiv. ; — Henzen, *Inscr.*, n° 5483 [= *C. I. L.*, t. X, 2, n° 7475].

(6) Que ces deux colonies militaires, que Pline ne cite pas comme colo-

Au point de vue de la juridiction, la province fut divisée, dès l'origine, en un certain nombre de *conventus* (ressorts judiciaires) (1), parmi lesquels on trouve mentionnés ceux de *Syracuse* (2), de *Lilybaeum*, de *Panormus* (3), de *Messana* (4) et d'*Agrigentum* (5).

---

nies, et que Zumpt (*Comment. epigr.*, t. I, p. 409) regarde comme des colonies d'Hadrien, proviennent également d'Auguste lui-même, c'est ce que démontrent Borghesi (*Œuvres*, t. II, p. 208) et Henzen (*Annali dell' Inst.*, 1857, pp. 115 et suiv.). — Sur *Panormus*, voy. aussi Schubring, *Die historische Topographie von Panormus*, 1re partie, Lübeck, 1870, in-4, p. 15 ; — sur *Lilybaeum*, M. Mommsen, *Ephem. epigr.*, t. II, p. 125, note 1. — [Voy. encore, sur ces deux villes, M. Th. Mommsen, *C. I. L.*, t. X, 2, f⁰ˢ 742, et 751 et suiv. ; — sur *Lilybaeum*, M. Kubitschek, *Imp. Rom.*, p. 131.]

(1) Cic., *Act. II in Verr.*, 5, 11, 28 : *Nam scitote oppidum esse in Sicilia nullum ex iis oppidis, in quibus consistere praetores et conventum agere soleant, quo in oppido non isti ex aliqua familia non ignobili delecta ad libidinem mulier esset.* — [Sur les *conventus*, voy. M. G. Humbert, dans le *Dict. des Antiq. grecq. et rom.*, de MM. Ch. Daremberg et Edm. Saglio, *h. v.*, 10⁰ fascic., Paris, 1886, t. I, p. 1496.]

(2) *Ibid.*, 4, 25, 55.

(3) Cicéron (*ibid.*, 5, 54, 140) les mentionne tous deux.

(4) Tit. Liv., XXXI, 29, 8.

(5) Cic., *loc. sup. cit.*, 2, 26, 63.

II. — SARDINIA ET CORSICA (1).

Aussitôt la première guerre punique conduite à sa fin, en

---

(1) Sur cette province, voy. aujourd'hui Klein, *op. cit.*, t. I, pp. 191 et suiv. — [Voy. aussi sur la Sardaigne et la Corse : le *Thesaurus* de Graevius, et les ouvrages de Houel et de Torremuzza, cités p. 48, note 1, *supra;* — M. Kubitschek, *Imp. Rom.*, pp. 126-128; — Et spécialement : α Sur la Sardaigne, MM. : Mimaut, *Hist. de Sardaigne et la Sardaigne ancienne et moderne*, 1825, 2 voll. in-8, avec fig. et carte; — Th. Mommsen, dans *Hermes*, t. II, pp. 102 et suiv., et t. III, p. 172 ; *C. I. L.*, t. X, 2, f°⁵ 777 et suiv. ; — Henri Kiepert, *Manuel de géographie ancienne*, trad. franç. par M. Émile Ernault, Paris, 1887, pp. 253 *in fine* et suiv., n° 242 ; — Liebenam : *Beiträge*, Iena, 1886, p. 32, et Tab. n° 28, p. 42 ; *Forschungen*, Leipzig, 1888, pp. 354 et 355 ; — β Sur la Corse : Prosper Mérimée, *Voyage en Corse*, Paris, 1840, in-8 ; — J. Rospatt, *De Corsica insula a Romanis capta*, Monasterii, 1850, in-8 ; — Alex. Grassi, *Aleria, étude historique et archéologique*, dans les *Nouvelles annales de voyage*, série 6, vol. IV, ann. 10, 1864, pp. 257 et suiv. ; — abbé G. Galletti, *Histoire de la Corse*, Paris, 1866, in-4 ; — Th. Mommsen, *C. I. L.*, t. X, 2, f° 838 (auquel il convient de joindre le *Bull. de la Soc. nat. des Antiq. de France*, 1887, 3° trimestre, p. 153 = Rectifications au *C. I. L.*, X, n°⁵ 8034, lin. 5 ; — 8035, lin. 6 et 7 ; — 8036, lin. 5 et 6 ; — 8329, lin. 1 et 2 ; voy. aussi *Bull.*, *eod.*, pp. 183 et suiv.); — Tamponi, dans les *Notizie degli Scavi di Antichità*, 1888, pp. 540 et suiv. ; 1889, p. 257 ; — F. Haverfield, dans *The Classical Review*, 1889, pp. 228 et suiv. ; — René Cagnat, *L'année épigraphique (1889)*, Paris, 1890, pp. 7 et suiv., n° 22 et suiv.; p. 66, col. 2, n° 158 ; p. 70, coll. 1 et suiv., n°⁵ 175 et suiv.; — *adde* F. Vivanet, dans les *Notizie*, 1889, p. 283 = MM. René Cagnat, *op. cit.*, (*1889*), p. 70, col. 2, n° 177 ; — H. Kiepert, *op. cit.*, trad. franç., pp. 254 et suiv., n° 243 ; — Étienne Michon, *L'administration de la Corse sous la domination romaine*, dans les *Mélanges d'archéologie et d'histoire*, t. VIII, Paris et Rome, 1888, fascic. III, IV, pp. 414-425. — Voy. aussi MM. Gregorovius, *op. sup. cit.*, p. 48, note 1, *supra*, et P. Luc-

l'an 516=238 (1), les Romains arrachèrent encore aux Carthaginois, sans mettre en avant aucune raison de droit sérieuse (2), la possession de la Sardaigne. Mais il leur fallut la conquérir entièrement, et, quoique ce résultat eût été atteint par T. Manlius Torquatus, en 519=235 (3), la lutte se poursuivit encore néanmoins au cours des années suivantes (4). — La Corse avait été occupée, en même temps que la Sardaigne, en 516=238 (5); et, après qu'elle eut été réduite, en 523=231, par C. Papirius Maso (6), on la réunit en une seule province à la Sardaigne (7), sous la juridiction d'un préteur (8); de là vient

---

ciana, *Histoire des Corses par Ferdinand Grégorovius*, nouv. éd., trad. de l'allemand, Bastia, 1881-1884, 3 voll. in-8.]

(1) Polyb., I, 88; III, 10. 27; — Appian., VI, 4; VIII, 2. 5; — Zonar., VIII, 18; — Tit. Liv., XXI, 1, 5. — Voy. Hudemann, dans le *Philologus*, t. II, pp. 632 et suiv.

(2) Les conditions de la paix conclue en 513=241 ne contenaient aucune cession de la Sardaigne. Polyb., I, 63 : Τῶν τε νήσων ἐκχωρεῖν Καρχηδονίους προσεπέταξαν, ὅσαι μεταξὺ τῆς Ἰταλίας κεῖνται καὶ τῆς Σικελίας. Cf. III, 27. — Zonar., VIII, 17; — Appian., V, 2 : καὶ Σικελίας Ῥωμαίοις ἀποστῆναι καὶ τῶν βραχυτέρων νήσων, ὅσαι περὶ Σικελίαν. Ce n'est que les écrivains postérieurs qui entendent ces mots d'une cession de la Sardaigne (Eutrop., III, 2 ; — Aurel. Vict., *De vir. illustr.*, XLI ; — Oros., IV, 11), tandis que Polybe (III, 28) émet le jugement suivant : ὥσπερ οὖν τὴν εἰς Σικελίαν διάβασιν Ῥωμαίων οὐ μόνον τοὺς ὅρκους εὑρίσκομεν γεγενημένην, οὕτως ὑπὲρ τοῦ δευτέρου πολέμου, καθ'ὃν ἐποιήσαντο τὰς περὶ Σαρδόνος συνθήκας, οὔτε πρόφασιν οὔτ' αἰτίαν εὕροι τις ἂν εὔλογον, ἀλλ' ὁμολογουμένως τοὺς Καρχηδονίους ἠναγκασμένους παρὰ πάντα τὰ δίκαια διὰ τὸν καιρὸν ἐκχωρῆσαι μὲν Σαρδόνος ἐξενεγκεῖν δὲ τὸ προειρημένον πλῆθος τῶν χρημάτων. — Tit. Liv., XXI, 1, 5. — Comp. Bergfeld, *op. sup. cit.*, p. 10.

(3) Velleius Paterc., II, 38 : *Sardina — ductu T. Manli consulis certum recepit imperi iugum.* — Eutrop., III, 3.

(4) Les *Fasti triumph. Capitolini* (C. I. L., t. I, f° 458) font triompher *de Sardis* T. Manlius en 519=235, Sp. Carvilius en 520=234, Q. Fabius Maximus en 521=233.

(5) Festus, p. 322b : *Sinnius Capito ait, Ti. Gracchum consulem, collegam P. Valeri Faltonis, Sardiniam Corsicamque subegisse.* — Sur les divergences des auteurs modernes relativement à cette date, voy. Bergfeld, *op. cit.*, p. 12 ; — Hudemann, *loc. sup. cit.* — J. Rospatt (*De Corsica insula a Romanis capta*, Monasterii, 1850, in-8, p. 21) admet sans raison l'année 518=236.

(6) *Fasti triumph.*, dans le *C. I. L.*, t. I, f° 458, ad ann. 523 : — Val. Max., III, 6. 5; — Plin., *Nat. hist.*, XV, 126 ; — Zonaras, VIII, 18.

(7) S. Rufus, IV : *Iuncta administratio harum insularum fuerat ; post quaelibet suos praetores habuit : nunc singulae a suis praesidibus reguntur.*

(8) Zonaras, VIII, 19: μετὰ δὲ τοῦτο Σαρδόνιοι ἐν δεινῷ ποιούμενοι, ὅτι στρατηγὸς Ῥωμαίων ἀεὶ καθειστήκει αὐτοῖς, ἐπανέστησαν. — Tit. Liv., XL, 18, 3 : *Provinciae ita sorte evenerunt : — — M. Pinario Sardinia* ; c. 19, 6 : *Pestilentiae tanta vis erat, ut cum propter defectionem Corsorum bellumque ab Iliensibus con-*

qu'en 527=227, il n'y eut que deux préteurs nouvellement élus, l'un pour la Sicile, l'autre pour la Sardaigne (1). L'appellation de Sardaigne désigne donc toujours la province formée de la réunion de la Sardaigne et de la Corse (2). A partir de 632=122, l'administration passa à des propréteurs (3); et il est certain que la Corse était aussi comprise dans leurs attributions (4). Lors du partage des provinces, en l'an 727=27, la Sardaigne échut au Sénat (5), et reçut, comme gouverneur, un *propractor*, investi du titre de *proconsul* et assisté d'un *legatus* (6) et d'un *quaestor* (7). Toutefois, de nouveaux changements administratifs furent bientôt rendus nécessaires dans cette province, d'une part par le caractère turbulent et mobile de ses habitants (8), de l'autre par diverses circonstances. En l'an 6

---

citatum in Sardinia octo milia peditum — placuisset scribi — is numerus effici militum non potuerit; c. 34, 12 : *In Corsica pugnatum cum Corsis, — inde in Sardiniam exercitus ductus* ; XLII, 1, 3 : *Ad hoc mille et quingenti pedites — scribi iussi, cum quibus praetor, cui Sardinia obtigisset, in Corsicam transgressus bellum gereret*; c. 7, 2 : *Ex Corsica subacta Cicereius in Sardiniam transmisit.*

(1) Voy. p. 51, note 1, *supra*. — Parmi les préteurs, le plus connu est Caton l'Ancien, qui administra la province en 556=198 (Tit. Liv., XXXII, 8, 5 ; — Nepos, *Cat. m.*, I ; — Plutarch., *Cat. m.*, VI).

(2) Strabon (XVII, p. 840) fait figurer de même parmi les provinces de l'époque d'Auguste Σαρδὼ μετὰ Κύρνου. Les deux provinces se trouvent toujours réunies ; dans Varron *(Fr.*, Vol. II, p. 358, éd. Bip. (Servius, *Ad Aen.*, V, 824)), on trouve déjà à l'époque mythique un certain *Phorcus, rex Corsicae et Sardiniae.*

(3) Voy. la liste des gouverneurs dans Klein, *op. cit.*, t. I, pp. 199 et suiv. — [Voy. aussi M. Liebenam, *opp. et locc. sup. citt.*, et les auteurs cités p. 57, note 1, *supra*.]

(4) Asconius (p. 19, [éd. Orelli]) dit des accusateurs de Scaurus: [*in*] *inquisitionem in Sardiniam itemque Corsicam insulas dies tricenos acceperunt.*

(5) Dio Cass., LIII, 12; — Srabo, XVII, p. 840.

(6) On trouve M. Iul. Romulus, *leg. pr. pr.* du proconsul L. Helvius Agrippa en l'an 68, mentionné dans le décret de ce dernier, chez M. Mommsen (*Hermes*, t. II, p. 104 [= *C. I. L.*, t. X, 2, n° 7852, lin. 23]) ; — C. Caesius Aper — *legat. pro pr. provinciae Sardiniae*, dans l'inscription de *Sestinum* [Sestino] (Borghesi, *Bullett.*, 1856, p. 141 ; — Mommsen, *Hermes*, t. II, p. 173).

(7) L'empereur Sévère avait revêtu la *quaestura Sardiniensis* (Spartian., *Sev.*, II, 5). — Voy. les autres questeurs dans Klein, t. I, pp. 285 et suiv. — [Voy. aussi les auteurs cités p. 57, note 1, *supra*.]

(8) Cic., *Pro Scauro*, II, 38: *Ipsa natio, cuius tanta vanitas est, ut libertatem a servitute nulla re alia nisi mentiendi licentia distinguendam putent*; cf. § 42; *Ad famil.*, VII, 12, 2 : *Habes Sardos venales, alium alio nequiorem.* Sur cet adage, voy. Varro, *Fr.*, p. 304, éd. Bip. — Festus, p. 322.

de l'ère chrétienne, l'administration de la Sardaigne fut confiée à un *procurator* impérial (1); et ce n'est que sous Néron que le Sénat la recouvra, comme dédommagement de la perte de l'Achaïe, dont l'empereur avait proclamé l'indépendance dans l'automne de l'année 67 (2). L'Achaïe se vit de nouveau ravir cette indépendance, sous le règne de Vespasien (3), et,

---

(1) Dio Cass., LXV, 28 : κἀν τοῖς αὐτοῖς τούτοις χρόνοις καὶ πόλεμοι πολλοὶ ἐγένοντο · καὶ γὰρ λῃσταὶ συχνὰ κατέτρεχον, ὥστε τὴν Σαρδὼ μηδ' ἄρχοντα βουλευτὴν ἔτεσί τισι (la conjecture τρισί admise par Bekker manque de fondement historique) σχεῖν, ἀλλὰ στρατιώταις τε καὶ στρατιάρχαις ἱππεῦσιν ἐπιτραπῆναι.

(2) Pausan.,[VII, 17, 2 : καὶ ἐλεύθερον ὁ Νέρων ἀφίησιν ἁπάντων, ἀλλαγὴν πρὸς τὸν δῆμον ποιησάμενος τῶν Ῥωμαίων · Σαρδὼ γὰρ τὴν νῆσον ἐς τὰ μάλιστα εὐδαίμονα ἀντὶ Ἑλλάδος σφίσιν ἀπέδωκεν. Cette relation est aujourd'hui confirmée par le décret du proconsul L. Helvius Agrippa, publié par M. Mommsen (*Hermes*, t. II, pp. 102-127 [=*C. I. L.*, t. X, 2, n° 7852]); par ledit décret, ce proconsul tranche, en l'an 68 après J.-Chr., une contestation agraire qui s'était élevée entre deux communes de la Sardaigne, difficulté qui, avant lui, avait donné lieu à deux jugements émanés l'un, du *procurator Augusti*, M. Iuventius Rixa, et l'autre du prédécesseur même d'Agrippa, Caecilius Simplex. Si l'on admet, avec M. Mommsen, que ces trois personnages se sont succédé immédiatement dans l'administration de la Sardaigne, ce qui est vraisemblable, il s'ensuit que le régime des *procuratores* dura dans cette île de l'an 6 de notre ère jusqu'au 1er juin 66. C'est à cette époque que commença l'administration proconsulaire de Caecilius Simplex, à qui succéda, le 1er juin 67, le proconsul L. Helvius Agrippa. Ces données laissent toutefois subsister une difficulté chronologique. Car, puisque Néron proclama la liberté de la Grèce aux jeux isthmiques de l'an 67 (Plutarch., *Titus Flamin.*, XII ; — Suet., *Nero*, XXIV ; — Dio Cass., XLIII, 11 ; — Clinton, *Fasti Rom., ad ann.* 67), c'est aussi en l'an 67 seulement que la Sardaigne, concédée à cette occasion au Sénat, a dû devenir province proconsulaire. M. Mommsen cherche encore la solution de cette difficulté (*Hermes*, t. III, p. 172), sans arriver à un résultat convaincant. — Voy. également, sur la question, Klein, *op. cit.*, t. I, p. 254. — [N. B. : — En 1888, M. Maurice Holleaux a découvert une stèle qui porte, gravé en caractères grecs, le texte du discours par lequel Néron proclama, aux jeux isthmiques célébrés à Corinthe et dans toute la province en l'honneur de Neptune, la liberté des nations grecques. Le jeune et savant archéologue a reproduit, avec commentaires, le texte de l'inscription dans le *Bulletin de Corresp. hellén.*, t. XII, pp. 510 et suiv., et dans une brochure intitulée : *Discours prononcé par Néron à Corinthe en rendant aux Grecs la liberté — 28 Novembre 67 J.-C.*—, Lyon, 1889, in-4, avec 1 pl. — Sur l'*Achaia*, voy. au surplus *infra*, XXVI. XXVII.]

(3) Suet., *Vespas.*, VIII ; — Pausan., *loc. sup. cit.* — Le caractère proconsulaire de l'administration de la Sardaigne jusqu'à Vespasien, et peut-être même encore sous son règne, est démontré par l'inscription de *Sestinum* (*Bullett. dell'Inst.*, 1856, p. 141, n° 3; comp. M. Mommsen, *Hermes*, t. II, p. 173). Le *procurator* de Corse, mentionné par Tacite (*Hist.*, II, 16) sous Othon,

à la même époque, la Sardaigne redevint province impériale, soumise à l'autorité d'un *procurator et praeses* (1). Elle semble avoir subi une nouvelle modification en sens inverse, sous Marc-Aurèle, qui la restitua momentanément au Sénat (2) ; mais Commode y rétablit l'administration impériale (3), et, à compter de son règne jusqu'au III° siècle, on rencontre des *procuratores Augusti et praesides* (ou *praefecti*) *provinciae Sardiniae* (4). Depuis Dioclétien, la Sardaigne et la Corse forment des provinces distinctes, ayant chacune un *praeses* (5).

Au point de vue des droits politiques reconnus à ses habitants, la Sardaigne était une des provinces les moins favorisées ; soumise par les armes, elle avait été transformée dans toute son étendue en *ager publicus* [voy., ci-dessus, les renvois de la note 5 de la p. 53] ; elle acquittait un dixième du produit de toutes les terres, et en outre un *stipendium* (6) ; à toute

---

peut être un fonctionnaire impérial, comme on en trouve d'ailleurs aussi dans les provinces sénatoriales.

(1) Orelli-Henzen, n°ˢ 4031 [= *C. I. L.*, t. X, 2, n° 8038]. 5190 [=n° 5449 = *C. I. L.*, t. X, 2, n°ˢ 8023. 8024].

(2) Spartian., *Sever.*, II, 3 : *Post quaesturam sorte Baeticam accepit atque inde Africam petit, ut mortuo patre rem domesticam componeret. Sed dum in Africa est, pro Baetica Sardinia ei attributa est, quod Baeticam Mauri populabantur.* Sévère partit donc, après l'achèvement de la questure urbaine, comme *quaestor pro praetore* (voy. Borghesi, *Œuvres*, t. I, p. 482) pour la Sardaigne, qui était, par suite, une province sénatoriale. C'est une conjecture avancée par Zumpt (*Stud. Rom.*, p. 144) que, à raison de l'invasion des Maures dans la Bétique vers l'an 172, Marc-Aurèle aurait pris cette province, pour y faire la guerre, et qu'en échange la Sardaigne aurait été donnée au Sénat.

(3) Sous Commode, L. Ragonius Urinatius était *proconsul prov. Sardiniae* (Orelli-Henzen, n°ˢ 2377 [et 2702 = *C. I. L.*, t. V, 1, n° 2112 ; cf. *C. I. L.*, t. VI, 1, n° 1503]. 6492 [= *C. I. L.*, t. VI, 1, n° 1502]) ; mais sous son règne on trouve aussi derechef un *procurator*. Origenes ou Hippolytus, *Refut. haeresium*, IX, p. 288, éd. Miller :τυχοῦσα οὖν τῆς ἀξιώσεως ἡ Μαρκία παρὰ τοῦ Κομμόδου δίδωσι τὴν ἀπολύσιμον ἐπιστολὴν Ὑακίνθῳ τινὶ σπάδοντι πρεσβυτέρῳ, ὃς λαβὼν διέπλευσεν εἰς τὴν Σαρδονίαν καὶ ἀποδοὺς τῷ κατ' ἐκεῖνο καιροῦ τῆς χώρας ἐπιτροπεύοντι ἀπέλυσε τοὺς μάρτυρας. De même, il nomme de nouveau dans ce passage l'ἐπίτροπος, c'est-à-dire le *procurator*.

(4) Voy. Klein, *op. cit.*, t. I, pp. 270 et suiv.

(5) Voy. M. Mommsen, *Verz. d. röm. Prov. von 297*, dans les *Abh. d. Berl. Acad.*, 1862, p. 513 ; — Boecking, *Notit. Dignit.*, t. II, p. 6, 28 ; p. 10, 14 ; pp. 805 et suiv. ; — S. Rufus, IV.

(6) Cic., *Pro Balbo*, XVIII, 41 : *Quod si Afris, si Sardis, si Hispanis, agris stipendioque multatis, virtute adipisci licet civitatem, Gaditanis autem — idem non*

époque, en cas de besoin impérieux, elle devait payer un autre dixième, dont, à vrai dire, elle était indemnisée par le Trésor public (1); aussi la Sardaigne pouvait-elle être comptée au nombre des *tria frumentaria subsidia reipublicae* (2). Au temps de Cicéron, aucune ville de la province n'était investie de privilèges particuliers (3); mais les communes y étaient administrées, comme en Campanie, par des *praefecti* (4), nommés sans doute en Sardaigne par le *propraetor*. Au contraire, parmi les trente-deux villes de la Corse (5), il y avait deux colonies militaires : l'une de Marius, *Mariana* [ruines de Mariana]; l'autre de Sulla, *Aleria* [ruines *ad fl*. Tavignano [Aleria]] (6). Plus tard, la Sardaigne reçut, elle aussi, quelques établissements, la ville *ad turrim Libysonis* [Porto Torres] (7), peut-être sous Auguste (8), et en outre *Uselis* [Usellas] (9) et *Cornus* [Corchi-

---

licebit, non foedus sibi nobiscum sed iniquissimas leges impositas a nobis esse arbitrabuntur; — Tit. Liv., XXIII, 32, 9 : (Sardos) *gravi tributo et conlatione iniqua frumenti pressos*; cf. XLI, 6.

(1) Tit. Liv., XXXVI, 2, 13 : *Idem L. Oppio de alteris decumis exigendis in Sardinia imperatum;* — XXXVII, 2, 12; XXXVII, 50, 10; XLII, 31, 8.

(2) Cic., *De imp. Pomp.*, XII, 34; — Val. Max., VII, 6, 1; — Varro, *De re rust.*, II, 1. Voy. Hudemann, *op. sup. cit.*, p. 630, note; — Gothofr., *Ad C. Th.*, Const. 3, [*De poenis*], IX, 40; Const. 5, [*De annon. civ. et pane grad.*], XIV, 17.

(3) Cic., *Pro Scauro*, II, 44 : *Quae est enim praeter Sardiniam provincia, quae nullam habeat amicam populo Romano ac liberam civitatem?* — [Voy. aussi M. Alois von Brinz, *Zum Begriff und Wesen der römischem Provinz*, München, 1885, p. 15.]

(4) C'est ce qu'il est permis de conclure d'une inscription appartenant à l'époque de la république : TERMINVS CIDDILITANORVM PRAEFecturae N(ymphaei?) PORTVs. Sur cette inscription voy. M. Bormann, dans le *Bullett. dell'Inst.*, 1869, pp. 182 et suiv. [= *C. I. L.*, t. X, 2, n° 7930.]

(5) Plin., *Nat. hist.*, III, § 80.

(6) Plin., *loc. sup. cit.*; — Senec., *Cons. ad Helv.*, VII, 9; — Solin., III, 3; — Mela, II, 7, 19. — Voy. Zumpt, *Comment. epigr.*, t. I, pp. 228. 255. — [Sur *Mariana* et *Aleria*, voy. M. Th. Mommsen, *C. I. L.*, t. X, 2, f°s 838, 839 et 997; sur *Aleria*, MM. Alex. Grassi, *op. et loc. citt.*, p. 57, note 1, *supra*; — E. de Ruggiero, *Dizionar. epigr.*, fascic. 13, Roma, 1889, *h. v.*, p. 395, coll. 1 *in fine* et suiv.]

(7) Plin., *Nat. hist.*, III, 85.

(8) Voy. Zumpt, *op. et loc. sup. citt.*, p. 364. — [Sur cette ville (auj. Porto Torres), voy. M. Th. Mommsen, *C. I. L.*, t. X, 2, f° 826.]

(9) Ptolem., III, 3, 2. Elle s'appelle *Colonia Iulia Augusta Usellis* (Henzen, n° 6413 [= *C. I. L.*, t. X, 2, n° 7845]). — [Sur *Uselis* (*Usellus*), voy. M. Th. Mommsen, *C. I. L.*, t. X, 2, f° 840.]

nas] (1). Quant à *Carales* [Câgliari], on le cite comme *municipum* (2).

---

(1) Voy. Zumpt, *op. et loc. sup. citt.*, p. 410. — [Sur *Cornus* (auj. S. Catterina de' Pitinnuri), voy. M. Th. Mommsen, *ubi supra*, f° 823.]

(2) Il s'appelle *oppidum civium Romanorum* (Plin., *Nat. hist.*, III, 85). — [Sur *Carales* (auj. Câgliari), voy. M. Th. Mommsen, *ubi supra*, f° 787.]

LES PROVINCES ESPAGNOLES *.

La guerre, où les divers peuples de l'Espagne ont successivement été défaits par les armes romaines, s'est continuée pen-

Formation.

* [Consulter spécialement sur ces provinces MM.: H. Florez et ses continuateurs, *España sagrada*, Madrid, 1747-54 — 1856, 48 voll. in-4 ; — Alex. de Laborde, *Voyage pittoresque et historique de l'Espagne*, Paris, 1806-1812, in-fol.; — John Bigland, *Histoire d'Espagne depuis la plus ancienne époque jusqu'à la fin de l'année 1809*, traduite de l'anglais. Ouvrage revu et corrigé par le comte Mathieu Dumas, Paris, 1823, 3 voll. in-8; — Fortia d'Urban, *Histoire générale du Portugal*, Paris, 1828, 10 voll.; — F.-W. Lembke und H. Schaefer, *Geschichte von Spanien*, (coll. Heeren und Ukert), Hamburg, 1831-1861, 3 voll. in-8; — S.-A. Dunham, *The history of Spain and Portugal* (jusqu'en 1790), London, 1832, 5 voll. in-12; — Cortés y Lopez, *Diccionario geogr. hist. de la España antigua*, Madrid, 1835, 3 voll. in-4; — Schaeffer, *Geschichte Portugals*, Hamburg, 1836-1854, 5 voll. in-8 (Trad. franç. par Soulange-Bodin, Paris, 1858); — Rosseeuw Saint-Hilaire, *Histoire d'Espagne* (jusqu'à la mort de Ferdinand VII), Paris, 1844 (la nouv. éd. du 1er vol. porte la date de 1844 sur le titre et celle de 1852 sur la couverture) — 1879, 14 voll. in-8; — *Revue archéologique*, 1850, p. 705; — Ch. Romey, *Histoire d'Espagne depuis les premiers temps jusqu'à nos jours*, Paris, 1850, 9 voll. in-8; — A. Herculano, *Historia de Portugal*, Lisbonne, 1853, 4 voll. in-8; — W. Zumpt, *Studia Romana*, Berol., 1859, pp. 267-323; — H. Faure, *De maritima veterum Hispania a sacro promontorio ad Pyreneos usque montes, addita maritimae Hispaniae tabula*, (Thèse de Doct. ès-Lett.), Molinis, 1870, in-8, carte; — D. Wilsdorf, *Fasti Hispaniarum provinciarum*, dans les *Leipziger Studien zur classischen Philologie*, t. I, 1878, pp, 65 et suiv., et tirage à part, Leipzig, 1878; — Johann Frantz, *Die Kriege der Scipionen in Spanien von 218 bis 206 vor Christus (536-548 A. U. C.)*, München, 1883, broch. gr. in-8; — A. Haebler, *Die Nord und Westküste Hispaniens. Ein Beitrag zur Geschichte der antiken Geographie* (étude sérieuse sur les côtes septentrionale et occidentale de l'Espagne dans l'antiquité donnée par l'auteur dans le *Programme du Gymnase de Leipzig*, 1885-1886); — Theodor Mommsen, *Römis-*

dant deux siècles (1), du début de la deuxième guerre punique

---

che Geschichte, t. V, 3ᵘᵉ Aufl., Berlin, 1886, pp. 57-71 (= dans la trad. franç. de de MM. R. Cagnat et J. Toutain, t. IX, pp. 78-98); — W. Liebenam : *Beiträge*, Iena, 1886, p. 23, et tab. n° 6, p. 37; *Forschungen*, Leipzig, 1888, pp. 67-71; pp. 221-239, et pp. 251-255; — Henri Kiepert, *Manuel de géogr. anc.*, trad. franç. par M. Émile Ernault, Paris, 1887, pp. 255-264; — Ed. de Hinojosa, *Historia general del derecho Español*, t. I, Madrid, 1887, in-4. (Le deuxième livre, qui occupe plus de la moitié du volume, est consacré à l'*Espagne romaine*); — Balaguer, *Historia de Catalana*, Madrid, 1887, 9 voll. in-4 ; — Bonanza, *Historia da Luzitania e da Iberia desde os tempos primitivos ao estabelecimento definitivo do dominio romano* (paraît par livraisons depuis 1888); — M. Lafuente, *Historia general de España desde los tempos primitivos, hasta la muerte de Fernando VII, continuada desde dicha época hasta nuestros dias*, nouv. éd., Barcelona, Montaner y Simón, 18 voll. in-4 actuellement parus, pl. (Une précédente éd. a été publiée à Madrid, 1850-1867, en 30 voll. in-8.) — Comp. aussi Don José Pella y Forgas, *Historia del Ampurdan, estudio de la civilizacion en las comarcas del noreste de Cataluña*, Barcelona, 1883-1889, 1 vol. gr. in-8, et M. H. M. Field, *Old and New Spain*, London, 1889, in-8. [Au point de vue épigraphique, voy. notamment MM.: Aem. Hübner : *C. I. L.*, t. II, Berolini, 1869, in-fol. (Un supplément à ce vol. est en préparation; adde, quant à présent, *Ephemeris epigraphica*, voll. I — IV, *passim*, Berolini, 1872-1881); *Inscriptiones Hispaniae Christianae*, Berolini, 1871, in-4, avec une carte in-fol.; *Inscriptiones Britanniae christianae* (contient un supplément aux *Inscr. chrét. d'Espagne*), Berolini, 1876, in-4; — Don Vigil, *Asturias, monumentos, epigrafía, diplomatica*, 2 voll. in-fol. avec grav.; — J. W. Kubitschek : *De Roman. trib. orig. ac propag.*, Vindob., 1882, pp. 131-133; 153-156; 161-162; 185-188; *Imp. Rom. trib. discr.*, Pragae, Vindobonae, Lipsiae, 1889, pp. 167-203; — F. Baraibar, *Inscripciones romanas cerca del Ebro en las provincias de Alava y Burgos*, dans le *Boletin de la real Academia de la historia*, Madrid, janvier-février 1889.

Voy. aussi MM. D. Hidalgo, *Diccionario general de bibliografia española*, Madrid, 1862-1881, 7 voll. in-8 (le t. VII contient une table par ordre de matières); — Francisco da Silva, continué par Brito Aranha, *Diccionario bibliographico portuguez*, Lisbonne, 1870-1884, 7 voll. in-8, plus *Supplément*, 5 voll. (adde Figaniere, *Bibliotheca historica portugueza*, Lisbonne, 1850, in-8); — Don Gregorio Vicent y Portillo, *Biblioteca historica da Cartagena : coleccion de obras, extractos de Codices manuscritos, bulas, fueros ... desde sus tiempos primitivos hasta nuestros dies, con notas y grabados* (le 1ᵉʳ vol. de cet important ouvrage a paru en 1889); — *Catalogue de la Bibliothèque géographique et archéologique* de feu M. Ernest Desjardins, Paris, Ch. Porquet, 1888, n°ˢ 313-348, p. 39; — et le t. I, de cette trad.= t. VIII de la collection, pp. 178 et suiv. et les notes.]

[N. B. : Le dernier renseignement de nous connu touchant l'Espagne romaine est relatif à Lorca, ville d'importance secondaire dans le passé comme dans le présent, mais ancienne, puisqu'elle remonte au temps de l'occupation romaine. Cette localité vient de trouver son historien dans la personne de M. Canovas y Cobeño, qui a déjà donné les 4 premières livraisons (pp. 1-125) de la monographie qu'il a en vue.]

(1) Strabo, III, p. 158; cf. Tit. Liv., XXVIII, 12, 12; — Velleius Paterc., II, 38, 4.

Organisation Romaine, t. II.

(536=218) à la soumission définitive des Cantabres (735=19) (1). Après que les Carthaginois, conduits par Hamilcar, se furent établis solidement en Espagne, à partir de 517=237 (2), les Romains conclurent avec eux, en 526=228, un traité, faisant de l'Èbre la frontière des possessions carthaginoises (3), et stipulant la neutralité de *Saguntum* [Murviedro (Sagunto)], vers cette époque déjà l'alliée de Rome (4). Les Romains eux-mêmes n'avaient alors aucun territoire en Espagne (5). La rupture de ce traité, par la prise de *Saguntum* (535=219), amena, en 536=218, l'ouverture des hostilités de la part des Romains, en Espagne (6); et, après la prise de *Carthagène* [Cartajena] (7) en 544=210, par P. Cornelius Scipio, qui avait reçu l'année précédente (543 =211) la direction de la guerre (8), ils contraignirent les Carthaginois à évacuer complètement l'Espagne, en 548=206 (9). Depuis lors, on poursuivit la soumission des peuplades indigènes (10). La marche générale de cette entreprise est connue, tandis, au contraire, que l'on manque de renseignements détaillés sur l'extension graduelle du territoire romain, aux diverses périodes de la guerre. Appien place déjà la constitution de la province en l'an 548=206 (11), époque du retour de Scipion à

---

(1) Dans les années 26 et 25 avant J.-C., Auguste lui-même était dans la province à cause de la guerre (Suet., *Oct.*, XXVI.LXXXI; — Dio Cass. LIII, 22. 25); en l'an 19 avant notre ère, Agrippa termina la guerre (Dio Cass., LIV, 11; cf. Strabo, III, p. 156; — *Monum. Ancyr.*, V, 10-12; — Tacit., *Ann.*, IV, 4).
(2) Polyb., II, 1; — Tit. Liv., XXII, 2, 1.
(3) Polyb., II, 13.
(4) Polyb., III, 30. — [Sur *Saguntum*, voy. M. Antonio Chabret, *Sagunto. Su historia y monumentos*, Madrid, 1889, 2 voll. in-8 avec 55 grav. et 2 photographies.]
(5) Tit. Liv., XXXIV, 13, 7 : *Patres nostri, cum in Hispania Carthaginiensium et imperatores et exercitus essent, ipsi nullum in ea militem haberent, tamen addere hoc in foedere voluerunt, ut imperii sui Hiberus fluvius esset finis;* — XXI, 2, 7; — Appian., *Hisp.*, VII.
(6) Polyb., III, 76; — Tit. Liv., XXI, 22. 60. 61.
(7) Polyb., X, 8-20; — Tit. Liv., XXVI, 41-51.
(8) Tit. Liv., XXVI, 18.
(9) Polyb., XI, 24ᵃ; — Tit. Liv., XXVIII, 16.
(10) Polyb., XI, 31.
(11) Appian., *Hisp.*, XXXVIII : στρατηγοὺς δὲ Ἰβηρίας ἐτησίους ἐς τὰ ἔθνη τὰ εἰλημμένα ἔπεμπον, ἀπὸ τοῦδε ἀρξάμενοι, μικρὸν πρὸ τῆς τετάρτης καὶ τεσσαρακοστῆς καὶ ἑκατοστῆς ὀλυμπιάδος (cette olympiade commence en 204), ἁρμοστὰς ἢ

Rome (1). Toutefois, bien qu'il soit exact que les Romains n'aient pas abandonné leur conquête espagnole, et que, dans le dessein de la conserver, ils aient appelé chaque année à y exercer le commandement deux proconsuls élus *extra ordinem* (2), c'est en 557=197 seulement qu'il convient de placer l'organisation des deux provinces, *Hispania citerior* et *ulterior* (3); à partir de cette époque, l'administration y fut confiée à deux préteurs, désignés à titre permanent(4), revêtus aussi le plus souvent de la puissance proconsulaire (5), et ayant droit à douze *fasces* (6). Depuis 557=197 (7), le *saltus Castulonensis* [Sierra Morena] forma la limite des deux provinces (8); et *Carthagène* qui, au temps de la domination carthaginoise, était la première ville de toute l'Espagne, devint la capitale de l'une d'elles, tandis que

Hispania citerior et ulterior.

ἐπιστάτας αὐτοῖς τῆς εἰρήνης ἐσομένους. Καὶ αὐτοῖς ὁ Σκιπίων ὀλίγην στρατιάν, ὡς ἐπὶ εἰρήνῃ, καταλιπὼν — ἐς Ῥώμην — διέπλει.

(1) Tit. Liv., XXVIII, 38.

(2) Les successeurs de Scipion furent les proconsuls L. Lentulus et L. Manlius Acidinus (Tit. Liv., XXVIII, 38, 1; XXIX, 13, 7); parmi eux, le premier, qui ne revint à Rome qu'en 200, ne put obtenir les honneurs du triomphe, parce qu'il n'avait été ni *consul* ni *praetor* (Tit. Liv., XXXI, 20).

(3) Strabo, III, p. 166: Ῥωμαῖοι δὲ τὴν σύμπασαν καλέσαντες συνωνύμως Ἰβηρίαν τε καὶ Ἰσπανίαν τὸ μὲν αὐτῆς μέρος εἶπον τὴν ἐκτός, τὸ δὲ ἕτερον τὴν ἐντός · ἄλλοτε δ' ἄλλως διαιροῦσι πρὸς τοὺς καιροὺς πολιτευόμενοι. Varron (*De re rust.*, I, 10, 1) et Cicéron (*Pro Fonteio*, XX, 45) mentionnent l'*Hispania ulterior*; Cicéron (*Pro Fonteio*, VII, 16; *De imp. Pomp.*, XII, 35) emploie l'expression *duae Hispaniae*.

(4) Tit. Liv., XXXII, 27, 6: *Sex praetores illo anno primum creati crescentibus iam provinciis et latius patescente imperio*; *Ibid.*, c. 28, 2: *Hispanias Sempronius citeriorem, Helvius ulteriorem est sortitus*. — D. Wilsdorf (*Fasti Hispaniarum provinciarum*, dans les *Leipziger Studien zur classischen Philologie*, t. I, (1878), pp. 65-140) donne la liste des gouverneurs des provinces espagnoles au temps de la République. — [Voy. aussi M. W. Liebenam, *Forschungen*, Leipzig, 1888, pp. 224 et suiv.]

(5) Tit. Liv.. XXXVII, 46, 7; XXXIX, 29, 4; XL, 39.

(6) Plutarch., *Aemil. Paul.*, IV: ἐπὶ τοῦτον (τὸν ἐν Ἰβηρίᾳ πόλεμον) ὁ Αἰμίλιος ἐξεπέμφθη στρατηγὸς (il était, en 190-189 [=564-565 *U. C.*], *propraetor Hispaniae ulterioris*; Tit. Liv., XXXVI, 2, 8; XXXVII, 57, 5), οὐχ ἓξ ἔχων πελέκεις, ὅσους ἔχουσιν οἱ στρατηγοῦντες, ἀλλὰ προσλαβὼν ἑτέρους τοσούτους, ὥστε τῆς ἀρχῆς ὑπατικὸν γενέσθαι τὸ ἀξίωμα.

(7) Tit. Liv., XXXII, 28, 11: *Et terminare iussi (praetores), qua ulterior citeriorve provincia servaretur*.

(8) Voy. M. Hübner, dans *Hermes*, t. I, p. 106; — Weissenborn, sur Tite-Live, XXXII, 28, 11.

Corduba [Cordova; Cordoue] était celle de l'autre (1). Les deux provinces furent momentanément réunies, lors de la deuxième guerre de Macédoine; mais, dès 587=167, on les trouve de nouveau séparées (2).

<small>Division de l'Espagne en trois provinces.</small>

Dans les premières années de l'empire, en 727=27, suivant l'opinion commune, l'*Hispania ulterior* fut elle-même subdivisée, ainsi que Pompée semble en avoir eu la première idée, lors de la guerre d'Espagne de 705=49 (3), en deux nouvelles provinces, la *Baetica* [Andalousie] et la *Lusitania*. Cette date ne repose pas seulement sur une expression équivoque d'Appien (4), et sur le témoignage tardif de Dion Cassius (5), mais elle s'autorise en outre de l'affirmation de Strabon qui, écrivant aussitôt après la mort d'Auguste (6), mentionne clairement la division de l'*Hispania ulterior* comme un événement qui n'était pas tout à fait récent, mais remontait à l'an 27 (7). Lors donc qu'Auguste

---

(1) Voy. M. Hübner, *ubi supra*, pp. 106-109, et, sur *Carthagène*, Strabo, III, p. 158: — M. Hübner, *C. I. L.*, t. II, f° 462.

(2) Tit. Liv., XLIV, 17, 10; XLV, 16, 1 : *Q. Aelio M. Iunio consulibus* (ann. 167) *de provinciis referentibus censuere patres, duas provincias Hispaniam rursus fieri, quae una per bellum Macedonicum fuerat.*

(3) Caesar, *Bell. civ.*, I, 38 : *Afranius et Petreius et Varro, legati Pompeii, quorum unus tribus legionibus Hispaniam citeriorem, alter a saltu Castulonensi ad Anam* (ce territoire est devenu plus tard la province de *Baetica*) *duabus legionibus, tertius ab Ana Vettonum agrum Lusitaniamque pari numero legionum obtinebat, officia inter se partiuntur.*

(4) Appian., *Hisp.*, CII: Καὶ ἐξ ἐκείνου (par Auguste) μοι δοκοῦσι Ῥωμαῖοι τὴν Ἰβηρίαν, ἥν δὴ νῦν Ἱσπανίαν καλοῦσιν, ἐς τρία διαιρεῖν καὶ στρατηγοὺς ἐπιπέμπειν, ἐτησίους μὲν ἐς τὰ δύο ἡ βουλή, τὸν δὲ τρίτον βασιλεὺς ἐφ' ὅσον δοκιμάσειεν. Appien n'exprime donc qu'une conjecture et il est de même mal renseigné, lorsqu'il regarde la Lusitanie comme une province du Sénat.

(5) Dio Cass., LIII, 12.

(6) Strabon écrivit son vi° livre entre les années 14 et 19 de notre ère (Strabo, VII, p. 288), son iv° livre en l'an 18 après J.-Chr. (Strabo, IV, p. 206. — Clinton, *Fasti Hellen. from the CXXIV Olympiad to the death of Augustus*, ad ann. 14). Par conséquent, si Tibère avait partagé les provinces, c'eût été une toute nouvelle organisation, qui aurait bien mérité une mention particulière.

(7) Strabo, III, p. 166: Νυνὶ δὲ τῶν ἐπαρχιῶν τῶν μὲν ἀποδειχθεισῶν τῷ δήμῳ τε καὶ τῇ συγκλήτῳ τῶν δὲ τῷ ἡγεμόνι τῶν Ῥωμαίων (c'est-à-dire maintenant, après le partage des provinces en l'an 27), ἡ μὲν Βαιτικὴ πρόσκειται τῷ δήμῳ, καὶ πέμπεται στρατηγὸς ἐπ' αὐτὴν ἔχων ταμίαν τε καὶ πρεσβευτήν · ἡ δὲ λοιπὴ Καίσαρός ἐστι · πέμπονται δ' ὑπ' αὐτοῦ δύο πρεσβευταί, στρατηγικός τε καὶ ὑπατικός, ὁ μὲν στρατηγικὸς ἔχων σὺν αὐτῷ πρεσβευτήν, δικαιοδοτήσων Λυσιτανοῖς τοῖς παρακειμένοις τῇ Βαιτικῇ · — καλοῦσι γὰρ οὕτω τὴν χώραν ταύτην ἰδίως ἐν τῷ

lui-même nous parle, dans le *Monumentum Ancyranum* (V, 35. 36), des colonies qu'il a fondées *in utraque Hispania*, je me refuse, pour ma part, à voir dans cette expression la preuve irrécusable que la création de la *Lusitania* ne doit être attribuée qu'au règne de Tibère (1); j'ai tout lieu de croire, au contraire, qu'Auguste a plutôt voulu par là faire allusion aux deux Espagnes, de l'empereur et du Sénat (2). Sous Tibère, on rencontre

---

παρόντι.... (*Lusitania* est donc un nom nouveau) — ἡ δὲ λοιπὴ (αὕτη δ' ἐστὶν ἡ πλείστη τῆς Ἰβηρίας) ὑπὸ τῷ ὑπατικῷ ἡγεμόνι στρατιάν τε ἔχοντι ἀξιόλογον τριῶν που ταγμάτων καὶ πρεσβευτὰς τρεῖς, ὧν ὁ μὲν δύο ἔχων τάγματα παραφρουρεῖ τὴν πέραν τοῦ Δουρίου πᾶσαν ἐπὶ τὰς ἄρκτους, ἥν οἱ μὲν πρότερον Λυσιτανοὺς ἔλεγον, οἱ δὲ νῦν Καλλαϊκοὺς καλοῦσι · — τὴν δ' ἑξῆς παρήρειον μέχρι Πυρήνης ὁ δεύτερος τῶν πρεσβευτῶν μετὰ τοῦ ἑτέρου τάγματος ἐπισκοπεῖ · ὁ δὲ τρίτος τὴν μεσόγαιαν.

(1) Voy. M. Mommsen, *Res gestae divi Augusti*, p. 83 [= dans la dernière éd., Berolini, 1883, pp. 119, *sub fin.*, et 120, texte et notes 1 et 2]. — [N. B. : Dans la dernière édition de ses *Res gestae div. Aug.*, (*Additamenta*, p. 222, *ad p.* 119), M. Mommsen, revenant sur son opinion que l'Espagne n'aurait été divisée en trois provinces qu'au commencement du règne de Tibère, estime que cette division tripartite remonte plus vraisemblablement à Auguste, mais est postérieure à l'époque de ses colonisations militaires. (Comp. M. A. Allmer, *Les gestes du Dieu Auguste d'après l'Inscription du Temple d'Ancyre*, Vienne, 1889, pet. in-4, p. 257.) — Dans le sens de l'opinion de Marquardt, à laquelle se rallie de la sorte, au moins partiellement, M. Mommsen, il nous paraît possible d'invoquer aujourd'hui un nouveau document épigraphique. M. Lanciani qui, chacun le sait, dirige avec tant de zèle et de succès les fouilles du *Forum* d'Auguste, a recueilli tout récemment, en effet, deux inscriptions, dont l'une mentionne un hommage *de la Bétique* à Auguste. (Renseignements envoyés par M. Geffroy, directeur de *l'École française de Rome*, à *l'Académie des Inscriptions et Belles-Lettres*, séance du 22 mars 1889; voy. *Bulletin critique* du 15 mai 1889, p. 199 *in init.*) — L'inscription à laquelle nous faisons allusion a été publiée dans le *Bulletino della Commissione archeologica comunale di Roma*, 1889 (voy. pp. 26 et suiv.); en voici la reproduction, d'après M. René Cagnat, (*L'année épigraphique* (*1889*), Paris, 1890, p. 19, col. 1, n° 60) :

<pre>
            IMP· CAESARI
             AVGVSTO PP
         HISPANIA · VLTERIOR
           BAETICA · QVOD
          BENEFICIO EIVS ET
            PERPETVA CVRA
          PROVINCIA PACATA
           EST· ex? AVRI
           P. C] — [P. L. — L.]
</pre>

(2) La conjecture faite par M. Mommsen (sur Henzen, *ad n^m* 6928) et consistant à dire que la province divisée aurait été appelée *Baetica vetus* et

un *legatus Ti. Caesaris Aug. provinciae Lusitaniae* (1), et, désormais, on mentionne toujours l'existence de trois provinces espagnoles (2). Ce sont :

Tarraconensis.   1. L'*Hispania citerior* (3), séparée des deux autres provinces par le *Durius* [Duero; en portug., Douro] (4), le *saltus Castulonensis* [Sierra Morena], et par la ville d'*Urci* [Almeria?] sur la mer Méditerranée (5), était une province impériale, soumise à l'autorité d'un *legatus Augusti pro praetore* consulaire (6), résidant à *Tarraco* [Tarragona; Saragosse], qui en devint la capitale (7). Cette province comprenait trois diocèses (8), comme nous en retrouverons par la suite en Afrique. Chacun d'eux avait à sa tête un *legatus Augusti* (mais sans l'addition *pro praetore* (9)), qui, plus tard, prend le nom de *iuridicus* ou de *legatus Augusti iuridicus* et relève du *legatus Augusti pro praetore*. Ces diocèses sont :

a). Celui d'*Asturia et Callaecia*, dont le *legatus* commandait deux légions sous Auguste (10), et porta d'abord le titre de *legatus Augusti per Asturiam et Callaeciam* (11), puis le titre de

---

Baetica nova, ne s'est pas confirmée. (Voy. *C. I. L.*, t. II, n° 1970.) — [Voy. contrairement à l'interprétation que donne Marquardt des mots *utraque Hispania*, M. Mommsen, *Res gest. div. Aug.*, éd. 1883, p. 120, note 2.]

(1) Orelli, n° 3128 = Mommsen, *I. R. N.*, n° 4234 [= *C. I. L.*, t. X, 1, n° 5182]. — Voy. M. Mommsen, *Res gestae div. Aug.*, p. 83 [= éd. 1883, p. 120 *in init.*].

(2) Mela, II, 6, 3 ; — Plin., *Nat. hist.*, III, 6 ; — Solin., XXIII, 2, p. 116, éd. Mommsen. — Voy. Marini, *Atti*, [t. II], p. 785b.

(3) *C. I. L.*, t. V, [2], n°ˢ 6974. 6975. 6976. 6977. 6980. 8659. Voy. des exemples plus nombreux dans l'*Index* de M. Hübner, au *C. I. L.*, t. II, f° 749.

(4) Ptolemaeus, II, 6, 1.

(5) Plin., *Nat. hist.*, III, 6.

(6) Il en est de fait de fréquentes mentions dans les inscriptions (Orelli-Henzen, n°ˢ 798 [*adde* Henzen, t. III, p. 78 = Wilmanns, *Exempla*, t. I, n° 1201 = *C. I. L.*, t. II, n° 4114]. 1045 [= *C. I. L.*, t. II, n° 4103]. 6495 [= *C. I. L.*, t. V, 1, n° 531]). — Tacit., *Ann.*, IV, 45. — Galba fut huit ans *leg. Aug. pr. pr. Tarraconensis* (Suet., *Galba*, IX).

(7) Strabo, III, pp. 159. 167 ; — Mela, II, 6, 5. — Voy. M. Hübner, dans *Hermes*, t. I, p. 109, et dans le *C. I. L.*, t. II, f° 538.

(8) Strabo, III, p. 166 (voy. p. 68, note 7, *supra*), ibiq. M Th. Mommsen, dans l'*Ephem. epigr.*, t. IV. p. 224.

(9) Voy. M. Mommsen, *C. I. L.*, t. V, [2], sur le n° 6085, et dans l'*Ephem. epigr.*, t. IV. p. 224.

(10) Strabo, III, p. 166.

(11) *C. I. L.*, t. II, n° 2634.

legatus Augusti iuridicus per Asturiam et Callaeciam (1).

b). Le *dioecesis Tarraconensis*, dont le *legatus* avait, sous Auguste, une légion à sa disposition (2).

c). Le diocèse du centre (3), sans doute le *dioecesis Carthaginiensis*, dont le *legatus* n'a pas laissé de trace.

A ces *legati* étaient encore subordonnés, suivant les besoins du service, divers fonctionnaires spéciaux, tels que le *praefectus pro legato insularum Baliarum* [îles Baléares] (4), et le *praefectus orae maritimae*, résidant à *Tarraco* (5); il en fut ainsi

---

(1) Henzen, n° 7420 [erreur : *addit. ad n.* 6489 = 7420 α = Renier, *Inscr. rom. de l'Alg.*, n° 19 = Wilmanns, *Exempla*, t. I, n° 1185 = *C. I. L.*, t. VIII, 1, n° 2747] (de l'an 150); — *C. I. L.*, t. VI, [1], n°⁸ 1486 [= t. XIV, n° 3995]. 1507 [voy. aussi *C. I. L.*, t. XII, n° 3170]. Dans cette dernière inscription, le fonctionnaire dont nous nous occupons porte le titre de *legatus Aug. et iuridicus.* — Voy. Borghesi, *Œuvres*, t. IV, p. 133. — Le diocèse formait en même temps une province procuratorienne. On trouve à cet égard : un *proc. imp. Nervae Traian(i) Caes.* — *provinc. Astur. et Gallaec.* (Henzen, n° 5212 [= *C. I. L.*, t. XII, n° 1855]) ; — Q. Petronius Modestus *proc. provinc. Hispaniae citer. Asturiae et Callaeciarum* (Gruter, f° 193, n° 3, et mieux dans Furlanetto, *Iscr. Patavine*, n° 87 = *C. I. L.*, t. V, [1], n° 534), également sous Trajan ; — Bassaeus Rufus — *proc. Asturiae et Gallaeciae*, sous les Antonins (Orelli, n° 3574 [= *C. I. L.*, t. VI, 1, n° 1509]) ; — C. Iunius Flavianus — *proc. Hispaniae citerioris per Asturicam et Gallaeciam* [et *Callaetiam*; sic : *C. I. L.*], de la même époque (Orelli, n° 3331 [= *C. I. L.*, t. VI, 1, n° 1620]). — [Voy. encore *Bull. della Commiss. arch. comun. di Roma*, t. XI, 1883, p. 216 ; — *C. I. L.*, t. II, n° 2415 ; t. XII, n° 3172. — Voy., au surplus, M. W. Liebenam, *Forschungen*, pp. 235 et suiv.] — On ne rencontre qu'une seule fois dans les inscriptions indigènes un *proc. Asturiae et Gallaeciae* (*C. I. L.*, t. II, n° 2643) ; ailleurs, il porte simplement le titre de *procurator*, sans addition. Enfin, on trouve aussi un *praefectus Gallaeciae* (*C. I. L.*, t. II, n° 3271) et un *praefectus Asturiae* (*Ibid.*, t. II, n° 4616 = Henzen, n° 6937); on ne sait rien de leur compétence.

(2) Strabo, *loc. sup. cit.* — Ce fonctionnaire s'appelle dans les inscriptions du troisième siècle δικαιοδότης Σ(πανίας) διοικήσεως Ταρρακω[νη]σίας. (Inscr. publiée dans l'*Ephem. epigr.*, t. IV, p. 223) ; — *legatus iuridicus provinciae Hispaniae Tarraconensis* (*C. I. L.*, t. II, n° 3738) ; — *iuridicus Hispaniae citerioris Tarraconensis* (Henzen, n° 6490 [= *C. I. L.*, t. XII, n° 3167]); — *iuridicus Hispaniae citerioris* (Mommsen, *I. R. N.*, n° 1120 [= *C. I. L.*, t. IX, n° 1372] ; — *Recueil de Constantine*, 1873-1874, p. 373 [= *C. I. L.*, t. VIII, 2, n° 8421]) — [Voy., sur ce diocèse, M. W. Liebenam, *op. sup. cit.*, pp. 224 *in fine* à 235.]

(3) Μεσόγαια, dans Strabon.

(4) Orelli, n° 732 [= *C. I. L.*, t. XI, 1, n° 1331].

(5) Voy. M. Hübner, dans *Hermes*, t. I, p. 123. — Henzen, n° 6942 [= *C. I. L.*, t. II, n° 4225 ; *adde ibid.*, n° 4226] ; — *C. I. L.*, t. II, n°⁸ 4138. 4224. 4264. 4217. 4239.

72   ORGANISATION DE L'EMPIRE ROMAIN.

d'abord jusqu'à ce que l'*Asturia et Gallaecia* eût fini, à l'époque de Caracalla, en 216 ou 217, par former une province particulière, sous le nom de *provincia Hispania nova citerior* et sous l'administration d'un *legatus Aug. pr. pr.* impérial (1); en second lieu, jusqu'à la formation, sous Dioclétien, des provinces *Tarraconensis* et *Carthaginiensis*, puis, entre les années 369 et 386, de la province des *insulae Baleares* (2).

Communes. D'après les relevés faits sous Auguste (3), on comptait dans toute la province *Tarraconensis*, et abstraction faite des îles, 293 *civitates* indépendantes, savoir 179 communes urbaines

---

(1) Dans l'inscription publiée par Henzen sous le n° 6914 = *C. I. L.*, t. II, n° 2664, et qui date du règne de Caracalla (ann. 216 ou 217 de notre ère), C. Iulius Cerealis porte le titre de *cos. leg. Aug. pr. pr. pr(ovinciae) H(ispaniae) N(ovae) C(iterioris) Antoninianae, post division(em) provinc. primus ab eo m(issus)*. Parmi ses successeurs paraissent devoir être comptés : L. Coelius Festus *leg. imp. Antonini Aug.* (de Caracalla) *Asturiae et Callaeciae* (Orelli, n° 77 = Borghesi, *Œuvres*, t. IV, p. 128 [= *C. I. L.*, t. XI, 1, n° 1183]); — le *leg. AVG. PROVINCIARum ASturiae et gALLEICAE* (Marini, *Atti*, [t. I], p. 341 [= *C. I. L.*, t. XIV, n° 2941]); — L. Albinius Saturninus *leg. Aug. Asturicae et Gallaec(iae)* (Mommsen, *I. R. N.*, n° 4033 [= *C. I. L.*, t. X, 1, n° 4750]). De même, le *Triarius Ma(gnus?) leg. iur.*, mentionné dans l'inscription de Braga, se place, à raison de l'écriture, au plus tôt à l'époque de Caracalla (Hübner, dans le *Berl. Monatsber.*, 1861, p. 791 = *C. I. L.*, t. II, n° 2415). Il est traité de ces modifications par Borghesi (*Œuvres*, t. VIII, pp. 324 et suiv.); — Zumpt, *Stud. Rom.*, pp. 144 et suiv.; — Kuhn, *Verf. des Röm. Reichs*, t. II, p. 182.

(2) Voy. M. Mommsen, dans les *Abh. der Berliner Acad.*, 1862, p. 514. — *Notit. Dignit. Occid.*, c. XX. — Boecking, t. II, pp. 466 et suiv. — C'est à partir de cette époque qu'il est pour la première fois question d'une *provincia Tarraconensis*. (Voy. MM. Hübner, *C. I. L.*, t. II, f° 749; — Mommsen, *Ephem. epigr.*, t. IV, pp. 224 et suiv.)

(3) C'est cette source que suit Pline (voy. Zumpt, *Comment. epigr.*, t. I, pp. 197 et suiv.), qui traite de la province *Tarraconensis* dans sa *Nat. hist.*, III, 18-30, 76-79; IV, 110-112. Les résultats qui ressortent de sa relation, se trouvent réunis par Detlefsen, sur la base d'un texte pour la première fois établi par la critique, dans son étude intitulée : *Die Geographie der tarraconensischen Provinz bei Plinius*, et publiée dans le *Philologus*, vol. XXXII, pp. 600 et suiv. Une des conséquences essentielles de ce travail est l'établissement de la relation sommaire donnée par Pline dans sa *Nat. Hist.* (III, 18), et qu'il convient de lire de la manière suivante : *Nunc universa provincia dividitur in conventus septem, Carthaginiensem Tarraconensem Caesaraugustanum Cluniensem Asturum Lucensem Bracarum. Accedunt insulae, quarum mentione seposita civitates provincia ipsa praeter contributas aliis CCXCIII continet, oppida CLXXVIIII, in iis colonias XII, oppida civium Romanorum XIII, Latinorum veterum XVIII, foederatorum unum, stipendiaria CXXXV.*

(*oppida*), parmi lesquelles figuraient 12 *coloniae* (1), 13 *oppida civium Romanorum* (2), 18 *oppida* investis du *ius Latii* (3), une *urbs foederata* (4), 135 *civitates stipendiariae*, et 114 communes rurales, qui ne comprenaient aucune ville. Toutes ces communes se répartissaient entre sept ressorts judiciaires (*conventus*) (5), ayant pour chefs-lieux *Carthago nova* [Cartajena; Carthagène], *Tarraco* [Tarragona], *Caesaraugusta* [Zaragoza], *Clunia* [Peñalva del Castro], et, pour l'Asturie, *Lucus Augusti* [Lugo] (*conventus Lucensis*), *Bracara Augusta* [Braga] et *Asturica Augusta* [Astorga] (6).

---

(1) Ce sont : 5 colonies de César : 1. *Carthago nova*, ou *colonia Victrix Iulia Nova Carthago* ; 2. *Valentia* [Valencia; Valence] (*C. I. L.*, t. II, f° 501) ; 3. *Tarraco*, ou *COL. I. V. T. TARRAC.*, qu'il faut lire, d'après M. Hübner (dans *Hermes*, t. I, pp. 96 et suiv.; *C. I. L.*, t. II, f° 538) : *Colonia Iulia Victrix Triumphalis Tarraco* ; 4. *Celsa*, ou *Colonia Iulia Victrix Celsa* [Jelsa]; 5. *Acci, Colonia Iulia Gemella Accitana* [Guadix] (voy. sur elle : Zumpt, *Comment. epigr.*, t. I, pp. 311 et suiv.; — M. Hübner, *C. I. L.*, t. II, f° 458. — [Voy. aussi M. Ett. de Ruggiero, *Dizionar. epigr.*, fascic. 1, Roma, 1886, pp. 22, col. 2, et suiv.]).— Puis, 6 d'Auguste : 6. *Ilici* [Elche] ; 7. *Barcino* [Barcelona] ; 8. *Caesaraugusta* [Saragoza] ; 9. *Libisosa* [Lezuza] ; 10. *Salaria* (*C. I. L.*, t. II, f° 448) ; 11. D'après la conjecture de Zumpt, *Clunia* [Peñalva del Castro] (voy. Zumpt, *Comment. epigr.*, t. I, pp. 366 et suiv.), laquelle, toutefois, n'a pris que sous Hadrien (*C. I. L.*, t. II, n° 2780) le nom de *colonia* (voy. M. Hübner, *C. I. L.*, t. II, f° 383) ; — selon l'opinion de M. Hübner (*C. I. L.*, t. II, f° 535), *Dertosa* [Tertosa], ville que Pline ([*Nat. hist.*], III, 23) désigne comme (*oppidum*) *civium Romanorum* ; — suivant M. Detlefsen (*op. et loc. sup. citt.*, p. 616), *Belblis* ou *Bilbilis* [Cerro de Bambola *j*. Calatayud]; comp. Plin., *Nat. hist.*, III, 24 : *Caesaraugusta colonia immunis — — recipit populos LV, ex his civium Romanorum Belblitanos, Celsenses ex colonia* ; M. Detlefsen interprète ce passage en ce sens que, d'après la classification observée par Pline, aucun municipe n'étant cité avant les colonies, l'addition *ex colonia* doit être rapportée aux deux villes, *Belblis* et *Celsa*. — Quant à la 12° colonie, *Flaviobriga* [Bilbao? Portugalete?], Pline (*Nat. hist.*, IV, § 110) la désigne comme une colonie de son temps : *Amanum portus, ubi nunc Floviobriga colonia*.

(2) De ces 13 *oppida*, Pline en nomme 11 [dans sa *Nat. hist.*], savoir : *Saguntum* (III, § 20), *Baetulo* [Badalona], *Iluro* [Mataró], *Blandae* [Blanes], *Emporiae* [Ampurias] (§ 22), *Dertosani, Bisgargitani* (§ 23), *Calagurritani, Ilerdenses, Oscenses, Turriasonenses* (§ 24).

(3) Pline en indique 16 dans les §§ 20. 23. 24. 25. [du lib. III de sa *Nat. hist.*]

(4) *Foederati Tarracenses* (Plin., *Nat. hist.*, III, 24).

(5) Plin., *Nat. hist.*, III, 18.

(6) Sur les *conventus*, dont Pline indique les noms, voy. M. Hübner, dans *Hermes*, t. I, pp. 111 et suiv., et dans le *C. I. L.*, t. II ; — sur la localité *Lucus Augusti* [Lugo? sic : Kiepert, *Atlas Antiquus*, 8° éd., 1884, p. 14, col. 3], voy.,

Baetica.   **2.** L'*Hispania ulterior*, également appelée *Baetica* (1), après la séparation de la Lusitanie, s'étendait d'*Urci* à l'*Anas* [Guadi-Ana], et était administrée, comme province du Sénat (2), par un *propraetor* (3), portant le titre de *proconsul* (4), ayant sous ses ordres un *legatus* et un *quaestor* (5) et résidant à *Corduba* (6).

Ce n'est que momentanément, au cours de sa guerre avec les Maures, que l'empereur Marc-Aurèle paraît avoir pris la province pour son compte (7). Elle se divisait en quatre *conventus* :

---

indépendamment de Boecking (*Notit. Dignit.*, t. II, pp. 1035 et suiv.), *España sagrada*, vol. XL, pp. 1-49. — [Sur les *conventus* en général, voy. le renvoi de la p. 56, note 1, *supra*.]

(1) Plin., *Nat. hist.*, III, 6 : *Ulterior appellata eadem Baetica*. — *Ulterior in duas per longitudinem provincias dividitur, siquidem Baeticae latere septentrionali praetenditur Lusitania amne Ana discreta*. Tacite (*Ann.*, IV, 13) emploie l'ancienne dénomination : *Vibius Serenus, proconsul ulterioris Hispaniae;* la province porte les deux noms dans l'inscription n° 5040 d'Orelli [= *C. I. L.*, t. II, n° 1970]: *proc. Aug. provinciae ulterioris Hispaniae Baeticae*. Dans Tite-Live (XXVIII, 2, 15), les mots *in Baetica* se trouvent, dans tous les cas, à une place erronée. M. Mommsen (*Res gest. div. Aug.*, p. 83 [= éd. de Berlin, 1883, p. 120, note 1]), les supprime complètement, parce qu'à cette époque le nom était absolument inconnu.

(2) Strabo, III, p. 166 ; — Dio Cass., LIII, 12.

(3) Strabo, *loc. sup. cit.* : καὶ πέμπεται στρατηγὸς 'επ' αὐτήν.

(4) Les exemples sont: sous Tibère, Tacit., *Ann.*, IV, 13 ; — sous Trajan, Plin., *Epist.*, III, 4, 2 ; VI, 29, 8 ; VII, 16, 3 ; VII, 33, 4 ; — Orelli, n° 3570 [= *C. I. L.*, t. VIII, 2, n° 9990] ; — Henzen, n° 6497 [= *C. I. L.*, t. XI, 1, n° 3364] ; — sous Hadrien, Orelli, n° 2759 [= *C. I. L.*, t. XIV, n° 2499]. 3306 [= *C. I. L.*, t. IX, n° 5833] ; — sous Antonin le Pieux, L. 2, [fr. Ulp., *De his qui sui vel alien. iur. sunt*], D., I, 6 ; — sous Septime Sévère, *C. I. L.*, [t. II], n° 2073 ; — à une époque indéterminée, Orelli, n° 3670 [N. B. : bien qu'indiquée par Orelli comme provenant de Ravenne, cette inscription ne figure au t. XI, 1, du *C. I. L.*, ni parmi les *Inscript. fals. vel alien.*, ni parmi les inscriptions authentiques de cette ville ; Gruter, du reste, déclare lui-même (f° 1091, n° 1) ce *titulus confuse exscriptus* ; voy. aussi Henzen, [t. III], p. 386] ; — Henzen, n° 6461 [= *I. R. N.*, n° 1985 = *C. I. L.*, t. X, 1, n° 1249].

(5) Strabo, III, p. 166 : ἔχων ταμίαν τε καὶ πρεσβευτήν. — Voy. des exemples de *legati* dans Orelli, n°ˢ 3179 [= *C. I. L.*, t. XIV, n° 2498]. 3306 [= *C. I. L.*, t. IX, n° 5833] ; — Marini, *Atti*, [t. II] p. 793 [= *C. I. L.*, t. XIV, n° 3900] ; — *C. I. L.*, t. II, n° 4967, 1. — [Voy aussi M. W. Liebenam, *op. cit.*, pp. 67 et suiv.] — Des exemples de *quaestores* se trouvent dans Tacite (*Hist.*, I, 53), et dans Henzen (n°ˢ 5199 [= *C. I. L.*, t. II, n° 190]. 5494 [= *C. I. L.*, t. VIII, 1, n° 7062]).

(6) Voy. M. Hübner, dans les *Berl. Monatsber.*, 1861, p. 51, et dans le *C. I. L.*, t. II, f° 306.

(7) Voy. ci-dessus, [II], *Sardinia et Corsica*, p. 61, note 2 ; — MM. Klein,

LES PROVINCES ESPAGNOLES. 75

Gades [Cadiz; Cadix], *Corduba*, *Astici* [Ecija] et *Hispal* [Sevilla; Séville], et comprenait 175 villes (1), parmi lesquelles 9 *coloniae* (2), 10 *municipia*, 27 *civitates iuris Latini*, 6 *civitates liberae*, 3 *civitates foederatae*, 120 *civitates stipendiariae*.

3. La *Lusitania*, comprise entre l'*Anas* et le *Durius*, était une province impériale, gouvernée par un *legatus Augusti* prétorien (3), dont relevaient un *legatus* (4) et un *procurator* (5); elle

Lusitania.

---

op. cit., t. I, p. 115; — Zumpt, *Stud. Rom.*, pp. 144 et suiv.; — Hübner, dans les *Berlin. Monatsber.*, 1860, p. 614; 1861, p. 92.

(1) Plin., *Nat. hist.*, III, 7 sqq., *ibiq.* Detlefsen, *Die Geographie der Provinz Baetica bei Plinius*, dans le *Philologus*, t. XXX, pp. 265-310. — Strabon (III, p. 141) a entendu parler de 200 villes; Ptolémée (II, 4) en énumère 92.

(2) Ce sont : 1. *Hispalis*, ou *Iulia Romula*; 2. *Ituci*, ou *Virtus Iulia* [Baëna?]; 3. *Ucubi*, ou *Claritas Iulia* [Espejo]; 4. *Corduba*, ou *colonia Patricia*; 5. *Hasta Regia* [ruines de Mesa de Asta]; 6. *Astigi*, *colonia Augusta Firma*; 7. *Tucci*, *Augusta Gemella* [Tejada] ; 8. *Urso*, ou *colonia Geneliva urbanorum* [Osuna] (Plin., *Nat. Hist.*, III, 12. Voy. t. I de cette traduction = t. VIII de la collection, p. 179, note 1). La 9° colonie est, dans Pline (III, 11) *Asido, quae Caesarina* [Medina Sidonia], qui, dans les inscriptions, n'apparait pas comme colonie (C. I. L., t. II, n° 1315 : *Municipes Caesarini*; n° 1305 : *POPVLVS Municipii Caesarini*). Aussi M. Hübner veut-il lire dans Pline *colonia* (au lieu de *coloniae*) *Asta, quae Regia dicitur, et in mediterraneo Asido, quae Caesarina*, et regarde-t-il comme 9° colonie *Carteia* [ruines d'el-Rocadillo pr. Algeciras] (voy. C. I. L., t. II, f°s 152. 242), ville dont cependant nous ne savons qu'une chose: c'est qu'elle fut fondée comme colonie latine en l'an 583 = 171 (Tit. Liv., XLIII, 3). M. Detlefsen (*op. et loc. sup. citt.*, p. 271) compte, de son côté, *Munda* [Campo de Munda pr. Teba] comme 9° colonie.

(3) Strabo, III, p. 166. — Voy. Borghesi, dans le *Bullett. dell'Inst.*, 1856, p. 85. On trouve un *leg. Ti. Caesaris Aug. prov. Lusit.*, mentionné dans Orelli, n° 3128 = Mommsen, *I. R. N.*, n° 4234 [= C. I. L., t. X, 1, n° 5182]; cf. Orelli, n°s 25 [*ibiq.* Henzen, t. III, p. 1 = C. I. L., t. VI, 1, n° 93]. 3665 [= C. I. L., t. II, n° 172]; — un *leg. Aug. propr. prov. Lusitan.*, sous Hadrien, dans Orelli, n°s 2759 [= C. I. L., t. XIV, n° 2499]. 3306 [= C. I. L., t. IX, n° 5833]; — sous Alexandre Sévère, dans Marini, *Atti*, [II], p. 793 = Gruter, f° 381, n° 1 [= C. I. L., t. XIV, n° 3000]; — un πρεσβευτὴς καὶ ἀντιστράτηγος Αὐτοκράτορος Καίσαρος Τραϊανοῦ Ἀδριανοῦ Σεβαστοῦ ἐπαρχείας Λουσιτανίας, dans le C. I. Gr., n° 2638. — Comp. C. I. L., t. II, n°s 258. 259. [Voy. aussi M. W. Liebenam, *Forschungen*, pp. 254-255.] — Il n'est pas certain que l'empereur Trajan Decius fût légat de Lusitanie vers l'année 238, avant de monter sur le trône. (Voy Borghesi, *Œuvres*, t. IV, p. 289.)

(4) Strabo, III, p. 166.

(5) Il porte le titre de *procurator prov. Lusitaniae* (C. I. L., t. II, n° 1120; — Orelli, n° 485 [= C. I. L., t. III, 2, n° 5212] ; — Henzen, n° 6767 [= C. I. L. t. XI, 1, n° 395]; — comp. Borghesi, *Œuvres*, t. III, p. 307), ou de *proc. Augusti* (C. I. L., t. II, n° 2015) ; après Septime Sévère, celui de *proc. provincia, Lusitaniae et Vettoniae* (C. I. L., t. II, n°s 484 (= Orelli, n° 3664). 1178. 1267), de même que l'on trouve également à cette époque un *tabularius Lusitaniae*

se divisait en trois *conventus*, savoir : *Emerita* [Merida], *Pax Iulia* [Beja] et *Scallabis* [Santarem] (1), et comprenait, au temps d'Auguste, 5 colonies, *Augusta Emerita, Metellinensis* [Medellin], *Pax Iulia, Norba colonia Caesarina* [Càceres], *Scallabis*, un *municipium civium Romanorum*, trois *civitates iuris Latini*, et 36 *civitates stipendiariae* (2). La province avait pour capitale *Emerita* (3) (Merida).

Romanisation de l'Espagne.

A l'époque de Strabon, la *Baetica* (4), aussi bien que la portion limitrophe de la *Tarraconensis* (5), étaient déjà devenues complètement romaines par les mœurs et par le langage. La création de routes (6), par Pompée notamment, et, après lui, par les empereurs (7), l'immigration de citoyens romains sur le sol espagnol, l'accomplissement du service militaire dans les armées romaines associèrent de plus en plus les autres populations de la péninsule à la civilisation romaine. Aussi, après que Vespasien, reconnu par les provinces d'Espagne dès sa proclamation (8), leur eut conféré, par mesure générale, au cours de sa censure, en 75, le *ius Latii* (9), la romanisation de

---

et Vettoniae (C. I. L., t. II, n° 485). La *Vettonia* est cette partie de la Lusitanie, qui est située à l'Est de la frontière actuelle du Portugal. (Voy. la carte dans le *C. I. L.*, t. II.) — Il existait un *subprocurator provinc. Lusitaniae*, d'après la lecture de Borghesi. (Voy. Borghesi, *OEuvres*, t. V, p. 275.)

(1) Plin., *Nat. hist.*, IV, 117.

(2) Plin., *loc. sup. cit.* — Voy. Zumpt, *Comment. épigr.*, t. I, p. 369; — *C. I. L.*, t. II, f°⁵ 52. 72. 8. 81. 35.

(3) Voy. M. Hübner, *C. I. L.*, t. II, f° 52.

(4) Strabo, III, p. 151 : Οἱ μέντοι Τουρδητανοὶ καὶ μάλιστα οἱ περὶ τὸν Βαῖτιν τελέως εἰς τὸν Ῥωμαίων μεταβέβληνται τρόπον οὐδὲ τῆς διαλέκτου τῆς σφετέρας ἔτι μεμνημένοι. — Comp. Ukert, *Geogr. der Griech. und Röm.*, t. II, 1, p. 332.

(5) Strabo, III, p. 167: Ὁ δὲ τρίτος (τῶν πρεσβευτῶν ἐπισκοπεῖ) τὴν μεσόγαιαν, συνέχει δὲ τὰ τῶν [τογάτων] ἤδη λεγομένων ὡς ἂν εἰρηνικῶν καὶ εἰς τὸ ἥμερον καὶ τὸν Ἰταλικὸν τύπον μετακειμένων ἐν τῇ τηβεννικῇ ἐσθῆτι.

(6) Polyb., III, 3.

(7) Voy. Ukert, *op. et. loc. sup. citt.*, p. 246.

(8) Tacit., *Hist.* III, 53. 70.

(9) Plin., *Nat. hist.*, III, 30 : *Universae Hispaniae Vespasianus imperator Augustus —— Latium tribuit.* Telle est la raison par laquelle Pline ([*Nat. hist.*], III, 18, et souvent ailleurs) désigne sous le nom de *Latini veteres* ceux qui avaient déjà auparavant le *ius Latii*. Il ressort des inscriptions (*C. I. L.*, t. II, n°⁵ 1049. 1050; comp. n°⁵ 1610. 1631) que Vespasien accorda aux Espagnols le *ius Latii* au cours de sa censure, en l'an 75.

l'Espagne put être considérée comme terminée. Parmi les procédés auxquels on eut recours, d'une part pour unifier les parties encore disparates de la province, de l'autre pour y asseoir l'autorité impériale, il convient de mentionner une institution que nous retrouverons dans les autres provinces : le culte religieux de la ville de Rome et de la famille impériale (1)*. Déjà, du vivant d'Auguste, il y avait à *Tarraco* une *ara Augusti* (2), et, en l'an 15 ap. J.-C., Tibère autorisa la *provincia Tarraconensis* à élever un temple d'Auguste (3).

A partir de cette époque, on voit se réunir une fois par an un *concilium provinciae Tarraconensis* à *Tarraco* (4); puis, aussitôt après, et dans des conditions semblables, un *concilium provinciae*

<small>Assemblées (*concilia*) des trois provinces.</small>

---

(1) * [Voy., ci-après, la partie de l'*Administration des provinces* relative aux *Assemblées provinciales*. — Voy., dès à présent, le t. I de cette traduction = t. VIII de la collection, pp. 242 et suiv. et les notes, et l'étude récente de M. Otto Hirschfeld, *Zur Geschichte des römischen Kaisercultus*, dans les *Sitzungsber. der Königlich preussisch. Akad. der Wissensch. zu Berlin*, *Philos.-histor. Classe*, 1888, XXXV, pp. 833—862, et tirage à part, broch. gr. in-8 de 30 pp. (N. B.: Cette savante monographie a fait récemment l'objet d'une trad. franç. dans la *Revue épigr. du Midi de la France*; voy. t. II, n°s 51 et 52, 1888-1889, pp. 398-402, et pp. 413-418. Les notes ne sont malheureusement pas reproduites.) — Voy. aussi, sur ce qui va suivre : P. Berthaldus, *De ara*, capp. XXV et suiv., dans le *Thesaurus Antiquit. Roman.*, de Graevius, t. VI, Traject. ad Rhen., Lugd. Batavor., 1697, f°s 370 et suiv.; — MM. G. Boissier, dans le *Dict. des Antiq. grecq. et rom.*, de MM. Daremberg et Saglio, V° *Apotheosis*, 3° fascic., Paris, 1874, t. I, pp. 323, col. 2, à 327;— G. Humbert, *ibid.*, V° *Augustus*, 4° fascic., Paris, 1875, p. 561, col. 2; — comp. M. E. Saglio, *ibid.*, V° *Ara*, 3° fascic., pp. 347, col. 1, à 353. — Voy. surtout M. P. Guiraud, *Étude historique sur les Assemblées provinciales dans l'Empire romain*, Paris, 1887, in-8. — Comp. enfin M. Ett. de Ruggiero, *Dizionar. epigr.*, V° *Aedes, Aedicula*, *passim*, spécialement I et III, fascic. 5-7, Roma, 1886-87, pp. 139-158 et pp. 190, col. 2, à 202. *Adde* J. Marquardt, *op. et loc. citt.* p. 79, note 2, *infra*, et, ci-dessous, VI-XIV, *Les provinces gauloises*, *passim*, et, en particulier, la partie relative au *Concilium* à Lyon.]

(2) Monnaies de *Tarraco* avec autel carré, duquel sort une palme. (Voy. Eckhel, *Doct. Num.*, t. I, p. 58; — Florez, *Medallas*, Vol. II, t. 44. 45.) — Comp. Quintilian., VI, 3, 77: *Augustus nuntiantibus Tarraconensibus palmam in ara eius enatam: Apparet, inquit, quam saepe accendatis.*

(3) Tacit., *Ann.*, I, 78: *Templum ut in colonia Tarraconensi strueretur Augusto, petentibus Hispanis permissum, datumque in omnes provincias exemplum.* Ce temple, visible également sur les monnaies de *Tarraco*, qui, sur le H. S., représentent Auguste assis avec l'inscription *DEO AVGVSTO* (voy. Eckhel, *Doct. Num.*, t. I, p. 57), est encore mentionné par la suite dans Spartien (*Vit. Hadr.*, XII; — *Vit. Severi*, III).

(4) *C. I. L.*, t. II, n°s 4055. 4127. 4230. 4246.

Lusitaniae à *Emerita* (1), enfin un *concilium provinciae Baeticae* à *Corduba* (2). Ces *concilia* étaient des assemblées de fête, composées de députés (*legati*) de toutes les villes indépendantes de chaque province (3); ces derniers occupaient des places d'honneur dans les jeux (4) et formaient aussi une sorte de parlement provincial, investi d'attributions multiples : c'était ce parlement qui décrétait les contributions pécuniaires destinées à subvenir aux sacrifices et aux jeux; qui, par des agents spéciaux, administrait les fonds ainsi recueillis (5); qui élisait un *curator* pour le temple (6), et désignait, dans l'une des villes provinciales représentées (7), un prêtre affecté aux sacrifices et renouvelable tous les ans (8),

---

(1) Bien que le *concilium* ne fasse l'objet d'aucune mention spéciale, son existence est attestée par le *flamen divi Augusti provinciae Lusitaniae* (*C. I. L.*, t. II, n⁰ˢ 473. 35. 160. 396, et beaucoup d'autres).

(2) *Concilium universae provinciae Baeticae* (*C. I. L.*, t. II, n° 2221; cf. n° 2344). Il suit de là que l'opinion de Nipperdey (sur Tacite, *Ann.*, I, 78), d'après laquelle un temple aurait été élevé à *Tarraco* pour toutes les trois provinces espagnoles, est fausse.

(3) Que les députés portassent le nom de *legati* et reçussent une instruction (*mandata*) de leur ville, c'est ce que nous apprend l'inscription de Torigny (voy. M. Mommsen, *Epigr. Anal.*, dans les *Ber. der Königl. Sächs. Gesellsch. der Wissensch.*, Phil.-hist. Classe, 1852, p. 242), relativement à l'assemblée provinciale de Lyon, dont il sera question ci-dessous. Par suite, il me semble que l'inscription publiée au *C. I. L.*, t. II, n° 4055, inscription que M. Hübner n'a pas vue, doit être entendue d'une double légation et être lue ainsi : *ob legationes in concilio Provinciae Hisp. Cit.* [*et*] *aput Antoninum Aug. prospere gestas*.

(4) *C. I. L.*, t. II, n° 4280. Nous savons qu'il en était de même aux jeux de Lyon.

(5) Voy., sur ce point, *infra*, VI-XIV, *Les provinces gauloises, Concilium* à Lyon, *arca Galliarum*.

(6) *C. I. L.*, t. II, n° 4202.

(7) Les *flamines prov. Tarraconensis* mentionnés dans les inscriptions appartiennent à 39 villes différentes. (Voy. M. Hübner, *C. I. L.*, t. II, f° 541.)

(8) Le caractère annuel de sa fonction nous est attesté : 1° par l'inscription publiée au *C. I. L.*, t. II, n° 2221 : ——*Fabio*———*flamini divorum Aug. provinc. Baeticae. Huic consummato honore flamoni*——— *consensu concili universae prov. Bael. decreti sunt honores*. Cf. n° 2344 : *Hic provinciae Baeticae consensu flaminis munus est consequutus. Peracto honore*——— *omn*(*e*) *concil*(*ium*) *et consensus* (lisez *ex consensu*) *statuam decrevit*; — 2° par l'expression *flaminalis*, qui, en vertu de l'analogie avec *duumviralis, sacerdotalis*, désigne celui qui a été *flamen. C.I.L.*, t. II : n° 983 : *C. Varinio Picntiss. viro flaminali provinciae Baeticae annorum LXX*; — n° 4248 : *C. Val. Arabino* —— *sacerdoti Romae et Aug. P. H. C.* —— *statuam inter flaminales viros positam exornandam uni-*

(*flamen Romae et divorum Augustorum provinciae*) (1), dont la femme remplissait en même temps les fonctions de *flaminica* (2); enfin, il décrétait l'érection près du sanctuaire, considéré comme le point central de la province, de statues aux hommes que leurs services auraient signalés (3); il nommait des fonctionnaires chargés d'exécuter ces décisions (4) ; il accordait aux citoyens l'autorisation d'élever des monuments (5), et parfois aussi il envoyait, dans l'intérêt général de la province, une ambassade à l'empereur (6).

Le culte de la famille impériale se maintint, si l'on en juge d'après les vestiges qu'il a laissés, aussi longtemps que les provinces elles-mêmes conservèrent leur intégrité, c'est-à-dire jusqu'au IIIe siècle, qui vit leur amoindrissement et un changement de leur régime administratif.

Il a déjà été fait allusion à la création de la province de *Gallaecia*; après les modifications de Dioclétien (7), le *dioecesis Hispaniarum* comprend cinq provinces espagnoles et une province africaine, la *Mauretania Tingitana*; plus tard, entre 369 et 386, une septième province vint s'y joindre, celle des îles Baléares (8); au Ve siècle, le *vicarius Hispaniarum* gouverne

Division de l'Espagne après Dioclétien.

---

vers(i) censuer(e). — De ces inscriptions il ressort que les statues étaient élevées devant le temple aux *flamines* après leur sortie de charge, et que, par conséquent, les *flamines* n'étaient pas élus à vie.

(1) Son titre est variable: *flamen Romae divorum et Augusti* (ou *Augustorum*) *prov. Hisp. citer.* ([*C. I. L.*, t. II], n°s 4205. 4222, et beaucoup d'autres); — *flamen Romae et Aug.* (*Ibid.*, n°s 4224. 4225); — *sacerdos Romae et Aug.* (*Ibid.*, n° 4248); — *flamen divorum et Augustorum* (*Ibid.*, n°s 4199. 4217); — *flamen Augustalis* (*Ibid.*, n° 4223), — ou *flamen provinciae* (*Ibid.*, n° 2220 et maints autres). — Voy. M. Hübner, *C. I. L.*, t. II, f° 541.

(2) *C. I. L.*, t. II, n°s 4198. 4233. 4236. 4241. 4242. 4252. — J'ai établi d'une manière explicite, dans l'*Ephemeris epigr.*, (1872, pp. 201 et suiv.), ma théorie sur l'ensemble du sujet: elle diffère en quelques points des résultats acquis par M. Hübner. — [Voy. aussi, p. 77, note 1*, *supra*.]

(3) [*C. I. L.*, t. II], n°s 4127. 4192. 4210.

(4) [*Ibid.*], n° 4230.

(5) [*Ibid.*], n°s 4246. 4233. 4060.

(6) [*Ibid.*], n°s 4261. 4055. 4208.

(7) Voy. la *Liste des provinces romaines de 297*, publiée par M. Mommsen, dans les *Abhandl. der Berl. Acad.*, 1862, p. 514. — [Voy., à cet égard, p. 43, note 1, *supra*.]

(8) Voy. M. Mommsen, *op. et loc. sup. citt.*, p. 515.

donc sept provinces (1), la *Baetica*, la *Lusitania*, la *Carthaginiensis*, la *Gallaecia*, la *Tarraconensis*, la *Tingitana*, la province des *insulae Balcares*. A la fin du III⁰ siècle, toutes ces provinces étaient administrées par des *praesides*, dépourvus de tout commandement militaire et appartenant à la classe inférieure des *viri perfectissimi*, (par opposition aux *viri clarissimi*); toutefois, sous le règne de Constance II (327-361), la *Baetica* reçut de nouveau comme gouverneur un *vir clarissimus consularis* (2); il en fut de même, à peu près à la même époque, pour la *Lusitania* (3) ; plus tard, entre 383 et 388, pour la *Gallaecia* (4); quant aux autres provinces, elles demeurèrent placées sous l'autorité de *praesides* (5).

---

(1) Voy. *Notit. Dignit. Occid.*, c. XX, *ibiq.* Boecking, t. II, pp. 464 et suiv.

(2) On rencontre des *Praesides Baeticae, viri perfectissimi*: en l'an 276 (*C. I. L.*, t. II, n⁰ˢ 1115. 1116); — sous Constantin (*Ibid.*, n⁰ 2204); — en l'année 337 (*Ibid.*, n. 2205; — Const. 2, [*De distrahend. pignor., quae tribut. caussa ten.*], C. Th. XI, 9). — Au contraire, sous Constance II, on trouve un *consularis* (*C. I. L.*, t. II, n⁰ 2206). De même, S. Rufus, qui écrivait en 369, appelle la *Baetica* une province consulaire.

(3) S. Rufus. *Brev.*, V. — On connait des *Praesides Lusitaniae* de l'an 345 (*C. I. L.*, t. II, n⁰ 481); de l'an 336 (*Ibid.*, n⁰ 491), et de la même époque dans l'inscription publiée sous le n⁰ 3764 du recueil d'Orelli = Cavedoni, *Marmi Moden.*, pp. 163 et suiv. [= *C. I. L.*, t. XI, 1, n⁰ 831]; — un *consularis* de l'an 390 (Orelli, n⁰ 2354 [= *C. I. L.*, t. VI, 1, n⁰ 1778]).

(4) Dans l'inscription publiée au t. II du *C. I. L.*, sous le n⁰ 4911, et qui date de l'époque de Maxime (383-388), on lit : *Antonius Maximus a nova provincia [G]al[l]a[ecia] primus consularis, [ant]e praeses.* La restitution est très vraisemblable, parce qu'en 369 la *Gallaecia* était encore soumise à l'autorité d'un *praeses* (Rufus, c. v), tandis que, vers l'an 400 (*Notit. Dignit., ubi supra*), elle est consulaire. Il suit donc de là que Catullinus, *vir consularis praeses prov. Callaeciae* (*C. I. L.*, t. II, n⁰ 2635), ne peut pas être placé en l'an 315.

(5) S. Rufus, *Brev.*, V ; — *Notit. Dignit., loc. sup. cit.*. — L'existence d'un *praes prov. Tarraconensis* est attestée pour l'année 288 (*C. I. L.*, [t. II], n⁰ 4104), pour l'année 312 (*Ibid.*, n⁰ 4105), pour l'année 316 (Const. 1, [*De tempor. cursu et reparat. denunt.*], C. Th., II, 6), et pour une époque quelque peu postérieure (*C. I. L.*, t. II, n⁰ˢ 4106. 4108. 4112. 4133). Pour les autres provinces espagnoles, on ne trouve aucun exemple.

LES PROVINCES GAULOISES.

[BIBLIOGRAPHIE GÉNÉRALE].

Sur l'histoire primitive des provinces gauloises, voy. : Amédée Thierry, *Histoire des Gaulois depuis les temps les plus reculés jusqu'à l'entière soumission de la Gaule sous l'administration romaine*, Paris, 1828, in-8 [3 voll. in-8, nombreuses éditions]; le même, *Histoire de la Gaule sous la domination [l'administration] romaine*, Paris, 1840[-1847, 3 voll.] in-8; — E. Herzog, *Galliae Narbonensis provinciae Romanae historia*, Lips., 1869, in-8; — Zumpt, *Studia Romana*, Berol., 1859, in-8, [pp. 1-497]; — Kuhn, *Verf. des Röm. Reichs*, t. II, pp. 407 et suiv.; — Mommsen, *Röm. Gesch.*, t. II, [8te Aufl.], pp. 160 et suiv. [= trad. franç. de M. Alexandre, t. V, pp. 123 et suiv.]; t. III, [7me Aufl.], pp. 223 et suiv. [= trad. franç. de M. Alexandre, t. VII, pp. 7 et suiv.]; [t. V, 3te Aufl., pp. 71-155 = trad. franç. de MM. R. Cagnat et J. Toutain, t. IX, pp. 98-216; adde M. A. Allmer, *Extrait de l'Histoire Romaine de Théodore Mommsen, tome V: Les provinces de César à Dioclétien. Les provinces de la Gaule. Traduction de A. Allmer, revue par M. Mommsen*, dans la Revue épigr. du Midi de la France, nos 38-46, 1886-87, t. II, pp. 189-192, 207-208, 223-224, 238-240, 254-256, 286-288, 302-304, 320-322]; — et spécialement : E. Desjardins, *Géographie de la Gaule*, Paris, 1869, in-8, et *Géographie historique et administrative de la Gaule Romaine*: Vol. I, Paris, 1876; Vol. II, 1878; le Vol. III n'a pas encore paru. [Ce t. III a été publié en 1885; voy., sur lui, M. O. Hirschfeld, dans la *Deutsche Litteraturzeitung*, de Berlin, n° du 5 décembre 1885, *L'Histoire et ses sciences auxiliaires*. Voy. aussi *Revue épigr. du Midi de la France*, n° 37, [Janvier, février 1886], t. II, pp. 173 *in fine* et suiv., et n° 38, [Mars 1886], pp. 187-189. Ce t. III sera prochainement suivi d'un t. IV et dernier.] — Comp. M. Mommsen, dans *Hermes*, t. XIII, pp. 90 et suiv.; — L. Friedländer, *Gallien und seine Cultur*, dans la *Deutsche Rundschau*, t. IV, (1877), p. 391; — Maury, sur Desjardins, *Géographie de la Gaule romaine*, dans le *Journal des Savants*, 1878, pp. 544 et suiv., et pp. 581 et suiv.

[A cette liste il convient, parmi les ouvrages les plus importants, de joindre les suivants:

I. SOURCES LITTÉRAIRES. — En dehors des auteurs et des ouvrages latins et grecs dont les noms et les titres suivent par ordre alphabétique, savoir:

Organisation Romaine, t. II   6

Ammien Marcellin; Appien; Aurelius Victor; Ausone; — Cassiodore; César (*De bello Gallico*); *Chronicon consulare*, dit *Chronique* de Prosper Tiro; Cicéron; — Diodore; Dion Cassius; — Eutrope; — *Fasti triumphales*, (*C. I. L.*, t. I, f⁰ˢ 460 et suiv.); Florus; Frontin; — Hirtius Pansa; — Isidore; — Juvénal; — Lucain; — Merobandes, *Fragmenta*, (Niebuhr, Saint-Gall, 1823, in-8; Bonn, 1824, in-8; — Bekker, dans le *Corpus scriptorum byzantinorum*, Bonn, 1836, in-8); *Monumentum Ancyranum*, (éd. Mommsen, Berolini, 1883; *adde* M. A. Allmer, *Les Gestes du Dieu Auguste*, Vienne, 1889; voy., à cet égard, notre *Introd. Bibliogr. gén.*, I, B, 2°, Th. Mommsen, 8°); — Paul Orose; — *Panegyrici latini XII*, (Baehrens, Leipzig, 1874, in-12); Paulinus (de Pella), *Eucharisticon*, (Leipzig et Breslau, 1858, in-8); Pline, (*Naturalis Historia*); Plutarque; Polybe; Pomponius Mela; — S. Rufus; Rutilius Namatianus, *Itinerarium*, (éd. Zumpt, Berlin, 1840, in-8; — éd. Müller, Leipzig, 1870, in-12; — trad. franç. par Collombet, Lyon et Paris, 1842, in-8); — Salluste; Salvien, *De gubernatione Dei*; Sidoine Apollinaire, *Opera*, (éd. Eugène Baret, Paris, 1879, 1 fort vol. gr. in-8; — trad. franç. par Grégoire et Collombet, Lyon, 1836, 3 voll. in-8); Spartien; Strabon; Suétone; Sulpice Sévère; — Tacite; Tibulle; Tite-Live; — Varron; Velleius Paterculus; Vopiscus, — nous nous bornerons à citer ici: T. Ruinart, *Acta primorum martyrum sincera et selecta*, Paris, 1689, in-4; Amsterdam, 1713, in-fol.; Vérone, 1731, in-fol.; Augsbourg, 1802-1803, 3 voll. in-8; — Roncalli, *Vetustiora latinorum scriptorum Chronica*, Padoue et Venise, 1787, 2 voll. in-4, — et Edm. Cougny, ΓΑΛΛΙΚΩΝ ΣΥΓΓΡΑΦΕΙΣ ΕΛΛΗΝΙΚΟΙ. — *Extraits des auteurs grecs concernant la géographie et l'histoire des Gaules. Texte et traduction nouvelle publiés pour la Société de l'Histoire de France*, Paris, 1878-1886, 5 voll. in-8.

[II. Sources épigraphiques. — 1°. *Gaule*: Boeckh, *C. I. Gr.*, Vol. I, Pars XXXIV, *Inscriptiones Galliarum*, Berol., 1825, in-fol. — N. B.: Dans un but de brièveté, nous nous contentons, en ce qui concerne l'épigraphie latine, de citer ici les noms des auteurs ou les titres des ouvrages, renvoyant pour les indications plus précises et plus détaillées à notre *Introd. bibliogr. gén.*, dont nous suivons scrupuleusement l'ordre; voici quels ils sont: Jacob Spon, 2° et 3°; — Dom Claude de Vic et Dom Joseph de Vaissete; — Comte de Caylus et de La Sauvagère; — Aubin Louis Millin et De Castellane; — Th. Mommsen, *passim*; — A. de Longpérier, *Notice sur une inscription inédite trouvée à Sens*, (dans la *Revue de Philologie*, t. II, 1846-1847); — Alphonse de Boissieu, et Jacob Spon; — Dʳ A. Comarmond; — Abbé Texier; — J.-B. Monfalcon; — Léon Renier, *passim*, et le N. B. final; — *Le Monument de Thorigny*, dans les *Mémoires de la Société nat. des Antiq. de France*, t. XXII; — Marcel Canat; — de Bonnefoy; — Edmond Le Blant; — P.-Ch. Robert et R. Cagnat; — P.-Ch. Robert; — Aug. Bernard, et les renvois; — Ernestus Herzog; — de Longuemar; — G. Julliot; — Éd. Lambert; — Louis Revon; — Louis Audiat; — H. Poydenot, et les renvois; — *C. I. L.*, t. XII, et les renvois. (Rappelons, à ce propos, que le t. XIII du *C. I. L.*, actuellement en préparation, doit comprendre les inscriptions des trois Gaules et des deux Germanies); — A. Buhot de Kersers; — F. de Guilhermy et R. de Lasteyrie; — François-Saint-Maur; — Harold de Fontenay; — Ernest Desjardins, *passim*; — Abbé Bargès, *Notice sur un autel antique dédié à Jupiter découvert à Saint-Zacharie et sur quelques autres monuments romains*, Paris, 1875, in-8; — A. Allmer et Alfred de Terrebasse, et l'*adde*; — Aurès; — Kadurk [Paul de Fontenille]; — Florian Vallentin; — J. de Laurière; — Edmond Blanc, et les additions; — A. Carlone et J.-R.

Bourguignat; — J. Franç. Bladé; — Reinhold Dezeimeris; — Julien Sacaze; — Piette; — Léon Dumuys; — C. Le Gentil; — Louis Noguier; — Léon Maxe-Werly; — Ant. Héron de Villefosse; — Robert Mowat; — Émile Espérandieu, 5° (adde Cagnat), 6°, 8°, 9°, 10°, 11°, 12°, et le N. B., ainsi que Alfred Richard; — *Épigraphie du département du Pas-de-Calais*, Arras, t. I, 1883-1885; t. II, fascic. I, *ibid.*, 1889; — Camille Jullian, *passim*, et les renvois; — Otto Hirschfeld; — H. Gaidoz; — Ant. Héron de Villefosse et H. Thédenat; — Block; — A. Vachez; — G. de Soultrait; — Albert Lebègue et les renvois; — A. Allmer et P. Dissard, et les renvois; — A. Allmer; — Léon Germain; — V.-J. Vaillant; — Paul Lejay, et le renvoi; — De Rochambeau; — J. W. Kubitschek, *Imp. Rom. trib. discr.*, Pragae, Vindobonae, Lipsiae, 1889, pp. 122-126; 203-222, et *Additamenta*, pp. 268-269.

Nous mentionnerons enfin, d'une façon toute spéciale, l'inscription de Cn. Pullius Pollio, *proconsul provinciae Narbonensis, legatus Augusti in Gallia comata itemque in Aquitania*, récemment découverte à S. Liberato, près de Bracciano, l'ancien *Forum Clodii* (voy. *C. I. L.*, t. XI, 1, f°s 502 et suiv.), et publiée par M. Pasqui, dans les *Notizie degli Scavi di Antichità*, (janvier 1889, p. 9); par M. Gamurrini d'Arezzo, dans les *Rendiconti dei Lincei*, (17 février 1889); dans la *Revue archéologique*, (mai-juin 1889, p. 429 = M. René Cagnat, *L'année épigraphique* (*1889*), Paris, 1890, p. 40 *in init.*, col. 1, n° 100), et par M. Théodore Mommsen, *L'inscription de « Forum Clodii »*, dans la *Revue de Philologie*, (Nouv. sér., année et t. XIII, 3° et 4° livr., [juillet à décembre 1889], Paris, 1890, pp. 129-132). Nous reproduisons ici cette inscription, à raison, d'une part, des particularités qu'elle présente, et qui se rencontrent pour la première fois en épigraphie, au double point de vue de la désignation du personnage et de la mention de la *Gallia comata*, que l'on y trouve, semble-t-il, opposée à l'Aquitaine, et, d'un autre côté, de l'intérêt considérable qu'elle offre pour l'histoire de la Gaule romaine. En voici la copie, d'après la *Revue de Philologie*, (*ubi supra*) :

```
           CN · PVLLIC
           POLLIONI FETI
           STLIT · IVD · EX SC · TR PL PRAE
           PROCOS // OVINCIAE · NARB
      5    AVGVS/// N GALLIA COMAT
           IN AQVITA/// ATHENA
           AVGVST/ LEGATVS IN
       II · VIR · QVINQVENNA
              CLAVDIF
```

C'est-à-dire, d'après la restitution proposée, « quoique avec hésitation », par M. Mommsen, (*Rev. de philol.*, *loc. cit.*):

Cn. Pullio [.. f(ilio)...] Pollioni feti[ali, Xviro] stlit(ibus) iud(icandis) ex s(enatus)c(onsulto), tr(ibuno) pl(ebi), prae[tori...], proco(n)s(uli) [pr]ovinciae Narb(onensis), [leg(ato)] imp. Caes(aris)] Augus[ti i]n Gallia comat[a itemque] in Aquitan[ia] ; Athena[s init ab imp. Caes(are)] August[o] legatus in [Achaiam :] II vir(o) quinquenna[li iterum ?] Claudic[nses.]

2°. *Belgique* : H. Schuermanns; — A. de Ceuleneer. — Voy. aussi deux inscriptions romaines du pays de Liège, dans le *Bulletin du Cercle archéol. Liégeois*, t. XIX, n° 1, et six inscr. rom. découvertes à la citadelle de Namur, dans la *Revue de l'instr. publ. (supérieure et moyenne) en Belgique*, t. XXIX, 6° liv., *Varia*.

3°. *Germanie*: Steiner ; — Guilelmus Brambach ; — F. X. Kraus.
4°. *Helvétie* : Th. Mommsen, 6°, et les additions.
Voy. aussi, sur l'ensemble, M. Ettore de Ruggiero, *Dizionar. epigr.*, Roma, 1886 et ann. suiv., *passim*. — Voy., au surplus, sur les autres documents épigraphiques concernant la Gaule, le *Catalogue de la bibliothèque de feu M. Ernest Desjardins*, n°ˢ 886-916, pp. 129-133, et n°ˢ 979-991, pp. 142-143, et surtout notre *Introd. bibliogr. gén.*, I, *Sources*, notamment B, en particulier, 2°, et *Appendice aux sources épigr. lat.*, et, pour la numismatique, C. — N. B. : M. le lieutenant Espérandieu a communiqué à la *Société Nationale des Antiquaires de France*, (séance des 13 et 20 novembre 1889), le texte d'une inscription récemment découverte à Rome, et que M. Mommsen a bien voulu lui adresser. Cette inscription inédite contient une nouvelle mention de l'*Ala Atectorigiana*, formée probablement en Gaule par un chef Picton. (Voy. *Bulletin critique*, 1890, n° 5, [1ᵉʳ mars], p. 98.)

[III. OUVRAGES ANTÉRIEURS AU XIX° SIÈCLE. — Symphorien Champier, *De monarchia Gallorum Campi Aurei ac triplici imperio videlicet Romano, Gallico, Germanico, una cum gestis heroum ac omnium Imperatorum authore* Symphoriano Campegio aurato equite, Lugduni, ex officina Melch. et Gasp. Trechsel fratrum, 1537 ; *De monarchia ac triplici imperio videlicet Romano, Gallico et Germanico, campus Imperatorum gesta continens*, Lugduni, Trechsel, 1537 ; *Galliae Celticae ac antiquitatis Lugdunensis civitatis quae caput est Celtarum campus*, Lugduni, Trechsel, 1537 ; 3 parties en 1 vol. pet. in-fol. ; — E. Forcadel [Forcatulus], *De Gallorum imperio et philosophia libri octo*, Paris, 1579, in-4 ; — Jean de la Haye, *Les Mémoires et Recherches de France et de la Gaule acquitanique, du sieur Jean de la Haye, baron des Coutaulx, contenant l'origine des Poictevins, qu'aussi les faicts et gestes des premiers Roys, princes, comtes et ducs, etc....., ensemble l'estat de l'Eglise et religion de la France, de l'an 430 jusques à ce jour d'huy*, Paris, 1581, 1 vol. in-8 ; — Noël Taillepied [ou Talepied], *Histoire de l'Estat et République des Druides, Eubages, Sarronides, Bardes, Vacies*, etc., *depuis le déluge jusqu'à la venue de Jésus-Christ*, Paris, 1585, in-8 ; — Claude Fauchet, *Les antiquitez gauloises et Françoises ; premier volume, contenant les choses advenues en Gaule et en France, jusques en l'an 751 de Jésus-Christ*, Paris, 1610, in-4 ; voy. notamment le premier livre, et, spécialement, à partir du chap. xv, pp. 17, verso, et suiv. ; — Antoine de Lestang, *Histoire des Gaules, et conquêtes des Gaulois en Italie, Grece et Asie*, etc., Bourdeaus, 1618, in-4 ; voy. spécialement troisième livre, pp. 62 et suiv. ; — Phil. Cluver, *Germaniae antiquae libri III, adjectae* (ejusd. auctoris) *Vindelicia et Noricum*, Lugd. Batav., 1631, in-fol., nombr. cartes et fig. ; = Aubert de la Mire [dit Miraeus], *Rerum Belgicarum chronicon ab Julii Caesaris in Galliam adventu usque ad annum Christi 1636*, Antuerpiae, 1636, in-fol. ; — Ant. Gosseline, *Historia Gallorum veterone auctore Antonio Gosselino*, Cadomi, 1636, 1 vol. in-12 ; — J. Malbrancq, *De Morinis et Morinorum rebus, sylvis, paludibus, oppidis, regia comitus, prosapia ac territoriis, regisque praesulum splendore, viis Caesareis ac portubus, Caesarum domicilio, Audomareae fidei perennitate, templis, monasteriis, centum Divorum sanctimonia ; his accedunt nolac non solum Morinorum, sed aliarum provinciarum historicae antiquitati multam facem subministrantes. deinde divorum simul ad aliasoras pertinentium genealogiae*, etc., Tornaci Nervior., 1639-1654, 3 voll. in-4, fig. de blasons ; — G. Lacarry, *Historia Galliarum sub praefectis praetorio Galliarum*, Clermont, 1672, in-4 ; — H. Valois, *Hadriani Valesii, historiographi regii, Notitia Galliarum, ordine litterarum digesta*, Parisiis,

1675, 1 vol. in-fol. ; — *Nouvelles découvertes sur l'état de l'ancienne Gaule du temps de César*, Paris, de Luyne, 1696, in-12 ; — le P. L'Empereur, *Dissertations historiq. sur divers sujets d'antiquité et autres matières qui la concernent*, Paris, 1706, broch. in-12 ; — Fréret, *De l'origine des Français et de leur établissement dans la Gaule* (Mémoire lu à l'*Académie royale des Inscriptions* en 1714), dans Fréret, *OEuvres*, t. V, 1796, pp. 155-227 (comp. Aug. Thierry, *Récits des temps mérovingiens*, 2e éd., 1842, t. I, pp. 70-71) ; — *Gallia Christiana, in provincias ecclesiasticas distributa* (recueil commencé par les Bénédictins, et continué, depuis le t. XIV, par l'*Académie des Inscr. et Bell.-Lett.*), Paris, 1715-1865, 16 voll. in-fol. ; — Boulainvilliers, *Histoire de l'ancien gouvernement de la France, avec XIV lettres historiq. sur les parlements ou états généraux*, La Haye, 1727, 2 voll. in-12 ; — Dom. Martin : *La Religion des Gaulois*, Paris, 1727, 2 voll. in-4 ; *Histoire des Gaules et conquêtes des Gaulois*, Paris, 1752-1754, in-4 ; — P. Jacques Lelong, *Bibliothèque historiq. de la France*, Paris, 1719, in-fol. ; éd. Fevrêt de Fontette, Paris, 1768-1778, 5 voll. in-fol. ; — De la Barre, *Mémoires sur les divisions que les empereurs romains ont faites des Gaules en plusieurs provinces*, (dans les *Mémoires de l'Académie royale des Inscriptions*, t. VIII, Paris, 1733, pp. 403-429) ; — *Histoire littéraire de la France, où l'on traite de l'origine et du progrès, de la décadence et du rétablissement des sciences parmi les Gaulois et les François*, par des religieux Bénédictins de la Congrégation de Saint-Maur, continuée par les Membres de l'Institut, Paris, 1733-1885, 30 voll. in-4 ; — DD. Claude Devic et Joseph Vaissete, *Histoire générale de Languedoc*, t. I et suiv., Paris, 1733 et ann. suiv., voll. in-fol., ou nouv. éd., Toulouse, 1872 et ann. suiv., voll. in-4 ; — J.-P. des Ours de Mandajors, *Histoire critiq. de la Gaule narbonnoise, qui comprenoit la Savoye, le Dauphiné, la Provence, le Languedoc, le Roussillon, et le Comté de Foix, avec des dissertations*, Paris, 1733, 1 vol. in-12 ; — S. Maffei, *Galliae antiquitates quaedam selectae atque in plures epistolas distributae*, 1733, in-4 ; — Dom Martin Bouquet, *Recueil des historiens des Gaules et de la France jusqu'en 1328*, Paris, 1738-1833, 19 voll. in-fol. ; continué par l'*Acad. des Inscr. et Belles-lett.*, 1840 à ce jour (1890), t. XX-XXIII, in-fol. ; nouv. éd., publiée sous la direction de M. Léopold Delisle, continuée par l'Institut, Paris, 1869 et ann. suiv. ; voy. le t. I, *contenant tout ce qui a été fait par les Gaulois, et qui s'est passé dans les Gaules avant l'arrivée des François* ; — D'Anville : *Eclaircissemens géographiques sur l'ancienne Gaule, précédés d'un traité des mesures itinéraires des Romains et de la lieue gauloise*, Paris, 1741, 1 vol. in-12, cartes ; *Notice de l'ancienne Gaule, tirée des monumens romains*, Paris, 1760, in-4, carte ; — Abbé Dubos, *Histoire critiq. de l'établissement de la monarchie françoise dans les Gaules*, Paris, 1742, 2 voll. in-4, ou 4 voll. in-12 (voy., en particulier, liv. I, chap. I) ; — Gibert, *Mémoires pour servir à l'histoire des Gaules et de la France*, Paris, 1744, 1 vol. in-12 ; — Montesquieu, *De l'esprit des loix*, passim ; — l'Abbé Fenel, *Plan systématiq. de la religion et des dogmes des anciens Gaulois, avec réflexions sur le changement de religion arrivé dans les Gaules, et ensuite dans la Germanie, entre le temps de Jules César et celui de Tacite* (dans le *Recueil de l'anc. Acad. des Inscr.*, année 1747, t. XXIV, pp. 345 et suiv. — *Adde*, sur ce sujet : Fustel de Coulanges, H. d'Arbois de Jubainville, V. Duruy, *opp. et locc. inf. citt.*, IV, B, et comp. Fréret, dans le *Recueil de l'anc. Acad. des Inscr.*, t. XVIII et XXIV) ; — Jo. Daniel Schoepflin : *Alsatia illustrata*, t. I, Colmar, 1754, in-fol. ; *Vindiciae celticae*, Argentorati, 1754, 1 vol. in-4 (ouvrage destiné principalement par le célèbre historien alsacien à réfuter les hypothèses de Pelloutier dans son *Hist. des Celtes*, citée *infer.*, p. 86, *in init.*) ; — Ménard, *Description de la province Nar-*

bonaise selon le texte de Pline, éclaircie par des remarques géographiq., historiq. et critiq., (dans le Recueil de l'ancienne Acad. des Inscr., 1753, t. XXV, pp. 65 et suiv. ; 1754, t. XXVII, pp. 330 et suiv. ; 1759, t. XXIX, pp. 228 et suiv.) ; — Bullet, *Mémoires sur la langue celtique contenant l'histoire de cette langue, description étymologique des villes, rivières, montagnes, forêts, curiosités naturelles de la Gaule, partie de l'Espagne, l'Italie et la Grande-Bretagne, et un dictionnaire celtique de tous les termes de cette langue*, Besançon, 1754-1760, 3 voll. in-fol. ; — [Du Buat], *Les origines ou l'ancien gouvernement de la France, de l'Allemagne et de l'Italie*, liv. I, chap. I, La Haye, 1757, t. I, pp. 1-26 ; — le P. Ch. Wastelain, *Description de la Gaule-Belgique selon les trois âges de l'histoire, l'ancien, le moyen et le moderne*, Lille, 1761, in-4, cartes et tableau de généalogie ; — J.-J. Oberlin, *Epitome rerum gallicarum ab origine gentis usque ad Romanorum imperium*, Lipsiae, 1762, in-4 ; — l'Abbé J.-J. Expilly, *Dictionnaire géographique, historique et politique des Gaules et de la France*, Paris, 1762-1770, 6 voll. in-fol.; — l'Abbé de Mably, *Observations sur l'histoire de France*, Genève, 1765, t. I, pp. 1 et suiv. ; — S. Pelloutier, *Histoire des Celtes et particulièrement des Gaulois et des Germains depuis les temps fabuleux jusqu'à la prise de Rome par les Gaulois*, éd. revue par de Chiniac, Paris, 1770-1771, 2 voll. in-4 ou 8 voll. in-12 (voy., à cet égard, Schoepflin, *op. sup. cit.*, 1754); — D. Jacques Martin et D.-J.-Fr. de Brezillac, *Histoire des Gaules et des conquêtes des Gaulois, depuis leur origine jusqu'à la fondation de la Monarchie française*, Paris, 1780, 2 voll. in-4, carte ; — J. Levesque de Burigny, *Mémoire sur ce que l'on sait du gouvernement politique des Gaules lorsque les Romains en firent la conquête*, Paris, 1780, in-4 (Extr. du Recueil de l'anc. Acad. des Inscr., t. XL, pp. 31 et suiv) ; — *L'Art de vérifier les dates... depuis la naissance de Jésus-Christ*, 3e éd., Paris, 1783-1787, 3 voll. in-fol. (Continuation par V. de Saint-Allais, Paris, 1818-1819, 18 voll. in-8) ; — *Considérations sur l'esprit militaire des Gaulois, pour servir d'introd. à l'histoire de France*, par M** [de Sigrais], Paris, 1874, in-12; — Bernardi : *Essai sur les révolutions du dr. franç.*, Paris, 1785, 1 vol. in-8 (voy. chap. II, pp. 15 et suiv.); *De l'origine et des progrès de la législ. franç., ou Hist. du dr. publ. et priv. de la France, depuis la fondat. de la Monarchie jusques et compris la révolution*, Paris, 1816, 1 vol. in-8 (voy. liv. Ier, chap. II, pp. 8 et suiv.) ; — Perréciot : *Histoire des conditions et de l'état des personnes en France*, Londres, 1790, 2 voll. in-4 ; *De l'état civil des personnes et de la condition des terres dans les Gaules, dès les temps celtiques jusqu'à la rédaction des Coutumes*, En Suisse, 1786, 2 voll. in-4, ou Paris, 1845-1851, 3 voll. in-8 ; — Bacon-Tacon, *Recherches sur les origines celtiques, principalement sur celles du Bugey, considéré comme berceau du Delta celtique*, Paris, an VI, 2 voll. in-8, portr. et cartes ; — Poncet de la Grave, *Histoire générale des descentes faites tant en Angleterre qu'en France, depuis J. César jusqu'à nos jours*, Paris, 1799, 2 voll. in-8, 2 grav. et 1 carte. — Voy. aussi : l'Abbé Belley, *Mémoire sur l'ordre politiq. des Gaules qui a occasionné le changement de nom de plusieurs villes*, (dans le Recueil de l'anc. Acad. des Inscr., t. XIX, pp. 495 et suiv.) ; — Bonamy, *Observations sur les peuples Atelti des Gaules dont parle César dans ses Commentaires*, (dans le même Recueil, t. XXXI, pp. 220 et suiv.) ; — A. Maury, article *Druidisme*, dans l'*Encyclopédie moderne* de Didot.

[IV. OUVRAGES MODERNES. — A. *Gaule celtique*. — Pour les études sur les origines celtiques, nous possédons aujourd'hui deux ouvrages fondamentaux ; ce sont ceux de MM. : Zeuss, *Die Deutschen und ihre Nachbarstämme*, München, 1837, in-8, et Karl Müllenhoff, *Deutsche Altertumskunde*, dont le 1er vol. a été publié en 1870, et dont le second, avec 4 cartes par M. Heinrich Kiepert, a paru à Berlin en 1887 (voy., sur ce t. II, M. H. d'Arbois de Jubainville, dans la *Revue critiq. d'hist. et de littér.*, 1888, n° 32, art. 370, pp. 102-106) = 2 voll. gr. in-8. — A côté d'eux, nous ferons figurer les études suivantes : (J. A. Marc, de Vesoul), *Lettres écrites sous le règne d'Auguste, préc. d'un précis hist. sur les Romains et les Gaulois, depuis leur origine jusqu'à la bataille d'Actium*, 1803, in-8; — Ath. Walckenaer, *Mémoire sur les anciens habitants des Gaules*, Paris, 1811, in-4; — Fortia d'Urban, *Dissertation sur le passage du Rhône et des Alpes par Annibal l'an 218 av. notre ère*, 3e éd., Paris, 1821, in-8; — Th. Berlier, *Précis historiq. de l'anc. Gaule, ou recherches sur l'état des Gaules avant les conquêtes de César*, Bruxelles, 1822, 1 vol. in-8; — God. Higgins, *The celtic Druids*, London, 1829, in-4; — J. C. Pritchard, *The Eastern origin of the Celtic nations, proved by a comparaison of their dialects with the sanskrit, greek, latin, and teutonic language*, Oxford, 1831, 1 vol. in-8: — Boudard, *Recherches sur l'hist. et la géogr. de la Gaule av. la domin. rom.*, Paris, Didier, s. d., 1 vol. in-8; — Besson, *La nation gauloise et Vercingétorix*, s. l. n. d.; — Diefenbach: *Celtica*, I, II, Stuttgart, 1839-1840; *Origines Europaeae*, Frankfurt, 1861; — C. Galli, *Essai sur le nom et la langue des anciens Celtes*, Saint-Étienne, 1843, 1 vol. in-12 et in-8; — Arnd, *Geschichte des Ursprungs und der Entwickelung des französischen Volkes*, Leipzig, 1844, t. I; — A. de Courson, *Histoire des peuples Bretons*, Paris, 1846, 2 voll. in-4; — Ch. Giraud, *Essai sur l'hist. du dr. franç. au moyen âge*, t. I, Paris et Leipzig, 1846, pp. 15 et suiv.; — Bouchor de Perthes, *Antiquités celtiques*, Abbeville, 1846-1865, 3 voll. in-8; — Laferrière, *Hist. du dr. civ. de Rome et du dr. franç.*, t. II, Paris, 1847, pp. 1-178; — Chambellan, *Études sur l'hist. du dr. franç.*, 1re partie, Paris, 1848, pp. 1-91, et pp. 150-308; — E. Tailliar, *Essai sur l'histoire des institutions dans le Nord de la France. Recherches sur les origines des populations gauloises*, Douai, 1852, in-8; — Holtzmann, *Kelten und Germanen*, Stuttgart, 1855, in-4; — Moreau de Jonnès, *La France avant ses premiers habitants et origines nationales de ses populations*, Paris, 1856, 1 vol. in-12; — H. B. Chr. Brandes, *Das ethnographische Verhaeltniss der Kelten und Germanen*, Leipzig, 1857, in-8; — De la Rochemacé, *Étude sur le culte druidique et l'établissement des Franks et des Bretons dans les Gaules*, Rennes, 1858, in-8; — Roget de Belloguet, *Ethnogénie gauloise ou Mémoires critiques sur l'origine et la parenté des Cimmériens, des Cimbres, des Ombres, des Belges, des Ligures et des anciens Celtes*, Paris, 1858-1868-1873, 4 voll. in-8 (les tomes I et II ont été réimprimés en 1872 et 1875; le t. IV, posthume, a été publié en 1873 par les soins de MM. Maury et Gaidoz); — Pictet: *Essai sur quelques inscriptions gauloises*, 1859, in-8; *Nouvel essai sur les inscriptions gauloises. Lettre adressée au général Creuly*, (dans la *Revue archéol.*, Nouv. sér., t. XV, pp. 276 et suiv., 311 et suiv., 385 et suiv.; t. XVI, pp. 1 et suiv., 123 et suiv.); — Moritz Voigt, *Drei epigraphische Constitutionem Constantin's des grossen*, Leipzig, 1860, in-8, pp. 109-114, *passim*; — Ch. Chappuis: *Sur le passage d'Annibal dans les Alpes*, (dans la *Revue des Sociétés savantes*, 1860); *Mémoire sur la marche d'Annibal* (ibid., 1863); — L. Contzen, *Die Wanderungen der Kelten*, Leipzig, 1861, in-8; — H. Monin, *Monuments des anciens idiomes gaulois. Texte. Linguistique*, Besançon, 1861, in-8; — John Crawfurd, *On the so-called celtic languages in reference to the question of race*, (dans *Archaeologia Cambrensis*, 3e série, t. X, 1864, pp. 181-212); — Scherrer, *Die Gallia und ihre Verfassung*, 1865, in-8; — Perier, *Sur les Celtes. Que les vrais Celtes sont les vrais Gaulois*, Paris, 1865, broch. in-8; — Valentin Smith, *De l'origine des peuples de la Gaule Transalpine et de leurs institutions politiques avant la domination romaine*, Paris, 1866, broch. in-8, carte (Extr. des *Mémoires lus à la Sorbonne, Histoire, philosophie et sciences morales*, 1865, pp. 487 et suiv.) ; — Fél. Robiou, *Histoire des Gaulois d'Orient*, Paris, 1866, 1 vol. in-8 ; — Napoléon III, *Histoire de Jules César*, t. II, Paris, 1866, in-4, pp. 13-44 ; — Phillips : *Ueber das iberische Alphabet*, (dans les *Sitzungsber. der phil.-hist. Classe der Akad. der Wissensch.*, Wien, t. LXV, Heft II) ; *Prüfung des iberischen Ursprunges einzelner Stammes-und Städtenamen im südlichen Gallien*, 1870 (Les *Sitzungsber.* précités contiennent encore nombre d'autres articles de M. Phillips); — Jules Pautet, *Civilisation et économie politique des Gaulois au temps de César*, Paris, 1868, broch. in-8 (Extr. du *Compte-rendu de l'Acad. des sciences mor. et polit.*, t. LXXXIII); — E. Hucher, *L'art gaulois ou les Gaulois d'après leurs médailles*, Paris, 1868-1873, 2 voll. in-4, pl. ; — Levêque, *Recherches sur l'origine des Gaulois*, Paris, 1860, broch. in-8 ; — Henri Martin, *Études d'archéologie celtique. Notes de voyages dans les pays celtiques et scandinaves*, Paris, 1870, in-8 ; — E. Hennebert, *Hist. d'Annibal*, Paris, Impr. Imp., 1870, 2 voll. in-8 ; — I. Gilles : *Campagne de Marius dans la Gaule*, suivi de *Marius, Marthe, Julie devant la légende des Saintes-Maries*, Paris, 1870, 1 vol. in-8, avec carte, 3 photographies et 3 grav.; *Annibal et Publius Cornélius Scipion ; passage du Rhône*, broch. in-8, avec carte; *Les Saliens avant l'occupation romaine; — Velaux : les Statues de la Roque-Pertuse*, broch. in-8; *Précis historiq. et chronologiq. des Monuments triomphaux dans les Gaules depuis Q. Fabius Maximus Allobrogicus jusqu'à Auguste*, Paris et Marseille, 1873, 1 vol. gr. in-8, grav. ; — Zeuss-Ebel, *Grammatica Celtica*, Berlin, 1871, in-8 ; — Anatole de Barthélemy : *De la divinité gauloise assimilée à Dis Pater à l'époque gallo-romaine*, (dans la *Revue celtique*, t. I, pp. 1-9) ; *Légendes des monnaies gauloises. Liste des mots relevés sur les monnaies gauloises*, (*ibid.*, t. I, pp. 291 et suiv.; t. II, pp. 94 et suiv., et 245 et suiv. — Voy. aussi, à cet égard, M. l'Abbé H. Thédenat, *Liste des noms Gaulois, barbares ou supposés tels, tirés des inscriptions*) ; *Le passage d'Annibal en Gaule*, (dans la *Revue des quest. hist.*, t. XVI, 1874, pp. 558 et suiv.); *Les temps antiq. de la Gaule*, (*ibid.*, t. XXI, 1878, pp. 365 et suiv.); Mémoire lu à l'Académie des Inscr. et Bell.-Lettr., dans sa séance du 14 février 1890, (*Journal officiel* du 18 février, pp. 891, col. 3, et suiv.), sur les origines du monnayage des Gaulois, principalement de la région Sud-Est et Sud-Ouest de la Gaule ; *Essai de classification chronologique de différents groupes de monnaies gauloises*, (dans la *Revue celtique*, 1890, nos 1-2, janvier-avril). — Voy. encore, du même auteur : *Le dieu Taranis*, Paris, 1877, in-8, et *Un mot sur l'une des figures du menhir de Kernuz*, (dans la *Revue archéol.*, Nouv. sér., t. XXXVII, pp. 376 et suiv.); — Amédée Thierry : *Les anciennes populat. de la Gaule*, (dans les *Séances et trav. de l'Acad. des sciences mor. et polit.*, t. VI, pp. 343 et suiv.); *Hist. des Gaulois av. la conquête rom.*, Paris, éd. 1873, 2 voll. in-8, ou *Histoire des Gaulois jusqu'à l'entière domination romaine*, nouv. éd., Paris, Didier et Cie, 2 voll. in-12; — Gustave Lagneau, nombreux Mémoires, dans le *Bulletin de la Société d'anthropologie*, 1870 ; dans la *Revue d'Anthropologie* ; dans les *Mémoires de la Soc. d'Anthrop.*, (voy. IIe série, t. II, 1882); dans le *Dict. encycl. des sciences méd.*, (voy. mots *Berbers* ; *Celtes*; *France*, et *Germains*) ; dans les *Comptes-rendus de l'Acad. des Inscr. et Bell.-Lett.*, (voy. années 1876, 1878 et 1880); voy. aussi, du même auteur : *Les Celtes*, 1873, in-8, et *Les Ligures*, Paris, 1876, broch. in-8 (Mémoire communiqué en 1875 à l'Institut [*Acad. des Inscr.*], et à la Soc. d'anthrop.); — H. d'Arbois de Jubainville : *Les Cimbres et les Kymri*, (dans la *Revue archéol.*, Nouv. série, 13e année,

t. XXIV, 1872, pp. 39-51); *Les Celtes, les Galates, les Gaulois*, Paris, 1875, broch. in-8 (Extr. de la *Rev. archéol.*, Nouv. sér., t. XXX, pp. 4 et suiv.); *Étymologies celtiques*, Paris, 1877, in-8 ; *Les premiers habitants de l'Europe d'après les écrivains de l'antiquité et les travaux des linguistes*, 1re éd., Paris, 1877 ; 2e éd., avec la collaboration de M. G. Dottin, t. I (seul paru), Paris, 1889, 1 vol. gr. in-8 ; *Les noms de lieu celtiques et le jugement arbitral des frères Minucius, 117 av. J.-C.*, Paris, 1878, in-8 ; *Le dieu de la mort et les origines mythologiques de la race celtique*, Troyes, 1879, in-8 ; *Les Celtes et les langues celtiques. Alphabet Irlandais primitif. La littérature ancienne de l'Irlande et l'Ossian de Mac-Pherson*, Paris, 1880-1882, 3 broch. in-8 ; *Étude sur le droit celtique. Le Senchus Mor*, Paris, 1881, 1 vol. in-8 (Cette étude a paru en articles dans la *Nouv. Rev. hist. de dr. fr. et étr.*, t. IV, 1880, pp. 157 et suiv., 513 et suiv. ; t. V, 1881, pp. 1 et suiv., 195 et suiv.); *Cours de littérature Celtique* (en collaboration avec M. J. Loth), Paris, 1883-1889, 4 voll. in-8 parus (les deux premiers, œuvre exclusive de M. d'Arbois de Jubainville, sont surtout à consulter ; ils sont intitulés : t. I, *Introd. à l'étude de la littérat. celtiq.*, Paris, 1883 ; t. II, *Le Cycle mythologique irlandais et la mythologie celtique*, Paris, 1884 ; — quant aux deux autres, *Les Mabinogion*, ils sont dus à M. J. Loth, Paris, 1889) ; *Les origines gauloises ; l'empire celtique au IVe siècle avant notre ère*, (dans la *Revue historiq.* de M. Monod, t. XXX, janvier-février 1886) ; *La Gaule au moment de la conquête romaine*, (dans la *Revue celtiq.*, t. VIII, 1887, livr. de juillet) ; *De la composition pour crimes et délits chez les Celtes et du sens du mot Praemia chez César (De bello gallico*, l. VI, c. 13), [Note lue à l'Acad. des Inscr. et Bell.-Lett., séance du 29 mars 1889, et insérée dans la *Revue gén. du droit*, t. XIII, 1889, pp. 289-293] ; *Les Gaulois et les populations qui les ont précédés dans l'Italie du Nord*, (dans la *Revue celtique*, 1890, nos 1-2, janv.-avr.) ; *Les Celtes d'Espagne*, (Notice lue à l'Acad. des Inscr. et Bell.-Lett. le 16 mai 1890 ; voy. la *Revue critiq. d'hist. et de littér.*, 1890, n° 21, [26 mai], p. 420). — (N. B. : On trouvera encore beaucoup d'autres travaux du même savant dans la *Revue archéologique*, dans la *Revue celtique*, dans les *Comptes-rendus des séances de l'Acad. des Inscr. et Bell.-Lett.*, dans la *Nouv. Rev. hist. de dr. fr. et étr.* (1885, pp. 466 et suiv.), dans la *Bibliothèque de l'École des Chartes*, dans le *Bulletin de la Soc. nat. des Antiq. de France* (spécialement 1887, pp. 96 et 104, *Note sur le sens du mot Celte, ibiq.* MM. A. Bertrand et Flouest, *Observations, eod.*, pp. 109 et 110), dans la *Revue des patois gallo-romans* (voy. t. I, n° 3, *La langue latine en Gaule*)) ; — Lemière : *Examen critiq. des expéditions gauloises en Italie, sous le double point de vue de l'histoire et de la géographie, suivi de recherches sur l'origine de la famille gauloise et sur les peuples qui la composaient*, Saint-Brieuc, 1873, broch. in-8 (Extr. du Vol. des *Mémoires lus au Congrès scientif. de France*, 1872) ; *Étude sur les Celtes et les Gaulois*, 1876, in-8 ; voy. aussi, du même auteur : *Les Gaulois étrangers à la race celtique*, broch. in-8 ; — Maissiat, *Annibal en Gaule*, Paris, 1874, 1 vol. in-8 ; — E. de Rozière, *Cours d'histoire des législations comparées. Leçon d'ouverture*, (dans la *Revue de légist. anc. et mod.*, 1874, pp. 175-203), — E. B., *Numismatique gauloise*, (dans DD. Devic et Vaissette, *Hist. gén. de Languedoc*, t. II, 1875, pp. 420-427) ; — Ch. Robert, *Numismatique de la province de Languedoc. I. Période antique*, (*ivid.*, pp. 457-520) ; *Arcantodan*, (dans les *Mélanges d'archéol. et d'hist.*, Paris, 1886, pp. 14 et suiv.) ; — *Dictionnaire archéologique de la Gaule, publié par la Commission instituée au Ministère de l'Instr. publ. Époque celtique*, Paris, Impr. nat., 1875-1878, 1 vol. et 1 fascic. in-4, carte et pl. (publication malheureusement inachevée et interrompue); — général Creuly, *Liste des noms supposés gaulois tirés des inscriptions*, (dans la *Revue celtique*, t. III); — F. Monnier, *Vercingétorix et l'indépendance gauloise*, Paris, 1876, in-12; — A. Maury, *Les Ligures et l'arrivée des populations celtiq. au midi de la Gaule et en Espagne*, (dans la *Bibliothèq. de l'École des Hautes Études*, 35º fascic., Paris, 1878, pp. 1-19); — l'Abbé Bargès, *Recherches archéologiques sur les colonies phéniciennes*, Paris, 1878, in-8; — Héron de Villefosse, *Inscriptions de Saint-Remy et des Baux*, Paris, 1879 (Extr. du *Bulletin monumental*, 1878-1879); voy., notamment, pp. 24 et suiv., *Liste des inscriptions gauloises* (alors connues); — J.-G. Bulliot et J. Roidot, *La cité Gauloise selon l'histoire et les traditions*, Autun et Paris, 1879, 1 vol. gr. in-8; — L. de Valroger, *Les Celtes. La Gaule celtique. Étude critique*, Paris, 1879, 1 vol. in-8; — H. Gaidoz: *Esquisse de la religion des Gaulois, avec un appendice sur le dieu Encina*, Paris, 1879, broch. in-8 (Extrait); *Études de mythologie gauloise*, Paris, 1886, in-8; *Esquisse de la religion des Gaulois* (Extr. de l'*Encyclopédie des sciences religieuses*, de Lichtenberger, t. V); — Fr. von Pulszky *Monuments de la domination celtique en Hongrie*, (dans la Rev. archéol., Nouv. sér., t. XXXVIII, pp. 158 et suiv., 211 et suiv., 263 et suiv.); — Georg Thouret, *Ueber den Gallischen Brand. Eine quellenkritische Skizze zur älteren römischen Geschichte* (Tirage à part du t. XI du Supplément des *Iahrbücher für classische Philologie*, pp. 93-178), Leipzig, 1880, broch. in-8, (*ibiq.* M. Charles Graux, dans la *Revue critiq. d'hist. et de littér.*, 4 avril 1881 = *Notices bibliographiques*, Paris, 1884, pp. 218-220); — Florian Vallentin, *Mythologie gauloise. Le culte des Matrae dans la cité des Voconces, d'après les monuments épigraphiques*, Paris, 1880, broch. gr. in-8; — *Monnaies gauloises. Description raisonnée de la collection de M. P. Ch. Robert*, Paris, 1880; — Moreau-Christophe, *Les Gaulois nos aïeux*, Tours, 1881, 1 vol. in-8; — Joseph Lefort, *Les institutions et la législation des Gaulois*, Paris, 1881, broch. in-8 (Extr. de la *Rev. gén. du dr.*, t. IV, 1880, pp. 389 et suiv., 501 et suiv.; t. V, 1881, pp. 26 et suiv.), (*ibiq.* M. Paget, dans le *Recueil de l'Acad. de législ. de Toulouse*, t. XXX, pp. 57 et suiv.); — V. Duruy, *La Gaule avant César*, (dans son *Hist. des Romains*, nouv. éd., t. III, Paris, 1881, pp. 73-131); — Th. Mommsen, *Schweizer Nachstudien*, (dans *Hermes*, t. XVI, Berlin, 1881, pp. 449 et suiv.); *Die Keltischen pagi*, (dans *Hermes*, t. XIX, Berlin, 1884, pp. 316-321) [comp. aussi *supra*, Voigt, et *infer.*, B, Jacobs et Longnon]; — Ernest Bosc et L. Bonnemère, *Hist. nationale des Gaulois sous Vercingétorix, illustr. de 100 grav. interc. dans le texte*, Paris, 1882, 1 vol. in-8, (*ibiq.* M. H. Thédenat, dans le *Bulletin critiq.*, t. III, 1882, art. 25, pp. 101 et suiv.); — Braumann, *Die Principes der Gallier und Germanen bei Caesar und Tacitus*, 1883, broch. in-4 de 44 pp.; — Piétrement, *Les chevaux dans les temps préhistoriques et historiques*, Paris, 1883, 1 vol. in-8; — G. Touflet: *Épigraphie de la Gaule Scellane*, Rouen, 1883, 1 vol. gr. in-8; *Onomastique de la Gaule Scellane*, Rouen, 1884, 1 vol. gr. in-8 (N. B.: Ces deux ouvrages ne sont ici signalés que pour mémoire); — H. Lizeray: *Les Francs, nation celtique*, Paris, 1884, broch. in-8; *Les Francs Saliens du Nord et les Salyens du Midi font partie du même peuple. Démonstration*, Paris, 1885, broch. in-8; *Origines franques*, Paris, 1886, broch. in-8 (Même observation que sur les deux ouvrages précédents); — Nicaise, *L'époque gauloise dans le département de la Marne*, Paris, 1884, 1 vol. in-8, 4 gr. pl.; — Paul Viollet: *Précis de l'histoire du droit franç. accomp. de notions de dr. canon. et d'indic. bibl.*, Paris, 1884, pp. 5-8; DROIT PUBLIC. — *Hist. des institut. politiq. et administratives de la France*, t. I, Paris, 1890, pp. 1-23 (Bibliographie très riche); — L. Quichorat, *Mélanges d'archéologie et d'histoire*, t. I, Paris, 1885; — J.-Franç. Bladé: *Les institutions de l'Aquitaine avant la domination romaine* (une page sur les Ibères; le reste sur les Aquitains), (dans la *Revue de Gascogne*, avril 1886, et tirage à part, broch. in-8 de 15 pp.); *L'Aquitaine avant Auguste*, Agen, 1886, broch. in-8 de 23 pp.; — Loth, *De l'importance des études de linguistique celtique au point de vue historique*, (dans les *Annales de Bretagne*, 1886, pp. 72 et suiv.); — Dr Whitley Stokes, *Celtic Declension*, 1886, broch. in-8; voy. spécialement § *Old celtic inscriptions*, pp. 50-79 (Extr. des *Beiträge zur Kunde der indogerm. Sprache*, t. XI); — C. A. Serrure: *Études gauloises. Le Gaulois expliqué au moyen de l'archéologie, de la numismatiq., de l'histoire et de la philologie comparée*, 1re partie, (*L'épigraphie*), Bruxelles; *Essai de grammaire gauloise d'après les monuments épigraphiques, suivi d'une reproduction des principaux textes et d'un coup d'œil sur la langue des Gaules depuis César jusqu'à Charlemagne*, Louvain, Gand et Paris, 1890, 1 broch. gr. in-8; — J. Guillemaud, *Les inscriptions gauloises. Nouvel essai d'interprétation*, (dans la *Revue archéol.*, 3e série, t. IX, pp. 210 et suiv., 299 et suiv.; t. X, pp. 217 et suiv., 300 et suiv.; voy. aussi t. XIII, 1889. — N. B.: L'auteur, qui est mort récemment, a malheureusement laissé inachevé le manuscrit de son savant Essai d'interprétation des inscriptions celtiques, dont il avait entrepris la publication dans la *Revue archéologique*); — Colonel Perrin, *Étude sur Annibal. Marche d'Annibal des Pyrénées au Pô et description des vallées qui se rendent de la vallée du Rhône en Italie*, Paris, 1887, 1 vol. in-8, 1 carte et 3 plans; — E. Glasson, *Hist. du dr. et des instit. de la France*, t. I, Paris, 1887, 1 vol. in-8, pp. 1-151 (bibliographie très riche, pp. 1-8), (*ibiq.* M. H. d'Arbois de Jubainville, dans la *Revue critiq. d'hist. et de littér.*, 1887, n° 26, [27 juin], art. 135, pp. 503-510, et réponse de M. Glasson, annotée par M. H. d'Arbois de Jubainville, dans la même *Revue*, 1887, n° 42, [17 octobre], pp. 267-274); — Allmer, *Les dieux celtiques d'après les inscriptions du Midi de la France*, (dans la *Revue épigraphiq. du Midi de la France*, n°s 43 et suiv., 1887-88, t. II, pp. 262-264, 284-286, 298-299, 316-320, 337-338, 366-370, 381-384; voy. aussi p. 259, n° 643); — P. Monceaux, *Le grand Temple du Puy-de-Dôme, le Mercure gaulois et l'histoire des Arvernes*, (dans la *Revue historiq.* de M. Monod, t. XXXV, 1887, pp. 225 et suiv.; t. XXXVI, 1888, pp. 1 et suiv. 241 et suiv., et tirage à part); — H. van Gelder, *De Gallis in Graecia et Asia* (Thèse de doct.), Amsterdam, 1888, 1 vol. in-8 de 302 pp., (*ibiq.* M. Théodore Reinach, dans la *Revue critiq. d'hist. et de littér.*, n° 22, [28 mai 1888], art. 233, pp. 428 et suiv.); — Wilh. Lackner, *De incursionibus a Gallis in Italiam factis quaestio historica*; Pars I-II, Königsberg, 1888, broch. in-4; — John Rhys, *Lectures on the origin an growth of religion as illustrated by celtic heathendom*, London, 1888, in-8; — E. Ernault, *La Revue archéologique et les inscriptions gauloises*, Poitiers, 1888, broch. in-8; — Alexandre Bertrand, *Archéologie celtique et gauloise. Mémoires et documents relatifs aux premiers temps de notre histoire nationale*, 2e éd., Paris, 1889, 1 vol; gr. in-8, dessins, planches et cartes, (*ibiq.* M. H. d'Arbois de Jubainville, dans la *Revue critiq. d'hist. et de littér.*, 1889, n° 29, [22 juillet], art. 371, pp. 41 et suiv.). — (N. B.: Le vol. que nous signalons ici, et dont la 1re éd. remonte à 1876, [Paris, 1 vol. in-8; comp. *Revue archéol.*, Nouv. série, ann. 1875, t. XXIX, pp. 201 et suiv.], est le 1er, encore seul paru, d'une série de 4, compris sous le titre général du cours D'ARCHÉOLOGIE NATIONALE; voici les titres des 3 autres : t. II, *La Gaule avant les Gaulois*, 2e éd. [la 1re éd. est de 1884]; — t. III, *La religion gauloise*; — t. IV, *Les Celtes d'après les textes et les monuments*.) — Voy. encore, du même auteur: *Celtes, Gaulois et Francs*. Lettres au docteur P. Broca, Paris, 1873, broch. in-8, et *Le casque de Berru*, (*ibiq.* Henri Martin, dans les *Séances* et trav. de l'Acad. des sciences mor. et polit., Nouv. sér., t. IV = t. CIV de la collection, 1875, 2e sem., pp. 861 et suiv.); *Les populations primitives de la Gaule et de la Germanie*, (ibiq. Henri Martin, *ubi supra*, t. XI = t. CXI de la collect., pp. 463 et suiv.); *L'autel de Saintes et les Triades gauloises*, Paris, 1880, in-8, nombr. pl., (*ibiq.* Henri Martin, *eod.*, t. XV = t. CXV de la collect., pp. 185 et suiv.); — Albert Duncker, *Geschichte der Chatten. Fragment einer Geschichte des ehemaligen Kurfürstenthums Hessen. Aus dem litterarischen Nachlass von Albert Duncker Herausgeg.* von Georg Wolff, (dans la *Zeitschrift des Vereins für hessische Geschichte und Landeskunde*, Nouv. série, t. XIII [= XXIIIe Vol. de la publication], 1889, pp. 225-397); — Émile Cartailhac, *La France préhistorique, d'après les sépultures et les monuments*, Paris, 1889, 1 vol. in-8, avec 162 grav. dans le texte (Fait partie de la *Bibliothèque scientifique internationale*); — Ch. Lécrivain, *La propriété foncière chez les Gaulois*, (dans les *Annales de la Faculté des Lettres de Bordeaux*, 1889, n° 2); — A.-F. Lièvre, *Les menhirs ou la litholâtrie chez les Gaulois*, Poitiers, 1889, in-8; — Holder, *Altceltischer Sprachschatz*, Leipzig, 1890; — Salomon Reinach, *Le Passage du Pseudo-Symnus sur les Celtes* (Mémoire lu à l'Acad. des Inscr. et Bell.-Lett., séance du 22 août 1890). — Au point de vue numismatique, voy. le récent *Catalogue des monnaies gauloises de la Bibliothèque nationale*, rédigé par M. Ernest Muret et publié par les soins de M. Chabouillet, 5 voll. — N. B. : M. Flouest a fait à l'Acad. des Inscr. et Bell-Lettr., dans sa séance du 21 mars 1890, (*Journ. offic.* du 25 mars, p. 1605, col. 2; — *Revue critiq. d'hist. et de littér.*, 1890, n° 13, [31 mars], p. 260), une communication sur un autel découvert à Mayence. Ce monument offre un intérêt considérable au point de vue de la mythologie gauloise. Le Dieu gaulois, dit le *Dieu au maillet*, est représenté sur l'une des faces de l'autel avec une divinité féminine, qui paraît être une *Diana venatrix*. M. Ed. Flouest est porté à penser que le *Dieu au maillet* est le *Dis Pater* que les Druides, d'après César, regardaient comme l'auteur de leur race. Voy. aussi la communication du même auteur au *Congrès des Sociétés savantes*, section d'archéologie, séance du 28 mai 1890, soir, (*Journ. offic.* du 29 mai, p. 2529, col. 1), et surtout sa dissertation intitulée *Le dieu gaulois au maillet sur les autels à quatre faces. — L'autel de Mayence*. (Note lue à l'Acad. des Inscr., séance du 21 mars 1890), (dans la *Revue archéol.*, 3e série, t. XV, mars-avril 1890, pp. 153-165); — comp. également, de M. Ed. Flouest, *Le Dieu gaulois au marteau*, Paris, 1887, broch. in-4 (Extr. de la *Gazette archéol.*); — H. Gaidoz, *Le dieu gaulois au maillet sur les autels à quatre faces. — Les autels de Stuttgart*, (dans la même *Revue*, *eod.*, pp. 166-176). Voy. enfin M. J.-F. Cerquand, *Taranous et Thor*, (dans la *Revue celtique*, t. X, 1889, pp. 265-286, 385-413; on trouve, dans cet article, l'examen de diverses légendes du Moyen-âge relatives au dieu au marteau). — Comp., sur tout ce qui précède, MM. Gaston Boissier, *Le Musée de Saint-Germain*, Paris, 1882, broch. in-8; — Salomon Reinach : *Les Gaulois dans l'art antique et le sarcophage, de la vigne Ammendola*, Paris, 1889, broch. in-8, illustr.; *Catalogue sommaire du Musée des antiquités nationales au château de Saint-Germain-en-Laye*, 1 vol. in-12, et 2 grav.; ANTIQUITÉS NATIONALES. — *Description raisonnée du Musée de Saint-Germain-en Laye*, t. I [seul paru]. *Époque des alluvions et des cavernes*, Paris, 1889, 1 vol. in-8, avec 136 grav. (comp. l'*Album Caranda*, qui se publie chez Poette, à Saint-Quentin, in-4, avec fig. et pl. [Extr. *Journal des fouilles*]); — de Nadaillac, *Les premières populations de l'Europe*, Paris, 1889, in-8; — Moriz Hoernes, *Les Celtes dans l'Autriche méridionale*, dans le *Nord und Süd*, n° d'août 1889; — N. da Ponte, *Sulle rive del Mediterraneo : arti*, *industrie e commercio dei popoli antichi*, Vol. I, Torino, 1890, 1 vol. in-8. — Consulter également : le *Recueil* de l'anc. Acad. des Inscr. et les *Comptes-rendus des séances* de la Nouv. Acad.; — les *Séances et travaux de l'Acad. des sciences mor. et polit.*; — le *Journal des Savants*; — les *Mémoires de l'Académie celtique*; — les *Bulletins* et les *Mémoires de la Soc. nat. des Antiq. de France*; — *Mélusine*; — la *Revue archéol.*; — la *Revue celtiq.*; — la *Revue de Philogie*; — la *Revue. des quest. hist.*; — les *Études d'archéologie et de mythologie gauloises* de la *Bibliothèque archéologique* d'Ernest Leroux, etc., etc. — En ce qui concerne spécialement le droit celtique, voy. les travaux indiqués dans la *Bibliogr.* de M. E. Glasson, *op. et loc. sup. citt.* — Voy. enfin les auteurs cités *infer.*, sous la lettre B.

[B. *Gaule Romaine et Provinces gauloises romaines*. — P.-H. Mallet, *Histoire des Suisses ou Helvétiens depuis les temps les plus reculés jusques à nos jours*, Genève, 1803, 4 voll. in-8, pl.; — Franz Ludwig von Haller von Königsfelden, *Helvetien unter den Römern*, Bern, 1811-1812, 2 voll. in-8, carte; — Dirksen, *Observationes ad selecta legis Galliae cisalpinae capita*, Berolini, 1812, in-8; — J. Naudet, *Des changemens opérés dans toutes les parties de l'administration de l'empire romain sous les règnes de Dioclétien, de Constantin*, etc., Paris, 1817, 2 voll. in-8; — A. Buchner, *Geschichte von Baiern, aus den Quellen bearbeitet*, München, 1820-1831, 5 voll. in-8; — Anquetil, *Histoire de France depuis les Gaulois jusqu'à la mort de Louis XVI*, Paris, 1882, 12 voll. in-8; — J.-C.-L. Simonde de Sismondi, *Histoire des Français*, Paris, 1824-1844, 3 voll. in-8; — E. Julius Leichtlen, *Schwaben unter den Römern*, Freiburg im Brisgau, 1825, in-8, cartes; — Aschbach, *Geschichte der Westgothen*, Frankfurt, 1827, in-8; — Roth, *Ueber den bürgerlichen Zustand der fränkischen Eroberung* (Akad. Festrede v. 1827), Nürnberg, 1827, in-4 [= *De l'état politique et civil de la Gaule au moment de sa conquête par les Francs*, trad. en franç. dans la *Thémis*, t. X, pp. 101 et suiv. et tirage à part, Paris, 1827, in-4]; — Godet, *Sources du droit dans les Gaules pendant la domination romaine*, (dans la *Thémis*, t. X, pp. 114 et suiv.); — Raynouard, *Histoire du droit municipal en France, sous la domination romaine et sous les trois dynasties*, t. I, liv. I, Paris, 1829, pp. 1 et suiv.; — G.-L. Maurer, *Ueber die bayrisch. Staedte und ihre Verfassung unter der röm. und fränk. Herrschaft*, München, 1829, in-4; — B. Guérard, *Essai sur le système des divisions territoriales de la Gaule, depuis l'âge romain jusqu'à la fin de la dynastie carlovingienne*, etc., Paris, 1832, broch. in-8; — Zoll, *Claudii imperatoris oratio pro civitate Gallis danda*, Lipsiae, 1833, in-8. (Sur le SC. *Claudianum* [*Oratio Claudii*] *de iure honorum Gallis dando*, ou *Table de Clès*, voy. : Monfalcon, *Monographie de la Table de Claude*, Paris, 1853, 1 vol. gr. in-fol., pl., [*ibiq.* notre *Introd. bibl. gén.*, I, B, 2°]; — *C. I. L.*, t. V, 1, n° 5050; — Bruns, *Fontes iuris rom. ant.*, ed. 5ª, Frib. i. Br., 1887, in-8, p. 177; — A. Allmer, *La Table de Claude du Musée de Lyon*, Lyon, 1888. gr. in-8, pl.; — voy. aussi *infer.*); — Michelet, *Histoire de France*, Paris, 1835 et ann. suiv. (nombr. éd.); — Th. Berlier, *Précis historique de la Gaule sous la domination romaine*, Paris et Dijon, 1835, 1 vol. in-8; — Napoléon Ier, *Précis des guerres de César, écrit à Sainte-Hélène*, Paris, 1836, 1 vol. in-8, carte; — K. L. Roth, *Die Vereinigung Schwabens mit dem römischen Reiche durch Domitianus*, (dans le *Schweizerisches Museum für hist. Wiss.* de Gerlach, Hottinger et Wackernagel, Bd. II, Frauenfeld, 1838); — Fechter, *Helvetien in der vorconstantinischen Provincialeintheilung Galliens*, (dans le même *Schweiz. Museum für hist. Wiss.* de Gerlach, Hottinger et Wackernagel, Bd. III, Frauenfeld, 1839); — le chevalier Baudi di Vesme, *Des impositions de la Gaule dans les derniers temps de l'empire romain*, Turin,

1839, in-8 (trad. franç. par M. Éd. Laboulaye, dans la *Revue bretonne de droit et de jurisprudence*, 1840, et dans la *Rev. hist. de dr. franç. et étr.*, t. VII, 1861, pp. 365-406; tirage à part, Paris, 1862, broch. in-8. — *Adde* M. Ad. Vuitry, *Les impôts romains dans la Gaule du VI° au X° siècle*, Orléans, 1873, broch. in-8, reproduite dans le t. I de ses *Finances sous l'ancien régime*, Paris, 1878, in-8); — Mignet, *Comment l'ancienne Germanie est entrée dans la Société civilisée de l'Europe occidentale et lui a servi de barrière contre les invasions du Nord*, (dans les *Mémoires de l'Acad. des sciences morales et polit.*, t. III, 1839, pp. 673 et suiv. [reproduit dans les *Notices et Mémoires historiq.*, de M. Mignet, Paris, 1843, 2 voll. in-8, ou dans ses *Mémoires historiq.*, Paris, 1854, 2 voll. in-8 (auxquels plusieurs éd. postérieures donnent le titre d'*Etudes hist.*)]); — Verneilh-Puiraseau, *Histoire de France, ou l'Aquitaine depuis les Gaulois jusqu'à la fin du règne de Louis XVI*, Paris, 1843, 3 voll. in-8; — Guizot .: *Histoire de la civilisation en France*, t. I; *L'Histoire de France depuis les temps les plus reculés jusqu'en 1789 racontée à mes petits-enfants*, t. Ier, Paris, 1875, gr. in-8 (illustré), pp. 35 et suiv.; — Dureau de la Malle, *Économie politique des Romains*, Paris, 1840, 2 voll. in-8; — Alex. Wilthemius, *Luciliburgensia sive Luxemburgum romanum. Hoc est Arduennae veteris situs, populi, loca prisca, ritus, sacra, lingua, viae consulares, castra, castella, villae publicae, jam inde a Caesarum temporibus Urbis ad haec Luxemburgensis incunabula et incrementum investigata atque a fabula vindicata, etc. Eruderata et illustrata a R. P. Alex. Wilthemio*, etc., Luxemburgi, 1842, in-4, 98 pl. lith. et 1 carte; — J.-M. Lehuërou, *Histoire des institutions mérovingiennes et du gouvernement des Mérovingiens jusqu'à l'édit de 615*, t. I, Paris, 1842, in-8; — A. de Courson, *Histoire des origines et des institutions des peuples de la Gaule armoricaine et de la Bretagne insulaire depuis les temps les plus reculés jusqu'au V° siècle*, Saint-Brieuc, 1843, 1 vol. in-8. (Voy. aussi, du même auteur: *Essai sur l'histoire, la langue et les institutions de la Bretagne armoricaine*, Paris, 1840, in-8, et comp., à cet égard, Halléguen, *L'Armorique bretonne et celtique, romaine et chrétienne*); — H. Klimrath, *Travaux sur l'histoire du droit français*, Paris et Strasbourg, 1843, t. I, pp. 203 et suiv.; — Em.-Theod. Gaupp, *Die Germanischen Ansiedlungen und Landtheilungen in den Provinzen des römischen Westreiches*, Breslau, 1844, in-8; — Mlle de Lézardière, *Théorie des lois politiques de la monarchie française*, nouv. éd. [la 1re est de Paris, 1792], Paris, 1844, t. I, pp. 1 et suiv., et pp. 127 et suiv.; — J. Roulez: *Mémoire sur les magistrats romains de la Belgique*, (dans les *Mémoires de l'Académie royale de Bruxelles*, t. XVII, Bruxelles, 1844, pp. 1 et suiv.); *Examen de la question : les deux Germanies faisaient-elles partie de la province de la Gaule Belgique?*, (dans le *Bulletin de l'Acad. roy. de Belgique*, t. XXIII, n° 6); *Sur la carrière administrative et militaire d'un légat propréteur de la Germanie inférieure* [M. Lollius], Bruxelles, 1874, broch. in-8 (Extr. des *Bulletins de l'Acad. roy. de Belgiq.*, 2° série, t. XXXVII, n° 6, juin 1874); *Les légats propréteurs et les procurateurs des provinces de Belgique et de la Germanie inférieure*, (dans les *Mém. de l'Acad. roy. de Bruxelles*, t. XLI, 2° partie, 1875), ou tirage à part, Bruxelles, 1876, in-4. Voy. encore le même auteur dans les *Bulletins de l'Acad. roy. de Belg.*, t. XVIII, n°s 11 et 12; — Ch. Giraud: *Des impôts dans les Gaules sous les Romains*, (dans les *Séances et travaux de l'Acad. des sciences mor. et polit.*, 1re série, t. VII, Paris, 1845, pp. 99 et suiv.); *Essai sur l'histoire du droit français au moyen âge*, t. I, Paris et Leipzig, 1846, pp. 74 et suiv. ; — Blanqui, Giraud, Passy, Portalis et Rossi, *Du régime municipal dans les Gaules*, (dans les *Séances et trav. de l'Acad. des sc. morales et polit.*, 1re série, t. VII, Paris, 1845, pp. 163

et suiv.; — voy. aussi Ch. Giraud, *Mémoire à l'Acad. des sciences morales et polit., sur le régime municipal et les impôts dans les Gaules*, dans la *Revue de législ. et de jurispr.* [ou *Revue Wolowski*], t. XXII de la collection, pp. 353 et suiv.); — Amédée Thierry: *Des impôts dans les Gaules*, (dans les *Séances et travaux de l'Acad. des sciences morales et polit.*, 1re série, t. VII, Paris, 1845, pp. 193 et suiv.); *De l'organisation de l'administration provinciale dans l'empire romain et particulièrement en Gaule*, (dans le même recueil, série II, t. VI [= t. XVI de la collection], Paris, 1849, pp. 85 et suiv.); *Histoire d'Attila et de ses successeurs en Europe*, 1856, 2 voll. in-8; *Tableau de l'empire romain*, nouv. éd., Paris, 1862, in-8; *Récits de l'histoire romaine au Ve siècle*, Paris, 1860, in-8; *Nouveaux récits de l'hist. rom. aux IVe et Ve siècles*, Paris, 1865, in-8. Voy. aussi, du même auteur : *De l'organisation communale chez les Romains*, (dans les *Séances et travaux de l'Acad. des sciences mor. et polit.*, 1re série, t. I, Paris, 1842, pp. 151 et suiv.); *De la municipalité romaine et de la constitution du droit communal sous l'empire romain*, (dans le même Recueil, 2e série, t. II [= t. XII de la collection], Paris, 1847, pp. 429 et suiv.); — P.-A.-F. Gérard, *La Barbarie franke et la Civilisation romaine*, 1845, in-12; — F. Laferrière, *Hist. du dr. civ. de Rome et du dr. Français*, t. II, Paris, 1846, in-8, pp. 177 et suiv.; — Cénac, *Aquitaine et Languedoc. Hist. de la Gaule méridionale*, Paris, 1847, 2 voll. gr. in-8, avec fig.; — A.-F. Ozanam, *Études germaniques*, Paris, 1847, 2 voll. in-8 [= t. III et IV des *Œuvres complètes*, Paris, 1861, in-8]; — C.-A. Chambellau, *Études sur l'histoire du droit français, première partie* [seule parue], Paris, 1848, in-8, spécialement pp. 309 et suiv., et pp. 481-776; — Ch.-J. Révillout, *De l'arianisme des peuples germaniques qui ont envahi l'empire romain*, Paris, 1850, in-8; — E. v. Wietersheim, *Der Feldzug des Germanicus an der Weser*, (dans les *Abhl. der Königl. Sächs. Gesellsch. d. Wissensch. zu Leipzig.-Phil.-Hist. Cl.*, Ister Bd., 1850); — A. W. Zumpt, *Commentationes epigraphicae*, Berolini, 1850-1854, 2 voll. in-4; voy. le t. I, *passim*; — J. de Pétigny, *Études sur l'histoire, les lois et les institutions de l'époque mérovingienne*, t. I et II, Paris, 1851, in-8; — Benech : *La Table de Claude dans ses rapports avec le dr. publ. rom. et Gallo-rom.; ou observat. critiq. sur la monographie de la Table de Claude, par J.-B. Monfalcon* (voy. supra, p. 93), etc., (dans la *Revue de législ. et de jurispr.* [ou *Revue Wolowski*], t. XLIV de la collection, Paris, 1852, pp. 193-232, et dans ses *Mélanges de droit et d'histoire publiés sous les auspices de l'Acad. de législ. de Toulouse*, Paris, 1857, 1 vol. in-8, pp. 487 et suiv.) (Voy. aussi, à cet égard, *infer.*); *Toulouse cité latine, ou du droit de latinité dans la Narbonnaise et dans les provinces romaines en général*, (dans ses *Mélanges de dr. et d'hist.*, pp. 523 et suiv.); — J. Quicherat, *Du lieu de la bataille entre Labiénus et les Parisiens*, Paris, 1852, broch. in-8 ; — Maximilien de Ring, *Mémoire sur les établissements romains du Rhin et du Danube, principalement dans le Sud-Ouest de l'Allemagne*, Paris et Strasbourg, 1852-1853, 2 voll. in-8, carte. Voy. aussi, du même auteur : *Histoire des Germains depuis les temps les plus reculés jusqu'à Charlemagne*, Strasbourg, 1850, 1 vol. in-8, carte ; — Th. Mommsen : *Epigr. Anal. 21*, (dans les *Ber. der Sächs. Ges. der Wissensch. Phil.-hist. Classe*, 1853); *Die Schweiz in römischer Zeit* (*Neunter Bericht der ant. Ges. in Zürich*), 1853, in-4; *Edict des Kaisers Claudius über das römischer Bürgerrecht der Anauner vom Iahr 46 nach Christus*, (dans la *Zeischrit für Rechtsgesch.*, t. IX, Weimar, 1870, pp. 179 et suiv., et dans *Hermes*, t. V, Berlin, 1870, pp. 102 et suiv.); *Die germanische Politik des Augustus*, (dans la *Wochenschrift im neuen Reich*, 1871); sur l'époque de la division des provinces gauloises, voy. le même auteur dans

Hermes, t. XV, 1880, p. 111; *Die Oertlichkeit der Varusschlacht*, Berlin, 1885, broch. in-8 (Extr. des *Mém. de l'Acad. de Berlin*, janvier 1885, *ibiq.* la *Revue épigr. du Midi de la France*, n° 32, [Janvier, février, mars 1885], t. II. p. 96). [Voy., contre l'opinion de Mommsen : MM. H. Veltmann, *Römermünzen im freien Germanien und die Varusschlacht*, et H. Neubourg, *Die OErtlichkeit der Varusschlacht*, 1887. — Voy. encore, sur ce délicat problème, MM. : Bökke, *Oamme als der Schauplatz der Varusschlacht*, (*ibiq.*, ainsi que sur le travail précité de M. Neubourg, M. Wolff, dans la *Berliner philolog. Wochensch.*, 1888, n° 2, 14 janvier; M. Wolff déclare la question insoluble); — M. von Sondermühlen, *Spuren der Varusschlacht*, Berlin, 1888, broch. in-8 (d'après cet auteur, la catastrophe aurait décidément eu lieu à Barenau; voy., dans le même sens, M. Dahm, *Die Hermannschlacht*, 1888, broch. in-8); — Paul Höfer, *Die Varusschlacht, ihr Verlauf und ihr Schauplatz*, Leipzig, 1888, 1 vol. in-8 et 1 carte, (*ibiq. Literarisches Centralblatt*, 1889, n° 27, et M. Charles Lécrivain, dans la *Rev. historiq.* de M. Monod, t. XLI, Paris, 1889, pp. 168 et suiv.); — D^r AE. Dünzelmann, *Der Schauplatz der Varusschlacht*, Gotha, 1889, broch. in-8 de 24 pp., (*ibiq.* M. Herman Haupt, dans la *Rev. hist.* de M. Monod, t. XLII, Paris, 1890, pp. 170 et suiv. Voy. aussi *Revue critiq. d'hist. et de littér.*, 1889, n° 42, et *Berliner philog. Wochenschrift*, 1890, n° 1).— Voy. également, de M. Dünzelmann, *Das römische Lager in Bonn*, Bonn, 1889, broch. in-8, pl., et *adde*, à cet égard, *infer.*, p. 102]; — Martin-Daussigny : *Dissertation sur l'emplacement du temple d'Auguste, au confluent du Rhône et de la Saône*, Lyon, 1853, broch. in-8; *Notice sur la découverte des restes de l'autel d'Auguste à Lyon*, Lyon, 1863, br. gr. in-8, pl.; — J. Minier, *Précis historiq. du dr. français. Introd. à l'étude du droit*, Paris, 1854, 1 vol. in-8, pp. 18 et suiv.; — Bernard Stark, *Städteleben, Kunst und Alterthum in Frankreich*, Ienae, 1855, 1 vol. in-8; — Henri Martin, *Histoire de France, depuis les temps les plus reculés jusqu'en 1789*, 4e éd., Paris, 1855-1860, 19 voll. in-8 (nombr. éd.); — W. d'Ozouville, *Origines chrétiennes de la Gaule. Lettres au R. P. Dom Paul Piolin, en réponse aux objections contre l'introduction du Christianisme dans les Gaules aux IIe et IIIe siècles*, Paris, 1855, in-8; — Guillaume Lejean, *La Gaule de l'anonyme de Ravenne*, Paris, 1856, broch. in-8 (Extr. du *Bulletin de la Société de géographie)*; — Charles Salmon, *Recherches sur l'époque de la prédication de l'Évangile dans les Gaules et en Picardie et sur le temps du martyr de Saint-Firmin, premier évêque d'Amiens et de Pampelune*, Amiens, 1856, 1 vol. in-8 (Extr. du t. XX des *Mémoires de la Société des Antiquaires de Picardie)*; — Perry, *The Franks from their first appearance in history to the death of King Pepin*, London, 1857, in-8; — H. Köchly und W. Rüstow, *Einleitung in C. Iulius Caesar's Commentarien über den gallischen Krieg*, Leipzig, 1857, broch. gr. in-8; — Bluhme, *Das Westburgundische Reich und Recht*, (dans Bekker und Muther, *Iahrbuch des gemeinen deutschen Rechts*, 1857, pp. 48 et suiv.); — H. B. Chr. Brandes, *Das ethnographische Verhältniss der Kelten und Germanen*, Leipzig, 1857, in-8 [comp., à cet égard, M. Laitsner, *Origine du mot Germani*, dans la *Zeitschr. für deutsche Alterth.*, XXXII, 2]; — Alfred Jacobs : *De Gallia ab anonymo Ravennate descripta disseruit tabulamque addidit* (Thèse de Doct. ès-Lettres), Parisiis, 1858, broch. in-8, carte; *Géographie de Grégoire de Tours. Le pagus et l'administration en Gaule*, Paris, 1858, 1 vol. in-8, carte (voy., à cet égard, le t. I de cette trad. = t. VIII de la collection du *Manuel*, p. 4, note 3, et comp., *supra*, A, MM. Woigt et Th. Mommsen, et *infer.*, M. Longnon); — L. Renier, *Sur l'emplacement de l'autel de Rome et d'Auguste à Lyon*, (dans les *Comptes-rendus des séances de l'Acad. des Inscr. et Bell.-Lett.*, 1re série, t. III, Paris, 1859 pp. 102 et suiv.);

— Bordier et Charton, *Histoire de France depuis les temps les plus anciens jusqu'à nos jours*, Paris, 1859, 2 voll. gr. in-8, fig. ; — Stobbe, *Geschichte der deutschen Rechtsquellen*, t. I, 1860 ; — Blanchet, *Extrait d'un Mémoire sur la police dans l'empire romain, considéré par rapport à la Gaule romaine*, (dans la *Recueil de l'Acad. de législ. de Toulouse*, 1860, pp. 161 et suiv.) ; — F. de Saulcy : *Guerre des Helvètes. Première campagne de César dans les Gaules*, Paris, 1860, broch. in-8 ; *Les campagnes de Jules César dans les Gaules. Études d'archéologie militaire*. Première partie [seule parue], Paris, 1862, 1 vol. in-8, pl. et carte ; — Colonel de Morlet : *Notice sur l'enceinte d'Argentoratum*, Strasbourg, 1861, broch. in-8, cart. et pl. ; *Notice sur les voies romaines du Bas-Rhin*, Strasbourg, 1861, broch. in-8, cart. ; — E. Tailliar, *Essai sur l'histoire du régime municipal romain dans le Nord de la Gaule*, Douai, 1861, 1 vol. in-8. (Voy. également, sur ce sujet, du même auteur : *Coup d'œil sur les destinées du régime municipal romain dans le Nord de la Gaule*, 1836, in-8 ; *Origine des communes du Nord de la France (première période, ère gallo-romaine)*, 1857, in-8) ; *Études sur les institutions dans leurs rapports avec les monuments ; 2e étude, Domination romaine. Période antérieure à l'avénement de Dioclétien*, Paris, 1868, in-8. (Voy. aussi l'étude de cet auteur intitulée : *Notice sur les institutions Gallo-Frankes*, Paris, 1825, in-8) ; *Essai sur les origines et les développements du christianisme dans les Gaules*, Caen, 1868, in-8 ; — Dahn : *Die Könige der Germanen*, München, 1861-1885, 6 voll. in-8 ; *Westgothische Studien*, Würzburg, 1874, in-4 ; *Urgeschichte der Germ. und Röm. Völker*, t. II, 1882, pp. 337-461, (Oncken, *Allg. Geschichte in Einzeldarstellungen*, livr. 48) ; — D. Serrigny, *Droit publ. et admin. rom.*, Paris, 1862, 2 voll. in-8 ; — Peigné-Delacourt : *Campagne de J. César contre les Bellovaques, étudiée sur le terrain*, 1862, broch. gr. in-8, avec fig. et carte ; *Étude nouvelle sur la campagne de J. César contre les Bellovaques*, Senlis, 1869, broch. in-8, avec carte et planches ; *Jules César, ses itinéraires en Belgique d'après les chemins anciens et les monuments*, Péronne, 1876, broch. gr. in-8, avec Supplément, 1 planche et deux grandes cartes ; — E. Herzog : *De quibusdam praetorum Galliae Narbonensis municipalium inscriptionibus dissertatio historica*, Lipsiae, 1862, broch. in-8 ; *Die Vermessung des römischen Grenzwalls in seinem Lauf durch Würtemberg in ihren Resultaten dargestellt*, Stuttgart, 1880, in-8 (Extr. des *Würtembergische Vierteljahrshefte für Landesgeschichte*, 1880) ; — Pallmann, *Die Geschichte der Völkerwanderung von der Gothenbekehrung bis zum Tode Alarichs*, Gotha, 1863, in-8 ; — Digot, *Histoire du royaume d'Austrasie*, t. I, Nancy, 1863 ; — l'Abbé Martin, *Les deux Germanies cis-rhénanes. Étude d'histoire et de géographie anciennes*, Paris, 1863, in-8, cartes ; — Aug. Bernard : *Le temple d'Auguste et la nationalité gauloise*, Lyon, 1863, 1 vol. gr. in-4, pl., (ibiq. M. Vitet, dans le *Journal des Savants*, 1864, pp. 393 et suiv. ; voy. aussi notre Introd. bibl. gén., I, B, 2°) ; *Lettre à M. Hauréau*, 1864, in-8 ; *La Gaule, gouvernement représentatif sous les Romains*, Paris, 1864, in-8 (Extr. de la *Rev. archéol.*, Nouv. sér., 5e année, 9e vol., 1864, pp. 1 et suiv.) ; *Une famille ségusiave aux trois premiers siècles de notre ère*, Lyon, 1868, in-8 (adde infer., p. 110, SÉGUSIAVES) ; — Léon Fallue, *Annales de la Gaule avant et pendant la domination romaine*, Paris, 1864, 1 vol. in-8 (voy. aussi infer., ad Napoléon III) ; — P. Lachèse, *Défaite de Dumnacus et émigration qui la suivit*, Angers, impr. Cosnier et Lachèse, 1864, in-8 ; — Jacques Massiat, *Jules César en Gaule*, t. I, [seul paru], Paris, 1865, in-8 ; — Napoléon III, *Histoire de Jules César*, Paris, Vienne et Londres, 1865-1866, 2 voll. gr. in-8 et atlas in-4 ; voy. spécialement le t. II-et-l'atlas, (ibiq. Léon Fallue, *Études archéologiques sur l'Hist. de Jules César par l'empereur Napoléon III, et sur la Organisation Romaine*, t. II,

Carte officielle des Gaules, Paris, 1867, in-12. — Adde également : Henry de Montaut, Album de la vie de César. Recueil de dessins exécutés ou mis en ordre pour servir d'illustrations à l'histoire de César et de son temps, Paris, 1865, 1 vol. in-4; — Thomams, Der Französische Atlas zu Caesars gallischen Kriege, Zürich, 1871, 26 pp. in-4) (1); — Debombourg, Les Allobroges, Lyon, 1866, broch. gr. in-8; — Brugière de Lamotte, La question des Boiens de César devant la Société d'émulation de l'Allier avec de nouveaux éclaircissements sur leur établissement vers Néris et Montluçon dans la vallée du Cher, Moulins, 1866, broch. in-8 (Extr. du Bulletin de la Soc. d'Émul. de l'Allier); — Valentin Smith, Divisions territoriales de la Gaule Transalpine à l'époque gallo-romaine, (dans les Mémoires lus à la Sorbonne. Histoire, philosophie et sciences morales, séances de 1865, Paris, 1866); — Huillard-Bréholles, Les origines du christianisme en Gaule, Paris, 1866, in-8; — Ch. Révillout, Mémoire sur le quarantième des Gaules, (dans les Mémoires de la Société archéologique, Montpellier, 1866, et tirage à part, 1868, in-8); — Luc. Davesiès de Pontés, Études sur l'histoire des Gaules et de la France et sur l'époque contemporaine, Paris, 1866, 1 vol. in-12; — Félix Blanc, Essai historiq. sur le colonat en Gaule depuis les premières conquêtes romaines jusqu'à l'établissement du servage, Blois, 1866, broch. in-8; — H. Düntzer, Postumus, Victorinus und Tetricus in Gallien, Berlin, 1867, in-8; — P. Ch. Robert, Les légions du Rhin et les inscriptions des carrières, Paris, 1867, in-4; Les armées romaines et leur emplacement pendant l'empire, Paris, 1875, broch., in-8 de 24 pp.; — Saint-Hillier, Considérations nouvelles relatives à l'histoire de l'impôt du quarantième dans les Gaules, 1867, in-8; — E. Beauvois, Histoire légendaire des Francs et des Burgondes aux III° et IV° siècles, Paris, 1867, in-8 (adde M. Monod, Sur un texte de la compilation dite de Frédégaire relatif à l'établissement des Burgundions dans l'empire romain, [dans la Bibl. de l'École des hautes études, fascic. 35]) ; — Littré, Études sur les Barbares et le moyen âge, Paris, 1867, in-8; — Moët de La Forte-Maison, Les Francs, leur origine et leur histoire dans la Pannonie, la Mésie, la Thrace, etc., etc., la Germanie et la Gaule, depuis les temps les plus reculés jusqu'à la fin du règne de Clotaire, etc., Paris, 1868, 2 voll. in-8; — Urlichs, Comment. de vita et honoribus, Agricolae, Wirceburgi, 1868, in-4; — Binding, Das burgundisch-romanische Königreich. Eine Reichs-und Rechtsgeschichtliche Untersuchung, Leipzig, 1868, in-8; — J. de Witte, Recherches sur les empereurs qui ont régné dans les Gaules au III° siècle de l'ère chrétienne, Lyon et Paris, 1863, 1 vol. gr. in-4, avec 49 pl. ; — A. de Barthélemy : Les assemblées nationales dans les Gaules avant et après la conquête romaine, Paris, 1868, in-8 (Extr. de la Revue des questions historiq., 3° année, t. V, 1868) ; Les libertés gauloises sous la domination romaine de l'an 50 à l'an 27, (dans la Revue des quest. hist., 1er avril 1872); Les Cités alliées et libres de la Gaule d'après les monnaies, (Communication faite à l'Acad. des Inscr. et Bell.-Lett., séance du 11 octobre 1889; voy. le J. Off. du 20 oct. 1889, p. 5199, col. 2, et Revue critiq. d'hist. et de littér., 1889, n° 42, [21 oct.], p. 272. Il existe de ce travail un ti-

---

(1) [Le renseignement le plus récent de nous connu, touchant les campagnes de J. César, est le suivant : des dernières recherches historiques faites en Alsace par le colonel Stoffel pour retrouver le champ de bataille où César défit les Germains commandés par le roi Arioviste, il résulte que la bataille aurait été livrée au Nord de Colmar, au pied des hauteurs qui s'étendent de Bennwihr à Zellenberg, et que le monticule où eut lieu la célèbre entrevue de César et d'Arioviste serait celui du bois de Plettig, près de Dambach. (Voy. Le Figaro, N° du 9 décembre 1888, p. 1, col. 3.)]

LES PROVINCES GAULOISES. — [*BIBLIOGRAPHIE GÉNÉRALE.*] 99

rage à part, Extrait des *Comptes-rendus des séances de l'Acad. des Inscr. et Bell.-Lett.*); — Théodore Juste, *Histoire de Belgique depuis les temps primitifs jusqu'à la fin du règne de Léopold I*er, 4e éd., Bruxelles, 1868, 3 voll. gr. in-8, nombr. grav. (*adde* : A. G. B. Schayes, *Mémoires sur les documents du moyen-âge relatifs à la Belgique avant et pendant la domination romaine*, Bruxelles, s. d., 1 vol. gr. in-8); — le P. André Gouilloun, *Saint Pothin et ses compagnons martyrs. Origine de l'Église de Lyon*, Lyon et Paris, 1868, 1 vol. in-8; — C. A. Alexandre : *Quelques mots sur l'ethnographie et l'ancienne histoire de la Gaule ; Des Commentaires de César et de la foi qui leur est due; L'armée romaine au temps de César; La question de droit entre César et le Sénat romain*. (N. B. : Ces quatre dissertations, dont les trois premières appartiennent à M. Alexandre et dont la dernière est une traduction d'un Mémoire fort connu de M. Mommsen, sont insérées dans le t. VII de la trad. franç. de l'*Hist. rom.* de ce dernier auteur, Paris, 1869, in-8, où ils forment les *Appendices* A. B. C. et D, pp. 332-404); — Dr Fr. Kenner, *Ein Edict des Kaisers Claudius (Die Bronzetafel von Cles)*, Wien, K. K. Hof-u. Staatsdr., 1869, 1 broch. in-4, pl. [Voy. encore, sur ce sujet, *supra* et *infer.*]; — Aug. Longnon : *Études sur les pagi de la Gaule*, 1re et 2e parties, accompagnées l'une de 2 et l'autre de 4 cartes, (dans la *Bibliothèque de l'École des Hautes Études*, 2e et 11e fascic., Paris, 1869 et 1872, ou dans la *Collection historique. Recueil de travaux originaux ou traduits relatifs aux sciences historiq.*, fascic. 2 et 3), 2 broch. in-8. [Comp. aussi E. B., *Le vicus et le pagus dans la Gaule romaine*, dans Devic et Vaissete, *Hist. gén. de Languedoc*, t. II, nouv. éd., Paris, 1876, pp. 412-420, et, *supra*, A, MM. Voigt et Th. Mommsen, et B, Jacobs]; — G. Boissier, *Cicéron et ses amis. Étude sur la société romaine du temps de César*, 2e éd , Paris, 1870, pp. 221 et suiv.; — l'Abbé Bernard, *Les origines de l'Église de Paris. Établissement du christianisme dans les Gaules. Saint Denis de Paris*, Paris, 1870, 1 vol. in-8 ; — Bimbenet, *Nouvelle étude sur le régime municipal dans la Gaule depuis la domination romaine jusqu'à l'établissement de la monarchie et depuis cette dernière époque jusqu'à l'invasion des Normands*, (dans la *Revue critiq. de législ. et de jurispr.*, t. XXXVI, Paris, 1870, pp. 15-52, et t. XXXVII, Paris, 1870, pp. 434-470, ou tirage à part), Paris, 1871, broch. in-8; — Vachez, *Du droit italique à Lyon et de ses destinées*, 1870, broch. in-8; — Koechly, *Caesar und die Gallier*, Berlin, 1871, in-8; — l'Abbé Chevalier, *Les origines de l'Église de Tours, d'après l'histoire, avec une étude générale sur l'évangélisation des Gaules et de nombreuses pièces justificatives*, Tours, 1871, 1 vol. in-8 (Extr. du t. XXI des *Mémoires de la Soc. archéol. de Touraine*); — I. Gilles, *Marius et Jules César, leurs monuments dans la Gaule* ; — *Vercingétorix prisonnier, la Gaule et la Grande-Bretagne captives*, 1 vol. in-4, avec 13 pl. photogr. et lithogr.; — Watterich, *Die Germanen des Rheins, ihr Kampf mit Rom und der Bundesgedanke, die Sigambern und die Anfänge der Franken*, Leipzig, 1872, 1 vol. in-8; — Gust. Hertzberg, *Die Feldzüge der Römer in Deutschland unter den Kaisern Augustus und Tiberius nach den Quellen dargestellt*, Halle, 1872, in-8; — Ernest Dubois, *La table de Cles, inscription de l'an 46 après Jésus-Christ concernant le droit de cité romaine des Anauni, des Tulliasses et des Sinduni*, Paris, 1872, 1 broch. in-8 (Extr. de la *Rev. de législ. anc. et mod.*, 1872); — Baillet, *Étude sur la division de la Gaule en dix-sept provinces*, (dans la *Bibliothèque de l'École des Chartes*, 4e série, t. IV, pp. 505 et suiv.); — Léotard, *Essai sur la condition des barbares établis dans l'empire romain au IVe siècle*, Paris, 1873, 1 vol. in-8; — Dom F. Chamard : *L'établissement du christianisme et les origines de l'Église de France*, (dans la *Revue des quest. hist.*, t. XIV, Paris, 1873, pp. 129

et suiv., 349 et suiv.); *Les églises du monde romain, notamment celles des Gaules, pendant les trois premiers siècles*, Paris, 1877, in-8; — Alb. Jahn, *Geschichte der Burgundionen und Burgundiens bis zum Ende der I. Dynastie in Prüfung der Quellen und der Ansichten älterer und neuerer Historiker dargestellt*, Halle, 1874, 2 voll. in-8; — A. Geffroy, *Rome et les barbares. Étude sur la Germanie de Tacite*, 2e éd., Paris, 1874, 1 vol. in-12; — C. Dareste, *Histoire de France, depuis les origines jusqu'à nos jours* (1870), 2e éd., Paris, 1874-1880, 9 forts voll. in-8 (la dernière éd. est la 3e); — Th. Lavallée, *Histoire des Français depuis les temps des Gaulois*, (continuée par Lock jusqu'en 1874), 19e éd., Paris, 1874, 6 voll. in-12; — J. Michelet, *Histoire de France depuis les origines jusqu'en 1789*, 2e éd., Paris, 1875, 17 voll. in-8 (nombr. éd.); — Allmer: *Lettre à M. Lacroix*, (dans le *Bulletin de la Société.... d'archéologie.... de la Drôme*, t. IX, 1875, pp. 167 et suiv.); *Les Vellaves*, (dans la *Revue épigr. du Midi de la France*, n° 55, [Oct., nov., déc. 1889], t. II, pp. 452-455); *Le Puy*, (ibid., pp. 455 et suiv.); *Les Helves*. — *Aps et presque tout le département de l'Ardèche*, (ibid., n° 57, [Avril, mai, juin 1890], t. III, pp. 20 et suiv.); — l'Abbé Douais, *l'Église des Gaules et le conciliabule de Béziers*, Poitiers et Montpellier, 1875, broch. in-8; — E. Desjardins, *Pays gaulois et patrie romaine*, (dans le *Bulletin de l'Acad. des Inscr. et Bell.-Lett.*, 1876, pp. 326-348); — L. Friedländer: *Gallien und seine Cultur unter den Römern*, (dans la *Deutsche Rundschau*, t. XIII, 1877, pp. 397 et suiv., et tirage à part, broch. in-8); *De tributis trium provinciarum*, Königsberg, 1880, broch. in-4; — A. Franklin, *Les sources de l'histoire de France*, Paris, 1877, in-8; — E. Caillemer, *L'établissement des Burgondes dans le Lyonnais au milieu du V e siècle*, Lyon, 1877, in-4; — Fustel de Coulanges: *Histoire des institutions politiq. de l'ancienne France*, 1re partie, 2e éd., Paris, 1877, pp. 5-324. [N. B.: Une 3e éd. de cette première partie, aujourd'hui épuisée, est en préparation; elle est annoncée comme devant paraître prochainement en 2 voll.: t. I, *La Gaule romaine*; t. II, *L'invasion germanique*; voy. notre *Introd. bibliogr. gén.*, VI]; *Comment le druidisme a disparu*, Paris, 1879, in-8 (Extr. du *Compte-rendu des séances et travaux de l'Acad. des sciences mor. et polit.*, Nouv. sér., t. XII [= t. CXII de la collection], pp. 413 et suiv., et de la *Revue celtique*, t. IV, pp. 37 et suiv. — Voy. aussi, sur ce sujet: *super.*, III, l'Abbé Fenel, M. H. d'Arbois de Jubainville, dans la *Revue archéol.*, Nouv. sér., t. XXXVIII, 1879, pp. 375 et suiv., et *infer.*, V. Duruy); *Lettre à M. le directeur de la Revue*, (dans la *Revue archéol.*, Nouv. sér., t. XXXIX, pp. 111 et suiv.); — E. Hübner: *Der römische Grenzwall in Deutschland*, (dans les *Iahrbücher des Vereins von Alterthumsfreunden im Rheinlande*, t. LXIII, 1878, pp. 17 et suiv., avec 1 carte de M. Kiepert, et *Nachträge*, t. LXVI, pp. 13 et suiv.); *Nouvelles études sur le rempart-limite en Allemagne*, (dans le même recueil, 1885); — Müllenhoff, *Deutsche Altertumskunde*, Berlin, 1878 et ann. suiv. (le t. II de cet ouvrage a été publié à la librairie Weidmann en 1887; le contenu de ce second volume, qui est accompagné de 4 cartes de M. H. Kiepert, est consacré aux Germains; voy. *Revue critiq. d'hist. et de littér.*, 1888, n° 32, et le long article de M. Kossinna, dans la *Zeitschr. für deutsches Altertum und deutsche Litteratur*, 1890, I); — E. Loening, *Geschichte des deutschen Kirchenrechts*; t. I, *Das Kirchenrecht in Gallien von Constantin bis Chlodovech*, Strassburg, 1878, in-8; — Dr Alb. Duncker: *Beiträge zur Erforschung und Geschichte des Pfahlgrabens Limes imperii Romani Transrhenanus, im unteren Maingebiet und der Wetterau*, Kassel, 1879, broch. in-8, carte; *Sur l'état actuel des recherches au sujet du limes*, (dans les *Verhandlungen der 38ten Versammlung der deutschen Philol.*, Giessen, 1885, pp. 33 et suiv.); — l'Abbé Bellet, *Dissertation historiq. sur la* *mission de Saint Crescens, disciple de l'apôtre Saint Paul, évêque et fondateur de l'Église de Vienne dans les Gaules au Ier siècle de l'ère chrétienne*, Lyon et Valence, 1879, broch. in-8; — l'Abbé Bremenson, *Essai sur les origines des églises des Gaules*, Paris, 1879, 1 vol. in-12; — G.-A. Prevost, *Les invasions barbares de la Gaule au Ve siècle*, Paris, 1879, in-8; — V. Duruy: *La politique des empereurs Romains à l'égard du druidisme*, (dans les Séances et trav. de l'Acad. des sc. mor. et polit., t. CXIII, pp. 896 et suiv.); *Comment périt l'institut druidique*, (dans la Revue archéol., Nouv. sér., 1880, t. I, pp. 347 [sic, pour 247] et suiv.); *Guerre des Gaules*, (dans son Histoire des Romains, nouv. éd., t. III, Paris, 1881, pp. 131-227); — H. Beaune, *Introd. à l'étude historiq. du droit coutumier français jusqu'à la rédaction officielle des coutumes*, Lyon et Paris, 1880, 1 vol. in-8, pp. 61 et suiv.; — Klippfell, *Étude sur le régime municipal gallo-romain*, (dans la Nouv. Rev. hist. de dr. franç. et étr., Paris, 1880, et tirage à part), Paris, 1880, 1 broch. in-8; — Edgard Zévort, *De Gallicanis imperatoribus*, (Thèse de Doct. ès-Lett.], Lutetiae Parisiorum, 1880, broch. in-8 de 61 pp., [*ibiq.* Henri Martin, dans les *Séances et trav. de l'Acad. des sciences mor. et polit.*, t. CXIII, pp. 909 et suiv.; — Ant. Héron de Villefosse, dans le *Bulletin critiq*., t. IV, Paris, 1883, art. 44, pp. 183 et suiv.]; — Jung, *Die Romanischen Landschaften des römischen Reiches*, Innsbruck, 1881, in-8; — F. P. Bremer: *Zur Geschichte des Keltischen Provinzialrechts. Kritik von Mommsens Emendation in Dig.* 23, 3, 9, 3, (dans la *Zeitschr. der Savigny-Stiftung für Rechtsgesch.*, t. II [= t. XV de la Zeitschr. f. Rechtsgesch.], Romanist. Abtheil., Weimar, 1881, pp. 134 et suiv.); *Ulpians Verhältniss zu Gallien*, (dans le même Journal, t. IV [= t. XVII de la Zeitschr. f. Rechtsgesch.], Roman. Abtheil., Weimar, 1883, pp. 84 et suiv.); — Éd. Cuq, *Les juges plébéiens de la colonie de Narbonne*, (dans les *Mélanges d'archéol. et d'hist.*, t. I, Paris et Rome, 1881, pp. 297 et suiv.); — Theodor Bergk, *Zur Geschichte und Topographie der Rheinlande in römischer Zeit*, Leipzig, 1882, in-8, carte; — Sepp, *La migration des Cimbres et des Teutons*, Würzburg, 1882, (Thèse); — Rauchenstein, *L'expédition de César contre les Helvètes et la véracité des Commentaires*, Iéna, 1882, (Thèse); — L. Trouillet, *César et Arioviste. Étude topographique et militaire*, Montbéliard, 1882, broch. in-8, carte; — Wendelmuth, *T. Labienus, général romain du Ier siècle av. J.-C.*, Marburg, 1883, (Thèse); — Florian Vallentin, *La Colonie latine Augusta Tricastinorum*, Vienne, 1883, broch. gr. in-8, pl.; — Otto Hirschfeld: *Gallische Studien*: I *Die civitates Foederatae in narbonensischen Gallien*, suivi d'un *Excurs. Die Verbreitung des latinischen Rechts im römischen Reich* (trad. en franç. par M. l'Abbé H. Thédenat; voy. le t. I de cette trad. = t. VIII de la collection, p. 72, note 1; — voy., au surplus, sur le *jus Latii*, les renvois de cette note, et *Addenda*, p. 325, *ad pag.* 72, note 1), Wien, 1883, broch. in-8; II *Gallische Inschriftfälschungen*, Wien, 1884, broch. in-8; III *Der Praefectus vigilum in Nemausus und die Feuerwehr in den römischen Landstädten*, Wien, 1884, broch. in-8. (Ces trois brochures sont extraites des *Sitzungsberichte der phil.-hist. Classe der Kais. Akademie der Wissenschaften*: CIII Bd., I Hft., pp. 271-328; CVII Bd., I Hft., pp. 221-238, et pp. 239-257. — Un extrait traduit de la 3e est inséré dans la *Revue épigr. du Midi de la France*, N° 32, [Janvier, février, mars 1885], t. II, pp. 92 et suiv.); *Die Verwaltung der Rheingrenze in den ersten drei Jahrhunderten der römischen Kaiserzeit*, (dans les *Commentationes phil. in honorem Th. Mommseni scriptae*, Berolini, 1877, pp. 433-447); *Contribution à l'histoire de la provincia Narbonensis*, (dans la *Westdeutsche Zeitschrift für Geschichte und Kunst*, 1889, t. VIII, 2, p. 119 et suiv.); — F.-C. Dahlmann, *Quellenkunde zur deutschen Geschichte*, 5te Aufl. *Quellen und Bearbeitungen der deutschen Gesch. neu* *zusammengestellt von* G. Waitz, 3^(tie) Aufl., Goettingen, 1883, in-8 [La 1^(re) éd. de l'ouvrage de Dahlmann parut en 1830]; — J. Loth : *De vocis aremoricae usque ad sextum post Christum natum saeculum forma atque significatione*, Redonibus, 1883, in-8; *L'émigration bretonne en Armorique du V° au VII° siècle de notre ère* (Thèse de Doct. ès-Lett.), Rennes, 1883, in-8; — H. von Sybel, *Die Entstehung des deutschen Königthums*, 3^(tie) Aufl., Frankfurt, 1884, in-8; — von Cohausen, *Der römische Grenzwall in Deutschland*, Wiesbaden, 1884; — J.-Éd. Guétat, *Hist. élém. du dr. franç. depuis ses origines gauloises jusqu'à la rédaction de nos Codes modernes*, Paris, 1884, 1 vol. in 8; voy. notamment pp. 15 et suiv.; — C. Ginoulhiac, *Cours élém. d'hist. gén. du dr. franç. publ. et privé depuis les premiers temps jusqu'à la publication du Code civil*, Paris, 1884, 1 vol. in-8, n^(os) 1 et suiv., et spécialement pp. 35 et suiv.; 2° éd., Paris, 1890, n^(os) 1 et suiv., et, en particulier, n° 21 et suiv., pp. 31 et suiv.; — H. Haupt, *Étude sur le limes*, Würzburg, 1885; — Alfred Rambaud, *Hist. de la civilis. franç.*, t. I, Paris, 1885, in-12, pp. 29 et suiv.; — Camille Jullian : *Caius Serenus Proconsul Galliae Transalpinae*, (dans les *Mélanges d'archéol. et d'hist.*, Vol. V, Paris et Rome, 1885, pp. 338-357, avec 1 pl. (pl. XV), et tirage à part); *Les cités de la Gaule*, (dans les *Annales de la Faculté des Lettres de Bordeaux*, 2° série, 1886, n° 1); *L'avènement de Septime Sévère et la bataille de Lyon*, (dans la *Revue historiq.* de M. Monod, t. XLI°, II, Novembre-Décembre 1889, pp. 285-396); — Fressl, *Die Skythen-Saken, die Urväter der Germanen*, München, 1886, in-8; — J. v. Pflugk-Harttung, *Ueber den Feldzug des Germanicus im Jahre 16*, (dans le *Rhein. Mus.*, N. F., 1886, pp. 73 et suiv.); — Alex. Riese: *Zu den römischen Quellen deutscher Geschichte*, (dans le *Rheinisches Museum*, 1886, pp. 639 et 640); *Forschungen zur Geschichte der Rheinlande in der Römerzeit*, Leipzig, 1889, broch. in-4 de 26 pp., (ibiq. *Literarisches Centralblatt*, 1890, n° 7, et *Berliner Philologische Wochenschrift*, 1890, n° 7); — E. Mérimée, *De antiquis aquarum religionibus in Gallia meridionali ac praesertim in Pyrenaeis montibus*, (Thèse de Doct. ès-Lett.), Parisiis, 1886, in-8; — W. Liebenam : *Beiträge*, Iena, 1886, pp. 18 et suiv., 26 et suiv., 32, et *Tabb.* n^(os) 1. 2. 18 et 27; *Forschungen*, t. I, Leipzig, 1888, pp. 33-42 (*Aquilanica*), 71-80 (*Belgica*), 184-185 (*Gallia*), 185-204 (*Germania inferior*), 204-220 (*Germania superior*), 246-251 (*Lugdunensis*), 298-300 (*Narbonensis*); — A. Deppe, *Kriegszüge des Tiberius in Deutschland 4 und 5 nach Chr., mit einer Karte des Lagers bei Oerlingshausen*, 1887; — Karl Lamprecht, *Skizzen zur Rheinischen Geschchte*, Leipzig, 1887, 1 vol. in-8, pp. 1 et suiv.; — Fr. Ohlenschlager, *Der römische Grenzmark in Bayern*, München, 1887 (Extr. des *Abhandl. der Münchener Akad. der Wissensch., phil.-hist. Classe*, 1887); — R. Schröder, *Lehrbuch der Deutschen Rechtsgeschichte*, 1^(re) partie, 1887; — H. Brunner, *Deutsche Rechtsgeschichte*, t. I, 1887, pp. 1 et suiv.; — J.-F. Bladé, *Le Sud-Ouest de la Gaule sous le Haut et Bas-Empire*, Agen, 1887, broch. in-8 de 35 pp. (Extr. du t. X de la 2° série du *Recueil des travaux de la Société d'agriculture, sciences et arts d'Agen*); — Alfred Gautier, *Précis de l'hist. du dr. franç.*, 3° éd., Paris, 1887, 1 vol. in-8; voy. notamment pp. 57 et suiv.; — E. Glasson, *Hist. du dr. et des instit. de la France*, t. I, Paris, 1887, pp. 155-588 (Bibliographie très riche [mais trop souvent de seconde main]; voy. pp. 155-171; *ibiq.* M. Guérin, *Gaulois et Romains*, dans la *Revue Sociale*, livr. du 16 août 1888); — Paul Viollet: *Mémoire sur les Cités libres et fédérées et les principales insurrections des Gaulois contre Rome* (Mémoire lu à l'*Acad. des Inscr. et Bell.-Lett.*, dans sa séance du 15 juillet 1887. — Ce Mémoire, dont une seconde lecture a été faite le 5 août 1887 à la même Académie, a donné lieu à une intéressante discussion avec MM. G. Boissier et Ch. Robert; voy., à cet égard : *Le Temps* du 17 juillet 1887;

— la *Revue critiq. d'hist. et de littér.*, 1887, n° 30, [25 juillet], pp. 79 et suiv.; — le *Bulletin critiq.*, 1887, n° 19, [1er octobre], p. 380; — la *Revue gén. du Droit*, 1887, pp. 447 et suiv.), Paris, Impr. nat., 1888, broch. in-4 de 15 pp. (Extr. des *Mémoires de l'Acad. des Inscr. et Bell.-Lett.*, t. XXXII, 2° partie); *Les Gallo-Romains et les barbares*, (Étude lue à l'Acad. des Inscr. et Bell.-Lett., séances des 12 et 17 avril 1889; voy. *Rev. gén. du dr.*, 1889, pp. 343 et suiv.; intéressante discussion avec MM. Boissier, Hauréau et Deloche); *Le Droit de cité et le droit latin dans la Gaule romaine* (Lecture faite à l'Assemblée générale tenue par la *Société de l'Histoire de France*, le 1er mai 1888); *La politique romaine dans les Gaules après les campagnes de César*, (dans la *Revue historique* de M. Monod, t. XXXIX, I, janvier-février 1889, pp. 1 et suiv.); Droit public. — *Histoire des institutions politiq. et administratives de la France*, t. I, Paris, 1890, pp. 25-195 (Bibliographie très riche); — Wilhelm Wiegand, *Die Alamannenschlacht vor Strassburg, 357 n. Chr.*, Strassburg, 1887, broch. in-8 de 46 pp., avec une carte; — Friedrich Knoke, *Die Kriegszüge des Germanicus in Deutschland, mit 5 Karten*, Berlin, 1887, 1 vol. in-8, plus *Nachtrag*, Berlin, 1889, 1 vol. in-8 (nombreuse bibliographie; — ibiq. M. Herman Haupt, dans la *Revue historique* de M. Monod, t. XXXVII, Paris, 1888, pp. 386 et suiv., et t. XLII, Paris, 1890, pp. 168 et suiv. — Voy. également la *Revue critiq. d'hist. et de littér.*, 1889, n° 12, et *Literarisches Centralblatt*, 1890, n° 1, [1er janvier]); — Daendliker, *Geschichte der Schweiz*, 3 voll. in-8, dont le dernier a paru en 1888; — Hilaire Gay, *Histoire du Vallais depuis les temps les plus anciens jusqu'à nos jours*, Genève, J. Jullien, voll. in-8 (le t. II a paru en 1888); — Dr H. Dübi, *Die alten Berner und die römischen Altertümer*, Bern, 1888, broch. in-4 de 42 pp.; — G. Aug. B. Schierenberg, *Die Kriege der Römer zwischen Rhein, Weiser und Elbe unter Augustus und Tiberius und Verwandtes. Die Römer im Cheruskerlande (1862)*, Frankfurt am Main, 1888, in-8; — H. Schaaffhausen, C. von Veith, J. Klein, *Das römische Lager in Bonn, mit zwei Plänen, hrsg. vom Verein von Altertumsfreunden im Rheinlande*, Bonn, 1888, broch. in-4 de 43 pp. et 2 pl., (ibiq. M. René Cagnat, *L'année épigraphique (1888)*, Paris, 1889, p. 44, col. 2, n° 122, et *(1889)*, Paris, 1890, p. 25 in init., coll. 1 et 2; — *Berliner philolog. Wochenschr*, 1890, n° 10. — Voy. encore, sur ce sujet, super., p. 96 sub fin., Dr AE. Dünzelmann); — J. Näher, *Die römischen Militärstrassen und Handelswege in Südwestdeutschland, insbesondere in Elsass-Lothringen, und der Schweiz*, 2° éd., Strassburg, 1888, broch. in-4, (ibiq. M. Wolff, dans la *Berliner philologische Wochenschrift*, 1889, n° 6. — Voy. aussi, sur ce sujet, Dr J. Schneider, *Die alten Heer-und Handelswege der Germanen, Römer und Franken im deutschen Reiche. Nach örtl. Untersuchungen dargestellt*; cet ouvrage se publie par fascicules, à Leipzig, chez F. O. Wegel); — Mgr Girot de La Ville, *L'Empire romain et le Christianisme dans les Gaules*. Poitiers, 1888, broch. in-8; — l'Abbé J.-B. Lucotte, *Établissement du christianisme dans les Gaules. Origines des diocèses de Langres, de Dijon et d'Autun. Saint Hyrène ou Hyro, Saint-Bénigne et leurs successeurs immédiats*, Dijon, 1888, 1 vol. in-8, grav.; — L.-Fr.-Eug. Duval, *Études sur quelques points de droit romain au V° siècle d'après les lettres et les poèmes de Sidoine Apollinaire*, (Thèse pour la Doct., Fac. de Dr. de Paris), Paris, 1888, gr. in-8; voy. III. *Préfecture et vicariat des Gaules. L'assemblée d'Arles*, pp. 29-36; — Abbé H. Thédenat, *Apollo Vindonnus* (Mémoire lu à la Soc. nat. des Ant. de Fr., séance du 28 novembre 1888, et inséré dans les *Bull. et Mém. de cette Soc.* 5° sér., t. IX°, *Mémoires 1888*, Paris, 1889, pp. 207-219); — E. Kallee, *Das rätisch-obergermanische Kriegstheater der Römer. Eine strategische Studie*, Stuttgart, 1889, br. in-8; —

G. Marinelli, *Le Alpi carniche : nome, limiti, divisioni nella storia et nella scienza*, Torino, 1889, broch. in-8 de 91 pp. — Frod. Wehl, *Aus dem früheren Frankreich. Kleine Abhandlungen*, Minden, 1889, 1 vol. in-8; — Dr H. Siegel, *Deutsche Rechtsgeschichte*, 2te Aufl., Berlin, 1889, in-8; — Joannes Gimazane, *De Secundo Salustio Promoto, praetorio Galliarum et Orientis praefecto*, (Thèse de Doct. ès.-Lett., Fac. de Bordeaux), Tolosae, 1889, broch. in-8; — Levasseur, *La population française. — Hist. de la populat. avant 1789 et démographie de la France comparée à celle des autres nations au dix-neuvième siècle, précédée d'une introduction sur la statistique*, t. I, Paris, juin 1889, gr. in-8 (Détails très intéressants dans la 1re partie : La *populat. avant 1789*); — Armand de Béhault, *Étude sur les invasions et l'établissement des Franks en Belgique*, (dans la *Revue de la Société des Études historiq.*, 55e année, 4e série, t. VII, sept.-oct. 1889, (Paris), pp. 236 et suiv., et Nov-Déc., pp. 295 et suiv.); — B. Zeller : *La Gaule et les Gaulois*, 1 vol. pet. in-16, Paris, 1889, nomb. grav.; *La Gaule romaine, d'après les écrivains et les monuments anciens*, Paris, 1889, 1 vol., pet. in-16 de 163 pp. avec 31 grav. ; *La Gaule et les invasions*, Paris, 1890, 1 vol. pet. in-16. (Ces 3 voll. font partie de la petite collection intitulée *Histoire de France racontée par les contemporains. — Extraits des Chroniques et des Mémoires publiés par* M. B. Zeller, Paris, Hachette); — Paul de Jouvencel, *L'indépendance des Gaules et l'Allemagne*, Paris, 1890, 1 vol. in-18; voy. pp. 15-25; — Théodore Reinach : Communication *de Th. Reinach à l'Académie des Inscr. et Bell.-Lett.*, dans sa séance du 7 février 1890, (*Journal Officiel* du 10 février, p. 753, col. 1, et *Bulletin critique*, 1890, n° 6, [15 mars], p. 120), sur un fragment d'Eusèbe, mal interprété, suivant lui, et relatif aux invasions des Francs en Gaule vers le milieu du IIIe siècle de notre ère, à l'époque des « Trente Tyrans »; *Note sur un texte de l'historien grec Eusebios relatif au siège d'une ville des Gaules par les Francs*, (dans la *Revue celtique*, 1890, n°s 1-2, janvier-avril); comp., du même auteur, *Le premier siège entrepris par les Francs*, (dans la *Revue historique* de M. Monod, t. XLIIIe, I, Mai-Juin, 1890, pp. 34-46); — Adolphe Tardif, *Histoire des sources du droit français. Origines romaines*, Paris, 1890, in-8, pp. 1-123 (Ouvrage fort important); — L. Joubert, *La Gaule et les Gaulois*, Paris, 1890, in-8; — Dr Chr. Stephan, *Kritische Untersuchungen zur Geschichte der Westgothen von 372-400* (paraît à Leipzig, chez Fock, en fascic. in-4). — Comp. enfin Godefroid Kurth, *Les origines de la civilisation moderne*, Louvain et Paris, 1886, 2 voll. in-8.

[Appendice I. — Une foule de monographies ont été consacrées à certaines localités particulières de la Gaule ; nous ne saurions nous astreindre à la tâche presque impossible d'en dresser une liste même approximativement complète ; aussi nous contenterons-nous de renvoyer aux diverses Revues locales et aux différents périodiques locaux, nous bornant à signaler ici les principales. Parmi elles une place à part doit être faite à la fameuse et célèbre question d'*Alesia*, sur laquelle il convient de consulter spécialement :

J. Quicherat : *L'Alésia de César rendue à la Franche-Comté. Réfutation de tous les mémoires pour Alise*, Paris, 1857, 1 broch. in-8 ; *Conclusion pour Alaise dans la question d'Alésia*, Paris, 1858, 1 broch. in-8 ; *Examen des armes trouvées à Alise-Sainte-Reine, et fouilles d'Alise-Sainte-Reine*, Besançon, 1865, 1 broch. in-8 ; *Nouvelle défaite des défenseurs d'Alise sur le terrain d'Alésia*, 1 broch. in-8 ; — Rossignol : *L'Alésia de César maintenue dans l'Auxois. Réponse à M. J. Quicherat*, prof. à l'*École imp. des Chartes*, Dijon, 1857, 1 broch. in-4 ; *Examen critique de la traduction d'un texte fondamental dans la ques-*

tion d'Alise, Dijon, 1857, 1 broch. in-4 ; — Ernest Desjardins : *Alésia*. — Septième campagne de Jules César. Résumé du débat, etc., avec notes inédites, par Napoléon I*er*, etc., in-8; *Lettre à M. Renan sur l'Alésia de César*, Paris, 1858, 1 broch. in-12 ; *Géographie de la Gaule romaine*, t. II, pp. 694 et suiv. ; — *Alésia*. — *Étude sur la septième campagne de César en Gaule*, [par Mgr le Duc d'Aumale], Paris, 1859, 1 vol. in-8, carte ; — A. Delacroix et P. Bial, *Alaise*, Besançon et Paris, 1860-1862, 4 broch. gr. in-8, cartes et pl. : *Alaise et Séquanie* (Extr. des *Mémoires de la Société d'Émulation du Doubs* et de la *Revue des races latines*), cartes ; — *Alaise à la barre de l'Institut* ; — *Alaise et le Moniteur* ; — *La Vérité sur Alise-Sainte-Reine, lettre à M. Alph. Delacroix*, par P. Bial ; — A. Gravot, *Étude sur l'Alésia de César*, Nantua, 1862, gr. in-8 ; — Al. Jacobs, *Exploration en Gaule pour l'éclaircissement des campagnes de César. Alesia, Uxellodunum*, Paris, 1862, in-8 ; — Aug. Castan, *Les champs de bataille et les monuments du culte druidique au pays d'Alaise*, Besançon, 1864, broch. in-8, pl. ; — Colonel de Sarrette, *La question d'Alésia, résolue mathématiquement en faveur d'Alaise*. (L'auteur a consacré à la question plusieurs autres études) ; — Léon Fallue, *Quatre mémoires en faveur de l'Alésia franc-comtoise*, s. d. ; — Théodore Fivel, *L'Alésia de César près de Novalaise sur les bords du Rhône en Savoie*, Chambéry, 1866, 1 vol. in-8, cartes ; — J. Tessier, *La Nouvelle Alésia découverte par Théod. Fivel. Conférences par J. Tessier*, Chambéry, 1866, broch. in-8 ; — le D*r* Noëlas, *Les Ambluareti et le camp de la onzième légion de César, après la prise d'Alise, à Ambierle*, Lyon, 1867, broch. gr. in-8, avec deux grandes cartes ; — Lieutenant-colonel R. de Coynart, *Note sur le combat qui a précédé le siège d'Alésia*, juin 1875, broch. in-4 de 8 pp. (Extr. de (?), pp. 141-148) ; — A. Lachanal, *Notes d'un chercheur sur l'Alésia de Vercingétorix décrite par César*, broch. in-12 de 135 pp., avec 1 carte, publiées en 1888 aux Avenières, (Isère), chez M*lle* Constance Chabord, et à Paris, chez l'auteur, 56, r. N.-D.-de-Nazareth; — Ett. de Ruggiero, *Dizionar. epigr.*, fascic. 13, Roma, 1889, V° *Alesia*, p. 395, col. 2. — Voy. aussi M. Verchère de Reffye, *Les armes d'Alise*, Notice par M. Verchère de Reffye, broch. gr. in-8 avec photographies et vignettes sur bois.

Observation. — Des différentes études dont le titre précède, il résulte que l'un a placé le célèbre *oppidum* d'*Alesia* en Savoie, un autre dans le département de l'Ain ; d'autres, nombreux, ceux-là, à Alaise, en Franche-Comté (Doubs), près Salins (Jura). (Voy. en ce dernier sens : Quicherat, A. Delacroix, Castan, colonel de Sarrette, ainsi que plusieurs autres militaires, Léon Fallue.) Actuellement, la majorité des savants se prononcent en faveur d'Alise-Sainte-Reine, en Bourgogne (Côte-d'Or). (Voy. notamment en ce sens : Rossignol, général duc d'Aumale, Napoléon III, Anatole de Barthélemy, le président Clerc, [bien que bisontin], Ettore de Ruggiero.) Quoique les champions d'Alaise ne semblent pas avoir désarmé complètement (voy. *Polybiblion, Partie littéraire*, 2*e* série, t. XXIV = t. XLIX de la collect., pp. 549), la victoire n'en reste pas moins à Alise, et aujourd'hui la statue de Vercingétorix s'élève sur le Mont-Auxois. (Voy. *Polybibl., Part. littér.*, 2*e* série, t. XXVII = t. LII de la collect., pp. 169 et suiv.) Nous croyons, en ce qui nous concerne, que cette victoire est définitive, si l'on en juge par la fameuse inscription trouvée à Alise même, et dont nous avons lu très distinctement le nom sur l'original conservé au petit Musée local. (On sait qu'une reproduction très fidèle du célèbre monument épigraphique existe au Musée de Saint-Germain.) — Notons, en terminant, que, dans sa séance du 8 novembre 1889, l'*Académie des Inscriptions et Belles-Lettres* a, sur la demande de M. Berthelot, secrétaire de l'*Académie des sciences*, invité MM. Deloche, Bertrand et Longnon à se joindre à MM. Bouquet de la Grye et Fouqué, membres de cette dernière Académie, pour examiner un mémoire de Mme Richenet-Bayard, ayant pour titre : *La véritable situation d'Alésia*. Les conclusions de ce Mémoire, déposé par l'auteur à l'*Académie des sciences*, ne nous sont pas connues. (Voy. *Bull. critiq.*, t. XI, 1890, n° 1, [1er janvier], p. 19.)

A côté de ces monographies sur *Alesia*, nous mentionnons les suivantes, que nous groupons par ordre alphabétique de localités :

AERIA. — L'Abbé Ferdinand Saurel : *AEria, recherches sur son emplacement*, Paris, 1885, 1 vol. in-8, avec carte et pl.; *Clairier, véritable emplacement d'AEria*, Valence et Paris, 1887, broch. gr. in-8; — A. Sagnier, *L'emplacement d'AEria. Réponse à M. l'Abbé Saurel*, Avignon, 1887, broch. in-8.

ANDRIMONT. — Jean Rénier, *Histoire d'Andrimont et de l'ancienne commune des Croisiers*, Verviers, Impr. A. Remacle, 1 vol. gr. in-8. — Selon l'auteur, Andrimont est un antique *castellum* établi par l'empereur Hadrien.

ANTIBE. — *Histoire de la ville d'Antibe*, par le Ch^{er}. J. Arazi, texte revu par A. Sardou et Ed. Blanc, Nice, 1880, in-8.

AQUAE SEGETAE MEDIOLANUM. — Révérend du Mesnil, *Aquae Segetae Mediolanum, Moingt et Champdieu*, Montbrison, 1880, gr. in-8.

ARLES. — De Noble Lalauzière, *Abrégé chronologique de l'histoire d'Arles, contenant les événemens arrivés pendant qu'elle a été tour à tour royaume et République*, etc., avec le recueil complet des inscriptions et des planches des monuments antiques, Arles, 1808, 1 vol. in-4 avec 31 pl. et 27 pp. d'inscr. — Robert Mowat, *Le tombeau d'un légat propréteur d'Afrique, à Arles. Origine du nom de la Camargue*, (dans les *Mélanges Graux, Recueil de travaux d'érudition classique dédié à la Mémoire de Ch. Graux*, Paris, 1884); — Réveillé de Beauregard, *Promenades dans la ville d'Arles et dans ses environs*, Aix, 1890, 1 vol. gr. in-8.

BAILLEUL-SUR-THÉRAIN. — Renet et Berton, *Le Mont-César de Bailleul-sur-Thérain. Oppidum gaulois et camp romain. Étude archéologique et historique par* Renet, *publiée par* Berton, Bar-le-Duc, 1879, 2 voll. gr. in-8, pl.

BAUMES DE VENISSE. — Abbé A. Allègre, *Monographie de Baumes de Venisse*, Carpentras, 1888, 1 vol. in-4, avec pl.

BEAUNE. — Rossignol, *Histoire de Beaune, depuis les temps reculés à nos jours*, Beaune, 1854, 1 vol. in-8, fig.

BÉZIERS. — Louis Noguier, *Inscriptions de la colonie romaine de Béziers*, 2e éd., Béziers, 1883, in-8.

BIBRACTE [Autun]. — *Histoire de l'antique cité d'Autun*, par Edm. Thomas, official grand chantre et chanoine, mort en 1660, illustrée et annotée, Autun, 1846, 1 vol. in-4, grav. et pl.; — Jos. de Rosny, *Histoire de la ville d'Autun, connue autrefois sous le nom de Bibracte, capitale de la République des Éduens, divisée en IV livres*, Autun, 1802, 1 vol. in-4, carte et grav. — Voy. aussi les nombreux travaux de M. Bulliot sur le mont Beuvray et les publications de la *Société éduenne* (voy., dans notre *Introd. bibliogr. gén.*, l'*Append. aux sources épigr. lat.*, SOCIÉTÉ ÉDUENNE). — Comp. M. Anatole de Charmasse, *Précis historique*, dans *Autun et ses monuments*, par M. Harold de Fontenay, Autun, 1889, 1 vol. in-8, 14 pl. et 1 plan de la *Ville d'Autun antique et moderne*.

BRETAGNE. — Auguste Longnon, *Les cités Gallo-Romaines de la Bretagne*, Saint-Brieuc, 1873, broch. in-8, carte.

CADENET. — Abbé Rabiet, *Inscriptions antiques trouvées à Cadenet (Vaucluse)*, (dans les *Mémoires de la Société nationale des Antiq. de Fr.*, t. XLVIII, 1887, pp. 329 et suiv. — *Adde* M. l'Abbé H. Thédenat, *eod.*, pp. 346 et suiv. et tirage à part).

CARCASSO. — P. Foncin, *De veteri Carcassonis civitate, de pago Carcassonensi et de Romanis itineribus quibus ille peragrabatur*, Paris, 1877, broch. in-8.

CHALONS-SUR-MARNE. — Comte Édouard de Barthélemy, *Histoire de la ville de Châlons-sur-Marne et de ses institutions, depuis son origine jusqu'en 1848*, 2ᵉ éd., Châlons-sur-Marne, 1888, 1 vol. in-8.

COLOGNE. — Carl von Veith, *Das römische Köln, nebst 1 Plane der röm. Stadt mit Einzeichng. der bemerkenswerthesten Funde*, Bonn, 1886, broch. in-4 de 63 pp. et fig., (*ibiq.* M. A. de Geulenéer, dans la *Revue de l'Instr. publ. supérieure et moyenne en Belgique*, t. XXIX, 4ᵉ livr.). — Voy. aussi M. L. Schwörbel, *Zur Topographie und Geschichte von Köln*, (dans les *Jahrbb. des rhein. Alterthumsvereins*, t. LXXXII, pp. 15-29).

DIE. — Le Chanoine Jules Chevalier, *Essai historique sur l'église et la ville de Die*, t. Iᵉʳ, *depuis les origines jusqu'en 1276*, Montélimart, 1888, 1 vol. in-8. (L'ouvrage, actuellement en cours de publication, formera 3 voll.; le t. II doit paraître en 1890).

DINIA (Digne). — M. Thiers, membre de la *Société archéologique de Narbonne*, en rapprochant divers fragments épigraphiques (au nombre de quatre) recueillis dans les murs de cette ville, a montré qu'ils appartenaient à une inscription qui nous fournit des indications précieuses pour l'histoire et la géographie de la Gaule. Il en résulte que la ville de Digne (*Dinia*), à l'époque romaine, portait le titre de *colonia* et que les habitants étaient inscrits dans la tribu *Voltinia*. Le personnage mentionné dans le texte, Q. Julius Barbarus, était édile de la colonie. Ce point mérite d'être noté, étant donnée la rareté des documents relatifs à l'histoire de Digne à l'époque romaine. (Voy. *Soc. nat. des Antiq. de Fr.*, séance du 18 décembre 1887, et *Acad. des Inscr. et Bell.-Lett.*, séance du 13 janvier 1888, Communication de M. Héron de Villefosse; *Journ. off.*, 19 janvier 1888, p. 238, col. 1; *Revue critiq. d'hist. et de littér.*, 1888, n° 4, p. 80; *Bulletin de la Soc. nat. des Ant.*, 2ᵉ trim. 1888, pp. 103-106; *Revue épigr. du Midi de la France*, n° 53, [Avril, mai, juin 1889], pp. 423, n° 767, et suiv.)

FORUM JULII. — L'Abbé Girardin, *Histoire de la ville et de l'église de Fréjus*, par M. G. G. D. C. D. E. T., Paris, 1729, 2 voll. in-12; — Texier, *Mémoire sur la ville et le port de Fréjus*, (dans la collection des *Mémoires présentés par divers Savants à l'Acad. des Inscr. et Bell.-Lett.*, IIᵉ série, *Antiquités de la France*, t. II, pp. 169 et suiv., Paris, 1849, in-4); — Rousse : *Histoire de Fréjus*, Nice, 1862, 1 vol. in-12; *Fréjus ancien et moderne*, Fréjus, 1866, 1 vol. in-8. — Victor Petit, *Description de Fréjus*, (dans le *Bulletin monumental*, t. XXXI et XXXII; réimprimé dans le *Congrès archéologique* de 1866, XXXIIIᵉ session, et, à part, en 1 vol., Cannes, 1878); — J.-A. Aubenas, *Histoire de Fréjus. Forum Julii, ses antiquités, son port*, accompagnée de 3 pl., Fréjus, 1881, in-8; — Camille Jullian, *Fréjus Romain*, Paris, 1886, in-8. — Voy. aussi *supra*, II, *Sources épigr.*: C. I. L., t. XII, fᵒˢ 38 et suiv.; — Ant. Héron de Villefosse et H. Thédenat.

FORUM VOCONII. — Truc, *Forum Voconii aux Arcs-sur-Argens*, Paris, 1864, in-8; — F. Aube, *Forum Voconii. Réponse à la Notice de M.-V. Thouron*, Aix, 1865, in-8; — Abbé Pierrugues, *Forum Voconii et la Voie Aurélienne, d'après le cartulaire de Lérins*, Nice, 1883, in-8; — M. Sivan, *Un village en Provence; étude historique sur Forum Voconii, Castrum de Caneto, le Cannet*, Paris, 1885 (1886), 1 vol. in-16, pl.

GENABUM. — Boucher de Molaudon, *Nouvelles études sur l'inscr. rom. récemment trouvée à Mesve (département de la Nièvre); conséquences de cette découverte pour la détermination géographique de Genabum*, 2º éd., Orléans, 1868, broch. gr. in-8; — *Genabum et la statue de Vercingétorix*. — Protestation communiquée à la Société des Études historiques par les Sociétés savantes de l'Orléanais, (dans la *Revue de la Société des Études historiques*, LIIIº année, IVº série, t. V, novembre 1887, pp. 428 et suiv., Paris); — Le Roy, *Genabum et la statue de Vercingétorix*, (dans le *Bulletin de la Société archéologique de l'Orléanais*, 2º trimestre de 1888); — Abbé Bernois, *Genabum (Orléans)*, Orléans, 1888, broch. in-8 de 14 pp.

GENÈVE. — Blavignac, *Études sur Genève depuis l'antiquité jusqu'à nos jours*, Genève, 1879, 2 voll. in-12; — Ch. Morel, *Genève et la colonie de Vienne. — Étude sur une organisation municipale à l'époque romaine*, avec une carte, Genève et Paris, 1888, 1 vol. in-8.

GERGOVIA. — Capitaine Vial, *Mémoire sur Gergovia*, Clermont, 1851, broch. in-8, pl.

LANGRES. — Adrien Blanchet, *Contribution à l'épigraphie romaine de Langres*. Lecture faite à la *Société nationale des Antiquaires de France*, dans sa séance du 15 janvier 1890.

LÉMOVICES. — N. Deloche, *Les Lémovices de l'Armorique mentionnés par César. Peuplades qui les composaient. Limites de leur territoire. Leurs villes principales*, Paris, 1856, in-8, carte.

LINGONS. — Th. Pistollet de Saint-Ferjeux, *Limites de la province Lingonnaise*, Paris, 1874, gr. in-4, carte.

LYON. — Artaud, *Discours sur les médailles d'Auguste et de Tibère au revers de l'autel de Lyon*, Lyon, 1818, in-4; — De Penhouet, *Lettres sur l'histoire ancienne de Lyon, dans lesquelles on traite des différentes origines de cette ville, de son agrandissement extraordinaire sous Auguste, de son embrasement sous Néron*, etc., Besançon, 1818, pet. in-4, pl.; — Clerjon, *Histoire de Lyon depuis sa fondation jusqu'à nos jours*, continuée par Mori, Lyon, 1829-1837, 6 voll. in-8, fig.; — l'Abbé Jolibois, *Dissertation sur l'importance de l'ancienne colonie de Lugdunum et l'étendue de son territoire*, Lyon, 1858, broch. in-8; — Otto Hirschfeld, *Lyon in der Römerzeit*, Wien, 1878, in-8 [= *Lyon à l'époque romaine*, trad. en franç. par M. A. Allmer, dans la *Revue épigr. du Midi de la France*, nº 6, [Janvier, février, mars 1879], t. I, pp. 81-94. — *Adde*, M. A. Allmer, *Lugdunum*, *ibid.*, nºs 35, 36, 37, 39, 40, 41, 43, 45, 1885-86-87, t. II, pp. 140-144, 155-160, 175-176, 205-207, 222-223, 233-238, 264-272, 299 *in fine*-302.] — Voy. aussi *supra*, II, et, *infer.*, APPEND. 11, p. 111.

MARSEILLE. — Adf. Sonny, *De Massiliensium rebus quaestiones*, Dorpat, 1888, broch. in-8, (Thèse; *ibiq.* M. Cauer, dans la *Berl. philolog. Wochenschr.*, 1889, nº 12); — *C. I. L.*, t. XII; — Wilsdorf, *Beiträge zur Geschichte von Marseille im Altertum*, (*Programm*; voy. *Berliner philolog. Wochenschr.*, 1890, nº 9, *ibiq. Deutsche Litteraturzeitung*, 1890, nº 18); — J. Penon, *Les origines de Marseille*, Marseille, 1889, broch. in-8 de 18 pp. — Paul Viollet, DROIT PUBLIC. — *Hist. des instit. pol. et admin. de la France*, t. I, Paris, 1890, pp. 19-23. — *Adde*: Abbé J. J. L. Bargès, *Inscriptions arabes qui se voyaient autrefois dans la ville de Marseille. Nouvelle interprétation et Commentaire*, Paris, 1889, broch. in-8 de 83 pp.; — Marchand, *De Massiliensium cum eois populis commercio tempore quo bella in Christi honorem gesta fuerunt*, (Thèse de Doct. soutenue devant la Faculté des Lettres de Paris, en Sorbonne, le 13 janvier 1890). — Dans la séance du 19 février 1890, M. A. Héron de Villefosse a offert à la *Soc. nat. des Antiq. de France*, de la part de M. C.-J. Penon, associé correspondant, un mémoire intitulé « *Études sur les origines de Marseille.* » (Voy. *Revue critiq. d'hist. et de littér.*, n° du 10 mars 1890, p. 200 *sub fine.*)

MEDIOLANUM SANTONUM (Saintes). — R. Mowat, dans le *Bullet. de la Soc. nat. des Antiq. de France*, 1879, pp. 201 et 237. La ville appartenait à la tribu *Voltinia*. Des inscriptions de Saintes portent la mention de cette tribu, fait très rare dans les cités de la Gaule chevelue. (Voy. le même *Bulletin*, 1887, pp. 231 et suiv.). — Voy. aussi *Revue épigr. du Midi de la France*, n° 54, [Juillet, août, septembre 1889], t. II, p. 442-450.

NÉRIS. — Dans un *Mémoire sur plusieurs antiquités trouvées à Néris (Allier)*, mémoire inséré dans les *Bulletin et Mémoires de la Soc. nat. des Antiq. de France*, (3ᵉ série, t. IXᵉ, *Mémoires 1888*, Paris, 1889, pp. 173-196), M. L. de Laigue annonce (pp. 189 *in fine* et suiv.) qu'il prépare actuellement un travail, dans lequel il se propose de mettre en relief « l'importance réelle, à l'époque romaine, de la ville qu'habitaient les VICANI NERIOMAGIENSES, aujourd'hui Néris-les-Bains (Allier). »

NICE. — Tisserand, *Histoire civile et religieuse de la cité de Nice et du département des Alpes-Maritimes*, Nice, 1862, 2 voll. in-8.

NIMES. — Adolphe Pieyre, *Histoire de la ville de Nîmes*, Paris, 1888; — *C. I. L.*, t. XII; — M. E. Pothier, *Un quartier de Nîmes à l'époque gallo-romaine, d'après des fouilles récentes*, Nîmes, 1889, broch. in-8 de 48 pp. et planches. — Sur *Nemausus Arecomicorum*, voy. *Notes de M. Edw. Barry*, Toulouse, Impr. Ed. Privat, 1872, in-4.

NOVEMPOPULANIE. — E. Desjardins, *L'inscription d'Hasparren et les Novem Populi*, Paris, 1883, in-8, pl. (Voy. également *Revue archéol.*, Nouv. sér., t. XLIV, 1882, pp. 23 et suiv. ; 3ᵉ série, t. II, 1883, p. 213 et suiv. [Sur l'inscr. d'Hasparren, voy. notre *Introd. Bibliogr. gén.*, I, B, 2°, Poydenot, *ad ann.* 1872. Voy. aussi l'interprétation de M. Mommsen, suivant les vues émises par M. A. Longnon, *Lettre à M. Bladé*, du 6 mars 1884, dans la *Revue épigr. du Midi de la France*, mars 1885, pp. 110 et suiv.]) ; — J.-Franç. Bladé, *Mémoire sur l'histoire religieuse de la Novempopulanie romaine*, Bordeaux, 1885, broch. in-8 ; — E. Taillebois, *Recherches sur la numismatique de la Novempopulanie depuis les premiers temps jusqu'à nos jours*, Dax, 1889, 3 parties en 3 broch. in-8 ; — Julien Sacaze, *Les Neuf-Peuples et l'inscription d'Hasparren*, 1889, (ibiq. *Bullet. critiq.*, 1ᵉʳ septembre 1889, pp. 378 et suiv., *Chroniq.*, n° 93. — Curieuse étude sur ce difficile problème de géographie historique déjà étudié et résolu en des sens divers par MM. Léon Renier, Ernest Desjardins, Allmer, Mommsen et autres érudits.

NOVIODUNUM SUESSIONUM. — Peigné-Delacourt : *Recherches sur la position de Noviodunum Suessionum et de divers autres lieux du Soissonnais*, Amiens, 1856, in-8, carte; *Supplément aux recherches sur l'emplacement Noviodunum et de divers autres lieux du Soissonnais*, Amiens, 1859, in-8, pl. ; — Stanislas Prioux, *Civitas Suessionum. Mémoire pour servir d'éclaircissement à la carte des Suessiones*, Paris, 1861, in-4, pl.

NOVIOMAGUS. — J. Marchal, *Recherches sur la station romaine de Noviomagus*, Épinal, 1860, in-8.

NOYON. — C. A. Moët de La Forte-Maison, *Antiquités de Noyon. Étude historiq. et géographiq., archéologiq. et philologiq. des documents que fournit cette ville à l'histoire des cités gallo-romaines et féodales de France*, Rennes, 1845, in-8, carte et fig. ; — Abel Lefranc, *Histoire de la ville de Noyon et de ses institutions municipales jusqu'à la fin du XIIIᵉ siècle* (= fascic. LXXVᵉ de la *Bibliothèq. de l'École des Hautes Études*), Paris, 1888, 1 vol. gr. in-8.

PORTUS ITIUS. — L'Abbé D. Haigneré : *Étude sur le Portus Itius de Jules*

César. Réfutation d'un mémoire de M. F. de Saulcy, Paris, 1862, broch. in-8; *Études d'histoire et de bibliographie*. IV. *Le Portus Itius*, Boulogne-sur-Mer, 1887, broch. in-8; — R. Schneider, *Portus Itius*, Programm, 1888, (L'auteur prouve, autant que la chose est scientifiquement possible, que *Portus Itius*, d'où César s'embarqua pour sa seconde expédition de Bretagne en l'année 54, doit être identifié avec *Gesoriacum*, et, par conséquent, avec Boulogne-sur-Mer. — Voy. *Berliner philologische Wochenschrift*, 1888, n° 48, [1er décembre], et M. A. de Ceuleneer, dans la *Revue de l'instr. publ. en Belgique*, 1888, t. XXXI°, 4° livr.) — Sur Boulogne-sur-Mer, voy. encore : J.-F. Fleury, *Essai historiq., topographiq. et statistiq. sur l'arrondissement communal de Boulogne sur-Mer*, Boulogne, 1810, 1 vol. in-4, pl. ; — Bertrand. *Précis de l'histoire physique, civile et politique de la ville de Boulogne-sur-Mer et de ses environs, depuis les Morins jusqu'en 1814*, Boulogne, 1828-1829, 2 voll. in-8, cart. et grav. ; — l'Abbé D. Haigneré, *Lettre de J. P. Brissot sur l'histoire de Boulogne-sur-Mer et sur les avantages que présente son port pour le passage en Angleterre*, Boulogne-sur-Mer, Vve Aigre, broch. in-8 de 19 pp. ; — V. J. Vaillant, *Notes boulonnaises. La stèle de Didius; l'escadre britannique, d'après M. H. Ferrero; le potier Relancus; la Tour d'ordre et son nom gaulois*, etc., Boulogne-sur-Mer, impr. Simonnaire, 1888, broch. in-8 de 144 pp., et son *Épigraphie de la Morinie*, Boulogne-sur-Mer, 1890, in-8. Voy. aussi, du même auteur, *L'estampille ronde de la flotte de Bretagne*, (dans la *Revue archéologique*, 1888, novembre-décembre, pp. 367 et suiv.; *ibiq*. M. René Cagnat, *L'année épigraphique (1889)*, Paris, 1890, p. 11, n° 44); — Wauters, *A propos du Portus Iccius*, (dans le *Bulletin de l'Acad. royale de Belgique*, 1889, nos 9-10). — N. B. : M. Héron de Villefosse a annoncé à l'*Académie des Inscr. et Bell.-Lett.*, dans sa séance du 7 septembre 1888, (*J. off.* du 18 sept. 1888, p. 3865, col. 3), la découverte faite par M. Hamy, à Boulogne-sur-Mer, de deux fragments d'inscription portant un texte relatif à un officier de la marine romaine, qui avait servi dans la marine britannique, dont le port d'attache était Boulogne. L'intérêt de cette inscription consiste en ce qu'elle servira à mieux faire connaître l'importance de Boulogne sous l'empereur Claude, époque à laquelle une flotte en relations constantes avec l'Angleterre était stationnée dans ce port.

REIMS. — Ch. Loriquet, *Reims pendant la domination romaine, d'après les inscriptions, avec une Dissertation sur le tombeau de Jovin*, Reims, 1860, 1 vol. in-8 ; — C. Mercier, *Bibrax et le camp romain sur la frontière rémoise*, Versailles, 1878, in-8, carte. — Voy. aussi notre *Introd. bibl. gén.*, I, B, 2°, *Appendice aux sources épigraphiques latines*.

CIVITAS RIGOMAGENSIS. — Aug. Longnon, *La Civitas Rigomagensis*, (dans les *Mélanges Renier*, Paris, 1887, pp. 395 et suiv., et dans le *Bulletin de la Société d'Études des Hautes-Alpes*, octobre-décembre 1887).

RODEZ. — B. Lunet, *La ville de Rodez à l'époque romaine*, Rodez, 1889, in-8 de 173 pp.

SAINT-OMER. — A Giry, *Histoire de la ville de Saint-Omer et de ses institutions jusqu'au XIVe siècle* (= fascic. XXXI° de la *Bibliothèq. de l'École des Hautes Études*), Paris, 1877, 1 vol. gr. in-8 ; — Deschamps de Pas, *Histoire de la ville de Saint-Omer*, 1880. (On doit également à ce dernier auteur, décédé le 1er mars 1890, une *Épigraphie de Saint-Omer*.)

SAMAROBRIVA. — Bruneau, *Rapport sur Samarobriva*, Saint-Quentin, s. d., in-8 ; — J. Rigollot fils, *Mémoires sur l'ancienne ville des Gaules qui a porté le nom de Samarobriva*, Saint-Quentin, s. d., in-8.

SÉGUSIAVES. — Auguste Bernard, *Description du pays des Ségusiaves* (avec un *Supplément*), Lyon, 1858-59, gr. in-8; — l'Abbé Roux, *Observations sur l'ouvrage de M. Auguste Bernard, intitulé : Description du pays des Ségusiaves, pour servir d'introduction à l'histoire du Lyonnais*, Lyon, 1859, broch. gr. in-8 de 16 pp. (N. B. : La polémique suscitée par M. l'abbé Roux, au sujet de l'ouvrage de M. Aug. Bernard, a provoqué, de la part de ce dernier, diverses pièces historiques ou archéologiques intéressantes); — P.-B. Maussier, *Étude sur le pays des Ségusiaves*, Saint-Étienne, 1886, in-8.

Sens. — Théodore Tarbé, *Recherches historiques et anecdotiques sur la ville de Sens, sur son antiquité et ses monuments*, illustr. de 10 pl., 1889, 1 vol. in-4.

Tours. Voy. notre *Introd. bibl. gén.*, I, B, 2°, M. R. Mowat, 1° et 2°.

Uxellodunum. — J.-B. Cessac : *Études historiques. Commentaires de César. — Uxellodunum. — Aperçus critiques; — Notices complémentaires; — Un dernier mot sur Uxellodunum*, Paris, 1862-1863, 3 broch. in-8. — Voy. aussi *supra*, p. 104, *Alesia*, Jacobs.

Var. — Edmond Blanc, *Discussion sur la position des ports antiques entre le Var et la Roya*, Paris, Imp. nat., 1879, broch. in-8. — Voy. aussi le *C. I. L.*, t. XII.

Vésone. — Comte Ulgrin de Taillefer, *Antiquités de Vésone, cité gauloise remplacée par la ville actuelle de Périgueux, précédée d'un essai sur les Gaulois*, Périgueux, 1821-1826, 2 voll. in-4, pl.

Vesuntio. — J.-J. Chiffletii *Vesuntio civitas imperialis libera, Sequanorum metropolis, plurimis nec vulgaribus sacrae prophanaeque historiae monumentis illustrata*, 1re et 2e parties, Lugduni, 1618, 1 vol. in-4, pl. et fig. ; — Aug. Castan: *Le Capitole de Vesontio et les Capitoles provinciaux du monde Romain*, Paris, Impr. imp., 1869, broch. in-8, pl. ; *Le Champ-de-Mars de Vesontio*, Paris, 1870, broch. in-8, pl.; *Le Théâtre de Vesontio et le square archéologique de Besançon*, 1873, in-8, pl. nombr.; *Vesontio, colonie romaine*, (dans les *Mémoires de la Société d'Émulation du Doubs*, 1877); — J. Meynier, *Limites des anciennes divisions de la Séquanie*, Besançon, 1888, broch. in-8 de 12 pp. (Extr. des *Mémoires* de la même *Société*).

Vienne. — J. Le Lièvre, *Histoire de l'antiquité et saincteté de la Cité de Vienne en la Gaule Celtique*, par Messire Jean Le Lièvre, chanoine, sacristain et abbé de St Ferréol en la grande église dudit Vienne, Vienne, 1623, in-8, fig. ; — Mermet (aîné), *Histoire de la ville de Vienne, durant l'époque gauloise et la domination romaine dans l'Allobrogie, contenant une notice sur l'Allobrogie, la traduction d'une histoire inédite de Vienne sous les douze Césars, par Trebonius Rufinus, sénateur et ancien duumvir de la dite ville, et une chronique des Gaules jusqu'en l'an 438 de l'ère chrétienne*, Paris, 1828, in-8; — *C. I. L.*, t. XII. N. B. : M. Maurice Prou, de la Bibliothèque nationale, a lu à l'*Acad. des Inscr. et Bell.-Lett.*, dans sa séance du 11 avril 1890, un Mémoire sur les *Antobroges*, peuple gaulois de l'Aquitaine mentionné par Pline l'Ancien. (Voy. *Journ. off.* du 13 avril 1890, p. 1917, coll. 2 *in fine* et 3, et *Revue critiq. d'hist. et de littér.*, 1890, n° 16, [21 avril], p. 320.)

[**Appendice II.** — Sur les noms de lieux, consulter en particulier MM. :
Félix Bourquelot, *De la transformation des noms de plusieurs villes gauloises pendant la domination romaine*, Paris, 1857, in-8, — E. Mannier, *Études étymologiq., historiq. et comparat sur les noms des villes, bourgs et villages du département du Nord*, Paris, 1861 ; — A. Houzé, *Étude sur la signification des noms de lieux en France*, Paris, 1864, 1 vol. in-8 ; — Jules Quicherat, *De la formation française des anciens noms de lieux. Traité pratique suivi de remarques sur des noms de lieux fournis par divers documents*, Paris, 1867, 1 vol.

pet. in-8; — H. Cocheris, *Origine et formation des noms de lieu*, Paris, 1874, in-12; — Savary, *Les noms romains dans le pays des Cénomans*, Laval, 1885, broch. in-8; — Ch. Robert, *Les noms de Cologne en latin et dans les langues modernes à propos d'un denier inédit de Lothaire Ier*, Paris, 1887, broch. in-8; — Paul Quesvers, *Deux noms de lieux disparus, Vieux-Marolles et Alsiacum*, Paris, 1888, broch. in-8; — l'Abbé Bourlier, *Glossaire étymologique des noms de lieux dans le département de la Côte-d'Or*, (dans le *Bulletin du Comité d'histoire et d'archéologie religieuses du diocèse de Dijon*, livr. de mai-juin 1889); — H. d'Arbois de Jubainville, *Recherches sur l'origine de la propriété foncière et des noms de lieux habités en France (Période celtique et Période romaine), avec la collaboration de M. G. Dottin*, Paris, 1890, 1 fort vol. gr. in-8. — Sur la signification du mot *Dunum*, voy. Falconnet et l'Abbé Fénel, dans le *Recueil de l'anc. Acad. des Inscr.*, t. XX, Paris, 1745, pp. 13 et suiv., et pp. 39 et suiv. — Sur *Lugdunum*, voy. spécialement MM.: Raverat, *Lugdunum Légende de Clitophon; Pseudo-Plutarque; fausse interprétation du mot Lug; nouvelles études historiq. et archéol.*, Lyon, impr. Waltener, broch. in-8 de 20 pp.; — A. Steyert, *Défense de l'étymologie de Lugdunum, où l'on examine qui a pu mieux savoir la langue des Celtes: des gens qui ont vécu de leur temps et avec eux, ou des savants de nos jours qui n'en ont jamais traduit quatre mots suivis: par Un Lyonnais, partisan de la logique et du sens commun* [M. A. Steyert], Lyon, impr. Mougin-Busand, broch. in-8 de 15 pp.; — Allmer, dans la *Revue épigr. du Midi de la France*, 1886, p. 237, et 1887, pp. 264 et suiv.; — A. Vachez, *Une nouvelle interprétation du nom de Lugdunum*, Lyon, 1886, broch. in-8; — H. d'Arbois de Jubainville: *Étymologie de Lugdunum* (voy. *J. off.*, 23 octobre 1886); *Une vieille étymologie du nom de Lyon*, (dans la *Revue celtique*, vol. VIII, n°s 1 et 2, Paris, 1887, pp. 169-172, et dans la *Revue du Lyonnais*, février 1887); — Puitspelu, *Lug en celtique, à propos de l'étymologie de Lugdunum*, (dans la *Revue du Lyonnais*, février 1887). — [Quant au nom de la *provincia Lugdunensis*, il se trouve déjà sous Tibère (C. I. L., t. VI, 2, n° 5197)]. — Voy. aussi, sur cet Append. II: M. d'Arbois de Jubainville, dans la *Nouv. Rev. hist. de dr. fr. et étr.*, 1887, pp. 241-248; dans la *Revue celtique*, t. VIII, pp. 96-149; dans les *Comptes-rendus des Séances de l'Acad. des Inscr.*, 4e série, t. XV, 1887, pp. 65-86. — Notons enfin que M. Longnon prépare depuis longtemps une histoire des noms de lieux en France.

[V. Géographie et Itinéraires. — Comp. les ouvrages cités sous les n^{os} qui précèdent, et voy. surtout notre *Introd. Bibliogr. gén.*, IV. — De même que pour les sources épigraphiques, nous nous bornons ici à rappeler les noms des auteurs qui y sont relatés et dont les ouvrages ont trait à notre sujet. Afin d'éviter d'inutiles répétitions, nous ne reproduisons pas les titres de ces ouvrages, notre *Introd. bibliogr. gén.* devant fournir, à cet égard, tous les renseignements voulus. Ce sont, suivant l'ordre même de cette *Introd.*: Strabon; — Ptolémée; — Edm. Cougny; — Pline; — *Itinéraire d'Antonin*; — *Itinéraire de Bordeaux à Jérusalem*; — Abraham Oertel; — Marc Welser; — J. Moret; — Phil. Cluvier ou Cluwer; — Nicolas Bergier; — Fr. Christoph. Scheyb; — Konrad Mannert; — le baron C.-H. de Walckenaer; — P. Math. P. Katancsich; — P. Lapie; — Albert Forbiger, vol. III, 2te Aufl.; — Marquis de Fortia d'Urban; — Léon Renier; — Ernest Desjardins, 4°, 5°, 6° et 7°; — W. Smith; — M. Pinder et Parthey; — Maximin Deloche; — Alex. Bertrand; — D. Detlefsen; — Spruner-Menke; — Aurès; — W. Brambach; — baron de Bonstetten; — Moulenq; — Auguste Longnon; — Jung; — F. Berger; — Camille Jullian, 1° et 2°; — Fl. Vallentin; — Henri Kiepert (voy., dans la trad. franç. de son *Manuel de géogr. anc.*, pp. 265-311, et pp. 314-321) ; — Droyssen ; — Schubert ; — K. Miller ; — Näher ; — J. Schneider. — *Adde* : 1° relativement aux cartes : *Carte des Gaules sous le proconsulat de César, publiée par la Commission de la topographie des Gaules*, Paris, 1861, 1 feuille in-fol., (ibiq. le général Creuly, *Carte de la Gaule sous le proconsulat de César. — Examen des observations critiques auxquelles cette Carte a donné lieu en Belgique et en Allemagne*, Paris, 1864, broch. gr. in-8 de 100 pp. avec carte) ; — *Carte de la Gaule, au commencement du V° siècle*, publiée par la même Commission, Paris, 1864, 4 feuilles in-fol. ; — Pol Nicard, *Carte archéologique de la Suisse Orientale*, Paris, broch. in-8 ; — Kiepert, *Carte de la Gaule réduite à 1/1.000.000*, Berlin, fin de 1889 : l'auteur y a marqué les routes suivies par César pendant son expédition ; — 2° en ce qui concerne les travaux récents. : MM. Martin-Daussigny, *Description d'une voie romaine découverte à Lyon en 1854*, Lyon, 1856, broch. in-8, avec planche et plan ; — Florian Vallentin, *La Voie d'Agrippa de Lugdunum au rivage Massaliote*, Paris, 1880, broch. gr. in-8 ; — Félix Liénard, *Archéologie de la Meuse. Description des voies anciennes et des monuments aux époques celtique et gallo-romaine*, Verdun, 1881-1885, 3 voll. in-4 et 3 albums de pl. et cartes ; — A. Vachez, *La Voie d'Aquitaine et la légende de Saint-Bonnet*, Lyon, 1882, broch. in-8 ; — I. Gilles, *Les voies Romaines et Massiliennes dans le département des Bouches-du-Rhône*, Paris, 1884, 1 vol. in-8 avec 2 pl. lithogr. ; — Léon Maxe Werly, *Recherches sur les voies antiques du Pagus Barrensis. Étude du tracé de la chaussée Romaine entre Ariola et Fines*; parties I-III, Bar-le-Duc, 1885-1888, 3 broch. in-8 de 38, 55 et 23 pp., avec cartes, plans et fig. (Voy. aussi, du même auteur, *Limites de la province lingonaise du côté du Barrois*, Paris, s. d., broch. in-8) ; — Henri Thédenat : *Sur deux bornes milliaires trouvées dans le Var*, Paris, 1886, broch. in-8 (Extr. du *Bullet. de la Soc. Nat. des Antiq. de France*, séance du 21 avril 1886) ; *Mémoire sur les milliaires de l'embranchement de la Voie Aurélienne qui allait à Riez*, Paris, 1888, broch. in-8 (*Mémoire lu à la Soc. Nat. des Antiq. de Fr. dans la séance du 29 Décembre 1886*) ; — Dr Ollivier, *Une voie gallo-romaine dans la vallée de l'Ubaye et Passage d'Annibal dans les Alpes, étude historique*, Digne, 1889, broch. in-8 de 96 pp. ; — Schöttler, *Lage der gesch. Orte Aduatica Eburonum, Ara Ubiorum, Belgica* (voy. *Berl. philolog. Wochenschr.*, 1890, n° 22, Programm). — N. B. : Nous avons intentionnellement passé sous silence les nombreuses monographies relatives aux camps romains de la Gaule, dont une grande partie est, du reste, extraite des Périodiques et Revues locales par nous cités dans notre *Introd. bibliogr. gén.*

[VI. BIBLIOGRAPHIE. — Quelque longue que soit déjà la nomenclature qui précède, nous n'ignorons pas qu'elle est encore bien loin d'être même approximativement complète, nous étant imposé à tâche de ne signaler que les travaux les plus importants, les plus curieux, ou les plus récents. Il sera facile de recourir, pour de plus amples détails : d'une part, au *Catalogue de la Biblioth. géogr. et archéolog. de feu M. Ernest Desjardins*, (Paris, Ch. Porquet, libraire, 1888, broch. in-8), *passim*, et spécialement n° 319 et suiv., pp. 40 et suiv., et n°^{s} 602 et suiv., pp. 84 et suiv., aux bibliographies locaux français et étrangers, aux bibliographies de MM. E. Glasson et P. Viollet (*opp. et locc. sup. citt.*), et à notre *Introd. bibliogr. gén.*; — d'autre part, aux ouvrages de MM. G.-R. von L. Sinner, *Bibliographie der Schweizergeschichte, oder systematisches und theilweise beurtheilendes Verzeichniss der seit 1786 bis 1851 über die Geschichte der Schweiz von ihren Anfängen am bis 1798 erschienenen Bücher*, Bern und Zürich, 1851, in-8 ; — Koner, *Repertorium über die von 1800-1850 in..... Zeitschriften erschienenen historischen Aufsätze, 1852-1856*, 2 voll. ; — Alf.

Franklin, *Les sources de l'histoire de France. Notices bibliographiques et analytiques des inventaires et des recueils de documents relatifs à l'histoire de France*, Paris, 1877, 1 vol. gr. in-8; — Ch.-Ém. Ruelle, *Bibliographie générale des Gaules. Répertoire systématique et alphabétique des ouvrages, mémoires et notices concernant l'histoire, la topographie, la religion, les antiquités et le langage de la Gaule jusqu'à la fin du V° siècle*, Paris, 1880-1886, 4 livr. in-8; — Léon Lahaye, Henri Francotte et Franz de Potter, *Bibliographie de l'histoire de la Belgique*, Liège, 1887; — G. Monod, *Bibliographie de l'histoire de France. Catalogue méthodique et chronologique des sources et des ouvrages relatifs à l'histoire de France depuis les origines jusqu'en 1789*, Paris, 1888, 1 vol. in-8 (voy., en particulier, pp. 62 et suiv., 64 et suiv., et, principalement, pp. 133-145). (Voy., sur cet ouvrage, l'article critique signé A. V., dans le *Polybiblion*, Partie littér., mars 1890, pp. 260-265.) — P. Louis-Lucas.]

VI-XIV. LES PROVINCES GAULOISES.

En dépit des études nombreuses et parfois remarquables, dont elles ont fait l'objet (1), l'histoire des provinces gauloises présente encore plus d'un côté obscur. La première conquête réalisée dans la *Gallia Celtica* ou *Transalpina* (2) — nous n'avons pour l'instant à parler que d'elle — fut l'œuvre du consul Q. Opimius, lorsqu'en l'an 600 = 154, il alla au secours des Massiliens contre les Ligures (3). La lutte fut continuée, en 629 et 630 = 125 et 124, par M. Fulvius Flaccus (4), en 631 et 632 = 123 et 122, par C. Sextius Calvinus, le fondateur d'*A*-

<small>Formation de la *provincia Narbonensis*.</small>

---

(1) [A raison de son étendue, cette note a été transportée en tête de ce paragraphe sous le titre de : LES PROVINCES GAULOISES. — *Bibliographie générale*, pp. 81-113.]

(2) La Gaule conquise par César s'appelle ordinairement *Celtica* ou *Nova* (voy. Henzen, *Inscr.*, p. 28, ad n. 186) ; mais on trouve déjà Γαλάται Τρανσάλπινοι dans Polybe (II, 15), *Gallia transalpina intus ad Rhenum*, dans Varron (*De re rust.*, I, 7, 8). Voy. la mention d'un (*negotiator*) *Cisalpin(us)* et *Transalpin(us)* dans le *C. I. L.*, t. V, [1], n° 2011.

(3) Polyb., XXXIII, 5. 7. 8 ; — Tit. Liv., *Epit.*, XLVII. — Voy. Herzog, [*Gall. Narb. prov. Rom. hist.*], p. 42.

(4) *Fasti triumph.*, ad ann. 631 (*C. I. L.*, t. I, f° 460) ; — Tit. Liv., *Epit.*, LX ; — Ammian. Marc., XV, 12, 5 : *Hae regiones, praecipue quae confines Italicis, paullatim levi sudore sub imperium venere Romanum: primo tentatae per Fulvium, deinde proeliis parvis quassatae per Sextium, ad ultimum per Fabium Maximum domitae.*

quae Sextiae (Aix), qui reçut une garnison romaine (1); les deux victoires décisives remportées en 633 = 121 sur les Allobroges et sur les Arvernes, au confluent de l'Isère et du Rhône, et à *Vindalium* [Védène ?] (2)*, près d'Avignon, par le successeur de ce dernier, Gnaeus Domitius Ahenobardus, et par le consul Q. Fabius Maximus, envoyé à son secours (3), eurent pour conséquence la création de la province (4), qui emprunta à la colonie *Narbo Martius* [Narbonne] (5), fondée en 636 = 118, le nom de *Narbonensis* (6). La nécessité évidente pour Rome d'éta-

---

(1) *Fasti triumph.*, ad ann. 632 (*C. I. L.*; t. I, f° 460); — Tit. Liv., *Epit.*, LXI; — Cassiodori *Chron.*, (dans les *Abhandl. der Sächs. Ges. der Wissensch.*, t. VIII, p. 618), sur l'année 632 : *His conss. C. Sextius oppidum aedificavit, in quo Aquae Sextiae, in Gallia*. C'est à tort que Tite-Live (*loc. sup. cit.*) appelle *Aquae Sextiae* du nom de colonie ; c'était un *castellum*, φρουρά. Voy. Strabo, IV, p. 180 ; — Vellei. Paterc., 1, 15 ; — Herzog, *op. sup. cit.*, pp. 59 et suiv. — [Sur *Aquae Sextiae*, voy. MM. Otto Hirschfeld, *C. I. L.*, t. XII, f° 65, et Kubitschek, *Imp. Rom. trib. discr.*, p. 206.]

(2) * [Voy. M. O. Hirschfeld, *C. I. L.*, t. XII, f° 131, col. 1, 1ᵉʳ alin. — Comp. M. Henri Kiepert, *Atlas antiquus*, XI Hg = Valenes?, et *Manuel de géogr. anc.*, trad. franç., p. 279 *in init.*]

(3) *Fasti triumph.*, ad ann. 634 (*C. I. L.*, t. I, f° 460); — Strabo, IV, pp. 185, 191, et surtout Drumann, [*Gesch. Roms*], t. III, p. 226 ; — Herzog, *op. cit.*, p. 46. — Sur la fixation de la date des deux combats, voy. M. Mommsen, *Röm. Gesch.*, t. II, [7ᵐᵉ Aufl.], p. 162 [=dans la trad. franç. de M. Alexandre, t. V, p. 125].

(4) Il n'existe pas de témoignage direct touchant l'année de la fondation de la province. Toutefois, comme César (*De bell. Gall.*, I, 45) dit : *Bello superatos esse Arvernos et Rutenos ab Q. Fabio Maximo, quibus populus Romanus ignovisset, neque in provinciam redegisset neque stipendium imposuisset*, cette mention de tribus, qui n'avaient pas été réunies à la province, permet de conclure à la création de la province même. Zumpt (*Studia Rom.*, p. 25, et *De dictatoris Caesaris die et anno natali*, Berol., 1874, in-4, p. 21) fait organiser la province en l'an 100 par Marius ; mais Herzog (*op. cit.*, p. 63) se prononce contre cette opinion.

(5) Velleius Paterc., I, 15, qui indique l'année; — Eutrop., IV, 23. — Le fondateur de la colonie fut L. Licinius Crassus (Cic., *Brut.*, XLIII, 160). — [Sur *Narbo Martius*, voy. MM. O. Hirschfeld, *C. I. L.*, t. XII, f°ˢ 521 et suiv. ; — Kubitschek, *op. cit.*, pp. 210-211.]

(6) Elle s'appela d'abord *Gallia Braccata*. Mela, II, 5, 1 : *Fuit aliquando Braccata, nunc Narbonensis* ; — Plin., *Nat. hist.*, III, 31 : *Narbonensis provincia — Braccata antea dicta*. [Voy. encore MM. Herzog, *op. cit.* ; — O. Hirschfeld, dans le *C. I. L.*, t. XII, f°ˢ XII et suiv., et dans la *Westdeutsche Zeitschr. f. Gesch. und kunst*, 1889, t. VIII, 2;— Kubitschek, *op. cit.*, pp. 203 et suiv.] Par opposition à elle, le reste de la Gaule s'appelle *Comata* (Plin., *Nat. hist.*, IV, 105). [Voy., à cet égard, l'inscription rapportée ci-dessus, p. 83, note.]

blir une communication par terre entre l'Espagne et l'Italie, aussi bien que le programme du parti des Gracches, auquel se rattachait Fulvius Flaccus, permettent de croire que, dès le début de la guerre, on s'était proposé la conquête d'une nouvelle province. On espérait donner ainsi à la colonisation romaine un nouveau champ, dont l'exploitation ne trouverait aucun obstacle dans le parti opposé (1).

La province était limitée, à l'Est, par les Alpes ; au Nord, par le Rhône, depuis le lac de Genève (2) jusqu'à *Vienna* [Vienne]; à l'Ouest, par les Cévennes (3) et par le cours supérieur de la Garonne ; au Sud, par les Pyrénées et par la mer Méditerranée. Son territoire n'a, pendant quelque temps, subi aucun changement, la chute des Gracches ayant enlevé momentanément tout intérêt politique à la conquête. La guerre avec les Cimbres de 645 = 109 à 652 = 102 mit même en question l'existence de la province, et César seulement crut devoir reprendre l'œuvre de conquête entreprise sur le sol gaulois (4). En l'an 695 = 59, il reçut les deux Gaules, la Gaule cisalpine et la Gaule Narbon-

---

(1) Voy. M. Mommsen, *Röm. Gesch.*, t. II, [7ᵗᵉ Aufl.], p. 163 [= dans la trad. franç. de M. Alexandre, t. V, pp. 126 et suiv.].

(2) *Genava* (Genève) se trouve sur le territoire de Vienne (Caesar, *De bell. Gall.*, I, 6. — Voy. M. Mommsen, *Inscr. Confoed. Helvet.*, p. 11. — [*Adde*, ci-dessus, notre *Bibliogr. gén. des provinces gauloises*, IV, B, Appendice I, Genève, p. 107, — et MM. O. Hirschfeld, *C. I. L.*, t. XII, fᵒˢ 20, col. 2, 219, col. 1, et surtout 328 ; — Kubitschek, p. 213]).

(3) D'après la leçon admise aujourd'hui dans Cicéron (*Pro Fonteio*, IX, 19), leçon défendue par M. Mommsen dans l'édition de Halm (t. II, 1, p. 477), *Segodunum*, dans le territoire des *Ruteni* [Aquitaine = Rodez], faisait encore partie de la province, et, par suite, la limite était située à l'Ouest des Cévennes. Cependant, cela n'est pas certain, car César (*De bell. Gall.*, I, 45) dit expressément que Q. Fabius Maximus n'avait pas réduit en province les *Ruteni* :.... *Rutenos ab. Q. Fabio Maximo,..... neque in provinciam redegisset* [voy. p. 115, note 4, *supra*]. Comp. Herzog, *op. cit.*, p. 47.

(4) Cic., *De prov. cons.*, XIII, 32 : *Bellum Gallicum, patres conscripti, C. Caesare imperatore gestum est, antea tantummodo repulsum. Semper illas nationes nostri imperatores refutandas potius bello quam lacessendas putaverunt. Ipse ille C. Marius — influentes in Italiam Gallorum maximas copias repressit, non ipse ad eorum urbes sedesque penetravit. — — C. Caesaris longe aliam video fuisse rationem : non enim sibi solum cum iis, quos iam armatos contra populum Romanum videbat, bellandum esse duxit, sed totam Galliam in nostram dicionem esse redigendam.*

naise, avec la Dalmatie et l'Istrie (1) ; et, en huit ans, de 58 à 51, il eut achevé de conquérir toute la Gaule ; on peut donc assigner l'année 704=50 comme date à la fondation des nouvelles provinces (2).

A partir de César, on trouve quatre provinces en Gaule.

Jusqu'en 710 = 44, César donna au territoire tout entier, y compris la province ancienne, une administration unique (3) ; ce n'est que peu de temps avant sa mort qu'il conféra à Lepidus le commandement de la Narbonnaise, à Hirtius celui de la Belgique, à Munatius Plancus, celui du reste de la Gaule, c'est-à-dire de ce qui devint plus tard l'*Aquitania* et la *Lugdunensis* (4). Il avait pu jusqu'alors s'attacher exclusivement à donner à l'ancienne province seule une organisation propre. Ce fut à la suite de la résistance que lui avait opposée, en 705 = 49, *Massilia* [Marseille], la plus ancienne alliée de Rome sur le sol gaulois, et la plus puissante cité de la Gaule par l'étendue de son territoire, que César lui avait, tout en lui conservant son indépendance (5), ravi la plus grande partie de ses domaines (6), et avait réuni ces acquisitions nouvelles à l'*ager publicus* (7) ; ce qui lui permit de revenir au plan primitif des Gracches, ayant pour objet la romanisation du pays.

---

(1) Plut., *Pomp.*, XLVIII : Καίσαρι δὲ τὴν ἐντὸς Ἄλπεων καὶ τὴν ἐκτὸς ἔχειν Γαλατίαν καὶ Ἰλλυρίους. — Le même, *Caes.*, XIV : τὴν ἐντὸς Ἄλπεων καὶ τὴν ἐκτὸς ἅπασαν Κελτικήν. — Le même, *Cato min.*, XXXIII : ἐψηφίσαντο Καίσαρι μὲν Ἰλλυριῶν καὶ Γαλατίας; ἀρχὴν ἁπάσης. — Dio Cass., XXXVIII, 8. — Appian., *Bell. civ.*, II, 13. — Suet., *Caes.*, XXII : *et initio quidem Galliam Cisalpinam, Illyrico adiecto, lege Vatinia accepit, mox per senatum Comatam quoque.*

(2) Suet., *Caes.*, XXV : *Omnem Galliam, quae saltu Pyrenaeo Alpibusque et monte Gebenna, fluminibus Rheno et Rhodano continetur — in provinciae formam redegit.* — Dio Cass., XL, 43 ; — Velleius, II, 39 ; — Eutrop., VI, 17 ; — Rufus, *Brev.*, VI.

(3) C'est ainsi qu'en 48 et en 46 D. Brutus administra toutes les provinces transalpines. (Appian., *Bell. civ.*, II, 48. 111, et Schweighäuser, sur III, 93. — Drumann, *op. cit.*, t. III, p. 568.)

(4) Voy. Drumann, *op. cit.*, t. III, p. 686.

(5) Strabo, IV, p. 181 ; — Plin., *Nat. hist.*, III, 34.

(6) Dio Cass., XLI, 25 : καὶ ὃς (César) ἐκείνων τότε μὲν τά τε ὅπλα καὶ τὰς ναῦς τά τε χρήματα ἀφείλετο, ὕστερον δὲ καὶ τὰ λοιπὰ πάντα πλὴν τοῦ τῆς ἐλευθερίας ὀνόματος. — Florus, II, 13. — Orosius, VI, 15.

(7) C'est à cela que se rapporte, ainsi que le remarque M. Mommsen (*Röm. Gesch.*, t. III, [7nte éd.], p. 553 [1re note = dans la trad. franç. de M. Alexan-

Dès lors, à partir de l'année 708=46, on voit non seulement envoyer à *Narbo* [Narbonne] une colonie nouvelle (1), mais encore créer celles de *Baeterrae* (Béziers), d'*Arelate* (Arles), de *Forum Iulii* (Fréjus), d'*Arausio* (Orange) (2), les trois premières dans les anciennes possessions de *Massilia*; en même temps, un grand nombre de localités reçurent le droit latin, notamment *Nemausus* [Nîmes] (3) et *Cabellio* [Cavaillon] (4), également situées sur le territoire de *Massilia* ; et, sans doute à la

---

dre, t. VIII, p. 170, note]), le passage suivant de Cicéron (*De offic.*, II, 8 [7]; 27): *Secutus est (Sullam), qui in causa impia, victoria etiam foediore non singulorum civium bona publicaret, sed universas provincias regionesque una calamitatis iure comprehenderet. Itaque vexatis ac perditis exteris nationibus ad exemplum amissi imperii portari in triumpho Massiliam vidimus et ex ea urbe triumphari, sine qua nunquam nostri imperatores ex transalpinis bellis triumpharunt.* — [Sur *Massilia*, voy. MM. O. Hirschfeld, *C. I. L.*, t. XII, f⁰ˢ 55 et suiv.; — Kubitschek, *op. cit.*, pp. 200 et suiv. *Adde*, *supra*, *Bibliogr. gén. des prov. gaul.*, IV, B, APPENDICE I, MARSEILLE, p. 108. — Sur l'*ager publicus*, voy. le t. I de cette trad. = t. VIII de la collection, p. 130, texte et note 3, et M. Ett. de Ruggiero, *Dizionar. epigr.*, fasc. 12, Roma, 1888, V⁰ *Ager publicus populi Romani*, pp. 357 et suiv.]

(1) Suet., *Tib.*, IV. — Voy. Zumpt, *Comment. epigr.*, t. I, p. 313 ; — Herzog, *Gall. Narb.*, p. 81. — Elle porte plus tard le nom de *Colonia Iulia Paterna Claudia Narbo Martius*. (Henzen, n⁰ˢ 5232. 7253. [c. I. P. C. N. M. ; voy., à cet égard, *C. I. L.*, t. XII, n⁰ˢ 4390ᵃᵈᵈ. 4301. 4307. 4398. 4401. 4406. 4414. 4415. 4418. 4422. 4424 ; *mutilae* : n⁰ˢ 4388. 4402. — Avant Claude, elle s'appelait *colonia Iulia Paterna Narbo Martius* (col. Iul. Patern. Narb. Mart. = *C. I. L.*, t. XII, n⁰ 4333 ; c. I. P. N. M. = *ibidem* et n⁰ˢ 4447. 4448) ; *C. I. L.*, t. XII, n⁰ˢ 4333 *bis*. 4447. 4448 ; *mutilae*, n⁰ˢ 4371. 4436. 5962. Cf. n⁰ 4432.]

(2) Voy. Zumpt, *Comment. epigr.*, t. I, pp. 315 et suiv. — [Sur les quatre villes indiquées au texte, voy. : MM. Hirschfeld, *C. I. L.*, t. XII, f⁰ˢ 511 ; 83 ; 38 ; 152 ; — Kubitschek, *op. cit.*, pp. 207 ; 206 et 269 ; 208 et 269, et, *supra*, *Bibliogr. gén. des prov. gaul.*, IV, B, APPENDICE I, pp. 105 et suiv.]

(3) Strabon (IV, p. 187) et Pline (*Nat. Hist.*, III, 37) disent expressément que *Nemausus* était une colonie latine. Les monnaies de cette colonie nous apprennent qu'elle procède de César ; l'année de sa fondation paraît être l'année 49 avant Jésus-Christ. (Voy. M. Mommsen, *Röm. Gesch.*, t. III, [7ᵐᵉ Aufl.], p. 553 [*in fine*, texte et 2⁰ note = dans la trad. franç. de M. Alexandre, t. VIII, p. 171 *in init.*, texte et note 1].) Voy. les autres *oppida Latina* de la province dans Pline (*Nat. Hist.*, II, 36. 37). — [Sur *Nemausus*, voy. MM. O. Hirschfeld, *C. I. L.*, t. XII, f⁰ˢ 381 et suiv.; — Kubitschek, *op. cit.*, pp. 214 et suiv., et, *supra*, *Bibliogr. gén. des prov. gaul.* IV, B, APPENDICE I, p. 108.]

(4) Voy. Herzog, *Gall. Narb.*, p. 86. Les monnaies de *Cabellio* des années 44 et 42 avant notre ère portent la légende *COL CABE*. (Voy. De la Saussaye, [*Numismatique de la Gaule Narbonnaise*, Blois et Paris, 1842, in-4], p. 42, pl. XVII.) — [Sur cette ville, voy. MM. O. Hirschfeld, *C. I. L.*, t. XIII, f⁰ 136, et Kubitschek, *op. cit.*, p. 207.]

même époque, ce bénéfice fut encore acquis à *Antipolis* [Antibes], à *Avenio* [Avignon], à *Alba Helviorum* [Aps], à *Glanum Livii* [Saint-Remy?], à *Caenicenses*, à *Anatilia*, à *Forum Voconii*, à *Sextiae* [Aix] (1). Au contraire, les territoires nou-

(1) Voy. Herzog, *Gall. Narb.*, p. 87 ; — Mommsen, *Röm. Gesch.*, t. III, [7nte Aufl.], p. 553 [= dans la trad. franç. de M. Alexandre, t. VIII, pp. 170 et suiv.]. — [Sur les localités énumérées au texte, voy. : MM. O. Hirschfeld, *C. I. L.*, t. XII, fos 28 ; 130 ; 336 ; 127 ; 635, note 1, et 636 ; 65 ; — Kubitschek, pp. 205-207, et, *supra*, *Bibliogr. gén. des prov. Gaul.*, IV, B, APPENDICE I, pp. 105 et suiv.]

[Note additionnelle sur *Glanum*. — Dans sa séance du 17 août 1888, l'*Académie des Inscriptions et Belles-Lettres* s'est occupée de la fameuse inscription boustrophède en latin archaïque de *Caiso Cantovios* ; ce texte a donné lieu de sa part à une discussion fort intéressante, que nous croyons utile de reproduire ici, d'après le journal *Le Temps* (n° du 19 août 1888) :

« *L'inscription de Caso Cantovios*. — En 1877, on trouva dans le lac Fucin une plaquette de bronze revêtue d'une inscription boustrophède en vieux latin. Ce texte, fort endommagé à diverses places, a été étudié en Italie et en Allemagne, sans qu'on ait abouti à une interprétation définitive. M. Édon vient de l'examiner à son tour sur une photographie qu'il tient du prince G. Torlonia, possesseur de l'original. Faisant valoir diverses considérations tirées de la paléographie, de l'orthographe, de la géographie et de l'histoire, il lit :

« CAiSO CANTOVIOS A DRVE(*ntiad*) CLANO(*m*) CEIP(*it*) A PVR FINEM E(*xtremom*) SALICOM. — EN VRBID CASONTONIO(*s*) SOCIEQVE DONOM ATOLER(*ont*) PACTI A(*iris*) PRO *Lecio*NIBVS M(*ile*) A(*seis*) ET SES(*centos*).

« C'est-à-dire : « Céson Cantovius prit, par le côté gauche qui regarde la Durance, Glanum, à l'extrémité du territoire des Salices. — Dans la ville, Casontonios et ses compagnons apportèrent comme récompense à Cantovius, sur la somme promise en présence des légions, seize cents as. »

« Ainsi, d'après M. Édon, cette inscription fut gravée en mémoire d'un fait d'armes accompli sur le sol de la Gaule par un certain Cantovius, soldat italien, marse peut-être, au service de Rome. La ville dont il s'empara, Glanum, aujourd'hui Saint-Rémy, au-dessous du confluent du Rhône et de la Durance, appartenait à un peuple connu par ses luttes séculaires contre la cité grecque de Marseille, les Salyes ou Salluviens, que les Grecs appelaient *Salices* ou *Salues*, et que les historiens romains nomment indifféremment *Salyes*, *Salyi* ou *Salluvii*. D'après l'âge de l'écriture et de l'orthographe, M. Édon établit que cet événement eut lieu en 218 av. J.-C., au moment où Annibal passait le Rhône.

« Cantovius faisait partie de ce fameux détachement de trois cents cavaliers romains que Scipion envoya en reconnaissance le long du fleuve, et qui livra le premier combat de la deuxième guerre punique. Casontonios et ses compagnons seraient les guides fournis par Marseille, ennemie des Salyes, qui, selon Tite-Live, dirigèrent la petite expédition.

« M. Gaston Boissier pense que cette interprétation est fort douteuse, et il en conteste la traduction sur quelques points. Il félicite M. Édon de ses

vellement conquis ne furent, la guerre une fois terminée, ni entièrement soumis (1), ni complètement occupés, ni enfin organisés à nouveau. En 708=46, les *Bellovaci* se soulevèrent

---

efforts et de son travail ; mais il croit qu'il faut se montrer très prudent en face de pareilles inscriptions et qu'on ne peut se baser sur des documents aussi peu solides pour ajouter à l'histoire toute une campagne. Il fait remarquer que les Romains n'ont que très rarement pratiqué les inscriptions boustrophèdes ou rétrogrades, qu'il est donc difficile de se baser sur cette sorte d'écriture pour assigner une date fixe à l'inscription en question.

« M. Héron de Villefosse partage en plusieurs points l'opinion de M. Boissier. Il ajoute que Glanum est trop loin de la Durance pour qu'on puisse affirmer que cette ville a été attaquée par les Romains de ce côté. En ce qui concerne la façon dont sont placés les points dans cette inscription, M. Héron émet des doutes qui lui feraient considérer ce document comme faux.

« M. Deloche présente quelques observations sur la position de Glanum, qu'il faut, dit-il, se garder d'identifier avec Saint-Rémy. Cette dernière ville a, peut-être, été construite avec des débris de Glanum, mais elle n'est pas à la place qu'occupait la ville romaine, bâtie sur un plateau adossé aux Alpines. M. Deloche est de l'avis de MM. Boissier et Héron de Villefosse sur quelques points de traduction, et il ne serait pas étonné que cette inscription ne fût pas authentique.

« M. Édon répond à ses contradicteurs et expose de nouveau sur quoi il s'est basé pour fixer la date de cette inscription à l'an 218. Il ne prend pas acte de ce document pour fixer un fait historique, mais il émet une hypothèse qui paraît confirmée par l'histoire. De même, quand il dit que l'attaque de Glanum a eu lieu du côté de la Durance, cela ne veut pas dire que Glanum était sur la Durance, mais que cette rivière a servi de point d'orientation. Enfin, en ce qui concerne la manière défectueuse dont sont placés les points et dont sont gravées certaines lettres, on peut l'attribuer à diverses causes, telles que l'ignorance ou la négligence du graveur. M. Édon ne pense pas qu'on se trouve en face d'une inscription officielle : c'est peut-être une plaque particulière dressée par l'intéressé pour conserver le souvenir d'un fait d'armes brillant, d'un service rendu ou d'une générosité. »

(Voy. encore, à cet égard, *Journal officiel*, 26 août 1888, pp. 3617 et suiv., et *Bulletin critique*, 1888, n° 20 et 21, p. 413. — Voy. enfin, sur le document dont il vient d'être question, M. Th. Mommsen, dans le *C. I. L.*, t. IX, f° 319, col. 2.) — [P. L.-L.]

(1) Sallust., *Hist.*, I, 9, éd. Kritz : *Omnia Gallia cis Rhenum atque inter mare nostrum, nisi qua a paludibus invia fuit, perdomita.* — Comp. M. Mommsen, *Gesch. des röm. Münzw.*, p. 686 [= dans la trad. franç. de MM. de Blacas et J. de Witte, t. III, pp. 250-257 ; nous indiquons ici tout le passage intitulé *La Gaule Narbonnaise, réduite en province en 629*, et qui doit être lu en entier]. Dion Cassius (LIII, 22) dit encore au sujet de l'an 27 avant J.-C. : καὶ τὰ τούτων (τῶν Γαλατῶν) ἀκατάστατα ἔτι, ἅτε τῶν ἐμφυλίων πολέμων εὐθὺς ἐπὶ τῇ ἁλώσει ἐπιγενομένων, ἦν.

en Belgique (1), et les années 711 = 43, 726 = 28 et 727 = 27 virent encore trois triomphes remportés sur la Gaule (2). Ce qui nous montre combien l'organisation de la province était encore incomplète, c'est que, lors de la nouvelle division de l'Empire en 727 = 27, Auguste s'attribua le territoire gaulois dans toute son étendue, sans en excepter la Narbonnaise elle-même, et qu'il demeura plus longtemps encore en Gaule, au cours des années 738 = 16 à 741 = 13. C'est sans doute durant cette période qu'il convient de placer l'organisation définitive de l'administration que nous rencontrons depuis cette époque en ce pays. La *Gallia comata*, conquise par César, fut dès lors partagée en trois gouvernements, et, par suite, la Gaule tout entière, en y comprenant la Narbonnaise, se divisa en quatre provinces, dont voici l'énumération (3) :

<small>Provinces de la période impériale.</small>

---

(1) Tit. Liv., *Epit.*, CXIV.
(2) En l'an 43, par L. Munatius Plancus ; en l'an 28, par C. Carinas ; en l'an 27, par M. Valerius Messalla. — Voy. *C. I. L.*, t. I, f° 461.
(3) Strabon (IV, p. 177), Pline (*Nat. Hist.*, IV, 105), Dion Cassius (LIII, 12) et Ptolémée (II, 7-9) s'accordent à attester la division de la Gaule en quatre provinces. Que ce soit bien Auguste qui ait effectué ce partage, c'est ce que Strabon affirme en termes formels, et c'est ce qui résulte aussi de Pline, qui se sert des documents statistiques de l'époque de cet empereur. Mais l'année de la nouvelle organisation ne nous est pas indiquée. J'ai d'abord admis l'année 727, parce que ce fut à cette date que le premier recensement eut lieu dans toutes les parties de la Gaule, recensement qui laisse supposer une délimitation définitive de ces parties et leur division en districts d'impôts. Tit. Liv., *Epit.*, CXXXIV : *C. Caesar rebus compositis et omnibus provinciis in certam formam redactis — Augustus quoque cognominatus est. — Cum ille conventum Narbone egit, census a tribus Galliis, quas Caesar pater viceral, actus.* — Dio Cass., LIII, 22 : καὶ ἐξώρμησε μὲν ὡς καὶ ἐς τὴν Βρεττανίαν στρατεύσων, ἐς δὲ δὴ Γαλατίας ἐλθών, ἐνταῦθα διέτριψεν. — Καὶ αὐτῶν καὶ ἀπογραφὰς ἐποιήσατο καὶ τὸν βίον τήν τε πολιτείαν διεκόσμησε. — Mais M. Mommsen (*Hermes*, t. XV, (1880), p. 111) a démontré qu'en l'année 734=20 encore, Tibère administrait en qualité de légat la *Gallia comata* non partagée. Par suite, la division de la province ne peut avoir été opérée que lors du second séjour de l'empereur en Gaule (738-741). — [L'inscription de Narbonne, trouvée en février 1888, et dont nous avons donné un aperçu succinct dans le t. I de cette trad. = t. VIII de la collection, pp. 247, note 2*, et 256, est venue jeter un jour tout nouveau sur cette question de détermination de date. Aujourd'hui, il ne nous semble plus douteux que le *conventus* de Narbonne dont parle Tite-Live (voy. *supra*) doive être placé en l'an 727=27 av. J.-C. et qu'en conséquence c'est bien à cette année, ainsi que l'avait d'abord pensé Marquardt, que doit être attribuée la division de la

1. La *Gallia Narbonensis* demeura, de 27 à 22 avant J.-C., placée sous l'administration impériale ; en l'an 22, elle fut at-

1. *Narbonensis.*

Gaule. — Voici quelle est actuellement, à notre connaissance, la bibliographie complète à laquelle a donné lieu cet important document épigraphique : Ant. Héron de Villefosse : *Communication relative au fragment de la loi de Narbonne* faite à *l'Académie des Inscriptions et Bell. Lett.*, dans sa séance du 24 février 1888, (*Journ. Off.* du 28 février 1888, p. 885, col. 3 ; — *Comptes-rendus de l'Acad. des Inscr.*, 1888, p. 22) ; *Fragment d'une plaque de bronze découverte à Narbonne*, dans le *Bulletin critique*, n° du 15 mars 1888, *Variétés*, pp. 110 et suiv. (voy. aussi *Bulletin archéologique du comité des travaux historiq. et scientifiq.*, 1888, pp. 156 et suiv.) ; — J.-B. Mispoulet, *Mémoire* communiqué à *l'Acad. des Inscr. et Bell.-Lett.*, le 4 mai 1888, et publié dans le *Bulletin critique*, n° du 15 mars 1888, *Variétés*, pp. 185 et suiv., et, en abrégé, dans la *Nouv. Rev. hist. de dr. franç. et étr.*, 1888, n° de mai-juin, *Variétés*, pp. 353 et suiv., sous le double titre de : *La plaque de bronze de Narbonne. Lettre à M. Héron de Villefosse, membre de l'Institut*, et *La plaque de bronze trouvée à Narbonne*; le même : *La plaque de bronze de Narbonne et le Corpus*, dans le *Bulletin critique*, n° du 1er juillet 1888, *Variétés*, pp. 253 et suiv. ; *La lex concilii provinciae Narbonensis d'après les travaux récents*, dans le *Bulletin critique*, n° du 1er janvier 1890, article 2, pp. 6 et suiv.; — Paul Guiraud, *Mémoire* lu le 12 mai 1888 à *l'Académie des sciences morales et politiques*, et intitulé : *Un document nouveau sur les Assemblées provinciales de l'empire romain. — La plaque de bronze de Narbonne*; ce travail est inséré dans le *Compte rendu des séances et trav. de l'Acad. des sciences mor. et polit.*, nouv. sér., t. XXIX° (= t. CXXIX° de la collection), Paris, 1888, pp. 262-276, (*ibiq.* M. René Cagnat, dans *l'année épigraphique (1888)*, Paris, 1889, pp. 42, col. 2, et suiv.); — Otto Hirschfeld et Theodor Mommsen, dans le *C. I. L.*, t. XII, ad n°. 6038, f°° 864 et 864*; — Allmer, dans la *Revue épigraphique du Midi de la France*, t. II, n° 48, Janvier, février, mars 1888, n° 698, pp. 344 et suiv.; *adde* n° 49, Avril, mai, juin 1888, pp. 355 et suiv. ; — Otto Hirschfeld : *Zu der lex Narbonensis über den Provincialflaminat*, dans la *Zeitschrift der Savigny-Stiftung für Rechtsgeschichte*, t. IX [= t. XXII. de la *Zeitsschr. für Rechtsgesch.*], *Romanist. Abtheil., Miscellen*, Weimar, 1888, pp. 403 et suiv. (traduit en franç. dans la *Revue épigr. du Midi de la France*, t. II, n° 52, Janvier, février, mars 1889, p. 418); *Zur Geschichte des römischen Kaisercultus*, dans les *Sitzungsber. der Königlich preussisch. Akad. der Wissensch. zu Berlin, Philos.-histor. Classe*, 1888, XXXV, pp. 833-862, et tirage à part, broch. gr. in-8 de 30 pp. (trad. franç., sans les notes, dans la *Revue épigr. du Midi de la France* ; voy. t. II, n°s 51 et 52, 1888-1889, pp. 398 et suiv., et pp. 113 et suiv.) ; — Ilario Alibrandi, *Sopra una legge romana contenuta in una iscrizione Narbonese*, dans le *Bullettino dell' Istituto di diritto romano*, ann. I, fasc. IV e V, Roma, 1889, pp. 173 et suiv. (voy. aussi ce même *Bulletin*, ann. I, fascic. II e III, Roma, 1888, p. 163 ; ann. II, fascic. I e II, Roma, 1889, p. 122, NOTIZIE. — *Tavola Narbonese*, et M. René Cagnat, *L'année épigraphique (1889)*, Paris, 1890, pp. 19, col. 2 *in fine*, et suiv.) ; — G. Lafaye, dans la *Revue de l'histoire des religions* (*Bulletin archéologiq. de la Relig. rom.*), juillet-août 1889, pp. 55 et suiv. ; — Paul Viollet, DROIT PUBLIC. — *Hist. des instit. politiq. et administr. de la France*, t. I, Paris, 1890, pp. 110 et suiv.;—

tribuée au Sénat (1) ; et, depuis cette époque, elle fut gouvernée, comme autrefois (2), par un *propractor*, revêtu du titre de *proconsul* (3), et ayant sous ses ordres un *legatus* (4) et un *quaestor* (5). Nous n'avons que peu de renseignements sur les détails

---

M. Brissaud, dans *Le culte chez les Romains*, trad. franç. de J. Marquardt, t. II = t. XIII de la collection, Paris, 1890, pp. 228, note 1, et suiv., et pp. 402 et suiv. ; — P. Louis-Lucas, *Le Flamen et la Flaminica provinciae Narbonensis, d'après la plaque de bronze découverte à Narbonne au mois de février 1888* (en préparation). — Rappelons, en terminant, que M. Adolphe Démy, consul de France à Paris, très habilement secondé par M. J. Letaille, élève de l'*École pratique des Hautes Études*, est parvenu à se rendre acquéreur du précieux monument dont nous venons de parler, et qu'il en a libéralement fait don au Musée national du Louvre. (Voy. *Acad. des Inscr. et Bell.-Lett.*, séance du 12 juillet 1889; *J. off.* du 22 juillet, p. 3602, col. 3, et *Bulletin critiq.* du 15 octobre 1889, p. 440.) — Nous devons à son affectueuse bienveillance de posséder un exemplaire de l'héliogravure qu'il a fait faire du texte, dont tout le monde a pu admirer l'original exposé en 1889 au Champ-de-Mars, dans l'une des galeries (rez-de-chaussée) de l'*Histoire du travail*. — P. L.-L.]

(1) Dio Cass., LIII, 12 ; LIV, 4 ; — Strabo, XVII, p. 840.

(2) C'est ainsi que M. Fonteius fut *propractor Galliae Narbonensis*, ainsi que l'admet M. Mommsen, (*Röm. Gesch.*, t. III, [7^{nte} Aufl.], p. 224 [= dans la trad. franç. de M. Alexandre, t. VII, p. 8]), de 76-74, sûrement de 75-74 (voy. Drumann, t. V, p. 330) ; il portait le titre de *practor* (Cic., *Pro Font.*, V, 11 ; VII, 16) et avait deux *legati* (*ibid.*, VIII, 18). En l'an 64, L. Licinius Murena était *propractor* (Cic., *Pro Mur.*, XXVI, 53) ; en l'an 62, ce fut C. Pontinus (Tit. Liv., *Epit.*, CIII).

(3) On trouve des exemples de *proconsules* G. N.: sous Claude, dans Borghesi, (*Œuvres*, t. V, pp. 7. 8) ; — sous Claude ou sous Néron, dans Tacite, *Hist.*, I, 48), et dans Pline, (*Nat. hist.*, XXXV, 20) ; — sous Trajan, dans Orelli-Henzen, (n°s 3659 [= *C. I. L.*, t. XIV, n° 2925]. 6915 [= *C. I. L.*, t. III, 1, n° 87 ; cf. t. III, 2, f° 968, *ad h. n.*]) ; — sous Antonin le Pieux, dans Henzen, (n° 7120 α [= Renier, *Inscr. de l'Alg.*, n° 19 = *C. I. L.*, t. VIII, 1, n° 2747]) ; — sous Septime-Sévère, dans Marini, (*Iscr. Alb.*, p. 50 [= Willmanns, *Exempla*, t. I, n° 1202 = *C. I. L.*, t. VI, 1, n° 1408]) ; — sous Caracalla, dans Henzen, (n° 6453 [et non n° 6450, comme l'indique à tort Marquardt, p. 265, note 4 ; = *C. I. L.*, t. XIV, n° 3602]) ; — sous Alexandre Sévère, dans Borghesi, (*Œuvres*, t. IV, p. 133), et au Code de Justinien, (Const. 4, [*Ad leg. Jul. de adulter. et de stupro*], IX, 9) ; — à une époque indéterminée, dans le *C. I. Gr.*, n° 5800.

(4) Orelli-Henzen, n°s 3179 [= *C. I. L.*, t. XIV, n° 2498]. 6488 ; — Marini, *Iscr. Alb.*, pp. 50-51 [= Willmanns, *Exempla*, t. I, n°s 1202 et 1202 a = *C. I. L.*, t. VI, 1, n°s 1408 et 1409].

(5) Orelli, n°s 3179 [= *C. I. L.*, t. XIV, n° 2498]. 3186 [corrigé par Henzen, t. III, p. 510 = *C. I. L.*, t. VI, 1, n°s 1497 et 1549]. 3865 ; — Marini, *Atti*, [II], p. 793 [= *C. I. L.*, t. XIV, n° 3900]. — [Voy., sur ce qui précède, M. W. Liebenam, *opp. et loce. citt.*, dans notre *Bibliogr. gén. des prov. gaul.*, IV, B, p. 102.]

de l'organisation de cette province; la liste des ressorts judiciaires (*conventus*), par exemple, nous fait absolument défaut (1); par contre, nous savons qu'Auguste, soit pendant son triumvirat, soit pendant le second séjour qu'il fit dans la province de l'an 16 à l'an 13, y fonda de nouvelles colonies de citoyens (2), au nombre desquelles figurent vraisemblablement *Carcaso* [Carcassonne] (3), *Ruscino* [Castel Roussillon?] (4), *Vienna* [Vienne] (5), *Valentia* [Valence] (6) et *Aquae Sextiae* [Aix] (7).

2. L'*Aquitania*, conquise en l'an 56 par P. Licinius Crassus, fils du triumvir et *legatus* de César (8), dut, à la suite de soulèvements répétés, être encore deux fois réduite, en l'an 38, par M. Agrippa (9), et, peu après la bataille d'*Ac-*

2. *Aquitania.*

---

(1) Ces *conventus* sont mentionnés par César, (*De bell. Gall.*, VIII, 46); seul, le *conventus Narbonensis* est nommé par Tite-Live, (*Epit.*, CXXXIV [voy., à cet égard, *supra*, p. 121. note 3, et suiv.]).

(2) *Monum. Ancyr.*, V, 36 : *Colonias in — — Gallia Narb(onensi) — militum deduxi*; — Dio Cass., LIV, 23 : πόλεις ἐν τῇ Γαλατίᾳ καὶ ἐν τῇ Ἰβηρίᾳ συχνὰς ἀπῴκισε.

(3) *Colonia Iulia Carcaso*, dans une inscription rapportée par Herzog, (*Gall. Narb. Hist., App.*, n° 266 [= *C. I. L.*, t. XII, n° 5371]). — [Sur *Carcaso*, voy. MM. O. Hirschfeld, *C. I. L.*, t. XII, f° 624; voy. aussi, f° 522; — Kubitschek, *op. cit.*, pp. 207 *in fine* et suiv.]

(4) Sur ses monnaies frappées entre les années 27 et 23 avant notre ère, la ville s'appelle *COI?RVSC LEG VI*. (Voy. De la Saussaye, *Numismatique de la Gaule Narbonnaise*, Blois et Paris, 1842, in-4, p. 193, pl. XXIII.) — [Voy., sur *Ruscino*, M. O. Hirschfeld, *C. I. L.*, t. XII, f°s 522, col. 2, et 622, LVI.]

(5) Sur les monnaies *Colonia Iulia Vienna* (Eckhel, *Doct. Num.*, t. 1, p. 71; — de la Saussaye, *op. sup. cit.*, p. 131; — Borghesi, *Œuvres*, t. V, p. 260). — [Voy., sur cette ville, MM. O. Hirschfeld, *C. I. L.*, t. XII, f°s 217 et suiv.; — Kubitschek, *op. cit.*, pp. 212 et suiv. — *Adde*, sur les *Allobroges*, dont *Vienna* était la capitale, M. Ett. de Ruggiero, *Dizionar. epigr.*, fascic. 14, Roma, 1889, p. 423, col. 2.]

(6) Plin., *Nat. hist.*, III, 36. — Herzog, *Gall. Narb. Hist.*, pp. 94. 95; — Zumpt, *Comment. epigr.*, t. I, p. 370. — [Voy., sur cette ville, M. O. Hirschfeld, *C. I. L.*, t. XII, f° 207.]

(7) Herzog, *Gall. Narb. Hist., App.*, n° 356 [= *C. I. L.*, t. XII, n° 982] : *COLonia IVLIA AVGusta AQVIS SEXTIS*. Si Pline compte cette ville au nombre des *oppida Latina*, cela tient à ce qu'Agrippa est sa source exclusive. (Voy. Desjardins, [*Géogr. de la Gaule*], p. 429.) — [Sur *Aquae Sextiae*, voy. MM. O. Hirschfeld, *C. I. L.*, t. XII, f° 65; — Kubitschek, *op. cit.*, p. 206.]

(8) Caesar, *De bell. Gall.*, III, 27. — Voy. Drumann, t. IV, p. 116; t. III, p. 269.

(9) Appian., *Bell. civ.*, V, 92; — Dio Cass., XLVIII, 49; — Eutrop., VII, 5.

tium (1), par Messala (2), qui triompha sur l'Aquitaine le 25 septembre 27 (3). Lors de l'organisation de la province, on ajouta au territoire de l'Aquitaine, compris entre les Pyrénées, la mer, la Garonne et les Cévennes (4), quatorze tribus habitant entre la Garonne et la Loire, et sa frontière du Nord se trouva ainsi reculée jusqu'à ce dernier fleuve (5).

3. *Lugdunensis.*   3. La *Lugdunensis*, dont le territoire s'étendait entre la Loire, la Seine et la Saône (6), dut son nom à la colonie romaine de *Lugdunum*, fondée en l'an 711=43, dans la partie la plus méridionale de la province (7).

4. *Belgica.*   4. La quatrième province, la plus grande de toutes par son étendue, la *Belgica*, était, lors de sa fondation, limitée à l'Ouest par la Seine et par la Saône, au Nord par la mer du Nord, à l'Est par le Rhin, de son embouchure au lac de Constance (8) ; sa région inférieure comprenait toute la partie Ouest de la Suisse, déjà soumise par César, en l'an 58, lors de la défaite des Helvétiens et des Rauraques (9), en l'an 57, lors de l'occupation

---

(1) Appian., *Bell. civ.*, IV, 38. Messala fut consul en l'an 31 avant J.-C. et dirigea la guerre comme proconsul, par conséquent au plus tôt à partir de l'an 30. (Voy. *Fasti triumph.*, ad ann. 727, dans le *C. I. L.*, t. I, f° 461.)

(2) Tibull., I, 7, 3 et suiv. — Voy. L. Wiese, *De M. Valerii Messalae Corvini vita et studiis doctrinae*, Berol., 1829, in-8, p. 22. — Comp. Sueton., *Octav.*, XXI ; — Eutrop., VII, 9 ; — Aurel. Vict., *Epit.*, I, 7.

(3) *Fasti triumph.*, ad ann. 727, dans le *C. I. L.*, t. I, f° 461 ; — Appian. *Bell. civ.*, IV, 38 ; — Tibull., II, 1, 33 ; II, 5, 115 et suiv.

(4) Caesar, *De bell. Gall.*, I, 1 : *Aquitania a Garumna flumine ad Pyrenaeos montes et eam partem Oceani, quae est ad Hispaniam, pertinet* ; — Strabo, IV, p. 177 : Ἀκυιτανοὺς μὲν τοίνυν ἔλεγον τοὺς τὰ βόρεια τῆς Πυρήνης μέρη κατέχοντας καὶ τοῦ Κεμμένου μέχρι πρὸς τὸν ὠκεανὸν τὰ ἐντὸς Γαρούνα ποταμοῦ.

(5) Strabo, *loc. sup. cit.* : ὁ δὲ Σεβαστὸς Καῖσαρ τετραχῇ διελὼν τοὺς μὲν Κέλτας τῆς Ναρβωνίτιδος ἐπαρχίας ἀπέφηνας, Ἀκυιτανοὺς δ' οὕσπερ κἀκεῖνος (César), προσέθηκε δὲ τεσσαρεσκαίδεκα ἔθνη τῶν μεταξὺ τοῦ Γαρούνα καὶ τοῦ Λίγηρος ποταμοῦ νεμομένων. — Plin., *Nat. hist.*, IV, 108 ; — Ptolemaeus, II, 7. — [Voy., sur l'*Aquitania*, les auteurs cités dans notre *Bibliogr. gén. des prov. gaul.*, et M. Kubitschek, *op. cit.*, pp. 216 et suiv.]

(6) Ptolem., II, 8.

(7) Sur l'établissement de la colonie, voy. Zumpt, *Comment. epigr.*, t. I, p. 371 ; — de Boissieu, *Inscr. de Lyon*, pp. 126 et suiv. — [Voy. notre *Bibliogr. gén. des prov. gaul.*, et, spécialement, IV, B, APPEND. I, LYON, et APPEND. II, Sur la signification du mot *Dunum* et sur *Lugdunum*, pp. 107 *in fine* et 111 ; — M. Kubitschek, *op. cit.*, pp. 217 et suiv.]

(8) Plin., *Nat. hist.*, IV, 105. 106 ; — Ptolem., II, 9.

(9) Caes., *De bell. Gall.*, I, 9-30 ; — Tit. Liv., *Epit.*, CIII ; — Dio Cass., XXXVIII, 31-33 ; — Plut., *Caes.*, XVIII.

de la vallée du Rhône (1), et où, dès l'an 43, deux colonies avaient été fondées, *Colonia Equestris* ou *Noviodunum* (Nyon) (2), et *Colonia Raurica* (Augst, près Bâle) (3). Le gouverneur de la province résidait à *Durocortorum Remorum* (Reims) (4).

Les trois provinces conquises par César, les *tres Galliae*, que l'on appelait ainsi par opposition à la *Narbonensis* (5), non

<small>Administration.</small>

---

(1) Caes., *De bell. Gall.*, III, 1.

(2) La colonie s'appelant seulement *Iulia*, et non *Augusta*, il s'ensuit qu'elle a été fondée avant l'an 27 av. J.-C., soit par César lui-même, soit par les triumvirs, soit par Octave. Pline (*Nat. hist.*, IV, 106) la nomme *Colonia equestris* ; elle porte le nom de *civitas equestrium* dans une inscription rapportée par M. Mommsen, (*Inscr. Confoed. Helv.*, n° 115). — [Voy., sur *Noviodunum*, M. Kubitschek, *op. cit.*, p. 221.]

(3) Fondée par L. Munatius Plancus, qui fut gouverneur dans la nouvelle Gaule au cours des années 44 et 43 (voy. Drumann, t. IV, p. 207) ; on lit dans son inscription funéraire, (Orelli, n° 590 = Mommsen, *I. R. N.*, n° 4089 [= Wilmanns, *Exempla inscr. lat.*, t. I, n° 1112 = *C. I. L.*, t. X, 1, n° 6087]) : *in Gallia colonias deduxit Lugdunum et Rauricam*. La colonie n'a reçu que plus tard le titre d'*Augusta*, probablement à la suite de sa réorganisation, peut-être bien dans les années 16-13 avant notre ère, période pendant laquelle Auguste fonda en Gaule plusieurs colonies. — [Voy. sur elle M. Kubitschek, *op. cit.*, p. 220.]

(4) Strabo, IV, p. 194. — [Voy., sur Reims, notre *Bibliogr. gén. des prov. Gaul.*, IV, B, Appendice I, à ce mot, p. 110, et, sur la *Gallia Belgica*, les auteurs cités en cette même *Bibl.*, et M. Kubitschek, *op. cit.*, pp. 218 et suiv.]

(5) Tit.-Liv., *Epit.*, CXXXIV : *Cum ille (Augustus) conventum Narbone egit, census a tribus Galliis, quas Caesar pater vicerat, actus* ; — Plin., *Nat. hist.*, IV, 105. — Voy. un *sacerdos III provinciarum Galliarum*, dans Orelli, n° 184. 185 ; cf. Orelli, n° 3650. 3653 ; — Henzen, n° 5967. 5968. 6393. [= *C. I. L.*, t. XIV, n° 327]. 6944. 6949. 6950. [Voy. aussi les tables dans de Boissieu, *Inscr. antiq. de Lyon* ; — A. Allmer et P. Dissard : *Trion, Première partie, et Musée de Lyon. Inscr. antiq.* ; voy. notre *Introd. bibliogr. gén.*, à ces noms. — *Adde* M. l'Abbé Thédenat, sur l'inscription de Moirans (dans le Jura), publiée par Muratori, dans son *Nov. Thes. inscr. latin.* et concernant un prêtre des trois Gaules, dans le *Bulletin de la Société nat. des Antiq. de France*, 3° trim. 1888, pp. 218-222, et *Statue élevée à Saintes*, à un prêtre des trois Gaules, dans la *Revue épigr. du Midi de la France*, n° 48, [Janvier, février, mars 1888], t. II, p. 341, et n° 51, [Octobre, novembre, décembre 1888], t. II, pp. 397 *in fine* et suiv.] L'inscription n° 3178 du Recueil d'Orelli [= *C. I. L.*, t. VI, 1, n° 1624], qui mentionne un *praef. vehicul. trium prov. Gall. Lugdunens. Narbonens. et Aquitani(ae)*, et où, par conséquent, l'expression *tres Galliae* est employée dans un autre sens, est de Ligorio. — [N. B. : Les inscriptions dites *ligoriennes* pourraient bien souvent être moins fausses qu'on ne le dit ; témoin celle que cite ici Marquardt et celle reproduite au *C. I. L.*, t. VI, 1, n° 423* ; un texte découvert récemment en établit la parfaite authenticité ; voy. le *Korrespondenzblatt der Westdeutschen Zeitschrift*, 1889, p. 71 = M. René Cagnat, *L'année épigraphique (1889)*, Paris, 1890, p. 21, col. 1, n° 68. — P. L.-L.]

seulement n'ont pas reçu la même organisation, mais, soit à raison de leur pacification encore incomplète, soit à cause de l'utilité qu'elles avaient pour les Romains, à qui elles servaient de point de départ dans leurs guerres continuelles contre les Germains, on les avait soumises, durant tout le règne d'Auguste, à l'autorité d'un commandant militaire unique, qui administrait chaque province par ses *legati* (1). C'est à ce titre que toutes trois eurent encore pour gouverneurs communs, de l'an 13 à l'an 9, Drusus l'Ancien (2), et, de l'an 9 à l'an 7, Tiberius (3). Leur séparation administrative n'a pu se produire que vers cette époque (4). Toutefois, nous les retrouvons plus tard encore réunies sous le commandement de Germanicus, qui, tout en faisant la guerre aux Germains, de l'an 13 à l'an 17 après J.-C. (5), procéda, au cours de la même période, au recensement des trois Gaules (6), et reçut, lors de l'avènement de Tiberius, le serment de fidélité dans la *Belgica* (7); il avait sous ses ordres six *legati* (8), dont

---

(1) Le même cas a pu se produire également dans d'autres provinces, ainsi que nous l'apprend Dion Cassius (LIII, 12), qui, après avoir énuméré les provinces partagées en l'an 27 entre le Sénat et l'Empereur, poursuit ainsi : ταῦτα δὲ οὕτω κατέλεξα, ὅτι νῦν χωρὶς ἕκαστον αὐτῶν ἡγεμονεύεται. Ἐπεὶ τό γε ἀρχαῖον καὶ ἐπὶ πολὺ καὶ σύνδυο καὶ σύντρια τὰ ἔθνη ἅμα ἤρχετο.
(2) Voy. Dio Cass., LIV, 25, et les autres passages dans Zumpt, (*Stud. Rom.*, p. 118). Bien qu'il commandât en Germanie, il fit cependant le recensement en Gaule (Tit.-Liv., *Epit.*, CXXXIX ; — *Oratio Claudii*, dans de Boissieu, *Inscr. de Lyon*, p. 139 : *et quidem cum a census novo tum opere et inadsueto Galliis ad bellum avocatus esset* [voy. aussi notre *Bibliogr. gén. des prov. gaul.*, IV, B]), et fonda à *Lugdunum* [Lyon] l'*ara Augusti* (Tit.-Liv., *Epit.*, CXXXIX). Sa résidence était *Lugdunum*, où son fils Claude naquit le 1er août de l'an 11 avant Jésus-Christ (Suet., *Claud.*, II). Après sa mort, un *tumulus* lui fut élevé près de Mayence, *circa quem deinceps stato die miles decurreret Galliarumque civitales publice supplicarent* (Suet., *Claud.*, I).
(3) Vellei. Paterc., II, 97 ; — Dio Cass., LV, 6. 8.
(4) On trouve dans Zumpt, (*Stud. Rom.*, pp. 119 et suiv.), des matériaux incomplets sur l'administration de la Gaule depuis cette époque.
(5) Suet., *Calig.*, VIII; — Tacit., *Ann.*, II, 41.
(6) Tacit., *Ann.*, I, 31. 33.
(7) Tacit., *Ann.*, I, 34.
(8) C'étaient : C. Silius, A. Caecina (Tacit., *Ann.*, I, 31), L. Apronius (*ibid.*, I, 56), P. Vitellius (*ibid.*, I, 70), qui n'était nullement *legatus legionis*, comme le croit Nipperdey, C. Antius (*ibid.*, II, 6), L. Seius Tubero (*ibid.* II, 20).

quelques-uns étaient affectés aux provinces gauloises (1).

Le pays tout entier ne comptait, lors de la conquête de Cé- *Régime des pagi.*
sar, qu'un petit nombre de villes; et il se divisait en tribus,
ἔθνη, *civitates* (2), réparties elles-mêmes en villages; il paraît y
avoir eu 300 (3) ou 400 (4) de ces villages à l'arrivée de César. Auguste en forma 64 districts administratifs et financiers (5) et établit, dans chacun d'eux, un chef-lieu comme siège de l'administration. Ainsi, par exemple, la *civitas Helvetiorum* comprenait quatre *pagi* (6), où les Helvétiens, après avoir incendié, lors de leur départ pour la Gaule, 400 *vici* et 12 *oppida* (7), réédifièrent, à leur retour, un certain nombre de *vici*, comme *Lousonna* (Lausanne), *Eburodunum* (Yverdun),

---

(1) Tacit., *Ann.*, II, 6 : *missis ad census Galliarum P. Vitellio et C. Antio.* — [Sur les détails de l'administration, voy. les auteurs cités dans notre *Bibl. gén. des prov. gaul.*, III, et IV, B, pp. 84 et suiv., 93 et suiv.]

(2) Voy. M. Mommsen, *Die Schweiz in römischer Zeit*, [*Neunter Bericht der ant. Ges. in Zürich*, 1853, in-4], pp. 17 et suiv. ; — Kuhn, [*Die städtische und bürgerl. Verf. des Röm. Reichs*], t. II, pp. 407-425.

(3) Plut., *Caes.*, XV.

(4) Appian., *De r. Gall.*, II. — [Sur les *pagi* de la Gaule, comp. MM. Voigt, Th. Mommsen, Alfr. Jacobs et A. Longnon, *opp. et locc. citt.* dans notre *Bibliog. gén. des prov. gaul.*, IV, A et B, pp. 86 et suiv.; voy. aussi E. B., *Le vicus et le pagus dans la Gaule romaine*, dans Devic et Vaissete, *Hist. gén. du Languedoc*, nouv. éd., t. II, Paris, 1876, pp. 412-420.]

(5) Tacit., *Ann.*, III, 44 : *quattuor et sexaginta Galliarum civitates*. Servius (*Ad Verg. Aen.*, I, 285) indique également ce nombre ; seulement il se trompe, en ce qu'il fait vaincre par César 64 *civitates Galliarum*. Strabon (IV, p. 192) donne 60 en chiffre rond : ἔστι δὲ βωμὸς ἀξιόλογος (à *Lugdunum*), ἐπιγραφὴν ἔχων τῶν ἐθνῶν ἑξήκοντα τὸν ἀριθμόν. Pareillement, Ptolémée compte 17 ἔθνη dans l'*Aquitania*, 25 dans la *Lugdunensis*, 22 dans la *Belgica*, donc en tout 64 ἔθνη. Brambach, (dans le *Rhein. Mus.*, N. F., t. XXIII, (1868), pp. 263-302), cherche à découvrir les *civitates* dans la *Notitia Galliarum* ecclésiastique du moyen âge. (Comp. Desjardins, *Géogr. de la Gaule*, p. XXVIII.) C'est également d'après ces districts que les levées de troupes étaient faites, et c'est à cela qu'a trait le *dilectator per Aquitanicae XI populos*, dont il est fait mention dans l'inscription n° 6929 de Henzen [voy. aussi *Journal des Savants*, 1837, p. 661 ; — de Boissieu, *Inscr. de Lyon*, VII, 8, p. 246 ; — Allmer et Dissard, *Musée de Lyon, Inscr. antiq.*, voy. les tables], et qui, par conséquent, ne s'occupait de la levée que dans une partie de la province.

(6) Caes., *De bell. Gall.*, I, 12 : *Helvetia in quatuor pagos divisa est*. L'inscription d'*Aventicum* [Avenches] (Mommsen, *Inscr. Confoed. Helv.*, n° 192) fait mention des *pagi* : C. Valer. — — Camillo, quoi — — civitas Helvet. qua pagatim qua publice statuas decrevit.

(7) Caesar, *De bell. Gall.*, I, 5.

Organisation Romaine, t. II. 9

Minnodunum (Moudon), *Salodurum* (Solothurn [Soleure]), *Turicum* (Zurich), *Vitudurum* (Oberwinterthur), *Aquae* (Baden, près Zurich), *Vindonissa* (Windisch)(1) ; leur chef-lieu commun est *Aventicum* [Avenches] (2), qui, déjà sous Auguste, est le siège de la perception des impôts pour le district (3). Ces chefs-lieux ont donné naissance aux grandes villes françaises, dont les noms ont, pour la plupart, conservé trace de cette origine. Ils perdirent petit à petit le nom de la localité où ils étaient établis, pour prendre celui du district ; ce sont ces dénominations qui ont survécu. *Avaricum*, le chef-lieu des *Bituriges*, s'appelle encore Bourges ; *Samarobriva*, le chef-lieu des *Ambiani* (4), s'appelle Amiens ; *Noviomagus*, le chef-lieu des *Lexovii*, s'appelle Lisieux ; *Condevincum*, le chef-lieu des *Namnetes*, s'appelle Nantes ; enfin, *Condate*, le chef-lieu des *Redones*, s'appelle Rennes (5).

{Formation des grandes villes.}

{Assemblée à *Lugdunum*.}

Les 64 districts avaient pour capitale commune *Lugdunum* [Lyon] (6), que sa situation au point de jonction des trois provinces rendait particulièrement propre à être le siège du Gouvernement. C'est de Lyon que partaient les routes rayonnant

---

(1) Mommsen, *Inscr. Confoed. Helv.*, n°⁸ 133. 142. 149. 219. 236. 239. 241. 245.— [Sur les localités diverses indiquées au texte, voy. M. Mommsen, *Inscr. Confoed. Helvet.*]

(2) *Gentis caput* (Tacit., *Hist.*, I, 68). — Sous Vespasien ou sous ses fils, *Aventicum* est devenue colonie et s'appelle depuis lors *Colonia pia Flavia Constans Emerita Helvetiorum* (voy. M. Mommsen, *op. sup. cit.* pp. 26 et suiv., [et *adde* M. Kubitschek, *op. cit.*, pp. 219 et suiv.]). Sur les antiquités d'*Aventicum*, voy. Bursian, dans les *Mittheilungen der ant. Ges. in Zürich*, t. XVI, 1, 1. 2.

(3) Le percepteur est un esclave, *Donatus, Caesaris Au(g. servus) Salvianus, exactor tributorum in Hel(vetia)* (Mommsen, *Inscr. Conf. Helv.*, n° 178).

(4) Sur l'année 355, Ammien (XV, 11, 10) dit : *Belgica, qua Ambiani sunt, urbs inter alias eminens.* (Cf. XXVII, 8, 1.)

(5) On trouve réunis tous les noms d'une manière complète dans A. Bernard, (*Le temple d'Auguste*, pp. 120 et suiv.), et dans Desjardins, (*Géogr. de la Gaule*, pp. 54-89). Comp. Kuhn, *Verf. des Röm. Reichs*, t. II, pp. 419 et suiv. — [Sur *Noviomagus*, voy. aussi M. Kubitschek, *op. cit.*, p. 221.]

(6) Voy. M. O. Hirschfeld, *Lyon in der Römerzeit*, Wien, 1878, in-8. [Ce travail a été traduit en franç. par M. Allmer, sous le titre de *Lyon à l'époque romaine*, dans la *Revue épigr. du Midi de la France*, t. I, 1879, pp. 81-94. — Voy. aussi notre *Bibl. gén. des prov. gaul.*, IV, B, APPEND. I, LYON, pp. 107 *in fine* et suiv., et p. 130, note 3, *infer.*]

dans toutes les directions du pays (1); c'est là que, le premier août de l'an 12 av. J.-C. (2), fut consacrée l'*ara Romae et Augusti* (3), sur laquelle on lisait les noms des 64, ou, suivant le témoignage de Strabon, des 60 *civitates*, dont se composaient les *tres Galliae* (4), et que desservait un prêtre (*sacerdos ad templum Romae et Augusti ad confluentes Araris et Rhodani*), alternativement choisi dans chacun des districts des trois pro-

---

(1) Strabo, IV, p. 208.

(2) Dio Cass., LIV, 32. Sur le jour, voy. Suet., *Claud.*, II. Cf Tit. Liv., *Epit.*, CXXXIX. Sur l'année, voy. Clinton, *Fasti Hell.*, ad ann. 742. 744. — [Comp. Lenormant, *La monnaie dans l'antiquité*, t. II, pp. 188 et suiv. ; — Klein, *Fasti consul.*, p. 11 ; — M. Paul Viollet, *Droit public*, t. I, pp. 47 *in fine* et 107 ; d'après ce dernier auteur, c'est en l'an 10 avant notre ère que le culte de Rome et d'Auguste fut établi à Lyon.]

(3) Sur l'*ara*, dont les monnaies permettent de voir la forme, sur sa situation et son importance, voy. : Artaud, *Discours sur les médailles d'Auguste et de Tibère au revers de l'autel de Lyon*, Lyon, 1818, in-4 ; — de Boissieu, *Inscr. ant. de Lyon*, Lyon, 1854, in-fol., pp. 82 et suiv. ; — Comarmond, *Description du Musée des antiques de la ville de Lyon*, Lyon, 1854-1858, 2 voll. in-fol.; — Spon, *Recherche des antiquités et curiosités de la ville de Lyon*, 2º éd., par L. Renier, Lyon, 1857, in-8 ; — A. Bernard, *Le temple d'Auguste et la nationalité Gauloise*, Lyon, 1863, in-fol., [*ibiq.* M. Vitet, dans le *Journal des Savants*, 1864, pp. 393 et suiv.; voy. aussi notre *Introd. bibliogr. gén.*, I, B, 2º. — *Adde* : A. Comarmond, *Description du Musée lapidaire de la ville de Lyon. Épigraphie antiq. du département du Rhône*, Lyon, 1846-1854, 1 vol. gr. in-4, pl.; — Martin-Daussigny : *Dissertation sur l'emplacement du temple d'Auguste, au confluent du Rhône et de la Saône*, Lyon, 1853, broch. in-8 ; *Notice sur la découverte des restes de l'autel d'Auguste à Lyon*, Lyon, 1863, broch. gr. in-8, pl. ; — — J.-B. Monfalcon, *Musée lapidaire de la ville de Lyon*, Paris, 1859, in-fol., pl.;— L. Renier, *Sur l'emplacement de l'autel de Rome et d'Auguste à Lyon*, (dans les *Comptes-rendus des séances de l'Acad. des Inscr. et Bell.-Lett.*, 1ʳᵉ série, t. III, Paris, 1859, pp. 102-104) ; — A. Bernard : *Lettre à M. Hauréau*, 1864, p. 2 ; *Une famille ségusiave aux trois premiers siècles de notre ère*, Lyon, 1868, p. 14 ; — Fustel de Coulanges, *Hist. des instit. politiq. de l'anc. France*, 1ʳᵉ partie, 2º éd., Paris, 1877, p. 97, note 2 ; — E. Desjardins, *Géogr. hist. et admin. de la Gaule rom.*, t. II, p. 23 ; — Allmer et Dissard : *Trion*, Lyon, 1887-88, 2 voll. gr. in-8; *Musée de Lyon. Inscr. antiq.*, Lyon, 1888-89, 2 voll. gr. in-8 actuellement parus; — Paul Viollet, Dr. publ. — *Hist. des instit. polit. et admin. de la France*, t. I, Paris, 1890, pp. 44 et suiv., et pp. 107 et suiv. A la p. 48, note 3, ce savant auteur écrit : « L'emplacement du temple d'Auguste correspond à l'emplacement actuel de l'église Saint-Pierre (dans la ville moderne de Lyon, aux Terreaux et non au bourg d'Ainay). » — Comp. encore *supra*, p. 77, note 1* et les renvois, et, sur l'origine des Assemblées de Lyon, M. P. Guiraud, *Étude historiq. sur les Assemblées prov. de l'emp. rom.*, Paris, 1887, in-8. Comp. M. d'Arbois de Jubainville, *Études sur le Senchus Mor*, dans la *Nouv. Rev. hist. de dr. franç. et étr.*, t. V, 1881, pp. 195 et suiv.] .

(4) Strabo, IV, p. 192.

vinces (1). C'est là que, jusqu'au temps de Dion Cassius, l'anniversaire de la fondation fut célébré par une fête (2), lors de laquelle toutes les 64 *civitates* occupaient des places dans l'amphithéâtre (3), et où, depuis Caligula, des rhéteurs grecs et latins se livraient à des joutes oratoires (4); c'est là que s'assemblait vraisemblablement au même moment le *concilium* des trois provinces, chargé de décréter des honneurs (5), de lever des impôts (6), de vérifier l'état de la caisse (*arca Gallia-*

---

(1) Voy. les inscriptions relatives à ces prêtres dans de Boissieu, pp. 84-114; — Bernard, [*Le temple d'Auguste*], pp. 51 et suiv. — Comp. Orelli-Henzen, nos 184. 185. 5965-5968; — Renier, dans les *Comptes-rendus*, 1865, p. 96, et 1877, pp. 34 et suiv. — [Voy. également les ouvrages d'épigraphie lyonnaise cités p. 130, note 3, *supra*.] — Boissieu et Bernard pensent que 60 prêtres, un pour chaque *civitas*, étaient simultanément en fonctions; Kuhn (t. II, p. 408) s'élève avec raison contre cette opinion. Tite-Live (*Epit.*, CXXXIX) dit, au sujet de la fondation de l'autel: *Ara Caesari ad confluentem Araris et Rhodani dedicata, sacerdote creato C. Iulio Vercondaridubno Aeduo*; il mentionne donc un *sacerdos* unique, et ce prêtre est de même plus tard *sacerdos trium provinciarum Galliarum* (Orelli, n° 184), et est pareillement nommé par les trois provinces, et non pas par sa *civitas* (Henzen, n° 5967). Si donc on trouve des prêtres tirés des trois provinces, savoir : de la *Lugdunensis*, un *Aeduus* (Orelli, n° 184), un *Carnutinus* (de Boissieu, pp. 90. 607), un *Tricassinus* (Henzen, n° 5965); — de l'*Aquitania*, un *Arvernus* (de Boissieu, p. 86), un *Cadurcus* (de Boissieu, p. 95; — Bernard, [*Le temple d'Auguste*], p. 68); — de la *Belgica*, un *Nervius* (de Boissieu, p. 114) et un *Sequanus* (Orelli, n° 4018), — il en faut conclure que le sacerdoce était institué annuellement, et l'inscription rapportée par de Boissieu (pp. 91. 92) : *Q. Licinio, Ulpi Licini Taurici fil., qui sacerdotium apud aram duo et — —*, doit, d'après M. Mommsen (*Annali*, 1853, p. 60), être complétée de la manière suivante: *viginti annos natus gessit*. J'ai précisé ce point dans l'*Ephem. Epigr.*, 1872, p. 203 et suiv. — [Voy. aussi l'inscr. de Narbonne et les renvois faits à cet égard *supra*, p. 121, note 3. — Comp. M. A. de Barthélemy, *Les assemblées nationales dans les Gaules*, dans la *Revue des questions historiq.*, 3e année, 1868, t. V, p. 14; — Jung, *Die Roman. Landsch. des röm. Reiches*, Innsbruck, 1881, pp. 222 et suiv; — Lebègue, *Inscription de l'Ara Narbonensis*, Paris, 1882, broch. in-8.]

(2) Dio Cass., LIV, 32.

(3) Cela ressort des inscriptions de l'amphithéâtre (de Boissieu, p. 467; — Bernard, [*Le temple d'Auguste*], pp. 30 et suiv.).

(4) Suet., *Calig.*, XX; — Juven., I, 44.

(5) Les statues et les inscriptions sont toujours érigées et placées au nom des *III provinciae Galliae*.

(6) L'inscription de Thorigny (chez Mommsen, dans les *Ber. der Sächs. Ges. der Wissensch.*, 1852, *Phil. hist. Cl.*, p. 243) mentionne une imposition de ce genre; ce texte nous révèle que les députés à l'assemblée recevaient une instruction de leur *civitas*: *His accedit, quod, cum Cl. Paulino decessori meo in concilio Galliarum instinctu quorundam, qui ab eo propter merita sua laesi videbantur, quasi ex consensu provinciae accusationem instituere temptarent. Solem-*

rum) destinée à faire face aux besoins particuliers des provinces, de désigner ou de rémunérer ses préposés (1), et de régler les autres affaires provinciales (2); enfin, c'est là aussi qu'était le siège de la régie financière supérieure des trois provinces, dont les contributions directes (3) et indirectes (4) alimentaient

---

nis iste meus proposito eorum restitit, provocatione scilicet interposita, quod patria eius, cum inter ceteros legatum eum creasset, nihil de accusatione mandasset, immo contra laudationem. Qua ratione effectum est, ut omnes ab accusatione desisterent. — [Entre autres reproductions du marbre de Thorigny, voy. E. Desjardins, *Géogr. de la Gaule rom.*, t. III, 1885, pp. 200-209.]

(1) On doit, semble-t-il, considérer comme fonctionnaires de cette caisse : l'*allector arcae Galliarum*, auquel est consacrée une inscription par les *tres provinciae ob allecturam fideliter administratam* (Henzen, n° 6950), et que mentionne encore l'inscription rapportée par de Boïssieu (p. 259) ; — l'*inquisitor Galliarum* (de Boissieu, pp. 265, 266) ; — le *iudex arcae Galliarum* (de Boissieu, pp. 278, 279). Nous ne sommes pas autrement renseignés sur leurs attributions. — [Voy., à cet égard : Renier, sur Spon, *Recherche... de la ville de Lyon*, 1858, p. 144, note 1; — MM. Éd. Cuq, *De quelques inscriptions relatives à l'administration de Dioclétien* (fascic. XXI° de la *Bibliothèq. des Écoles franç. d'Athènes et de Rome*), Paris, 1881, pp. 9-44; — Paul Viollet, *Droit public*, t. I, Paris, 1890, p. 108. — Sur l'*allector arcae Galliarum* et sur l'*arca Galliarum*, voy. MM. G. Humbert, dans le *Dict. des Antiq. grecq. et rom.*, de MM. Ch. Daremberg et Edm. Saglio, mots *Adlector*, (1er fascic., 2° éd., Paris, 1875, p. 69, col. 1), et *Arca provinciae*, (3° fascic., 1re éd., Paris, 1874, p. 366, col. 2 *in init.*); comp. le même auteur, *Essai sur les finances et la comptabil. publ. chez les Romains*, Paris, 1887, t. II, renvois de l'Index général; — Ettore de Ruggiero, *Dizionar. epigr.*, fascic. 14, Roma, 1889, mot *Allector*, p. 422, col. 1 *in init.*; voy. aussi mot *Allectura*, *ibid.*, col. 2 *in init.* — Sur l'interprétation des mots *inquisitor Galliarum*, voy. MM. O. Hirschfeld, *Die Verwaltung der Rheingrenze in den ersten drei Iahrhunderten der Römischen Kaiserzeit*, dans les *Commentat. phil. in honorem Th. Mommseni scriptae*, Berol., 1877, p. 438, note 23; — P. Guiraud, *Les assemblées prov.*, p. 142.]

(2) Par exemple, l'affranchissement d'un esclave appartenant à la communauté et qui porte ensuite le nom de *trium Galliarum libertus* (Henzen, n° 6393 [= *C. I. L.*, t. XIV, n° 327]).

(3) Nous avons fait remarquer ci-dessus que le recensement a été opéré dans les trois provinces par Drusus l'Ancien et par Germanicus; mais, sous le règne de Marc-Aurèle ou sous celui de Sévère, les *tres Galliae* élèvent encore une statue à un *procurator a censibus accipiendis* (Henzen, n° 6944).

(4) Le droit d'entrée de 2 1/2 0/0 sur les marchandises, la *quadragesima Galliarum* [voy., à cet égard, notre *Bibliogr. gén. des prov. gaul.*, IV, B, *passim*, pp. 93 et suiv.] était perçu à la frontière pour les trois provinces ensemble, de telle sorte que le parcours était libre entre elles. On trouve des postes de douane : 1° à Zürich (*praepositus stationis Turicensis quadragesimae Galliarum*; Mommsen, *Inscr. Confoed. Helv.*, n° 236 = Orelli, n° 459); — 2° à Saint-Maurice, dans le Valais (Mommsen, *ubi supra*, n° 14) ; — 3° à Conflans, dans la vallée de l'Isère, dont le nom *Ad publicanos* (*Itinerar. Anton. Aug.*, éd. Parthey, p. 164) permet de conclure à l'existence d'une sta-

une caisse unique, et furent, même dans la suite de l'Empire, administrées, sinon pour les trois provinces (1), au moins pour deux d'entre elles, par un *procurator* unique (2).

Le vaste territoire, dont, tout au moins pendant le principat d'Auguste, l'administration avait ainsi été confiée à un seul gouverneur supérieur, s'accrut encore à la suite des conquêtes réalisées sur la rive droite du Rhin, conquêtes qui eurent pour conséquence la création de deux provinces nouvelles, savoir : 5. *Germania superior*, et 6. *Germania inferior*. Le moment précis de la formation de ces provinces est douteux (3), par la raison, d'une part, qu'elles furent également placées sous l'autorité du gouverneur suprême des *tres Galliae*, et ne reçurent pas tout de suite une administration particulière, et, de l'autre, que des

5. 6. Germania superior et Germania inferior.

---

tion douanière (comp. Desjardins, *Géogr. de la Gaule*, p. 392). On y a trouvé dans ces derniers temps une inscription (*Bullett. dell' Inst.*, 1869, p. 265), qui mentionne un *SOC. XL VIL*, c'est-à-dire *sociorum quadragesimae villicus*; — 4° à Avigliana (*ad fines Cottii, ad fines Quadragesimae*), frontière de l'ancienne *Gallia citerior*, plus tard du *regnum Cottii* (voy. Promis, *Storia dell, antico Torino*, pp. 286 et suiv.; —Desjardins, dans la *Revue archéol.*, t. XI, 8, (1870), pp. 124 et suiv.); — 5° la *statio Maiensium quadragesimae Galliarum* entre Coire et Brigance (Orelli, n° 3343 ; — *C. I. L.*, t. III, [2], f° 705; t. V, [1], n° 5090. — Voy. Bergk, dans *Iahrb. des Vereins von Allerthumsfreunden im Rheinlande*, t. LVII, (1876), p. 37). — Voy., sur tout le sujet, M. Mommsen, *Die Schweiz in röm. Zeit* (9ter *Bericht der antiq. Gesellschaft in Zürich*, 1853, in-4, pp. 7 et suiv.).

(1) Henzen, n° 6928, et mieux dans le *C. I. L.*, t. II, n° 1970.

(2) Nous avons au moins huit exemples d'un *proc. Galliarum Lugdunensis et Aquitaniae*, qui tous appartiennent à une époque postérieure à Hadrien : Orelli-Henzen, n°s 3331 [= *C. I. L.*, t. VI, 1, n° 1620]. 3651 [= Wilmanns, *Exempla*, t. I, n° 691 = *C. I. L.*, t. V, 1, n° 875]. 5530. 6642. 6933 [= *C. I. L.*, t. IX, n° 4678] ; — de Boissieu, *Inscr. de Lyon*, pp. 246. 251. 252. Cependant, on trouve aussi sous Marc-Aurèle un ἐπίτροπος Λουγδούνου Γαλλίας (*C. I. Gr.*, n° 3888). — [Voy., au demeurant, en ce qui touche l'épigraphie lyonnaise, les ouvrages cités p. 130, note 3, *supra*. — Voy. aussi, d'une manière générale, relativement à l'organisation financière, la traduction franç., par M. A. Vigié, du volume de Marquardt consacré à ce sujet = t. X de la collection, Paris, 1888, 1 vol. gr. in-8, et, sur les impôts, M. Paul Viollet, *Droit public*, t. I, Paris, 1890, pp. 79-104.]

(3) Sur les deux *Germaniae*, voy. : Schoepflin, *Alsatia illustrata*, Vol. I, (Colmar, 1751, in-fol.), pp. 139-148 ; — Walckenaer, *Géographie des Gaules*, Paris, 1839, in-8, t. II, pp. 310 et suiv. ; — Fechter, *Helvetien in der vorconstantinischen Provinzialeintheilung Galliens*, dans Gerlachs, Hottingers und Wackernagels *schweiz. Museum für hist. Wiss.*, Bd. III, Frauenfeld, 1839, pp. 308-341 ; — M. Mommsen, *Die Schweiz in römischer Zeit* (*Neunter Bericht der ant. Ges. in Zürich*, 1853, in-4), pp. 6. 7 ; — M. Mommsen, *Ep. Anal.* 21, dans les

événements imprévus vinrent encore interrompre leur organisation. Toutefois, le plan qui a présidé à la création de ces deux provinces semble avoir été déterminé par une double circonstance. Tout d'abord, les guerres, déjà entreprises par César pour assurer la sécurité de la Gaule, continuées après lui par Auguste, et dirigées avec succès notamment par Drusus l'Ancien (13-9 av. J.-C.) (1), par Tiberius (8 av. J.-C.) (2), et par Domitius Ahenobarbus (6 av. J.-C. — 2 ap. J.-C.) (3), avaient eu pour effet de faire considérer comme déjà conquis le territoire compris entre le Rhin et l'Elbe, et son érection en province comme d'ores et déjà certaine (4). Le chef-lieu de la

---

Ber. der Sächs. Ges. der Wiss., Phil. hist. Cl., 1852, pp. 230-235; — Roulez, *Examen de la question: les deux Germanies faisaient elles partie de la province de la Gaule Belgique?*, dans le *Bull. de l'Acad. roy. de Belgique*, t. XXIII, n° 6; — Zumpt, *Stud. Romana*, Berol., 1859, in-8, pp. 94 et suiv.; — Desjardins, *Géographie de la Gaule*, Paris, 1869, in-8, pp. 38 et suiv.; — Martin, *Les deux Germanies cis-rhénanes*, Paris, 1863, [et non 1853, comme l'indique par erreur Marquardt, p. 271, note 6], in-8; — O. Hirschfeld, *Die Verwaltung der Rheingrenze in den ersten drei Iahrhunderten der römischen Kaiserzeit*, dans les *Comment. phil. in honorem Th. Mommseni scriptae*, [Berolini, 1877], pp. 433 et suiv. — [Voy. aussi notre *Bibliogr. gén. des prov. gaul.*, pp. 81 et suiv.]
(1) Dio Cass., LIV, 32-36; LV, 1; — Tit. Liv., *Epit.*, CXXXIX-CXLII.
(2) Dio Cass., LV, 5; — Vellei. Paterc., II, 97; — Suet., *Aug.*, XXI.
(3) Dio Cass., LV, Vol. III, p. 363, éd. Sturz; — Tacit., *Ann.*, IV, 44. — Sur l'époque incertaine de son commandement, voy. Zumpt, *op. cit.*, p. 149.
(4) *Monum. Ancyr.*, V, 10-12 : *Gallias et Hispanias provi[n]cia[s ab ea parte, qua eas adlui]t oceanus, [a] Gadibus ad ostium Albis flum[inis pacavi]* (voy. M. Mommsen, *Res gestae divi Augusti*, p. 71 [= dans la dern. éd., Berolini, 1883, p. 103; la nouvelle restitution proposée (p. LXXXXII et p. 103) est la suivante : Gallias et Hispanias provincia[s (sic) et Germaniam qua inclu]dit oceanus a Gadibus ad ostium Albis flum[inis pacavi]; (Comp. M. Hirschfeld, *Comment. phil. in hon. Th. Mommseni script.*, p. 434) ; — voy. aussi M. A. Allmer, *Les Gestes du dieu Auguste*, Vienne, 1889, pp. 142, 246 et suiv.]) ; — Vellei., II, 97 : *Motes deinde eius belli translata in Neronem est, quod is sua et virtute et fortuna administravit, peragratusque victor omnis partis Germaniae — sic perdomuit eam, ut in formam paene stipendiariae redigeret provinciae* ; — Cassiod., *ad ann.* 746 : *his consS. inter Albim et Rhenum Germani omnes Tiberio Neroni dediti*, — Florus, II, 30 (IV, 12) : *Germaniam quoque (Augustus) — — concupierat facere provinciam. — — Drusus — — in tutelam provinciae praesidia atque custodias ubique disposuit per Mosam flumen, per Albim, per Visurgin. — — Ea denique in Germania pax erat, ut mutati homines, alia terra, coelum ipsum mitius molliusque solito videretur.* Il raconte, à ce propos, que Varus a cherché à tenir un *conventus* judiciaire dans la province, et que ceci a amené un soulèvement à la suite duquel la province aurait été perdue. Tacite (*Ann.*, I, 59) mentionne également ce fait : *Germanos nunquam*

province était la *civitas Ubiorum*, aujourd'hui Cologne (1)*; on y avait élevé, sur le modèle de l'*ara Lugdunensis* (voy. *supra*, pp. 129 et suiv.), un autel, que desservait, en l'an 9 après J.-C., un Chérusque, élu pour remplir les fonctions de prêtre provincial (2), et l'on est en droit de conjecturer que cette province, dont les principales places fortes étaient situées sur la rive gauche du Rhin, où César, Agrippa et Tiberius avaient également placé des colons germains (3), s'étendait aussi à l'Est jusqu'au cours de l'Elbe. Mais, d'autre part, à la suite de la guerre rhético-vindélicienne entreprise à la même époque, en 739=15, par Tiberius et Drusus, les Grisons, le Tyrol et la Bavière inférieure jusqu'au Danube, étaient tombés sous la domination romaine; et il ne s'agissait plus que de reculer la frontière Nord de la Pannonie et de réunir à l'Elbe la ligne tirée de Vienne à Prague (4). Tel

---

satis excusaturos, quod inter Albim et Rhenum virgas et secures et togam viderint. Par suite, il ne faut pas hésiter, dans tous les passages de Tacite (*Ann.*, I, 57 : *anno, quo Germaniae descivere;* — *Agric.*, XV : *Sic Germanias excussisse iugum;* — Cf. *Ann.*, II, 73; III, 46 ; XI, 19), à entendre le pluriel *Germaniae* de cette partie de l'Allemagne, qui était province ou l'avait été, tandis que le nom géographique du pays tout entier est *Germania* (Tacit., *Germ.*, I, et maints autres passages ; — Paulus, L. 11, [pr., *De eviction. et dupl. stipul.*), D., XXI, 2 : *Lucius Titius praedia in Germania trans* Renum [sic Mommsen, *Digesta*] *emit…*).

1* [Voy., à cet égard, notre *Bibliogr. gén. des prov. gaul.*, IV, B, **Appendice** I, Cologne, p. 107; — MM. Ett. de Ruggiero, *Dizionar. epigr.*, fascic. 12, Roma, 1888, V° *Agrippinensis colonia*, pp. 370 et suiv. ; — Kubitschek, *Imp. Rom. trib. discr.*, pp. 220 et suiv.]

(2) Tacit., *Ann.*, I, 39. 57 : *Addiderat Segestes legatis filium, nomine Segimundum; sed iuvenis conscientia cunctabatur. Quippe anno, quo Germaniae descivere, sacerdos apud aram Ubiorum creatus ruperat vittas, profugus ad rebelles.* — Du fait de l'élection d'un Chérusque comme prêtre, il ressort avec évidence que l'*ara* n'était pas un sanctuaire propre aux Ubiens, mais qu'il était commun à toute la province. C'est de cet autel que la ville de Cologne prit son nom de *Colonia Claudia Ara Agrippinensis* ou de *Claudia Ara*. (Voy. l'inscription dans Borghesi, *Œuvres*, t. VI, p. 282, *ibiq.* Renier, p. 284.)

(3) Le nom de *Germania* ou *Germaniae* pour la rive gauche du Rhin est probablement antérieur à la création de la province, puisque, déjà avant l'époque de César, des tribus allemandes y étaient établies (Caes., *De bell. Gall.*, I, 31. 33 ; IV, 16; — Strabo, IV, p. 193), que d'autres, comme les *Ubii*, y avaient reçu leur résidence d'Agrippa (Strabo, IV, p. 194), que d'autres encore, comme les *Sigambri* (Tacit., *Ann.*, XII, 39 ; — Suet., *Oct.* XXI ; *Tib.*, IX), y avaient reçu la leur de Tibère.

(4) Sur ces plans, voy. M. Mommsen, *Die germanische Politik des Augustus*, dans la *Wochenschrift im neuen Reich*, 1871, pp. 549 et suiv.

était bien le plan que l'on s'était tracé; mais deux événements inattendus vinrent tout remettre en question. Ces événements furent le désastre de Varus, qui fit perdre aux Romains toutes leurs conquêtes de la rive droite du Rhin, et, de l'an 6 à l'an 9 après J.-C., le soulèvement des Dalmates et des Pannoniens, qui obligea Tiberius à renoncer à la campagne projetée contre les Marcomans. Depuis cette époque, le Nord de l'Allemagne fut encore, pendant plusieurs années, le théâtre de représailles sanglantes; et il fallut, pour y mettre fin, qu'en l'an 17 après J.-C., Tiberius, appelé dans l'intervalle au trône impérial, et redoutant, pour sa propre sécurité, la réunion entre les mêmes mains de moyens d'action si considérables au point de vue militaire et financier, eût rappelé Germanicus et partagé le commandement entre deux chefs militaires. Dès lors, la Gaule comprend six gouvernements distincts (1): l'*Aquitania* (2), la *Lugdunensis* (3)

---

(1) Voy. Zumpt, *Stud. Rom.*, pp. 129 et suiv.; — M. Mommsen, *Die Schweiz*, p. 7.

(2) Sous Tibère ou Claude, Pline (*Nat. hist.*, XXVI, 4) place *Manilius Cornutus e praetoriis, legatus Aquitanicae provinciae*; sous Claude, il convient de placer son *Dubius Avitus praesidens provinciae Aquitaniae* (Plin., *Nat. hist.*, XXXIV, 47), qui fut ensuite, en l'an 58 de notre ère, *legatus Aug. Germaniae inferioris* (Tacit., *Ann.*, XIII, 54; comp. Urlichs, *Comm. de vita et honoribus Agricolae*, Wirceburgi, 1868, in-4, p. 21), et dont le nom, d'après Borghesi, (*Œuvres*, t. III, p. 14; t. V, p. 183), doit être lu: *A. Vibius Habitus*; en l'an 69 ap. J.-C., *Quintus Iulius Cordus* remplit ces fonctions (Tacit., *Hist.*, I, 76; — Borghesi, *Œuvres*, t. V, p. 323); sous Vespasien, Agricola (Tacit., *Agric.*, IX: *revertentem ab legatione legionis divus Vespasianus — — provinciae Aquitaniae praeposuit, splendidae inprimis dignitatis administratione ac spe consulatus, cui destinarat*). — Sur ce passage, voy. Urlichs, *op. et loc. sup. cit.* On trouve mentionnés d'autres *legati*: sous Trajan, dans Orelli (n° 3659 [= Wilmanns, *Exempla*, t. I, n° 1164 = *C. I. L.*, t. XIV, n° 2925]); — sous Hadrien, au Digeste, (L. 12 pr., [fr. Callistratus, *De custodia et exhibit. reor.*], XLVIII, 3); — à une époque postérieure, dans Orelli-Henzen (n°s 189 [= Ém. Espérandieu, *Épigr. rom. du Poitou et de la Saintonge*, Paris et Melle, 1889, pp. 207 et suiv.]. 4910 [= *C. I. L.*, t. V, 1, n° 4335]. 6907 [= *C. I. L.*, t. XIV, n° 3597]), dans Borghesi, (*Œuvres*, t. III, p. 109), dans Renier, (*ap.* Spon, *Recherche des antiq. de Lyon*, 2e éd., p. 194). — [Voy. encore M. W. Liebenam, *Forschungen*, Leipzig, 1888, pp. 33-42, et p. 199, n° 27.]

(3) Les plus anciens *legati* connus sont: en l'an 21 de notre ère, Acilius Aviola, qui, plus tard, peut-être en l'an 27, devint *cos. suff.* (Tacit., *Ann.*, III, 41); — en l'année 68, Iulius Vindex (Tacit., *Ann.*, XV, 74; — Suet., *Ner.*, XL); — en l'an 69, Iunius Blaesus *Lugdunensis Galliae rector* (Tacit., *Hist.*, I, 59; II, 59; III, 39); — en l'année 77, Tettienus Serenus; en l'an 83, Como-

et la *Belgica* (1) ont à leur tête des *legati Augusti pro praetore* prétoriens, la *Germania superior* (2) et la *Germania infe-*

---

lius Gallicanus; en l'année 88, Minicius Rufus (ces trois derniers dans Mommsen, *Inscr. Conf. Helv.*, n° 78 [= Henzen, n° 6770 = Borghesi, *Œuvres*, t. VII, p. 323 = *C. I. L.*, t. XII, n° 2602; voy. aussi *Ephem. epigr.*, Vol. V, p. 645]). Sur les *legati* postérieurs, voy. de Boissieu, [*Inscr. ant. de Lyon*], pp. 225 et suiv. — [*Adde* M. W. Liebenam, *op. cit.*, pp. 246-251.]

(1) Strabon, qui écrivait son quatrième livre en l'an 18 après J.-C., par conséquent aussitôt après le rappel de Germanicus (voy. Clinton, *Fasti Hellen.*, *ad ann.* 14 de notre ère), dit (IV, p. 194) : καὶ ἡ μητρόπολις αὐτῶν (τῶν 'Ρήμων) Δουρικορτόρα μάλιστα συνοικεῖται καὶ δέχεται τοὺς τῶν 'Ρωμαίων ἡγεμόνας. C'est en l'année 58 de notre ère qu'il est pour la première fois fait mention d'un *legatus Belgicae*. (Tacit., *Ann.*, XIII, 53, passage dans lequel il raconte que L. Vetus *leg. Germ. inf.* voulait faire creuser un canal entre la Moselle et la Saône, et dit à ce sujet : *Invidit operi Aelius Gracilis Belgicae legatus, deterrendo Veterem, ne legiones alienae provinciae inferret.*) En l'an 69, Valerius Asiaticus était *Belgicae provinciae legatus* (Tacit., *Hist.*, I, 59). Qu'il fût bien un légat prétorien, c'est ce que nous montrent les inscriptions recueillies par Henzen sous les n°° 5448 [= *C. I. L.*, t. VI, 1, n° 1444]. 5449 [= *C. I. L.*, t. V, 2, n° 6977]. 5502 [= *C. I. L.*, t. VI, 1, n° 1450]. 7420 [= Wilmanns, *Exempla*, t. I, n° 1196 = *C. I. L.*, t. VI, 1, n° 1509]. Cette dernière inscription a fait l'objet d'un commentaire spécial de la part de M. Roulez dans le *Bull. de l'Acad. roy. de Belgique*, (t. XVIII, n°° 11. 12). Le même auteur donne une liste des gouverneurs dans son *Mémoire sur les magistr. Rom. de la Belgique*, (dans les *Mémoires de l'Acad. roy. de Bruxelles*, t. XVII, 1844), et dans *Les légats propréteurs et les procurateurs des provinces de Belgique et de la Germanie inférieure*, (dans le même Recueil, t. XLI, (1875)). — [Voy. encore M. W. Liebenam, *op. cit.*, pp. 71-80 et p. 201.]

(2) Lentulus Gaetulicus fut de l'an 29 à l'an 39 de notre ère *leg. Aug. pr. pr. inf. Germ.* (Dio Cass., LIX, 22 ; — Tacit., *Ann.*, VI, 30). Les gouverneurs postérieurs des deux *Germaniae* jusqu'à Vespasien sont connus et la liste en est dressée par Zumpt (*Stud. Rom.*, pp. 152 et suiv.) et par Desjardins (*op. cit.*, p. 44). — [Voy. aussi M. W. Liebenam, *op. cit.*, pp. 185-204, pour la *Germania inferior*, et pp. 204-220, pour la *Germania superior*.] — Leur qualité de consulaires nous est révélée par Tacite (*Hist.*, I, 56) et par les inscriptions, qui les désignent fréquemment sous le titre de *legati consulares* (Orelli, n° 3666 [et mieux *C. I. L.*, t. III, 1, n° 2864]; — Brambach, *C. I. Rhenan.*, n° 484). — On trouve mention de *Leg. Aug. pr. pr. Germ. inf.* dans les inscriptions rapportées par Orelli-Henzen sous les n°° 505. 822 [= Wilmanns, *Exempla*, t. I, n° 1173 = *C. I. L.*, t. V, 1, n° 877]. 1270. 1767 [= 5024 = Brambach, *C. I. Rhen.*, n° 546; cf. Henzen, t. III, p. 157]. 3297 [= Brambach, *C. I. Rh.*, n° 334]. 5024 [voy. *supra*, ad N°. 1767]. 5458 [= *C. I. L.*, t. III, 1, n° 2732]. 5502 [= *C. I. L.*, t. VI, 1, n° 1450]. 6500 (et mieux dans Renier, *Inscr. de l'Alg.*, n° 2349 [= Wilmanns, *Exempla*, t. I, n° 1176 = *C. I. L.*, t. VIII, 1, n° 6706]). 6804, et dans celles rapportées dans le *C. I. Rhenan.* de Brambach, sous les n°° 6 *a.* 55. 151. 334. 464. 484. 663. 1844. — Des exemples de *leg. A. pr. pr. Germ. sup.* nous sont fournis par Orelli-Henzen (n°° 182. 391. 5501 [= *C. I. L.*, t. VI, 1, n° 1522]. 6051 [= *C. I. L.*, t. XI, 1, n° 3365]. 6501 [= Wilmanns, *Exempla*, t. I, n° 1186 = *C. I. L.*, t. XIV, n° 3610]), et par Brambach (*C. I. Rhenan.*, n°° 1559. 1560. 1608).

rior (1), des *legati Augusti pro praetore* consulaires. Toutefois, on n'est pas d'accord sur l'organisation administrative que reçurent désormais les deux Germanies; et l'état actuel des sources ne nous fournit pas, à cet égard, d'éclaircissements certains.

Les écrivains du premier et du deuxième siècle parlent toujours encore de quatre provinces gauloises (2), et Ptolémée, notamment, mentionne les deux *Germaniae* dans le chapitre qu'il a consacré à la *Belgica* (3); les gouverneurs des districts allemands s'appellent, jusqu'au règne d'Hadrien, non pas *legati provinciae*, mais *legati exercitus superioris* et *inferioris* (4); enfin, au deuxième siècle, les *Germaniae* et la *Belgica* sont réunies sous l'administration du même *procurator* (5). Ces diverses circonstances ont permis de conjecturer que les deux provinces germaniques, réduites, après l'an 17, au rôle modeste de confins militaires, se trouvaient placées, par rapport à la *Belgica*, dans la même situation que, plus tard, la Numidie par rapport à l'Afrique, c'est-à-dire que, bien que formant des circonscriptions géographiquement distinctes et pourvues d'une

---

(1) En l'an 21 de notre ère, Visellius Varro, *inferioris Germaniae legatus* (Tacit., *Ann.*, III, 41), *Cos.* en l'an 12 apr. J.-C.; — en l'an 28 de notre ère, L. Apronius, *Germaniae inf. propraetor*, c'est-à-dire *legatus pr. pr.* (Tacit., *Ann.*, I, 73). — [Voy. M. Liebenam, *op. cit.*, p. 191.]

(2) Plin., *Nat. hist.*, IV, 106; — Dio Cass., LIII, 12; — Ptolemaeus, II, 7, 1; II, 9, 14 — 21; VIII, 5, 1. Comp. Desjardins, *op. sup. cit.*, p. 42. Et cela se retrouve encore chez les historiens postérieurs. (Voy. Ammian., XV, 11, 6; ce passage doit être lu, d'après la correction de Zumpt, (*Stud. Rom.*, p. 100), ainsi qu'il suit: *Regebantur autem Galliae omnes, iam inde uti crebritate bellorum urgenti cessere Iulio dictatori, potestate in partes divisa quatuor, quarum Narbonensis una Viennensem intra se continebat, altera Aquitanis praeerat universis, Lugdunensem, superiorem et inferiorem Germaniam Belgasque duae iurisdictiones iisdem rexere temporibus*; — Orosius, I, 2; — Isidor., *Orig.*, XIV, 4, 25.)

(3) Ptolomaeus, II, 9, 14.

(4) Wilmanns, [*Exempla inscr. lat.*, t. I], nos 867 [= *C. I. L.*, t. XII, no 113]. 1142 [= Henzen, no 5427]. — Voy., à cet égard, MM. Mommsen, [*Epigr. Anal.*], *loc. sup. cit.*, p. 233, note 4, et Hirschfeld, [*Die Verwalt. der Rheingr.*], *loc. sup. cit.*, p. 437, note 19. — Comp. Tacit., *Ann.*, VI, 30: *Gaetulicus ea tempestate superioris Germaniae legiones curabat.*

(5) M. Hirschfeld, (*op. et locc. citt.*, pp. 441 et suiv.) traite ce sujet en détail.

administration militaire propre, elles étaient comprises, pour tout le reste, dans le ressort judiciaire et administratif du *legatus Belgicae* (1).

On fait observer, à l'appui de l'opinion contraire (2), que les *Germaniae* portent, dans le langage courant, le nom de provinces (3) ; qu'une ligne douanière les sépare de la Belgique (4) ; et qu'elles sont soumises, à part, aux opérations du cens (5).

---

(1) Cette opinion, émise pour la première fois par M. Fechter, [*op. sup. cit.*], a été établie en détail par MM. Mommsen et Hirschfeld, et elle est également acceptée par M. Hübner, (dans les *Iahrbücher des Vereins von Allerthumsfreunden im Rheinlande*, t. LXIII, (1878), pp. 41 et suiv.).

(2) Cette seconde opinion est défendue par MM. Zumpt, *(op. et loc. sup. citt.)*, Roulez et Desjardins, *(opp. et locc. sup. citt.)*, et *Revue de philologie*, t. III, (1879), p. 51, passage dans lequel l'auteur annonce une nouvelle étude de la question dans le t. III de sa *Géogr. hist. et admin. de la Gaule rom.*).

(3) M. Mommsen, (*Ber. der Sächs. Ges. der Wiss., hist.-phil. Classe*, 1852, p. 232), renvoie spécialement aux inscriptions d'un *natus in Germania superiore* (Orelli, n° 3528), d'un *Tribocus ex Germania Superiore Luco Augusti* (Gruter, f° 850, n° 10 = Fea, *Indic. della villa Albani*, p. 97 [= *C. I. L.*, t. VI, 3, n° 2984]); il faut y joindre encore le *Melonius Senilis ex pr(ovincia) Ger(mania) sup(eriore)* (Hübner, dans *Monatsber. der Acad. zu Berlin*, 1866, p. 794), et *Victoria Verina — — domu foro Hadrianensi, provincia Germania inferiori* (*C. I. L.*, t. III, [1], n° 4279), qu'il convient de rapprocher du fragment juridique du Digeste. (L. 3, [fr. Macer, *De offic. adsessorum*], I, 22) : *Si eadem provincia postea divisa sub duobus praesidibus constituta est, velut Germania, Mysia, ex altera ortus in altera adsidebit nec videtur in sua provincia adsedisse* [éd. Mommsen], et enfin d'un passage de Tacite, (*Ann.*, XIII, 53), dans lequel la *Belgica* est appelée une *aliena provincia* par rapport à la *Germania superior*. Pline, qui ne connaît que quatre provinces gauloises, parle cependant (XIX, 145) d'asperges, qui poussent dans la *Superior Germania*, et (XXXIV, 2) d'une *Germania provincia*. M. Hirschfeld, (*op. cit.*, p. 436), s'occupe de ce dernier passage, sans remarquer que, ainsi que M. Roulez l'observe déjà, (dans le *Bull. de l'Acad. de Belgique*, t. XXIII, n° 6), le singulier *Germania* est tout ce qu'il y a de plus usuel dans Dion Cassius pour désigner les provinces romaines. (Voy. Dio Cass., LV, 28 : Γαΐου Σεντίου τοῦ τῆς Γερμανίας ἄρχοντος (sous Auguste) ; — LVII, 3 : Γερμανικόν, τῆς τότε Γερμανίας ἄρχοντα (sous Tibère) ; — LIX, 22 : Λεντοῦλον, τῆς Γερμανίας δέκα ἔτεσιν ἄρχοντα (sous Caligula ; il était *legatus superioris Germaniae* : Tacit., *Ann.*, VI, 30) ; — LXIII, 20 : Ῥοῦφος, ἄρχων τῆς Γερμανίας (il était *legatus Superioris Germaniae*) ; — LXVII, 11 : Ἀντώνιος ἐν Γερμανίᾳ ἄρχων (*praeses superioris Germaniae* sous Domitien ; Sueton., *Domit.*, VI) ; — enfin, il dit de Trajan, LXVIII, 3 : ἦρχε δὲ τῆς Γερμανίας, et Pline (*Paneg.*, IX) écrit de son côté: *cum Germaniae praesideret*.) — [Voy. M. W. Liebenam, *op. et loc. sup. citt.*]

(4) Il y avait des postes douaniers à Cologne et à Coblence, et aussi à l'Ouest de la province, à Metz. (Voy. M. Hirschfeld, *op. cit.*, p. 442, note 38.)

(5) Voy. M. Roulez, dans le *Bull. de l'Acad. de Belgique*, t. XXIII, p. 770.

Il est, d'ailleurs, particulièrement difficile de se rendre compte de la situation hiérarchique qui fut faite, lors de la réunion des *Germaniae* à la *Belgica*, aux *legati* consulaires des armées au regard du *legatus* prétorien de cette dernière province. Cette situation était, nous le verrons plus loin, absolument différente en Numidie. La légion africaine avait été, dans les premiers temps, placée sous les ordres du proconsul d'Afrique ; en donnant à cette légion un chef propre, Caligula s'était proposé de susciter un rival au proconsul alors en fonctions ; néanmoins, celui auquel il confia ce rôle fut un *legatus* prétorien, qui n'en demeura pas moins encore toujours hiérarchiquement inférieur au proconsul consulaire ; et ce n'est qu'à la longue qu'il parvint à une situation indépendante. Au contraire, après le rattachement des deux *Germaniae* à la *Belgica*, on trouve dans cette province, à côté du gouverneur, deux chefs d'armée, d'un rang supérieur au sien : fait, dont l'histoire romaine ne nous présente aucun autre exemple absolument analogue. — Personne ne conteste que, au troisième siècle, les deux *Germaniae* sont devenues des provinces indépendantes ; mais la date précise de cette transformation n'a pu, jusqu'à ce jour, être déterminée avec certitude (1).

Ces deux provinces, dont la délimitation, aussi bien l'une par rapport à l'autre (2), que par rapport à la *Belgica*, est encore assez obscure, comprenaient : celle du Sud, *Germania superior*, les régions s'étendant de Strasbourg, Spire, Worms, jusqu'à Mayence (*Moguntiacum*), résidence du gouverneur (3). A l'époque de la mort d'Auguste, le Rhin formait encore la frontière orientale de la province ; dans la suite, elle fut reculée vers l'Est, probablement par Domitien (4) ; et, plus tard encore,

---

(1) Voy. M. Hirschfeld, *op. cit.*, p. 444. — M. Hübner, (dans les *Iahrb. des Vereins v. A. im Rh.*, t. LXIII, p. 41) place la séparation des *Germaniae* d'avec la *Belgica* sous Hadrien.

(2) Boecking, (sur Ausone, *Mosella*, v. 10, et *Notit. Dignit.*, t. II, pp. 483, 849), est d'avis que la *Nava* (Nahe) formait leur limite. D'autres préfèrent la Lahn. — Voy. M. Hübner, *loc. sup. cit.*, p. 31.

(3) Voy. Boecking, *Notit. Dignit.*, t. II, p. 483. — [Sur *Moguntiacum*, voy. M. Kubitschek, *Imp. Rom.*, p. 221 *in fine*.]

(4) Voy. K. L. Roth, *Die Vereinigung Schwabens mit dem römischen Reiche*

c'est Hadrien sans doute (1) qui éleva le *limes* fortifié, dont les vestiges nous ont été en partie conservés, et dont le but était de défendre contre les invasions des Germains, du Danube jusqu'au Rhin, la frontière Nord de la *Raetia* et la frontière Est de la *Germania superior* (2). Cette défense-frontière consistait en un retranchement [*vallum*], protégé par un fossé recouvert de palissades et par un système de donjons et de *castella* ; elle commençait à Kehlheim, au Sud-Ouest de Regensburg, allait vers l'Ouest, par Weissenburg et Gunzenhausen, jusqu'à la région comprise entre Lorch et Welzheim, dans le Wurtemberg (3) ; puis tournait vers le Nord, traversait le Main à Freudenberg, et se dirigeait ensuite, en ligne courbe, au Sud du

---

durch Domitianus, dans le *Schweizer. Museum für hist. Wiss.*, Bd. II, [Frauenfeld, 1838], p. 30. — Frontin, *Strat.*, I, 3, 10 : *Imperator Caesar Domitianus Augustus, cum Germani more suo e saltibus et obscuris latebris subinde impugnarent nostros, lutumque regressum in profunda silvarum haberent, limitibus per centum viginti milia passuum actis, non mutavit tantum statum belli, sed subiecit ditione suae hostes, quorum refugia nudaverat.* C'est à lui que se rapportent les *Arae Flaviae* (Rottweil).

(1) Cette opinion s'autorise du passage suivant de Spartien, (*Vita Hadr.*, XII, 6) : *Per ea tempora et alias frequenter in plurimis locis, in quibus barbari non fluminibus sed limitibus dividuntur, stipitibus magnis in modum muralis saepis funditus iactis atque conexis barbaros separavit.* — Hadrien construisit, ainsi que nous le verrons, un retranchement tout à fait semblable en Bretagne.

(2) Sur les études nombreuses, mais de valeur fort inégale, qui ont été publiées dans ces derniers temps sur ce rempart-limite, comme aussi sur l'état actuel de nos connaissances sur ce point, voy. M. Hübner, *Der römische Grenzwall in Deutschland*, dans les *Jahrbücher des Vereins von Alterthumsfreunden im Rheinlande*, t. LXIII, 1878, pp. 17 et suiv., monographie à laquelle est jointe une carte de M. Kiepert, et les *Appendices* [*Nachträge*], t. LXVI, pp. 13 et suiv. — [Voy. aussi ses *Nouvelles études sur le rempart-limite en Allemagne*, dans le même Recueil, 1885 ; — von Cohausen, *Der römische Grenzwall in Deutschland*, Wiesbaden, 1884 ; — l'étude de M. H. Haupt, Würzburg, 1885 ; — M. Duncker, *Sur l'état actuel des recherches au sujet du limes*, dans les *Verhandlungen der 38ten Versammlung der deutschen Philol.*, Giessen, 1885, pp. 33 et suiv. ; — Fr. Ohlenschlager, *Der römische Grenzmark in Bayern*, München, 1887 (Extr. des *Abhandl. der Münchener Akad. der Wiss., phil.-hist. Classe.*, 1887).]

(3) Sur cette partie du *limes*, nous possédons aujourd'hui une étude soignée et digne de toute notre gratitude. (Voy. E. Herzog, *Die Vermessung des römischen Grenzwalls in seinem Lauf durch Würtemberg in ihren Resultaten dargestellt*, Stuttgart, 1880, in-8. — Tirage à part des *Würtembergische Vierteljahrshefte für Landesgeschichte*, 1880.)

Vogelsberg et au Nord du *Taunus*, vers la Lahn, où on peut la suivre jusqu'au delà d'Ems. Derrière ce rempart-frontière, que l'on connaît sous le nom de fossés à palissades [Mur du diable], se trouvent les *agri decumates* (1), ainsi appelés, selon toute vraisemblance, à cause de la dîme payée par les colons (2). Les nombreux monuments qui sont parvenus jusqu'à nous dans cette contrée, montrent qu'elle était populeuse, que les arts, le commerce et l'industrie y étaient florissants, et que des troupes romaines y tenaient garnison. Ce n'est qu'après la mort d'Aurélien que les Germains rompirent le rempart-limite et occupèrent le pays qu'il couvrait (3); reconquis et fortifié de nouveau par Probus, en 276 (4), il fut derechef perdu, puisqu'en l'an 369, Valentinien et Gratien fortifièrent le Rhin comme frontière (5). — Quant à la *Germania inferior*, depuis le désastre de Varus, elle ne dépassait pas le Rhin à l'Est, à part quelques ouvrages fortifiés, tels que le *castellum* d'*Aliso* sur la Lippe, dont il est fait mention sous Tibère (6). Elle avait pour chef-lieu *Colonia Agrippinensis*, autrefois appelée *oppidum Ubiorum* (7), et élevée, en l'an 51 après J.-C., au rang de colonie romaine, en l'honneur d'Agrippina, épouse de Claude (8).

---

(1) Tacit., *Germ.*, XXIX : *Non numeraverim inter Germaniae populos, quanquam trans Rhenum Danubiumque consederint, eos, qui decumates agros exercent. Levissimus quisque Gallorum et inopia audax dubiae possessionis solum occupavere. Mox limite acto promotisque praesidiis sinus imperii et pars provinciae habentur.* Il y avait donc déjà un *limes* en l'année 98 de notre ère, date à laquelle fut composée la *Germania*. — [Sur les *Decumates agri*, voy. M. G. Humbert, dans le *Dict. des antiq. Grecq. et Rom.*, de MM. Ch. Daremberg et Edm. Saglio, à ce mot, 11e fascic., Paris, 1887, t. II, pp. 38 et suiv., et les auteurs cités.]
(2) *Decumas* a de l'analogie avec *infernas* et *supernas*.
(3) Vopiscus, *Vita Taciti*, III, 4.
(4) Vopiscus, *Vita Probi*, XIII. XIV.
(5) Ammian., XXVIII, 2, 1 : *Rhenum omnem a Raetiarum exordio adusque fretalem Oceanum magnis molibus communiebat, castra extollens altius et castella, turresque assiduas per habiles locos et opportunos, qua Galliarum extenditur longitudo.* Cf. XXX, 3.
(6) Voy. Ukert, *Germania*, pp. 270 et suiv.
(7) Tacit., *Ann.*, I, 36. — [Voy. supra, p. 135, note 1*.]
(8) Voy. Zumpt, *Comment. epigr.*, t. I, p. 384. — [Voy. le renvoi de la note précédente.]

Romanisation des provinces gauloises.

Parmi les provinces que César avait conquises, l'Aquitaine fut celle qui résista le moins à l'invasion de la civilisation romaine (1) ; dans les autres, on chercha à rendre favorables aux intérêts romains certaines tribus, par des traités avantageux (2), et les hautes classes, par l'octroi de la cité romaine (3). Au début, les Gaulois refusèrent systématiquement cette dernière (4) ; mais, dès le règne de Claude, ils recherchèrent le *ius honorum* à Rome (5), que les citoyens de la *Gallia Narbonensis* avaient déjà reçu en partie au temps de César (6). Les *Aedui* obtinrent de Claude (7), plusieurs autres tribus, de

---

(1) Ammian., XV, 11, 5 : *Aquitani enim, ad quorum litora ut proxima placidaque merces adventiciae convehuntur, moribus ad mollitiem lapsis, facile in ditionem venere Romanam.* — Sur la romanisation des provinces gauloises, voy. surtout L. Friedländer, *Gallien und seine Cultur unter den Römern*, dans la *Deutsche Rundschau*, t. XIII, (1877), pp. 397 et suiv.

(2) D'après Pline, (*Nat. hist.*, IV, 106), étaient *liberi* dans la *Belgica*, les *Nervii*, les *Suessiones*, les *Ulmanectes*, les *Treviri* ; étaient *foederati*, les *Lingones*, les *Remi*. Tacite (*Germ.*, XXIX) dit des *Batavi* : *Manet honos et antiquae societatis insigne. Nam nec tributis contemnuntur, nec publicanus atterit : exempti oneribus et collationibus et tantum in usum proeliorum sepositi velut tela atque arma bellis reservantur.* (Cf. Tacit., *Hist.*, V, 25, 2.) Dans la *Lugdunensis*, la qualité de *liberi* appartenait aux *Meldi*, aux *Secusiavi* et aux *Turones* (voy. les Inscriptions dans les *Comptes-rendus*, 1877, pp. 34. 43) ; les *Aedui* et les *Carnuteni* étaient *foederati* (Plin., *Nat. hist.*, IV, 107) ; dans l'*Aquitanica*, les *Santones*, les *Bituriges* et les *Arverni* étaient *liberi* (ibid., § 108).

(3) Tacit., *Ann.*, XI, 23 : *Primores Galliae, quae Comata appellatur, foedera et civitatem Romanam pridem assecuti.* Zumpt, (*De propagatione civitatis Romanae*, dans ses *Stud. Rom.*, pp. 325 et suiv.), traite cette question en détail.

(4) Cic., *Pro Balbo*, XIV, 32 : *Etenim quaedam foedera exstant, ut Cenomanorum, Insubrium, Helvetiorum, Iapydum, nonnullorum item ex Gallia barbarorum, quorum in foederibus exceptum est, ne quis eorum a nobis civis recipiatur.*

(5) Tacit., *Ann.*, XI, 23.

(6) Tacit., *Ann.*, XI, 24 : *Num poenitet Balbos ex Hispania nec minus insignes viros e Gallia Narbonensi transivisse ?* Et dans le texte original du discours de l'empereur Claude sur la Table de bronze de Lyon (reproduit au t. II de l'éd. de Tacite par Nipperdey), on lit : *Ornatissima ecce colonia valentissimaque Viennensium quam longo iam tempore senatores huic curiae confert !* Et plus loin : *Quod si haec ita esse consentitis, quid ultra desideratis quam ut vobis digito demonstrem, solum ipsum ultra fines provinciae Narbonensis iam vobis senatores mittere, quando ex Lugduno habere nos nostri ordinis viros non poenitet ?* — [Sur la Table de Claude, voy. notre *Bibl. gén. des prov. gaul.*, IV, B, *passim*, pp. 93 et suiv.]

(7) Tacit., *Ann.*, XI, 25. — [Sur les *Aedui*, voy. M. Ett. de Ruggiero, *Dizionar. epigr.*, fascic. 9, Roma, 1888, h. v., pp. 273 et suiv.]

Galba (1), le *plenum ius civitatis* ; il fut accordé aux *Lingones* par Otho (2), et Hadrien paraît également s'en être montré prodigue (3). Parmi les colonies, dont l'existence nous est relatée, il faut attribuer sans doute à Claude, avec *Colonia Agrippinensis* (Cologne), *Augusta Treverorum* (Trèves) (4) ; à Vespasien ou à un de ses fils, *Aventicum* (Avenches, en Suisse)(5) ; à Trajan, *Colonia Traiana* (Kelln, près de Clèves). Mais, en revanche, on ne sait rien sur l'origine des colonies narbonnaises de citoyens d'*Acusio*, d'*Apta* (*Colonia Iulia Apta Vulgientium*, aujourd'hui Apt), de *Cabellio* (Cavaillon), de *Dea Augusta Vocontiorum* (Die), de *Maritima*, de *Nemausus* (Nîmes), de *Colonia Iulia Augusta Apollinarium Reiorum* (Riez) et de *Tolosa* (Toulouse) (6).

Il faut joindre aux six provinces sus-indiquées de la Gaule trois districts alpins, savoir :

7. *Alpes maritimae* (7). Conquises par Auguste, en 740 =   7. *Alpes maritimae.*

---

(1) Tacit., *Hist.*, I, 8 ; — Plut., *Galba*, XVIII.
(2) Tacit., *Hist.*, I, 78.
(3) Lorsqu'il est dit de lui dans Spartien, (*Hadr.*, XXI, 7) : *Latium multis civitatibus dedit*, on en peut bien conclure qu'il accorda le droit de cité aux communes, qui étaient déjà investies du *ius Latii*.
(4) Voy. Zumpt, *Comment. epigr.*, t. 1, p. 385.
(5) Voy. M. Mommsen, *Inscript. Confoed. Helvet.*, p. 27.
(6) Voy. Desjardins sur chacune de ces villes en particulier, et Zumpt, (*op. sup. cit.*, p. 412), qui attribue sans raison ces colonies à Hadrien. — [Voy. aussi *C. I. L.*, t. XII, renvois de l'*Index* X, f⁰ˢ 931 et suiv. ; — M. Kubitschek, *Imp. Rom.*, Index II, Index civitatium, pp. 272 *in fine* et suiv., et notre *Bibliogr. gén. des prov. gaul.*, IV, **Appendice I**, pp. 104 et suiv.]
(7) Il est traité de cette province par MM. Mommsen, (*C. I. L.*, t. V, [2], f⁰ˢ 902 et suiv.), et Edmond Blanc, (*Épigraphie antique du département des Alpes-Maritimes*, t. I. II, Nice, 1879. 1880, in-8). — [Voy. aussi MM. Otto Hirschfeld, *C. I. L.*, t. XII, f⁰ˢ 1 et suiv. ; — Kubitschek, *op. cit.*, pp. 122 et suiv. ; — Ettore de Ruggiero, *Dizionar. epigr.*, fascic. 14, Roma, 1889, V° *Alpes*, pp. 424 et suiv., spécialement, pp. 428, col. 2, et suiv., et les auteurs cités dans notre *Bibliogr. gén. des prov. gaul.*] — [N. B. ; M. l'abbé Guillaume, de Gap, a publié tout récemment le t. I⁰ʳ de l'*Histoire générale des Alpes maritimes ou cottiennes*, du R. P. Marcellin Fornier, continuée par Juvenis, Paris, 1890, 1 vol. in-8 ; voici le titre exact et complet de cet ouvrage : R.P. Marc. Fornier, *Histoire générale des Alpes Maritimes ou Cottiènes et particulière de leur métropolitaine Embrvn, chronographique et meslée de la séculière avec l'ecclésiastique, divisée en cinq parties fort abondantes en diverses belles cvriositez*, Paris, t. I⁰ʳ, 1890, 1 vol. in-8.]

Organisation Romaine, t. II.

14 (1), elles ne furent pas réunies à l'Italie, à cause du caractère barbare de leurs habitants, mais soumises à l'autorité d'un *praefectus* (2) qui, plus tard, prit le nom de *procurator* (3) ou de *praeses* (4), et qui, tout en dirigeant l'administration financière du pays, commandait certaines forces militaires. La province s'étendait sur les deux rives du Var et comptait, au temps de Ptolémée, quatre villes : *Cemenelum*, son chef-lieu, à l'Est du Var (Cimella [ou Cimiez]), *Sanitium* (Senez), *Vintium* (Vence), et *Salinae* [Castellane], à l'Ouest. Le rivage de la mer n'y était pas compris ; mais, tandis que *Nicaea* (Nice) et *Monoecus* (Monaco) dépendaient de la *Gallia Narbonensis*, les autres villes riveraines se rattachaient à l'Italie, qui, nous l'avons vu ci-dessus (p. 7), avait le Var pour frontière. Les habitants reçurent, sous Néron, en l'an 69, le *ius Latii* (5). Enfin, sous le règne de Dioclétien, la province a gagné quelque peu en surface et a pour chef-lieu *Eburodunum* [Embrun] (6).

8. Alpes Cottiae. 8. *Alpes Cottiae* (7). Les quatorze communes, qui dédièrent à

---

(1) Dio Cass., LIV, 24 : Τότε δὲ οἵ τε Παννόνιοι νεωτερίσαντες αὖθις ἐχειρώθησαν καὶ αἱ Ἄλπεις αἱ παραθαλάσσοι, ὑπὸ Λιγύων τῶν Κομητῶν καλουμένων ἐλευθέρως ἔτι καὶ τότε νεμόμεναι ἐδουλώθησαν.

(2) Strabo, IV, p. 203 : Τῶν δὲ μεταξὺ τοῦ Οὐάρου καὶ τῆς Γενούας Λιγύων οἱ μὲν ἐπὶ τῇ θαλάττῃ τοῖς Ἰταλιώταις εἰσὶν οἱ αὐτοί, ἐπὶ δὲ τοὺς ὀρεινοὺς πέμπεται τις ὕπαρχος τῶν ἱππικῶν ἀνδρῶν, καθάπερ καὶ ἐπ' ἄλλους τῶν τελέως βαρβάρων. — *C. I. L.*, t. V, [1], n° 1838 (sous Claude) : *C. Baebius P. f. Atticus — — praef. civitat. in Alpib. maritumis.* — Plin., *Nat. hist.*, X, 134 : *visam in Alpibus ab se... ibim Egnatius Calvinus praefectus earum prodidit.* —[Voy. aussi M. O. Hirschfeld, *loc. cit.*]

(3) Il apparaît pour la première fois en l'an 69 (Tacit., *Hist.*, II, 12 : *maritimas tum Alpes tenebat procurator Marius Maturus*; cf. III, 42). Plus tard, des inscriptions le mentionnent (*C. I. L.*, t. II, n° 1970 ; t. VI, [1], n° 1620 ; — Blanc, t. I, n°s 3. 62 ; t. II, p. 16 ; — [voy. aussi M. O. Hirschfeld, *ubi supra*]). Dans une inscription de *Massilia* (*C. I. Gr.*, n° 6771), il s'appelle ἐπίτροπος καὶ ἡγεμὼν τῶν παραθαλασσίων Ἄλπεων.

(4) *C. I. L.*, t. III, [2], f° 979, n° 6075 ; t. V, [2], n°s 7880. 7881. — [Voy. aussi M. O. Hirschfeld, *loc. sup. cit.*]

(5) Tacit., *Ann.*, XV, 32 : *Eodem anno Caesar nationes Alpium maritimarum in ius Latii transtulit.*

(6) Voy. M. Mommsen, *C. I. L.*, t. V, [2], f°s 902 et suiv.

(7) Tous les documents géographiques et historiques concernant cette province se trouvent dans M. Mommsen, (*C. I. L.*, t. V, [2], f°s 808 et suiv.). — [Voy. aussi MM. Kubitschek, *op. cit.*, pp. 123 *in fine* et suiv.; — Ett. de Ruggiero, *op. et loc. sup. citt.*, pp. 430, col. 1, et suiv. ; — Otto Hirschfeld, *C. I. L.*, t. XII, f° 11, et, *supra*, p. 144, les renvois de la note 7. — *Adde* M. Florian

Auguste, en l'an 746 = 8, un arc de triomphe dans leur chef-lieu *Segusio* [Susa], et dont les noms figurent dans l'inscription de ce monument (1), formaient, sous César, un royaume gouverné par Donnus. Son fils prend, sous Auguste, dans l'inscription qui vient d'être rappelée, le titre de *M. Iulius regis Donni filius Cottius, praefectus ceivitatium quae subscriptae sunt*; il était donc déjà alors gouverneur d'une province romaine. Quoi qu'il en soit, le fils ou le petit-fils de ce dernier, M. Iul. Cottius, fut à nouveau investi, en l'an 44 après J.-C., par l'empereur Claude, de la dignité royale (2); et, plus tard encore, il est fait mention d'un *regnum Cottii* (3); il est vrai que Néron le réduisit définitivement en province (4) et mit à sa tête un *procurator et praeses* (5). Les habitants étaient en possession du *ius Latii*, peut-être depuis Auguste (6). Sous le règne de Dioclétien, qui rendit à l'Italie l'ancienne frontière de la *Cisalpina* et de la *Transalpina*, la chaîne des Alpes, la partie Ouest des Alpes Cottiennes, avec la ville d'*Eburodunum* fut incorporée à la *provincia Alpium maritimarum*, tandis que la partie Est et son chef-lieu *Segusio* furent réunis au diocèse italien, sous l'administration d'un *praeses* (voy. *supra*, p. 34).

9. Les *Alpes Poeninae* (7), aussi connues sous les noms d'*Al*-

9. Alpes Poeninae.

Vallentin, *Les Alpes Cottiennes et Graies. Géographie gallo-romaine*, Paris, 1883, gr. in-8, carte.?
(1) Orelli, n° 626 = *C. I. L.*, t. V, [2], n° 7231.
(2) Dio Cass., LX, 24.
(3) Par exemple, dans la *Table de Peutinger*.
(4) Sueton., *Nero*, XVIII: *Regnum Alpium defuncto Cottio in provinciae formam redegit*; — Aurel. Victor, *Caes.*, V, 2; *Epit.*, V, 4; — Eutrop., VII, 14; — Vopisc., *Aurel.*, XXI; — Rufus, *Brev.*, III; — Cassiod., *ad ann.* 66.
(5) On trouve mention d'un *procurator Augusti nostri, praeses Alpium Cottiarum*, au *C. I. L.*, t. V, [2], n° 7251; — d'un [*procur*]*ator et praeses Alpium Cotti*[*arum*], dans Gruter, f° 493, n° 7 = *C. I. L.*, t. VI, [1], n° 1642; — d'un *procurator Augusti Alpium* (*Cottiarum*), au *C. I. L.*, t. VI, [1], n° 1643, et dans Orelli, n° 2156 [=*C. I. L.*, t. XII, n° 408].— Cf. *C. I. L.*, t. V, [2], n°ˢ 7248. 7249. 7252. — Dans l'inscription romaine de l'époque de Tibère, rapportée dans le *Bullett. dell' Instit.*, (1853, p. 182), il convient de lire, d'après M. Mommsen, (*C. I. L.*, t. III, [2], f° 588): *procurator re*[*gni Cotti*] *et provin*[*c.*] *Nar*[*bonensis*].
(6) Plin., *Nat. hist.*, III, 135.
(7) Sur la manière d'écrire *Poeninae*, et non *Penninae*, voy. M. Mommsen: *Die Schweiz in römischer Zeit* (9ᵗᵉʳ *Bericht der antiq. Gesellsch. in Zürich*, 1853, in-4), p. 6; *Inscr. Confoed. Helvet.*, pp. 4 et suiv. — Sur l'histoire de la

pes Atractianae et Poeninae, d'*Alpes Graiae et Poeninae*, dépendaient peut-être, à l'origine, de la *Raetia* (1) ; plus tard, à une époque impossible à préciser, mais dans tous les cas au deuxième siècle, elles devinrent une province procuratorienne (2), comprenant toute la vallée suisse du Rhône (canton du Valais) (3) avec quatre *civitates* (4) et, au Sud du lac de Genève, le territoire des *Ceutrones*, avec les villes de *Darantasia* (Moutiers-en-Tarantaise) et d'*Axima* (Aime), dont la frontière Ouest, du côté de Vienne, fut régularisée, en l'an 74, par le gouverneur de la Germanie supérieure, Gnaeus Pinarius Cornelius Clemens (5), dont l'autorité s'étendait sur la Suisse occi-

---

province, voy. M. Mommsen, *C. I. L.*, t. V, [2], f° 757, [et *Ephem. epigr.*, Vol. IV, 1881, *Alpes Poeninae*, pp. 516-520]. — [Voy. aussi MM. Kubitschek, *op. cit.*, pp. 125 et suiv ; — Ett. de Ruggiero, *op. et loc. sup. citt.*, pp. 432, col. 1, et suiv. ; — Otto Hirschfeld, *C. I. L*, t. XII, f° 16, et, *supra*, p. 144, les renvois de la note 7. — *Adde* M. Fl. Vallentin, *op. cit.* p. 145, note 7 *in fine*, *supra*, et le *Mémoire sur la province romaine des Alpes Apenninae*, lu par M. Paul Fabre à l'*Académie des Inscr. et Bell.-Lett.*, dans sa séance du 27 août 1886 (voy. *Revue critiq. d'hist. et de littér.*, 1886, n° 39, [27 septembre], pp. 229 et suiv.).]

(1) Voy. M. Mommsen, *Die Schweiz*, p. 6 ; *C. I. L.*, t. III, [2], f° 707. — M. Zippel, (*Die römische Herrschaft in Illyrien*, p. 287), rattache la vallée pœnine à la *Germania superior*.

(2) Voy. un *proc. Alpium Atractianar. et Poeninar. iur. gladi*, dans Orelli (n° 3888 [= *C. I. L.*, t. IX, n° 5439]); un *proc. Alp. Atrectianar.*, dans Orelli (n° 2223 [= *C. I. L.*, t. IX, n° 5357]). En outre, on a trouvé à *Axima Ceutronum* (Ptolem., III, 1,37) un certain nombre d'inscriptions, dans lesquelles sont nommés quatre *procuratores* : 1. *T. Pomponius Victor proc. August.* (Orelli, n° 1643 [= *C. I. L.*, t. XII, n° 103]), qui dit dans l'inscription en vers par lui posée : *dum ius guberno remque fungor Caesarum* ; — 2. *Malli(us)* — — *proc. Au(g.)* ; — 3. *Caetronius Cus(p)ianus proc. Aug.* ; — 4. *L. Atinius Marbinianus v(ir) e(gregius) proc. Aug.* (Voy. M. Allmer, dans le *Bullett. dell' Inst.*, 1869, pp. 263 et suiv., [et *C. I. L.*, t. XII, n°s 102. 103. 110. 112 (et *Add. ad h. n.*, f° 805, col. 2). 114. 5717].) Parmi eux, le premier s'intitulant *proc. Augustorum*, vivait par conséquent soit sous Marc-Aurèle et Verus (161-172), soit sous Marc-Aurèle et Commode (177-180), soit sous Sévère et Caracalla (198 et ann. suiv.). — [Sur les *procuratores Augusti* que l'on rencontre dans les *Alpes Poeninae*, voy. encore Senec., *Epist.*, XXXI, § 9 ; — MM. Th. Mommsen, dans l'*Ephem. epigr.*, et Ett. de Ruggiero, *opp. et locc. sup. citt.*]

(3) Voy. M. Mommsen, *Die Schweiz*, p. 6 [et les auteurs cités p. 146, note 7, *supra*].

(4) Inscription de Saint-Maurice (Mommsen, *Inscr. Conf. Helv.*, n° 17), de l'année 23 de notre ère : *Druso Caesari —— civitates IIII vallis Poeninae*. Ce sont : *Sedunorum civitas* (Sitten), *Vallensium civitas* ou *Octodurum* (Martigny), *Nantuatium civitas* ou *Tarnaiae* (Saint-Maurice), *Penneloci* (Villeneuve).

(5) L'inscription qui nous fournit ce renseignement (Henzen, n° 5256 [= *C. I. L.*, t. XII, n° 113]), n'a été lue d'une manière certaine que dans ces der-

dentale (1). Après Dioclétien, la province porte le nom d'*Alpes Graiae et Poeninae* (2), ordinairement *Alpes Graiae*, et ressortit au *dioecesis Galliarum* (3).

Le quatrième siècle nous présente une division tout à fait nouvelle des provinces gauloises, qui est due, dans ses traits généraux, à Dioclétien, mais qui, par la suite, a encore subi quelques modifications (4). En conséquence de cette division, la Gaule tout entière se divise en deux grandes agglomérations territoriales : le *dioecesis Galliarum* et le *dioecesis Viennensis*.

Division de la Gaule après Dioclétien.

Le *dioecesis Galliarum* se compose, vers 297, de 8 provinces :

1. *Belgica prima*, sous un *consularis*, chef-lieu *civitas Trevirorum* (Trèves).

2. *Belgica secunda*, sous un *consularis*, ch.-l. *Durocortorum Remorum* (Reims).

3. *Germania prima*, sous un *consularis*, ch.-l. *Moguntiacum* (Mayence).

---

niers temps par Renier, (*Revue archéol.*, XVI° année, pp. 358 et suiv.) ; voici ce qu'elle porte : *ex auctorita(te) imp. Caes. Vespasian. Aug. pontificis max. trib. potest. V cos. V design VI Cn. Pinarius Cornel. Clemens leg. eius pro pr. exercitus Germanici superioris inter Viennenses et Ceutronas terminavit*. Il ressort de cette inscription et des documents que Renier cite à l'appui du commentaire qu'il en donne : 1° que le mot *Centrones*, que l'on trouve dans les éditions actuelles de César, de Strabon, de Pline et de Ptolémée, doit être plus exactement écrit *Ceutrones*; 2° que la limite entre les *Ceutrones* et les *Viennenses* n'ayant pas été établie par le gouverneur de la *Narbonensis*, la première de ces peuplades n'appartient pas à la *Gallia Narbonensis*, mais bien à une autre province, qui ne peut être que celle des *Alpes Poeninae*.

(1) Comp. M. Mommsen, *Die Schweiz*, p. 7.
(2) Ammian., XV, 11.
(3) Voy. la *Liste des provinces de 297*, p. 511; — Polemii Silvii *Laterculus*, éd. Mommsen, pp. 253. 266; — *Notit. Dignit. Occid.*, éd. Boecking, p. 489.
(4) Les sources relatives à cette nouvelle constitution provinciale sont, en dehors de la *Liste des provinces* de Vérone (vers 297), du *Breviarium* de S. Rufus (vers 369), du *Laterculus* de Polemius Silvius (vers 386) et de la *Notitia Dignitatum*, la *Notitia provinciarum et civitatum Galliae*, de l'époque d'Honorius (305 423), publiée par Sirmond dans la seconde édition des Conciles (t. I, 1629, in-fol.) et par dom Bouquet, (*Recueil des historiens des Gaules et de la France*, Paris, 1738 et ann. suiv., in-fol., t. 1, pp. 122 et suiv.). Voy. d'autres récensions de cette liste dans J. F. Gronov., *Var. Geogr.*, Lugd. Bat., 1739, in-8, pp. 40 et suiv., et dans dom Bouquet, Vol. II. Nous devons à M. O. Seeck une édition critique de la *Notitia Galliarum*, basée sur la collation des manuscrits, dans sa *Notitia dignitatum*, Berolini, 1876, in-8, pp. 261 et suiv.

4. *Germania secunda*, sous un *consularis*, ch.-l. *Colonia Agrippinensis* (Cologne).

5. *Maxima Sequanorum*, sous un *praeses* (1), ch.-l. *Vesontio* (Besançon).

6. *Lugdunensis prima*, sous un *praeses* (2), ch.-l. *Lugdunum* (Lyon).

7. *Lugdunensis secunda*, sous un *praeses*, ch.-l. *Rotomagus* (Rouen).

8. *Alpes Graiae et Poeninae*, sous un *praeses*, avec les villes *civitas Vallensium Octodurum* (Martigny) et *civitas Ceutronum Darantasia* (Moutiers-en-Tarantaise).

Il faut y joindre, vers 385 (3) :

9. *Lugdunensis tertia*, sous un *praeses*, ch.-l. *Caesarodunum Turonum* (Tours).

10. *Lugdunensis Senonia*, sous un *praeses*, ch.-l. *civitas Senonum* (Sens).

Le *dioecesis Viennensis* compte, sous Dioclétien, cinq provinces (4). L'ancienne Aquitaine fut divisée en une province du Nord et une province du Sud (*Aquitanica* et *Novempopulana*) (5) ; l'ancienne Narbonnaise, en deux moitiés, Ouest et Est (*Narbonensis* et *Viennensis*), auxquelles vinrent s'ajouter, en cinquième lieu, les *Alpes maritimae*. Ces cinq provinces

---

(1) Inscription de 294 (Mommsen, *Inscr. Conf. Helv.*, n° 239).

(2) Elle l'avait encore en 319 (Const. 1, [*Sine censu vel reliq. fundum compar. non posse*], C. Th., XI, 3) ; mais, en 372, elle a un *consularis* (*Fragm. Vatic.*, § 36).

(3) Voy. M. Mommsen, *Verzeichn. der Röm. Prov. um 297*, p. 511.

(4) Dans la *Liste de Vérone*, on en trouve sept, il est vrai ; mais que l'*Aquitanica* n'ait encore été l'objet d'aucun partage en 355, c'est ce que M. Kuhn a établi avec certitude dans les *Iahrbücher für classische Philologie*, 1877, p. 704.

(5) C'est ce même district qui, déjà sous Trajan, formait une province *Lactora* procuratorienne, distincte de la *Lugdunensis* et de l'*Aquitania*. Voy. l'inscription de l'an 105 (*C. I. L.*, t. V, [1], n° 875) : *C. Minicio C. Fil. Vel. Italo — procurat(ori) provinciarum Lugduniensis et Aquitanicae item Lactorae*. (Voy. MM. Mommsen, sur cette inscription ; — Renier, dans Borghesi, *Œuvres*, t. VIII, p. 544 ; — Hirschfeld, *Commentationes in honor. Mommseni script.*, p. 440, note 30 ; — Robert, dans les *Comptes-rendus*. 1872, pp. 473 et suiv.) — [Voy. aussi les auteurs cités dans notre *Bibliogr. gén. des prov. gaul.*]

furent soumises à un *vicarius quinque provinciarum* (1). Deux d'entre elles firent plus tard l'objet de divisions nouvelles : l'Aquitaine, avant l'an 369 (2), et la *Narbonensis*, avant l'an 381 (3) ; ce qui porta à sept le nombre des provinces comprises dans le diocèse (4) ; savoir :

1. *Viennensis*, sous un *consularis*, ch.-l. *Vienna*.
2. *Narbonensis prima*, sous un *praeses*, ch.-l. *Narbo*.
3. *Narbonensis secunda*, sous un *praeses*, ch.-l. *Aquae Sextiae* (Aix).
4. *Novem populi* ou *Novempopulana*, sous un *praeses*, ch.-l. *Elusa* (Ciutat, près d'Eause).
5. *Aquitanica prima*, sous un *praeses*, ch.-l. *civitas Biturigum* (Bourges).
6. *Aquitanica secunda*, sous un *praeses*, ch.-l. *Burdigala* (Bordeaux).
7. *Alpes maritimae*, sous un *praeses*, ch.-l. *Ebrodunum* (Embrun).

---

(1) Inscription de l'an 364 (Henzen, n° 6471 [= *C. I. L.*, t. VI, 1, n° 1729].
(2) Rufus Festus est le premier qui mentionne les *Aquitaniae duae* dans son *Breviarium* (cap. VI), écrit en 369.
(3) On trouve pour la première fois la *Narbonensis prima* et *secunda* en 381 dans les actes du Synode d'*Aquileia* (Harduin, t. I, p. 835). — Sur les deux provinces, voy. Kuhn, *op. et loc. sup.citt.* — [Sur la *Narbonensis*, nous possédons un dernier renseignement, que nous jugeons intéressant de consigner ici : Dans la séance de l'*Académie des Inscr. et Bell.-Lett.* du 17 août 1888 (*Le Temps* du 19 ; — *Journ. off.* du 26, p. 3618), M. Héron de Villefosse a fait part à la docte Assemblée d'une découverte épigraphique des plus précieuses, due à M. Berthomieu, de Narbonne : ce savant a trouvé une pierre milliaire, sur laquelle on peut déchiffrer le commencement de sept lignes. Cette découverte a une importance considérable, en ce que l'inscription prouve, en dépit de l'opinion d'après laquelle la Narbonnaise n'aurait jamais été gouvernée par les empereurs gaulois, que ceux-ci, à un moment, ont occupé une partie de la rive droite du Rhône. Ces mêmes empereurs, ainsi qu'on le sait, ayant régné sur des provinces espagnoles, il s'ensuit qu'ils ont dû être les maîtres d'une partie des provinces comprises entre le Rhône et les Pyrénées. On possédait déjà quatre inscriptions constatant cette occupation ; le document nouveau que nous venons de signaler est la cinquième.]
(4) Henzen, n° 6910 [= *C. I. L.*, t. VI, 1, n° 1678] : *vicario per Gallias septem provinciarum.* — Voy. Gothofr., *Ad Cod. Theod.* XVI, 10, 15, [*De paganis, sacrific. et templ.*] ; — Boecking, *Notit. Dignit.*, t. II, pp. 470 et suiv. ; — MM. Mommsen, *Verzeichn. der röm. Prov.*, p.512 ; — Kuhn, *Die städtische und bürgerliche Verfassung*, t. II, p. 213.

Néanmoins, l'ancienne appellation du diocèse subsista : ce qui fait que, dans la *Notitia dignitatum*, on trouve en même temps un *rationalis rei privatae per quinque provincias* et un *vicarius septem provinciarum*.

XV. BRITANNIA (1).

La conquête de la Bretagne s'est faite lentement : et la première raison en est peut-être qu'elle ne semblait pas offrir de

---

(1) Les documents épigraphiques relatifs à la Grande-Bretagne se trouvent aujourd'hui dans le *C. I. L.*, t. VII ; en tête de ce volume, M. Hübner a placé une Introduction intitulée *De provinciae Britanniae inscriptionibus, administratione, re militari*. Depuis cette époque, M. J. C. Bruce a, de son côté, terminé son ouvrage qui porte pour titre *Lapidarium septentrionale or a description of the monuments of Roman rule in the North of England. Published by the society of antiquaries of Newcastle-upon-Tyne* ; Newcastle, 1875, in-fol. — Quant à la conquête et à l'histoire de la province, M. E. Hübner en traite en détail dans la *Deutsche Rundschau*, (t. IV, 8, (1878), pp. 221-252), sous le titre *Eine römische Annexion*. — [Voy. encore : *Histoire des descentes qui ont eu lieu en Angleterre, Ecosse, Irlande, etc., depuis J. César jusqu'à nos jours*, Paris, 1798, in-8, cart. ; — Peyrard, *Précis historique des principales descentes qui ont été faites dans la Grande-Bretagne depuis Jules César jusqu'à l'an V*, Paris, an VI (ou 1798), in-8, cart. ; — Poncet de la Grave, *Histoire générale des descentes faites tant en Angleterre qu'en France, depuis J. César jusqu'à nos jours*, Paris, 1799, 2 voll. in-8, avec 2 grav. et 1 carte ; — — T. S. Hughes, *Hume and Smolett's History of England from the invasion of Julius Caesar to the death of George II with a continuation to the reign of William IV*, 1837, fort vol. in-4 à 2 coll. ; — F. de Saulcy, *Les Expéditions de César en Grande-Bretagne*, Paris, 1860, broch. in-8 ; — J. Pym Yeatmann, *An introduction to the study of early English history*, London, 1874 ; — E. Hübner, *L'armée romaine en Bretagne*, dans *Hermes*, t. XVI, 1881, pp. 513-584 ; — S.-R. Gardiner and J.-B. Mullinger, *Introduction to the study of english history*, London, 1881, 1 vol. in-8 (les pp. 207-404 contiennent la bibliographie) ; — Denman W. Ross, *The early history of land-Holding among the Germans*, Boston, 1883, in-8 ; — Th. Mommsen, *Röm. Gesch.*, t. V, 3te Aufl., Berlin, 1886, pp. 155-178 (= dans la trad. franç. de MM. R.

grands avantages (1). Les deux expéditions que César y dirigea, dans les années 55 (2) et 54 (3), n'eurent pas de résultats du-

---

Cagnat et J. Toutain, t. IX, pp. 216-248); — W. Liebenam : *Beiträge zur Verwaltungsgeschichte des römischen Kaiserreichs*, I, Iena, 1886, in-8, pp. 21 et suiv., et *Tab.* n° 4, p. 37; *Forschungen zur Verwaltungsgeschichte der römischen Kaiserreichs*, I Bd., Leipzig, 1888, in-8, pp. 81-11 ; — Henri Kiepert, *Manuel de Géographie ancienne* (trad. franç. par M. Émile Ernault), Paris, 1887, pp. 311-314 ; — Giuseppe Stocchi, *La prima conquista della Britannia per opera dei Romani*, dans l'*Archivio storico italiano*, t. XIX, Disp. 3ª del 1887, pp. 335-373, ou tirage à part, Firenze, 1888, in-8 ; — Alfred J. Church, *Early Britain*, London, 1889, in-8 (forme le 21ᵉ vol. de la collection intitulée *The Story of the Nations*). — *Adde* : Hall and Hastings White, *Londinium (Londiniae)*, dans l'*Athenaeum*, n° 3092, p. 161 ; — Tomlinson, *Doncaster from the Roman occupation to the present time* (voir *The Athenaeum*, n° 3151, (17 mars 1888)) ; — Vaillant, *L'estampille de la flotte de Bretagne*, dans la *Revue archéol.*, 1888 ; — Th. Wright, *On the Intercourse of the Romans with Ireland*, dans l'*Archaeologia Cambrensis*, 3ᵉ série, t. XII, pp. 296-303 (la thèse de cet auteur, qui ne constitue, en réalité, qu'un ingénieux paradoxe, et suivant laquelle les Romains auraient, après Agricola, repris sou plan de conquête et se seraient établis au moins dans le Nord-Est de l'Irlande, a été réfutée par M. Brash, dans le t. XIII, pp. 83-101, du même Recueil). — Au point de vue épigraphique, il convient de joindre aux ouvrages indiqués par Marquardt, en dehors de ceux que nous signalons dans notre *Introd. Bibl. gén.*, I, B, 2°, à propos du vol. VII du *C. I. L.*, l'*Ephemeris epigraphica*, Voll. III et IV, ainsi que Vol. VII, fasc. 3, Berol., 1890, pp. 273-354, M. F. Haverfield, *Additamenta quarta ad Corporis vol. VII*, et enfin M. Jos. Wilhelm Kubitschek, *Imp. Röm. trib. discr.*, Pragae, Vindobonae, Lipsiae, 1889, gr. in-8, p. 222. — Voy., au demeurant, pour le surplus, notre *Introd. bibliogr. gén.* — Le dernier renseignement digne d'intérêt qui soit arrivé à notre connaissance touchant la Grande-Bretagne, est le suivant : M. John Storrie, conservateur du Musée de Cardiff, a découvert, en 1888, auprès du bourg de Llantwit Major, les traces d'un campement gallo-romain. Les découvertes sont résumées dans une lettre à M. W.-E. Winks, conservateur honoraire du Musée de Cardiff, reproduite par l'*Athenaeum* du 20 octobre 1888. La situation de ces débris, qui se trouvent assez éloignés de l'ancienne *Via Iulia*, permet de penser que l'on a peut-être retrouvé l'antique *Bovium* ou *Bomium* de l'*Itinéraire d'Antonin*. L'on se demande, d'autre part, si l'on a affaire à une simple villa romaine ou à un poste établi pour la défense de la *Via Iulia*. — P. L.-L.]

(1) Appian., *Prooem.*, Vol. I, p. 5, 28, éd. Bekk. : καὶ τὸν βόρειον ὠκεανὸν ἐς τὴν βρεττανίδα νῆσον περάσαντες —— τὸ κράτιστον αὐτῆς ἔχουσιν ὑπὲρ ἥμισυ, οὐδὲν τῆς ἄλλης δεόμενοι · οὐ γὰρ εὔπορος αὐτοῖς ἐστιν οὐδ' ἣν ἔχουσιν. — Cic., *Ad Att.*, IV, 16, 13 : *Etiam illud iam cognitum est, neque argenti scripulum esse ullum in illa insula, neque ullam spem praedae nisi ex mancipiis* ; — *Ad famil.*, VII, 7 : *In Britannia nihil esse audio neque auri neque argenti*.

(2) Caesar, *De bell. Gall.*, IV, 20-36. — Voy. Drumann, [*Geschichte Roms*], t. III, pp. 293 et suiv.

(3) Caesar, *De bell. Gall.*, V, 5-23. — Voy. Drumann, t. III, pp. 299 et suiv.

rables : en effet, les contributions qu'il frappa sur les tribus vaincues (1) ne furent pas payées pendant longtemps, parce qu'il n'avait pas laissé de garnison derrière lui. Plus tard, à deux reprises différentes, en 34 (2) et en 27 (3) av. J.-C., Auguste prépara une expédition en Bretagne ; mais il ne mit jamais ce projet à réalisation (4) et se contenta d'exercer dans la région une certaine influence politique (5). Quelques chefs de tribus sollicitèrent sa protection (6) ; d'autres ouvrirent leurs territoires au commerce romain (7); et le pays demeura libre jusqu'à ce que la campagne entreprise en l'an 43 par l'empereur Claude (8) eut abouti à une occupation partielle de l'île (9),

---

(1) Caesar, *De bell. Gall.*, V, 22 : *Obsides imperat et quid in annos singulos vectigalis populo Romano Britannia penderet, constituit* ; — Cic., *Ad Att.*, IV, 17, 3 : *Confecta Britannia, obsidibus acceptis, nulla praeda, imperata tamen pecunia* ; — Tit. Liv., *Epit.*, CV : *aliquam partem insulae in potestatem redegit.* — De cette donnée, les auteurs postérieurs ont fait une conquête du pays, comme Eutrope, (VI, 17 (14)) : *Britannos stipendiarios fecit* ; — S. Rufus ([*Brev.*], VI) : *decimo anno Gallias et Britannias tributarias fecit.*

(2) Dio Cass., XLIX, 38.

(3) Dio Cass., LIII, 22. 25 ; — Horat., *Od.*, I, 35, 30 ; III, 5, 3 ; cf. I, 21, 15 ; IV, 14, 48.

(4) Dio Cass., LXII, 1.

(5) Strabo, IV, p. 200 : νυνὶ μέντοι τῶν δυναστῶν τινες τῶν αὐτόθι πρεσβεύσεσι καὶ θεραπείαις κατασκευασάμενοι τὴν πρὸς Καίσαρα τὸν Σεβαστὸν φιλίαν ἀναθήματά τε ἀνέθηκαν ἐν τῷ Καπετωλίῳ καὶ οἰκείαν σχεδόν τι παρεσκεύασαν τοῖς Ῥωμαίοις ὅλην τὴν νῆσον.

(6) *Monum. Ancyr.*, V, 54.

(7) Strabo, IV, p. 200.

(8) Sueton., *Claud.*, XVII; *Vespas.*, IV ; — Dio Cass., LX, 19-23. — Voy. H. Lehmann, *Claudius und Nero und ihre Zeit*, Bd. I, Gotha, 1858, pp. 225-239.

(9) Suet., *Claud.*, XVII : *parte insulae in ditionem recepta* ; — Suet., *Vespas.*, IV : *Claudio principe Narcissi gratia legatus legionis in Germaniam missus est; inde in Britanniam translatus tricies cum hoste conflixit. Duas validissimas gentes superque viginti oppida et insulam Vectem* (Wight) *Britanniae proximam in dicionem redegit, partim Auli Plauti legati consularis partim Claudii ipsius ductu.* Nous possédons encore une partie de l'inscription de l'arc de triomphe, qui fut élevé à Rome à l'empereur Claude à raison de la défaite de la Bretagne. L'inscription, aujourd'hui reproduite au C. I. L., (t. VI, [1], n° 920), a été complétée par M. Bormann, (*Ephem. epigr.*, 1872, p. 221), de la manière suivante : *TI. CLAVdio drusi f. caiSARI AVGVsto germaniCO PONTIFICi maximo trib. potesTAT. XI cos V IMp. xxi patri paTRIAI SENATV POpulusque ROmanus qVOD REGES BRITanniai XI devictos sine VLLA IACTVRa in deditionem acceperit GENTESQVE Barbaras trans oceanum PRIMVS. IN DIClonem populi romani redegerit.* Un arc de triomphe analogue fut élevé en

à l'établissement de contributions régulières (1), et à l'organisation de la province (2). A la suite de cette campagne, et bien que la conquête du pays ne dût être réalisée que petit à petit, notamment par Agricola (78-84), une armée fut aussitôt stationnée dans la province (3), un gouverneur lui fut donné (4), et, en l'an 50, la colonie de *Camulodunum* [et non *Camulodonum*, comme l'écrit Marquardt, p. 286 *in init.*] (Colchester) y fut fondée (5). En 81, Agricola commença des travaux de fortification destinés à défendre le Nord de la province contre

<small>Organisation de la province.</small>

---

son honneur à *Cyzicus* [ruines de Balkiz] ; l'inscription de ce monument a été publiée dans ces derniers temps par M. Perrot, (*Revue archéologique*, Nouv. série, t. XXXI, (1876), p. 100; *Comptes-rendus*, 1876, p. 25), et en dernier lieu par M. Mommsen, (*Ephem. epigr.*, t. IV, p. 34). Elle est ainsi conçue : *DIVO. AVG. CAESARI. TI. AVg. divi aug. f. IMP. TI. CLAVDIO. DRVSI. F. caesari aug. gerMANICO. PONT. MAX. tr. p. XI. cos. V. imp. XXI. P. P. VINDici. LIBertatis. DEVIctori regum XI BRITANNIAE. ARcum posuerunt Cives Romani QVI. CYZICI consistunt ET CYZIceni.*

(1) Dio Cass., LXII, 3.

(2) Tacit., *Agric.*, XIII : *Divus Claudius auctor iterati operis transvectis legionibus auxiliisque et assumpto in partem rerum Vespasiano. — — Domitae gentes, capti reges et monstratus fatis Vespasianus;* — c. XIV : *Consularium primus Aulus Plautius praepositus ac subinde Ostorius Scapula — — redactaque paulatim in formam provinciae proxima pars Britanniae.* Claude lui-même mentionne dans son discours, col. I *in fine* (Nipperdey, *Tacitus*, t. II, p. 224), la *gloria prolati imperi ultra Oceanum*. A la conquête se réfèrent également l'inscription rapportée sous le n° 715 du recueil d'Orelli [= *C. I. L.*, t. VI, 1, n° 920] et huit épigrammes de l'*Anthologia Latina* (II, 84-91, éd. Burm.; n°⁸ 762-769, éd. Meyer; n°⁸ 419-426, éd. Riese).

(3) Voy. M. E. Hübner, *Die römischen Heeresabtheilungen in Britannien*, dans le *Rhein. Mus., N. F.*, t. XI, (1857), pp. 1-57, et *Nachträge*, t. XII, (1857), pp. 84 et suiv.; t. XIV, (1859), pp. 347-357.

(4) La série des gouverneurs jusqu'à Domitien est complètement connue. En voici la liste : 1. Aulus Plautius, 44-47; — 2. P. Ostorius Scapula, 47-51; — 3. A. Didius Gallus, 52-57; — 4. Q. Veranius Nepos, 58; — 5. C. Suetonius Paulinus, 59-64; — 6. Q. Petronius Turpilianus, 62-64; — 7. Trebellius Maximus, 64-69; — 8. Vettius Bolanus, 69-71; — 9. Q. Petilius Cerealis, 71-74; — 10. S. Iulius Frontinus, 74-78; — 11. Cn. Iulius Agricola, 78-85. — Voy. Tacit., *Agric.*, XIV-XVIII. — MM. Hübner, *Die röm. Legaten von Britannien*, dans le *Rhein. Museum*, N. F., t. XII, (1857), pp. 46-83; comp. t. XIV, pp. 357 et suiv.; — Urlichs, *Comm. de vita et honoribus Agricolae*, Wirceburgi, 1868, in-4, pp. 25 et suiv.; — Borghesi, *Œuvres*, t. III, pp. 70. 188; t. VI, pp. 34. 476; — Boecking, *Notit. Dignit.*, t. II, pp. 498 et suiv. — [Voy. surtout M. W. Liebenam, *Forschungen*, I Bd., pp. 82 et suiv., dont la liste est beaucoup plus complète et va jusqu'à Dioclétien.]

(5) Tacit., *Ann.*, XII, 32. — Voy. Zumpt, *Comment. epigr.*, t. I, p. 389. Sur la situation douteuse du lieu, voy. W. Smith, *Dictionary of Greek and Romain Geography*, London, 1856, in-8, Vol. I, p. 645.

les Pictes et les Calédoniens. Mais ces travaux, situés entre la *Clota* et la *Bodotria* (*the Friths of Clyde* et *of Forth*)(1), durent être abandonnés. Sous Hadrien, se produisit un soulèvement général des Bretons (2), que l'empereur réduisit en personne (3); après ce soulèvement, il recula la frontière du Sud et assura sa défense par un nouveau rempart-limite, le *murus Hadriani*, qui, commencé dans les années 122-124, s'étendait du Frith de Solway (*Ituna Aestuarium*) à l'embouchure de la rivière de Tyne et se composait d'une double ligne de retranchements. La ligne du Nord est murée et comprend environ quatre-vingts *castella* ; celle du Sud consiste en un simple épaulement de terre, défendu par un fossé (4). Vingt ans plus tard, en l'an 142, le successeur d'Hadrien, Antoninus Pius, franchit une fois encore cette enceinte, et édifia sur la ligne projetée par Agricola entre la *Clota* et la *Bodotria* (Glasgow à Edimbourg) de nouveaux ouvrages en terre pour la défense de la province (5). Ces ouvra-

---

(1) Tacit., *Agric.*, XXIII : *Quarta aestas obtinendis, quae percucurrerat, insumpta, ac, si virtus exercituum et Romani nominis gloria pateretur, inventus in ipsa Britannia terminus. Namque Clota et Bodotria, diversi maris aestibus per immensum revectae, angusto terrarum spatio dirimuntur, quod tum praesidiis firmabatur, atque omnis propior sinus tenebatur, summotis velut in aliam insulam hostibus.* — Boecking, (*Notit. Dignit.*, t. II, p. 887, note), traite de ce *vallum*, en mettant à profit les sources anglaises. — Comp. M. Hübner, dans les *Monatsberichte der Acad. zu Berlin*, 1866, pp. 794 et suiv.

(2) Spartian., *Hadr.*, V, 2: *Britanni teneri sub Romana ditione non poterant*; — Fronto, p. 200, éd. Rom., 1823 = p. 144, éd. Rom., 1846 = p. 218, éd. Naber : *Quid? Avo vestro Hadriano imperium obtinente quantum militum a Iudaeis, quantum ab Brittannis caesum ?*

(3) Spartian., *Hadr.*, XI: *Britanniam petit in qua multa correxit murumque per octoginta milia passuum primus duxit, qui barbaros Romanosque divideret.* — Les inscriptions rapportées sous les n°⁸ 804 d'Orelli et 5456 d'Henzen [= *C. I. L.*, t. X, 1, n° 5829] mentionnent l'*expeditio Britannica* d'Hadrien.

(4) Les principales études sur ce rempart sont celles de MM. C. Bruce, *The Roman wall, a description of the mural barrier of the North of England*, 3° édit., London, 1867, in-4. Comp. Boecking, *Notit. Dignit.*, t. II, pp. 887 et suiv. ; — M. Hübner, dans les *Monatsberichte der Berl. Acad.*, 1866, p. 789, dans le *C. I. L.*, t. VII, f°⁸ 99-106, où l'on trouve indiquée la nombreuse bibliographie du sujet, et dans la *Deutsche Rundschau*, *loc. sup. cit.*, pp. 241 et suiv.

(5) Capitolin., *Anton. P.*, V, 4 : *Britannos per Lollium Urbicum vicit legatum alio muro cespiticio summotis barbaris ducto*; — Pausanias, VIII, 43 : Ἀντωνῖνος — — — ἀπετέμετο δὲ καὶ τῶν ἐν Βρεττανίᾳ Βριγάντων ἤτν

ges consistaient en un fossé, long de 37 milles anglais, large de 40 pieds anglais et profond de 20 pieds, et en un retranchement [*vallum*] de terre qui s'élevait derrière lui; ce rempart était revêtu de maçonnerie et protégé par une série de dix *castella* (1). Toutefois, cette deuxième tentative n'eut pas une durée plus considérable que la précédente; Septimius Severus retira les garnisons du *vallum* établi par Antoninus en Écosse et s'en tint au mur d'Hadrien, qu'il fortifia à nouveau (2).

Administration. A la tête de l'administration de la province ainsi délimitée se trouvait un magistrat unique, un *legatus Aug. pr. pr.* consulaire (3), ayant sous ses ordres un *procurator* (4); mais, en l'an 197 de notre ère, après la mort de Clodius Albinus, Septimius Severus divisa la Bretagne en deux parties, *Britannia superior* et *inferior* (5), administrées chacune, à ce qu'il semble,

---

πολλήν, ὅτι ἐπεσβαίνειν καὶ οὗτοι σὺν ὅπλοις ἤρξαν ἐς τὴν Γενουνίαν μοῖραν, ὑπηκόους Ῥωμαίων. — Dio Cass., LXXII, 8; — Orelli, n° 845 [= *C. I. L.*, t. VII, n° 1132].

(1) Voy. la description du rempart dans M. Hübner, (*C. I. L.*, t. VII, f°ˢ 191 et suiv., et *Deutsche Rundschau, loc. sup. cit.*, pp. 247 et suiv.).

(2) Spartian., *Sever.*, XVIII, 2 : *Brittanniam, quod maximum eius imperii decus est, muro per transversam insulam ducto utrimque ad finem Oceani munivit*; cf. c. XXII, 4; — Aurel. Vict., *Caes.*, [XX; — Eutrop., VIII, 10 (19); — Cassiodor., *ad ann.* 207, dans Mommsen, *Die Chronik des Cassiodorus Senator*, p. 640 : *his conss. Severus in Brittannos bellum movit, ubi ut receptas provincias ab incursione barbarica faceret securiores, vallum per CXXXII passuum milia a mari ad mare duxit.* — Ces passages ont été l'objet d'interprétations très diverses, et je renvoie de ce chef à M. Hübner, (*C. I. L.*, t. VII, f°ˢ 100 et suiv., et *Deutsche Rundschau, loc. sup. cit.*, p. 251), dont je reproduis les conclusions.

(3) C'est ce que dit Tacite, (*Agric.*, XIV). Et c'est ce qui se dégage également des légats que l'on connaît. (Comp. Borghesi, *Œuvres*, t. VI, p. 145, [et M. W. Liebenam, *Forschungen*, pp. 81 et suiv.].)

(4) *Proc. Aug. prov. Britanniae* (Orelli, n° 2222 [= *C. I. L.*, t. V, 2, n° 6513]; — Henzen, n°ˢ 6701 [= *C. I. L.*, t. VII, n° 1003]. 6936 [= *C. I. L.*, t. V, 1, n° 3337]; — *C. I. Gr.*, n° 6627). — Voy. M. Hübner, dans le *Rhein. Mus., N. F.*, t. XIV, pp. 36.1 362.

(5) Herodian., III, 8, 2 : (Severus) διοικήσας δὲ τὰ κατὰ τὴν Βρεττανίαν καὶ διελὼν εἰς δύο ἡγεμονίας τὴν τοῦ ἔθνους ἐξουσίαν — — εἰς τὴν Ῥώμην ἠπείγετο. Dion Cassius (LV, 23) parle déjà de la Βρεττανία ἡ ἄνω lors du dénombrement des légions sous Auguste, commettant visiblement un anachronisme en employant cette dénomination. On trouve *provincia Britannia inferior* dans l'inscription rapportée par Henzen sous le n° 7414 β, (p. 404 [= *C. I. L.*, t. VIII, 1, n° 2766]), et dans l'inscription fragmentaire de *Musli* [ruines de Mest], (dans Guérin, *Voyage archéol. dans la régence de Tunis*, t. II, p. 102,

par un *praeses* (1). Après l'organisation nouvelle à laquelle il fut procédé par Dioclétien, le pays compte quatre provinces : 1. *Britannia prima*; 2. *Britannia secunda*; 3. *Maxima Caesariensis*; 4. *Flavia Caesariensis* (2), auxquelles *Valentia* vint se joindre, en 369, comme cinquième province (3). Parmi ces cinq provinces, *Maxima Caesariensis* et *Valentia* étaient consulaires; les trois autres étaient présidiales (4).

---

n° 296 [= *C. I. L.*, t. VIII, 1, n° 1578 *b*]). Quant à la façon dont ces deux parties étaient délimitées, elle est inconnue. — Voy. M. Hübner, dans le *Rhein. Museum.*, N. F., t. XII, p. 84.

(1) Ulpian., L. 2, § 4, [*De vulg. et pupill. substit.*], D., XXVIII, 6 : *Quae sententia rescripto imperatoris nostri* (c'est-à-dire Caracalla; voy. Fitting, *Ueber das Alter der Schriften Römischer Juristen*, Basel, 1860, p. 43 [voy. aussi M. John Roby, trad. ital. par M. Giovanni Pacchioni, *Introduzione allo studio del Digesto Giustinianeo*, Firenze, 1887, in-8, pp. 208 et suiv. ; — Paul Krüger, *Geschichte der Quellen und Litteratur des römischen Rechts*, dans Binding's *Handbuch der Deutschen Rechtswissenschaft*, Leipzig, 1888, p. 245]) *ad Virium Lupum Britanniae praesidem comprobata est...*

(2) *Liste des provinces de 297*, p. 510.
(3) Ammian., XXVIII, 3, 7.
(4) *Notit. Dignit. Occid.*, c. XXII. — Voy. Boecking, t. II, pp. 500 et suiv.

LES PROVINCES DANUBIENNES.

XVI. Raetia (1).

La *Raetia*, qui comprend la partie de la Bavière située au midi du Danube, la partie Nord du Tyrol et la partie Est de la

---

(1) M. Mommsen, (*C. I. L.*, t. III, [2], f°* 706 et suiv.) traite de cette province et a épuisé le sujet. Voy. aussi MM. P. C. Planta, *Das alte Raetien*, Berlin, 1872, in-8; — J. S. Douglas, *Die Römer in Vorarlberg*, S. Gallen, 1871, in-4. — Les questions fort intéressantes relatives aux habitants, aux idiomes et à la civilisation de toutes les provinces danubiennes dans l'antiquité et au moyen-âge sont discutées avec soin par M. J. Jung, dans son ouvrage intitulé *Roemer und Romanen in den Donauländern*, Innsbruck, 1877, in-8. — [Sur les provinces danubiennes, il convient aujourd'hui de consulter encore M. Mommsen, *Röm. Geschichte*, t. V, 3te Aufl., Berlin, 1886, pp. 178-230 (= dans la trad. franç. de MM. R. Cagnat et J. Toutain, t. IX, pp. 248-322). Comp. aussi M. A. Reményi, *Zur Geschichte der Donauflotille von Römerzeiten bis zur Schlacht bei Mohács 1526*, Wien, 1888, broch. in-8 de 24 pp., et, sur la *Raetia* en particulier, MM. W. Liebenam : *Beiträge zur Verwaltungsgeschichte des römischen Kaiserreichs*, I, Iena, 1886, in-8, p. 27, et *Tab.* n° 19, p. 40 ; *Forschungen zur Verwaltungsgeschichte des römischen Kaiserreichs*, I Bd., Leipzig, 1888, in-8, pp. 352-354 ; — Henri Kiepert, *Manuel de géographie ancienne* (trad. franç. par M. Émile Ernault), Paris, 1887, in-8, pp. 205 *in fine* et 206 ; — Ios. Wilhelm Kubitschek, *Imp. Rom. trib. discr.*, Pragae, Vindobonae, Lipsiae, 1889, in-8, pp. 222 et 223; — Urban, *Das alte Rätien und die römischen Inschriften* (Programm; voy. *Berlin. Philolog. Wochenschr.*, 1890, n° 10). — Notons enfin ici d'une manière générale et pour n'avoir plus à y revenir, qu'en dehors du premier *Supplément* au Vol. III du *C. I. L.*, paru à Berlin en 1889, et auquel nous prendrons soin de renvoyer en temps et lieu, on trouvera les *Suppléments* antérieurs à ce volume dans les t. II, IV

LES PROVINCES DANUBIENNES. — *RAETIA*. 161

Suisse (1), fut conquise en l'an 739=15 par les beaux-fils d'Auguste, Drusus et Tibère, et réduite en province (2). Drusus infligea une défaite aux Rétiens dans les Alpes tridentines (3), s'avança, par le Brenner, jusqu'à l'*Aenus* (Inn) et au pays des *Breuni* (4), et ouvrit ainsi le chemin de l'Italie au Danube (5). Quant à Tibère, il vint de Gaule au secours de son frère; il battit les *Vindelici* sur les bords du lac de Constance (*lacus Brigantinus*) et parvint aux sources du Danube (6). C'est à cette victoire que se rapporte l'inscription du *tropaeum Alpium*, élevé à Tibère, en l'an 747=7, par le Sénat et le peuple romain (7).

La Rétie fut d'abord gouvernée par un *Procurator*, dont le titre complet était *procurator et pro legato provinciae Raetiae et*

Province procuratorienne.

---

et V de l'*Ephemeris epigraphica*. Il convient d'y joindre, au point de vue épigraphique, l'ouvrage de M. Bas. Latyschew, *Inscriptiones antiq. orae septentrion. Ponti Euxini graecae et latinae*, dont le vol. I (in-4) a paru à Saint-Pétersbourg en 1886. — Voy., au demeurant, pour le surplus, notre *Introd. bibliogr. gén.*, et comp. *super.*, pp. 81 et suiv., notre *Bibliogr. gén. des prov. gauloises*, ainsi que le *Catalogue de la Biblioth. de feu M. E. Desjardins*, sur la Rétie, le *Noricum* et la Pannonie, Paris, 1888, n°s 492-504, pp. 67-69.]

(1) Les frontières sont déterminées explicitement par MM. Mommsen, (*C. I. L.*, t. III, 2, f° 707), et Planta, (*op. cit.*, pp. 55 et suiv.); ce dernier auteur a également dressé une carte de la province.

(2) Vellei. Paterc., II, 39 : *Raetiam autem et Vindelicos — novas imperio nostro subiunxit provincias*; — Tit. Liv., *Epit.*, CXXXVIII : *Raeti a Tiberio Nerone et Druso Caesaris privignis domiti*; — Suet., *Oct.*, XXI ; *Tib.*, IX ; — Horat., *Od.*, IV, 4, 17 ; IV, 14, 6 sqq.; IV, 15, 21 ; — Florus, IV, 12, 4 ; — Oros., VI, 21 ; — Aurel. Vict., *Ep.*, I ; — Eutrop., VII, 9.

(3) Dio Cass., LIV, 22. — [Voy., à cet égard, M. Ett. de Ruggiero, *Dizionar. epigr.*, fascic. 14, Roma, 1889, p. 487, col. 1.]

(4) Horat., *Od.*, IV, 14, 11 ; IV, 4, 17 ; — Florus, II, 22 (IV, 12).

(5) C'est pourquoi son fils Claude, qui plus tard, construisit cette route, dit dans l'inscription rapportée au recueil d'Orelli-Henzen, sous le n° 5400 [= *C. I. L.*, t. V, 2, n° 8003) : *Ti. Claudius Caesar Augustus Germanicus pont. max. trib. pot. VI cos. desig. IIII imp. XI (799 = 46) p. p. viam Claudiam Augustam, quam Drusus pater Alpibus bello patefactis derexserat, munit, a flumine Pado ad [at] flumen Danuvium per m. p. CCCXX [CCcI].* — Sur cette voie, voy. Pallhausen, *Beschreibung der röm. Heerstrasse von Verona nach Augsburg*, München, 1816; — Planta, *op. sup. cit.*, pp. 75 et suiv.

(6) Strabo, VII, p. 292.

(7) Plin., *Nat. hist.*, III, 136 : *Imperatori Caesari Divi f. Aug. pontifici maxumo, imp. XIIII, tribuniciae potestatis XVII SPQR, quod eius ductu auspiciisque gentes Alpinae omnes, quae a mari supero ad inferum pertinebant, sub imperium pop. Rom. sunt redactae.* Suivent les noms de 44 peuplades, dont une partie seulement appartient à la Rétie. (Voy. M. Mommsen, [*C. I. L.*, t. III, 2], f° 706.)

Organisation Romaine, t. II. 11

Vindeliciae et Vallis Poeninae (1), et qui n'avait sous ses ordres que des *alae et cohortes* indigènes (2). Cependant, Marc-Aurèle envoya en Rétie la *legio III Italica* ou *Concordia* (3), nouvellement organisée par lui (4); et, depuis lors, le commandant de cette légion fut en même temps gouverneur de la province, avec le titre de *legatus Augusti pro praetore legionis III Italicae* (5), jusqu'à ce que, sous le règne de Dioclétien, au temps duquel se rencontre, dès l'an 290, un *praeses provinciae Raetiae vir perfectissimus* (6), la province eut été réunie au diocèse du *vicarius Italiae*. La plus importante des rares villes de la Rétie était *Augusta Vindelicorum* [Augsbourg]. Fondée sous Auguste, elle

Elle reçoit un legatus,

et est réunie à l'Italie.

---

(1) Tacit., *Hist.*, I, 11 : *Raetia, Noricum, Thracia et quae aliae procuratoribus cohibentur*. Les *procuratores* de la *Raetia* sont énumérés d'une manière très complète par M. Ohlenschlager, dans les *Sitzungsberichte der Münchener Academie, Phil. Classe*, 1874, p. 225. Ce sont :

Sex. Pedius Lusianus — praef. Raeti(s) Vindelici[s] Vall[is] [p]oeninae, avant l'an 17 de notre ère (Mommsen, *I. R. N.*, n° 5330 [= *C. I. L.*, t. IX, n° 3044]).

Porcius Septiminus, proc. Raetiae, en l'an 69 (Tacit., *Hist.*, III, 5).

Q. *Caicilius Cisiacus — procur. Augustor[um] et pro leg. provinciai Raitiai et Vindelic. et Vallis Poenin.* (Orelli, n° 488 = *C. I. L.*, t. V, [1], n° 3936).

T. *Varius Clemens proc. — Raetiae* (vers 152) (Orelli, n° 485 ; — *C. I. L.*, t. III, [2], n°ˢ 5211. 5212).

L. *Tit[ulenus — — proc.] Aug. Raetiae e[t Vindeliciae]* (Henzen, *Bullet. dell' Inst.*, 1860, p. 200).

T. *Desticius Severus — — proc. prov. Raetiae* (166 de notre ère) (*C. I. L.*, t. V, [2], n° 8660 ; — *Ephem. epigr.*, Vol. II, p. 462).

L'inscription rapportée par Gruter, (fol. 446, n° 3), est ligorienne [fausse]. (Voy. Borghesi, *Œuvres*, t. III, p. 186), [et *C. I. L.*, t. XIV, f° 21*, n° 386*].)

(2) Tacit., *Hist.*, I, 68.

(3) *C. I. L.*, t. III, [1], n° 1980.

(4) Dio Cass., LV, 24.

(5) Inscription d'Augsbourg (*C. I. L.*, t. III, [2], n° 5793) : Appius Cl. Lateranus — *leg. Aug. pr. pr. leg. III Ital*. On trouve en outre : M. Helvius Clemens Dextrianus *leg. Au[g. pr. pr.]* (Inscription rapportée par M. Ohlenschlager, *loc. sup. cit.*, p. 218 [= *Ephem. epigr.*, t. II, p. 448, n° 1001]), en l'an 179 ; — Olus Terentius Pudens — *leg. Augg. leg. XIII Gem., leg. Augg. propraet. provinciae Retiae* (Orelli, n° 1943 = *C. I. L.*, t. III, [4], n° 993) ; — C. Octavius Sabinus — *legatus [Aug.] pr. pr. prov. Raet.*, ann. 243 (Mommsen, *Ephem. epigr.*, 1872, pp. 130. 135); — [Aelius Dio]nysius *leg. Aug. pr. pr.* (*C. I. L.*, t. III, [2], n° 5874) ; — Petronius Polianus *leg. Aug. pr. pr. Raet.* (*ibid.*, [1], n° 1017).

(6) *C. I. L.*, t. III, [2], n° 5810.

fut sans doute au début un *forum*, dépourvu du droit de ville ;
plus tard, elle prit le titre de *municipium* (1).

XVII. *Noricum* (2).

En l'an 706=48, le *Noricum* était un royaume qui, lors de Le *Regnum*
la guerre civile entre Pompée et César, soutint la cause de ce *Noricum*,
dernier (3). Lorsqu'en 738=16, les Noriques et les Pannoniens
envahirent l'*Histria*, ils furent battus par le proconsul d'*Illy-*

---

(1) *C. I. L.*, t. III, [2], n° 5800. Lorsque Tacite, (*Germ.*, XLI), dit : (*Hermunduris*) *solis Germanorum non in ripa commercium, sed penitus atque in splendidissima Raetiae provinciae colonia*, il songe sans aucun doute à Augsbourg ; mais il ne paraît appeler la ville *colonia* que parce qu'elle était de fondation romaine, et non pas parce qu'elle avait le *ius coloniae Romanae*. (Voy., sur ce passage : Zumpt, *Comment. epigr.*, t. I, p. 403 ; — M. Mommsen, *C. I. L.*, t. III, [2], f° 708. — [Voy. aussi M. Kubitschek, *op. sup. cit.*, p. 223 *in init.*])

(2) M. Mommsen traite également de cette province dans le *C. I. L.*, t. III, [2], f°s 587 et suiv. — Comp. Muchar, *Das röm. Norikum*, Grätz, 1825, in-8 ; — G. v. Ankershoven, *Handb. der Gesch. des Herz. Kärnten*, Bd. I, Klagenfurt, 1850, in-8 ; — Büdinger, *Oestreichische Geschichte bis zum Ausgang des 13ten Jahrhunderts*, Bd. I, Leipzig, 1858, in-8 ; — Aschbach, *Ueber die röm. Militärstationen im Ufer-Noricum*, Wien, 1861, in-8 ; — v. Jabornegg-Altenfels, *Kärntens Römische Alterthümer*, Klagenfurt, 1870, in-4 ; — L. Grotefend, *Epigraphisches*, Hannover, 1857, in-8 ; — G. Zippel, *Die römische Herrschaft in Illyrien bis auf Augustus*, Leipzig, 1877, in-8. — [Voy. encore : *Notitia Austriae antiquae et mediae seu Iam Norici veteris quam pagi et Marchae, posthac ducatus Osterriche*, etc., Austriae celticae, 1781, 2 voll. in-4 ; — D* Friedrich Kenner, *Noricum und Pannonia. — Eine Untersuchung über die Entwickelung, Bedeutung und das System der römischen Vertheidigungsanstalten in den mittleren Donauländern*, Wien, 1870, gr. in-4, cartes ; — Franz Krones, *Handbuch der Geschichte OEsterreichs von der ältesten bis zur neuesten Zeit*, Berlin, 1876, 6 voll. in-8, Bd. I ; — Krones von Marchland, *Grundriss der oesterreichischen Geschichte, mit besonderer Rücksicht auf Quellen und Litteraturkunde bearbeitet*, Wien, 1882, in-8 ; — W. Liebenam : *Beiträge*, I, Iena, 1886, in-8, pp. 27 et suiv., et *Tab.* n° 20, p. 40 ; *Forschungen*, I Bd., Leipzig, 1888, in-8, pp. 300-302 ; — Henri Kiepert ; *Man. de géogr. anc.* (trad. franç. de M. Ém. Ernault), Paris, 1887, in-8, p. 205 ; — I. W. Kubitschek, *Imp. Rom. trib. discr.*, 1889, pp. 223-225. — Comp. L. Leger, *A history of Austro Hungary from the earliest time to the year 1889, translated by* Mrs Hill, *with a preface by* Freeman (*ibiq. The Academy*, 1890, n° 932). — Voy., au surplus, p. 159, note 1, *supra*, et les renvois.]

(3) Caesar, *Bell. civ.*, 1, 18.

ricum, P. Silius (1), et ils semblent, à la suite de cette défaite, avoir fait leur soumission et renoncé à toute résistance; car l'inscription du *tropaeum Alpium* les a passés sous silence. A partir de cette époque, le *Noricum* porte le titre de *provincia* (2), à raison de son incorporation à l'empire romain : toutefois, il ne reçut pas tout de suite une organisation provinciale particulière et demeura un royaume sous le nom de *regnum Noricum* (3), et sous l'administration d'un *procurator* impérial (4) qui, ainsi que le *praefectus Aegypti*, doit être considéré comme faisant en quelque sorte fonctions de vice-roi et n'avait sous ses ordres aucune force militaire romaine. Ce n'est que sous

<small>sous un *procurator*,</small>

---

(1) Dio Cass., LIV, 20. — Cf. Strabo, IV, p. 206.

(2) Velleius Paterc., II, 39 : *Raetiam autem et Vindelicos ac Noricos Pannoniamque et Scordiscos novas imperio nostro subiunxit provincias*; — Tacit., Ann., II, 63 : *Danuvium, qua Noricam provinciam praefluit*; — Ptolemaeus, II, 13, 2 : τὰ μὲν δυσμικώτερα τῆς ἐπαρχίας. — Grut., f° 1028, n° 6 [= *C. I. L.*, t. IX, n° 4753] (sous Trajan): *proc(urator) prov. Noricae.* — M. Zippel, (*op. sup. cit.*), place la création de la province sous le règne de Claude; mais nous ne possédons à cet égard aucun témoignage direct.

(3) Vellei. Paterc., II, 109; — Suet., *Tib.*, XVI. — C'est ainsi qu'on lit dans les titres officiels : *procurator regni Norici* (voy. la note suivante); *dispensator p. r(egni) Norici* (*C. I. L.*, t. III, [2], n° 4828); *tab(ularius) p. r. Norici* (Orelli, n° 2348 = *C. I. L.*, [t. III, 2], n° 4800); *arcar(ius) regn. Noric.* (Orelli, n° 495 = *C. I. L.*, t. III, [2], n° 4797).

(4) Tacit., *Hist.*, I, 11; I, 70. — La liste des *procuratores* du *Noricum*, que M. Seidl a réunis dans les *Sitzungsberichte der phil. hist. Classe der Wiener Academie*, (1854, pp. 62 et suiv.), peut être aujourd'hui fortement complétée. On trouve : Sous Claude (41-54) : C. Baebius Atticus — *procurator Ti. Claudi Caesaris Aug. Germanici in Norico* (Henzen, n° 6038 = *C. I. L.*, t III, [1], n° 1838); — sous Trajan : Paetus Memmius Apollinaris — — *proc. prov(inciae) Noricae* (Grut., f° 1028, n° 6 [= *C. I. L.*, t. IX, n° 4753]; — cf. *C. I. L.*, t. III, [2], n° 5179); — sous Antonin le Pieux : M. Bassaeus Rufus — *proc. regni (nori)ci* (Henzen, Inscr., t. III, p. 372 [*ad N.* 3574 Orelli = *C. I. L.*, t. VI, 1, n° 1599]); — sans indication de date : Ti. Cl. Priscianus — — *proc. regni Norici* (Renier, *Inscr. de l'Alg.*, n° 3889 [= *C. I. L.*, t. VIII, 2, n° 9363]; — enfin, dans des inscriptions indigènes, avec le titre abrégé de *proc. Aug.* : Flavius Titianus. (*C. I. L.*, t. III, [2], n°s 5164. 5172); — Ulp. Victor (vers 158) (*Ibid.*, n°s 5161. 5169); — Usienus Secundus, en l'année 158 (*Ibid.*, n°s 5162. 5163); — C. Antistius Auspex (*Ibid.*, n° 5173); — Q. Caecilius Redditus (*Ibid.*, n° 5163); — C. Rasinius Silo (*Ibid.*, n° 5165); — Q. Lisinius Sabinus (*Ibid.*, n°s 5167. 5168. 5175. 5176); — L. Cammius Secundus (*Ibid.*, n° 5328); — Drusius Proculus (*Ibid.*, n° 5170); — C. Censorinus Niger (*Ibid.*, n°s 5174. 5181); — Plautius Caesianus (*Ibid.*, n° 5177); — M. Porcius Verus (*Ibid.*, n° 5317); — C. Antoninus Rufus (*Ibid.*, n° 5117); — Caecilius Iuventianus (*Ibid.*, n° 5182).

M. Antoninus que la *legio II Pia* (1), plus tard appelée *Italica*, fut envoyée dans le *Noricum* (2); et, depuis lors, le *legatus* de cette légion devint, comme il arriva en Rétie et en Numidie, le gouverneur de la province (3). Dioclétien divisa aussi le *Noricum* en deux parties, le *Noricum ripense* et le *Noricum mediterraneum*, placées chacune sous l'autorité d'un *praeses* (4). Deux villes seulement peuvent être considérées avec certitude comme ayant été des colonies romaines : *Virunum* (5) (Mariasaal) et *Ovilava* (Wels); cette dernière s'appelle *col. Aurelia Antoniniana Ovilava* (6).

reçoit un legatus.

XVIII. XIX. *Pannonia* (7).

Les Pannoniens ont opposé aux Romains une résistance beaucoup plus tenace que les Noriques; ce n'est qu'après une lon-

Conquête du pays.

---

(1) *C. I. L.*, t. III, [1], n° 1980.
(2) Dio Cass., LV, 24.
(3) Renier, *Insc. de l'Alg.*, n° 101 [= *C. I. L.*, t. VIII, 1, n° 2615] : C. Marcinius Decianus, *v. c. leg. Augg. pr. pr. prov. Numidiae et Norici*; — *C. I. L.*, t. III, [2], n° 5746 : *curante M. Iuventio Suro Proculo leg. pr. pr.*, en 201 ; — Ti. Cl. Candidus — *leg. Augg. pr. pr. provinciae — Noricae*, sous Sévère et Caracalla (Orelli, n° 798 = *C. I. L.*, t. II, n° 4114. — Cf. Henzen, *Inscr.*, t. III, p. 78). — [Voy. encore M. W. Liebenam, *Forschungen*, pp. 300-302.]
(4) *Notit. Dignit. Occid.*, p. 10, et Boecking, p. 146 ; — Rufus, *Brev.*, VIII. — C'est en l'année 311 qu'apparaît pour la première fois un *p(raeses) p(rovinciae) N(orici) mt* (c'est-à-dire *mediterranei*). (Voy. Orelli, n° 1064 [= *C. I. L.*, t. III, 2, n° 4796].) Plus tard, ces *praesides* sont mentionnés (Henzen, n°ˢ 5258, 5259 = *C. I. L.*, t. III, [2], n° 5209 ; cf. n°ˢ 5207. 5208. 5326).
(5) Orelli, n° 3504. — [Voy., sur cette ville, MM. Th. Mommsen, *C. I. L.* t. III, 2, f° 597 ; — Kubitschek, *op. cit.*, p. 225.]
(6) *C. I. L.*, t. III, [2], n°ˢ 5606. 5630.
(7) Voy. M. Mommsen, dans le *C. I. L.*, t. III, [1], f°ˢ 415 et suiv. ; — Zippel, *op. cit.*, pp. 297 et suiv. — [*Adde*: MM. E. Desjardins, *Remarques géographiques à propos de la carrière d'un légat de Pannonie inférieure*, Paris, 1873, broch. in-8, carte ; — W. Liebenam : *Beiträge*, I, p. 23, et Tab. n° 7, p. 37 ; *Forschungen*, 1 Bd.: *Pannonia*, pp. 325-333 ; *Pannonia inferior*, pp. 333-342; *Pannonia superior*, pp. 342-345 ; — Henri Kiepert, *Man. de Geogr. anc.* trad. franç. de M. Ém. Ernault), pp. 203-205 ; — J. W. Kubitschek, *Imp. Rom. trib. discr.*, pp. 225-229. — Voy. encore p. 162, note 2, *supra*, et le renvoi final.]

gue série de combats, que leur territoire put être occupé, morceau par morceau. La première guerre de Pannonie fut dirigée par Octave lui-même, dans les années 749—720=35—34. Il s'avança jusqu'au Danube (1), et s'empara de la ville de *Siscia* [Siszeg], au confluent du *Colops* et du *Savus* (2), dont il fit un poste d'occupation, destiné à servir de point de départ à de nouvelles entreprises (3). Mais le pays ne fut effectivement conquis que lors de la deuxième guerre de Pannonie, commencée par Agrippa et par M. Vinicius (4), et terminée par Tibère, de 742 à 745=12 à 9 (5). Le territoire obtenu, grâce à cette guerre, fut réuni à l'*Illyricum*, et cette province fut étendue jusqu'au Danube (6). Mais, bien que Tibère eût tout fait pour assurer la sécurité de la nouvelle conquête, et eût vendu au loin comme esclaves la plupart des hommes capables de porter les armes (7), un soulèvement éclata une fois encore, au cours des années 6 à 9 de l'ère chrétienne; et, pour en venir à bout, une campagne de deux ans, sous les ordres de Germanicus et de Tibère, fut nécessaire (8). Après cette dernière répression, la Pannonie fut organisée, en l'an 10 après J.-C., comme une province particulière (9). Tout au moins eut-elle, dès l'an 14 de

---

(1) Dio Cass., L, 24.
(2) Dio Cass., XLIX, 36 sqq.
(3) Dio Cass., XLIX, 38; — Appian., *Illyr.*, XXIV.
(4) Velleius Paterc., II, 96.
(5) Dio Cass., LIV, 31-34. 36; — Vell. Paterc., II, 39; — Tit. Liv., *Epit.*, CXLI; — Suet., *Aug.*, XXI.
(6) *Monum. Ancyr.*, V, 44, c. XXX, d'après la restitution de M. Mommsen (*Res gestae divi Augusti*, p. 86 [= dans la nouv. éd., Borol., 1883, p. 128; comp. pp. LXX et LXXXIV, et M. A. Allmer, *Les gestes du Dieu Auguste*, Vienne, 1889, p. 134]) : *Pannoniorum gentes, quas ante me principem populi Romani exercitus nunquam adit, devictas per Ti. Neronem, qui tum erat privignus et legatus meus, imperio populi Romani subieci protulique finés* [*finis*] *Illyrici ad ripam fluminis Danui* [*Danuvii*]. — Tibère paraît alors avoir été *legatus pr. pr. Aug. Illyrici* ; de même, en l'an 6 de notre ère, Valerius Messalinus est τῆς Δελματίας καὶ τῆς Παννονίας ἄρχων (Dio Cass., LV, 29).
(7) Dio Cass., LIV, 31.
(8) Dio Cass., LV, 28-32; LVI, 1; — Vellei. Paterc., II, 110-115 ; — Zonar., X, 37; — Suet., *Tib.*, XVI.
(9) Voy. Borghesi, *Œuvres*, t. IV, p. 457. — S. Rufus, *Brev.*, VII: *Batone, Pannoniorum rege, subacto in ditionem nostram Pannoniae venerunt.* — Zumpt, (*Studia Romana*, p. 116), recule jusqu'à l'an 20 de notre ère l'organisation de la province.

notre ère, un *legatus* propre, Iunius Blaesus, qui commandait trois légions (1), tandis que la partie méridionale de l'Illyrie (*maritima pars Illyrici*) avait, à la même époque, un gouverneur différent, P. Dolabella (2). Durant le premier siècle, la province, qui n'avait pas encore, semble-t-il, atteint sa surface définitive (3), resta indivise sous l'administration d'un *legatus Augusti* consulaire (4). Néanmoins, dans l'intervalle qui sépare la fin de la première guerre dacique en 102 (5), et celle de la deuxième, en 107 (6), la province fut divisée en deux parties : la *Pannonia inferior*, à l'Ouest, et la *Pannonia superior*, à l'Est (7); Division en *Pannonia inferior* et en *Pannonia superior*.

---

(1) Tacit., *Ann.*, I, 16, qui les appelle *Pannonicas legiones*.
(2) Vellei. Paterc., II, 125. Cf. Grut., f° 396, n° 1 = *C. I. L.*, t. III, [1], n° 1741 : *P. Cornelio Dolabellae — leg. pro pr. Divi Augusti et Ti. Caesaris Augusti civitates superioris provinciae Illyrici*.
(3) Les villes de *Carnuntum* [Deutsch-Altenburg, près Haimburg], *Poetevio* [Pettau] et *Siscia* [Siszeg] paraissent avoir formé le *limes*. (Voy. M. Mommsen, *C. I. L.*, t. III, [1], f° 415.) — [Sur ces trois villes, voy. MM. Th. Mommsen, *C. I. L.*, t. III, 1, f°s 550. 510 et 501 ; — Kubitschek, *op. cit.*, pp. 226. 227 et 229.]
(4) Voy. Borghesi, *Œuvres*, t. V, p. 353. De même, Blaesus avait commencé par être consul en 763 = 10 ap. J.-C., avant de devenir *legatus Pannoniae*. (Voy. Borghesi, *Œuvres*, t. IV, pp. 449. 458.)
(5) En l'an 102 et probablement jusqu'au printemps de l'an 103, le Consulaire Q. Glitius Agricola porte encore le titre de *leg. propr.* [*imp. Nervae*] *Traiani — provinciae Pannoniae* (Henzen, n° 5449 ; — Borghesi, *Annali*, 1846, p. 343 ; 1855, p. 24 ; *Œuvres*, t. III, p. 72 ; — [Wilmanns, *Exempla*, t. I, n°s 1160 a. 1160 b ; — *C. I. L.*, t. V, 2, n°s 6976. 6977. 6978. 6980]), tout ainsi que l'avaient porté ses prédécesseurs C. Calpetanus Rantius Quirinalis, sous Vespasien (Henzen, n° 6495 [= Wilmanns, *Exempla*, t. I, n° 1147 = *C. I. L.*, t. V, 1, n° 531]) ; — L. Funisulanus Vettonianus (Henzen, n° 5431 [= Wilmanns, *Exempla*, t. I, n° 1150 = *C. I. L.*, t. III, 1, n° 4023]. 5432 [= *C. I. L.*, t. XI, 1, n° 571] ; — Borghesi, *Œuvres*, t. III, p. 73), — et L. Neratius Priscus (Henzen, n°s 5446. 6562 [= Mommsen, *I. R. N.*, n° 4931 = Wilmanns, *Exempla*, t. I, n° 1152 = *C. I. L.*, t. IX, n° 2454] ; — Borghesi, *Œuvres*, t. V, p. 353 ; — [*adde* : Wilmanns, *Exempla*, t. I, n°s 1153. 1153 a = *C. I. L.*, t. IX, n° 2455]), sous Domitien.
(6) En l'an 107, celui qui devint par la suite l'empereur Hadrien était légat prétorien de la *Pannonia inferior*. (Spartian., *Hadr.*, III : *praetor factus est. — Legatus postea praetorius in Pannoniam inferiorem missus Sarmatas compressit* ; — Inscription d'Athènes, dans les *Annali*, 1862, p. 139 [= *C. I. L.* t. III, 1, n° 550] : *P. Aelio P. f. Serg. Hadriano — leg. pro pr. imp. Nervae Traiani Caesaris Aug. — Pannoniae inferioris.* — Sur l'année, voy. Borghesi et Henzen, dans les *Annali, loc sup. cit.*, p. 155. — [Voy. aussi M. W. Liebenam, *Forschungen*, Bd. I, pp. 276, 3, et suiv.])
(7) Depuis cette époque, l'existence des deux provinces est prouvée. C'est

la frontière du territoire romain fut reculée jusqu'au Danube, et plus tard défendue, sous Hadrien, par la fondation des colonies d'*Aelia Mursa* [Eszek] et d'*Aelia Aquincum* [Alt-Ofen] (1). La *Pannonia inferior* eut, dans les premiers temps, un *legatus* prétorien, et, comme garnison, une légion (2); puis, sous Marc-Aurèle et après lui, un *legatus* consulaire (3), qui, cependant, ne commandait aussi qu'une légion, et avait sa résidence et son quartier général à *Acumincum* [Szlankamen] (4); sous Dioclétien, ce quartier général fut transféré à *Aquincum* (5). Au contraire, la *Pannonia superior* conserva à sa tête le *legatus* consulaire, qui avait administré la province tout entière avant son partage (6). Il commandait trois légions, dont les quartiers généraux étaient, depuis Antoninus Pius, à *Brigetio* [O-Szöny], à *Carnuntum* [Deutsch-Altenburg, près Haimburg], et à *Vindobona* [Vienne] (7).

ainsi, par exemple, qu'on lit dans le diplôme militaire de l'an 114 (Henzen, n° 6857a = *C. I. L.*, t. III, [2], f° 869) : *et sunt in Pannonia inferiore sub P. Afranio Flaviano.* — Sur l'époque de la division de la province, voy. Borghesi, *Œuvres*, t. III, p. 72; t. V, pp. 353. 367, et dans M. Mommsen, *I. R. N.*, n° 4931 [= *C. I. L.*, t. IX, n° 2454]; — Henzen, *Annali*, 1862, pp. 155. 156, et dans Borghesi, *Œuvres*, t. III, p. 76; — M. Mommsen, *C. I. L.*, t. III, [1], f° 415. — Ptolémée (II, 14. 15) indique les limites des deux provinces. Comp. Muchar, *Das röm. Norikum*, t. I, p. 2, et, du même auteur, *Gesch. des Herz. Steiermark*, Grätz, 1844, in-8, partie I, pp. 18 et suiv.

(1) Voy. M. Mommsen, *C. I. L.*, t. III, [1], f° 415. — [Sur *Mursa* et *Aquincum*, voy. MM. Th. Mommsen, *C. I. L.*, t. III, 1, f°s 423 et 439 ; — Kubitschek, *op. cit.*, pp. 226 et 227.]

(2) Voy. M. Mommsen, *C. I. L.*, t. III, [1], f° 416.

(3) Voy., sur ce point, Borghesi, dans les *Annali*, 1855, pp. 24 et suiv. = *Œuvres*, t. VIII, pp. 456 et suiv.

(4) Ptolemaeus, II, 15, 5. — [Sur *Acumincum*, voy. MM. Th. Mommsen, *C. I. L.*, t. III, 1, f° 420 ; comp. f° 416 ; — Ett. de Ruggiero, *Dizionar. epigr.*, fasc. 3, Roma, 1886, p. 72, col. 1.]

(5) *Itinerar. Anton.*, p. 245. — [Sur cette ville, voy. *supra*, note 1.]

(6) Dio Cass., LXXVIII, 13. C'est ainsi que Claudius Maximus, *leg. Aug. Pannoniae superioris* en l'année 154 (Diplôme militaire inséré dans le *C. I. L.*, t. III, [2], f° 881), avait été consul vers 144. (Voy. M. Waddington, dans Borghesi, *Œuvres*, t. VIII, p. 460.) Les autres preuves sont fournies par Borghesi, (*Œuvres*, t. VIII, pp. 456 et suiv.).

(7) Voy. M. Mommsen, *C. I. L.*, t. III, 1, f°s 481. 482. — [Sur *Brigetio*, *Carnuntum* et *Vindobona*, voy. MM. Th. Mommsen, *C. I. L.*, t. III, 1, f°s 539. 550 et 565 ; — Kubitschek, *op. cit.*, pp. 226 et suiv. et 229. — Sur le camp romain de *Carnuntum*, dont les fouilles sont poursuivies depuis 1877, voy. les *Archaeologisch-Epigraphische Mittheilungen aus Oesterreich*, 1887, 1re livr.,

LES PROVINCES DANUBIENNES. — *PANNONIA*. 169

A l'origine, le pays comptait peu de villes et se divisait en *pagi*, comprenant eux-mêmes des *vici* (1). Les villes les plus importantes sont de création romaine, par exemple, dans la *Pannonia inferior*: *Sirmium* ou *Colonia Flavia Sirmium* (Mitrovic), qui remonte à Vespasien ou à ses fils (2), *Colonia Aelia Mursa* (Eszeg), qui remonte à Hadrien (3), *Aquincum* (Alt-Ofen), qui, municipe depuis Hadrien, devint colonie sous Septimius Severus, et s'appela dès lors *Colonia Aelia Septimia Aquincum* (4); dans la *Pannonia superior* : *Colonia Claudia Savaria* (Stein sur l'Anger), colonie de Claude (5) ; *Colonia Iulia Emona* (Laibach), déjà mentionnée par Pline, et plus tard rattachée à l'Italie (6); *Siscia* (Sziszek), prise par Auguste en 719=35, devenue colonie sans doute à partir de Vespasien, et connue plus tard sous le nom de *Colonia Flavia Septimia Siscia* (7); *Colonia Ulpia Traiana Poetovio* (Pettau) (8); *Brigetio*, successivement *castellum*, municipe et colonie (9); *Carnuntum* (Petronell), d'abord *Municipium Aelium Carnuntum* (10), puis colonie (11); et encore *Municipium Latovicorum*

Création de villes.

---

et 1888, pp. 146 et suiv., et M. René Cagnat, *L'année épigraphique*, *(1888)*, Paris, 1889, pp. 1, col. 2, et suiv., et *(1889)*, Paris, 1890, pp. 45, col. 2, et suiv., n°s 109 et suiv. ou pp. 49, col. 2, et suiv., mêmes n^{os}.]

(1) Appian., *Illyr*., XXII; ὑλώδης δέ ἐστιν ἡ Παιόνων· — — καὶ οὐ πόλεις ᾤκουν οἱ Παίονες οἶδε, ἀλλ' ἀγροὺς ἢ κώμας κατὰ συγγένειαν. — Inscription rapportée par Marini, (*Arvali*, [t. II], p. 477) : — *ex Pan. Sup. natus ad Aquas Balizas pago Iovista Vico Coc.. netibus*. [Voy. *C. I. L.*, t. III, 1, f° 507.] Dans le passage indiqué, Marini a réuni plusieurs inscriptions analogues. — Sur les *pagi* des provinces danubiennes, voy. aussi Muchar, *op. cit.*, t. I, pp. 150 et suiv.
(2) *C. I. L.*, t. III, [1], n°s 3230. 3242. 3243. 3683.
(3) Steph. Byz., *s. v.* — Cf. *C. I. L.*, t. III, [1], n°s 3270. 4280. Ptolémée (II, 15, 7) appelle la ville du nom de colonie. — *C. I. L.*, t. III, [1], n°s 3288. 3560.
(4) M. Mommsen, *C. I. L.*, t. III, [1], f° 439. — L'inscription rapportée au *C. I. L.*, t. III, [1], sous le n° 3255 = Desjardins, *Desiderata du corpus inscr. Lat.*, I, p. 18, n° 10, mentionne une colonie d'un nom incertain : *ordo col. Prap.*
(5) Plin., *Nat. hist.*, III, 146. — M. Mommsen, *ubi supra*, f° 525.
(6) Plin., *Nat. hist.*, III, 147. — M. Mommsen, *ubi supra*, f° 489.
(7) M. Mommsen, *ubi supra*, f° 501.
(8) M. Mommsen, *ubi supra*, f° 510.
(9) *C. I. L.*, t. III, [1], n° 4335.
(10) *C. I. L.*, t. III, [1], n° 4554 ; — Orelli, n° 2675.
(11) *C. I. L.*, t. III, [1], n°s 4236. 4567. 4539.

(Treffen), *Municipium Flavium Neviodunum* (1), *Municipium Andautonia* [Scitarjevo] (2), *Municipium Flavium Scarbantia* (Oedenburg) (3), *Municipium Vindobona* (Vienne), sans doute fondés par Vespasien (4).

Division ultérieure.

Sous Dioclétien, les deux Pannonies furent, ainsi que la plupart des provinces, l'objet d'une division nouvelle (5). Désormais, la *Pannonia inferior* se subdivisa en deux parties : celle du Nord prit le nom de *Valeria*, fille de Dioclétien et femme de Galerius (6), et eut à sa tête un *praeses* et un *dux*, ayant pour résidences *Sopianae* (Fünfkirchen) (7) et *Aquincum* (8) ; celle du Sud, avec *Sirmium* pour chef-lieu (9), s'appela dès lors *Pannonia secunda*, et fut placée sous les ordres d'un *consularis* (10) et d'un *dux* (11). Quant à la *Pannonia superior*, elle fut non seulement amoindrie d'une manière générale par la réunion de

---

(1) M. Mommsen, *ubi supra*, f°s 496. 498.
(2) *C. I. L.*, t. III, [1], n° 4013. — [Voy., sur ce municipe, M. Ett. de Ruggiero, *Diozionar. epigr.*, fascic. 15, Roma, 1889, p. 469, col. 2.]
(3) *C. I. L.*, t. III, [1], n°s 4192 et suiv.
(4) *C. I. L.*, t. III, [1], n° 4557. — [Voy., sur tout ce qui précède, *C. I. L.*, t. III, 2, les renvois de l'*Index* X, f°s 1168 et suiv., et M. Kubitschek, *op. et loc. sup. citt.*]
(5) La *Liste de Vérone* (p. 510) mentionne déjà les nouvelles provinces.
(6) Ammian., XIX, 11, 4 : *Valeriam venit, partem quondam Pannoniae sed ad honorem Valeriae Dioclctiani filiae et institutam et ita cognominatam* ; — Aurel. Vict., *Caes.* XL, 10 : (Galerius) *provinciam uxoris nomine Valeriam appellavit*. La province est mentionnée dans la *Liste de Vérone* (p. 510), dans S. Rufus (*Brev.*, VIII), dans Polemius Silvius (p. 254), dans Zosimus (II, 33) ; mais, par suite de raisons inconnues, elle ne se trouve pas dans la *Notitia Dignitatum Occid.* (c. II), tandis qu'il en est traité au c. XXXII (Voy., à cet égard, Boecking, pp. 144. 691. 1193 ; — M. Mommsen, sur Polem. Silv., p. 263.) Ammien Marcellin, (XXVIII, 3, 4), l'appelle *Valeria Pannoniae* pour la distinguer de *Valeria Italiae*.
(7) Ammian., XXVIII, 1, 5. — Voy. Boecking, *ad Notit. Dignit. Occid.*, p. 691.
(8) Un *dux Valeriae* est mentionné par Ammien, (XXIX, 6, 3). Il devait résider à *Aquincum*, parce que c'est là qu'était encore stationnée sous Dioclétien la *leg. II adiut.* (*Itiner. Anton.*, p. 245. — Voy. Boecking, *Notit. Dignit. Occid.*, p. 1194).
(9) Voy. Boecking, *Notit. Dignit. Occid.*, pp. 310. 1179 ; — M. Mommsen, *C. I. L.*, t. III, [1], f° 416.
(10) Voy. Boecking, *ubi supra*, p. 1178. — Henzen, n° 6916 [=Mommsen, *I. R. N.*, n° 4988 = *C. I. L.*, t. IX, n° 2566].
(11) *Notit. Dignit. Occid.*, c. XXXI, p. 91.

Poetovio au *Noricum* (1), mais encore en même temps divisée en deux parties : celle du Nord porta le nom de *Pannonia prima* ; elle reçut un *praeses* (2) et un *dux* (3), et eut sans doute pour chef-lieu *Savaria* (Stein sur l'Anger) (4) ; celle du Sud, appelée *Savia* ou *Pannonia ripariensis* (5), possède, en l'an 303, un *dux* (6), quoique la *Notitia dignitatum* lui attribue un *corrector* (7) ; sa résidence était *Siscia* (8).

XX. *Illyricum*, plus tard *Dalmatia* (9).

Les anciens comprenaient sous l'appellation ethnographique d'*Illyricum* toutes les peuplades de même race, habitant depuis les

<small>Acception ethnographique du mot *Illyricum*.</small>

---

(1) Voy. M. Mommsen, *C. I. L.*, t. III, [1], f° 482.
(2) *Notit. Dignit. Occid.*, p. 6.
(3) *Notit. Dignit. Occid.*, p. 4.
(4) Voy. Boecking, *loc. sup. cit.*, p. 1194 ; — M. Mommsen, *C. I. L.*, t. III, [1], f° 525.
(5) Voy. Boecking, *loc. sup. cit.*, pp. 142 et suiv.
(6) Inscription rapportée par M. Mommsen, dans l'*Ephem. epigr.*, Vol. II, p. 423 : *Iovi Optimo Maximo AVRelius IANVARIVS Transrhenanus? BATavus Vir Perfectissimus DVX Pannoniae Secundae Saviae Votum Merito Libens Solvit DD NN (dominis nostris) VIII et VII AVGG COSS DIE ID IVL.*
(7) *Notit. Dignit. Occid.*, p. 6.
(8) Voy. Boecking, *ubi supra*, p. 347.
(9) Il est traité de cette province par MM. Mommsen, (*C. I. L.*, t. III, [1], f°' 278 et suiv.) ; — Zippel, (*Die römische Herrschaft in Illyrien bis auf Augustus*, Leipzig, 1877, in-8) ; — P. O. Bahr, (*Der Ursprung der röm. Provinz Illyrien*, Grimma, 1876, in-8). — La façon d'écrire *Delmatia*, que paraissent avoir adoptée Tacite, Velleius Paterculus et Dion Cassius, n'était pas universellement admise ; dans les documents officiels, on trouve les deux formes, *Dalmatia* et *Delmatia*. — [Voy. encore, sur cette province : MM. A. M. Poinsignon, *op. cit.* à la note suivante ; — E. Desjardins et Fl. Romer, *Monuments épigraphiques du Musée national hongrois*, 1873 ; — G. Chludina, *Storia del Montenero dd tempi antichi fino d nostri*, Spalato, 1882 in-8 ; — Henri Cons, *La province romaine de Dalmatie*, Paris, 1882, 1 vol. in-8 avec 1 carte (voy. la *Bibliographie*, pp. XI-XV) ; — Arthur John Evans, *Antiquarian researches in Illyricum*, London, 1884, 1 vol. de 105 pp. in-4 (Extr. du t. XLVIII, 1re partie, des publications de la *Société des Antiquaires de Londres*) ; — Otto Hirschfeld et Schneider, *Bericht über eine Reise in Dalmatien*, dans les *Archaeologisch-epigraphische Mittheilungen aus Oesterreich-Ungarn*, Jahrg. IX, 1885, Heft 1, pp. 1-84 . (On trouvera publié dans ce travail un

Alpes à l'Est, jusqu'à l'embouchure du Danube, et depuis le Danube, au Sud, jusqu'à la mer Adriatique et à l'*Haemus* (1). Y étaient comprises les provinces romaines de *Dalmatia*, *Pannonia*, *Moesia* (2), et même, suivant Appien, la *Raetia* et le *Noricum* (3) qui, pendant toute la durée de l'Empire, forment, au point de vue de l'administration financière, une unité sous le vieux nom d'*Il-*

---

choix d'inscriptions, la plupart de Salone, avec quelques notes) ; — Schuchhardt, *Les fortifications romaines des frontières dans la Dobrudja* (*Ibid.*; l'auteur résume les résultats de deux voyages dans le pays, avec une carte ; il y marque l'existence d'un triple retranchement, dont deux en terre et le troisième en pierre ; ils sont antérieurs au temps de Trajan) ; — W. Liebenam : *Beiträge*, I, p. 23, et *Tab.* n° 8, p. 38 ; *Forschungen*, I Bd., pp. 150-165; — Henri Kiepert, *Manuel de Géogr. anc.* (trad. franç. de M. Émile Ernault), pp. 199-203 ; — F. de Lanza, *Le origini primitive di Salona Dalmatica, Heraclea Illinica : studio storico archeologico*, Venezia, 1888, broch. in-8 de 32 pp. et fig. ; — J. W. Kubitschek, *Imp. Rom. trib. discr.*, pp. 234-237. — Voy., pour le surplus, p. 162, note 2, *supra*.] — [Sur les villes qui seront citées au cours de cette section, voy. *C. I. L.*, t. III, 2, f°⁸ 1168 et suiv., renvois de l'*Index* X, et M. Kubitschek, *op. et loc. cit.* — N. B. : On a découvert, au mois de mars 1890, près de Podgoritza (Monténégro), à la suite de fouilles entreprises sous les ordres du prince Nikita, d'importants vestiges de la basilique et des murs de la ville de Duklea, lieu de naissance de l'empereur Dioclétien. On a également mis au jour un grand nombre d'inscriptions importantes. Voy. la communication faite à l'*Acad. des Inscr. et Bell.-Lett.*, le 18 avril 1899, par M. Héron de Villefosse, au nom de M. Georges Perrot, d'une lettre de M. A. Gérard, ministre de France au Monténegro, qui contient d'intéressants renseignements sur ces découvertes faites à Duklea, ou Doukla, l'antique *Doclea* (et non *Dioclea*) (*Journ. off.*, 24 avril 1890, pp. 2030 *sub fin.* et suiv. ; — *Revue critiq. d'hist. et de littér.*, 1890, n° 17, [28 avril], p. 340 ; — *Bulletin critiq.*, 1890, n° 13,]1ᵉʳ juillet], p. 259). — P. L.-L.]

(1) Appian., *Illyr.*, I : Ἰλλυρίους Ἕλληνες ἡγοῦνται τοὺς ὑπέρ τε Μακεδονίαν καὶ Θρᾴκην ἀπὸ Χαόνων καὶ Θεσπρωτῶν ἐπὶ ποταμὸν Ἴστρον. Une étude que l'on peut utiliser sur la notion de l'*Illyricum* est celle de M. A. M. Poinsignon, *Quid praecipue apud Romanos adusque Diocletiani tempora Illyricum fuerit*, Parisiis, 1846, in-8, avec une carte.

(2) Suet., *Tib.*, XVI : *toto Illyrico, quod inter Italiam regnumque Noricum et Thraciam et Macedoniam interque Danubium flumen et sinum maris Adriatici patet, perdomito* ; — Suet., *Aug.*, XXI ; — Strabo, VII, pp. 313 et suiv ; — Joseph., *Bell. Iud.*, 11, 16, 4 ; — Tacit., *Hist.*, I, 2. 76 ; *Ann.*, I, 46.

(3) Appien, (*Illyr.*, VI), en faisant rentrer dans l'Illyrie les Rétiens et les Noriques, indépendamment des Dalmates, des Pannoniens et des Mésiens, ne se trouve pas seulement en désaccord avec les passages cités dans la note précédente, mais encore avec les autres sources qui nous sont parvenues, ainsi que M. Poinsignon (*op. cit.*, pp. 41-54) l'a bien démontré ; et il faut, semble-t-il, d'autant moins s'en rapporter au témoignage d'Appien, que, dans son chap. XXIX, il se montre aussi mal renseigné sur les Rétiens et les Noriques. Au demeurant, le *Noricum* appartient, dans l'organisation de Dioclé-

lyricum (1), et dont les troupes sont souvent appelées *exercitus Illyrici* (2) ; puis la *Dacia* (3), enfin le littoral compris entre la Dalmatie et l'Épire, avec les villes d'*Aulona* [en grec, Αυλωνα ; en italien, Valona ; en albanais, Vliores], d'*Apollonia* [Pollina], de *Dyrrhachium* [en albanais, Dúrresi ; en turc, Dratsch ; en italien, Durazzo] et de *Lissus* [Liësch ; en italien, Alessio], qui fut en grande partie réunie à la province de Macédoine. C'est ce littoral que les Romains commencèrent par comprendre à l'origine sous le nom d'*Illyricum* ; et c'est lui qu'ils occupèrent en premier lieu. La première guerre d'Illyrie (525 à 526 = 229 à 228) eut pour épilogue la déposition de la reine Teuta ; son fils Pinneus lui succéda, sous la tutelle de Demetrius de *Pharus* [en slave, Hvar ; en italien, Lesina] (4), et s'engagea à ne pas laisser les navires illyriens en armes dépasser le cours du *Lissus*. Déjà alors, les Romains paraissent avoir divisé le territoire en plusieurs parties ; *Apollonia*, *Corcyra* [en slave, Karkar ; en italien, Cúrzola], que

Premières conquêtes.

---

tion, au diocèse d'*Illyricum* (*Notit. Dignit. Occid.*, p. 6), et, déjà auparavant, il a fait partie de l'administration financière de l'Illyrie, comme le prouve le *vil(licus) vect(igalis) Illyr(ici)* (Mommsen, *C. I. L.*, t. III, [2], n° 5691), que l'on rencontre à *Boiodurum* (Innstadt, près Passau) ; quant à la *Raetia*, elle se rattacha plus tard aussi non pas à l'*Illyricum*, mais à l'Italie.

(1) Appian., *Illyr.*, VI : καὶ τὸ τέλος τῶνδε τῶν ἐθνῶν, ἀπὸ ἀνίσχοντος Ἴστρου μέχρι τῆς Ποντικῆς θαλάσσης ὑφ' ἓν ἐκμισθοῦσι καὶ Ἰλλυρικὸν τέλος προσαγορεύουσιν. Le chef-lieu de l'administration financière paraît avoir été à *Poetovio*, où l'on trouve un *lib. Aug. ex tabulario vect. Illyr(ici)* (*C. I. L.*, t. III, [1], n° 4063), des *contrascriptores portorii Illyrici* (*Ibid.*, n°ˢ 4015. 4017. 4024), un *arkarius conductoris portori Illyrici* (*Ibid.*, n° 4015) ; on voit en outre mentionnés un *conductor p(ortorii) p(ublici?) Illyrici* ([*C. I. L.*, t. III, 1], n°ˢ 751 (= Henzen, *Annali*, 1859, p. 109). 753), un *servus villicus vectigalis Illyrici* (*Ibid.*, n° 752), le *vectigal Illyricum* (*Ibid.*, n° 1647), un *proc. vect. Illyricorum* (*C. I. L.*, t. II, n° 4135), un *servus villicus vectigalis Illyrici* (*C. I. L.*, t. V, [2], n° 8650), un *procurator Illyrici per Moesiam inferiorem et Dacias tres* (Wood, *Discoveries at Ephesus*, London, 1877, in-4 ; Appendix. *Inscriptions from the site of the temple of Diana*, p. 6, n° 4).

(2) *Illyrici exercitus* (Tacit., *Hist.*, II, 60. 85. 86) ; *ceterae Illyrici legiones* (*Ibid.*, II, 74) ; — *praepositus numeri equitum electorum ex Illyrico* (Henzen, n° 6729 [= *C. I. L.*, t. XI, 1, n° 393]). — Comp. le diplôme militaire de l'an 60, (dans Henzen, n° 5437 = *C. I. L.*, t. III, [2], f° 815) : *et sunt in Illyrico sub L. Salvidieno — Rufo*.

(3) Trebell. Pollio, *Vita Claudii*, XV : *Dux factus est et dux totius Illyrici, habet in potestatem Thracios, Moesos, Dalmatas, Pannonios, Dacos exercitus*.

(4) Polyb., II, 12 ; — Appian., *Illyr.*, VII ; — Zonaras, VIII, 19 ; — Eutrop., III, 4. — Voy. M. Zippel, *op. sup. cit.*, pp. 46 et suiv.

Teuta avait également possédée, et *Dyrrhachium* furent déclarées libres et obtinrent un traité d'alliance du peuple romain (1); quelques villes furent conservées à la famille royale ; d'autres furent prises par les Romains eux-mêmes et défendues par une garnison (2), dont le commandant doit avoir été placé d'abord sous les ordres des consuls romains, plus tard peut-être sous l'autorité des gouverneurs de la *Gallia Cisalpina* ou de la Macédoine (3). — Sur la seconde guerre d'Illyrie, en 535 = 219 (4), nous ne savons guère qu'une chose : c'est qu'elle a eu pour conséquence la chute de Demetrius de Pharus. Ce n'est que cinquante-deux ans plus tard que le renversement du roi Perseus de Macédoine entraîna la soumission de son allié, le roi Gentius d'Illyrie (5). Le royaume de Gentius, dont la capitale était *Scodra* [Schkodra ; en italien, Scutari ; en slave, Skadar], et qui se limitait à la portion méridionale de ce qui forma plus tard la province, fut divisé en trois parties, comme la Macédoine le fut en quatre ; la liberté du pays fut proclamée et les Romains cessèrent d'y tenir garnison ; mais il fut assujetti à des impôts, à l'exception des villes qui, pendant la guerre, avaient pris le parti de Rome (6). Il est permis de voir dans cette constitution, qui intervint en 587 = 167, et que Tite-Live appelle *formula* (7), comme lorsqu'il parle de l'organisation d'une province, le point de départ effectif de

<small>Débuts de la province.</small>

---

(1) Appian., *Illyr.*, VIII ; — Polyb., II, 11.
(2) En 535=219, Polybe (III, 16) mentionne τὰς κατὰ τὴν Ἰλλυρίδα πόλεις τὰς ὑπὸ Ῥωμαίους ταττομένας. D'après Appien, (*Illyr.*, VII), c'étaient *Corcyra* [en slave, Karkar ; en italien, Cúrzola], *Pharos* [en slave, Hvar ; en italien, Lesina], *Issa* [Lissa], et *Epidamnus* (Dyrrhachium). A *Issa*, il y avait, en 584 =170, un *legatus, qui cum praesidio duarum Issensium navium insulae praeerat* (Tit. Liv.., XLIII, 9), et, en 565=189, à *Corcyra*, un ἄρχων (Polyb., XXII, 15, 6), qui n'était sans doute pas, comme Tite-Live (XXXVIII, 11, 5) l'admet, un magistrat urbain. Le titre de ce commandant doit avoir été *praefectus*.
(3) Voy. M. Mommsen, *Röm. Gesch.*, t. I, [7ute Aufl.], p. 550 [= dans la trad. franç. de M. Alexandre, t. III, p. 98]; *C. I. L.*, t. III, [4], f° 279.
(4) Polyb., III, 16. 18-19. 33 ; — Appian., *Illyr.*, VIII ; — Zonar., VII, 20.
(5) Tit. Liv., XLIV, 23. 30-32 ; — Appian., *Illyr.*, IX.
(6) Tit. Liv., XLV, 26, où on lit au § 14 : *Scodrensibus et Dassarensibus et Selepitanis ceterisque Illyriis vectigal dimidium eius (impositum), quod regi pependissent.*
(7) Tit. Liv., XLV, 26, 15.

l'existence de la province d'Illyrie (1), encore qu'elle n'ait pas aussitôt reçu un gouverneur, et que l'époque de la nomination de ce dernier ne nous soit pas connue d'une manière certaine. Au Sud, la province était limitée, comme elle le demeura par la suite, par le *Drillo* [Drin] (2). Au Nord, le territoire romain s'étendait vers le littoral jusqu'à la région habitée par les Dalmates et par les peuplades de même race ; et il résulta de ce voisinage une suite de guerres (3), dont l'occupation graduelle d'une partie de la Dalmatie tout au moins fut la conséquence. Toutefois, ce n'est que dans les derniers temps de la République que l'existence de la province d'Illyrie repose sur des témoignages irrécusables (4) ; confiée pour cinq ans à César, en même temps que la Gaule, en l'an 59 av. J.-C. (5), elle était déjà alors en possession d'une organisation régulière, et notamment se répartissait entre des *conventus*, dont César fait mention à diverses reprises (6). Le commandement y fut exercé, en l'an 49, par son *legatus* Antonius (7) ; mais c'est sous Vatinius seulement (8), de 709 à 710=45 à 44 (9), qu'elle nous appa-

---

(1) Tite. Live (XLV, 26, 11) désigne déjà alors l'Illyrie comme *provincia*.
(2) Voy. Appian., *Bell. civ.*, V, 65, qui, en l'an 40 avant J.-C., indique *Scodra* comme frontière, et Plin., *Nat. Hist.*, III, 145.
(3) En 598=156, C. Marcius Figulus combattit contre ces dernières (Appian., *Illyr.*, XI ; — Tit. Liv., *Epit.*, XLVII ; — Polyb., XXXII, 24) ; — ce fut le tour ensuite : en 599=155, de P. Scipio Nasica (Tit. Liv., *Epit.*, XLVII ; — Appian., *Illyr.*, V ; — *Fasti triumph. Capitol.*, ad ann. 599, dans le *C. I. L.*, t. I, f° 459) ; en 625=129, de C. Sempronius Tuditanus (Tit. Liv., *Epit.*, LIX ; — Appian., *Illyr.*, X ; *Bell. civ.*, I, 19 ; — Plin., *Nat. hist.*, III, 129) ; en 637=117, de L. Caecilius Metellus (Appian., *Illyr.*, CXI ; — Tit. Liv., *Epit.*, LXII).
(4) M. Zippel, (*op. cit.*, p. 189), place sa création en 636=118 ; mais ce n'est là qu'une conjecture.
(5) Dio Cass., XXXVIII, 8 ; — Schol. Bob., *In Vatin.*, p. 317, [éd. Orelli] : *Servante de coelo Bibulo consule hunc Vatinium legem tulisse de imperio Caesaris, ut exercitum per Illyricum et Gallias duceret* ; — Suet., *Caes.*, XXII ; — Caes., *De bell. Gall.*, II, 35 ; V, 1. 2.
(6) Caes., *De bell. Gall.*, II, 2 : *His perfectis rebus, conventibusque peractis in citeriorem Galliam revertitur*. Il mentionne le *conventus* de *Salonae* dans son *De Bell. civ.* III, 9.
(7) Appian., *Bell. civ.*, II, 41.
(8) Cic., *Phil.*, X, 5, 11.
(9) Il s'y trouvait déjà en 47 (*Bell. Alex.*, XLVI [M. Rud. Schneider a publié, en 1889, une édition critique du *Bellum Alexandrinum*, qui sera la bien

176   ORGANISATION DE L'EMPIRE ROMAIN.

raît comme une circonscription administrative autonome. Après s'être fait attribuer cette province par le traité de *Brundusium* [Brindisi], en 714 = 40, (1), Octave se vit obligé d'entreprendre contre les Dalmates une guerre nouvelle, pleine de difficultés et de vicissitudes, et dont la conduite fut dirigée d'abord par Asinius Pollio (2), puis par lui-même, enfin par Statilius Taurus (3).

<small>Son administration.</small> Lorsque cette guerre prit fin, en l'an 720 = 34, le calme paraît s'être rétabli, puisque, dans le partage des provinces en 727 = 27, l'Illyrie fut donnée au Sénat (4) et fut dès lors administrée par un proconsul (5). Seules, les populations montagnardes de la Dalmatie continuaient à résister, et les Pannoniens à inquiéter la frontière Nord de la province. Aussi le Sénat crut-il devoir céder la province à l'empereur, en 743 = 11 (6); et c'est en qualité de *legatus* impérial que Tibère termina, en 745 = 9, la première guerre dalmatico-pannonienne, qui eut pour effet d'étendre jusqu'au Danube la province d'*Illyricum* (voy. p. 165, *supra*); ce n'est qu'après la deuxième guerre de Pannonie (6 à 9 ap. J.-C.), que la Pannonie fut constituée, en l'an 10, en province particulière ; et en même temps la

---

venue; voy. *Deutsche Litteraturzeitung*, 1889, n° 41]). Après son consulat, dont il fut revêtu à la fin de l'an 47, César l'envoya de nouveau en 46 en Illyrie (Appian., *Illyr.* XIII). Nous possédons les lettres qu'il écrivit de *Narona* [ruines de Vido] en l'an 45, époque à laquelle il entreprit une expédition (Cic., *Ad famil.*, V, 9, 10; V, 10, 3). Sur l'année 44, voy. les sources dans Drumann ([*Gesch. Roms*], t. I, p. 262, note 98. — Comp. le *fragm.* des *Fasti triumph.*, dans le *C. I. L.*, t. I, f° 478 : *P. Vatinius de Eillurico prid. K. Sex. triumphavit*). Aussi M. Mommsen, (*Röm. Gesch.*, t. III, [7nte Aufl.], pp. 539 *in fine* et suiv. [= dans la trad. franç. de M. Alexandre, t. VIII, pp. 151 *in fine* — 153], et *C. I. L.*, t. III, [1], f° 279) estime-t-il qu'il faut placer le début de l'existence de la province aux environs de l'an 709 = 45.

(1) Dio Cass., XLVIII, 28.
(2) Voy., sur cette guerre, M. Zippel, *op. cit.*, pp. 223 et suiv.
(3) Dio Cass., XLIX, 38; — Tit. Liv., *Epit.*, CXXXII; — Appian., *Illyr.*, XXIV-XXVII; — Vellei. Paterc., II, 90; — Suet., *Oct.*, XX.
(4) Dio Cass., LIII, 12.
(5) En l'année 738 = 16, P. Silius l'administrait (Dio Cas., LIV, 20) en qualité de Proconsul (*C. I. L.*, t. III, [1], n° 2973), après avoir été consul en 734. Eutrope (VI, 4) mentionne déjà auparavant un Proconsul Cosconius, qui dirigea la guerre dans l'*Illyricum*. (Comp. Orosius, V, 23.) Mais on ne peut encore inférer de là une conclusion en faveur de l'existence d'une province d'Illyrie. (Voy. M. Mommsen, *C. I. L.*, t. III, [1], f° 279.)
(6) Dio Cass., LIV, 34.

partie la plus ancienne de la province, c'est-à-dire le littoral compris entre la frontière de Macédoine et celle d'Italie, ou entre la ville de *Lissus* [Liësch; en italien, Alessio], d'une part, les villes d'*Albona* [Alvona] (1)*, de *Flanona* [Fianona], et la rivière d'*Arsia* [Arsa], de l'autre, reçut une organisation indépendante, d'abord sous le nom de *superior provincia Illyricum* (2), ou par abréviation *Illyricum* (3), puis plus tard, aussitôt après Auguste, sous la dénomination usuelle de *Dalmatia* (4).

<small>Elle reçoit le nom de *Dalmatia*.</small>

Au début, la province réclamait des forces militaires considérables, et on y avait stationné six légions (5), *leg. VII, VIII Augusta, IX Hispana, XI, XV Apollinaris, XX Valeria victrix.* Parmi ces légions, la *leg. XX* fut envoyée en Allemagne, à la suite du désastre de Varus; les *leg. VIII, XI, XV* furent affectées à la Pannonie, lors de son érection en province; il n'en resta donc plus que deux, les *leg. VII* et *XI* (6), dont l'une avait son quartier général à *Delminium* [Gardun, près Trigl], l'autre à *Burnum* [archi Romani = Supljaja-cerkva, près Ivosevzi]; sous Néron, la *leg. VII* partit pour la Mésie; sous Vespasien, la *leg. XI* alla dans la *Germania superior* (7); et, dès lors, le pays sembla si tranquille, que l'on se contenta d'assurer son occupation au moyen de troupes auxiliaires (8).

---

(1)* [Voy., sur cette ville, M. Ett. de Ruggiero, *Dizionar. epigr.*, fascic. 13, Roma, 1889, p. 390, col. 2.]
(2) Voy. ci-dessus, p. 166, note 2.
(3) Plin., *Nat. hist.*, III, 139. 147. — Ptolémée (II, 16) appelle la province Ἰλλυρίς et la fait se composer de la Δαλματία et de la Λιβουρνία; chez Strabon (XVII, p. 840), elle s'appelle Ἰλλυρὶς ἡ πρὸς τῇ Ἠπείρῳ. — Comp. M. Poinsignon, *op. cit.*, p. 35.
(4) Dion Cassius, qui fut lui-même gouverneur de Dalmatie (XLIX, 36 : μετὰ γάρ τοι τὴν ἐν τῇ Ἀφρικῇ ἡγεμονίαν τῇ τε Δελματίᾳ — καὶ τῇ Παννονίᾳ τῇ ἄνω καλουμένῃ προσετάχθην, ὅθεν ἀκριβῶς πάντα τὰ κατ' αὐτοὺς εἰδὼς γράφω), appelle la province Illyrie avant Auguste (XXXVIII, 8; XLVIII, 21), et toujours *Delmatia* sous cet empereur et après lui. Dans l'énumération des légions, dont deux stationnèrent en Dalmatie jusqu'à Vespasien, la province porte le nom de *Delmatia* dans Tacite (*Ann.*, IV, 5) et dans Josèphe (*Bell. Iud.*, II, 16.)
(5) Voy., à cet égard, M. Mommsen, *C. I. L.*, t. III, [1], f⁰ˢ 280 et suiv.
(6) Tacit., *Ann.*, IV, 5.
(7) Tacit., *Hist.*, IV, 68, où la leçon du Mediceus est *legiones victrices XI et XIII.* (Voy. Borghesi, *Œuvres*, t. IV, p. 276.)
(8) Voy. M. Mommsen, *C. I. L.*, t. III, [1], f⁰ 282.

Organisation Romaine, t. II.

178   ORGANISATION DE L'EMPIRE ROMAIN.

La **Dalmatie** était placée sous les ordres d'un *legatus Augusti pro praetore* consulaire (1), résidant à *Salonae* [Salona *j.* Spalato] (2), auprès du *procurator* de la province (3); mais, depuis la fin du iii° siècle, elle avait à sa tête un *praeses* (4). Deux éléments concouraient à la former : la *Liburnia*, au Nord du *Titius* [Kerka], et la Dalmatie proprement dite, au Sud de ce cours d'eau (5). Des trois *conventus iuridici* entre lesquels la province était répartie, celui de *Scardona* [Scardona] compre-

---

(1) Voy. Borghesi, *Œuvres*, t. VI, p. 246. — Tacit., *Hist.*, II, 86 : *Iuncti inde Moesici ac Pannonici exercitus Dalmaticum militem traxere, quanquam consularibus legatis nihil turbantibus.* — Plus tard, il porte le titre abrégé de *consularis* (C. I. L., t. III, [1], n°⁵ 2015. 1906. 1909. 1910. 1911). On trouve notamment :

P. Cornelius Dolabella leg. pr. pr., en l'an 18-19 (C. I. L., t. III, [1], n° 2908) ;

M. Furius Camillus Scribonianus, ann. 42 *Delmatiae legatus* (Suet., *Claud.*, XIII ; cf. Tacit., *Ann.*, XII, 52). Δαλματίας ἄρχων (Dio Cass., LX, 15). Pline, (*Epist..* III, 16), dit, au contraire: *Scribonianus arma in Illyrico contra Claudium moverat ;*

Pompeius Silvanus (Cos. 45) *Dalmatiam tenebat* (ann. 69) (Tacit., *Hist.*, II, 86) ;

L. Funisulanus Vettonianus — — leg. pr. pr. provinc. Delmatiae (Henzen, n°⁵ 5431 [= Wilmanns, *Exempla*, t. I, n° 1150 = C. I. L., t. III, 1, n° 4023]. 5432 [= C. I. L., t. XI, 1, n° 571] ; — Borghesi, *Œuvres*, t. III, p. 73), sous Domitien ;

Q. Pomponius Rufus (leg. pr. pr.) Delmatiae (Cardinali, *Diplomi*, n° IX ; — Orelli, n° 802 [= C. I. L., t. VIII, 1, n° 13 ; — *adde* C. I. L., t, III, 2, f°⁵ 859 et 863, et comp. *Arch. — epigr. Mitth.*, t. XI, p, 26]), en l'année 93 ;

M. Cutius Priscus — leg. (Aug.) pro pr. provinciae Delmat., ann. 147 (C. I. L., t. II, n° 1282);

Scapula Tertullus, leg. Augg. p(rov.) Dalmatiae, ann. 180 (C.I.L., t. III, [1], n° 2809 ; — Borghesi, *Œuvres*, t. VI, p. 246);

L. Iunius Rufinus — leg. pr. pr., ann. 184 (Henzen, n° 5272 [= C. I. L., t. III, 1, n° 3202]).

L. Domitius Gallicanus — leg. Aug. pr. pr. Dalmatiae (C. I. L., t. II, n° 4115 = Grut., f° 402, n° 6).

[Voy. le complément de cette liste dans M. W. Liebenam, *Forschungen*, I Bd., pp. 151-165.]

(2) C. I. L., t. III, [1], n°⁵ 1985. 2075.

(3) *Procurator ducenarius prov. Dalm.* (C. I. L., t. III, [1], n° 1985) ; — ἐπίτροπος δουκηνάριος ἐπαρχείας Δαλματίας καὶ Ἰστρίας (C. I. Gr., n° 3751).

(4) La première mention qui soit faite de ce fonctionnaire date de l'année 280 (C. I. L., t. III, [1], n° 1805). — Voy. des exemples de date postérieure dans Orelli (n° 1098 [= C. I. L., t. III, 1, n° 2771]), au C. I. L. (t. III, [1], n°⁵ 1938. 2771), et dans la *Notit. Dignit. Occid.*, (p. 127, *ibiq.* Boecking, pp. 1188 et suiv.).

(5) Ptolemaeus, II, 16. — Dès avant l'année 31 de notre ère, les *civitates*

naît la Liburnie (1), ceux de *Narona* [ruines de Viddo] et de *Salonae*, la Dalmatie proprement dite (2). La province conserva cette administration jusqu'au règne de Dioclétien, sous lequel elle fut également morcelée, de telle manière que sa partie Sud devint un district particulier, ayant *Scodra* pour chef-lieu, portant le nom de *Praevalitana* ou *Praevalis*, et relevant d'un *praeses* spécial (3).

Communes.

Dans les premiers temps, il y eut sans doute peu de communes urbaines en Dalmatie; en effet, les *conventus* n'y étaient pas formés, comme dans d'autres provinces, d'un certain nombre de villes, mais d'une réunion de *gentes*, se subdivisant elles-mêmes en décuries. Ainsi, par exemple, ressortissaient au *conventus* de *Salonae* 342 décuries des *Delmatae*, 22 des *Denni*, 239 des *Ditiones*, 269 des *Mazaei*, 52 des *Sardiates* (4), et, de ce que ces décuries avaient une caisse particulière (5), il suit qu'elles devaient former aussi une unité administrative. Toutefois, au fur et à mesure de la romanisation de la province, les villes se multiplièrent sur son territoire ; et, au temps de Pline, on y comptait déjà un grand nombre de municipes romains, dont le plus important est *Scardona*, le chef-lieu de la *Liburnia* (6). On trouvait encore en Dalmatie cinq colonies romaines : *Epidaurus* [Ragusa vecchia] (7), *Narona* (8),

---

Liburniae élèvent un monument à Néron, fils de Germanicus (*C. I. L.*, t. **III**, [1], n° 2808), et plus tard la *Liburnia* paraît avoir eu une *ara Augusti* particulière et un *sacerdos* affecté à cet autel (*C. I. L.*, t. III, [1], n° 2810). Peut-être l'inscription rapportée sous le n° 1919 (*eod.*) pourrait-elle aussi être complétée de la manière suivante : *proc. centenarius provinciae Li(burniae)*.

(1) Plin., *Nat. hist.*, III, 139 sqq.
(2) Plin., *Nat. hist.*, III, 141 sqq.
(3) Voy. la *Liste de Vérone*, p. 508; — S. Rufus, *Brev.*, VIII ; — *Notit. Dignit. Orient.*, pp. 7. 14 ; — Boecking, *ad Notit. Dignit. Occid.*, p. 1189.
(4) Plin., *Nat. hist.*, III, 142.
(5) *C. I. L.*, t. III, [1], n° 2107 : *Si quis eam arcam post mortem eorum aperire voluerit, (inferet) decuriae meae denarios XXV*.
(6) *Municipium Flavium Scardona* (*C. I. L.*, t. III, n° 2802). La qualification de *Flavium*, portée par une grande partie de ces municipes, permet de conclure à des services particuliers des empereurs Flaviens rendus aux villes de Dalmatie. (Voy. Borghesi, *Œuvres*, t. VI, p. 248.)
(7) Plin., *Nat. hist.*, III, 143.
(8) Plin., *Nat. hist.*, III, 142; — Ptolem., II, 16, 12.

Salonae (1), Aequum [Tschitluk] (2) et Iader [Zara] (3).

XXI. XXII. *Moesia.*

Premières conquêtes.

La *Moesia* (4), bornée au Nord par le Danube, à l'Ouest par le *Drinus* [Drina], au Sud par le *Scardus* [Schar] et par l'*Haemus* [en slave, Stara-Planina ; en turc, Khodja-Balkân], à l'Est par le *Pontus Euxinus* (5), appelée Μυσία par les Grecs, ne fut

---

(1) Plin., *Nat. hist.*, III, 141. — Le nom de *Colonia Martia Iulia Salonae* (*C. I. L.*, t. III, [1], n° 1933) montre que la fondation de la colonie a eu lieu avant 727 = 27, car, sans cela, elle se serait appelée *Augusta*. Pline, (*Nat. hist.*, III, 141), l'appelle également du nom de *Colonia*.

(2) *Colonia Claudia Aequum* (*C. I. L.*, t. III, [1], n° 2026). — Voy Groteend, *Imperium Rom. tributim descriptum*, p. 135 [et M. Kubitschek, *op. cit.*, p. 233, *in init.*].

(3) *Colonia Iader* (*C. I. L.*, t. III, [1], n°⁸ 2909. 2932).

(4) Voy. M. Mommsen, *C. I. L.*, t. III, [1], n°⁸ 749 et suiv., 1641 et suiv. [et, sur la *Moesia inferior*, t. III, *Supplem.*, Berol., 1889, f°⁸ 1338-1372]; — P. Becker, *Beiträge zur genaueren Kenntniss Tomi's und der Nachbarstädte*, dans le *Iahrb. für Philologie und Pädag.* de Jahn, *Supplementband* XIX, (1853), pp. 325 et suiv. — [*Adde* : D'' C. Allard, *La Bulgarie orientale, suivie d'une notice sur le Danube* par J. Michel, *et de l'explication des inscriptions* par Léon Renier, Paris, A. Le Clère, s. d., 1 vol. in-12; — J.-M. Quérard, *La Roumanie, la Serbie, le Monténégro et la Bosnie. Essai de bibliographie française historique de ces principautés* (Extrait du Journal Le Quérard), Paris, 1857, in-8 ; — W. Liebenam: *Beiträge*, I, Iena, 1886, p. 23, et Tab. n° 8 [*sic* ; en réalité, n° 9], p. 38; *Forschungen*, Leipzig, 1888, pp. 265-297; — Henri Kiepert, *Manuel de géogr. anc.* (trad. franç. de M. Émile Ernault), Paris, 1887, pp. 189-191; — Gior. Scarabicchi, *La Serbia antica e moderna*. Parte I. *La Serbia antica, ossia la Mesia, la Dardania e l'Illirico ;* Vol. I, Siena, 1888, in-8; — J. W. Kubitschek, *Imp. Rom. trib. discr.*, pp. 237-238. — Voy., pour le surplus, p. 162, note 2, *supra*, et, pour les villes qui seront citées au cours de cette section, le *C. I. L.*, t. III, 2, f°⁸ 1168 et suiv., renvois de l'*Index* X, ainsi que le *Supplem.*, *ubi supra ;* — M. Kubitschek, *op. et loc. citt.*] — [N. B. : Une station douanière du nom de *Durostorum* entre la Mésie inférieure et la Dacie, inconnue jusqu'ici, est mentionnée dans une inscription découverte récemment à Silistrie, sur le Danube; voy. *Archaeologisch-Epigraphische Mittheilungen aus Oesterreich*, 1887, 1⁺⁰ livr., p. 24, n° 12, et M. René Cagnat, *L'Année épigraphique* (*1888*), Paris, 1889, p. 3, col. 2, n° 9. — *Adde* le Diplôme militaire trouvé à *Ollina* (cercle de Silistra-Nova), dans *Arch.-Epigr. Mittheil.*, *eod.*, p. 24, n° 15 ; — M. René Cagnat, *ubi supra*, pp. 3, n° 10, et suiv.]

(5) Dio Cass., LI, 27 ; — Ptolem., III, 9 et 10.

mise en contact avec les Romains qu'en 679=75, lorsque C. Scribonius Curio, *proconsul Macedoniae*, poussa dans le pays jusqu'au Danube (1). Cependant, c'est, à ce qu'il semble, à M. Licinius Crassus, petit-fils du triumvir et proconsul de Macédoine en l'an 725=29, que doit être attribuée la soumission des Mésiens (2); en tous cas, Dion Cassius fait parler Auguste, deux ans plus tard, de la réduction de la Gaule, de la Mésie et de l'Égypte (3), bien qu'à ce moment il ne connaisse pas encore une province de *Moesia* (4). Mais, dans les dernières années du règne d'Auguste, la *Moesia* était déjà érigée en province (5); c'est en l'an 6 de l'ère chrétienne qu'apparaît son premier gouverneur (6); et, en l'an 9, son existence est attestée par Ovide (7); l'assertion contraire d'Appien, qui attribue à Tibère l'organisation de la province, paraît, ainsi d'ailleurs que toutes ses informations relatives à cette région, manquer de certitude et de vérité (8); et tout ce que l'on en peut conclure, c'est que Tibère a aussi opéré la conquête de la Mésie, dans la grande guerre de Pannonie (743 — 745 = 11 — 9 avant J.-C.).

Organisation de la province.

---

(1) Eutrop., VI, 2; — Oros., V, 23; — Tit. Liv., *Epit.*, XCII; — Rufus, *Brev.*, VII.
(2) Tit. Liv., *Epit.*, CXXXIV. CXXXV; — Dio Cass., LI, 25-27; — Florus, II, 26.
(3) Dio Cass., LIII, 7.
(4) Dio Cass., LIII, 12.
(5) Zumpt, (*Comment. epigr.*, t. II, pp. 253 et suiv.), place, mais sans doute en manière de simple conjecture, son organisation en 738 = 16, et M. Zippel, (*op. sup. cit.*, p. 245), en l'année 739 = 15.
(6) Dio Cass., LV, 20 : Καικίνας Σεουῆρος, ὁ τῆς πλησιοχώρου Μυσίας ἄρχων.
(7) Ovid., *Trist.*, II, 197 sqq. :

Hactenus Euxini pars est Romana sinistri,
Proxima Basternae Sauromataeque tenent.
Haec est Ausonio sub iure novissima vixque
Haeret in imperii margine terra tui.

Ce livre a été écrit en 762 = 9 de notre ère. (Voy. Fischer, *Zeittafeln*, ad ann. 761.)

(8) Appian, (*Illyr.*, XXX), ne mentionne pas Curio, tandis qu'il fait, par contre, mention de son successeur Lucullus, le frère du célèbre Lucullus, qui marcha contre les barbares de l'*Haemus* en 682 = 72 (voy. Drumann, [*Gesch. Roms*], t. IV, p. 177); puis il ajoute : καὶ πλεῖον οὐδὲν εὗρον ἐπὶ τῆς Ῥωμαίων δημοκρατίας ἐς Μυσοὺς γενόμενον · οὐδ' ἐς φόρον ὑπαχθέντας οὐδ' ἐπὶ

182   ORGANISATION DE L'EMPIRE ROMAIN.

La *Moesia* fut d'abord administrée, comme province isolée, par un *legatus* impérial, qui, en règle, était un personnage consulaire ; ensuite, de l'an 15 à l'an 44, la Macédoine et l'Achaïe ayant été attribuées provisoirement à l'empereur, ces provinces furent momentanément placées sous l'autorité du même *legatus* (1). Après l'an 44, la Mésie tout entière conserva son administration particulière, jusqu'à Domitien (2), sous le rè-

Son partage.

τοῦ Σεβαστοῦ. ὑπήχθησαν δὲ ὑπὸ Τιβερίου, τοῦ μετὰ τὸν Σεβαστὸν τοῖς Ῥωμαίοις αὐτοκράτορος γενομένου, et, à la fin du chapitre, il répète : καὶ Τιβέριος εἷλε (τοὺς Μυσοὺς) κατὰ τὴν μόναρχον ἐξουμίαν. L'inexactitude de ce renseignement est démontrée par Tacite, (*Ann.*, I, 80), d'après lequel, en l'an 14 de notre ère, Poppaeus Sabinus était *legatus Moesiae*: par Suétone, (*Tib.*, XLI), qui mentionne la *provincia Moesia* comme existant sous Tibère, par le silence de Velleius, qui n'aurait certainement pas manqué de songer à la Mésie, si la création de la province appartenait à Tibère, enfin par le témoignage précité de Dion Cassius, qui est bien renseigné sur l'administration de la Mésie pendant tout le cours du règne de Tibère (LVIII, 24. 25).

(1) Poppaeus Sabinus administrait déjà la Mésie en l'an 14 de notre ère, après avoir été consul en l'an 9 apr. J.-C. ; et, depuis l'an 15, il administra aussi l'Achaïe et la Macédoine (Tacit., *Ann.*, I, 80). Selon Dion Cassius, (XXVIII, 25), il conserva ces fonctions jusqu'en l'an 35, par conséquent 21 ans ; son successeur, P. Memmius Regulus, consul en l'an 31, se vit attribuer également ces trois provinces, et ce ne fut que Claude qui rendit au Sénat, en l'an 43, l'*Achaia* et la *Macedonia* (Dio Cass., LX, 24). Cependant, comme à cette époque on trouve trois *legati Aug. Moesiae* distincts, savoir : Ti. Latinius Pandusa (Tacit., *Ann.*, II, 66), en l'an 19, son successeur Pomponius Flaccus, consul en l'an 17 (Tacit., *ubi supra*; — Ovid., *Epist. ex Ponto*, IV, 9, 75), et Pomponius Labeo, en l'an 26, qui n'était pas consulaire, mais seulement *praetorius* (Tacit., *Ann.*, IV, 47 ; — Dio Cass., LVIII, 24), il s'ensuit que la réunion des trois provinces ne peut avoir été que temporaire. (Voy. Zumpt, *Comment. epigr.*, t. II, pp. 257 et suiv.)

(2) Parmi les gouverneurs de cette époque, on connaît :
Sous Claude : *L. Martius — Macer — leg. Ti. Claudi Caes. Aug. pr. pr. provinciae Moesiae*, un *praetorius* (Borghesi, *Œuvres*, t. III, p. 183).

Ann. 51-57 ou 58 : *Flavius Sabinus* (Tacit., *Hist.*, III, 75 ; — Henzen, *Annali*, 1859, p. 16).

Ann. 62 (peut-être déjà depuis 57) : *Ti. Plautius Silvanus Aelianus*, consul en 45 (Orelli, n° 750 [= Wilmanns, *Exempla*, t. I, n° 1145 = *C. I. L.*, t. XIV, n° 3608] ; — Henzen, *ubi supra*, pp. 16.20 ; — Waddington, *Fastes des provinces Asiatiques*, Paris, 1872, in-8, n° 85, Vol. I. p. 130 ; — Mommsen, *C. I. L.*, t. III, [1], n° 781).

Ann. 67-69 : *M. Aponius Saturninus*, consul en 66 (Henzen, *Scavi*, p. 22) (Tacit., *Hist.*, I, 79 ; II, 85 ; V, 26).

Ann. 69 : *Fonteius Agrippa* (Tacit., *Hist.*, III, 46) ; πρεσβευτὴς ὑπατικός (Joseph., *Bell. Iud.*, VII, 4, 3).

Ann. 71 : *Rubrius Gallus* (Joseph., *Bell. Iud.*, VII, 4, 3).

[Voy., à cet égard, M. W. Liebenam, *Forschungen*, pp. 265-275.]

gne duquel elle se divisa en deux parties : la *Moesia superior* (1), qui forme aujourd'hui la Serbie, à l'Ouest du *Ciabrus* [Tzibritza], et la *Moesia inferior* (2), aussi connue sous le nom

---

(1) On trouve :
Aussitôt après 85 : *L. Funisulanus Vettonianus — — leg. pro pr. provinc. Delmatiae, item provinc. Pannoniae, item Moesiae superioris* (Henzen, nᵒˢ 5431 [= Willmanns, *Exempla*, t. I, nᵒ 1150 = *C. I. L.*, t. III, 1, nᵒ 4023]. 5432 [= *C. I. L.*, t. XI, 1, nᵒ 571]). Il gouvernait la Pannonie en l'an 85 (Henzen, nᵒ 5430 [= *C. I. L.*, t. III, 2, fᵒ 855, *Dipl.* XII, col. 2]), la Mésie probablement bientôt après, en tout cas encore sous Domitien (voy. Henzen, *Annali*, 1857, p. 19).
Sous Trajan : *P. Tullius Varro — leg. Aug. pro pr. Moesiae superior.* (Henzen, nᵒ 6497 [= Willmanns, *Exempla*, t. I, nᵒ 1165 = Kellermann, *Vig.*, nᵒ 249 = *C. I. L.*, t. XI, 1, nᵒ 3364]).
Après 159 : *M. Statius Priscus — leg. Augg. pr. pr. prov. Moesiae super.* (Henzen, nᵒ 5480 [= Willmanns, *Exempla*, t. 1, nᵒ 1190 = *C. I. L.*, t. VI, 1, nᵒ 1523]).
Vers 167 : *M. Cl. Fronto, leg. Aug. pr. pr. — Moes. sup.* (Henzen, nᵒˢ 5478 [= Willmanns, *Exempla*, t. I, nᵒ 636 = *C. I. L.*, t. VI, 1, nᵒ 1377 ; cf. t. III, 1, fᵒ 236]. 5479 [= Willmanns, *Exempla*, t. I, nᵒ 636a] = *C. I. L.*, t. III, [1], nᵒ 1457 ; — Borghesi, *Œuvres*, t. VI, p. 266).
Vers 168 : *P. Mummius Sisenna — legatus Aug. pr. pr. Moesiae superioris*, consul vers 157 (Henzen, nᵒ 6499 [= Willmanns, *Exempla*, t. I, nᵒ 1192 = *C. I. L.*, t. XIV, nᵒ 3604]) ; — Waddington, *Fastes*, nᵒ 153).
Vers 176 : *Pertinax Cassiano motu composito* (175) *— Moesiae utriusque — regimen accepit* (Capitolin., *Pert.*, II, 11. 202-209). — *Q. Anicius Faustus* (*C. I. L.*, t. II, nᵒ 1685).
A une époque indéterminée : *M. Caecilius Novatilianus c. v. — allectus inter consulares, praeses prov. Macs. super.* (Orelli, nᵒ 1478 = Mommsen, *I. R. N.*, nᵒ 1420 [= *C. I. L.*, t. IX, nᵒ 1572]).
[Voy., sur ces gouverneurs, M. W. Liebenam. *Forschungen*, pp. 293-297.]
(2) Spartian., *Hadr.*, II. III : *Post hoc in inferiorem Moesiam translatus extremis iam Domitiani temporibus.* — Les gouverneurs de cette province sont :
Ann. 99 : *Q. Pomponius Rufus* (Renier, dans Borghesi, *Œuvres*, t. V, p. 525. Comp. Orelli, nᵒ 802 [= *C. I. L.*, t. VIII, 1, nᵒ 13]. — [Voy. aussi *C. I. L.*, t. III, 2, fᵒ 863, *Dipl.* XX, col. 1, et comp. *Arch.-epigr. Mitth.*, t. XI, p. 26]).
Ann. 100 : *A. Caecilius Faustinus* (Henzen, nᵒ 6857 [= *C. I. L.*, t. III, 2, fᵒ 865, *Dipl.* XXII, col. 2]).
Ann. 112 : *P. Calpurnius Macer* (*C. I. L.*, t. III, [1], nᵒ 777. Cf Plin., *Epist.*, V, 18).
Ann. 118 : *Q. Roscius Pompcius Falco* (Henzen, nᵒ 5451 [= Willmanns, *Exempla*, t. I, nᵒ 1170 = *C. I. L.*, t. X, 1, nᵒ 6321]) ; — Waddington, *Fastes*, nᵒ 133, p. 203).
Après 127 : *L. Minicius Natalis* (Orelli, nᵒ 1551 [= *C. I. L.*, t. XIV, nᵒ 3554] ; — Henzen, nᵒ 6498 [= *C. I. L.*, t. XIV, nᵒ 3599] ; — *C. I. Gr.*, nᵒ 5977 ; — [adde : *C. I. L.*, t. II, nᵒ 4510 ; t. XI, 1, nᵒ 2925]).
Ann. 134 : *Iulius Maior* (Diplôme militaire publié par Henzen, *Annali*, 1857,

ancien de *Ripa Thracia* (1), à l'Est de ce fleuve ; chacune de ces régions reçut un *legatus* consulaire (2) et un *procurator* (3).

---

pp. 6. 19 et suiv. [= *C. I. L.*, t. III, 2, f° 877, *Dipl.* XXXIV, col. 2 ; cf., *ibid.*, n° 6178] ; comp. *Annali*, 1868, p. 69 et 70).

Après 133 : *Antonius Hiberus* (Henzen, n° 6429 = *C. I. L.*, t. III, [1], n° 781).

Après 138 : *T. Vitrasius Pollio* (Henzen, n° 5290[= *C. I. L.*, t. III, 1, n° 762] ; — Waddington, *Fastes*, n° 142 ; — [*adde Ephem. epigr.*, Vol. IV, n° 23]).

Entre 161-172 : *M. Servilius Fabianus* (Orelli, n° 2274 [= *C. I. L.*, t. VI, 1, n° 1517]).

Après 195 : *A. Pollenius Auspex* (Dio Cass., LXXVI, 9, passage dans lequel le nom *Auspex* est encore altéré dans les textes les plus récents. (Voy. Borghesi, *Œuvres*, t. II, p. 234.)

Ann. 201 : *L. Ovinius Tertullus* (Henzen, n° 6429=*C. I. L.*, [t. III, 1], n° 781 ; — Grut., f° 446, n° 9 [=*C. I. L.*, t. II, n° 4126] ; — Mommsen, *I. R. N.*, n° 6819 [*aliena* : *C. I. L.*, t. IX, f° 832, col. 4, et t. X, 2, f° 1211, col. 1] ; — L. 9, [fr. Ulpian., *De captiv. et postlim.*], D., XLIX, 15 ; L. 1, § 3, [fr. Ulpian., *Ad senat. cons. Tertull. et Orphit.*], D., XXXVIII, 17 ; — Const. 1, [*De postlimin. et de redempt. ab host.*], C. Just., VIII, 50 [ed. P. Krueger ; *alias* 51 : sic Marquardt, p. 303, note 3, *sub fin.*] ; — Borghesi, *Œuvres*, t. II, p. 225).

Sous Élagabale (218-222) : *T. Fl. Novius Rufus* (Desjardins, *Annali*, 1868, p. 75 =*C. I. L.*, t. III, [1], n° 773).

Ann. 238-240 : *Tullius Menophilus*, sur les monnaies de *Marcianopolis* [Pravadi] (Borghesi, *Œuvres*, t. II, pp. 227 et suiv.), mentionné par Petrus Patricius (*fr.* 8, dans Müller, *Fr. hist. Gr.*, t. IV, p. 186). Peut-être s'appelait-il *Iulius Menophilus* et est-ce à lui que se rapporte l'inscription insérée par Desjardins dans les *Annali* (1868, p. 38).

Sans indication de temps :

T. Flavius Longinus (*C. I. L.*, t. III, [1], n° 767).

M. Pontius Aelianus (*Annali*, 1868, p. 74=*C. I. L.*, t. III, [1], n° 774).

P. Vigellius Raius Saturninus (*Annali*, 1868, p. 74= *C. I. L.*, t. III, [1], n° 775).

L. Iunius Faustinianus (*Annali*, 1868, p. 77. — [Cf. *C. I. L.*, t. III, 2, n° 6177]).

L. Annius Italicus Honoratus (*Annali*, 1868, p. 97 [= *C. I. L.*, t. III, 2, n° 6154], sans doute sous Caracalla. Comp. Maffei, *Mus. Veron.*, f° 240, n° 6 [=*C. I. L.*, t. III, 1, n° 1072 ; voy. aussi *eod.*, n° 1071]).

Sur les derniers gouverneurs cités, voy. aussi Renier, *Inscriptions de Troesmis*, Paris, 1865, in-8, [et, d'une manière générale, sur la liste qui précède, M. W. Liebenam, *Forschungen*, pp. 276-292].

(1) *C. I. L.*, t. III, [1], n°ˢ 751. 752.753 ; — Henzen, *Annali*, 1859, p. 109.

(2) Tacite, (*Hist.*, II, 86), les appelle *consulares legati*. Cf. Capitolin., *Pertin.*, II. — Borghesi, (*Œuvres*, t. IV, p. 290 ; t. VI, p. 250), s'explique sur ce point avec détail.

(3) Il est souvent mentionné. (Voy., par exemple, Orelli, n° 3664 [=*C. I. L.*,

LES PROVINCES DANUBIENNES. — *MOESIA.* 185

Les villes des deux *Moesiae* sont ou bien de fondation romaine, ou bien des places de commerce grecques, déjà existantes lors de l'arrivée des Romains. Les plus importantes d'entre elles sont : dans la province supérieure : *Ratiaria* [Arcér], colonie de Trajan (*colonia Ulpia Ratiaria*) (1); *Aelium Viminacium* [Kostolatz], d'abord municipe (2), puis colonie (3), *Singidunum* [Belgrade], colonie (4), *Scupi* colonie (5); dans la province inférieure : *Oescus*, colonie (*colonia Ulpia Oescensium*) (6), aujourd'hui Gičen, *Novae* (Sištov), *Nicopolis* (Nikup), *Troesmis* (Iglizza), municipe (7), enfin les villes grecques du littoral, *Istros*, *Tomi* (village d'Anadol-Köi, près Koestendje), la *civitas Pontica Tomitanorum* (8), la μητρόπολις (9) de la pro-

Création de villes.

---

t. II, n° 484] ; — *C. I. Gr.*, n° 3751.) — On trouve en outre, sous Claude, un *praefectus civitatium Moesiae et Treballiae* (*C. I. L.*, t. V, [1], n° 1838) ; on ne sait d'ailleurs rien de ses fonctions.

(1) *C. I. L.*, t. III, [1], n°ˢ 753. 1641. — [Voy. sur toute l'énumération qui va suivre, le *Supplem.* I au t. III du *C. I. L., loc. cit.* p. 170, note 4, *supra.*]
(2) *C. I. L.*, t. III, [1], n°ˢ 1654. 1655.
(3) *C. I. L.*, t. III, [1], n° 1474 ; — Eckhel, *Doct. Num.*, t. II, pp. 8 et suiv.
(4) *C. I. L.*, t. III, [1], n° 1660. — [Voy. aussi D'Anville, *Mémoire sur les villes de Taurunum et de Singidunum*, Paris, 1755, in-12, carte.]
(5) Inscription publiée dans la *Revue archéologique*, (Nouv. Série, t. XXVI, (1873), p. 137) : *Sex. Callidius Secundus, — — cui ordo col[oniae] Scup[orum h]onores Aedil. et decurionatus contulit.*
(6) *C. I. L.*, t. III, [1], n° 753.
(7) Les inscriptions de Troesmis ont, dans ces dernières années, été portées en grand nombre à notre connaissance. Voy., en particulier : Renier, *Bull. dell'Inst.*, 1864, pp. 193-201 ; le même, dans la *Revue archéologique*, Nouv. Série, t. X, (1864), pp. 390-398, et spécialement ses *Inscriptions de Troesmis*, Paris, 1865, in-8 (*Extrait des Comptes-rendus* ; comp. *Revue archéologique*, Nouv. Série, t. XII, (1865), pp. 401-432) ; — Desjardins, *Annali*, 1868, pp. 58-85 ; *Comptes-rendus*, 1868, pp. 40 et suiv. ; — Mommsen, *C. I. L.*, t. III, f°ˢ 145. 999 et suiv. — La ville est sortie d'un grand camp et formait une forteresse-frontière. Elle est mentionnée par Ovide, (*Epist. ex Ponto*, IV, 9, 79). — Voy. Ptolemaeus, III, 10, 11.
(8) *C. I. L.*, t. III, [1], n° 753. — M. Perrot, *Mémoire sur quelques inscriptions inédites des côtes de la mer Noire*, dans la *Revue archéologique*, Nouv. Série, t. XXVIII, (1874), pp. 46 et sujv., publié à nouveau dans ses *Mémoires d'archéologie, d'épigraphie et d'histoire*, Paris, 1875, in-8, pp. 181 et suiv.
(9) Dans l'épigramme publiée par Desjardins dans les *Annali*, (1866, p. 92), *Tomi* s'appelle μητρόπολις Εὐξείνοιο, et elle porte le nom de μητρόπολις dans les inscriptions rapportées au même endroit (p. 95) et par M. Perrot. (*Mémoires*, p. 183, n° 4 ; p. 185, n° 5) ; il en est de même sur les monnaies (Mionnet, *Suppl. II*, p. 185). La ville a une constitution grecque, *buleutae* (*C. I. L.*,

vince ; *Odessus* (Varna), *civitas Odessitanorum* (1), *Mesambria* [Misivri], qui formaient, avec *Apollonia*, que Ptolémée rattache à la Thrace (2), d'abord une pentapole (3), puis, après l'accession d'une sixième ville, impossible à déterminer avec certitude (4), une hexapole (5), et aussi une association de fêtes, le κοινὸν τῆς πεντπόλεως (6) ou κοινὸν τῶν Ἑλλήνων, ayant à sa tête un ἄρχων τοῦ κοινοῦ τῶν Ἑλλήνων (7), aussi appelé Ποντάρχης (8). Nous rencontrerons encore un autre Ποντάρχης dans le *Pontus* bithynien, que l'on distingue de la contrée située aux bouches du Danube par le nom de Πόντος εὐώνυμος, donné à cette dernière (9).

<small>Action politique des Romains sur la côte septentrionale de la mer Noire.</small>   Le gouverneur de la Mésie inférieure était en même temps le représentant le plus direct de l'influence romaine sur le littoral Nord de la mer Noire qui, sans être à vrai dire une province, relevait cependant, à titre médiat, de l'*imperium* romain. Les colonies grecques de cette contrée, dont la longue prospérité est attestée par les riches documents d'histoire et d'archéologie,

---

t. III, [1], n° 753) et des Phyles. (Voy. *Annali*, 1868, p. 96 ; — M. Perrot, *ubi supra*, p. 203.)

(1) *C. I. L.*, t. III, [1], n° 762 = Henzen, n° 5290.

(2) Ptolem., III, 11, 4.

(3) Inscription d'*Odessus* (*C. I. Gr.*, n° 2056ᵉ) : Ἡρόσοδον Φαρνάγου, ἄρξαντα τῆς πόλεως καὶ ἄρξαντα τοῦ κοινοῦ τῆς πενταπόλεως καὶ τειμηθέντα ὑπὸ τοῦ κοινοῦ τῆς πενταπόλεως. Dans une autre inscription de *Mesambria* (*C. I. Gr.*, n° 2053ᵈ, Vol. II, f° 995), quelqu'un est honoré au moyen d'un monument élevé par les villes de *Tomi*, d'*Istros* et d'*Apollonia*, de telle sorte que l'existence des cinq villes est hors de tout conteste.

(4) Peut-être *Callatis* [Mangalia] ou *Dionysopolis* [Akrania]. — Voy. M. Perrot, *Mémoires*, p. 448.

(5) Inscription de *Tomi*, dans la IVᵉ partie de l'Ἑλληνικὸς φιλολογικὸς σύλλογος, (pp. 105 et suiv., pl. 6), paraissant à Constantinople, et dans M. Perrot, (*Mémoires*, p. 447) : Ἀγαθῇ τύχῃ . [Τ]ὸν Ποντάρχην καὶ ἄρ[ξαντ]α τῆς Ἑξαπό-[λ]εως [τὸν] υἱὸν τοῦ Πόντου καὶ [π]ρῶτον ἀγωνοθέτην θεοῦ Ἀντινόου Τ. Φλαούιον Ποσειδώνιον υἱὸν Φαίδρου τοῦ Ποντάρχου καὶ υἱοῦ τῆς πόλεως φυλὴ Ἀργαδέων τὸν ἑαυτῆς προστάτην.

(6) *C. I. Gr.*, n° 2056ᵉ.

(7) Voy. M. Perrot, *Mémoires*, p. 193.

(8) Indépendamment du Ποντάρχης mentionné en la note 5, *supra*, on en trouve deux autres dans deux inscriptions de Koumanoudis, publiées dans la Νέα Πανδώρα du 1ᵉʳ juin 1868 ; elles ne me sont connues que par M. Perrot, (*Mémoires*, p. 199).

(9) Voy. M. Perrot, *Mémoires*, pp. 196. 449.

mis au jour dans ces dix dernières années (1), étaient des villes libres, mais tributaires des rois sarmates (2); or, ces derniers étant, soit directement institués par les Romains, soit tout au moins maintenus dans leur dépendance (3), Rome avait sans cesse l'occasion d'interposer son influence politique entre les deux parties, et même de prendre une part effective à la défense des villes. Le territoire de la ville de *Tyras* [Akkierman], colonie milésienne située entre le Danube et le Dniester, fut, sous Néron, ainsi que nous le montre l'ère de cette ville de l'année 56 ou 57, entièrement réuni à la province de Mésie inférieure (4), et lui demeura attaché (5), jusqu'à ce que Maximinus, vers l'an 237, l'eût concédé aux barbares (6); au contraire, le *Bosporus* cimmérien resta un royaume, que gouvernait, au temps de César, Pharnaces, fils de Mithridate le Grand (7). En 713=41, M. Antonius éleva son successeur Asander au trône ; et, lorsque ce dernier mourut en 737, Scri-

---

(1) Voy. Boeckh, *C. I. Gr.*, Vol. II, f°s 80-170; — H. K. E. Koehlers *Gesammelte Schriften, herausg. von Stephani*, Bd. II, Petersbourg, 1850, in-8; — B. Koehne, *Beiträge zur Geschichte und Archaeologie von Chersonesus in Taurien. II. Die Römisch-Bosporanische Zeit*, dans les *Mémoires de la société d'archéologie et de numismatique de Saint-Pétersbourg*, Vol. II, 1848, pp. 301 et suiv., 353 et suiv. Il existe aussi de ce travail un tirage à part ; — Sabatier, *Souvenirs de Kertch et chronologie du royaume de Bosphore*, Pétersbourg, 1849, in-4 ; — B. de Koehne, *Description du musée de feu le Prince Basile Kotschoubey et recherches sur l'histoire et la numismatique des colonies grecques en Russie ainsi que des royaumes du Pont et du Bosphore Cimmérien*, Saint-Pétersbourg, 1857, 2 voll. in-4, avec 28 tables ; — *Compte-rendu de la Commission Impériale Archéologique*, Saint-Pétersbourg, 1859 et années suivantes, in-4, avec Atlas in-fol.
(2) Sur *Olbia*, voy. Boeckh, *C. I. Gr.*, t. II, fol. 87b.
(3) Voy. Boeckh, *C. I. Gr.*, t. II, f° 107b, et sur les n°s 2108b, 2108f. 2122. 2123. 2124. 2125. 2126.
(4) *C. I. L.*, t. III, [1], n° 781= Henzen, n° 6429.
(5) Ptolemaeus, III, 8, 10.
(6) Les monnaies de la ville commencent avec Vespasien et cessent avec Alexandre Sévère. Aussi la ville a-t-elle dû être abandonnée dans la guerre avec les *Carpes* et les *Scythes*, guerre dont Julius Capitolinus, (*Vit. Max. et Balb.*, XVI), fait mention. — Voy. M. Mommsen, *C. I. L.*, t. III, [1], n° 781.
(7) Voy., sur ce qui va suivre, MM. von Sallet, *Beiträge zur Geschichte und Numismatik der Könige des Cimmerischen Bosporus und des Pontus von der Schlacht bei Zela bis zur Abdankung Polemo II*, Berlin, 1866, in-8 ; — Waddington, dans la *Revue numismatique*, 1866, pp. 417 et suiv.

bonius prit le pouvoir et épousa sa veuve Dynamis, avec l'assentiment d'Auguste (1). En 740=14, Agrippa régla la situation du *Bosporus* (2), et toute la dynastie des princes bosporiens jusqu'à Rescuporis VIII (+336 après J.-C.), a fait figurer sur ses monnaies l'effigie de l'empeur romain régnant. La suzeraineté exercée par les Romains se manifeste notamment dans ce fait qu'ils séparèrent du royaume bosporien la ville la plus importante de la Chersonèse taurique, *Heraclea Chersonesus* [près de Sébastopol], et proclamèrent sa liberté (3). Cette liberté se conserva jusqu'au règne de Constantin (4), sous lequel les Chersonésites, quoique jouissant de l'ἐλευθερία καὶ ἀτέλεια, portent aussi le nom d'ὑπήκοοι τῆς Ῥωμαίων βασιλείας (5). Il faut entendre dans le même sens le remarquable passage de Procope, qui parle d'anciennes possessions des Romains dans la péninsule taurique (6); ces possessions sont précisément les villes libres grecques, auxquelles ils avaient en fait rendu d'importants services. En effet, ils ne se bornèrent pas à leur porter secours, ainsi que le firent, sous Néron, le *legatus Moesiae inferioris Ti. Plautius Silvanus* pour la ville de *Chersonesus*, menacée par le roi du *Bosporus* (7), et l'empereur Antonin le Pieux pour la ville d'*Olbia*, contre les *Tauroscythae* (8), et à les combler d'autres bienfaits (9); mais, pen-

---

(1) Dio Cass., LIV, 24.
(2) Dio Cass., *ubi supra*.
(3) Plin., *Nat. hist.*, IV, 85 : *Heraclea Chersonesus (oppidum) libertate a Romanis donatum.* — Voy. Boeckh, *C. I. Gr.*, Vol. II, f° 90.
(4) Constantin. Porphyrog., *De administr. imp.*, LIII, p. 251, éd. Bekk.
(5) [Constantin. Porphyrog.], *loc. sup. cit.*, p. 250, 8; p. 251, 9.
(6) Procop., *Bell. Goth.*, IV, 5 : μετὰ δὲ τὰ ἔθνη ταῦτα πόλις θαλασσία οἰκεῖται Βόσπορος ὄνομα καὶ Ῥωμαίων κατήκοος γενομένη οὐ πολλῷ πρότερον. Ἐκ δὲ Βοσπόρου πόλεως ἐς πόλιν Χερσῶνα ἰόντι, ἣ κεῖται μὲν ἐν τῇ παραλίᾳ, Ῥωμαίων δὲ καὶ αὐτὴ κατήκοος ἐκ παλαιοῦ ἐστι, βάρβαροι — τὰ μεταξὺ ἅπαντα ἔχουσι. Καὶ ἄλλα δὲ πολίσματα δύο ἄγχου Χερσῶνος, Κῆποί τε καὶ Φανάγουρις καλούμενα, Ῥωμαίων κατήκοα ἐκ παλαιοῦ τε καὶ ἐς ἐμὲ ἦν.
(7) Inscription publiée par Orelli (n° 750 [=*C. I. L.*, t. XIV, n° 3608]) : *Scytharum quoque regem* (lisez *rege*) *a Cherronensi quae est ultra Borysthenem opsidione summoto primus ex ea provincia magno tritici modo annonam P. R. adlevavit.* — Sur l'époque de cet événement, voy., ci-dessus, p. 181, note 2.
(8) Capitolin., *Ant. P.*, IX.
(9) Sur *Phanagoria* [ruines près de Taman], voy. Boeckh, *C. I. Gr., ad N*ᵐ

LES PROVINCES DANUBIENNES. — *DACIA.*

dant quelque temps tout au moins, ils établirent à *Chersonesus* une station militaire romaine (1).

XXIII. *Dacia* (2).

Les Romains ont été mis en rapport avec les Daces dès l'é-

2126b, et, sur les rapports d'amitié de plusieurs empereurs avec *Olbia*, n°ˢ 2060. 2087. 2091.

(1) Inscription de *Chersonesus*, rapportée par Koehne, (*Beiträge*, p. 308 [=*C. I. L.*, t. III, 1, n° 782]) : *D. M. Aur. Salvianus tub(icen) leg. XI Cl., qui militavit annos XIIII vixit annos XXXVI.* La *legio XI Claudia* stationnait, au temps de Dion Cassius, dans la *Moesia inferior* (Dio Cass., LV, 23). Josèphe, (*Bell. Iud.*, II, 16, 4), nous fournit un témoignage antérieur, qui remonte à l'an 66 : τί δεῖ λέγειν Ἡνιόχους τε καὶ Κόλχους καὶ τὸ τῶν Ταύρων φῦλον, Βοσπορανούς τε καὶ τὰ περίοικα τοῦ Πόντου καὶ τῆς Μαιώτιδος ἔθνη, παρ' οἷς πρὶν μὲν οὐδὲ οἰκεῖος ἐγινώσκετο δεσπότης, νῦν δὲ τρισχιλίοις ὁπλίταις ὑποτάσσεται καὶ τεσσαράκοντα νῆες μακραὶ τὴν πρὶν ἄπλωτον καὶ ἀγρίαν εἰρηνεύουσι θάλασσαν.

(2) Après les études de M. Mommsen, (*C. I. L.*, t. III, [1], fᵒˢ 160 et suiv.), qui ont épuisé le sujet, il n'est pas besoin d'indiquer d'une manière complète la bibliographie antérieure relative à la Dacie. Je me borne à mentionner : Fabretti, *De columna Traiani,* Romae, 1690, in-fol. ; — Marsili, *Danubius Pannonico-Mysicus*, Hag. Com. et Amstelod., 1726, 6 voll. in-fol. ; — Seivert, *Inscriptiones monumentorum Rom. in Dacia mediterranea,* Viennae, 1773, in-4 ; — Sulzer, *Gesch. des transalpin. Daciens,* Wien, 1781, 2 voll. in-8 ; — Mannert, *Res Traiani ad Danubium gestae*, Norimb., 1793, in-8 ; — v. Hohenhausen, *Alterth. Daciens zu Zeiten der Römer*, 1775, in-4 ; — Katancsich, *Istri accolarum geographia vetus*, Budae, 1827, 2 voll. in-4 ; — Franke, *Zur Geschichte Traians*, Güstrow, 1837, in-8 ; — J. F. Neigebaur, *Dacien [aus den Ueberresten des klassischen Alterthums, mit besonderer Rücksicht auf Siebenbürgen]*, Kronstadt, 1851, in-8 ; — W. Froehner, *La colonne Trajane*, Paris, 1865, in-8 ; — Dierauer, *Beiträge zu einer kritischen Gesch. Traians*, Leipzig, 1868, in-8 ; — M. J. Ackner und Fr. Müller, *Die röm. Inschriften in Dacien*, Wien, 1865, in-8 ; — O. Hirschfeld, *Epigraphische Nachlese zum Corpus inscriptionum Latinarum Vol. III aus Dacien und Moesien*, Wien, 1874, in-8, [*Adde* : d'Anville, *Description de la Dace conquise par Trajan*, Paris, 1755, in-12, cartes ; — de Peyssonnel, *Observations historiques et géographiques sur les peuples barbares qui ont habité les bords du Danube et du Pont-Euxin*, Paris, 1765, in-4, pl. et cartes ; — Antonii Bartalis *Ortus et Occasus imperii Romanorum in Dacia mediterranea*, Posonii, 1787, in-8, fig. ; — M. J. Ackner, *Die römischen Alterthümer und deutschen Burgen in Siebenbürgen*, Wien, 1857, in-8, carte ; — Dʳ R. Loesler, *Dacier und Romänen*, Wien, 1866, in-8 ; — Th. Mommsen, dans l'*Ephem. epigr.*, Vol. II, pp. 301 et suiv. ; —S. v. Ormós, *Die Alterthümer von Viminacium. Archäologische Abhandlung*, Temesvár,

poque de César (1); leur roi Cotiso étant, en l'an 723=31, l'allié d'Antoine (2), on redoutait alors à Rome les Daces à l'égal des Égyptiens (3), et, plus tard encore, sous Auguste, de nombreuses expéditions furent dirigées contre eux (4). Mais la Dacie, dont le territoire très considérable, séparé, suivant Ptolémée, à l'Ouest, de la Pannonie, par le *Tibiscus* (Temes) et par les *Iazyges Metanastae*, qui habitent sa rive occidentale, est borné au Nord par les Karpathes, à l'Est, par le *Tyras* [Dniester], au Sud par le Danube (5), ne fut érigée en province qu'après la mort du roi Decebalus, et après l'achèvement, en l'an 107, des deux guerres daciques que Trajan avait entreprises contre

---

1878, in-8 ; — Gr. G. Tocilescu, *Dacia înainte de Romani*, Bucuresci, 1880, gr. in-8, pl. ; — Nicolas Blaramberg, *Essai comparé sur les institutions, les lois et les mœurs de la Roumanie depuis les temps les plus reculés jusqu'à nos jours*, Bucarest, 1886, gr. in-8, suivi d'*Éclaircissements et Annexes, Réponse à deux contradicteurs*, gr. in-8 ; — W. Liebenam : *Beiträge*, I, Iena, 1886, pp. 20 et suiv., et *Tab.* n° 3, p. 36 ; *Forschungen*, Leipzig, 1888, pp. 135-150 ; — Henri Kiepert, *Manuel de Géogr. anc.* (trad. franç. de M. Émile Ernault), Paris, 1887, pp. 191-193 ; — J. W. Kubitschek, *Imp. Rom. trib. discr.*, 1889, pp. 229-231. — Voy. encore les auteurs cités par M. Jean Kalindéro dans son article intitulé *Le régime municipal Romain*, et inséré dans la *Revue générale du droit et des sciences politiques*, 1re année, n° 3, (1 13 janvier 1887), Bucarest, p. 380, note ; — le *Catalogue de la bibliothèq. géogr. et archéol. de feu M. Ernest Desjardins*, Paris, Ch. Porquet, 1888, p. 69, n°s 505-508 ; — les ouvrages relatifs à Trajan et relatés dans notre *Introd. bibl. gén.*, II, B, en particulier celui de M. C. de la Berge, et enfin, pour le surplus, p. 159, note 1, *supra* — En ce qui concerne l'histoire des villes qui seront citées au cours de cette section, voy. le *C. I. L.*, t. III, 2, f°s 1168 et suiv., renvois de l'*Index* X, et M. Kubitschek, *op. et loc. citt.* — On trouvera des inscriptions nouvelles de Dacie publiées par M. C. Téglàs dans les *Archaeologische-epigraphische Mittheilungen ans Oesterreich*, 1887, 2e livraison, pp. 134 et suiv., et par M. René Cagnat, *L'année épigraphique (1888)*, Paris, 1889, p. 36, n°s 93-99.]

(1) Appian., *Illyr.*, XXII. XXIII.

(2) Dio Cass., LI, 22. — M. Mommsen traite ce sujet en détail dans ses *Res gestae divi Augusti*, p. 88 [= dans la nouv. éd., Berol., 1883, pp. 129 et suiv.; voy. aussi M. A. Allmer, *Les gestes du Dieu Auguste*, Vienne, 1889, pp. 134 et suiv.; *adde* p. 261].

(3) Verg., *Georg.*, II, 497 ; — Hor., *Serm.*, II, 6, 53 ; *Od.*, III, 6, 13.

(4) C'est à la guerre dirigée contre eux par M. Crassus dans les années 724-726 = 30-28 (Dio Cass., LI, 23 ; — Tit. Liv., *Epit.*, CXXXIV) qu'Horace fait allusion, lorsqu'il dit (*Od.*, III, 8, 18) : *occidit Daci Cotisonis agmen.* — Sur les guerres postérieures, voy. M. Mommsen, *op. et loc. sup. citt.*

(5) Ptolem., III, 8.

lui (1). Après avoir été pendant quelque temps administrée par un gouverneur unique (2), la province fut, sous Hadrien, ainsi qu'il était antérieurement advenu de la Pannonie et de la Mésie, divisée en deux moitiés : l'une à l'Ouest, la *Dacia superior* (3), l'autre à l'Est, la *Dacia inferior* (4), toutes deux placées sous un seul et même *legatus* prétorien (5). Au contraire, au temps de Marc-Aurèle, certainement dès l'année 168 (6), la province fut partagée en trois parties, *tres Daciae*, savoir : la *Dacia Porolissensis* (7), qui tenait son nom de la

Organisation de la province.

Sa division en deux,

puis en trois provinces.

---

(1) Dio Cass., LXVIII, 14 : Δεκέβαλος δέ, ὡς καὶ τὸ βασίλειον αὐτοῦ καὶ ἡ χώρα κατείληπτο σύμπασα, — διεχρήσατο ἑαυτὸν — καὶ οὕτως ἡ Δακία Ῥωμαίων ὑπήκοος ἐγένετο. — Aurel. Vict., *Caes.* XIII. La première guerre dacique dura de 101 à 102 (Voy. Henzen, *Annali*, 1862, pp. 148 et suiv.) Cette dernière n'a pas pris fin en 106, comme Henzen le prétend, mais seulement en 107, ainsi que l'établit M. Mommsen (*ad C. I. L.*, t. III, [1], n° 550).

(2) Dans le diplôme militaire de Trajan de l'an 110 (Henzen, n° 5443 = *C. I. L.*, t. III, [2], f° 868), on lit : *et sunt in Dacia sub D. Terentio Scauriano*, et, d'après l'inscription insérée sous le n° 2830 du t. III, [1], du *C. I. L.*, Sex. Iulius Severus est, peu de temps avant son consulat (*ann.* 127), *leg. pr. pr. imp. Traiani Hadriani Aug. provinciae Daciae*. — Sur les monnaies, à compter de Trajan, la province s'appelle toujours *Dacia August(i) provincia*. (Voy. Eckhel, *Doct. Num.*, t. VI, p. 428.)

(3) Inscription publiée au *C. I. L.*, t. III, [1], n° 753 (entre les années 161-168) : *Iulio Capitoni — honorato ab ordinibus coloniarum Ulpiae Poetoviensis ex Pannonia superiore — Traianae Sarmizegethusensium ex Dacia superiore*. Cf. n° 4501: *Valeria Dionysia domo Sa(rmizegetusa) Da(ciae) S(uperioris)* ; — *C. I. L.*, t. V, [2], n° 8660 : *T. Desticio — Severo — — proc. Aug. prov. Daciae superior(is)*.

(4) Diplôme militaire d'Hadrien, de l'année 129 (*C. I. L.*, t. III, [2], f° 876) : *et sunt in Dacia inferiore sub Plautio Caesiano*.

(5) M. *Statius Priscus Cos.* 159 était, peu de temps avant son consulat, *legatus Aug. provinciae Daciae* (Henzen, n° 5480 [= Wilmanns, *Exempla*, t. I, n° 1190 = *C. I. L.*, t. VI, 1, n° 1523]. Cf. *C. I. L.*, t. III, [1], n°° 940. 1299. 1416, et le diplôme militaire publié au *C. I. L.*, t. III, [2], f° 882). Dans une inscription (*C. I. L.*, t. III, [1], n° 1061), il porte le titre de *consul (designatus)*. De même, on voit appeler C. *Curtius Proculus legatus pr. pr. imp. Antonini Aug. Pii provinciae Daciae* (*C. I. L.*, t. III, [1], n° 1458). En l'année 161 encore, *P. Furius Saturninus* était *legatus pr. pr.* de Dacie en qualité de *Consul designatus* (*C. I. L.*, t. III, [1], n° 1171. Cf. n°° 1177. 1412. 1460).

(6) Voy. M. Mommsen, *C. I. L.*, t. III, [1], f° 160.

(7) *C. I. L.*, t. III, [1], n° 1464 (*ann.* 211-12): *Ulpio — — proc(uratori) Aug. (provinciae) Dac. Apul. a(genti) v(ices) p(raesidis), item proc. prov. Porol(issensis)*. — Inscription publiée par M. Perrot dans son *Exploration archéologique de la Galatie et de la Bithynie*, p. 264, n° 146 = *C. I. L.*, t. III, [2], n° 6054 : *P. Semp. Ael. Lycino proc. Augg. nn. prov. Syriae Palaestinae, proc. hidiloyi, proc. Daciae Porolisensis, proc. XX h(ereditatum) Galliarum Narbonensis et Aqui-*

ville de *Porolissum*, au Nord de la région, près Mojgrad ; la *Dacia Apulensis* (1), ainsi appelée à cause d'*Apulum* (Carlsburg) ; enfin la *Dacia Maluensis* (2), du nom de la *Colonia Maluensis* (3) ; la situation de cette dernière est inconnue ; mais tout porte à croire qu'elle s'étendait dans la portion orientale de la Dacie. Les *tres Daciae* forment une commune, ayant même capitale, *Sarmizegetusa* [ruines de Várhely ou Gradischtye, *pr.* Hatszeg] (4), même assemblée (5), même culte de la famille impériale (6) ; mais, d'autre part, on les voit citées comme des provinces indépendantes (7). Non seulement chacune a son *procurator* (8) ;

---

taniae, etc. Les *Augusti* mentionnés dans ce texte sont Caracalla et Geta (211-212). (Voy. Grut., f° 259, n° 1 = Murat., f° 247, n° 4 [=*C. I. L.*, t. III, 1, n° 244 ; voy. aussi M. Th. Mommsen, *ad n.* 6054] ; — M. Waddington, dans Le Bas, *Voy.*, n° 1786). Le *proc. hidilogi* est l'ἐπίτροπος δουκ(ηνάριος) ᾿Αλεξανδρείας τοῦ ἰδίου λόγου, c'est-à-dire *rei privatae* (*C. I. Gr.*, n° 3751), qui, d'ordinaire, est appelé par abréviation ἴδιος λόγος (*C. I. Gr.*, n° 4957, lin. 39. 44), ἰδιόλογος (Strabo, XVII, p. 797), *idiologus* (Henzen, n° 6926 [=Mommsen, *I. R. N.*, n° 4636 = *C. I. L.*, t. X, 1, n° 4862]). L'assertion de Borghesi, (*Bullett.*, 1848, p. 153, et *Œuvres*, t. VI, p. 482), suivant lequel une des trois provinces se serait appelée *Dacia Auraria*, repose sur une lecture inexacte de l'inscription d'Henzen, n° 6920, qui figure aujourd'hui au *C. I. L.*, t. III, [1], n° 1464, et que nous venons de reproduire ci-dessus.

(1) Les mentions en sont fréquentes (Orelli, n° 3888 [= Wilmanns, *Exempla*, t. I, n° 690 = *C. I. L.*, t. IX, n° 5439 ; comp. M. Th. Mommsen, *C. I. L.*, t. III, 1, f° 160, col. 2] ; — Henzen, n° 6932 [= *C. I. L.*, t. III, 1, n° 1456]).

(2) Grut., f° 433, n° 5 = Borghesi, *Œuvres*, t. III, p. 481 [= *C. I. L.*, t. VI, 1, n° 1449] : *M. Macrinio Avito — proc. prov. Dac. Malv.*

(3) Henzen, n° 5520 [*ibiq.* M. Mommsen, *C. I. L.*, t. III, 1, f° 160, col. 1 = *C. I. L.*, t. III, 2, f° 893, *Dipl.* LI, col. 2 = Wilmanns, *Exempla*, t. II, n° 2869].

(4) Au troisième siècle, elle porte aussi le titre de *metropolis* (*C. I. L.*, t. III, [1], n°ˢ 1456. 1175).

(5) *Concilium provinciarum Daciarum trium*, en l'année 241 (*C. I. L.*, t. III, [1], n° 1454). — [Voy. le renvoi final de la note suivante.]

(6) C'est à ce culte que se rapportent le *sacerdos arae Augusti* mentionné au *C. I. L.*, [t. III, 1], n°ˢ 1209. 1433. 1509. 1513, et le *coronatus Daciarum trium*, que l'on trouve *eod.*, n° 1433. — [Sur cette note et sur la précédente, voy. p. 77, note 1*, supra*.]

(7) Ulpian., L. 7, § 10, [*De interd. et releg. et deport.*], D., XLVIII, 22 : *Interdicere autem quis ea provincia potest quam regit, alia non potest...* § 14 : *Quibusdam tamen praesidibus, ut multis provinciis interdicere possint, indultum est, ut praesidibus Syriarum, sed et Daciarum.*

(8) On trouve :
Un *procurator prov(inciae) Porolissensis* (*C. I. L.*, t. III, [1], n°ˢ 1464 ; [2], n°ˢ 6054. 6055 ; — Hirschfeld, *op. sup. cit.*, p. 47, n° 3) ;
Un *proc. prov. Dac. Malv(ensis)* (Borghesi, *Œuvres*, t. III, p. 481] ;
Un *proc. Aug. Daciae Apulensis* (Orelli, n° 3888 [= Wilmanns, *Exempla*, t. I, n° 690 = *C. I. L.*, t. IX, n° 5439] ; — *C. I. L.*, t. V, [2], n° 8659).

mais le gouverneur impérial, qui, depuis la division tripartite, est toujours un consulaire (1), porte habituellement le titre de *legatus Augusti pr. pr. trium Daciarum* (2), comme sans aucun doute aussi celui de *legatus Augusti pr. pr. Daciae* (3). J'inclinerais donc volontiers à admettre que les *tres Daciae* n'étaient que des diocèses administratifs, analogues à ceux que nous avons rencontrés en Espagne (voy., ci-dessus, p. 70), et que nous retrouverons en Afrique. Ils devaient être administrés par les *legati* prétoriens du gouverneur consulaire, et, à défaut de ce dernier, avoir le *procurator* pour *praeses* (4).

Il faut que les guerres de Trajan aient été conduites avec une énergie sans pitié; car, lorsqu'il s'agit d'organiser la province, la population fit défaut, et l'on dut amener en Dacie des colons, empruntés à d'autres provinces, dont quelques-unes étaient éloignées (5). Dans la *Colonia Napoca* [Klausenburg; Kolosvár], on trouve encore longtemps après un *collegium Asianorum* (6), et, parmi les colons, figuraient des Galates ve-

Fondation de villes.

---

(1) Voy. Borghesi, *Œuvres*, t. VIII, pp. 471 et suiv.; — Hirschfeld, *op. sup. cit.*, p. 10. — A partir de Commode, ils portent souvent le titre abrégé de *consulares*. (Voy., en dehors des exemples cités dans la note suivante, Capitolin., *Pertin.*, II, 3, d'après lequel *Pertinax* administrait *quatuor provincias consulares*, c'est-à-dire la *Moesia utraque*, la *Syria* et la *Dacia*.)

(2) On trouve réunis dans Borghesi, (*Œuvres*, t. VIII, pp. 471 et suiv.), les légats connus des provinces daciques. [Voy. aussi et surtout M. W. Liebenam, *Forschungen*, *loc. sup. cit.*] Parmi eux figurent: *M. Cl. Fronto Cos. Leg. Aug. pr. pr. trium Dac(iarum)* et *Moes. sup.*, en l'année 168 (*C. I. L.*, t. III, [1], n° 1457); — *L. Aemilius Carus leg. Aug. pr. pr. III Daciarum* (*C. I. L.*, t. III, [1], n°s 1153. 1415); — *L. Pomp. Liberalis Cos.* (c'est-à-dire *consularis*) *Dac. III*, sous Sévère et Caracalla (*C. I. L.*, t. III, [1], n° 1174); — *L. Marius Perpetuus Cos. Dac. III*, après l'an 210 (*C. I. L.*, t. III, [1], n° 1178); — *L. Octavius Iulianus cos. III Dac.* (*C. I. L.*, t. III, [1], n°s 876. 1393); — *D. Simonius Proculus Iulianus praeses Daciarum III* (*C. I. L.*, t. III, [1], n° 1378); — *Sex. Cornelius Clemens, Cos. et dux trium Daciarum* (Renier, *Inscr. de l'Algérie*, n° 3807 [= *C. I. L.*, t. VIII, 2, n° 9365]).

(3) *C. I. L.*, [t. III, 1], n° 1465: *leg. Aug. pr. pr. [provinci]ae Dac.*

(4) Tels sont: *Q. Axius — proc. prov. Dac. Apul. bis vice praesidis* (Henzen, n° 6932 = *C. I. L.*, t. III, [1], n° 1456); — *Ulpius — proc. Aug. prov. Dac. Apul. agens vices praesidis* (*C. I. L.*, t. III, [1], n° 1464).

(5) Eutrop., VIII, 6: *Traianus victa Dacia ex toto orbe Romano infinitas eo copias hominum transtulerat ad agros et urbes colendas. Dacia enim diuturno bello Decebali viris fuerat exhausta.*

(6) *C. I. L.*, t. III, [1], n° 870. — L'immigration nombreuse de colons d'A-

Organisation Romaine, t. II. 13

nus de *Tavium* (1), des ouvriers destinés aux mines d'or de Dacie, venus de Dalmatie, des émigrants de Pannonie (2). Dans aucune autre province, l'établissement de villes romaines ne se laisse suivre dans son développement avec plus de précision qu'en Dacie. Les Romains n'y avaient trouvé, lors de leur arrivée, qu'une seule ville importante, *Sarmizegetusa*, résidence de Decebalus (3), qui, élevée par Trajan au rang de colonie, prit le nom de *Colonia Ulpia Traiana Augusta Dacica Sarmizegetusa* (4); les établissement nouvellement créés furent, les uns des postes fortifiés de frontières (*castella*) (5); les autres, des communes rurales qui, avec le temps, obtinrent le droit de ville, et enfin le *ius coloniae*. C'est ainsi que, sous Trajan, *Apulum* (Carlsburg) fut fondé comme village (6); il s'appela d'abord *Canabae* (7) et eut des *magistri*; Hadrien éleva les *castra legionis XIII*, qui eut là son quartier général; plus tard, la ville devient un *municipium* (8), et la résidence du *procurator*; et elle finit par être une *colonia iuris Italici* (9). De même, *Potaissa* [Thorda; en allemand, Thoremburg] est, sous Trajan, *vicus* (10), depuis Sévère, colonie (11); *Napoca* (Klausenburg) est d'abord *munici-*

---

sie est en outre établie par l'extension en Dacie des cultes de divinités asiatiques. (Voy., à cet égard, M. Hirschfeld, *op. sup. cit.*, p. 7.)

(1) *C. I. L.*, t. III, [1], n° 860; — Henzen, *Bullett.*, 1848, p. 129.
(2) Voy. M. Hirschfeld, *op. sup. cit.*, pp. 8. 9.
(3) Dio Cass., LXVIII, 8. 9.
(4) M. Mommsen, (*C. I. L.*, t. III, [1], f° 228), traite de cette ville en détail. — Comp. Zumpt, dans le *Rhein. Museum*, 1843, pp. 253 et suiv., et *Comment. epigr.*, t. I, p. 404. — [Voy. aussi M. P. König, *Sarmizegetusa*, Deva, 1886.]
(5) *C. I. L.*, t. III, [1], n°s 786. 821.
(6) *C. I. L.*, t. III, [1], n° 1004.
(7) *C. I. L.*, t. III, [1], n°s 1008. 1093, et beaucoup d'autres. — Voy. spécialement, sur cette localité, M. Mommsen, *C. I. L.*, t. III, [1], f° 182. — [Sur les *canabae* en général, voy. le t. I de cette traduction = t. VIII de la collection, pp. 25 et suiv. et les notes.]
(8) Elle s'appelle *municipium Aurelium* (*C. I. L.*, t. III, [1], n°s 986. 1132), du nom de Marc-Aurèle, et *municipium Septimium* (*ibid.*, n°s 976. 985. 1051), du nom de Septime Sévère.
(9) Ulpian., L. 1, §§ 8. 9, [*De censibus*], D., L, 15. — Voy. M. Mommsen, *ubi supra*. — [Sur *Apulum*, voy. M. Ett. de Ruggiero, *Dizionar. epigr.*, fascic. 17, Roma, 1890, pp. 535, col. 1, et suiv.]
(10) *C. I. L.*, t. III, [1], n° 1627.
(11) Ulpian., L. 1, §§ 8. 9, [*De censibus*], D., L, 15; — *C. I. L.*, t. III, [1], n° 3010.

pium (1), puis colonie (2); le *municipium Drobetarum* [Turnu Severinu], sur le Danube, se transforme, lui aussi, ultérieurement en colonie (3). De plus, on connaît encore trois colonies, dont l'histoire est ignorée, *Zerna* [Orsova, sur le Tscherna], *Colonia iuris Italici* (4), *Colonia Aequum* [Tschitluk] (5), et *Colonia Malvensis* [Valachie occidentale] (6), capitale de la province du même nom.

En dépit de ces établissements, l'occupation du pays était loin d'être sûre pour les Romains, et Hadrien projetait déjà de renoncer à la province de Dacie, ainsi qu'il l'avait fait pour l'Arménie, la Mésopotamie et l'Assyrie. Seul, l'intérêt des nombreux citoyens romains, que l'émigration y avait déjà portés, l'empêcha de réaliser son plan (7). La province continua donc d'exister, jusqu'à ce que les Romains l'eurent perdue, sous Gallienus, en 256 (8), à l'exception des places fortes, dont les garnisons furent également rappelées dans la suite par Aurélien (270-275) (9). Ce dernier transféra ces garnisons, et ce qui restait

Abandon de la province.

---

(1) *C. I. L.*, t. III, [1], nos 860. 1100.
(2) *Ibid.*, nos 865. 1141; — Ulpian., L. 1, § 9, [*De censibus*], D., L, 15.
(3) *C. I. L.*, t. III, [1], nos 1209. 1559. 2679.
(4) Ulpian., L. 1, § 8, [*De censibus*], D., L, 15. Dans Ptolémée, (III, 8, 10), la localité s'appelle Δίερνα; on trouve mention d'une *statio Tsiernen(sium)* au *C. I. L.*, t. III, [1], nos 1568 et suiv.
(5) *C. I. L.*, t. III, [1], no 1596.
(6) Henzen, no 5520 [= *C. I. L.*, t. III, 2, fo 893, *Dipl.* LI, col. 2 = Wilmanns, *Exempla*, t. II, no 2869].
(7) Eutrop., VIII, 6.
(8) Voy. M. Mommsen, *C. I. L.*, t. III, [1], fo 161, qui remarque que, elles aussi, les monnaies de la *provincia Dacia*, qui commencent en 247, finissent en 256. (Voy. Eckhel, *Doct. Num.*, t. 11, p. 9.) Le fait est signalé par Sex. Rufus, (*Brev.*, VIII): *Sub Gallieno imperatore amissa est (Dacia)*; — par Orose, (VII, 22); — par Jornandes, (*De regn. succ.*, LI). — Vopiscus, (*Aurelian*, XI), mentionne la guerre dans la quatrième année du règne de Valérien et de Gallien. (Voy. Clinton, *Fasti Romani, ad ann.* 256. 257.)
(9) Vopiscus, *Aurelian.*, XXXIX: *Cum vastatum Illyricum et Moesiam deperditam videret, provinciam Transdanuvinam Daciam a Traiano constitutam sublato exercitu et provincialibus reliquit, desperans, eam posse retineri, abductosque ex ea populos in Moesia collocavit appellavitque suam Daciam, quae nunc duas Moesias dividit*; — S. Rufus, *Brev.*, VIII: *Sed sub Gallieno imperatore amissa est (Dacia) et per Aurelianum translatis exinde Romanis duae Daciae in regionibus Moesiae ac Dardaniae factae sunt*; — Jornandes, *De regn. succ.*, LI: *Sed Gallienus eos (Dacos), dum regnaret, amisit, Aurelianusque imperator evocatis exinde legionibus in Moesia collocavit, ibique aliquam partem Daciam me-*

encore d'habitants romains dans la province, sur la rive méridionale du Danube, et y forma deux nouvelles provinces entre la *Moesia superior* et la *Moesia inferior* (1) : la *Dacia ripensis*, sur le Danube, avec *Ratiaria* [Arcér] pour capitale, et la *Dacia mediterranea* ou *Dardania*, dont la capitale était *Serdica* [Sófia; en bulgare, Sredetz, la Triaditza du moyen âge]. Avant 386, cette dernière province fut elle-même subdivisée en deux parties nouvelles : la *Dardania*, et la *Dacia mediterranea*, avec *Scupi* [Leskovatz?] pour capitale (2).

---

diterraneam Daciamque ripensem constituit et Dardaniam coniunxit; — Malalas, XII, p. 301, éd. Bonn. : ὁ δὲ αὐτὸς Αὐρηλιανὸς καὶ Δακίαν ἐποίησεν ἐπαρχίαν τὴν παραποταμίαν, πλησίον οὖσαν τοῦ Δανουβίου ποταμοῦ.

(1) Voy., sur ces provinces, Boecking, *Notit. Dignit. Or.*, pp. 135 et suiv., 153. 244, et M. Mommsen, sur la *Liste de Vérone*, dans les *Abh. der Berl. Acad.*, 1862, p. 508.

(2) Voy. M. Mommsen, *op. et loc. sup. citt.*, p. 509; — Boecking, *Notit. Dignit. Or.*, p. 229.

XXIV. THRACIA (1).

Déjà sous la République, le littoral Sud de la Thrace, le long duquel une route menait à l'Hellespont (2), était, ainsi que la Chersonèse thracique (3), au pouvoir des Romains et compris dans la Macédoine. Plus tard, la Chersonèse devint la propriété privée d'Agrippa, dont elle passa, par héritage, à la famille impériale.

---

(1) M. Alb. Dumont nous a donné sur cette province qui, jusqu'à présent, ne nous était connue que d'une manière fort incomplète, de nouveaux et riches matériaux dans ses *Inscriptions et monuments figurés de la Thrace*, publiées dans les *Archives des missions scientifiques et littéraires*. Troisième série. Tome III, (Paris, 1876, in-8), pp. 117-200. [Il existe de ce travail un tirage à part; Paris, Imp. nat., 1876, gr. in-8. — Voy. encore MM. Gatti, dans le *Bullettino della Commissione archeologica comunale di Roma*, 1888, p. 140; — René Cagnat, *L'année épigraphique (1888)*, Paris, 1889, p. 26, n° 69; — W. Liebenam : *Beiträge* I, Iena, 1886, p. 28, et *Tab*. n° 21, p. 40; *Forschungen*, Leipzig, 1888, pp. 389-396; — Henri Kiepert, *Manuel de géographie anc.* (trad. franç. de M. Émile Ernault), Paris, 1887, pp. 184 et suiv.; — J. W. Kubitschek, *Imp. Rom. trib. discr.*, 1889, pp. 238-240; — *C. I. L.*, t. III, 1er Supplém., Berol., 1889, f°s 1328 — 1338. — Voy., pour le surplus, p. 159, note 1, *supra*, et les deux études de M. Th. Mommsen citées p. 198, note 2, *infer*.]

(2) Cic., *De prov. cons.*, II, 4.
(3) Cic., *In Pison.*, XXXV, 86.

A l'époque de Trajan, elle était encore administrée, comme domaine impérial, par un *procurator* spécial (1). Les Romains durent faire aux peuplades de la Thrace une guerre qui se rallumait sans cesse, et qui eut pour résultat de les obliger toutes à entrer dans l'alliance de Rome et de placer dans sa dépendance absolue leurs princes indigènes, dont on connaît les noms jusqu'à Rhoemetalces II, c'est-à-dire jusqu'au règne de Caligula(2). Pendant la minorité de Cotys, Tibère confia l'administration du royaume à l'ancien préteur Trebellenus Rufus (3);

Province procuratorienne. Ann. 46. sous Claude, ce royaume devint, en l'an 46, une province (4), et une province procuratorienne ; c'est comme telle qu'il en est encore fait mention sous Néron (5) et sous Galba (6).

C'est en vain que l'on s'est appuyé sur un passage altéré de Suétone pour soutenir que la province n'a été créée que par Vespasien (7) ; et l'affirmation plus récente que cet empereur

---

(1) Dio Cass., LIV, 20. Un *procurator Augusti regionis Chersonesi* de cette époque est mentionné au *C. I. L.*, t. III, [1], n° 726. Peut-être le *proc. provinc. Hellespont(i)*, dont on ne trouve qu'une seule mention (Orelli, n° 3651 = *C. I. L.*, t. V, [1], n° 875), est-il identique avec celui-ci.

(2) Voy. la monnaie de ce prince frappée sous le règne de Caligula, dans Visconti, *Iconographie grecque*, t. III, p. 302. Comp. Cary, *Histoire des rois de Thrace et de ceux du Bosphore Cimmérien*, Paris, 1752, in-4 ; — Boeckh, *C. I. Gr.*, n° 359, et, maintenant, M. Mommsen, *Reges Thraciae inde a Caesare dictatore*, dans l'*Ephem. epigr.*, Vol. II, pp. 250 et suiv. — [Comp. le même auteur, *Cyriaci Thracia, eod.*, Vol. III, 1877, pp. 235 et suiv.]

(3) Le *Mediceus* (Tacit., *Ann.*, II, 67) porte *Trebellenus* (et non *Trebellienus*), ainsi que l'inscription vue par M. Mommsen, et rapportée par Borghesi, (*Œuvres*, t. III, p. 272). — [Voy. aussi M. W. Liebenam, *Forschungen*, p. 389, n° 1, et surtout l'inscription récemment trouvée à *Concordia* et publiée dans l'*Archivio Veneto*, 17ᵉ année, fascic. 68, p. 375, et par M. René Cagnat, *L'année épigraphique (1888)*, Paris, 1889, p. 11, col. 2, n° 24 : *T Trebelleno L f Cla. Rufo. Q. Urb legato. imp Caesaris. August trib. pl P. Octavius. T. F.*]

(4) Eusebii *Chron. Can.*, p. 153, éd. Schoene : *Thracia hucusque regnata in provinciam redigitur;* — Syncellus, p. 630, 3 : Θράκη ἀπὸ τοῦδε τοῦ χρόνου ἐπαρχία ἐχρημάτισε βασιλεύουσα πρίν. L'établissement, par Claude, de la colonie d'*Apros* [près d'Ainadjik] dans l'intérieur de la Thrace confirme ce témoignage.

(5) Dans Josèphe, (*Bell. Iud.*, II, 16, 4), le roi Agrippa dit, en l'an 66, en énumérant toutes les provinces des Romains : τί δὲ Θρᾶκες; — οὐχὶ δισχιλίοις Ῥωμαίων ὑπακούουσι φρουροῖς;

(6) Dans Tacite, (*Hist.* I, 11), il est dit, au sujet de l'an 69 : *Thracia et quae aliae procuratoribus cohibentur.*

(7) Les meilleurs manuscrits de Suétone, (*Vesp.*, VIII), le *Memmianus* lui-même, portent, il est vrai : *Achaiam, Lyciam, Rhodum, Byzantium, Samum*

aurait séparé la Thrace de l'Europe pour la rattacher à l'Asie repose peut-être sur un malentendu (1) ; il est certain, en effet, que, jusqu'à Trajan, la Thrace fut placée sous l'autorité d'un *procurator* (2), lequel relevait du *leg. pr. pr. Aug. Moesiae* (3). Mais, sous Trajan, cette administration fut changée ; et c'est un *legatus* impérial prétorien (4) qui devint gouverneur de la province (5) ; sous ses ordres se trouve également

Province prétorienne.

---

libertate adempta, item Thraciam, Ciliciam et Commagenen ditionis regiae usque ad id tempus, in provinciarum formam redegit, et ces mots sont répétés par Eutrope, (VII, 19), dans lequel le *Cod. Gothanus* porte *Thraciam* et le traducteur grec écrit Θρᾳκάς τε ἐπὶ τούτοις καὶ Κίλικας, puis par saint Jérôme, (Eusebii *Chron. Can.*, p. 159, éd. Schoene), dans lequel le *Codex* de Leyde porte *trachia*, enfin par Aurelius Victor, (*Epit.*, IX). Mais j'ai déjà fait observer ci-dessus, et Borghesi, (*Œuvres*, t. III, p. 273), a démontré en détail que, dans Suétone, il faut lire *trachiam Ciliciam* ou *tracheam Ciliciam*. Tout d'abord, en effet, c'est un point acquis que la Thrace était devenue province dès avant Vespasien (Tacit., *Hist.*, I, 11) ; il est faux, d'autre part, que la Cilicie ait été *ditionis regiae usque ad id tempus*, puisque, dès l'année 103 avant notre ère, il y avait une province *Cilicia*, et que la partie plane de la Cilicie était province depuis 64 ; enfin, saint Jérôme se contredirait lui-même, s'il faisait devenir la Thrace province sous Claude, puis ensuite derechef sous Vespasien. Tout, au contraire, est exact, si on lit *tracheam Ciliciam*, ainsi que le reconnaissaient déjà Scaliger et Turnebus [Turnèbe = Tourneboeuf].

(1) Eustath., *Ad Dionys. perieg.* v. 270 : κἀκεῖνο δὲ γνωστέον, ὅτι Εὐρώπη μὲν πάντα τὰ κατὰ δύσιν, ἀρξαμένοις ἀπὸ Ἑλλησπόντου. Οἱ δὲ παλαιοί φασιν, ὅτι Οὐεσπασιανὸς ἐχώρισε τὴν Θρᾴκην ἀπ' αὐτῆς. Et, sur le n° 323, il dit que les Thraces étaient une grande tribu et habitaient aussi de l'autre côté de l'Hellespont en Asie, καὶ τάχα διὰ τὸ οὕτω πολυτενὲς τῆς χώρας καὶ περιφανὲς ἰδίασεν αὐτὴ τῆς Εὐρώπης Οὐεσπασιανὸς ὡς προείρηται. Le sens de ce passage est donc que Vespasien aurait compté la Thrace dans l'Asie. Autre est le sens de l'information que nous donne Malalas, (X, p. 262, éd. Bonn.), lorsqu'il nous parle de la province postérieure de Thrace, *Europa*, et qu'il en attribue la création à Vespasien : καὶ τὴν Εὐρώπην ἀπὸ Θρᾴκης ἐμέρισε, κτίσας Ἡράκλειαν πόλιν, τὴν πρῴην λεγομένην Πείρινθον, ἥντινα ἐποίησε μητρόπολιν, δοὺς αὐτῇ ἄρχοντα. Naturellement, ce passage est interverti, ainsi que celui de la p. 264, d'après lequel Vespasien doit avoir partagé la Macédoine en *prima* et en *secunda*, ce qui n'eut lieu au plus tôt qu'en 386.

(2) On trouve : sous Néron, en l'an 61, *T. Iultus Iustus proc. provinciae Thrac.* (Mommsen, *C. I. L.*, t. III, [2], n° 6123) ; — sous Domitien, Κ. Οὐεττίδιος Βάσσος, ἐπιτροπεύων Θρᾴκης (Borghesi, *Œuvres*, t. III, p. 274).

(3) C'est ce qu'il est permis de conclure de ce fait que, sous Trajan, les habitants de Byzance avaient coutume d'envoyer tous les ans un ambassadeur pour saluer le *legatus Moesiae* (Plin., *Epist.*, X, 43 (52)).

(4) Voy. Borghesi, *Œuvres*, t. III, p. 278.

(5) Appartiennent encore au règne de Trajan : *Iuventius Celsus*, πρεσβευτὴς ἀντιστράτηγος (Monnaies de Perinth, dans Borghesi, *Œuvres*, t. III, p. 275 ;

un *procurator*, mais ce dernier ne remplit plus les attributions d'un *praeses* (1).

Villes. Les villes que les Romains trouvèrent en arrivant en Thrace étaient des établissements d'origine grecque ; les unes reçurent le privilège de la liberté, comme *Abdera* [Balastra] (2)*, *Aenus* [Aenos], *Byzantium* [plus tard *Constantinopolis*, auj. Constantinople; en turc, Istambûl] (3) et l'île de *Samothrace* [Samathraki] (4), qui dépendait de la Thrace (5) ; au contraire, l'intérieur du pays, où l'on habitait surtout dans des villages (*vici*) (6), était pauvre en villes ; comme la Cappadoce et la

―――

— M. Mommsen, dans les *Epist.* de Pline, éd. Keil, p. 416), et *Aulus Platorius Nepos leg. pr. pr. provinc. Thraciae* (*C. I. L.*, t. V, [4], n° 877, *ibiq.* M. Mommsen); — on trouve sous Hadrien : *Tineius Rufus*, πρεσ. καὶ ἀντι. τοῦ Σεβασ. (Borghesi, *Œuvres*, t. III, p. 275) ; — sous Marc-Aurèle : en l'an 172, *C. Pantuleius Graptiacus leg. Aug pr. pr.* (Dumont, *op. cit.*, n° 52 [= *C. I. L.*, t. III, 2, n° 6121]); — sous Commode, en 187 : *Cl. Maternus* (Dumont, n° 61e [= *Bulletin de corresp. hellén.*, 1882, p. 181] : ἡγεμονεύοντος τῆς Θρ[ᾳκῆς ἐπαρχεί]ας Κλ. Ματέρ[ν]ου πρεσβ[ευτοῦ] Σεβ[αστοῦ] ἀντιστρατήγου) ; — sous Sévère : *C. Sicinius Clarus* (Dumont, n° 110e) ; *Q. Atrius Clonius, leg. Aug. pr. pr. provinciarum Thraciae Cappadociae Syriae* (*C. I. L.*, t. II, n° 4111) ; *Statilius Barbarus — leg. Augg. prov. Thrac.* (Henzen, n° 5501 [= *C. I. L.*, t. VI, 1, n° 1522] ; — Borghesi, *Œuvres*, t. III, pp. 263 et suiv. ; — Dumont, n° 72e : ἡγεμονεύοντος Στατιλίου Βαρβάρου) ; — sous Gordien : *Catius Celer* (Dumont n° 3. n° 61a [voy. aussi *Bulletin de corresp. hellén.*, 1882, p. 183]). Il en faut joindre deux d'une époque indéterminée (Dumont, n°s 60. 64. 64a). [La liste qui précède doit, au surplus, être complétée par celle de M. W. Liebenam, *Forschungen, loc. sup. cit.*] C'est donc une erreur de conclure, ainsi que le fait Eckhel, (*Doctr. Num.*, t. II, pp. 20. 43), du titre des gouverneurs, ἡγεμών, que l'on trouve sur les monnaies des villes de Thrace, que, depuis Antonin le Pieux, les *legati Thraciae* auraient disparu, et que des *procuratores* auraient de nouveau été institués à leur place ; il vaut mieux entendre sous le titre d'ἡγεμών le légat lui-même.

(1) Un fonctionnaire de ce genre est l'ἐπίτροπος ἐπαρχείας Θρᾴκης, dont une inscription de la fin du second siècle (*C. I. Gr.*, n° 3751) nous révèle l'existence.

(2)* [Cette ville d'*Abdera* ne doit pas être confondue avec une autre du même nom (auj. Adra), dans l'*Hispania Baetica*. (Voy., à ce sujet, MM. Hübner, *C. I. L.*, t. II, f° 267, et Ett. de Ruggiero, *Dizionario epigr.*, fasc. 4, Roma, 1886, p. 12, col. 2, qui a du reste le tort de passer sous silence l'*Abdera* de la Thrace.)]

(3) Plin., *Nat. hist.*, IV, §§ 42. 43. 46.

(4) Plin., *Nat. hist.*, IV, 73.

(5) Ptolem., III, 11, 14.

(6) Les inscriptions [diplômes] militaires (dans Henzen, *Bullettino municipale*, 1875, pp. 36 et suiv.) et la liste dressée par M. Dumont, (*op. cit.*, p. 178), donnent les nombreux noms de ces *vici*.

grande Arménie, il se divisait en stratégies, dont le nombre était de 50, suivant Pline, de 14, suivant Ptolémée (1); peut-être ce désaccord s'explique-t-il par ce fait que les Romains eux-mêmes auraient transformé en circonscriptions urbaines un certain nombre de ces stratégies, ainsi qu'il arriva, vers la même époque, nous l'avons vu, dans les provinces espagnoles. En effet, ici encore, on doit aux Romains la création de villes nouvelles. *Apri* [environs d'Ainadjik] (2), ou *colonia Claudia Aprensis* (3), remonte à Claude; les colonies *Develtus* et *Flaviopolis* (4), et sans doute aussi la *Colonia* Αὐλαίου τεῖχος (Oleiticos), que mentionne un diplôme militaire de Domitien de l'an 86 (5), à Vespasien; les villes de *Plotinopolis*, de *Marcianopolis* [Pravadi] et de *Traianopolis* (6) à Trajan, auquel *Anchialus* [Ankhialo] et *Serdica* [Sófia] ont également emprunté le nom d'*Ulpia* (7); enfin, *Philippopolis* [en turc, Filibé; en slave, [Povdiv] (8), la métropole de la province (9) et le lieu de rassemblement du κοινὸν Θρᾳκῶν (10), est aussi, depuis Marc-Aurèle,

---

(1) Plin., *Nat. hist.*, IV, 40; — Ptolem., III, 11, 8 sqq.. — Dans une inscription de Perinth (Mommsen, *Ephem. epigr.*, Vol. II, p. 252), se trouve mentionné un Τιβέριος Ἰούλιος Τοῦλλος στρατηγὸς Ἀστικῆς. Les *Astae* sont une tribu de la Thrace. (Voy. M. Mommsen, *ubi supra*.)

(2) Voy. Zumpt, *Comment. epigr.*, t. I, p. 386; — Boeckh, *C. I. Gr.*, n° 3685; — Boecking, *Notit. Dignit. Or.*, p. 302.

(3) Voy. M. Waddington, dans Le Bas, *Voy.*, t. III, n° 1731 = Orelli, n° 512 [= *C. I. L.*, t. III, 1, n° 386]. — [Sur *Apri*, voy. M. Ett. de Ruggiero, *Dizionar. epigr.*, fascic. 17, Roma, 1890, p. 531, col. 1.]

(4) Voy. Zumpt, *op. et loc. sup. cit.*, p. 396.

(5) Henzen, n° 5433 [= *C. I. L.*, t. III, 2, Dipl. XIV, f° 857].

(6) *Traianopolis* était située, ainsi que cela a été pour la première fois établi dans ces derniers temps (voy. Dumont, *op. cit.*, p. 174), à l'embouchure de l'*Hebrus* (Maritza).

(7) Voy. Eckhel, *Doct. Num.*, t. II, pp. 45. 47. 24. 46. — Ammian., XXVII, 4, 12: *Marcianopolis est a sorore Traiani principis ita cognominata*.

(8) La ville doit avoir eu un territoire considérable, étant donné que l'inscription [diplôme] militaire publiée par Henzen, (*Bullettino municipale*, 1875, p. 87), mentionne dix-sept *vici* en dépendant.

(9) Elle porte le nom de *metropolis* sur les monnaies depuis Sévère (voy. Eckhel, t. II, p. 44); il en est de même dans les inscriptions : ἡ λαμπροτάτη [τῶν Θρᾳκῶν ἐπαρχ]είας μητρόπολις (sous Gordien; Dumont, *op. cit.*, n° 3); ἡ λαμπροτάτη μητρόπολις (Dumont, n°ˢ 12. 60).

(10) La mention du κοινὸν Θρᾳκῶν ἐν Φιλιππόπολι se trouve pendant le règne de Caracalla sur les monnaies (Eckhel, t. II, p. 43). Il paraît être également mentionné dans une inscription incomplète de *Philippopolis* Dumont, n° 29).

une ville fortifiée (1); cette dernière devint colonie, peu avant sa destruction par les Goths (254), et ce titre lui fut conféré, ainsi que le rapporte Eusèbe, par l'empereur Philippe, en l'an 248 (2).

Division de la province. Après l'organisation de Dioclétien, le *Dioecesis Thraciae* comprend six provinces, savoir :

1° l'*Europa*, avec les villes de *Perinthos* [Eregli, l'ancienne Héraclée] et d'*Apri*,

2° la *Rhodope*, avec les villes de *Maximianopolis*, de *Maronea* [Maronia] et d'*Aenus* [Aenos],

3° la *Thracia, stricto sensu*, avec les villes de *Philippopolis* et de *Beroea* [Stara—Zagora ; en turc, Eski Zaghra],

4° l'*Haemimontus*, avec les villes d'*Hadrianopolis* [en turc, Edirné] et d'*Anchialos*,

5° la *Scythia*, avec les villes de *Dionysopolis* [ou *Cruni*= Akrania], de *Tomi* [par la suite *Constantia*=Kostanza, ou, en turc, Köstendjé] et de *Calatis*,

6° la *Moesia inferior*, avec les villes de *Marcianopolis* [Pravadi] et de *Nicopolis* [ruines de Nikup] (3).

Les sources ne permettent pas de dire avec certitude si cette division résulte du fait de Dioclétien ou lui est antérieure ; en effet, quelques-unes des provinces ci-dessus énumérées sont placées par des auteurs, mais par eux seuls, avant le règne de cet empereur ; il est vrai qu'ils rapportent peut-être à une époque plus ancienne des événements contemporains (4).

---

(1) C. I. L., t. III, [2], n° 6121 : *Imp. Caesar M. Aurelius Antoninus* [*Aug. Germanicus*] *imp. V Cos. III. P. P.* (en l'année 172) *murum civitati Philippopolis* [*dedit*].

(2) Voy. Zumpt, *ubi supra*, p. 435.

(3) Ammian., XXVII, 4, 12. 13 ; — *Liste de Vérone*, p. 507 ; — Sex. Rufus, [*Brev.*], c. IX ; — Polemius Silvius, [*Laterc.*], p. 254 ; — *Notit. Dignit. Or.*, pp. 10. 11, ibiq. Boecking, p. 134.

(4) C'est ainsi qu'on lit dans une lettre de l'empereur Claude le Gothique à Aurélien (dans Vopiscus, *Aurel.*, XVII) : *Gothi a Thraciis amovendi. Eorum enim plerique Haemimontum Europamque vexant.* — Kuhn, (*Verf. des Röm. Reichs*, t. II, p. 206), traite en détail cette question. Il est difficile, en tout cas, d'attacher plus de foi à la lettre rapportée par Vopiscus, qu'aux autres actes fragmentaires qui se trouvent dans les *Scriptores hist. Aug.* (Voy., sur eux, C. Czwalina, *De epistularum actorumque, quae a scriptoribus historiae Aug. proferuntur, fide atque auctoritate*, Bonn, 1870, in-8.)

XXV. MACEDONIA (1).

On sait qu'après la victoire d'Aemilius Paulus à *Pydna* [Kitros], en 586=168, la Macédoine devint en fait, sinon encore en la forme, une province; dix *legati* furent envoyés, avec le concours desquels Aemilius organisa le pays de la manière

Organisation provisoire en 168.

---

(1) Voy. A. W. Zumpt, *De Macedoniae Romanorum provinciae praesidibus, qui fuerunt usque ad T. Vespasianum*, dans ses *Comment. epigr.*, t. II, pp. 153 et suiv. ; — [E. M.] Cousinéry, *Voyage dans la Macédoine, contenant des recherches sur l'histoire, la géographie et les antiquités de ce pays*, Paris, 1831, 2 voll. in-4 [pl.]; — Léon Heuzey, *Mission archéologique de Macédoine*. Paris, 1876, in-4 ; — *Mission au mont Athos par MM.* l'abbé Duchesne et Bayet, dans les *Archives des missions scientifiques et littéraires*. Troisième série. Tome III, Paris, 1876, in-8, pp. 201-528. — [Voy. encore MM. : Desdevises-du-Dézert, *Géographie ancienne de la Macédoine* (Thèse de Doct. ès-Lettr.), Paris, 1863, in-8, carte ; — Th. Mommsen : *C. I. L.*, t. III,1, Berol., 1873, f° 107 ; *adde* 1ᵉʳ *Supplem.* au t. III du *C. I. L.*, Berol., 1889, f°ˢ 1320 *in fine* — 1328 ; *Röm. Gesch.*, t. V, 3ᵗᵉ Aufl., Berlin, 1886, pp. 274-277 (= dans la trad. franç. de MM. R. Cagnat et J. Toutain, t. X, pp. 62-67); voy. aussi t. II, 7ᵃᵗᵉ Aufl., Berlin, 1881, pp. 39 et suiv. (= dans la trad. franç. de M. Alexandre, t. IV, pp. 337 et suiv.) ; — Léon Heuzey, *Les opérations militaires de Jules César, étudiées sur le terrain par la Mission de Macédoine*, Paris, 1886, in-4, avec 8 plans ; — P. Foucart, dans le *Bulletin de corresp. hellén.*, 1888, p. 424 = René Cagnat, *L'année épigraphique (1888)*, Paris, 1889, p. 38, col. 2, n° 105 ; — Fougères, *Inscriptions de Thessalie*, dans le même *Bulletin*, 1889, pp. 378 et suiv. ; voy. aussi *eod.*, p. 338, n° 7 = M. René Cagnat, *op. cit.*, *(1889)*, Paris, 1890, p. 63, n° 145; — W Liebenam : *Beiträge*, I, Iena, 1886, p. 33, et *Tab.* n° 32, p. 43 ; *Forschungen*, Leipzig, 1888, pp. 262-264 ; — Henri Kiepert, *Manuel de Géogr. anc.* (trad. franç. de M. Émile Ernault),

suivante (1). La Macédoine fut divisée en quatre parties, ayant chacune un *concilium* au chef-lieu ; *Amphipolis* [ruines aux environs de Neokhôrio] fut désignée comme chef-lieu de la première *regio* ; *Thessalonique* [Saloniki], comme chef-lieu de la seconde ; *Pella* [ruines d'Hagii Apostoli, près Jannitza], comme chef-lieu de la troisième ; enfin *Pelagonia* [près de Stobos], comme chef-lieu de la quatrième (2). On effaça tout rapport entre les quatre *regiones* ; le *connubium* et le *commercium* furent accordés à leurs habitants, mais seulement dans les limites de la même *regio*, et non dans leurs relations avec les habitants des *regiones* voisines (3) ; tous les Macédoniens furent déclarés libres ; on leur laissa leurs lois, la faculté d'élire annuellement leurs magistrats et d'avoir quelques troupes militaires, destinées à la défense de leurs frontières ; mais, en revanche, on leur imposa le paiement de leurs impôts anciens, d'un *tributum* et *vectigal*, sans doute avec réduction de moi-

---

Paris, 1887, pp. 177-184 et p. 201 ; — Ofeïcoff, *La Macédoine au point de vue ethnographique, historique et philologique*, Philippopoli, 1887, in-12, avec 2 cartes ; — J. W. Kubitschek, *Imp. Rom. trib. discr.*, 1889, pp. 210-244. — Voy. aussi *infer.*, p. 214, note 1*, et, pour le surplus, notre *Introd. bibliogr. gén.*] — [A propos des inscriptions d'Édesse, nous lisons ce qui suit dans le n° du 1ᵉʳ février 1890 du *Bulletin critique*, p. 58 : « *Une victime de l'érudition austro-hongroise*. — Cette victime, c'est le sous-signé. Voici les faits. — 1° Le dernier fascicule (xiiᵉ année, [1888], p. 186 [et suiv.]) de la revue *Archaeologisch-Epigraphische Mittheilungen*, dirigée par MM. Benndorf et E. Bormann, publie comme inédites un certain nombre d'inscriptions grecques provenant de l'ancienne Édesse, actuellement *Vodhena*, en Macédoine. Or il se trouve que la plupart ont été publiées par moi en 1876 dans les *Archives des Missions*, 3ᵉ série, t. III, p. 298 et suiv. et ce n'était pas la première fois qu'elles étaient imprimées : je les citais comme tirées d'un recueil publié par le syllogue hellénique de Vodhena, et je me bornais à les restituer et à les commenter autant que cela était nécessaire. Si les *Archives des Missions* n'étaient pas, la plupart du temps, le *Sépulcre des Missions*, cet accident ne serait pas arrivé... L. D. » (M. l'abbé L. Duchesne). — Voy. aussi, à cet égard, M. Salomon Reinach, *Chronique d'Orient*, (n° XXII), dans la *Revue archéol.*, 3ᵉ sér., t. XV, mars-avril 1890, p. 279.]

(1) Tit. Liv., XLV, 17. 18. 29.

(2) Tite-Live, (XLV, 29), indique la délimitation exacte de ces régions. — [Sur *Thessalonica* et *Pelagonia*, voy. M. Kubitschek, *op. cit.*, pp. 244 et 243.]

(3) Tit. Liv., *loc. sup. cit.* : *Pronunciavit deinde, neque connubium neque commercium agrorum aedificiorumque inter se placere cuiquam extra fines regionis suae esse*.

tié (1). Ils conservèrent le droit de percevoir eux-mêmes leurs contributions ; mais le mode de cette perception fut certainement réglé par les lois qu'Aemilius leur donna et qui servirent de loi fondamentale à la province, après sa constitution ultérieure (2). Aux termes de ces lois, l'administration des quatre *regiones* était dirigée par des σύνεδροι élus (3) ; les *regiones* avaient le droit de battre monnaie (4), droit qui, sous la République, n'appartient qu'aux États souverains (5). La séparation artificiellement établie entre les quatre *regiones* empêchait toute union des tribus macédoniennes (6) et garantissait les vainqueurs contre l'éventualité d'un soulèvement général. Néanmoins, ce soulèvement se produisit une fois encore en l'an 606=148 sous Andriscus ou Pseudophilippus, et, après sa répression opérée par Q. Caecilius Metellus (7), la Macédoine devint province en 608=146 (8).

Province en 146.

---

(1) Tit. Liv., XLV, 18 ; — Plut., *Aem. Paul.*, XXVIII : Τῶν δὲ δέκα πρέσβεων ἐκ Ῥώμης ἀφικομένων Μακεδόσι μὲν ἀπέδωκε τὴν χώραν καὶ τὰς πόλεις ἐλευθέρας οἰκεῖν καὶ αὐτονόμους, ἑκατὸν δὲ τάλαντα Ῥωμαίοις ὑποτελεῖν, οὗ πλέον ἢ διπλάσιον τοῖς βασιλεῦσιν εἰσέφερον.

(2) Tit. Liv., XLV, 30. 32 : *Leges Macedoniae dedit cum tanta cura, ut non hostibus victis, sed sociis bene meritis dare videretur : et quas ne usus quidem longo tempore (qui unus est legum corrector) experiendo argueret ;* — Justin., XXXIII, 2 : *Itaque quum in ditionem Romanorum cessisset, magistratibus per singulas civitates constitutis, libera facta est legesque, quibus adhuc utitur, a Paullo accepit.*

(3) Tit. Liv., loc. sup. cit. : *Quod ad statum Macedoniae pertinebat, senatores, quos synedros vocant, legendos esse, quorum consilio respublica administraretur.* Dans une inscription de *Pelagonia*, chef-lieu de la quatrième région, se trouvent mentionnés Μακεδόνων οἱ σύνεδροι (*C. I. Gr.*, n° 1999).

(4) Les monnaies portent la légende : Μακεδόνων πρώτης, Μ. δευτέρας, Μ. τετάρτης (Eckhel, *Doct. Num.*, t. II, p. 63). — Voy. F. Bompois, *Examen chronologique des monnaies frappées par la communauté des Macédoniens avant, pendant et après la conquête Romaine*, Paris, 1876, in-4.

(5) Voy. M. Mommsen, *Gesch. des Röm. Münzwesens*, pp. 309. 727. 748 [= dans la trad. franç. de MM. de Blacas et de Witte, t. III, pp. 177 et suiv., 338 et 15 (comp. p. 8)].

(6) Tit. Liv., XLV, 30 : *Haec pronuntiata primo die conventus varie adfecerunt animos. Libertas praeter spem data adrexit et levatum annuum vectigal. Regionatim commercio interrupto ita videri lacerati, tanquam animali in artus alterum alterius indigentes distracto.*

(7) Tit. Liv., *Ep.*, L : *Pseudophilippus in Macedonia — ab Q. Caecilio victus captusque est et recepta Macedonia.*

(8) Dans Tite-Live, (*Ep.*, XLV), on lit déjà, sur l'année 168 : *Macedonia in provinciae formam redacta.* Florus, (I, 30 (II, 14)), dit, au contraire : *Metellus*

Limites.

D'après Ptolémée (1), la province s'étendait à l'Est jusqu'au *Nestus* [Mesta ; en turc, Karasú]; à l'Ouest, jusqu'à la mer Adriatique; au Nord, elle était séparée de la Dalmatie par le *Drilo* [Drin], de la Mésie par les montagnes du *Scardus* [Schar] ; au Sud, elle joignait l'Épire, et allait au Sud-Est jusqu'à l'*Oeta* [Katavóthra] et jusqu'au *Sinus Maliacus*. Au Nord, à l'Ouest et à l'Est, elle paraît avoir eu ces frontières dès l'origine; car la côte illyrienne entre l'Épire et la Dalmatie, c'est-à-dire de *Lissus* [Liësch ; en italien, Alessio] à *Aulona* [en grec, Avlona ; en italien, Valona ; en albanais, Vliores], en constituait, déjà sous la République, un élément ; dans les années 697 et 698=

— *Macedoniam servitute multavit*, et, (I, 32 (II, 16)), au sujet de l'année 146 : *Igitur Metello ordinanti cum maxime Macedoniae* [*statum*] *mandata est ultio*. L'indication de cette année est confirmée par l'ère de la province. La Macédoine compte, en effet, plus tard, d'après une double *aera*. L'une de ces ères se trouve dans les inscriptions de *Thessalonique* (*C. I. Gr.*, n⁰ˢ 1965. 1971 ; Vol. II, f⁰ 993, n⁰ˢ 2007ᵈ. 2007ᵉ ; f⁰ 994, n⁰ˢ 2007ᵏ. 2007ᵐ ; — Le Bas, *Voyage. Inscriptions*, t. II, n° 1359 = Heuzey, *op. cit.*, p. 274); toutes deux ensemble dans une inscription insérée au *C. I. Gr.*, (n° 1970); en vertu de cette inscription, Boeckh a déjà établi que l'ère la plus ancienne commence à partir de 608=146, la plus récente en 724=30, date de la bataille d'*Actium* [Akri; en italien, Punta]. Deux nouvelles inscriptions de *Thessalonique* ont été publiées récemment, qui contiennent une double date. Dans l'une (*apud* Heuzey, *Mission*, p. 234, n° 105), la date est ainsi indiquée : ἔτους ξϛ Σεβαστοῦ καὶ βπτ, c'est-à-dire en l'an 266 de la seconde ère, en l'an 382 de la première. Donc 266+723=989 ; 382+607=989 ou 236 après J.-C. — Quant à l'autre inscription, publiée par M. Vidal-Lablache dans la *Revue archéologique*, (t. XX, (1869), p. 62), je la reproduis ici, parce qu'elle n'a été ni lue d'une manière sûre, ni expliquée : Ἔτους ϙο Σεβαστοῦ τοῦ καὶ βϙρ ‖ αὐτοκράτορι Τιβερίῳ Κλαυδίῳ ‖ Καίσαρι Σεβαστῷ Γερμανικῷ ‖ ἀρχιερῖ, Δημαρχικῆς ἐξουσίας ‖ τὸ τέταρτον, ὑπάτῳ ἀποδεδιγμένῳ ‖ τὸ τέταρτον, αὐτοκράτορι τὸ ὄγδοον, ‖ πατρὶ πατρίδος ἡ πόλις πολιταρ ‖ χούντων — —. Claudius était *Cos. III des. IV* ou 799=46. La première date est donc 76+723=799 ; la seconde, 192+607= 799. Ces deux inscriptions nous apprennent que l'année de l'ère la plus jeune s'appelait ἔτος Σεβαστόν ou Σεβαστοῦ. Quant à l'*aera* ancienne, elle se trouve dans le Décret de *Lete* [Aiwaly] (Duchesne, *op. cit.*, n° 127 = *Revue archéolog.*, Nouv. série, t. XXIX, (1875), p. 6) et dans l'inscription de *Stuberra* [ou *Stubera*, ou *Stymbara Paeon*. ; Prilip?] (*apud* Heuzey, *Revue archéol.*, Nouv. sér., t. XXV, (1873), pp. 186 et suiv.). MM. Heuzey, (*Mission de Macéd.*, pp. 274 et suiv.), et Duchesne, (*op. cit.*, p. 217), traitent de ces deux textes épigraphiques ; nous devons à ce dernier auteur la publication d'un certain nombre de nouvelles inscriptions portant soit une date simple, soit une double date. A cette seconde catégorie appartiennent celles rapportées sous les n⁰ˢ 37. 55. 73. 126.

(1) Ptolem., III, 13, 7.

57 et 56, Pison, qui administrait la Macédoine, avait sous sa juridiction *Dyrrhachium* [en albanais, Dúrresi ; en turc, Dratsch; en italien, Durazzo] (1) et *Apollonia* [ruines de Pollina] (2), et ces villes sont toujours comptées dans la Macédoine (3). Mais, pour la frontière Sud, il est très vraisemblable qu'au temps de la République, la Macédoine ne comprenait pas seulement la Thessalie, qui, réunie à elle depuis Philippe II (4), avait été déclarée libre par Flaminius (5) et avait reçu une constitution aristocratique basée sur le cens (6), en même temps qu'une organisation commune, ayant pour centre le *concilium* de *Larissa* [Làrissa] (7), mais encore l'Épire (8), et enfin, ainsi que nous le verrons, toute la Grèce ; cette province embrassait ainsi toute la presqu'île de l'*Haemus* [en slave, Stara-Planina ; en turc, Khodja-Balkàn, c'est-à-dire vieilles montagnes, ou chaîne de montagnes principales], jusqu'à ce qu'au début de l'empire, la séparation de l'Épire et de l'Achaïe l'eut ramenée aux limites dont parle Ptolémée.

Lors du partage des provinces en 727=27, la Macédoine resta au Sénat (9); de Tibère (10) à Claude (11), c'est-à-dire de l'an 15

Administration.

---

(1) Cic., *De prov. cons.*, III, 5; *In Pison.*, XXXIV, 83; XXXVIII, 93.
(2) Cic., *In Pison.*, XXXV, 86. — [Nombre de villes ont porté le nom d'*Apollonia*; voy. MM. Henri Kiepert, *Atlas Antiquus, Liste des noms contenus dans l'Atlas du monde ancien*, pp. 2, col. 4, *sub fin.*, et 3, col. 1, *in init.*; — Ett. de Ruggiero, *Dizionar. epigr.*, fascic. 17, Roma, 1890, p. 520, col. 2.]
(3) Dio Cass., XLI, 49 : τὸ δὲ Δυρράχιον ἐν τῇ γῇ τῇ πρότερον μὲν Ἰλλυριῶν τῶν Παρθινῶν, νῦν δὲ καὶ τότε γε ἤδη Μακεδονίας νενομισμένῃ κεῖται. C'est d'*Apollonia* que partait la grande route de Macédoine, la *via Egnatia* (Strabo, VII, p. 322). — [Sur *Dyrrhachium*, voy. MM. Mommsen, *C. I. L.*, t. III, 1, f° 117; — Kubitschek, *op. cit.*, p. 242.]
(4) Voy., à cet égard, Fr. Horn, *De Thessalia Macedonum imperio subiecta*, Gryphiae, 1829, in-8.
(5) Tit. Liv., XXXII, 10; XXXIII, 32.
(6) Tit. Liv., XXXIV 52 : *A censu maxime et senatum et iudices legit : potioremque eam partem civitatum fecit, cui salva tranquillaque omnia magis esse expediebat.*
(7) Tit. Liv., XXXVI, 8; XLII, 38.
(8) L'Épire embrassa le parti de Persée (Tit. Liv., XLV, 26); Paul Émile y pilla 70 villes et réduisit 150.000 hommes en esclavage (Plut., *Aem. Paull.*, XXIX ; — Tit, Liv., XLV, 34).
(9) Dio Cass., LIII, 12; — Strabo, XVII, p. 840.
(10) Tacit., *Ann.*, I, 76. 80; V, 10.
(11) Suet., *Claud.*, XXV; — Dio Cass., LX, 24.

à l'an 44, elle devint province impériale et fut de nouveau réunie à l'Achaïe; après cette époque, elle fut placée sous l'autorité d'un *propraetor* (1), qui portait le titre de proconsul (2), et dont les *legati* (3) et les *quaestores* (4) sont aussi fréquemment cités. Le siège du gouvernement était *Thessalonique* (5); cette ville s'appelait πρώτη Μακεδόνων (6) et μητρόπολις (7), et était, ainsi que *Dyrrhachium*, *Amphipolis* et de nombreuses tribus indigènes, en possession de la *libertas* (8).

---

(1) Strabo, XVII, p. 840. — Voy. Borghesi, *OEuvres*, t. III, p. 185.

(2) Orelli, n°s 1170 [= Wilmanns, *Exempla*, t. I, n° 1151 = *C. I. L.*, t. IX, n° 5533]. 3851 [= *C. I. L.*, t. XIV, n° 3586]; — Henzen, n°s 6006 [= Mommsen, *I. R. N.*, n° 1110 = *C. I. L.*, t. IX, n° 1123]. 6504 [= *C. I. L.*, t. VIII, 1, n° 7049; voy. aussi *ibid.*, n° 2392]. 6512 [= *C. I. L.*, t. XIV, n° 3593]. 6908 [= *C. I. L.*, t. VI, 1, 1367b].6911 [= *C. I. L.*, t. VIII, 1, n° 7050]; — *C. I. Gr.*, Vol. II, f° 993, n° 1999b; — Renier, *Inscr. de l'Algérie*, n° 1818 [= *C. I. L.*, t. VIII, 1, n° 7050].

(3) Orelli, n° 3658 [= *C. I. L.*,ξt. IX, n° 4119; *adde Ephem. epigr.*, Vol. II, n° 1052]; — *C. I. Gr.*, n° 3990.

(4) Orelli, n°s 822 [= Wilmanns, *Exempla*, t. I, n° 1173 = *C. I. L.*, t. V, 1, n° 877]. 3144 [= *C. I. L.*, t. VI, 1, n° 1521]; — [Henzen], n° 6488; — Grut., f° 436, n° 7 [= Mommsen, *I. R. N.*, n° 1426 = *C. I. L.*, t. IX, n° 1584]; f° 446, n° 3 [*falsa*; voy. *C. I. L.*, t. XIV, f° 21*, col. 3, n° 386*]; f° 1102, n° 3. — Voy. mention d'un *quaestor pro praetore* dans Henzen, n° 7420a [= Renier, *Inscr. de l'Alg.*, n° 19 =Wilmanns, *Exempla*, t. I, n° 1185 = *C. I. L.*, t. VIII, 1, n° 2747].

(5) Voy. Boecking, *Ad Notit. Dignit. Or.*, p. 243. — M. T. L. F. Tafel, (*Historia Thessalonicae res gestas usque ad a. Chr. 904 complectens*, Tubingae, 1835, in-4), traite en détail de l'histoire de la ville. [Voy. aussi M. Kubitschek, *op. cit.*, p. 244.]

(6) *C. I. Gr.*, n° 1967.

(7) Elle porte déjà le titre de μητρόπολις dans Strabon, (VII, Fragm. 21, p. 459, éd. Meineke), et celui de μήτηρ πάσης Μακεδονίας dans une épigramme d'Antipater de *Thessalonique* (*Anth. Pal.*, IX, 428); mais ce titre n'apparaît sur les monnaies que sous Decius (249-251) (Eckhel, *Doct. Num.*, t. II, p. 80). De même, *Berrhoea* [Verria] porte ce titre déjà sous Nerva dans une inscription publiée par M. Delacoulonche, (*Revue des sociétés savantes*, 1858, II, p. 765).

(8) Sur *Thessalonique*, voy. Plin., *Nat. hist.*, IV, 36; sur *Amphipolis*, IV, 38; sur *Dyrrhachium*, Cic., *Ad famil.*, XIII, 1, 7. Les *Amantini*, les *Orestae* et les *Scotussaei*, que Pline, (IV, 35), appelle également libres, formaient sans doute *eam partem provinciae, quae libera appellatur*, ainsi que le dit César, (*Bell. civ.*, III, 34). Cf. Strabo, (VII, p. 326) : καὶ δὴ καὶ τὰ περὶ Λύγκον καὶ Πελαγονίαν καὶ Ὀρεστιάδα καὶ Ἐλίμειαν τὴν ἄνω Μακεδονίαν ἐκάλουν, οἱ δ' ὕστερον καὶ ἐλευθέραν. Cette liberté de toute la Thessalie fut l'œuvre de César, ainsi que le disent Appien, (*Bell. civ.*, II, 88), et Plutarque, (*Caes.*, XLVIII). De même, Pline, (*Nat. hist.*, IV, 29), mentionne les *Pharsalici campi cum civitate libera*. L'île de *Thasus* était pareillement *libera* (Plin., *Nat. hist.*, IV, 73).

MACEDONIA.

Colonies.

Sous les empereurs, la qualité de colonies romaines fut acquise aux villes suivantes : à *Dyrrhachium* (Epidamnus), par le fait d'Auguste, après la bataille d'*Actium* [Akri; en italien, Punta] (1) ; à *Pella*, colonie du même empereur (2); à *Philippi* [ruines de Filibedjik], fondée en 712=42 (3), fortifiée après la bataille d'*Actium*, et nommée depuis lors *Colonia Aug. Iul. Philippensis* (4) ; à *Byllis* [Khaikali], ou *Colonia Byllidensium* (5); à *Dium* [Malathria] (*Colonia Iulia Augusta Dium*) (6) ; à *Cassandria*, autrefois *Potidaea* [ruines de Kassandra] (7); à

— [Sur cette île, voy. M. G. Perrot, *Mémoire sur l'île de Thasos*, Paris, Impr. Imp., 1864, 1 vol. in-8, cartes.]

(1) En 696=58, *Dyrrhachium* était encore *libera civitas* (Cic., *Ad famil.*, XIV, 1, 7); après la bataille d'*Actium*, Auguste y établit des Italiens, qu'il avait dépouillés de leurs terres (Dio Cass., LI, 4). Depuis lors, cette ville est *colonia* (Plin., *Nat. hist.*, III, 145 ; — Heuzey, *Mission*, p. 378, n° 152 ; p. 387, n° 172) et *colonia iuris Italici* (L. 8, § 8, [fr. Paul., *De censibus*], D., L, 15 [et non Dig. 50, 16, comme l'indique Marquardt, p. 320, note 2, qui s'en rapporte avec trop de confiance à la citation fausse de M. Mommsen, *C. I. L.*, t. III, 1, f° 117, col.1]. — Voy. M. Mommsen, *C. I. L.*, t. III, [1], n° 602). — [Voy. encore, sur *Dyrrhachium*, M. Kubitschek, *op. cit.*, p. 242. — Sur *Actium* et la bataille d'*Actium*, voy. M. Ett. de Ruggiero, *Dizionar. epigr.*, fascic. 3, Roma, 1886, mots *Actinum* et *Actiacum bellum.* p. 65, col. 1.]

(2) *Colonia Iulia Aug. Pella* (*C. I. Gr.*, n° 1997).

(3) Strabo, VII, *fr.* 42.

(4) Dio Cass., LI, 4. Puis également *iuris Italici* (L. 8, § 8, [fr. Paul., *De censibus*], D., L, 15 ; — M. Mommsen, *ad C. I. L*; t. III, [1], n° 633 ; — Orelli, n° 512 [= *C. I. L.*, t. III, 1, n° 386 = Wilmanns, *Exempla*, t. II, n° 2409] ; — Waddington, dans Le Bas, *Voy. Inscriptions*, t. III, n° 1731 ; — Heuzey, *Mission*, p. 16, n° 4. — [Sur *Philippi*, voy. M. Kubitschek, *op. cit.*, p. 243.]

(5) *C. I. L.*, t. III, [1], n° 600 = Henzen, *Annali*, 1863, p. 263. — [Sur cette ville, voy. M. Kubitschek, *op. cit*, p. 241, et, sur sa position, voy. la lettre de M. Gaultier de Claubry à M. Th. Mommsen, Rome, Impr. Tibérine, 1863, in-8.]

(6) Plin., *Nat. hist.*, IV, 35 ; — Ptolem., III, 13, 15 ; — *colonia iuris Italici* (L. 8, § 8, [fr. Paul., *De censibus*], D., L, 15) ; — *C. inscr. Attic.*, Vol. III, n° 471). Voy. le nom figurant sur les monnaies, dans Eckhel, (*Doct. Num.*, t. II, p. 71). — [Sur *Dium*, voy. M. Kubitschek, *op. cit.*, p. 241.]

(7) Plin., [*Nat. hist.*], IV, 36 ; — L. 8, § 8, [fr. Paul., *De censibus*], D., L, 15 ; — Eckhel, *Doct. Num.*, t. II, p. 70. Sur les monnaies de Néron, elle s'appelle *colonia Iulia Augusta Cassandrensis*. (Voy. A. Ποσταλάκας, Κατάλογος τῶν ἀρχαίων νομισμάτων τοῦ Ἀθήνησι νομισματικοῦ μουσείου. Τόμος A, n° 1329 β.) On trouve mention d'un *Duovir* de cette ville dans l'inscription publiée par M. Duchesne sous le n° 114. — [Sur *Cassandria*, voy. M. Kubitschek, *op. cit.* p. 241.]

Organisation Romaine, t. II.

Stobi [ruines près de Gradsko] (1); enfin, sous Valérien, aussi à *Thessalonique* (2).

<small>Division de la province.</small> Au troisième et au quatrième siècles, la Macédoine donna naissance à quatre provinces ; sous Dioclétien, la Thessalie reçut une constitution particulière, avec un *praeses* (3) ; il en fut de même du littoral illyrien, qui, depuis lors, est appelé *Epirus nova*, relève également d'un *praeses*, et a *Dyrrhachium* pour capitale (4); plus tard encore, peut-être vers 386 (5), la Macédoine proprement dite fut, elle aussi, divisée en deux parties, *Macedonia prima* et *Macedonia secunda* ou *salutaris* (6).

---

(1) Au temps de Pline (Plin., [*Nat. hist.*], IV, 34) et jusqu'à Élagabale, *municipium* (monnaies dans Eckhel, *Doct. Num.*, t. II, p. 77 ; — *C. I. L.*, t. III, [1], n° 629); ensuite, *col. iur. Ital.* (L. 8, § 8, [fr. Paul., *De censibus*], D., L, 15. — [Sur cette ville, voy. MM. L. Heuzey, *Reconnaissance archéologique d'une partie du Cours de l'Erigon et des ruines de Stobi*, Paris, 1873, broch. in-8, carte, et Kubitschek, *op. cit.*, p. 244.]

(2) Eckhel, *Doct. Num.*, t. II, p. 80. Comp. *C. I. Gr.*, n° 1969. — Duchesne, *op. cit.*, n° 3 ; [Θεσσα]λονικαίων [ἡ μη]τρόπολις [καὶ κο]λωνεία.

(3) *Liste de Vérone*, p. 508; — *Notit. Dignit. Or.*, t. I, p. 7, *ibiq.* Boecking, p. 151.

(4) *Liste de Vérone*, p. 508; — Boecking, *Notit. Dignit. Or.*, pp. 152. 153.

(5) Voy. M. Mommsen, sur la *Liste de Vérone*, p. 509.

(6) La question de savoir ce qu'il en fut de ce partage est toutefois obscure. La *Notit. Dignit. Or.* (p. 7) indique la *Macedonia salutaris* comme étant sous l'autorité d'un *praeses*; mais (p. 14) une partie de celle-ci se trouve réunie à l'*Epirus nova*, l'autre à la *Praevalitana*. Hierocles, (p. 394, éd. Bonn.), fait par contre de nouveau mention de la province. — Voy., sur ce point, Kuhn, *Verf. des Röm. Reichs*, t. II, p. 228.

XXVI.-XXVII. ACHAIA ET EPIRUS (1)*.

La prise de possession de la Macédoine, effectuée en 608=146,

---

(1) * [Consulter, en particulier, sur cette section :
[1° Au point de vue épigraphique : notre *Introd. Bibliogr. gén.*, I, B, 1° et 2°; — MM. Ett. de Ruggiero, *Dizionar. epigr.*, V° *Achaia*, fascic. 1 et 2, Roma, 1886, pp. 26 (col. 1 *in fine*) — 41 ; — Kubitschek, *Imp. Rom. trib. discr.*, Pragae, Vindobonae, Lipsiae, 1889, pp. 244-247; — *C. I. L.*, t. III, *Supplem.* I, Berol., 1889, f°s 1301-1328 ; — *Académie des Inscr. et Bell.-Lett.*, Séance du 27 janvier 1888 (*Journ. off.* du 2 février 1888, p. 446), Inscription bilingue, phénicienne et grecque, trouvée au Pirée et acquise par les soins de M. Léon Heuzey pour le Musée du Louvre: on y mentionne TO KOINON TΩN ΣιΛΩNIΩN; ce monument est destiné à perpétuer le souvenir d'une double décision de la communauté des Sidoniens établis au Pirée ; — Maurice Holleaux, *Discours prononcé par Néron à Corinthe en rendant aux Grecs la liberté*, et découvert par ce jeune savant dans les fouilles d'*Acraephiae* ou d'*Acraephium* [Karditza], en Béotie, fouilles auxquelles l'auteur compte consacrer sa thèse de doctorat ès-Lettres; voy., à cet égard : *Comptes-rendus de l'Académie des Inscr. et Bell.-Lett.*: séance du 5 octobre 1888 (*Bullet. critiq.*, 1888, n° 24, p. 466) ; séance du 16 novembre 1888, dans laquelle M. Foucart a donné la traduction de ce monument (*Journal des Débats* du 18 novembre 1888 ; — *Bullet. critiq.*, 1889, n° 2, pp. 39 *in fine* et suiv.; — René Cagnat, *L'année épigraphique (1888)*, Paris, 1889, p. 57, col. 2, texte et n° 157); — *Bulletin de corresp. hellén.*, t. XII, 1888, pp. 510 et suiv. (*adde*. M. René Cagnat, *op. cit.*, (*1889*), Paris, 1890, p. 2, n° 3); — *Revue des études grecq.*, 1888, p. 465; — *Revue archéologique*, 1889, II, p. 85. Toutes ces publications se trouvent aujourd'hui annulées par l'édition spéciale du texte avec traduction, fac-similé et commentaires, que nous avons déjà eu l'occasion de signaler (voy. p. 60, note 2, *supra*), et que M. Holleaux a donnée sous le titre : *Discours prononcé par Néron à Corinthe en rendant aux Grecs la liberté — 28 Novembre 67 J. C.*, Lyon, Impr. Pitrat aîné, 1889, broch. in-4 de 24 pp., accompagnée d'une planche reproduisant l'inscription ; — G. Gatti, *Nerone e la libertà ellenica*, dans le *Bullettino dell' Istituto di Diritto Romano*, ann. II, fasc. III, IV et V, Roma, 1889, pp. 136-141.

[2° Au point de vue historique : John Gillies, *The history of ancient*

fut, la même année (1), pour la Grèce, le signal de la catastro-

---

Greece, its colonies and conquests from the earliest accounts till the division of the Macedonian Empire in the East, including the history of literature, philosophy and the fine arts, London, 1787, 4 voll. in-8; — F. W. Tittmann, *Darstellung der griechischen Staatsverfassungen*, Leipzig, 1822; — Pococke, Talfourd Rutt and Ottley, *History of Greece, from the earliest records to the close of the Peloponnesian war*, London, 1851, 1 fort vol. in-8; — E. Beulé, *Études sur le Péloponèse*, Paris, 1855, in-8; — Victor Duruy: *Histoire de la Grèce ancienne*, Paris, 1862, 2 voll. in-8; *Histoire des Grecs depuis les temps les plus reculés jusqu'à la réduction de la Grèce en province romaine*, nouv. éd. illustrée, Paris, 1886-1888, 3 voll. gr. in-8 (Une traduction anglaise de cet ouvrage est publiée à Boston, chez l'éditeur Lauriat); — Ch. Tissot, *Des proxénies grecques et de leur analogie avec les institutions consulaires modernes* (Thèse de Doct. ès-Lett., Fac. de Dijon), Dijon, 1863, broch. in-8; — G. Grote, *Histoire de la Grèce depuis les temps les plus reculés jusqu'à la fin de la génération contemporaine d'Alexandre le Grand*, trad. de l'anglais par A.-L. de Sadous, Paris, 1864-1867, 19 voll. in-8, cartes et plans (adde R. Pöhlmann, Examen critiq. de Georges Grote et de son *Histoire de la Grèce*, dans la *Deutsche Zeitschrift für Geschichtswissenschaft*, 1890, fascic. 1); — H. Houssaye, *Histoire d'Alcibiade et de la République athénienne, depuis la mort de Périclès jusqu'à l'avènement des trente tyrans*, Paris, 1874, 2 voll. in-12; — Busolt, *Der zweite athenische Bund und die auf der Autonomie beruhende hellenische Politik von der Schlacht bei Knidos bis zum Frieden des Eubulos. Mit einer Einleitung : Zur Bedeutung der Autonomie in hellenischen Bundesverfassungen*, Leipzig, 1874, in-8 (Tirage à part du 7ᵉ Vol. du Supplément des *Iahrbücher für classische Philologie* [ibiq. M. G. P(errot), dans la *Revue critiq. d'hist. et de littér.*, 25 novembre 1876]); — G. Humbert, dans le *Dictionnaire des Antiq. Grecq. et Rom.*, de MM. Ch. Daremberg et Edm. Saglio, Vᵒ *Achaicum foedus*, 1ᵉʳ fascic., 2ᵉ éd., Paris, 1875, t. **I**, pp. 23-25 (adde, sur le même sujet: M. Klatt, *Chronologische Beiträge zur Geschichte des achäischen Bundes*, Berlin, 1883, broch. in-4; — Marcel Dubois, *Les Ligues Étolienne et Achéenne. — Leur histoire et leurs institutions. Nature et durée de leur antagonisme*, Paris, 1885, gr. in-8, avec 2 pl. ou cartes [Ce travail forme le fascic. XLᵉ de la *Bibliothèq. des Écoles franç. d'Athènes et de Rome*]; — B. Baier, *Studien zur achäischen Bundesverfassung*, Würzburg, broch. in-8 de 35 pp.; — J. Klotzek, *Die Verhältnisse der Römer zum achäischen Bunde von 229-149*, 1887); — Fustel de Coulanges: dans le même *Dict.*, Vᵒ *Attica respublica*, 4ᵉ fascic., Paris, 1875, t. I, pp. 532-542; *Recherches sur le tirage au sort appliqué à la nomination des archontes athéniens*, Paris, 1879, broch. in-8 de 35 pp. (Extr. de la *Nouv. Rev. hist. de dr. franç. et étr.*; — ibiq. M. Ch. Graux, dans la *Revue critiq. d'hist. et de littér.*, 19 juillet 1879 = *Notices*

---

(1) Cette date est bien celle de l'année de la conquête, ainsi que nous le montre M. C. F. Hermann, dans sa monographie intitulée : *Die Eroberung von Korinth und ihre Folgen für Griechenland*, et publiée d'abord dans les *Verhandlunge der Philologenversammlung zu Basel*, 1847, pp. 32 et suiv., puis dans C. F. H'. s *Gesammelte Abh. und Beitr. zur class. Literatur und Alterthumskunde*, Göttingen, 1849, in-8. — En faveur de l'année 145, s'est prononcé M. K. Παπαρρηγόπουλος, Τὸ τελευταῖον ἔτος τῆς Ἑλληνικῆς ἐλευθερίας, ἱστορικὴ καὶ χρονολογικὴ πραγματεία. Ἐν Ἀθήναις, 1844, in-8.

phe finale ; cette dernière aurait été l'œuvre de Q. Caecilius Me-

---

bibliogr., Paris, 1884, pp. 104-106); — Albert Dumont, *Essai sur l'Éphébie attique*, Paris, 1876, 2 voll. in-8; — E. Saglio, dans le *Dict.* précité des *Antiq. grecq. et rom.*, V° *Boeticum foedus*, 5° fascic., Paris, 1877, t. I, pp. 714-719; — L. Petit de Julleville, *Histoire de la Grèce sous la domination romaine*, 2° éd., Paris 1879, 1 vol. in-12 ; — Emil Lenz, *Das Synedrion der Bundesgenossen im zweiten athenischen Bunde. Ein Beitrag zur Kunde des attischen Staatsrechts*, Dissertation inaugurale, Elbing, 1880, broch. in-8 ; — Ernest Curtius, *Histoire grecque*, trad. de l'allemand sur la 5° éd. par M. A. Bouché-Leclercq, Paris, 1880-1883, 5 voll. gr. in-8 et 1 vol. d'atlas (Une 6° éd. a, depuis lors, paru en Allemagne : Ernst Curtius, *Griechische Geschichte*, 6te verb. Aufl., Berlin, 1887-1889, 3 voll. in-8 avec 2 cartes [ibiq. M. A. Bouché-Leclercq, dans la *Revue critique d'hist. et de littér.*, 1889, n° 27, (8 juillet), art. 356, pp. 1 et suiv.]. — Cet ouvrage a également été traduit en espagnol par le Dr D. Alejo Garcia Moreno, sous le titre : E. Curtius. — *Historia de Grecia, traducida, anotada y aumentada con mapas y un diccionario explicativo de los términos geográficos, étnicos y mitológicos que la obra contiene, per el Dr D.* Alejo Garcia Moreno ; le t. VIII, in-4, a paru à Madrid en 1888 chez Garay y Conck); — van den Berg, *Petite histoire des Grecs, depuis les origines jusqu'à la conquête de la Grèce par les Romains. — Ouvrage rédigé d'après les travaux les plus récents, et avec l'indication des sources, et contenant 19 cartes et plans et 85 gravures*, Paris, 1880, 1 vol. pet. in-16 ou in-18 (ibiq. M. Charles Graux, dans la *Revue critiq. d'hist. et de littér.*, 28 mars 1881= Notices bibliogr., Paris, 1884, pp. 212-218); — François Lenormant, *La grande Grèce, paysages et histoire, littoral de la mer Ionienne, la Calabre*, Paris, 1881-1884, 3 voll. in-8; — Theodor Mommsen, *Römische Geschichte*, t. II, 7^{ate} Aufl., Berlin, 1881, pp. 42 et suiv., et t. V, 3^{tte} Aufl., Berlin, 1886, pp. 230 et suiv. (= dans la trad. franç. de MM. Alexandre, R. Cagnat et J. Toutain, t. IV, pp. 341 et suiv.,et t. X, pp. 1 et suiv.); — Arnold Schaefer, *Abrisz der Quellenkunde der griechischen und römischen Geschichte*, 1ste Abtheil., *Griechische Geschichte bis auf Polybios*, 3^{tte} Aufl., Leipzig, 1882, broch. in-8; 4te Aufl., p. p. Nissen, 1889; — P. Guiraud, *De la condition des alliés pendant la première confédération athénienne*, Paris, 1883 et 1887, broch. in-8; — J.-G. Droysen, *Histoire de l'Hellénisme*, trad. de l'allemand sous la direction de M. A. Bouché-Leclercq, Paris, 1883-1885, 3 voll. in-8; — Gustav Gilbert, *Handbuch der Griechischen Staatsalterthümer*, Leipzig, 1884 et ann. suiv. ; — G.-F. Schoemann, *Antiquités grecques*, trad. de l'allemand par M. C. Galuski, Paris, 1884-1887, 2 voll. gr. in-8 (= *Griechische Alterthümer*, 3^{tte} Aufl., 2 voll. in-8; à cet ouvrage on peut joindre celui de M. Hermann, intitulé : *Lehrbuch der griechischen Antiquitäten*, dont la 6te Aufl., due à M. Thumser, est actuellement en cours de publication); — Molin, *De ara apud Graecos*, Berlin, 1884 (Thèse; = comp., à cet égard, Jules Martha, *Les sacerdoces athéniens*, Paris, 1882, gr. in-8 [=fascic. XXVI° de la *Bibliothèque des Écoles franç. d'Athènes et de Rome*]); — Am. Hauvette-Besnault, *Les stratèges athéniens* (=fascic. XLI° de la Bibliothèq. des Écoles franç. d'Athènes et de Rome), Paris, 1885, gr. in-8; — Busolt, *Griechische Geschichte bis zur Shlacht bei Chaironeia* (dans la collection des *Handbücher der alten Geschichte*, II° série), Gotha, 1885-1888, 2 voll. in-8; — Marius Fontane, *Histoire universelle. — La Grèce*, Paris, 1885 et ann. suiv., voll. in-8, cartes ; — Le prévôt d'Oriel, *Homère et l'histoire primitive de la Grèce*, dans *The English historical Review*, janvier 1886, n° 1 ; — Alex. Ermann,

tellus, le vainqueur du Pseudophilippus (1), si le consul de l'an

Kritische Versuche zur ältesten griechischen Geschichte, Saint-Pétersbourg, 1886, in-4; — Paul Monceaux, *Les proxénies grecques*, Paris, 1886, 1 vol. gr. in-8; — G.-F. Hertzberg, *Histoire de la Grèce sous la domination des Romains*, trad. de l'allemand sous la direction de M. A. Bouché-Leclercq, Paris, 1886-1888, 3 voll. gr. in-8 (la publication, non encore achevée, s'arrête à ce jour au fascic. 18 = t. III, p. 480) (= *Geschichte Griechenlands unter der Herrschaft der Römer nach den Quellen dargestellt*, Halle, 1860 et ann. suiv.; plus. éd.; voy. sur *La Grèce romaine*, de cet auteur, t. I, 1887, la *Revue critiq. d'hist. et de littér.*, 1888, art. 268, p. 478); — A. Holm, *Griechische Geschichte von ihrem Ursprunge bis zum Untergange der Selbstaendigkeit des griechischen Volkes*, Berlin, 1886-1889, 2 voll. in-16 (*ibiq. Revue critiq. d'hist. et de littér.*, 1886, t. I, p. 501, et 1889, n° 20, (20 mai), pp. 383 et suiv. — L'ouvrage complet doit avoir 4 voll.); — E. Thraemer, *Pergamos. Untersuchungen über die Frühgeschichte Kleinasiens und Griechenlands*, 1887, carte (*ibiq. Literarisches Centralblatt*, 1889, n° 14; — *Berliner philolog. Wochenschr.*, 1890, n° 11); — R. Fischer, *Quaestionum de praetoribus Atticis. saeculi quinti et quarti specimen*, 1887; — C. Peter, *Zeittafeln der griechischen Geschichte*, 6te Aufl., 1888; — Stoll : *Geschichte der Griechen*, 4te Aufl., 1888; *Wanderung durch Alt-Griechenland* (*ibiq. Literar. Centralbl.*, 1890, n° 8); — Holzapfel, *Beiträge zur griechischen Geschichte*, 1888; — Normand, *Histoire grecque* (*ibiq. Berliner philolog. Wochenschrift*, 1889, n° 44); — E. Abbott, *A History of Greece*, London, 1888 et ann. suiv.; — Roger Peyre, *Histoire générale de l'antiquité*. — 2e Partie, *La Grèce*, Paris, 1888, 1 vol. in-12; — Heinrich Welzhofer, *Geschichte des griechischen Volkes bis zur Zeit Solons*, Gotha, 1889, 1 vol. in-8 (=t. II de son *Histoire de l'antiquité*; — *ibiq. Literarisches Centralblatt*, 1889, n° 38); — Johannes Toepffer, *Attische Genealogie*, Berlin, 1889, 1 vol. in-8 (*ibiq.* M. Salomon Reinach, dans la *Revue critiq. d'hist. et de littér.*, 1889, n° 33-34, [19-26 août], art. 422, pp. 122 et suiv.; — *Berliner philolog. Wochenschrift*, 1889, n° 52, [28 décembre]; et *Deutsche Litteraturzeitung*, 1890, n° 1, [4 janvier]); — Whibley, *Political parties in Athens during the Peloponnesian war* (*ibiq. Literarisches Centralblatt*, 1890, n° 2); — Dondorff, *Das hellen. Land als Schausplatz der althellen. Geschichte* (*ibiq. Berliner Philologische Wochenschrift*, 1890, n° 7); — von Gutschmid, *Kleine Schriften*, p. p. Rühl, I, *Zur Aegyptea und Zur Geschichte der griechischen Chronographie* (*ibiq. Deustsche Litteraturzeitung,*, 1890, n° 8) ; — Dr H. Nölhe, *Der delische Bund, seine Einrichtung und Verfassung*, Leipzig, 1889, broch. in-4 de 43 pp.; — L. Deschamps, *Étude sur la constitution politiq. d'Athènes*, Rouen, 1889, broch. in-8 de 47 pp.; — F. Robiou, *Les institutions de la Grèce antique, exposées suivant le plan du programme de la licence ès-lettres*, 2e éd., Paris,

(1) Pausan., VII, 15, 1 : Μέτελλος δὲ παραυτίκα ἐπέπυστο, ὡς Μόμμιος καὶ ὁ σὺν αὐτῷ στρατὸς ἐπὶ Ἀχαιοὺς ἀφίκοιτο, καὶ ἐποιεῖτο σπουδὴν ἐπιθεὶς αὐτὸς πέρας τῷ πολέμῳ φανῆναι, πρὶν ἢ Μόμμιον ἐς τὴν Ἑλλάδα ἀφῖχθαι. Tite-Live nous dit expressément que la guerre d'Achaïe se trouve liée par un rapport immédiat au soulèvement d'Andriscus ou Pseudophilippe ; *Epit.*, LI : *Belli Achaic, semina referuntur haec, quod legati Romani ab Achaeis pulsati sint Corinthii missi, ut eas civitates, quae sub dicione Philippi fuerant, ab Achaico concilio secernerent;* — *Epit.*, LII : *cum Achaeis, qui in auxilio Boeotos et Chalcidenses habebant, Q. Caecilius Metellus ad Thermopylas bello conflixit.*

146, L. Mummius, n'avait pas reçu à cet égard une mission

1890, 1 vol. in-12. — Voy. encore MM. Pohler, *Diodoros als Quelle zur Geschichte von Hellas in der Zeit von Thebens Aufschwung und Groesse, 379-362*, Cassel, Kessler ; — Duncker, *Abhandlungen aus der griech. Geschichte*, ainsi que les ouvrages de MM. S. Lambros (3 voll. in-8 illustrés, en grec), N. Politis, d'après l'Allemand J. Falke (ouvrage illustré), C. Paparrigopoulos, (*Histoire du peuple grec*, en grec, 2ᵉ éd., 1888, 6 voll.), et le Δελτίον τῆς Ἱστορικῆς, etc., Athènes, frères Περρῆ et Carl Beck, éd. — Consulter enfin, pour les récentes publications sur l'histoire grecque, *The Academy*, 1889, n° 889.

[3° AU POINT DE VUE COLONIAL, GÉOGRAPHIQUE ET TOPOGRAPHIQUE : Raoul Rochette, *Histoire critique de l'établissement des colonies grecques*, Paris, 1815, 4 voll. in-8 ; — C. Hanriot : *Geographia Graecorum antiquissima qualis ab Homero, Hesiodo, Aeschylo tradita, ab Hecataeo digesta et concinnata fuerit* (Thèse de Doct. ès-Lett.), Napoleonopoli-Pictavorum, 1853, in-8 ; *Recherches sur la topographie des dèmes de l'Attique* (Thèse de Doct. ès-Lettres), Napoléon-Vendée, 1853, in-8, carte ; — L. Heuzey, *Le mont Olympe et l'Acarnanie. Exploration de ces deux régions avec l'étude de leurs antiquités*, etc., Paris, 1860, 1 vol. gr. in-8, pl. ; — J.-Albert Lebègue, *De oppidis et portibus Megaridis ac Boeotiae in Corinthiaei sinus littore sitis* (Thèse de Doct. ès-Lett.), Paris, 1875, in-8 ; — P. Foucart, *Mémoires sur les colonies athéniennes au Vᵉ et au IVᵉ siècle*, Paris, 1878, broch. in-4 (Extrait des *Mémoires présentés par divers Savants à l'Académie des Inscr. et Bell.-Lett.*, t. IX, 1ʳᵉ partie, pp. 323-443 ; — *ibiq.* M. Charles Graux, dans la *Revue critiq. d'hist. et de littér.*, 12 octobre 1878 = *Notices bibliographiq.*, Paris, 1884, pp. 68-75) ; — Dʳ Eug. Oberhummer : *Phönizier in Akarnanien. Untersuchungen zur phönizischen Kolonial-und Handels-Geschichte. Mit besonderer Rücksicht auf das westliche Griechenland*, München, 1882, broch. gr. in-8 ; *Akarnanien, Ambrakia, Amphilochien, Leukas im Alterthum. Mit zwei Karten*, München, 1887, 1 vol. gr. in-8 ; — Pagida, *Les découvertes récentes faites sur la topographie de Thèbes*, Strassburg, 1882 (Thèse) ; — Ernst Curtius, *Les Grecs comme maîtres de la colonisation*, Berlin, 1883 (Thèse) ; — Thirion, *De civitatibus quae a Graecis in Chersoneso Taurica conditae fuerunt* (Thèse de Doct. ès-Lett.), Nancéii, 1884, broch. in-8 ; — B. Haussoullier, *La vie municipale en Attique. — Essai sur l'organisation des dèmes au quatrième siècle* (=fascic. XXXVIIIᵉ de la *Biblioth. des Écoles franç. d'Athènes et de Rome*), Paris, 1884, gr. in-8 (adde, sur le même sujet : MM. P. Kastromenos, *Die Demen von Attika*, Leipzig, Diss. in-8 de 109 pp. ; — A. Milchhöfer, *Ueber Standpunkt und Methode der attischen Demenforschung*, dans les *Sitzungsber. der Berliner Akad.*, 1887, n° IV, pp. 41-56) ; — Henri Kiepert, *Manuel de Géogr. anc.*, trad. franç. de M. Émile Ernault, Paris, 1887, pp. 149, 172 et suiv. ; — Volz, *Grundriss der alten Geographie. Griechenland, Italien, Palästina*, 1889 (*ibiq. Berliner philologische Wochenschrift*, 1890, n° 1) ; — Dʳ H. Pomtow, *Beiträge zur Topographie von Delphi*, Berlin, 1889, in-4, avec 14 pl. ; — Ch. Diehl, *Excursions archéologiques en Grèce. Mycènes — Délos — Athènes — Olympie — Éleusis — Épidaure — Dodone — Tyrinthe — Tanagra*, Paris, 1890, 1 vol. in-18 avec 8 plans. — Voy. encore : MM. Henri Schliemann : *Mycènes. Recherches, fouilles et découvertes faites en 1876 à Mycènes et à Tirynthe*. Ouvrage traduit de l'anglais par J. Girardin, Paris, 1 vol. in-8, avec 549 grav. et 8 cartes ou plans ; *Tirynthe. Le palais préhistorique des rois de Tirynthe. Résultat des dernières fouilles,*

216 ORGANISATION DE L'EMPIRE ROMAIN.

spéciale. Après la destruction de Corinthe, une commission de dix sénateurs vint en Grèce et y séjourna pendant six mois, pour régler la situation du pays (1). Depuis Sigonius (2), on te-

---

avec une préface de M. le professeur E. Adler et des contributions de M. le Docteur W. Doerpfeld. Illustré d'une carte, de 4 plans, de 24 planches en chromolith. et de 188 grav., Paris, 1885, 1 vol. in-8 (*ibiq.* M. Georges Perrot, dans le *Journal des Savants*, 1890, pp. 106-112; 233-246; 333-349, avec 1 plan représentant l'acropole supérieure de Tirynthe après les fouilles en 1885 par M. W. Doerpfeld [à suivre]; — adde M. C. Schuchardt, *Schliemann's Ausgrab. in Troja, Tirynths, Mykenae, Orchomenos, Ithaka, im Lichte der heut. Wissensch. dargestellt* (*ibiq.*, *Literar. Centralbl.*, 1890, n° 12); — *Un Congrès scientifique à Troie*, dans la *Revue archéol.*, 3° série, t. XV, mars-avril 1890, pp. 310-312; — *Berliner philolog. Wochenschr.*, 1890, n° 26; — *Académie des Inscr. et Belles-Lettres*, séance du 18 juillet 1890, (*Journ. offic.* du 23 juillet, p. 3805, col. 3) : rapport présenté par M. Babin sur les fouilles de M. Schliemann à Hissarlik); — Neumann und Partsch, *Physikalische Geographie von Griechenland mit besonderer Berücksichligung auf das Alterlum*; — G. Loeschcke, *Vermuthungen zur griechischen Kunstgeschichte und zur Topographie Atticas.* — Voy. enfin, sur *Olympia*, MM. A. Boetticher, *Olympia. Das Fest und seine Städte;* — V. Laloux et Paul Monceaux, *Restauration d'Olympie. L'histoire, les monuments, le culte et les fêtes*, Paris, 1889, 1 vol. in 4 de 232 pp., avec 20 pl. hors texte et de nombr. grav. (*ibiq.* M. Salomon Reinach, dans la *Revue critiq. d'hist. et de littér.*, 1890, n° 6, [10 février], art. 68, pp. 105-108). *Adde* le remarquable article *Olympia*, publié par M. Flasch dans les *Denkmäler* de Baumeister, les 2 monographies allemandes signalées par M. S. Reinach, (*loc. sup. cit.*), et l'article de MM. P. Monceaux et V. Laloux, *Restauration des frontons d'Olympie*, dans la *Revue archéol.*, juillet-août 1889.

[N. B. : Le lecteur trouvera encore d'utiles renseignements historiques, géographiques, topographiques et autres dans les t. VI, VIII et IX du *Handb. der klass. Alterthumswiss.*, de I. Müller.

4° [RELATIVEMENT A LA GRÈCE APRÈS LA CONQUÊTE ROMAINE : Fustel de Coulanges, *Polybe, ou la Grèce conquise par les Romains*, Amiens, T. Jeunet, 1858, in-8 (Thèse de Doct. ès-Lettres); — C. de La Berge, *De rebus Byzantinorum ante Constantinum* (Thèse de Doct. ès-Lett.), Lutetiae Parisiorum, 1877, broch. in-8; — G. Hinstin, *De Piraeeo Athenarum propugnaculo*, et *Les Romains à Athènes avant l'Empire* (Thèses de Doct. ès-Lett.), Paris, 1877, 2 broch. in-8; — P. Guiraud, *De Lagidarum cum Romanis societate* (Thèse de Doct. ès-Lett.), Lutetiae Parisiorum, 1879, broch. in-8; — Neubauer, *Atheniensium reipublicae quaenam Romanorum temporibus fuerit condicio*, Halle, 1882 (Thèse); — W. Liebenam : *Beiträge*, I, Iena, 1886, pp. 32 *in fine* et suiv., et *Tab.* n° 30, p. 42; *Forschungen*, I Bd., Leipzig, 1888, pp. 1-9; — Ernst Dorsch, *De civitatis romanae apud Graecos propagatione. Dissertatio inauguralis historica*, Breslau, 1887, broch. gr. in-8 de 70 pp. — Voy. encore les ouvrages ci-dessus cités, en particulier 2°, et, ci-après, les notes suivantes, et, pour le surplus, notre *Introd. bibliogr. gén.* — P. L.-L.]

(1) Polyb., XXXIX, 15 (XL, 9); μετὰ τὴν κατάστασιν τῶν δέκα, ἣν ἐποιήσαντο ἐν τῇ Ἀχαΐᾳ. XXXIX, 16 (XL, 10) : ταῦτα δὲ διοικήσαντες ἐν ἓξ μησὶν οἱ δέκα καὶ τῆς ἐαρινῆς ὥρας ἐνισταμένης ἀπέπλευσαν εἰς τὴν Ἰταλίαν. — Cic., *Ad Attic.*, XIII, 6, 4; XIII, 32, 3; XIII, 33.

(2) Voy. Sigonius, *De antiq. iure pop. Rom.*, II, lib. I, c. IX, p. 70.

naît pour certain que le mandat de cette commission comprenait l'organisation immédiate de la province ; et c'est en 1847 seulement qu'une vive controverse s'est élevée, touchant l'exactitude de ce point (1) : cette controverse a eu pour conséquence de soumettre à une critique consciencieuse les informations que la tradition nous a transmises ; et il en est tout au moins résulté, aux yeux d'un juge impartial, la preuve que, si la Grèce a été érigée en province en 608=146, elle n'a pas eu tout de suite un gouverneur particulier et n'a été incorporée dans l'empire romain que comme une portion de la province de Macédoine.

La politique des Romains en Grèce n'a jamais été magna- *Politique suivie par les Romains en Grèce.*

---

(1) Un aperçu instructif sur cette question et sur la bibliographie dont elle a été l'objet nous est fourni par G. F. Hertzberg, *Gesch. Griechenlands unter der Herrschaft der Römer*, Halle, 1860, in-8, Bd. I, pp. 284 et suiv. [voy. *supra*, p. 211, note 1*, 2°], et dans le *Philologus*, t. XXVIII, (1869), p. 123 et suiv. — M. Hermann, dans l'étude que nous venons de citer ci-dessus [voy. p. 212, note 1, *supra*] : *Die Eroberung von Korinth*, (dans les *Ges. Abh.*, pp. 359 et suiv.), fut celui qui, le premier, déclara que la vieille opinion n'était que le produit d'une « erreur consacrée par la tradition », qui admit que l'existence d'une province d'Achaïe ne remontait pas au-delà de l'année 727=27, et affirma que, jusqu'alors, la Grèce était restée en possession de sa liberté. A la suite de ma réfutation dans la première édition de ce volume, M. Hermann écrivit sa *Defensio disputationis de Graeciae post captam Corinthum conditione*, Getting., 1852, in-4. Comme j'ai également répondu à cet écrit dans ma monographie intitulée *Zur Statistik der römischen Provinzen*, Leipzig, 1854, in-4, je puis me borner, dans ce *Manuel*, à un simple exposé objectif de la question et je ne cite, parmi la nombreuse bibliographie du sujet, que les travaux les plus importants. Dans le sens de M. Hermann se prononcent : Kuhn, *Verf. des röm. Reichs*, t. II, pp. 68 et suiv. ; — E. Curtius, *Peloponnes*, t. I, p. 76 ; — Heitz, *De politico Graeciae statu inde ab Achaici foederis interitu usque ad Vespasianum*, Strasbourg, 1851, in-8 ; — C. Hoefler, *Untersuchung der Frage, ob Griechenland mit der Zerstörung Korinths römische Provinz geworden sei*, dans les *Sitzungsberichte der phil. hist. Classe der Wiener Academie*, t. LXV, (1870), pp. 267-310. — Contre l'opinion de M. Hermann, voy. : A. W. Zumpt, *De Macedoniae Romanorum provinciae praesidibus*, dans ses *Comment. epigr.*, Vol. II, Berol., in-4, pp. 153 et suiv. (l'étude approfondie de cet auteur tranche, à mon sens, le débat) : — G. F. Hertzberg, *Geschichte Griechenlands unter der Herrschaft der Römer*, Halle, 1866, Th. [Partie] I, p. 284 [voy. *supra*, p. 211, note 1*, 2°] ; — Mommsen, *Röm. Gesch.*, t. II, [7^{nte} Aufl.], pp. 48 et suiv. [voy. *supra*, p. 211, n. 1*, 2°] ; — Lange, *Röm. Alterth.*, t. II, 3^{tte} Aufl., p. 331 [= dans la trad. franç. de MM. A. Berthelot et Didier, *Hist. intérieure de Rome jusqu'à la bataille d'Actium*, t. I, p. 587]. — En outre, il a été traité de la dernière période de l'histoire de la Grèce par MM. G. Finlay, *Greece under the Romans*, Edinburg, 1851, in-8 (trad. allemande, Leipzig, 1861, in-8) : — Brunet de Presle et A. Blanchet, *La Grèce depuis la conquête des Romains*, Paris, 1860, in-8.

nime (1). La liberté proclamée aux jeux isthmiques par Flamininus, en 558=196, avait affranchi la Grèce de la domination macédonienne (2) ; mais, comme la Macédoine était le seul allié naturel sur lequel elle pût compter, dans l'éventualité d'un conflit avec Rome, cette liberté aboutissait, ainsi que l'indépendance autrefois reconnue aux villes grecques par le traité d'Antalcidas, à la désarmer entièrement; quelques Grecs seulement s'en rendirent compte immédiatement(3); mais tous finirent par le reconnaître (4). A la vérité, les confédérations des tribus grecques (κοινά) survécurent à l'année 196 ; mais, à la première occasion, qui fut la guerre avec Persée, le Sénat romain se trouva amené, d'une part, à entreprendre la dissolution de ces confédérations ; de l'autre, à tendre à la prise de possession directe des territoires helléniques (5). En 583 = 171, le Sénat envoya cinq *legati*, avec mission de s'assurer de la fidélité des Grecs, dans la lutte qui se préparait (6). Ces *legati* refusèrent de traiter en bloc avec les Béotiens, qui étaient en grand nombre favorables à la Macédoine; mais ils exigèrent de chacune de leurs villes une déclaration particulière (7) de soumission à Rome (8) ; c'était

---

(1) Voy. C. Peter, *Die Macchiavellistische Politik der Römer in der Zeit vom Ende des 2. punischen Kriegs bis zu den Gracchen*, dans ses *Studien zur römischen Geschichte*, Halle, 1863, in-8, pp. 115 et suiv.

(2) Les Grecs avaient antérieurement toujours affirmé que leur pays ne serait jamais libre tant que Philippe continuerait à occuper des places fortes en Grèce, ou plutôt tant qu'il vivrait (Tit. Liv., XXXII, 37 ; XXXIII, 12). Dans le sénatusconsulte que Flamininus fit rendre, le retrait de toutes les garnisons macédoniennes de Grèce fut, en conséquence, ordonné (Polyb., XVIII, 27; — Tit. Liv., XXXIII, 30).

(3) Tit. Liv., XXXIII, 31 ; — Polyb., XVIII, 28.

(4) Polyb., XXV, 9.

(5) Dès l'année 563=191, ils reçurent *Zakynthos* [en italien, Zante] en leur possession (Tit. Liv., XXXVI, 32). — Voy. Kuhn, *Ueber die Entstehung der Städte*, p. 118.

(6) Tit. Liv., XLII, 37.

(7) Polyb., XXVII, 1 : ἐν τῷ καιρῷ τούτῳ παρεγένοντο πρέσβεις, παρὰ μὲν Θεσπιέων οἱ περὶ Λασῆν καὶ Καλλέαν, παρὰ δὲ Νέωνος Ἰσμηνίας, οἱ μὲν περὶ Λασῆν ἐγχειρίζοντες τὴν ἑαυτῶν πατρίδα Ῥωμαίοις, ὁ δὲ Ἰσμηνίας κατὰ κοινὸν πάσας τὰς ἐν τῇ Βοιωτίᾳ πόλεις διδοὺς εἰς τὴν τῶν πρεσβευτῶν πίστιν. ἦν δὲ τοῦτο μὲν ἐναντιώτατον τοῖς περὶ τὸν Μάρκιον (c'était l'un des *legati* romains) τὸ δὲ κατὰ πόλιν διελεῖν τοὺς Βοιωτοὺς οἰκειότατον κ. τ. λ. — Tit. Liv., XLII, 38.

(8) Polyb., XXVII, 2, 6 : παρήγγειλαν πρεσβεύειν πᾶσι τοῖς ἀπὸ τῶν πόλεων εἰς τὴν Ῥώμην, διδόντας αὐτοὺς εἰς τὴν πίστιν κατ' ἰδίαν ἑκάστους.

supprimer complètement la confédération béotienne (1). Néanmoins, trois villes restèrent dans le camp des Macédoniens : *Haliartus, Thisbae* [Dombrena] et *Coronea* (2). De ces trois villes, *Haliartus* fut tout de suite assiégée, prise et détruite (3); quant à *Thisbea*, elle se rendit dans les formes de la *deditio* romaine (4) et fut rangée dans la classe des *dedititii*, c'est-à-dire qu'elle recouvra son territoire, à la condition de payer un tribut; elle devint ainsi une commune stipendiaire (5). Il est

---

(1) Polyb., XXVII, 2, 10 : Τὸ δὲ τῶν Βοιωτῶν ἔθνος, ἐπὶ πολὺν χρόνον συντετηρηκὸς τὴν κοινὴν συμπολιτείαν — τότε — κατελύθη καὶ διεσκορπίσθη κατὰ πόλεις. — Tit. Liv., XLII, 44. — Après leur retour, les envoyés se glorifiaient : *Boeotorum quoque se concilium arte distraxisse, ne coniungi amplius ullo consensu Macedonibus possent* (Tit. Liv., XLII, 47, 3).

(2) Polyb., XXVII, 5. — Sur *Thisbae*, qui est située au pied sud de l'Hélicon, et qui s'étendait, avec son territoire, jusqu'à la mer, on a découvert, dans ces derniers temps, un document remarquable, qui a d'abord été publié et commenté par M. Foucart, [*Sénatusconsulte inédit de l'année 170 avant notre ère*, Paris, 1872, broch. gr. in-8 (Extr. des *Archives des Missions scientifiq. et littéraires*, 2e série, t. VII, Paris, 1872, pp. 321 et suiv.)], puis par M. Mommsen, (*Ephem. epigr.*, 1872, pp. 278 et suiv.) ; il a fait encore tout dernièrement, de la part de M. Joh. Schmidt, l'objet d'une collation dont le succès est digne de notre reconnaissance. (Voy. les *Mittheilungen des archäologischen Institutes in Athen*, t. IV, pp. 235 et suiv. [adde, du même auteur : *Die Senatsbeschlüsse über die Thisbäer vom Iahre 170 v. Chr.*, dans la *Zeitschrift der Savigny-Stiftung für Rechtsgeschichte*, t. II (= t. XV de la *Zeitschr. f. Rechtsgesch.*), Romanist. Abtheil., Weimar, 1881, pp. 116 et suiv.].) — L'inscription contient un double sénatusconsulte du 9 et du 14 octobre 584=170, lequel, d'une part, jette une lumière tout à fait nouvelle sur la politique suivie par les Romains en Grèce, et, d'autre part, corrige une vieille faute contenue dans le texte de Polybe, faute à laquelle Tite-Live s'était déjà heurté. Polybe nomme, en effet, les trois villes citées Κορώνειαν καὶ Θήβας ἔτι δ' Ἁλίαρτον, leçon que Casaubon tenait déjà pour erronée, mais que Tite-Live (XLII, 46, 7) a également reproduite. Or, il résulte du sénatusconsulte que c'est Θίσβας qu'il convient de lire. (Voy. M. Mommsen, *loc. sup. cit.*, p. 290.)

(3) Tit. Liv., XLII, 56, 3 ; XLII, 63.

(4) Voici la formule (Tit. Liv., I, 38, 2) : *Deditisne vos populumque Collatinum urbem agros aquam terminos delubra utensilia divina humanaque omnia in meum populique Romani dicionem* ? — « *Dedimus.* » — *At ego recipio.* — Polyb., XXXVI, 4 (2) : οἱ γὰρ διδόντες αὑτοὺς εἰς τὴν Ῥωμαίων ἐπιτροπὴν διδόασι πρῶτον μὲν χώραν τὴν ὑπάρχουσαν αὑτοῖς καὶ πόλεις τὰς ἐν ταύτῃ, σὺν δὲ τούτοις ἄνδρας καὶ γυναῖκας — ποταμοὺς λιμένας ἱερὰ τάφους συλλήβδην ὥστε πάντων εἶναι κυρίους Ῥωμαίους, αὑτοὺς δὲ τοὺς διδόντας ἁπλῶς μηκέτι μηδενός.

(5) On lit dans l'inscription, lin. 17 : Ὡσαύτως περὶ ὧν οἱ αὐτοὶ λόγους ἐποιήσαντο περὶ χώρας καὶ περὶ τεμενῶν καὶ προσόδων καὶ περὶ ὁρίων ἑαυτῶν, ἐπεὶ ἀνεῖσαν ταῦτα, ἡμῶν μὲν ἕνεκεν ἔχειν ἐξεῖναι ἔδοξεν. Voy. l'explication des formules, et spécialement de la formule ἔχειν, dans M. Mommsen, *ubi supra*,

probable que des conditions semblables ont été faites à *Coronea*, pour laquelle le Sénat prit encore certaines mesures particulières (1). Étant donnés ces précédents, les Achéens avaient tout lieu de redouter le même sort pour leur confédération (2); et leurs craintes furent justifiées par la guerre achéenne et par les dispositions que prirent, après sa fin, les dix envoyés romains.

Soumission de la Grèce en 146. — Les Romains s'emparèrent de la Grèce tout entière, comme d'un pays conquis (3), et lui enlevèrent toute liberté effective (4). Corinthe, Thèbes, *Chalcis* (5) furent détruites ; l'emplacement

---

p. 293. — [Comp. t. I de cette traduction = t. VIII de la collection, pp. 95 et suiv.]

(1) Tit. Liv., XLIII, 4, 11.

(2) Polybe, (XXXVIII, 1), conteste que les Romains, avant d'entreprendre la guerre d'Achaïe, aient émis la prétention de détruire la ligue achéenne, mais il observe que quelques-uns partageaient cette opinion, que l'unique motif qui aurait mis de leur part obstacle à cette prétention, c'est que la guerre contre Carthage n'était pas alors encore terminée. Justin, (XXXIV, 1), suit une autre source : *Sed legatis occulta mandata data sunt, ut corpus Achaeorum dissolverent, singulasque urbes proprii iuris facerent, quo facilius ad obsequia cogerentur, et si quae urbes contumaces essent, frangerentur. Igitur legati, omnium civitatium principibus Corinthum evocatis, decretum senatus recitant; quid consilii habeant, aperiunt : expedire omnibus dicunt, ut singulae civitates sua iura et suas leges habeant.*

(3) Tit. Liv., *Epit.*, LII : *omni Achaia in deditionem accepta* ; — Inscription rapportée par Orelli (n° 563 = *C. I. L.*, t. I, n° 541) : *L. Mummi. L. f. Cos. duct. auspicio imperioque eius Achaia capt(a) Corinto deleto Romam rediit* ; — Cic., *Accus. in Verr.*, I, 21, 55 : *Quid de L. Mummio, qui — Corinthum — sustulit, urbesque Achaiae et Boeotiae multas sub imperium populi Romani dicionemque subiunxit* ; — Strabo, VIII, p. 381 = καὶ τἆλλα (abstraction faite de Corinthe) μέχρι Μακεδονίας ὑπὸ ῾Ρωμαίοις ἐγένετο. P. 377 : ᾿Αργεῖοι — μετασχόντες τοῦ τῶν ᾿Αχαιῶν συστήματος σὺν ἐκείνοις εἰς τὴν τῶν ῾Ρωμαίων ἐξουσίαν ἦλθον. — Tacit., *Ann.*, XIV, 21 : *possessa Achaia Asiaque* ; — Maccab., I, 8, 10 ; — S. Rufus, *Brev.*, VII : *Libera diu sub amicitiis nostris Achaia fuit : ad extremum — per L. Mummium proconsulem capta Corintho Achaia omnis obtenta est.* Pour comprendre ce passage, il faut savoir que la locution *obtinere provinciam* est employée comme expression technique au sujet du gouverneur de la province. (Voy. *Sctum de Asclepiade, C. I. L.*, t. I, n° 203, lin. 10 ; — Cic., *In Pison.*, XVI, 37 ; — Tit. Liv., XXXII, 27 ; XXXVII, 2 ; — Val. Max., VII, 6, 1 ; V, 8, 3 ; — Tacit., *Hist.*, IV, 48.)

(4) Polybe (dans Mai, *Nova coll.*, t. II, p. 452 = XXXVIII, 3, éd. Hultsch) représente l'état de la Grèce après la guerre comme le plus effrayant et le plus triste que le pays ait jamais traversé, et Diodore résume sa description en ces mots : καὶ τὸ σύνολον τὴν ἐλευθερίαν καὶ τὴν παρρησίαν ἀποβαλόντες μεγίστων ἀγαθῶν ἠλλάξαντο τὰς ἐσχάτας συμφοράς (Diodor., *Fr. Vat.*, p. 106, éd. Dind.).

(5) Tit. Liv., *Epit.*, LII. — Sur Thèbes, voy. Dio Chrysost., I, p. 263, éd. R.; — sur Corinthe : Cic., *Pro leg. Manil.*, V, 11 ; *De offic.*, II, 22, 76 ; —

où s'était élevée Corinthe, voué aux dieux infernaux (1); les fortifications de toutes les villes démantelées; tous les Hellènes perdirent leurs armes (2). A compter de cette époque, le territoire de Corinthe devint *ager publicus*, et, en même temps, *vectigalis* (3). Il en fut de même de toute la Béotie (4), de toute l'Eubée (5), et sans doute aussi de toutes les autres villes réduites par la force au cours de cette guerre (6). Quant au surplus du territoire, il devint sol provincial, et, à ce titre (7), soumis aux impôts (8), à l'exception des villes qui en furent affranchies,

---

Vellei. Paterc., I, 13; II, 38; — Plin., *Nat. hist.*, XXXIV, 12; XXXV, 152; — Florus, I, 32 (II, 16); — Dio Chrys., II, p. 123, éd. R.; — *Anthol. Gr.*, éd. Jacobs, t. II, p. 30, n° 84; p. 1, n° 2; p. 20, n° 50; p. 132, n° 20. — [Sur Corinthe et Thèbes, voy. encore M. Kubitschek, *op. cit.*, pp. 245 et 246.]

(1) Macrob., *Sat.*, III, 9.
(2) Pausan., VII, 16, 5; II, 1, 2; — Zonaras, IX, 31.
(3) Cic., *De lege agr.*, I, 2, 5: *Deinde agrum optimum et fructuosissimum Corinthium, qui L. Mummii imperio ac felicitate ad vectigalia populi Romani adiunctus est.* Une partie de ce territoire fut abandonnée aux Sicyoniens, qui se chargèrent, en échange, de payer la dépense des jeux isthmiques (Pausan., II, 2, 2; — Strabo, VIII, p. 381). La plus grande partie en fut affermée par les censeurs à Rome. Rullus voulait la vendre (Cic., *De leg. agr.*, I, 2, 5; II, 19, 51). C'est de lui que parle aussi la *lex agraria* de l'an 643 (*C. I. L.*, t. I, n° 200). — Voy. Rudorff, dans la *Zeitschr. für gesch. Rechtswiss.*, t. X, p. 133.
(4) Cic., *De nat. deor.*, III, 19, 49: *An Amphiaraus erit deus et Trophonius? Nostri quidem publicani, cum essent agri in Boeotia deorum immortalium excepti lege censoria negabant immortales esse ullos, qui aliquando homines fuissent.*
(5) *SCtum de Asclepiade, C. I. Gr.*, n° 5879=*C. I. L.*, t. I, n° 203 (de l'année 676=78), texte latin. lin. 6: *magistratus nostri queiquomque Asiam Euboeam locabunt vectigalve Asiae Euboeae imponent*; — lin. 10: *magistratus nostros qui Asiam Macedoniam provincias optinent.* De la comparaison de ces deux passages il ressort que l'Eubée était alors placée sous l'autorité du gouverneur de la Macédoine.
(6) Telle est la raison pour laquelle il est dit d'une manière générale dans Aurelius Victor, (*De vir. ill.*, LXXIII): *Saturninus — tribunus plebis refectus, Siciliam, Achaiam, Macedoniam novis colonis destinavit.*
(7) Gaius, II, 21. — Voy. la partie de cet ouvrage consacrée à l'organisation financière (Vol. II, pp. 175 et suiv. [= dans la trad. franç. de M. Albert Vigié, t. X de la collection, pp. 229 et suiv.]).
(8) Pausan., VII, 16, 6: καὶ φόρος τε ἐτάχθη τῇ Ἑλλάδι. — Tacit., *Ann.*, I, 76: *Achaiam et Macedoniam onera deprecantis levari in praesens proconsulari imperio tradique Caesari placuit*; — Cic., *De prov. cons.*, III, 5: *Quis ignorat, Achaeos ingentem pecuniam pendere L. Pisoni quotannis, vectigal ac portorium Dyrrhachinorum totum in huius unius quaestum esse conversum?*; — Tacit., *Ann.*, IV, 13: *factaque auctore eo senatus consulta, ut civitati Cibyraticae apud Asiam, Aegiensi apud Achaiam — subveniretur remissione tributi in triennium.*

soit immédiatement, soit dans la suite, par une faveur particulière (1).

Ce n'est pas seulement la confédération achéenne, mais toutes les autres confédérations de tribus grecques qui furent dissoutes (2); et, désormais, la Grèce se composa d'un ensemble de villes entièrement séparées les unes des autres. On alla même au début jusqu'à défendre aux possesseurs d'acquérir des terres hors de leur résidence (3). Bien que ces deux mesures aient été rapportées au bout d'un certain temps (4), et que les assemblées fédérales des Achéens, des Béotiens, des Phocéens, des Locriens, des Eubéens, des Éleuthérolaconiens, des Nésiotes et des Amphictyons aient de nouveau été autorisées, l'union existant entre ces diverses peuplades subit la même transformation qu'avait antérieurement subie la confédération latine elle-même, c'est-à-dire qu'elle ne subsista que comme association festivale, dépourvue de caractère politique (5).

Les villes étaient nombreuses sur le sol hellénique; dans la Grèce proprement dite, à l'exception de l'Épire et de la Thessalie, on comptait environ une centaine de localités (6). Lors de

Détermination des territoires urbains.

L'île de *Gyaros* [Giura] payait, dès avant l'empire, 150 drachmes de tribut (φόρος) (Strabo, X, p. 485 *extr.*) et Antonin le Pieux donna à la ville de *Pallantium*, en Arcadie, ἐλευθερίαν καὶ ἀτέλειαν φόρων (Pausan., VIII, 43, 2); *Elatea* [Elephta], en Phocide, ne reçut qu'après la guerre contre Mithridate le privilège ἀτελῆ νέμεσθαι τὴν χώραν (Pausan., X, 34, 2). — [Sur le drachme, voy. M. F. Lenormant, dans le *Dictionn. des Antiq. grecq. et rom.*, de MM. Ch. Daremberg et Edm. Saglio, 14ᵉ fascic., Paris, 1890, t. II, pp. 396 *in fine* et suiv.]

(1) Il n'y a qu'un petit nombre de villes de cette sorte qui fassent l'objet d'une mention expresse, par exemple toutes celles des *Locri Ozolae* (Plin., *Nat. hist.*, IV, 7), *Amphissa* [Sálona; voy., sur cette ville, M. Ett. de Ruggiero, *Dizionar. epigr.*, fascic. 15, Roma, 1889, p. 453, coll. 1 *in fine* et suiv.] (*eod.*, IV, 8), *Pallantium* et *Elatea* (Pausan., VIII, 43, 2; X, 34, 2).

(2) Pausan., VII, 16, 6 : συνέδριά τε κατὰ ἔθνος τὸ ἑκάστων, Ἀχαιῶν, καὶ τὸ ἐν Φωκεῦσιν ἢ Βοιωτοῖς ἢ ἑτέρωθί που τῆς Ἑλλάδος, κατελέλυτο ὁμοίως πάντα.

(3) Pausan., VII, 16, 6 : καὶ οἱ τὰ χρήματα ἔχοντες ἐκωλύοντο ἐν τῇ ὑπερορίᾳ κτᾶσθαι. On ne saurait donc conclure avec certitude de l'expression ἐν ὑπερορίᾳ à la privation du *commercium* soit entre les territoires urbains, soit entre les territoires ruraux.

(4) Pausan., VII, 16, 7 : ἔτεσι δὲ οὐ πολλοῖς ὕστερον ἐτράποντο ἐς ἔλεον Ῥωμαῖοι τῆς Ἑλλάδος καὶ συνέδριά τε κατὰ ἔθνος ἀποδιδόασιν ἑκάστοις τὰ ἀρχαῖα καὶ γῆν ἐν τῇ ὑπερορίᾳ κτᾶσθαι.

(5) Voy. Kuhn, *Verfassung*, t. II, p. 13.

(6) Voy. Kuhn, *op. cit.*, t. II, pp. 65 et suiv.

l'occupation du pays, il fallut donc déterminer tout d'abord lesquelles seraient reconnues comme villes, et lesquelles ne le seraient pas. Les territoires de celles-là furent délimités, et les territoires des autres leur furent attribués, à moins qu'ils n'eussent été réunis au domaine romain ; Athènes, par exemple, qui possédait déjà les îles de *Lemnos* [Lîmnos], d'*Imbros* [Imvros], de *Delos* [Dili] et de *Scyros* [Skyros] (1), reçut ainsi *Haliartos*, en Béotie (2) ; et *Sicyon* [ruines près de Vasiliká], une partie du sol corinthien (3). Au contraire, parmi les communes auxquelles l'indépendance faisait autrefois défaut, quelques-unes obtinrent le titre de villes : telles les Komes de Sparte, qui, depuis cette époque, sont signalées comme villes des Éleuthérolaconiens (4).

---

(1) Tit. Liv., XXXIII, 30, 11 ; — Vitruv., VII, 7 : *Lemno, cuius insulae vectigalia Atheniensibus Senatus populusque Romanus concessit fruenda*. — [Sur Athènes, voy. M. Kubitschek, *op. cit.*, p. 245, et, sur la topographie de cette ville : Ernest Breton, *Athènes décrite et dessinée, suivie d'un voyage dans le Péloponèse*, Paris, 1862, 1 vol. in-4, fig. et pl. ; — Beulé, *L'acropole d'Athènes*, Paris, 1862 ; — le colonel Leake, *Topographie d'Athènes, traduit de l'anglais et mis au courant des découvertes les plus récentes* par M. Phocion Roque, précédé d'une lettre par Wescher, Paris, 1869, 1 vol. in-12, 1 plan ; — Hertzberg, *Athen, historische Topographie*. — Voy. aussi M. Paul Girard, *L'Asclépieion d'Athènes d'après de récentes découvertes*, avec une grande carte et trois pl. en héliogr., Paris, 1881, 1 vol. gr. in-8 (forme le fasc. XXIII° de la *Bibliothèq. des Écoles franç. d'Athènes et de Rome*) ; — Dr Fritz Baumgarten, *Ein Rundgang durch die Ruinen Athens*, Leipzig, 1888, broch. in-8, avec 10 fig. ; — M. Collignon, *Les fouilles de l'acropole d'Athènes*, dans la *Revue des Deux-Mondes*, 15 février 1890.]. — [Sur *Délos*, consulter en particulier MM. : J.-Albert Lebègue, *Recherches sur Délos* (Thèse de doct. ès-lett.), Paris, 1876, 1 vol. in-8. pl. (ibiq. les articles de M. J. Girard, à ce sujet, Paris, 1876, in-4 ; extr. du *Journal des Savants*) ; — Attinger, *Beiträge zur Geschichte der Insel Delos*, 1888 ; — Schoeffer, *De Deli insulae rebus*, 1889 (ibiq. *Berliner philolog. Wochenschrift*, 1889, n° 41, et *Literar. Centralblatt*, 1890, n° 18) ; — W. Kubitschek, *op. cit.*, p. 246. — Voy. aussi M. Théophile Homolle, *Les archives de l'intendance sacrée à Délos (315-166 avant J.-C.)*, Paris, 1886, gr. in-8, avec un plan en héliogr. (= fasc. XLIX° de la *Bibliothèque des Écoles franç. d'Athènes et de Rome*), et comp. M. Swoboda, *Ueber griechische Schatzverwaltung*, dans les *Wiener Studien*, t. XI, pp. 65-87.]

(2) Polyb., XXX, 18 ; — Strabo, IX, p. 411 : Ἁλίαρτος δὲ νῦν οὐκέτι ἐστί, κατασκαφεῖσα ἐν τῷ πρὸς Περσέα πολέμῳ, τὴν χώραν δ' ἔχουσιν Ἀθηναῖοι δόντων Ῥωμαίων. — [Comp. t. I de cette trad. = t. VIII de la collection, p. 21, note 6.]

(3) Strabo, VIII, p. 584.

(4) Voy. Kuhn, *Verfassung*, t. II, pp. 48. 49. — Strabo, VIII, p. 366.

Nouvelles constitutions données aux villes.

D'autre part, les villes reconnues comme telles reçurent une constitution nouvelle. Partout la démocratie fit place à une timocratie, subordonnant à un cens le droit de cité actif et réservant ainsi aux possesseurs (*possessores*) la qualité de citoyens *optimo iure* (1). Au reste, les particularités propres à chaque ville ne reçurent aucun changement ; les communes eurent leur administration propre, dirigée par des magistrats indigènes (2) et leur propre justice (3), et l'on présenta officiellement l'autonomie résultant pour les villes de leur constitution nouvelle, comme si elle avait été la liberté accordée à la Grèce tout entière (4).

Cités libres.

Néanmoins, la condition faite à ces cités indépendantes était loin d'être partout la même. Les unes étaient liées aux Romains par un traité ancien, et les *foederatae civitates*, parmi lesquelles figuraient notamment Athènes et Sparte, paraissent avoir été celles-là seulement qui, plus tard encore considérées comme *externae*, n'étaient tenues qu'aux prestations expressément im-

---

(1) Pausan., VII, 16, 6 : ὡς δὲ ἀφίκοντο οἱ σὺν αὐτῷ βουλευσόμενοι (les dix *legati*), ἐνταῦθα δημοκρατίας μὲν κατέπαυε, καθίστατο δὲ ἀπὸ τιμημάτων τὰς ἀρχάς, savoir Mummius. Déjà en 560=194 Flamininus procéda en Thessalie de la même manière. (Tit. Liv., XXXIV, 51, 6 : *A censu maxime et senatum et iudices legit potentioremque eam partem civitatium fecit, cui salva et tranquilla omnia esse magis expediebat.*) Et Cicéron, (*Epist. ad Q. fr.*, I, 1, 8, 25), écrit d'Asie : (*video*) *providerí abs te, ut civitates optimatium consiliis administrentur.* Cette organisation, que les Romains adoptèrent dans toutes les provinces, est décrite en détail par Dion Chrysostôme, (t. II, p. 43, éd. R.), pour *Tarsus* [Tersùs], en Cicilie. Les *possessores*, οἱ τὰ χρήματα ἔχοντες, sont aussi mentionnés expressément dans Pausanias, (VII, 16, 6).

(2) Il existe, à cet égard, un riche ensemble de documents. (Voy. Kuhn, *Verfassung*, t. II, pp. 65 et suiv.)

(3) Tacit., *Ann.*, II, 55 :(*Piso*) *offensus urbi* (*Athenis*) *quia Theophilum quendam Areo iudicio falsi damnatum precibus suis non concederent.*

(4) Zonaras, IX, 31 : (Mummius) ἐλευθέρους πάντας καὶ αὐτονόμους πλὴν τῶν Κορινθίων ἀφῆκε, et plus loin : ἐκήρυξε τήν τε τῶν ἄλλων ἐλευθερίαν καὶ τὴν τῶν Κορινθίων δούλωσιν. Il ressort du décret du proconsul de Macédoine Q. Fabius Maximus, dont Zumpt, (*Comment. épigr.*, t. II, p. 167), place l'administration en l'année 638=116, et doit, dans tous les cas, être fixée aussitôt après la prise de possession de l'Achaïe (*C. I. Gr.*, n° 1543), qu'à cette époque, à *Dyme* [Karavóstasis], en Achaïe, un certain Sosus avait tenté d'abolir la timocratie. Il avait brûlé les archives et les δημόσια γράμματα, c'est-à-dire les listes de cens ; il rédigea νόμους ὑπεναντίους τῇ ἀποδοθείσῃ τοῖς Ἀχαιοῖς ὑπὸ Ῥωμαίων πολιτείᾳ, et cette révolution (ταραχή) est déclarée dans le décret punissable et ἀλλότρια τῆς ἀποδεδομένης κατὰ κοινὸν τοῖς Ἕλλησιν ἐλευθερίας.

posées par le traité (1), et étaient, d'une manière générale, soustraites à l'autorité du gouverneur (2). D'autres furent affranchies des impôts (3) ; et, au temps de Pline et de Pausanias, il n'y avait en Achaïe qu'un petit nombre de villes libres, dont plusieurs n'avaient reçu ce privilège que sous les empereurs (4).

---

(1) C'est ainsi qu'on lit au sujet de Lacédémone dans Strabon, (VIII, p. 365) : καὶ ἔμειναν ἐλεύθεροι, πλὴν τῶν φιλικῶν λειτουργιῶν ἄλλο συντελοῦντες οὐδέν.

(2) Relativement à Athènes, que Pline, (Nat. hist., IV, 24), appelle simplement *libera civitas*, Tacite, (Ann., II, 53), dit de Germanicus : *Hinc ventum Athenas, foederique sociae et vetustate urbis ut dauno lictorem uteretur*. Cf. Suet., Cal., III : *libera et foederata oppida sine lictoribus adibat*. Appien, (Bell. civ., V, 76), dit d'Antonius : ἔξοδοί τε ἦσαν ὁμοίως ἄνευ σημείων αὐτῷ. On lit à propos de Sparte, dans Strabon, (VIII, p. 376) : διετέλεσαν τὴν αὐτονομίαν φυλάττοντες, tandis qu'il ajoute au sujet d'*Argos*, qui était de son temps la seconde ville du Péloponnèse : εἰς τὴν τῶν Ῥωμαίων ἐξουσίαν ἦλθον. [Comp., sur la constitution de Sparte, M. B. Fleischanderl, *Die Spartanische Verfassung bei Xenophon*, Leipzig, 1888. — Voy. aussi M. H. Bazin, *La République des Lacédémoniens de Xénophon. Étude sur la situation intérieure de Sparte au commencement du IVe siècle avant J.-C.* Paris, 1885, in-8 (Thèse de doct. ès-Lett.).] Peut-être faut-il compter aussi parmi les cités de ce genre la ville de *Sicyon*, dont le territoire fut agrandi en 146, et dont le magistrat porte, dans Cicéron, (Accus. in Verr., I, 17, 45), le titre de *socius populi Romani atque amicus*, et j'estime que ce sont ces villes que désigne César, (Bell. civ., III, 3), lorsqu'il dit : *Pompeius — imperatam — liberis Achaiae populis pecuniam exegerat*. Plus tard, on doit, semble-t-il, faire rentrer également dans cette catégorie *Nicopolis*, fondée par Auguste (Pausan., V, 23, 2 ; — Strabo, VII, p. 325). Serv., Ad Verg. Aen., III, 504 : *Is (Augustus) enim, cum in Epiro Nicopolim conderet, cavit in foedere civitatis ipsius, ut cognati observarentur a Romanis*. — [Sur Nicopolis, voy. M. Kubitschek, op. cit., p. 246.]

(3) Voy., ci-dessus, p. 222, note 1, et le t. I de cette traduction = t. VIII de la collection, p. 103.

(4) Ce sont (voy. Kuhn, *Verfassung*, t. II, p. 71) : Lacédémone et les villes des Éleuthérolaconiens (Plin., Nat. hist., IV, 16. — Kuhn, op. cit., t. II, p. 49) ; Athènes, Delphes (Plin., Nat. hist., IV, 7. [Sur Delphes, voy., en particulier : C. Wescher et P. Foucart, *Inscriptions recueillies à Delphes et publiées pour la première fois*, Paris, 1863, in-8 ; — P. Foucart, *Mémoire sur les ruines et l'histoire de Delphes*, Paris, Impr. Imp., 1865, in-8 ; — Dr H. Pomtow, *Beiträge zur Topographie von Delphi, mit vierzehn Plänen und Tafeln*, Berlin, 1889, 128 pp. in-4 (Extr. des Sitzungsber. der Berl. Acad., 1887, séance de juillet ; ibiq. MM. R. Weil, dans la *Berliner philolog. Wochenschrift*, 1889, no 26, et B. Haussoullier, dans la *Revue critiq. d'hist. et de littér.*, 1889, no 33-34, (19-26 août), art. 421, pp. 119 et suiv.]) ; *Thespiae* [ruines d'Erimókastron] (Plin., IV, 25) ; *Tanagra* [Grimáda] (Plin., IV, 26) ; *Abae* [Exárkhos] (Pausan., X, 35, 2) ; *Pharsalus* [Phérsala] (Plin., IV, 29) ; depuis la guerre contre Mithridate, *Elatea* [Elephta], en Phocide (Pausan., X, 34, 2) ; depuis

A côté de ces cités, se pressait la foule de celles qui n'avaient obtenu aucun privilège ; et, s'il est parfois question d'une liberté générale dont auraient joui les villes d'Achaïe (1), cela ne peut s'entendre que de l'autonomie communale (2), qui avait été accordée tout de suite, même aux *civitates stipendiariae*, par exemple à *Thisbae* [Dombrena], en Béotie (3) ; et l'on ne saurait en tirer argument contre l'existence de la province. (Voy., ci-dessus, t. I de cette traduction = t. VIII de la collection du *Manuel*, pp. 105 et suiv.)

Réunion de l'Achaïe à la Macédoine en 146.

Deux raisons démontrent que, dès l'an 608 = 146, l'Achaïe devint une province, c'est-à-dire une partie de celle de Macédoine.

La première nous est fournie par l'ère macédonienne de 608 = 146 (4), que nous voyons aussi introduite dans les villes de *Me-*

Auguste, *Patrae* [Patrás ; Patrasso] (Pausan., VII, 18, 5 [voy., sur cette ville, M. Kubitschek, *op. cit.*, p. 245]) et *Nicopolis* [voy. p. 225, note 2 *in fine, supra*] ; depuis Trajan, *Mothone*, en Messénie (Pausan., IV, 35, 2) ; sous Hadrien, ἡ πόλις Παλέων τῆς Κεφαλληνίας ἐλευθέρα καὶ αὐτόνομος (*C. I. Att.*, t. III, n° 481 — [Cf. *Paleopolis Achaeorum*, en Achaïe, qui était de la tribu Quirina (voy. M. Mowat, dans le *Bulletin de la Soc. nat. des Antiq. de France*, 1883, p. 235). — Sur Céphalonie, voy. t. I de cette trad. = t. VIII de la collect., p. 21, note 6 *in fine*]) ; depuis Antonin le Pieux, *Pallantium* (Pausan., VIII, 43, 2).

(1) C'est ainsi que, dans Appien, (*Bell. Mithr.*, LVIII), Sulla dit à Mithridate : Μακεδονίαν τε ἡμετέραν οὖσαν ἐπέτρεψες καὶ τοὺς Ἕλληνας τὴν ἐλευθερίαν ἀφῃροῦ. Le passage suivant de Sénèque, (*De Benef.*, V, 16, 6), empreint d'une rhétorique hyperbolique, ne prouve rien du tout : *Antonius — patriam — bellis laceratam post tot mala destinavit ne Romanis quidem regibus : ut quae Achaeis, Rhodiis, plerisque urbibus claris ius integrum libertatemque cum immunitate reddiderat, ipsa tributum spadonibus penderet*.

(2) C'est ainsi que Julien, (*Ep.*, XXXV), dit d'*Argos* : καὶ ὥσπερ οἶμαι, μετεῖχε καὶ αὐτὴ καθάπερ αἱ λοιπαὶ τῆς ἐλευθερίας καὶ τῶν ἄλλων δικαίων, ὅσα νέμουσι ταῖς περὶ τὴν Ἑλλάδα πόλεσιν οἱ κρατοῦντες ἀεί. Cependant, la prétention émise par Julien dans sa lettre pour les habitants d'*Argos*, se limite à ceci : qu'ils ne devaient point payer d'impôts à Corinthe, obligation à laquelle les contraignaient les Corinthiens. En raison de cette obligation, ils cessaient d'être une ville indépendante, et c'est à cette antithèse de l'ὑπάγεσθαι πρὸς ἑτέρων συντέλειαν que se rapporte cette notion de la liberté, sous laquelle il n'y a lieu, par suite, d'entendre uniquement que l'existence en tant que ville autonome.

(3) Voy. M. Mommsen, dans l'*Ephem. epigr.*, 1872, p. 293.

(4) M. Foucart traite excellemment de cette ère, dans Le Bas, *Voy. Explication des inscr.*, t. II, n° 116a.

gara(1), d'*Argos*(2), d'*Hermione* [Kastri](3), de *Mantinea* (4), de *Messene* [ruines de Mavromati] (5), de *Coronea* [ruines de Petalidi], en Messénie (6), de *Limnae* (7), d'*Andania* [ruines près de Sandani] (8), et dans l'île d'*Aegina* [Aégina] (9), qui avait également fait partie de la ligue achéenne (10). Nous verrons plus loin que la province d'Asie, constituée treize ans après, comptait aussi ses années de l'époque de cette fondation et datait, en la prenant pour point de départ, ses monnaies provinciales, les cistophores; que, en Syrie, en Cilicie, en Bithynie, dans le *Pontus Polemoniacus* et en Galatie, il existait de semblables modes de computation du temps, commençant avec la domination romaine; qu'*Alexandria*, en Égypte (11)*, avait une ère prenant naissance au jour de sa conquête par les Romains; enfin que, dans la Maurétanie et en Arabie, on comptait suivant l'année de la province, *annus provinciae* (12), ἔτος τῆς ἐπαρ-

---

(1) *C. I. Gr.*, nᵒˢ 1053. 1062.

(2) Voy. M. Foucart, dans Le Bas, *Voy. Expl. des inscr.*, t. II, nᵒ 116a, et dans la *Revue archéol.*, t. XXII, (1870-71), p. 109. Cette inscription est de l'an 32 de l'*aera*, c'est-à-dire de 115 avant notre ère.

(3) *C. I. Gr.*, nᵒ 1203.

(4) M. Foucart cite quatre inscriptions, qui sont encore inédites. Je n'en connais que deux, datées des années 47 et 46 de l'*aera*, et publiées dans le *Bulletin de l'École française d'Athènes*, N. I, nᵒˢ 8. 9, la première également reproduite par M. W. Vischer, (*Epigraphische und archaeologische Beiträge aus Griechenland*, Basel, 1855, in 4, p. 38, aujourd'hui aussi dans ses *Kleine Schriften*, Leipzig, 1877 et ann. suiv., in-8, t. II, p. 57), et une de l'an 85 de l'ère, publiée par M. Foucart, dans l'*Annuaire de l'association pour l'encouragement des études grecques*, 1875, pp. 328 et suiv. — [Sur *Mantinea*, voy. encore M. Gustave Fougères, *Fouilles de Mantinée* (*1887-1888*). — *L'enceinte et les environs*, dans le *Bulletin de corresp. hellén.*, 14ᵉ année, (1890), nᵒ I-II, (janvier-février), II, et planche I, *Plan de Mantinée*.]

(5) *C. I. Gr.*, nᵒ 1297 = Le Bas, t. II, nᵒ 314. L'inscription publiée sous le nᵒ 1395 du *C. I. Gr.*, est également de Messène, suivant M. Foucart.

(6) Le Bas, t. II, nᵒ 305; — Ἀθήναιον, t. IV, pp. 103. 104.

(7) Le Bas, t. II, nᵒ 298.

(8) Inscription inédite, citée par M. Foucart.

(9) *C. I. Gr.*, nᵒ 2140. — [Sur *Aegina*, voy. M. Ett. de Ruggiero, *Dizionar. epigr.*, fasc. 9, Roma, 1888, p. 275, coll. 1 *in fine* et suiv., et la note suivante.]

(10) Voy. M. O. Müller, *Aeginet.*, p. 191.

(11)* [Sur cette ville, voy. MM. Ett. de Ruggiero, *Dizionar. epigr.*, fasc. 13, Roma, 1889, Vᵒ *Alexandrea (Aegypti)*, pp. 398, col. 2, et suiv.; — Kubitschek, *op. cit.*, p. 261.]

(12) Voy., par exemple, Henzen, nᵒ 5337 [= *C. I. L.*, t. VIII, 2, nᵒ 8426]:

χίας (1) ; et ces analogies nous permettent de conclure avec certitude que l'ère de 608 = 146, en usage en Macédoine comme en Grèce, avait eu pour début, dans l'un et dans l'autre de ces deux pays, l'organisation de la province. En vain prétendrait-on, en effet, que les villes achéennes auraient adopté ce mode de computation pour rappeler l'avénement de la liberté que les Romains leur avaient octroyée ; il nous suffira de répondre que les deux villes d'Athènes et de Sparte, qui, sans aucun doute, étaient des *civitates liberae*, n'ont jamais employé l'ère provinciale (2).

La seconde raison, c'est qu'il est certain que, depuis 608 = 146, la Grèce était placée sous l'autorité d'un proconsul. Nous avons, à cet égard, l'affirmation précise de Pausanias (3), et un témoignage authentique (4), dont il résulte que la tentative faite à *Dymae* [Karavóstasis], en Achaïe, dans les premières années de la province, pour mettre fin à la timocratie introduite par les Romains, fut réprimée par le proconsul Q. Fabius Maximus, qui mit à mort son instigateur. Toutefois, ce proconsul n'était pas gouverneur de l'Achaïe — car, d'une manière géné-

---

ANno Provinciae CLXXIIII. — Pour plus de détails, voy. la section relative à la Maurétanie.

(1) Voy. Waddington, dans Le Bas, *Voy.*, nos 2238. 2239.

(2) Athènes compte encore ses années, à l'époque romaine, d'après son archonte — [Sur les *Archontes*, voy. M. E. Caillemer, dans le *Dict. des Antiq. Grecq. et Rom.*, de MM. Ch. Daremberg et Edm. Saglio, h. v., 3º fascic., Paris, 1874, t. I, pp. 382, col. 2 *in init.*, et suiv. ; *adde* M. Am. Hauvette-Besnault, *De archonte rege*, Paris, 1884, in-8 (Thèse de doct. ès-Lett.)] ; — à Sparte, on ne trouve jamais l'ère provinciale. (Voy. M. Foucart, *op. et loc. sup. citt.*) M. Hermann, (*Defensio*, p. 9), ignore tout cela, lorsqu'il dit : *Nemo unquam audivit amissae libertatis tam dulcem recordationem fuisse ut velut novae aetatis inde initium caperent* ; il ignore également que la ville d'Alexandrie reçut l'ordre du Sénat de compter ses années à dater de celle de sa conquête (Dio Cass., LI, 19), et cependant M. Höfler, (*op. sup. cit.*, p. 301), trouve si convaincante la manière de voir de M. Hermann, qu'à ses yeux il n'est pas nécessaire de revenir sur ce point.

(3) Pausan., VII, 16, 7 : τούτων (des contributions de guerre établies par Mummius) μὲν δὴ ἄφεσιν παρὰ 'Ρωμαίων εὕροντο "Ελληνες· ἡγεμὼν δὲ ἔτι καὶ ἐς ἐμὲ ἀπεστέλλετο.

(4) *C. I. Gr.*, nº 1543. L'année de ce document n'est pas certaine, mais il date probablement de 638 = 116. (Voy. Zumpt, *op. et loc. sup. citt.*, p. 167.)

rale, il n'en existait pas sous la République (1) — mais proconsul de Macédoine. Ce fait est formellement établi par un passage de Plutarque, qui rapporte que, du temps de Lucullus, une action criminelle contre la ville de *Chaeronea* [Kapréna], en Béotie, fut introduite devant le proconsul de Macédoine ; s'il en fut ainsi, c'est que l'Achaïe n'avait pas encore à cette époque un proconsul à elle (2). Il est confirmé par tout ce que nous savons de l'administration de la Macédoine, notamment sous Cicéron. En effet, en 676 = 78, lorsque Cn. Cornelius Dolabella fut investi du proconsulat de Macédoine (3), et, en 697 = 57, en 698 = 56, lorsque ce fut le tour de L. Calpurnius Piso (4), l'Achaïe était comprise dans leur ressort administratif.

Nous devons donc admettre, en l'état actuel de nos connaissances, que la Grèce n'est devenue une province particulière qu'en 727 = 27, c'est-à-dire lors du partage des provinces entre le Sénat et l'Empereur (5). Elle conserva, comme telle, le nom d'Achaïe, que les Romains lui avaient donné, à la suite de la défaite de la ligue achéenne (6), et elle fut si bien séparée de

L'Achaïe, province particulière. — 27 av. J.-C.

---

(1) Les textes cités par moi et par d'autres pour établir l'existence d'un gouverneur d'Achaïe au cours de la période républicaine, ne sont pas concluants. (Voy. Zumpt, *op. et loc. sup. citt.*, p. 160, et, au sujet de M'. Acilius Glabrio cité par Borghesi, (*Œuvres*, t. IV, p. 62), Zumpt, *eod.*, p. 227.)

(2) Plutarch., *Cimon.*, II : ἡ δὲ κρίσις ἦν ἐπὶ τοῦ στρατηγοῦ τῆς Μακεδονίας · οὔπω γὰρ εἰς τὴν Ἑλλάδα Ῥωμαῖοι στρατηγοὺς διεπέμποντο.

(3) Alors l'Eubée appartenait à la Macédoine (*SCtum de Asclepiade, C. I. L.*, t. I, n° 203. Voy., ci-dessus, p. 221, note 5). Lorsqu'après son retour Dolabella fut poursuivi *repetundarum*, les villes grecques déposèrent contre lui. (Plutarch.. *Caes.*, IV : καὶ πολλαὶ ἀπὸ τῆς Ἑλλάδος τῶν πόλεων μαρτυρίας αὐτῷ παρέσχον.)

(4) Cicéron parle des forfaits de Pison en] Grèce dans de nombreux passages de sa *Pisoniana*, que l'on trouve rapportés et expliqués dans Zumpt, (*Comment. epigr.*, t. II, p. 197), spécialement c. XL, 96 : *Achaia exhausta, Thessalia vexata, laceratae Athenae — Locri, Phocii, Boeotii exusti — Aetolia amissa.*

(5) Dio Cass., LIII, 12 ; — Strabo, XVII, p. 840.

(6) Pausan., VII, 16, 7 : καλοῦσι δὲ οὐχ Ἑλλάδος, ἀλλ' Ἀχαΐας ἡγεμόνα οἱ Ῥωμαῖοι, διότι ἐχειρώσαντο Ἕλληνας δι' Ἀχαιῶν τότε τοῦ Ἑλληνικοῦ προεστηκότων. — Suidas, I, p. 911, éd. Bernh. : ὅθεν δοκοῦσι καὶ νῦν Ἀχαΐαν ὀνομάζειν τὴν Ἑλλάδα. Ῥωμαῖοι δὲ ἐς τὸ χειρωθὲν ἔθνος, ὃ προεστὼς ἦν τότε τῆς Ἑλλάδος, τὴν ὅλην μεταβαλόντες τῆς χώρας ἐπωνυμίαν, ἀφίκοντο.

Thessalie. Épire. la Macédoine, que la Thessalie (1) et l'Épire (2) lui furent rattachées, en même temps que l'Acarnanie. Au contraire, à l'époque où écrivait Ptolémée, c'est-à-dire sous Antonin le Pieux (3), la Thessalie faisait partie de la Macédoine (4), tandis que l'Épire formait une province procuratorienne (5) particulière (6), comprenant aussi l'Acarnanie, et séparée de l'Achaïe par l'*Achelous* [Aspropótamos et Mégdova] (7). Il est vraisemblable de croire que ce changement remonte à Vespasien, sous lequel la province reçut une constitution nouvelle (8).

Administration. De nombreuses modifications furent également apportées à l'administration de l'Achaïe. Après que, en 727=27, elle fut devenue province sénatoriale (9), elle ressortit, de l'an 15 à l'an 44 après J.-C., ainsi que la Macédoine, à un *legatus* impérial, jusqu'à ce que Claude l'eût restituée au Sénat (10). Ce n'est que pour amuser sa folie que Néron annonça une fois encore aux Hellènes, lors des jeux isthmiques, qui eurent lieu dans l'automne 67, qu'ils étaient libres et exempts de tribut (11).

(1) Strabo, (XVII, p. 840), compte parmi les provinces d'Auguste ἑβδόμην δ᾽Ἀχαΐαν μέχρι Θετταλίας καὶ Αἰτωλῶν καὶ Ἀκαρνάνων καί τινων Ἠπειρωτικῶν ἐθνῶν, ὅσα τῇ Μακεδονίᾳ προσώριστο. Comme les Étoliens ont toujours fait partie de l'Achaïe (Ptolem., III, 15, 14), il en résulte qu'il faut comprendre avec Grosskurd et Hertzberg, (*op. cit.*, t. I, p. 505), l'expression μέχρι Θετταλίας comme signifiant « avec la Thessalie inclusivement ».

(2) Dans Dion Cassius, (LIII, 12), la province s'appelle ἡ Ἑλλὰς μετὰ τῆς Ἠπείρου, et Tacite, (*Ann.*, II, 53), nomme la ville de *Nicopolis*, située en Épire (Ptolem., III, 14, 5), *urbs Achaiae*.

(3) Voy. M. Mommsen, *C. I. L.*, t. III, [1], f° 416.

(4) Ptolem., III, 13, §§ 44. 45. 46.

(5) Arrien, (*Epict. diss.*, III, 4), mentionne un ἐπίτροπος τῆς Ἠπείρου, qu'il nomme aussi τὸν αὐτῶν ἄρχοντα, τοῦ Καίσαρος φίλον καὶ ἐπίτροπον. Un ἐπίτροπος Σεβαστοῦ Ἠπείρου est mentionné au *C. I. Gr.*, Vol. II, f° 983, n° 1813^b. Cf. Orelli, n° 2952 = *C. I. L.*, t. III, [1], n° 536.

(6) Ptolem., III, 14.

(7) Ptolem., III, 14, §§ 1. 6.

(8) Voy. M. Hertzberg, *op. cit.*, t. II, p. 129.

(9) Dio Cas., LIII, 12; — Strabo, XVII, p. 840.

(10) Tacit., *Ann.*, I, 76; — Dio Cass., LVIII, 24; — Suet., *Claud.*, XXV; — Dio Cass., LX, 24.

(11) Suet., *Nero*, XXIV; — Plutarch., *Flamin.*, XII; — Plin., *Nat. hist.*, IV, 22; — Dio Cass., LXIII 11; — Pausan., VII, 17, 2; — Eckhel, *Doct. Num.*, t. II, p. 256; — Hertzberg, *op. cit.*, t. II, pp. 112 et suiv. — [Sur le discours prononcé par Néron à Corinthe en rendant aux Grecs la liberté,

ACHAIA ET EPIRUS. 231

Cette liberté disparut déjà sous Vespasien, qui déclara les Grecs incapables de la conserver et organisa à nouveau la province sénatoriale (1). Depuis lors, cette province fut toujours gouvernée par un *propraetor* (2), portant le titre de *proconsul* (3), et ayant sous ses ordres un *legatus* (4) et un *quaestor* (5). Parmi les colonies fondées en Grèce par les Romains, — c'étaient : en Achaïe : Corinthe, *Laus Iulia Corinthus*, colonie de César (6) ; *Patrae* [Patrás ; Patrasso], ou *Colonia Augusta Aroe Patrae*, où Auguste avait établi, avec des habitants d'alentour, des vétérans de la x° et de la xii° légions (7), et *Dyme*,

Colonies.

---

et récemment découvert par M. Maurice Holleaux, voy. *supra*, p. 211, note 1°, 1°.]

(1) Suet., *Vespas.*, VIII ; — Pausan., *ubi supra* : καὶ σφᾶς ὑποτελεῖς τε αὖθις ὁ Οὐεσπασιανὸς εἶναι φόρων καὶ ἀκούειν ἐκέλευσεν ἡγεμόνος, ἀπομεμαθηκέναι φήσας τὴν ἐλευθερίαν τὸ Ἑλληνικόν. — Philostr., *V. Apoll.*, V, 14.

(2) Strabo, XVII, p. 840.

(3) Sur les *proconsules Achaiae*, voy. Marini, *Arvali*, [t. II], pp. 763 et suiv. 771. Voy. des exemples dans Orelli, n° 2272 [= *C. I. L.*, t. VI, 1, n° 1462, où il convient de lire *M. Metilius* et non *Mettius* (voy. *C. I. Att.*, n° 874, et M, Ett. de Ruggiero, *Dizionar. epigr.*, fasc. I, Roma, 1886, p. 31, col. 1. — Voy. cependant M. W. Liebenam, *Forsch.*, I Bd., p. 406 *in init.*)] ; — Henzen, n°s 6456ᵃ [= *C. I. L.*, t. III, 1, n° 551, et 2, *Add.*, f° 985] ; 6483 [= Renier, *Inscr. rom. de l'Alg.*, n° 1812 = *C. I. L.*, t. VIII, 1, n° 7059] ; 7420 [= *C. I. L.*, t. VI, 1, n° 1509] ; — *C. I. Gr.*, n°s 1072. 1073. 1732. [Compléter ces exemples par la liste de M. Ett. de Ruggiero, *op. et loc. sup. citt.*, pp. 30, col. 1, et suiv.] Cf. Plutarch., *Rei p. gerendae praec.*, XXXII, 12, p. 1006, éd. Dübner, ou Vol. IX, p. 279, éd. R.. Au quatrième siècle encore, on trouve un ἀνθύπατος τῆς Ἑλλάδος (*C. I. Gr.*, n° 372). Sur l'inscription de Delphes, relative à *C. Avidius Nigrinus leg. Aug. pr. pr. Achaiae*, qui fonctionne en qualité de *iudex* extraordinaire dans un procès de délimitation et qui ne doit pas être considéré comme gouverneur d'Achaïe, voy. M. Mommsen, *C. I. L.*, t. III, [1], n° 566. [Voy. aussi M. W. Liebenam, *Forsch.*, I Bd., pp. 4 et suiv.]

(4) Orelli-Henzen, n°s 3143 [= Wilmanns, *Exempla*, t. I, n° 1215] ; 3177 [= *C. I. L.*, t. XI, 1, n° 377] ; 6451 [= *C. I. L.*, t. X, 1, n° 1254] ; 6910 [= *C. I. L.*, t. VI, 1, n° 1678]. — [Voy. surtout MM. Ett. de Ruggiero, *op. et loc. sup. citt.*, pp. 31, col. 2, et suiv. ; — W. Liebenam, *op. cit.*, pp. 4-8.]

(5) Henzen, n°s 5448 [= *C. I. L.*, t. VI, 1, n° 1444] ; 6015 [= *C. I. L.*, t. III, 1, n° 87 ; cf. 2, f° 968] ; — *C. I. L.*, t. II, n°s 2075. 4117 ; voy. la mention d'un *quaestor pr. pr.* dans Marini, *Arvali*, [t. II], p. 764, et dans Orelli, n° 3143 = Mommsen, *I. R. N.*, n° 1879 [= *C. I. L.*, t. X, 1, n° 1222 ; cf. t. III, 1, n° 495]. — [Voy., à cet égard, M. Ett. de Ruggiero, *ubi supra*, p. 32, coll. 1 et 2.]

(6) Voy. M. Hertzberg, *op. cit.*, t. I, p. 461. [*Adde* M. Kubitschek, *op. cit.*, p. 245.]

(7) Voy. MM. Hertzberg, *op. cit.*, t. I, pp. 495 et suiv. ; — Mommsen,

qui paraît avoir constitué tout d'abord un établissement particulier (1), mais qu'Auguste attribua également à *Patrae* (2) ; dans l'Épire : *Actium* [Akri ; en italien, Punta] et *Buthrotum* [Butrinto ; *vulgo*, Vutzindro] (3), — Corinthe acquit peu à peu une grande importance, et le proconsul y fixa sa résidence (4).

État de la province.

De tous les pays conquis par les Romains, aucun n'avait été réduit à une condition aussi misérable, si on la compare à son premier état, que la Grèce (5). Dans les provinces d'Espagne, de Gaule, de Germanie et d'Illyrie, la barbarie de l'ancienne population avait fait place, sous l'administration romaine, en même temps que la prospérité matérielle se développait sous l'influence de l'agriculture et du commerce, à une civilisation jusqu'alors inconnue ; en Grèce, au contraire, la richesse du pays ne survécut pas à la perte de ses libertés politiques. Dès le temps de Strabon, la population avait diminué dans des proportions effrayantes ; quelques villes avaient entièrement disparu ; d'autres étaient en déclin et n'étaient habitées qu'en partie ; quant aux îles, elles étaient, pour la plupart, transformées en rochers solitaires, sur lesquels les exilés traînaient leur triste existence. La description que Pausanias nous donne de la Grèce de son temps est encore plus lamentable ; et elle se trouve confirmée par diverses observations qui nous sont fournies par d'autres auteurs de l'époque impériale. Toutefois,

---

C. I. L., t. III, [1], n° 498. — [Sur cette ville, voy. M. Kubitschek, *op. cit.*, p. 245.]

(1) Plin., *Nat. hist.*, IV, 13 ; — Strabo, XIV, p. 665.

(2) Pausan., VII, 17, 3.

(3) Voy. M. Hertzberg, *op. cit.*, t. I, pp. 493. 498. — [Sur *Actium*, voy. encore MM. Zumpt, *Comment. epigr.*, t. I, p. 376, et Ett. de Ruggiero, *Dizionar. epigr.*, fascic. 3, Roma, 1886, p. 65, col. 1.]

(4) *Acta Apost.*, XVIII, 12 ; — Boecking, *Notit. Dignit. Or.*, p. 277. — [Voy. aussi M. E. Wilisch, *Beiträge zur innern Geschichte des alten Korinth*, Zittau, 1887.]

(5) Dans la lettre célèbre (Cic., *Ad famil.*, IV, 5), dans laquelle Servius Sulpicius essaie de consoler Cicéron au sujet de la perte de Tullia en lui dépeignant les souffrances beaucoup plus grandes de peuples tout entiers, on lit (§ 4) : *Ex Asia rediens, cum ab Aegina Megaram versus navigarem, coepi regiones circumcirca prospicere. Post me erat Aegina, ante me Megara ; dextra Piraeeus, sinistra Corinthus : quae oppida quodam tempore florentissima fuerunt, nunc prostrata et diruta ante oculos iacent.*

quelques régions de la Grèce recouvrèrent par la suite un certain bien-être et eurent part soit aux faveurs de l'empereur lui-même, soit à celles d'opulents Romains ; l'industrie, l'art, la science y trouvèrent des représentants nouveaux ; les admirables monuments que tous les âges y avaient entassés, y amenèrent de nombreux étrangers ; mais l'aspect général que présente l'histoire de l'Achaïe est celui d'un peuple épuisant l'une après l'autre ses forces vitales et dont l'énergie est depuis longtemps brisée (1).

---

(1) Une description approfondie de cette situation, qu'il n'entre pas dans mes vues de faire ici, se trouve dans M. Zinkeisen, (*Geschichte Griechenlands*, t. I, pp. 516-574), et dans la seconde partie de la *Geschichte Griechenlands*, de M. Hertzberg.

XXVIII. ASIA (1).

Après la défaite d'Antiochus à *Magnesia* [Magnisia ;

(1) Sur l'Asie, voy. les études malheureusement inachevées de Bergmann, *De Asia Romanorum provincia*, Berol., 1846, in-8; *De Asiae Romanorum provinciae praesidibus*, dans le *Philologus*, t. II, (1847); *De Asiae Romanorum provinciae civitatibus liberis*, Brandenburg, 1855, in-4 (ne traite que de Rhodes) ; — W. Merckens, *Quomodo Romani Asiam provinciam constituerint exponitur*, Vratislaviae, 1860, in-8 ; — Kuhn, [*Die Städt. und bürg. Verf. des Röm. Reichs*], t. II, pp. 264 et suiv. ; — enfin W. H. Waddington, *Fastes des provinces Asiatiques de l'empire Romain depuis leur origine jusqu'au règne de Dioclétien*, dans Le Bas et Waddington, *Voyage archéol. Explication des inscriptions*, t. III, pp. 655 et suiv., également publié à part, Paris, 1872, in-8. — De la constitution des villes de la province d'Asie traite en détail et avec soin M. J. Menadier, *Qua conditione Ephesii usi sint inde ab Asia in formam provinciae redacta*, Berolini, 1880, in-8. Cette monographie ne m'est parvenue qu'au cours de l'impression, et, par suite, je n'ai pu la mettre à profit au sujet des pp. 208 et suiv. [= t. I de cette trad., ou t. VIII de la collection, pp. 308 et suiv.]. — [Aux auteurs précités, joindre :
[1º AU POINT DE VUE ÉPIGRAPHIQUE. — Léon de Laborde, *Voyage en Orient*, Paris 1837-1845, 2 voll. in-fol., pl. ; — Ch.-F.-M. Texier, *Description de l'Asie Mineure*, Paris, 1838-1848, 3 voll. in-fol., fig. ; — Hamilton, *Researches in Asia minor*, London, 1842, 2 voll., in-8. ; — *C. I. L.*, t. III, 1, fos 62 et suiv. ; 2, fos 977 et suiv., et *Supplem.*, fasc. I, fos 1264-1300 ; — G. Perrot, *Inscriptions inédites d'Asie Mineure*, Paris, 1875, in-8 (voy. aussi, du même auteur, *Souvenirs d'un voyage en Asie Mineure*, Paris, 1867, 1 vol. in-8); — Domaszewski, *Inscriptions d'Asie Mineure*, dans les *Archaeologisch-epigraphische Mittheilungen aus Oesterreich*, Iahrg. IX, Heft 1, 1885 (l'auteur y publie 138 de ces inscriptions, tant grecques que latines); — J.-R. Sitlington-Sterret, *The Wolfe expedition to Asia Minor*, 1888, et *An epigraphical Journey in Asia Minor*, 1888 (= t. II des *Papers of the american School of*

en turc, Mânissa] près du mont *Sipylus* [Manisa-

---

classical Studies at Athens); — W. Ramsay, *Antiquités de la Phrygie méridionale*, dans l'*American Journal of Archaeology*, 1888, pp. 6 et suiv.; comp. pp. 263 et suiv. (*ibique* M. René Cagnat, *L'année épigraphique (1889)*, Paris, 1890, p. 59) ; — le même, *Inscriptions d'Asie Mineure*, dans la *Revue des Études grecques*, 1889, pp. 17 et suiv. ; — C. Cichorius, *Inscriptions d'Asie Mineure*, dans les *Sitzungsber. der Königl.-Preuss. Akad. der Wissensch.*, 1889, pp. 365 et suiv. (*ibiq.* M. René Cagnat, *ubi supra*, p. 73, coll. 1 *in fine* et suiv., n° 186), et dans les *Mittheilungen des Kais. deutschen arch. Instituts,* (*Athen. Abtheil.*), 1889, pp. 240 et suiv.; — H. Lechat et G. Radet, *Note sur deux proconsuls de la province d'Asie*, dans le *Bulletin de corresp. hellén.*, t. XII, 1888, pp. 63 et suiv. I Vettius Proculus (son gouvernement doit être reporté à l'année 115-116) ; II Lollianus Gentianus (pp. 66 et suiv.), année 209 (Les deux textes qui ont permis aux auteurs de déterminer la date non encore fixée jusqu'alors de ces deux proconsulats sont des environs de Cyzique; *adde* M. René Cagnat, *L'année épigraphique (1888)*, Paris, 1889, p. 23) ; — Gatti, dans le *Bullettino della Commissione archeol. comun. di Roma*, 1888, pp. 138 et suiv.; — F. Barnabei, dans les *Notizie degli Scavi di Antichita*, 1888, (Janvier, février, mars), p. 142 ; — *adde* même Recueil, p. 139, comp. 134 ; — M. René Cagnat, *ubi supra*, p. 31, n°˚ 84 et 85 ; — Contoléon, *Inscriptions de l'Asie Mineure*, dans les *Mittheilungen des Kais. Deutsch. archaeol. Inst.* (*Athen. Abtheil.*), 1889, pp. 88 et suiv. ; — J. W. Kubitschek, *Imp. Rom. trib. discr.*, 1889, pp. 247-251 ; — Salomon Reinach, *Inscriptions inédites d'Asie Mineure recueillies par le capitaine Callier (1830-1834)*, dans la *Revue des Études grecques*, t. III, n° 9, (Janvier-mars 1890).

[N. B. : 1° L'inscription de *Tristoma*, publiée par M. Beaudouin, (*Bull. de corresp. hellén.*, t. VIII, p. 356), et étudiée depuis par M. Schumacher, (*Rhein. Mus.*, 1887, p. 635), a été rééditée avec quelques variantes par M. Paton, (*Classical Review*, 1889, p. 333). Les noms qu'elle donne sont fort importants pour la géographie de la Carie; — 2° MM. Radet et Paris, (*Bull. de corresp. hellén.*, t. XIII, p. 494), ont, à propos de plusieurs intéressantes inscriptions que leur a fournies la ville pamphylienne de *Syllion* (*cod.*, pp. 486-497), dressé une liste des villes asiatiques où l'on rencontre la division en tribus.

[2° Au point de vue historique. — V. Guérin, *Étude sur l'île de Rhodes* (Thèse de Doct. ès-Lett.), Paris, 1856, in-8 avec 1 carte; *adde Voyage dans l'île de Rhodes et description de cette ville*, Paris, 1866, in-8; — MM. Th. Mommsen : *Der Friede mit Antiochos und die Kriegszüge des Cn. Manlius Volso*, dans ses *Römische Forschungen*, t. II, Berlin, 1879, pp. 511-545 ; *Römische Geschichte*, t. V, 3ᵗᵉ Aufl., Berlin, 1886, pp. 295 et suiv. (= dans la trad. franç. de MM. R. Cagnat et J. Toutain, t. X, pp. 90 et suiv. ; — voy. aussi les renvois : 1° de l'*Inhalts-Verzeichniss* à la suite du t. III, 7ᵐᵗᵉ Aufl. de la *Röm. Gesch.* de cet auteur, Berlin, 1882, p. 638, col. 1, V° *Asia*, et 2° de la *Table alphabétique* à la suite de la trad. de M. C. A. Alexandre, p. 8, col. 1, *sub fin.*,) — E. Meyer, *Die Quellen unserer Ueberlieferung über Antiochos des Grossen Römerkrieg*, dans le *Rhein. Museum*, 1881, pp. 120 et suiv. — A propos des guerres contre Mithridate et de la victoire définitive de Sulla en 672 de Rome = 82 av. J.-C., voy. le *Bulletino dell'Instituto di diritto romano*, t. I, Roma, 1888, pp. 78 et suiv.

[3° Au point de vue géographique. — J.-B. Paquier: *De Caspiana atque*

dagh] (1), les Romains envoyèrent, en l'an 565=189, le consul Cn. Manlius en Asie, pour triompher de ses alliés et organiser le régime territorial de l'Asie. La première de ces deux missions, c'est-à-dire la guerre contre les Galates, prit toute l'année 189 (2); mais Manlius demeura comme proconsul en Asie (3), et, aidé par dix commissaires du Sénat, il régla, à *Apamea Phrygiae* [Dinêr], au printemps de l'année 188, l'occupation du pays, de telle sorte que (4) la Lycie et la Carie furent attribuées aux Rhodiens, la Mysie, la Lydie, la grande et la petite Phrygie, enfin la région de *Milyas* et la Lycaonie (par conséquent aussi sans doute la Pisidie) échurent à Eumenes, roi de Pergame, tandis que la Pamphylie, relativement à laquelle aucune disposition n'avait

---

Arabica regione Asiae veteres geographos cum recentioribus conferendos suscepit, Paris, 1876, in-8 ; *Le Pamir. Étude de géographie physique et historique sur l'Asie centrale*, Paris, 1876, in-8 ; — Henri Kiepert, *Manuel de géographie ancienne*, trad. franç. par M. Émile Ernault, Paris, 1887, pp. 18-113 ; — *Les villes de la Pamphylie et de la Pisidie*, ouvrage publié, avec le concours de MM. G. Niemann et E. Petersen, par le comte Ch Lankoronski, et trad. en franç. par M. Colardeau ; t. I, *La Pamphylie*, 1890.

[4° AU POINT DE VUE ADMINISTRATIF ROMAIN. — MM. Reinaud, *Relations politiques et commerciales de l'Empire Romain avec l'Asie Orientale.... pendant les cinq premiers siècles de l'ère chrétienne, d'après les témoignages latins, grecs, arabes, persans, indiens et chinois*, Paris, Impr. Imp., 1863, in-8, cartes ; — E. Saglio, dans le *Dictionn. des Antiq. grecq. et rom.*, de MM. Ch. Daremberg et Edm. Saglio, 3° fascic., Paris, 1874, V° *Asia*, t. I, p. 467 ; — G. Perrot, V° *Asiarcha, Asiarchès*, eod., pp. 467 *in fine* à 469 ; — Paul Monceaux, *De communi Asiae provinciae* (ΚΟΙΝΟΝ ΑΣΙΑΣ) (Thèse de Doct., Fac. des Lettres de Paris), Parisiis, 1885, in-8 ; — W. Liebenam : *Beiträge*, I, Iena, 1886, p. 31, et *Tab.* n° 25, p. 41 ; *Forschungen*, Leipzig, 1888, pp. 49-67 ; — Werdmüller von Elgg, *Relations politiques et commerciales entre l'ancien empire romain et la Chine*, dans le 1ᵉʳ vol. du *Giornale della Società asiatica italiana*, fondé par M. Gubernatis, n° 1, Roma, 1887 ; — E. Thraemer, *Pergamos. Untersuchungen über die Frühgeschichte Kleinasiens und Griechenlands*, 1889, carte (ibiq. *Berliner philolog. Wochenschr.*, 1890, n° 11).

[Voy., pour le surplus, le *Catalogue de la Bibliothèq. de feu M. Ernest Desjardins*, Paris, Ch. Porquet, 1888, nᵒˢ 519-533, pp. 74-73, notre *Introd. bibliogr. gén.*, et, ci-dessus, p. 211, note 1*. —P.L.-L.]

(1) Tit.-Liv., XXXVII, 38-44.
(2) Tit.-Liv., XXXVIII, 12 et suiv.
(3) Tit.-Liv., XXXVIII, 35.
(4) Tit. Liv., XXXVIII, 37. 38. 39. — Voy. Borghesi, *Œuvres*, t. VIII, p. 184. — C'est à cette décision que se réfère l'inscription de *Priene* [ruines de Samsûn] (Waddington, nᵒˢ 195-198) ; une autre inscription d'*Heraclea ad Latmum* [Besch parmák-dagh], en Carie, contient un décret de Manlius et des 10 *legati*, qui garantit à cette ville son autonomie (Waddington, n° 588).

ASIA.

été prise tout d'abord (1), conserva son indépendance (2). En l'an 621=133, mourut le dernier roi de Pergame, Attalus III, qui, par testament, légua son empire aux Romains (3). A la même année remonte la création officielle de la province d'Asie ; en effet, les cistophores, monnaies frappées par cette province, en unités et subdivisions de moitié et du quart (4), sont datés d'après l'ère provinciale de 621=133 (5). Mais, en fait, l'organisation immédiate du territoire nouvellement acquis fut retardée par le soulèvement d'Aristonicus (131—129) ; et c'est seulement après que M. Perperna eut triomphé de ce dernier, que la province fut constituée en 625=129 par M'. Aquilius (6) ; elle comprit la Mysie jusqu'au mont *Olympos* avec l'Éolide, la Lydie, les villes ioniennes, la Carie et les villes doriennes, sauf toutefois Rhodes et la région *Peraea* [en hébreu, êber-haj-Jardèn, c'est-à-dire *trans fluvium*] qui en dépendait (7). Parmi

Elle devient province en 133.

Ère de la province.

Limites.

---

(1) Polyb., XXII, 27 ; — Tit. Liv., XXXVIII, 39.

(2) Tite-Live, (XLIV, 14), dit tout au moins de l'ambassade des Pamphyliens que nous voyons apparaître à Rome en 169 : *benigneque amicitiam renovare volentibus legatis responsum*.

(3) Tit. Liv., *Epit.*, LVIII. LIX ; — Plutarch., *Ti. Gracch.*, XIV ; — Justin., XXXVI, 4 ; — Strabo, XIII, p. 624 ; — Plin., *Nat. hist.*, XXXIII, § 148.

(4) Voy. MM. M. Pinder, *Ueber die Cistophoren und über die kaiserlichen Silbermedaillons der Römischen Provinz Asia*, Berlin, 1856, in-4 (Extrait des *Abh. der Berl. Acad.*, 1855) ; — Barclay V., *Head on the chronological sequence of the coins of Ephesus*, dans *The numismatic chronicle*, 1880, pp. 85-173, monographie également tirée à part sous le titre : *History of the coinage of Ephesus*, London and Paris, 1880, in-8. — [Voy. aussi M. Fr. Lenormant, dans le *Dictionn. des Antiq. grecq. et rom.*, de MM. Ch. Daremberg et Edm. Saglio, 8e fascic., Paris, 1882, V° *Cistophori*, t. I, pp. 1211, col. 1 *in fine*, et suiv.]

(5) On trouve ces computations d'années sur les cistophores d'Éphèse [Ayasolûk], de *Nysa* et de *Philomelium* [Akschehêr]. Sur la détermination de l'*aera*, voy. M. Pinder, *op. sup. cit.*, pp. 544 et suiv., et dans MM. Pinder et Friedländer, *Beiträge zur älteren Münzkunde*, t. I, 1, (1851), pp. 26 et suiv. — Borghesi, (*Dell'era Efesina*, dans ses *OEuvres*, t. II, pp. 435 et suiv.), fixe son point de départ exact au 24 septembre 620=134 av. J.-Chr., c'est-à-dire au commencement de l'année asiatique. (Voy. Clinton, *Fast. Hell.*, t. III, p. 419 ; — Waddington, *Fastes*, t. I, p. 19.)

(6) Strabo, XIV, p. 646 : Μάνιος δ' Ἀκύλλιος ἐπελθὼν ὕπατος μετὰ δέκα πρεσβευτῶν διέταξε τὴν ἐπαρχίαν εἰς τὸ νῦν ἔτι συμμένον τῆς πολιτείας σχῆμα. — Velleius, II, 38 ; — Justin., XXXVI, 4. C'est à lui que se rapporte l'inscription n° 2920 du *C. I. Gr.* = *C. I. L.*, t. I, n° 557.

(7) La Carie fut donnée aux Rhodiens après la guerre contre Antiochus, en 190 ; mais, après la guerre avec Persée (168), elle leur fut reprise, et, depuis cette époque, elle était libre. (Polyb., XXX, 5 ; XXXI, 7 ; — Tit. Liv.,

les autres éléments dont s'était composé le royaume de Pergame, la Chersonèse thracique fut réunie à la Macédoine et compta plus tard dans cette province (1); la *Phrygia maior* échut à Mithridate V, roi de Pont (2); mais, après sa mort, survenue en 634=120 (3), elle fut enlevée à son successeur Mithridate VI Eupator et déclarée libre (4); la Lycaonie et le territoire limitrophe de la Cilicie, au Nord du *Taurus*, avec les villes de *Castabala*, de *Cybistra* [Eregli] et de *Derbe*, furent attribués aux fils d'Ariarathes de Cappadoce, qui était tombé dans la guerre contre Aristonicus (5); quant à la Pamphylie et à la Pisidie, elles ne furent également pas occupées tout de suite; et ce n'est sans doute qu'en 651=103 que les Romains en prirent possession, en même temps que la *Phrygia maior*, c'est-à-dire des futures circonscriptions judiciaires d'*Apamea* [Dinêr] et de *Synnada* [Tschifût-Kassaba] (6), pour en former la province de Cilicie (7). Toutefois, les diocèses phrygiens ne

---

XLIV, 15; — Appian., *Syr.*, XLIV; *Mithr.*, XXIII.) En l'an 129, elle doit avoir été rattachée à la province d'Asie, à laquelle elle appartient plus tard. Cicéron, (*Pro Flacco*, XXVII, 65), nomme les éléments dont se composait la province : *Namque ut opinor Asia vestra constat ex Phrygia, Mysia, Caria, Lydia.*

(1) Cic., *In Pison.*, XXXVIII, 86.
(2) Appian., *Bell. Mithr.*, LVII; — Justin., XXXVII, 1.
(3) Voy. Clinton, *Fast. Hell.*, t. III, p. 426.
(4) Appian., *Bell. Mithr.*, XI. XII. XV. LVI.
(5) Justin., XXXVII, 1 : *filiis Ariarathis, regis Cappadociae, qui eodem bello occiderat, Lycaonia et Cilicia datae.* Sous cette dénomination de Cilicie il ne faut pas entendre la région qui devint par la suite la province romaine de ce nom, mais bien une partie de la Cappadoce. C'est qu'en effet, d'une part, l'une des dix stratégies de la Cappadoce s'appelait *Cilicia* (Strabo, XII, p. 534; — Ptolem., V, 6, 15), et, d'un autre côté, les Romains avaient réuni à la Cappadoce la partie de la Cilicie qui était située au Nord du *Taurus*. (Strabo, XII, pp. 534. 535 : προςεγένετο δ' ὕστερον παρὰ Ῥωμαίων ἐκ τῆς Κιλικίας τοῖς πρὸ Ἀρχελάου καὶ ἐνδεκάτη στρατηγία, ἡ περὶ Καστάβαλά τε καὶ Κύβιστρα μέχρι τῆς Ἀντιπάτρου τοῦ λῃστοῦ Δέρβης.) Justin, (*loc. sup. cit.*), parle de ce territoire. — Voy. Junge, *De Ciliciae origine*, pp. 20. 21.
(6) Plin., *Nat. hist.*, V, 105. 106.
(7) Voy., ci-dessous, la section relative à la Cilicie. — La présence en Pamphylie, en l'année 43, de P. Lentulus, *proquaestor* du proconsul d'Asie Trebonius, était seulement motivée par les préparatifs qu'il y faisait dans l'intérêt des meurtriers de César, et ne prouve pas que la Pamphylie appartenait alors à l'Asie. (Cic., *Ad famil.*, XII, 15. — Voy. Drumann, [*Gesch. Roms*], t. II, p. 544.)

demeurèrent pas toujours attachés à la Cilicie ; de 62 à 56 avant J.-C., on les voit ressortir à l'Asie (1), et l'on est en droit de penser que cette modification de frontières a été opérée par Sulla ou par Murena en 672=82, lors de la réunion de *Cibyra* [Chorzoum] à la province d'Asie (2). De 56 à 50, les trois diocèses de *Cibyra*, d'*Apamea* et de *Synnada* furent, on ne sait pourquoi, réunis à la Cilicie (3) ; au contraire, à partir de l'an 49, on les rattache toujours à l'Asie (4). Quant à la Phrygie orientale, celle que l'on appelle παρώρειος, avec les villes d'*Apollonia* [Uluburlú] et d'*Antiochia* [Yalowâdj], elle a été, tout au moins depuis l'an 36 avant J.-C., annexée à la Galatie (5).

---

(1) C'est ce qui résulte, d'une part, des renseignements qui nous sont parvenus sur l'administration de L. Valerius Flaccus (62-61), dont Cicéron présenta la défense dans le procès de concussion qui lui fut intenté, sur celles de Q. Tullius Cicéron (61-58), de C. Fabius Adrianus (58-57) et de T. Ampius Balbus (57-56), sujet dont traite en détail M. Bergmann dans le *Philologus*, (*loc. sup. cit.*), pp. 644. 670-678), et, d'autre part, des cistophores, frappés à *Apamea* par C. Fabius. (Voy. M. Pinder, *op. cit.*, pp. 567. 568 ; — Borghesi, Œuvres, t. I, pp. 274 et suiv. ; t. II, pp. 166 et suiv.)

(2) Strabo, XIII, p. 631. — Voy. M. Waddington, *Fastes*, p. 22. — [A la séance du 4 août 1888 de l'*Académie des Inscriptions et Belles-Lettres*, M. Maurice Holleaux a communiqué le texte d'une inscription grecque de la ville de *Cibyra*, en Lycie. Cette inscription, découverte par lui et M. P. Paris, sur l'emplacement de *Cibyra*, à Chorzoum, est du temps de l'empereur Claude. Elle concerne un certain Quintus Veranius, qui fut chargé par l'empereur d'achever la reconstruction de la ville. Le nom de Messaline, qui se trouvait à la dernière ligne, a été martelé. (Voy. le *Journal officiel* du 10 août 1888, p. 3436, et le *Bulletin critiq.*, 1888, n° 19, [1er octobre], p. 380 *in fine*.)]

(3) Voy. M. Bergmann, *loc. sup. cit.*, pp. 644. 678-680. — Des cistophores ont été frappés à *Apamea* et à *Laodicea* [ruines d'Eski Hissâr, près de Denizli] par les proconsuls de Cilicie P. Lentulus (56-53), Appius Claudius Pulcher (53-51) et Cicéron (51-50). — Voy. M. Pinder, *op. cit.*, p. 547. Comp. aussi la section relative à la Cilicie.

(4) Voy. M. Bergmann, *loc. sup. cit.*, pp. 681. 684. — Pour l'année 46, nous possédons, à cet égard, une preuve résultant de la lettre de recommandation que Cicéron, (*Ad famil.*, XIII, 67), adresse pour Andro de Laodicée au *propraetor Asiae* d'alors, P. Servilius. Lorsqu'il y dit : *Ex provincia mea Ciliciensi, cui scis* τρεῖς διοικήσεις *Asiaticas attributas fuisse, nullo sum familiarius usus quam Androne*, il ne faut pas comprendre par ces diocèses, ainsi que le veut Noris, *Laodicea, Pamphylia, Lycaonia*, mais bien *Cibyratica* (*Laodicensis*), *Apamensis* et *Synnadensis*. — Comp. M. Bergmann, *loc. sup. cit.*, p. 643.

(5) *Apollonia*, appelée dans le langage usuel *Apollonia Pisidiae*, appartenait à l'origine à l'Asie, car elle se sert, semble-t-il, de l'ère de Sulla de 84, dont il va être parlé incontinent (Waddington, n° 1192=*C. I. Gr.* n° 3973). —

240 ORGANISATION DE L'EMPIRE ROMAIN.

Gouvernement. Sous la République, la province était, en général, gouvernée par un *propraetor*, auquel on donnait aussi cependant le titre de *proconsul* (1) ; ce n'est qu'en temps de guerre que le commandement y était exercé par un des consuls en fonctions, par exemple Lucullus en l'an 74, ou par un consulaire portant le titre de *proconsul* (2). Lors du partage des provinces, en 727 = 27, l'Asie demeura au Sénat et fut, dès lors, administrée par un *proconsul*, à douze faisceaux (3). Le gouverneur était, à l'époque de la République, assisté ordinairement de trois *legati* (4) ; parfois, au cours d'une guerre, ce nombre était augmenté (5) ; après la constitution d'Auguste, il fut également fixé à trois (6). L'entrée en fonctions avait lieu en mai (7) ;

[Voy., sur cette ville, M. Ett. de Ruggiero, *Dizionar. epigr.*, fascic. 17, Roma, 1890, p. 520, col. 2 *sub fin*.]

(1) Voy., sur ce point, M. Bergmann, *De Asiae Romanorum provinciae praesidibus*, dans le *Philologus*, t. II, (1847), pp. 641-690, et M. Waddington, *Fastes*, t. I, pp. 28 et suiv.

(2) Par exemple : Sulla, Cos. 88, *proconsul* Asiae 87 ; C. Trebonius Cos. *suff.* 45, *proconsul* Asiae 44 ; P. Ventidius Bassus, Cos. *suff.* 43, *procos.* Asiae 39. (Voy. M. Bergmann, *op. et loc. sup. citt.*, pp. 684. 689.)

(3) Strabo, XVII, p. 840 ; — Dio Cass., LIII, 12. 14. — Voy. M. Mommsen, *Staatsr.*, t. I, 2º Aufl., p. 366. [La traduction française, par M. P. F. Girard, de cette partie du 1ᵉʳ vol. du *Manuel*, dont une 3ᵉ éd. a paru à Leipzig en 1887, n'a pas encore été publiée.] Si, dans l'inscription nº 798 d'Orelli (= C. I. L., t. II, nº 4114) : *Tib. Cl. Candido Cos. XV. vir s. f. leg. Augg. pr. pr. provinc. H(ispaniae) C(iterioris) et in ea duci terra marique adversus rebelles h. h. p. R.* [le texte d'Orelli porte : H. H. P. P. et non P. R. = *Hispaniarum provinciarum duarum*] *item Asiae*, les mots *item Asiae* dépendent encore de *legatus*, ce qui n'est pas clair, il s'ensuit que Candidus a reçu le titre d'une façon tout à fait exceptionnelle en qualité de général de Septime Sévère contre Pescennius Niger, par conséquent au cours d'une guerre. — Voy. Henzen, *Inscr.*, [t. III du Recueil d'Orelli], p. 78. — [Voy. aussi M. W. Liebenam, *Forschungen*, pp. 61, nº 22, et suiv.]

(4) L. Valerius Flaccus, *propraetor* Asiae depuis 62 avant notre ère, et Q. Tullius Cicéron (61-58) en avaient trois. (Voy. M. Bergmann, *op. et loc. sup. citt.*, pp. 671. 673.)

(5) Il en fut ainsi pour Lucullus. (Voy. M. Bergmann, *op. et loc. sup. citt.*, p. 666.)

(6) Dio Cass., LIII, 14. Leur titre est *legatus provinciae Asiae* (Henzen, nᵒˢ 6007 [= C. I. L., t. V, 1, nº 4347]. 6464 [= C. I. L., t. X, 1, nº 1249]) ; *legatus pro praetore provinciae Asiae* (Orelli-Henzen, nᵒˢ 2761 [= C. I. L., t. XIV, nº 3609]. 3658 [= C. I. L., t. IX, nº 4119]. 6454 [= C. I. L., t. XII, nº 3163]) ; πρεσβευτής Ἀσίας (C. I. Gr., nº 3532, et mieux dans Borghesi, *OEuvres*, t. II, p. 15) ; πρεσβευτής καὶ ἀντιστράτηγος (C. I. Gr., nº 2077, et mieux dans M. Waddington, nº 147ᵃ) ; πρεσβευτής ἀντιστράτηγος (C. I. Gr., nº 4238ᵈ).

(7) Q. Tullius Cicéron arriva en Asie en mai 61 et en revint en mai 58

sous les empereurs, en juillet (1); elle se faisait à Éphèse [Ayasoluk] (2), chef-lieu de la province (3), où les *publicani Asiae* avaient également le siège de leur administration (4).

Après la première organisation de la province, à laquelle il avait été procédé par M'. Aquilius, son administration fut encore remaniée par cinq fois, à la suite des guerres dont elle fut le théâtre, par Sulla et son successeur Murena, par Lucullus, par Pompée, par César et par Auguste. Mais la constitution de Sulla, de l'an 84, à compter de laquelle commence pour la province une nouvelle ère (5), qui va jusqu'au sixième siècle après

<small>Constitution de Sulla. Ann. 84.</small>

(voy. M. Bergmann, *op. et loc. sup. cill.*, p. 673); Trebonius était, en mai 44, en route pour l'Asie (Cic., *Ad famil.*, XII, 16).

(1) Le départ de Rome fut fixé par Tibère au 1er juin (Dio Cass., LVII, 14); par Claude de nouveau au 1er avril (Dio Cass., LX, 11).

(2) Ulpian., L. 4, § 5, [*De offic. procons. et leg.*], D., I, 16: *In ingressu* [Mommsen: *Ingressum*] *etiam hoc cum observare oportet, ut per eam partem provinciam ingrediatur, per quam ingredi moris est, et quas Graeci* ἐπιδημίας *appellant sive* κατάπλουν *observare, in quam primum civitatem veniat vel applicet : magni enim faciunt provinciales servari sibi consuetudinem istam et huiusmodi praerogativas. Quaedam provinciae etiam hoc habent, ut per mare in eam provinciam proconsul veniat, ut Asia, scilicet usque adeo, ut imperator noster Antoninus Augustus ad desideria Asianorum rescripserit* [Mommsen: *rescripsit*] *proconsuli necessitatem impositam per mare Asiam applicare* καὶ τῶν μητροπόλεων Ἔφεσον *primam attingere.* C'est à cette obligation que font trait les monnaies qui portent ΕΦΕCΙΩΝ Α ΚΑΤΑΠΛΟΥC, c'est-à-dire *prima adnavigatio.* (Voy. Eckhel, t. II, p. 518.)

(3) Joseph., *Ant.*, XIV, 10, 11. — [Sur Éphèse, voy. MM. Ern. Guhl, *Ephesiaca scripsit*, Berolini, 1843, broch. in-8 (*tabulae*); — Ernst Curtius, *Ephesos. Studien*, Berlin, 1874, broch. in-8, pl.; — Gust.-Ad. Zimmermann, *Ephesos im ersten christlichen Iahrhundert. Dissertation*, 1874, broch. in-8, carte; — J. T. Wood, *Discoveries at Ephesus including the site and remains of the great temple of Diana*, London, 1877, 1 vol. in-8, nombr. grav.; — V. Barclay, *History of the coinage of Ephesus*, London and Paris, 1880, broch. in-8. (Extrait de *The numismatic Chronicle*, 1880, pp. 85-173); — Kubitschek, *op. cit.*, p. 248 *in fine*. Comp. M. Th. Mommsen, *C. I. L.*, t. I, f°s 587 et suiv. — Voy. enfin les fascic. 4 et 5 du Μουσεῖον καὶ βιβλιοθήκη publiés en 1886 par *l'École évangélique de Smyrne*, et dans lesquels se trouve, entre plusieurs inscriptions inédites, une description, en français, de l'emplacement d'Éphèse. — P. L.-L.]

(4) Cic., *Ad famil.*, V, 20. — [Sur les publicains, voy. *infra*, p. 242, note 5.]

(5) L'ère de Sulla, établie pour la première fois par M. Franz, (*C. I. Gr.*, t. III, *Addenda*, f° 1103), se compte, d'après M. Waddington, (sur le n° 980), à partir de l'automne de l'an 85, et elle est aujourd'hui démontrée dans les localités suivantes (je cite de préférence M. Waddington, pour plus de brièveté): en Lydie: *Maeonia* [Menne] (Wadd., n°s 667. 668. 669. 671. 1672. 1674);

Organisation Romaine, t. II. 16

J.-C. (1), semble avoir servi de base à tous les règlements ultérieurs. La constitution de Sulla et de Murena (2) se réfère, partie à la délimitation du sol (3), partie à la concession de droits politiques à quelques villes (4), partie au régime des impôts. Sous ce dernier rapport, l'Asie avait été traitée, en l'an 129, avec beaucoup de ménagements ; mais C. Gracchus, soit pour accroître les revenus de l'État, soit pour donner une base financière à l'ordre équestre qu'il avait fondé, avait non seulement introduit en Asie, par une loi spéciale de 123, les contributions ordinaires, c'est-à-dire la dîme (*decuma*), la taxe de pacage (*scriptura*) et les droits de douane (*portoria*), mais encore décidé que ces contributions seraient affermées, par le ministère des censeurs, à des *publicani* romains, c'est-à-dire à des chevaliers (5).

Gordus [Gördiz] (n⁰ˢ 677-683) ; *Coloe* [Mermere-göl, lac] (n⁰ˢ 700 et suiv.) ; *Silandus* [Selendi] (n⁰ˢ 709. 710) ; *Saitta* [ruines de Sidás-Kalé] (n⁰ˢ 1667. 1668) ; *Philadelphia* [Alaschehr] (n⁰ 1669) ; — dans la *Phrygia maior* : *Traianopolis* (n⁰ˢ 718. 722. 727. 1676) ; *Sebaste* (n⁰ˢ 733. 735. 737) ; *Eumenia* [Ischikli] (*C. I. Gr.*, n⁰ˢ 3892. 3896) ; *Eucarpia* (Waddington, n⁰ 772) ; — dans la *Phrygia epictetus* : *Cotiaeum* [Kiutahia] (n⁰ 802) ; *Aezani* [ruines de Tschav-dir-hissár] (n⁰ˢ 831. 945. 966. 980. 998) [sur *Aezani*, voy M. Ett. de Ruggiero, *Dizionar. epigr.*, fascic. 11, Roma, 1888, p. 322, col. 2] ; *Ancyra* [Angora ; *vulg.* Engüri] (n⁰ 1012) [sur *Ancyra*, voy. M. Ett. de Ruggiero, *op. cit.*, fascic. 15, Roma, 1889, p. 468, col. 1] ; — dans la *Mysia* : *Apollonia ad Rhyndacum* [Abullonia, près d'Ulubad] (n⁰ˢ 1069. 1088) et ses environs (n⁰ˢ 1771. 1774). [Sur cette dernière ville, voy. M. Ett. de Ruggiero, *op. cit.*, fascic. 17, Roma, 1890, p. 520, col. 2.]

(1) *Traianopolis* se servait encore de cette ère en 279 après J.-Chr. (Waddington, n⁰ 727), et *Aezani* encore en 508 de notre ère (Waddington, n⁰ 980).

(2) Appien, (*Mithr.*, LXI. LXII), fait Sulla καθίστασθαι τὴν Ἀσίαν, et de même Murena, (*Mithr.*, LXIV). Tacite, (*Ann.*, III, 62), mentionne également les *constituta Sullae*.

(3) La régularisation des frontières de la province vers le Sud est mentionnée dans Strabon, (XIII, p. 631), et dans Cicéron, (*Ad Q. fr.*, I, 1, 11).

(4) Appian., *Mithr.*, LXI ; — Tacit., *Ann.*, III, 62. — C'est à ces concessions que se rapportent les inscriptions, placées à Rome au Capitole par les villes de *Laodicea* et d'*Ephesus* et par le *commune* [κοινόν] *Lyciae*, en reconnaissance de l'octroi qui leur avait été fait de la liberté (*C. I. L.*, t. I, n⁰ˢ 587. 588. 589).

(5) Dans Appien, (*Bell. civ.*, V, 4), Atonius dit, dans une assemblée à Pergame [Bergama] : ὑμᾶς ἡμῖν, ὦ ἄνδρες Ἕλληνες, Ἄτταλος ὁ βασιλεὺς ὑμῶν ἐν διαθήκαις ἀπέλιπε, καὶ εὐθὺς ἀμείνονες ὑμῖν ἦμεν Ἀττάλου· οὓς γὰρ ἐτελεῖτε φόρους Ἀττάλῳ, μεθήκαμεν ὑμῖν, μέχρι, δημοκόπων ἀνδρῶν καὶ παρ' ἡμῖν γενομένων, ἐδέησε φόρων. Ἐπεὶ δὲ ἐδέησεν, οὐ πρὸς τὰ τιμήματα ὑμῖν ἐπεθήκαμεν, ὡς ἂν ἡμεῖς ἀκίνδυνον φόρον ἐκλέγοιμεν, ἀλλὰ μέρη φέρειν τῶν ἑκάστοτε καρπῶν ἐπετάξαμεν,

De toute manière, l'hostilité témoignée par Sulla aux che-

ἵνα καὶ τῶν ἐναντίων κοινωνῶμεν ὑμῖν. τῶν δὲ ταῦτα παρὰ τῆς βουλῆς μισθουμένων ἐνυβριζόντων ὑμῖν καὶ πολὺ πλείονα αἰτούντων, Γάϊος Καῖσαρ τῶν μὲν χρημάτων τὰ τρίτα ὑμῖν ἀνῆκεν ὧν ἐκείνοις ἐφέρετε, τὰς δ' ὕβρεις ἔπαυσεν · ὑμῖν γὰρ τοὺς φόρους ἐπέτρεψεν ἀγείρειν παρὰ τῶν γεωργούντων. — Cic., *Verr.*, III, 6, 12 : *ceteris (provinciis) aut impositum vectigal est certum, quod stipendiarium dicitur — — aut censoria locatio constituta est, ut Asiae lege Sempronia.* — Fronto, *Ad Verum*, p. 121, éd. Frankf. = p. 125, éd. Naber. : *iam Gracchus locabat Asiam.* — [Sur la *lex Sempronia* dont il est ici question, voy. M. Pelham, *On the lex Sempronia C. Gracchi de provincia Asia*, dans *Transact. of the Oxford Philol. Society*, 1881. — Sur les *decumae*, en général, voy. M. G. Humbert, dans le *Dict. des Antiq. grecq. et rom.*, de MM. Ch. Daremberg et Edm. Saglio, 11º fascic., Paris, 1887, *h. v.*, t. II, pp. 36 et suiv., et spécialement, en ce qui concerne la *decuma* de la province d'Asie, p. 38, col. 1. — Sur la *scriptura* et sur l'*ager scripturarius*, voy. MM. B. Mathiass, *Die Römischen Grundsteuer und das Vectigalrecht*, Erlangen, 1882, pp. 69 et suiv. ; — M. Voigt, *Die Staatsrechtliche possessio*, etc. (*De la possessio selon le droit public et de l'ager compascuus de la République romaine*), dans les *Mémoires de l'Académie de Leipzig*, t. X, 1887, pp. 221-272 ; — Ett. de Ruggiero, *Dizionar. epigr.*, fascic. 12, Roma, 1888, Vº *Ager publicus populi Romani*, E, p. 359, coll. 1 *in fine* et suiv. — Sur le *portorium*, voy. MM. Dirksen, *Ueber ein in Iustinians Pandekten enthaltenes Verzeichniss ausländischer Waaren, von denen ein Eingangssteuer an den Zollstädten des römischen Reiches erhoben wurde*, dans les *Abhandl. der Berl.Akad.*, 1843, pp. 59 et suiv.; — G. Humbert, *Les douanes et les octrois chez les Romains*, Toulouse, 1867, in-8 (Extr. du *Recueil de l'Acad. de Législ.*, 1867) ; —Henri Naquet, *Des impôts indirects chez les Romains, sous la République et sous l'Empire*, Paris, 1875, in-8 ; — R. Cagnat, *Étude historique sur les impôts indirects chez les Romains jusqu'aux invasions des Barbares, d'après les documents littéraires et épigraphiques*, Paris, 1882, gr. in-8 ; — A Vigié, *Des douanes dans l'empire romain*, dans le *Bulletin de la Société languedocienne de Géographie*, t. V, 1882, pp. 465-503 ; t. VI, 1883, pp. 5-57. 184-216. 527-574 ; — J. Lefort, *L'Octava et le Portorium*, dans la *Revue générale du Droit*, t. VII, 1883, pp. 250-255 ; — Fabien Thibault, *Les douanes chez les Romains*, Paris, 1888, in-8. — Comp. un fragment du tarif de douane de Sardaigne, dans les *Notizie degli Scavi* (*Accad. dei Lincei*, 1885, p. 234) ; la *lex portus* de Zraïa de 202 (M. Ant. Héron de Villefosse, *Le tarif de Zraïa*, dans les *Comptes-rendus de la Soc. de num. et d'archéol.*, t. VI, 1875, et tirage à part, Paris, 1878, broch. in-8, pl. ; — R. Cagnat,*op. cit.*, pp. 112 et suiv. ; — Wilmanns, dans les *Dissert. phil. in honor.Th. Mommseni*, pp. 208 et suiv. ; — *C. I. L.*, t. VIII,1, nº 4508), et le tarif bilingue récemment découvert à Palmyre (voy. MM.de Vogüé, *Inscriptions palmyréniennes inédites.* — *Un tarif sous l'Empire romain*, dans le *Journal asiatique*, 1883, pp. 231-245 ; — R. Cagnat, *Remarques sur un tarif récemment découvert à Palmyre*, dans la *Revue de philologie*, t. VIII, Paris, 1884, pp. 135-144 ; — H. Dessau, dans *Hermes*, t. XIX, 1884, pp. 486-533). — Sur les finances et l'administration financière en général, voy. MM. L. Bouchard, *Étude sur l'administration des finances de l'empire romain dans les derniers temps de son existence*, Paris, 1871, in-8 ; — A. Bouché-Leclercq, *Manuel des institutions romaines*, Paris, 1886, gr. in-8, pp. 221-262 ; — Gustave Humbert, *Essai sur les finances et la comptabilité publique chez les Romains*, Paris, 1887, 2 voll. gr.

valiers devait le pousser à leur retirer la ferme des impôts ;

in-8 ; — J. Marquardt, trad. franç. de M. A. Vigié, *L'administration romaine*, 2ᵉ partie, *L'organisation financière*, Paris, 1888, 1 vol. in-8 ($=$ t. X de la collection) ; — P. Willems, *Le droit public Romain*, 6ᵉ éd., Louvain et Paris, 1888, pp. 331 et suiv., 465 et suiv., 593 et suiv. — Voy. aussi les nombreuses autorités citées par ces différents auteurs. — Sur les censeurs, voy. t. I de cette trad. $=$ t. VIII de la collection, p. 219, note 1, et M. P. Willems, *op. cit.*, pp. 270 et suiv. Comp. M. A. Esmein, dans ses *Mélanges d'hist. du dr. et de critiq.*, Paris, 1886, pp. 219-233. — Sur les publicains et sur la perception de l'impôt en général, voy. C. Sigonius, *De antiq. jur. civ. Roman.*, lib. II, capp. III et IV, *De equitibus Romanis* et *De publicanis*, dans ses *Opp. omn.*, t. V, Mediolani, 1736, coll. 214-219, et coll. 219-225, et dans le *Thes. antiq. Rom.*, de Graevius, t. I, Traject. ad Rhen., Lugd. Batavor., coll. 143-149, et coll. 149-152 ; — Bouchaud, *Mémoire sur les Sociétés que formèrent les publicains pour la levée des impôts chez les Romains*, dans les *Mémoires* de l'ancienne Académie des Inscr., t. XXXVII, 1774, pp. 241-264, et MM. : Salkowski, *Quaestiones de jure societatis, praecipue publicanorum*, Regiomont., 1859 ; — H. Degenkolb, *Die lex Hieronica und das Pfändungsrecht der Steuerpächter. Beitrag zur Erklärung der Verrinen*, Berlin, 1861 ; — M. Cohn : *De natura societatum juris Romani, quae publicae vocantur*, Berolini, 1870 ; *Zum römischen Vereinsrecht*, Berlin, 1873, pp. 155-231 ; — A. D. Xenopoulos, *De societatum publicanorum Romanorum historia ac natura judiciali*, Berolini, 1871 ; — A. Saint-Girons, *Essai sur les sociétés vectigaliennes et la ferme des impôts*, Paris, 1875 (Thèse de Doct. en Droit) ; — Alphonse Ledru, *Des publicains et des sociétés vectigalium*, Paris, 1876 (Thèse de Doct. en Droit) ; — C. G. Dietrich : *Beiträge zur Kenntniss des römischen Steuerpächtersystems*, Leipzig, 1877 ; *Die rechtlichen Grundlagen der Genossenschaften der römischen Staatspächter. 1 Die rechtliche Natur der Societas publicanorum* (Schulprogramm', Meissen, 1889, broch. in-4 de 25 pp. (ibiq. *Berliner philolog. Wochenschr.*, 1890, nᵒ 21) ; — C. Davanne, *Les ressources financières du peuple Romain considérées au point de vue de leur recouvrement par les Publicains*, Paris, 1879 (Thèse de Doct. en Droit) ; — René Prax, *Essai sur les sociétés vectigaliennes*, Montauban, 1884 (Thèse de Doct. en Droit) ; — G. A. Castier, *Les sociétés de Publicains*, Douai, 1884 (Thèse de Doct. en Droit) ; — L.-A. Rémondière, *Essai sur la levée des impôts chez les Romains*, Paris, 1886 (Thèse de Doct. en Dr.) ; — M. Mennessier, *De la ferme des impôts et des sociétés vectigaliennes*, Nancy, 1888 (Thèse de Doct. en Dr.) ; — Paul Allard, *Les publicains et l'agriculture dans l'ancienne Rome*, dans la *Réforme sociale*, février 1889 ; — Francis Lefebvre, *De la société en général et spécialement de la société vectigalium en droit romain* (Thèse de Doct. en Dr.), Rennes, 1889 ; — Daniel-Émile Ollivier, *De la société des publicains* (Thèse de Doct., Fac. de Dr. de Paris), Paris, 1889, gr. in-8 ; — A. Deloume, *Les manieurs d'argent à Rome*, Paris, 1890, 1 vol. gr. in-8. — Comp. M. J. Beloch, *Der Rechtsstreit zwischen Oropos und den römischen Steuerpächtern*, dans *Hermes*, t. XX, 1885, pp. 268 et suiv. — Enfin, sur les chevaliers et l'ordre équestre, voy. MM. F. Muhlert, *De equitibus Romanis*, Hildesheim, 1834 ; — C. G. Zumpt, *Ueber die römischen Ritter und den Ritterstand in Rom*, dans les *Abhandl. der Berl. Akad.*, 1839 ; — J. Marquardt, *Historiae equitum Romanorum libri IV*, Berolini, 1840 ; — Niemeyer, *De equitibus Romanis commentatio historica*, Gryphiae, 1851 ; — H. Gomont, *Les chevaliers Romains depuis Ro-*

mais, s'il l'a tenté — ce que rien ne nous dit avec certitude (1), — la mesure prise par lui de ce chef ne peut avoir été que passagèrement appliquée (2); en effet, les chevaliers demeurèrent fermiers des impôts (3) jusqu'à César, qui supprima la ferme

---

mulus jusqu'à Galba, Paris, 1854, broch. in-8 ; — Kappes, *Zur Geschichte der römischen Ritter unter den Königen* (Gymn.-Progr.), Freiburg im Brisgau, 1855 ; — Rein, *Equites*, dans la Pauly's *Realencyclopaedie* t. III, p. 209 ; — Steinike, *De equitatu Romano*, Halle, 1864 ; — E. Belot, *Histoire des chevaliers Romains*, Paris, 1866-1873, 2 voll. gr. in-8 ; — Otto Hirschfeld, *Untersuchungen*, I Bd., Berlin, 1876, *Die procuratorische Carrière*, pp. 240-280, et *Verzeichniss der ritterlichen Verwaltungsbeamten von Augustus bis auf Diocletianus*, pp. 301 et suiv. ; — B. Gerathewohl, *Die Reiter und die centuriae equitum zur Zeit der römischen Republik*, München, 1883 ; — J.-B. Mispoulet, *Des equites equo privato*, dans la *Revue de philologie*, t. VIII, 1884, pp. 177-186, et *Études sur les chevaliers Romains*, dans ses *Études d'institutions Romaines*, Paris, 1887, in-8, pp. 149-226 ; — Theodor Mommsen, *Handb. der röm. Alterth.*, t. III, Ire partie, Leipzig, 1887, pp. 476-569; voy. aussi p. XV, note 1 (= dans la trad. franç. de M. P. F. Girard, t. VI, 2e partie, pp. 63-184 ; voy. aussi p. 489, note 1); — P. Willems, *Le droit public romain*, 6e éd., Louvain et Paris, 1888, pp. 117 et suiv., 383 et suiv. et les ouvrages généraux de MM. Naudet, Becker, Walter, Madvig, Troisfontaines, Mispoulet, Herzog, Karlowa, Bouché-Leclercq et Landucci par lui cités. — Comp. M. Sallet, dans la *Numismatische Zeitschrift*, t. III, pp. 129 et suiv. — Voy., au demeurant, pour de plus amples détails sur ces différents points, notre *Introd. bibliogr. gén.*, VI. — P. L.-L.]

(1) M. Mommsen, (*Röm. Gesch.*, t. II, [7me Aufl., p. 346 = dans la trad. franç. de M. Alexandre, t. V, p. 359]), qui fait remonter jusqu'à Sulla la création d'un impôt annuel fixe en Asie, suit Appien, (*Mithr.*, LXII), dans lequel Sulla dit : μόνους ὑμῖν ἐπιγράφω πέντε ἐτῶν φόρους ἐσενεγκεῖν. Il se pose cependant la question de savoir si c'était bien là un *tributum* fixe, ou une somme établie d'après le produit de la *locatio censoria* faite jusqu'alors.

(2) C'est ce que paraît dire Cicéron, (*Ad Q. fr.*, I, 1, 11, § 33) : *Nomen autem publicani aspernari non possunt* (*Asiani*), *qui pendere ipsi vectigal sine publicano non potuerint, quod iis aequaliter Sulla descripserat*. C'est qu'en effet, les habitants de l'Asie ne parvinrent pas à fournir l'argent de la manière prescrite par Sulla, mais tombèrent dans les mains d'usuriers romains (Plutarch., *Lucull.*, XX).

(3) Nous possédons, à cet égard, des témoignages se rélérant à différentes années : Plutarch., *Lucull.*, VII, passage qui nous décrit les exactions des *publicani* antérieures à l'an 74. Val. Max., VI, 9, 1 : *T. Aufidius, cum Asiatici publici exiguam admodum particulam habuisset, postea totam Asiam proconsulari imperio obtinuit* (probablement en l'an 69 av. J.-C. ; voy. M. Bergmann, dans le *Philologus*, t. II, p. 650). — Cicéron, (*De imp. Pompei*, VI, 15), (ann. 66), dit, au sujet de la province d'Asie : *Ita neque ex portu neque ex decumis neque ex scriptura vectigal conservari potest*. — Cic., *De leg. agr.*, II, 29, 80 (ann. 63) : *Quid nos Asiae portus, quid scriptura, quid omnia transmarina vectigalia iuvabunt tenuissima suspicione praedonum aut*

en l'an 48 seulement et soumit la province à un *tributum* fixe, qui devait être directement payé par les provinciaux (1). Néanmoins, l'Asie conserva sa division en 44 districts (2), que Sulla avait établie en vue du payement imposé par lui d'une contribution quinquennale et des frais de la guerre (3). En effet, en 82, en 64 et en 62, on s'attacha à ces districts pour la répartition des charges publiques (4); en 63, les *vectigalia* furent affermés non pas à Rome, mais en Asie, non pas en totalité, mais par districts (5); et le maintien des districts par César, dans sa nouvelle organisation fiscale, semble résulter de ce que plus tard encore l'Asie se divise en *regiones* (6), et de ce que, au chef-lieu

---

hostium iniecta? — Cic., *Ad Att.*, I, 17, 9 : *Asiani (equites), qui de censoribus conduxerunt, questi sunt in senatu, se cupiditate prolapsos nimium magno conduxisse; ut induceretur locatio, postulaverunt.* — Ces débats durèrent de 61 à 59, époque à laquelle César exauça leur vœu (Suet., *Caes.*, XX; voy. Garatoni, *Ad Cic. pro Plancio*, XIV). — En l'an 60, Cicéron, (*Ad. Q. fr.*, I, 1, 11 sq.), instruit en détail son frère sur les agissements des *publicani* en Asie; en l'an 51, le même Cicéron reçoit à Éphèse la visite des *decumani* d'Asie (*Ad Att.*, V, 13), et, en l'année 47 encore, il fait mention (*Ad Att.*, XI, 10, 1) d'un certain P. Terentius, qui, peu de temps auparavant, *operas in portu et scriptura Asiae pro magistro dedit*.

(1) Appian., *Bell. civ.*, V, 4; — Dio Cass., XLII, 6.

(2) Ils sont mentionnés par Appien, (*Mithr.*, LXII): διαιρήσω δὲ ταῦθ' ἑκάστοις ἐγὼ κατὰ πόλεις, et avec plus de précision par Cassiodore (voy. M. Mommsen, *Die Chronik des Cassiodorus Senator*, p. 622), ad ann. 670 : *his cons. Asiam in XLIIII regiones Sulla distribuit.* Le manuscrit *Parisinus* et le ms. *Cuspinianus* portent le nombre *XLIIII*, tandis que celui de Munich donne *XL*.

(3) Appian., *Mithr.*, LXII. — Plutarque, (*Lucull.*, XX), évalue la somme totale à 20.000 talents.

(4) Sur l'année 82, voy. Cic., *In Verr.*, act. II, 1, 35, 89 : *Decem enim naves iussu L. Murenae populus Milesius ex pecunia vectigali populo Romano fecerat, sicut pro sua quaeque parte Asiae ceterae civitates.* — Sur les années 64 et 62, Cic., *Pro Flacco*, XIV, 32 : *Descripsit autem pecuniam ad Pompei rationem, quae fuit accommodata L. Sullae descriptioni: qui cum omnes Asiae civitates pro portione in provincia descripsisset, illam rationem in imperando sumptu et Pompeius et Flaccus secutus est.*

(5) Cic., *Pr. Flacco*, XXXVII, 91 : *At fructus isti Trallianorum Globulo praetore venierant: Falcidius emerat HS nongentis milibus.*

(6) Merckens, (*op. sup. cit.*, p. 16), rattache sans doute avec raison à cette division la *regio Apamena*, la *regio Eumenetica* (Plin., *Nat. hist.*, V, 113), la *regio Milesia* (Plin., *Nat. hist.*, XI, 95), la *regio Philadelphena* (*C. I. Gr.*, n° 3436: Σεουῆρος, Σεβαστοῦ ἀπελεύθερος, βοηθὸς ἐπιτρόπων ῥεγεῶνος Φιλαδελφηνῆς), bien qu'on ne puisse toujours affirmer avec certitude s'il est ici question, d'une manière générale, de l'une des régions de Sulla ou d'une circonscription urbaine.

de chacune de ces dernières, se trouvent des archives (1), contenant les documents d'arpentage, ayant servi de base à la levée de l'impôt (2), les titres de propriété (3) et les actes hypothécaires (4). Étant donné le grand nombre de communes urbaines d'Asie, dont beaucoup n'avaient que peu d'importance — on en a compté jusqu'à 500 (5), et, au temps de Justinien, il y en avait encore plus de 200 (6), — l'administration fut singulièrement facilitée par la formation de circonscriptions plus étendues, groupées autour d'un chef-lieu, ainsi qu'on le voit dans d'autres provinces, par exemple en Gaule (7) et en Judée, sous Gabinius; de même aussi pour l'administration de la justice, on réunit entre elles plusieurs de ces circonscriptions, de telle sorte que le

Conventus iuridici.

---

(1) Voy. la mention d'un ἀρχεῖον : à Smyrne, au *C. I. Gr.*, n°⁵ 3292. 3295. 3318. 3335. 3356 et nombre d'autres ; — à *Aphrodisias, ibid.*, n° 2842 ; — à *Assus*, en Mysie, *ibid.*, n° 3573 ; — à *Eumenia* [Ischikli], en Phrygie, *ibid.*, n° 3892 ; — celle d'un γραμματεῖον, à *Nysa* [ruines de Sultanhissâr], en Carie, *ibid.*, n° 2943. — Sur le *tabularium provinciae Asiae* à Éphèse, voy. M. Menadier, *Qua conditione Ephesii usi sint*, p. 6.

(2) Hygin., *De limit. const.*, [dans les *Gromat. vett.*, t. I], p. 205, éd. Lachm. : *Agri vectigales multas habent constitutiones. In quibusdam provinciis fructus partem praestant certam, alii quintas, alii septimas, alii pecuniam et hoc per soli aestimationem. Certa enim pretia agris constituta sunt, ut in Pannonia arvi primi, arvi secundi, prati, silvae glandiferae, silvae vulgaris, pascuae. His omnibus agris vectigal est ad modum ubertatis per singula iugera constitutum. Horum aestimio ne qua usurpatio per falsas professiones fiat, adhibenda est mensuris diligentia. Nam et in Phrygia et tota Asia ex huiusmodi causis tam frequenter disconvenit quam in Pannonia.* — [Sur les *agri vectigales*, voy. MM. G. Humbert, dans le *Dict. des antiq. grecq. et rom.*, de MM. Ch. Daremberg et Edm. Saglio, 1ᵉʳ fascic., 2ᵉ éd., Paris, 1875, V° *Ager vectigalis*, t. I, p. 140 ; — Ett. de Ruggiero, *Dizionar. epigr.*, fascic. 12, Roma, 1888, V° *Ager publicus populi Romani*, p. 359, col. 1. — Voy. aussi les auteurs cités p. 242, note 5, *supra*.]

(3) *C. I. Gr.*, n°⁵ 3264. 3266. 3286.

(4) De là, l'ἀρχεῖον χρεωφυλάκιον à Smyrne (*C. I. Gr.*, n° 3282), ou le χρεωφυλάκιον à *Aphrodisias (ibid.*, n° 2826. 2827. 2829, et beaucoup d'autres).

(5) Philostratus, *V. Soph.*, p. 56, 21, éd. Kayser = *Opp.*, t. J, p. 235, 25 ; — Apollonii Tyanensis *Epist.*, LVIII, dans Philostrati *Opp.*, éd. Kayser, t. II, p. 53, 30 ; — Josephus, *Bell. Iud.*, II, 16, 4. — Statius, (*Silv.*, V, 2, 56), parle même de 1.000 villes. Comp. Aristides, t. I, p. 770, éd. Dind. : οὔτε γὰρ πόλεις τοσαύτας τὰς πάσας οὐδεμία ἄλλη τῶν πασῶν παρέχεται οὔτε δὴ τάς γε μεγίστας τοιαύτας.

(6) Kuhn, ([*Verf.*], t. II, p. 264), en compte 206 d'après Hierocles dans l'ancienne province d'Asie.

(7) Voy. *supra*, p. 128.

nombre des *conventus iuridici* (1)* est notablement inférieur à leur propre nombre. Les chefs-lieux judiciaires ne nous sont connus que d'une manière incomplète ; mais, comme c'est à leur siège que les monnaies régionales, les cistophores, étaient frappées, il convient de mettre les deux listes en regard. On connaît les *conventus* et les villes monétaires dont les noms suivent :

Conventus :	Villes monétaires (2) :
Alabanda [ruines d'Arabhissâr] (3).	
Adramyttium [en grec, Adramyti ; en turc, Edremid] (4).	*Adramyttium.*
Apamea [Dinêr] (5).	*Apamea.*
Cyzicus [ruines de Balkiz] (6).	

(1)* [Sur les *conventus juridici*, voy. MM. O. E. Hartmann, *Ueber die römische Gerichtsverfassung*, éd. d'Aug. Ubbelohde, Göthingen, 1886, in-8, renvois du *Sachregister*, p. 640, col. 1, V° *Provinzial—Convente* ; — G. Humbert, dans le *Dict. des Antiq. grecq. et rom.*, de MM. Ch. Daremberg et Edm. Saglio, 10° fascic., Paris, 1886, V° *Conventus*, II, t. I, p. 1496, col, 2.]

(2) Voy., sur elles, M. Pinder, *op. sup. cit.*

(3) Plin., *Nat. hist.*, V, 109 : *Alabanda libera quae conventum cum cognominavit.* — [Voy., sur cette ville, M. Ett. de Ruggiero, *Dizion. epigr.*, fascic. 12, Roma, 1888, p. 381, coll. 1 *in fine* et suiv.]

(4) Plin., *Nat. hist.*, V, 122. — Le *conventus* s'étendait jusqu'à *Apollonia ad Rhyndacum* [Abullonia, près d'Ulubad]. — [Sur cette ville, voy. M. Ett. de Ruggiero, *op. cit.*, fascic. 17, Roma, 1890, p. 520, col. 2.]

(5) Plin., *Nat. hist.*, V, 106 : *Tertius (conventus) Apameam vadit ante appellatam Celaenas, dein Ciboton ;* — Cicero : *Ad Att.*, V, 21, 9 ; *Ad famil.*, III, 8, 5 ; XV, 4, 2 ; — Dio Chrysost., Vol. II, pp. 68. 69, éd. R., discours qui fut prononcé à *Kelainai* : ἄλλα τε ἔθνη περιοικεῖ πολυανδρότατα — καὶ τούτοις ἅπασιν ἀγορὰν ὑμεῖς καὶ ξύνοδον παρέχεσθε τὴν αὐτῶν πόλιν — πρὸς δὲ τούτοις αἱ δίκαι παρ' ἔτος ἄγονται παρ' ὑμῖν καὶ ξυνάγεται πλῆθος ἀνθρώπων ἄπειρον δικαζομένων, δικαζόντων, ῥητόρων, ἡγεμόνων, ὑπηρετῶν κ. τ. λ. — [Sur *Apamea Cibotus*, voy. M. Kubitschek, *op. cit.*, p. 247, et M. Ett. de Ruggiero, *op. cit.*, fascic. 16, Roma, 1889, p. 514, col. 2.]

(6) Que l'Hellespont (comp. Cic., *Ad famil.*, XIII, 53, 2) ait bien eu là son *conventus*, c'est ce qu'Aristides, (Vol. I, p. 544, éd. Dind.), rend vraisemblable : φέρε δὴ καὶ περὶ τῆς ἔναγχος εἰς Κύζικον ἐξόδου γενομένης ἐξηγήσωμαι · — αὐτὸς δὲ καὶ ᾔτησα τὸν θεὸν σημῆναι, ἅτε καὶ δικῶν οὐσῶν καὶ τῶν φίλων δεομένων ἥκειν. —[Sur *Cyzicus*, voy. MM. J. Marquardt, *Cyzicus und sein Gebiet ;* — Kubitschek, *op. cit.*, p. 248. — Voy. aussi D' C. S. Macri, *Les ruines de l'ancienne Cyzique*, dans le t. XVIII, (1883-1884), de l'*Annuaire* de la Société dite *Syllogue littéraire grec de Constantinople*, 1889, in-4, pp. 25 et suiv. — *Adde* M. Th. Mommsen, *Senatus Consultum factum de Cyzicenis inter A.* CXXXVIII-

ASIA.

CONVENTUS :	VILLES MONÉTAIRES :
Ephesus [Ayasolúk] (1).	*Ephesus*.
Eumenia? [Ischikli] (2).	
Laodicea [ruines d'Eski Hissâr, près Denizli] (3).	*Laodicea*.

CLX, dans *l'Ephem. epigr.*, Vol. III, 1877, pp. 156-160. — Enfin, sur la numismatique de cette ville, voy. M. F. Lenormant, dans le *Dict. des Antiq. grecq. et rom.*, de MM. Ch. Daremberg et Edm. Saglio, V° *Cyziceni*, 11e fascic., Paris, 1887, t. I, pp. 1699 *in fine* et suiv.] — [N. B. : M. Théodore Reinach a lu à l'*Acad. des Inser. et Belles-Lettres*, dans ses séances des 14 et 21 mars 1890, un travail sur l'essai de restitution du temple d'Hadrien à Cyzique, temple qui, d'après un manuscrit de Cyriaque d'Ancône, serait l'œuvre de l'architecte Aristénète. — Voy. *Journ. off.* du 25 mars, p. 1605, col. 2, et du 2 avril, p. 1784, col. 2; — *Revue critiq. d'hist. et de littér.*, 1890, n° 12, (24 mars), p. 240, et n° 13, (31 mars), p. 260; — *Bull. critiq.*, 1890, n° 11, (1er juin), p. 220 *sub fin.*]

(1) Plin., *Nat. hist.*, V, 120; — Joseph., *Ant.*, XVI, 6, 7, passage dans lequel on voit Antoine écrire : οἱ ἐν τῇ Ἀσίᾳ κατοικοῦντες Ἰουδαῖοι — δικαιοδοτοῦντί μοι ἐν Ἐφέσῳ ὑπέδειξαν κ. τ. λ. — Aristides, Vol. I, p. 525, éd. D. : μετὰ ταῦτα Σεβῆρος — εἰς τὴν Ἔφεσον κατήει δικῶν ἀγορὰν ἄξων. — [Sur *Ephesus*, voy. p. 241, note 3, *supra*.]

(2) L'inscription d'*Eumenia*, en Phrygie (C. I. Gr., n° 3902b) contient un δελτογράφημα τοῦ ἀνθυπάτου καὶ ψήφισμα τῆς Ἀσίας, qui doit être affiché ἐν ταῖς ἀφηγουμέναις τῶν διοικήσεων πόλεσιν. *Eumenia* devait, par suite, faire partie de ces villes. Par διοίκησις il convient d'entendre d'ordinaire la circonscription judiciaire, *conventus*. Cic., *Ad famil.*, XIII, 67, 1 : *Ex provincia mea Ciliciensi, cui scis tres dioiceses Asiaticas attributas fuisse*, savoir *Cibyratica, Apamensis* et *Synnadensis*. — Strabo, XIII, p. 629 : εἰς δὲ τὴν σύγχυσιν ταύτην οὐ μικρὰ συλλαμβάνει· τὸ τοὺς Ῥωμαίους μὴ κατὰ φῦλα διελεῖν αὐτούς, ἀλλὰ ἕτερον τρόπον διατάξαι τὰς διοικήσεις, ἐν αἷς τὰς ἀγοραίους ποιοῦνται καὶ τὰς δικαιοδοσίας. P. 631 : οὐδὲν δ᾿ ἧττον ἐν ταῖς μεγίσταις ἐξετάζεται διοικήσεσι τῆς Ἀσίας ἡ Κιβυρατική. De même, à *Prusa* [Brussa], en Bithynie, ville qui, au temps de Dion Chrysostôme, se vit attribuer une διοίκησις propre (Dio Chrys., Vol. II, pp. 205-208, éd. R. : καὶ τοίνυν διοικήσεως νῦν πρῶτον ἀξιωθείσης), cette expression désigne le *conventus*. Dio Chrys., Vol. II, p. 195, éd. R. : καὶ μὴν τὸ νῦν συμβεβηκὸς περὶ τὴν ἡμετέραν πόλιν τὸ μὲν ἀληθὲς ἅπτεται πολλῶν καὶ κνίζει τοὺς ἄλλους πάντας, ὅτι δὴ τὰς δίκας ὑμεῖς ἀποδέχεσθε καὶ παρ᾿ ὑμῖν αὐτοὺς ἀνάγκη κρίνεσθαι. — Aristides, Vol. I, p. 527, éd. D. : καὶ γὰρ ἦν ἐπὶ τῆς διοικήσεως τῆς περὶ Σμύρναν. Au demeurant, ce mot, dans une acception générale, s'emploie aussi dans le sens de circonscription urbaine ou de circonscription administrative, et il suit de là que l'inscription n'est pas absolument probante en ce qui concerne le *conventus*. — [Voy. M. C. Jullian, dans le *Dict. des Antiq. grecq. et rom.*, de MM. Ch. Daremberg et Edm. Saglio, V° *Dioecesis*, 13e fascic., Paris, 1889, t. II, p. 226, coll. 1 et 2. Comp. M. E. Caillemer, *eod.*, V° *Dioikèsis*, pp. 224, col. 2 *sub fin.*, et suiv.]

(3) Plin., *Nat. hist.*, V, 105 : *Una (iurisdictio) appellatur Cibyratica. — Conveniunt eo XXV civitates celeberrima urbe Laodicea*; — Strabo, XIII, p. 631. — Les assises judiciaires se tenaient à *Laodicea*, et non à *Cibyra* (Cic., *Ad Att.*, V, 21, 9; *Ad famil.*, III, 8. 5; XV, 4. 2).

CONVENTUS :	VILLES MONÉTAIRES :
	Nysa [ruines de Sultanhissâr] (1)*.
	Parium ?[Kâmarae ; en turc, Kemér] (2)
Pergamum [Bergama] (3).	*Pergamum*.
[*Philadelpia* (4)] [Alaschehr].	
Philomelium [Akscheher] (5).	*Philomelium* (6).

---

(1)* [Sur *Nysa*, voy. M. Kubitschek, *op. cit.*, p. 249.]

(2) Les cistophores, que l'on assigne aujourd'hui à *Parium*, commencèrent par être attribués à *Apamea*, et cette ancienne opinion, vers laquelle incline aussi M. Pinder, (*op. et loc. sup. citt.*, pp. 540. 562), trouve un point d'appui dans ce fait que le *conventus* de l'Hellespont s'assemblait non pas à *Parium*, mais, ainsi que nous l'avons admis plus haut comme vraisemblable, à *Cyzicus*.

(3) Plin., *Nat. hist.*, V, 126 ; — Cic., *Pr. Flacco*, XXIX, 71 ; — Aristides, Vol. I, p. 532, éd. D. : ἀγορὰ δ' ἦν δικῶν (à *Pergamum*, ann. 162 de notre ère) — ὁ δὲ θεὸς τήν τε πρόσοδον ἐξεῦρε τὴν πρὸς τὸν ἡγεμόνα. Aristides lui-même gagna dans cette session un procès relatif à un bien rural. *Pergamum* s'appelle dans Pline *longe clarissimum Asiae* ; la ville avait 40.000 πολῖται et, en tout, 120.000 habitants (Galen, Vol. V, p. 49). — [Sur Pergame, voy. MM. E. Hesselmeyer, *Die Ursprünge der Stadt Pergamos in Kleinasien*, Tübingen, 1887 ; — Thraemer, *Pergamos. Untersuchungen über die Frühgeschichte Kleinasiens und Griechenlands*, 1887, carte ; — Kubitschek, *op. cit.*, p. 249 *in fine*.]

(4) D'après Pline, (*Nat. hist.*, V, 111), *Philadelphia* dépendait du *conventus* de *Sardes* [ruines de Sart]. Mais Aristides, (Vol. I, pp. 529. 530), raconte que, lorsqu'il fut élu ἐκλογεύς, le légat du proconsul avait validé cette élection ἐν Φιλαδελφίᾳ δικαστηρίοις. Aristides écrit, à ce propos, une lettre au proconsul et au *legatus* : εἰς δὲ τὴν Φιλαδελφίαν ἀφίκοντο οἱ πεμφθέντες καὶ ἦν μὲν ἀφέσιμος, ὡς ἔφασαν, ἡμέρα (c'est-à-dire le jour de la clôture de la session), ᾗ τὰ γράμματα ἀπεδίδοσαν. — [Sur *Philadelphia*, voy. M. Kubitschek, *op. cit.*, p. 250 *in init.*]

(5) *Philomelium* qui, suivant Kiepert, est l'Ak-Cher d'aujourd'hui [voy. son *Atlas Antiquus*, 8ᵉ éd., Lyon, Paris, Genève et Berlin, 1884, f° 18, col. 4], située sur la route de *Synnada* à *Iconium* [Konia], appartenait, en l'an 70 av. J.-Chr., à la province d'Asie et était l'une de ses localités les plus orientales (Cic., *Act. II in Verr.*, III, 83, 191). Nous possédons un cistophore de *Philomelium* de l'an 66, qui témoigne également que la ville se rattachait à l'Asie. En l'an 51, elle était un *conventus* de la province de Cilicie (Cic., *Ad famil.*, III, 8. 5. *Ibid.*, 6 : *Iisdem diebus meus conventus erat Apameae, Synnadis, Philomelii, tuus Tarsi.* — Cic., *Ad famil.*, XV, 4, 2 ; *Ad Att.*, V, 20, 1). Plus tard, elle est de nouveau rattachée à l'Asie et elle figure dans cette province chez Ptolémée, (V, 2, 25) ; ce n'est que dans Hiérocles, (p. 672), qu'on la voit attribuée à la Pisidie. Pline, (*Nat. hist.*, V, 95), en fait de son côté mention : *Itos includit Lycaonia in Asialicam iurisdictionem versa, cum qua conveniunt Philomelienses, Tymbriani*, etc. Mais on ignore si elle formait encore à cette époque un *conventus* particulier.

(6) Voy., dans M. Borrell, (*Numismatic Chronicle*, t. VIII, (1846), p. 32), un

ASIA.   251

CONVENTUS :	VILLES MONÉTAIRES :
Sardes [ruines de Sart] (1).	*Sardes.*
Synnada [Tschifût - Kassaba] (2).	
Smyrna [Smyrne ; en turc, Izmir] (3).	*Smyrna.*
Tralles [Aïdin-Güzelhissâr] (4).	*Tralles.*
	Thyatira [Akhissár].
	[*Tabae?*] [Davàs] (5).

cistophore portant le nom de ville ΦΙ et avec l'ère ΞΖ, c'est-à-dire 67. Cette médaille doit être attribuée à *Philomelium* et non à *Philadelphia*, ainsi que M. Borrell l'a conclu avec raison des cornes d'abondance croisées qui se trouvent sur les monnaies de *Philomelium*. M. Pinder a laissé échapper ce cistophore.

(1) Plin., *Nat. hist.*, V, 111. — [Sur *Sardes*, voy. M. Kubitschek, *op. cit.*, p. 250.]

(2) Plin., *Nat. hist.*, V, 105 ; — Cic., *Ad famil.*, III, 8, 5 ; XV, 4, 2 ; *Ad Att.*, V, 20, 1 ; V, 21, 9. — Sur la situation de *Synnada*, voy. M. Perrot, dans les *Comptes-rendus*, 1876, pp. 68 et suiv.

(3) Plin., *Nat. hist.*, V, 120 ; — Cic., *Pr. Flacc.*, XXIX, 71. — [Sur cette ville, voy. M. Kubitschek, *op. cit.*, p. 250.]

(4) Pline, (*Nat. hist.*, V, 108), n'indique pas *Tralles* comme *conventus*, ce qui prouve avec évidence que sa liste est incomplète ; car *Tralles* était bien un *conventus*. Cic., *Pro Flacco* XXIX, 71 : *Cur non Pergami, Smyrnae, Trallibus, ubi et multi cives Romani sunt, et ius a nostro magistratu dicitur.* — Joseph., *Ant.*, XIV, 10, 21, dans un rescrit du proconsul Servilius Galba : προσελθών μοι ἐν Τράλλεσιν ἄγοντι τὸν ἀγόραιον. — [Sur *Tralles*, voy. M. Kubitschek, *op. cit.*, p. 251.]

(5) L'hypothèse de l'existence de cette ville monétaire repose sur une conjecture de Borghesi, (*OEuvres*, t. II, p. 163), que M. Pinder n'a pas connue, mais que M. Mommsen, (*C. I. L.*, t. I, f° 556, *Addenda ad* f° 143, n° 526), tient pour exacte. A mon sens, cette conjecture est insoutenable. Tout d'abord, Borghesi se trompe évidemment, en affirmant que le cistophore publié par M. Liebe, (*G. N.*, p. 227), a été mal lu. Sur ce cistophore se trouve, en effet : *PVLCHER IMP* et, au dessous : ΗΡΑ ΜΩΝΟΣ, par conséquent Κίμωνος ou Τίμωνος, mais non pas ΜΙΩΝΟΣ. En second lieu, en ce qui touche l'abréviation du nom de la ville, ce dernier se trouve à gauche au bord, et, étant donné que le bord n'est pas complet, il doit être lu ΙΑ. Cependant, au dessus de l'Ι, se trouve un trait horizontal vers la droite, de telle sorte qu'on peut conjecturer ΤΑ ou ΑΠΑ. Borghesi lit sur son exemplaire un ΤΑ très net et il a la certitude qu'il n'y avait rien de plus avant le Τ. Je ne puis remarquer à l'encontre qu'une chose : c'est que, dans le cabinet de Gotha, figure un autre cistophore, dont il existe plusieurs spécimens et qui a été reproduit par M. Pinder, (Planche I, n° 3) : on y lit également, d'une manière absolument claire, ΤΑ, tandis qu'il ressort sans conteste des autres exemplaires connus qu'il faut lire ΑΠΑ et que le Τ n'est qu'un fragment du

Métropoles.   On distinguait, sous l'empire, trois classes principales parmi les villes d'Asie : αἱ μητροπόλεις, αἱ ἔχουσαι ἀγορὰς δικῶν et αἱ ἐλάττους πόλεις (1). Toutefois, la première de ces trois classes appelle une observation. Ordinairement, on désigne sous le nom de *metropolis* le chef-lieu de la province (2); mais, en Asie, tout au moins au deuxième et au troisième siècle, on trouve plusieurs métropoles (3), au nombre desquelles figurent notam-

---

H. Borghesi n'aurait-il pas pu commettre à cet égard une nouvelle erreur, d'autant plus que *Tabae* est une petite ville sans importance, dont la mention est rare et qui n'a aucun titre au droit d'être le centre d'un *conventus?* — [N. B.] MM. G. Deschamps et G. Doublet ont trouvé, dans la petite ville carienne de *Tabae*, un fragment de sénatus-consulte, qui est peut-être le fragment d'un sénatus-consulte adressé aux gens de cette localité par l'intermédiaire de Sulla, après qu'il fut revenu de Rome en Asie et qu'il eut demandé la confirmation officielle des mesures prises par lui au profit de plusieurs villes. Dans ce fragment, qui ne contient que quinze lignes, le reste étant perdu, il est question d'une petite ville de *Thyessos*, en Pisidie, qui, mentionnée par Étienne de Byzance, n'était pas encore connue par d'autres textes. (Voy. *Bulletin de corresp. hellén.*, t. XIII, 1889, p. 503, et M. R. Cagnat, *Revue des public. épigr. relatives à l'antiq. rom.*, dans la *Revue archéol.*, 3ᵉ série, t. XV, janvier-février 1890, p. 139, col. 1.) — P. L.-L.]

(1) Modestin, L. 6, § 2, *De excusationibus*, D., XXVII, 1 : ὅπερ δηλοῦται ἐξ ἐπιστολῆς Ἀντωνίνου τοῦ Εὐσεβοῦς γραφείσης μὲν τῷ κοινῷ τῆς Ἀσίας — ἧς ἐστιν τὸ κεφάλαιον τοῦτο ὑποτεταγμένον· Αἱ μὲν ἐλάττους πόλεις δύνανται πέντε ἰατροὺς ἀτελεῖς ἔχειν — αἱ δὲ μείζους πόλεις ἑπτά — αἱ δὲ μέγισται πόλεις δέκα. — — Εἰκὸς δὲ τῷ μὲν μεγίστῳ ἀριθμῷ χρήσασθαι τὰς μητροπόλεις τῶν ἐθνῶν, τῷ δὲ δευτέρῳ τὰς ἐχούσας ἀγορὰς δικῶν, τῷ δὲ τρίτῳ τὰς λοιπάς. — Cf. Const. 12, [*De decurionibus*], C. Th., XII, 1 : *Si quis [qui,* Haenel] *ex [vel ex,* Haenel] *maiore vel ex minore civitate originem ducit* ; à ces deux espèces viennent se joindre, en troisième lieu, les *urbes magnifico statu praeditae* (Const. 3, [*Quemadm. mun. civil. indic.*], C. Th., XII, 5), c'est-à-dire les *metropoles*.

(2) Procop., *De aed.*, V, 4 : ἐξ οὗ δὴ καὶ εἰς μητροπόλεως ἀξίωμα ἦλθεν (*Mocesus*)· οὕτω γὰρ πόλιν τὴν πρώτην τοῦ ἔθνους καλοῦσι Ῥωμαῖοι. *De Bell. Goth.*, II, 23 : Αὔξιμος δὲ αὕτη μὲν πρώτη τῶν ἐν Πικηνοῖς πόλεών ἐστιν, ἣν δὴ μητρόπολιν καλεῖν νενομίκασι τοῦ ἔθνους Ῥωμαῖοι. Ce n'est que rarement qu'une ville porte le titre de métropole dans l'ancienne acception par rapport à ses colonies, comme, par exemple, *Heraclea*, en Bithynie, *Tyrus* et Milet (voy. *infer.*, p. 255, note 6). — [Sur Milet, voy. *Milet et le golfe Latmique : Tralles, Magnésie du Méandre, Priène, Milet, Didymes, Héraclée de Latmos. Fouilles et explorations archéologiques faites aux frais de* MM. les barons G. et E. de Rothschild, et publiées sous les auspices de Ministère de l'instr. publ. et des beaux-arts, par MM. Olivier Rayet et Albert Thomas, Paris, 1877 et ann. suiv., texte in-4 et atlas in-fol.]

(3) D'après la Constitution de Caracalla (L. 4, § 5, [fr. Ulpian., *De offic. procons. et leg.*], D., I, 16), le proconsul *Asiae* doit τῶν μητροπόλεων Ἔφεσον primam attingere.

ment Smyrna (1), Sardes (2), Synnada (3), Pergamum (4), Lampsacus [Lapsaki] (5) et Cyzicus (6) : aussi le véritable chef-lieu, Éphèse, porte-t-il encore le titre particulier de πρώτη πασῶν αἱ μεγίστη (7), πρώτη καὶ μεγίστη, μητρόπολις τῆς Ἀσίας (8). Dans d'autres provinces, l'existence simultanée de plusieurs métropoles s'explique par le fait qu'elles ont été formées de diférentes parties autrefois indépendantes, ainsi que nous le verrons pour la Bithynie; mais, aussi bien en Asie qu'en Bithynie, nous remarquons que, par suite de la tendance vaniteuse qui poussait la plupart des villes à briguer un titre particulier, la dignité de *metropolis* dégénéra en une simple appellation honorique (9). C'est sous Caracalla que ce fait se produisit en parti-

---

(1) *C. I. Gr.*, nos 3202. 3197. 3204. 3205. 3206, toutes inscriptions qui sont de l'époque de Commode. Dans une autre inscription ([*Ibid.*], n° 3179ᵈ), qui date du temps de Caracalla, et sur les monnaies, *Smyrna* ne porte pas le titre.
(2) Sur les monnaies (Mionnet, t. IV, pp. 128. 138), et dans les inscriptions *C. I. Gr.*, n° 3467); depuis Caracalla, aussi Ἀσίας, Λυδίας, Ἑλλάδος ἁ (c'est-à-dire πρώτη) μητρόπολις. (Sur ce titre, voy. Spanheim, *De praest. et usu num.*, I, p. 618 ; — Eckhel, [*Doct. Num.*], t. III, p. 116.)
(3) Voy. M. Perrot, dans les *Comptes-rendus*, 1876, p. 74.
(4) Sous Caracalla (*C. I. Gr.*, n° 3538. — Voy. Mionnet, t. V, p. 459). Sous Macrin, la ville perdit de nouveau le titre (Eckhel, t. II, p. 472).
(5) Sous Caracalla (voy. Eckhel, t. II, p. 458; — Mionnet, t. II, p. 566).
(6) Sous Caracalla (voy. Boeckh, *C. I. Gr.*, nos 3497. 3665. — Dumont, dans les *Archives des missions*. Troisième série. Tome III, p. 145, n° 64ª). Sur *Halicarnasse* [Budrům] et *Magnesia* (Mionnet, t. III, p. 148 ; S. VI, p. 238), villes auxquelles le même titre ne peut pas être attribué avec certitude, voy. Eckhel, t. II, pp. 583. 529.
(7) Voy. Eckhel, t. II, p. 521 ; — *C. I. Gr.*, n° 2968.
(8) *C. I. Gr.*, nos 2988. 2990. 2992. Cf. n° 335.
(9) L'exemple le plus instructif à cet égard nous est fourni par la ville de *Nicaea* [Isnik], en Bithynie, et c'est pourquoi je le cite dès maintenant ici. Déjà à l'époque de Dion Chrysostôme, cette ville se disputait avec *Nicomedia* [Isnikmid, *vulgo* Ismid] περὶ πρωτείων, c'est-à-dire, ainsi que l'exprime Dion Chrysostôme, (*Or.* XXXVIII, Vol. II, p. 141, éd. R.), περὶ ὀνόματος μόνον, et, (p. 144) : ἡμεῖς δὲ οἰόμεθα, ἐὰν ἐπιγραφῶμέν που πρῶτοι, τὸ πρωτεῖον ἕξειν· ποῖον, ἄνδρες Νικομηδεῖς, πρωτεῖον ; — οὗ τί τὸ ὄφελός ἐστιν; οὗ τὸ ἔργον; ἀφ' οὗ πότερον πλουσιώτεροι γενησόμεθα ἢ μείζονες ἢ δυνατώτεροι ; — τ. λ. P. 148 : κατεγνώκασι δὲ ὑμῶν ἄνοιαν δημοσίᾳ (les gouverneurs romains καὶ χρῶνται καθάπερ τοῖς παιδίοις ὑμῖν, οἷς πολλάκις ἀντὶ τῶν μεγίστων προτείνεται τὰ μικρότατα· — τὰ γὰρ τοιαῦτα, ἐφ' οἷς μέγα φρονεῖτε, παρὰ πᾶσι μὲν τοῖς

Assemblée.

culier pour l'Asie, et c'est, à ce qu'il semble, dans les villes où s'assemblait, à tour de rôle, le *concilium festivum* d'Asie (τὸ κοινὸν Ἀσίας). En effet, on distinguait, à ce point de vue, entre les villes qui prennent part à la fête et y contribuent et celles où elle est célébrée (1). Au nombre de ces dernières figurent *Ephesus* (2),

---

ὀρθῶς ἐννοουμένοις διαπτύεται, μάλιστα δὲ παρὰ τοῖς Ῥωμαίοις γέλωτα κινεῖ καὶ καλεῖται τὸ ἔτι ὑβριστικώτερον Ἑλληνικὰ ἁμαρτήματα. La lutte était alors engagée au sujet du titre de πρώτη, dont il est traité plus loin ; *Nicaea* reçut aussi de Valentinien et de Valens le titre de *Metropolis*; au concile de Chalcédoine de 451 (*actio* XIII ; *Concil.*, éd. Par., Vol. IX, pp. 95 et suiv.), on discute la question de savoir si l'octroi de ce titre a eu pour conséquence d'entraîner également un changement dans les circonscriptions ecclésiastiques, et il est décidé que *Nicaea* n'a toujours que le titre de *Metropolis*, tandis que *Nicomedia* continue à posséder les droits qui y sont attachés, et, (p. 103), on voit citer le rescrit suivant de Valentinien, adressé à la ville de Nicomédie : 'Ἡ περὶ τὰ πριβιλήγια τῆς πόλεως τῆς ὑμετέρας πάλαι ὑπάρξασα ἀρχαία συνήθεια φυλαχθήσεται· οὔτε γὰρ ἡ προσθήκη τῆς τιμῆς τῶν Νικαέων πόλεως τὸ δίκαιον τὸ ὑμέτερον δύναται βλάψαι, ὁπότε ἐπαυξεται τὸ ἀξίωμα τῆς Νικομηδέων, εἴπερ ἐκείνη, ἡ ἐν δευτέρῳ τόπῳ οὖσα, μητροπόλεως ὀνόματι καλεῖται. Parmi les décisions du Concile, le *Canon* XII, (*loc. sup. cit.*, p. 147), s'exprime ensuite de la manière suivante : ὅσαι δὲ ἤδη πόλεις διὰ γραμμάτων βασιλικῶν τῷ τῆς μητροπόλεως ἐτιμήθησαν ὀνόματι, μόνης ἀπολαυέτωσαν τῆς τιμῆς — δηλονότι σωζομένων τῇ κατ' ἀλήθειαν μητροπόλει τῶν οἰκείων δικαίων. C'est à l'arrogance du titre de *Metropolis* qu'a trait l'épigramme recueillie dans Jacobs, (*Anth. Gr.*, t. III, p. 94, n° 7) :

ἔστω μητρόπολις πρῶτον πόλις, εἶτα λεγέσθω
μητρόπολις· μὴ νῦν, ἡνίκα μηδὲ πόλις.

(1) Dion Chrysostôme, (Vol. II, p. 70, éd. R.), dit à *Apamea* : καὶ μὴν τῶν ἱερῶν τῆς Ἀσίας μέτεστιν ὑμῖν τῆς τε δαπάνης τοσοῦτον, ὅσον ἐκείναις ταῖς πόλεσιν, ἐν αἷς ἐστι τὰ ἱερά. — [Sur le *commune Asiae*, voy. M. Paul Monceaux, *op. cit.*, p. 234, note 1 *in fine, supra.*]

(2) Voy. des monnaies portant les mots κοινὸν Ἀσίας, dans Eckhel, t. II, p. 524 ; comp. Euseb., *Hist. Eccl.*, IV, 13. Dans cette ville se trouvent aussi les ἱερά mentionnés par Dion Chrysostôme, c'est-à-dire un ναὸς τῆς Ἀσίας, locution par laquelle il faut entendre non pas un temple d'une déesse d'Asie, que l'on ne rencontre pas (voy. Eckhel, t. IV, p. 209b), mais un temple affecté aux fêtes du κοινόν. Voy. mention d'un ἀρχιερεὺς Ἀσίας ναῶν τῶν ἐν Ἐφέσῳ, au *C. I. Gr.*, n° 2987b, d'une ἀρχιέρεια Ἀσίας ναοῦ τοῦ ἐν Ἐφέσῳ, *ibid.*, n° 3415 ; d'une [ἀρχιέρεια τῆς] Ἀσίας ναῶν ἐν Ἐφέσῳ, dans Wood, *Discoveries at Ephesus*, Append. *Inscriptions from the site of the temple of Diana*, p. 2, n° 2 ; d'un ἀρχιερεὺς ἐν Ἐφέσῳ ναοῦ κοινοῦ τῆς Ἀσίας, *ibid.*, *Inscr. from the great theatre*, p. 18. Comp. p. 36. Que la dignité ait été annuelle, c'est ce que nous montre l'inscription publiée par Wood, (*Inscr. from the great theatre*, p. 62) : ἀρχιερέως β' ναῶν ἐν Ἐφέσῳ. — [Sur l'ἀρχιερεύς, voy. M. E. Caillemer, dans le *Dictionn. des Antiq. grecq. et rom.*, de MM. Ch. Daremberg et Edm. Saglio, V° *Archiereus*, 3° fascic., Paris, 1874, t. I, p. 374, col. 1.]

Smyrna (1), *Sardes* (2), *Pergamum* (3), *Cyzicus* (4), vraisemblablement aussi *Lampsacus*, *Philadelphia* (5). Sous un autre rapport, considéré comme chef-lieu des 13 villes ioniennes, qui forment un κοινόν particulier, *Miletus* [ruines de Palatia] s'intitule μητρόπολις τῆς Ἰωνίας (6).

On a beaucoup discuté sur l'importance que donnait aux villes asiatiques le titre de πρώτη (7), porté par *Ephesus*, par *Pergamus* et par *Smyrna*, à côté desquelles *Mytilene* [Kastro s. Mytilini] s'appelle πρώτη Λέσβου, *Samos* πρώτη Ἰωνίας, *Tralles* πρώτη Ἑλλάδος (8). Ce titre n'étant pas identique à celui de μητρόπολις (9), on serait fondé à croire, d'après une remarque

---

(1) Voy. Κοινὸν Ἀσίας à *Smyrna* (*C. I. Gr.*, nos 247. 1720. 2810b; dans les *Add.*, nos 3208.3910. 5804, lin. 26. 5913, lin. 26. 5918); — Eckhel, t. II, p. 560; — *C. I. Gr.*, no 2741 : Μάρκος Οὔλπιος Ἀππουλήϊος Εὐρυκλῆς, ἀρχιερεὺς Ἀσίας ἀποδεδειγμένος ναῶν καὶ τῶν ἐν Σμύρνῃ τὸ β'). Voy. une ἀρχιέρεια τῆς Ἀσίας ναῶν τῶν ἐν Σμύρνῃ, mentionnée au *C. I. Gr.*, nos 3211. 3508. 3451.

(2) *C. I. Gr.*, no 5918 : Σάρδεις κοινὸν Ἀσίας. — No 3461 : ἀρχιερεὺς τῆς Ἀσίας ναῶν τῶν ἐν Λυδίᾳ Σαρδιανῶν. — Eunap., p. 57, éd. Boiss. : ὁ δὲ (Iulianus) ἀρχιερέα ἀποδείξας τὸν ἄνδρα (Chrysanthius) καὶ τὴν γυναῖκα τῆς Λυδίας καὶ ὑπ' ἐκείνοις ἐπιτρέψας εἶναι τῶν ἄλλων τὴν αἵρεσιν, αὐτὸς ἐπὶ τὸν Περσικὸν συνήγετο πόλεμον.

(3) Κοινὸν Ἀσίας ἐν Περγάμῳ (*C. I. Gr.*, nos 1720. 2810. Vol. II, fo 1112b. Vol. III, no 5806). Un ἀρχιερεὺς Ἀσίας ναῶν τῶν ἐν Περγάμῳ est mentionné au *C. I. Gr.*, nos 3416. 3494. 3839.

(4) Κοινὸν Ἀσίας ἐν Κυζίκῳ (*C. I. Gr.*, nos 3674. 3675). Voy. mention d'un ἀρχιερεὺς τῆς Ἀσίας ναοῦ τοῦ ἐν Κυζίκῳ, au no 3662. — Wood, *Discoveries*. App. *Inscriptions from the great theatre*, p. 60 : κοινὸν Ἀσίας ἐν Κυζίκῳ. Sur le temple même, voy. mon étude intitulée *Cyzicus und sein Gebiet*, pp. 150 et suiv.

(5) Κοινὸν Ἀσίας ἐν Φιλαδελφείᾳ (*C.I. Gr.*, no 1068. 3428).

(6) Ἡ μητρόπολις τῆς Ἰωνίας Μιλησίων πόλις (*C. I. Att.*, Vol. III, 480). Κοινὸν γι πόλεων sur les monnaies (voy. Eckhel, t. II, p. 508 ; comp. Boeckh, *C. I. Gr.*, no 3461). Voy. un ἀρχιερεὺς τῆς Ἰωνίας, mentionné au *C.I. Gr.*, no 2880. — *C. I. Gr.*, no 2878 : τῆς πρώτης τῆς Ἰωνίας ᾠκισμένης καὶ μητροπόλεως πολλῶν καὶ μεγάλων πόλεων ἔν τε τῷ Πόντῳ καὶ τῇ Αἰγύπτῳ καὶ πολλαχοῦ τῆς οἰκουμένης Μιλησίων πόλεως ἡ βουλή.

(7) Voy. Eckhel, t. IV, pp. 282 et suiv.

(8) Ce titre se refère au κοινὸν τῆς Ἑλλάδος, auquel appartenait aussi *Cibyra* (*C. I. Gr.*, no 5852), c'est-à-dire à la confédération des Πανέλληνες, qui existait depuis Hadrien et avait son centre à Athènes. (Voy. Boeckh, *C. I. Gr.*, nos 2910. 3322.)

(9) Une seule et même ville porte les deux titres. Wood, *op. sup. cit. Inscriptions from the site of the temple of Diana*, p. 16, no 15 : τῆς πρώτης καὶ μεγίστης μητροπόλεως τῆς Ἀσίας — — Ἐφεσίων πόλεως. Pareillement, en Bithynie, *Nicomedia* s'appelle μητρόπολις καὶ πρώτη Βειθυνίας, tandis que, par contre, *Nicaea* s'appelle πρώτη, mais non μητρόπολις. — Dio Chrys., Vol. II,

de Dion Chrysostôme (1), qu'il désigne les *conventus;* mais, d'une part, ce titre n'appartient qu'à trois villes; et, de plus, cette conjecture est contredite aussi bien par Dion Chrysostôme lui-même que par d'autres auteurs, lorsqu'ils présentent comme vaine et ridicule (2) la lutte qui s'était élevée en Asie περὶ πρωτείων (3). Il est hors de doute que le rang établi entre les villes, suivant lequel telle ville était la troisième, telle autre la septième (4), n'avait trait qu'à la préséance dans le cortège solennel qui ouvrait les jeux du κοινὸν Ἀσίας (5).

---

p. 148, éd. R. : ἂν δὲ τὸ μὲν τῆς μητροπόλεως ὑμῖν ὄνομα ἐξαίρετον ᾖ, τὸ δὲ τῶν πρωτείων κοινὸν ᾖ, τί κατὰ τοῦτο ἐλαττοῦσθε ;

(1) Vol. II, p. 69, éd. R. : τοιγαροῦν μέγιστον νομίζω πρὸς ἰσχὺν πόλεως τὸ τῶν δικῶν, καὶ πάντες ἐσπουδάκασιν ὑπὲρ οὐδενὸς οὕτω· μέτεστι δὲ αὐτοῦ ταῖς πρώταις πόλεσιν ἐν μέρει παρ' ἔτος.

(2) Voy. les passages de Dion Chrysostôme cités p. 253, note 9, *supra*. Aristides examine de même les prétentions des villes seulement d'après leur grandeur et leur beauté (Vol. I, p. 791) ; selon lui, l'objet de la lutte ne sont que αἱ ἐπωνυμίαι (*ibid.*, p. 790), αἱ τῶν ὀνομάτων εὐφημίαι (*ibid.*, p. 791) ; de même, suivant Dion Cassius, (LII, 37) : ἐπωνυμίαι τινὲς κεναί. C'est ainsi que les habitants de Smyrne s'intitulent sur les monnaies πρώτους Ἀσίας κάλλει καὶ μεγέθει.

(3) Aristides, Vol. I, p. 771, éd. Dind. : φέρε δὴ καὶ τὰς πόλεις ἐπέλθω τὰς περὶ τοῦ πρωτείου νῦν ἁμιλλωμένας. Dans le discours, il indique comme étant en lutte *Pergamum, Smyrna* et *Ephesus* ; il appelle, (*eod.*, p. 775), cette dernière ville ἀριθμῷ τρίτην, οὐ τάξει. — Philostratus, *V. S.*, VIII, dans ses *Opp.*, éd. Kayser, p. 231, 24 : ἤριζεν ἡ Σμύρνα ὑπὲρ τῶν ναῶν καὶ τῶν ἐπ' αὐτοῖς δικαίων. Le débat prit fin avant l'empereur Antonin. Καὶ ἀπῆλθεν ἡ Σμύρνα τὰ πρωτεῖα νικῶσα. Cf. Herodian., III, 2 : ἀρχαῖον τοῦτο πάθος Ἑλλήνων, οἳ πρὸς ἀλλήλους στασιάζοντες ἀεί, καὶ τοὺς ὑπερέχειν δοκοῦντας καθαιρεῖν θέλοντες, ἐτρύχωσαν τὴν Ἑλλάδα.

(4) *Magnesia* est ἑβδόμη τῆς Ἀσίας (voy. Eckhel, t. II, p. 527) ; — *Aspendus*, [ruines de Balkiz], en Cilicie, τρίτη τῶν ἐκεῖ (Philostratus, *V. Apoll.*, I, 15).

(5) Cette manière de voir, admise par Mazzolenus et par Eckhel, (t. IV, p. 288), et qui s'autorise du passage suivant de Dion Chrysostôme, (Vol. II, p. 148, éd. R.) : εἰ μή τι νῦν δοκεῖτε αὐτοὺς ὑπὲρ τῆς προπομπείας καλῶς ἀγωνίζεσθαι, καθάπερ ἐν μυστηρίῳ τινὶ παίζοντας ὑπὲρ ἀλλοτρίου πράγματος, se trouve confirmée par la Constitution de Valentinien et de Valens, que ces auteurs n'ont pas mise à profit, et qui est rapportée dans les actes du Concile de Chalcédoine (ann. 451) (dans Haenel, *Corpus legum anteiust.*, f° 220) : καὶ εἰς τὸ ἑξῆς αὐτὸν (le *Bithyniarches*) στέψαντες ἐν τῇ ὑμετέρᾳ πόλει προϊέναι ἐθεσπίσαμεν· διαμενέτω τοίνυν εἰς τὸ διηνεκὲς ἡ συνήθεια αὕτη, καὶ ἡ πόλις ὑμῶν (*Nicaea*) μητρόπολις ἔστω, τῆς συνηθείας τῆς ἐπὶ τῇ προόδῳ τοῦ Βιθυνιάρχου διαμενούσης. — [Sur le Bithyniarque, voy. M. G. Perrot, dans le *Dictionn. des antiq. grecq. et rom.*, de MM. Ch. Daremberg et Edm. Saglio, V° *Bithyniar-*

ASIA.   257

Très important était le privilège de la liberté (αὐτονομία), qu'un *Villes libres.*
grand nombre de villes asiatiques avaient obtenu, soit à cause
de la résistance qu'elles avaient opposée à Antiochus-le-Grand,
soit à cause de la fidélité qu'elles avaient témoignée aux Romains,
au cours de leur guerre contre Mithridate, soit pour des raisons
inconnues (1); parmi ces villes, on peut citer *Alabanda* [ruines
d'Arabhissâr] (2), *Aphrodisias* [Géra] (3), *Apollonidea* (4), *Astypalaea* [Astropaliá; en italien, Stampalia] (5), *Caunos* [ruines
de Daliân] (6), *Chios* [Khios; en italien, Scio; en turc, Sakiz] (7),
Cnidus [K. Krio] (8), *Cos* [Kòs; en italien, Stanco; en turc, Istan-
köi] (9), *Cyzicus* [ruines de Balkîz] (10), *Ilium* [ruines d'Eski-

---

cha, 5ᵉ fascic., Paris, 1877, t. I, p. 713, col. 1, *in init.* — Comp., sur le *Cap-
padocarcha*, M. G. Perrot, *eod.*, 6ᵉ fascic., Paris, 1879, à ce mot, t. I, p. 911,
coll. 1 *in fine* et suiv., et, sur le Lyciarque, sect. XXXII *infra*, *sub fin.*. —
Voy., au surplus, M. P. Willems, *Le droit ̧ publ. rom.*, 6ᵉ éd., Louvain et
Paris, 1888, p. 535, note 9.]

(1) Dion Cassius, (XXXVII, 20), dit, au sujet de Pompeius : τά τε πλείω ἔθνη
τῶν ἐν τῇ Ἀσίᾳ τῇ ἠπείρῳ τότε αὐτοῖς ὄντων νόμοις τε ἰδίοις καὶ πολιτείαις κατεστήσατο καὶ διεκόσμησεν, ὥστε καὶ δεῦρο αὐτοὺς τοῖς ὑπ' ἐκείνου νομισθεῖσι χρῆσθαι. — Josèphe, (*Ant.*, XVI, 2, 4), fait dire à Nicolaus Damascenus de toute
l'Ionie : εἰ γὰρ ἐκλογίσαιντο τὴν πάλαι βασιλείαν καὶ τὴν νῦν ἀρχήν, πολλῶν ὄντων,
ὅσα πρὸς εὐδαιμονίαν αὐτοῖς ἐπέδωκεν, ἔτι κατὰ πάντων ἀρκεῖ τὸ μηκέτι δούλους
ἀλλ' ἐλευθέρους φαίνεσθαι.

(2) Plin., *Nat. hist.*, V, 109; — Tit. Liv., XLIII, 6. — Voy. Eckhel, t. II,
p. 571. — [Voy., sur cette ville, M. Ett. de Ruggiero, *Diziona*ʳ. *epigr.*, fascic.
12, Roma, 1888, Vᵒ *Alabanda*, p. 381, coll. 1 *in fine* et suiv.]

(3) Plin., *Nat. hist.*, V, 109. Cette ville reçut d'Antoine, au cours des
années 39-35, ἐλευθερίαν καὶ ἀτέλειαν (*C. I. Gr.*, nᵒˢ 2737. 2845).

(4) Cic., *Pr. Flacco*, XXIX, 71; cf. § 74. Le nom de cette ville est établi
par l'inscription rapportée par Orelli, sous le nᵒ 687= Mommsen, *I. R. N.*,
nᵒ 2486 [= *C. I. L.*, t. X, 1, nᵒ 1624], et, dans Cicéron, (*Pr. Flacco*, XXI, 51),
il faut lire, au lieu d'*Apollonidem*, dénomination encore conservée par
Halm, *Apollonideam*. — [Voy., sur cette ville, M. Ett. de Ruggiero, *op. cit.*,
fascic. 17, Roma, 1890, p. 521, col. 1, *in init.*]

(5) Plin., *Nat. hist.*, IV, 71.
(6) Plin., *Nat. hist.*, V, 104.
(7) Plin., *Nat. hist.*, V, 136 ; — *C. I. Gr.*, nᵒ 2222.
(8) Plin., *Nat. hist.*, V, 104.¹ — [Au sujet des fouilles pratiquées à *Cnidus*,
voy. M Newton, *Papers respecting the excavations at Budrum, with further
papers respecting the excavations at Budrum and Cnidus*, London, 1858-1859,
1 vol. pet. in-fol., pl. et cartes.]

(9) Depuis Claude, *immunis* (Tacit., *Ann.*, XII, 61).

(10) Strabo, XII, p. 576. Cette ville perdit la liberté en l'an 20 av. J.-Chr.
(Dio Cass., LIV, 7; — Zonaras, X, 34), la recouvra en l'an 15 avant notre
ère (Dio Cass., LIV, 23), la perdit de nouveau en l'an 24 après J.-Chr. (Dio
Cass., LVII, 24; — Suet., *Tib.*, XXXVII; — Tacit., *Ann.*, IV, 36).

Organisation Romaine, t. II.   17

Hissarlýk, près de Tschiblák](1), *Magnesia*, au pied du *Sipylus* [Magnisía; en turc, Mánissa] (2), *Mytilene* [Kastro, ou Mytilíni] (3), *Mylasa* [Milâs; en grec, Melissós] (4), *Phocaea* [Karadja-Fokia] (5), *Samos* [Samos] (6), *Smyrna* [Smyrne; en turc, Izmîr] (7), *Stratonicea* [Eskihíssâr] (8), *Termera* (9) et *Teos* [Sighadjik] (10). Mais cette énumération n'est pas complète, et, d'une manière générale, il est impossible de dresser une liste qui

(1) Strabo, XIII, p. 595 ; — Suet., *Claud.*, XXV ; — Tacit., *Ann.*, XII, 58 ; — Callistratus, L. 17, § 1, [*De excusat.*], D., XXVII, 1; — *C. I. Gr.*, n° 3610. — [Sur *Ilium*, voy. Lechevalier, *Voyage de la Troade fait dans les années 1785 et 1786*, Paris, 1802, 3 voll. in-8 et atlas in-4; — MM. Gustave d'Eichthal *Le site de Troie selon Lechevalier ou selon Schliemann, suivi d'une excursion à Troie et aux sources du Menderé*, par G. Perrot, Paris 1875, broch. in-8 ; — H. Schliemann, *Ilios, ville et pays des Troyens. Résultat des fouilles sur l'emplacement de Troie et des explorations faites en Troade de 1871 — 1882*, trad. de l'anglais par Madame E. Egger, Paris, 1885, 1 vol. gr. in-8, avec de nombr. cartes, pl. et grav. ; — Paul Haubold, *De rebus Iliensium*, Leipzig, 1888, broch. in-8 de 68 pp. (*ibiq. Deutsche Litteraturzeitung*, 1890, n° 22.).]

(2) Appian., *Mithr.*, LXI ; — Strabo, XIII, p. 621 ; — Tacit., *Ann.*, III, 62 ; — Tit. Liv., *Ep.*, LXXXI ; — *C. I. Gr.*, Vol. II, fol. 584a. — [*Magnesia ad Sipylum* est ainsi appelée pour se distinguer de *Magnesia ad Macandrum* (ruines près d'Inebazár). M. Salomon Reinach a communiqué à l'*Acad. des Inscr. et Belles-Lett.*, dans sa séance du 1er août 1890, une très curieuse inscription récemment découverte à Magnésie de Méandre par M. D. Baltazzi ; voy. *J. off.* du 4 août, p. 4010, col. 3 *in init.* — P. L.-L.]

(3) Plin., *Nat. hist.*, V, 139 ; — Vellei. Paterc., II, 18 ; — Plutarch., *Pomp.*, XLII. — Cf. Dio Chrys., Vol. II, pp. 621.622, éd. R. — [Sur *Mytilene*, voy. M. C. Cichorius : *Rom und Mytilene*, Leipzig, 1888, broch. gr. in-8, et *Inscriptions de Mytilène*, avec remarques de M. Mommsen, dans les *Sitzungsberichte der Koen. Akad. der Wissenschaften*, 1889, pp. 953 et suiv. N. B. : Ces inscriptions, qui sont toutes de la plus grande importance, appartenaient aux archives du temple d'Asclépios. (Voy. aussi M. R. Cagnat, *Revue des public. épigr. relatives à l'antiq. rom.*, dans la *Revue archéol.*, 3e série, t. XV, janv.-févr. 1890, p. 143.) — P. L.-L.]

(4) Plin., *Nat. hist.*, V, 108 ; — *C. I. Gr.*, n° 2695 b.

(5) Dio Cass., XLI, 25 ; — Lucan., *Phars.*, V, 53. — [MM. Graef et Szanto ont étudié récemment l'emplacement de l'ancienne ville de Phocée, qui aurait occupé la montagne dite du Prophète Élie, où ils ont remarqué des traces de murs et d'édifices. (Voy. *Athen. Mittheil.*, t. XIV, p. 134.) — P. L.-L.]

(6) Plin., *Nat. hist.*, V, 135 ; — Dio Cass., LIV, 9.

(7) *Smyrna* a le droit d'exil [*jus exilii*] (Cic., *Pr. Flacco*, XXIX, 71 ; — Plin., *Nat. hist.*, V, 120).

(8) Plin., *Nat. hist.*, V, 109. — [Voy., à ce sujet, M. G. Radet, *Lettres de l'empereur Hadrien à la ville de Stratonicée — Hadrianopolis*, dans le *Bulletin de correspondance hellèniq.*, t. XI, 1. 2, pp. 109-128.]

(9) Plin., *Nat. hist.*, V, 107.

(10) Ἄσυλος καὶ ἀφορολόγητος (*C. I. Gr.*, n° 3045). — [Voy., sur l'énumération qui précède, M. Kubitschek, *op. cit.*, pp. 247 et suiv.]

le soit, attendu que la liberté a de nouveau été partiellement retirée à ces villes, sous des prétextes insignifiants. Il n'y avait en Asie que de rares colonies romaines, notamment *Alexandria Troas* [ruines d'Eski-Stambul] (1) et *Parium* [Kámarae; en turc, Kemér] (2). De même, *Tralles* [Aïdin-Güzelhissâr] avait été colonisée en grande partie par les Romains, après qu'un tremblement de terre l'eut détruite, sous le règne d'Auguste (3), et, depuis cette époque, elle prit le nom de *Caesarea* ou *Caesarea Tralles* (4).

Colonies.

Après la fin du troisième siècle, la province d'Asie fut divisée, sans doute graduellement, en sept petites provinces (5), qui se conservèrent dans les siècles suivants. Ce sont : 1. l'*Asia proconsularis*, qui n'était alors qu'un littoral étroit s'étendant d'*Assus* [ruines de Behrâm] au Méandre [Menderez], avec *Ephesus* pour chef-lieu (6); 2. l'*Hellespontus*, avec *Cyzicus* pour

Division de la province par Dioclétien.

---

(1) Fondée par Auguste (Plin., *Nat. hist.*, V, 124 ; — Paulus, L. 8, [§ 9, *De censibus*], D., L, 15 ; pour plus de détails, voy. Zumpt, *Comment. epigr.*, t. I, p. 378). Un *decurio coloniae* et un *duumvir* sont mentionnés dans M. Waddington, nᵒˢ 1734. 1740ᵉ, et au *C. I. L.*, t. III, [4], nᵒ 392. — [Sur *Alexandria Troas*, voy. M. Kubitschek, *op. cit.*, p. 247.]

(2) Plin., *Nat. hist.*, IV, 48; V, 141 ; — Orelli, nᵒ 512 [= *C. I. L.*, t. III, 1, nᵒ 386]. — Voy. Zumpt, *ubi supra*. — *Colonia Iulia Pariana* dans l'inscript. nᵒ 1731 de M. Waddington ; *colonia*, dans les inscr. nᵒˢ 1746. 1747 du même.

(3) Agathias, (*Hist.*, II, 17), appelle la ville ἀποικία. Puis il ajoute : νῦν οὖν οἱ ἐκείνῃ ἀστοὶ Πελασγοὶ μὲν οὐκέτι ἂν δικαίως κληθεῖεν, Ῥωμαῖοι δὲ μᾶλλον. Les ἐν Τράλλεσι κατοικοῦντες Ῥωμαῖοι sont mentionnés au *C. I. Gr.*, nᵒ 2927. Ils ont un *curator* particulier (*C. I. Gr.*, nᵒ 2930).

(4) Voy. Eckhel, t. III, p. 125. — *C. I. Gr.*, nᵒ 2929 ; — M. Waddington, sur le nᵒ 600ᵃ.

(5) Elles existent dans la *Liste de Vérone*, et MM. Mommsen, (*Abhandl. der Berliner Academie*, 1862, p. 506), et Waddington, (*Fastes*, t. I, p. 25), en attribuent l'organisation à Dioclétien. En sens contraire, Kuhn, (*Jahrbücher für classische Philologie*, 1877, p. 703), fait valoir que, dans la liste des évêques du Synode de Nicée de l'an 325, une *provincia Phrygiae* se trouve mentionnée à côté de la *provincia Asiae*, et que l'*Hellespontus* est compté dans l'*Asia*, d'où il conclut que ces trois provinces n'ont été formées qu'entre les années 325 et 347. En 347, en effet, l'existence des deux *Phrygiae* et de l'*Hellespontus* est établie.

(6) Ἡ περὶ Ἔφεσον Ἀσία, dit Eunape, (t. I, p. 32, éd. Boiss.). Le même, t. I, p. 60 : ἀνθύπατον αὐτὸν ἐπιστήσας τῆς νῦν ἰδίως Ἀσίας καλουμένης. Αὕτη δὲ ἀπὸ Περγάμου τὸ ἀλιτενὲς ἐπέχουσα πρὸς τὴν ὑπερκειμένην ἤπειρον ἄχρι Καρίας ἀποτέμνεται, καὶ ὁ Τμῶλος αὐτῆς περιγράφει τὸ πρὸς Λυδίαν. — Hierocles, pp. 658 et suiv. — Sur l'étendue de cette province et des autres provinces asiatiques, voy. Bingham, *Orig. eccles.*, t. III, pp. 481 et suiv.

260   ORGANISATION DE L'EMPIRE ROMAIN.

chef-lieu, sous un *consularis* (1); 3. la *Lydia*, avec *Sardes* pour chef-lieu, sous un *consularis* (2); 4. la *Phrygia prima* ou *Phrygia Pacatiana*, ayant *Laodicea* pour chef-lieu et comprenant la partie occidentale de la Phrygie jusqu'à *Ancyra Phrygiae* et *Aezani* [ruines de Tschav-dír-hissâr], sous l'autorité d'un *praeses* (3); 5. la *Phrygia secunda* ou *salutaris*, comprenant la partie Nord-Est de la Phrygie, et ayant *Eukarpia* pour chef-lieu, *Dorylaeum* [Eskischeher], *Synnada* [Tschifût-Kassaba] et *Metropolis* pour villes principales (4) — le troisième *conventus* de Phrygie, *Apamaea*, ressortissait, à cette époque, à la Pisidie — ; 6. la *Caria*, avec *Aphrodisias* pour chef-lieu (5); 7. l'*Insularum provincia* (6), ἐπαρχία νήσων (7) ou νήσων κυκλάδων (8), qui comprenait 53 îles (9), et où, suivant Hierocles, on comptait notamment les villes de *Rhodus* [Rhodos], *Cos* [Kôs; en italien, Stanco; en turc, Istanköi], *Samos* [Samos], *Chios* [Khios; en italien, Scio; en turc, Sakiz], *Mytilene* [Kastro, s. Mytilini], *Methymna* [Mólyvon], *Tenedos* [Tenedos], *Poroselene*, *Andros* [Andros], *Tenos* [Tinos], *Naxos* [*vulgo* Naxiá], *Paros* [Paros], *Siphnos* [Si-

provincia.

---

(1) Hierocles, p. 664.
(2) Hierocles, p. 669.
(3) Cette province porte le nom de *Phrygia prima* dans la *Liste de Vérone*, et dans Silvius, et celui de *Pacatiana* dans la *Notitia Dignit.* et dans Hierocles (pp. 664 et suiv.). — [Sur *Aezani* et *Ancyra*, voy. M. Ett. de Ruggiero, *Dizionar. epigr.*, fascic. 11, Roma, 1888, p. 322, col. 2, et fascic. 15, Roma, 1889, p. 468, col. 1.]
(4) *Phrygia secunda*, dans la *Liste de Vérone*, plus tard toujours *salutaris*. Dans la *Notitia*, elle a un *praeses* (*Notit. Dignit. Or.*, t. I, p. 7) ; dans Hierocles, (p. 676), un *consularis*.
(5) La *Caria* a déjà sous Dioclétien un *praeses* (*C. I. L.*, t. III, [1], n° 449). Elle a de même aussi un ἡγεμών sous Constance II (*C. I. Gr.*, n°s 2744. 2745). Dans la *Notitia*, la province est encore placée sous l'autorité d'un *praeses* ; dans Hierocles, (p. 687), elle est consularis. — Sur la *Metropolis Aphrodisias*, voy. Boeckh, *C. I. Gr.*, sur les n°s 2712.2746. — [Voy. aussi M. Kubitschek, *op. cit.*, pp. 247 *in fine* et suiv.]
(6) Comp., sur cette province, Kuhn, [*Verf.*], t. II, pp. 202. 277 ; — Merckens, *op. sup. cit.*, pp. 11 et suiv. — [Voy. aussi p. 261, note 1, *infra*.]
(7) Hierocles, pp. 685. 686.
(8) Ἐπιφανίου ἔκθεσις, dans Constant. Porphyr., (*De caerim.*, t. I, pp. 793, 3 ; 797, 12, éd. Bonn).
(9) *Descriptio totius orbis*, éd. Gothofr., 1628, p. 43; également dans Müller, *Geogr. min.*, t. II, p. 528, éd. B.: *Inde quae sic vocantur Cycladas insulas numero quinquaginta tres, quae omnes suum iudicem habent.*

phenos; en italien, Sifanto], *Melos* [Milos], *Ios* [*vulgo* Nios], *Thera* [Santorini, c. opp. Phira (Thira)], *Amorgos* [Amurgos], *Astypalaea* [Astropaliá; en italien, Stampalia] (1). L'assertion de Sextus Rufus, qui attribue à Vespasien (2) la formation de cette province, dont *Rhodus* était la *Metropolis* (3), est exacte seulement en ce sens que *Rhodus* semble avoir perdu sous ce

---

(1) Hierocles, (p. 686), nomme en outre Πέτελος, dénomination qui est corrompue. — [Sur la liste qui précède, voy. M. Kubitschek, *op. cit.*, pp. 248 et suiv. — Voy. aussi : sur Rhodes : Louis Lacroix, *Histoire des îles de la Grèce. Ile de Rhodes*, Paris, 1852, in-8 ; — V. Guérin, *Voyage dans l'île de Rhodes et description de cette île* (Thèse de Doct. ès-Lett.), Paris, 1856, in-8, carte ; 2ᵉ éd., Paris, 1880, in-18, carte; — P. Foucart, *Inscriptions inédites de l'île de Rhodes*, Paris, 1867, in-8, et *Revue archéol.*, 1885 ; — Schneiderwirth, *Geschichte der Insel Rhodus*, Heiligenstadt, 1868, in-8 ; — Bottermund, *De republica Rhodiorum commentatio*, Halle, 1882 (Thèse) ; — Torr, *Rhodes in ancient times* ; — Carl Schumacher, *De republica Rhodiorum commentatio* (Dissert. inaug.), Heidelberg, 1886, broch. gr. in-8. — Sur *Cos* : O. Rayet, *Mémoire sur l'île de Kos*, Paris, 1876, broch. in-8 de 84 pp. et 2 cartes (non mis dans le commerce) ; — Marcel Dubois, *De Co insula* (Thèse de Doct. ès-Lettr.), Lutetiae Parisiorum, 1884, in-8. — Sur *Samos* : V. Guérin, *Description de l'île de Patmos et de l'île de Samos*, Paris, 1856, broch. in-8, cartes. — Sur *Chios* : Fustel de Coulanges, *Mémoire sur l'île de Chio*, Paris, Impr. Imp., 1857, broch. in-8 ; — Alimonakis, *Die Insel Chios in Altertum*, Erlangen, 1882 (Thèse). — Sur *Naxos* : Ern. Dugit, *De insula Naxo* (Thèse de Doct. ès-Lett.), Paris, 1867, broch. in-8. — Sur *Thera* : Henri Mamet, *De insula Thera* (Thèse de Doct. ès-Lett.), Insulis, 1874, broch. in-8. — Sur *Amorgos* : Ett. de Ruggiero, *Dizionar. epigr.*, fascic. 15, Roma, 1889, Vᵒ *Amorgus*, p. 453, col. 1, *in init.* — Comp. MM. : Georges Perrot, *Mémoire sur l'île de Thasos*, Paris, Impr. Imp., 1864, broch. in-8, pl. ; — E. Miller, *Le mont Athos, Vatopédi et l'île de Thasos, avec une notice sur la vie et les travaux de M. Emm. Miller*, par le marquis de Queux de Saint-Hilaire, Paris, 1889, in-8 et 2 cartes ; — Othon Riemann, *Recherches archéologiques sur les îles Ioniennes*, dans la *Bibliothèq. des Écoles franç. d'Athènes et de Rome*, 1ʳᵉ série, format gr. in-8, fascic. 8ᵉ, 12ᵉ et 18ᵉ ; — P. Gogos, *Histoire de l'île de Lesbos* (en grec), 1887, broch. in-12 de 84 pp. ; — Robert Koldewey, *Die antiken Baureste der Insel Lesbos*, Berlin, 1890, 1 vol. in-fᵒ avec 29 pl. et 2 cartes ; — (voy. encore M. Conze, *Reise auf der Insel Lesbos*) ; — Homolle, *Conférence sur l'île de Délos*, Nancy, 1881, broch. in-8, pl. N. B. : Cet auteur a récemment établi, à la séance du 10 février 1890 de la *Soc. nat. des Antiq. de France*, grâce aux inventaires de Délos, que la domination des Athéniens dans cette île a pris fin en l'année 315-314 (voy. *Revue critiq. d'hist. et de littér.*, nᵒ du 10 mars 1890, p. 200 *sub. fin.*) ; — von Schoeffer, *De Deli insulae rebus*, 1889. — Comp. enfin, t. I de cette trad. = t. VIII de la collection, p. 21, note 6, et p. 104, note 5, et, dans le présent volume, p. 223 et p. 225, note 4.]

(2) Sex. Rufus, *Brev.*, X : *Et sub Vespasiano principe Insularum provincia facta est.*

(3) Voy. Wesseling, *Ad Hierocl.*, p. 481, éd. Bonn. — Constantinus Porph., *loc. sup. cit.*

prince (1) la liberté précaire, que Claude lui avait prise, mais qui lui avait été restituée sur la proposition de Néron (2). Mais elle dut être, comme les autres îles, incorporée à la province d'Asie, car ce n'est que sous Dioclétien (3), et à maintes reprises après lui (4), qu'il est fait mention d'une *provincia insularum* particulière.

---

(1) Suet., *Vespas.*, VIII : *Lyciam, Rhodum, Byzantium, Samum — in provinciarum formam redegit*, ce qui est répété par Eutrope, (VII, 19), et par Eusèbe, (*Chron.*, p. 163, éd. Scal.). Dans le Ῥοδιακός de Dion Chrysostôme, qui paraît avoir été prononcé au début du règne de Vespasien, l'île est représentée comme libre (Vol. II, pp. 621. 625, éd. R.).

(2) Dio Cass., LX, 24 ; — Tacit., *Ann.*, XII, 58. — C'est au service rendu par Néron à l'île que l'on rapporte l'épigramme de l'*Anthol. Pal.*, t. II, p. 60. (Voy. Jacobs, *Ad Anth. Gr.*, t. II, 2, p. 51. Cf. Suet., *Ner.*, VII.) — Sur les relations antérieures entre Rhodes et Rome, voy. M. Schneiderwirth, *Gesch. der Insel Rhodus*, Heiligenstadt, 1868, in-8, pp. 123 et suiv.

(3) Un *praeses prov. insul.* sous Dioclétien est mentionné dans une inscription de *Mytilene* (Orelli, n° 1059, et mieux *C. I. L.*, t. III, [1], n° 450). Du même personnage mention paraît être faite dans l'inscription de *Cos* (*C. I. L.*, t. III, [1], n° 460). Voy. une Constitution adressée au *praeses insularum* de l'an 293, dans le Code de Justinien, (Const. 5, [*Ubi causa status agi debeat*], III, 22).

(4) Voy. Gothofr., *Ad Cod. Theod.*, Const. 32, [*De naviculariis*], XIII, 5 ; — Boecking, *Ad Notit. Dignit. Or.*, p. 145.

XXIX. BITHYNIA ET PONTUS (1).

La Bithynie proprement dite, c'est-à-dire le littoral s'éten- La Bithynie,
dant du *Rhyndacus* [Adirnâs-tschaï] à l'embouchure du *Sanga-* province en 74.

(1) Il est traité de cette province par MM. A. Gu. O. Schoenemann, *De Bithynia et Ponto provincia Romana*, Goettingae, 1854, in-4 ; — F. W. A. Faber, *Quaestionum Propontiacarum part. prior*, Herfordae, 1858, in-4. — Voy. de nouvelles inscriptions de Bithynie dans Mordtmann (*Sitzungsber. der bayer. Acad.*, 1863, I, pp. 205-241). — [*Adde* : M. Georges Perrot, *Exploration archéologiq. de la Galatie et de la Bithynie*, Paris, 1862-1872, 2 voll. in-fcl. ; — *C. I. L.*, t. III, *Supplem.*, fascic. I, Berol., 1889, f°s 1259-1264 ; — MM. Mordtmann, dans les *Mittheilungen des kais. Deutschen Arch. Instituts* (*Athenische Abtheilung*), t. XII, 1887 ; — G. Hirschfeld, dans les *Sitzungsberichte der Kön. Preuss. Akad. der Wissenschaften*, 1888, pp. 863 et suiv. ; — René Cagnat, L'*année épigraphique* (*1888*), Paris, 1889, pp. 16 et suiv., et p. 62, n° 171 ; — W. Liebenam : *Beiträge*, J, Iena, 1886, p. 25 *in fine*, et *Tab.* n° 17, p. 39 ; *Forschungen*, I Bd., Leipzig, 1888, pp. 345-352 ; — Henri Kiepert, *Manuel de Geogr. anc.*, trad. franç. par M. Émile Ernault, Paris, 1887, pp. 58, 60 *in fine* et suiv. ; — B. Niese, *Organisation du Pont*, dans le *Rheinisches Museum*, t. XXXVIII, 1883, pp. 577-583 ; — J. W. Kubitschek, *Imp. Rom. trib. discr.*, Pragae, Vindobonae, Lipsiae, 1889, pp. 251 et suiv. ; — Théodore Reinach : *Trois royaumes de l'Asie Mineure (Cappadoce, Bithynie, Pont), étude de numismatique ancienne*, Paris, 1888 ; *Mithridate Eupator roi de Pont* (Thèse de Doct. ès-Lett.), Paris, 1890, 1 vol. gr. in-8, cartes et plans, héliogr., zincograv. — *Junge* MM. : B. Schwartz, *Quer durch Bithynien*, Berlin, 1889, (voyage publié sous forme d'articles dans l'*Ausland* et réunis en 1 vol. avec une carte); — W. von Diest, dans les *Mittheilungen de Petermann*, Ergänzungsheft, n° 94, Gotha, 1889 ; — Warwick Wroth, *The British Museum Catalogue of Greek Coins. Pontus. Bithynia and Bosporus* (voy. *The Academy*, 1890, n° 941). — Voy. aussi les auteurs cités p. 234, note 1, *supra*. — P. L.-L.]

rius [Sakaria] (1), échut aux Romains après la mort de ses rois (2), en vertu du testament du dernier d'entre eux, Nicomedes III, en l'an 680=74 avant J.-C. (3).

---

(1) Strabo, XII, p. 543. — *Heraclea* [Eregli] appartenait, ainsi que le littoral de la Paphlagonie, au royaume de Pont depuis Mithridate Eupator, et elle demeura aussi dans cette même situation sous les Romains. Strabo, XII, p. 451 : καταλυθέντων δὲ τῶν βασιλέων ἐφύλαξαν οἱ Ῥωμαῖοι τοὺς αὐτοὺς ὅρους, ὥστε τὴν Ἡράκλειαν προσκεῖσθαι τῷ Πόντῳ, τὰ δ' ἐπέκεινα Βιθυνοῖς προσχωρεῖν.
(2) Voy., sur eux, Clinton, *Fasti Hell.*, t. III, pp. 410-420.
(3) Appian., *Bell. civ.*, I, 111 : τοῦ δ' ἐπιόντος ἔτους (680=74), ἕκτης ἑβδομηκοστῆς καὶ ἑκατοστῆς ὀλυμπιάδος οὔσης, δύο μὲν ἐκ διαθηκῶν ἔθνη Ῥωμαίοις προσεγίγνετο, Βιθυνία τε Νικομήδους ἀπολιπόντος καὶ Κυρήνη Πτολεμαίου τοῦ Λαγίδου βασιλέως, ὃς ἐπίκλησιν ἦν Ἀπίων. Appian., *Bell. Mithr.*, VII. LXXI. — Tit. Liv., *Epit.*, XCIII : *Nicomedes Bithyniae rex populum Romanum fecit heredem, regnumque eius in provinciae formam redactum est.* — Vellei. Paterc., II, 4, 1. — Eutrop., VI, 6 : *L. Licinio Lucullo et M. Aurelio Cotta coss.* (74 av. J.-Chr.) *mortuus est Nicomedes rex Bithyniae et testamento populum Romanum fecit heredem.* — S. Rufus, *Brev.*, XI. — Arrian., dans Photius, *Cod.* 93, Vol. I, p. 73, éd. Bekk. — En attribuant à l'année 75, contrairement aux témoignages d'Appien et d'Eutrope, l'établissement de la province, MM. Mommsen, *(Röm. Gesch.*, t. III, [7me Aufl.], p. 55 [= dans la trad. franç. de M. Alexandre, t. VI, p. 187]), Henzen, (sur le n° 5354 [= *C. I. L.*, t. IX, n° 332]), et Zumpt, (*Comment. epigr.*, t. II, p. 191), se conforment en cela à l'opinion de Borghesi, (*Œuvres*, t. III, p. 173), opinion qui, comme le démontre M. Waddington, (dans Le Bas et Waddington, *Voyage archéologique. Explication des inscriptions*, Vol. III, pp. 121 et suiv.), repose sur une erreur. Nicomedes III ne mourut qu'au commencement de l'année 74 ; un tétradrachme de ce roi, frappé à *Nicomedia* [Isnikmid ; *vulgo* Ismid] (Mionnet, *Supplém.* V, p. 274), porte la date 223, c'est-à-dire, étant donné que l'ère de Bithynie commence avec l'année 297 av. J.-Chr., 74, tandis que, d'autre part, un grand nombre de monnaies de *Nicaea* [Isnik], de *Nicomedia*, de *Prusa ad Olympum* [Brussa] et de *Bithynium* [plus tard *Claudiopolis*, auj. Boli] ont été frappées par le *propraetor* de Bithynie, C. Papirius Carbo, avec la date 224 (73). Du mois de mai 75 au mois de mai 74, le *propraetor Asiae* n'était pas Silanus, dont le gouvernement doit plutôt être placé en mai 76 à mai 75 (Plin., *Nat. hist.*, II, 100 ; XXXV, 131), mais bien Iuncus (c'est ainsi qu'il faut lire ; Plutarch., *Caes.*, II ; — Vellei. Paterc., II, 42 ; — Gellius, V, 13, 6. — Voy. Nipperdey, dans le *Philologus*, t. VI, p. 377), magistrat que César trouva alors occupé en Bithynie à l'organisation de la nouvelle province (Vellei. Paterc., II, 42), lorsqu'il voulut faire mettre en croix les pirates qui l'avaient fait prisonnier (Suet., *Iul.*, IV). Le *cognomen Iuncus* se rencontre dans la *gens Aemilia* et *Claudia* (voy. Borghesi, *Œuvres*, t. III, pp. 63 et suiv. ; — M. Waddington, *ubi supra*, p. 123) et dans l'inscription d'Athènes, publiée dans l'*Ephem. Archaeol.*, n° 363 = *C. I. Att.*, t. III, n° 622 : Τριπολιτῶν τῆς Φοινίκης — οἱ ἄρχοντες καὶ ἡ βουλὴ καὶ ὁ δῆμος Αἰμίλιον Ἰουγκὸν πρεσβευτὴν Σεβαστοῦ καὶ ἀντιστράτηγον τὸν ἑαυτῶν πολείτην κ. τ. λ.

A cette Bithynie vint se joindre, en l'an 65 (1), encore avant la mort de Mithridate (2), la partie occidentale du royaume de Pont, c'est-à-dire le littoral de la Paphlagonie depuis *Heraclea* [Eregli] jusqu'au *Halys* [Kyzyl-irmâk] (3), que Pompée divisa en onze districts urbains (4). Cependant, la frontière Est de la province subit avec le temps plusieurs modifications. La ville d'*Amisus* [Samsûn], notamment, située à l'Est du *Halys*, qui appartenait à la Bithynie dès l'an 73, semble-t-il (5), ne fût-ce peut-être que comme point stratégique d'importance, paraît avoir été perdue aussitôt après, au cours de la troisième guerre contre Mithridate. En effet, Lucullus l'assiégea, pendant l'hiver 73—72 (6), et s'en empara l'année suivante (7). Fut-elle réunie à la province, en l'année 65, on ne le sait pas; toujours est-il qu'elle fut prise en l'an 47 par Pharnaces (8), puis déclarée libre par César (9); plus tard encore, on la voit gouvernée par des tyrans (10), et c'est seulement en l'an 33 avant J.-C., qu'Antoine la réunit à la Bithynie (11), dont elle forma dès lors la ville la plus orientale. Sous Trajan, on connaît avec certitude au moins six villes sur les

Pontus, 65.

---

(1) Plutarch., *Pomp.*, XXXVIII; — Tit. Liv., *Epit.*, CII : *Cn. Pompeius in provinciae formam Pontum redegit. Pharnaces filius Mithridates bellum patri intulit.* — Comp. Drumann, [*Gesch. Roms*], t. IV, p. 450, note 93.
(2) Il ne mourut qu'en l'an 63 (Appian., *Mithr.*, CXII; — Dio Cass., XXXVII, 12).
(3) Strabon, (XII, p. 544), indique ce fleuve comme frontière du côté de l'Est : καὶ μέχρι δεῦρο τοῖς Ῥωμαίοις ἡ Ποντικὴ ἐπαρχία ἀφώρισται.
(4) Strabo, XII, p. 541 : καὶ δὴ Πομπήϊος καταλύσας ἐκεῖνον ἐν τούτοις τοῖς ὅροις οὖσαν τὴν χώραν ταύτην παρέλαβε· τὰ μὲν πρὸς Ἀρμενίαν καὶ τὰ περὶ τὴν Κολχίδα τοῖς συναγωνισαμένοις δυνάσταις κατένειμε, τὰ δὲ λοιπὰ εἰς ἕνδεκα πολιτείας διεῖλε καὶ τῇ Βιθυνίᾳ προσέθηκεν, ὥστ' ἐξ ἀμφοῖν ἐπαρχίαν γενέσθαι μίαν.
(5) On voit déjà figurer sur les monnaies de cette ville C. Papirius Carbo (Eckhel, *Doct. Num.*, t. II, p. 347; — Mionnet, t. II, p. 344), qui était *propraetor Bithyniae* en 73.
(6) Appian., *Mithr.*, LXXVIII; — Plutarch., *Luc.*, XIV, XV, XXXIII.
(7) Appian., *Mithr.*, LXXXII, LXXXIII; — Plutarch., *Luc.*, XIX; — Memnon, dans Photius, p. 235ᵃ, éd. Bekk..
(8) Dio Cass., XLII, 45, 46.
(9) Dio Cass., XLII, 48.
(10) Strabo, XII, p. 547.
(11) Strabon, (*loc. sup., cit.*), dit, il est vrai : εἶτ' ἐλευθερώθη πάλιν μετὰ τὰ Ἀκτιακὰ ὑπὸ Καίσαρος τοῦ Σεβαστοῦ. Mais l'ère de la ville de 721=33 (Eckhel, *Doct. Num.*, t. II, p. 349) prouve que cela eut lieu dès avant la bataille.

onze que comprenait le Pont; ce sont : *Heraclea*, *Tium* (1), *Amastris* [Amasra] (2), *Abonoteichos* (3), (*Ionopolis*) [Inéboli] (4), *Sinope* [Sinôb] (5) et *Amisus* (6) ; mais, déjà sous Antonin-le-Pieux, la frontière se trouve modifiée à nouveau, de telle sorte que la *Bithynia Pontus* ne va plus que jusqu'à *Amastris* et aux Komes (7) de *Cromna* et de *Cytorus* [Kidros] qui en dépendent (8), tandis qu'*Abonoteichos*, *Sinope* et *Amisus* ressortissent à la Galatie (9).

Administration. La province a, dès le début, un *propraetor* (10), depuis l'an 27 avant J.-C., un *proconsul* prétorien (11), et, depuis l'an 65 avant J.-C., elle porte le nom de *Bithynia et Pontus* (12) ou de *Bithynia Pontus* (13). Lors du partage des provinces, en l'an 27 avant J.-C., elle resta province du Sénat (14), et il est fait des mentions fréquentes de son *proconsul* (15), aussi bien

---

(1) Plin., *Ep. ad Trai.*, LXXV (LXXIX). — [Sur cette ville, voy. M. Boutkowski, *Recherches historiques sur la ville de Tium, et description d'une médaille inédite appartenant à cette ville*, Paris, 1864, broch. de 38 pp. in-18.]

(2) Plin., *Ep. ad Trai.*, XCVIII (XCIX). XCIX (C). — [Sur *Amastris*, voy. M. Ett. de Ruggiero, *Dizionar. epigr.*, fascic. 14, Roma, 1889, h. v., p. 441, col. 2.]

(3) Ptolem., V, 4, § 2. — Voy. Mionnet, *Supplém.* IV, p. 550.

(4) Lucien, (*Pseudomant.*, LVIII), nous renseigne sur l'origine de ce nom.

(5) Plin., *Ep. ad Trai.*, XC (XCI). XCI (XCII).

(6) Plin., *ubi supra.*, XCII (XCIII). XCIII (XCIV). CX(CXI).

(7) Voy. Kuhn, [*Verf.*], t. II, p. 261.

(8) Ptolem., V, 4, § 7.

(9) Ptolem., V, 4, §§ 2. 3. — [Comp., sur ce qui précède, M. Kubitschek, *op. et loc. sup. citt.*]

(10) Appian., *Mithr.*, CXXI : Πόντου δὲ καὶ Βιθυνίας πέμπεταί τις ἀπὸ τῆς βουλῆς στρατηγὸς ἐτήσιος. C'est ainsi, par exemple, que P. Silius Nerva, gouverneur en l'an 51 av. J.-Chr., porte, dans les suscriptions des lettres de Cicéron, (*Ad famil.*, XIII, 61. 62. 63. 64. 65), le titre de *propraetor*.

(11) Dio Cass., LIII, 13. De là, dans Tacite, (*Ann.*, I, 74) : *Granium Marcellum, praetorem Bithyniae*, et, (XVI, 18) : *proconsul Bithyniae*. Sur les monnaies de Bithynie, les propréteurs de la République figurent sans titre avec leur nom seul (M. Schoenemann, *op. cit.*, p. 4, note 2, se trompe), et, à partir de l'an 27 av. J.-Chr., avec le titre d'ἀνθύπατος.

(12) Orelli, n° 77 [= *C. I. L.*, t. XI, 1, n° 1183], et maints autres exemples.

(13) *C. I. Gr.*, n° 1720, et nombre d'autres exemples.

(14) Dio Cass., LIII, 12.

(15) M. Waddington doit donner une liste des proconsuls ; en attendant, voy. Eckhel, *Doct. Num.*, t. II, pp. 400-403 ; — M. Schoenemann, *op. sup. cit.*, pp. 10 et suiv.

que du *legatus* (1) et du *quaestor* (2), dont ce dernier était assisté. Cependant, par suite du changement annuel des proconsuls, l'administration semble y être devenue inconséquente (3) et défectueuse ; à chaque instant, en effet, l'empereur dut y intervenir. Tout d'abord, Auguste se rendit en Bithynie, en l'an 20 avant J.-C., et y prit différentes mesures (4) ; plus tard, Trajan envoya Pline le jeune, en qualité de commissaire impérial extraordinaire, avec le titre de *legatus pro praetore provinciae Ponti et Bithyniae consulari potestate* dans cette province (5) ; il est probable que ce dernier y demeura du

Plinius en Bithynie.

---

(1) Au n° 3548 du *C. I. Gr.*, C. Antius A. Iulius Quadratus, *Cos. suff.* 93, *cos. ord.* 105 de notre ère, est appelé πρεσβευτὴς καὶ ἀντιστράτηγος [Πόντου] καὶ Βιθυνίας, c'est-à-dire *legatus pro praetore*; au n° 3532, il porte le titre de πρεσβευτὴς Πόντου καὶ Βιθυνίας; au n° 4238ᵈ, celui de πρεσβευτὴς ἀντιστράτηγος Πόντου καὶ Βειθυνίας. Dans l'inscription publiée par Marini, (*Atti*, n° LVIII [= Wilmanns, *Exempla*, t. I, n° 1159 = *C. I. L.*, t. IX, n° 4965]), *Iulius Marinus* est *legatus pro pr. provinciae Ponti et Bithyniae proconsulatu patris sui*; dans Gruter, (f° 471, n°ˢ 1. 2 [= *C. I. L.*, t. V, 1, n° 4129]), P. *Statius Paullus leg. pro pr. Ponti et Bithyniae*. — Comp. le fragment d'une inscription publiée par Marini, (*Iscr. Alb.*, p. 53) : *leg. provinc. Ponti et Bithyniae* [Adde : *Notizie degli scavi*, 1887, p. 32ᵇ = *C. I. L.*, t. XIV, n° 4247 ; — *C. I. Gr.*, n° 3773, inscription plus correctement publiée par M. Mordtmann, dans les *Mittheil. des Kais. deutschen Instituts, athen. Abtheil.*, 1887, p. 173 ; — W. Liebenam, *Forschungen, loc. sup. cit.*] — De même, dans la phrase de Pline, (*Ep. ad Trai.*, XXXI (XL)) : *iussu proconsulum legatorumve*, il faut entendre par le mot *legatus* le *legatus* du proconsul.

(2) Au temps de la République, on connaît les questeurs P. Oppius, en l'année 74 (Dio Cass., XXXVI, 23), et Crassipes, en l'année 51 (Cic., *Ad famil.*, XIII, 9) ; — à l'époque impériale : Caepio Crispinus, *ann.* 14 de notre ère (Tacit., *Ann.*, I, 74) ; M. Opsius Navius Annianus (*C. I. Gr.*, n° 5793) ; Iulius Bassus (Plin., *Ep.*, IV, 9, 6) ; S. Tadius (Orelli, n° 3658 [= *C. I. L.*, t. IX, n° 4119]); C. Dillius Vocula (Henzen, n° 5426 [= *C. I. L.*, t. VI, 1, n° 1402]) ; S. Quinctilius Valerius Maximus (Henzen, n° 5970 [= *C. I. L.*, t. III, 1, n° 384]) ; L. Burbuleius (Henzen, n° 6484 [= Mommsen, *I. R. N.*, n° 4060 = Wilmanns, *Exempla*, t. I, n° 1181 = *C. I. L.*, t. X, 1, n° 6006]).

(3) Plin., *Ep. ad Trai.*, XXXI (XL). XXXII (XLI). LVI (LXIV). LVII (LXV).

(4) Dio Cass., LIV, 7 : καὶ ἐς τὴν Ἀσίαν κομισθεὶς πάντα τά τε ἐκεῖ καὶ τὰ ἐν τῇ Βιθυνίᾳ διέταξεν. Pline mentionne deux de ses édits : l'un relatif à l'âge requis dans les villes pour remplir une fonction (*Ep. ad Trai.*, LXXIX. LXXX) ; l'autre concernant les successions *ab intestat* (*Ep. ad Trai.*, LXXXIV).

(5) Dans l'inscription souvent publiée d'Orelli, n° 1172 = Henzen, [t. III], p. 124, on lit, suivant la dernière restitution qu'en a faite M. Mommsen, (dans l'*Hermes*, t. III, p. 142 = *C. I. L.*, t. V, [2], n° 5262) : *C. Plinius, L. f. Ouf. Caecilius [Secundus, cos] Augur, Legat. propr. provinciae Pon[ti et Bithy-*

17 septembre 111 jusqu'à la fin de janvier 113 (1); et, après lui, on rencontre encore sous Trajan — nous ne savons si c'est son successeur immédiat — un *legatus pro praetore divi Traiani provinciae Ponti et Bithyniae* en la personne de C. Iulius Cornutus Tertullus (2). Enfin, après que, dans l'intervalle, la province eut été, selon toute apparence, restituée au Sénat, Hadrien confia le soin de la réorganiser encore à Ti. Iulius Severus, qui ne doit pas être confondu, comme on l'avait fait autrefois, en s'autorisant d'un passage maladroitement extrait

---

niae], *consulari potesta[te] in eam provinciam e[x s. c. ab] imp. Caesar. Nerva Traiano Aug. German[ico Dacico missus]*, etc., et Trajan écrit à Pline, (*Ep.*, XXXII (XLI)) : *Meminerimus idcirco te in istam provinciam missum, quoniam multa in ea emendanda apparuerunt.* — *Ep.* CXVII (CXVIII) : *Ego ideo prudentiam tuam elegi, ut formandis istius provinciae moribus ipse moderareris et ea constitueres, quae ad perpetuam eius provinciae quietem essent profutura.* — *Ep.* XVIII (XXIX) : *Provinciales, credo, prospectum sibi a me intelligent, nam et tu dabis operam, ut manifestum sit illis, electum te esse, qui ad eos mei loco mittereris.*

(1) L'administration de Pline dura, ainsi qu'on le voit par ses *Lettres*, environ 18 mois. Il arriva dans la province le 17 septembre (*Ep. ad Trai.*, XVII[a] (XXVIII)), fêta le 3 janvier de l'année suivante les *vota* pour l'empereur (*Ep. ad Trai.*, XXXV (XLIV)), célébra les mêmes fêtes encore une fois l'année suivante (*Ep. ad Trai.*, C (CI)), et deux fois aussi celles en l'honneur de l'anniversaire de l'avénement de Trajan, le 27 janvier (*Ep. ad Trai.*, LII (LX), CII (CIII)). Toutefois, la détermination des années a fait l'objet de nombreuses controverses. Tillemont, ([*Hist. des Empereurs*], t. II, pp. 295. 913), Masson, (*Vita Plinii*, pp. 129-155), Marini, (*Atti*, t. II, p. 757), Clinton, (*Fasti Rom.*), placent la légation de Pline du mois de septembre 103 au mois de janvier 105; Noris, (*Cenot. Pis.*, Diss. II, c. 11, Vol. III, p. 329), dans l'année 110; Mazochi, (*Calend. Nap.*, t. II, p. 376), entre 107-111; Borghesi, qui a traité cette question à plusieurs reprises (voy. *Œuvres*, t. II, p. 213 ; t. IV, p. 118; *Bullett.*, 1846, p. 173), se prononce en dernier lieu, (*Œuvres*, t. VIII, pp. 324 et suiv.), pour les années 109. 110. Enfin, M. Mommsen, (*Hermes*, t. III, p. 55), a découvert pour la solution du problème un nouvel argument, consistant à faire remarquer que Calpurnius Macer, qui gouvernait en même temps que Pline une province voisine de la Bithynie (*Ep. ad Trai.*, XLII (LI), LXI (LXIX), LXII (LXX), LXXVII (LXXXI)), doit être considéré comme ayant exercé ses fonctions de *legatus Aug. pr. pr. Moesiae inferioris* au cours de l'année 112-113, ainsi que permet de l'établir l'inscription publiée sous le n° 777 du t. III, [1], du *C. I. L.*

(2) Orelli, n° 3659 = Mommsen, *Hermes*, t. III, p. 114 [= Wilmanns, *Exempla*, t. I, n° 1164 = *C. I. L.*, t. XIV, n° 2925]. Que l'administration de ce *legatus* en Bithynie soit postérieure à celle de Pline, c'est là un point hors de tout conteste. (Voy. Borghesi, *Œuvres*, t. IV, p. 117). — [Voy., sur ce qui précède, les ouvrages cités dans notre *Introd. bibl. gén.*, II, A, et spécialement B, *Trajan*. — Sur Pline et C. Iulius Cornutus Tertullus, voy. M. W. Liebenam, *Forschungen*, pp. 346 et suiv., et pp. 39 et suiv.]

de Dion Cassius (1), avec le célèbre général d'Hadrien, Sex. Iulius Severus (2), mais qui, ainsi que nous l'apprennent deux inscriptions d'*Ancyra* (3), commença par commander, vers l'année 132, la *leg. IV Scythica* en Syrie, puis devint *proconsul Achaiae*, enfin s'occupa, de l'an 135 à l'an 137, des affaires de Bithynie, avec le rang d'un *legatus Augusti*, mais avec le titre de διορθωτής καὶ λογιστής, c'est-à-dire de *corrector et curator*. Depuis lors, la Bithynie resta province impé-

---

(1) Dio Cass., LXIX, 13 : ἐπεὶ δ' ἥ τε Ἰουδαία πᾶσα ἐκεκίνητο (ann. 132 de notre ère) — — τότε δὴ τότε τοὺς κρατίστους τῶν στρατηγῶν ὁ Ἀδριανὸς ἐπ' αὐτοὺς ἔπεμψεν, ὧν πρῶτος Ἰούλιος Σεουῆρος ὑπῆρχεν, ἀπὸ Βρετανίας ἧς ἦρχεν ἐπὶ τοὺς Ἰουδαίους σταλείς. C. 14 : τὸν δὲ Σεουῆρον ἐς Βιθυνίαν ἔπεμψεν, ὅπλων μὲν οὐδέν, ἄρχοντος δὲ καὶ ἐπιστάτου καὶ δικαίου καὶ φρονίμου καὶ ἀξίωμα ἔχοντος δεομένην· ἃ πάντα ἐν ἐκείνῳ ἦν. Καὶ ὁ μὲν διῆγαγε καὶ διῴκησε καὶ τὰ ἴδια καὶ τὰ κοινὰ αὐτῶν οὕτως, ὥσθ' ἡμᾶς καὶ ἐς δεῦρο ἀεὶ αὐτοῦ μνημονεύειν, τῇ δὲ δὴ βουλῇ καὶ τῷ κλήρῳ ἡ Παμφυλία ἀντὶ τῆς Βιθυνίας ἐδόθη. Le défaut d'identité entre l'administrateur de Bithynie mentionné au chap. 14 et le général désigné au chap. 13, résulte non seulement du portrait différent qui nous est tracé de ces deux personnages, mais aussi du fait qu'un ancien légat de Syrie ne pouvait pas recevoir en dernier lieu à la Bithynie comme province ; et c'est ce que Zumpt, (*Comment. epigr.*, t. II, pp. 10-17), a déjà établi avec évidence à l'encontre de Borghesi, (*Œuvres*, t. IV, pp. 165 et suiv.). M. W. H. Waddington, (*Mémoire sur la chronologie de la vie du rhéteur Aelius Aristide*, Paris, 1867, in-4 ; Extr. des *Mémoires de l'Acad.*, t. XXVI, 1), traite à nouveau des deux Sévères. Comp. le même auteur dans Borghesi, *Œuvres*, t. V, p. 413, note 1. — [Sur Ti. Iulius Severus, voy. aussi M. W. Liebenam, *Forschungen*, pp. 55 et suiv. ; comp. pp. 97. 199. 349. 463.]

(2) De l'inscription de Dalmatie découverte par M. Mommsen, (*C. I. L.*, t. III, [1], n° 2830), inscription qui contient le *cursus honorum* complet de ce général, il ressort qu'après son consulat (ann. 127 apr. J.-Chr. ; voy. Borghesi, *Œuvres*, t. V, pp. 69. 509 ; — L. 28, § 4, [fr. Ulpian., *De fideicommiss. libertat.*], D., XL, 5), il fut *legatus pr. pr. provinciae Moesiae inferioris, leg. pr. pr. provinciae Brittanniae, leg. pr. pr. provinciae Iudeae, leg. pr. pr. provinciae Syriae* ; or, la Bithynie n'est pas mentionnée dans l'inscription.

(3) Dans les deux inscriptions d'*Ancyra* (*C. I. Gr.*, n°ˢ 4033. 4034), il est dit dans des termes identiques : Τι. Σεουῆρον — — πρεσβεύσαντα ἐν Ἀσίᾳ ἐξ ἐπιστολῆς καὶ κωδικίλλων θεοῦ Ἀδριανοῦ, ἡγεμόνα λεγιῶνος δ̄ Σκυθικῆς καὶ διοικήσαντα τὰ ἐν Συρίᾳ πράγματα, ἡνίκα Πουβλίκιος Μάρκελλος διὰ τὴν κίνησιν τὴν Ἰουδαϊκὴν μεταβεβήκει ἀπὸ Συρίας, ἀνθύπατον Ἀχαΐας, πρὸς ε̄ ῥάβδους πεμφθέντα εἰς Βειθυνίαν διορθωτὴν καὶ λογιστὴν ὑπὸ θεοῦ Ἀδριανοῦ, ἔπαρχον αἰραρίου τοῦ Κρόνου, ὕπατον. Il fut donc : 1° légat impérial extraordinaire d'Achaïe ; 2° *leg. leg. IV Scyth.* et, comme tel, remplaçant du gouverneur absent en Syrie (entre 132-135) ; 3° *proconsul Achaiae* ; 4° πρὸς πέντε ῥάβδους πεμφθεὶς εἰς Βιθυνίαν. Car ces mots doivent être réunis, ce que Franz ne reconnut pas, comme cela résulte de la règle extraite de Dion Cassius, (LIII, 13), et développée par M. Mommsen, (*Bullett.*, 1852, p. 172 ; — *Berichte der sächs. Gesellsch. der Wiss.*, 1852, *Philol. Hist. Classe*, p. 127), en vertu de laquelle les

riale, et le Sénat reçut en échange la Pamphylie (1). Toutefois, cette organisation ne paraît pas non plus avoir toujours subsisté sans modification, car, à côté des *legati* impériaux de l'époque postérieure (2), on rencontre encore derechef, sous Caracalla, plusieurs *proconsules provinciae Ponti et Bithyniae* (3).

L'élément militaire était très peu nombreux en Bithynie; aussi la garde des prisons devait-elle être confiée à des *servi publici* (4). Cependant, Pline avait à sa disposition plusieurs cohortes (5), dont la station principale était *Nicomedia* [Isnikmîd;

---

legati Augusti ont cinq licteurs, les proconsuls prétoriens six, les proconsuls d'Asie et d'Afrique douze, ainsi que l'avaient déjà reconnu Borghesi, (*Œuvres*, t. V, p. 411), et M. Waddington, (*op. cit.*, p. 20). Ce dernier auteur place la légation de Severus au cours des années 134-136 ou 135-137. Zumpt, (*Comment. epigr.*, t. II, p. 14), se prononça déjà en faveur de l'année 137.

(1) Dio Cass., LXIX, 14.

(2) Sous Commode, on trouve : [*Didius Sev*]*erus Iulianus leg. Aug.* [*pr. pr. P*]*onti et Bithyniae* (Reinesius, *Cl.*, VI, n° 42 ; [voy. aussi *Bullett. dell' Inst.*, 1869, p. 133] ; cf. Spartian., *Vita Didii Iuliani*, II) ; — sous Septime Sévère, *L. Fabius Cilo leg. Aug. pr. pr. provinc. Pann*(*oniae*) *et Moesiae sup., Bithyn*(*iae*) *et Ponti* (Grut., f° 407, n°s 1. 2 = Marini, *Iscr. Alb.*, pp. 50. 51 [= Wilmanns, *Exempla*, t. I, n°s 1202. 1202 *a* = *C. I. L.*, t. VI, 1, n°s 1408. 1409]) et M. *Claudius Demetrius*, ὁ λαμπρότατος ὑπατικὸς πρεσβευτὴς καὶ ἀντιστράτηγος τῶν Σεβαστῶν (*C. I. Gr.*, n°s 3771. 3773). — Quant à *L. Albinius Saturninus — leg. Aug. pr. pr. Ponti et Bith.* (Murat., f° 365, n° 1), Muratori conjecture qu'il doit être identifié avec le Consul du même nom de l'année 264. [Comp. Borghesi, *Œuvres*, t. IV, pp. 108. 150 ; voy. l'inscription relative à ce *legatus* au *C. I. L.*, t. X, 1, n° 4750.] — Enfin, en l'an 269, il y avait en Bithynie *Velleius Macrinus*, ὁ λαμπρότατος ὑπατικὸς πρεσβ. καὶ ἀντιστράτηγος τοῦ Σεβαστοῦ (*C. I. Gr.*, n°s 3747. 3748). — [Voy. M. W Liebenam, *Forschungen*, pp. 350 et suiv., n°s 12-19.]

(3) Par exemple, *L. Coelius Festus* (Orelli, n° 77 = Borghesi, *Œuvres*, t. IV, p. 129, *ibiq.* la note de Renier [= *C. I. L.*, t. XI, 1, n° 1183 ; voy. aussi M. W. Liebenam, *op. cit.*, p. 237, n° 2]). Il convient de placer à la même époque une seconde inscription, dans laquelle est mentionné un *proconsul Ponti et Bithyniae* sans indication de nom. (Voy. M. Perrot, *De Galatia prov. Rom.*, p. 134 = Texier, *Description de l'Asie mineure*, t. I, p. 189.) Enfin, appartient encore au même ordre d'idée M. *Clodius Puppienus Maximus*, qui fut empereur en 238 et qui, avant cette époque, *proconsulatum Bithyniae egit* (Capitolin., *Max. et Balb.*, V).

(4) Plin., ., *Ep. ad Trai.*, XX (XXI).

(5) Plin., *Ep. ad Trai.*, XXI (XXXII) ; cf. LII (LX). CVI, où on voit nommé un certain *P. Accius Aquila, centurio cohortis VI equestris*. Pline, (*Ep.*, XXIX. XXX), mentionne également un officier (probablement un *trib. mil.*), du nom de *Sempronius Caelianus*, qui lève des troupes, et le *praefectus orae Ponticae, Gavius Bassus* (Plin., *Ep.*, XXI. XXII. LXXXVI), doit pareillement être considéré comme un militaire.

vulgo Ismid] (1), et pour lesquelles sans doute avaient été effectués les achats de blé mentionnés par Pline (2). Au contraire, le service financier était représenté par de nombreux agents. Déjà, sous la République, il y avait une *societas Bithynica publicanorum*, et les *pascua* étaient notamment affermés aux *publicani* (3), ainsi que les ci-devant biens royaux, qui étaient devenus *ager publicus* (4). Ces derniers ont, sans doute, été attribués à l'empereur, lors du partage des provinces en l'an 27 avant J.-C., et administrés par un *procurator*, qui était déjà en fonctions sous les proconsuls (5). Au temps de l'administration impériale, on trouve à la fois en Bithynie plusieurs *procuratores* (6), c'est-à-dire, en dehors du *procurator Ponti et Bithyniae*, qui remplaçait le questeur (7), des *procuratores* spéciaux, préposés à la fortune privée de l'empereur (8), à la *vigesima heredita-*

---

(1) Plin., *Ep. ad Trai.*, LXXIV (XVI).

(2) Plin., *Ep. ad Trai.*, XXVII. XXVIII. Le *Genialis, Caesaris Aug. servos verna dispens(ator ad) frumentum*, que nous signale une inscription de Cius (Waddington, t. III, n° 1159), confirme cette conjecture. Car le *dispensator* est, au point de vue militaire, un officier payeur. (Voy. Renier, *Mélanges*, p. 177.) — [Sur le *dispensator*, voy. M. G. Bloch, dans le *Dictionn. des Antiq. grecq. et rom.*, de MM. Ch. Daremberg et Edm. Saglio, 13° fascic., Paris, 1889, h. v., t. II, pp. 280, col. 2, et suiv.]

(3) Cic., *Ad famil.*, XIII, 9 et 65. — [Voy., sur ce qui va suivre, les renvois faits ci-dessus, en la note 5 de la p. 242.]

(4) Cic., *De leg. agr.*, II, 19, 50 : *Adiungit agros Bithyniae regios, quibus nunc publicani fruuntur, deinde Attalicos agros in Cherroneso* ; — § 51 : *Adiungit regios agros Mithridatis, qui in Paphlagonia — fuerunt.*

(5) C'est ainsi que Iunius Cilo fut quatre ans durant, 46-49, *proc. Bithyniae* sous Claude (Dio Cass., LX, 33 ; — Tacit., *Ann.*, XII, 21, qui l'appelle *proc. Ponti*) ; que C. Iulius Aquila le fut sous Néron, en l'année 58 (*C. I. Gr.*, n° 3743) ; que L. Antonius Naso le fut sous Vespasien (Eckhel, *Doct. Num.*, t. II, p. 404 ; — Mionnet, t. II, p. 408) ; que Terentius Maximus le fut sous Domitien (Plin., *Ep. ad Trai.*, LVIII (LXVI)).

(6) Pline en avait trois pour le moins : Virdius Gemellinus (*Ep. ad Trai.* XXVII. XXVIII), Epimachus (*Ep.* LXXXIV) et Maximus, qui paraît avoir été un *subprocurator* de Gemellinus (*Ep.* XXVIII (XXXVII).

(7) *C. I. Gr.*, Vol. II, f° 983, n° 1813ᵇ. C'est sans doute le même fonctionnaire, qui, à l'époque impériale postérieure, porte le titre de δουχηνάριος τοῦ Σεβαστοῦ Πόντου καὶ Βειθυνίας (*C. I. Gr.* n° 2509).

(8) Henzen, n° 5530 [=Wilmanns, *Exempla*, t. I, n° 1293; voy. aussi MM. de Boissieu, A. Allmer et P. Dissard, *opp. citt.* dans notre *Introd. Bibliogr. gén.*, I, B, 2°] : *C. Furio Sabinio Aquilae Temesitheo — — proc. prov. Bithyniae Ponti Paphlagon. tam patrimonii quam rat. privatar. ibi vice proc.* XXXX. Ce personnage est le beau-père de Gordien, *praef. praet.* ann. 241 (Capitolin.,

272   ORGANISATION DE L'EMPIRE ROMAIN.

tum (1), à la *vigesima libertatis* (2), et aux douanes de frontières, dont le taux s'élevait à 2 1/2 pour cent (*quadragesima*) (3).

<small>Double assemblée.</small>

Les deux parties de la province, bien que réunies sous un gouverneur unique, conservaient cependant une certaine autonomie administrative. La Bithynie a pour métropole *Nicomedia* (4); les *ora Pontica*, *Amastris* (5). A *Nicomedia*, où s'élevait,

---

Gord. tres, XXXII, 6, passage dans lequel, au lieu de *Misithei*, il faut lire *Timesithei*. Voy. Eckhel, *Doct. Num.*, t. VII, p. 319; — Borghesi, *Œuvres*, t. III, p. 484, *ibiq*. Renier). — [Sur les fonctionnaires dont il est ici question, voy. M. Otto Hirschfeld, *Untersuchungen*, I^{ster} Bd., Berlin, 1876, pp. 41 et suiv. — Voy. aussi le renvoi de la p. 271, note 3, *supra*.]

(1) Henzen, n° 6940 [= *C. I. L.*, t. X, 1, n° 7583] : *Q. Cosconio — proc. Augg. ad vectig. XX her. per Pontum et Bithyniam*. — [Voy., sur cet impôt, p. 9, note 1, *supra*.]

(2) Grut., f° 402, n° 4 = *C. I. L.*, t. III, [1], n° 249 : *Marianus Aug. n. lib. pr. XX lib. Bithyniae Ponti Paflag*. — [Voy., sur cet impôt, p. 10, note 1, *supra*.]

(3) Henzen, n° 5530 [voy. *supra*, p. 271, les renvois de la note 8]. — [Comp., ci-dessus, p. 132, note 4.]

(4) Cette ville s'appelle déjà *Metropolis* sous Caligula (Mionnet, *Suppl.* V, p. 170, n° 983) ; comme capitale de toute la province, elle porte, depuis Domitien, le titre de μητρόπολις καὶ πρώτη Βιθυνίας καὶ Πόντου (Eckhel, *Doct. Num.*, t. II, p. 399 ; — Mionnet, *Suppl.* V, pp. 174 et suiv. ; — cf. *C. I. Gr.*, n°s 1720. 3771, textes de l'époque de Septime Sévère, où elle est nommée : ἡ μεγίστη καὶ μητρόπολις καὶ πρώτη Βειθυνίας τε καὶ Πόντου Ἀδριανὴ Σεουηριανὴ δὶς νεωκόρος Νεικομήδεια ἱερὰ καὶ ἄσυλος, φίλη, πιστὴ καὶ σύμμαχος ἄνωθε τῷ δήμῳ τῷ Ῥωμαίων). Elle lutta, au début, pour obtenir ce rang, contre *Nicaea*, qui, dans Strabon, (XII, p. 565), est également appelée μητρόπολις τῆς Βιθυνίας, et sur les monnaies, depuis Domitien, Νεικαιεῖς πρῶτοι τῆς ἐπαρχείας, Νεικαιεῖς πρῶτοι Πόντου καὶ Βιθ. (Eckhel, t. II, p. 427 ; — Mionnet, t. II, p. 451 ; *Suppl.* V, pp. 85 et suiv), et Dion Chrysostôme, (*Or.* XXXVIII), traite longuement de cette rivalité. (Voy., en particulier, Vol. II, pp. 140-144. P. 148 : ἂν δὲ τὸ μὲν τῆς μητροπόλεως ὑμῖν ὄνομα ἐξαίρετον ᾖ, τὸ δὲ τῶν κοινωνείων κοινὸν ᾖ, τί κατὰ τοῦτο ἐλαττοῦσθε; ἐγὼ μὲν γὰρ τολμήσαιμι ἂν εἰπεῖν, ὅτι κἂν πάντων ἐκστῆτε τῶν ὀνομάτων, οὐδενὸς ἐξίστασθε πράγματος.) Plus tard, *Nicomedia* grandit de plus en plus en importance (voy. la description de cette ville dans Libanius, *Or.* LXII, Vol. III, p. 337, éd. R. ; — Ammian., XXII, 9, 3), tandis que, par contre, *Nicaea* ne porte plus sur les monnaies le titre de μητρόπολις, et renonce même, après Domitien, à celui de πρώτη. Qu'elle ait cherché à usurper le titre de μητρόπολις, mais sans succès, c'est ce que montre l'inscription d'une porte de *Nicaea* (Texier, *Description de l'Asie mineure*, t. I, p. 30) : Τύχη πόλεως Νεικαία μητρόπολις, document dans lequel les lettres μητρο sont effacées. En réalité, la ville ne devint *Metropolis* qu'après l'organisation de la province *Bithynia secunda*. — [Sur *Nicomedia* et *Nicaea*, voy. M. Kubitschek, *op. cit.*, p. 252.]

(5) Tout au moins depuis Trajan (Eckhel, t. II, p. 386 ; — Mionnet, t. II, p. 391 ; — *C. I. Gr.*, n° 4149). [Sur *Amastris*, voy. p. 266, note 2, *supra*.] —

déjà du vivant d'Auguste, un temple consacré à l'empereur (1), se tenait le κοινὸν Βιθυνίας (2); à *Amastris*, le κοινὸν τοῦ Πόντου (3). La loi fondamentale, par laquelle Pompée régla l'administration de la province, la *lex Pompeia* (4), la divisa en un certain nombre de districts urbains (διοικήσεις) (5), savoir: le *Pontus*, en onze, ainsi qu'il a déjà été dit ci-dessus ; la Bithynie proprement dite, en douze environ (6), qui furent, si l'on en juge d'après les monnaies, *Nicomedia, Nicaea, Cius* ou *Prusias* sur la mer [Gio; en turc, Gemlik), *Apamea* (autrefois *Myrlea*) [Mudania, ou Medenia] (7)*, *Tius, Prusias* [Uskub], au pied de l'*Hypius, Chalcedon* [Kadiköi], *Bithynium* ou *Claudiopolis* [Boli], *Cratia-Flaviopolis* [Geredé], *Gordu-Kome* ou *Iuliopolis*, et peut-être *Dascylium* [Yaskili]. Les autres localités de la province doivent être considérées comme des Komes (*vici*), ressortissant, sous le rapport de la juridiction et de l'administration, à l'une des communes ci-dessus énumérées. Cependant, au cours de la période impériale, le nombre des villes s'est augmenté, d'une part par

Districts urbains.

Heraclea porte d'autre part aussi le titre de μητρόπολις, mais dans une autre acception, ainsi que nous l'apprennent les monnaies sur lesquelles on lit Ἡρακλεωτᾶν μητρὸς ἀποίκων πόλεων. (Voy. Eckhel, t. II, p. 418 ; — Mionnet, t. II, pp. 440. 443 ; *Suppl.* V, pp. 56 et suiv.) ·

(1) Dio Cass., LI, 20.

(2) Κοινὸν τῆς Βειθυνίας ἐν Νικομηδείᾳ (*C. I. Gr.*, n°⁸ 1720. 3428). A ce κοινόν se rapporte le Βιθυνιάρχης (Waddington, t. III, n°⁸ 1142. 1178 [voy., *supra*, p. 256, note 5 *in fine*]), la Βιθυνιαρχία (L. 6, § 14, [fr. Modeslin., *De excusation*.], D., XXVII, 1) et le κοινόβουλος, c'est-à-dire le délégué de chacune des villes participant au κοινόν pour la représenter à l'assemblée des fêtes (Waddington, t. III, n° 1176). Il sera traité plus loin de ces titres.

(3) A ce κοινόν se réfère l'ἀρχιερεὺς τοῦ Πόντου, mentionné dans l'inscription d'*Amastris* (*C. I. Gr.*, n° 4149), ainsi que le Ποντάρχης (*ibid.*, n° 4157). Voy. M. Perrot, *Mémoires d'archéologie*, p. 168.

(4) Plin., *Ep. ad Trai.*, LXXIX. LXXX. CXII. CXIV. Gaius, (I, 193), mentionne également la *lex Bithynorum*.

(5) Le mot διοίκησις se rencontre dans différentes acceptions. (Voy. p. 249, note 2, *supra*.) Il désigne l'administration d'une circonscription urbaine, à laquelle, indépendamment de la ville elle-même, ressortissent des Komes (*vici*), dans Dion Chrysostôme, (Vol. II, pp. 205. 208, éd. R.). Libanius, Vol. I, p. 102, éd. R. : βουλαὶ καὶ διοικήσεις πόλεων.

(6) Pline, (*Nat. hist.*, V, 143), indique ce nombre et compte parmi ces villes *Dascylium*, dont il n'existe pas de monnaies.

7* [Sur cette ville, voy. M. Ett. de Ruggiero, *Dizionar. epigr.*, fascic. 16, Roma, 1889, p. 511, col. 1.]

la transformation de Komes en diocèses indépendants, ainsi qu'il advint, semble-t-il, sous Trajan, de *Prusa* [Brussa], au pied de l'Olympe (1), de l'autre, par la réunion de quelques villes de la province d'Asie à la Bithynie (2).

Villes libres.

Colonies.

Il n'y a, dans toute la province, que très peu de villes investies de privilèges particuliers ; savoir : deux *liberae civitates*, *Chalcedon* et *Amisus* [Samsùn](3), et trois colonies, *Apamea*(4), dont le nom complet est *Colonia Iulia Concordia Augusta Apamea* (5), colonie qui remonte non pas à Auguste (6), mais à César (7), *Sinope* [Sinôb] (8) ou *Colonia Iulia Caesarea Felix Sinope*, également fondée par César en l'année 709 = 45, ère qui forme pour cette ville le point de départ de la computation de ses années (9), enfin, au quatrième siècle, *Nicomedia* (10).

---

(1) Dio Chrys., Vol. II, p. 175, éd. R. — Voy. Faber, *Quaest. Propont.*, p. 7.

(2) Je renvoie, à cet égard, à l'étude fort complète de Kuhn, [*Verfass.*], t. II, pp. 258 et suiv.

(3) Pline seul, (*Nat. hist.*, V, 149), mentionne la première ; sur les monnaies et dans les inscriptions, il n'est jamais question de sa *libertas* ; par contre, *Amisus* s'appelle non seulement dans Pline, (*Nat. hist.*, VI, 7), *Amisum liberum*, mais aussi sur les monnaies ἐλευθέρα (Eckhel, t. II, pp. 347, 348 ; — Mionnet, t. II, p. 344 ; *Suppl.* IV, pp. 438 et suiv.). Pline, (*Ep. ad Trai.*, XCII), la nomme *Amisenorum civitas libera et foederata*, et Trajan, (*Ep.* XCIII), reconnait expressément son autonomie : *Amisenos — si legibus istorum, quibus de officio foederis utuntur, concessum est eranum habere, possumus quo minus habeant non impedire —. In ceteris civitatibus, quae nostro iure obstrictae sunt, res huiusmodi prohibenda est*. Les habitants d'*Amisus* avaient reçu la liberté d'Auguste (Strabo, XII, p. 547).

(4) Plin., *Nat. hist.*, V, 149 ; — Strabo, XII, p. 564 ; — Plin., *Ep. ad Trai.*, XLVII (LVI) ; — Ulpian., L. 1, § 10, [*De censibus*], D., L, 15 ; — Dio Chrys., Vol. II, p. 183, éd. R.

(5) Voy. Eckhel, t. II, p. 406 ; — Mionnet, t. II, p. 412 ; *Suppl.* V, p. 10 ; — *C. I. L.*, t. III, [1], n° 335 ; — *Numismatic Chronicle*, t. VIII, p. 40.

(6) Dans le *Monumentum Ancyranum*, [V, 35], Auguste ne mentionne pas la Bithynie au nombre des provinces dans lesquelles il a fondé des colonies. (Comp. M. Mommsen, *Res gestae divi Aug.*, p. 83 [= dans la dernière éd., Berol., 1883, p. 120. Voy. aussi M. A. Allmer, *Les gestes du Dieu Auguste*, Vienne, 1889, pp. 124 et suiv. et surtout p. 257]).

(7) Voy. Faber, *Quaest. Prop.*, p. 5. La colonie qu'*Heraclea* avait reçue, fut détruite dès avant la bataille d'*Actium* (Strabo, XII, p. 543) et ne fut pas rétablie. — [Sur *Apamea*, voy. p. 273, note 7*, supra.]

(8) Strabo, XII, p. 546 ; — Plin., *Nat. hist.*, VI, 6 ; — Ulpian., L. 1, § 10, [*De censibus*], D., L, 15 ; — *C. I. Gr.*, n° 4164.

(9) Voy. Eckhel, t. II, pp. 391 et suiv.

(10) Orelli, n° 1060 [= *C. I. L.*, t. III, 1, n° 326].

Au milieu de ce siècle, la province existait encore avec ses *Partages opérés au IVᵉ siècle.* éléments combinés (1). Théodose le Grand (379-395) paraît l'avoir partagée par la suite (2), car, après lui, nous la voyons séparée en deux provinces : celle de *Bithynia*, sous un *consularis*, et celle d'*Honorias*, sous un *praeses* (3) ; la première comprend, suivant Hierocles (p. 690), qui la nomme *Pontica prima*, la Bithynie proprement dite, avec adjonction de quelques villes ayant antérieurement ressorti à la province d'Asie(4); l'autre ne compte que six villes : *Heraclea, Tium, Claudiopolis, Prusias, Cratia* et *Adrianopolis* [Edirné] ; celles qui se trouvaient plus à l'Est, *Abonoteichos, Sinope* et *Amisus*, avaient été, nous l'avons vu ci-dessus, réunies, déjà sous Antonin le Pieux, à la Galatie ; et *Amastris* est, de son côté, rattachée par Hierocles (p. 696) à la province de Paphlagonie.

---

(1) On rencontre vers 340 un *consularis Ponti et Bithyniae* (Henzen, n° 6480 [= *C. I. L.*, t. VIII, 1, n° 5348]).
(2) Voy. Boecking, *Ad Notit. Dignit. Or.*, p. 129 ; — Kuhn, *op. sup. cit.*, t. II, p. 262.
(3) *Notit. Dignit. Or.*, pp. 6, 7, *ibiq.* Boecking, pp. 132. 146.
(4) Voy. Kuhn, *op. cit.*, t. II, p. 262. — [Sur les différentes villes dont la mention précède, voy. M. Kubitschek, *op. et loc. sup. citt.*]

ADDENDUM.

[Aux sources épigraphiques indiquées p. 263, note 1, *supra*, il convient de joindre MM. C. Cichorius, *Inscriptions de l'Asie Mineure* (textes recueillis en Bithynie et à Lesbos), dans les *Mittheilungen des K. deutsch. archaeol. Inst.*, (*Athen. Abtheil.*), t. XIV, Hft3, 1889 ; — G. Radet, *Inscriptions de la vallée du Méandre*, dans le *Bulletin de corresp. hellén.*, 1890, pp. 244 et suiv. (Voy. aussi M. R. Cagnat, *Revue des publications épigr. relatives à l'antiq. rom.*, Avril-Juin, dans la *Revue archéol.*, 3ᵉ série, t. XVI, Juillet-Août 1890, pp. 137 et suiv.). — P. L.-L.]

XXX. GALATIA (1) ET PONTUS POLEMONIACUS.

Amyntas, le dernier roi de Galatie, auquel Antoine avait,

---

(1) Voy. M. G. Perrot, *De Galatia provincia Romana*, Lutet. Paris., 1867, in-8 ; cette étude a été largement mise à contribution par M. Fr. Sieffert, *Galatien und seine ersten Christengemeinden*, dans la *Zeitschrift für die historische Theologie*, 1871, pp. 257-292. Sur l'histoire primitive des Galates, on peut aussi recourir à Wernsdorf, *De republica Galatarum*, Nürnberg, 1743, in-4. Voy. encore Kuhn, [*Die städt. und bürgerl. Verf. der röm. Reichs*], t. II, pp. 148 et suiv., 255 et suiv. ; — Zumpt, *Comment. epigr.*, t. II, pp. 93 et suiv. ; — et quelques inscriptions nouvelles dans Le Bas et Waddington, *Voyage archéologique. Explication des inscriptions*, t. III, pp. 425 et suiv. ; — Perrot, *Exploration archéologique de la Galatie et de la Bithynie*, Paris, 1872, 2 voll. in-fol. ; — Mommsen, *C. I. L.*, t. III, [1], n° 235 et suiv. Je n'ai pas vu la monographie de C. H. Hermes, *Rerum Galaticarum specimen*, Vratisl., 1862, in-8. — [*Adde* : *C. I. L.*, t. III, *Supplem.*, fasc. I, f°s 1232-1258 ; — F. Koepp, *Ueber die Galaterkriege der Attaliden*, dans le *Rhein. Mus.*, 1885, pp. 114 et suiv. ; — Th. Mommsen, *Röm. Gesch.*, t. V, 3^{tte} Aufl., Berlin, 1886, *loc. cit.* p. 234, note 1, 2°, *supra* ; — W. Liebenam : *Beiträge*, I, Iena, 1886, p. 25, et *Tab.* n° 16, p. 39 ; *Forschungen*, I Bd., Leipzig, 1888, pp. 165 *in fine* — 184 (à propos d'Aufidius Coresinus Marcellus, dont il est question dans ce dernier travail, p. 181 *in init.*, n° 27, voy. l'inscription de Thyatire, publiée par MM. Radet, *Bullet. de corresp. hellén.*, 1887, décembre, et par M. René Cagnat, *L'année épigraphique (1888)*, Paris, 1889, pp. 5, col. 1, n° 13, et suiv., laquelle mentionne le proconsul L. Aufidius Marcellus, collègue de l'empereur Sévère Alexandre au consulat en 226. Comp. *Bull. de corresp. hellén.*, t. 1, p. 101, et t. VI, p. 292) ; — Henri Kiepert, *Manuel de géogr. anc.*, trad. franç. par M. Émile Ernault, Paris, 1887, pp. 62 et suiv. ; — Jos. W. Kubitschek, *Imp. Rom. trib. discr.*, Pragae, Vindobonae, Lipsiae, 1889, pp. 252-255, *passim*. — P. L.-L.]

en l'an 36, concédé la Galatie avec divers pays limitrophes (1), et dont la possession avait été confirmée en 31 par Octave (2), réunissait sous son sceptre, en l'an 25 avant J.-C., année de sa mort, un ensemble considérable de territoires, qui, à l'exception de la Cilicie montagneuse (3) et de la Pamphylie (4), dont il sera question plus loin, devinrent la même année province romaine (5). Les pays compris dans cette province étaient, suivant l'énumération qui nous est donnée par une inscription du premier siècle (6) : 1. les trois tribus des Galates (7), qui prirent alors le surnom de Σεβαστηνοί, avec trois chefs-lieux, savoir : les Σεβαστηνοὶ Τεκτόσαγες, ayant *Ancyra* [Angora ; *vulgo* Engüri] pour chef-lieu (8) ; les Σεβαστηνοὶ Τολιστοβώγιοι, ayant *Pessinus* [ruines de Balahissàr] pour chef-lieu (9) ; enfin les Σεβαστηνοὶ Τρόκμοι, ayant pour chef-lieu *Tavium* [Nefesköi ?] (10), qui compte les années suivant l'ère de la province à partir de l'an

Province, en l'an 25.

Eléments dont se composait cette province.

Galatia.

---

(1) Dio Cass., XLIX, 32.
(2) Dio Cass., LI, 2.
(3) Strabo, XII, p. 671.
(4) Dio Cass., LIII, 26.
(5) Dio Cass., LIII, 26 : τοῦ δ' Ἀμύντου τελευτήσαντος οὐ τοῖς παισὶν αὐτοῦ τὴν ἀρχὴν ἐπέτρεψεν, ἀλλ' ἐς τὴν ὑπήκοον ἐσήγαγε· καὶ οὕτω ἡ Γαλατία μετὰ τῆς Λυκαονίας Ῥωμαῖον ἄρχοντα ἔσχε. — Strabo, XII, pp. 567. 569. 571 ; — S. Rufus, *Brev.*, XI ; — Eutrop., VII, 10 ; — Euseb., *Chron.*, p. 168, éd. Scal.
(6) Inscription d'*Antiochia Pisidiae* [Yalowàdj] (Henzen, n° 6912 (comp. Henzen, sur cette inscription, [t. III], p. 521) = Waddington, *Voy.*, t. III, p. 432, n° 1816 = C. I. L., t. III, [1], n° 291) : [*L. Bellicio*] *P.* [*f.*] *Stel*[*latino*] *So*[*llerti*]*li, fetiali, leg. Aug. pro pr. provinc. Gal*(*atiae*) *Pisidi*(*ae*) *Phryg*(*iae*) *Lyc*(*aoniae*) *Isaur*(*iae*) *Paphlag*(*oniae*) *Ponti* [*G*]*ala*(*tici*) *Ponti Polemoniani*(*i*) *A*[*r*]*m*(*eniae*), *leg*(*ato*) *leg*(*ionis*) *XIII* [*G*]*e*(*minae*), *donat*[*o*] *don*[*is*] *militarib*[*us*] *expedit*(*ione*) *Sueb*[*i*]*c*[*a*] *et Sarm*[*atica*] *cor*(*ona*) *mur*(*ali*) *cor*(*ona*) *vall*(*ari*) *cor*(*ona*) *aur*(*ea*) *hast*[*is*] *pur*[*is*] *trib*(*us*), *vexill*(*is*) *trib*(*us*), *curat*(*ori*) *coloni*[*a*]*r*(*um*) *et municipior*(*um*), *prae*(*fecto*) *frum*(*enti*) *dand*[*i*] *ex s*(*enatus*) *c*(*onsulto*), *praetori, aedili curul*(*i*), *q*(*uaestori*) [*C*]*ret*(*iae*) *et C*(*yrenarum*), *trib*(*uno*) *leg*(*ionis*) *XXII Primi*[*g*]*oniae*, *IIIviro a. a. f. f. Thiaeus lib*(*ertus*). Sur la fixation de la date de l'inscription, voy. ci-dessous [p. 282, texte et notes 4 et 5].
(7) Voy. Wernsdorf, *op. cit.*, c. II, §§ 25-27.
(8) *C. I. Gr.*, n°⁵ 4010. 4011 : ἡ μητρόπολις τῆς Γαλατίας Σεβαστὴ Τεκτοσάγων Ἄγκυρα. — [Sur cette ville, voy. *supra*, p. 241, note 5.]
(9) *C. I. Gr.*, n° 4085.
(10) Voy. Mionnet, t. IV, p. 402, n° 171 ; *Suppl.* VII, pp. 651. 653. — [Sur *Tavium*, voy. M. Gustav Hirschfeld, *Tavium*, Berlin, 1883, gr. in-8, carte.]

25 (1) ; **2.** la *Pisidia* (2) ; 3. la partie orientale de la *Phrygia*, avec les villes d'*Antiochia ad Pisidiam* [Yalowâdj] (3), d'*Amorium* [ruines d'Hergân-Kalé](4), d'*Aezani* [ruines de Tschavdír-hissâr) (5), d'*Orcistus* (6); 4. la *Lycaonia* (7) ; 5. l'*Isauria* (8). Plus tard vinrent s'y joindre : 6. l'intérieur de la Paphlagonie, au pied du mont *Olgassys* [Alkâs ou Ilkaz-dagh], abandonné par Pompée, en l'an 65 avant J.-C., à la famille de Pylaemenes (9), mais érigée en province par Auguste, c'est-à-dire réunie à la Galatie (10), en 747=7. On compte les années d'après l'ère des villes de *Gangra* (*Germanicopolis*) [Kiankari, Tschangri], d'*Andrapa* (*Neoclaudiopolis*) (11) et de *Pompeiopolis* [Tasch-köprŭ] (12),

---

(1) Voy. Eckhel, *Doct. Num.*, t. III, p. 182 ; t. IV, p. 377. — *C. I. Gr.*, n°⁸ 4099. 4112. — Cavedoni, dans le *Bullett. dell' Inst.*, 1845, p. 94.

(2) La Pisidie appartenait au royaume d'Amyntas (Appian., *Bell. civ.*, V, 75), et les villes pisidiennes de *Sagalassos* [ruines d'Agh-lasûn] (πρώτη Πισίδων, sur les médailles; cf.*C. I. Gr.*, n° 4368) et de *Selge* [ruines de Sirg] étaient placées sous l'autorité du gouverneur de Galatie (Strabo, XII, pp. 569. 571).

(3) Cette région était également en la possession d'Amyntas (Strabo, XII, p. 569). C'est à *Antiochia ad Pisidiam* qu'a été trouvée l'inscription du légat L. Bellicius Sollers [voy. p. 277, note 6, *supra* ; note 10, *infra*, et surtout, ci-dessous, p. 282, note 4]. — [Sur *Antiochia Pisidiae*, voy. M. Ett. de Ruggiero, *Dizionar. epigr.*, fasc. 16, Roma, 1889, p. 494, *in init.*]

(4) Il y stationnait une *vexillatio leg. XII fulm.*, qui appartenait à la garnison de Galatie (*C. I. L.*, t. III, [1], n° 353). — [Sur *Amorium*, voy. M. Ett. de Ruggiero, *Dizionar. epigr.*, fascic. 15, Roma, 1889, p. 453, col. 1.]

(5) Mommsen, *C. I. L.*, t. III, [1], n° 355. — [Sur cette ville, voy. p. 241, note 5, *supra*.]

(6) Voy. M. Mommsen, *C. I. L.*, t. III, [1], f° 67°.

(7) Dio Cass., LIII, 26. — Comp. l'inscription d'*Iconium* [Koniah], qui mentionne un ἐπίτροπος Γαλατικῆς ἐπαρχίας (*C. I. Gr.*, n° 3991).

(8) Amyntas possédait l'*Isauria* (Strabo, XII, p. 569) et Ptolémée, (V, 4, § 12), la compte encore dans la Galatie.

(9) Strabo, XII, p. 541 : μεταξὺ δὲ τῶν Παφλαγόνων τῶν μεσογαίων τινὰς βασιλεύεσθαι παρέδωκε τοῖς ἀπὸ Πυλαιμένους· — ὕστερον δ' οἱ τῶν Ῥωμαίων ἡγεμόνες ἄλλους καὶ ἄλλους ἐποιήσαντο μερισμούς, βασιλέας τε καὶ δυνάστας καθιστάντες καὶ πόλεις τὰς μὲν ἐλευθεροῦντες τὰς δὲ ἐγχειρίζοντες τοῖς δυνάσταις, τὰς δ' ὑπὸ τῷ δήμῳ Ῥωμαίων ἐῶντες.

(10) C'est ce qui ressort de l'inscription publiée par Henzen sous le n° 6912 [inscription de L. Bellicius Sollers = Le Bas-Waddington, t. III, n° 1816 = *C. I. L.*, t. III, 1, n° 291 ; voy., à cet égard, M. W. Liebenam, *Forschungen*, I Bd., pp. 173, n° 12, et suiv., et, *infra*, p. 282, note 4], et de Ptolémée, (V, 4, §§ 5. 6). — [Voy. de nouvelles inscriptions de Paphlagonie publiées par M. G. Doublet, dans le *Bulletin de corresp. hellén.*, 1889, pp. 293 et suiv.]

(11) Voy. Eckhel, *Doct. Num.*, t. II, pp. 345. 346. 387.

(12) *C. I. Gr.*, n° 4154. — Voy. Borghesi, *Œuvres*, t. V, p. 430. — [Voy.

qui se nomme μητρόπολις Παφλαγονίας (1). 7. le *Pontus Gala-* ticus, dont dépendent, sur la côte, les villes de *Themiscyra* [Terme] et de *Phanagoria* [ruines près de Taman]; dans l'intérieur, les territoires d'*Amasia* [Amásia] et de *Comana* [ruines près de Gümenék] (2). Il fut, ainsi que le montre l'ère d'*Amasia* (3), également érigé en province en l'an 747=7, et on le rattachait à la Galatie encore à la fin du premier siècle (4).

Pontus Galaticus.

8. Le *Pontus Polemoniacus* (5) ou *Polemonianus* (6). Cette région, qui s'étend sur le littoral du fleuve *Thermodon* [Termetschaï] jusqu'à la ville *Cyteorum*, et qui comprend, en dehors de la ville maritime de *Polemonium* (Side) [ruines de Bulemán], à l'intérieur, le territoire de *Zela* [Zîle], de *Neocaesarea* [Niksâr] et de *Sebasteia* (*Megalopolis*) [ruines *juxta* Sinanu] (7), formait une partie du royaume attribué par Antoine, vers 718=36, à Polemo I, fils de Zeno (8), et dont dépendaient aussi alors l'*Armenia minor* (9) et la côte autour de *Trapezus* [Trebizonda; en turc, Trabuzún] (10), (appelée par Ptolémée *Pontus Cappadocicus*) (11).

Pontus Polemoniacus.

l'inscription de *Pompeiopolis*, relative à Pompée et datant de l'an 67 av. J.-Chr. après la victoire sur les pirates, publiée par M. G. Doublet, dans le *Bulletin de corresp. hellén.*, 1888, p. 427, d'après une copie de M. Kontoléon, et reproduite par M. René Cagnat, dans *L'année épigraphique (1888)*, Paris, 1889, p. 39 *in init.*, n° 106.]

(1) Voy. Eckhel, *Doct. Num.*, t. II, p. 389; — Mionnet, t. II, p. 379; *Suppl.* IV, p. 569. *Pompeiopolis* a aussi une ère, qui, selon toute vraisemblance, commence également en l'an 7 avant J.-Chr. (*C. I. Gr.*, n° 4154. — Voy. Borghesi, *OEuvres*, t. V, p. 429).

(2) Ptolem., V, 6, §§ 3. 9.

(3) Voy. Eckhel, *Doct. Num.*, t. II, p. 345. — *C. I. Gr.*, n° 4170. — [Sur *Amasia*, voy. MM. G. Perrot, *Amasia*, Paris, Frank, 1872, in-8; — Ett. de Ruggiero, *op. sup. cit.*, fascic. 14, Roma, 1889, p. 441, col. 2 *in init.*]

(4) Henzen, n° 6912 [= *C. I. L.*, t. III, 1, n° 291; — voy. p. 278, note 10, *supra*].

(5) Ptolem., V, 6, §§ 4. 10.

(6) Henzen, n° 6912 [= *C. I. L.*, t. III, 1, n° 291; — voy. p. 278, note 10, *supra*].

(7) Ptolem., V, 6, § 10.

(8) Strabo, XII, p. 578. Son installation doit être placée entre les années 715 et 718. A cette dernière date, il était déjà roi (Dio Cass., XLIX, 25).

(9) Dio Cass., XLIX, 33. 44.

(10) Strabo, XII, p. 556. *Trapezus* et *Cerasus* [ruines dans la vallée de Kiresün-deré] y ressortiront jusqu'à Justinien (Justinian., *Nov.* XXXI, c. 1).

(11) Ptolem., V, 6, § 11. En l'année 31 av. J.-Chr., il formait encore un royaume particulier (Dio Cass., LI, 2).

Lorsque Polemo I mourut en 746=8 ou en 747=7 avant J.-C., son épouse Pythodoris (1) lui succéda, tout au moins jusqu'en 772=19 après J.-C., et ses successeurs continuèrent à régner jusqu'en 816=63 (2), époque à laquelle Néron fit du pays une province (3), qui, tout d'abord, forma une partie de la Galatie (4).

Armenia minor. Les deux derniers districts, le *Pontus Galaticus* et le *Pontus Polemoniacus*, ainsi que 9. l'*Armenia minor*, que l'on compte également comme une partie de la Galatie (5), semblent n'avoir appartenu à la province que d'une manière passagère, étant donné que, plus tard, on les fait rentrer dans la Cappadoce; ce qui fait qu'il y a lieu pour nous d'y revenir encore. La Cappadoce ayant été, jusqu'à l'an 17 après J.-C., un royaume, et, à compter de cette époque jusqu'à Vespasien, une province procuratorienne, la défense militaire de ces districts, ainsi que la

---

(1) Strabo, XII, p. 556. 559. 560.

(2) Sur la dynastie de Polemo, et spécialement sur sa difficile chronologie, voy. von Sallet, *Beiträge zur Geschichte und Numismatik der Könige des cimmerischen Bosporus und des Pontus*, Berlin, 1866, in-8; — Waddington, *Sur la chronologie des rois du Pont et du Bosphore*, dans la *Revue numismatique*, 1866, pp. 417-444.

(3) Suet., *Nero*, XVIII : Ponti — *regnum concedente Polemone, item Alpium defuncto Cottio in provinciae formam redegit*; — Vopiscus, *Aurel.*, XXI : *Nero, sub quo Pontus Polemoniacus et Alpes Cottiae Romano nomini sunt tributae*; — Eutrop., VII, 14 , — Aurel. Vict., *Caes.*, V, 2 ; *Epit.*, V, 4. Cf. Tacit., *Hist.*, III, 47. L'année est fixée par l'ère de *Neocaesarea*, de *Trapezus* et de *Zela*. (Voy. Eckhel, *Doct. Num.*, t. II, pp. 356. 358. 359.)

(4) L'inscription publiée par Henzen sous le n° 6912 [= *C. I. L.*, t. III, 1, n° 291 ; voy. p. 278, note 10, *supra*] montre que le *Pontus Polemoniacus* n'a pas constitué une province indépendante, comme j'ai commencé par l'admettre, en me fondant sur l'analogie avec les *Alpes Cottiae*, mais qu'il a été dès les premiers temps tout au moins réuni à la Galatie. Il a toutefois une *Metropolis* propre, *Neocaesarea*, dont les monnaies mentionnent le κοινὸν Πόντου et aussi le κοινὸν ἐπ(αρχείας) Πόντου (voy. Mionnet, *Suppl*. IV, p. 448, n° 173, sous Marc-Aurèle). C'était donc une province procuratorienne, ainsi que le prouve également l'inscription d'*Ancyra* (Marini, *Atti*, [t. II], p. 766[b] = Waddington, *Voy.*, t. III, p. 427, n° 1793 = *C. I. L.*, t. III, [1], n° 251) : B(onae) F(ortunae). C. Iu(l). Senecionem, v(irum) e(gregium), proc(uratorem) prov. Galat., item vice praesidis eiusdem prov(inciae) et Ponti, Zeno Aug(ustorum) lib(ertus), tabular(ius) prov(inciae), eiusdem praeposito incomparabili.

(5) Henzen, n° 6912 [= *C. I. L.*, t. III, 1, n° 291 ; voy. p. 278, note 10, *supra*]. De même, en l'année 75, Cn. Pompeius Collega, légat de Galatie, construit les routes dans l'*Armenia minor*. (Voy. l'inscription dans M. Waddington, *Voy.*, t. III, p. 430, n° 1814[b] = *C. I. L.*, t, III, [1], n° 306. — [Voy. aussi, sur ce *legatus*, M. W. Liebenam, *Forschungen*, I Bd., p. 171, n° 8.])

construction des routes stratégiques qui, dans ces contrées étrangères à la civilisation, était l'un des principaux objectifs de l'administration, ne pouvaient être assurées que par le gouverneur de la Galatie. Mais, lorsque la Cappadoce eut reçu de Vespasien un *legatus* consulaire et une force militaire propre, non seulement la Galatie elle-même lui fut réunie pendant quelque temps, mais même, après la nouvelle séparation effectuée entre ces deux provinces, les territoires dépendant de la Galatie à l'Est furent annexés à la Cappadoce, à raison de leur situation géographique. Relativement à l'époque où ces changements eurent lieu, on peut tout au moins considérer comme certaines les informations suivantes.

On voit, par les gouverneurs dont les noms nous sont connus, que les *legati Aug. pr. pr. Galatiae* étaient des *praetorii* : le premier d'entre eux, M. Lollius, prit le gouvernement de la province en l'an 25 avant J.-C. (1), mais ne devint consul qu'en l'an 21 (2). Sous Vespasien, la province fut administrée, en 75, par C. Pompeius Collega (3) ; on ignore si ce dernier était consulaire et avait aussi la Cappadoce sous son autorité (4). Ses succes-

Administration.

---

(1) S. Rufus, *Brev.*, XI : *Eam (Galatiam) primus Lollius pro praetore administravit.* Eutrope, (VII, 10), et Eusèbe, (*Chron. can.*, p. 142, éd. Schoene), l'appellent Marcus. — Voy., sur lui, Borghesi, *OEuvres*, t. II, p. 399, passage qui contient toutefois une erreur relative à l'inscription publiée par Muratori, f° 643, n° 1, erreur que M. Perrot, (*Gal.*, p. 69), a déjà relevée. — [Voy., d'une façon générale, sur ce légat et sur ceux dont les noms suivent, M. W. Liebenam, *Forschungen*, I Bd., pp. 165-184, dont la liste et les indications de sources sont beaucoup plus complètes.]

(2) *C. I. L.*, t. I, n° 600. — Parmi les autres gouverneurs antérieurs à Vespasien, nous ne connaissons plus qu'Axius (Inscr. d'*Ancyra*, Waddington, *Voy.*, t. III, p. 426, n° 1791 = *C. I. L.*, t. III, [1], n° 248) ; c'est probablement le même personnage que L. Axius Naso, qui était, en l'an 30 après J.-Chr., *proconsul Cypri* (Waddington, *op. sup. cit.*, t. III, p. 640, n° 2773) ; nous rencontrons en outre, sous Claude, Afrenus, dont une monnaie de *Pessinus* (*Annali*, 1847, p. 281) nous révèle l'existence, et dont Borghesi, (*Bull. Nap.*, t. IV, p. 58), a placé le consulat en l'année 59, mais en s'autorisant d'un *graffito* de Pompéi (*Bull. Nap.*, t. IV, p. 6 = *C. I. L.*, t. IV, n° 1544), dont la lecture est incertaine (voy. Henzen, *Scavi nel bosco sacro dei fr. Arvali*, p. 19) ; enfin, en l'an 70, Calpurnius Asprenas (Tacit., *Hist.*, II, 9), sur le consulat duquel nous ne savons absolument rien.

(3) On en trouve la mention sur une médaille d'*Ancyra* (Mionnet, t. IV, p. 377, n° 17), et dans l'inscription datée reproduite sous le n° 306 du t. III, [1], du *C. I. L.* = Waddington, *Voy.*, t. III, p. 430, n° 1814ᵇ.

(4) Le personnage qui porte le nom de Cn. Pompeius Collega, et qui, en

seurs, au contraire, sont, sans contestation possible, consulaires et *legati* de Cappadoce et de Galatie; ce sont: en l'an 78, M. Neratius Pansa (1); de 80 à 82, A. Caesennius Gallus (2); après 86, Ti. Iulius Candidus, Marius Celsus (3). Là-dessus, autant que nous pouvons le savoir, les deux provinces furent de nouveau séparées, puis encore une fois réunies. En effet, aussitôt après l'an 92, la Galatie avait comme gouverneur L. Bellicius Sollers (4), qui n'avait pas encore été consul (5)*, tandis que C.

---

l'année 93 (Tacit., *Agric.*, XLIV; — voy. Borghesi, *Œuvres*, t. VI, p. 209), était consul avec Cornelius Priscinus (voy. M. Mommsen, *Index Plinii*, p. 407), ne peut pas être identifié avec le légat, son homonyme; peut-être est-ce son fils. (Voy. M. Perrot, *Gal.*, p. 99.)

(1) Il a frappé des monnaies à *Caesarea Cappadociae* et aussi à *Ancyra* (voy. Mionnet, t. IV, p. 377, n° 16; p. 441, n° 29; — Eckhel, *Doct. Num.*, t. III, p. 190); à *Ancyra*, il en fit frapper une, la dixième année du règne de Vespasien, c'est-à-dire en l'an 78. (Voy. Mionnet, *Suppl.* VII, p. 662, n° 18.) Une inscription de Lyon mentionne son consulat. (Voy. Borghesi, *Œuvres*, t. V, p. 348).

(2) Monnaies de *Caesarea* (Mionnet, *Suppl.* VII, p. 663, n° 25). Inscription de l'an 80 trouvée à Meulk, en Galatie (Henzen, n° 6913 = Waddington, t. III, p. 425, n° 1784 = *C. I. L.*, t. III, [1], n° 318) : *I]mp. [T.] Ca[es]a[r] divi Vespasiani f. Aug. pont. max. trib. potest. X, imp. XV, cos. VI[II], censor, p. p. [et] Caes[ar divi f. Domitianus] cos. VII, princ[eps] iuventutis, [per] A. Caesennium Gallum leg. pr. pr. vias provinciaru[m] G[ala]tiae Cappad[o]ciae Ponti Pisidiae Paphlagoniae Lycaoniae Armeniae minoris straverunt LXXI*. Au même personnage se rapporte l'inscription de *Sardes*, publiée par M. Waddington, (n° 627). Inscription d'*Ancyra*, de l'an 82, dans Henzen, (*Bull. dell' Inst.*, 1862, p. 66 = Perrot, *Exploration*, p. 227, n° 141 = Perrot, *Gal.*, p. 102 = Waddington, t. III, p. 425, n° 1784ᵃ [= *C. I. L.*, t. III, 1, n° 312]) : *Imp. Caesar, divi Vespasiani [filius Domitianus] Aug. po[n]t. max. trib. potest. cos. VIII, desig. IX, p. p. per A. Caesennium Gallum leg. pr. pr. vias provinciarum Galatiae Cappadociae Ponti Pisidiae Paphlagoniae Lycaoniae Armeniae Minoris stravit. VIII. ἡ.* — Comp. Borghesi, *Œuvres*, t. VI, p. 251.

(3) Waddington, t. III, p. 426, n° 1789 = *C. I. L.*, t. III, [1], n° 250 (Inscription d'*Ancyra*). Il était *cos. suffectus* en 86 (Henzen, n° 5433 [= *C. I. L.*, t. III, 2, f° 857, *Dipl.* XIV]); il devint sans doute ensuite *legatus Galatiae* et fut consul pour la seconde fois en l'an 105. — [Voy. *C. I. L.*, t. V, 1, n° 875. Voy. aussi Klein, *Fasti consul.*, p. 55.]

(4) Inscription d'*Antiochia ad Pisidiam* (Henzen, n° 6912 [= *C. I. L.*, t. III, 1, n° 291] (voy., ci-dessus, p. 278, note 3 [et surtout note 10 et p. 277, note 6]), *ibiq.* Borghesi, *Œuvres*, t. VI, pp. 330. 411; — Mommsen, *Hermes*, t. III, p. 115, et *Index Plinii*, p. 404; — Perrot, *Gal.*, p. 109. Le L. Bellicius Sollers, en l'honneur de qui l'inscription est consacrée, avait été, avant de devenir légat de Galatie, *legatus legionis XIII geminae*, et, comme tel, gratifié *donis militaribus expeditione Suebica et Sarmatica*. Henzen entend par là la guerre, que Rubrius Gallus dirigea, en l'an 70, sous Vespasien, contre les

(5)* Voir la note à la page suivante.

Antius Iulius Quadratus, *cos. suff.* en 83, administrait en 94, c'est-à-dire à peu près à la même époque, la Cappadoce (1). Néanmoins, de 96 à la fin de 99, les deux provinces furent encore, et pour la dernière fois, réunies sous le consulaire T. Pomponius Bassus (2); après quoi, il semble qu'une nouvelle séparation ait été effectuée, à la suite de laquelle les districts ressortissant géographiquement à la Cappadoce, l'*Armenia minor*, le *Pontus Cappadocicus*, le *Pontus Polemoniacus* et le *Pontus Galaticus*, enfin la Lycaonie furent attribués à cette province (3),

---

Sarmates (Joseph., *Bell. Iud.*, VII, 4, 3) ; mais le fait que cette inscription, tout ainsi que deux autres analogues (Orelli-Henzen, n°s 3049 (comp. Henzen, [t. III], p. 265 [*in init.*] et 6766 [=Mommsen, *I. R. N.*, n° 383=*C. I. L.*, t. X, 1, n° 135]), ne contient pas le nom de l'empereur, de qui émanent les présents, permet, comme MM. Perrot et Mommsen l'ont remarqué, de conclure qu'il s'agit ici de Domitien, dont un sénatusconsulte défendit de mentionner le nom dans les documents publics (Sueton., *Domit.*, XXIII). Suétone, (*Domit.*, VI), et Eutrope, (VII, 15, 23), relatent la guerre faite par Domitien aux Sarmates ; relativement à sa date, étant donné que la monnaie mentionnée par Eckhel, (*Doct. Num.*, t. VI, p. 371), ne fournit aucun renseignement, la seule source est Martial, qui chante cette guerre (VII, 2. 6. 7. 8 ; VIII, 11), et dit notamment qu'elle retint Domitien éloigné 8 mois durant (IX, 31, 3) et que cet empereur revint en janvier (VIII, 2, 8), sans triompher (VIII, 15 ; cf. Suet., *Domit.*, VI). En ce qui concerne l'année dans laquelle a été écrit le VIIe livre de Martial, on n'a le choix qu'entre 93 (voy. Clinton, *Fast. Rom.*, ad h. ann. ; — L. Friedländer, *Königsberger Progr.*, 1862 et 1865) et 92 (voy. Stobbe, dans le *Philologus*, t. XXVI. [1867], p. 54) ; je crois, quant à moi, que Domitien paraissant avoir déjà été présent à Rome pendant l'hiver de l'année 93 (voy. Stobbe, *ubi supra*), il convient de placer la guerre contre les Sarmates, non pas en 90, comme le veulent MM. Mommsen et Perrot, mais du mois de mai 92 jusqu'à la fin de ladite année.

(5) Cela résulte avec certitude de ce que le consulat n'est pas mentionné dans l'inscription. Que si Bellicius était un *praetorius*, il ne pouvait pas être *legatus Cappadociae*, et la conjecture de MM. Kuhn, ([*Verf.*], t. II, p. 158) et Mommsen, (*C. I. L.*, t. III, [1], n° 291), d'après laquelle le mot *Cappadociae* n'aurait été omis que par erreur dans l'inscription au nombre de ses titres, n'a aucun fondement.

(1) Voy. Borghesi, *Œuvres*, t. II, p. 16. — *C. I. Gr.*, n°s 3532. 3548. 3549. Waddington, t. III, n°s 1722. 1722a. — [Voy. aussi M. W. Liebenam, *Forsch.*, pp. 120, n° 5, et suiv.]

(2) C'est ce qui ressort en particulier des monnaies. — (Voy. MM. Perrot, *Gal.*, p. 116 ; — Mommsen, dans *Hermes*, t. III, p. 125 ; — Inscription de l'année 93, au *C.I.L.*, t. III, [1], n° 309.) — [Voy. également M. W. Liebenam, *op. cit.*, pp. 174 *in fine*, n° 14, et suiv.]

(3) Voy. Kuhn, *op. cit.*, t. II, p. 147. — Arrien, qui fut légat de Cappadoce (Dio Cass., LXIX, 15 [voy. M. W. Liebenam. *op. cit.*, pp. 123 *in fine*, n° 10 et suiv.]), fait, dans son *Periplus Ponti Euxini*, (I, 2 ; II, 1 ; III, 1 ; VI, 2 ; IX

alors que la Galatie prenait en même temps, selon toute apparence, dans le *Pontus* jusque-là uni à la Bithynie, les territoires d'*Abonoteichos*, de *Sinope* et d'*Amisus*. (Voy., ci-dessus, p. 266.) Depuis lors, la Galatie eut de nouveau son *legatus* prétorien propre (1),

---

3 ; X, 3 ; XVII, 2, éd. Müller), rentrer dans la Cappadoce le littoral depuis *Trapezus* jusqu'au *Phasis* [Rioni, fl.]. D'après Ptolémée, le *Pontus Galaticus, Polemoniacus*, et *Cappadocicus* appartiennent à la même province (Ptolem., V, §§ 2. 3. 4).

(1) Voy. MM. Perrot, *Gal.*, pp. 112 et suiv.; — Kuhn, *op. cit.*, t. II, p. 159. — Parmi ces légats, nous connaissons : A. Larcius Macedo, sous Hadrien, en l'année 122-123 (Inscr. au *C. I. L.*, t. III. [1], n°⁵ 310. 313 ; — Henzen, *Bullett. dell' Inst.*, 1862, p. 68 [comp. *Ann. dell' Inst.*, 1868, p. 372, et *C. I. L.*, t. VI, 1, n° 404 ; — voy. encore : MM. Perrot, *op. cit.*, p. 113 ; — Renier, *Mémoire sur les officiers qui assistèrent au conseil de guerre tenu par Titus avant de livrer l'assaut au temple de Jérusalem*, (Paris, Impr. Imp., 1867, broch. in-4; Extr. du t. XXVI, 1ʳᵉ partie, des *Mémoires de l'Acad. des Inscr. et Bell.- Lett.*), p. 26 ; — Mommsen, *Index Plin.*, p. 416 ; — W. Liebenam, *op. cit.*, p. 176, n° 16]); — C. Iulius Scapula, dans les années 135-137, après quoi il devint consul en 138. Il est mentionné dans deux inscriptions d'*Ancyra* (*C. I. Gr.*, n°⁵ 4022. 4023. Comp. une troisième inscription incomplète dans M. Perrot, *Revue archéologique*, Nouv. Série, t. XXVI, [1873], p. 381), sous le titre de ὕπατος ἀποδεδειγμένος, πρεσβευτής καὶ ἀντιστράτηγος ; [voy. encore, sur ce légat: MM. Perrot, *Gal.*, p. 114 ; — Mordtmann, dans le *Rhein. Mus.*, t. XXVII, p. 149, qui rapporte à ce même *legatus* le fragment d'une inscription découverte en Arabie ; — W. Liebenam, *op. cit.*, pp. 176 *in fine*, n° 17, et suiv.]; — sous Marc-Aurèle, P. Iuventius Celsus (voy. Mionnet, t. IV, p. 393 ; [MM. Perrot, *Gal.*, p. 115 ; — W. Liebenam, *op. cit.*, p. 177, n° 19. — Il ne faut pas confondre le légat dont il est ici question avec le célèbre jurisconsulte P. Iuventius Celsus T. Aufidius Hoenius Severianus, légat de Thrace sous Trajan (L. 20, § 6, fr. Ulpian., *De hered. petit.*, D., V, 3 ; — voy. MM. Mommsen, dans *Hermes*, t. III, p. 49, et W. Liebenam, *op. cit.*, p. 390, n° 3]), et A. Fulvius Rusticus Aemilianus (*C. I. Gr.*, n° 4012), qui est sans doute le même que celui que les *Fragmenta Vatic.*, (§§ 189. 211), placent sous Marc-Aurèle, et le père du consul de l'an 206 de notre ère (voy. Borghesi, *OEuvres*, t. IV, p. 299 [*adde* : Borghesi, *OEuvres*, t. III, p. 118; — Renier, *Mélanges d'épigr.*, p. 42 ; — Perrot, *Gal.*, p. 119 ; — W. Liebenam, *op. cit.*, p. 178 *in init.*, n° 20 ; ce dernier auteur se prononce formellement, ainsi que Marquardt, contre l'idée d'identification de ce légat avec le consul de l'an 206, émise par M. Franz]) ; — un peu plus tard, P. Plotius Romanus (Orelli, n° 3044 [= Wilmanns, *Exempla*, t. I, n° 1197 = *C. I. L.*, t. VI, 1, n° 332 ; voy., sur lui, M. W. Liebenam, *op. cit.*, p. 46, n° 8]); — aux environs du règne de Commode, L. Fabius Cilo (Marini, *Iscr. Alb.*, n°⁵ 40. 165 [= Wilmanns, *Exempla*, t. I, n°⁵ 1202. 1202 *a* = *C. I. L.*, t. VI, 1, n°⁵ 1408. 1409 ; *adde* : *C. I. Gr.*, n° 5896; — Wilmanns, *op. cit.*, t. I, n° 1201ᵇ = *C. I. L.*, t. VI, 1, n° 1410. — Voy. aussi MM. : Schulte, *De imp. L. Sept. Sev.*, pp. 51-53 ; — Perrot, *Gal.*, p. 117 ; — W. Liebenam, *op. cit.*, pp. 179, n° 23, et suiv.]), et, à une époque indéterminée, L. Petronius Verus, *leg. Aug. pr. pr. c(larissimus) v(ir) cos. desig.*, dans l'inscription d'*Ancyra* (*C. I. L.*, t. III, [1], n° 252 [voy. aussi MM. Perrot, *Gal.*, p. 125 ; — W Liebenam, *op. cit.*,

assisté d'un *procurator* particulier (1), qui le remplaçait en cas d'absence (2).

C'est à *Ancyra* que résidait le gouverneur et que se trouvait le siège de l'administration (3); d'autre part, chacun des éléments de la province a sa *metropolis* spéciale, et peut-être, dans cette *metropolis*, son *concilium festivum* particulier. Les trois tribus galates tout au moins forment un κοινὸν Γαλατῶν (4) (*commune Galatiae*), à la réunion duquel préside le Γαλατάρχης, dont il sera parlé plus loin; de même, il y a un κοινὸν Λυκαονίας, qui se réunit à *Iconium* [Koniah] (5) et à *Dalisandus* (6); quant aux autres parties de la province, leurs métropoles au moins sont connues, savoir : *Sagalassus* [ruines d'Aghlasún], pour la Pisidie (7); *Isaura* [ruines près d'Ulubunár], pour l'Isaurie (8); *Pompeiopolis*[Tasch-köprü], pour la Paphlagonie; *Amasia* [Amásia], pour le *Pontus Galaticus* (9); *Neocaesarea* [Niksâr], pour le *Pontus Polemoniacus* (10). Au reste, la province avait deux *civi-*

Villes.

---

p. 181, n°28]). — [Cette liste doit être complétée par celle de M. W. Liebenam, *op. cit.*, pp. 165 *in fine* à 184.]

(1) Ἐπίτροπος Γαλατικῆς ἐπαρχείας, sous Claude et Néron (*C. I. Gr.*, n° 3991), *procurator Galatiae* (Waddington, t. III, n° 1794 = *C. I. L.*, t. III, [1], n° 249; cf. *C. I. Gr.*, n°s 3969. 3970. 4037 ; — Marini, *Arvali*, [t. II], p. 766ª [= *C. I. L.*, t. III, 1, n° 431]).

(2) Voy. ci-dessus, p. 280, note 4.

(3) *Ancyra* s'appelle μητρόπολις τῆς Γαλατίας (*C. I. Gr.*, n°s 4011. 4020. 4030. 4042. 5896. — Voy. Eckhel, *Doct. Num.*, t. III, p. 177).

(4) *C. I. Gr.*, n° 4039. — Eckhel, *Doct. Num.*, t. III, p. 176.

(5) Eckhel, *Doct. Num.*, t. III, p. 32.

(6) Monnaie de Philippus, conservée au British Museum : ΔΑΛΙϹΑΝΔΕΩΝ ΚΟΙΝΟΝ ΛΥΚΑΟνίας. — Voy. M. Borrel, dans *Numismatic Chronicle*, t. VIII, p. 2. — [N. B. : M. Ramsay, (*Athen. Mittheil.*, 1889, p. 171), incline à penser que Fassiler occupe l'emplacement de l'antique *Dalisandos*, ville mentionnée par les listes byzantines. — P. L.-L.]

(7) Elle s'appelle πρώτη Πισίδων (Eckhel, *Doct. Num.*, t. IV, p. 271 ; — *C. I. Gr.*, n° 4368).

(8) Sur les monnaies, μητρόπολις Ἰσαύρων (Eckhel, *Doct. Num.*, t. III, p. 29 ; — Mionnet, t. III, p. 531; *Suppl.* VII, p. 114).

(9) Sur les monnaies, μητρόπολις Πόντου (Eckhel, *Doct. Num.*, t. II, p. 344 , — Mionnet, t. II, p. 335; *Suppl.* IV, p. 419 ; — *C. I. Gr.*, n° 4168), et aussi μητρόπολις καὶ πρώτη τοῦ Πόντου (Mionnet, *Suppl.* IV, pp. 420 et suiv.). — [Sur cette ville, voy. p. 279, note 3, *supra*.]

(10) Eckhel, *Doct. Num.*, t. II, p. 355 ; — Mionnet, t. II, p. 352; *Suppl.* IV, p. 449.

tates liberae, *Termessus maior* (1) et *Sagalassus* (2), et plusieurs colonies romaines, savoir : dans la Galatie proprement dite, *Germe* [Yürme] (3); dans la Lycaonie, *Iconium*, colonisé par Claudius (4), et *Parlais*, vraisemblablement colonisé par Auguste (5); dans l'*Isauria*, *Claudiopolis*, colonie de Claude (6); dans la Pisidie, *Olbasa* [ruines près de Belenlü](7).

(1) *Termessus* reçut son autonomie dès 565=189 (Polyb., XXII, 18; — Tit. Liv., XXXVIII, 15); elle fut confirmée par la *lex Antonia de Termessibus* (*C. I. L.*, t. I, n° 204). (Voy. Dirksen, *Versuche zur Kritik und Auslegung*, pp. 136-202.) Aussi les Τερμησσεῖς s'appellent-ils αὐτόνομοι (Eckhel, *Doct. Num.*, t. III, p. 27 ; — Waddington, n° 358), et, sur une monnaie inédite du British Museum (Waddington, sur le n° 1202), la ville porte le titre d'ἐλευθέρα.
(2) Cette ville se nomme φίλη καὶ σύμμαχος Ῥωμαίων (Eckhel, *Doct. Num.*, t. IV, p. 271 ; — *C. I. Gr.*, n° 3468).
(3) C'est sous Commode que cette ville fut pour la première fois nommée *colonia* (Eckhel, *Doct. Num.*, t. IV, p. 178) ; mais il est vraisemblable qu'elle a été fondée antérieurement.
(4) Cette ville s'appelle *Claudia*, ses habitants Κλαυδεικονιεῖς (Eckhel, *Doct. Num.*, t. III, pp. 31. 33 ; — *C. I. Gr.*, n°° 3991. 3993) ; elle porte également le nom de *Colonia Aelia Iconiensis* (Mionnet, t. III, p. 535, n° 13); aussi Zumpt, (*Comment. epigr.*, t. I, p. 418), en attribue-t-il la fondation à Hadrien, et M. Perrot, (*Gal.*, s. 144), estime-t-il que cet empereur l'augmenta par une nouvelle colonisation. — [N. B. : Au cours de sa récente exploration en Asie Mineure, dans l'ayalet de Karamanie (ancienne Lycaonie), et notamment à Koniah (*Iconium*), M. Clément Huart, interprète de l'ambassade de France à Constantinople, a trouvé, dans les substructions d'une vieille maison turque, deux inscriptions latines et une grecque. Les premières portent : l'une, le nom de Caracalla ; l'autre, celui d'Aelius Caesar. Quant à l'inscription grecque, également de l'époque romaine, elle a été gravée en l'honneur de Iulius Publius. — L'importance de cette découverte est d'autant plus grande que, d'une part, l'épigraphie d'*Iconium* était jusqu'ici très pauvre, puisqu'elle ne comprenait encore que quatre textes, et que, d'un autre côté, ceux que vient d'exhumer M. Huart fournissent le nom officiel de la ville et prouvent qu'elle reçut d'Hadrien le titre de colonie avec les droits qui en découlent. (Voy. *Acad. des Inscr. et Bell.-Lett.*, séance du 7 novembre 1890 ; *J. off.* du 10 nov., p. 5465, coll. 1 et 2.) — P. L.-L.]
(5) C'est ce qu'il est permis de conclure de son nom de *Iul. Aug. Col. Parlais* (Eckhel, t. III, p. 34), que l'on trouve sur les monnaies, dont nous ne possédons toutefois de spécimens que depuis Marc-Aurèle.
(6) Ammian., XIV, 8, 2 : *Et hanc quidem* (*Isauriam*) *praeter oppida multa duae civitates exornant, Seleucia opus Seleuci regis et Claudiopolis, quam deduxit coloniam Claudius Caesar.*
(7) Sur la situation de cette ville, voy. M. Duchesne, dans le *Bulletin de correspondance hellénique*, t. I, (1877), p. 332. Sur les monnaies, elle s'appelle *Colonia Iulia Augusta Olbasenorum*, et, dans l'inscription publiée par M. Duchesne, (*ubi supra*, p. 335 = Mommsen, *Ephem. epigr.*, t. IV, p. 32), on trouve Αὐρήλιος Νίκων δυα[v]δρικὸς τῆς κολ[ωνίας].

Ainsi encore *Antiochia Pisidiae* reçut d'Auguste (1) une colonie (2) de vétérans de la *leg. V Gallica* (*Alaudae*) (3); et de même *Cremna* [Girme] reçut une colonie de cet empereur (4).

Au troisième et au quatrième siècle, après que la Galatie eut renoncé, déjà vers l'époque de Trajan, à ses districts du Nord et de l'Est, et, sous Septime Sévère, aussi à l'*Isauria* et à la *Lycaonia*, nous trouvons encore divisé ce qui subsiste alors de son territoire en trois provinces plus petites (5). De ces trois provinces, on voit, dès 297, 1° la *Galatia*, c'est-à-dire le territoire habité par les trois tribus galates, placée sous la direction d'un *consularis* (6); 2° la *Paphlagonia*, soumise à un *corrector* (7); 3° la *Pisidia*, soumise à un *praeses* (8). Mais, peu après 384, la Galatie fut elle-même subdivisée en deux provinces : la *Galatia prima*, avec *Ancyra* pour chef-lieu, et la *Gala-*

Division ultérieure.

---

(1) *Monum. Ancyr.*, c. XXVIII : ἀποικίας ἐν — — Πισιδίᾳ στρατιωτῶν κατήγαγον. — Strabo, XII, p. 577.

(2) Son nom est *Colonia Caesarea Antiochia* (Plin., *Nat. hist.*, V, 94). — Voy. Eckhel, *Doct. Num.*, t. III, p. 18; — Mionnet, t. III, p. 491. — Ἀντιοχεῖς Καισαρεῖς Κολωνοί (*C. I. Gr.*, n° 2814ᵇ = Waddington, n° 1620ᵃ). — Elle a des *duumviri* (*C. I. Gr.*, n° 3979) et des *decuriones* (Waddington, n° 1190).

(3) Henzen, n° 6674 [= *C. I. L.*, t. III, 1, n° 293]. — Voy. Grotefend, *Imperium Romanum tributim descr.*, p. 17 [et M. Kubitschek, *op. cit.*, p. 253]. — [Sur les *Alaudae*, voy. M. Ett. de Ruggiero, *Dizionar. epigr.*, fascic. 12, Roma, 1888, pp. 382, col. 2, et suiv.] — [Sur *Antiochia Pisidiae*, voy. p. 278, note 3, *supra*.]

(4) Strabo, XII, p. 569. — Sur une monnaie (Mionnet, *Suppl.* VII, p. 115, n° 140), *Aug. Col. Crem.* Les monnaies ne permettent pas d'établir avec certitude le nom de *Colonia Iulia Augusta Felix* (Eckhel, *Doct. Num.*, t. III, p. 20). — Voy. M. Waddington, n° 1200. — [Sur les villes dont il vient d'être question, voy. M. Kubitschek, *op. cit.* pp. 253 à 255, *passim*.]

(5) Sur ces divisions, voy. MM. Mommsen, *Verzeichniss der röm. Provinzen von 297*, dans les *Abhandl. der Berl. Acad.*, 1862, pp. 503 et suiv. ; — Kuhn, *op. cit.*, t. II, p. 211.

(6) Inscription d'*Ancyra* (*C. I. Gr.*, n° 4050) : ἐπὶ τοῦ λαμπροτάτου ὑπατικοῦ Μινικ. Φλωρεντίου. La province avait également un consulaire avant 535 (Hierocles, p. 696, éd. W. = 35, éd. Parthey. — Comp. Boecking, *Notit. Dignit. Or.*, p. 132). Par contre, en 535, elle eut un *comes* (Iustinian., *Nov.* VIII : γνῶσις τῆς παρ' ἑκάστης κ. τ. λ., § 4).

(7) Hierocles, p. 695, éd. W. = 35, éd. P.

(8) *Notit. Dignit. Or.*, c. I. — Depuis Justinien, la Pisidie a un *consularis* (Hierocles, p. 672, éd. W. — Boecking, *Notit. Dign. Or.*, p. 141. — Iustinian., *Nov.* XXX, 4).

tia secunda ou *salutaris,* avec *Pessinus* pour chef-lieu; et cette dernière reçut un *praeses* particulier (1).

---

(1) Sur l'époque, voy. Kuhn, *op. cit.*, t. II, pp. 240 et suiv. ; — sur le *praeses*, la *Notit. Dignit. Or.*, c. I, et Boecking, p. 150. — Hierocles, p. 697 [éd. W.].

XXXI. — CAPPADOCIA (1)*.

Lorsque Tibère résolut, en l'an 17 après J. C., d'ériger la Étendue.
Cappadoce, à la suite de la mort de son dernier roi, Archelaus (2), en province (3), ce pays n'avait pas encore l'étendue

---

(1)* Nous ne possédons, sur cette province, qu'une vieille étude de M. Hisely, *De historia Cappadociae*, Amstelod., 1836, in-4. — [Voy. aussi J.-R. Sitlington-Sterret, *An epigraphical Journey in Asia Minor* (*ibiq.* M. René Cagnat, *L'année épigraphique* (*1888*), Paris, 1889, pp. 62-65); — l'inscription de Césarée de Cappadoce, découverte par le P. Brunel, dans la *Revue archéologiq.*, 1888, p. 374 = M. René Cagnat, *op. cit.*, (*1889*), Paris, 1890, p. 12, n° 45 ; voy. aussi M. Héron de Villefosse, dans les *Comptes rendus des séances de l'Académie des Inscr. et Bell.-Lett.*, 1888, p. 425 ; — *C. I. L.*, t. III, *Supplem.*, fasc. I, Berol., 1889, f°s 1232 — 1258 ; — MM. : Th. Mommsen, *Röm. Gesch.*, t. V, 3ᵗᵉ Aufl., Berlin, 1886, *loc. cit.* p. 234, note 1, 2°, *supra* ; — W. Liebenam : *Beiträge*, I, Iena, 1886, p. 24, et Tab. n° 11, p. 38 ; *Forschungen*, 1 Bd., Leipzig, 1888, pp. 119-120 ; — Henri Kiepert, *Manuel de géogr. anc.*, trad. franç. par M. Émile Ernault, Paris, 1887, pp. 57 et 58 ; — Ios. W. Kubitschek, *Imp. Rom. trib. discr.*. Prag., Vindob., Lips., 1889, p. 255.]

(2) Il reçut la Cappadoce d'Antoine, en l'an 36 avant notre ère (Dio Cass., XLIX, 32). A côté de lui régnaient alors Lycomedes, dans le *Pontus cappadocicus* (Dio Cass., LI, 2 ; — Strabo, XII, p. 500), et Polemo, dans le reste du Pont (Plutarch., *Ant.*, LXI). — Sur l'histoire des rois de Cappadoce, voy. Clinton, *Fasti Hell.*, t. III, App. IX, pp. 429-438.

(3) Tacit., *Ann.*, II, 42 : *Ille (Archelaus) ignarus doli — — in urbem properat, exceptusque immiti a principe et mox accusatus in senatu — — finem vitae sponte an fato implevit. Regnum in provinciam redactum est.* Il est ici question d'une décision du Sénat, qui ne fut mise à exécution que l'année suivante. Strabon, (XII, p. 534), écrivait encore en l'an 21 : τῆς δὲ μεγάλης Καπ-

qu'il acquit plus tard sous l'administration romaine. A l'Ouest, il confinait à la Galatie; au Nord, au *Pontus Galaticus* et au *Pontus Polemoniacus*, et à l'*Armenia minor*; à l'Est, il était séparé, par l'Euphrate, de l'*Armenia maior* (1); au Sud, par le *Taurus* et par l'*Amanus*, de la Cilicie et de la Commagène [Kumukh]. Les grandes villes faisaient presque entièrement défaut (2); et, à la différence de la Galatie qui, au iv° siècle, était considérée comme tout à fait romanisée (3), la Cappadoce ne s'ouvrit en général que lentement et imparfaitement à la civilisation romaine (4). Pour l'administration, on conserva donc la division du pays en dix stratégies, telles qu'elles avaient existé sous les rois, savoir : 1. Μελιτηνή; 2. Καταονία; 3. Κιλικία; 4. Τυανῖτις; 5. Γαρσαυρῖτις; 6. Λαουιανσηνή; 7. Σαργαραυσηνή; 8 Σαραουηνή; 9. Χαμανηνή; 10. Μοριμηνή, auxquelles était venue se joindre, sous les derniers rois, une onzième stratégie, formée d'un fragment de la Cilicie, avec les villes de *Kastabala* et de *Kybistra* [Eregli] (5). Cette organisation existait encore au temps de Ptolémée, c'est-à-dire sous Antonin le Pieux (6).

Division en stratégies.

παδοκίας νῦν μὲν οὐκ ἴσμεν τὴν διάταξιν· τελευτήσαντος γὰρ τὸν βίον Ἀρχελάου τοῦ βασιλεύσαντος ἔγνω Καῖσάρ τε καὶ ἡ σύγκλητος ἐπαρχίαν εἶναι Ῥωμαίων αὐτήν. — Cf. Dio Cass., LVII, 17; — Suet., *Tib.*, XXXVIII; *Calig.*, I; — Suidas, *s. v.* Τιβέριος; — Vellei. Paterc., II, 39; — Eutrop., VII, 11 (6); — Aurel. Vict., *Caes.*, II. III ; *Epit.*, II. VIII ; — Rufus, *Brev.*, XI, passage dans lequel, sous le nom de Claudius, c'est Caesar Tiberius que l'auteur a en vue.

(1) Tacit., *Ann.*, XV, 7.
(2) Strabo, XII, p. 537. — Voy. Kuhn, [*Die städt. und bürgerl. Verf. des röm. Reichs*], t. II, pp. 234 et suiv.
(3) Themistius, *Or.* XVI, p. 257, éd. Dind. : καὶ νῦν οὐκέτι βαρβάρους Γαλάτας ἄν τις προσείποι, ἀλλὰ καὶ πάνυ Ῥωμαίους· τοὔνομα γὰρ αὐτοῖς τὸ πάλαι παραμεμένηκεν, ὁ βίος δὲ σύμφυλος ἤδη.
(4) Barth, (*Reise von Trapezunt durch die nördliche Hälfte Kleinasiens*, Gotha, 1860, in-4, p. 7), dit également, au sujet du *Pontus* au Nord de la Cappadoce : « Nous n'avons trouvé aucun vestige d'antiquités dans cette contrée, car tout ce pays intérieur paraît avoir fort peu subi l'influence des Grecs et des Romains. » On voit aussi, par la description de la situation des provinces dans la *Nov.* XXX de Justinien, qu'en l'an 536 encore, la province était difficile à gouverner et que le meurtre et le brigandage y étaient fréquents.
(5) Strabo, XII, p. 534. — Comp. Forbiger, *Handb. der alt. Geogr.*, t. II, pp. 292 et suiv.
(6) Ptolem., V, 6 et 7.

Déjà Auguste avait placé un *procurator* romain auprès du roi Archelaus, lequel était malade et faible d'esprit (1); et, après que, en l'an 18 de l'ère chrétienne, Germanicus, agissant au nom de l'empereur Tibère, eut organisé l'administration provinciale par son *legatus* Q. Veranius (2), le gouvernement demeura aux mains d'un *procurator* (3), qui, en cas de besoin, devait recourir à l'assistance militaire du gouvernement de Syrie (4). Voilà pourquoi les régions situées au Nord de la Cappadoce, lorsqu'elles perdirent leur indépendance, furent réunies, non à la Cappadoce, mais à la Galatie, dont le *legatus* prétorien avait sous ses ordres, à défaut de légions romaines, des troupes auxiliaires (5). Cet état de choses fut modifié par Vespasien, qui plaça, en l'an 70, la Cappadoce sous l'autorité d'un *legatus* consulaire (6), et lui confia des forces militaires

Province procuratorienne.

Province consulaire.

(1) Dio Cass., LVII, 17 : τὸν δὲ δὴ Ἀρχέλαον — — μετεπέμψατο — — οὐ μόνον ὑπεργήρων ὄντα ἀλλὰ καὶ δεινῶς ποδαγρῶντα καὶ προσέτι καὶ παραφρονεῖν δοκοῦντα· ἔπαθε μὲν γάρ ποτε τοῦτο ὄντως, ὥστε καὶ ἐπίτροπον παρὰ τοῦ Αὐγούστου τῆς ἀρχῆς λαβεῖν. Par là s'explique le passage d'Appien, (*Mithr.*, CV), qui fait devenir la Cappadoce province sous Auguste : καὶ πολλαὶ μεταβολαὶ μέχρι Καίσαρος ἐγένοντο τοῦ Σεβαστοῦ, ἐφ' οὗ — — καὶ ἥδε ἡ βασιλεία περιῆλθεν ἐς στρατηγίαν.

(2) Tacit., *Ann.*, II, 56 : *At Cappadoces, in formam provinciae redacti, Q. Veranium legatum accepere.* Veranius était légat de Germanicus (Tacit., *Ann.*, II, 74; III, 10. 13. 17. 19) et ne demeura dans la province que le temps nécessaire pour l'organiser. — [Sur ce *legatus*, voy. M. W. Liebenam, *Forsch.*, I Bd., p. 84 *in init.*, n° 5.]

(3) Dio Cass., LVII, 17 : κἀκ τούτου (à partir de l'an 17 de notre ère) καὶ ἡ Καππαδοκία τῶν τε Ῥωμαίων ἐγένετο καὶ ἱππεῖ ἐπετράπη. — Tacit., *Ann.*, XII, 49 : *Erat Cappadociae procurator Iulius Pelignus.* Le *procurator Cappadociae* mentionné dans l'inscription n° 6928 du recueil d'Henzen = *C. I. L.*, t. II, n° 1970, appartient à l'époque postérieure à Vespasien.

(4) Tacit., *Ann.*, XII, 45-49. — Voy. Zumpt, *Comment. epigr.*, t. II, p. 127. De même, l'étalon monétaire des pièces frappées par les Romains en Cappadoce est l'étalon syrien. (Voy. M. Mommsen, *Gesch. des röm. Munzw.*, p. 713 [= dans la trad. franç. de MM. de Blacas et J. de Witte, t. III, p. 315].)

(5) C'est ainsi qu'en l'an 62, Caesennius Paetus commande les *Pontica et Galatarum Cappadocumque auxilia*, c'est-à-dire les cohortes auxiliaires, qui étaient levées en Galatie (Tacit., *Ann.*, XV, 6), et, dès l'année 58 av. J.-Chr., des troupes sont levées en Galatie (Tacit., *Ann.*, XIII, 35).

(6) Suet., *Vespas.*, VIII : *Cappadociae propter adsiduos barbarorum incursus legiones addidit, consularemque rectorem imposuit pro equite Romano;* — Tacit., *Hist.*, II, 81 : *Sed inermes legati regebant* (les provinces asiatiques en l'an 69), *nondum additis Cappadociae legionibus.* Comme la *legio XII fulminata* fut envoyée à *Melitene* [Malatia] en l'an 70 (Joseph., *Bell. Iud.*, VII, 1, 3), il faut qu'à cette époque aussi le légat consulaire ait été institué.

importantes; puis, aussitôt après, ainsi que nous l'avons vu, il réunit la Galatie et la Cappadoce. Lorsque, plus tard, sous Trajan à ce qu'il semble, les deux provinces furent de nouveau séparées, cette séparation se fit de telle manière, que les contrées du *Pontus*, qui, géographiquement et historiquement, dépendaient de la Cappadoce (1), furent réunies à cette province; elle eut dès lors l'étendue que nous lui voyons prêtée par Ptolémée. La Cappadoce comprenait donc alors : 1. le *Pontus Galaticus* (2); 2. le *Pontus Polemoniacus*, avec le *Pontus Cappadocicus*, auxquels il faut joindre : 3. l'*Armenia minor*, et, suivant Ptolémée, 4. la *Lycaonia*, avec *Iconium* [Ko-

Frontières depuis Trajan.

(1) Sous la domination persane, la Cappadoce formait deux satrapies, la Grande-Cappadoce et la Καππαδοκία ἡ πρὸς τῷ Πόντῳ (Strabo, XII, pp. 534. 541. [Comp. Sir John Malcolm, *Histoire de la Perse depuis les temps les plus anciens jusqu'à l'époque actuelle*, etc., trad. de l'anglais, Paris, 1821, 4 voll. in-8, avec une carte de la Perse et 6 pl. ; — MM. Ad. de Longpérier, *Antiquités de la Perse. Mémoires sur la chronologie et l'iconographie des rois Parthes Arsacides*, Paris, 1853, 1 vol. in-4, pl.; — J. Hermann Scheiderwirth, *Die persische Politik gegen die Griechen seit dem Ende der Perserkriege*, Heiligenstadt, 1863, in-8 ; — le Cte de Gobineau, *Histoire des Perses, d'après les auteurs originaux grecs et latins, et partic. d'après les mss. orient. inédits, les monuments figurés, les médailles, les pierres gravées*, etc., Paris, 1869, 2 voll. in-8; — François Lenormant : *Manuel d'histoire ancienne de l'Orient jusqu'aux guerres médiques*, Paris, 1869, 3 voll. in-12 et atlas in-4 ; *Histoire ancienne de l'Orient jusqu'aux guerres médiques* (continuée, à partir du t. V., par M. Ernest Babelon), 9e éd., Paris, 1881, et ann. suiv. — 1888, 6 voll. gr. in-8, nombr. grav. et cartes (*adde* M. E. Babelon, *Manuel d'archéologie orientale, Chaldée, Assyrie, Perse, Syrie, Judée, Phénicie, Carthage*, Paris, Quantin, s. d); — Th. Mommsen, *Röm. Gesch.*, t. V, 3^{lle} Aufl., Berlin, 1886, pp. 339 — 446 = dans la trad. franç. de MM. R. Cagnat et J. Toutain, t. X, pp. 152-301 ; — G. Maspero, *Histoire ancienne des peuples de l'Orient*, 4° éd., Paris, 1886, in-18; — von Gutschmid, *Geschichte Irân's*, 1888 ; — Roger Peyre, *Histoire générale de l'antiquité*. 1re partie, *L'Orient*, Paris, 1888, 1 vol. in-12; — Ch. Normand, *Hist. anc. des peuples de l'Orient, depuis les origines jusqu'aux guerres médiques*, Paris, 1889, in-18, et 1890, in-12; — Ferd. Justi, *Storia della Persica antica*. Prima versione italiana di A. Courth, Milano, 1889, 1 vol. in-8, avec pl. ; — Alexis de Markoff, *Monnaies arsacides*, Saint-Pétersbourg, 1889, in-8, II pl. (1re partie, seule parue). — Voy. aussi M. Nöldeke, *Aufsaetze zur persischen Geschichte*, Leipzig, 1887, broch. in-8 de VI-158 pp.]). Mithridate s'appelle, dans l'inscription d'Éphèse (Waddington, t. III, n° 136^a) : Καππαδοκί[ας βασιλεύς] et le nom de *Pontus* ne devient usuel qu'à l'époque romaine. (Voy. M. Waddington, t. III, p. 59.)

(2) De même, Pline, (*Nat. hist.*, VI, 8), fait rentrer dans la Cappadoce, par exemple *Amaseia* [Amásia], la *Metropolis* du *Pontus Galaticus*. — [Voy., sur cette ville, p. 279, note 3, *supra*.]

niah] pour chef-lieu (1). Sur les contrées du *Pontus*, nous avons un rapport intéressant du *legatus* de Cappadoce, Flavius Arrianus (2), qui y fit, en 131-132, une inspection militaire (3). Ce rapport nous montre que, à cette époque, la province de Cappadoce s'étendait sur le littoral au Nord jusqu'à *Dioscurias* (*Sebastopolis*) [ruines d'Iskûria] (4) et était défendue par une série de fortifications que gardaient des garnisons romaines, notamment *Trapezus*[Trebizonda ; en turc, Trabuzûn], *Hyssi portus*, *Apsarus* [Makrýalos], *Phasis* [Poti] et *Dioscurias* (5), tandis que l'intérieur du pays, derrière la côte, était gouverné par des princes indigènes qui, tout en relevant des Romains, étaient toujours d'une fidélité douteuse (6). *Apsarus* était encore, sous Justinien, au pouvoir des Romains ; quant à *Phasis* et à *Dioscurias*, ils semblent avoir été cédés, à une époque inconnue (7).

---

(1) Ptolem., V, 6. — Tous ces districts étaient des provinces procuratoriennes. C'est ainsi que, vers 166, T. Desticius Severus était *procurator provinciae Cappadociae, item Ponti mediterranei et Armeniae minoris et Lycaoniae Antiochianae* (*C. I. L.*, t. V, [2], n° 8660).

(2) Ἀρριανοῦ ἐπιστολὴ πρὸς Τραϊανὸν [Ἀδριανὸν] ἐν ᾗ καὶ περίπλους Εὐξείνου Πόντου, dans Müller, *Geogr. Graeci minores*, t. I, pp. 370 et suiv. — [Sur ce légat, voy. M. W. Liebenam, *op. cit.*, pp. 123 *in fine*, n° 10, et suiv.]

(3) Le rapport a été écrit l'année de la mort de Cotys II, roi du *Bosporus* cimmérien (Arrian., *loc. sup. cit.*, § 26), c'est-à-dire en l'an 428 de l'*aera* du *Bosporus* = 131 après J.-Chr. (cette ère étant comptée à partir de l'automne 297 avant J.-Chr.). *C. I. Gr.*, n° 2108f.

(4) Arrian., *loc. sup. cit.*, § 26 : ἐπὶ Διοςκουριάδα, ἐς ὅπερ στρατόπεδον τελευτᾷ Ῥωμαίοις ἡ ἐπικράτεια.

(5) Sur *Trapezus*, voy. Arrian., *loc. sup. cit.*, § 1. Ἀ Ὕσσου λιμήν tient garnison une *cohors* (Arrian., *eod.*, § 4. Cf. *Notit. Dignit. Or.*, p. 96 ; *cohors Apuleia civium Romanorum Ysiporto*). A *Apsarus* sont stationnées cinq cohortes (Arrian., *eod.*, § 7) ; dans le *castellum Phasis* se tiennent 400 στρατιῶται ἐπίλεκτοι (Arrian., *eod.*, § 12) ; à *Dioscurias*, il y a une grande forteresse avec des lazarets et des magasins (Arrian., *eod.*, § 14).

(6) Arrian., *loc. sup. cit.*, § 15.

(7) Procop., *Bell. Goth.*, IV, 2, p. 466, éd. Dind. : ἐπὶ Φᾶσίν τε ποταμὸν καὶ τοὺς ἐνδοτάτω βαρβάρους. Λέγουσι μὲν οὖν ὡς κατὰ τοὺς Τραϊανοῦ τοῦ Ῥωμαίων αὐτοκράτορος χρόνους κατάλογοι Ῥωμαίων στρατιωτῶν ἐνταῦθά τε καὶ μέχρι ἐς Λαζοὺς καὶ Σαγίδας ἵδρυντο. Τὰ δὲ νῦν ἄνθρωποι ἐνταῦθα οἰκοῦσιν οὔτε τοῦ Ῥωμαίων οὔτε τοῦ Λαζῶν βασιλέως κατήκοοι ὄντες, et, p. 467 : ἐκ δὲ Ἀψαροῦντος πόλεως ἐς Πέτραν τε πόλιν καὶ τοὺς Λαζῶν ὅρους, οὗ δὴ τελευτᾷ ὁ Εὔξεινος πόντος, μιᾶς ἐστιν ἡμέρας ὁδός. Justinien avait encore fortifié *Petra* dans le pays des *Colchi* (Procop., *Bell. Pers.*, II, 17) ; mais elle avait de nouveau été perdue (Procop., *De aed.*, III, 7). La ville de *Sebastopolis*, que Justinien mentionne en l'an 536 dans sa *Nov.* XXXI, c. 1, est *Sebastopolis* dans l'*Armenia minor*. (Voy. Boecking, *Notit. Dignit. Or.*, p. 438.)

Armenia minor. L'*Armenia minor*, sur le cours supérieur de l'Euphrate, était devenue un royaume, attribué par Pompée à Deiotarus (1), par César à Ariobarzanes III de Cappadoce (2), par Antoine à Polemo, roi du *Pontus* (3), par Auguste à Archelaus de Cappadoce (4). Elle ne fut pas immédiatement réunie à la province de Cappadoce; mais elle fut de nouveau cédée, en l'an 38 après J.-C., par Caligula à Cotys (5), en l'an 54, par Néron à Aristobulus (6); et il est probable que c'est par Vespasien qu'elle fut incorporée dans la province agrandie. Bien que Ptolémée consacre à l'*Armenia minor* un chapitre distinct, il n'est pas douteux qu'elle n'ait dépendu de la Cappadoce (7). En effet, *Melitene* [Malatîa], qui fait partie de l'*Armenia minor* (8), était, ainsi qu'il a déjà été remarqué ci-dessus, depuis l'an 70, le quartier général de la *legio XII fulminata* (9), et, en l'an 75, le *legatus* de Cappadoce établit des routes dans la petite Arménie (10).

---

(1) Strabo, XII, p. 547. — Cf. Hirtius, *Bell. Alex.*, XXXIV. LXVII.
(2) Dio Cass., XLI, 63; XLII, 48.
(3) Dio Cass., XLIX, 33. 44.
(4) Dio Cass., LIV, 9; — Strabo, XII. p. 555.
(5) Dio Cass., LIX, 12; — Tacit., *Ann.*, XI, 9; — Joseph., *Ant.*, XIX, 8, 1.
(6) Tacit., *Ann.*, XIII, 7; — Joseph., *Ant.*, XX, 8, 4; *Bell. Iud.*, II 13, 2.
(7) Voy. Kuhn, *op. cit.*, t.II, pp. 145 et suiv. — Les habitants de l'*Armenia minor* sont des Cappadociens. (Voy. l'inscription de l'an 385 de notre ère dans de Rossi, *Inscr. Christ.*, t. 1, f° 155, n° 355: *Civem Armeniacum Cappadocem numine* (il faut lire *nomine*) *Quirillus*, etc.)
(8) Ptolem., V, 7, 5.
(9) Comp. Procop., *De aedif.*, III, 4 : ἦν δέ τι χωρίον ἐν τοῖς Ἀρμενίοις τὸ παλαιὸν μικροῖς καλουμένοις οὐ πολλῷ ἄποθεν ποταμοῦ Εὐφράτου, ἐφ' οὗ δὴ λόγος Ῥωμαίων στρατιωτῶν ἵδρυτο. Μελιτηνὴ μὲν τὸ χωρίον, Λεγεὼν δὲ ὁ λόχος ἐπωνομάζετο. Ἐνταῦθά πη ἔρυμα ἐν τετραγώνῳ ἐπὶ χώρας ὑπτίας ἐδείμαντο ἐν τοῖς ἄνω χρόνοις Ῥωμαῖοι (c'est-à-dire sous Vespasien) — μετὰ δὲ Τραϊανῷ τῷ Ῥωμαίων αὐτοκράτορι δεδογμένον, ἐς πόλεώς τε ἀξίωμα ὁ χῶρος ἀφῖκται καὶ μητρόπολις κατέστη τῷ ἔθνει.
(10) Pierre milliaire, découverte à Méliki-Chérif, dans la petite Arménie (Waddington, t. III, n° 1814 ᵇ [= *C. I. L.*, t. III, 1, n° 306, et *Addit.*, 2, f° 975]) : *Imp. Vespasiano Caesare* [*Aug. p. m. tr. pot. VI*] *imp. XIII cos.* [*VI, des.*] *VII, Imp. Tito Caesare cos.* [*I*]*V,* [*des.*] *V, Cn. Pompeius Co*[*llega leg. Aug.*] *pr. pr.* [*milliaria posuit*]. — Sur la détermination de l'année, voy. Borghesi, *Œuvres*, t. VI, p. 42. — [Sur Cn. Pompeius Collega, voy. MM. Perrot, *Gal.*, p. 99; — W. Liebenam, *op. cit.*, p. 171, n° 8. — Comp. MM. Mommsen, *Ind. Plin.*, p. 422; — Borghesi, *Œuvres*, t. VI, p. 209.]

CAPPADOCIA.

Importance politique de la province.

Tandis que le gouverneur de la Syrie était appelé à la mission, importante entre toutes celles qui incombaient aux gouverneurs des provinces orientales, de couvrir immédiatement les frontières romaines contre les incursions des Parthes, le *legatus* de Cappadoce, au contraire, avait surtout à préserver la grande Arménie et les tribus caucasiques de leur influence et à maintenir la fidélité aux Romains. Lorsque les Romains établissaient des rois dans ces contrées, ils leur devaient aussi leur protection ; c'est ainsi, par exemple, que, au cours de la guerre arménienne de Néron (58—63 après J.-C.), Corbulo, qui avait alors reçu un commandement extraordinaire, donna au roi Tigranes, qu'il avait mis sur le trône d'Arménie, 1.000 *legionarii*, 3 *cohortes sociorum* et 2 *alae equitum*, comme gardes du corps (1). Toutefois, il n'est pas probable que ces troupes aient séjourné longtemps en Arménie, étant donné que Corbulo déposa la même année encore (60 après J.-C.) son commandement en Arménie. Mais, lorsque le quartier général de la *legio XII fulminata* eut été, depuis Vespasien, établi à *Melitene* (2), et que, vers le règne de Trajan (3), celui de la *legio XV Apollinaris* (4) eut été placé à *Satala* (Sadagh) (5) ; lorsque, d'autre

---

(1) Tacit., *Ann.*, XIV, 26. — Voy., sur cette guerre, E. Egli, *Feldzüge in Armenien von 41-63 n. Chr.*, dans les *Untersuchungen zur röm. Kaisergeschichte* de M. Büdinger, Bd. I, Leipzig, 1868, in-8, pp. 267-362. Comp. MM. Mordtmann et Mommsen, dans *Hermes*, 1880, pp. 289-296. [*Adde* M. Th. Mommsen, *Die römischen Gardetruppen*, dans *Hermes*, t. XIV, 1879, pp. 25 et suiv., et t. XVI, 1881, pp. 643 et suiv.]

(2) Joseph., *Bell. Iud.*, VII, 1, 3. Elle y stationnait encore sous Hadrien (Arrian., *Acies c. Alanos*, pp. 100. 103. 106, éd. Blanc.), sous Alexandre Sévère (Dio Cass., LV, 23), et il en fut ainsi jusqu'au cinquième (*Notit. Dignit. Or.*, pp. 97. 421) et au sixième siècle (Procop., *De aed.*, III, 5).

(3) Bien que Suétone, (*Vespas.*, VIII), dise : (*Vespasianus*) *Cappadociae legiones addidit*, nous ne savons cependant que d'une seule légion qu'elle fut envoyée dans la province sous son règne. La *legio XV* arriva en Pannonie aussitôt après la guerre contre les Juifs (Joseph., *Bell. Iud.*, VII, 5, 3) ; nous ne la trouvons en Cappadoce que sous Hadrien (Arrian., *Acies c. Alanos*, §§ 5. 6).

(4) *Itinerar. Anton.*, p. 183, éd. Wess. ; — *Notit. Dignit. Or.*, pp. 96. 420.

(5) Voy. Petermann, *Geogr. Mittheilungen. Ergänzungsh.* 20, p. 63, note 2. — [Comp., sur ce qui précède, M. Th. Mommsen, *Die conscriptionsordnung der römischen Kaiserzeit*, dans *Hermes*, t. XIX, 1884, et, sur la *legio XV Apollinaris*, M. Ett. de Ruggiero, *Dizionar. epigr.*, fascic. 17, Roma, 1890, pp. 514, col. 2, et suiv., V° *Apollinaris* (legio XV).]

part, une série de forteresses eurent reçu des troupes auxiliaires en garnison, et que, notamment, les places maritimes du *Pontus* eurent été organisées en dépôts militaires (1), la Cappadoce devint non seulement un point d'attaque solide pour les guerres arméno-parthiques entreprises par Trajan en l'an 114 (2) et par Marc-Aurèle et Lucius Verus, de 162 à 165, mais aussi un point d'appui efficace pour la politique romaine, dont l'influence s'étendait au-delà des frontières de l'Arménie. Nous voyons que Vespasien, en l'an 75, fit construire sur les rives du *Cyrus* (Kous) une forteresse à Mithridate, roi des Ibères (3), que, sous Antonin le Pieux, les régions méridionales de l'Arménie, *Sophene* [en arménien, Dzoph ; en syriaque, Sôphân] et *Gordyene* [Kurdistân ; en arménien, Kordukh ; en syriaque, Kardu], étaient administrées depuis la Cappadoce (4), et que, en l'an 185, sous Commode, une *vexillatio* de la *leg. XV Apollinaris* était stationnée à l'Est de l'Arménie, sur les bords du *Cyrus* (5). A raison de cette importance, la province conserva

---

(1) Arrian., *Peripl. Ponti Euxini*, §§ 1. 4. 7. 12. 14 ; — Tacit., *Hist.*, II. 6 : *Cappadocia Pontusque et quidquid castrorum Armeniis praetenditur.* — Tacite, (*Ann.*, XIII, 39), nous montre que notamment des approvisionnements furent envoyés à *Trapezus* par voie maritime pour les troupes de Cappadoce.

(2) Dio Cass., LXVIII, 18. — Voy. M. Dierauer, *Geschichte Traians*, p. 160. — [Voy. aussi les auteurs cités dans notre *Introd. bibliog. gén.*, II, et spécialement B, *Trajan*.]

(3) Inscription grecque, trouvée entre Tiflis et Metskhéta sur la rive droite du Kur en Géorgie, et publiée par Renier dans le *Journal Asiatique. Sixième Série*. Tome XIII, (1869). p. 93 : [Αὐτοκράτωρ Καῖσα]ρ Οὐε[σπασιανὸς Σεβ]αστός, ἀρχιε[ρεὺς μέγιστο]ς, δημαρχι[κ]ῆς ἐξου[σίας τό]ζ, αὐτοκράτ[ω]ρ τὸ ιδ, ὕπατος τὸ ζ, ἀποδεδειγμένος τὸ ζ, πατὴρ πατρίδος, τ[ειμη]τής, καὶ αὐτοκράτωρ Τίτος Καῖ[σαρ] Σεβαστοῦ υἱός, δημαρχι[κ]ῆς ἐξουσίας τὸ ε, ὕπατος τὸ δ, ἀποδεδειγμένος τὸ ε, τειμητής, καὶ Δομιτιανὸς Καῖσαρ, Σεβαστοῦ υἱός, ὕπατος τὸ [γ], ἀποδεδειγμένος τὸ δ, βασιλεῖ Ἰβήρων Μιθριδάτῃ, βασιλέως Φαρασμάνου, καὶ Ἰαμασδαΐτω[υ] φιλοκαίσαρι καὶ φιλορωμαίῳ τ[ῷ] ἔθν[ε]ι τὰ τείχη ἐξωχύρωσαν.

(4) Appien, (*Mithr.*, CV), dit de ces régions : καὶ στρατηγεῖται νῦν ἅμα τῇ Καππαδοκίᾳ καὶ τάδε. Appien écrivait après la mort d'Hadrien (voy. Clinton, *Fasti Rom., ad ann.* 147). Comme Ptolémée, qui est presque son contemporain, fait rentrer ces pays dans l'*Armenia maior* (V, 13, 13 et 20), leur dépendance de la Cappadoce n'a dû, semble-t-il, avoir été qu'éphémère.

(5) Inscription trouvée dans le couvent d'Edchmiadzin, près de Tiflis, et publiée dans le *Journal Asiatique, ubi supra*, p. 103 [= Henzen, dans le *Bullett. dell' Inst.*, 1870, p. 64 = *C. I. L.*, t. III, 2, n° 6052] : *Imp. Caes. M. Aurel. Antonino Aug.* [*Commodo*] *Germa. Sarm. Max., trib. pot., imp. VII,*

toujours, même après sa séparation d'avec la Galatie, des *legati* consulaires, parmi lesquels on peut citer, au deuxième siècle, M. Iunius, ὁ τῆς Καππαδοκίας ἄρχων, en l'an 114 après J.-C. (1), Flavius Arrianus, *cos. suff.* à une date inconnue (2), *legatus Aug. pr. pr. provinciae Cappadociae*, en 131 (3), qui écrivit sa *Tactica* en 136, au cours de ces dernières fonctions (4), qu'il conserva jusqu'en 137 (5); ses successeurs furent L. Burbuleius Optatus Ligarianus (6), un peu plus tard, L. Aemilius Carus (7); au début du règne de Marc-Aurèle, P. Aelius Severianus Maximus, qui, en l'an 162, fut massacré à *Elegia*, en Arménie (8), avec toute la garnison de cette ville, par Vo-

---

cos. IV, p. p. vexill(atio) leg. XV Apoll. sub Caelio Calvino, leg. Aug. pr. pr., curam agente Licinio Saturnino trib. mil. et Aurel. Labrase centurione leg. eiusdem. — [Sur Caelius Calvinus, voy. M. W. Liebenam, *op. cit.*, p. 178, n° 22.]

(1) Dio Cass., LXVIII, 19.

(2) Photius, *Bibl.*, p. 17ᵇ, éd. Bekk.; — Suidas, *s. v.* Ἀρριανός. — Voy. Borghesi, *Œuvres*, t. IV, p. 157.

(3) Voy. p. 293, note 2, *supra*.

(4) Arrian., *Tact.*, c. XLIV : ἐς τήνδε τὴν παροῦσαν βασιλείαν, ἣν Ἀδριανὸς εἰκοστὸν τοῦτ' ἔτος βασιλεύει. La vingtième année du règne d'Hadrien correspond à l'an 136 de notre ère.

(5) Qu'il fût encore en Cappadoce en l'année 137, c'est ce que nous apprend l'inscription datée récemment découverte à *Sebastopolis* et publiée par Renier dans le *Journal des Savants*, 1876, p. 442 : Αὐτοκράτορι Κ*α*ίσαρι, θεοῦ Τραϊανοῦ Παρθικοῦ υἱῷ, θεοῦ Νερούα υἱωνῷ, Τραϊανῷ Ἀδριανῷ Σεβ[αστῷ], ἀρχιερεῖ μεγίστῳ, δημαρχικῆς ἐξουσίας τὸ κα΄, αὐτοκράτ[ορι] τὸ β΄, ὑπάτῳ τὸ γ΄, π[ατρὶ] π[ατρίδος], καὶ Αἰλίῳ Καίσαρι, δημαρχικῆς ἐξουσίας (c'est l'année 137. Voy. Borghesi, *Œuvres*, t. VIII, p. 457 ; — M. Mommsen, *C. I. L.* t. III, [1], n° 4366), ἐπὶ Φλ[αουίου] Ἀρριανοῦ πρεσβευτοῦ τοῦ Σεβαστοῦ, Σεβαστοπολειτῶν τῶν καὶ Ἡρακλεωπολειτῶν ἄρχοντες βουλὴ δῆμος, ἔτους θλρ΄ (139). L'ère d'*Heracleopolis* commence deux ans avant la naissance du Christ, année dans laquelle cette ville doit avoir reçu le nom de *Sebastopolis*.

(6) Henzen, n° 6484 [= Wilmanns, *Exempla*, t. I, n° 1181 = *C. I. L.*, t. X, 1, n° 6006]. — Borghesi, *Œuvres*, t. IV, p. 158.

(7) Henzen, n° 6049 [= Wilmanns, *Exempla*, t. I, n° 1182 = *C. I. L.*, t. VI, 1, 1333]. — Borghesi, *Œuvres*, t. IV, p. 150 [voy. aussi pp. 114 et 133, et t. VIII, p. 475].

(8) Lucien, (*Quomodo hist. sit conscr.*, XXI et XXV), l'appelle du nom de Severianus. Dio Cass., LXXI, 2 : καὶ στρατόπεδόν τε ὅλον Ῥωμαϊκὸν τὸ ὑπὸ Σεουηριανῷ τεταγμένον ἐν τῇ Ἐλεγείᾳ---αὐτοῖς ἡγεμόσι κατετόξευσε καὶ διέφθειρε. L'inscription de *Bostra* [Busra] (Waddington, n° 1943 [= *C. I. L.*, t. III, 1, n° 91 ; cf. *Arch.-epigr. Mitth.*, t. VIII, p. 247]) donne le nom complet. Lorsque Borghesi, (*Œuvres*, t. IV, p. 254 ; t. V, p. 375), conclut du passage précité de Dion Cassius que, dans cette circonstance, la *leg. XXII Deiotariana* a

logeses III, roi des Parthes (1); après lui vinrent Statius Priscus, *cos.* 159, *leg. Capp.* 162 (2), auquel succédèrent Martius Verus, *cos.* 162 (3) et peut-être T. Arrius Antoninus (4); sous Commode, en 185, Caelius Calvinus, dont il a déjà été fait mention ci-dessus ; enfin, au début du troisième siècle, Sulla (5) et Q. Atrius Clonius (6). Il y avait sans aucun doute, sous les ordres du *legatus*, comme dans toutes les provinces impériales, un *procurator* (7).

été anéantie, aucune preuve ne vient confirmer son assertion. Capitolin, (*Vit. Veri*, VI), parle de *caesis legionibus*, ce qui est, dans tous les cas, une expression exagérée ; quant à la *leg. XXII Deiotariana*, elle paraît déjà sous Trajan avoir été dispersée ; on n'en trouve plus trace après l'époque de son règne, et le mot στρατόπεδον ne désigne pas nécessairement dans Dion d'une manière générale une légion, mais il est également employé pour désigner n'importe quel corps d'armée.

(1) Il régna de 148-192. — Voy. De Bartholomaei, *Recherches sur la numismatique arsacide*, dans les *Mémoires de la Société d'archéologie et de numismatique de Pétersbourg*, Vol. II, (1848, in-8), pp. 75 et suiv. ; — I. Lindsay, *A view of the history and coinage of the Parthians*, Cork, 1852, in-4, pp. 107 et suiv.

(2) Henzen, n° 5480 [= Wilmanns, *Exempla*, t. I, n° 1190 = *C. I. L.*, t. VI, n° 1523]. — Voy. Borghesi, *Œuvres*, t. III, p. 249.

(3) Voy. Borghesi, *Œuvres*, t. V, p. 258. Il s'appelle Καππαδοκίας ἄρχων (Dio Cass., LXXI, 23). Suidas, *(s. v.* Μάρτιος), nous montre qu'il fut le successeur de Priscus.

(4) *C. I. Gr.*, n° 4193 ; voy., à cet égard, M. Waddington, dans Borghesi, *Œuvres*, t. V, p. 418. De même, dans l'inscription d'*Amasia* (*C. I. Gr.*, n° 4168), ce n'est pas, comme le dit Borghesi, (*ubi supra*), en qualité de gouverneur de Bithynie, mais, ainsi que l'observe Kuhn, (*op. cit.*, t. II, p. 160), avec raison, en qualité de légat de Cappadoce, qu'il est mentionné. C'est qu'en effet, *Amasia* ressortissait alors, avec le *Pontus Galaticus*, à la Cappadoce.

(5) Dio Cass., LXXIX, 4 (sous Élagabale).

(6) Henzen, n° 6057 [= Orelli, n° 42 = Borghesi, *Œuvres*, t. III, p. 396 = *C. I. L.*, t. VI, 1, n° 2004] ; — *C. I. L.*, t. II. n° 4111 ; — Ulpien, (L. 7, § 2, [*De suspect. tutorib. et curatorib.*], D., XXVI, 10), cite une *epistola imperatoris nostri* (*Caracallae*) *et divi Severi ad Atrium Clonium* [*Sic* : éd. Mommsen; le nom est absolument tronqué dans l'éd. de Freiesleben]. La seconde des deux inscriptions citées a été placée sous Alexandre Sévère et, par conséquent, elle est d'une date sensiblement plus récente. — [Sur les *legati*, dont il vient d'être question, voy. M. W. Liebenam, *op. cit.*, pp. 123 et suiv., n°⁹ 9 et suiv.]

(7) On ne le trouve mentionné qu'une fois dans l'inscription d'Espagne insérée dans le Recueil d'Orelli [= Henzen], n° 5040 = n° 6928, et mieux reproduite au *C. I. L.*, t. II, n° 1970 ; M. Hübner y lit *proc. prov. Cappadociae*, tandis que M. Mommsen conjecture, au contraire, *proc. provinc. Capp. Paflag. Gal.*

CAPPADOCIA.

Création de villes nouvelles.

La Cappadoce proprement dite ne comptait, au jour de son érection en province, que quatre villes : *Tyana* [ruines de Kilisse-hissâr], *Mazaca* [Kaisari] (1), *Ariarathia* (2) et *Archelais* [Akserai] (3) ; toutes les autres localités étaient des *vici*, κῶμαι, sans constitution urbaine ni magistrats urbains, de telle sorte que le pays était administré, suivant un système que nous retrouverons en Égypte, par dix stratèges (4). D'autre part, une portion considérable du sol était domaine impérial ; il n'en est fait mention pour la première fois, il est vrai, qu'au cinquième et au sixième siècle (5) ; mais il est certain que ce domaine provenait des biens royaux, et était placé, depuis Tibère, sous l'administration du *procurator*. A l'époque romaine, nous trouvons non seulement les quatre villes ci-dessus rappelées, parmi lesquelles *Mazaca* ou *Eusebia* est la capitale de la province (6) et porte le nom de *Caesarea* (7), *Tyana* s'intitule sur ses monnaies, depuis Hadrien, ἱερά, ἄσυλος, αὐτόνομος (8) et devint colonie, sous Caracalla, en l'an 213 (9), enfin *Archelais* fut érigée en colonie par Claude (10), mais *Castabala*

---

(1) Strabon, (XII, p. 537), ne connaît que ces deux villes. Philostrate, (*V. Apoll.*, I, 4), appelle aussi *Tyana* une ville grecque.
(2) Steph. Byz., *s. v*; — Ptolem., V, 6, § 13.
(3) Ptolem., V, 6, 14.
(4) Kuhn, (*op. cit.*, t. II, pp. 231-258), traite le sujet d'une matière excellente. — Voy. aussi le même auteur, *Entstehung der Städte*, pp. 380 et suiv.
(5) Dans la *Notit. Dignit. Or.*, (p. 37), ce domaine est cité sous le nom de *Domus divina per Cappadociam* et Justinien le soumit, en 536, à une nouvelle administration (*Nov.* XXX).
(6) Elle porte le titre de μητρόπολις sur les monnaies depuis M. Antoninus. (Voy. Mionnet, *Suppl.* VII, p. 672.)
(7) Elle reçut ce nom, d'après Constantin Porphyrogénète, (*De thematib.*, I, 2), et Justinien, (*Nov.* XXX, pr.), de Julius Caesar ; d'après S. Rufus, (*Brev.*, XI), d'Auguste ; suivant Eutrope, (VII, 11), de Tibère ; selon Sozomène, (*H. E.*, V, 4), de Claude. L'ère de cette ville, dont le point de départ doit tomber avant l'organisation de la province entre les années 27-15 avant J.-Chr., est datée par Borghesi, (*Bullett. dell' Inst.*, 1852, p. 156), à partir de l'an 20 avant J.-Chr., année dans laquelle Auguste donna l'*Armenia minor* au roi Archelaus. Il se pourrait faire qu'un lien existât entre l'ère et le nom.
(8) Mionnet, *Suppl.* VII, p. 713.
(9) Elle s'appelle *Antoniniana colonia Tyana*. (Voy. Eckhel, *Doct. Num.*, t. III, p. 195 ; — Mionnet, *Suppl.* VII, p. 715.)
(10) Plin., *Nat. hist.*, VI, 8 : — *Itin. Anton.*, p. 144 ; — Ptolem., V, 6, § 14.

et *Cybistra* [Eregli] sont aussi devenues villes et frappent monnaie (1); M. Aurèle fit du *vicus Halalae* la ville de *Faustinopolis* (2); et le nom de *Diocaesarea* atteste son origine romaine (3). Telle est aussi l'origine, dans l'*Armenia minor*, de *Nicopolis* [Enderes], édifiée par Pompée (4), de *Melitene*, qui devint ville sous Trajan (5), de *Claudiopolis* (6), de *Sebastopolis* (7), et de la colonie de *Sinis*, dont Ptolémée fait mention (8); dans le *Pontus Galaticus*, de *Neapolis*, qui était, avant Pompée, une κώμη, du nom de Φαζημών [Mersifan] (9), de *Comana* [ruines de Gümenék], qui, au temps de Mithridates, était encore un *vicus* (10), et de *Sebastopolis* [Suluseráï] (11); dans le *Pontus Polemoniacus*, de *Zela* [Zile], d'abord *vicus* (12), et ville depuis Pompée (13), de *Cabira* [Niksâr], qui, appelée *Diospolis* par Pompée, porta plus tard le nom de *Sebaste* (14) et n'est autre,

---

(1) Voy. Eckhel, *Doct. Num.*, t. III, pp. 192. 193; — Mionnet, *Suppl.* VII, pp. 709. 711. — Il me paraît fort douteux que *Comana*, qui, sur les monnaies, nous apparaît comme colonie (voy. Mionnet, *ubi supra*, p. 710), soit la ville de *Comana* en Cappadoce, étant donné qu'elle est nommée *Col. Augusta, Comana p. p. col. Iul(ia)*, et aussi *Col. Iul. Aug. G. I. F. Comanorum*, fait au sujet duquel toute explication me fait défaut.

(2) Capitolin., *M. Ant. phil.*, XXVI : *Faustinam suam in radicibus montis Tauri in vico Halalae — amisit — — fecit et coloniam vicum in quo obiit Faustina*. Cette localité ne se trouve nulle part ailleurs mentionnée comme colonie.

(3) Plin, *Nat. hist.*, VI, 8.

(4) Dio Cass., XXXVI, 38 ; — Strabo, XII, p. 555; — Plin., *Nat. hist.*, VI, 26 ; — Ptol., V, 7, § 3; — *Itin. Anton.*, pp. 183. 207. Plus tard, elle porte le titre d'Ἀδριανή et de μητρόπολις (*C. I. Gr.*, n° 4189).

(5) Procop., *De aed.*, III, 4. — Voy. ci-dessus p. 294, note 9.

(6) Plin., *Nat. hist.*, V, 86 ; — Ptolem., V, 7, § 7.

(7) Ptolémée, (V, 6, § 7), la fait rentrer dans la Cappadoce. — Hierocles, p. 703 ; — Iustinian., *Nov.* XXXI, c. 1.

(8) Ptolem., V, 7, § 5.

(9) Strabo, XII, p. 560.

(10) Appian., *Mithr.*, LXIV. Par après, elle frappe monnaie. Je préférerais rapporter également les monnaies, sur lesquelles on lit *COL. IUL. AVG. Felix COMANORUM*, à la ville de *Comana*, dans le Pont [ruines de Gümenék], ainsi que le fait Eckhel, (*Doct. Num.*, t. II, p. 351), plutôt qu'à la ville de *Comana* en Cappadoce [ruines de Schar, *ad montem* Gümenék-Tepé], comme le veut Mionnet, (*Suppl.* VII, p. 710).

(11) Ptolem., V, 6, § 9. — Voy. Eckhel, *Doct. Num.*, t. II, p. 357.

(12) Strabo, XII, p. 559.

(13) Strabo, XII, p. 560 ; — Plin., *Nat. hist.*, VI, 8.

(14) Strabo, XII, p. 557.

sans doute, que *Neocaesarea* (1), en outre de *Magnopolis* (2) et de *Megalopolis (Sebasteia)* [Sívás] (3). Les sources ecclésiastiques postérieures, comme le *Synekdemos* de Hiéroclès, écrit vers 535, montrent, plus sûrement que ces exemples isolés, que, pendant l'administration romaine, les *vici*, qui devaient s'agrandir comme stations placées sur les routes militaires ou lieux de garnison, s'élevèrent au rang de villes et furent érigés en sièges épiscopaux ; et on peut admettre qu'en Cappadoce, comme en Thrace et en Égypte, notamment dans la période comprise entre Alexandre Sévère et Constantin, les stratégies disparurent et que le décurionat, servant de base à toute l'administration, y fut introduit (4).

A partir de Dioclétien, la province fut ensuite de nouveau partagée en parties plus petites, savoir : 1. le *Diospontus* ou *Hellenopontus*, avec les villes d'*Amasia* [Amásia], de *Zela*, d'*Amisus* [Samsùn], de *Sinope* [Sinòb], dès avant 297 ; 2. le *Pontus Polemoniacus*, avec les villes de *Neocaesarea*, de *Comana*, de *Polemonium* [ruines de Buleman], de *Cerasus* [ruines dans la vallée de Kiresün-deré], de *Trapezus*, également avant 297 ; 3. la *Cappadocia prima*, avec les villes de *Caesarea* [Kaisari], de *Nyssa*, de *Therma*, de *Regepodandus*, et 4. la *Cappadocia secunda*, avec les villes de *Tyana*, de *Faustinopolis*, de *Cybistra*, de *Nazianzus*, séparées l'une de l'autre entre 381 et 386 ; 5. l'*Armenia prima*, avec les villes de *Sebastia*, de *Nicopolis*, de *Satala* [Sadagh], de *Sebastopolis* ; 6. l'*Armenia secunda*, avec les villes de *Melitene*, de *Comana*, d'*Ariarathia*, également partagées vers 386. Toutes ces provinces ressortissent au *dioecesis Pontica*, tandis que 7. la *Lycaonia*, avec les villes d'*Ico-*

Division ultérieure.

---

(1) Voy. Forbiger, *Geogr.*, t. II, pp. 428. 429 [et Henri Kiepert, *Atlas antiquus*, 6ᵉ éd., 1884, *Liste des noms contenus dans l'Atlas du monde ancien*, pp. 5, col. 4, Vᵒ *Cabira*, et 16, col. 3, Vᵒ *Neocaesareä*].
(2) Strabo, XII, p. 556 ; — Plin., *Nat. hist.*, VI, 8.
(3) Strabo, XII, pp. 559. 560. — Voy. Kuhn, [*Die städt. und bürgerl. Verf.*], t. II, p. 249.
(4) Voy., à cet égard, Kuhn, *op. cit.*, t. II, p. 240. — [Voy. aussi le t. I, de cette trad. = t. VIII de la collection, pp. 269 et suiv.]

nium [Koniah], de *Lystra*, de *Derbe*, devint, en 373 environ, une province du *dioecesis Asiana* (1).

---

(1) Voy. MM. Mommsen, *Verz. der röm. Provinzen von 297*, p. 503; — Kuhn, *op. cit.*, t. II, p. 243. — Justinien organisa, en l'an 536, quatre *Armeniae*. (Voy. Iustinian., *Nov.* XXXI. — Kuhn, *op. cit.*, t. II, p. 244; — Mommsen, *ubi supra*, p. 505.)

XXXII. LYCIA ET PAMPHYLIA (1)*.

Après la défaite d'Antiochus par Scipion, en l'an 564=190, les Romains continuèrent, l'année suivante, la guerre contre les Galates et, à cette occasion, ils entrèrent pour la première fois en Pamphylie (2). Cependant, dans le traité de paix conclu en 188, on ne trouve aucune disposition relative à la Pamphylie (3) ; et elle demeura provisoirement indépendante, jus-

---

(1)* [Voy., au sujet de cette province: MM. Eug. Petersen und Felix von Luschan, *Reisen in Lykien, Milyas und Kybyratis*, 1888, in-fol. (*ibique* M. René Cagnat, *L'année épigraphique (1889)*, Paris, 1890, pp.12 *in fine* et suiv.) ; — Hicks, dans *Journal of Hellenic studies*, 1889, pp. 46-85; cet auteur y publie, d'après les copies et les estampages de M. Th. Bent, une série d'inscriptions intéressantes provenant de *Caesarea, Lydae, Patara* et *Myra ;* cartes (comp., à cet égard, M. René Cagnat, *ubi supra*, p. 68, coll. 1 et suiv., n° 165);— *C. I. L.*, t. III, *Supplem.*, fascic. I, Berol., 1889, f°s 1231-1232 ; — MM. Th. Mommsen, *Röm. Gesch.*, t. V, 3^{tte} Aufl., Berlin, 1886, *loc. cit.* p. 234, note 1, 2°, *supra;* — O. Sk. Treuber, *Geschichte der Lykier*, et *Beiträge zur Geschichte der Lykier* (deux parties in-4), Tübingen, 1887-1889 (*ibiq.* MM. Karl Sittl, dans la *Berliner Philolog. Wochenschrift*, 1888, n° 11, (17 mars) ; — Bruck, dans la *Deutsche Litteraturzeitung*, 1888, n° 30, (28 juillet) ; — *Berl. philolog. Wochenschr.*, 1889, n° 36) ; — Henri Kiepert, *Manuel de géogr. anc.*, trad. franç. par M. Émile Ernault, pp. 74 et 75 ; — W. Liebenam, *Forschungen*, Leipzig, 1888, p. 255-262 ; — Jos. W. Kubitschek, *Imp. Rom. trib. discr.*, pp. 255 et suiv. ; — Lanckoronski, Niemann und Petersen, *Städte Pamphyliens und Pisidiens*, Wien, 1890, in-4, nombr. dessins, levés d'archit. et pl.; nombr. inscr. inédites (pp. 153 et suiv.). — P. L.-L.]

(2) Polyb., XXII, 18 ; — Tit. Liv., XXXVIII, 15.
(3) Polyb., XXII, 27 ; — Tit. Liv., XXXVIII, 39.

qu'à ce que, en l'an 651=103, elle fut de nouveau occupée et réunie à la province, alors naissante, de Cilicie (1). Il n'est pour la première fois question d'une province de Pamphylie qu'en l'an 25 avant J.-C. (2); mais, étant donné le peu d'étendue du pays, il est douteux qu'elle ait eu son gouverneur propre (3). Au contraire, la *Lycia* qui, pendant la guerre contre Mithridate, avait pris le parti des Romains, reçut tout d'abord de Sulla (4) — encore que, plus tard, elle ait eu, à diverses reprises, à fournir des prestations et des contributions (5), et que, notamment, elle ait eu fort à souffrir de Cassius, en l'an 43 avant J.-C. —, et, une seconde fois, d'Antoine (6), la recon-

---

(1) Voy., ci-dessus, p. 238, note 7, et, *infra*, la section suivante consacrée à la *Cilicia*.

(2) Dio Cass., LIII, 26 : Τά τε χωρία τὰ ἐκ τῆς Παμφυλίας πρότερον τῷ Ἀμύντα προσνεμηθέντα τῷ ἰδίῳ νομῷ ἀπεδόθη. Le royaume de Perse avait été, au point de vue des impôts, divisé en vingt districts, qu'Hérodote, (III, 90 sqq.), énumère et qu'il appelle νομοί. [Comp., à cet égard, les auteurs cités p. 292, note 1, *supra*.] C'est également en ce sens que, dans Dion Cassius, le mot νομός désigne une province ; XXXVI, 33 : Νικοπολῖται — ἐς τὸν Καππαδοκικὸν νομὸν συντελοῦντες. Il dit de même : ὁ τῆς Βιθυνίας νομός (XLII, 45) ; ὁ τῆς Μυσίας νομός (LI, 22) ; ὁ τῆς Παμφυλίας νομός (LX, 17).

(3) En l'an 18 avant J.-Chr., L. Piso était, suivant Dion Cassius, (LIV, 34), gouverneur de Pamphylie. Mais comme c'était un personnage consulaire et que jamais la Pamphylie n'a été une province consulaire, il semble que la Pamphylie, comme la Cilicie, a, à cette époque, été administrée conjointement avec la Syrie, sujet sur lequel il convient de voir les développements fournis à propos de la province de Syrie. [Voy., ci-après, XXXV.]

(4) Appian., *Mithr.*, LXI. Nous avons encore une inscription (*C. I. L.*, t. I, f° 160 = *C. I. Gr.*, n° 5882), placée à Rome par une ville de Lycie à titre d'hommage de reconnaissance pour l'octroi de ces privilèges. — [Voy., dans le *Bullettino dell' Istituto di Diritto Romano*, ann. I, Roma, 1888-1889, fascic. II et III, pp. 78 et suiv., dix fragments d'inscriptions formant la base commune d'une série de statues de Rome, dont chacune avait été dédiée à Jupiter par un roi ou une cité de l'Asie Mineure, après la première guerre contre Mithridate, depuis la victoire définitive de Sulla, en 672 de Rome. On sait que les Lyciens eurent alors la liberté, ainsi que Laodicée de Phrygie et Éphèse, et qu'Ariobarzane fut placé par Sulla sur le trône de Cappadoce. Suivant l'hypothèse soutenue par M. Mommsen, dans la *Zeitschrift für Numismatik*, (Vol. XV, pp. 207 et 219), la Paphlagonie fut également donnée par Sulla à un prince de la dynastie du Pont, probablement fils de Mithridate Eupator, lequel serait précisément le Mithridate mentionné dans les inscriptions auxquelles nous renvoyons. — P. L.-L.]

(5) Cic., *Act. I in Verr.*, XXXVIII, 95.

(6) Appian., *Bell. civ.*, V, 7.

LYCIA ET PAMPHYLIA.

naissance de sa liberté, et elle la conserva, jusqu'à ce qu'en l'an 43 après J.-C., l'empereur Claude eut organisé la province de *Lycia Pamphylia* (1). Mais cette organisation même n'était pas encore définitive, puisque la Lycie paraît être redevenue libre derechef sous Néron ou sous Galba, tandis que, sous Galba, la Pamphylie fut réunie à la Galatie (2). La véritable création de la province eut donc lieu au plus tôt sous Vespasien, et vraisemblablement en l'an 74 (3); et, à partir de cette époque, la *Lycia Pamphylia* fut placée sous l'administration impériale, ainsi qu'elle l'avait déjà été sous Claude, jusqu'à ce que, en l'an 135, Hadrien l'échangea contre la Bithynie et en fit une province sénatoriale (4). Ceci explique que, jusqu'à l'époque indiquée, elle ait eu, comme gouverneur, un *legatus Augusti*

Province, en 74 après J.-C.

---

(1) Suet., *Claud.*, XXV : *Lyciis ob exitiabiles inter se discordias libertatem ademit ;* — Dio Cass., LX, 17 : τούς τε Λυκίους στασιάσαντας, ὥστε καὶ Ῥωμαίους τινὰς ἀποκτεῖναι, ἐδουλώσατό τε καὶ ἐς τὸν τῆς Παμφυλίας νομὸν ἐσέγραψεν. Dans les années suivantes, deux gouverneurs de Lycie ont également déjà été nommés, savoir : d'abord, Eprius Marcellus, *praetor* en 48 de notre ère (Tacit., *Ann.*, XII, 4), gouverneur de Lycie probablement de 54—56, puisqu'il fut, en 57, l'objet d'une accusation *repetundarum* de la part des Lyciens (Tacit., *Ann.*, XIII, 33 ; — voy. Borghesi, *Œuvres*, t. III, p. 286; t. IV, p. 349) ; — en second lieu, Licinius Mutianus, *Lyciae legatus* (Plin., *Nat. hist.*, XII, 9), qui fut vraisemblablement le successeur d'Eprius Marcellus (voy. Borghesi, *Œuvres*, t. IV, p. 350). — [Sur C. Licinius Crassus Mutianus, voy. MM. Leop. Brunn, *De C. Licinio Muciano*, Diss., Leipzig, 1870 ; — Schüssler, *Die Licinii Crassi der römischen Kaiserzeit*, Berlin, 1878. Voy. aussi Borghesi, *Œuvres*, t. IV, pp. 346. 352, et Henzen, *Acta fratr. Arv.*, Berol., 1874, p. 190. — Sur Ti. Clodius Eprius Marcellus et sur C. Licinius Crassus Mucianus, voy. M. W. Liebenam, *op. cit.*, pp. 256 et suiv., n°s 1 et 2.]

(2) Tacit., *Hist.*, II, 9: *Galatiam ac Pamphyliam provincias Calpurnio Asprenati regendas Galba permiserat.* — Zumpt, (*Comment. epigr.*, t. II, p. 143), admet que, d'une manière générale, depuis Claude la Lycie et la Pamphylie furent placées sous l'autorité du légat de Galatie. — Tout renseignement nous fait défaut sur l'affranchissement de la Lycie.

(3) Suet., *Vespas.*, VIII : *Achaiam, Lyciam, Rhodum, Byzantium, Samum libertate ademta — in provinciarum formam redegit*, — Eutrop., VII, 19. Eusèbe, (*Chron. Can.*, p. 159, éd. Schoene), place l'organisation de ces provinces *Olymp.* 213, 2 = 74, par conséquent dans la sixième année du règne de Vespasien. C'est de cette même année que paraît également dater l'ère cilicienne. (Voy. Clinton, *Fast. Rom.*, ad ann. 74.)

(4) Dio Cass., LXIX, 14 : τῇ δὲ δὴ βουλῇ καὶ τῷ κλήρῳ ἡ Παμφυλία ἀντὶ τῆς Βιθυνίας ἐδόθη. — Voy., pour les détails à cet égard, ci-dessus, pp. 268 et suiv.

pro praetore (1), plus tard un *propraetor* avec le titre de *proconsul* (2).

<small>Constitution fédérale lycienne.</small>

Bien que réunis extérieurement sous une administration commune, les deux pays se conservèrent néanmoins comme des nationalités séparées et indépendantes. La Lycie avait formé, au temps de sa liberté, une Confédération de villes (Λυκιακὸν σύστημα) (3), dans laquelle, parmi les nombreuses villes du

---

(1) Secchi a déjà dressé une liste des gouverneurs de Lycie et de Pamphylie dans ses *Monumenti inediti d'un antico sepolcro di famiglia Greca scoperto in Roma su la via Latina*, (Roma, 1843, in-f°, f°° 18 — 20). [Comp. Borghesi, *Œuvres*, t. VII, pp. 436 et suiv. — Il convient aujourd'hui de consulter sur ce point l'ouvrage de M. W. Liebenam, *Forschungen*, pp. 255 et suiv.] Parmi les légats de Lycie, voici ceux qui nous sont actuellement connus : sous Vespasien, S. Marcius Priscus (*C. I. Gr.*, n°° 4270. 4271 = Waddington, [t. III], n° 1253. 1254), et L. Luscius Ocrea (Henzen, *Annali*, 1852, p. 185 = Waddington, [t. III], n° 1225) ; — sous Titus, en l'an 80, T. Aurelius Avitus (Waddington, [t. III], n° 1292 [= *C. I. Gr.*, n° 4300, et *Add.*, f° 1134]) ; — sous Trajan, A. Iulius Quadratus (*C. I. Gr.*, n°° 3548. 3552. 4238ᵈ = Waddington, [t. III], n° 1722ᵃ [et *Fastes*, n° 114]) ; L. Iulius Marinus Simplex (Marini, *Arv.*, n° LVIII [t. I, p. 177 = Henzen, *Acta fr. Arval.*, p. 159] ; — *C. I. Gr.*, n° 4238ᶜ ; — Mommsen, *Hermes*, t. III, p. 123. [Voy. encore Wilmanns, *Exempla*, t. I, n° 1159 = *C. I. L.*, t. IX, n° 4965, et *C. I. L.*, t. VI, 1, n°° 1492 ; 2068, II, 18. 34 ; 2074, I, 10. 20. 70 ; 2073, 1 ; 2077, 2]) ; Q. Pompeius Falco (Henzen, n° 5451 [= Wilmanns, *Exempla*, t. I, n° 1170 = *C. I. L.*, t. X, 1, n° 6321]).

(2) Il convient de citer à ce propos, comme rentrant dans cet ordre d'idées : Q. Ranius Honoratianus Festus (Murat., f° 517, n° 4), qui, après avoir commencé par être *legatus* du proconsul de la province *Lycia Pamphylia*, fut ensuite proconsul de cette même province, et dont l'administration se place dans la période comprise entre le règne de Marc-Aurèle et celui d'Alexandre Sévère (voy. Borghesi, *Œuvres*, t. V, p. 388) ; G. Porcius Priscus Longinus, sous Alexandre Sévère (Marini, *Arv.*, n° LXI, [t. I, p. 178 ; voy. aussi *C. I. L.*, t. VI, 1, n°° 2017, 3. 15. 24 ; 2108, [6. 9]. 12]) ; un proconsul anonyme (Grut., f° 491, n° 12 [= Mommsen, *I. R. N.*, n° 195 = *C. I. L.*, t. IX, n° 973]), et Lollianus (Ruinart, *Acta martyr.*, p. 479 [comp. *C. I. L.*, t. III, 1, n°° 468, 471, et 2, *Addit.*, n° 6058]). Par contre, une difficulté résulte de l'inscription insérée au *C. I. Gr.*, Vol. III, f° 1140, n° 4303ᵇ¹ = Waddington, [t. III], n° 1286, dans laquelle on voit, sous Antonin le Pieux, le Sénat et le peuple de *Cyaneae* dédier un bain : ἐπὶ Γναίου Ἀππίου Κορνηλίου Πρόκλου πρεσβευτοῦ καὶ ἀντιστρατήγου. C'est qu'en effet, ce Proculus, qui fait l'objet au Digeste de plusieurs mentions (L. 7, [pr., fr. Ulpian., *Qui satisdare cog.*], II, 8 ; — L 24, [fr. Paul., *De tutor. et curator. dat. ab his qui ius dandi habent*], XXVI, 5 ; — L. 1, [§ 4, fr. Ulpian., *De quaestion.*], XLVIII, 18), ne doit pas être considéré comme un légat du proconsul, mais comme le gouverneur lui-même. Il faudrait donc admettre qu'en Lycie, de même qu'en Bithynie, il se soit produit après Hadrien un nouveau changement dans l'administration.

(3) Voy. Strabo, XIV, pp. 664, 665, et les excellentes études de M. Koner,

pays (1), 23 avaient, suivant Artemidorus, qui écrivait vers 100 avant J.-C. (2) et qui est la source à laquelle puise Strabon, le droit de vote. Ces villes se divisaient, de leur côté, en trois classes : les grandes villes, qui avaient trois suffrages ; les villes moyennes, qui en avaient deux ; et les autres, qui n'en avaient qu'un (3) ; Strabon ne mentionne que les premières, qui sont au nombre de six ; et les autres nous seraient inconnues, si la Confédération lycienne n'avait eu un système monétaire unique, dans lequel les monnaies des villes confédérées portent, avec le nom abrégé de la ville, les armes de la Confédération, rappelant le culte d'Apollon qui lui est commun, c'est-à-dire une lyre à trois cordes, ou bien un arc et un carquois, et la légende ΛΥΚΙΩΝ. Grâce à ces monnaies, on peut joindre avec certitude aux villes confédérées mentionnées par Strabon : 1. *Patara* [ruines près de Furnás] ; 2. *Olympus* [ruines près de Tschirali] ; 3. *Myra* [en grec, Myri ; en turc, Dembre] ; 4. *Tlos* [ruines de Düver] ; 5. *Xanthus* [Günik] ; 6. *Pinara* [ruines de Minara] (4), onze cités nouvelles : 7. *Antiphellus* [Antiphilo] (5)*; 8. *Aperlae* [ruines de Ke-Kova] ; 9. *Arycanda* [ruines d'Arûf] ; 10. *Cragus* [San-dagh] ; 11. *Cyaneae* [Ya'û] ; 12. *Limyra* [ruines de Bunarbaschi] ; 13. *Masicytus* [Akdagh] ; 14. *Phellus* [Fellén-Dagh] ; 15. *Podalia* [Podalia] ; 16. *Rhodiapolis*; 17. *Trebenna* (ou *Trabala*). Par contre,

---

Beiträge zur Münzkunde Lyciens, dans Pinder et Friedländer, *Beiträge zur älteren Münzkunde*, Bd. I, Berlin, 1851, pp. 93-122, et de M. Waddington, dans la *Revue numismatique*, 1853, p. 85-98 (comp. le même, dans Le Bas *Voy. Explic. des inscr.*, Vol. III, n° 1221), études que Kuhn, ([*Die städt. und bürgerl. Verf.*], t. II, p. 292), a négligé de mettre à profit.

(1) D'après Pline, la Lycie comptait primitivement 70 villes, et 36 de son temps ; suivant Ptolémée, 33 ; selon Hierocles, 28 ; d'après Stéphane de Byzance, 64. Les monnaies et les inscriptions nous font connaître une centaine environ de localités lyciennes, dont M. Koner, (*ubi supra*, pp. 96 et suiv.), dresse la liste.

(2) Marcianus Heracleensis, *Epitome peripli Menippei*, dans les *Geogr. min.*, de Müller, t. I, p. 566 : Ἀρτεμίδωρος δὲ ὁ Ἐφέσιος γεωγράφος κατὰ τὴν ἑκατοστὴν ἑξακοστὴν ἐννάτην Ὀλυμπιάδα γεγονώς, c'est-à-dire 104 avant J.-Chr.

(3) Strabon emploie, pour les désigner, les locutions de αἱ μέγισται — αἱ μέσαι — αἱ ἄλλαι.

(4) Nous possédons des monnaies fédérales des cinq premières villes ; mais on n'en a encore trouvé aucune de *Pinara*.

(5)* [Sur *Antiphellus*, voy. M. Ett. de Ruggiero, *Dizionar. epigr.*, fascic. 16, Roma, 1889, p. 495, col. 2.]

les villes suivantes sont moins certaines : 18. *Apollonia*[ruines de Serai-djik]; 19. *Araxa;* 20. *Telmissus* [Makri]. Il nous manque donc au moins trois villes pour l'époque d'Artémidore. Pour l'époque postérieure, cette lacune peut cependant être également comblée, puisque *Bubon* [ruines près d'Ebedjik] (1), *Balbura*[Katara] (2), et *Phaselis* [Tekirova] (3), vinrent, les deux premières à partir de l'an 84 avant J.-C., la troisième à une date impossible à préciser, se rattacher à la Confédération. Ces localités réunissaient tous les ans leurs députés (σύνεδροι) en une assemblée régionale (συνέδριον κοινόν), tenue dans celle d'entre elles que le sort avait désignée. L'assemblée élisait d'abord le Lyciarque, puis les autres fonctionnaires de la Confédération (4), constituait un tribunal fédéral, décidait la paix et la guerre, votait les impôts. Cette organisation fédérale se maintint sous la domination romaine; seulement, la Confédération perdit sa compétence en matière de politique extérieure, et, sans doute, en matière d'impôts. Ainsi, nous trouvons encore, sous l'administration provinciale, le κοινὸν Λυκίων (5), le Λυκιάρχης (6), les députés (σύνεδροι), et,

---

(1) On a une monnaie fédérale de *Bubon*; mais ce n'est que par Murena que fut détruite, en 84 avant J.-Chr., la *tetrapolis* de *Cibyra*, de *Bubon*, de *Balbura* et d'*Oenanda*, qui forma jusqu'alors une dynastie particulière, et que *Bubon* et *Balbura* furent réunies à la Lycie (Strabo, XIII, p. 631). Par suite, ce n'est que depuis 84 que *Bubon* put devenir une ville confédérée.

(2) Il n'existe pas de monnaies fédérales de *Balbura*; mais son affiliation à la Confédération nous est attestée par plusieurs inscriptions. (Voy. Henzen, *Annali*, 1852, pp. 178 et suiv. ; — Waddington, [t. III], n°s 1221 et suiv.)

(3) Indépendamment de ses monnaies particulières, *Phaselis* a également frappé des monnaies fédérales; il s'ensuit que cette ville a appartenu à une époque quelconque à la Confédération. — [Comp., sur les villes dont l'indication précède, M. Kubitschek. *op. et loc. sup. citt.*]

(4) Parmi eux figure, au temps où la Lycie jouissait de la liberté, l'amiral, ναύαρχος, que mentionnent les inscriptions recueillies par M. Waddington, [t. III], sous les n°s 1251. 1252.

(5) Il en est fait mention dans les inscriptions de *Xanthus* (Waddington, [t. III], n° 1256), de *Tlos* (Ibid., n° 1245), de *Patara* (Ibid., n° 1266), d'*Oenoanda* (Ibid., n° 1233), de *Balbura* (Ibid. n°s 1221. 1224), de *Phaselis* (C. I. Gr., n° 4332).

(6) Inscriptions de *Xanthus* (C. I. Gr., n° 4274; *Addenda*, f° 1124 = Waddington, [t. III], n° 1257; — de *Bubon* (Waddington, [t. III], n° 1219); — de *Balbura* (Ibid., n° 1224); — de *Telmessus* (C. I. Gr., n° 4198). — [Comp. *supra*, p. 256, note 5.]

comme fonctionnaires permanents du κοινὸν, les βουλευταί, les κοινοὶ ἄρχοντες ou ἐθνικοὶ ἄρχοντες (1), en particulier un ἀρχιφύλαξ (2), plusieurs ὑποφύλακες (3), un γραμματεύς (4), et les prêtres lyciens (5). La Pamphylie, elle aussi, avait sa communauté de fêtes, θέμις Παμφυλιακή (6), sous un Παμφυλιάρχης (7). La province n'a pas de chef-lieu unique, mais la Lycie seule a trois métropoles, *Tlos* (8), *Xanthus* (9) et *Patara* (10), tandis qu'en Pamphylie, la première ville est *Side* [ruines d'Eski-Adalia] (11), la seconde, *Perge* [Murtana], et *Aspendus* [ruines de Balkîz], la troisième (12). Toutefois, la réunion des deux pays sous un gouverneur dura tout au moins jusqu'à 313 après J.-C. (13);

Assemblée de Pamphylie.

---

(1) Inscription de *Balbura* (Waddington, [t. III], n° 1221) : δόν[τ]α δὲ καὶ τοῖς συνέ[δροις κα]ὶ Λυκίων ἀρχοστάταις [καὶ βο]υλε[υ]ταῖς καὶ κοινοῖς ἄρχου[σιν δι]ανομῆς ἀνὰ ⨯β.. On ignore ce qu'étaient les ἀρχοστάται ; quant aux κοινοὶ ἄρχοντες, ils portent à plusieurs reprises dans la même inscription le nom d'ἐθνικοὶ ἄρχοντες.
(2) Waddington, [t. III], n° 1224.
(3) *C. I. Gr.*, n° 4332 ; — Waddington, [t. III], n° 1224.
(4) Waddington, [t. III], n° 1266. — La lecture de ce document n'est pas certaine ; Henzen complète par ταμίας.
(5) On trouve mention d'une ἀρχιέρεια Λυκίας (Waddington, [t. III], n° 1297); d'un ἀρχιερασάμενος τῆς Λυκίας, c'est-à-dire d'un personnage ayant été ἀρχιερεύς (Inscription romaine dans Secchi, *op. sup. cit.*, p. 13 = *Bullett. dell' Inst.*, 1843, p. 138). — [Sur l'*archiereus*, voy. M. E. Caillemer, dans le *Dict. des Antiq. grecq. et rom.*, de MM. Ch. Daremberg et Edm. Saglio, 3° fasc., Paris, 1874, *h. v.*, t. I, p. 374, coll. 1 et suiv.]
(6) *C. I. Gr.*, n°ˢ 4352. 4354. 4355. — Voy. Eckhel, [*Doct. Num.*], t. III, p. 9, qui, cependant, n'a pas compris l'expression; — Mionnet, t. III. p. 449.
(7) Waddington, [t. III], n° 1224.
(8) *C. I. Gr.*, n° 4240°; — Waddington, [t. III], n° 1266.
(9) *C. I. Gr.*, n° 4276, et *Addenda*, f° 1125 = Waddington, [t. III], n° 1255 ; — *C. I. Gr.*, n°ˢ 4273. 4274 = Waddington, [t. III], n°ˢ 1257. 1258.
(10) *C. I. Gr.*, n°ˢ 4280. 4281. 4283.
(11) Voy. Eckhel, t. III, p. 17. — Je ne trouve le titre de *Metropolis* que dans une inscription très tardive (*C. I. Gr.*, n° 4361). *Side* fut fondée par des Éoliens de *Kyme*; mais, à l'époque d'Alexandre-le-Grand, ses habitants ne parlaient plus grec et elle avait une population sémitique (Voy., sur elle, M. Benndorf, *Festschrift zur fünfzigjährigen Gründungsfeier des archaelogischen Instituts in Rom*, Wien, 1879, in-4, pp. 27 et suiv.)
(12) Philostratus, *Vit. Apollon.*, I, 15 : ἀφίκετο μὲν γὰρ ἐς Ἄσπενδον τὴν Παμφύλων· — πρὸς Εὐρυμέδοντι δὲ οἰκεῖται ποταμῷ ἡ πόλις αὕτη, τρίτη τῶν ἐκεῖ.
(13) La Constitution 2, [*De censu sive adscriptione*], au C.Th., XIII, 10, datée de l'an 313, est adressée *ad Eusebium V. C. praesidem Lyciae et Pamphyliae*. Dans la *Liste de Vérone* de 297, on ne trouve citée que la *Pamphylia*, et non la *Lycia*, et M. Mommsen estime que ce dernier nom n'a été omis que

Séparation des deux parties de la province. mais, peu après (1), elle disparut, et la *Lycia* fut placée sous un *praeses*, la *Pamphylia* sous un *consularis* (2).

---

par erreur. Je tiens, quant à moi, pour plus vraisemblable que la province combinée, qui existait encore à cette époque, est désignée sous la dénomination unique de *Pamphylia*.

(1) L'année ne peut être établie. Dans les *subscriptiones* du Concile de Nicée (325 après J.-Chr.), qui sont classées par provinces (voy. Mansi, t. II, p. 695), la *Pamphylia* et la *Lycia* sont déjà mentionnées isolément. Dans la *Descriptio totius orbis* (dans Müller, *Geogr. min.*, t. II, p. 522), rédigée vers l'an 350 de notre ère, on voit nommées une *regio Pamphylia* et une *regio Lycia* ; de là, cependant, on n'est point autorisé à conclure avec certitude à l'existence de deux provinces ; le premier, Polémius Silvius, ([*Laterc.*], pp. 254. 255), mentionne expressément les deux provinces vers l'année 385.

(2) *Notit. Dignit. Or.*, t. I, pp. 6. 7. — Dans Hierocles, (pp. 679. 682), les deux provinces sont consulaires.

XXXIII. CILICIA (1).

La nature a divisé la Cilicie en deux parties, que sépare la ville de *Soloi* [ruines de Mezetlü]; à l'Ouest de cette ville, s'étend la *Cilicia aspera* (τραχεῖα, Τραχειῶτις); à l'Est, jusqu'à la frontière syrienne, la *Cilicia campestris* (Πεδιάς). C'est avec la première seulement que les Romains furent tout d'abord mis en contact par la guerre qu'ils firent aux pirates. Ainsi le préteur M. Antonius (2), qui entreprit, en l'an 651 = 103, comme

---

(1) Voy. R. Preuss, *De Cilicia Romanorum provincia*, Regimonti Pr., 1859, in-8; — Caspar Hartung, *De proconsulatu Ciceronis Ciliciensi*, Wirceburgi, 1868, in-8; — Fr. Junge, *De Ciliciae Romanorum provinciae origine ac primordiis*, Halae, 1869 in-8; — G. D'Hugues, *Une province Romaine sous la république. Étude sur le proconsulat de Cicéron en Cilicie*, Paris, 1876, [in-12]. — Les inscriptions rapportées dans V. Langlois, *Inscriptions Grecques, Romaines, Byzantines et Arméniennes de la Cilicie*, Paris, 1854, in-4, peuvent être, en tant qu'elles ont trait à notre sujet, trouvées également dans Waddington, que je cite seul. — [*Adde* : M. Victor Langlois, *Voyage dans la Cilicie*, Paris, 1861; — *C. I. L.*, t. III, *Suppl.*, fascic. I, Berol., 1889, f° 1230; — MM. Th. Mommsen, *Röm. Gesch.*, t. V, 3ᵈᵉ Aufl., Berlin, 1886, *loc. cit.*, p. 234, note 1, 2°, *supra*; — W. Liebenam : *Beiträge*, I, Iena, 1886, p. 24, et *Tab.* n° 12, p. 38; *Forschungen*, I Bd., Leipzig, 1888, pp. 129—132; — Henri Kiepert, *Manuel de géogr. anc.*, trad. franç. par M. Émile Ernault, Paris, 1887, pp. 57. 77 et suiv.; — Jos. W. Kubitschek, *Imp. Rom. trib. discr.*, Prag., Vindob., Lips., 1889, p. 256.]

(2) Tit. Liv., *Epit.*, LXVIII; — Iul. Obsequens, XLIV (CIV). — Voy. Drumann, [*Gesch. Roms*], t. I, p. 61.

proconsul (1), la guerre contre les pirates ciliciens, ne s'empara pas, il est vrai, de la *Cilicia aspera*, où ils avaient leurs places fortes, mais du moins occupa-t-il les districts voisins, afin de donner un point d'appui aux guerres à venir sur terre et sur mer contre les Ciliciens. A partir de cette époque, il est question d'une province de Cilicie, ce que l'on peut entendre de deux manières. Ou bien il faut, étant donné qu'alors aucune partie de la Cilicie proprement dite n'était aux mains des Romains, prendre *provincia* dans le sens d'un commandement militaire, ayant pour objet la conquête d'une région non encore occupée (2); ou bien on doit admettre que les pays provisoirement occupés, en dehors de vues proprement belliqueuses, reçurent, dès le début, le nom que la province à venir devait porter. On peut tirer argument, à l'appui de ce dernier point de vue (3), suivant lequel un territoire donné aurait été, depuis 652 = 102, soumis, sous le nom de province de Cilicie, à l'administration romaine, de ce que l'on connaît toute une série de gouverneurs ayant été placés à sa tête. Le commandement y fut exercé, en 92, par Sulla (4); de 89 à 88, par Q. Oppius, que Mithridate fit prisonnier à *Laodicea*. Ce dernier porte le titre de στρατηγός (5), de στρατηγὸς Παμφυλίας (6), de *legatus* (7); Tite-Live l'appelle même *proconsul* (8), et si, comme il semble, ce titre est le titre officiel, il n'a pu, étant donné qu'à la même

Province, en 102 avant J.-C.

---

(1) Cic., *De orat.*, I, 18, 82.
(2) Telle est l'opinion de Norisius, (*Cenotaph. Pisan.*, II, 11, dans ses *Opp.*, t. III, fº 341), qui traite en détail de l'établissement de la province. — Il sera ci-dessous question de la notion de la *provincia*.
(3) Il était déjà proposé par Sigonius, (*De antiquo iure populi Rom.*, Lipsiae et Halae, 1715, in-8, Vol. II, p. 88), et il a de nouveau été justifié avec soin par M. Mommsen, (*Röm. Gesch.*, t. II, [7ⁿᵗᵉ Aufl.], p. 133 [note = dans la trad. franç. de M. Alexandre, t. V, p. 90, note 1]). — Voy. M. Junge, *op. sup. cit.*, pp. 9 et suiv.
(4) Aurel. Victor, *De vir. ill.*, LXXV : *Praetor Ciliciam provinciam habuit*. Dans Appien, il porte le nom de Κιλικίας ἄρχων (*Mithr.*, LVII), Κιλικίας ἡγούμενος (*Bell. civ.*, I, 77).
(5) Appian., *Mithr.*, XVII. XX.
(6) Athenaeus, V, p. 213a.
(7) Granius Licinianus, p. 35, éd. Bonn.
(8) Tit. Liv , *Epit.*, LXXVIII.

époque L. Cassius était *proconsul* en Asie (1), avoir été que *proconsul Ciliciae* (2). Quoique la province lui eût été enlevée par Mithridate, elle fut réorganisée, après la conclusion de la paix en 670 = 84, probablement par Murena, que Sulla avait laissé en Asie, pour y prendre les mesures nécessaires (3). A partir de cette époque, la province fut administrée successivement par Cn. Cornelius Dolabella (80 — 79) (4); par P. Servilius Vatia Isauricus (78 — 74) (5); par L. Octavius (*cos.* 75), en 74 (6); par Lucullus (74 — 67) (7); par Marcius Rex (67 — 66) (8). Mais, tandis que l'on peut ainsi déterminer la succession des gouverneurs, de l'an 103 jusqu'au temps de Pompée, il est, au contraire, beaucoup plus difficile de mesurer, pour cette même période, l'étendue de la province. Il a déjà été remarqué ci-dessus, (pp. 237 et suiv.), que, lors de la constitution de la province d'Asie en 129, la *Pamphylia*, la *Phrygia maior* et la *Pisidia* en furent exclues. L'érection de ces pays en provinces par Antoine, en 102, peut se déduire avec vraisemblance de ce que, dès l'an 88, la Pamphylie (9), aussi bien que la grande

(1) Appian., *Mithr.*, XI. XVII. XXIV.
(2) Il était, par conséquent, *propraetor* avec le titre de *proconsul*. En cette qualité, il avait des licteurs, dont Appien, (*Mithr.*, XX), fait mention.
(3) Appian., *Mithr.*, LXIV. — Voy. Drumann, *op. cit.*, t. II, p. 455 ; t. IV, p. 184. Relativement à ces mesures, nous avons un témoignage certain dans Strabon, (XIII, p. 631), d'après lequel la *tetrapolis* de *Cibyra*, une principauté, composée des villes de *Cibyra*, de *Bubon*, de *Balbura* et d'*Oenoanda*, fut dissoute par Murena [voy. p. 308, note 1, *supra*], et la moitié de cette *tetrapolis*, savoir *Bubon* et *Balbura*, fut incorporée au pays lycien, fait dont les monnaies de ces villes permettent de reconnaître l'exactitude. (Voy. Waddington, dans la *Revue numismatique*, 1853, p. 92.)
(4) Cic., *Accus. in Verr.*, I, 16, 44 : *Posteaquam Cn. Dollabellae provincia Cilicia constituta est.* Cf. I, 29, 73. — Sur l'époque, voy. Drumann, *op. cit.*, t. II, pp. 563 et suiv.
(5) Il fut *cos.* en 79, se rendit en 78 dans la province et y dirigea la guerre pendant trois années (Eutrop., VI, 3; — Oros., V, 23), pendant cinq ans d'après Cicéron, (*Accus. in Verr.*, III, 91, 211), c'est-à-dire de 78 à 74.
(6) Il mourut en Cilicie en l'an 74 (Plutarch., *Lucull.*, VI).
(7) Lorsqu'éclata la seconde guerre contre Mithridate, il reçut la Cilicie (Plutarch., *Lucull.*, VI), mais en même temps, ainsi que cela ressort de l'histoire de la guerre, l'Asie comme province. (Voy. MM. Mommsen, *Röm. Gesch.*, t. III, [7nte Aufl.], p. 56 [= dans la trad. franç. de M. Alexandre, t. VI, p. 189] ; — Junge, *op. cit.*, p. 38)
(8) Dio Cass., XXXV, 15. 17 ; — Sallust., *Hist.*, V, fr. 11, éd. Dietsch.
(9) Voy. p. 312, note 6, *supra*.

Phrygie, c'est-à-dire ce qui forma plus tard les ressorts judiciaires de *Synnada* et d'*Apamea* (1), figurent comme pays provinciaux (2), et de ce que la circonscription administrative de Dolabella (80 — 79), que Cicéron appelle tantôt *Cilicia* (3), tantôt *Pamphylia* (4), comprenait la grande Phrygie, la Pisidie, la région de *Milyas*, située au Nord de la Lycie, et la Pamphylie (5). De même, le plus heureux des proconsuls ciliciens, P. Servilius Vatia, dont quelques-unes de nos sources font le véritable fondateur de la province de Cilicie (6), s'empara d'abord d'*Olympus* et de *Phaselis* en Lycie, d'*Oroanda* [ruines d'Arwân] en Pisidie, d'*Attalea* [Adalia] en Pamphylie, et rattacha à l'*ager publicus* les territoires de ces villes (7); puis, seulement alors, il franchit le *Taurus*, et conquit *Isaura* [ruines près d'Ulubunâr] et son territoire, ce qui lui valut le sur-

---

(1) Plin., *Nat. hist.*, V, 105. 106.
(2) Tit. Liv., *Epit.*, LXXVII : *Mithridates Ponti rex Bithynia et Cappadocia occupatis et pulso Aquilio legato Phrygiam, provinciam populi Romani, cum ingenti exercitu intravit.*
(3) Cic., *Accus in Verr.*, I, 16, 44.
(4) Verres, questeur de Dolabella, est appelé *vexator Pamphyliae* (Cic., *Accus. in Verr.*, I, 2. Cf. IV, 11 : *Cuius legatio exitium fuit Asiae totius et Pamphyliae, quibus in provinciis multas domos — — depopulatus est. — Act.* II, 1, 37, 93). Ce fut notamment à *Aspendus* et à *Perge* qu'il commit des exactions (*Act.* II, 1, 20, 53. 54). Une seule fois (*Divin. in Caec.*, II, 6), Cicéron mentionne comme théâtre de ses exactions la *Cilicia* à côté de la *Pamphylia*, sans que nous possédions, à cet égard, aucun renseignement spécial.
(5) Cic., *Accus. in Verr.*, I, 38, 95 : *Pro quaestore vero quomodo iste* (*Verres*) *commune Milyadum vexarit, quomodo Lyciam, Pamphyliam, Pisidiam Phrygiamque totam — afflixerit, non est necesse demonstrare verbis.* La Lycie n'est sans doute mentionnée ici que parce que la région de *Milyas* y est comprise. Elle n'appartenait certainement pas à la province.
(6) Velleius Paterc., II, 39, 2 : *Ciliciam perdomuit Isauricus*; — Eutrop., VI, 3 : *Is Ciliciam subegit*; — Ammian., XIV, 8, 4 : *Hae duae provinciae* (*Isauria et Cilicia*) — — *a Servilio proconsule missae sub iugum factae sunt vectigales.* A l'encontre de ces passages, Appien, (*Mithr.*, XCIII), dit : Μουρήνας τε ἐγχειρήσας αὐτοῖς (τοῖς Κίλιξι) οὐδὲν ἐξείργαστο μέγα, ἀλλ' οὐδὲ Σερουίλιος Ἰσαυρικὸς ἐπὶ τῷ Μουρήνᾳ. Que cette assertion soit bien l'expression de la vérité, c'est ce qu'atteste la continuation des exactions.
(7) Cic., *De lege agr.*, I, 2, 5 ; II, 19, 50 ; *Accus. in Verr.*, I, 21, 56 ; — Strabo, XIV, p. 671. — *Corycus*, qui se trouve en outre citée (Eutrop., VI, 3), n'est vraisemblablement pas la ville connue de Cilicie [Korgos], où Servilius peut à peine s'être montré, mais une localité de la Lycie. (Voy. M. Junge, *op. cit.*, pp. 32 et suiv.)

nom d'*Isauricus* (1). Dans cette expédition, il occupa d'abord une partie de la *Cilicia aspera*, qui, depuis lors, demeura en la possession des Romains (2). En l'an 67, c'est-à-dire pendant l'administration de Q. Marcius Rex (3), la *lex Gabinia* conféra à Pompée le commandement contre les pirates ; il les poursuivit, après la victoire navale de *Coracesium* [Alâya], jusque dans leurs places fortes, et, finalement, les transplanta dans l'intérieur des terres (4) ; l'année suivante, il reçut lui-même le proconsulat de Cilicie et Bithynie (5), pour terminer de là la guerre contre Mithridate. Par la paix conclue en l'an 66, la *Cilicia campestris*, possédée par Tigranes depuis 83 (6), tomba également ensuite aux mains des Romains, et, deux ans plus tard (64), la province put recevoir son organisation définitive (7).

<small>Organisation en 64.</small>

---

(1) Tit. Liv., *Epit.*, XCIII ; — Florus, III, 6 ; — Eutrop., VI, 3.

(2) C'est ce qui ressort de ce fait que Mithridate fit prendre, en l'année 73 : Πισίδας τε καὶ Ἰσαύρους καὶ Κιλικίαν (Appian., *Mithr.*, LXXV). Comme la *Cilicia campestris* appartenait alors à Tigranes, et que, d'autre part, les pirates s'étaient rangés du parti de Mithridate, cela ne peut s'entendre que des possessions romaines en Cilicie. De même, Salluste, en écrivant (*Hist.*, V, fr. 11, éd. Dietsch) : *At Lucullus audito Q. Marcium Regem pro consule per Lycaoniam cum tribus legionibus in Ciliciam tendere*, ne permet pas de mettre en doute la direction de la marche sur la *Cilicia aspera*.

(3) La *lex Gabinia* disposait. : *ut — esset ei imperium aequum in omnibus provinciis cum proconsulibus usque ad quinquagesimo miliarium a mari* (Vellei. Paterc., II, 31), prescription qui fut la cause d'un conflit en Crète. (Voy. M. Mommsen, *Röm. Gesch.*, t. III, [7ᵐᵉ Aufl.], p. 122 [= dans la trad. franç. de M. Alexandre, t. VI, p. 265].)

(4) Voy. Drumann, *op. cit.*, t. IV, p. 412. — Cicero, *De imp. Pomp.*, XII, 35 : *Ipse autem, ut Brundisio profectus est, undequinquagesimo die totam ad imperium populi Romani Ciliciam adiunxit* ; — Plutarch., *Pomp.*, XXVIII ; — Dio Cass., XXXVI, 20 ; — Appian., *Mithr.*, XCVI ; — Florus, III, 6.

(5) Dio Cass., XXXVI, 25. — Voy. M. Mommsen, *Röm. Gesch.*, t. III, [7ᵐᵉ Aufl.], p. 116 [= dans la trad. franç. de M. Alexandre, t. VI, p. 259].

(6) Appian., *Syr.*, XLVIII : ἦρχε δὲ ὁμοῦ καὶ Κιλικίας — — ἐπὶ ἔτη τεσσαρεσκαίδεκα. Cf. *Mithr.*, CV. — Les 14 années s'étendent de 83 à 69 avant J.-Chr., jusqu'à sa défaite par Lucullus. Justin, (XL, 1), compte 18 ans, probablement jusqu'à la seconde défaite de Tigranes par Pompée, en 66. (Voy. Clinton, *Fasti Hell.*, t. III, p. 340.) C'est à tort que Norisius estime que Lucullus s'est, dès l'année 69, mis en possession de la *Cilicia campestris* ; il ressort plutôt d'Appien, (*Syr.*, XLIX, L), qu'il abandonna ce pays au roi Antiochus de Syrie, que Pompée fut le premier à en expulser.

(7) L'organisation des provinces de Syrie et de Cilicie eut lieu simultanément en cette année. (Voy. Drumann, *op. cit.*, t. IV, p. 458, et spécialement Appian., *Mithr.*, CV. CVI. CXVIII ; *Syr.*, XLIX. L ; — Tit. Liv., *Epit.*, CI ; — Plutarch., *Pomp.*, XXXIII.)

Dorénavant, elle comprit six parties : la *Cilicia campestris*, la *Cilicia aspera*, la *Pamphylia*, la *Pisidia*, l'*Isauria*, la *Lycaonia*, auxquelles se joignirent, pour un temps, la plus grande partie de la Phrygie, c'est-à-dire les districts de *Laodicea*, d'*Apamea* et de *Synnada* (voy. pp. 238 et suiv., *supra*), et, en l'an 58, comme huitième partie, l'île de *Cyprus*, que les Romains venaient alors d'enlever aux Ptoléméens (1). La province ainsi composée fut administrée par les proconsuls P. Lentulus, en 698—701=56—53 (2), Appius Claudius, en 701—703=53—51 (3), et Cicéron, de la fin de juin 703 à juillet 704=51—50 (4).

Ressorts judiciaires.

Toute la partie du pays, qui ne reconnaissait plus l'autorité de princes indigènes, tributaires des Romains, était distribuée en ressorts judiciaires (*conventus*), correspondant, autant que possible, aux divisions qui viennent d'être indiquées, savoir : 1. la *Cilicia campestris*, ou le district de *Tarsus* [Tersûs] (5), qui, déjà au temps de Cicéron, s'intitule *caput Ciliciae* (6), plus tard *Metropolis* (7), et est la résidence du gouverneur ; 2. *Iconium* [Koniah], pour la Lycaonie (8) ; 3. le *forum Isauricum* (9), vraisemblablement à *Philomelium* [Akscheher] (10) ; 4. le *forum Pamphylium* (11), à *Perge* [Murtana] (?) ;

---

(1) Les lettres de Cicéron nous fournissent, à cet égard, des renseignements certains. Sur la dépendance de la Pamphylie et de l'Isaurie, voy. Cic., *Ad Attic.*, V, 21, 9 ; sur celle de la Lycaonie, *Ad Attic.*, V, 15 ; V, 21, 9 ; *Ad famil.*, III, 5, 4 ; XV, 1, 2 ; XV, 3 ; — sur *Cyprus*, *Ad famil.*, I, 7, 4 ; *Ad Attic.*, VI, 2, 9, et, pour plus de détails, ci-dessous [section XXXIV].

(2) Voy. Drumann, *op. cit.*, t. II, pp. 537. 541. Cicéron dit, (*Ad famil.*, I, 7, 4), que P. Lentulus administrait déjà Chypre avec cette province.

(3) Voy. Borghesi, *Œuvres*, t. II, p. 168.

(4) Voy. Drumann, *op. cit.*, t. II, p. 191. Il avait quatre légats et un questeur. Le dernier fut C. Caelius Caldus (comp., sur lui, Borghesi, *Œuvres*, t. I, p. 323). — Voy. Hartung, *op. sup. cit.*, pp. 27 et suiv.

(5) Cic., *Ad famil.*, III, 6, 4. — Philostr., *Vit. Apollonii*, I, 12 : ἐν Ταρσοῖς δὲ ἄρα ἀγορὰν ἦγεν. — *Acta martyrum*, éd. Ruinart, p. 423. — Sur *Tarsus*, comp. Boecking, *Ad Notit. Dignit. Or.*, p. 311. [Voy. aussi M. Kubitschek, *op. cit.*, p. 256.]

(6) Cic., *Ad famil.*, II, 17, 1 ; *Ad Att.*, V, 20, 3.

(7) Voy. Eckhel, [*Doct. Num.*], t. III, pp. 71. 74. 75. — Dio Chrysost., t. II, p. 8. et p. 36, éd. R.

(8) Cic., *Ad Att.*, V, 20, 1.

(9) Cic., *Ad Att.*, V, 21, 9.

(10) Cic., *Ad famil.*, XV, 4, 2.

(11) Cic., *Ad Att.*, V, 21, 9,

5. le *forum Cibyraticum*, auquel ressortirent plus tard 25 villes, un des diocèses les plus considérables (1), à *Laodicea ad Lycum* [ruines d'Eski Hissâr, près de Denizli] (2), sur la frontière de Carie ; 6. le *forum d'Apamea* [Dinêr] (3), comprenant plus tard 15 villes (4) ; 7. le *forum* de *Synnada* [Tschifût-Kassaba], avec 21 villes (5) ; 8. *Cyprus* [Chypre] (6). Les changements importants apportés, aussitôt après l'administration de Cicéron, à l'étendue de la province (voy. pp. 238 et suiv., *supra*), semblent avoir été reconnus par César, qui la constitua à nouveau, dans son expédition contre Pharnaces, en l'an 47 (7), et les diocèses de *Cibyra*, d'*Apamea*, de *Synnada* et de *Philomelium*, qui appartenaient déjà antérieurement à l'Asie, paraissent avoir été derechef alors attribués d'une manière définitive à cette province, à laquelle ils demeurèrent attachés ; Antoine disposa complètement, en l'an 36, du reste de la Cilicie, en donnant *Cyprus* (8) et la *Cilicia aspera* (9) à Cléopâtre, la *Cilicia campestris* à son fils Ptolemaeus (10), la Pamphy-

Constitution de César.

(1) Plin., *Nat. hist.*, V, 105 ; — Strabo, XIII, p. 631.
(2) Cic., *Ad Att.*, V, 21, 9 ; *Ad famil.*, III, 8, 5 ; XV, 4, 2 ; XIII, 67, 1.
(3) Cic., *Ad famil.*, XIII, 67, 1, et en beaucoup d'autres passages.
(4) Plin., *Nat. hist.*, V, 106.
(5) Cic. et Plin., *locc. sup. citt.*
(6) Cic., *Ad Att.*, V, 21, 6.
(7) Hirtius, *Bell. Alex.*, LXVI : *Ipse eadem classe, qua venerat, proficiscitur in Ciliciam ; cuius provinciae civitates omnes evocat Tarsum, quod oppidum fere totius Ciliciae nobilissimum fortissimumque est. Ibi, rebus omnibus provinciae et finitimarum civitatum constitutis — non diutius moratur.* C'est de cette année que date l'ère de la ville d'*Aegae* [Ayás]. (Voy. Eckhel, t. III, p. 39). — [N. B. : Il convient de ne pas confondre la ville dont il est ici question avec celle d'*Aegae*, en Éolide, aujourd'hui Nimroud-Kalessi. (Voy. *Bull. de corresp. hellén.*, 1881, pp. 131. 511 ; — *Revue archéol.*, 1886, I, p. 161, et 1889, II, p. 127, n° 2. — Voy., sur cette dernière ville, E. Mtt. de Ruggiero, *Dizionar. epigr.*, fascic. 9, Roma, 1888, pp. 274, col. 2, *sub fin.*, et suiv., et, sur ses antiquités, MM. Richard Bohn et C. Schuchhardt, *Altertümer von Aegae. Unter Mitwirkung von Carl Schuchhardt, herausgegeben von* Richard Bohn. *Mit 75 Abbildungen*, Berlin, 1889, [second *Ergänzungsheft* du *Iahrbuch des Instituts*, fascic. de 68 pp., avec 9 photogravures ; *ibiq. Literärisches Centralblatt*, 1890, n° 29].) — Voy. M. Salomon Reinach, *Chronique d'Orient*, (n° XXII), dans la *Revue archéol.*, 3° série, t. XV, mars-avril 1890, pp. 290 *in fine* et 291. — P. L.-L.]
(8) Strabo, XIV, p. 685 ; — Plutarch., *Anton.*, LIV.
(9) Strabo, XIV, p. 671.
(10) Plutarch., *Ant.*, LIV.

lie, l'Isaurie et la Lycaonie, en grande partie, à Amyntas de Galatie (1). A la vérité, ces dispositions ne survécurent pas à la mort d'Antoine (2); mais Auguste ne rendit pas à la province son étendue ancienne. En effet, Amyntas conserva les pays qu'il avait acquis, et, lorsque, après sa mort, en l'an 25 avant J.-C., la Galatie fut érigée en province, la Lycaonie (3) et l'Isaurie lui demeurèrent attachées, tandis que la Pamphylie ne lui fut pas réunie ; Auguste avait également laissé à Amyntas la *Cilicia aspera*, et il la concéda, en l'an 25 avant J.-C., à un autre prince étranger, Archelaus de Cappadoce (4). La résidence de ce dernier fut l'île d'*Elaiussa* [Ayasch], à l'embouchure du *Lamos*, à laquelle il donna le nom de *Sebaste*, en l'honneur d'Auguste (5), et, même après sa mort, survenue en l'an 17 après J.-C., lorsque la Cappadoce devint province, sa famille semble être demeurée en possession de la *Cilicia trachea* (6), jusqu'à ce que Caligula l'eut attribuée, avec quelques autres terres, à Antiochus IV de Commagène (7).

---

(1) Dio Cass., XLIX, 32 ; — Strabo, XII, pp. 568. 569. 571.

(2) Strabo, XIV, p. 685.

(3) Pendant quelque temps, la Lycaonie appartint à Antiochus IV de Commagène, ainsi que nous le verrons ci-dessous. Comp., du reste, la section relative à la Galatie. [Voy., ci-dessus, XXX, pp. 276 et suiv.]

(4) Strabo, XIV, p. 671 ; — Dio Cass., LIV, 9.

(5) Strabo, *ubi supra* ; — Joseph., *Ant.*, XVI, 4, 6 : Ἡρώδης δὲ πλέων σὺν τοῖς παισὶν ὡς ἐγένετο κατὰ Κιλικίαν ἐν Ἐλεούσῃ, τῇ μετωνομασμένῃ νῦν Σεβαστῇ, καταλαμβάνει τὸν βασιλέα τῆς Καππαδοκίας Ἀρχέλαον, ὃς αὐτὸν ἐκδέχεται φιλοφρόνως. Cf. XVI, 10, 7. — Steph. Byz., Vol. I, p. 558, éd. Meineke : λέγεται καὶ ἡ πρὸς τῇ Κωρύκῳ χερρόνησος οὕτως, c'est-à-dire Σεβαστή, et, sur ce passage, Norisius, *De epochis Syromacedonum diss.* II, dans ses *Opp.*, t. II, fᵒˡ 142 et suiv.

(6) Tacit., *Ann.*, VI, 41 : *Per idem tempus* (36 après J.-Chr.) *Clitarum natio, Cappadoci Archelao subiecta — in iuga Tauri montis abscessit.* Les *Clitae* habitaient près d'*Anemurium* [Anamùr], à l'extrémité méridionale de la *Cilicia Trachea*. Quant à Archelaus, ce ne peut pas être le roi connu de Cappadoce, puisque ce dernier était, à cette époque, mort depuis dix-neuf ans déjà. Comp. Huschke, *Ueber den zur Zeit Christi gehaltenen Census*, pp. 102 et suiv.

(7) Τὰ παραθαλάσσια τῆς Κιλικίας (Dio Cas., LIX, 8). Ses monnaies nous apprennent qu'il possédait : 1. la ville de *Sebaste* et la *Cilicia Trachea*, qui en dépendait (comp. Tacit., *Ann.*, XII, 55, qui nomme la ville d'*Anemurium* comme dépendant d'Antiochus) ; — 2. les villes d'*Alexandria* [Iskanderûn ; *vulgo* Alexandrette] et vraisemblablement aussi d'*Epiphania* [ruines près d'Erzün], sur le golfe d'*Issus* ; — 3. la partie Nord-Est de la Cilicie, *Lacanatis* ; 4. la Lycaonie. — Voy. Eckhel, [*Doct. Num.*], t. III, pp. 55. 56. 81. 255. 256. 258.

Ce n'est qu'en l'an 74 après J.-C. que la *Cilicia trachea* fut réunie par Vespasien à la province (1); mais, même alors, l'île de *Sebaste* demeura à Iotape, fille d'Antiochus IV de Commagène, et à Alexandre, son mari (2). Plus tard, *Sebaste* devint *civitas libera* (3).

Auguste conserva encore en Cilicie deux autres dynasties, partant de cette idée que des régions montagneuses et non civilisées auraient réclamé la présence continuelle du gouverneur et d'une garnison, et seraient provisoirement mieux administrées par un chef indigène que par un *legatus* résidant au loin (4). Ces dynasties furent :

1. La dynastie d'*Olbe*, au Nord de *Soloi* [ruines de Mezetlü], Dynastie d'*Olbe*. dans le *Taurus*, ancienne théocratie, à laquelle avait été soumise autrefois toute la *Cilicia aspera*, et qui remontait à Aias, fils de Teucros (5), d'où le nom d'Aias et de Teucros, porté par un grand nombre de princes de cette dynastie (5). En l'an 711=43, le pouvoir fut usurpé par Aba, fille du tyran Zenophanes, avec l'assentiment d'Antoine et de Cléopâtre ; après sa déposition (6), en l'an 715=39, il fit retour à la famille légitime des Teucrides, et tout d'abord à Polémon, qui prit le nom de M. Antonius Polemo, en l'honneur du triumvir Antoine,

---

(1) C'est à ce fait qu'il convient de rattacher le passage suivant de Suétone, (*Vesp.*, VIII) : *Item trachiam Ciliciam et Commagenen, ditionis regiae usque ad id tempus, in provinciarum formam redegit.* — Sur la lecture exacte de ce passage, comp. p. 198, note 7, *supra*.

(2) Joseph., *Ant.*, XVIII, 5, 4 : γαμεῖ δὲ οὗτος (Alexandre, fils du roi Tigranes d'Arménie) Ἀντιόχου τοῦ Κομμαγηνῶν βασιλέως θυγατέρα Ἰωτάπην· νησιάδος τε τῆς ἐν Κιλικίᾳ Οὐεσπασιανὸς αὐτὸν ἵσταται βασιλέα. — Sur cet Alexandre, comp. M. Mommsen, dans *Hermes*, t. IV, p. 191.

(3) Elle est ainsi désignée sur les monnaies frappées depuis Commode. (Voy. Eckhel, [*Doct. Num.*], t. III, p. 82.)

(4) Strabon, (XIV, p. 671), dit, au sujet de la *Cilicia trachea* : εὐφυοῦς γὰρ ὄντος τοῦ τόπου πρὸς τὰ λῃστήρια καὶ κατὰ γῆν καὶ κατὰ θάλατταν — — — ἐδόκει πρὸς ἅπαν τὸ τοιοῦτο βασιλεύεσθαι μᾶλλον τοὺς τόπους ἢ ὑπὸ τοῖς Ῥωμαίοις ἡγεμόσιν εἶναι τοῖς ἐπὶ τὰς κρίσεις πεμπομένοις, οἳ μήτ' ἀεὶ παρεῖναι ἔμελλον μήτε μεθ' ὅπλων.

(5) Strabo, XIV, p. 672. — En dehors de ce passage, qui est le principal, et de deux autres mentions accidentelles, cette dynastie nous est connue par ses monnaies, dont M. Waddington traite excellemment dans la *Revue numismatique*, (1866, pp. 429-438). J'ai mis à profit les résultats de cette étude.

(6) Strabo, *ubi supra*, et, sur l'époque, M. Waddington, *loc. sup. cit.*, p. 432.

porta sur les monnaies le titre de δυνάστης Ὀλβέων τῆς ἱερᾶς καὶ Κεννάτων καὶ Λαλασσέων, posséda en même temps *Iconium* (1) et le territoire limitrophe, et régna de l'an 39 à l'an 29 avant J.-C. tout au moins (2). Parmi ses successeurs, nous connaissons Aias, fils de Teucros, qui parvint au trône dans les dernières années d'Auguste, régna cinq ans au moins, vers l'an 11—15 après J.-C., et s'intitule sur ses monnaies ἀρχιερεὺς τοπάρχης Κεννάτων Λαλασσέων; enfin, une tradition assez certaine veut que l'empereur Claude ait enlevé, en l'an 41 après J.-C., le royaume du *Bosporus* au roi Polemo II de *Pontus* et lui ait attribué en échange la souveraineté d'*Olbe* (3).

Dynastie de Tarcondimotus.

2. Une deuxième dynastie était établie dans les montagnes d'*Amanus*, qui bornent la Cilicie à l'Est. Là régnait, depuis Pompée, le roi Tarcondimotus I (4), dont Cicéron fait mention en l'an 51 avant J.-C. (5). Après la bataille de Pharsale, dans laquelle il était venu au secours de Pompée, il fut pardonné par César (6); contraint à prendre de nouveau part à la guerre par Cassius, en l'an 42 (7), il périt enfin dans la bataille d'*Actium*, combattant aux côtés d'Antoine (8). Bien que ses deux fils, Philopator et Tarcondimotus II, eussent déserté la cause d'Antoine (9), l'aîné perdit sa couronne (10), et elle ne fut restituée qu'en l'an 20 avant J.-C. au plus jeune (11). Son succes-

---

(1) Strabo, XII, p. 568.
(2) Appien, (*Bell. civ.*, V, 75), indique l'année 715=39. La 10ᵉ et la 11ᵉ année de son règne sont mentionnées sur ses monnaies.
(3) Dio Cass., LX, 8 : τῷ Πολέμωνι χώραν τινὰ ἀντ' αὐτοῦ (à la place du *Bosporus*) τῆς Κιλικίας ἀντέδωκε. Il est tout au moins très vraisemblable qu'il est fait allusion par là à la souveraineté d'*Olbe*, et M. Waddington, (*loc. sup. cit.*, p. 436), rapporte à ce Polemo une monnaie, sur laquelle on lit : Πολέμωνος βασιλέως. ℞. (Ὀλβέ)ων Λαλασέων καὶ Κεννάτων.
(4) Strabo, XIV, p. 676. Sur les monnaies, il porte le titre de βασιλεύς. (Voy. Eckhel, [*Doct. Num.*], t. III, p. 82.)
(5) Cic., *Ad famil.*, XV, 1 : *Mihi litterae redditae sunt a Tarcondimoto, qui fidelissimus socius trans Taurum amicissimusque populi Romani existimatur*.
(6) Dio Cass., XLI, 63.
(7) Dio Cass., XLVII, 26.
(8) Dio Cass., L, 14; — Plutarch., *Ant.*, LXI.
(9) Dio Cass., LI, 7.
(10) Dio Cass., LI, 2.
(11) Dio Cass., LIV, 9.

seur, peut-être son fils, Philopator II, mourut en l'an 17 après J.-C. (1). Sous Caligula, cette souveraineté semble avoir encore passé à Antiochus IV de Commagène, et avoir été plus tard, sous Vespasien, érigée en province avec ses autres pays (2).

La province de Cilicie n'avait donc, après la dernière guerre civile, qu'une surface limitée ; elle comprenait la *Cilicia campestris* et probablement *Cyprus* (3) ; mais, après que *Cyprus* eut été cédé au Sénat en l'an 22 avant J.-C., on peut se demander si la Cilicie a, d'une manière générale, reçu une administration propre. A la vérité, il est deux fois question d'un gouverneur de la province, dans les premières années de Tibère (4) et sous Néron (5) ; seulement, l'un doit être regardé comme n'étant peut-être qu'un *procurator;* dans tous les cas, il n'est certainement pas un *legatus* impérial (6) ; et, quant au second, il est complètement isolé (7), tandis que plusieurs faits

La Cilicie est réunie à la Syrie.

---

(1) Tacit., *Ann.*, II, 42.
(2) La ville de *Flaviopolis*, qui est située dans cette circonscription, tire son nom de Vespasien, et elle a une ère datant de 74 après J.-Chr. (Voy. Eckhel, t. III, p. 56.)
(3) Dion Cassius, (LIII, 12), compte, parmi les provinces qui furent attribuées à l'empereur lors du partage de l'an 727=27, *Coelesyria, Phoenice, Cilicia, Cyprus, Aegyptus* ; toutefois, il remarque en termes exprès que ce sont là des provinces, qui, de son temps, avaient un gouverneur particulier, mais qui, antérieurement, avaient été groupées à deux ou à trois sous l'autorité d'un gouverneur unique. De même donc que *Coelesyria* et *Phoenice* ressortissaient à la province de Syrie, il est permis d'en conclure que la Cilicie et Chypre furent, pendant un certain temps, réunies en une seule province.
(4) Philostratus, *Vit. Apoll.*, I, 12, p. 13 : Κιλίκων ἦρχεν ὑβριστὴς ἄνθρωπος — ἐν Ταρσοῖς δὲ ἄρα ἀγορὰν ἦγεν. Il menace Apollonius de lui faire trancher la tête ; mais lui-même fut peu après mis à mort, parce qu'il conspirait avec Archelaus de Cappadoce contre les Romains. Ces événements nous reportent à l'an 17 de notre ère. (Voy. Dio Cass., LVII, 17.)
(5) Tacit., *Ann.*, XIII, 33 : *Cossutianum Capitonem Cilices detulerunt maculosum foedumque, et idem ius audaciae in provincia ratum quod in urbe exercuerat* (en l'année 57 de notre ère).
(6) Toute l'histoire de l'exécution de cet ἄρχων dans sa propre province est difficile à comprendre.
(7) Zumpt, (*Comment. epigr.*, t. II, p. 139), cherche, en conséquence, à établir que Cossutianus Capito a été proconsul d'Asie et qu'il fut accusé par les diocèses dépendant tout d'abord de la Cilicie et rattachés plus tard à l'Asie. Il est cependant à présumer que, de même que la province de Lycie et Pamphylie reçut sous Claude un gouverneur, puis devint de nouveau libre,

authentiquement établis nous obligent à admettre que, sous les premiers empereurs, le gouverneur de Syrie commandait aussi en Cilicie (1). En effet, Quirinius qui, en 751 et 752=3 et 2 avant J.-C., combattit les *Homonadenses* dans le *Taurus* (2), doit, sans aucun doute, être considéré comme *legatus Syriae* (3); Piso, qui fut de 17 à 21 *legatus Syriae*, avait aussi la Cilicie dans ses attributions (4), et c'est le gouverneur de Syrie qui dirigea, en 36 et en 52 après J.-C., les guerres contre les *Clitae*, tribu pillarde de Cilicie (5). Ainsi encore, l'assemblée de Cilicie fut tenue, en même temps que celle de Syrie, à *Antiochia* [Antâkîa], encore sous Domitien ou peut-être sous Trajan (6).

La Cilicie, province particulière.

Mais, depuis Hadrien, la Cilicie, en y comprenant la *Cilicia trachea* et les petites dynasties ci-dessus rappelées, forme une province impériale particulière, dont le *legatus Aug. pr. pr.*(7), pareillement la Cilicie eut un gouverneur en l'an 57, tandis qu'elle avait été antérieurement et aussi peut-être ultérieurement réunie à la Syrie.

(1) Cette opinion est partagée par MM. Zumpt, (*Comment. epigr.*, t. II, pp. 96 et suiv.); — Mommsen, (*Res gestae divi Augusti*, p. 122 [= dans la dernière éd., Berol., 1883, p. 172 *sub fin.*]) ; — Kuhn, (*op. cit.*, t. II, p. 144) ; — Nipperdey, (*ad* Tacit., *Ann.*, II, 43).

(2) Tacit., *Ann.*, III, 48 ; — Strabo, XII, p. 569.

(3) Voy. M. Mommsen, *op. sup. cit.*, p. 121 [= dans l'éd. de 1883, p. 172].

(4) Zumpt, (*loc. sup. cit.*), a établi ce point en détail. C'est ainsi que Tacite dit de lui (*Ann.*, II, 78) : *Regulis Cilicum, ut se auxiliis iuvarent, scribit.* — (*Eod.*, II, 80) : *Castellum Ciliciae —, cui nomen Celenderis, occupat, — — auxilia Cilicum, quae reguli miserant, in numerum legionis composuerat.*

(5) Tacit., *Ann.*, VI, 41 ; XII, 55.

(6) L'inscription recueillie au *C. I. Gr.*, sous le n° 5806, et publiée d'une manière plus complète par Henzen dans le *Bullett. dell'Inst.*, 1877, p. 110, mentionne, sous l'un de ces deux empereurs, le κοινὸν Συρίας Κιλικίας Φοινείκης ἐν Ἀντιοχείᾳ. Par suite, il est impossible de placer sous Vespasien, ainsi que je l'ai d'abord admis, l'époque où la province commença à acquérir son autonomie ; mais c'est sous Trajan ou Hadrien qu'il convient de la fixer. — [Sur *Antiochia Syriae*, voy. M. Ett. de Ruggiero, *Dizionar. epigr.*, fascic. 16, Roma, 1889, pp. 494. col. 2, et suiv.]

(7) Vibius Varus, *leg. provinciae Ciliciae* sous Hadrien (L. 3, § 1, [fr. Callistrat., *De testibus*], D., XXII, 5) ; — P. Pactumeius Clemens, sous Antonin-le-Pieux (Henzen, n° 6483 [= *C. I. L.*, t. VIII, 1, n° 7059] ; — Renier, *Inscr. de l'Alg.*, n°° 1812. 1813. 1814 [= *C. I. L.*, t. VIII, 1, n°° 7059. 7061. 7060. — Voy. encore Borghesi, *Œuvres*, t. VII, p. 348, et M. W. Liebenam, *Forsch.*, pp. 6 *sub fin.*, n° 9, et suiv.]) ; — Venidius Rufus, *leg. Ciliciae* (L. 2, § 1, [Mommsen, L. 3, fr. Ulpian., *De iure immunit.*], D., L, 6). — L'inscription n° 1767 = n° 5024 du recueil d'Orelli ne se réfère pas à la Cilicie.

ainsi que son *procurator* (1), sont souvent mentionnés. A partir de Septimius Severus, l'*Isauria* et la *Lycaonia*, qui, jusqu'alors, avaient dépendu de la Galatie, furent, de leur côté, de nouveau réunies à la Cilicie; en effet, *Tarsos* s'appelle à cette époque ἡ πρ[ώ]τη [μεγίστη] καὶ καλλίστη μ.[ητρόπολις] τῶν γ' ἐπαρχειῶν [Κιλικίας] Ἰσαυρίας Λυκαονί[ας] (2). Au temps de Caracalla, on trouve un *consularis* (3); après Aurélien, aussi un *proconsul* (4); sous Dioclétien, un *praeses* (5) *Ciliciae*. Plus tard encore, cette province fut partagée en petites parties : la *Liste de Vérone* de 297 en mentionne déjà deux, la *Cilicia* et l'*Isauria*, c'est-à-dire l'ancienne *Cilicia aspera* (6); enfin, sous Arcadius, la *Cilicia* fut de nouveau divisée (7), de telle manière que, depuis lors, elle comprit trois parties ayant une administration particulière : la *Cilicia prima*, avec *Tarsus* pour chef-lieu, sous un *consularis* ; la *Cilicia secunda*, avec *Anazarbus* [Anavarza] pour chef-lieu, sous un *praeses* ; et l'*Isauria*, avec *Seleucia* [Selefke] pour chef-lieu, sous un *praeses* (8).

Parmi les villes de l'ancienne province, on cite six villes libres : *Tarsus* (9), qui devait sa liberté à Antoine et possédait l'immunité (10) ; *Anazarbus* (*Caesarea Ciliciae*), qui a une ère de l'an 19

Villes libres.

(Voy. Henzen, *Inscr.*, [t. III], p. 157 [*in init.*].) — [Sur les légats de Cilicie, voy. M. W. Liebenam, *Forsch.*, *loc. cit.* au début de cette section.]

(1) Orelli, n° 485 [= *C. I. L.*, t. III, 1, n° 5212]; — L. 86, pr., [fr. Papinian., *De adquir. vel omitt. hered.*], D., XXIX, 2.

(2) Inscription de *Tarsus* (Waddington, [t. III], n° 1480). De même, sur les monnaies de *Tarsus* se trouve la légende ΚΟΙΝΟC ΤΩΝ ΤΡΙΩΝ ΕΠΑΡΧΙΩΝ. (Mionnet, t. III, p. 634, n° 478.)

(3) Const. 1, [*De general. abolit.*], C. Just., IX, 43.

(4) Carus, qui devint empereur en 283, fut auparavant *proconsul Ciliciae* (Vopiscus, *Vit. Cari*, IV), et Aurélien, un petit-fils de l'empereur Aurélien, qui vivait encore en 306, époque à laquelle Vopiscus écrivait la vie d'Aurélien, avait été également *proconsul Ciliciae* (Vopisc.. *Vit. Aureliani*, XLII).

(5) Inscription dans Waddington, [t. III], n° 1474.

(6) Voy. Kuhn, *op. cit.*, t. 11, pp. 121. 197.

(7) Voy. Norisius, *De epoch. Syromac.*, IV, 1, dans ses *Opp.*, Vol. II, fᵒˢ 375-379 ; — Mommsen, *Polemii Silvii laterculus*, p. 258.

(8) *Notit. Dignit. Or.*, pp. 5. 6. 9, *ibiq.* Boecking, pp. 130. 141. 139 ; — Hierocles, fᵒ 704. 705. 708. — Voy. Bingham, *Origenes*, Vol. III, p. 489.

(9) Plin., *Nat. hist.*, V, 92. — Voy. Eckhel, [*Doct. Num.*], t. III, pp. 73, 76 ; — Mionnet, t. III, p. 639 ; *Suppl.* VII, p. 266.

(10) Appian., *Bell. civ.*, V, 7. — Lucien, (*Macrob.*, XXI), attribue l'octroi

ou de l'automne de l'an 20 avant J.-C., et dont les privilèges doivent, par conséquent, remonter à Auguste(1) ; *Corycus* [Korgos] (2), *Mopsus* ou *Mopsuestia* [Missîs] (3), dont l'ère se place en 69 ou 68 avant J.-C. (4), sous l'administration de Lucullus; *Seleucia* [Selefke] *ad Calycadnum* [Gök-su, fl.] (5) et *Aegae* [Ayás] (6). Comme colonies, on trouve, au IIIe siècle, *Selinus* [Selindi] (7), *Mallus* (8) et *Olba* (9).

---

de ce *beneficium* à Auguste, de qui Dion Chrysostôme, (Vol. II, p. 36, éd. R.), dit aussi : κἀκεῖνος ὑμῖν παρέσχε χώραν, νόμους, τιμήν, ἐξουσίαν τοῦ ποταμοῦ, τῆς θαλάσσης τῆς καθ' αὐτούς, c'est-à-dire un territoire, l'autonomie, l'honneur de la *Metropolis*, ainsi que l'exemption d'impôts à la sortie comme à l'entrée.

(1) C'est de cet empereur qu'elle tient son nom de *Caesarea*. — Sur l'*aera*, voy. Eckhel, [*Doct. Num.*], t. III, p. 46; — Cavedoni, dans le *Bullett. dell' Inst.*, 1854, p. XXV. Sur les monnaies, elle se nomme αὐτόνομος. (Voy. Mionnet, t. III, p. 550; *Suppl.* VII, p. 171.) — [Sur *Anazarbus*, voy. M. Ett. de Ruggiero, *Dizionar. epigr.*, fascic. 15, Roma, 1889, *h. v.*, p. 466, col. 1.]

(2) Voy. Eckhel, t. III, p. 53;— Mionnet, t. III, p. 574 ; *Suppl.* VII, p. 204.

(3) Voy. Eckhel, t. III, p. 60 ; — Mionnet, t. III, p. 592 ; *Suppl.* VII, p. 228. Dans l'inscription romaine publiée au n° 5885 du *C. I. Gr.*, la ville se nomme Ἀδριανὴ Μοψουεστία τῆς Κιλικίας, ἱερὰ καὶ ἐλευθέρα καὶ ἄσυλος καὶ αὐτόνομος καὶ φίλη καὶ σύμμαχος Ῥωμαίων, et remercie l'empereur Antonin-le-Pieux, en l'an 140, de lui avoir conservé τὰ ἐξ ἀρχῆς δίκαια ; dans une autre inscription, publiée par M. Langlois, *op. cit.*, n° 12 = Waddington, [t. III], n° 1494, on trouve le titre suivant : ὁ δῆμος Ἀδριανῶν Μοψεατῶν τῆς ἱερᾶς καὶ ἐλευθέρας καὶ ἀσύλου καὶ αὐτονόμου, φίλης καὶ συμμάχου Ῥωμαίων.

(4) Cette ère, qu'Eckhel ne pouvait pas encore fixer avec exactitude, est déterminée par Mionnet et par M. Waddington, [t. III], sur le n° 1494. En dehors des monnaies de la ville, on la trouve encore dans l'inscription publiée par M. Waddington, [t. III], sous le n° 1503.

(5) Strabo, XIV, p. 671 ; sur les monnaies, ἐλευθέρα. (Voy. Eckhel, t. III, p. 66; — Mionnet, t. III, p. 605; *Suppl.* VII, p. 241; *Revue Numismatique*, 1854, p. 22.)

(6) Plin., *Nat. hist.*, V, 91. — Elle n'était pas exempte d'impôts ; seulement, les habitants d'*Aegae* payaient leurs impôts à *Tarsus*. (Dio Chrys., Vol. II, p. 38, R.) — Sur les monnaies, αὐτόνομος. (Voy. Mionnet, t. III, p. 539; *Suppl.* VII, p. 151.) — [Voy., sur cette ville, et sur la ville du même nom dans l'Éolide, p. 317, note 7, *supra*.]

(7) L. 1, § 11, [fr. Ulpian., *De censibus*], D., L, 15 : *Est et in Cilicia Selinus* [*quae*] *et Traianopolis*. — *Selinus*, où mourut Trajan, porta, à raison de ce fait, le nom de *Traianopolis* (Dio Cass., LXVIII, 33. — Voy. Zumpt, *Comment. epigr.*, t. I, p. 419).

(8) Voy. la monnaie d'Hostilianus (249-251 de notre ère), avec le revers *MALLO COLON...*, dans Borrell, *Numismatic Chronicle*, t. VIII, p. 4 ; — la monnaie d'Herennia Etruscilla, avec le revers *COLONIA. METRO. MALLVS* (Mionnet, *Suppl.* VII, p. 226).

(9) Voy. la monnaie de Septime Sévère (Mionnet, *Suppl.* VII, p. 233), et

La *Cilicia campestris* avait, comme presque toutes les provinces, une communauté de fêtes, κοινὸν Κιλικίας (1), dans laquelle on élisait tous les ans un Κιλικάρχης (2). Le centre de cette communauté était la *Metropolis* de *Tarsus* (3); cependant, depuis Caracalla, *Anazarbus* reçut aussi le rang de *Metropolis* (4). Il y avait, en outre, pour les parties autrefois indépendantes de la province, encore d'autres métropoles particulières : ainsi *Dio-Caesarea* s'appelle μητρόπολις Κεννάτων (5); *Olba*, μητρόπολις Κητίδος (6), et *Mallos, colonia metropolis* (7). L'absence d'une organisation unique de la province apparaît encore d'une manière plus sensible dans ce fait que l'on ne rencontre en Cilicie ni ère provinciale commune, ni mode de computation généralement usité pour le temps, mais que chacune des villes

---

de Gordien (Mionnet, t. III, p. 509). — [N. B. : M. Th. Bent estime qu'il a retrouvé le site de l'antique ville d'*Olba*, près d'Ayash, où il a découvert une dédicace ΔΙΙ ΟΛΒΙΩΙ. Toutefois, M. Cecil Smith croit que la localité explorée par M. Bent se trouvait seulement dans la toparchie d'*Olba* et que l'emplacement de cette ville elle-même reste encore à découvrir. (Voy. *Classical Review*, 1890, p. 185; — *The Athenaeum*, 1890, I, p. 443.) — P. L.-L.]

(1) *C. I. Gr.*, n° 2810, et sur les monnaies depuis Auguste (voy. Eckhel, t. III, p. 78).

(2) Waddington, [t. III], n° 1480; — Ruinart, *Acta mart.*, p. 444. — [Voy. aussi M. G. Perrot, dans le *Dictionn. des Antiq. grecq. et rom.*, de MM. Ch. Daremberg et Edm. Saglio, 8° fascic., Paris, 1882, t. I, V° *Cilicarcha, Cilicarches*, p. 1172, col. 1, et comp. p. 256, note 5, *supra*.]

(3) *Tarsus* porte le nom de *Metropolis* depuis Auguste, et on trouve ce titre sur les monnaies jusqu'à Gallien. Strabon, (XIV, p. 674), la nomme aussi *Metropolis*, et Dion Chrysostôme, (Vol. II, p. 36, éd. R.), μητρόπολιν ἐξ ἀρχῆς. A *Tarsus* se tenait le κοινοβούλιον ἐλεύθερον (Inscr. dans Waddington, [t. III], n° 1480), c'est-à-dire l'assemblée des députés du *commune*, que l'on trouve également mentionné sur les monnaies. (Voy. Mionnet, *Suppl.* VII, p. 267.)

(4) Voy. Eckhel, [*Doct. Num.*], t. III, p. 42; — Mionnet, t. III, p. 552; *Suppl.* VII, p. 173; — Ruinart, *Acta mart.*, p. 428. La ville prend alors tous les titres de *Tarsus*, même celui de κοινοβούλιον, et se nomme, sur une monnaie d'Élagabale (Waddington, [t. III], sur le n° 1481), ἔνδοξος μητρόπολις. — [Sur cette ville, voy. le renvoi de la note 1 de la p. 324, *supra*.]

(5) Voy. Eckhel, [*Doct. Num.*], t. III, p. 54; — Mionnet, t. III, p. 577; *Suppl.* VII, p. 209.

(6) Ptolem., V, 8, 6. — Une monnaie de Caracalla (dans Borrell, *Numismatic Chronicle*, t. VIII, p. 5) porte au revers ΑΔΡιανῶν ΑΝΤωνιανῶν ΟΛΒΕΩΝ ΜΗτροπόλεως ΚΗτίδος.

(7) Voy. p. 324, note 8, *supra*.

les plus importantes compte les années d'après un point de départ différent, souvent impossible à expliquer. Comme ères de ce genre, on rencontre (1) :

l'année 685 = 69 avant J.-C.	à *Mopsus*
688 = 66	à *Alexandria ad Issum* et à *Pompeiopolis* (*Soloi*)
695 ou 696 = 59 ou 58	à *Mopsus*
707 = 47	à *Aegae*
734 = 20	à *Sebaste*
735 = 19	à *Anazarbus* et à *Antiochia ad Sarum* [fl.; cours supér., Saris-su ; cours infér., Sihân]
773 = 20 après J.-C.	à *Augusta*
774 = 21	à *Anazarbus*
790 = 37	à *Epiphanea*
805 = 52	à *Irenopolis*
827 = 74	à *Flaviopolis*.

---

(1) Voy., sur celles de ces ères dont il n'a pas déjà été question, Mionnet, *Suppl.* VII, sous les villes nommées.

XXXIV. CYPRUS (1)*.

L'île de Chypre, enlevée au roi Ptolemaeus par M. Cato, _{Dépendance de la Cilicie.}

(1) * [Voy., sur cette île, indépendamment des *Monuments antiques de Chypre* de Colonna-Ceccaldi : *C. I. L.*, t. III, *Suppl.*, fasc., I, Berol., 1889, f° 1230 ; — MM. : Réveillé de Beauregard, *Notice historique sur l'île de Chypre*, 1879, broch. in-8 ; — Th. Mommsen, *Röm. Gesch.*, t. V, 3ʰᵉ Aufl., Berlin, 1886, *loc. cit.* p. 234, note 1, 2°, *supra* ; — W. Liebenam : *Beiträge*, I, Iena, 1886, p. 33, et *Tab.* n° 33, p. 43 ; *Forschungen*, I Bd., Leipzig, 1888, pp. 133-135 ; — Henr Kiepert, *Manuel de Géogr. anc.*, trad. franç. par M. Émile Ernault, Paris 1887, pp. 79 et suiv. ; — Amiral Jurien de la Gravière, *La guerre de Chypre et la bataille de Lépante*, Paris, 1888, 2 voll. in-18, avec 14 cartes et plans ; — D. G. Hogarth, *Devia Cypria. Notes of an archaeological journey in Cyprus in 1888. With map and illustrations*, London, 1889, gr. in-8 de VII — 124 pp. (*ibiq. The Athenaeum*, 1889, n° 3246, et M. Salomon Reinach, dans la *Revue critiq. d'histoire et de littér.*, 1890, n° 7, [17 février], art. 79, pp. 122 et suiv.) ; — Jos. W. Kubitschek, *Imp. Rom. trib. discr.*, Prag., Vindob., Lips., 1889, pp. 259 *in fine* et suiv. ; — Γ. Σ. Φραγκούδης, Κύπρις. Ἡ Κύπρος τῆς σήμερον. Ἱστορία τῆς Κύπρου... Τοπογραφία Κύπρου, Athènes, 1890, 1 vol. de 516 pp. avec carte, contenant l'histoire de l'île de Chypre depuis les temps mythologiques jusqu'à aujourd'hui.] — [N. B. : 1° L'Administration du Musée royal de Berlin a annoncé en 1889 l'intention de faire entreprendre des fouilles dans l'île de Chypre, sur l'emplacement de l'antique Idalie (*Idalium*; Dalin) ; voy. le *Bulletin critique*, 1889, n° 6, [15 mars], p. 117, n° 42. — Nous ne savons pas quelle suite a été donnée à ce projet ; — 2° Le feuilleton archéologique du journal chypriote *The Owl* a été remplacé par une Revue spéciale dirigée par M. O. Richter, *The Journal of Cyprian studies*, dont le n° 1 a paru en avril 1889 ; — 3° Les fouilles de l'École anglaise à *Salamis* (Salamine) de Chypre ont commencé le 16 janvier 1890 ; voy., sur les décou-

à l'instigation de Clodius, en l'an 696 = 58 (1), fut, au début, réunie à la Cilicie sous une administration commune (2); puis, en l'an 707 = 47, elle fut donnée par César à Arsinoé et à Ptolemaeus, sœur et frère de Cléopâtre (3), ensuite par Antoine aux enfants de Cléopâtre (4). Ce n'est donc qu'après la bataille d'*Actium*, c'est-à-dire lors du partage des provinces entre l'empereur et le Sénat, en 727 = 27, qu'elle devient province impériale, vraisemblablement de nouveau réunie à la Cilicie (5); mais, peu après, en l'an 732 = 22, elle fut cédée au Sénat (6), et, depuis cette époque, elle fut administrée par un *propraetor* (7), avec le titre de *proconsul* (8), assisté d'un *le-*

<small>Province du Sénat.</small>

vertes, *The Athenaeum*, 1890, I, p. 250 (J. A. R. Munro); comp. *ibid.*, pp. 346 et 776; II, p. 39; — 4° De nouvelles inscriptions en caractères chypriotes ont été publiées par MM. Deecke et Meister, d'après des copies de M. Ohnefalsch-Richter. (Voy. *Berliner Philolog. Wochenschr.*, 1890, p. 648.) Voy. aussi, à cet égard, MM. Munro et Tubbs, dans le *Journal of Hellenic Studies*, t. XI, 1890, pp. 60 et suiv. — P. L.-L.]

(1) Cic., *Pro domo*, XX, 52; *Pro Sestio*, XXVI, 57; — Vellei. Paterc., II, 45; — Dio Cass., XXXVIII, 30; — Plutarch., *Cato min.*, XXXIV-XXXIX; *Pomp.*, XLVIII. — Voy. Drumann, [*Gesch. Roms*], t. II, pp. 262 et suiv.

(2) Il résulte de plusieurs passages de Cicéron, (*Ad famil.*, XIII, 48; *Ad Att.*, V, 21, 6), que, sous son administration, Chypre dépendait de la Cilicie.

(3) Dio Cass., XLII, 35.

(4) Dio Cass., XLIX, 32. 41; — Strabo, XIV, p. 685.

(5) Dio Cass., LIII, 12. — Voy. aussi ci-dessus, [chap. XXXIII], *Cilicia*, p. 324, note 3.

(6) Dio Cass., LIV, 4 : τότε δ' οὖν καὶ τὴν Κύπρον καὶ τὴν Γαλατίαν τὴν Ναρβωνησίαν ἀπέδωκε τῷ δήμῳ, ὡς μηδὲν τῶν ὅπλων αὐτοῦ δεομένας, καὶ οὕτως ἀνθύπατοι καὶ ἐς ἐκεῖνα τὰ ἔθνη πέμπεσθαι ἤρξαντο.

(7) Strabo, XIV, p. 685 : ἐξ ἐκείνου (depuis Caton) δ' ἐγένετο ἐπαρχία ἡ νῆσος καθάπερ καὶ νῦν ἐστι στρατηγική. Cf. XVII, p. 840.

(8) Le plus ancien *proconsul* connu est P. Paquius Scaeva, dont il est dit, dans l'inscription rapportée par Henzen sous le n° 6450 = Mommsen, *I. R. N.*, n° 5244 [= *C. I. L.*, t. IX, n°ˢ 2845. 2846], que, après la préture, *pro consule provinciam Cyprum optinuit*, et, plus loin : *pro cos. iterum extra sortem auctoritate Aug. Caesaris et S. C. misso ad componendum statum in reliquum provinciae Cypri*. Puis, viennent après lui, encore sous Auguste : Paulus Fabius Maximus Cos. 743 = 11 av. J.-Chr., et, antérieurement, vers l'an 15 avant notre ère, *procos. Cypri* (*C. I. Gr.*, n° 2629 ; — Letronne, dans le *Journal des Savants*, 1827, pp. 173 et suiv.), et A. Plautius (Eckhel, t. III, p. 84 ; — Borghesi, *Œuvres*, t. II, pp. 18 et suiv.) ; — sous Tibère : C. Ummidius Quadratus (Orelli, n° 3128 = Mommsen, *I. R. N.*, n° 4234 [= *C. I. L.*, t. X, 1, n° 5182]); en l'an 29 de notre ère, L. Axius Naso (Inscr. dans Waddington, n° 2773) ; — sous Claude : T. Cominius Proculus (Eckhel, t. III, p. 84 ; — Borghesi, *Œuvres*, t. II, p. 154) ; Sergius Paulus (*Act. Apost.*, XIII,

gatus (1) et d'un *quaestor* (2); après Constantin, par un *consularis* (3).

Sous la domination des Perses, l'île se divisait en neuf territoires urbains, gouvernés par neuf rois (4), savoir : *Salamis* [ruines d'Hagios Sergis], *Amathus* [Palaeo-Limisso], *Soli* [Palaeokhôra, *pr.* Levka, *in rg.* Solea], *Curium* [Episkopi], *Paphos* [Bafa], *Cittium* [Larnaka], *Maria* [ruines de Polis], *Lapethus* [Lápitho], *Cerynia* [Kerynia; en turc, Girne]; dans la période romaine, on trouve nommées quinze localités (5). Elles étaient également réunies en un κοινόν (6). Leur *metropolis*, où rési-

Villes.

7) ; L. Annius Bassus, en l'an 52 *proconsul Cypri*, et consul seulement en 70 (*C. I. Gr.*, n° 2632) ; — sous Néron : en l'an 65, Q. Iulius Cordus (*C. I. Gr.*, n° 2631; — Borghesi, *OEuvres*, t. V, p. 323) ; — à la fin du premier siècle, Q. Coelius Honoratus (Waddington, n° 2814) ; — sous Hadrien : T. Claudius Iuncus *Cos. suff.* 127 (Waddington, n° 2726) ; — sous Septime Sévère : Audious ou Odius Bassus *proc. Cypri* 198, (dans l'inscription bilingue publiée par M. Waddington, n° 2806 = *C. I. L.*, t. III, [1], n° 218), et Sex. Clodius (Waddington, n° 2728) ; — sous Élagabale : Claudius Attalus (Dio Cass., LXXIX, 3).

(1) M. Etrilius Lupercus, πρεσβευτής sous Tibère (Waddington, n° 2773); — L. Iulius Marinus, *leg. pr. pr. provinciae Cypri*, sous Trajan (Marini, *Arvali*, n° LVIII [= t. I, p. 177 = Henzen, *Acta Arval.*, p. 169 = Wilmanns, *Exempla*, t. I, n° 1159 = *C. I. L.*, t. IX, n° 4965. Cf. Henzen, *Scavi*, p. 62]; — Mommsen, *Hermes*, t. III, p. 123); — M. Calpurnius Rufus, *leg. pro. Cypro pr. pr.* (Inscription d'Éphèse, publiée par C. Curtius, dans *Hermes*, t. IV, p. 217 [= *C. I. L.*, t. III, 2, n° 6072]); — T. Φλ. Φιλεῖνον — πρεσβεύσαντα Κύπρου (E. Curtius, dans le *Rhein. Mus.*, 1843, p. 105). — [Voy. M. W. Liebenam, *Forsch., loc. sup. cit.*]

(2) Waddington, n° 2773 ; — Orelli, n° 3102 (= *C. I. L.*, t. VI, 1, n° 1415]. — Dans l'inscription rapportée par Gruter, (f° 492, n° 4), il convient de lire, d'après Marini, (*Arvali*, [t. II], p. 766ᵃ): *quaestor provinc. Cipri pro praetore*. Un *Proquaestor provinc. Cypri* est mentionné dans le recueil d'Henzen, au n° 6456ᵃ [= *C. I L.*, t. III, 1, n° 551].

(3) *Notit. Dignit. Or.*, p. 5 ; p. 130 ; — Hierocles, p. 706.

(4) Diodor., XVI, 42 : ἐν γὰρ τῇ νήσῳ ταύτῃ πόλεις ἦσαν ἀξιόλογοι μὲν ἐννέα, ὑπὸ δὲ ταύτας ὑπῆρχε τεταγμένα μικρὰ πολίσματα τὰ προσκυροῦντα ταῖς ἐννέα πόλεσιν· ἑκάστη δὲ τούτων εἶχε βασιλέα τῆς μὲν πόλεως ἄρχοντα, τῷ δὲ βασιλεῖ τῶν Περσῶν ὑποτεταγμένον. — Plin., *Nat. hist.*, V, 129. — Mela, II, 7. — Sur ces royaumes, voy. Kuhn, [*Die städt. und bürgerl. Verf.*], t. II, pp. 107 et suiv., et quelques données nouvelles fournies par les inscriptions phéniciennes de l'île, dans M. de Vogüé, *Mélanges d'archéologie orientale*, Paris, 1868, in-8, pp. 23 et suiv.

(5) Plin., *Nat. hist.*, V, 130. — Voy., pour des détails plus précis, Kuhn, *op. cit.*, t. II, p. 312.

(6) Κοινὸν τῶν Κυπρίων (Waddington, n° 2734) ; un ἀρχιερεὺς τῆς νήσου est mentionné au *C. I. Gr.*, n° 2633.

dait le gouverneur, était *Paphos* (1), qui reçut, en l'an 15 avant J.-C., le surnom d'*Augusta* (Σεβαστή) (2), et s'appelle plus tard Σεβαστὴ Κλαυδία Φλαβία Πάφος, ἡ ἱερὰ μητρόπολις τῶν κατὰ Κύπρον πόλεων (3); ce n'est qu'au vi° siècle que l'on indique, comme *metropolis*, *Salamis* [ruines d'Hagios Sergis], qui, alors, se nommait *Constantia* (4).

---

(1) *Acta Apost.*, XIII, 6, 7. — Voy., Meursii *Cyprus*, I, c. 18. — [Sur les fouilles faites en vue de l'exploration du grand temple d'Aphrodite à *Paphos*, voy. le *Bulletin critique*, 1889, n° 1, p. 18.]
(2) Dio Cass, LIV, 23; — *C. I. Gr.*, n° 2629.
(3) Inscr. dans Waddington, n° 2806; cf. n° 2785.
(4) Hierocles, p. 706.

XXXV. SYRIA (1).

On sait d'une manière certaine que la Syrie a été érigée en Province, en 64 av. J.-C.

---

(1) Sur l'histoire de cette province, voy. Norisius, *Annus et epochae Syromacedonum*, dans *Norisii Opera*, Veronae, 1729 [— 1741, 5 voll. in-fol.], Vol. II ; — K. B. Stark, *Gaza und die philistaeische Küste*, Jena, 1852, in-8 ; — A. W. Zumpt, *Commentationum epigr.* Vol. II, Berolini, 1854, in-4, pp. 73 et suiv. ; — E. Kuhn, *Verfassung des Röm. Reichs*, t. II, pp. 161 et suiv. ; — E. Bormann, *De Syriae provinciae Romanae partibus capita nonnulla*, Berolini, 1865, in-8. En outre, de nouveaux matériaux nous ont été fournis : par les inscriptions recueillies par Le Bas et Waddington, *Voyage. Explication*, Vol. III ; dans le *Corpus Inscr. Lat.*, Vol. III [voy. 2, les renvois de l'*Index* X, f° 1178, col. 1 *in fine*] ; par M. de Vogüé, *Syrie centrale. Inscriptions sémitiques*, Paris, 1868, in-4 ; — par les excellentes recherches de I. G. Wetzstein, *Reise in den beiden Trachonen und um das Haurân-Gebirge*, dans la *Zeitschrift für allgemeine Erdkunde* de Neumann, Berlin, 1859, pp. 109-208 ; 265-319 (également tirées à part, 1861), et *Ausgewählte griechische und lateinische Inschriften, gesammelt auf Reisen in den Trachonen und um das Haurângebirge*, dans les *Abhandlungen der Berliner Academie*, 1863, pp. 255-368 ; — d'E. Renan, *Mission de Phénicie*, Paris, 1864, in-4, avec Atlas in-fol. ; — de Waddington, *Les ères employées en Syrie*, dans la *Revue archéologique*, Nouv. Série, t. XI, (1865), pp. 262 et suiv. [et tirage à part, Paris, Didier, 1865, in-8]. — [Voy. aussi : M. W. H. Waddington, *Inscriptions grecques et latines de la Syrie, recueillies et expliquées*, Paris, 1870, in-4 ; — *Corp. Inscr. Semitic.*, Parisiis, 1881 et ann. suiv., voll. in-4 accompagnés d'Atlas gr. in-fol. ; — Ad. Chauvet et E. Isambert, *Itinéraire descriptif, historique et archéologique de l'Orient*, t. III, *Syrie, Palestine*, Paris, 1882, in-16 ; — F. Koepp, *Ueber die syrischen Kriege der ersten Ptolemaier und den Bruderkrieg des Seleukos Kallinikos und Antiochos Hierax*, dans le *Rhein. Mus.*, 1884, pp. 209 et suiv. ; — J. H. Mordtmann, *De la topographie de la Syrie septentrionale d'après des inscriptions grecques*, dans la *Zeitschrift der deutschen Morgenländischen Gesellschaft*, 1887, n° 2 ; — *C. I. L.*, t. III, Suppl., fascic. I, Berol., 1889, f°ˢ 1214 *in fine* — 1217, et spécialement f°ˢ 1217-1229 ; — inscription dédicatoire de Ptolémée, fils de Thraseas, qui le qualifie de στρατηγὸς καὶ ἀρχιερεὺς Συρίας Κοίλας καὶ Φοινίκης, publiée par MM. Radet et Paris, dans le *Bulletin de corresp. hellén.*, t. XIV, 1890, pp. 587-589 ; — MM. : Th. Mommsen, *Röm. Gesch.*, t. V, 3ᵗᵉ Aufl., Berlin, 1886, pp. 446-487 = dans la trad. franç. de MM. R. Cagnat et J. Toutain, t. XI, Paris, 1889, pp. 1-59 ; — W. Liebenam : *Beiträge*, I, Iena, 1886, pp. 23 et suiv., et *Tab.* n° 10, p. 38 ; *Forschungen*, I Bd., Leipzig, 1888, pp. 359 *in fine* — 389 ; — Henri Kiepert, *Manuel de géogr. anc.*, trad. franç. par M. Émile Ernault, Paris, 1887, pp. 92 *in fine* — 109 ; — H. Kellner, *Die rö-*

province par Pompée, en l'an 690 = 64 avant J.-C. (1); mais

---

mischen Statthalter von Syrien und Judäa zur Zeit Christi und der Apostel, dans la *Zeitschrift für Katholische Theologie*, 1888, III° livr.; — Jos. W. Kubitschek, *Imp. Rom. trib. discr.*, Prag., Vindob., Lips., 1889, p.256 *in fine* — 259; — Marmier, *Communication* sur la géographie antique de la Syrie, faite à l'*Académie des Inscriptions et Belles-Lettres* et achevée à la séance du 10 janvier 1890; — Th. Bent, *The si te of Hieropolis-Castabala*, dans *The Athenaeum*, n° 3273, 1890, II, p. 105; — Humann und Puchstein, *Reisen in Kleinasien und Nordsyrien*, Berlin, 1890, 1 vol. de texte orné de 69 grav., et 1 album de 53 pl. avec d'admirables cartes de M. Kiepert (*ibiq.* M. Koepp, dans la *Berliner Philologische Wochenschrift*, 1890, p. 1133, et l'excellent article anonyme publié dans la *Nation* de New-York du 18 septembre 1890, p. 231). — Voy. encore MM. E. Babelon, *Manuel d'archéologie orientale*, Paris, Quantin, s. d.; — Porter, *Handbook for Syria*, (Guide de la collection Murray). — Sur la Palestine, en particulier, voy., en dehors des auteurs et ouvrages précités, MM.: S. Munk, *Palestine. Description géographique, historique et archéologique*, Paris, 1845, in-8; — Honoré Victor Guérin : *De ora Palaestinae a promontorio Carmelo usque ad urbem Joppen pertinenti* (Thèse de Doct. ès-Lett.), Paris, 1856, in-8, avec 1 carte; *Description géographique, historique et archéologique de la Palestine, accompagnée de cartes détaillées* : 1re partie, *Judée*, Paris, Impr. Imp., 1868, 3 voll. gr. in-8; 2° partie, *Samarie*, Paris, Impr. Nat., 1875, 2 voll. gr. in-8, avec 5 pl.; 3° partie, *Galilée*, Paris, Nat., 1880, 2 voll. gr. in-8 = 7 voll. gr. in-8, cartes et pl.; *Carte de la Palestine*, Paris, 1881. (Voy. aussi, à cet égard, la *Carte de la Palestine au temps de J.-C.* dressée par le Père Didon, à la fin du t. II de son *Jésus-Christ*, Paris, 1890, 2 voll. gr. in-8); — J. Derenbourg, *Essai sur l'histoire et la géographie de la Palestine, d'après les thalmuds et les autres sources rabbiniques*. Première partie : *Histoire de la Palestine depuis Cyrus jusqu'à Adrien*, Paris, Impr. imp., 1867, in-8 ; — Alp. Couret, *La Palestine sous les empereurs grecs (326-636)*, Grenoble, 1869, in-8; — F. de Saulcy, *Numismatique de la Terre-Sainte*, Paris, 1874, 1 vol. gr. in-4, avec 25 pl.; — Léon Carré, *L'ancien Orient, études historiques, religieuses et philosophiques sur l'Égypte, la Chine, l'Inde, la Perse, la Chaldée et la Palestine, depuis les temps les plus reculés*, Paris, 1875, voll. in-8; — Clermont-Ganneau, *Premiers rapports sur une mission en Palestine et en Phénicie de 1881*, Paris, Impr. Nat., 1882, broch. in-8; — Edmond Stapfer, *La Palestine au temps de Jésus-Christ, d'après le Nouveau Testament, l'historien Flavius Josèphe et les Talmuds*, Paris, 1885, in-8, pl. et carte; — Couder, *Palestine* (souvenir condensé d'explorations et de découvertes en Palestine), dans *The Academy*, 1890, n° 944. — *Adde* : Volz, *Gundriss der alten Geographie Griechenland, Italien, Palästina*, 1889 (*ibiq. Berliner philolog. Wochenschr.*, 1890, n° 1); — Maurice Vernes, *Les populations anciennes et primitives de la Palestine, d'après la Bible*, dans la *Biblioth. de l'École des Hautes Études publiée sous les auspices du Ministère de l'Instr. publ., Sciences religieuses*, 1er Vol., Paris, 1889, pp. 99-139. — Voy. encore le *Palestine Exploration Fund*; — M. Flinder Petrie's *Excavations in Palestine* (*The Academy*, 1990, n° 951), et, ci-dessous, *Iudaea*, p. 348, note 8*, et XXXVI, *Arabia*, note 1*. — P. L.-L.]

(1) Plutarch., *Pomp.*, XXXIX : καὶ καταβὰς αὐτὸς εἰς Συρίαν ταύτην μὲν ὡς οὐκ ἐχούσαν γνησίους βασιλεῖς ἐπαρχίαν ἀπέφηνε καὶ κτῆμα τοῦ δήμου Ῥωμαίων. — Appian., *Syr.*, XLIX : Πομπήιος δὲ — — Ἀντίοχον ἐξέβαλε τῆς Σύρων ἀρχῆς

on est moins fixé sur l'étendue qu'il donna d'abord à cette province. En effet, bien qu'il ait complètement dépouillé de ses domaines le dernier roi de la dynastie séleucide, Antiochus Asiaticus (1), et qu'il ait pris possession de toute la Syrie, depuis l'Euphrate supérieur et le golfe d'*Issus* jusqu'à l'Égypte et au désert arabique (2), il se contenta pour l'instant de morceler ce territoire, auquel il était impossible de donner une organisation unique, soit à cause des nationalités très différentes de ses habitants, soit à cause des dissensions politiques qui avaient divisé le pays, dans les derniers temps de la dynasties des Séleucides. Par l'effet de ce morcellement, une partie du sol fut distribuée en un grand nombre de territoires de villes libres, une autre concédée à divers petits princes, dont l'entière dépendance à l'égard de Rome amena d'incessants remaniements de territoires, jusqu'au jour de leur complète incorporation dans la province (3). L'étendue de la province a donc reçu encore au premier siècle des modifications continuelles, et nous nous efforcerons d'écrire par la suite l'histoire de ces modifications, dans la mesure où elle nous est connue.

La nationalité et la langue syrienne ne dépassent pas *Damascus* [en hébreu, Dammesek ; en syriaque, Dârmasûk ; en arabe, Dimeschk-e'-Schâm] au Sud (4) ; à l'Est et au Sud-Est de cette ville, habitent les Arabes ; au Sud, les Juifs ; à l'Ouest, les Phéniciens ; mais les territoires syrien, phénicien et juif

---

οὐδὲν ἐς Ῥωμαίους ἁμαρτόντα. *Idem*, c. LXX. *Mithr.*, CVI. — Oros., VI, 4. — Eutrop., VI, 14.

(1) Il fut détrôné en l'an 65 et vécut encore jusque vers l'année 49. Sur ce roi et sur la série de ses prédécesseurs, voy. Clinton, *Fasti Hell.*, t. III, *Appendix* III. *Kings of Syria*, pp. 308-346.

(2) Appian., *Syr.*, L : οὕτω μὲν δὴ Κιλικίας τε καὶ Συρίας τῆς μεσογαίου καὶ κοίλης καὶ Φοινίκης καὶ Παλαιστίνης, καὶ ὅσα ἄλλα Συρίας ἀπὸ Εὐφράτου μέχρι Αἰγύπτου καὶ μέχρι θαλάσσης ὀνόματα, ἀμαχὶ Ῥωμαῖοι κατέσχον. *Mithr.*, CVI : καὶ τὴν ἄλλην Συρίαν, ὅση τε περὶ Εὐφράτην ἐστὶ καὶ κοίλη καὶ Φοινίκη καὶ Παλαιστίνη λέγεται, καὶ τὴν Ἰδουμαίων καὶ Ἰτυραίων καὶ ὅσα ἄλλα ὀνόματα Συρίας, ἐπιὼν ἀμαχὶ Ῥωμαίοις καθίστατο.

(3) Appian., *Syr.*, L : Πομπήιος μὲν οὖν τῶνδε τῶν ὑπὸ τοῖς Σελευκίδαις γενομένων ἐθνῶν τοῖς μὲν ... ἐπέστησεν οἰκείους βασιλέας ἢ δυνάστας — — καὶ οὐ πολὺ ὕστερον καὶ τάδε περιῆλθεν ἐς Ῥωμαίους, ἐπὶ Καίσαρος μάλιστα τοῦ Σεβαστοῦ, κατὰ μέρη.

(4) Voy. Wetzstein, *Reise*, p. 178.

contiennent un grand nombre de communes urbaines helléniques, dont les unes proviennent de garnisons grecques, dont les autres ont été fondées sous la domination des Séleucides. A ces différences de nationalités venait encore se joindre un partage de l'administration politique, la partie Sud du pays ayant été pendant longtemps en la possession des Ptolémées, la partie Nord au pouvoir des Séleucides, ce qui explique sa division en deux Syries (1), jusqu'à ce que, enfin, les luttes continuées sans interruption par les Séleucides entre eux depuis l'an 152 avant J.-C. aboutirent à la désorganisation du royaume tout entier. Les Macchabéens, non contents d'obtenir l'autonomie, conquirent un certain nombre de villes de la Κοίλη Συρία; les communes urbaines les plus importantes se déclarèrent indépendantes, et, en beaucoup d'endroits, de petites dynasties s'élevèrent. Pompée, en ramenant, après la prise de Jérusalem, le territoire de la Judée aux frontières tracées par la nationalité (2), et en reconnaissant ou en restaurant les franchises des villes grecques, organisa la nouvelle province, en prenant pour point de départ ces territoires urbains, parmi lesquels on connaît les suivants, qui nous sont désignés soit par leur noms, soit par l'ère provinciale de 64 avant J.-C. qui y était usitée. Ainsi, faisaient à l'origine partie de la province: la Syrie supé-

Territoires urbains.

---

(1) César mentionne dans Dion Cassius, (XXXVIII, 38), parmi les peuples vaincus par les Romains Σύρους ἀμφοτέρους. On ne sait pas au juste si ces mots font trait à la Syrie supérieure et à la Syrie inférieure, ἡ ἄνω Συρία (Diodor., XVIII, 6; XIX, 79. 93; — Joseph., *Ant.*, VIII, 6, 1; XIII, 7, 2; — Strabo, II, p. 134), et ἡ κάτω Συρία (Joseph., *Ant.*, XII, 3, 1; — Strabo, XV, p. 692; XVI, p. 742). A l'ἄνω Συρία on oppose d'ordinaire la κοίλη Συρία (Strabo, II, p. 134; — Diodor., XIX, 93 et beaucoup d'autres passages), et, par là, l'on entend, soit, dans un sens étroit, la vallée comprise entre le Liban et l'Anti-Liban (Strabo, XVI, pp. 754. 756), soit, dans une acception plus large, toute la Syrie méridionale jusqu'à la frontière d'Égypte (Diodor., XVIII, 6). — Voy., à cet égard, Norisius, *op. cit.*, III, c. 1; — Kuhn, *op. cit.*, t. II, p. 179.

(2) Joseph., *Ant.*, XIV, 4, 4 : καὶ τὰ μὲν Ἱεροσόλυμα ὑποτελῆ φόρον Ῥωμαίοις ἐποίησεν, ἃς δὲ οἱ ἔνοικοι πρότερον πόλεις ἐχειρώσαντο τῆς Κοίλης Συρίας ἀφελόμενος ὑπὸ τῷ σφετέρῳ στρατηγῷ ἔταξε, καὶ τὸ σύμπαν ἔθνος, ἐπὶ μέγα πρότερον αἰρόμενον, ἐντὸς τῶν ἰδίων ὅρων συνέστειλεν. Καὶ Γάδαρα μέν, μικρὸν ἔμπροσθεν κατασκαφεῖσαν, ἀνέκτισε, —— τὰς δὲ λοιπάς, Ἵππον καὶ Σκυθόπολιν καὶ Πέλλαν καὶ Δίον καὶ Σαμάρειαν, ἔτι δὲ Μάρισσαν καὶ Ἄζωτον καὶ Ἰάμνειαν καὶ Ἀρέθουσαν τοῖς οἰκήτορσιν ἀπέδωκε. Καὶ ταύτας μὲν ἐν τῇ μεσογείῳ, χωρὶς τῶν κατεσκαμμέ-

rieure, avec les villes d'*Antiochia* [Antâkia] (1)*, de *Seleucia in Pieria* [Kabùsi], d'*Apamea* [ruines de Kala'at el-Medik] (2)*, de *Laodicea* (3), de *Cyrrus* [Khoros], d'*Hieropolis* [Mabôg; Syr., Membidj] et de *Beroea* (Alep [Haleb; *vulgo* Aleppo]) (4), d'*Epiphania* (Hemath [Hamath; Syr., Hamah]) (5), de *Balanea* [Baniâs] (6), d'*Aradus* [Arvâd; Phoen., Ruâd] (7), le littoral phénicien, notamment *Tripolis* [Taràbolus-esch-Schâm], dont le tyran Dionysius fut mis à mort par l'ordre de Pompée (8);

νων, Γάζαν τε πρὸς τῇ θαλάσσῃ καὶ Ἰόππην καὶ Δῶρα καὶ Στράτωνος τὸν πύργον — — πάσας ὁ Πομπήιος ἀφῆκεν ἐλευθέρας καὶ προσένειμε τῇ ἐπαρχίᾳ.

(1)* [Sur cette ville, voy. M. Ett. de Ruggiero, *Dizionar. epigr.*, fascic. 16, Roma, 1889, V° *Antiochia (Syriae)*, pp. 494, col. 2, et suiv.]

(2)* [Sur cette ville, voy. M. Ett. de Ruggiero, *Dizionar. epigr.*, fascic. 16, Roma, 1889, V° *Apamea (Syriae)*, pp. 511, col. 2, et suiv.]

(3) Strabo, XVI, p. 749. — Parmi ces villes, *Antiochia* a quatre ères différentes, qui datent de 312, 64, 49 et 31 av. J.-Chr. En l'an 64, elle reçut de Pompée l'autonomie (Noris., *Ep. S. M.*, diss. III, c. 3; — Porphyrius, *Fr.* XXVI, dans les *Fr. hist. Gr.* de Müller, t. III, p. 716 : ὁ δὲ λαβὼν παρ' Ἀντιοχέων χρήματα — αὐτόνομον τὴν πόλιν εἴασε). L'ère de 64 est mentionnée par Euagrius, (II, 12) : ἐκεῖνος μὲν γὰρ (le tremblement de terre) ἐνιαυτὸν καὶ πεντηκοστὸν καὶ ἑκατοστὸν ἀγούσης τῆς πόλεως ἔτος τῆς αὐτονομίας γέγονεν. — *Seleucia* reçut pareillement l'autonomie de Pompée (Strabo, XVI, p. 751); mais l'ère de 64 n'est pas certaine en ce qui la concerne (voy. Eckhel, *Doct. Num.*, t. III, p. 327; — Borghesi, *Œuvres*, t. IV, pp. 170 et suiv.). — *Apamea* se nomme sur une monnaie de l'an 41 av. J.-Chr. (Eckhel, t. III, p. 307, n° 7) αὐτόνομος. (L'inscription n° 623 du recueil d'Orelli est fausse. Voy. Henzen, *Inscr.*, Vol. III, p. 58, et dans Borghesi, *Œuvres*, t. V, p. 9. — [Voy. aussi M. Th. Mommsen, dans le *C. I. L.*, t. V, 1, f° 15*, sub fin., col. 3, n° 136*].) — *Laodicea* s'intitule, de son côté, dans une inscription publiée dans l'*Ephem. Arch.*, (t. II, (1862), p. 42), ἱερὰ καὶ ἄσυλος καὶ αὐτόνομος. [N. B. : Il existe, en Syrie, deux villes portant le nom de *Laodicea*, qu'il ne faut pas confondre : l'une s'appelle *Laodicea ad Libanum*, et elle n'a pas laissé de trace de nous connue; l'autre, *Laodicea ad mare*, qui est la Lâdikiye d'aujourd'hui (*vulgo* Latakia).] — [Sur les villes dont le nom précède ou qui seront citées au cours de cette section, nous renvoyons une fois pour toutes au livre de M. Kubitschek, *loc. sup. cit.*]

(4) *Cyrrus* et *Hieropolis* ont l'ère des Séleucides, de l'an 312 av. J.-Chr., et furent, sans aucun doute, rattachées également à la province.

(5) Cette ville a aussi l'ère de l'an 64. (Voy. Eckhel, *Doct. Num.*, t. III, p. 313.)

(6) Bien qu'il ne soit pas possible de déterminer l'ère de cette ville, il est cependant probable que son autonomie (voy. l'inscription publiée par M. Renan, *Mission*, p. 107, dans laquelle les habitants de *Balanea* se nomment αὐτονομούμενοι) remonte à Pompée ou à César.

(7) Comptée dans la province chez Strabon, (XVI, p. 754).

(8) Ioseph., *Ant.*, XIV, 3, 2. L'indication de l'année est donnée par l'ère de *Tripolis*, qui commence en 64. (Voy. Eckhel, *Doct. Num.*, t. III, pp. 373.

Byblus [Gebâl; Phoen., Djebêl], que Pompée délivra également d'un tyran (1); *Sidon* [Sàida] et *Tyr* [Sûr], qui, déjà parvenues à la liberté sous les rois, conservèrent leur autonomie (2), et *Dora* [Tantûra] (3). Au Sud du pays, le territoire juif, sur lequel nous aurons à revenir, bien que provisoirement occupé, fut plus tard concédé à des rois indigènes, tandis qu'on incorpora à la province, d'une part les villes de la côte samaritaine et philistine, *Turris Stratonis* (plus tard, *Caesarea*) [ruines de Kaisarìye] (4), *Ioppe* [Yâfa] (5), *Iamneia* [Yebna] (6), *Azotus* [Esdud] (7), *Ascalon* [ruines d'Askalân] (8), *Anthedon* [Nezle] (9),

377; — *Ephem. Archeol.*, n° 362 : Τριπολιτῶν τῆς Φοινίκης τῆς ἱερᾶς καὶ ἀσύλου καὶ αὐτονόμου καὶ ναυαρχίδος οἱ ἄρχοντες καὶ ἡ βουλή.)

(1) Strabo, XVI, p. 755.

(2) *Sidon* a une ère datant de l'an 111 av. J.-Chr.; *Tyr* en a une qui part de l'an 126 *a. Chr.*; ces deux ères doivent sans doute désigner le point de départ de la liberté : que les Romains aient reconnu cette liberté, c'est ce qu'attestent Strabon, (XVI, p. 757), et Josèphe, (*Ant.*, XV, 4, 1). Le premier, Auguste la ravit à ces deux villes (Dio Cass., LIV, 7), et sur les monnaies, ni l'une ni l'autre ne portent le titre d'αὐτόνομος. — [Sur *Sidon* et *Tyr*, voy. Dr Jak. Krall, *Studien zur Geschichte der alten Aegypten*, fasc. III, *Tyros und Sidon*, Wien, 1889, broch. in-8 de 82 pp. — Voy. aussi la communication faite par M. E. Babelon à l'*Acad. des Inscr. et Bell.-Lett.*, (Séance du 12 décembre 1890; *J. Off.* du 15 déc., p. 6034, col. 1 *in init.*), sur les monnaies des rois de Sidon, sous la domination des Perses Achéménides, monnaies au moyen desquelles il arrive à reconstituer la chronologie de ces rois. — P. L.-L.]

(3) *Dora* a l'autonomie (voy. les monnaies dans Mionnet, t. V, pp. 361 et suiv.) depuis Pompée (Joseph., *Ant.*, XIV, 4, 4), et son ère date de l'an 94. (Voy. Eckhel, *Doct. Num.*, t. III, p. 363.)

(4) Joseph., *Ant.*, XIV, 4, 4; *Bell. Iud.*, I, 7, 7.

(5) Joseph., *Ant.*, XIV, 4, 4.

(6) Joseph., *Bell. Iud.*, I, 7, 7.

(7) Joseph., *Ant.*, XIV, 5, 3; *Bell. Iud.*, I, 7, 7.

(8) *Ascalon* n'a jamais appartenu au royaume juif. Elle commença par être placée sous l'autorité des rois et elle a l'ère des Séleucides de l'an 312 av. J.-Chr.; puis elle fut ville libre à partir de l'an 104 av. J.-Chr., année qui devint également pour elle le point de départ d'une nouvelle ère; Pompée la trouva détruite, et elle semble comprise dans les villes que Gabinius reconstruisit (Ioseph., *Ant.*, XIV, 5, 3), car sa troisième ère date de l'an 58 av. J.-Chr. (Voy. Eckhel, *Doct. Num.*, t. III, p. 447.)

(9) Ioseph., *Ant.*, XIV, 5, 3. — [Sur cette ville, voy. M. Ett. de Ruggiero, *Dizionar. epigr.*, fascic. 16, Roma, 1889, p. 491, col. 2, V° *Anthedon*. — Voy. aussi la publication, par MM. Buck et Tarbell, des inscriptions découvertes à *Anthedon* par l'École américaine d'Athènes, dans l'*American Journal of archaelogy*, 1889, pp. 443-460, ainsi que celle, par M. J. Rolfe, de l'historique et des plans des fouilles, dans le même journal, 1890, pp. 96-107. — P. L.-L.]

Gaza [Ghazze] (1), *Raphia* [Refa] (2); de l'autre, les villes intérieures de la Κοίλη Συρία, *Laodicea ad Libanum* (3), et les villes de la Décapole, *Antiochia ad Hippum* ou *Hippos* [ruines de Samra] (4), *Gadara* [ruines de Mkès] (5), *Abila Leucas* [Abil] (6), *Dium* [Zezùn?] (7), *Kanata* [ruines de Kanawât] (8), *Scythopolis* [Beisân], *Pella* [ruines de

---

(1) Ioseph., *loc. sup. cit.* — *Gaza* a une ère qui date, soit de l'an 61 av. J.-Chr. (voy. Eckhel, *Doct. Num.*, t. III, p. 453), soit de l'an 62 av. J.-Chr. (voy. Stark, *Gaza*, p. 514), et elle s'appelle, dans l'inscription recueillie au *C. I. Gr.*, sous le n° 5892, ἱερὰ καὶ ἄσυλος καὶ αὐτόνομος. Auguste fit présent une fois encore de la ville à Hérodes (Ioseph., *Ant.*, XV, 7, 3), mais il la réunit de nouveau, en l'an 4 av. J.-Chr., à la province de Syrie (Ioseph., *Ant.*, XVII, 11, 4).

(2) Joseph., *Ant.*, XIV, 5, 3. L'ère de cette ville paraît partir de l'an 58 av. J.-Chr. (Voy. Stark, *Gaza*, p. 515.)

(3) Cette ville a l'ère des Séleucides et a, sans aucun doute, également été rattachée à la province en tant qu'elle constituait une partie du royaume de Syrie proprement dit. — [Comp. p. 334, note 3, *supra* [N. B.].]

(4) Cette ville a l'ère de 64 (voy. Eckhel, t. III, p. 347), et reçut sa liberté de Pompée (Ioseph., *Bell. Iud.*, I, 7, 7). — [Voy., à cet égard, M. Ch. Clermont-Ganneau, *Où était Hippos de la Décapole*, Paris, Didier, 1875, in-8.]

(5) Elle s'appelle αὐτόνομος et a l'ère de 64 (voy. Eckhel, t. III, p. 350). Elle fut rebâtie à nouveau par Pompée (Ioseph., *Bell. Iud.*, I, 7, 7).

(6) Cette ville s'appelle Ἄβιλη τῆς Δεκαπόλεος (Inscr. de Palmyre, *C. I. Gr.*, n° 4501), ou Κοίλης Συρίας (sur les monnaies; voy. Eckhel, t. III, p. 345), par opposition à Ἄβιλα ou *Abila Lysaniae* [Sûk-Bárada] (Steph. Byz., p. 6, éd. M. — [Voy. aussi M. Ett. de Ruggiero, *Dizionar. epigr.*, fascic. 1, Roma, 1886, V° *Abileni*, p. 16, col. 1, et *infer.*, t. 3, LA TÉTRARCHIE D'ABILÈNE, pp. 344 et suiv.]). Elle est également αὐτόνομος et a l'ère de 64.

(7) Cette ville, dont la situation est inconnue, a l'ère de 64.

(8) *Kanata*, dont la situation n'a été déterminée que par MM. Wetzstein et Waddington, aujourd'hui Kerak dans la Nukra (*Batanaea*), au Nord-Ouest de *Bostra*, a été jusqu'ici, de la part des anciens auteurs et des numismates modernes, identifiée avec la ville plus grande et plus connue de *Kanatha* (Qanawât, dans la chaîne de montagnes de l'Haurân), au Nord-Est de Bostra. [Voy. MM. Th. Mommsen, *C. I. L.*, t. III, 1, f° 22 *in init.*, III, et Henri Kiepert, *Atlas antiquus*, 8° éd., 1884, *Liste des noms*, f° 6, col. 2, V° *Canatha*.] — *Kanatha* doit avoir été une ville, puisqu'elle frappa des monnaies, qui portent l'ère de 64 (Waddington, n° 2412ᵈ), et que l'on trouve un βουλευτής mentionné dans deux de ses inscriptions (Waddington, n° 2412ᵉ; — Henzen, *Bullett. dell' Inst.*, 1867, p. 204); mais, en l'an 106, elle fut réunie à la province d'Arabie, qui était alors organisée, prit l'ère de cette province et s'appelle désormais κώμη (Waddington, n° 2412f). Au contraire, *Kanatha*, dont le nom s'orthographie aussi Κάνοθα ou Κάνωθα, que Josèphe, (*Bell. Iud.*, 1, 19, 2), rattache à la *Coelesyria*, et que Pline, (*Nat. hist.*, V, 70), compte dans la *Decapolis*, appartenait encore, après l'organisation de la province, au royaume juif; mais, plus tard, elle fut réunie à la Syrie, et se trouve encore

Fâhil] (1), *Gerasa* ou *Antiochia* [Djerash], sur le *Chrysoroas* [fl., Bárada] (2), *Philadelphia* [aujourd'hui en ruines, Ammân] (3), enfin *Samaria* [ruines de Sebastie](4). La concession de la liberté à tant de villes ne doit pas être attribuée à la magnanimité des Romains ; elle leur était imposée par des nécessités administratives. A la vérité, toutes ces villes avaient une juridiction propre et une administration propre pour leurs revenus ; mais les Romains leur avaient donné une constitution aristocratique, basée sur le cens (5), et les impôts y étaient levés suivant le procédé romain institué lors de l'organisation de la province (6); point n'était donc besoin pour les Romains de pourvoir directement à leur administration par leurs propres agents et de procéder à un affermement des impôts, fertile en complications. Les premiers gouverneurs, notamment Gabinius [qui, en l'an 57 avant J.-C., était proconsul de Syrie (7), poussèrent

Liberté des villes.

---

dans cette province après Septime Sévère. (Voy. Waddington, n° 2329, et l'inscription bilingue de Lyon rapportée à ce même endroit : Θαῖμος ὁ καὶ Ἰουλιανὸς Σααδου Ἀθειληνός, βουλευτὴς πολίτης τε Κανωθαί[ων] ἐ[παρχείας] Συρίας. *Diis Manibus Thaemi Iuliani, Sati fil. Syri de vico Athelani, decurion(i) Septimiano Canotha.*) — La collection des monnaies des deux villes a été récemment rassemblée par M. Reichardt, dans la *Wiener Numismatische Zeitschrift*, 1880, pp. 68-73.

(1) Ces deux villes reçurent la liberté de Pompée (Joseph., *Bell. Iud.*, I, 7, 7). — *Pella* a également l'ère de 64.

(2) Voy. l'inscription publiée par M. Mommsen, dans les *Berichte der sächs. Gesellsch. der Wiss.*, 1850, p. 223 = Waddington, n° 1722.

(3) Elle a l'ère de 64 av. J.-Chr. (Voy. Eckhel, t. III, p. 351.)

(4) Joseph., *Ant.*, XIV, 4, 4; *Bell. Iud.*, I, 7, 7. — [Voy., sur cette ville, M. Stade, *Le nom de Samarie et son origine*, dans la *Zeitschrift für die alttestamentliche Wissenschaft*, 1885, Heft 1.]

(5) Joseph., *Ant.*, XIV, 5, 4 : ἐν ἀριστοκρατείᾳ διῆγον.

(6) C'est ce que nous établirons dans une autre partie. Je prends ici comme exemple *Antiochia*. Cette ville était αὐτόνομος (voy. p. 334, note 3, *supra*); *Antiochia libera*, dit Pline, (*Nat. hist.*, V, 79). Caracalla en fit une colonie, cependant *salvis tributis*, pour employer les termes de Paul, (L. 8, § 5, [*De censibus*], D., L, 15). Elle se trouvait donc ainsi soumise aux impôts, comme toute la province (*Syria, quae facta est stipendiaria*; Velleius Paterc., II, 37, 5). Comp. Ulpian., L. 3, [pr., *De censibus*], D., L, 15 :... *In Syriis a quattuordecim annis masculi, a duodecim feminae usque ad sexagensimum quintum annum tributo capitis obligantur. Aetas autem spectatur censendi tempore.* — Sur les contributions de la ville, voy. Norisius, *Ep. S. M.*, III, 5, f° 211.

(7) Voy. Borghesi, *Œuvres*, t. II, p. 188.

activement la restauration des villes détruites (1), et Gabinius tenta de partager aussi la Judée en cinq circonscriptions administratives, ayant pour centres les villes de Jérusalem, de *Gadara* [Katra], d'*Amathus* [Tell-A'mmete], de *Jericho* [Riha] et de *Sepphoris* (*Diocaesarea*) [Sefûrie] (2).

Lorsque César, venant d'Égypte pour combattre Pharnaces, traversa la Syrie en l'an 47, il arrêta aussi différentes mesures relatives au régime de l'occupation (3); sur celles que prit Auguste, nos renseignements se réduisent à peu de chose, puisque Strabon, qui serait, à cet égard, la source la plus sûre, n'a pas été lui-même en Syrie (4).

La même raison qui réclamait l'organisation de diocèses urbains, là où elle était possible, imposait, à l'Est et au Sud de la province, soit à raison des mœurs nomades de la population, soit à raison de son caractère intraitable et rebelle à toute administration régulière, le maintien des dynasties régnantes, que les Romains utilisèrent aussi comme des organes administratifs, tout à fait dépendants et responsables (5), puisque, détail à noter, ils payaient tribut (6). La province répond tout

<small>Dynasties dans la province.</small>

---

(1) Joseph., *Ant.*, XIV, 5, 3 : καὶ ἀνεκτίσθησαν Σαμάρεια καὶ Ἄζωτος καὶ Σκυθόπολις καὶ Ἀνθηδὼν καὶ Ῥαφία καὶ Δῶρα, Μάρισσά τε καὶ Γάζα καὶ ἄλλαι οὐκ ὀλίγαι. De ces autres villes fait partie *Ascalon*, qui a une ère datant de l'automne 58 av. J.-Chr.

(2) Joseph., *Ant.*, XIV, 5, 4.

(3) Hirtius, *Bell. Alex.*, LXV : *Commoratus fere in omnibus civitatibus, quae maiore sunt dignitate, praemia bene meritis et virilim et publice tribuit : de controversiis veteribus cognoscit ac statuit. Reges, tyrannos, dynastas provinciae finitimosque, qui omnes ad eum concurrerant, receptos in fidem, conditionibus impositis provinciae tuendae ac defendendae, dimittit et sibi et populo Romano amicissimos.* Il enleva de nouveau *Ioppe* aux Juifs (Ioseph., *Ant.*, XIV, 10, 6) et accorda des privilèges particuliers aux villes d'*Antiochia* (voy. Norisius, *Ep. Syr. Mac.*, f° 175-213), de *Gabala* [Djebêl] (voy. Eckhel, t. III, p. 314), de *Laodicea* sur la mer [voy. p. 334, note 3, *supra*, [N. B.]], dont les habitants se nomment en son honneur Ἰουλιεῖς οἱ καὶ Λαοδικεῖς, et de *Ptolemais* (Akka] (voy. Eckhel, t. III, p. 425), toutes villes qui commencent une ère nouvelle à partir de cette époque.

(4) Voy. Grosskurd, sur Strabon, t. III, p. 254. — *Antiochia* et *Seleucia* ont une ère datant de l'an 31 av. J.-Chr.; il sera encore question ci-dessous de la colonisation de *Berytus* [Beirût; Beyrouth].

(5) L'histoire de Commagène et de Judée nous offre des exemples de ce fait que ces rois furent cités à Rome, condamnés et punis.

(6) Sur ce sujet important, je renvoie provisoirement à Huschke, *Ueber*

d'abord pour les Romains à des vues financières ; elle est un *praedium populi Romani* (1). Aussi les dynastes de Syrie peuvent-ils être considérés comme se rattachant déjà à l'administration de la province, et non comme existant en dehors d'elle (2), étant donné qu'il ne faut y voir, tout comme dans les villes libres, qu'un organe destiné à faciliter la rentrée des impôts — c'est pourquoi ils prennent quelquefois même le nom de *procuratores* (3) — et que leur gouvernement ne se conserva que jusqu'à ce que l'accoutumance graduelle à une administration régulière et la soumission des éléments opposants eussent rendu possible la complète réunion à la province de ces parties elles-mêmes. C'est de la sorte qu'au premier siècle après J.-C. les territoires dont les noms suivent vinrent s'ajouter à la province primitive (4).

Commagène. 1. COMMAGÈNE. — Cette contrée, limitée au Nord par l'Amanus, à l'Est par l'Euphrate, touchant à l'Ouest à la Cilicie, au Sud à la Syrie, avait déjà, sous la domination des Séleucides, ses rois particuliers (5), qui étaient parents de ces der-

---

den zur Zeit der Geburt Jesu Christi gehaltenen Census, p. 100. M. O. Bohn traite la question en détail dans son livre intitulé : *Qua conditione iuris reges socii populi Romani fuerint*, Berolini, 1876, in-8, pp. 59 et suiv. Cet auteur remarque fort justement que les conditions imposées aux rois alliés ont dû être très différentes et que Rome dut leur laisser à eux-mêmes une grande partie de leurs revenus. Je n'ai pas mis ce point en question, mais j'ai admis comme incontestable que les sommes nécessaires au roi étaient comptées dans les frais d'administration.

(1) Cic., *Accus. in Verr.*, II, 3, § 7. — [*Comp.* p. 242, note 5, *supra*.]
(2) Hirtius, (*Bell. Alex.*, LXV), les appelle *dynastas provinciae*. Comp. Huschke, *op. cit.*, p. 105.
(3) Sallust., *Iug.*, XIV : *Micipsa pater meus moriens mihi praecepit, uti regni Numidiae tantummodo procurationem existumarem meam, ceterum ius et imperium eius penes vos esse.*
(4) Pline, (*Nat. hist.*, V, 74), dit de la Décapole : *Intercursant cinguntque has urbes tetrarchiae, regnorum instar singulae, et regna contribuuntur, Trachonitis Panias in qua Caesarea, Abila, Arca, Ampeloessa, Gabe.* § 82 : *Reliqua autem Syria habet Arethusios, Beroeenses* — — — *praeter tetrarchias in regna descriptas barbaris nominibus XVII.*
(5) Sur l'histoire de Commagène, voy. Norisius, *Ep. S. M.*, diss. II, c. 4; — Eckhel, [*Doct. Num.*], t. III, pp. 254 et suiv.; — Clinton, *Fasti Hell.*, t. III, pp. 343 et suiv.; — Kuhn, [*Die städt. und. bürgerl. Verf.*], t. II, pp. 174 et suiv.; — Waddington, t. III, pp. 60-63; — Mommsen, *Die Dynastie von Commagene*, dans les *Mittheilungen des deutschen archaeologischen Ins-*

niers (1). Le premier d'entre eux est Mithridates I Kallinikos, gendre du roi syrien Antiochos VIII Epiphanes (il mourut en 96). Il eut pour successeur son fils Antiochus I, dont il est fait mention de 69 à 38 avant J.-C. (2), et qui doit être mort avant 31, année où le pays fut gouverné par Mithridates II, l'allié d'Antoine à la bataille d'*Actium* (3), puis le frère de celui-ci, Antiochus (II), qu'Octave fit venir à Rome en 29 et condamner à mort (4). En l'an 20, Mithridates III devint roi de Commagène (5); ensuite vint Antiochus (III), probablement son fils, à la mort duquel, survenue en l'an 17 après J.-C. (6), Tibère érigea la Commagène en province (7), c'est-à-dire qu'il la réunit à la Syrie. Toutefois, cette réunion ne dura que vingt ans; en effet, Caligula restitua la Commagène, en l'an 38, au fils du dernier roi (Antiochus III) (8); celui-ci fut, il est vrai, déposé par Caligula lui-même, puis de nouveau replacé sur le trône par Claude, en

---

tituts in Athen, t. I, (1876), pp. 27 et suiv. — [Voy. aussi M. E. Meyer, *Die Quellen unserer Ueberlieferung über Antiochos des Grossen Römerkrieg*, dans le *Rhein. Museum*, t. XXXVII, 1881, pp. 120 et suiv.]. — [N. B. : M. Théodore Reinach a fait à l'*Académie des Inscr. et Bell.-Lettr.*, (séances des 10 et 17 octobre 1890; *Journ. off.* du 16 oct., p. 5054, col. 2, et du 19 oct., p. 5105, col. 2), une communication sur l'*Histoire de la dynastie royale de la Commagène*, d'après des inscriptions récemment découvertes dans ce pays par MM. Humann et Puchstein. — P. L.-L.]

(1) Voy. Boeckh, *C. I. Gr.*, n° 362.

(2) En l'an 59, Lucullus le confirma dans sa possession (Dio Cass. XXXV, 2); en l'an 64, Pompée fit de même (Appian. *Mithr.*, CVI). Plus tard, il est fait mention de lui en l'an 51 (Cic., *Ad famil.*, XV, 1, 2); en l'an 49 (Caesar, *Bell. civ.*, III, 5; — Appian., *Bell. civ.*, II, 49); en l'an 38 (Plutarch., *Ant.*, XXXIV; — Dio Cass. XLIX, 20. 22).

(3) Plutarch., *Ant.*, LXI.

(4) Dio Cass., LII, 43.

(5) Dio Cass., LIV, 9.

(6) Tacit., *Ann.*, II, 42.

(7) Tacit., *Ann.*, II, 56 : *Commagenis Q. Servaeus praeponitur, tum primum ad ius praetoris translatis;* — Strabo, XVI, p. 749 : ἡ Κομμαγηνὴ μικρά τίς ἐστιν · ἔχει δ' ἐρυμνὴν πόλιν Σαμόσατα ἐν ᾗ τὸ βασίλειον ὑπῆρχε, νῦν δ'ἐπαρχία γέγονε. Servaeus était un des légats de Germanicus (Tacit., *Ann.*, III, 13; VI, 7), qui se borna à organiser la province, comme Veranius, un de ses autres légats, fit pour la Cappadoce (voy. p. 291, *supra*). — Voy. Zumpt, *Comment. epigr.*, t. II, p. 127.

(8) Dio Cass., LIX, 8. — L'erreur de Fabricius, qui prend Antiochus IV pour le fils d'Antiochus II, est rectifiée par Clinton (*op. et loc. sup. citt.*).

l'an 41 (1); il régna jusqu'en 72 (2), sous le nom d'Antiochus IV Epiphanes Magnus (3), et posséda, outre la Commagène, une partie de la Cilicie (4). En l'an 72, il fut une fois encore dépossédé de ses domaines par le *legatus* de Syrie, Caesennius Paetus, sur l'ordre de Vespasien, et se retira à Lacédémone, tandis que ses fils Epiphanes et Kallinikos vécurent à Rome (5). C'est ainsi que la Commagène passa sous l'administration romaine (6). Son chef-lieu *Samosata* [Samsat] reçut le surnom de *Flavia* et une nouvelle ère partant de l'automne 71, époque à laquelle l'année y commençait (7); quant aux possessions extérieures du roi, il en fut autrement disposé. Diverses raisons portent à croire que la Commagène ne fut pas constituée en province indépendante, mais fut réunie à la Syrie (8). Ptolémée, (V, 15, 10), fait rentrer la Commagène dans la Syrie ; on ne rencontre pas trace d'un gouverneur particulier de la Commagène, mais un *legatus Traiani*, qui administre en même temps la Syrie et la Commagène (9); enfin, une des

---

(1) Dio Cass., LX, 8.

(2) En l'an 43, il fiance son fils Antiochus Epiphanes avec Drusilla, fille d'Agrippa (Joseph., *Ant.*, XIX, 9, 1); il est mentionné, en l'an 54, par Tacite, (*Ann.*, XIII, 7); en l'an 70, il fit campagne avec Titus devant Jérusalem (Joseph., *Bell. Iud.*, V, 11, 3).

(3) Sur les surnoms qu'il porte sur les médailles, voy. Eckhel, *Doct. Num.*, t. III, p. 255.

(4) Τὰ παραθαλάσσια τῆς Κιλικίας (Dio Cass. LIX, 8). En faisaient partie, ainsi que nous le voyons par ses monnaies, la *Lacanatis*, la région la plus Nord-Est de la Cilicie, limitrophe de la Commagène, avec la ville d'*Eirenopolis*, en outre *Elaiusa* ou *Sebaste* [Ayasch], une île sur la côte entre *Seleucia Ciliciae* [Selefke] et *Tarsus* [Tersûs], puis *Alexandria*, sur le golfe d'*Issus* [Iskanderûn ; *vulgo*, Alexandrette], et enfin un morceau de la Lycaonie. (Voy. Eckhel, *Doct. Num.*, t. III, p. 256.)

(5) Josèphe, (*Bell. Iud.*, VII, 7, 1-3), raconte cette histoire en détail.

(6) Suet., *Vespas.*, VIII ; — Eutrop., VII, 19 ; — Aurel. Victor, *Ep.*, IX, 13 ; — Oros., VII, 9.

(7) *Chron. Pasch.*, p. 464, éd. Bonn., sur l'année 71 : Κομμαγηνοὶ καὶ Σαμοσατεῖς ἐντεῦθεν τοὺς ἑαυτῶν ἀριθμοῦσι χρόνους. — Voy. Eckhel, *Doct. Num.*, t. III, p. 252 ; — Clinton, *Fast. Rom.*, t. I, p. 60.

(8) J'ai moi-même commencé par considérer la Commagène comme une province particulière; mais je tiens mon opinion comme réfutée par M. Bormann, (*De Syria prov.*, § 2; comp. Borghesi, *Œuvres*, t. IV, p. 159). — Voy. Kuhn, *op. cit.*, t. II, p. 174.

(9) Inscription de *Pergamum*, dans M. Mommsen, (*Berichte der sächs. Ges. der Wiss.*, H. Ph. Cl., 1850, p. 223 = Waddington, n° 1722) : [Αὖλον Ἰού-

légions syriennes, la *leg. XVI Flavia firma*, était stationnée à *Samosata*, sous Marc-Aurèle, et peut-être dès le temps de Vespasien (1).

2. LA DYNASTIE DE CHALCIS (2). — Il semble, autant que l'on en peut juger, dans l'état très incertain de nos connaissances sur la géographie de l'ancienne Syrie, qu'il y avait en Syrie deux régions du nom de *Chalcis*. L'une (aujourd'hui Kinnesrin), fondée par Seleucus Nicator (3), est souvent citée par la suite. Elle était située sur la route de *Cyrrus* à *Emesa* [Höms], à 18 milles romains de *Beroea* (Alep) (4), dans la région fertile de *Chalcidice* ou *Chalcidene* (5), qui s'étend à l'Est d'*Apamea* (6), et au confin occidental du désert de Palmyre de *Salaminias* [ruines de Salemīye] jusqu'à *Beroea*. On la distinguait par un surnom, *Chalcis cognominata ad Belum* (7), de son homonyme qui porte le nom de Χαλκὶς ἡ ὑπὸ τῷ Λιβάνῳ ὄρει (8), et a une origine différente (9). Cette dernière avait à sa tête,

Chalcis.

λιον [Κ]ουαδρ[άτον] [δὶς] ὕπατον, π[ρεσβευτὴ]ν καὶ ἀντιστρά[τηγ]ον αὐτοκράτορος Νέρουα[ς] Τραϊανοῦ καίσα[ρο]ς [σ]εβαστ[οῦ] Γερμανικοῦ Δακικοῦ Συρία[ς], Φοινίκης, Κομμαγηνῆς.

(1) Voy. M. Bormann, *op. cit.*, pp. 9-11.
(2) Voy. Norisius, *Epoch. Syromaced.*, Diss. III, c. 9, § 3 ; — Kuhn, *op. cit.*, t. II, p. 169.
(3) Appian., *Syr.*, LVII.
(4) *Itin. Anton.*, pp. 194. 195. Voy., sur l'extension de la *Chalcidene*, M. Waddington, sur le n° 2633.
(5) Plin., *Nat. hist.*, V, 81 : *Regio Chalcidene fertilissima Syriae*.
(6) Strabon, (XVI, p. 753), parle d'abord de la *Chalcis* de Ptolémée, que nous allons mentionner incontinent, et continue ensuite ainsi qu'il suit : ὅμορος δ' ἐστὶ τῇ Ἀπαμέων πρὸς ἕω μὲν ἡ τῶν φυλάρχων Ἀράβων καλουμένη παραποταμία καὶ ἡ Χαλκιδικὴ ἀπὸ τοῦ Μασσύου καθήκουσα καὶ πᾶσα ἡ πρὸς νότον τοῖς Ἀπαμεῦσιν, ἀνδρῶν σκηνιτῶν τὸ πλέον. Ptolémée, (V, 15, 18), mentionne également cette *Chalcidice* aux portes d'Ἀπαμηνή, et Hierocles, (p. 711), place la *Chalcis* dans la *Syria prima*, tout près de *Beroea*.
(7) Plin., *Nat. hist.*, V, 81 : *Chalcidem cognominatam ad Bolum, unde regio Chalcidene fertilissima Syriae*. On ne sait pas si le *Belus* est un fleuve ou une montagne. Toutefois, dans le voisinage de la *Chalcis* était située Σελευκόβηλος (Hierocles, p. 712 ; — *Notitia*, I, 869, dans Parthey, p. 86), dont les habitants s'appellent Σελευκεῖς πρὸς τῷ Βήλῳ (Steph. Byz., p. 560). — [Il convient de ne pas confondre le *Belus* dont il est ici question avec le fleuve du même nom de la *Phoenice*, le Nahr Na' amân d'aujourd'hui.]
(8) Joseph., *Ant.*, XIV, 7, 4 ; — *Bell. Iud.*, 1, 9, 2.
(9) Steph. Byz., p. 684 : πόλις ἐν Συρίᾳ, κτισθεῖσα ὑπὸ Μονίκου τοῦ Ἄραβος.

déjà vers 71 avant J.-C. (1), Ptolemaeus, fils de Mennaeus (2), lequel possédait non seulement *Chalcis ad Libanum* (3), mais encore *Heliopolis* [Ba'albek], le *Marsyas*, c'est-à-dire la vallée comprise entre le Liban et l'Antiliban (4), et l'*Ituraea* (5), c'est-à-dire la montagne des Druses, au centre du Haurân (6), par conséquent toute la contrée à l'Ouest et au Sud de *Damascus* [en hébreu, Dammesek; en syriaque, Dârmasùk; en arabe, Dimeschk-e'-Schâm], et était redouté par cette dernière ville comme un voisin dangereux (7). Pompée lui conserva ces possessions (8), et, lorsqu'il mourut en l'an 40, il eut pour successeur son fils Lysanias (9), qu'Antoine fit mettre à mort, pour donner ses domaines à Cléopâtre (10). Plus tard, nous voyons le pays au pouvoir de princes juifs; en effet, Claude le concéda à Herodes, fils d'Aristobulus et frère d'Herodes Agrippa I, qui régna de 41 à 48 comme roi de *Chalcis* (11). Son successeur fut Agrippa II, auquel Claude enleva *Chalcis*, quatre ans après, en 52, et donna en échange les tétrarchies de Philippe II et de Lysanias (12). La dynastie de *Chalcis* n'en subsista pas moins; car, en l'an 72, il est encore fait mention d'un Aristobulus, roi de *Chalcis* (13), et, puisque la ville de *Chalcis* (14)*, dont les monnaies qui nous sont connues avec cer-

---

(1) Joseph., *Ant.*, XIII, 16, 3. 4.
(2) Polybe, (V, 71, 2), mentionne déjà un Mennaeus plus ancien, appartenant probablement à la même famille.
(3) Joseph., *Ant.*, XIV, 7, 4.
(4) Polyb., V, 45, 7 sq.; — Strabo, XVI, pp. 755. 756.
(5) Strabo, XVI, p. 753; — Dio Cass., XLIX, 32.
(6) Voy. Wetzstein, *Reise*, p. 198.
(7) Joseph., *Ant.*, XIII, 15, 2; XIII, 16, 3.
(8) Joseph., *Ant.*, XIV, 3, 2. Sur ses monnaies, il se nomme *Tetrarcha*. (Voy. Eckhel, t. III, p. 263; — Mionnet, t. V, p. 145.)
(9) Joseph., *Ant.*, XIV, 13, 3; *Bell. Iud.*, I, 13, 1.
(10) Joseph., *Ant.*, XV, 4, 1; — Dio Cass., XLIX, 32; — Porphyrii *Fragm.*, dans les *Hist. Gr. fr.*, de Müller, t. III, p. 724, § 0, *ibiq.* Müller. J'ignore pourquoi M. Renan, dans la note 14 de son étude précitée, fixe la date de sa mort en l'an 34.
(11) Joseph., *Ant.*, XIX, 8, 1; XX, 1, 3. Il se nomme sur ses monnaies βασιλεύς. (Voy. Eckhel, *Doct. Num.*, t. III, p. 492; — Madden, *History of Jewish Coinage*, London, 1864, in-8, p. 112.)
(12) Joseph., *Ant.*, XX, 7, 1; *Bell. Iud.*, II, 12, 8.
(13) Joseph., *Bell. Iud.*, VII, 7, 1.
(14)* [Il existe en Syrie deux villes qui portent le nom de *Chalcis*, indé-

titude ne commencent qu'avec Trajan, a une ère de 845=92 et porte le surnom de *Flavia*, il est permis de croire, avec Norisius, qu'elle ne fut incorporée à la province que cette année-là par Domitien (1).

3. LA TÉTRARCHIE D'ABILÈNE (2). — *Abila*, située sur le *Chrysorrhoas* [Bârada], sur la route d'*Heliopolis* [Ba'albek] (3) à *Damascus* [Dammesek ; Dàrmasùk ; Dimeschk-e'-Schàm], au versant oriental de l'Antiliban, aujourd'hui Suk Wàde Bàrada (4), s'appelle, pour se distinguer de son homonyme de la Décapole (voy., ci-dessus, p. 336), *Abila Lysaniae* (5). Elle doit à l'origine avoir appartenu à la dynastie de *Chalcis*, puisque celle-ci touchait immédiatement au territoire de *Damascus* (6) ; et si, comme on l'admet avec vraisemblance, *Leucas* sur le *Chrysorrhoas*, dont nous avons des monnaies, n'est autre qu'*Abila Lysaniae* (7), on est en droit de conclure de l'ancienne ère de *Leu-*

Abilène.

---

pendamment de leurs homonymes de Grèce et d'Épire, et qu'il ne faut pas confondre : l'une est située dans la *Syria superior*, et s'appelle aujourd'hui Kinnesrin; l'autre, dans la *Coelesyria*, et c'est aujourd'hui Andjar. Comp. *supra*, p. 342. — P.L.-L.]

(1) Voy. Norisius, *op. sup. cit.*, *Diss.* III, c. 9, § 3; Eckhel, t. III, p. 265.

(2) Voy. M. Renan, *Mémoire sur la dynastie des Lysanias d'Abilène*, dans les *Mém. de l'Acad. des Inscr. et Bell-Lett.*, t. XXVI, 2, (1870), pp. 49-84. Mon exposé s'écarte du reste en plusieurs points de cette étude.

(3) *Itiner. Anton.*, p. 199.

(4) Voy. la carte de M. Wetzstein. — La situation de cette localité est déterminée par l'inscription rapportée sous le n° 4997 du recueil d'Orelli = Waddington, n° 1874 [= *C. I. L.*, t. III, 1, n° 199] : *Imp. Caes. M. Aurel. Antoninus Aug. Armeniacus et imp. Caes. L. Aurel. Verus Armeniacus viam fluminis vi abruptam interciso monte restituerunt per Iul. Verum leg. pr. pr. provinc. Syr. et amicum suum, impendiis Abilenorum.* Le fleuve dont il est ici question est le *Chrysorrhoas*, aujourd'hui Barada, sur lequel *Damascus* est également située. — [Voy. aussi M. Ett. de Ruggiero, *Dizionar. epigr.*, fascic. 1, Roma, 1886, V° *Abileni*, p. 16, col. 1.]

(5) Ptolémée, (V, 15, 22), ne connaît qu'une Ἄβιλα, ἐπικληθεῖσα Λυσανίου, qu'il compte, ainsi que *Damascus*, au nombre des villes de la Décapole ; dans Josèphe, (*Ant.*, XIX, 5, 1), Claude attribue à Agrippa Ἄβιλαν τὴν Λυσανίου καὶ ὁπόσα ἐν τῷ Λιβάνῳ ὄρει ; grâce à cette addition, la situation de la localité est clairement désignée.

(6) Ptolemaeus, fils de Mennaeus, est nommé par Josèphe, (*Ant.*, XIV, 16, 3), βαρὺς τῇ πόλει γείτων.

(7) Voy. Eckhel, t. III, p. 337; — Mionnet, t. V, p. 308. Pline, (*Nat. hist.*, V, § 82), mentionne dans cette contrée les *Leucadii*, et *Balanea* porte aussi ce nom. Steph. Byz., p. 156 : Βαλανέαι πόλις Φοινίκης, ἡ νῦν Λευκάς.

cas, qui commence en l'an 37 avant J.-C. (1), que la ville tire son nom de Lysanias, qu'Antoine fit mettre à mort en l'an 36. Elle semble avoir passé à cette époque à Cléopâtre ; mais, plus tard, elle tomba au pouvoir de Zenodorus (2), qui — cela résulte d'une inscription récemment découverte — était fils de Lysanias (3), et dont la famille la conserva, après sa mort survenue en l'an 20 avant J.-C. (4). En effet, bien que la plus grande partie des domaines de Zenodorus soit échue à Herodes I (5), on voit cependant encore régner à *Abila* même, en l'an 28 après J.-C., un tétrarque du nom de Lysanias (6), et son territoire ne fut attribué à Agrippa I que sous Claude, en l'an 41 (7). Lorsqu'il mourut, en l'an 44, ce territoire fut probablement administré tout d'abord par le *procurator* de Judée ; et il ne fut incorporé à la province de Syrie qu'en l'an 48 ou 49. En effet, s'il est vrai qu'*Abila* et *Leucas* n'ont été qu'une seule et même ville, l'ère

---

(1) Voy. Eckhel, t. III, p. 338.

(2) Joseph. : *Ant.*, XV, 10, 1 : Ζηνόδωρός τις ἐμεμίσθωτο τὸν οἶκον τοῦ Λυσανίου. *Bell. Iud.*, I, 20, 4 : Ζηνόδωρος, ὁ τὸν Λυσανίου μεμισθωμένος οἶκον. Dans Josèphe, (*Ant.*, XV, 10, 2), sa souveraineté porte le nom d'ἐπαρχία ; dans Dion Cassius, (LIV, 9), celui de τετραρχία. Il est mentionné par Strabon, (XVI, p. 756), et le district sur lequel il exerce son autorité s'appelle encore plus tard οἶκος τοῦ Ζηνοδώρου. (Ioseph., *Ant.*, XVII, 11, 4 ; *Bell. Iud.*, II, 6, 3, où Ζηνοδώρου doit être écrit.) Sur ses monnaies, il se nomme τετράρχης καὶ ἀρχιερεύς. (Voy. Eckhel, t. III, p. 496.) Ces monnaies, datées suivant l'ère des Séleucides, sont des années 32. 30. 26 av. J.-Chr. (Voy. M. Renan, *op. sup. cit.*, p. 63.)

(3) L'inscription rapportée au *C. I. Gr.*, sous le n° 4523, doit, d'après M. Renan, (*Mission*, p. 318), être lue de la manière suivante : — — — θυγατὴρ Ζηνοδώρῳ Λυσ[ανίου τ]ετράρχου καὶ Λυσ[ανία — — — καὶ τ]οῖς υἱοῖς — — — καὶ τοῖς υἱοῖς μνήμης χάριν [εὐσεβῶς ἀνέθηκεν]. M. Renan traite en détail de cette inscription dans les *Mém. de l'Acad.*, (*loc. sup. cit.*, pp. 70 et suiv.).

(4) Joseph., *Ant.*, XV, 10, 3.

(5) Joseph., *ubi supra*.

(6) Lucas, *Ev.*, III, 1 : ἐν ἔτει δὲ πεντεκαιδεκάτῳ τῆς ἡγεμονίας Τιβερίου Καίσαρος, ἡγεμονεύοντος Ποντίου Πιλάτου τῆς Ἰουδαίας καὶ τετραρχοῦντος τῆς Γαλιλαίας Ἡρώδου, Φιλίππου δὲ τοῦ ἀδελφοῦ αὐτοῦ τετραρχοῦντος τῆς Ἰτουραίας καὶ Τραχωνίτιδος χώρας καὶ Λυσανίου τῆς Ἀβιληνῆς τετραρχοῦντος. C'est à lui que se rapporte l'inscription d'*Abila* publiée au *C. I. Gr.*, sous le n° 4521 : Ὑπὲρ [τ]ῆ[ς] τῶν Κυρίων Σε[βαστῶν] σωτηρίας καὶ τοῦ σύμ[παντος] αὐτῶν οἴκου Νύμφαιος — — — Λυσανίου τετράρχου ἀπελε[ύθερος] — —, inscription dans laquelle les κύριοι Σεβαστοί sont Tibère et Livie. (Voy. *C. I. Gr.*, Vol. III, f° 1174. Add., ad n. 4521. — Comp. Eckhel, t. III, p. 497, et M. Renan, *ubi supra*, pp. 68 et suiv.)

(7) Joseph., *Ant.*, XIX, 5, 1 ; XX, 7, 1 ; *Bell. Iud.*, II, 12, 8.

ultérieure de *Leucas*, qui part de l'automne 48, aussi bien que le nom de *Claudia Leucas*, porté par cette dernière, permettent de placer ce fait à l'automne de l'année 48 ou en l'an 49 (1).

4. La dynastie d'Arethusa et d'Emesa (2), qui fut, vraisemblablement depuis l'année 69 avant J.-C., aux mains de Sampsiceramus. En effet, la ville d'*Arethusa* [Restan] a une ère partant de cette année (3). Sampsiceramus ou, en grec, Σαμψιγέραμος (4), dont le nom est ironiquement donné à plusieurs reprises par Cicéron à Pompée (5), fut, à ce qu'il semble, maintenu dans sa possession par ce dernier, en échange d'un tribut à payer aux Romains (6); il en est fait mention dans les années 59 (7) et 44 avant J.-C. (8). Ce prince eut pour successeur son fils Iamblichus (9), qu'Antoine fit mettre à mort, en l'an 31, avant la bataille d'*Actium* (10); mais le fils de celui-ci, également nommé Iamblichus, fut de nouveau rétabli par Auguste, en l'an 20, dans les domaines paternels (11). En l'an 44 après J.-C., on voit de nouveau régner un Sampsiceramus (12),

Arethusa et Emesa.

---

(1) Voy. Eckhel, t. III, p. 338.
(2) Voy. Norisius, *op. sup. cit.*, *Diss.* II, c. 2, § 3 ; — Waddington, sur le n° 2567.
(3) Voy. Norisius, *op. sup. cit.*, III, c. 9, § 7 ; — Eckhel, t. III, p. 340.
(4) C'est ainsi qu'il s'appelle dans Josèphe et dans l'inscription d'*Emisa* (Homs), rapportée par M. Waddington, sous le n° 2567. M. de Vogüé, (*Syrie centrale. Inscriptions Sémitiques*, n° 75), traduit le nom de Samsigeram, que l'on trouve aussi à Palmyre, par *Solis robur*.
(5) Cic., *Ad Att.*, II, 14, 1 ; 16, 2 ; 17, 2 ; 23, 3.
(6) Cic., *Ad Att.*, II, 16, 2 : *Nunc vero, Sampsicerame, quid dices ? Vectigal te nobis in monte Antilibano constituisse, agri Campani abstulisse ?*
(7) Cic., *loc. sup. cit.*
(8) Strabo, XVI, p. 753 : καὶ Ἀρέθουσα ἡ Σαμψιγεράμου καὶ Ἰαμβλίχου τοῦ ἐκείνου παιδός, φυλάρχων τοῦ Ἐμισηνῶν ἔθνους. Strabon énumère ici les dynastes, qui prirent le parti de Q. Caecilius Bassus lors de sa sédition. Quant à cette sédition, elle eut lieu de 46-42 av. J.-Chr. (Voy. Dio Cass., XLVII, 26-28 ; — Joseph., *Ant.*, XIV, 11, 1. — Drumann, [*Gesch. Roms*], t. II, pp. 126-128.)
(9) Ce peut très bien être ce Iamblichus, que Cicéron, (*Ad famil.*, XV, 1, 2), mentionne déjà en l'an 51 : *Eodem die ab Iamblicho, phylarcho Arabum, quem homines opinantur bene sentire amicumque esse rei publicae nostrae, litterae de isdem rebus mihi redditae sunt.*
(10) Dio Cass., L, 13.
(11) Dio Cass., LIV, 9.
(12) Joseph., *Ant.*, XIX, 8, 1, passage dans lequel il est nommé Ἐμισῶν βασιλεύς.

dont la fille Iotape avait épousé Aristobulus, petit-fils d'Hérodes-le-Grand et frère d'Agrippa I (1). Son successeur fut Azizus, qui prit pour femme, en l'an 52, Drusilla, sœur d'Agrippa II (2), et mourut en 54, laissant le trône à son frère Soemus (3), qui régnait encore en 69 et en 72 (4). La dynastie s'éteignit aussitôt après; car les premières monnaies d'*Emesa* [Höms] ont été frappées par Domitien (5); mais la famille paraît avoir survécu, puisqu'une inscription d'*Emesa* de l'année 78 parle d'un C. Iulius Sampsigeramus (6).

Damascus. 5. Damascus [en hébreu, Dammesek; en syriaque, Dârmasûk; en arabe, Dimeschk-e'-Schâm] (7) appartenait, au siècle qui a précédé l'ère chrétienne, à une dynastie royale arabe (nabatéenne), résidant à *Petra* [ruines de Wadi Mùsa] (8), et à laquelle les habitants de *Damascus* s'étaient volontairement soumis, par crainte de Ptolémée de *Chalcis* (9). Six rois de cette famille ont régné sur *Damascus*; leur chronologie a pu être déterminée récemment, d'une manière tout au moins approximative (10), savoir :

1. Harethath (Aretas Philhellène), *c.* 95 — *c.* 50 avant J.-C., en possession de *Damascus* depuis 85.

2. Maliku (Malchus ou Malichus), *c.* 50 — 28.

3. Obodas, *c.* 30 — 7.

4. Harethath Philodemus (Aretas II), 7 avant J.-C. — *c.* 40

---

(1) Joseph., *Ant.*, XVIII, 5, 4.
(2) Joseph., *Ant.*, XX, 7, 1.
(3) Τῷ πρώτῳ τῆς Νέρωνος ἀρχῆς ἔτει (Joseph., *Ant.*, XX, 8, 4).
(4) Tacite, (*Hist.*, II, 81), le mentionne dans la première de ces deux années : Josèphe, (*Ant.*, XX, 7, 1), dans la seconde.
(5) Voy. Mionnet, t. V, p. 227.
(6) Waddington, n° 2567.
(7) Comp. Kuhn, *op. cit.*, t. II, p. 165.
(8) C'est là que résidait Aretas au temps de Pompée (Joseph., *Ant.*, XIV, 1, 4; XIV, 5, 1. — Comp. Kuhn, *op. cit.*, t. II, p. 166, note 1336).
(9) Joseph., *Ant.*, XIII, 15, 2.
(10) Voy. MM. le Duc de Luynes, dans la *Revue numismatique*, 1858, pp. 292 et 362 ; — Victor Langlois, *Numismatique des Arabes avant l'Islamisme*, Paris, 1859, in-4, et spécialement M. Melchior de Vogüé, dans la *Revue numism.*, 1868, pp. 153 et suiv. (étude réimprimée dans ses *Mélanges d'archéologie orientale*, Paris, 1868, in-8, *Appendice*, pp. 21 et suiv.), et *Syrie centrale. Inscriptions Sémitiques*, Paris, 1868, in-fol., f° 115, dont je reproduis ici les conclusions.

après J.-C., dont la fille avait épousé le Tétrarque Herodes Antipas (1).

5. Maliku (Malchus), c. 40 — c. 75, fils du précédent, qui combattit les Juifs, dans les rangs de l'armée de Vespasien (2).

6. Dabel (Zabelus), c. 75 — 106.

M. Aemilius Scaurus, le premier gouverneur de Syrie institué par Pompée, conclut, en l'an 62, avec le prince alors régnant, Aretas, un traité, après que ce dernier eut payé une amende pour les entreprises qu'il avait dirigées contre la province nouvellement organisée (3). Depuis lors, la ville fut, en fait, sujette des Romains (4) et eut quelquefois une garnison romaine (5); mais les rois arabes en reçurent la possession, sans doute en échange d'un tribut. Vers l'an 39, il y avait à *Damascus* un ἐθνάρχης d'Aretas, avec une garnison (6), et c'est en l'an 106 seulement, lorsque l'Arabie Pétrée devint province romaine, que *Damascus* tomba également au pouvoir des Romains; toutefois, cette ville ne fut pas rattachée à l'Arabie, mais à la Syrie (7), dans laquelle on la compte toujours à l'avenir.

6. IUDAEA (8)'. — A la suite de la conquête réalisée par Pom- *Iudaea*, conquise par Pompée.

(1) Joseph., *Ant.*, XVIII, 5, 1.
(2) Joseph., *Bell. Iud.*, III, 4, 2.
(3) Appian., *Syr.*, LI; — Dio Cass., XXXVII, 15; — Plutarch., *Pomp.* XLI; — Joseph., *Ant.*, XIV, 5, 1. A cet événement se rapportent les monnaies de Scaurus avec la légende *REX ARETAS*. (Voy. Eckhel, t. V, p. 131; — Borghesi, *OEuvres*, t. II, p. 186; — Drumann, *op. cit.*, t. I, p. 29; t. IV, pp. 457. 467.)
(4) Hieronymus, *In Iesaiam*, c. XVII : *Alii existimant de Romana captivitate praedici, quando et Iudaeorum a Pompeio captus est populus et Damascus, cui imperabat Areta, similem sustinuit servitutem* ; — Strabo, XVI, p. 779 : πρῶτοι δ' ὑπὲρ τῆς Συρίας Ναβαταῖοι καὶ Σαβαῖοι τὴν εὐδαίμονα Ἀραβίαν νέμονται, καὶ πολλάκις κατέτρεχον αὐτῆς πρὶν ἢ Ῥωμαίων γενέσθαι· νῦν δὲ κἀκεῖνοι Ῥωμαίοις εἰσὶν ὑπήκοοι καὶ Σύροι.
(5) Aussitôt après la mort de César, Josèphe, (*Ant.*, XIV, 11, 7), mentionne un Φάβιον ἐν Δαμασκῷ στρατηγοῦντα.
(6) Paulus, *Ep. ad Corinth.*, 11, 11, 32 : ἐν Δαμασκῷ ὁ ἐθνάρχης Ἀρέτα τοῦ βασιλέως ἐφρούρει τὴν Δαμασκηνῶν πόλιν. (Voy., sur ce passage et sur l'époque à laquelle il se rapporte, Neander, *Gesch. der Pflanzung und Leitung der christl. Kirche durch die Apostel*, t. I, 1847, p. 159.)
(7) Voy. Eckhel, t. III, p. 330.
(8)' [Indépendamment des ouvrages cités p. 330, note 1, *supra*, voy. spécialement, sur la Judée: M. E. Babelon, *Manuel d'archéologie orientale, Chaldée, Assyrie, Perse, Syrie, Judée, Phénicie, Carthage*, Paris, Quantin, s. d. ; —

pée en 694=63 (1)*, la Judée devint une partie de la province

---

Palestine exploration fund; — *Jewish quaterly Review;* — *Revue des Études juives;* — Hegesippus, *De bello judaico et urbis Hierosolymitanae excidio;* acced. *annotationes* Cornel. Gualtheri, Coloniae, 1675, in-12; — C. Sigonius, *De Republica Hebraeorum libri septem*, dans ses *Opera omnia*, t. IV, Mediolani, 1734; — Prideaux, *Histoire des Juifs et des peuples voisins depuis la décadence des royaumes d'Israël et de Juda jusqu'à la mort de Jésus-Christ*, Amsterdam, 1728, 6 voll. in-12; — MM.: René Cagnat, *L'année épigraphique (1888)*, Paris, 1889, n°^{s} 146 et 147; — J. Salvador, *Histoire de la domination romaine en Judée et de la ruine de Jérusalem*, Paris, 1847, 2 voll. in-8; — H. Grätz, *Geschichte der Iuden*, Leipzig, 1852-1866, 9 voll. in-8; — Madden, *History of Jewish Coinage*, London, 1864, in-8; — Léon Renier, *Mémoire sur les officiers qui assistèrent au conseil de guerre tenu par Titus avant de livrer l'assaut au temple de Jérusalem*, Paris, Impr. Imp., 1867, broch. in-4 (Extr. du t. XXVI, 1re Partie, des *Mém. de l'Acad. des Inscr. et Bell.-Lett.*); — J. Derenbourg, *Quelques notes sur la guerre de Bar Kôzébâ et ses suites*, dans la Bibliothèque de l'École des Hautes Études, 35e fascic., Paris, 1878, pp. 157 et suiv. (A ce travail il convient de joindre celui de M. Schwarz. *Der Bar-Cochbaische Aufstand unter Hadrian oder der gänzliche Verfall des jüdischen Reiches*); — A. Darmesteter, *Notes épigraphiques touchant quelques points de l'histoire des Juifs sous l'empire romain*, Paris, 1880, in-8; — Comte de Champagny, *Rome et la Judée, au temps de la chute de Néron (ans 66-72 après Jésus-Christ)*, Paris, 1865, 2 voll. in-12; — Th. Mommsen, *Röm. Gesch.*, t. V, 3^{tte} Aufl., Berlin, 1886, pp. 487-553 = dans la trad. franç. de MM. R. Cagnat et J. Toutain, t. XI, Paris, 1889, pp. 59-163; — W. Liebenam: *Beiträge*, I, Iena, 1886, p. 30, et Tab. n° 24, p. 41; *Forschungen*, I Bd., Leipzig, 1888, pp. 239-246; — Henri Kiepert, *Manuel de géogr. anc.*, trad. franç. par M. Émile Ernault, Paris, 1887, pp. 405 et suiv.; — Rev. H. C. Adams, *History of the Jews (Religions Tract Society)* (ibiq. M. P. A. Barnett, dans l'*Athenaeum* du 14 avril 1888); — David Castelli, *Storia degl' Israeliti*, Milano, 1887-1888, 2 voll. in-8; — P. Maufrin, *Gli Ebrei sotto la dominazione romana*, Roma, Torino, Firenze, 1888 et ann. suiv. (voy., sur le t. I de cet ouvrage, *Literarisches Centralblatt*, 1890, n° 2); — Dr Emil Schürer, *Geschichte des jüdischen Volkes im Zeitalter Jesu Christi*, 2te neu bearbeitete Aufl. des Lehrbuchs der Neutestamentlichen Zeitgeschichte. Erster Theil, erste Haelfte, Leipzig, 1889, in-8 de 256 pp. (la fin de cet ouvrage, dont la 1re éd. remonte à 1874, (1 vol. de 696 pp.), et dont une 2e édition de la seconde partie avait été donnée en 1886 sous le titre : *Die inneren Zustaende Palaestinus und des jüdischen Volkes im Zeitalter J. C.* (1 vol de 884 pp.), doit paraître prochainement); — Gust. Ad. Müller *Pontius Pilatus, der fünfter Prokurator von Judäa und Richter Jesu von Nazareth, mit einem Anhang « die Sagen über Pilatus » und einem Verzeichniss der Pilatus-Litteratur*, Stuttgart, 1889, broch. in-8 de VIII-59 pp. (ibiq. *Berl. phil. Wochenschr.*, 1890, n° 13, et *Zeitschr. für Katholische Theologie* d'Innsbruck, 1890), III Heft [Quartalheft]). — Voy. également, dans la collection *Story of the nations*, le volume intitulé *The Jews under Roman rule*, dont l'auteur est le Révérend W. D. Morrisson (ibiq. *The Academy*, 1890, n° 947, et *The Athenaeum*, 1890, n° 3278), ainsi que l'*Histoire des Juifs* (en polonais), de M. H. Nussbaum, 3 voll. actuellement parus. Comp. enfin M. E. Renan, *Histoire du peuple d'Israël*, Paris, 1887-

(1)' Voir cette note à la page suivante.

de Syrie (1); mais, dès cette époque, elle reçut une administration particulière, tout d'abord relativement aux impôts que,

---

1890, 3 voll. in-8 (seuls encore parus), qu'il convient de citer aujourd'hui à côté du grand ouvrage de M. H. Ewald, *Geschichte des Volkes Israel*, dont le premier vol. parut à Göttingen en 1843, et qui a eu depuis lors plusieurs éditions. — Voy. aussi, à cet égard, MM. Maurice Vernes, *Précis d'histoire juive, depuis les origines jusqu'à l'époque persane* (V° siècle avant J.-C.), Paris, 1889, 1 vol. in-12, avec 2 cartes (*ibique Theologische Literaturzeitung*, 1890, n° 4); — Stade, *Geschichte des vorchristlichen Iudentums bis zur christlichen Zeit*; — Holtzmann, *Das Ende des jüd. Staatswesens und die Entstehung des Christentums*. (Voy., sur ces deux derniers ouvrages, la *Deutsche Litteraturzeitung*, 1890, n° 17.) — Sur Jérusalem, — (la ville des villes existait déjà sous son nom au xv° siècle av. J.-Chr. [voy. MM. Sayce, dans *The Academy*, 1890, I, p. 273; — Salomon Reinach, *Chronique d'Orient*, (n° XXIII), dans la *Revue archéol.*, 3° série, t. XV, sept.-oct. 1890, p. 268, TEL EL-AMARNA; — comp. M. Maspero, *La liste de Sheshonq*, p. 32]), sur sa topographie et sur la Terre-Sainte, voy. le *Bulletin critique*, t. V, Paris, 1884, pp. 175 et suiv., *Variétés*. — Travaux récents sur la topographie de Jérusalem (article signé C. T.); — Victor Guérin : *La Terre Sainte, son histoire, ses souvenirs, ses sites, ses monuments*, Paris, 1882, 1 vol. in-fol., avec 21 pl. hors texte et 300 fig. dans le texte; *Jérusalem, son histoire, sa description, ses établissements religieux*, Paris, 1889, 1 vol. in-8, avec plan de Jérusalem (*ibiq*. D. le Hir, dans le *Bull. critiq.*, 1890, n° 2, [15 janvier], art. 6, pp. 21-23); — *Les voyages de Jésus-Christ, ou description géographique des principaux lieux et monuments de la Terre-Sainte*, Paris, 1831, in-8, carte; — l'abbé J.-J. Bourassé, *La Terre-Sainte. Voyage dans l'Arabie Pétrée, la Judée, la Galilée*, etc., Tours, 1860, in-8; — Le Père Didon, *Jésus-Christ*, Paris, 1891, 2 voll. gr. in-8.] — [N. B. : M. Le Blant a lu dernièrement à l'*Acad. des Inscr. et Bell. Lett.*, (séance du 23 mai 1890; *J. off.* du 25 mai, p. 2501, col. 1), une notice sur un traité du Talmud, le traité d'Aboda-Zara, qui concerne les relations des Juifs avec les païens dans le monde ancien; et il a fait ressortir les analogies que présente la situation des Juifs, telle qu'elle résulte de ce traité, avec celle des Chrétiens dans l'empire romain. — P. L.-L.]

(1)* Dio Cass., XXXVII, 15. 16 ; — Joseph., *Ant.*, XIV, 4, 3; — Eutrop., VI, 14 ; — Oros., VI, 6 ; — Tit. Liv., *Epit.*, CII ; — Strabo, XVI, pp. 762. 763. — Voy. Clinton, *Fast. Hell.*, t. III, *ad ann.* 63, et p. 342; — Fischer, *Roem. Zeittafeln*, sur l'année 63.

(1) Joseph., *Bell. Iud.*, I, 7, 7 : παραδοὺς δὲ ταύτην (τὴν Συριακὴν ἐπαρχίαν) τε καὶ τὴν Ἰουδαίαν καὶ τὰ μέχρις Αἰγύπτου καὶ Εὐφράτου Σκαύρῳ διέπειν, καὶ δύο τῶν ταγμάτων, αὐτὸς διὰ Κιλικίας εἰς Ῥώμην ἠπείγετο. — Ammian., XIV, 8, 12 : *Verum has quoque regiones pari sorte Pompeius Iudaeis domitis et Hierosolymis captis in provinciae speciem rectori delata iurisdictione formavit.* — Que la Judée eût déjà alors une administration propre, tout ainsi que la *Coelesyria*, qui était soumise à l'autorité d'un στρατηγὸς τῆς Κοίλης Συρίας, nommé par le *Proconsul Syriae* (Joseph., *Ant.*, XIV, 9, 5), c'est ce que j'infère de ce fait que Gabinius partagea le pays en cinq districts (Joseph., *Ant.*, XIV, 5, 4; *Bell. Iud.*, I, 8, 5 : διεῖλε δὲ πᾶν τὸ ἔθνος εἰς πέντε συνόδους), dans lesquels Kuhn, (*op. cit.*, t. II, p. 336), voit des *conventus iuridici*. Mendelssohn, (*Senati consulta Romanorum quae sunt in Iosephi antiquitatibus*, dans Ritschl, *Acta Societatis philologae Lipsiensis*, t. V, p. 162), estime

dorénavant, elle paya aux Romains (1). Le gouvernement des rois macchabéens prit fin avec Aristobulus (2), que Pompée amena à Rome, après la prise de Jérusalem (3), et fit figurer dans son triomphe (4); son frère Hyrcanus demeura en Judée comme ἀρχιερεὺς καὶ ἐθνάρχης (5) et fut maintenu dans ses fonctions par César (6). Toutefois, sa dignité n'était que sacerdotale et judiciaire (7); le pays fut administré, comme la Syrie, suivant des circonscriptions urbaines, ayant une organisation

---

qu'Hyrcanus a tout d'abord administré la Judée en qualité d'ἀρχιερεύς, et que Gabinius est le premier à avoir définitivement mis de côté le gouvernement royal.

(1) Joseph., *Ant.*, XIV, 4, 4 : καὶ τὰ μὲν Ἱεροσόλυμα ὑποτελῆ φόρου Ῥωμαίοις ἐποίησεν (Pompeius). *Bell. Iud.*, I, 7, 6 : τῇ δὲ χώρᾳ καὶ τοῖς Ἱεροσολύμοις ἐπιτάττει φόρον. Cf. *Ant.*, XIV, 4, 5 : τήν τε γὰρ ἐλευθερίαν ἀπεβάλομεν καὶ ὑπήκοοι Ῥωμαίων κατέστημεν.

(2) Joseph., *Ant.*, XIV, 4, 5 : καὶ ἡ βασιλεία, ἡ πρότερον τοῖς κατὰ γένος ἀρχιερεῦσι διδομένη τιμή, δημοτικῶν ἀνδρῶν ἐγένετο.

(3) Joseph., *loc. sup. cit.*, et *Bell. Iud.*, I, 7, 7; — Dio Cass., XXXVII, 16; — Appian., *Syr.*, L; — Plutarch., *Pomp.*, XLV.

(4) La relation d'Appien, (*Bell. Mithr.*, CXVII), suivant laquelle il aurait été mis à mort après le triomphe, est contredite par les renseignements qui nous sont parvenus sur ses destinées ultérieures. Nous savons, en effet, qu'en l'an 56 il s'enfuit de Rome et tenta de se rétablir à nouveau en Judée, mais qu'il fut fait prisonnier par Gabinius et renvoyé à Rome (Dio Cass., XXXIX, 56; — Joseph., *Ant.*, XIV, 6, 1 ; *Bell. Iud.*, I, 8, 6). En l'an 49, César lui rendit derechef la liberté, pour agir en Judée contre les partisans de Pompée (Dio Cass., XLI, 18); c'est là qu'il mourut empoisonné (Joseph., *Ant.*, XIV, 7, 4 ; *Bell. Iud.*, I, 9, 1).

(5) Dio Cass., XXXVII, 16; — Joseph., *Ant.*, XIV, 4, 4 ; — Strabo, XVI, p. 765.

(6) Joseph., *Ant.*, XIV, 10, 2 ; 12, 3. Le passage de Josèphe, très altéré dans notre texte, relatif aux dispositions prises par César, est l'objet d'une discussion approfondie de la part de Mendelssohn, dans Ritschl, *Acta societatis philologae Lipsiensis*, t. V, pp. 198 et suiv.

(7) Comp. ce que dit Josèphe, (*Ant.*, XIV, 7, 2), au sujet de l'ἐθνάρχης des Juifs à *Alexandria* : καθίσταται δὲ καὶ ἐθνάρχης αὐτῶν, ὃς διοικεῖ τε τὸ ἔθνος καὶ διαιτᾷ κρίσεις καὶ συμβολαίων ἐπιμελεῖται καὶ προσταγμάτων ὡς ἂν πολιτείας ἄρχων αὐτοτελοῦς. Il existait encore un ethnarque en Judée après la destruction de Jérusalem par Hadrien. Origenes (il mourut en 253 après J.-Chr.) en fait mention, (*Responsio ad Africanum*, c. XIV) : λεκτέον δ', ὅτι οὐδὲν παράδοξον, μεγάλων ἐθνῶν ὑποχειρίων γενομένων, πρὸς βασιλέως συγκεχωρῆσθαι τοῖς οἰκείοις νόμοις χρῆσθαι τοὺς αἰχμαλώτους καὶ τοῖς δικαστηρίοις· καὶ νῦν γοῦν Ῥωμαίων βασιλευόντων καὶ Ἰουδαίων τὸ δίδραχμον αὐτοῖς τελούντων, ὅσα συγχωροῦντος Καίσαρος ὁ ἐθνάρχης παρ' αὐτοῖς δύναται, ὡς μηδὲν διαφέρειν βασιλεύοντος τοῦ ἔθνους ἴσμεν οἱ πεπειραμένοι.

IUDAEA.

aristocratique (1); et, pendant la guerre continuelle qui sévissait sur le pays, soit à raison des troubles intérieurs qui le déchiraient, soit à raison des incursions des Arabes et des Parthes, la présence de troupes romaines et aussi du gouverneur de la province lui-même y fut presque toujours nécessaire. Plus tard, le dernier rejeton de la dynastie royale, le fils du roi détrôné Aristobulus, Antigonus, parvint encore, en l'an 714=40, à chasser Hyrcanus avec l'aide des Parthes et à s'emparer du trône (2). Mais les Parthes ayant été expulsés de la Syrie l'année suivante par Ventidius (3), la Judée fut aussi conquise en l'an 38 avant J.-C. par Sosius, le légat d'Antoine, et Antigonus fait prisonnier et mis à mort (4).

Depuis cette époque, la Judée redevint un royaume qui, attribué dès l'an 40 par Antoine et Octave à l'Iduméen Herodes, surnommé le Grand (5), ne fut, en réalité, gouverné par lui qu'en 37 (6). Quant aux rapports d'Herodes avec les Romains, remarquons qu'une légion, cantonnée à Jérusalem, avait pour mission de faire respecter son autorité (7); que le serment de fidélité était prêté non seulement au roi, mais à l'empereur, comme généralissime (8), et que le roi était tenu de payer un

Herodes-le-Grand.

---

(1) Joseph., *Ant.*, I, 8, 5 : Γαβίνιος — — καθίστησι τὴν ἄλλην πολιτείαν ἐπὶ προστασίᾳ τῶν ἀρίστων. Et plus loin : ἀσμένως δὲ τῆς ἐξ ἑνὸς ἐπικρατείας ἐλευθερωθέντες, τὸ λοιπὸν ἀριστοκρατείᾳ διῳκοῦντο.

(2) Joseph., *Ant.*, XIV, 13, 3. Sur ses monnaies, il se nomme βασιλεύς. (Voy. Eckhel, t. III, p. 480 ; — Madden, *Hist. of Jewish coinage*, pp. 76 et suiv.)

(3) Tit. Liv., *Epit.*, CXXVII ; — Dio Cass., XLVIII, 39-41, et, sur la campagne victorieuse de l'an 38, Dio Cass., XLIX, 19.20 ; —Plutarch., *Anton.*, XXXIV; — Tit. Liv., *Epit.*, CXXVIII.

(4) Dio Cass., XLIX, 22 ; — Plutarch., *Anton.*, XXXVI ; — Tacit., *Hist.*, V, 9 ; — Tit. Liv., *Epit.*, CXXVIII. — Josèphe, (*Ant.*, XIV, 16, 4), place la prise de Jérusalem en l'an 37, parce que c'est avec cette année que commença la domination d'Herodes ; mais cette prise eut lieu en décembre de l'an 38. (Voy. Clinton, *Fast. Hell.*, t. III, ad ann. 38.)

(5) Joseph., *Ant.*, XIV, 14, 5 ; *Bell. Iud.*, I, 14, 4.

(6) Dio Cass., XLIX, 22 ; — Appian., *Bell. civ.*, V, 75 ; — Strabo, XVI, p. 765 ; — Tacit., *Hist.*, V, 9. - Sur l'époque, voy. Joseph., *Ant.*, XVII, 8, 1 : βασιλεύσας μεθ' ὃ μὲν ἀνεῖλεν Ἀντίγονον ἔτη τέσσαρα καὶ τριάκοντα (c'est-à-dire 37-4 avant J.-Chr.), μεθ' ὃ δὲ ὑπὸ Ῥωμαίων ἀπεδέδεικτο ἑπτὰ καὶ τριάκοντα (c'est-à-dire 40-4 av. J.-Chr.).

(7) Ἐπὶ φρουρᾷ τῆς βασιλείας (Joseph., *Ant.*, XV, 3, 7).

(8) Joseph., *Ant.*, XVII, 2, 4 ; cf. XVIII, 5, 3.

Organisation Romaine, t. II.

tribut (1) et de fournir des troupes auxiliaires. En effet, la Judée payait déjà tribut aux Romains depuis Pompée, et l'établissement, assez fréquent, par eux de dynasties indigènes chargées d'administrer telle ou telle contrée de la province, ne pouvait jamais entraîner une diminution des revenus de l'État. Tandis que César avait placé, à côté d'Hyrcanus, un ἐπίτροπος, préposé au paiement du tribut que devait ce dernier, en la personne d'Antipater, père d'Herodes (2), Herodes lui-même doit être regardé comme remplissant en fait, avec le titre de roi, les fonctions d'un *procurator* impérial (3). Herodes s'acquit des

---

(1) Appian., *Bell. civ.*, V, 75 : ἴστη δέ πη (Antoine) καὶ βασιλέας, οὓς δοκιμάσειεν, ἐπὶ φόροις ἄρα τεταγμένοις, Πόντου μὲν Δαρεῖον — — Ἰδουμαίων δὲ καὶ Σαμαρέων Ἡρώδην.

(2) Joseph., *Ant.*, XIV, 8, 5 ; *Bell. Iud.*, I, 10, 3.

(3) Les revenus d'une partie de la Palestine furent, au début, payés à Cléopâtre. (Joseph., *Ant.*, XV, 4, 4: περὶ δὲ τοὺς φόρους, οὓς ἔδει τελεῖν τῆς ὑπ' Ἀντωνίου δοθείσης χώρας, ὁ μὲν Ἡρώδης δίκαιος ἦν, οὐκ ἀσφαλὲς ἡγούμενος διδόναι τῇ Κλεοπάτρᾳ μίσους αἰτίαν. Cf. XV, 7, 3 ; XV, 5, 1.) Après la bataille d'*Actium*, Auguste restitua cette partie à Herodes avec les villes de *Gadara*, d'*Hippos*, de *Samaria*, de *Gaza*, d'*Anthedon*, d'*Ioppe*, et de *Turris Stratonis* (Joseph., *Ant.*, XV, 7, 3; *Bell. Iud.*, I, 20, 3) ; et, en outre, aussi les régions de la *Trachonitis*, de la *Batanaea* et de l'*Auranitis* (Joseph., *Ant.*, XV, 10, 1). Parmi ces dernières, la *Trachonitis*, une ἐπαρχία (*praefectura*) de Syrie (Joseph., *Ant.*, XV, 10, 2), avait été administrée par Zenodorus, de qui Josèphe, (*Ant.*, XV, 10, 1), dit : ἐμεμίσθωτο τὸν οἶκον τοῦ Λυσανίου, c'est-à-dire qu'il avait pris l'administration du pays, moyennant le payement d'un impôt. Après la mort de Zenodorus, Herodes reçut ce pays. Joseph., *Ant.*, XV, 10, 3 : Καῖσαρ δὲ καὶ τὴν τούτου μοῖραν οὐκ ὀλίγην οὖσαν Ἡρώδῃ δίδωσιν, ἣ μεταξὺ τοῦ Τράχωνος καὶ τῆς Γαλιλαίας ἦν, Οὐλάδαν καὶ Πανιάδα καὶ τὴν πέριξ χώραν· ἐγκαταμίγνυσι δ' αὐτὸν τοῖς ἐπιτροπεύουσι τῆς Συρίας, ἐντειλάμενος μετὰ τῆς ἐκείνου γνώμης τὰ πάντα ποιεῖν. Si le même fait nous est rapporté dans le *Bell. Iud.*, (I, 20, 4), en des termes qui se trouvent imprimés de la manière suivante : κατέστησε δὲ αὐτὸν καὶ Συρίας ὅλης ἐπίτροπον — ὡς μηδὲν ἐξεῖναι δίχα τῆς ἐκείνου συμβουλίας τοῖς ἐπιτρόποις διοικεῖν, ce passage ne paraît exact qu'autant qu'on lira κοίλης au lieu de ὅλης. C'est qu'en effet, Josèphe mentionne déjà, (*Ant.*, XIV, 9, 5), un στρατηγὸς τῆς Κοίλης Συρίας, et Herodes n'eut jamais rien à faire avec la Syrie proprement dite. Au contraire, c'est en qualité de *procurator* particulier qu'il administra le pays donné par Antoine à Cléopâtre (Ἡρώδου μισθωσαμένου ; Joseph., *Ant.*, XV, 4, 2), ainsi que les mines de cuivre de Chypre, qu'il avait prises à ferme d'Octave, à raison de cinquante pour cent du gain (Joseph., *Ant.*, XVI, 4, 5). L'entretien de la maison royale et le payement simultané d'un tribut aux Romains imposaient au pays des sacrifices extraordinaires. Il est question d'un quart des récoltes (Joseph., *Ant.*, XIV, 10, 6), qui était payé à *Sidon*, et d'un dixième, qui l'était au roi (Joseph., *ibid.*), plus tard aussi d'une capitation (Appian., *Syr.*, L : καὶ διὰ τοῦτ' ἐστιν Ἰουδαίοις ἅπασιν ὁ φόρος τῶν σωμάτων βαρύτερος

titres à la mémoire de son peuple par l'édification grandiose de la ville de *Caesarea* [ruines de Kaisariye] (1), d'abord *Turris Stratonis*, qui, ainsi nommée en l'honneur d'Auguste, devint le chef-lieu de la province ultérieurement créée de Palestine.

A la mort d'Herodes, en 750=4 avant J.-C. (2), son royaume fut partagé entre ses trois fils, sans qu'aucun d'eux reçût le titre de roi. Les fils d'Herodes.

1. Le meilleur lot, c'est-à-dire la Judée et les contrées limitrophes au Nord et au Sud de la Samarie et de l'Idumée, à l'exception des villes grecques de *Gaza*, de *Gadara* et d'*Hippos*, qui furent immédiatement réunies à la province, échut, avec le titre d'ἐθνάρχης, à Archelaus (3), qui régna de l'an 4 avant J.-C. à l'an 6 de l'ère chrétienne; à cette dernière date, il fut déposé par Auguste, à la requête de ses frères, et exilé à Vienne, en Gaule (4). En 759=6 après J.-C., ce domaine fut appréhendé par le *legatus* impérial de Syrie, P. Sulpicius Quirinius, et recensé comme faisant partie de la province (5); mais l'administration

---

τῆς ἄλλης περιοικίας). Josèphe, (*Ant.*, XVII, 11, 4), rapporte, qu'après le partage du royaume dont nous allons parler incontinent, des trois fils d'Herodes, Antipas reçut annuellement 200 talents, Philippus 100, Archelaus 600, mais qu'auparavant le pays de ce dernier avait payé 800 talents, et qu'en outre Salome, sœur d'Herodes, avait touché 60 talents. Le total se monterait pour le temps d'Herodes-le-Grand à 1. 100 talents. La recette s'éleva plus haut encore sous Agrippa; elle atteignit, en effet, 2. 000 talents (Joseph., *Ant.*, XIX, 8, 2; *Bell. Iud.*, II, 17, 1, et, là-dessus, L. Friedländer, *Index lect.*, Regimont., 1880, I). Le talent des Hébreux vaut, d'après Hultsch, ([*Griechische und Römische Metrologie*, Berlin, 1862, gr. in-8], p. 273), environ 7. 500 marks [= 9. 375 fr.]; par conséquent, toute la recette équivaut à 15 millions de marks [= 18. 750. 000 fr.], et telle doit être la somme que les *procuratores* romains faisaient rentrer.

(1) Voy. la description dans Josèphe, (*Ant.*, XV, 9, 6).
(2) Voy. Clinton, *Fast. Hell.*, t. III, *ad ann.* 750.
(3) Joseph., *Ant.*, XVII, 11, 4; *Bell. Iud.*, II, 6, 3. Il se nomme également ethnarque sur ses monnaies. (Voy. Madden, *op. cit.*, pp. 91 et suiv.)
(4) Dio Cass., LV, 25. 27; — Joseph., *Ant.*, XVII, 13, 2; *Bell. Iud.*, II, 7, 3.
(5) Joseph., *Ant.*, XVII, 13, 5: τῆς δὲ Ἀρχελάου χώρας ὑποτελοῦς προσνεμηθείσης τῇ Σύρων, πέμπεται Κυρήνιος ὑπὸ Καίσαρος, ἀνὴρ ὑπατικός, ἀποτιμησόμενος τὰ ἐν Συρίᾳ καὶ τὸν Ἀρχελάου ἀποδωσόμενος οἶκον. Cf. XVIII, 1, 1 : παρῆν δὲ καὶ Κυρήνιος εἰς τὴν Ἰουδαίων, προσθήκην τῆς Συρίας γενομένην, ἀποτιμησόμενός τε αὐτῶν τὰς οὐσίας. XVIII, 2, 1 : Κυρήνιος δὲ τὰ Ἀρχελάου χρήματα ἀποδόμενος ἤδη, καὶ τῶν ἀποτιμήσεων πέρας ἐχουσῶν, αἳ ἐγένοντο τριακοστῷ καὶ ἑβδόμῳ ἔτει μετὰ τὴν Ἀντωνίου ἐν Ἀκτίῳ ἧτταν ὑπὸ Καίσαρος; — Ἄνανον — ἵστᾳ ἀρχιερέα, c'est-à-dire en l'an 7 de notre ère. Il sera parlé ailleurs du passage

supérieure en fut confiée à un *procurator cum iure gladii* (1), qui reconnaissait cependant l'autorité du gouverneur de Syrie, auquel il se trouvait subordonné, à qui il était réduit à demander des secours militaires et devant lequel il était responsable (2). Cette administration subsista de l'an 6 à l'an 41 de notre ère, et, pendant cette période, elle fut dirigée par sept *procuratores* (3) ; savoir : 1. Coponius (6 après J.-C.) ; 2. M. Ambivius (vers 10 après J.-C.) ; 3. Annius Rufus (en l'an 13) ; 4. Valerius Gratus (de 15 à 26 environ) ; 5. Pontius Pilatus (de 26 à 35) (4) ; 6. Marcellus (en 35) (5) ; 7. Maryllus (38—41) (6).

2. La partie Nord-Est, la plus pauvre (7), qui comprenait les pays de la *Trachonitis*, de l'*Auranitis*, de la *Batanaea*, de la *Gaulonitis* et de l'*Ituraea*, fut attribuée à Philippus avec le titre de τετράρχης (8) ; après la mort de ce dernier, survenue en l'an 34 après J.-C., son domaine fut aussi incorporé à la pro-

---

bien connu de Saint-Luc, (*Ev.*, II, 1), qui place ce recensement en l'année de la naissance du Christ, c'est-à-dire en 752, année dans laquelle Quirinius paraît avoir été pour la première fois *legatus Syriae*. — Comp. M. Th. Mommsen, *Res gestae Divi Augusti*, pp. 124 et suiv. [= dans la dernière éd., Berolini, 1883, pp. 161-178]. — [Voy. aussi, sur P. Sulpicius Quirinius, M. W. Liebenam, *Forsch.*, pp. 364, n° 7, et suiv.]

(1) Joseph., *Ant.*, XVIII, 1, 1 : Κωπώνιός τε αὐτῷ (Quirinus) συγκαταπέμπεται, τάγματος τῶν ἱππέων, ἡγησόμενος Ἰουδαίων τῇ ἐπὶ πᾶσιν ἐξουσίᾳ. *Bell. Iud.*, II, 8, 1 : τῆς δὲ Ἀρχελάου χώρας εἰς ἐπαρχίαν περιγραφείσης, ἐπίτροπός τις ἱππικοῖς παρὰ Ῥωμαίοις τάξεως Κωπώνιος πέμπεται, μέχρι τοῦ κτείνειν λαβὼν παρὰ τοῦ Καίσαρος ἐξουσίαν.

(2) Pontius Pilatus fut déposé par le légat de Syrie, Vitellius, sur la plainte de la βουλή de *Samaria* (Joseph., *Ant.*, XVIII, 4, 2). Le légat Quadratus procéda de la même manière (Tacit., *Ann.*, XII, 54). — [Sur ces deux légats, voy. M. W Liebenam, *op. sup. cit.*, p. 373, n° 16, et pp. 156, n° 8, et suiv.]

(3) La source principale en ce qui les concerne est Josèphe, (*Ant.*, XVIII, 2, 2), qui ne nous fournit toutefois que des données approximatives sur la détermination des dates. — Comp. De Saulcy, dans la *Revue Numismatique*, 1853, pp. 186 et suiv., et ses *Recherches sur la numismatique judaïque*, Paris, 1854, in-4, pp. 136 et suiv. ; — Clinton, *Fasti Rom.*, t. II, p. 235 ; — Madden, dans *Numismatic Chronicle*, 1875, pp. 169 et suiv.

(4) Voy. Borghesi, *Œuvres*, t. V, p. 82. — Joseph., *Ant.*, XVIII, 4, 2.

(5) Joseph., *Ant.*, XVIII, 4, 2.

(6) Joseph., *Ant.*, XVIII, 6, 10.

(7) Joseph., *Ant.*, XVII, 11, 4. Sur les limites et sur l'histoire de la *Batanea* et de l'*Auranitis*, voy. M. Waddington, dans les *Comptes-rendus*, 1865, pp. 102 et suiv.

(8) *Ev. Lucae*, III, 1. — Monnaies dans Madden, *op. cit.*, pp. 100 et suiv.

vince de Syrie (1). Il fonda la ville de *Caesarea Paneas* [Bâniâs], qui compte les années en prenant l'an 3 avant J.-C. pour point de départ (2).

3. La *Galilaea*, qui, suivant Josèphe, comptait 204 villes et villages (3), et la *Peraea* tombèrent dans le lot d'Herodes Antipas (4), qui régna, comme τετράρχης, de l'an 4 avant J.-C. jusqu'à l'an 39 de notre ère, époque où Caligula l'exila à Lyon (5).

Néanmoins, toutes ces parties furent encore une fois réunies entre les mêmes mains. Outre les trois fils dont il a déjà été parlé, Herodes-le-Grand avait eu deux fils plus âgés, qu'il avait lui-même fait mettre à mort, Antipater et Aristobulus (6). Le fils d'Aristobulus, Herodes Agrippa, ou, pour lui donner son nom officiel, M. Iulius Agrippa (7), élevé à Rome et devenu l'ami de Caligula (8), reçut, lors de son avénement, en l'an 37 après J.-C., la Tétrarchie de Philippus (9), puis, en 39, celle d'Herodes Antipas (10); enfin, il obtint de Claude, en 41, la *Iudaea* et la *Samaria* (11), tandis que la principauté de *Chalcis* était donnée à son frère Herodes (12). Tous les domaines d'He-

Herodes Agrippa.

---

(1) Joseph., *Ant.*, XVIII, 4, 6 : τότε δὲ καὶ Φίλιππος — τελευτᾷ τὸν βίον, εἰκοστῷ μὲν ἐνιαυτῷ τῆς Τιβερίου ἀρχῆς, ἡγησάμενος δὲ αὐτὸς ἑπτὰ καὶ τριάκοντα τῆς Τραχωνίτιδος καὶ Γαυλανίτιδος καὶ τοῦ Βαταναίων ἔθνους πρὸς αὐτοῖς. — — Τὴν δ' ἀρχήν — οὐ γὰρ κατελείπετο παῖδας — Τιβέριος παραλαβὼν προσθήκην ἐπαρχίας ποιεῖται τῆς Σύρων.
(2) Voy. Eckhel, t. III, p. 342.
(3) *Iosephi vita*, § 45.
(4) Joseph., *Ant.*, XVII, 8, 1 ; XVII, 11, 4 ; XVIII, 7, 1 ; — *Ev.* Lucae, III, 1 ; III, 19 ; IX, 7 ; — Matth., XIV, 1 ; — *Act. Apost.*, XII, 1.
(5) Joseph., *Ant.*, XVIII, 7, 2. — Le titre de τετράρχης et la 43º année de son règne, c'est-à-dire l'an 39, se trouvent mentionnés sur ses monnaies. (Voy. Norisius, *De nummo Herodis Antipae*, dans ses *Opp.*, Vol. II, fᵒˢ 647-665 ; — Eckhel, t. III, pp. 486 et suiv. ; — Madden, *op. cit.*, p. 99.)
(6) Joseph., *Ant.*, XVII, 7, 1 ; *Bell. Iud.*, I, c. 22-27 ; — Strabo, XVI, p. 765.
(7) Waddington, nº 2142. Cf. *C. I. Gr.*, nº 361.
(8) Joseph., *Ant.*, XVIII, 6.
(9) Joseph., *Ant.*, XVIII, 6, 10 ; *Bell. Iud.*, II, 9, 6 ; — Dio Cass., LIX, 8 ; — Philo, *In Flaccum*, V.
(10) Joseph., *Ant.*, XVIII, 7, 2.
(11) Joseph., *Ant.*, XIX, 5, 1 ; — Dio Cass., LX, 8 ; — Philo, *In Flaccum*, c. XLI ; — Joseph., *Bell. Iud.*, II, 11, 5.
(12) Joseph., *Ant.*, XIX, 8, 1. Il s'appelle aussi βασιλεύς sur ses monnaies. (Voy. Eckhel, t. III, p. 492.)

rodes-le-Grand, ainsi réunis de nouveau sous le sceptre d'Herodes Agrippa, furent gouvernés par ce dernier, avec la dignité royale, pendant sept années, jusqu'en 44 (1). Toutefois, son fils Herodes Agrippa II, aussi connu sous le nom de Marcus Agrippa (2), ne recueillit pas le royaume, à cause de sa grande jeunesse, mais d'abord, en 48/49, la principauté de *Chalcis*, que son oncle avait eue (3). Quatre ans plus tard (53), Claude lui reprit ce domaine et lui donna en échange la Tétrarchie de Philippus (4), avec le titre de roi (5). Néron y ajouta, en 55, les villes de *Tiberias* [Tabariye] et de *Taricheae* [Khân-Minie], en *Galilaea*, de *Iulias*, en *Peraea* (6). Lors de la guerre contre les Juifs, Herodes Agrippa II combattit avec les Romains et fut blessé à *Gamala* (7); ses monnaies vont jusqu'en 95 après J.-C., et, dernier roi de la dynastie juive, il ne mourut que dans la troisième année du règne de Trajan (100 après J.-C.) (8). Depuis l'an 44, la *Iudaea* fut de nouveau administrée par des *procuratores*, résidant à *Caesarea* (9); le royaume tout entier

Procuratores de Judée.

---

(1) Joseph., *Ant.*, XIX, 8, 2. Il porte sur les monnaies le titre de βασιλεὺς μέγας Ἀγρίππας Φιλοκαῖσαρ. (Voy. Eckhel, t. III, p. 492; — Madden, *op. cit.*, p. 106.)
(2) Waddington, n° 2365; — Madden, *op. cit.*, p. 117.
(3) Joseph., *Ant.*, XX, 5, 2; *Bell. Iud.*, II, 12, 1.
(4) Joseph., *Ant.*, XX, 7, 1; *Bell. Iud.*, II, 12, 8.
(5) *Acta Apost.*, XXV, 13; XXVI, 2, et maints autres passages. — Monnaies dans Madden, *op. cit.*, pp. 115 et suiv.
(6) Joseph., *Ant.*, XX, 8, 4.
(7) Joseph., *Bell. Iud.*, IV, 1, 3.
(8) Photii *Bibl. cod.* 33. — Voy. Eckhel, t. III, p. 496. — Comp. Madden, *op. cit.*, p. 133. Ni les renseignements de Josèphe, ni les combinaisons de Madden ne sont suffisants pour l'explication des monnaies d'Agrippa II. On y trouve notamment une ère de l'an 61 après J.-Chr., dont la raison d'être est tout à fait inconnue. (Voy. M. Mommsen, dans la *Numismatische Zeitschrift* de Huber, t. III, 2, (1872), pp. 449 et suiv.)
(9) Joseph., *Bell. Iud.*, II, 15, 6; — *Acta Apost.*, XXIII, 23; XXIII, 33 XXV, 1. — Il est traité de la chronologie des *procuratores* par Ewald, (*Gesch. des Volkes Israel*, 2te Ausg., t. IV, pp. 46 et suiv.). — Tacite, (*Ann.*, XII, 23), disant de l'année 49 de notre ère : *Ituraeique et Iudaei defunctis regibus, Sohaemo atque Agrippa, provinciae Suriae additi*, M. Bormann, (*De Syr. prov.*, p. 4), estime que ce n'est qu'en cette année-là seulement que la Palestine aurait été réunie à la province en même temps qu'*Abila Lysaniae*, tandis que, de 44-49, à raison uniquement de la jeunesse d'Agrippa, elle aurait été confiée à un *procurator*, qui n'aurait pas été placé sous l'autorité du *legatus Syriae*. Le passage suivant de Josèphe, (*Ant.*, XIX, 11 [9], 2), confirme-

eut ainsi à sa tête Cuspius Fadus (44—46) (1) et Tiberius Alexander (46—48) (2); après l'an 48, Ventidius Cumanus (3); en 52, lors de l'attribution à Herodes Agrippa II de la Tétrarchie de Philippus, Claudius Felix devint *procurator* pour le surplus de la Judée (4). Puis viennent: sous Néron, Porcius Festus (61) (5); après sa mort, Albinus (62—64) (6) et Gessius Florus (7) (65—66) (8). Les Juifs tentèrent deux fois encore de secouer le joug qui les opprimait; la prise de Jérusalem par Titus, en l'an 70 après J.-C. (9), eut pour conséquence la destruction de la ville (10), et la dernière guerre faite aux Juifs sous Hadrien (132—135 après J.-C.) (11) amena leur extermination

---

rait cette manière de voir : ἔπαρχον οὖν τῆς Ἰουδαίας καὶ τῆς ἁπάσης βασιλείας ἀπέστειλε Κούσπιον Φάδον, τῷ κατοιχομένῳ (au défunt Agrippa I) διδοὺς τιμὴν τὸ μὴ Μάρσον ἐπαγαγεῖν εἰς βασιλείαν αὐτῷ διάφορον. Cependant, immédiatement après (*Ant.* XX, 1, 1), Josèphe raconte que le *legatus Syriae* Vibius Marsus fut ultérieurement remplacé, et que son successeur Cassius Longinus, qui arriva en même temps que Fadus, partit aussitôt avec une armée pour Jérusalem, afin de prêter main forte à Fadus. La différence qui existe entre Tacite et Josèphe ne saurait donc être écartée à la légère, étant donné que ce dernier paraît placer effectivement en l'année 44 la réunion de la Palestine et de la Syrie.

(1) Joseph., *Ant.*, XIX, 11 [9], 2 : ἔπαρχον οὖν τῆς Ἰουδαίας καὶ τῆς ἁπάσης βασιλείας ἀπέστειλε Κούσπιον Φάδον. Cf. *Ant.*, XV, 11, 4 ; *Bell. Iud.*, II, 11, 6.

(2) Joseph., *Ant.*, XX, 5, 2; *Bell. Iud.*, II, 11, 6. Dans une inscription d'*Aradus* (*C. I. Gr.*, Vol. III, f° 1178, n° 4536 f), on trouve peut-être un ἀντεπίτρο[πος Τιβερίο]υ Ἰουλίου Ἀλ[ε]ξ[άνδρου, ἐπά]ρχου [τ]οῦ Ἰουδαι[κοῦ ἔθνους]. Cependant, la restitution est incertaine. Plus tard, il fut *praefectus Aegypti*. (Voy. *C. I. Gr.*, Vol. III, fol. 311 a ; — Renier, dans les *Mémoires de l'Acad. des Inscr.*, t. XXVI, 1, (1867), p. 295.)

(3) Joseph., *Ant.*, XX, 5, 2 ; *Bell. Iud.*, II, 12, 1. Il est accusé devant le *legatus Syriae* Quadratus, qui l'envoie à Rome à l'empereur. Il est reconnu coupable et envoyé en exil. (Joseph., *Ant.*, XX, 6, 2. 3 ; *Bell. Iud.*, II, 12, 7.)

(4) Joseph., *Ant.*, XX, 7, 1 ; XX, 8, 5 ; *Bell. Iud.*, II, 12, 8 ; II, 13, 2. D'après Tacite, (*Ann.*, XII, 54), Cumanus et Felix étaient en même temps en Judée (voy. Lipsius, sur ce passage).

(5) Joseph., *Ant.*, XX, 8, 9 ; *Bell. Iud.*, II, 14, 1.

(6) Joseph., *Ant.*, XX, 9, 1 ; *Bell. Iud.*, II, 14, 1.

(7) Joseph., *Ant.*, XX, 9, 5 ; *Bell. Iud.*, II, 14, 2.

(8) Joseph., *Bell. Iud.*, II, 14, 4. Sous Vespasien, on trouve encore un M. Antonius Iulianus, ὁ τῆς Ἰουδαίας ἐπίτροπος (Joseph., *Bell. Iud.*, VI, 4, 3), et un Liberius Maximus ἐπίτροπος (Joseph., *Bell. Iud.*, VII, 6, 6).

(9) Voy., en dehors du *Bellum Iudaicum* de Josèphe : Suet., *Tit.*, V ; — Tacit., *Hist.*, V, 1 ; — Dio Cass., LXVI, 4-7 ; — Clinton, *Fasti Rom.*, ad ann. 70.

(10) Joseph., *Bell. Iud.*, VII, 1.

(11) Dio Cass., LXIX, 12 ; — Euseb., *Chron.*, ann. 2148 (132 après J.-Chr.),

presque complète (1). Jérusalem fut à nouveau colonisée par les Grecs et reçut la nom de *Colonia Aelia Capitolina* (2).

Palmyra. 7. La partie la plus orientale de la province comprend enfin le territoire de *Palmyra* [Tedmur]; pendant longtemps, cette ville eut une situation neutre et servit de marché d'entrepôt aux Romains et aux Parthes (3). Deux routes de caravanes faisaient communiquer avec l'Ouest les comptoirs de denrées indiennes, placés sur le Golfe persique, *Charax*, et *Forath* qui en était éloigné de 12 milles romains; l'une conduisait à *Damascus* [Dimeschk-e'-Schâm], en passant par *Vologesias* sur l'Euphrate et par *Palmyra*; l'autre menait directement à *Petra* [ruines de Wâdi-Mùsa] par le désert (4). Il est fait de fréquentes mentions de la première dans les inscriptions de Palmyre (5)

215_0 (134) ; Euseb., *Hist. eccl.*, IV, 6 ; — Spartian., *Hadr.*, XIV ; — Eutrop., VIII, 7 sqq. ; — Syncellus, p. 660, éd. Bonn ; — Pausan., I, 5, 5. — Voy. Clinton, *Fast. Rom.*, ad ann. 132 sq. ; — Ewald, *Gesch. des Volkes Israel*, 2¹ᵉ Ausg., t. VII, pp. 359 et suiv.

(1) Dio Cass., LXIX, 14 ; — Hieronymus, *In Daniel*, c. IX : *Hierusalem omnino subversa est et Iudaeorum gens catervatim caesa.* La *Chron. Pasch.*, (p. 474, éd. Bonn), place par erreur la fondation de la colonie dès l'année 119 de notre ère. (Voy., à cet égard, Clinton, *op. sup. cit.*, p. 118.)

(2) Sur les monnaies. (Voy. Eckhel, t. III, pp. 441-443.) — Dio Cass., LXIX, 12 ; — Euseb., *Hist. eccl.*, IV, 6 ; — Malalas, t. II, p. 279, éd. Bonn. : ὁ δὲ αὐτὸς Ἀδριανὸς ὀργισθεὶς κατὰ Ἰουδαίων ἐκέλευσεν εἰς τὴν Ἱερουσαλὴμ οἰκεῖν Ἕλληνας, μετονομάσας αὐτὴν πόλιν Αἰλίαν. — Ulpian., L. 1, § 6, [*De censibus*], D., L, 15 : *In Palaestina duae sunt [fuerunt*, éd. Mommsen] *coloniae, Caesariensis et Aelia Capitolina, sed neutra ius Italicum habet.* — L'année de la fondation de la colonie est douteuse. (Voy. Madden, dans *The numismatic chronicle*, 1876, pp. 63 et suiv.)

(3) Appian., *Bell. civ.*, V, 9 : ὁ Ἀντώνιος ἔπεμπε τοὺς ἱππέας Πάλμυρα πόλιν, οὐ μακρὰν οὖσαν ἀπὸ Εὐφράτου, διαρπάσαι, μικρὰ μὲν ἐπικαλῶν αὐτοῖς, ὅτι Ῥωμαίων καὶ Παρθυαίων ὄντες ἐφόριοι ἐς ἑκατέρους ἐπιδεξίως εἶχον (ἔμποροι γὰρ ὄντες κομίζουσι μὲν ἐκ Περσῶν τὰ Ἰνδικὰ ἢ Ἀράβια, διατίθενται δ'ἐν τῇ Ῥωμαίων). — Plin., *Nat. hist.*, V, 88 : *Palmyra urbs nobilis situ, divitiis soli et aquis amoenis, vasto undique ambitu harenis includit agros ac velut terris exempta a rerum natura, privata sorte inter duo imperia summa Romanorum Parthorumque, et prima in discordia semper utrinque cura, abest a Seleucia Parthorum quae vocatur ad Tigrim CCCXXXVII mil. passuum.*

(4) Plin., *Nat. hist.*, VI, 145. — Voy. Heeren, *De commerciis urbis Palmyrae vicinarumque urbium*, dans les *Comment. Societ. Goett.*, Vol. III, 1832.

(5) Une caravane s'appelle en grec συνοδία, et son conducteur, συνοδιάρχης. C'est à ce conducteur de leur caravane qu'élèvent un monument οἱ συναναβάντες μετ' αὐτοῦ ἔμποροι ἀπὸ Φοράδου κὲ Ὀλαγασιάδος (*C. I. Gr.*, n° 4489 = Waddington, n° 2589) ; — οἱ σὺ[ν αὐτῷ ἀ]ναβάντε[ς ἀπὸ] Σπασίνου Χάρακος (de

récemment découvertes (1). *Palmyra* était une ville de constitution grecque (2); elle se servait de l'ère des Séleucides et du calendrier macédonien (3). On ne voit nulle part à quel moment elle tomba au pouvoir des Romains; il est déjà question, dans une inscription de l'an 79 après J.-C., d'une φυλὴ Κλαυδιάς, qui doit son nom à l'empereur Claudius, et qui est le plus ancien vestige de l'influence romaine (4); mais *Palmyra* ne fut vraisemblablement occupée qu'en même temps que *Petra* et *Damascus*, en l'an 106. Peu après, en 129, elle reçut la visite d'Hadrien (5), et prit alors le nom d'Ἀδριανὴ Πάλμυρα (6); elle doit à ce prince et à ses successeurs la période la plus

---

Vogüé, n° 6 = Waddington, n° 2596); — οἱ σὺν αὐτῷ κατελθόντες εἰς Ὀλογεσιάδα ἔμποροι (de Vogüé, n° 4 = Waddington, n° 2599). Ces trois inscriptions sont des années 142. 193 et 247 de notre ère. — *Charax*, comptoir sur lequel MM. de Vogüé et Waddington, (*Revue Numism.*, 1866, p. 303 = *Mélanges de numismatique*, 2ᵉ série, pp. 77 et suiv.), fournissent d'autres renseignements, s'appelle Σπασίνου Χάραξ ou *Karak-Hispasina* (Inscription palmyréenne, dans de Vogüé, n° 5), tirant son nom d'un prince dont on possède une monnaie de l'an 124 avant J.-Chr., avec la légende Βασιλέως Ὑσπαοσίνου. (Voy. *Revue numismatique*, 1866, p. 305.)

(1) Halifax a copié, en 1678, les premières inscriptions de Palmyre; à celles qu'il avait réunies un petit nombre est venu s'ajouter, jusqu'à ce qu'en 1861 M. Waddington ait rapporté de Palmyre un riche trésor d'inscriptions grecques, araméennes et bilingues; parmi ces documents, les inscriptions araméennes sont publiées dans M. de Vogüé, *Syrie centrale. Inscriptions sémitiques*, Paris, 1868, in-fol. — [Voy. encore notre *Introd. bibliogr. gén.*, I, B, 1°.]

(2) En l'année 129 de notre ère et plus tard, on voit mentionnés la βουλή et le δῆμος (Waddington, n° 2585); la même année, il est fait mention d'un γραμματεύς (*ibid.*). Il y avait aussi des phyles à Palmyre, qui, du reste, paraissent plutôt avoir été des tribus arabes (*ibid.*, n° 2578). Une inscription de l'an 114 après J.-Chr., (*ibid.*, n° 2627) nous montre que les fonctions du magistrat éponyme sont remplies par quatre ἀργυροταμίαι.

(3) Voy. M. Waddington, sur le n° 2571b.

(4) Waddington, n° 2613.

(5) La présence d'Hadrien à Palmyre est mentionnée par l'inscription rapportée au *C. I. Gr.* sous le n° 4482 = Waddington, n° 2585, dont le texte, rédigé en idiôme palmyréuien, est daté de l'année 130 (de Vogüé, n° 16).

(6) Steph. Byz., p. 498: Πάλμυρα, φρούριον Συρίας· — — οἱ δ'αὐτοὶ Ἀδριανοπολῖται μετωνομάσθησαν ἐπικτισθείσης τῆς πόλεως ἀπὸ τοῦ αὐτοκράτορος. Ce nom ne se rencontre pas dans les inscriptions de Palmyre; mais on trouve, dans une inscription romaine de l'an 236 de notre ère (*C. I. Gr.*, n° 6015), un Λ. Αὐρ. Ἡλιόδωρος Ἀντιόχου Ἀδριανὸς Παλμυρηνός, et cet ethnique permet de conclure au nom de la ville Ἀδριανὴ Πάλμυρα. (Voy. Norisius, *De epoch. Syrom.*, *Diss.* II, c. 3, §2.)

brillante de son histoire (1). A cette époque, la route de caravanes de *Bostra* [Busra] à *Palmyra* fut défendue contre les attaques des Arabes par des postes militaires, dont M. Waddington a trouvé la trace à *Nemara* [Nimre], à l'Est du Hauran, et à une journée de marche de ses derniers villages, à *Téma* et à *Tarba*, puis dans l'oasis de Rouhbé et au pied du volcan Djebel Seis (2), et qui étaient envoyés de *Bostra* (3). Quant à la route de *Damascus* à *Palmyra*, longue de 39 lieues, elle comptait, suivant la *Table de Peutinger*, huit stations intermédiaires, dont deux sont bien connues, savoir : *Nazala* (Qariétein) (4), où se trouvait un corps de troupes vers 400 après J.-C. (5), et *Geroda* (Djeiroud) (6) ; mais la station principale était *Danaba*, où, au temps de la *Notitia*, la legio III Gallica tenait garnison (7). Deux autres routes conduisaient de *Palmyra* à *Emesa* [Höms] et à *Salaminias* [Salemiye] (8). Grâce à ces voies de communication, *Palmyra* acquit pour les Romains une grande importance politique ; elle leur servit notamment de point de départ pour les guerres contre les Parthes ; nous savons, en effet, qu'Alexandre Sévère se trouvait à Palmyre, en 231, au début de sa campagne contre eux, ainsi que son général en chef Rutilius Crispinus (9). Au temps d'Ulpien, c'est-à-dire sous Caracalla, la ville était *colonia iuris Italici* (10),

---

(1) Sur les constructions de Palmyre datant de cette période, voy. Rob. Wood, *Les ruines de Palmyre autrement dite Tadmor*, London, 1753, in-fol. (Cet ouvrage est également publié avec le texte et le titre anglais.) — Comp. Letronne, dans le *Journal des Savants*, 1836, p. 335, et *Recueil des Inscr. de l'Égypte*, t. I, f°⁵ 218 et suiv.

(2) Waddington, n° 2264. — Voy. la carte de Wetzstein (*Abhandl. der Berliner Academie*, 1863), et Wetzstein, *Reise*, p. 128.

(3) Dans les inscriptions de *Nemara* recueillies par M. Waddington, on voit mentionnés un *decurio* (n° 2270), un *eques* de la *leg. III Cyrenaica*, qui tenait garnison à *Bostra* (n° 2271). La troisième cohorte de la *leg. II Parthica* est mentionnée au n° (2729) 2280.

(4) Voy. Porter, *Handbook for Syria*, p. 536.

(5) *Notit. Dignit. Or.*, p. 85.

(6) Voy., sur ces localités, M. Waddington, sur le n° 2571.

(7) *Notit. Dignit. Or.*, p. 85.

(8) Waddington, n°⁵ 2629. 2632.

(9) Voy. l'inscription au *C. I. Gr.*, n° 4483 = Waddington, n° 2598. — Sur l'année, voy. Eckhel, t. VII, p. 273 ; — Clinton, *Fast. Rom.*, ad ann. 231.

(10) L. 1, § 5, [*De censibus*], D., L., 15.

et elle porte encore le titre de colonie dans des inscriptions de l'an 242 (1) et de l'an 262 (2); on ne sait à qui elle le doit; peut-être est-ce à Septimius Severus ? En effet, le nom de Septimius était répandu, tout au moins parmi les citoyens romains de Palmyre (3). Le soulèvement de courte durée tenté par la famille d'Odeynath (4) amena pour la seconde fois la prise et la destruction de la ville par Aurélien, en 273 (5) ; presque toute la population y trouva la mort (6). A compter de cette époque, *Palmyra* fut une place frontière (φρούριον) (7), établie par Dioclétien (8), et où, dès lors, fut stationnée la *legio I Illyricorum* (9). Justinien restaura ses travaux de défense (10), et, depuis Dioclétien, la ville fut rattachée à la Phénicie *Libanesia* (11), comme elle l'avait été autrefois à la *Syria Phoenice* (12).

Après la conquête de la Syrie et de la Palestine, Pompée confia ces pays à M. Scaurus, qui les administra de 63 à 61(13) comme *quaestor pro praetore*. Celui-ci eut pour successeurs, dans son gou-

Administration de la province.

---

(1) De Vogüé, n° 15.
(2) Waddington, n°ˢ 2606ᵃ, inscription dans laquelle elle s'appelle μητροκολωνεία. 2607. Cf. n° 2629. On trouve mentionné, en l'an 252, un δυα[νδρικός], *duumviralis* (*ibid.*, n° 2601); ailleurs, les *IIviri* portent le nom de στρατηγοί, que l'on rencontre dans les années 224-262 (*ibid.*, n°ˢ 2597. 2598. 2601. 2606ᵃ. 2607. Comp. M, de Vogüé, *op. cit.*, p. 18). A côté, on trouve un ἀγορανόμος (*ibid.*, n° 2598).
(3) Septime Sévère éleva également *Tyrus*, *Heliopolis* [Ba'albek] et *Laodicea* au rang de *coloniae iuris Italici* (L. 1, [pr., §§ 2 et 3, fr. Ulpian., *De censibus*], D., L, 15).
(4) Voy. MM. von Sallet, *Die Fürsten von Palmyra*, Berlin, 1866, in-8; — de Vogüé, *op. cit.*, pp. 29 et suiv. ; — Waddington, n° 2600 et suiv. — C'est à cette famille qu'a appartenu Odeynath I, qui s'appelle συγκλητικός, *vir senatorius*, et qui mourut en 251. Ses successeurs sont Heyran, Αἰράνης ou Herennianus, et Odeynath II, mari de Zénobie (dont le nom indigène est Bathzebinah), lequel mourut en 267, et son fils Wahballath.
(5) Sur l'année, voy. Clinton, *Fast. Rom.*, *ad. ann.* 273 ; — M. Waddington, sur le n° 2611. — Sur la seconde conquête, voy. Zosimus, I, 60. 61.
(6) Vopiscus, *Aurelian.*, XXXI.
(7) Steph. Byz., p. 498.
(8) Inscription de Palmyre (Orelli, n° 531 = *C. I. L.*, t. III, [1], n° 133).
(9) *Notit. Dignit. Or.*, p. 85.
(10) Procop., *De aedif.*, II, 11.
(11) Hierocles, p. 717.
(12) Ulpian., L. 1, § 5, [*De censibus*] D., L, 15.
(13) Voy. M. H. Gaumitz, dans les *Leipziger Studien*, t. II, (1879), p. 259.

vernement, d'abord deux *propraetores*, L. Marcius Philippus (61-59) et Lentulus Marcellinus (59-58) ; puis, à cause des guerres contre les Arabes, des *proconsules* avec une armée : d'abord Gabinius (1) (57-55), ensuite Crassus (55-53), à la mort duquel l'administration de la province passa à son *quaestor* Cassius (52-51) (2), enfin M. Calpurnius Bibulus (51-50) (3). Après la bataille de Pharsale, César donna la Syrie, en l'an 47, à S. Iulius Caesar, qui, l'année suivante, fut mis à mort par le Pompéien Caecilius Bassus (4). La province demeura en son pouvoir jusqu'à la fin de l'année 44 ; à cette époque, Cassius s'en empara et prit le titre de *proconsul* (5). Après la bataille de Philippes, Antoine nomma, en l'an 41, son *legatus*, L. Decidius Saxa, gouverneur de Syrie ; la défaite infligée à ce dernier par les Parthes, en 40, entraîna la perte de la province tout entière (6). Les Parthes ayant été de nouveau chassés, dans l'automne de l'année 39, par Ventidius, *legatus* d'Antoine (7), la Syrie retomba sous l'administration des *legati* d'Antoine ; en 38, elle fut administrée par C. Sosius, qui enleva à Antigonus le trône de Judée, pour le donner à Herodes (voy., ci-dessus, p. 353) ; en 35, par L. Munatius Plancus (8),

---

(1) Appian., *Syr.*, LI : Συρίας δ' εὐθὺς ὁ Πομπήιος Σκαῦρον τὸν ἐν τοῖς πολέμοις ἑαυτῷ γενόμενον ταμίαν ἔταξεν ἡγεῖσθαι (cf. Joseph., *Ant.*, XV, c. 4. 5 ; *Bell. Iud.*, I, c. 6. 7. 8 ; — Eckhel, *Doct. Num.*, t. V, p. 131 ; — Borghesi, *Œuvres*, t. II, pp. 186 et suiv., et, sur l'époque, Clinton, *Fast. Hellen.*, t. III, p. 342), καὶ ἡ βουλὴ Φίλιππον ἐπὶ Σκαύρῳ τὸν Μάρκιον, καὶ Μαρκελλῖνον Λέντλον ἐπὶ τῷ Φιλίππῳ, ἄμφω στρατηγικοὺς κατ' ἀξίωσιν. Ἀλλὰ τῶνδε μὲν ἑκατέρῳ διετὴς ἐτρίφθη χρόνος, τοὺς γείτονας ἐνοχλοῦντας Ἄραβας ἀμυνομένῳ. Καὶ τοῦδε χάριν ἐς τὸ ἔπειτα ἐγένοντο Συρίας στρατηγοὶ τῶν τὰ ἐπώνυμα ἀρξάντων ἐν ἄστει, ἵνα ἔχοιεν ἐξουσίαν καταλόγου τε στρατιᾶς καὶ πολέμου οἷα ὕπατοι · καὶ πρῶτος ἐκ τῶνδε ἐπέμφθη Γαβίνιος μετὰ στρατιᾶς. — Sur Gabinius, voy. Drumann, [*Gesch. Roms*], t. III, p. 46.

(2) Voy. Drumann, *op. cit.*, t. II, pp. 118-120.

(3) Voy. Drumann, *op. cit.*, t. II, p. 101.

(4) Voy. Drumann, *op. cit.*, t. III, p. 768 ; t. II, p. 125.

(5) Cic., *Ad famil.*, XII, 11,

(6) Dio Cass., XLVIII, 24 ; — Tit. Liv., *Epit.*, CXXVII. — Voy. Norisius, *Cenot. Pis.*, f° 445.

(7) Tit. Liv., *Epit.*, CXXVII ; — Dio Cass., XLVIII, 39-43 ; — Plutarch., *Ant.*, XXXIII, et, sur la campagne de l'an 38, Plutarch., *loc. cit.* ; — Dio Cass., XLIX, 19-21.

(8) Appian., *Bell. civ.*, V, 144. — Voy. Noris., *Cenot. Pis.*, f° 451 ; — Borghesi, *Œuvres*, t. II, p. 85.

et, en 31, par L. Bibulus (1); puis, en l'an 30, le *legatus* d'Octave, Q. Didius, fut placé à la tête de la province (2). Lors du partage des provinces entre l'empereur et le Sénat, en 727 = 27, la Syrie fut attribuée à l'empereur (3); et, plus tard, elle fut, nous le verrons bientôt, à raison de son importance exceptionnelle au point de vue militaire, administrée par des *legati* consulaires (4), dont la résidence, *Antiochia* [Antâkia; Antioche], l'une des premières villes de l'Empire romain par la grandeur, arriva, comme *metropolis* de la province (5), à un haut degré de prospérité (6). Mais la réorganisation de la province, à la suite du désordre que les guerres civiles avaient produit dans tout l'Orient, se fit attendre longtemps encore. Auguste chargea Agrippa du soin de rétablir l'ordre dans la région de l'Est; ce dernier s'acquitta de cette tâche, comme lieutenant de l'empereur (7), dans les années 23 — 13 avant

---

(1) Voy. Drumann, *op. cit.*, t. II, p. 105; — Borghesi, *Œuvres*, t. II, p. 95.
(2) Dio Cass., LI, 7. — Voy. Noris., *Cenot. Pis.*, f° 454.
(3) Dio Cass., LIII, 12.
(4) Sur les *legati Syriae* jusqu'à Vespasien, voy. Norisius, *Cenotaphia Pisana*, II, c. 16, dans ses *Opp.*, Vol. III, f°ˢ 424-531, et *Diss. de epoch. Syromac.*, dans ses *Opp.*, Vol. II, f° 259; — Eckhel, *Doct. Num.*, t. III, p. 275; — A. W. Zumpt, *Comment. epigr.*, t. II, pp. 73-152. — Il est traité des gouverneurs de 731 à 770 (23 av. J.-Chr. — 17 de notre ère) par M. Mommsen, *Res gestae D. Aug.*, pp. 113 et suiv. [= dans la dernière éd., Berolini, 1883, pp. 163 et suiv.]. — [Sur les légats de Syrie d'Auguste à Dioclétien, voy. M. W. Liebenam, *Forschungen*, I Bd., pp. 359-389.]
(5) Elle porte déjà le titre de μητρόπολις sur ses monnaies avant l'époque romaine (voy. Eckhel, t. III, p. 270) et elle le conserva plus tard. (Voy. Eckhel, t. III, pp. 271.283; — Mionnet, t. V, pp. 148.157.) Elle est souvent mentionnée comme résidence du gouverneur (Joseph., *Ant.*, XVII, 5, 7; XVII, 9, 3,; cet auteur la nomme aussi μητρόπολις τῆς Συρίας : *Bell. Iud.*, III, 2, 4).
(6) Voy. M. O. Müller, *Antiquitates Antioch.*, dans les *Comment. Societ. Goetting. recent.*, Vol. VIII. Comp. l' Ἀντιοχικός de Libanius, Vol. I, p. 275, éd. R.— Saint Jean Chrysostôme, (*Homil. in Ignat.*, § 4, (dans ses *Opp.*, éd. Montfaucon, t. II, p. 597), désigne la commune chrétienne d'*Antiochia* comme δῆμον εἴκοσιν ἐκτεινόμενον μυριάδας. Mais déjà Strabon, (XVI, p. 750), dit qu'*Antiochia* n'est dépassée en grandeur que par *Seleucia* sur le Tigre et par Alexandrie, et naturellement aussi par Rome. Procope, (*Bell. Pers.*, I, 17, p. 87), nomme Ἀντιόχειαν — πλούτῳ τε καὶ μεγέθει καὶ πολυανθρωπίᾳ πόλεων πρώτην ἁπασῶν τῶν ἐν τοῖς ἑῴοις Ῥωμαίων οὖσαν. Cf. II, 8, pp. 189.192. — [Sur *Antiochia*, voy. encore M. Ett. de Ruggiero, *Dizionar. epigr.*, fascic. 10, Roma, 1889, pp. 494, col. 2, V° *Antiochia (Syriae)*, et suiv.]
(7) Τοῦ πέραν Ἰονίου διάδοχος Καίσαρι (Joseph., *Ant.*, XV, 10, 2).

J.-C. (1), et se rendit lui-même en Syrie et à Jérusalem, en l'an 15 (2). Il est difficile de se prononcer, dès à présent, sur le point de savoir si Agrippa remit à ses *legati* l'administration de la Syrie et des autres provinces qui lui avaient été confiées, ou si les gouverneurs ordinaires fonctionnaient sous ses ordres (3). Après l'an 13, la Syrie fut toujours gouvernée par des *legati* consulaires de l'empereur, au nombre desquels on peut citer avec certitude:

---

(1) Son administration commença en l'an 23 avant J.-Chr. (Dio Cass., LIII, 32) et dura dix ans (Joseph., *Ant.*, XVI, 3, 3. — Voy. MM. Zumpt, *op. cit.*, p. 79 ; — Mommsen, *op. cit.*, p. 113 [= dans l'éd. de 1883, p. 163]).

(2) Joseph., *Ant.*, XVI, 2, 1 ; — Philo, *Leg. ad Caium*, p. 589, éd. Mang. Il fonda alors la colonie de *Berytus* (Strabo, XVI, p. 756), qu'Eusèbe, (*Chron.*), place en l'an 14 avant notre ère.— [Voy. aussi M. Léon Renier, *Inscription inédite de Beyrouth*, dans la *Bibliothèque de l'École des Hautes Études*, 35ᵉ fascic., Paris, 1878, pp. 299 et suiv., et, spécialement, p. 301.]

(3) Dio Cass., LIII, 32 : καὶ ὃς (Agrippa) ἐκ μὲν τῆς πόλεως εὐθὺς ἐξώρμησεν, οὐ μέντοι καὶ ἐς τὴν Συρίαν ἀφίκετο ἀλλ' — — ἐκεῖσε μὲν τοὺς ὑποστρατήγους ἔπεμψεν, αὐτὸς δὲ ἐν Λέσβῳ διέτριψε. MM. Zumpt, et Mommsen, (*op. cit.*, p. 114 [= dans l'éd. de 1883, pp. 163 *in fine* et 164 *in init.*]), approuvent cet exposé, et l'une des raisons qu'ils en donnent, c'est que, dans les dix années dont il est question (23-13), aucun autre légat impérial de Syrie n'est nommé. Toutefois, Dion, (LIV, 34), rapporte que le Bessus [*Bessi*, peuple de la Thrace] Vologaesus a tué en Thrace Rhescuporis, et il poursuit en disant : ὡς οὖν οὗτός τε ταῦτα ἐποίει καὶ οἱ Σιαλέται τὴν Μακεδονίαν ἐκακούργουν, Λούκιος Πείσων ἐκ Παμφυλίας, ἧς ἦρχε, προσετάχθη σφίσι. La guerre dura trois ans (13-11 avant J.-Chr. ; Vellei. Paterc., II,98 ; — Tit. Liv., *Epit.*, CXL). Piso était donc ἄρχων Παμφυλίας en l'an 13. Or, il est invraisemblable qu'il n'ait administré que la Pamphylie, puisqu'il avait déjà été consul en l'an 15, et que jamais la Pamphylie ne fut une province consulaire. Il ne pouvait pas plus être *legatus Galatiae*, car la Galatie, elle aussi, est une province prétorienne, ni même *proconsul Asiae*, étant donné que deux années seulement s'étaient écoulées depuis son consulat. Nous savons, d'autre part, que la province de Cilicie fut supprimée par Antoine en l'an 36 et qu'elle fut donnée, partie à Cléopâtre, partie à d'autres, mais qu'après la bataille d'*Actium* elle fut provisoirement confiée au gouverneur de Syrie, et que l'on ne trouve une nouvelle mention d'un gouverneur particulier de Cilicie qu'en l'année 58 de notre ère. (Tacit., *Ann.*, XIII, 33. — Voy. MM. Zumpt, *op. cit.*, p. 96 ; — Mommsen, *op. cit.*, p. 122 [= dans l'éd. de 1883, pp. 172 et suiv].) La Pamphylie appartenait, sans aucun doute, à ces provinces, dont Agrippa avait le commandement supérieur (voy. M. Mommsen, *op. cit.*, p. 113 [= dans l'éd. de 1883, p. 163]) ; elle était, en outre, le meilleur point d'attaque contre les *Homonadenses*, qui, en l'an 25 avant notre ère, avaient tué le roi Amyntas de Galatie (Strabo, XII, p. 569) et se trouvèrent en état de guerre contre les Romains, jusqu'à ce que Quirinius, *legatus Aug. Syriae*, les eût mis dans l'impossibilité de nuire en l'an 3 et en l'an 2 avant J.-C. (voy. M. Mommsen, *op. cit.*, pp. 117 et suiv.

M. Titius, Cos. 723 = 31, *leg. Syriae c.* 745 = 9 (1).
C. Sentius Saturninus, Cos. 735 = 19, *leg. Syr.* 746 = 8.
P. Quinctilius Varus, Cos. 741 = 13, *leg. Syr.* 748 — 750 = 6 — 4.
P. Sulpicius Quirinius, Cos. 742 = 12, *leg. Syr.* 751 — 752 = 3 — 2.
L. Volusius Saturninus, Cos. 742 = 12, *leg. Syr.* 757 — 758 = 4 — 5 après J.-C.
P. Sulpicius Quirinius, Cos. 742 = 12, *leg. Syr. iterum* 759 = 6 après J.-C.
Q. Caecilius Metellus Creticus Silanus, Cos. 760 = 7, *leg. Syr.* 764 — 770 = 11 — 17.
Cn. Calpurnius Piso, Cos. 747 = 7, *leg. Syr.* 770 — 772 = 17 — 19.
L. Aelius Lamia, Cos. 756 = 3, *leg. Syr.* 774 — 785 = 21 — 32.
L. Pomponius Flaccus, Cos. 770 = 17, *leg. Syr.* 785. 786 = 32. 33.
L. Vitellius, Cos. 787 = 34, *leg. Syr.* 788 = 35.
P. Petronius, Cos. 772 = 19, *leg. Syr.* 792 — 795 = 39 — 42 (2).
C. Vibius Marsus, Cos. 770 = 17, *leg. Syr.* 795 — 797 = 42 — 44.
C. Cassius Longinus, Cos. 783 = 30, *leg. Syr.* 798 — c. 803 = 45 — 50.
C. Ummidius Quadratus, Cos. sous Caligula ou Claudius, *leg. Syr.* 804 — 813 = 51 — 60.

[= dans l'éd. de 1883, pp. 168 et suiv.]). Je crois donc que L. Piso doit être compté parmi les *legati Aug. Syriae*, et qu'il se trouvait par hasard en Pamphylie en l'an 13, peut-être même dans la guerre contre les *Homonadenses*. Mais alors, dans ce cas, il n'aurait pas été légat d'Agrippa, mais bien un gouverneur impérial. M. Zippel, (*Die römische Herrschaft in Illyrien*, p. 246), se prononce contre cette conjecture, et lit avec Zumpt, dans le passage de Dion, (LIV, 34), ἐκ τῆς Μυσίας, au lieu de ἐκ Παμφυλίας, leçon par laquelle se trouve dans tous les cas tranchée la question.

(1) Voy. M. Mommsen, *Res gestae D. Aug.*, p. 99 [= dans l'éd. de 1883, p. 141 ; voy. aussi p. 166, et M. A. Allmer, *Les gestes du Dieu Auguste*, Vienne, 1889, p. 147]. Voy. les preuves relatives aux chefs suivants de l'énumération dans MM. Zumpt et Mommsen, *op. et loc. sup. citt.* — [Voy. aussi M. W. Liebenam, *op. et loc. citt.*]

(2) Voy. Borghesi, *Œuvres*, t. III, p. 357.

Cn. Domitius Corbulo, Cos. 792 = 39, *leg. Syr.* 814 — 816 = 61 — 63.

Cestius Gallus, Cos. à une époque indéterminée (1), *leg. Syr.* 818. 819 = 65. 66.

C'est sous ce dernier qu'éclata, en 66, la révolte des Juifs (2), au cours de laquelle le dernier *procurator* particulier de la Judée, Gessius Florus, trouva la mort (3), et Cestius Gallus subit une honteuse défaite, à laquelle il ne survécut pas longtemps (4). A la suite de cette révolte, la Judée reçut, encore à la fin de 66 (5), un *legatus* impérial propre en la personne de Vespasien (Cos. 51), qui fit son entrée en Galilée en mai 67 (6), tandis que la Syrie était placée sous l'autorité du *legatus* C. Licinius Mucianus (7). Après la prise de Jérusalem, en 70, la Judée demeura une province particulière, distincte de la Syrie (8), ayant pour gouverneur, non plus, comme antérieurement, un *procurator*, mais un *legatus* prétorien, et même, en temps de guerre, un *legatus* consulaire de l'empereur, lequel disposait de forces militaires, notamment de la *legio X Fretensis* et de divers corps auxiliaires (9), et avait sous ses ordres un *procurator* (10). La série de ces gouverneurs commence avec

<small>La Judée, province particulière, en 70 après J.C.</small>

---

(1) Suétone, (*Vespas.*, IV), le nomme *legatus consularis*.
(2) Joseph., *Bell. Iud.*, II, 14, 4.
(3) Suet., *Vespas.*, IV.
(4) Suet., *ubi supra*; — Tacit., *Hist.*, V, 10; — Joseph., *Bell. Iud.*, II, 19.
(5) Voy. Zumpt, *op. sup. cit.*, p. 142.
(6) Joseph., *Bell. Iud.*, III, 6, 2-73. Le mois *Artemisius*, que Josèphe nomme, est le mois de Mai. (Voy. M. Waddington, n° 2571b.)
(7) Tacit., *Hist.*, I, 10 : *Suriam et quattuor legiones obtinebat Licinius Mucianus — —, bellum Iudaicum Flavius Vespasianus (ducem eum Nero delegerat) tribus legionibus administrabat*. Le nom de Mucianus est non pas M. Licinius Crassus Mucianus, mais bien C. Licinius Mucianus. (Voy. la liste des *feriae Latinae* dans Marini, *Arvali*, [t. 1], p. 129 = *C. I. L.*, t. VI, [1], n° 2016, et, sur le nom et les trois consulats de Mucianus, Borghesi, Œuvres, t. IV, pp. 345-353.) Josèphe, (*Bell. Iud.*, IV, 1, 5; IV, 10, 6), le mentionne également comme légat de Syrie.
(8) Aurelius Victor, (*Caes.*, IX ; *Epit.*, IX), attribue à Vespasien l'organisation de la province.
(9) Joseph., *Bell. Iud.*, VII, 1, 3; — Dio Cass., LV, 23. — Voy. Henzen, dans les *Iahrb. des Vereins von Allerthumsfreunden im Rheinlande*, 1848, pp. 39 et suiv.
(10) C'est ainsi, par exemple, que Lucilius Bassus, que nous allons men-

S. Vettulenus Cerialis (1); après lui viennent Lucilius Bassus (2), puis, en 72, Flavius Silva (3), qui ne devint consul qu'en 81 (4). Pour l'époque postérieure, voici ceux que nous connaissons : sous Domitien : Cn. Pompeius Longinus, *legatus* de Judée, en 839 = 86 (5) ; sous Trajan : Tiberianus (6) ; Atticus, sans doute Ti. Claudius Atticus (7), père du célèbre Herodes Atticus, en 107 (8); Lusius Quietus, Cos. 115, et ensuite *legatus* de Judée (9); Q. Pompeius Falco, qui fut *leg. Aug. pr. pr. [Iudeae] et leg. X Fret.*, avant d'être consul (10); sous Hadrien:

---

tionner incontinent, avait pour *procurator* Liberius Maximus (Joseph., *Bell. Iud.*, VII, 6, 6). Le Timesitheus, *proc. prov. Syriae Palaestinae*, dont il est parlé dans l'inscription n° 5530 du recueil d'Henzen, est vraisemblablement le même personnage qui devint, [sous Gordien, *praefectus praetorio*. (Capitolin., *Gord.*, XXIII. — Voy. Eckhel, t. VII, p. 319 ; — Renier, dans Borghesi, *OEuvres*, t. III, p. 484.)

(1) Joseph., *Bell. Iud.*, VII, 6, 1 : εἰς δὲ τὴν Ἰουδαίαν πρεσβευτής Λουκίλιος Βάσσος ἐκπεμφθεὶς καὶ τὴν στρατιὰν παρὰ Κερεαλίου Οὐϊτελλιανοῦ (les manuscrits portent Οὐετιλιανοῦ) παραλαβὼν κ. τ. λ. Voy., sur lui, Renier, dans les *Mém. de l'Acad. des inscr.*, t. XXVI, 1, (1867), pp. 309 et suiv. — [Sur les légats de Judée, voy. M. W. Liebenam, *Forsch.*, I Bd., pp. 239-246.]

(2) Il s'appelle πρεσβευτής dans Josèphe, (*Bell. Iud.*, VII, 6, 1).

(3) Joseph., *Bell. Iud.*, VII, 8, 1.

(4) Voy. Borghesi, *OEuvres*, t. III, p. 180.

(5) Diplôme militaire, dans Henzen, n° 5433 [= *C. I. L.*, t. III, 2, f° 857]: *et sunt in Iudaea sub Cn. Pompeio Longino*. — Comp. Henzen, dans les *Iahrbücher des Vereins von Alterthumsfr. im Rheinlande*, 1848, p. 38, et dans le *Bullett. dell'Inst.*, 1848, pp. 24-26.

(6) Chez Iohannes Antiochenus, (dans Müller, *Fr. Hist. Gr.*, t. IV, p. 580), il s'appelle ἡγεμονεύων τοῦ πρώτου Παλαιστίνων ἔθνους, c'est-à-dire de la *Palaestina prima*, qui existait du temps de cet auteur.

(7) Voy. Borghesi, *OEuvres*, t. V, p. 534.

(8) Eusèbe, (*E. H.*, III, 32), fait subir le martyre à Symeon, évêque de Jérusalem, ἐπὶ Τραϊανοῦ Καίσαρος καὶ ὑπατικοῦ Ἀττικοῦ. Suivant Eusèbe, (*Chron. Can.*, p. 163, éd. Schoene), cet événement se passa dans la dixième année du règne de Trajan. Si le titre d'ὑπατικός, *consularis*, peut être entendu dans son sens technique, il suit de là qu'Atticus fut *legatus Iudaeae* après son consulat, et il a été, en effet, deux fois consul (voy. Borghesi, *ubi supra*); toutefois, à l'époque d'Eusèbe, on appelle ὑπατικός, d'une manière générale, ainsi que nous le verrons ci-dessous, un légat, même un prétorien. — [Sur Herodes Atticus, voy. M. C. Huelsen, *Zu den Inschriften des Herodes Atticus*, dans le *Rhein. Mus.*, N. F., 1890, pp. 284 et suiv. (avec une pl.); voy. aussi M. K. Buresch, *evd.*, 1889, pp. 489 et suiv. — P. L.-L.]

(9) Dio Cass., LXVIII, 82 : ὥστε — καὶ ὑπατεῦσαι τῆς τε Παλαιστίνης ἄρξαι. — Euseb., *E. H.*, IV, 2 ; — Syncellus, p. 657, éd. Bonn., passage dans lequel le nom est altéré.

(10) Henzen, n° 5451 [= Wilmanns, *Exempla*, t. I, n° 1170=*C. I. L.*, t. X,

Q. Tineius Rufus, *legatus* de Judée, en 132 (1), année où éclata la guerre avec Barcocheba, et C. Iulius Severus, Cos. 127, qui fut successivement *legatus pr. pr. provinciae Brittanniae, leg. pr. pr. provinciae Iudeae, leg. pr. pr. provinciae Syriae*, et semble avoir administré la Judée, comme successeur de Tineius, jusqu'en 135 (2); sous M. Antoninus : C. Iulius Severus, Cos. 155, πρεσβευτὴς ἀντιστράτηγος Συρίας Παλαιστίνης (3) ; sous M. Aurèle : Flavius Boethus, Cos., en une année qui n'a pu être déterminée (4), *leg. Syriae Palaestinae* en 167 (5) ; C. Erucius Clarus, Cos. 170, ἡγεμὼν Ἰουδαίας ἀντιστράτηγος τοῦ κυρίου αὐτοκράτορος M. Αὐρηλίου Ἀντωνείνου (6), enfin, à une époque indécise, Ulpius Arabianus, ὁ λαμπρότατος ὑπατικός, πρεσβευτὴς καὶ ἀντιστράτηγος τοῦ Σεβαστοῦ Συρίας Παλαιστίνης (7).

1, n° 6321]. Le nom de la province a été complété avec certitude par Borghesi, (*Œuvres*, t. IV, p. 125). L'année du consulat est inconnue. — Sur le personnage, voy. M. Mommsen, *Index Plinii*, p. 422.

(1) Borghesi, (*Œuvres*, t. III, p. 64), place sa légation en 136, et M. Mommsen, (sur Borghesi, *Œuvres*, t. IV, p. 168, n. 1), en fait le successeur de Severus. Cependant, d'après l'unique renseignement qui nous est parvenu de lui, il était présent en qualité de *leg. Iudaeae*, lorsqu'éclata la guerre en l'an 132. (Hieronymus, *In Euseb. Chr. Can.*, éd. Schöne, p. 167: *Iudaei in arma versi Palaestinam depopulati sunt tenente provinciam Tineio Rufo, cui ad opprimendos rebelles Hadrianus misit exercitum;* — Euseb., *E. H.*, IV, 6 ; — Syncellus, p. 660). Si, comme l'admet Henzen, (dans Borghesi, *Œuvres*, t. III, p. 64, n. 3), ce Tineius est le même personnage que celui qui fut *Cos.* en 158 (Orelli, n° 3701 [= Wilmanns, *Exempla*, t. II, n° 1750 = *C. I. L.*, t. XIV, n° 2410]), il s'ensuit qu'il serait devenu légat prétorien et aurait, précisément à raison de ce fait, été remplacé par Severus.

(2) Son nom complet est S. Vinicius Faustinus C. I(ulius) Severus. (*C. I. L.*, t. III, [1], n° 2830. C'est cette inscription qui nous l'a, pour la première fois, fait connaître avec certitude. — Voy., au surplus, Dio Cass., LXIX, 13 ; — MM. Mommsen, dans Borghesi. *Œuvres*, t. IV, p. 168, n. 1 ; — Waddington, *Mémoire sur la chronologie de la vie du rhéteur Aristide*, (dans les *Mém. de l'Acad.*, t. XXVI, 1), p. 26.)

(3) *C. I. Gr.*, n° 4029. — Voy. Borghesi, *Œuvres*, t. III, p. 119 ; t. IV, p. 165.

(4) Galen., Vol. II, p. 215 : Φλάβιος Βοηθὸς ἀνὴρ ὕπατος Ῥωμαίων.

(5) Galen., Vol. XIX, p. 16 : Βοηθὸς ἐξῆλθε τῆς πόλεως ἐμοῦ πρότερος, ἄρξων τότε τῆς Παλαιστίνης Συρίας, ἐν ᾗ καὶ ἀπέθανε. Galenus partit, tandis qu'une peste éclatait à Rome, c'est-à-dire en 167, et il revint dès l'hiver de 168-169. (Voy. Clinton, *Fast. Rom.*, s. ann. 167. 169.)

(6) Inscription d'Éphèse, dans M. Waddington, n° 1842ª.

(7) Inscription d'*Amastris* (*C. I. Gr.*, n° 4151). Cette inscription est, il est vrai, datée de l'année 260 de l'ère d'*Amastris*; mais cette ère n'est pas en-

IUDAEA, PROVINCE PARTICULIÈRE.

Cette liste montre que la Judée ou *Syria Palaestina* fut, sans aucun doute, jusqu'à M. Aurèle, une province particulière, et Ptolémée la présente aussi comme telle (1). Cet état de choses a-t-il survécu à M. Aurèle? Borghesi l'a contesté ; sur la foi de la relation de Dio Cassius, suivant lequel ce prince aurait, après la guerre contre les Parthes (162 — 165), chargé Avidius Cassius de veiller à la sécurité de toute l'Asie (2), il s'est efforcé d'établir que la Palestine fut à cette époque réunie à la Syrie, et que, plus tard encore, à la suite du partage de la Syrie dont il va être question, elle eut la même administration que la *Syria Phoenice* (3). Le mal fondé de cette double conjecture est aujourd'hui reconnu par tous. Encore qu'Avidius Cassius ait eu une situation exceptionnelle, semblable à celle qui avait été faite à Agrippa, dans les années 731 — 744 = 23 — 13 (4), à

---

core déterminée. (Voy. Eckhel, t. II, p. 385.) S'il convient d'en placer le point de départ vers 689 = 65, année dans laquelle *Amastris* fut incorporée à la province de Bithynie, il en résulte que la date de l'inscription est l'année 949 = 196, sous Sévère. — [Sur *Amastris*, voy. p. 266, note 2, *supra*.]

(1) Ptolem., V, 16, 1 : ἡ Παλαιστίνη Συρία ἥτις καὶ Ἰουδαία καλεῖται. Il n'est pas absolument exact que le nom de *Palaestina* soit devenu usuel après la guerre dirigée contre les Juifs par Hadrien (voy. Henzen, dans Borghesi, *Œuvres*, t. IV, p. 160, n. 2; — *Inscr.*, n° 5433 [et non pas 4833, comme l'indique à tort Marquardt, p. 421, note 2 = *C. I. L.*, t. III, 2, f° 857]), étant donné, d'une part, qu'il est déjà fait mention de la *Syria Palaestina* dans Hérodote, (I, 105 ; II, 104), et de la *Palaestina* dans Strabon, (XVI, p. 776), et que, d'un autre côté, le nom de *Iudaea* est encore la dénomination officielle vers 170 de notre ère (voy., ci-dessus, p. 370).

(2) Dio Cass., LXXI, 3 : τὸν μέντοι Κάσσιον ὁ Μᾶρκος τῆς Ἀσίας ἁπάσης ἐπιτροπεύειν ἐκέλευσεν. Ce passage est confirmé par ce fait que Cassius dirigea la guerre en Égypte (Dio Cass., LXXI, 4; — Capitolin, *M. Ant. ph.*, XXI), de même qu'en Arabie et en Arménie (Volcat. Gall., *V. Avid. Cass.*, VI).

(3) Voy. Borghesi, *Œuvres*, t. IV, pp. 160 et suiv. — L'opinion de Borghesi a déjà fait l'objet d'une réfutation détaillée de la part de MM. Kuhn, ([*Die Städt. und bürgerl. Verf.*], t. II, pp. 187 et suiv.), et Bormann, (*op. cit.*, pp. 19 et suiv.; p. 24), aux arguments desquels j'ai pu en ajouter quelques nouveaux. L'inscription rapportée par Muratori, (f° 343, n° 1), qui semblait mentionner un *leg. cunctae Syriae*, et sur laquelle s'appuya Borghesi, (*Œuvres*, t. IV, p. 162), pour en conclure à une réunion plus tard encore existante de toutes les parties de la Syrie, figure aujourd'hui au *C. I. L.*, (t. II, n° 3783), et doit, suivant M. Mommsen, être lue de la manière suivante : *M. Cornelio M. f. Gal. Nigrino — — Cos. leg. Aug. pr. pr. provinc. Moesiae [item pr]ovinc. Syriae*.

(4) Voy. M. Mommsen, *Res gestae D. Aug.*, p. 113 [= dans l'éd. de 1883, p. 163].

Germanicus, en 770 = 17 (1), à Corbulo, en 807 = 54 (2), nous savons que la province qui lui avait été spécialement attribuée était la Syrie (3), où Martius Verus le remplaça comme *legatus*(4), et que les provinces voisines conservèrent leur propre gouverneur, pendant le temps que dura son commandement (5). En effet, étant donné qu'il en fut investi au début de la guerre contre les Marcomans, vraisemblablement lors du retour de L. Verus à Rome (919 = 166) (6) et qu'il l'exerça jusqu'à l'année qui vit son soulèvement et sa mort, c'est-à-dire, suivant l'opinion commune, en 928 = 175, suivant M. Waddington, en 925 = 172 (7), on trouve, dans cette période, comme gouverneurs de Judée, Flavius Boethus et Erucius Clarus (voy. *supra*, p. 370), tandis que Martius Verus était *legatus* en Cappadoce, et Flavius Calvisius préfet en Égypte (8). La Palestine demeura, même après cette époque, une province particulière : cela résulte non seulement de l'existence de ces gouverneurs attestée par les auteurs (9), mais aussi de l'indication officielle de la province sur les monnaies de *Neapolis* [Nâbulus] qui, d'Antoninus Pius à Alexander Severus, s'appelle Φλαουία Νεάπολις Συρίας Παλαιστίνης (10), de *Tiberias* [Tabariye],

---

(1) Tacit., *Ann.*, II, 43.
(2) Tacit., *Ann.*, XIII, 8, 9.
(3) Volcat. Gallicanus, *V. Avid. Cass.*, V ; — Dio Cass., LXXI, 3¹. — Il s'appelle πρεσβευτής Σεβαστῶν ἀντιστράτηγος, dans l'inscription de l'an 169 (*C. I. Gr.*, n° 4544 = Waddington, n° 2525) ; — πρεσβ. Σεβ(αστοῦ) (ἀντιστράτηγος), dans l'inscription de l'an 170 (Waddington, n° 2331) ; — ὑπατικός, dans les inscriptions des années 169 et 171 (Waddington, n°⁵ 2212. 2237. 2438).
(4) Dio Cass., LXXI, 20.
(5) De même, sous Germanicus, Piso, gouverneur de Syrie, était connu, ainsi que Ummidius Quadratus, sous Corbulo.
(6) Capitolin., *M. Ant. ph.*, XII, 13 : *Dum Parthicum bellum geritur, natum est Marcomannicum, quod diu eorum, qui aderant, arte suspensum est, ut finito iam Orientali bello Marcomannicum agi posset. Et quum famis tempore* (ann. 167) *populo insinuasset de bello, fratre post quinquennium reverso* (ann. 166) *in senatu egit, ambos necessarios esse dicens bello Germanico imperatores.*
(7) Waddington, n° 2212.
(8) Dio Cass., LXXI, 23. 28.
(9) Dion Cassius, (LV, 23), énumère les légions qui existaient de son temps, c'est-à-dire sous Élagabale et Alexandre Sévère ; parmi ces légions, il y en a deux en Judée, la *VI Ferrata* et la *X*.
(10) Voy. Eckhel, t. III, p. 435 ; — Mionnet, t. V, pp. 500-606; *Suppl.* VIII, pp. 346-352.

qui, sous Commode, emprunte la même désignation (1), et de *Caesarea* [ruines de Kaisariye], qui, à partir de Decius Traianus (249 — 251), s'intitule *metropolis provinciae Syriae Palaestinae* (2); enfin, de la mention de plusieurs gouverneurs, savoir : en laissant de côté Ulpius Arabianus, déjà cité et dont l'époque est incertaine, Achaeus, sous Gallienus (*c.* 261) (3), Flavianus, en l'an 303 (4), Urbanus, sous Dioclétien, en l'an 304 (5), et son successeur Firmilianus, sous Constantin, en l'an 308 (6).

Tandis que la Judée ou *Syria Palaestina* demeurait ainsi séparée de la Syrie depuis l'an 66 après J.-C., la Syrie elle-même fut plus tard divisée en deux provinces : la *Syria magna* ou *Syria Coele*, et la *Syria Phoenice* (7). Leur étendue ne correspond que très imparfaitement aux régions autrefois désignées sous les mêmes noms; en effet, on appelle désormais *Syria Coele* toute la Syrie du Nord, dont le chef-lieu est *Antiochia*, et dont dépend aussi la Commagène (8); quant à la *Syria Phoenice*, elle comprend, en dehors de la Phénicie proprement dite, à l'Est la région intérieure d'*Heliopolis*, d'*Emesa*, de *Damascus* et de *Palmyra* (9), avec celles d'*Auranitis*, de *Batanea* et de *Trachonitis*, qui ne furent réunies à la province d'Arabie

Division de la province en *Syria Coele* et *Syria Phoenice*.

---

(1) Monnaie de Commode, dans la *Numismatische Zeitschrift* de Huber et Karabaček, 1869, p. 401 : ΤΙΒεριέων τῶν Κλαυδιέων CVPίας ΠΑΛαιστίνης.
(2) Voy. Echkel, t. III, p. 432; — Mionnet, t. V, pp. 493-497; *Suppl.* VIII, pp. 340-343.
(3) Euseb., *E. H.*, VII, 15.
(4) Euseb., *De mart. Palaest.* prooem., p. 260, éd. Vales. = p. 313, éd. Schwegler : ἡγεῖτο μὲν Φλαβιανὸς τοῦ τῶν Παλαιστινῶν ἔθνους.
(5) Euseb., *De mart. Pal.*, III.
(6) Euseb., *De mart. Pal.*, VIII. IX. XI.
(7) Ulpien, qui écrivait sous Caracalla, distingue, (L. 1, [pr., §§ 3. 5. 6, *De censibus*], D., L, 15), dans l'énumération qu'il fait des colonies romaines, trois provinces syriennes : la *Syria Coele*, la *Syria Phoenice* et la *Syria Palaestina*. De même Dion Cassius, (LIII, 12; LV, 23; LXXIX, 7), désigne les deux provinces syriennes sous le nom de *Coele* et de *Phoenice*.
(8) Voy. Kuhn, *op. cit.*, t. II, pp. 193 et suiv., qui a traité ce sujet avec soin.
(9) Ulpian., L. 1, [*passim, De censibus*], D., L, 15. — *Heliopolis* appartient à la *Syria Phoenice* en l'an 213. (Voy. l'inscription publiée au *C. I. L.*, t. III, [1], n° 202 = Renan, *Mission*, p. 311.) Hierocles, (p. 717), compte aussi *Emesa* et *Palmyra* dans la *Syria Phoenice*.

que sous Dioclétien (1). Déjà Hadrien avait projeté cette division de la Syrie (2); mais elle ne fut réalisée que par Severus, avant l'année 198 (3). En effet, non seulement Ptolémée (sous Antoninus Pius) parle encore de la province, comme formant un tout indivis, mais les gouverneurs de Syrie portent, jusque sous Severus, le simple titre de *legati Syriae*; titre qui est, sous Antoninus Pius et sous M. Aurèle, celui de Burbuleius (4), de L. Attidius Cornelianus (*ann.* 162) (5), de Iulius Verus (163 — 165) (6), d'Avidius Cassius (166-172) (7), de M. Pon-

---

(1) Dans les localités du Hauran, l'usage de l'ère de *Bostra* ne commence qu'en 295 après J.-Chr. Jusqu'à cette époque, on compte d'après les années de l'empereur régnant. (Voy. M. Waddington, sur les n°⁵ 2081. 2088. 2114. 2463.)

(2) Spartian., *Hadr.*, XIV : *Antiochenses inter haec ita odio habuit, ut Syriam a Phoenice separare voluerit, ne tot civitatum metropolis Antiochia diceretur*. — Faute d'autre source chronologique, j'ai d'abord admis, à l'exemple de Norisius, (*De epoch. Syromaced., Diss.* IV, c. 1 et 3), de Godefroy, (*Ad Cod. Th.*, Const. 11, [*De tironibus*], VII, 13), et de Boecking, (*Ad Notit. Dignit. Or.*, p. 129), qu'Hadrien aurait été l'auteur de cette division, bien que Spartien ne lui en attribue que l'intention. D'après les travaux que nous possédons aujourd'hui de Borghesi, (*Œuvres*, t. IV, pp. 160-173), de MM. Kuhn, (*op. cit.*, t. II, pp. 190 et suiv.), Bormann, (*op. cit.*, pp. 13 et suiv.), Waddington, (dans Borghesi, *Œuvres*, t. VIII, p. 434), il n'est pas douteux que la division dont s'agit ne procède de Septime Sévère. Le passage de Justin Martyr, qui écrivit aussitôt après la guerre dirigée contre les Juifs par Hadrien, (*Dial. c. Tryphon.*, c. LXXVIII : ὅτι δὲ Δαμασκὸς τῆς Ἀραβικῆς γῆς ἦν καὶ ἔστιν, εἰ καὶ νῦν προσνενέμηται τῇ Συροφοινίκῃ λεγομένῃ), doit donc être entendu seulement de la région et non de la province. (Voy. Kuhn, *ubi supra*.)

(3) Tertullien la mentionne expressément dans son écrit *Adv. Marcionem*, (III, 13), qu'il a rédigé dans la quinzième année du règne de Sévère (année 207) : *Et Damascus Arabiae retro deputabatur, antequam transscripta erat in Syrophoenicen ex distinctione Syriarum*.

(4) Henzen, n° 6484 [= Wilmanns, *Exempla*, t. I, n° 1181 = *C. I. L.*, t. X, 1, n° 6006]. — [Voy., sur lui, M. W. Liebenam, *Forsch.*, pp. 124, n° 11, et suiv.; 382, n° 39; 462 et 463.]

(5) Capitolin., *M. Ant. ph.*, VIII :... *qui Syriam tunc administrabat*, c'est-à-dire lors de l'explosion de la guerre contre les Parthes, en 162; et il mourut en 198. — Henzen, n° 6057 [= *C. I. L.*, t. VI, 1, n° 2004]. — [Voy. encore, sur lui, *C. I. Gr.*, n° 4661 (cf. *Add.*, t. III, f° 1183); — Henzen, n° 5484 = Le Bas-Waddington, t. III, 1, n° 2562ᵈ = *C. I. L.*, t. III, 1, n° 129. — M. W. Liebenam, *op. cit.*, pp. 382, n° 42, et suiv.]

(6) Orelli, n° 4997 = Waddington, n° 1874 = *C. I. L.*, t. III, [4], n° 199. — [Voy. M. W. Liebenam, *op. cit.*, p. 383, n° 44.]

(7) Voy. *supra*, p. 372. — [Voy., sur lui, M. W. Liebenam, *op. cit.*, pp. 383 *in fine*, n° 45, et suiv.]

tius Laelianus (1), de Pertinax (2), et, en 193, de Pescennius Niger (3), et sous lequel ils administrent des pays plus tard compris dans la *Syria Phoenice* (4). Mais c'est en 198 seulement (5), et, plus tard, en 213 (6), que l'on trouve un *legatus provinciae Phoenices*, dont il est encore possible de constater l'existence par la suite (7); et, à la même époque, on voit appa-

---

(1) Il fut *Cos.* en 163, et, plus tard, *leg. Syriae* (Orelli, n° 3186 [= Henzen, t. III, p. 510 = *C. I. L.*, t. VI, 1, n° 1497]). — [Voy., sur lui, M. W. Liebenam, *op. cit.*, pp. 282, n° 19, et suiv., et p. 386, n° 46.]

(2) Dans les dernières années du règne de Marc-Aurèle (Capitol., *Pert.*, II. III). — [Voy., sur lui, M. W. Liebenam, *op. cit.*, pp. 102, n° 28, et suiv.]

(3) Herodian., II, 7, 4 : Συρίας ἡγεῖτο πάσης. Πολλὴ δὲ ἦν καὶ μεγίστη ἀρχὴ τότε τοῦ δὴ Φοινίκων ἔθνους παντὸς καὶ τῆς μέχρις Εὐφράτου γῆς ὑπὸ τῇ Νίγρου ὄντων ἐξουσίᾳ. Hérodien, dont l'histoire va jusqu'en 238, dit ici expressément que la division de la Syrie, qu'il connaissait, n'avait pas encore été opérée au temps de Niger. — [Sur ce légat, voy. M. W. Liebenam, *op. cit.*, pp. 143, n° 21, et suiv., et p. 387, n° 52.] — [Voy., sur la liste qui précède et qui doit être complétée, M. W. Liebenam, *op. cit.*, pp. 382 et suiv., n°s 39 et suiv.]

(4) C'est ainsi que, dans le voisinage de *Damascus*, dans la localité aujourd'hui appelée El-Khisbé, stationnait la *coh. I Chalcidenorum*, qui se trouvait placée sous le commandement d'Attidius Cornelianus, *leg. Syr.* en 162 (*C. I. L.*, t. III, [1], n° 129 = Waddington, n° 2562ᵈ). Ce même légat est mentionné au n° 4661 du *C. I. Gr.*, dans une inscription de *Gerasa* dans la *Decapolis*. De son côté, Iulius Verus construisit (163-165) une route près d'*Abila Lysaniae*, qui appartient plus tard aussi à la *Syria Phoenice* (Hierocles, p. 717). Voy. Orelli, n° 4997 = *C. I. L.*, t. III, [1], n° 199 = Waddington, n° 1874.

(5) Orelli, n° 905 = *C. I. L.*, t. III, [1], n° 205 = Waddington, n° 1844 : *per Q. Venidium Rufum, leg. Augg. pr. pr. praesidem provinc. Syriae Phoenices*. Voy., dans M. Renan, (*Mission*, pp. 376 et suiv.), trois autres inscriptions de *Sidon* datant de la même année, et relatives à des constructions de routes faites par ce même légat. [Voy., sur lui, M. W. Liebenam, *op. cit.*, p. 131, n° 6, et p. 387, *sub fin.*, n° 55.]

(6) *C. I. L.*, t. III, [1], n° 202 : *per D. Pium Cassium, leg. Aug. pr. pr. praesidem provinciae Syriae Phoenices*. — [Voy. M. W. Liebenam, *op. cit.*, p. 388 *in init.*, n° 57.]

(7) M. Kuhn, (*op. cit.*, t. II, p. 194), cite encore: Marius Secundus τῆς Φοινίκης προστατῶν, sous Macrin (Dio. Cass., LXXVIII, 35); — Crispinus, *praeses Phoeniciae*, sous Dioclétien, ann. 292 (Const. 3, [*De div. rescr.*], C. Iust., I, 29); — Marcellinus, *praeses Phoeniciae*, ann. 342 (Const. 1, [*De formulis et impetrat. act. sublatis*], C. Iust., II, 58 [57, éd. Paulus Krueger]); — et, à une époque encore postérieure, les *consulares Phoenices* : Iulianus, en 362 (Const. 52, [*De decurion.*], C. Th., XII, 1); Leontius, en 372 (Const. 9, [*De lustrali collat.*], C. Th., XIII, 1); Petrus, en 380 (Const. 9, [*De filiis militar. apparit. et veteran.*], C. Th., VII, 22); — Const. 83, [*De decurion.*], C. Th., XII, 1). — [Voy. aussi M. W. Liebenam, *op. cit.*, pp. 388-389, n°s 59 et suiv.]

376 ORGANISATION DE L'EMPIRE ROMAIN.

raître les *legati Syriae Coeles* (1) ou *Syriae maioris* (2), ayant sous leurs ordres un *procurator Syriae Coeles* (3), ce qui permet de placer sous Severus et aux environs de l'année 194 la division de la province en *Syria Coele* et *Syria Phoenice*.

Division ultérieure en sept provinces. Ces trois provinces furent plus tard transformées en sept, dont la configuration géographique, vers l'année 535 après J.-C., nous est connue par le témoignage d'Hierocles (4), savoir :

1. La *Syria prima*, avec les villes d'*Antiochia*, de *Seleucia*, de *Laodicea*, de *Gabala* [Djebêl], de *Paltos* [Belde], de *Beroea*, de *Chalcis*.

2. La *Syria secunda*, avec les villes d'*Apamea*, d'*Epiphanea*

---

(1) On connaît parmi eux : L. Marius Maximus, *Cos.* 195, *leg. Augg.* (c'est-à-dire *Severi et Caracallae*) *pr. pr. provinciae Syriae Coelae* (Henzen, n° 5502, et mieux dans Borghesi, *Œuvres*, t. V, p. 457; comp. p. 466, aujourd'hui au *C. I. L.*, t. VI, [1], n° 1450); — Simonius Proculus Iulianus [*leg. Aug. Su*]*riae Coeles* [*C. I. L.*, t. VI, 1, n° 1520], d'après Borghesi, (*Œuvres*, t. III, p. 482), sous Gordien [Sur ces deux légats, voy. M. W. Liebenam, *op. cit.*, pp. 201 *in init.*, n° 30, et suiv.; 148, n° 34, et suiv.; 387 *in fine*, n° 56, et 388, n° 61; voy. aussi pp. 461. 471]; — L. Aelius Helvius Dionysius, *praeses Syriae Coele*[*s*] avant 298 (Orelli, n° 60 = Borghesi, *Œuvres*, t. III, p. 106 [= Wilmanns, *Exempla*, t. I, n° 1224 = *C. I. L.*, t. VI, 1, n° 1673]); — et, plus tard : Hierocles, *consularis Syriae Coeles*, ann. 344 (Const. 7, [*Quorum appellationes non recipiantur*], C. Th., X, 1); — Theodorus, *consularis Syriae Coeles*, ann. 347 (Const. 8, [*Quorum appell.*], C. Th., XI, 36); — Festus, *consularis Syriae*, ann. 365 (Const. 11, [*De cohortal., principib., cornicular. et primipilar.*], C. Th., VIII, 4). Dans les *subscriptiones* des Constitutions de Dioclétien, le mot *Syria* figure seul dans le titre, sans l'addition du mot *Coele* ; c'est ainsi qu'on trouve : Carisius [Charisius], *praeses Syriae*, ann. 290 (Const. 9, [*De quaestionibus*], C. Iust., IX, 41); — Primosus, *praeses Syriae*, ann. 293 (Const. 6, [*De praescript. longi temp. decem vel vig. ann.*], C. Iust., VII, 33); — Verinus, *praeses Syriae*, ann. 294 (Const. 20, [*De procuratorib.*], C. Iust., II, 13 [12, ed. Paulus Krueger]).

(2) Q. Atrius Clonius, *leg. Aug. pr. pr.* — *Syriae maioris* (Gruter, f° 365, n° 7 = *C. I. L.*, t. II, n° 4111), sous Sévère (L. 7, [§ 2, fr. Ulpian., *De suspect. tutor. et curat.*], D., XXVI, 10 ; — Borghesi, *Œuvres*, t. III, p. 396). —[Voy., sur lui, M. W. Liebenam, *op. cit.*, pp. 128, n° 18; 231, n° 21; 388, n° 58; 394 *in fine*, n° 25.]

(3) Aelius Ianuarius [*procurator*] *Syriae Coeles* (Gruter, f° 346, n° 1 = *C. I. L.*, t. II, n° 4135). Qu'il faille restituer par le mot *proc.*, et non pas, ainsi que le veut Kuhn, (*op. cit.*, t. II, p. 195), par le mot *legatus*, c'est ce que montrent les autres fonctions de Ianuarius indiquées dans l'inscription.

(4) M. Kuhn, (*op. cit.*, t. II, pp. 314-388), traite en détail de la situation géographique de ces provinces.

[Hamah], d'*Arethusa* [Restan], de *Balanea* [Baniâs], de *Raphaneae*, de *Seleucobelos*.

3. L'*Augusta Euphratensis*, avec les villes de *Cyrus* (Cyrrhus) [Khoros], d'*Hierapolis* [Membidj], de *Samosata* [Samsat], de *Zenyma*, de *Germanicia*.

4. La *Phoenice*, aussi appelée Φοινίκη πάραλος (1), avec les villes de *Tyrus* [Sûr], de *Ptolemaïs* [Akka], de *Sidon* [Sàida], de *Berytus* [Beirût], de *Byblos* [Djebêl], de *Bostrys* [Batrùn], de *Tripolis* [Tarâbolus-esch-Schâm], d'*Arcae* [Tell-Arka], d'*Arados* [Ruâd] (2)*, de *Paneas* [Bàniâs].

5. La *Phoenice Libanesia*, avec les villes d'*Emesa* [Höms], de *Laodicea*, d'*Heliopolis* [Ba'albek], d'*Abila*, de *Damascus*, de *Palmyra*.

6. La *Palaestina prima*, avec les villes de *Caesarea*, de *Diospolis* [Ludd], d'*Azotos* [Esdud], d'*Aelia Capitolina* (Jérusalem), de *Neapolis* [Nâbulus], de *Sebaste* [ruines de Sebastie], d'*Anthedon* [Nezle], de *Ioppe*]Yâfa], de *Gaza* [Ghazze], d'*Ascalon* [ruines d'Askalân].

7. La *Palaestina secunda*, avec les villes de *Scythopolis* [Beisàn], de *Gadara*, d'*Antiochia ad Hippum*, de *Tiberias* [Tabariye], de *Gabae*.

En l'absence de tout renseignement sur la formation de ces provinces, j'avais admis, sur la foi de la *Liste de Vérone*, que l'*Euphratensis* remontait à Dioclétien même ; en effet, il était venu trois ou quatre fois de sa personne en Syrie (3) ; de là, en 288, il avait dirigé la guerre contre les *Saraceni* (4) ; il avait

---

(1) Euagrius, *Hist. eccl.*, III, 33 ; — Malalas, XIII, p. 345, éd. Bonn.

(2)* Sur *Arados*, voy. M. Ett. de Ruggiero, *Dizionar. epigr.*, fascic. 20, Roma, 1890, V° *Aradus*, p. 610, coll. 1 et 2.]

(3) Il se trouvait en 288 à *Antiochia* et à *Emesa* ; en 299, à *Damascus*; en 299 et en 300, à *Antiochia*. (Voy. M. Mommsen, dans les *Abhandl. der Berl. Acad.*, 1860, pp. 425. 443-445.)

(4) Mamertini *Panegyr. in Maximianum*, c. VII : Credo, itidem optimam illam fertilemque Syriam velut amplexu suo tegebat Euphrates, antequam Diocletiano sponte se dederent regna Persarum. — Mamertini *Geneth. Maximiani*, c. IV : Omitto Sarmatiae vastationem oppressumque captivitatis vinculis Saracenum.

fortifié *Palmyra* (1), et séparé, vers 295, les régions de la *Batanea*, de l'*Auranitis* et de la *Trachonitis* de la Syrie, pour les réunir à la province d'Arabie (2). Les travaux de Kuhn (voy., ci-dessus, p. 43, note 1) ont réduit à néant cette conjecture, et établi, je crois, que l'*Euphratensis* a été constituée dans la période comprise entre 341 et 353 (3), tandis que la *Syria Coele*, la *Syria Phoenice* et la *Palaestina* sont demeurées réunies tout au moins jusqu'en 381 ; elles n'ont été vraisemblablement divisées que sous Arcadius, peut-être de 395 à 399 (4), de telle manière que ce qui restait de l'ancienne province, après la séparation, fut placé sous l'autorité d'un *consularis*, la partie distraite, au contraire, étant confiée à un *praeses* (5).

Communes urbaines.

Pour les pays de l'intérieur de la Syrie, qui, primitivement, avaient été réfractaires à la vie des villes, la période de civilisation commence sous les Séleucides et prend fin sous la domination romaine. C'est aux Séleucides, et particulièrement à Seleucus Nicator, que la Syrie doit la plupart de ses villes (6); les princes juifs suivirent leur exemple, en créant *Caesarea* (*turris Stratonis*), *Samaria* (Sebaste), *Tiberias* et d'autres villes; et les Romains eux-mêmes ne se bornèrent pas, aussitôt qu'ils

---

(1) Inscription de Palmyre (Orelli, n° 513 = Waddington, n° 2626 = *C. I. L.*, t. III, [1], n° 133).

(2) La preuve de cette assertion ressort de ce que, depuis l'année 295, on abandonne, dans ces régions, la computation des années d'après celles du règne des empereurs, et de ce que l'on se sert de l'ère de *Bostra*. (Voy. M. Waddington, n°° 2081. 2349. 2463.)

(3) Il en est fait mention en 353 par Ammien, (XIV, 8. 7); en 359, dans les actes du Concile de *Seleucia* (voy. Mansi, t. III, f° 322); dans les années 359-363, dans plusieurs passages de Libanius, qui nomme même un de ses gouverneurs, Iulianus (voy. Sievers, *Leben des Libanius*, pp. 254. 287); en 381, dans les actes du Concile de Constantinople (voy. Mansi, t. III, f° 569); en 385, dans le *Laterculus* de Polemius Silvius (voy. M. Mommsen, dans les *Abh. der sächs. Gesellsch. der Wiss.*, t. III, p. 255).

(4) Telle est aussi l'opinion de M. Mommsen, *(Polemii Silvii laterculus*, [*ubi supra*], p. 259 ; — *Abhandl. der Berliner Academie*, 1862, p. 503).

(5) Je renvoie, sur l'histoire de ces provinces, à M. Kuhn, *Ueber das Verzeichniss der römischen Provinzen, aufgesetzt um 297*, dans les *Iahrbücher für classische Philologie*, 1877, pp. 697 et suiv., où il est traité des provinces syriennes pp. 708 et suiv., et des *praesides et consulares* mentionnés, pp. 713 et suiv.

(6) Ammian., XIV, 8, 5. — M. Kuhn, ([*Die städt. und bürgerl. Verf.*], t. II, pp. 314 et suiv.), traite en détail de l'état des villes de Syrie.

eurent pris possession de la province, à restaurer les villes détruites, mais, jusqu'à la fin de leur domination, ils en édifièrent de nouvelles, et, en dépit des guerres intérieures et extérieures, dont, à diverses reprises, la province fut le théâtre, ils ont enrichi le pays, en ouvrant des routes, en assurant leur sécurité, et en créant un commerce actif avec l'Occident, et ont porté les villes les plus importantes, en particulier celle qui était le siège de l'administration, à un haut degré de prospérité. Les districts inhospitaliers du Haurân eux-mêmes acquirent, sous leur action, une certaine culture, qui ne survécut pas à la domination romaine (1). Ni l'influence grecque, ni l'influence romaine n'ont complètement pénétré en Syrie; les divers dialectes, syriaque, hébreu, phénicien, araméen et palmyréen se maintinrent, tout comme le genre de vie des habitants, en associations de tribus et de villages (2); néanmoins, l'élément romain avait une assiette solide dans les nombreuses places de garnison et dans les colonies romaines. En fait de troupes romaines, il y avait en Syrie, à l'époque d'Auguste, et spécialement sous l'administration du *legatus* Varus (748 — 750 = 6 — 4 avant J.-C.), trois légions (3); en l'an 23 après J.-C., il y en eut quatre (4), savoir: *leg. VI ferrata, leg. X Fretensis, leg. III Gallica* (5),

---

(1) Voy. M. Waddington sur le n° 2329 : « *Le Haourân n'a jamais joui que d'une seule période de tranquillité et de bon gouvernement, c'est celle qui embrasse les siècles prospères de l'empire romain; après, comme avant, il a été habité par des races plus ou moins nomades et à moitié barbares.* »

(2) La notion de la μητροκωμία est propre à la province de Syrie. On entend par là l'état de fait qui résulte de ce qu'un village est, en l'absence de toute ville, nommé chef-lieu d'un district. C'est ainsi que, dans la Trachonitis, on connait trois *Metrocomiae* : Βορεχαθ Σαβαων (Waddington, n° 2396); *Zorava* [Zora'a] (*ibid.*, n° 2480), qui apparait plus tard, en l'an 512 de notre ère, comme une ville et comme siège d'un évêque (*ibid.*, n° 2497), et *Phaena* (*ibid.*, n° 2524 = *C. I. Gr.*, n° 4544), où stationnait une garnison de la *leg. III Gallica* et de la *leg. XVI Flavia Firma* (Waddington, n°s 2525-2536ᵃ). Epiphanius,(*Anacephal.*, dans ses *Opp.*, éd. Petav., t. II, p. 145), mentionne τὴν Βάκαθον, μητροκωμίαν τῆς Ἀραβίας τῆς Φιλαδελφίας.

(3) Joseph., *Ant.*, XVII, 10, 9; *Bell. Iud.*, II, 3, 1.

(4) Tacit., *Ann.*, IV, 5. — Sur l'histoire des légions ci-après nommées, voy. M. Grotefend, dans la Pauly's *Realencycl.*, t. IV, pp. 863 et suiv.

(5) Elle combattit déjà dans la guerre d'Antonius contre les Parthes (Tacit., *Hist.*, III, 24). Avant l'année 54 de notre ère, elle stationna un certain temps en Germanie; mais, depuis cette époque, ce fut de nouveau en Syrie.

leg. XII fulminata (1); sous Alexander Severus, c'est-à-dire après la première division de la province, cinq, savoir : dans la *Syria Coele*, *leg. IV Scythica* et *leg. XVI Flavia*; en Judée, *leg. VI ferrata* et *leg. X Fretensis*; dans la *Phoenice*, *leg. III Gallica* (2). Parmi ces légions, la *leg. IV Scythica* avait encore, vers 400 après J.-C., son quartier général à *Oresa*, sur l'Euphrate, qui n'est peut-être autre qu'*Orima*; la *leg. XVI Flavia Firma* avait le sien à *Sura* [Sùra], sur l'Euphrate (3) ; la *leg. X Fretensis*, à *Ailath*, en Palestine, sur la mer Rouge (4) ; la *leg. III Gallica*, à *Danaba* (5). Ces légions demeurèrent ainsi, pendant des siècles, dans la province ; et elles y étaient distribuées entre des places nombreuses, comme le prouvent, par exemple, des inscriptions de la *leg. III Gallica*, que l'on a trouvées à *Sidon* [Sâida] (6), à *Berytus* (7), à *Aera* [es-Sanamein], dans l'*Auranitis* (8) et à *Phaena* [ruines de Musmê]; dans la *Trachonitis* (9).

Colonies. La fondation de colonies romaines commence par *Berytus*, *colonia iuris Italici* (10), où Auguste envoya, en 740 = 14, des

---

(Voy. M. Mommsen, *Res gest. D. Aug.*, p. 46 [= dans la nouv. éd. de 1883, p. 68 *in fine* et note 2. — Voy. aussi M. Allmer, *Les gestes du Dieu Auguste*, Vienne, 1889, pp. 226 et suiv.].)

(1) Sous Titus, elle fut envoyée en Cappadoce.
(2) Dio Cass., LV, 23. — Sur la *leg. X Fret.*, voy., ci-dessus, p. 368.
(3) *Notit. Dignit. Or.*, p. 88.
(4) *Notit. Dignit. Or.*, p. 79 ; — Eusebii *Onomasticon*, éd. Larsow et Parthey, p. 22.
(5) *Notit. Dignit. Or.*, p. 85.
(6) *C. I. L.*, t. III, [1], n° 152.
(7) Orelli, n° 932 = Waddington, n° 1845 = *C. I. L.*, t. III, [1], n° 206. — [Sur *Berytus*, voy. Léon Renier, *op. et loc. citt.*, p. 366, note 2, *supra*; voy. aussi note 10, *infra*.]
(8) *C. I. Gr.*, n° 4554 = Waddington, n° 2413f.
(9) Waddington, n°⁵ 2528, 2528ᵃ.
(10) Sur les monnaies et dans les inscriptions, *Colonia Iulia Augusta felix Berytus* (Eckhel, t. III, n° 356; — Orelli, n° 514 = Waddington, n° 1842 [= *C. I. L.*, t. III, 1, n° 165; — voy. encore *C. I. L.*, t. III, 1, n°ˢ 161. 166, et 2, n° 6041]). Qu'elle provienne d'Auguste, c'est ce que nous montre Ulpien, (L. 1, § 1, [*De censibus*], D., L, 15). L'année de la fondation nous est indiquée par Eusèbe, (*Chron. Can.*, éd. Schoene, p. 143). Un *IIvir quinquennalis* de la colonie est mentionné dans l'inscription rapportée par M. Waddington sous le n° 1841ᵈ. — Comp., au surplus, Strabo, XVI, p. 756; — Nonnus Dionys., XLI, pp. 389 et suiv. ; — Norisius, *Cenotaph. Pis.*, I, c. 2; — Zumpt, *Comment. epigr.*, t. I, p. 379; — M. Mommsen, *Res gestae divi Aug.*, p. 43 [= dans la nouv. éd. de 1883, p. 65; voy. aussi M. A. Allmer, *op. sup. cit.*, pp. 68

vétérans de la *legio V Macedonica* et de la *legio VIII Augusta*, et où fut installée, à partir du commencement du troisième siècle, une célèbre école de droit romain (1), et par *Heliopolis* (Baalbek), qui, également créée par Auguste, reçut, sous Septimius Severus, le *ius Italicum* (2). Puis viennent, sous Claude, *Ptolemais*, où furent établis, à titre de colons, des vétérans empruntés à diverses légions (3); sous Vespasien, *Caesarea* (*turris Stratonis*) (4), et *Nicopolis* (Emmaus) ; toutefois, cette dernière, bien que, par son origine, elle fût une colonie militaire, ne semble pas avoir eu les droits et le titre d'une colonie romaine (5); sous Hadrien, *Aelia Capitolina* (Jérusalem) (6) ; sous

---

in fine et suiv.]. — [Voy. encore M. W. Kubitschek, *Imp. Rom. trib. discr.*, pp. 257 et suiv. et le renvoi à Léon Renier de la note 7, *supra*). — [Sur le *jus italicum*, voy. t. I de cette traduction = t. VIII de la collection, p. 119, texte et note 6, et p. 325, *Add.* à cette note; voy. aussi notre *Introd. bibl. gén.*, VI, *passim*.]

(1) *Totius orbis descriptio*, dans Müller, *Geogr. min.*, t. II, p. 517 : *Berytus civitas valde deliciosa et auditoria legum habens, per quam omnia Romanorum iudicia stare videntur.* Voy. Godefroy, sur ce passage. — Gregorius Thaumaturgus raconte, dans son *Orat. paneg. ad Orig.*,(*Opp.*, éd. Gerard Vossius, 1603, in-4, p. 186), écrite vers l'année 239, qu'il a commencé à apprendre le latin en Cappadoce et à y étudier le droit romain, puis qu'il est allé à Béryte: ἡ δὲ (*Berytus*) οὐ μακρὰν ἀπέχουσα τῶν ἐνταῦθα πόλις ῥωμαϊκωτέρα πως καὶ τῶν νόμων τούτων εἶναι πιστευθεῖσα παιδευτήριον. P. 187 : εἰ ἐπὶ τὴν Βηρυτίων ἔλθοιμεν πόλιν, ἐκεῖ τὸ τῶν νόμων μάθημα ἐκπονήσαντες. Puisqu'il nous parle de sa jeunesse, Béryte doit avoir déjà possédé une École de Droit peu après l'an 200.

(2) Ulpian., L. 1, § 2, [*De censibus*]. D., L, 15. Elle s'appelle *Colonia Iulia Augusta felix Heliopolitana* (*C. I. L.*, t. III, [1], n° 202 = Renan, *Mission*, p. 314); *colonia Heliupolis* (Kellermann, *Vig.*, n° 284; — Mionnet, t. V, p. 299 ; *Suppl.* VIII, p. 210; — Eckhel, t. III, p. 334). — Zumpt, (*Comment. epigr.*, t. I, p. 418), en attribue la création à Hadrien. — [Sur les villes dont la mention suit, voy. M. Kubitschek, *op. cit.*, pp. 257 et suiv., et, sur celle-ci en particulier, p. 259.]

(3) Plin., *Nat. Hist.*, V, 75. — Sur les monnaies elle s'appelle *colonia Claudia* et les légions sont désignées par les chiffres VI. IX. X. XI. (Voy. Mionnet, t. V, p. 475.)

(4) Plin., *Nat. hist.*, V, 69; — Paulus [et non Ulpian., comme l'écrit par erreur Marquardt, p. 428, note 5], L. 8, § 7, [*De censibus*], D., L, 15. — Sur les monnaies, *Colonia prima Flavia Augusta Caesarensis* (Eckhel, t. III, p. 430 ; comp. Iustinian., *Nov.* CIII, (*De proconsule Palaestinae*), pr.).

(5) Huit cents vétérans y furent établis (Joseph., *Bell. Iud.*, VII, 6, 6). Sur la localité, voy. Euseb., *Onomasticon*, éd. Larsow et Parthey, p. 187 ; — Sozomenus, *Hist. eccles.*, V, 21. — Cette ville a une ère qui part de l'année de sa fondation, 824 = 71; mais elle n'est citée nulle part comme colonie. (Voy. Eckhel, t. III, p. 454.)

(6) C'est en l'année 135 de notre ère (voy. Clinton, *Fast. Rom.*, ad ann.

Septimius Severus, *Laodicea*, *Tyrus*, *Sebaste* (*Samaria*) (1), et peut-être *Palmyra* (2); sous Caracalla, *Antiochia* (3) et *Emesa* (4); sous Élagabale, *Sidon* (5); sous Alexander Severus, *Damascus* (6); sous Philippus, *Neapolis* (7); enfin, à une époque indéterminée, *Caesarea ad Libanum* (*Arca*) (8), *Gaza* (9) et *Gadara* (10). Ajoutons qu'un exemple remarquable de la marche qu'a suivie la colonisation romaine nous est fourni par une localité de la *Batanea* qui, dans les inscriptions, porte le nom d'Ἐακκαία (11), mais que Ptolémée appelle Σακκαία [ruines de

---

131) qu'elle fut fondée par des colons grecs. (Dio Cass., LXIX, 12; — Euseb., *E. H.*, IV, 6; — Malalas, XI, p. 279, éd. Bonn.; — Norisius, *De epoch. Syromac.*, dans ses *Opp.*, Vol. II, fᵒˢ 338 et suiv.; — Zumpt, *Comment. epigr.*, t. I, p. 417; — Ulpian., L. 1, § 6, [*De censibus*], D., L, 15 : *In Palaestina duae sunt* [*fuerunt*, éd. Mommsen] *coloniae, Caesarienses* [*Caesariensis*, éd. Mommsen] *et Aelia Capitolina, sed neutra ius Italicum habet*; cf. L. 8, § 7, [*in fine*, fr. Paul., et non L. 8, § 8, comme l'indique à tort Marquardt, p. 428, note 7], D., *cod.*) — Sur les monnaies, *Colonia Aelia Capitolina* (Eckhel, t. III, pp. 441-443). L'inscription rapportée par M. Waddington, sous le nᵒ 1895, mentionne un *decretum decurionum* de la colonie sous Antonin-le-Pieux.

(1) L. 1, § 3; prooem.; § 7, [fr. Ulpian., *De censibus*], D., L, 15. — Eckhel, t. III, pp. 319. 387. 440.

(2) Voy., ci-dessus, pp. 362 *in fine* et suiv.

(3) L. 8, § 5, [fr. Paul., *De censibus*], D., L, 15. — Eckhel, t. III, p. 302. — Sur les monnaies, elle porte le titre de colonie depuis Élagabale. (Voy. Mionnet, t. V, pp. 204 et suiv.; *Suppl.* VIII, p. 145.)

(4) L. 1, § 4, [fr. Ulpian., *De censibus*], D, L, 15. — Eckhel, t. III, p. 310; — Mionnet, t. V, pp. 228 et suiv. — Voy. M. Mommsen, dans la *Zeitschrift für Rechtsgeschichte*, t. IX, (1870), p. 112, note.

(5) Eckhel, t. III, pp. 371. 387. — Elle s'appelle *Colonia Aurelia Pia*. (Voy. Mionnet, t. V, pp. 384 et suiv.)

(6) Eckhel, (t. III, p. 331), place la création de la colonie sous Philippus; toutefois, il existe déjà une monnaie d'Alexandre Sévère portant *COL. ΛΑΜΑC. MET.* (Voy. Mionnet, t. V, p. 292, nᵒ 61.)

(7) Eckhel, t. III, pp. 437; — Mionnet, t. V, p. 506.

(8) Eckhel, t. III, pp. 360 et suiv. — Voy. Zumpt, *Comment. epigr.*, t. I, p. 433.

(9) Elle ne se trouve mentionnée qu'une seule fois dans l'inscription d'un poids reproduite par M. Waddington, (nᵒ 1904) : Κολωνίας Γάζης, ἐπὶ Ἡρώδου Διοφάντου ιε? Cependant, il est fait mention d'un *duovir*, et *Gaza* se servait d'un calendrier romain. (Hieronymus, *Opp.*, Vol. IV, 2, fᵒ 78. — Voy. Beugnot, *Histoire de la destruction du paganisme*, Genève, 1850, in-8, t. I, p. 255.)

(10) Il n'en est fait également qu'une seule mention (*C. I. L.*, t. III. [1], nᵒ 181 = Renan, *Mission*, p. 191) : *DIS MANIBVS L PHILOCALVS L F* [M. Mommsen lit [*pra*]*ef.*] *COLonia VALENtia GADARA MIL LEG X Fr*(*etensis*) 7 *CRANII ROmanI HSE*.

(11) Waddington, nᵒ 2073.

Schakka] (1); elle commence par être une κώμη (2), mais elle a une garnison (3), se sert du calendrier romain (4), emploie la manière de compter romaine (5), et la langue romaine (6); elle possède un théâtre (7); enfin, de Kome, elle devient une ville, et même une colonie (8), dont l'ère est difficile à fixer avec certitude, mais doit être vraisemblablement placée à la fin du premier siècle après J.-C. (9).

Nous n'avons, sur les *sacra* de la province, que peu d'informations. On rencontre, il est vrai, un κοινὸν Συρίας (10) et un Συριάρχης (11), un κοινὸν Φοινίκης (12), et un Φοινικάρχης (13); mais nous ne sommes suffisamment renseignés ni sur ces associations de fêtes, ni sur les métropoles, où les fêtes étaient ordinairement célébrées. *Antiochia* était, déjà sous les Séleucides, *metropolis* de Syrie et demeura, sous les Romains, la résidence du gouverneur (14); elle était le siège du κοινὸν Συρίας (15), où se réunirent dix-sept villes, au temps de Libanius (16); de même, *Caesarea* est le chef-lieu de la province de Palestine (17). Mais

Régime des *sacra*.

---

(1) Ptolem., V, 15. 26.
(2) Waddington, n° 2136.
(3) Waddington, n° 2144.
(4) πρὸ ζ' ἰδῶν Μαρ(τίων) (*ibid.*, n° 2136).
(5) D'une construction quelqu'un prend à sa charge 3/12, c'est-à-dire *tres unciae* (*ibid.*, n° 2146).
(6) Voy. l'inscription latine, *ibid.*, n° 2137.
(7) *Ibid.*, n° 2136.
(8) *Ibid.*, n° 2139.
(9) ἔτους τῆς πόλ(εως) τί (*ibid.*, n° 2159, *ibiq.* M. Waddington).
(10) Monnaie de Trajan (Mionnet, t. V, p. 110).
(11) [Const. unic., *De officio comitis Orientis*], C. Iust., I, 36; — Const. 1, [pr., *De natural. lib. et matrib. eor.*], C. Iust., V, 27; — Iustinan., *Nov.* LXXXIX, 15.
(12) Monnaie de Caracalla (Mionnet, t. V, p. 334).
(13) Const. 1, [pr., *De natural. lib. et matrib. eor.*], C. Iust., V, 27; — Iustinian., *Nov.* LXXXIX, 15.
(14) Voy. ci-dessus, p. 365.
(15) *C. I. Gr.*, n° 2810.
(16) Libanii *Epist.* 1454, éd. Wolf, et, sur ces villes, M. Kuhn, *Die städtische und bürgerliche Verfassung*, t. II, p. 319, et dans les *Iahrbücher für classische Philologie*, 1877, p. 716.
(17) *Caesarea* ne porte sur les monnaies le titre de *Metropolis provinciae Syriae Palaestinae* que depuis Alexandre Sévère (Eckhel, t. III, p. 432).

l'érection en métropoles, sous Hadrien, de *Tyrus*(1), de *Damascus* (2), et, à ce qu'il semble, de *Samosata* (3), la capitale de l'ancien royaume de Commagène, nous oblige à admettre que, sinon la province, tout au moins son association de fêtes fut alors divisée eu quatre parties (4). Lorsque Severus, après la défaite de Pescennius Niger, fit d'*Antiochia* une Kome de *Laodicea* (5), le titre de *metropolis* passa aussi à cette dernière ville et lui resta même après qu'*Antiochia* eut recouvré ses anciens privilèges (6); enfin, sous Élagabale, *Sidon* et *Emesa* obtinrent le même titre (7); mais on ne sait pas mieux quels avantages en résultèrent pour elles.

---

(1) Déjà Strabon, (XVI, p. 756), dit, il est vrai, qu'il est douteux si *Tyrus* ou *Sidon* doit être nommée μητρόπολις Φοινίκων, et une monnaie de l'an 178 de l'ère de *Tyrus*, c'est-à-dire de l'an 53 après J.-Chr. (Eckhel, t. III, pp. 380. 386) porte également ce titre, lequel, semble-t-il, doit être entendu, ainsi que pour les monnaies d'*Heraclea* en Bithynie, comme se référant, non pas à la province, mais à ses propres colonies. C'est ainsi que *Tyrus* s'appelle encore, dans l'inscription de l'an 174 après J.-Chr. (Gruter, f° 1105, n° 3 = Mommsen, dans les *Berichte der Sächs. Gesellsch.*, 1850, p. 57) : τῇ πόλει Τυρίων, τῆς ἱερᾶς — — μητροπόλεως Φοινείκης καὶ ἄλλων πόλεων, et dans le *Bullett. dell'Inst.*, 1851, p. 112 : Τύρος ἱερὰ καὶ ἄσυλος κ[αὶ μητρό]πολις Φοινείκης κ[αὶ ἄλλων] πόλεων. Mais, au sens officiel du mot, la ville de Tyr reçut le titre de *Metropolis* d'Hadrien. (Suidas, t. II, p. 147, éd. Bernh. : Παῦλος Τύριος, ῥήτωρ — — ὃς ἐπὶ Ἀδριανοῦ τοῦ βασιλέως πρεσβεύσας μητρόπολιν τὴν Τύρον ἐποίησεν.)

(2) Voy. Eckhel, t. III, p. 331.

(3) Le titre de *Metropolis* se trouve sur les monnaies depuis Hadrien. Eckhel, (t. III, p. 252), conjecture que c'est Vespasien qui le lui a octroyé.

(4) Spartian., *Hadr.*, XIV : *Antiochenses — ita odio habuit, ut Syriam a Phoenice separare voluerit, ne tot civitatum metropolis Antiochia diceretur.* — Eckhel, (t. III, p. 333), conclut que *Damascus* a été le siège d'un κοινόν de l'existence d'une monnaie de cette ville, sur laquelle cinq femmes, qu'il considère comme symbolisant des villes, font un sacrifice.

(5) Herodian., III, 6, 8.

(6) Voy. Eckhel, t. III, p. 317; — Waddington, n° 1839.

(7) Voy. Eckhel, t. III, pp. 311. 388.

XXXVI ARABIA (1).

En l'an 105 après J.-C., Trajan fit, depuis la Syrie, prendre possession, par le gouverneur de cette province, Cornelius Palma, de la région qui descend à l'Est de la Palestine jusqu'à la mer Rouge et qui compte deux villes importantes : au Nord, *Bostra* [Busra] ; au Sud, *Petra* [ruines de Wadi-Mûsa] (2); et il

---

(1) [Indépendamment des auteurs et des ouvrages cités ci-dessus, pp. 330, note 1, et 348, note 8', voy. encore : *C. I. L.*, t. III, *Suppl.*, fasc. I, Berol., 1889, f° 1214 ; — D. H. Müller, *Epigraphische Denkmäler aus Arabien*, Wien, 1890, broch. in-4 de 96 pp. et 13 pl. (*ibiq . Literarisches Centralblatt*, 1890, n° 50) ; — MM. Nöldeke, *Die römischen Provinzen Palaestina salutaris und Arabia*, dans *Hermes*, t. X, 1876, pp. 163-170 ; — Paul von Rohden, *De Palaestina et Arabia provinciis romanis quaestiones selectae*, Berolini, 1885, broch. in-8 ; — W. Liebenam, *Beiträge*, I, Iena, 1886, p. 25, et *Tab.* n° 15, p. 39 ; *Forschungen*, I Bd., Leipzig, 1888, pp. 42 *in fine* — 49 ; — Henri Kiepert, *Manuel de géographie ancienne*, trad. franç., par M. Émile Ernault, Paris, 1887, pp. 109 et suiv ; — J. W. Kubitschek, *Imp. Rom. trib. discr.*, Prag., Vindob., Lips., 1889, p. 259 ; — Sayce, *Ancient Arabia*, dans *The Contemporary Review*, décembre 1889 ; — Eduard Glaser, *Skizze der Geschichte und Geographie Arabiens, von den aeltesten Zeiten bis zum Propheten Muḥammad, nebst einem Anhange zur Beleuchtung der Geschichte Abessyniens im 3. und 4. Iahrhundert n. Chr. Auf Grund der Bibel*, Berlin, 1889-90, 2 voll.; — Ett. de Ruggiero, *Dizionar. epigr.*, fascic. 19 et 20, Roma, 1890, pp. 607, col. 1, et suiv. — Voir aussi BIBLIOGRAPHIE DES OUVRAGES RELATIFS A L'AFRIQUE ET A L'ARABIE. *Catalogue méthodique de tous les ouvrages français et des principaux en langues étrangères traitant de la géographie, de l'histoire, du commerce, des lettres et des arts de l'Afrique et de l'Arabie*, Paris et San-Remo, 1875, 1 vol. in-8. — P. L.-L.]

(2) Dio Cass., LXVIII, 14 : κατὰ δὲ τὸν αὐτὸν τοῦτον χρόνον καὶ Πάλμας, τῆς Συρίας ἄρχων, τὴν Ἀραβίαν τὴν πρὸς τῇ Πέτρᾳ ἐχειρώσατο καὶ Ῥωμαίων ὑπήκοον ἐποιήσατο. — Ammian., XIV, 8, 13 : *Huic (Palaestinae) Arabia est conserta.* — — *Haec quoque civitates habet inter oppida quaedam ingentes, Bos-*

Ère de la province.

en forma la province d'Arabie, laquelle se servit dès lors d'une ère provinciale (1), commençant le 22 mars 106 après J.-C. (2). Bien que *Petra*, l'ancienne résidence des rois nabatéens (3), à laquelle le pays (4), et, plus tard, la province (5), doivent le nom d'Arabie Pétrée, porte sur ses monnaies, à partir d'Hadrien, le titre d' Ἀδριανὴ Πέτρα μητρόπολις (6), *Bostra*, qui, dès Trajan, doit avoir reçu des faveurs particulières, puisqu'elle s'appelle νέα Τραϊανὴ Βόστρα (7), devint, par la suite, le siège du gouverneur et le quartier général de la *legio III Cyrenaica* (8) ;

---

tram et Gerasam atque Philadelphiam. — *Hanc provinciae imposito nomine rectoreque attributo obtemperare legibus nostris Traianus compulit imperator.* — S. Rufus, *Brev.*, XX. — Iornandes, *De regn. succ.*, LXXIII. — Hieronymus, *in* Euseb. *Chron. Can.*, p. 163, éd. Schoene. — Euseb., *Praep. Ev.*, IV, 10. — [Sur A. Cornelius Palma, voy. M. W. Liebenam, *Forsch.*, pp. 43, n° 1, et suiv.; 379, n° 30 ; 458.]

(1) Les inscriptions rapportées par M. Waddington sous les n°⁹ 1908. 1936ᵃ. 1995. 2110. 2238. 2239. 2251. 2261. 2412ᵐ. 2463. 2477, mentionnent un ἔτος τῆς ἐπαρχείας.

(2) La *Chron. Pasch.*, (p. 472, éd. Bonn.), dit, sur l'année 105, *Candido et Quadrato coss.* : Πετραῖοι καὶ Βοστρηνοὶ ἐντεῦθεν τοὺς ἑαυτῶν χρόνους ἀριθμοῦσι. Toutefois, il convient d'entendre ce renseignement en ce sens que, puisque l'année de la province d'Arabie commence avec l'équinoxe du printemps (voy. Ideler, t. 1, pp. 437 et suiv.), le début de la première année de l'ère provinciale doit être placé au 22 mars 106, de telle sorte qu'en additionnant le chiffre 105 avec le quantième de l'année de cette ère, on trouve l'année correspondante de l'ère chrétienne, avec le 22 mars de laquelle a commencé l'année provinciale. (Voy. MM. Wetzstein, dans les *Abhandl. der Berliner Acad.*, 1863, p. 258 ; — Waddington, dans la *Revue numismatique*, *Nouv. Sér.*, t. XI, (1856), p. 263 = *Mélanges de Numismatique*, 2ᵉ série, p. 160 ; le même, dans *Voyage*, t. III, sur le n° 2463.)

(3) Joseph., *Ant.*, XIV, 1, 4 ; XIV, 5, 1 ; XIV, 13, 8 ; XVII, 3, 2 ; *Bell. Iud.*, I, 29, 3.

(4) ἡ Ἀραβία ἡ ἐν Πέτρᾳ (Dioscorides, *De mat. med.*, I, 91).

(5) Ἀραβία Πετραία (Ptolem., V, 17) ; ἡ κατὰ τὴν Πέτραν Ἀραβία (Agathemerus, *Geogr.*, II, 6).

(6) Eckhel, t. III, p. 504 ; — Mionnet, t. V, p. 587 ; — *C. I. Gr.*, n° 4667, et Vol. III, f° 1242, où, suivant M. Mommsen, il faut lire ἡ βουλὴ καὶ ὁ δῆμος Ἀδριανῶν Πετραίων μητροπόλεως τῆς Ἀραβίας.

(7) Voy. Eckhel, t. III, p. 504.

(8) Ptolem., V, 17, 7 : Βόστρα Λεγιών. La *leg. III Cyrenaica* servit dans la guerre de Trajan contre les Parthes (Orelli, n° 832 = Mommsen, *I. R. N.*, n° 3542 [= *C. I. L.*, t. X, 1, n° 3733]) et dans celle d'Hadrien contre les Juifs (Henzen, n° 6501 [= *C. I. L.*, t. XIV, n° 3610]); depuis Marc-Aurèle, les inscriptions de *Bostra* et de ses environs en font de fréquentes mentions (Waddington, n°⁹ 1927. 1933. 1942. 1944. 1945. 1947. 1948. 1953 et maints autres) et, dans l'inscription bilingue publiée par M. de Vogüé, (*Inscr. Sémitiques*, n° 22), figure, dans le texte palmyrénien, une *legio* de *Bostra*, qui, dans le

sous Alexandre Sévère, la ville fut une colonie romaine (1), et, sous Philippe, elle acquit aussi le rang de *Metropolis* (2). Parmi les villes les plus considérables d'Arabie, on peut encore citer *Adraa* (Der 'àt) (3) et *Philippopolis* (Schéhbé) (4); Philippus Arabs (5) érigea cette dernière localité en ville, dans la période comprise entre 247 et 249 (6), puis en fit également une colonie romaine (7).

---

texte grec, s'appelle λεγ[έων Κυρηνα]ϊκή. Sous Alexandre Sévère, elle était stationnée, d'après Dion Cassius, (LV, 23), en Arabie,et elle se trouvait encore à *Bostra* vers l'an 400. (Voy. *Notit. Dignit. Or.*, p. 82.)

(1) Eckhel, (t. III, p. 500), attribue à Septime Sévère la fondation de cette colonie, et Zumpt, (*Comment. epigr.*, t. I, p. 431), partage son sentiment. Ces deux auteurs s'appuient sur le passage suivant de Damascius, (dans Photii *Bibl.*, p. 347, éd. Bekker) : ἀπεδήμησεν εἰς τὰ Βόστρα τῆς Ἀραβίας, πόλιν μὲν οὐκ ἀρχαίαν (ὑπὸ γὰρ Σεβήρου τοῦ βασιλέως πολίζεται). Je ne crois pas, quant à moi, que, comme l'admet M. Waddington, (sur le n° 1907), ce passage doive être entendu, sans plus ample informé, d'une colonisation d'Alexandre Sévère, car, d'ordinaire, ce dernier est appelé Ἀλέξανδρος dans les sources grecques ; mais, alors bien que *Bostra* aurait reçu de Septime Sévère le droit de ville, il n'en est pas moins certain que les monnaies coloniales de *Bostra* ne commencent qu'avec Alexandre Sévère, à qui la colonie doit aussi son nom d'*Alexandriana*. L'unique monnaie d'Élagabale, avec une légende rédigée moitié en latin et le type colonial (Mionnet, t. V, p. 582, n° 20; comp. le volume de planches, p. 110), monnaie dont Eckhel tire argument, ne peut, ainsi que M. Jul. Friedländer me l'assure, être attribuée avec certitude à Élagabale ; et l'on ne saurait, pour le soutenir, invoquer l'autorité d'une légende incomplète, non plus que la reproduction, toujours incertaine dans ces provinces lointaines, de la tête de l'empereur; quant aux monnaies de Caracalla, que Mionnet, (*Suppl.* VIII, p. 384, n°s 9-13), cite sous la rubrique *Bostra*, et par lesquelles Kuhn, ([*Die Städt. und bürgerl. Verf.*], t. II, p. 380), s'est laissé égarer, la plupart appartiennent à *Carrhae* [Harân], ainsi que Eckhel l'admet avec beaucoup de raison ; Sanclemente, qui est la source de Mionnet, a tiré le n° 14 d'un catalogue manuscrit de Cousinéry, dans lequel le mot *BOSTRA* doit être une restitution de Cousinéry.

(2) Voy. Eckhel, t. III, n° 502.

(3) Waddington, n° 2070°. — [Sur *Adraa*, voy. M. Ett. de Ruggiero, *Dizionar. epigr.*, fasc. 4, Roma, 1886, *h. v.*, p. 97, coll. 1 *in fine* et suiv.]

(4) Waddington, n° 2072, et *Revue Numismat.*, 1865, p. 56 = *Mélanges*, 2° série, p. 61.

(5) Aurel. Vict., *Caes.*, XXVIII : *Igitur Marcus Iulius Philippus Arabs Trachonites, sumto in consortium Philippo filio, rebus ad Orientem compositis, condituque apud Arabiam Philippopoli oppido, Romam venit.*

(6) C'est au cours de cette période que se place l'ἔτος πρῶτον τῆς πόλεως (Waddington, n° 2072). Cependant, déjà antérieurement, cette localité existait comme κώμη (Waddington, n° 2071), sous un nom qui nous est inconnu.

(7) Waddington, n° 2072.

La province était placée sous l'administration d'un *legatus pr. pr.* prétorien (1) et d'un *procurator* impérial (2); elle s'accrut, vers l'an 295, par l'incorporation des districts de l'*Auranitis*, de la *Batanea* et de la *Trachonitis*, et peut-être, à la même époque, de quelques territoires de villes de la *Decapolis*, notamment de ceux de *Gerasa* et de *Philadelphia* (3). Sans doute, nous n'avons, à cet égard, aucune indication certaine; mais le fait que ces localités, tout au moins les districts d'abord mentionnés, comptent, jusqu'à Dioclétien, les années d'après celles du règne de ce prince, et, au contraire, après 295, suivent l'ère de *Bostra* (4), ne peut s'expliquer que si on admet qu'un changement est survenu dans la frontière des provinces de Syrie et d'Arabie (5).

Division de la province.

---

(1) Plusieurs des gouverneurs connus administrèrent l'Arabie en qualité de *Consules designati*. Il en fut ainsi, sous Marc-Aurèle, de [*C. Aeli*]*us Antistius Adv*[*entus*] *leg. Augg. pr. p*[*r.*], *cos. des.* (Waddington, n° 1944 = *C. I. L.*, t. III, [1], n° 92); de P. Iulius Geminius Marcianus, *leg. Aug. pr. pr. Cos. des.* (Henzen, n° 6941 = Waddington, n° 1945 = *C. I. L.*, t. III, [1], n° 96). Il devint *Cos. suff.* en 170. (Voy., sur lui, Renier, *Mélanges d'épigr.*, pp. 97-128.) Il en fut de même, à une époque indéterminée, d'Aelius Aurelius Theon, *leg. Augg. pr. pr. Cos. desig.* (Orelli, n° 3392 = Waddington, n° 1950 = *C. I. L.*, t. III, [1], n° 89). — [Voy., sur les légats d'Arabie, M. W. Liebenam, *Forsch.*, *loc. sup. cit.*]

(2) L. Didius Marinus *V. E. proc. Aug. n. provinc. Arab.* (Gruter, f° 402, n° 4 = Waddington, n° 1794 [= *C. I. L.*, t. III, 1, n° 249]); — C. Furius Sabinius Aquila Temesitheus — — *proc. prov. Arabiae ibi vice praesid.* (Henzen, n° 5530).

(3) Ammian., XIV, 8, 8 : *Haec quoque (Arabia) civitates habet inter oppida quaedam ingentes: Bostram et Gerasam atque Philadelphiam.* — *Gerasa* appartenait, sous Trajan (Waddington, n° 1722) et sous Antonin-le-Pieux (*C. I. Gr.*, n° 4661), à la province de Syrie. Les monnaies de *Philadelphia* portent encore sous Alexandre Sévère la légende ΦΙΛΑΔΕΛΦΕΩΝ ΚΟΙΛΗΣ ϹΥΡΙΑϹ (Mionnet, *Suppl.* VIII, p. 236; comp. M. Waddington, sur le n° 16205). Et Ptolémée, (V, 15, 23), fait rentrer les deux villes dans la Syrie.

(4) La plus ancienne donnée que nous possédions de cette sorte est l'année 190 de l'ère de *Bostra* = 295 apr. J.-Chr., dans l'inscription d'*Amra* (Waddington, n° 2081). Cette localité est située au Nord du Haurân, qui appartenait primitivement à la Syrie, et non à l'Arabie. — Voy. les autres indications dans M. Waddington, n°ˢ 2088. 2114. 2412b. 2463.

(5) Cela, toutefois, est loin de trancher toutes les difficultés du problème. Quelques faits montrent, en outre, que, déjà longtemps avant 295, un changement a été opéré dans la frontière d'Arabie. Notamment, *Canatha* (voy., ci-dessus, p. 336), qui se trouvait encore sous Marc-Aurèle placée sous l'autorité du légat de Syrie (Waddington, n° 2331), paraît avoir été rattachée à l'Arabie dès le règne de Caracalla. En effet, depuis cette époque, on voit

Au V° siècle, l'Arabie se divise en deux parties : celle du Nord, avec *Bostra* pour chef-lieu, et celle du Sud, qui porte le nom de *Palaestina salutaris* ou *Palaestina tertia*, avec *Petra* pour chef-lieu (1). La date de cette division a soulevé de vives controverses, étant donné que la *Liste de Vérone* désigne la nouvelle province sous le nom de *Arabia Augusta Libanensis* (2). Mais les travaux les plus récents ont abouti à cette conclusion qu'il faut considérer cette désignation de la *Liste de Vérone* comme provenant d'une interpolation maladroite opérée plus tard, et

---

stationner à *Canatha*, tout ainsi que dans le village d'*Athila* qui dépendait de cette ville, des soldats de la *legio III Cyrenaica*, par conséquent une garnison d'Arabie. (Waddington, n°[s] 2334b, 2374b = *C. I. Gr.*, n° 4610.)

(1) Sur la situation géographique des deux provinces, voy. M. Kuhn, *Die städtische und bürgerliche Verfassung*, t. II, pp. 373 et suiv. Sur l'une et sur l'autre nous possédons des renseignements précis de l'époque de Justinien. Hiéroclès, p. 721 : ἐπαρχία Παλαιστίνης γ' ὑπὸ ἡγεμόνα, πόλεις ι', Πέτρα κ. τ. λ. Et plus loin : ἐπαρχία Ἀραβίας, ὑπὸ κονσουλάριον, πόλεις ιζ', Βόστρα κ. τ. λ. — Procop., *De aedif.*, V, 8 : ἐν δὲ τῇ πάλαι μὲν Ἀραβίᾳ, νῦν δὲ Παλαιστίνη τρίτῃ καλουμένῃ — — ὄρος — Σινὰ ὄνομα. Mais la *Notit. Dignit. Or.*, (p. 9), énumère déjà parmi les quinze diocèses de l'Orient une *Arabia* et trois *Palaestinae*, savoir : la *Palaestina*, la *Palaestina salutaris* et la *Palaestina secunda*, et, dans une Constitution datée de 409 (Const. 30, [*De erogat. militar. annon.*], C. Th., VII, 4), on lit :.... *per primam, secundam ac tertiam Palaestinam*. Saint-Jérôme, dans ses *Quaestiones in Genesim*, composées vers l'an 390, confirme ces données (*Opp.*, t. III, f° 337, éd. Vall.) : *In Geraris, ubi et Bersabae hodie oppidum est. Quae provincia ante non grande tempus ex divisione praesidum Palaestinae salutaris est dicta*. J'estime avec M. Kuhn, (*op. cit.*, t. II, p. 369), que, dans ce passage aussi bien que dans la *Notitia*, par *Palaestina salutaris*, il faut entendre la *tertia*, c'est-à-dire l'*Arabia Petraea*. M. Mommsen, (dans les *Abhandl. der Sächs. Gesellsch. der Wiss.*, 1853, p. 265, et dans les *Abhandl. der Berl. Acad.*, 1862, p. 501), est d'un sentiment opposé. Je considère également que c'est à tort que cet auteur déduit de la *Liste de Vérone* pour la province de *Bostra* le nom d'*Arabia Augusta Libanensis*. La désignation d'*Arabia maior*, que l'on croyait trouver dans l'inscription reproduite au *C. I. Gr.*, sous le n° 5366, n'existe pas, puisque cette inscription doit être lue d'une manière différente. (Voy. Henzen, n° 6911; — Renier, dans la *Revue archéologique*, 1853, p. 546, et *Mélanges d'épigr.*, pp. 97-128.) On ne trouve pas davantage une *Arabia vetus*, à l'existence de laquelle pourrait conduire à croire l'inscription de *Bostra* (Waddington, n° 1949 = *C. I. L.*, t. III, [1], n° 90) : *Ael. Aur. Theonem v. c. leg. Augg. pr. pr. praes. provinc. Arabiae vet. integerrimum benignissimum atque iustissimum*, etc. M. Mommsen restitue *vet*[*ustissimum*]. Cette inscription est également publiée comme inédite dans le *Rhein. Museum*, (1872, p. 148).

(2) Voy. Nöldeke, *Die römischen Provinzen Palaestina salutaris und Arabia*, dans *Hermes*, t. X, 1876, pp. 163-170.

que la séparation de la *Palaestina tertia* et de l'Arabie doit être placée dans les dernières années du ive siècle ou dans les premières années du ve (1).

---

(1) Voy. M. Kuhn, *Ueber das Verzeichniss der römischen Provinzen, aufgesetzt um 297*, dans les *Iahrbücher für classische Philologie*, 1877, pp. 697 et suiv.

XXXVII. ARMENIA (1)*.

L'*Armenia maior*, c'est-à-dire la région qui va du cours supérieur de l'Euphrate à la mer Caspienne (2), était, depuis la victoire remportée par Antoine sur Artavasdes et son fils Artaxias, en l'an 34 avant J.-C. (3), un royaume dans la dépendance des Romains. Les empereurs assurèrent aussi par les armes le maintien de cette influence politique, aussi souvent que le besoin s'en fit sentir; mais il ne leur parut pas utile de soumettre le pays à une occupation durable. Auguste lui-même dit, dans le *Monumentum Ancyranum*, qu'il aurait pu, en l'an 20 avant J.-C., faire de l'Arménie une province, mais qu'il crut préférable de la laisser subsister comme royaume (4). C'est

---

(1)* [Voy., sur cette province, MM. : Éd. Dulaurier, *Recherches sur la chronologie arménienne technique et historique*, Paris, Impr. imp., 1859, in-4 ; — Th. Mommsen, *Histoire romaine*, trad. franç. par MM. R. Cagnat et J. Toutain, t. XI, Paris, 1889, p. 334, col. 1, V° *Arménie*, les renvois; — Henri Kiepert, *Manuel de Géogr. anc.*, trad. franç. par M. Émile Ernault, Paris, 1887, pp. 44 et suiv.; — W. Liebenam : *Beiträge*, I, Iena, 1886, pp. 24 *in fine* et suiv., et *Tab.* n° 13, p. 38 *in fine*; *Forschungen*, I Bd., Leipzig, 1888, p. 49. — Voy., au surplus, les renvois de la p. 289, note 1, *supra*. — P. L.-L.]

(2) Justin., XLII, 2 : *Armenia a Cappadocia usque mare Caspium undecies centum millia patet.*

(3) Voy. les références dans Drumann, [*Gesch. Roms*], t. I, p. 463.

(4) *Monum. Ancyr.*, c. XXXVII : *Armeniam maiorem interfecto rege eius Artax[ia cu]m possem facere p[ro]vinciam, malui maiorum nostrorum exemplo reg[nu]m id Tigrani r[e]gis Artavasdis filio — per T[i. Ne]ronem tra[dere]. A*

en 114 qu'elle devint province, par le fait de Trajan, qui la conquit en personne (1), et la fit administrer, durant quatre années, par un *legatus* impérial (2), et par un *procurator* (3); mais Hadrien y renonça, aussitôt après son avénement, en 117 (4). Elle fut encore une fois conquise, en 163, par M. Aurèle; toutefois, elle ne fut pas réduite en province (5). Les pays que formèrent plus tard les provinces d'*Armenia I* et *II* sont également situés à l'Ouest de l'Euphrate et proviennent de l'*Armenia minor*; c'est pourquoi il en a déjà été question à propos de l'histoire de la Cappadoce (voy., ci-dessus, pp. 294 et 301); ce n'est que sous Justinien, lequel créa quatre Arménies, que l'*Armenia quarta* comprit une partie de la grande Arménie (6).

---

cela se rapportent aussi les monnaies qui ont pour légende *Armenia capta* ou *Armenia recepta*. (Voy. Borghesi, Œuvres, t. II, pp. 115 et suiv.; — M. Mommsen, *Res gestae Div. Aug.*, pp. 76 et suiv. [= dans la nouvelle éd., Berol., 1883, pp. 109 et suiv. Le texte diffère quelque peu de celui donné par Marquardt. Voy. aussi M. A. Allmer, *Les gestes du Dieu Auguste*, Vienne, 1889, pp. 121 et suiv., et pp. 232 et suiv.].)

(1) Dio Cass., LXVIII, 19. 20; — Eutrop., VIII, 3; — S. Rufus, *Brev.*, XIV. — Voy. Clinton, *Fast. Hell.*, t. III, ad. ann. 114; — Borghesi, Œuvres, t. V, p. 22; — Dierauer, *Geschichte Trajans*, p. 164. [Voy. aussi les auteurs cités dans notre *Introd. bibliogr. gén.*, II, B, Trajan.]

(2) Spartian., *Hadr.*, XXI: *Armeniis regem habere permisit, cum sub Traiano legatum habuissent*.

(3) Il est fait mention d'un *proc. Aug. Armeniae Mai[oris]* de cette époque, dans l'inscription publiée par Henzen sous le n° 6947 = Borghesi, Œuvres, t. V, pp. 3 et suiv.

(4) Fronto, p. 353, éd. Frankf. = p. 206, éd. Naber; — Spartian., *Vit. Hadr.*, V, 21; — Eutrop., VIII, 6; — Rufus, *Brev.*, XIV; — Euseb., *Chron. Can.*, p. 165, éd. Schoene; — Augustinus, *De civit. Dei*, IV, 29.

(5) Capitolin., *M. Ant. ph.*, VIII; *Verus*, VII. — Voy. Clinton, *Fast. Rom.* ad ann. 163.

(6) Iustinian., *Nov.* XXXI. — Les *Notitiae episcopatuum*, (dans Hierocles, éd. Parthey, p. 87, n° 909; p. 274, n° 103), mentionnent également la 4° *Armenia*.

XXXVIII. MESOPOTAMIA. XXXIX. ASSYRIA (1)*.

Conquête.

La Mésopotamie, plus tard divisée en une partie Ouest (*Osrhoëne*) et en une partie Est qui conserva le nom primitif, était limitée : au Nord, par l'Arménie ; à l'Ouest, par l'Euphrate ; au

(1)* [Sur ces deux provinces, voy. : I *Mesopotamia* : Bayer, *Historia Osrhoëna et Edessena ex nummis illustrata*, Petrop., 1734, in-4 ; — *C. I. L.*, t. III, Suppl., fascic. I, Berol., 1889, f° 1229 ; — MM. Th. Mommsen, *Hist. rom.*, trad. franç. par MM. R. Cagnat et J. Toutain, t. XI, p. 348, col. 1, s. v. *Mésopotamie*, les renvois ; — W. Liebenam, *Beiträge*, I, Iena, 1886, p. 25, et *Tab.* n° 14, p. 39 ; — Henri Kiepert, *Manuel de Géogr. anc.*, trad. franç. par M. Émile Ernault, Paris, 1887, pp. 89 et suiv. ; — Gius. Stocchi, *La prima guerra dei Romani nella Mesopotamia*, Firenze, 1887, broch. in-16 de VIII-98 pp. ; — von Domaszewski, *Die Verwaltung der Provinz Mesopotamien*, dans les *Wiener Studien*, t. IX, 1887, pp. 297-299. Voy. aussi MM. Jules Oppert, *Expédition scientifique en Mésopotamie, exécutée de 1851 à 1854, par MM. Fulgence Fresnel, Félix Thomas et J. Oppert*, Paris, 1859, 5 livraisons in-4 et 5 atlas in-fol. ; — Bruto Teloni, *Libri, documenti e biblioteche nell' antica Mesopotamia : cenni storici*, Firenze, 1889, broch. in-16 de 64 pp. — II *Assyria* : MM. J. Oppert : *Les inscriptions Assyriennes des Sargonides et les Fastes de Ninive*, Versailles, 1862, in-8 ; *Chronologie des Assyriens et des Babyloniens*, Paris, Carion, in-8 ; — François Lenormant, *Lettres Assyriologiques sur l'histoire et les antiquités de l'Asie antérieure*, Paris, 1871-1872, 2 voll. in-4 ; — Th. Mommsen, *op. sup. cit.*, trad. franç., t. X, p. 237 ; Henri Kiepert, *op. cit.*, pp. 88 et suiv. ; — C. P. Tiele, *Babylonisch-assyrische Geschichte*, Gotha, 1886 et ann. suiv. ; — Fritz Hommel, *Geschichte Babyloniens und Assyriens*, Berlin, Grote (voy., sur cet ouvrage, M. Winckler, dans la *Deutsche Litteraturzeitung*, 1889, n° 13). — Comp. R. P. Delattre, *L'Assyriologie depuis onze ans*, dans la *Revue [belge] des questions scientifiques*, octobre 1889. — Voy. encore ci-dessous, p. 399, note 1. — P. L.-L.]

Sud, par le mur médique, qui la séparait de la Babylonie; à l'Est, par le Tigre et par l'Assyrie, qui s'étend au delà de ce fleuve. Diverses circonstances montrent que, dès avant Trajan, les Romains ont, au moins de temps à autre, fait sentir leur influence dans ces contrées. *Ninus* (Ninive), sur le Tigre, portait le nom de *Claudiopolis* (1), qu'elle doit avoir reçu de Meherdates; ce dernier, donné comme roi aux Parthes en l'an 49 par Claude, n'exerça pas, il est vrai, le pouvoir, mais eut tout au moins Ninive en sa puissane (2). *Anthemusia* [Surûdj], en Mésopotamie, située assez près de la frontière sur la route de *Zeugma*, doit avoir été aux mains des Romains dès le règne de Domitien (3). Cependant, ces pays ne furent entièrement conquis que par Trajan (4); ce prince, au cours des expéditions de 114-116, pénétra d'abord dans l'*Osrhoëne*, dont il laissa la souveraineté à la dynastie indigène (5), qui y régnait depuis 137 avant J.-C. et qui résidait à *Edessa* [Urfa]; puis il s'empara de *Singara* [Sindjar] et de *Nisibis* [Nesîbîn], en Mésopotamie (6), avança jusqu'au golfe persique, et organisa du même coup les trois provinces d'Arménie, de Mésopotamie et d'Assyrie. Parmi ces provinces, la Mésopotamie paraît s'être étendue jusqu'à la mer et avoir ainsi compris la Babylonie; quant aux frontières de la province d'Assyrie, elles sont inconnues (7). Tra-

(1) Sur les monnaies de Trajan et de Maximinus (dans Mionnet, *Suppl.* VIII, p. 420), sur celles d'Alexandre Sévère et de Gordien (dans Sestini, *Classes générales*, p. 159), la ville s'appelle COL. AVG. FELIx NINI CLVV, COL NINIVA CLVV; sur une monnaie de Trajan (*Numismatical Chronicle*, Vol. XIX, p. 4), elle porte le nom de COL. AVG. FELIx NINI CLAV, ce qu'il convient sans doute de lire par *Claudiopolis*.
(2) Tacit., *Ann.*, XII, 13.
(3) Monnaie de Domitien (Mionnet, *Suppl.* VIII, p. 389). — [Sur *Anthemusia*, voy. Ett. de Ruggiero, *Dizionar. epigr.*, fascic. 16, Roma, 1889, p. 492, col. 1.]
(4) Dio Cass., LXVIII, 18 sqq. — Voy. Dierauer, *Gesch. Traians*, pp. 164 et suiv. — [Voy. aussi les monographies spéciales consacrées à Trajan et par nous citées sous le nom de cet empereur dans notre *Introd. gén. bibliogr.*, II, B.]
(5) Voy. Bayer, *Historia Osrhoëna et Edessena ex nummis illustrata*, Petrop., 1734, in-4; — Eckhel, [*Doct. Num.*], t. III, p. 514. — Les rois s'appellent pour la plupart Augaros.
(6) Dio Cass., LXVIII, 22. 23.
(7) Eutrop., VIII, 3 : *Seleuciam et Ctesiphontem, Babylonem et Edessios vicit*

MESOPOTAMIA. — ASSYRIA.

jan lui-même ne put conserver ses conquêtes (1), et Hadrien les abandonna tout à fait (2). Mais, sous M. Aurèle, la Mésopotamie fut encore une fois conquise (3), lors de la campagne dirigée par L. Verus contre les Parthes (162-165) (4), et cette conquête fut continuée par les expéditions de Septimius Severus, en 195 et 197-199 (5). Caracalla enleva, probablement en l'an 215, l'*Osrhoëne* au prince qui régnait alors, Augaros (6); mais ce ne fut peut-être que momentanément; car, sous Gordien III, nous retrouvons sur le trône de ce pays un roi Augaros (7).

Sur l'administration de la province, les sources ne sont pas abondantes. Il n'est question nulle part, à ma connaissance, d'un *legatus*; mais on trouve, au temps des Gordiens et des Philippes (239-249), un *praefectus Mesopotamiae* (8), un ἔπαρχος (9), un ὕπαρχος (10), un ἡγεμών (11); de plus, à

Administration.

---

ac tenuit: *usque ad Indiae fines et mare rubrum accessit atque ibi tres provincias fecit, Armeniam, Assyriam, Mesopotamiam.* — Euseb., *Chron. Can.*, p. 165, éd. Schoene; — Rufus, *Brev.*, XIV; — Iornandes, *De regn. succ.*, c. LXXIII. Que le *rubrum mare* soit bien le golfe Persique, c'est ce que nous disent expressément Polybe, (IX, 43), et Dion Cassius, (LXVIII, 28). Comp. Forbiger, *Handb. der alten Geogr.*, t. II, p. 6. Et c'est également ce golfe qu'a en vue Tacite, lorsqu'il dit, (*Ann.*, II, 61): *Exin ventum Elephantinen ac Syenen, claustra olim Romani imperii, quod nunc rubrum ad mare patescit.* — Sur les monnaies de Trajan portant l'inscription *ARMENIA ET MESOPOTAMIA IN POTESTATEM P. R. REDACTAE*, voy. Eckhel, t. VI, p. 438.

(1) Dio Cass., LXVIII, 29.
(2) Spartian., *Hadr.*, V; — Eutrop., VIII, 6; — Rufus, *Brev.*, XIV.
(3) S. Rufus, *Brev.*, XIV: *Sed postea sub Antoninis duobus, Marco et Vero ac Severo Pertinace ceterisque principibus Romanis, qui adversus Parthos eventu vario dimicaverunt, quater amissa, quater recepta Mesopotamia est.*
(4) Capitolin., *M. Ant. ph.*, VIII. IX; *Verus*, VI. VII; — Dio Cass., LXXI, 1; — Eutrop., VIII, 10; — Orosius, VII, 15; — Ammian., XXIII, 6, 24. — Voy. Clinton, *Fast. Rom., ad ann.* 162. 163. 166.
(5) Sur la première campagne, voy.: Dio Cass., LXXV, 1. 2; — Eutrop., VIII, 18; — Spartian., *Sever.*, IX; — Clinton, *Fast. Rom., s. ann.*; — sur la seconde: Spartian., *Sever.*, XIV; — Dio Cass., LXXV, 9; — Clinton, *Fast. Rom., ad ann.* 198. 199.
(6) Dio Cass., LXXVII, 12. — Voy. Clinton, *Fast. Rom., ad ann.* 215.
(7) Voy. Eckhel, t. III, p. 516.
(8) Henzen, n° 6923 [=Mommsen, *I. R. N.*, n° 6806 = *C. I. L.*, t. VI, 1, n° 1638]; — Murat., f° 768, n° 1 [= *C. I. L.*, t. VI, 1, n° 1642].
(9) *C. I. Gr.*, n°s 4602. 4603 = Waddington, n°s 2077. 2078.
(10) Zosimus, I, 60.
(11) Sous Alexandre Sévère, en l'an 229 (Herodian., VI, 2. 2). On trouve

une époque impossible à préciser, un *procurator Mesopotamiae* (1) et un *procurator Chosdroe[nes]* (2). Le gouverneur avait sous ses ordres, depuis Septimius Severus, deux légions, la *I* et *III Parthica* (3); cette dernière avait son quartier général à *Rhesaena* [Râs-el-ain] (4); en outre, la défense des nouvelles conquêtes fut assurée par l'établissement de nombreuses colonies, savoir : sous Trajan, *Ninus* (Ninive), en Assyrie, qui subsista jusqu'à Maximinus (5); sous M. Aurèle, *Carrhae* [Harân], sur le *Chaboras* [Khabûr] (6), *Singara* [Sindjar] (7), et vraisemblablement *Edessa* [Urfa] (8); sous Septimius Severus, *Nisibis* [Nesibîn] (9), *Rhesaena* (10) et *Zaytha* (11). Enfin, la province compte

---

sous le même empereur un commandant des troupes (ἄρχων) (Dio Cass., LXXX, 4).

(1) Henzen, n° 6930 [= *C. I. L.*, t. VIII, 2, n° 9760].
(2) *C. I. L.*, t. II, n° 4135.
(3) Dio Cass., LV, 24.
(4) Voy. Eckhel, t. III, p. 518; — Mionnet, t. V, pp. 630 et suiv.
(5) Cette ville s'appelle, sur les monnaies de Trajan et plus tard, *Colonia Aug. felix Niniva Claudiopolis* (voy. Mionnet, *Suppl.* VIII, p. 420); sur une monnaie d'Élagabale, *Col. Iulia Augusta felix Ninive Claudiopolis* (voy. J. Friedlaender, dans la *Zeitschrift für Numismatik* de von Sallet, t. VI, (1879), p. 12. Comp., ci-dessus, p. 394, note 1). Il m'est impossible de décider si la monnaie portant la légende *MAIO. COLONIA* doit, ainsi que le fait Mionnet, (*Suppl.* VIII, p. 414), être attribuée à la ville de *Maiozamalcha* en Babylonie (Ammian., XXIV, 4, 2), et s'il faut considérer cette colonie comme étant également une création de Trajan.
(6) Sur les monnaies *COLonia METropolis ANTONINIANA AVRelia*, plus tard aussi *ALEXandrina* (voy. Eckhel, t. III, p. 508; — Mionnet, t. V, pp. 594 et suiv.; *Supplem.* VIII, pp. 392 et suiv.). A cette ville appartiennent probablement encore les monnaies, que Mionnet, (*Suppl.* VIII, p. 385), attribue à *Bostra*.
(7) Voy. Eckhel, t. III, p. 519.
(8) *Edessa* fut certainement colonie, de Caracalla à Decius (voy. Eckhel, t. III, p. 510); mais, comme nous possédons une monnaie de Commode portant pour légende ΚΟΛ. Μ. ΕΔΕϹϹΑ (voy. Mionnet, *Suppl.* VIII, p. 399, n. 1), la colonie pourrait être attribuée à Marc-Aurèle.
(9) Déjà conquise par Lucullus (Dio Cass., XXXV, 6-8), puis cédée à Tigranes (Plutarch., *Lucull.*, XXXII), conquise derechef par Trajan (Dio Cass., LXVIII, 23), *Nisibis* devint colonie sous Sévère, à qui elle doit son nom de *Septimia Colonia Nisibis* (Dio Cass., LXXV, 3. — Voy. Eckhel, t. III, p. 517).
(10) Voy. Eckhel, t. III, p. 518; — Mionnet, t. V, p. 630.
(11) Voy. Mionnet, *Suppl.* VIII, p. 418.

trois métropoles, *Carrhae* (1), *Nisibis* (2) et *Edessa* (3).
La Mésopotamie ne rapportait rien à l'État; mais elle fut un lieu de combat permanent (4); d'abord sous Gordien (244)(5), puis sous Valérien (259-260), que le roi des Parthes Sapor fit prisonnier (6); après quoi, Odenathus conquit de nouveau, en 264, *Nisibis* et *Carrhae*, et « omnem Mesopotamiam nostram » (7). La Mésopotamie, reperdue après la mort de Probus (282), fut réoccupée par Carus (283) (8); et Dioclétien y affermit pour quelque temps encore la domination romaine (9). Cependant, Jovianus céda, en 363, aux Perses la plus grande partie de la province, avec la ville forte de *Nisibis* (10); et c'est là le premier exemple de cession forcée de territoire qui nous soit présenté par l'histoire romaine (11). Dès lors, il subsiste de l'ancienne province deux ἐπαρχίαι, l'*Osrhoëne*, limitée à l'Est et au Sud par le *Chaboras*, avec *Edessa* pour chef-lieu, qui avait reçu une administration particulière dans la période comprise entre

Abandon.

---

(1) Le titre de métropole se rencontre pour la première fois sur une monnaie de Commode. (Voy. Mionnet, t. V, p. 594, n. 8.)

(2) Depuis Alexandre Sévère. (Voy. Eckhel, t. III, p. 517.)

(3) Depuis Macrin. (Voy. Eckhel, t. III, p. 511; — Mionnet, *Suppl.* VIII, p. 401.)

(4) Dio Cass., LXXV, 3 : δίδωσι μὲν γὰρ ἐλάχιστα, ἀναλίσκει δὲ παμπληθῆ· καὶ πρὸς ἐγγυτέρους καὶ τῶν Μήδων καὶ τῶν Πάρθων προςεληλυθότες ἀεὶ τρόπον τινὰ ὑπὲρ αὐτῶν μαχόμεθα.

(5) Capitolin., *Gord.*, XXIII. XXVI; — Eutrop., IX, 2; — Orosius, VII, 19. 20; — Zosimus, I, 18. 19.

(6) Zosimus, I, 36; — Trebell. Pollio, *Valerian.*, III. — Voy. Clinton, *Fast. Rom.*, ad ann. 260.

(7) Trebell. Poll., *Gallieni duo*, XII; — Zosimus, I, 39; — Eutrop., IX, 10. 11; — Oros., VII, 22.

(8) Vopiscus, *Carus*, VII. VIII; — Eutrop., IX, 18; — Oros., VII, 24.

(9) Eutrop., IX, 24. 25; — Oros., VII, 25. Voy. des citations plus nombreuses dans Clinton, *Fast. Rom.*, ad ann. 297. 298. — S. Rufus, *Brev.*, XIV : *Ac Diocletiani temporibus — — pace facta Mesopotamia est restituta et supra ripam Tigridis limes est reformatus ita ut quinque gentium trans Tigridem constitutarum dicionem adsequeremur.* Ammien, (XXV, 7, 9), nomme ces cinq districts *Arzanena* [Gharzan], *Moxoena* [Möks], *Zabdicena*, *Rehimena*, *Corduena* [Kurdistan].

(10) Ammian., XXV, 6-10; — Zosimus, III, 30-34; — Eutrop., X, 17; — S. Rufus, *Brev.*, XXIX; — Libanius, I, pp. 615. 616; — Oros., VII, 31; — Socrates, *H. E.*, III, 22; — Agathias, IV, 25 (voy., à cet égard, Clinton, [*Fast. Rom.*], ad ann. 309).

(11) Ammian., XXV, 9, 9.

341 et 353 (1), et la *Mesopotamia*, où Hierocles ne cite qu'une seule ville, celle d'*Amida* [Amid; en arabe, Diârbekr], aux confins de l'Arménie. Toutes deux ont, au ve et au vi^e siècles, pour gouverneur un *praeses* (2).

---

(1) Voy. M. Kuhn, dans les *Iahrbücher für classische Philologie*, 1877, p. 702.

(2) *Notit. Dignit. Or.*, pp. 6. 9; — Const. 105, [*De decurion.*], C. Th., XII, 1; — Hierocles, pp. 713. 715. — La ville d'*Amida* ne fut pas, ainsi que le dit Malalas, (p. 274, éd. Bonn), érigée par Trajan en métropole; mais elle ne fut fortifiée que par Constance. Ce n'était, auparavant, qu'une localité sans importance (Ammian., XVIII, 9, 1. — Voy. Boecking, *Ad. notit. Dignit. Or.*, pp. 406. 407). — [Voy., sur cette ville, M. Ett. de Ruggiero, *Dizionar. epigr.*, fascic. 15, Roma, 1889, p. 449, col. 2.]

XL. AEGYPTUS.

La province d'Égypte (1), qui va, à l'Ouest, vers *Cyrene* [rui-

---

(1) Les recherches principales faites sur la province d'Égypte sont les suivantes : Letronne, *Recherches pour servir à l'histoire de l'Égypte pendant la domination des Grecs et des Romains*, Paris, 1823, in-8 ; Letronne, *Recueil des inscriptions grecques et latines de l'Égypte*, Paris, in-4. Vol. I, 1842. Vol. II, 1848 ; — Franz, dans le *C. I. Gr.*, Vol. III ; — Kuhn, [*Die Städtische und bürgerliche Verfassung des Röm. Reichs*], t. II, pp. 80-91. 454 et suiv. ; — C. E. Varges, *De statu Aegypti provinciae Romanae primo et secundo post Chr. n. saeculo*, Goetting., 1842, in-4. — Comp. Drumann, [*Historische-antiquarische Untersuchungen über Aegypten, oder*] *Die Inscrift von Rosette*, Koenigsberg, 1823, in-8 ; — Rudorff, *Das Edict des Tiberius Iulius Alexander*, dans le *Rhein. Museum*, 1828, pp. 64-84. 133-190 ; Rudorff, *Cn. Vergilii Capitonis praef. Aeg. edictum*, Berol., 1834, in-4 ; — Regnier, *De l'Égypte sous la domination des Romains*, Paris, 1807, in-8 ; — S. Sharpe, *The History of Egypt from the earliest times till the conquest by the Arabs*, London, 1852, 2 voll., (3ᵗᵉ Aufl.) ; — S. Sharpe's *Geschichte Aegyptens* — *Deutsch von* H. Jolowicz, *revidirt und berichtigt von* A. v. Gutschmid, 2ᵗᵉ Ausg., Leipz., 1862, 2 voll. in-8 [traduction allemande de l'*Histoire de l'Égypte* de Sharpe, par H. Jolowicz, *revue et corrigée par* A. von Gutschmid] (ouvrage rempli de valeur, grâce aux notes de v. Gutschmid) ; — G. Lumbroso, *Recherches sur l'économie politique de l'Égypte sous les Lagides*, Turin, 1870, in-8. — Dans le douzième volume de son ouvrage intitulé *Denkmäler aus Aegypten und Aethiopien*, (Berlin, in-fol., sans date), M. Lepsius a fait reproduire en fac-simile sur clichés 590 inscriptions grecques et 66 latines, dont l'usage est extrêmement incommode, étant donné qu'aucune inscription n'est accompagnée d'une notice indiquant si elle est éditée pour la première fois ou si elle a déjà été publiée. Cependant, ce sont, en général, des inscriptions qui se trouvent déjà dans le *Corpus Inscr.* et dans Letronne, et maigre relativement est le profit que l'on

400   ORGANISATION DE L'EMPIRE ROMAIN.

nes de Grêne] jusqu'au καταβαμός(1), qui comprend deux oasis,

peut tirer de cette publication coûteuse et difficile à utiliser. — [Aux auteurs et aux ouvrages qui sont indiqués ici par Marquardt ou qui seront cités au cours de ce chapitre, il convient de joindre les suivants : Tochon d'Annecy, *Recherches historiq. et géographiq. sur les médailles des Nomes ou Préfect. de l'Égypte sous l'empire romain*, Paris, 1822, 1 vol. in-4, portr. et 136 fig, de médailles dans le texte; — M. C. Jullian, *Inscriptions grecques d'Égypte*, Paris, 1886, broch. in-8; — M. J. Baillet, Stèle découverte à Menschieh, l'ancienne Ptolémaïs, aujourd'hui au Musée de Boulaq, et mentionnant un certain Pompeius Planta, qui est très probablement le premier préfet de l'Égypte du règne de Trajan, dans la *Revue archéologiq.*, 1889, p. 70 = M. René Cagnat, *L'année épigraphique (1889)*, Paris, 1890, p. 23, n° 79; — H. Sayce, Inscriptions d'Égypte, dans la *Revue des études grecq.*, 1889, pp. 174 et suiv.; voy. aussi M. René Cagnat, *ubi supra*, p. 72, col. 1; — *C. I. L.*, t. III, Suppl., fascic. I, Berolini, 1889, f°* 1200-1214); — Rollin et Feuardent, *Monnaies d'Égypte*, Paris; — H. Brugsch, *Thesaurus inscriptionum Aegyptiacarum*, 5 parties gr. in-4, parues jusqu'à ce jour (= 1234 pp.) ; — — Jac. Perizonius : *Aegyptiarum originum et temporum antiquissimorum investigatio*, Traj. ad Rhen., 1736, in-8; *Origines Babylonicae et Aegyptiacae*, tom. II, ed. secunda, par Car. Andr. Dukerus, Traj. ad Rhen., 1736, in-8; — d'Anville, *Mémoires sur l'Égypte ancienne et moderne*, Paris, Impr. Royale, 1766, in-4, cartes; — Droysen, *De Lagidarum regno*, Berolini, 1831; — Champollion-Figeac, *Égypte ancienne*, Paris, 1840 ou 1843, 1 vol. in-8, avec 1 carte et 92 pl.; — Champollion le Jeune, *Monuments de l'Égypte et de la Nubie. Notices descriptives conformes aux manuscrits autographes, rédigées sur les lieux*, Paris, in-fol. autographié avec fig., t. I, livr. 1-10, 917 pp.; t. II, Publ. sous la dir. de M. de Rougé, livr. 11-19, 720 pp., 2 voll. in-fol. (c'est là tout ce qui a paru); — Félix Robiou : *Aegypti regimen quo animo susceperint et qua ratione tractaverint Ptolemaei*, Rhodonis, 1852, in-8 (Thèse de Doct. ès-Lettres) ; *Mémoire sur l'économie politique, l'administration et la législation de l'Égypte au temps des Lagides*, Paris, Imp. Nat., 1876, 1 vol. in-8, carte; — — D* H. Jolowicz, *Bibliotheca aegyptiaca. Repertorium über die bis zum Iahre 1857 in Bezug auf Aegypten erschienenen Schriften*, Leipzig, 1858, in-8; — J. Oppert, *Mémoire sur les rapports de l'Égypte et de l'Assyrie dans l'antiquité, éclaircis par l'étude des textes cunéiformes*, Paris, 1860, in-4; — J. Hermann Schneiderwirth, *Die persische Politik gegen die Griechen seit dem Ende der Perserkriege. Die politischen Beziehungen der Römer zu Aegypten bis zu seiner Unterwerfung. Zwei historisch-politische Abhandlungen*, Heiligenstadt, 1863, in-8; — Aug. Mariette-Bey, *Aperçu de l'histoire d'Égypte depuis les temps les plus reculés jusqu'à la conquête musulmane*; texte français et texte arabe, Alexandrie, 1864, in-8; — François Lenormant : *Manuel d'histoire ancienne de l'Orient jusqu'aux guerres médiques*, Paris, 1869, 3 voll. in-12 et atlas in-4; *Histoire ancienne de l'Orient jusqu'aux guerres médiques*, continuée, à partir du t. V, par M. Ernest Babelon, Paris, 1881 et ann. suiv., voll. gr. in-8; — E. Saglio, dans le *Diction. des Antiq. grecq. et rom.*, de MM. Ch. Daremberg et Edm. Saglio, V° *Aegyptus*, 1er fascic., 2° éd., Paris, 1875, t. I, p. 104, coll. 1 et suiv.; — Léon Carré, *L'ancien Orient. Études historiq., religieuses et philosophiq. sur l'Égypte, la Chine, l'Inde, la Perse, la Chaldée et la Palestine, depuis les temps les plus reculés*, Paris, 1875, 2 voll. in-8; — P. Guiraud, *De*

(1) Strabo, XVII, p. 798; — Sallust., *Iug.*, XIX.

qui s'étend, au Nord-Est, jusqu'au *collis Cassius* (1), au Sud,

---

Lagidarum cum Romanis societate, Lutetiae Paris., 1879, in-8 (Thèse de Doct. ès-Lettres) ; — C. Wachsmuth, *Zur Geschichte von Alexandria*, dans le *Rhein. Museum*, 1880, pp. 448 et suiv. ; — A. Letronne, *Œuvres choisies assemblées, mises en ordre et augmentées d'un index*, par M. E. Fagnan, *Égypte ancienne, géographie et cosmographie*, Paris, 1881-1883, 4 voll. in 8 ; — Giacomo Lumbroso, *L'Egitto al tempo dei Greci e dei Romani*, Roma, 1882, in-8 (*ibiq*. M. l'abbé L. Duchesne, dans le *Bulletin critique*, t. III, 1882, art. 35, pp. 147 et suiv.); — U. Wilcken, *Observationes ad historiam Aegypti provinciae romanae, depromptae e papyris graecis berolinensibus ineditis*, Berolini, 1884. (Voy. aussi, dans *Hermes*, t. XX, pp. 430 et suiv.) ; — H. de Vaujany, *Histoire de l'Égypte depuis les temps les plus reculés jusqu'à nos jours*, Paris, 1885 ; — A. Erman, *Aegypten und aegyptisches Leben im Altertum*, Tübingen, 1885-1887, 2 voll. in-8 ; — G. Maspero : *Histoire ancienne des peuples de l'Orient*, 4e éd., Paris, 1886, 1 vol. in-18 ; *Archéologie égyptienne*, Paris, 1887 ; — Prince Ibrahim Hilmy, *The literature of Egypt and the Soudan from the earliest times to the year 1885 inclusive*, London, 1886, 2 voll. in-4 ; — Theodor Mommsen : *Römische Geschichte*, t. V, 3tte Aufl., Berlin, 1886, pp. 553-620 = dans la trad. franç. de MM. R. Cagnat et J. Toutain, t. XI, Paris, 1889, pp. 153-250; *Römisches Staatsrecht*, t. III, 1, Leipzig, 1887, pp. 751-754 = dans la trad. franç. de M. Paul-Frédéric Girard, t. VI de la collection, 2e partie, Paris, 1889, pp. 391 *in fine* et suiv.; *Spicilegium titulorum latinorum ex Creta et ex Aegypto*, dans l'*Ephem. épigr*.., Vol. VII, fasc. 3us, Berol., 1890, pp. 423-428 ; — W. Liebenam : *Beiträge*, I, Iena, 1886, pp. 47. 79-81 ; — Henri Kiepert, *Manuel de géographie ancienne*, trad. franç. par M. Émile Ernault, Paris, 1887, pp. 114 et suiv.; — Dr Eduard Meyer, *Geschichte des alten Aegyptens*, Berlin, 1887, (*ibiq*. M. Krall, dans le *Deutsche Literaturzeitung*, 1888, n° 15, [14 avril]) ; — George Rawlinson and A. Gilman, *The story of ancient Egypt*, London et New-York, 1887, in-8 (*ibiq*. M. Erman, dans la *Berliner philolog. Wochenchr*., 1887, n° 52. — N. B. : Cet ouvrage que M. Erman, *loc. cit*., déclare n'être plus au courant, vient d'être traduit en espagnol par M. Ed. de Toda, sous le titre : G. Rawlinson. — *Historia del antiguo Egipto; versión española y apéndice, por D. Eduardo de Toda*, Madrid, 1889, in-4º) ; — Ettore de Ruggiero, *Dizionar. epigr*., fascic. 9, Roma, 1888, vº *Aegyptus*, pp. 275 *in fine* et suiv. ; — J. W. Kubitschek, *Imp. Rom. trib. discr*., Prag., Vindob., Lips., 1889, p. 261 ; — Heinr. Brugsch, *Die Aegyptologie*, 1889-1890, 2 voll. in-8 ; — Alex. Max. de Zogheb, *L'Égypte ancienne. Aperçu sur son histoire, ses mœurs et sa religion*, Paris, 1890, 1 vol. in-8, avec 64 dessins ; — Jacques de Rougé, *Géographie ancienne de la Basse-Égypte*, Paris, 1890, 1 vol. in-8 ; — Dr Jak. Krall, *Studien zur Geschichte der alten Aegypten*, Wien. (Ces études paraissent en fascicules in-8 chez Tempsky ; la dernière publiée est la IVe, 1890, broch. in-8 de 82 pp.). — Voy. encore MM. : A. H. Sayce, *Egyptian ostraka*, dans *The Academy*, n° 768, pp. 61-62; — Wiedemann, *Aegypt. Gesch. Supplément* (paru en 1888); — Alfr. von Gutschmid, *Kleine Scriften*, p. p. Rühl. I, *Schriften zur Aegyptologie und zur Geschichte der griechischen Chronographie*, Leipzig, 1890, 1 vol. in-8 (ibique *Deutsche Litteraturzeitung*, 1890, n° 8). — On trouvera enfin de nombreux et précieux renseignements sur 'Égypte dans la *Revue égyptologique*, fondée à Paris et publiée sous la direction de MM. H. Brugsch, F. Chabas et Eug. Revillout, Leroux, éd. ;

(1) Strabo, XVII, pp. 760. 803.

jusqu'à *Phile, Elephantine* et *Syene* [Assuân] (1), au Sud-Est, jusqu'à *Berenice* [Bender Kebîr] (2), commence son histoire à la conquête d'Alexandrie [Skanderîye], le 1ᵉʳ août 724=30 (3).

Administration sous un vice-roi. Au point de vue administratif, elle présente plusieurs particularités, qui s'expliquent, soit par sa situation territoriale, soit par le caractère de ses habitants, soit par la conservation, dans ses traits généraux, du système administratif en vigueur à l'époque des Ptolémées, soit enfin par l'importance politique du pays. L'Égypte a eu de tout temps une population très dense (4); il semble qu'elle ait compté dans l'ancien temps 18.000 (5) ou 20.000 localités (6); sous les Ptolémées, 30.000 (7); qu'elle

---

— dans le *Journal égyptologique* du professeur Lepsius ; — dans l'*Egypt exploration fund*; — dans les *Mémoires publiés par les membres de la Mission archéologique française au Caire*, Voll. I-III ; — enfin dans le double n° 29-30 de la *Berliner philolog. Wochenschr.*, du 19 juillet 1890, presque exclusivement consacré à l'archéologie gréco-égyptienne. — P. L.-L.]

(1) Strabo, XVII, p. 787 ; — Tacit., *Ann.*, II, 61 ; — Plin., *Nat. hist.*, V, 59.

(2) Les garnisons, que les Romains avaient en Nubie, n'étaient que passagères. (Voy. Franz, *C. I. Gr.*, n°ˢ 4946. 5100. 5109. 5110.)

(3) Dio Cass., LI, 4 : — Oros., VI, 19. Voy. Ideler, *Handbuch der math. und techn. Chronol.*, t. I, p. 153 ; — Franz, *C. I. Gr.*, t. III, f° 309. — L'ère provinciale en usage depuis lors en Égypte est cependant comptée du commencement de l'année égyptienne, c'est-à-dire du 29 août 724=30. (Voy. les détails, à cet égard, dans M. Mommsen, *Staatsrecht*, t. II, 2ᵗᵉ Aufl., p. 778. [La trad. franç. de ce volume, dont une 3ᵉ éd. a paru à Leipzig en 1887, n'a pas encore été publiée.]) — [Sur Alexandrie, [voy., indépendamment des auteurs cités dans notre bibliographie de l'Égypte, p. 399, note 1, *supra*, M. : C. Vachsmuth, *Zur Geschichte von Alexandria*, dans le *Rheinisches Museum*, t. XXXVI, 1880, pp. 448 et suiv. ; — Gräf, *Die Gründung Alessandrias*, 1887 ; — Fr. Gasparolo, *Dissertazioni storico-critiche sopra Alessandria*, Alessandria, 1887, in-8 ; — Dʳ Néroutsos-Bey, *L'ancienne Alexandrie. Étude archéologique et topographique*, Paris, 1888, avec dessins, planche et carte en couleurs ; — Ett. de Ruggiero, *Dizionar. epigr.*, fascic. 13, Roma, 1889, V° *Alexandrea (Aegypti)*, pp. 398, col. 2, et suiv. ; — Kubitschek, *op. cit.*, p. 261. — Sur e *fiscus Alexandrinus*, voy. M. Ett. de Ruggiero, *ubi supra*, p. 401, col. 2, et dans le *Bullett. dell' Istit. di Dir. Rom.*, ann. I, Roma, 1888-89, pp. 261 et suiv. Voy. aussi l'inscription des environs de Mentana, qui a donné lieu à ce dernier travail, dans M. René Cagnat, *L'année épigr.* (*1888*), Paris, 1889, p. 47, col. 1, n° 130. — P. L.-L.]

(4) Les Égyptiens sont une *gens fecundissima* (Plin., *Paneg.*, XXXI ; — Senec., *N. q.*, III, 25 ; — Plin., *Nat. hist.*, VII, 33. — Voy. Eckhel, *Doct. Num.*, t. IV, p. 37).

(5) Diodor., I, 31.

(6) Hérodot., II, 177 ; — Plin., *Nat. hist.*, V, 60.

(7) Diodor., I, 31 ; — Theocrit., XVII, 82, qui indique le nombre sacré 33.

ait eu d'abord 7 millions d'habitants (1); sous les Romains, 7.800.000 (2), tandis qu'aujourd'hui elle n'en a guère que 5 millions. Dans ce nombre figurait un million de Juifs (3). Les autres habitants étaient des Égyptiens, des Grecs qui s'étaient répandus dans tout le pays et vivaient en *connubium* avec les Égyptiens (4), des Romains et des esclaves (5). Les Égyptiens, démoralisés par un long despotisme, habitués au mensonge et à la fourberie (6), aussi serviles que méchants et infidèles, chagrins, superstitieux en religion, aimant les querelles (7), ne

---

333. Comp. Tzetzes, *Chil.*, III, 67, v. 72, et, sur le nombre des villes, Plin., *Nat. hist.*, V, 60 sqq.; — Mela, I, 9.

(1) Diodor., I, 31.

(2) Josèphe, (*Bell. Iud.*, II, 16, 4), donne, d'après les registres officiels de capitation : πεντήκοντα πρὸς ταῖς ἑπτακοσίαις ἔχουσα μυριάδας ἀνθρώπων δίχα τῶν Ἀλεξάνδρειαν κατοικούντων, ὡς ἔνεστιν ἐκ τῆς καθ' ἑκάστην κεφαλὴν εἰσφορᾶς τεκμήρασθαι. Comme les habitants d'Alexandrie, selon Diodore, (XVII, 52), qui suit également les dénombrements officiels, s'élevaient, esclaves non compris, à 300.000, on arrive au chiffre total de 7.800.000. Ce nombre s'augmenta encore sous la domination romaine. (Voy. Letronne, dans le *Journal des Savants*, 1844, p. 434.) Au quatrième siècle, l'Égypte, avec la Libye et la *Pentapolis*, comptaient ensemble 100 sièges épiscopaux (Athanasii *Apol.*, II, p. 778 ; p. 123, éd. Paris, 1698 ; — *Alexandri Ep. encycl.*, *ap.* Socrat., I, 6).

(3) Philo, *Adv. Flacc.*, VI (II, p. 523, éd. Mang. = p. 974, éd. Frankf.) : οὐκ ἀποδέουσι μυριάδων ἑκατὸν οἱ τὴν Ἀλεξάνδρειαν καὶ τὴν χώραν Ἰουδαῖοι κατοικοῦντες ἀπὸ τοῦ πρὸς Λιβύην καταβαθμοῦ μέχρι τῶν ὁρίων Αἰθιοπίας.

(4) C'est ce que nous montre l'inscription publiée par Letronne, (*Rec.*, t. I, n° 99), dans laquelle nous voyons un Égyptien, du nom d'Ἀρτβωτ, avoir pour femme une Grecque appelée Ἰσιδώρα. Pareillement, sous les Ptolémées, l'accès aux fonctions publiques et aux dignités sacerdotales était ouvert de la même manière aux Grecs et aux Égyptiens, de telle sorte qu'aucune barrière légale ne venait séparer ces deux parties de la population. (Voy. Droysen, *De Lagidarum regno*, Berol., 1831, p. 19 ; — Kuhn, *op. cit.*, t. II, pp. 464 et suiv.)

(5) Dans les campagnes, en général, on ne rencontrait point d'esclaves, parce qu'en Égypte une classe de paysans s'est toujours maintenue (Varro, *De re rust.*, I, 17. — Voy. Franz, *op. et loc. citt.*, f° 319ᵃ); mais il devait y en avoir à Alexandrie (Trebell. Poll., *Triginta tyr.*, XXVIII.— Voy. Varges, *op. cit.*, p. 21).

(6) Aelian.,*V. H.*, VII, 16 : Αἰγυπτίους φασὶ δεινῶς ἐγκαρτερεῖν ταῖς βασάνοις καὶ ὅτι θᾶττον τεθνήξεται ἀνὴρ Αἰγύπτιος στρεβλούμενος ἢ τἀληθὲς ὁμολογήσει. — Ammian., XXII, 16, 23 : *Erubescit apud eos si qui non infitiando tributa plurimas in corpore vibices ostendat, et nulla tormentorum vis inveniri adhuc potuit quae obdurato illius tractus latroni invito elicere potuit ut nomen proprium dicat.*

(7) Sur ces traits de caractère des Égyptiens, voy. Varges,*op. cit.*, p. 23 ; sur leur sykophantie [esprit de chicane], voy. *Edict. Tib. Alex.*, lin. 38-45.

pouvaient s'accommoder d'une administration semblable à celle des autres provinces. Nulle part n'apparaît, d'une manière plus significative, la facilité avec laquelle les Romains savaient soumettre à leur domination les nationalités les plus disparates. Tout d'abord, ils ne touchèrent pas aux institutions religieuses; les temples égyptiens subsistèrent intacts sous les empereurs (1); l'usage des hiéroglyphes n'était pas encore abandonné sous Caracalla (2) et même plus tard (3); le dernier monument hiéroglyphique, dont la date puisse être fixée par un nom d'empereur régnant, est un acte de sacrifice de l'empereur Decius, vers l'an 250 après J.-C. (4); l'idiôme officiel resta la langue grecque, que les Ptolémées avaient introduite (5); les règles établies par ces derniers demeurèrent, en général, la base de l'administration; à sa tête, fut placé un vice-roi (6), qui, n'ayant pas les insignes des magistrats romains et relevant directement de l'empereur, jouait le rôle de roi dans toutes les cérémonies en usage (7). Abstraction faite des habitants, Auguste fut encore poussé à cette mesure, toute d'exception, par l'importance politique de la province, dont les blés étaient, dès cette époque, indispensables à la population romaine, et dont la position stratégique aurait constitué, pour la tranquillité de

---

(1) Ce point a fait, de la part de Letronne, l'objet d'une démonstration détaillée.

(2) Voy. Rosellini, *Mon. stor.*, t. II, p. 455.

(3) Cet usage se perpétua vraisemblablement jusqu'au vi° siècle de notre ère. (Voy. Letronne, dans le *Journal des Savants*, 1843, pp. 464 et suiv. ; — Franz, *op. et loc. citt.*, f° 308.)

(4) Les monuments hiéroglyphiques de l'époque romaine se trouvent dans M. Lepsius, 4° partie, *Denkmäler aus der Zeit der Griechischen und Römischen Herrschaft*, feuilles 69 à 90. Ils commencent avec Auguste et vont jusqu'à Decius.

(5) C'est ce qui ressort des documents officiels qui nous sont parvenus, par exemple des édits des préfets romains.

(6) Tacit., *Hist*, 1, 11 : *Aegyptum copiasque, quibus coerceretur, iam inde a D. Augusto equites Romani obtinent* LOCO REGUM. *Ita visum expedire, provinciam aditu difficitem, annonae fecundam, superstitione ac lascivia discordem ac mobilem, insciam legum, ignaram magistratuum, domi retinere;*— Strabo XVI, p. 797 : ὁ μὲν οὖν πεμφθεὶς (ἔπαρχος) τὴν τοῦ βασιλέως ἔχει τάξιν.

(7) Plin., *Nat. hist.*, V, 57 : *Cum crescit (Nilus) reges aut praefectos navigare eo nefas iudicatum est* ; — Seneca, *N. q.*, IV, 2, 8 : *In haec ora stipem sacerdotes et aurea dona praefecti, cum solenne venit sacrum, iaciunt.*

AEGYPTUS.

Rome et pour la sûreté de la couronne elle-même, un danger perpétuel, si un gouverneur s'y était soulevé (1). Aussi ne prit-il possession de l'Égypte ni pour le Sénat ni pour le fisc, mais en fit-il une propriété de sa maison ou de sa cassette (2), administrée par lui-même : ainsi, les domaines royaux devinrent sa propriété, et, d'autre part, les impôts du pays tout entier alimentèrent sa caisse privée (*res privata principis*) (3); il défendit, en principe, à tous les sénateurs et *equites illustres* d'y venir (4) et nomma aux fonctions de vice-roi un chevalier (5) qui, dans ses rapports

Praefectu Aegypti.

---

(1) Suet., *Caes.*, XXXV : *Regnum Aegypti victor Cleopatrae fratrique eius minori permisit, veritus provinciam facere, ne quandoque violentiorem praesidem nacta novarum rerum materia esset;* — Tacit., *Ann.*, II, 59 : *Nam Augustus inter alia dominationis arcana vetitis nisi permissu ingredi senatoribus aut equitibus Romanis illustribus seposuit Aegyptum, ne fama urgeret Italiam, quisquis eam provinciam claustraque terrae ac maris quamvis levi praesidio adversum ingentes exercitus insedisset.* Cf. Tacit., *Hist.*, III, 8. 48.

(2) Tacite, (*Hist.*, I, 11), fait Auguste *provinciam* (*Aegyptum*) — *domi retinere*, c'est-à-dire dans son domaine privé. L'antithèse de *domus* est *respublica* (Tacit., *Ann.*, XIII, 4 ; — *Hist.*, I, 15). Philon, (*Adv. Flaccum*, XIX (II, p. 540, éd. Mangey)), appelle l'Égypte τὸ μέγιστον αὐτοῦ (Τιβερίου) τῶν κτημάτων. Cf. Ammian., XXII, 16, 24 : *Aegyptus — — provinciae nomen accepit ab Octaviano Augusto possessa.*

(3) Ce que nous dit Strabon, (XVII, pp. 817. 818), à savoir que les revenus de l'Égypte sont payés aux ἡγεμόνες, et que le domaine royal donne un produit aux ἡγεμόνες, a d'abord été compris par moi comme se rapportant au *praefectus Aegypti*, parce que le mot ἡγεμών est la dénomination usuelle sous laquelle se trouve désigné ce fonctionnaire. M. Kuhn, (*op. cit.*, t. II, p. 473), a, au contraire, admis avec raison que, par ἡγεμόνες, dans Strabon, ce sont les empereurs eux-mêmes qu'il faut entendre. Et, en effet, le *praefectus* a, sans doute, dès le début, touché un traitement, et, d'une part, il va de soi, de l'autre, il est établi par Dion Cassius, (LVII, 10 ; LXVI, 8), que les revenus étaient envoyés à l'empereur.

(4) Tacit., *Ann.*, II, 59 [voy. note 1, *supra*]; — Dio Cass., LI, 17. — Cette loi, dont le maintien ne présentait aucune difficulté, étant donné le contrôle sévère qui était exercé en Égypte sur les étrangers (Strabo, II, p. 101), fut transgressée d'abord par Germanicus (Tacit., *Ann.*, *ubi supra*), puis par d'autres. (Voy. Zoega, *N. reg.*, p. 316, n.)

(5) Tacit., *Hist.*, I, 11. — Arrian., *Anab.*, III, 5, 10 : καὶ Ῥωμαῖοί μοι δοκοῦσι, παρ' Ἀλεξάνδρου μαθόντες, ἐν φυλακῇ ἔχειν Αἴγυπτον, καὶ μηδένα τῶν ἀπὸ βουλῆς ἐπὶ τῷδε ἐκπέμπειν ὕπαρχον Αἰγύπτου, ἀλλὰ τῶν εἰς τοὺς ἱππέας σφίσι ξυντελούντων. — Dio Cass., LIII, 13. Telle est la raison pour laquelle le préfet s'appelle ὁ ἱππαρχῶν κατὰ τὴν Αἴγυπτον (Joseph., *Ant.*, XIX, 5, 2). Il n'est pas prouvé qu'un sénateur ait jamais été *praefectus Aeg.* (voy. Franz, *op. et loc. citt.*, f° 309b); un affranchi, du nom de Severus (Dio Cass., LVIII, 19 ; — Philo, *In Flaccum*, I (II, p. 517, éd. Mang.)), fut, en l'an 32 de notre ère, pendant peu de temps, vicaire du préfet défunt, Vitrasius Pollio, et fut relevé de

avec l'empereur, doit être considéré comme un fonctionnaire domestique, *procurator* (1); mais, comme il occupait une situation plus élevée que les *procuratores* ordinaires et que, à l'exemple des gouverneurs des provinces impériales, il commandait à une armée (qui se composait, sous Auguste, de trois légions (2); sous Tibère, de deux (3), la *leg. III Cyrenaica* et la *leg. XXII Deiotariana;* plus tard, peut-être à partir de Trajan, d'une seule légion, la *leg. II Traiana fortis* (4); en outre, de divers corps auxiliaires (5)), il reçut le titre de *praefectus*

---

ses fonctions encore la même année par le nouveau préfet en charge, Avillius Flaccus. Rien n'oblige à considérer comme un affranchi Avidius Heliodorus, qui, d'après Dion Cassius, (LXIX, 3), avait été *ab epistolis Hadriani*, et qui devint ensuite *praefectus Aegypti*. (Voy. Spartian., *Hadr.*, XXII : *Ab epistolis et a libellis primus equites Romanos habuit*.) La liste des préfets connus se trouve dans Franz, (*op. et loc. citt.*, f⁰ˢ 310 et suiv. — Comp. Borghesi, *Œuvres*, t. V, pp. 23 et suiv.; — Henzen, *Inscr.*, [t. III], p. 522; — Lumbroso, dans le *Bullett. dell' Inst.*, 1877, p. 52). — Sur les premiers préfets, voy. M. Mommsen, *Res gestae D. Augusti*, pp. 74 et suiv. [= dans la nouv. éd., Berol., 1883, pp. 106 et suiv.; comp. M. A. Allmer, *Les gestes du Dieu Auguste*, Vienne, 1889, pp. 118 et suiv.], et dans l'*Ephem. epigr.*, t. IV, p, 27; — C. Wescher, dans le *Bullett. dell' Inst.*, 1866, p. 51 et suiv. — Sur les préfets du quatrième siècle, voy. Franz, *op. et loc. citt.*, f⁰ 323 ; — G. R. Sievers, *Athanasii vita acephala*, dans la *Zeitschrift für die histor. Theologie*, 1868, I, pp. 113 et suiv., et le même, *Leben des Libanius*, pp. 254 et suiv. ; — Wachsmuth, dans le *Rheinisches Museum*, t. XXVIII, (1873), pp. 581 et suiv. — [Voy. aussi, sur les préfets de l'Égypte, les auteurs cités en la note initiale de ce chapitre, et notamment M. Ett. de Ruggiero.]

(1) Il porte parfois aussi le nom de *procurator*, comme Cornelius Gallus, dans Ammien, (XVII, 4, 5); ἐπίτροπος Ἀλεξανδρείας καὶ τῆς χώρας (Philo, *In Flaccum*, I (II, p. 517, éd. Mang.)), et sa fonction, celui de *procuratio* (Suet., *Nero*, XXXV; — Tacit., *Ann.*, XII, 60).

(2) Strabo, XVII, p. 797.

(3) Tacit., *Ann.*, IV, 5 ; *Hist.*, II, 6. — Voy. Grotefend, dans la Pauly's *Realencyclopädie*, t. IV, pp. 875. 899.

(4) Dio Cass., LV, 24. — Voy. Grotefend, *ubi supra*, p. 874. — Sous Antonin-le-Pieux, elle se trouvait déjà à *Alexandria* (Orelli, n⁰ 3456 [*ibiq.* Henzen, t. III, p. 348 = Wilmanns, *Exempla*, t. I, n⁰ 692]). — Voy. M. Mommsen, dans l'*Archaeologische Zeitung*, t. XXVII, (1869), pp. 123 et suiv.

(5) C'étaient, sous Auguste, 9 *cohortes* et 3 *alae* (Strabo, XVII, p. 797). Comp., au surplus, Franz, *op. et loc. citt.*, f⁰ 314. — Les troupes étaient stationnées en divers endroits de l'Égypte. C'est ainsi que l'on trouve dans l'oasis d'El Chargeh, à 20 milles allemands à l'Ouest de Thèbes, cinq grandes forteresses romaines, deux cents fontaines et de nombreuses ruines de temples. (Voy. Schweinfurth, dans les *Mittheilungen* de Petermann, 1875, pp. 385 et suiv., travail où sont également publiées deux inscriptions consacrées du préfet Avidius Heliodorus et de M. Rutilius Lupus.)

Aegypti (1); dans la suite, celui d'*Augustalis*, et un *imperium ad similitudinem proconsulis* (2), c'est-à-dire les pleins pouvoirs d'un gouverneur de province (3), mais sans ses insignes extérieurs et sans les *fasces* (4). Son personnel administratif se composait d'affranchis de l'empereur, qui le remplaçaient aussi (5); même le commandement militaire était soumis, en Égypte, à un régime exceptionnel : les légions n'y étaient pas commandées par des *legati* de rang sénatorial, mais par des chevaliers, qui portaient le titre de *praefectus castrorum* (6). L'établissement des impôts (7), ainsi que la nomination à certains emplois, notamment à celui de directeur du Museum à Alexandrie (8), sont réservés à l'empereur; tout le reste dépend du *praefectus*,

---

(1) Ce titre officiel est très fréquent. (Voy., par exemple, Tacit., *Hist.*, II, 74, et en maints autres passages ; de même aussi dans les inscriptions. — Comp., sur lui, Kuhn, *op. cit.*, t. II, pp. 82 et suiv.) — En grec, il s'appelle ἡγεμών (*Ed. Alex.*, lin. 1. 2) ; ἡγεμὼν τῆς ἐπαρχίας (Letronne, *Rec.*, n° CCCIX) ; ἡγεμονεύων (*C. I. Gr.*, n° 4701, et dans de nombreux passages de Strabon, de Philon et de Josèphe (voy. les citations dans Kuhn, *op. cit.*, t. II, p. 474, note 4160)); ἄρχων Αἰγύπτου (Dio Cass., LIII, 29; LIV, 19; LXIII, 18 ; LXXI, 28); ἔπαρχος (*Ed. Alex.*, lin. 28 ; deux inscriptions dans Schweinfurth, *op. et loc. sup. citt.*, pp. 392. 393); ὕπαρχος (Arrian., *Anab.*, III, 5, 10 ; — Vales., *Ad Euseb. H. E.*, IV, 1; — Boeckh, *C. I. Gr.*, n°s 2592. 3187 ; — Wernsdorf, *Ad Himer.*, p. 297).

(2) L. 1, [fr. Ulpian., *De officio praefecti Augustalis*], D., I, 17.

(3) Tacit., *Ann.*, XII, 60 : *Nam divus Augustus apud equestres, qui Aegypto praesiderent, lege agi decretaque eorum proinde haberi iusserat, ac si magistratus Romani constituissent.*

(4) Lorsque César entra à Alexandrie, les habitants de la ville furent très indignés de voir les *fasces* portés devant lui (Caes., *Bell. civ.*, III, 106). Quant aux Romains eux-mêmes, ils croyaient à l'existence d'un oracle, qui défendait de porter les faisceaux. (Trebell. Pollio, *XXX tyr.*, XXII : *Qui (Gallienus) cum Theodoto vellet imperium proconsulare decernere, a sacerdotibus est prohibitus, qui dixerunt, fasces consulares ingredi Alexandriam non licere. Cuius rei etiam Ciceronem, cum contra Gabinium loquitur, meminisse salis novimus.*) Lucain, (VIII, 823 sqq.), fait également mention de cet oracle.

(5) Strabo, XVII, p. 797, et, ci-dessus, p. 405, note 4.

(6) Il sera traité de cette question à un autre endroit. — Voy., quant à présent, M. Mommsen, dans l'*Archaeologische Zeitung*, t. XXVII, (1869), pp. 124 et suiv. —[Voy. aussi M. G. Wilmanns, *De praefecto castrorum et praefecto legionis*, dans l'*Ephem. epigr.*, Vol. I, 1872, pp. 81 et suiv., et spécialement pp. 90-91, et les auteurs cités dans la note initiale de ce chapitre.]

(7) Dio Cass., LIII, 18 ; — *Ed. Ti. Alex.*, lin. 27. 62-65. — Voy. M. Varges, *op. cit.*, p. 59. — M. L. Friedländer, (*Index lect. acad. Regimont.*, 1869, I), estime que le total de tous les impôts réunis de l'Égypte s'élevait à 134. 918. 100 Marks [= 168. 647. 625 francs].

(8) Strabo, XVII, p. 794.

qui n'a pas seulement la juridiction supérieure, mais aussi le contrôle de l'administration financière (1) et la haute direction militaire; il est personnellement responsable devant l'empereur (2); il en réfère directement à lui sur les affaires importantes (3), et sert d'intermédiaire unique pour transmettre immédiatement au prince les suppliques qui lui sont adressées (4). Il réside à *Alexandria* (5), d'où il effectue des tournées d'inspection dans le pays (6); il est révocable au gré de l'empereur (7).

De même qu'il était interdit aux sénateurs romains de se rendre en Égypte, il était aussi défendu aux Égyptiens, admis au droit de cité romaine, d'exercer les fonctions romaines qui donnaient accès au Sénat (8). On compliqua même pour eux l'acquisition du *ius civitatis*, en les obligeant à se faire préala-

---

(1) Philo, *In Flaccum*, I (II, p. 517, éd. Mang.) : καὶ ὅσα μὲν περὶ λογισμοὺς καὶ τὴν τῶν προςοδευομένων κατώρθου διοίκησιν, εἰ καὶ μεγάλα καὶ ἀναγκαῖα ἦν, ἀλλ' οὐδέν γε δεῖγμα ψυχῆς ὑπέφαινεν ἡγεμονικῆς. *Ibid.*, p. 518 : ἐδίκαζε τὰ μεγάλα μετὰ τῶν ἐν τέλει (c'est-à-dire Flaccus); le même personnage juge le sénat juif (c. X, p. 529). On lit ensuite, (c. XVI, p. 536), au sujet d'un certain Λάμπων : προςεστὼς γὰρ τοῖς ἡγεμόσιν ὁπότε δικάζοιντο, ὑπεμνηματίζετο τὰς δίκας εἰςάγων ὡς ἔχων τάξιν, et, au sujet des préfets eux-mêmes : ἀμήχανον μὲν γὰρ ἦν τοὺς ἡγεμόνας τοσαύτης χώρας ἐπιτροπεύοντας — — ἁπάντων μεμνῆσθαι, καὶ ταῦτα οὐ δικάζοντας μόνον ἀλλὰ καὶ λογισμοὺς τῶν προςόδων καὶ δασμῶν λαμβάνοντας, ὧν ἡ ἐξέτασις τοῦ ἐνιαυτοῦ χρόνον ἀνήλισκεν.

(2) Philon, (*In Flaccum*, XII, p. 533, éd. M.), dit des préfets d'Auguste et de Tibère: οὓς μετὰ τὸν ὁρισθέντα χρόνον τῆς ἀρχῆς ἐπανελθόντας εἰς Ῥώμην οἱ αὐτοκράτορες λόγον καὶ εὐθύνας τῶν πεπραγμένων ᾔτουν, καὶ μάλισθ' ὁπόταν πρεσβεύσαιντο αἱ ἀδικηθεῖσαι πόλεις.

(3) *Ed. Ti. Alex.*, lin. 9 : προέγραψα ἀναγκαίως περὶ ἑκάστου τῶν ἐπιζητουμένων, ὅσα ἔξεστί μοι κρίνειν καὶ ποιεῖν. Τὰ δὲ μείζονα καὶ δεόμενα τῆς τοῦ αὐτοκράτορος δυνάμεως καὶ μεγαλειότητος αὐτῷ δηλώσω μετὰ πάσης ἀληθείας.

(4) Philo, *In Flaccum*, XII, p. 532, éd. M.

(5) L. 1, [fr. Ulpian., *De offic. praef. August.*], D., I, 17, et maintes autres sources.

(6) Dans ce but se trouvent à *Schedia*, localité située à 240 stades d'Alexandrie, des bateaux couverts (πλοῖα θαλαμηγά ; Strabo, XVII, p. 800). Strabon lui-même accompagna, dans un voyage de ce genre, le préfet Aelius Gallus (Strabo, II, p. 148 ; XVII, pp. 806. 815. 817). Voy. d'autres mentions de ces tournées dans Letronne, *Rec.*, t. II, p. 472, et au *C. I. Gr.*, n° 4699, lin. 23.

(7) Seius Strabon, père de Séjan, ne fut préfet que pendant quelques mois, tandis que son successeur Vitrasius Pollio occupa ce poste durant seize années. (Voy. la liste dans Franz, *op. et loc. citt.*, f° 310. [Voy. aussi M. Ett. de Ruggiero, *op. et loc. citt.*].)

(8) Dio Cass., LI, 17. M. Kuhn, (*op cit.*, t. II, pp. 86 et suiv.), traite ce sujet à fond.

blement recevoir citoyens d'Alexandrie (1); et cette condition, qui ne pouvait se réaliser que de l'aveu de l'empereur lui-même, était rarement remplie (2). Plus tard, sous Caracalla, les citoyens d'Alexandrie furent admis au Sénat romain (3); mais les Égyptiens proprement dits semblent, même après que le droit de cité eut été concédé par cet empereur à tous les pérégrins, être demeurés aussi incapables que par le passé d'arriver aux dignités romaines (4).

La deuxième particularité propre à l'organisation de l'Égypte consistait en ce que le pays ne se divisait pas, comme l'Italie et la plupart des provinces, en un certain nombre d'unions communales, existant les unes à côté des autres, et de territoires urbains, administrés par des sénats et des magistrats locaux, mais comprenait, dans une vue de centralisation administrative, des éléments subordonnés les uns aux autres, et gouvernés par des fonctionnaires de rangs divers (5).

<small>Centralisation administrative.</small>

Le pays tout entier était distribué en trois grands districts (Épistratégies) : la Haute-Égypte (*Thebais* [Thébaïde]) (6), avec *Ptolemais* [Menschîye] pour chef-lieu (7); l'Égypte moyenne (*Heptanomis*) et la Basse-Égypte (Delta) (8). Chacun d'eux se subdivisait en Nomes, les Nomes en Toparchies (9), les Toparchies en κῶμαι et τόποι, dans lesquels le sol était exactement mesuré en ἄρουραι (10). Les trois grands districts relevaient chacun d'un ἐπιστράτηγος, qui était Romain (11) et réunissait entre ses mains tous

<small>Épistratégies.</small>

---

(1) Plin., *Ep.*, X, 5 (4); X (V); VI (XXII); VII (XXIII).
(2) Joseph., *Contra Apionem*, VI : *Nam Aegyptiis neque regum quisquam videtur ius civitatis fuisse largitus, neque nunc quidem imperatorum*. Apion lui-même l'avait cependant obtenu (*ibid.*, c. IV).
(3) Dio Cass., LI, 17.
(4) Voy. M. Kuhn, *ubi supra*.
(5) Voy. M. Lumbroso, *Recherches*, pp. 235 et suiv.
(6) Strabo, XVII, p. 787; — Ptolem., IV, 5, 62.
(7) Strabo, XVII, p. 813. — Voy. Franz, *op. et loc. citt.*, sur le n° 4751 ; — Letronne, *Rec.*, t. II, 405.
(8) Strabo, XVII, p. 787; — Ptolem., IV, 5, 45. 55.
(9) Herod., II, 109. 165 sqq.; — Strabo, XVII, p. 787.
(10) Strabo, XVII, p. 787. L'ἄρουρα est une mesure de cent aunes égyptiennes en carré. (Herodot., II, 168. — Voy. *Journal des Savants*, 1828, p. 486; — Peyron, *Pap. Taur.*, t. 1, p. 135; — Hultsch, *Métrologie*, p. 284.)
11) Seul, le plus ancien des épistratèges de nous connus, Πτολεμαῖος

les pouvoirs civils et militaires, de telle sorte que tous les fonctionnaires de l'épistratégie lui étaient subordonnés (1). L'épistratège de la *Thebais* porte aussi, dans quelques inscriptions, le titre d'ἀραβάρχης (2) et de στρατηγὸς τῆς Ἰνδικῆς καὶ Ἐρυθρᾶς Θαλάσσης (3); de son district dépendent le pays qui s'étend du Nil à la mer Rouge, et que l'on désigne en un sens spécial sous le nom d'Arabie (4), et la route entre *Koptos* [Kuft] et Bérénice [Bender Kebîr], dont la défense lui est confiée (5). On ignore quelles fonctions incombaient à l'*Arabarches*, dont il n'est fait que deux mentions certaines, à moins qu'il ne soit

---

Ἡρακλείδου ἐπιστράτηγος τῆς Θηβαίδος, dans la quatorzième année du règne d'Auguste (voy. l'inscription dans Letronne, *Rec.*, t. II, 141), porte un nom grec; il est manifeste que les Romains se servirent à l'origine de fonctionnaires indigènes, qui connaissaient le pays; plus tard, apparaissent des ἐπιστράτηγοι Θηβαίδος, et c'étaient des Romains (*C. I. Gr.*, nᵒˢ 4745. 4751. 4753; *epistrategus Thebaidis*, dans l'inscription latine d'Orelli, n° 3881 [voy. aussi (*epistr*)*ategus Thebaidos*, *C. I. L.*, t. III, 1, n° 45]; cf. *C. I. Gr.*, nᵒˢ 4715. 4716. 4955, où le mot Θηβαίδος n'est pas ajouté, mais doit être sous-entendu). L'ἐπιστράτηγος τῶν ἑπτὰ νομῶν se trouve avec le titre latin de *proc. Aug. epistrategiae septem nomor. et Arsinoitae* (Orelli, n° 516), *procurator in Aegypto ad epistrategiam septem nomorum et Arsinoitum* (*C. I. L.*, t. III, [2], n° 6575 = Wood, *Discoveries at Ephesus. Site of the temple of Diana*, p. 6, n° 4); c'est également à lui qu'il est fait allusion dans l'inscription d'*Antinoe* (*C. I. Gr.*, n° 4705 : ἐπιστρατηγοῦντος [Σ]εου[ήρου Οὐ]ιβίου [Αὐρ]ηλιανο[ῦ]), et dans une autre inscription publiée par Letronne, (*Rec.*, t. II, 465. 466). Un épistratège du Delta n'est pas mentionné avec son titre complet dans l'inscription publiée sous le n° 4704 du *C. I. Gr.*; mais il semble que c'est comme nous parlant de ce fonctionnaire que doit être entendu ce document.

(1) Qu'il soit bien un magistrat civil, c'est ce qui résulte de ce que les stratèges sont placés sous ses ordres; qu'il ait, en même temps, un commandement militaire, ce que niait Rudorff, (dans le *Rhein. Museum, loc. sup. cit.*, p. 80), cela nous est attesté par M. Artorius Priscus, qui, de *praefectus montis Berenices*, fut élevé au grade d'épistratège (Orelli, n° 3881). — Voy. Letronne, *Rec.*, XXVI. XXVII; — Franz, *op. et loc. sup. citt.*, f° 315ᵃ.

(2) *C. I. Gr.*, n° 4751 = Letronne, *Rec.*, t. II, n° 180 : Κλαύδιος Γέμινος ἀραβάρχης καὶ ἐπιστράτηγος Θηβαίδος.

(3) *C. I. Gr.*, n° 4897b (inscription de l'époque des Ptolémées) : Καλλίμαχος ὁ συγγενὴς καὶ ἐπιστράτηγος καὶ στρατηγὸς τῆς Ἰνδικῆς καὶ Ἐρυθρᾶς Θαλάσσης. Cf. n° 5075 : [Ἀπολ]λώνιος Πτολεμαίου [Ἀραβάρ]χου υἱός, στρατηγὸς τοῦ [Ομβ]ε[ί]του καὶ τοῦ περὶ Ἐλεφαν[τίνην] καὶ Φίλας, καὶ παραλήμπτης [τῆς Ἐρυ]θρᾶς [Θα]λάσσης ἡλ[θ]ον [καὶ προσεχ]ύνησα τὸν μέγιστον Ἑρμῆν [σὺν Ἀθη]ναίῳ τῷ ἐμῷ ἑταίρῳ. — — — — — οσσήνας τὸ πέμπτον ἐλθὼν. [π]ρὸς τὸν Ἑρμῆ[ν] [ἥ]κω [μετὰ τ]οῦ Πτολεμαίου υἱοῦ Ἀπολλωνίου Ἀραβάρχου τοῦ προγεγρα[μμένου].

(4) Strabo, XVII, p. 806 : τούτου (τοῦ Νείλου) δὴ τὰ μὲν δεξιὰ καλοῦσι Λιβύην ἀναπλέοντι — — τὰ δ' ἐν ἀριστερᾷ Ἀραβίαν.

(5) Voy. Letronne, *Recueil*, t. II, 42. 334.

autre que l'*Alabarches* (1), qui a son siège à Alexandrie (2) et dont on trouve trace depuis le temps des Ptolémées (3) jusqu'à Justinien (4). On fait valoir, à l'appui de cette identité, que le mot ἀλαβάρχης est impossible à expliquer étymologiquement (5), tandis que la transformation du ρ en λ se rencontre fréquemment dans l'idiôme copte (6); toutefois, on peut objecter que l'on trouve aussi à *Xanthos* [Günik], en Lycie, un Alabarque (7), qui n'a évidemment aucun rapport direct avec l'Arabarque égyptien. L'Alabarque d'Alexandrie était un agent des contributions, un *procurator*, à ce qu'il semble (8), qui soumettait à

(1) Cette question a donné naissance à une bibliographie très étendue, dont on trouve les divers éléments cités dans la dernière étude faite sur ce point et qui a pour auteur M. E. Schürer, *Die Alabarchen in Aegypten*, dans la *Zeitschrift für wissenschaftliche Theologie*, 1875, pp. 13-40. — [Voy. aussi M. G. Humbert, dans le *Dictionn. des Antiq. Grecq. et Rom.* de MM. Ch. Daremberg et Edm. Saglio, V° *Alabarches*, 2° fascic., Paris, 1873, t. I, p. 175, col. 1.]

(2) Joseph., *Ant.*, XVIII, 6, 3.

(3) Le nom d'*Alabarches* est antérieur aux Romains, puisque Cicéron l'emploie déjà, (*Ad Att.*, II, 17, 3), pour désigner plaisamment Pompée comme un péager, celui-ci s'étant, lors de son triomphe, en 61 avant J.-Chr., glorifié d'avoir par ses victoires fait monter les douanes de 50 à 85 millions (voy. Drumann, [*Gesch. Roms*], t. II, p. 226); mais, à l'époque impériale, il semble désigner un *procurator* de l'empereur.

(4) En Égypte, les autorités avaient l'habitude de ne point accepter l'or égyptien pour sa valeur totale, mais de réclamer un agio de neuf *solidi* par livre d'or (soixante-douze *solidi*). Justinien, (*Edict.* XI, 2), défend cette pratique et continue ensuite : Ἀλλὰ καὶ ἀνάγκην ἕξουσι πᾶσαν χορηγεῖν χρυσίον, τοῦτο μὲν τῷ τε παρὰ Ἀλεξανδρεῦσιν αὐγουσταλίῳ καὶ τοῖς κατὰ καιρὸν ἔχουσι τὴν ἀρχὴν ἐπὶ ταῖς συνειθισμέναις ἐκπομπαῖς, τοῦτο δὲ τῷ τε νῦν κατὰ καιρὸν ἀλαβάρχῃ, τῷ τε πραιποσίτῳ τῶν θείων ἡμῶν θησαυρῶν, οὐδὲν διάφορον ὑπὲρ ὀβρύζης παντελῶς κομιζόμενοι. Puis vient, au c. 3, l'indication de la peine : εἴ τι φανεῖεν ὑπὲρ ὀβρύζης ἀπαιτηθέντες ἢ οἱ τῶν θείων ἡμῶν προεστῶτες ἀλαβαρχιῶν ἢ ὁ τῶν θείων ἡμῶν λαργιτιώνων πραιπόσιτος, οἴκοθεν καταθήσουσι.

(5) Les tentatives faites pour faire dériver ce mot de l'hébreu, du syriaque ou de l'arabe ont été infructueuses (voy. Lumbroso, *Recherches*, p. 214; — Schürer, *op. et loc. sup. citt.*, p. 33); l'explication de Cujas, (*Observat.*, VIII, 37), d'après lequel ἀλαβάρχης viendrait d'ἀλάβη, qui signifie encre, et désignerait le *magister scripturae*, est également inadmissible, car, si cette explication était exacte, il faudrait plutôt traduire par *atramenti curator*.

(6) Voy. M. Schürer, *op. et loc. sup. citt.*, pp. 34 et suiv. — C'est ainsi, par exemple, que πραιτώριον se dit en copte πλετώριον.

(7) *C. I. Gr.*, n° 4267. — M. Schürer écarte cette objection, en admettant que cet Alabarque doit être venu par hasard d'Égypte à *Xanthos*. Cependant, le nom de Μαύσωλος permet de reconnaître que c'était un indigène à *Xanthos*.

(8) Le fonctionnaire du nom d'Alexander tout au moins, qui fut ἀλαβάρχης

une douane le transport des denrées venant de la Basse-Égypte et de l'Égypte moyenne, notamment le transport de bestiaux (1), et disposait de sommes considérables; l'impôt lui-même s'appelle *vectigal alabarchiae;* au temps de Justinien, au contraire, on parle, au pluriel, d'ἐφεστῶτες ἀλαβαρχιῶν ; le mot ἀλαβαρχία a ainsi revêtu une acception très générale, que l'on devrait également admettre pour les Alabarques lyciens.

Nomes.   A l'origine, il y avait trente-six nomes ou cantons (2); toutefois, leur nombre paraît s'être accru par la suite dans une mesure importante, puisque Ptolémée en cite quarante-sept, que les monnaies frappées dans ces nomes, sous Trajan, Hadrien et Antonin-le-Pieux, de 109 à 145 après J.-C., en indiquent également quarante-sept, dont les noms ne correspondent cependant pas entièrement à celles de Ptolémée, et que diverses sources nous permettent d'arriver en tout à soixante-seize noms de ces cantons, se rapportant peut-être à des époques différentes (3). Lorsque les anciens définissent eux-mêmes le νομός une

---

à Alexandrie sous Tibère, Caligula et Claude (Joseph., *Ant.*, XVIII, 6, 3), avait été auparavant *procurator* d'Antonia, mère de Claude (Joseph., *Ant.*, XIX, 5, 1). Il avait pour frère Philo, dont les écrits nous sont parvenus (Joseph., *Ant.*, XVIII, 8, 1; — Euseb., *H. E.*, II, 5); son fils Ti. Iulius Alexander, un chevalier romain, devint, en l'an 46 après J.-Chr., *procurator Iudaeae*, et, en l'année 67 de notre ère, *praefectus Aegypti*. — Que l'Alabarque disposât de grosses sommes d'argent, c'est ce que nous prouve ce fait qu'Agrippa tenta de contracter auprès de lui un emprunt (Joseph., *Ant.*, XVIII, 6, 3); telle est la raison pour laquelle il est le type proverbial de l'homme riche, comme dans Juvénal, (I, 130), et dans Palladas d'Alexandrie, (*Ep.* XXX dans l'*Anth. Pal.*, t. II, p. 430, n° 383, 4=*Anth. Gr.*, t. III, p. 121), qui plaint un âne de ce qu'il ἐξ ἀλαβαρχείης γραμματικοῦ γέγονεν, c'est-à-dire d'être sorti d'une maison riche pour tomber dans une pauvre.

(1) Const. 9, [*De vectigalibus et commissis*], C. Iust., IV, 61 : *Usurpationem totius licentiae submovemus circa vectigal alabarchiae* (sic le Cod. Casinas et Krüger) *per Aegyptum atque Augustamnicam constitutum, nihilque super transductione animalium, quae sine praebitione solita minime permittenda est, temeritate per licentiam vindicari concedimus.*

(2) Diodor., I, 54; — Strabo, XVII, p. 787, qui en compte dix dans la Thébaïde, seize dans l'Égypte moyenne, dix dans le Delta, mais qui lui-même ne désigne que les noms de vingt-trois.

(3) Voy. Tóchon d'Annecy, *Recherches sur les médailles des nomes de l'Égypte*, Paris, 1822, in-4; — Parthey, *Die Gaumünzen Aegyptens*, dans Pinder und Friedländer, *Beiträge zur älteren Münzkunde*, t. I, pp. 137-162; — V. Langlois, *Numismatique des nomes d'Égypte sous l'administration Romaine*, Paris, 1852, in-4. — Comp. Birch, dans *Numismatic Chronicle*, 1840, pp. 86-

circonscription urbaine (1), cette définition est exacte seulement en ce sens que le *Nomos* a un chef-lieu et présente de l'analogie avec les diocèses urbains d'autres provinces ; mais elle pèche en ce que la ville elle-même ne forme pas une commune et n'administre pas le territoire, mais ne constitue qu'une partie du canton (2). La ville et la campagne étaient également gouvernées par l'administrateur du canton, dont la fonction est, suivant Diodore, aussi ancienne que la division en nomes elle-même, et qu'il appelle νομάρχης (3) ; sous les Ptolémées, il cumulait la double charge d'un fonctionnaire civil, νομάρχης, et d'un commandant militaire, στρατηγός (4) ; sous les Romains, il conserva ce dernier titre (5), bien que s'occupant exclusivement d'administration, notamment de diriger la police (6), de rendre la justice à un degré inférieur (7), de publier et d'exé-

---

107 ; — I. de Rougé, *Monnaies des nomes de l'Égypte*, dans la *Revue Numismatique*, nouvelle série, t. XV, (1874), pp. 1-71.

(1) Cyrillus Alex., *In Esaiam*, XIX : νομὸς δὲ λέγεται παρὰ τοῖς τὴν Αἰγυπτίων κατοικοῦσι χώραν ἑκάστη πόλις καὶ αἱ περιοικίδες αὐτῆς καὶ αἱ ὑπ' αὐτῇ κῶμαι. — Epiphan., *Contra haeres. Basilid.*, Vol. II, lib. I, p. 32, éd. Basil. = I, p. 68, éd. Petav. : νομὸν γὰρ οἱ Αἰγύπτιοι φασι τὴν ἑκάστης πόλεως περιοικίδα ἤτοι περίχωρον. — Plin., *Nat. hist.*, V, 49 : *Dividitur in praefecturas oppidorum, quas nomos vocant.*

(2) C'est ce qui ressort notamment des monnaies, qui ne portent pas le nom du chef-lieu, mais celui du Nomos (voy. Parthey, *op. et loc. sup. citt.*, p. 143), ainsi que de différentes inscriptions dédicatoires, dans lesquelles on voit distingués les uns des autres οἱ ἀπὸ τῆς μητροπόλεως καὶ τοῦ νομοῦ (*C. I. Gr.*, nos 4715. 4716). — Comp. M. Kuhn, *op. cit.*, t. II, pp. 500 et suiv.

(3) Diodore, (I, 54), dit de Sesoosis (dans Hérodote, Sesostris) : τὴν δὲ χώραν ἅπασαν εἰς ἓξ καὶ τριάκοντα μέρη διεῖλον, ἃ καλοῦσιν Αἰγύπτιοι νομούς, ἐπέστησεν ἅπασι νομάρχας τοὺς ἐπιμελησομένους τῶν τε προσόδων τῶν βασιλικῶν καὶ διοικήσοντας ἅπαντα τὰ κατὰ τὰς ἰδίας μερίδας κ. τ. λ. Le même, I, 73 : ἐφ' ἑκάστῳ (νομῷ) τέτακται νομάρχης ὁ τὴν ἁπάντων ἔχων ἐπιμέλειάν τε καὶ φροντίδα.

(4) Son titre est στρατηγὸς καὶ νομάρχης. (Voy. Peyron, *Pap. Taurin.*, I, p. 1, lin. 10. 14 ; — Franz, *op. et loc. citt.*, fº 291b.) — Comme le στρατηγός était le titre le plus élevé, le second disparut petit à petit. (Voy. M. Kuhn, *op. cit.*, t. II, p. 486.)

(5) Au titre de stratège est toujours ajouté le *Nomos*, par exemple : στρατηγὸς τοῦ Ὀμβείτου (νομοῦ) (*C. I. Gr.*, nº 5075). Voy., dans Franz, (*op. et loc. citt.*, fº 317), la liste des stratèges dont les inscriptions font mention. [Voy. aussi les auteurs cités dans la note initiale de ce chapitre.]

(6) *C. I. Gr.*, nº 5069. Parfois, un seul stratège a deux nomes sous sa surveillance. (Voy. M. Kuhn, *op. cit.*, t. II, p. 487.)

(7) Strabo, XVII, p. 798 : πραγμάτων οὐ μεγάλων ἐπιστατεῖν ἠξιωμένοι. — *C. I. Gr.*, nº 4723 ; cf. nº 5078 : ἦλ[θ]ε στρατηγὸς [ὢ]ν Ἀπολλώνιος [ἔνθ]α [δ]ι-

cuter les édits du préfet (1), et de faire rentrer les impôts (2). Le stratège était nommé (3), pour trois ans (4), par le préfet parmi les indigènes, c'est-à-dire parmi des Grecs (5) ou des Égyptiens (6); sa fonction faisait partie des χωρικαὶ λειτουργίαι, dont les citoyens d'Alexandrie étaient affranchis (7); il est donc probable qu'aucun traitement n'y était attaché (8); elle figure sous forme d'intitulé dans les documents officiels, comme fonction éponyme, à côté des deux fonctions les plus élevées de la province (9).

Toparchies.   Les subdivisions des Nomes portent le nom de τοπαρχίαι (10);

κ[ά]ζων Ἄνδρασι, lignes qui se rapportent à Apollonius, στρατηγὸς Ὀμβείτου, mentionné au n° 5076.

(1) *C. I. Gr.*, n°ˢ 4956. 4957. — Voy. Rudorff, dans le *Rhein. Mus.*, *loc. sup. cit.*, p. 76.

(2) *Ed. Ti. Alex.* (*C. I. Gr.*, n° 4957), lin. 49. 50. — Voy. Franz, *op. et loc. citt.*, f° 317ᵃ; — Kuhn, *op. cit.*, t. II, p. 491 : « Il organisait la répartition, la levée (*Ed. Alex.*, 21. 49-51), ainsi que l'emploi des impôts dans le *Nomos* (*Ed. Capit.*, lin. 31-33) et, en raison de ces missions, il répondait personnellement et sur sa fortune (*Ed. Al.*, lin. 21. 37) de toute l'administration des revenus publics, dont il devait régulièrement rendre compte au préfet (*Ed. Alex.*, lin. 36. 38. 50). »

(3) Strabo, XVII, p. 798 : νομάρχας ἀποδείξαντες.

(4) *Ed. Alex.*, lin. 35.

(5) Voy. Letronne, *Rech.*, t. II, p. 341.

(6) En disant, (I, p. 489), que les Égyptiens n'avaient administré aucunes fonctions (ἀρχάς), Isidore Pelusiota a en vue les magistratures romaines (voy. M. Kuhn, *op. cit.*, t. II, p. 492); parmi les stratèges, il ne se trouve d'ordinaire que des noms grecs et égyptiens. (Voy. Letronne, *Rech.*, p. 272; — Franz, *op. et loc. citt.*, f°ˢ 316. 317; — Kuhn, *op. cit.*, t. II, p. 492.) Cependant, on trouve aussi un nom romain dans l'inscription publiée par M. Petermann, dans ses *Mittheilungen*, 1875, p. 392 : Ἀμενήβι θεῷ μεγίστῳ Τχονεμύρεως καὶ τοῖς συννάοις θεοῖς ὑπὲρ τῆς εἰς αἰῶνα διαμονῆς Ἀντωνείνου Καίσαρος τοῦ κυρίου καὶ τοῦ σύμπαντος αὐτοῦ οἴκου ὁ σῆκος τοῦ ἱεροῦ καὶ τὸ πρόναον ἐκ καινῆς κατεσκευάσθη ἐπὶ Ἀουιδίου Ἡλιοδώρου ἐπάρχου Αἰγύπτου, Σεπτιμίου Μάκρωνος ἐπιστρατήγου, στρατηγοῦντος Πλινίου Καπίτωνος, ἔτους ιη' αὐτοκράτορος Καίσαρος Τίτου Αἰλίου Ἀδριανοῦ Ἀντωνείνου Σεβαστοῦ Εὐσεβοῦς Μεσόρη ὀκτωκαιδεκάτη.

(7) *Ed. Alex.*, lin. 34. 35.

(8) Voy. Rudorff, *ubi supra*, p. 142, note 44.

(9) La formule est : ἐπὶ NN ἐπάρχου Αἰγύπτου, ἐπιστρατηγοῦντος NN, στρατηγοῦντος NN (*C. I. Gr.*, n°ˢ 4701. 4704. 4715. 4716. 4955; — Letronne, *Rec.*, t. II, n°ˢ 525. 526).

(10) Strabo, XVII, p. 787 : πάλιν δ' οἱ νομοὶ τομὰς ἄλλας ἔσχον · εἰς γὰρ τοπαρχίας οἱ πλεῖστοι διῄρηντο, καὶ αὗται δ' εἰς ἄλλας τομάς · ἐλάχισται δ' αἱ ἄρουραι μερίδες. — *Ed. Ti Alex.*, lin. 49 : νομῶν ἢ τοπα[ρχιῶν]. Dans un papyrus (dans

cette expression ne paraît pas synonyme de τόποι (1); mais elle désigne une réunion de localités, et on la retrouve employée dans le même sens en Judée (2), où une toparchie comprenait plusieurs villes ou villages, ces derniers ayant leur centre dans une μητροκωμία (3). En Égypte, on distingue, comme éléments de la toparchie, les κῶμαι, territoires (4), et les τόποι, *loca* (5), districts (6); à ce propos, il convient de remarquer que les villes d'Égypte, n'ayant aucune constitution communale, sont aussi administrées comme κῶμαι (7). Les κῶμαι, aussi bien que

Komes.

Reuvens, t. III, 1, p. 5), il est fait mention d'un πρὸς τῇ ἀγορανομίᾳ τῶν Μεμνονέων καὶ τῆς κάτω τοπαρχίας τοῦ Παθυρίτου (νομοῦ).

(1) La définition de Letronne ne paraît pas exacte, lorsqu'il écrit, (*Rec.*, t. II, p. 469) : « *Les subdivisions des nomes se nommaient τόποι ou τοπαρχίαι.* » Voy., en sens contraire, Ad. Schmidt, *Die griechischen Papyrusurkunden der K. Bibliothek zu Berlin*, Berlin, 1842, in-8, pp. 328 et suiv., dont Franz, (*op. et loc. citt.*, f°s 293. 319), partage l'opinion.

(2) Joseph., *Ant.*, XVII, 2, 1 : ἐν τοπαρχίᾳ τῇ λεγομένῃ Βαταναίᾳ. La réunion des villes d'*Iamnia* [Yebna], d'*Azotus* [Esdud], de *Phasaelis* [Fesa'il] et d'*Ascalonia* [ruines d'Askalân] forme une τοπαρχία (*Ibid.*, XVII, 11, 5). — *Bell. Iud.*, I, 1, 5 : Γοφινιτικὴ τοπαρχία. — II, 18, 10 : Ναρβατηνὴ τοπαρχία. — II, 13, 2 : τῇ δὲ Ἀγρίππα βασιλείᾳ τέσσαρας πόλεις προςτίθησι σὺν ταῖς τοπαρχίαις. — Cf. II, 20, 4; II, 22, 2; IV, 9, 3 et 5; IV, 9, 9. — Plin. *Nat. hist.*, V, § 70 : *Reliqua Iudaea dividitur in toparchias decem*.

(3) C'est ainsi que *Phaena* [ruines de Musmé] est la μητροκωμία de la *Trachonitis* (*C. I. Gr.*, n° 4551).

(4) Comme désignation de lieu, on emploie le *Nomos* et la κώμη. (Suidas, II, p. 1226, éd. Bernh. : Ὡραπόλλων Φαινεβύθεως, κώμης τοῦ Πανοπολίτου νομοῦ. — *C. I. Gr.*, n° 3692 : ἀπὸ κώμης Θμενταμύρεως τοῦ Θεινίτου νομοῦ. — Voy. des citations plus nombreuses dans M. Kuhn, *op. cit.*, t. II, p. 495, note 4300.)

(5) *Gromat. vett.*, [t. I], p. 407, éd. Lachm. : *Maiores itaque nostri orbem in partibus, partes in provinciis, provincias in regionibus, regiones in locis, loca in territoriis, territoria in agris, agros in centuriis — diviserunt*. — Voy., à cet égard, Gothofr., *Ad Cod. Theod.*, [*De poenis*], IX, 40, Const. 12.

(6) Le τόπος est un morceau de terre, soit exploitée (γῆ σιτοφόρος), soit non cultivée (ψιλότοπος). (Voy. Droysen, dans le *Rhein. Museum*, 1832, p. 513. — Comp. τόπος ψειλός, un terrain à bâtir, *C. I. Gr.*, n° 3356.) Il porte un nom, par exemple : τόπος Βίηγχις Πετενεφώτου (Kuhn, *op. cit.*, t. II, p. 495, note 4301). Dans le τόπος Ἀσκληπίειος, qui est mentionné dans les papyrus des Zois, se trouvait un jardin de 6 5/8 ἄρουραι. (Voy. Peyron, dans les *Memorie dell' Accademia di Torino*, t. XXXIII, p. 154.) Plus tard, le τόπος est le terme général par lequel on désigne une localité (voy. Kuhn, *op. cit.*, t. II, p. 496. Comp. Joseph., *Ant.*, XIV, 13, 2 : τῷ κατὰ τόπον ἄρχοντι προςέταξε).

(7) Voy. Ad. Schmidt, *op. sup. cit.*, p. 329; — Rudorff, dans le *Rhein. Mus.*, *ubi supra*, p. 77; — Franz, *op. et loc. citt.*, f° 294.

les τόποι, ont leurs fonctionnaires propres, les κωμογραμματεῖς et les τοπογραμματεῖς, à qui était notamment confiée la garde des documents d'arpentage, d'après lesquels étaient rectifiées les limites des propriétés, effacées par les débordements du Nil d'une manière durable. On ne sait pas bien si ces derniers étaient les greffiers du τόπος ou de la τοπαρχία, et quelle était leur situation par rapport aux κωμογραμματεῖς (1) ; toutefois, les uns et les autres étaient autrefois soumis au βασιλικὸς γραμματεύς, qui dressait les registres des impôts sous les Ptolémées (2). Il y avait, en outre, dans chaque nome, peut-être même dans chaque toparchie (3), un ἀγορανόμος, qui avait la police des marchés, et devant lequel étaient passés les contrats de vente (4) ; enfin, dans certaines villes et localités, des Gou-

---

(1) Letronne, (Rec., t. II, p. 469, et en beaucoup d'autres passages), voit dans le τοπογραμματεύς le fonctionnaire de la toparchie et le supérieur du κωμογραμματεύς, et, dans les papyrus de Turin (chez Peyron, VIII, lin. 51), on lit : τοπογρ. Ποέως — — τρόπον τινὰ [ἐπιστά]του τ' ἄλλα τῆς Πωέως καὶ τῶν ἄλλων τῶν ἐμοὶ ἀποδιεσταλμένων κωμῶν, de telle sorte qu'il paraît être le chef de plusieurs komes ; il est également placé en tête dans l'inscription publiée au *C. I. Gr.*, sous le n° 4699 = Letronne, Rec., n° DCCVII : ἔδοξε τοῖς ἀπὸ κώμης Βουσίρεως τοῦ Λητι[πολεί]του παροικοῦσι ταῖς πυραμίσι καὶ τοῖς [ἐν α]ὐτ[ῇ] καταγεινομένοις τοπογραμματεῦσι καὶ κωμογραμματεῦσι, ψ[ηφίσ]ασθαι κ[αὶ ἀν]αθεῖναι στήλην. Par contre, dans l'édit de Capito, (lin. 31), on voit énumérés dans un ordre inverse [οἱ β]ασιλικοὶ γραμματεῖς καὶ κωμογραμματεῖς καὶ τοπογραμματεῖς, et du Pap. Taur. (I, p. 4, lin. 5-7) il ressort que le τοπογραμματεύς fait des rapports au κωμογραμματεύς. En raison de ces données, on a considéré le premier de ces fonctionnaires comme le greffier du τόπος, et comme le subordonné du κωμογραμματεύς. (Voy. Peyron, *Pap. Taur.*, t. I, p. 111 ; t. II, p. 54 ; — Droysen, *Die griech. Beischriften von fünf ägypt. Papyren zu Berlin*, dans le *Rhein. Mus.*, 1829, p. 515 ; — Rudorff, *Ed. Capit.*, p. 14 ; — Schmidt, op. cit., pp. 329 et suiv. ; — Franz, op. et loc. citt., f°s 293b. 319b.)

(2) Sa fonction s'appelle βασιλικὴ γραμματεία, dans le papyrus publié par Saint-Martin, (*Journal des Savants*, 1822, Sept., p. 467). Dans le papyrus de Leyde, (chez Reuvens, op. cit., t. III, p. 38), ce fonctionnaire porte le nom de ὁ ἐπὶ τῶν προσόδων καὶ βασιλικὸς γραμματεύς, par où l'on voit qu'il est l'agent financier du *Nomos*. (Voy. Letronne, *Rec.*, t. I, p. 374.) C'est lui, en effet, qui dresse les registres des contributions du *Nomos* (voy. Franz, op. et loc. citt., fos 293. 294). Il est mentionné au *C. I. Gr.*, nos 5074. 5085. 5090 ; — dans Letronne, Rec., t. II, n° CCCL, et beaucoup d'autres.

(3) Papyrus de Leyde, dans Reuvens, III, 1, p. 5 : πρὸς τῇ ἀγορανομίᾳ τῶν Μεμνονέων καὶ τῆς κάτω τοπαρχίας τοῦ Παθυρίτου.

(4) Ce magistrat, dont les papyrus de l'époque des Ptolémées font de fréquentes mentions (voy. Franz, op. et loc. citt., f° 294 ; — Varges, op. cit.,

verneurs particuliers, sur les fonctions desquels on ne sait rien de plus (1).

Quelques villes entièrement grecques étaient affranchies du régime bureaucratique auquel était assujetti le pays et dont il vient d'être question; elles ne relevaient pas des fonctionnaires du *Nomos*, mais avaient une constitution communale grecque (σύστημα πολιτικὸν ἐν τῷ Ἑλληνικῷ τρόπῳ) (2). Parmi ces villes, on peut citer *Ptolemais* [Menschîye], fondée par Ptolemaeus Soter (3), qui fut, sous la domination romaine, la ville la plus considérable de la Thébaïde, aussi grande que *Memphis* [ruines près de Mitrahîne et Sakkara], et où se rencontrent une βουλή (4) et un ἄρχων (5); *Antinoe*, créée par Hadrien (6), où l'on trouve une βουλή, ayant pour base le système des phyles (7), ainsi qu'un prytane (8), et qui relevait, non pas du stratège du *Nomos*, mais seulement de l'épistratège de l'*Heptanomis* (9); enfin *Naukratis* [Desûk] (10), ancienne colo- {.sidenote}Villes exemptes.

---

p. 41), se rencontre encore dans un papyrus de l'an 154 de notre ère, publié par Saint-Martin, (*Journal des Savants*, 1822, p. 566). — [Sur l'ἀγορανόμος, voy. M. E. Caillemer, dans le *Diction. des Antiq. grecq. et rom.*, de MM. Ch. Daremberg et Edm. Saglio, 1er fascic., 2e éd., Paris, 1875, V° *Agoranomoi*, t. I, p. 155; comp. le même, V° *Astynomoi*, eod., 4e fascic., Paris, 1875, t. I, pp. 504 et suiv.]

(1) Ainsi l'Ἑρμίας τοπάρχης Ἀριανσαίτιος (*C. I. Gr.*, n° 4976) et les ἐπιμεληταί (*ibid.*, nos 4684. 4684 b). Il convient d'y joindre en outre le Θηβάρχης, que Letronne, (*Rec.*, t. 1, pp. 337. 342 ; t. II, p. 112; comp. nos 73. 299), tient pour le commandant de la ville de Thèbes [ruines d'el-Ksûr, *i. e.* castra (*vulgo* Luksor), Karnak, Medinet-Hâbu], tandis que Franz, (*C. I. Gr.*, n° 4822), le considère comme étant, au contraire, le *princeps magistratus urbis Thebarum*. Je suis de la première opinion.

(2) Strabo, XVII, p. 813 : ἔπειτα Πτολεμαϊκὴ πόλις, μεγίστη τῶν ἐν τῇ Θηβαΐδι καὶ οὐκ ἐλάττων Μέμφεως, ἔχουσα καὶ σύστημα πολιτικὸν ἐν τῷ Ἑλληνικῷ τρόπῳ.

(3) *C. I. Gr.*, n° 4925.

(4) Il est fait mention d'un βουλευτής au *C. I. Gr.*, nos 4989. 4996. 5000. 5032.

(5) *C. I. Gr.*, n° 5000.

(6) Pausan., VIII, 9, 7; — Steph. Byz., *s. v.* Ἀντινόεια ; — *Chron. Pasch.*, Vol. 1, p. 475, éd. Bonn. — [Comp. M. Ett. de Ruggiero, *Dizionar. epigr.*, fascic. 16, Roma, 1890, p. 403, col. 1, V° *Antinouo.*]

(7) *C. I. Gr.*, n° 4679 : ἡ βουλὴ ἡ Ἀντινοέων νέων Ἑλλήνων. Une φυλὴ Ἀθηναΐς est mentionnée au *C. I. Gr.*, n° 4705. Voy. Letronne, *Rech.*, pp. 281 et suiv.

(8) *C. I. Gr.*, n° 4705.

(9) Voy. Letronne, *Rech.*, p. 293.

(10) Voy. Letronne, *Rec.*, II, 50. 51; — Kuhn, *op. cit.*, t. II, p. 505.— Par contre, il est douteux si *Hermupolis magna* [Aschmunén] et *Lycopolis* [Siût]

nie de Milet (1), la patrie d'Athenaeus, de Julius Pollux et de plusieurs sophistes renommés de l'époque impériale (2). La principale ville de l'Égypte, Alexandrie, paraît avoir eu au début la même situation privilégiée. Bien que la région qui l'entourait ait formé un *Nomos* ('Ἀλεξανδρέων χώρας νομός), avec un chef-lieu particulier, Ἑρμούπολις μικρά [Damanhûr] (3), la ville elle-même n'en faisait pas partie (4); elle se divisait en phyles et en dèmes (5) et était sans doute en possession d'une βουλή spéciale. Néanmoins, cette βουλή semble avoir disparu

---

doivent aussi être tenues pour des communes grecques. La première de ces villes est mentionnée ainsi qu'il suit, dans l'inscription rapportée sous le n° 4679 du *C. I. Gr.* : Ἡ πόλις τῶν Ἀλεξανδρέων καὶ Ἑρμούπολις ἡ μεγάλη καὶ ἡ βουλὴ ἡ Ἀντινοέων, d'où l'on est en droit de conclure qu'elle n'avait pas plus de βουλή qu'Alexandrie; dans la seconde, on trouve, il est vrai, un γυμνασιάρχης et un ἀγορανόμος; mais, étant donné qu'elle est le chef-lieu du *Nomos* de *Lycopolis*, et que l'on rencontre aussi un *Agoranomos* comme magistrat égyptien, on ne pourrait conjecturer qu'une seule chose : c'est que le Gymnasiarque est un vestige de la constitution communale grecque. Comp. *C. I. Gr.*, n° 4707. — Voy. M. Kuhn, *op. cit.*, t. II, p. 504.

(1) Strabo, XVII, p. 801.

(2) Voy., à cet égard, M. Kuhn, t. II, p. 505. — [A propos de *Naukratis*, voy. M. Gustave Hirschfeld, *Les inscriptions de Naucratis et l'histoire de l'alphabet ionien*, dans la *Revue des Études grecques*, t. III, 1890, n° 11.]

(3) Plin., *Nat. hist.*, V, 49; — Ptolem., IV, 5, 46. — Voy. M. Kuhn, *op. cit.*, t. II, pp. 476 et suiv.

(4) Voy. Rudorff, dans le *Rhein. Mus.*, *loc. sup. cit.*, p. 81. — La ville s'appelle πόλις par opposition avec la campagne d'Égypte (χώρα) (*Ed. Ti. Alex.*, lin. 4-6. 33. 34). — [Sur *Alexandria*, voy. les renvois de la p. 402, note 3, *supra*.]

(5) Nous possédons, sur ce point, un document remarquable, mais confus, dans Theophilus, (*Ad Autolyc.*, II, p. 94, dans Müller, *Fragm. hist. Gr.*, t. III, p. 164) : ἀλλὰ καὶ Σάτυρος, ἱστορῶν τοὺς δήμους Ἀλεξανδρέων, ἀρξάμενος ἀπὸ Φιλοπάτορος τοῦ καὶ Πτολεμαίου προσαγορευθέντος, τούτου μηνύει Διόνυσον ἀρχηγέτην γεγονέναι. (Suit l'arbre généalogique.) Ὅθεν καὶ ἐν τῇ Διονυσίᾳ φυλῇ δημοί εἰσιν κατακεχωρισμένοι. Viennent ensuite neuf noms, se terminant tous en ίς, qui, ainsi que Meineke, (*Anal. Alexandrina*, p. 347), l'a reconnu avec raison, doivent être des noms de Phyles et non de Dèmes, et c'est pourquoi Meineke lit : ὅθεν καὶ τὰς προςωνυμίας ἔχουσιν αἱ κατ' αὐτοὺς φυλαί, Ἀλθαίς — Δηιανειρίς — Ἀριαδνίς — Θεστίς — Θοαντίς — Σταφυλίς — Εὐνεΐς — Μαρωνίς. Il suit de là que, depuis Ptolémée Philopator, il y aurait eu neuf phyles à Alexandrie : *Dionysis, Althaeis, Deianiris, Thestis, Ariadnis, Thoantis, Staphylis, Euneis, Maronis*. De l'époque antérieure nous ne connaissons qu'une phyle, Πτολεμαίς, à laquelle appartenait Apollonius, le poète de l'*Argonautica* (*Vita Apoll. Rhod.*). Parmi les dèmes d'Alexandrie, il n'en est également qu'un seul, Λητωεύς, qui nous soit connu. (Steph. Byz., *s. v.* Λητωεύς.)

dès les derniers Ptolémées (1). On sait qu'Auguste, se défiant de la fidélité des habitants, ne crut pas devoir confier l'administration de la ville à un conseil élu (2), mais qu'il la remit à un corps de fonctionnaires, dont les uns étaient déjà en place avant lui, dont les autres furent institués par lui. Le premier rang dans cette hiérarchie appartenait au *iuridicus Alexandriae* (3), qui est un *procurator* (4) nommé par l'empereur lui-même, non par le préfet (5), et dont le titre complet est peut-être *procurator*

Iuridicus Alexandriae.

---

(1) Spartian., *Sept. Sever.*, XVII : (*Alexandrini*) *sine publico consilio, ita ut sub regibus, ante vivebant.* — M. Kuhn, (*op. cit.*, t. II, p. 479), admet, en se fondant sur ce passage, que les derniers Ptolémées ont aboli le conseil, et ont transporté le gouvernement aux quatre fonctionnaires dont il sera fait mention ci-après, et qui, d'ailleurs, remontent à l'époque des rois.

(2) Dio Cass., LI, 17 : τοῖς δ' Ἀλεξανδρεῦσιν ἄνευ βουλευτῶν πολιτεύεσθαι ἐκέλευσεν · τοσαύτην που νεωτεροποιΐαν αὐτῶν κατέγνω. M. Lumbroso, (*Rivista di filologia*, t. IV, (1876), p. 470), démontre qu'Alexandrie n'avait encore aucune βουλή sous Antonin-le-Pieux, d'après l'inscription publiée au *C. I. Gr.*, sous le n° 4679, dans laquelle on lit : Ἡ πόλις τῶν Ἀλεξανδρέων καὶ Ἑρμούπολις ἡ μεγάλη καὶ ἡ βουλὴ ἡ Ἀντινοέων νέων Ἑλλήνων καὶ οἱ ἐν τῷ Δέλτα τῆς Αἰγύπτου καὶ οἱ τὸν Θηβαικὸν νομὸν οἰκοῦντες Ἕλληνες ἐτίμησαν Πόπλιον Αἴλιον Ἀριστείδην Θεόδωρον ἐπὶ ἀνδραγαθίᾳ καὶ λόγοις. Ainsi donc, il est bien fait mention d'une βουλή à *Antinoe*, mais non à *Alexandria*.

(3) Le titre se trouve dans trois inscriptions. Henzen, n° 6924 [= Willmanns, *Exempla*, t. I, n° 1254 = *C. I. L.*, t. VIII, 2, n° 8934] : *Sex. Cornelio — Dextro proc. Asiae, iuridico Alexandreae, proc. Neaspoleos et Mausolei.* — *Ibid.*, n° 6925 [= *C. I. L.*, t. VIII, 2, 8925] : *Sex Cornelius — Dexter iuridicus Alexandreae.* — Henzen, *Nuove Memorie dell' Instituto*, Lips., 1865, in-8, p. 286 [= Willmanns, *Exempla*, t. I, n° 1259] = *C. I. L.*, t. VI, [1], n° 1564 : [*Quint*]*ilio C. fil.* [*adlecto in amplissimum*] *ordinem inter praetorios iudici*[o — —, *ab epist*]*ulis latinis, procuratori summarum ratio*[*num* ... *procuratori prov. A*]*siae, iuridico Alexandreae, ab epistulis* [*latinis adiutori procuratori prov.*] *Macedoniae, ab commentariis Corneli Re*[*pentini praef. praet.*]. — Cf. L. 2, [fr. Ulpian., *De officio iuridici*], D., I, 20 : *Iuridico, qui Alexandriae agit, datio tutoris constitutione divi Marci concessa est.* — [Const. unic., *De officio iuridici Alexandriae*], C. Iust., I, 57 : *Iubemus apud Alexandrinae duntaxat* [*dumtaxat*, éd. Krueger] *clarissimae civitatis iuridicum licitum et concessum esse singulis quibuscumque* [*quibusque*, éd. Krueger] *volentibus donationis conscriptae solenniter* [*sollemniter*, éd. Krueger] *instrumenta reservare...* — Glose des Instituts de Turin, (dans Savigny, *Gesch. des Röm. Rechts im Mittelalter*, t. II, p. 430, (2° éd.), [11. §. 5.]) : *Iuridicia apud Alexandriam certa dignitas est, qui etiam privilegiis utuntur.* — [Sur le *iuridicus Alexandriae*, voy. les auteurs cités dans la note initiale de ce chapitre, et spécialement M. Ett. de Ruggiero, *loc. cit.*, pp. 280, col. 2, et suiv.]

(4) Cela résulte des inscriptions citées.

(5) Inscr. de *Sestinum* [Sestino], dans Borghesi, (*Bullett. dell' Inst.*, 1856, p. 142 [=Willmanns, *Exempla*, t. I, n° 1610]) ; *L. Voluseno — — Clementi. Hic*

Augusti ad ius dicendum Alexandriae (1). De ce que ce magistrat porte dans un document le nom de *iuridicus Aegypti* (2), il ne résulte nullement, ainsi qu'on l'a souvent cru (3), que sa juridiction se soit étendue sur toute l'Égypte. L'Égypte avait, en effet, sa Cour supérieure de justice, composée de trente personnes, dont dix étaient députées par *Heliopolis*, dix par Thèbes,

---

cum mitteretur a Ti. Caes[are] Aug[usto] in Aegypt[um] ad iur[is] dict[ionem] decessit provinc[ia] Aquitania.

(1) Dans l'inscription d'Éphèse, publiée au *C. I. L.*, t. III, [1], n° 431 = Waddington, n° 176, il est fait mention d'un *proc(urator) [imp]eratoris Caesaris Tra[ia]ni Hadriani (Augusti) ad dioecesin Alexandri[ae]*. Renier, (dans M. Waddington, *ubi supra*) admet, avec beaucoup de vraisemblance, que ce titre, comme ceux de *procurator Alexandriae* (*C. I. L.*, t. II, n° 4136 : *proc. divi Titi Alexandriae*) et de *iuridicus Alexandriae* ne sont que des abréviations synonymes du titre complet indiqué au texte.

(2) Je ne trouve qu'une seule mention du titre latin dans une inscription de *Messana* [Messina] (Torremuzza, c. IX, n° 5 = Gruter, f° 373, n° 4 [= Wilmanns, *Exempla*, t. I, n° 1250 = *C. I. L.*, t. X, 2, n° 6976]). Dans l'inscription de Thèbes (*C. I. Gr.*, n° 4815 = Letronne, *Rec.*, t. II, p. 273) : Σπουδασις Παλατῖνος υἱὸς [Τρύ]φωνος (Letronne lit Ἰάσονος) [δι]κολόγου Αἰγύπτου, ἐθεασάμην, le mot δικολόγοι, que l'on n'obtient du reste qu'à l'aide d'une restitution, désigne-t-il, ainsi que le veut Letronne, le *iuridicus?* C'est là un point qui n'est nullement certain. En effet, le δικολόγος est, dans le langage usuel, un avocat (Plutarch., *Lucull.*, I ; *De fraterno amore*, XV, p. 589, éd. Dübner ; *De tranq. animi*, XIII, p. 573 ; *De Stoicorum repugn.*, X, p. 1267). C'est en ce sens que le mot est encore employé par Nilus, (*Ep.*, I, 102), qui écrivait sur le Sinaï vers l'an 400, et c'est dans la même acception qu'il est visiblement pris au *C. I. Gr.*, n° 4808 = Letronne, t. II, p. 274, inscription dans laquelle on lit : Παλλάδιος δικολόγος Ἑρμοπολείτης εἰδὼν ἐθαύμασα ; Strabon, au contraire, (XVII, p. 797), désigne le *iuridicus* par le titre de δικαιοδότης, qui est également technique pour désigner les *iuridici provinciarum* de l'époque postérieure. C'est ainsi que l'on trouve dans les inscriptions de *Tlos* [ruines de Düver], en Lycie : Domitius Apollinarius ὁ δικαιοδότης (*C. I. Gr.*, n° 4236) ; — Iulius Marinus ὁ δικαιοδότης (*ibid.*, n° 4237), — et un inconnu, qui est le *leg. Aug. pr. pr. Lyciae et Pamphyliae* lui-même (*ibid.*, n° 4240) ; — en outre, dans une inscription de *Sparta* (*C. I. Gr.*, n° 1346), Aemilius Iuncus ὁ δικαιοδότης.

(3) Reinesius, *Inscr.*, II, 26 : dans l'inscription rapportée par cet auteur, ce n'est nullement un *iuridicus Aegypti* qui se trouve mentionné ; mais il convient de lire *IVR. PER AEMiliam et LIGuriam* (Henzen, *Nuove Memorie dell' Inst.*, p. 292 [voy. encore : Orelli, n° 3044=Wilmanns, *Exempla*, t. I, n° 1197 = *C. I. L.*, t. VI, 1, n° 332, *ibiq.* M. W. Liebenam, *Forsch.*, p. 46, n° 8, et p. 180, n° 25]) ; — Franz, *op. et loc. citt.*, f° 317b, qui fait du *iuridicus* un légat du *praefectus*; — Winkler, *De iuridico Alexandriae*, Lips., 1827, in-8, monographie pleine d'erreurs. — Ritter traite excellemment de cette fonction dans la préface de la 5e partie de son édition du *Cod. Theodosianus*, bien qu'il se soit néanmoins laissé égarer par l'inscription précitée de Reinesius. — [Voy. encore le renvoi final de la p. 419, note 3, *supra*.]

dix par *Memphis* (1). Cette Cour élisait (2) un président (ἀρχιδικαστής) et revenait à son chiffre de trente membres, par l'envoi d'un nouveau juge, appartenant à la ville qui avait délégué le président. On ignore où elle siégea dans les premiers temps (3) ; à l'époque romaine, elle tenait ses audiences à Alexandrie (4). Les affaires y étaient traitées exclusivement par écrit ; toutes plaidoiries étaient interdites. C'est en cette forme que le demandeur exposait ses griefs, et le défendeur sa défense, que le demandeur répliquait et le défendeur répondait encore. Au vu de ces documents, la Cour rendait sa sentence, qui était lue par l'ἀρχιδικαστής. Elle n'était pas compétente, autant que nous pouvons le savoir, pour la ville d'Alexandrie ; mais cette ville était soumise au *iuridicus Alexandriae*; ce magistrat ne doit pas être comparé aux *iuridici provinciarum*, qui apparaissent beaucoup plus tard, et auxquels nous aurons occasion de revenir ailleurs, mais plutôt aux *praefecti iuri dicundo*, tels qu'on les rencontre anciennement soit dans les villes italiennes conquises, dont le Sénat avait également été supprimé (5), soit dans les colonies

---

(1) Diodor., I, 75 : Ἐξ Ἡλιουπόλεως γὰρ καὶ Θηβῶν καὶ Μέμφεως δέκα δικαστὰς ἐξ ἑκάστης προέκρινον · καὶ τοῦτο τὸ συνέδριον οὐκ ἐδόκει λείπεσθαι τῶν Ἀθήνησιν Ἀρεοπαγιτῶν ἢ τῶν παρὰ Λακεδαιμονίοις γερόντων · ἐπεὶ δὲ συνέλθοιεν οἱ τριάκοντα, ἐπέκρινον ἐξ ἑαυτῶν ἕνα τὸν ἄριστον, καὶ τοῦτον μὲν ἀρχιδικαστὴν καθίσταντο, εἰς δὲ τὸν τούτου τόπον ἀπέστελλεν ἡ πόλις ἕτερον δικαστήν. Diodore s'explique aussi en détail sur les autres points mentionnés au texte. Comp. Lumbroso, *Recherches*, p. 213.

(2) L'ἀρχιδικαστής est mentionné au *C. I. Gr.*, nos 4734. 4755. De la première de ces deux inscriptions, dans laquelle on lit : Γάϊος Ἰούλιος Διονύσιος ἀρχιδικαστής, Θέωνος ἀρχιδικαστοῦ υἱὸς καὶ πατήρ, Letronne, (*Rec.*. t. II, n° 352), et Boeckh tirent la conséquence que la fonction a été une charge héréditaire dans une famille. Diodore contredit cette assertion de la façon la plus positive.

(3) Du passage suivant de Plutarque, (*De Iside et Osiride*, c. X) : Ἐν δὲ Θήβαις εἰκόνες ἦσαν ἀνακείμεναι δικαστῶν ἄχειρες · ἡ δὲ τοῦ ἀρχιδικαστοῦ, καταμύουσα τοῖς ὄμμασιν, ὡς ἄδωρον ἅμα τὴν δικαιοσύνην καὶ ἀνέντευκτον οὖσαν, on pourrait conclure que cette juridiction siégeait primitivement à Thèbes.

(4) Strabo, XVII, p. 797.

(5) Voy. t. I de cette traduction = t. VIII de la collection, pp. 55 et suiv. — Tite-Live, (XXVI, 16), dit de Capoue conquise en 543=211 : *Ceterum habitari tantum, tamquam urbem Capuam frequentarique placuit : corpus nullum civitatis, nec senatus nec plebis concilium nec magistratus esse. Sine consilio publico, sine imperio multitudinem, nullius rei inter se sociam ad consensum nhabilem fore. Praefectum ad iura reddenda ab Roma quotannis missuros.*

italiennes, où subsistaient encore, à côté des colons romains, des habitants de l'époque primitive, qui ne faisaient pas partie de la commune (1). L'analogie avec le premier de ces deux cas est formellement attestée (2) et trouve sa confirmation dans cette circonstance que, lorsque Septime Sévère rendit aux Alexandrins leur Sénat (3), le *iuridicus* paraît avoir perdu une partie importante de ses attributions et avoir été réduit à la seule juridiction volontaire (4) ; l'analogie avec le second cas ressort de la composition de la population d'Alexandrie. Cette ville, très éprouvée sous Ptolemaeus Physcon (5), était devenue, sous les Romains, la première cité commerciale du monde (6), et ne le cédait en grandeur qu'à Rome (7) ; elle avait, en dehors des nombreux Romains qui s'y étaient établis, dans l'intérêt de leur commerce ou de leurs études scientifiques, et qui reconnaissaient sans aucun doute l'autorité du *iuridicus*, une population double. Le premier élément comprenait les Grecs et les Égyptiens, qui s'étaient partiellement mêlés

Population d'Alexandrie.

Telle fut également, d'une manière générale, la situation d'Alexandrie. Le fait que le fonctionnaire préposé au gouvernement n'était pas nommé *praefectus iuri dicundo*, ne s'explique que par cet unique motif qu'il existait déjà en Égypte un préfet d'un rang supérieur ; mais qu'il fût bien placé à la tête de toute l'administration urbaine, c'est ce que nous apprennent Capitolin., (*M. Ant. ph.*, XXV) : *Maecianum etiam, filium Cassii, cui Alexandria erat commissa exercitus occidit*, et Vulc. Gallic., (*Avid. Cass.*, VII) : *Maecianum, cui erat commissa, Alexandria.* C'est qu'en effet, étant donné qu'en l'année 175 de notre ère, à laquelle se rapportent ces passages, Flavius Calvisius était préfet d'Égypte (Dio Cass., LXXI, 28), il s'ensuit que Maecianus ne peut pas avoir rempli cette fonction, mais qu'il convient de le considérer avec Dirksen, (*Die Scriptores Hist. Aug.*, p. 110), et Kuhn, (*op. cit.*, t. II, p. 475), comme le *iuridicus Alexandriae*.

(1) Voy. le t. I de cette traduction = t. VIII de la collection, p. 50.
(2) Spartian, *Sept. Sever.*, XVII : *Deinde Alexandrinis ius buleutarum dedit, qui sine publico consilio ita ut sub regibus ante vivebant, uno iudice contenti, quem Caesar dedisset.*
(3) Voy. la note précédente, et Dio Cass., LI, 17. — Depuis cette époque, il est fait de fréquentes mentions de la *curia Alexandriae*. (Voy. les passages dans Gothofr., *Ad Cod. Theod.*, [*De decurion.*], XII, 1, Const. 192.)
(4) Voy. Ritter, *ubi supra.*
(5) Strabo, XVII, pp. 797. 798 ; — Iustin., XXXVIII, 8.
(6) Strabo, *loc. sup. cit.* : μέγιστον ἐμπορεῖον τῆς οἰκουμένης.
(7) Dio Chrys., *Or. XXXII ad Alexandrinos*, t. I, p. 669, éd. R. : ἡ γὰρ πόλις ὑμῶν τῷ μεγέθει καὶ τῷ τόπῳ πλεῖστον ὅσον διαφέρει καὶ περιφανῶς ἀποδέδεικται δευτέρα τῶν ὑπὸ τὸν ἥλιον. — Ammian., XXII, 16, 7.

aux Grecs par le mariage ; le second se composait de Juifs qui, ayant également part au droit de cité de la ville (1), habitaient deux cantons sur cinq qu'elle comptait (2), formaient une communauté distincte et avaient un ἐθνάρχης (3) ainsi qu'une γερουσία (4). On trouvait encore à Alexandrie, comme métèques, des Égyptiens, venus de l'intérieur du pays, et des étrangers (5) ; si l'on y joint les esclaves, on voit que les 300.000 citoyens de la ville (6) étaient loin de former la population tout entière. Les procès que les Grecs, les Juifs, les étrangers et les Romains pouvaient avoir entre eux doivent avoir été du ressort non pas du juge de la commune, mais du *iuridicus* ; et cette assertion est confirmée par ce fait que le seul *iuridicus* (δικαιοδότης) d'une ville, dont il soit fait mention à l'époque romaine, se rencontre à *Palmyra*, où la population, mêlée d'Arabes, de Juifs, de Grecs et de Romains, ressemblait d'une manière frappante à celle d'Alexandrie (7). On lit, dans un papyrus, la formule

Communauté juive.

---

(1) Il leur fut confirmé par César (Joseph., *Ant.*, XIV, 10, 1 ; *Contra Apion.*, II, 4) et par Auguste (Joseph., *Ant.*, XIX, 5, 2).

(2) Les cinq cantons étaient désignés par les lettrs A. B. Γ. Δ. E. — Philo, *In Flaccum*, VIII, p. 525, éd. Mang. : Πέντε μοῖραι τῆς πόλεώς εἰσιν, ἐπώνυμοι τῶν πρώτων στοιχείων τῆς ἐγγραμμάτου φωνῆς · τούτων δύο Ἰουδαϊκαὶ λέγονται, διὰ τὸ πλείστους Ἰουδαίους ἐν ταύταις κατοικεῖν. — Voy. l'inscription d'Alexandrie publiée par M. Neroutsos dans l'*Ἀθήναιον*, t. III, p. 87, n° 5 : Θεᾷ μεγίστη Ἴσιδι πλουσίᾳ. Τιβ. Ἰούλιος Ἀλέξανδρος, γενάμενος ἔπαρχος σπείρης ά Φλαουίας, τῶν ἀγορανομηκότων ὁ ἐπὶ τῆς εὐθηνίας τοῦ Β γράμματος, τὸν ἀνδριάντα σὺν τῇ βάσει ἀνέθηκε, ἔτει κδ αὐτοκράτορος Καίσαρος Τίτου Αἰλίου Ἀδριανοῦ Ἀντωνείνου Σεβαστοῦ Εὐσεβοῦς.

(3) Strabo, dans Ioseph., *Ant.*, XIV, 7, 2 : καθίσταται δὲ καὶ ἐθνάρχης αὐτῶν (Ἰουδαίων), ὃς διοικεῖ τε τὸ ἔθνος καὶ διαιτᾷ κρίσεις καὶ συμβολαίων ἐπιμελεῖται καὶ προσταγμάτων, ὡς ἂν πολιτείας ἄρχων αὐτοτελοῦς. Cf. XIX, 5, 2. — Voy. Wesseling, *De Iudaeorum archontibus*, Trai., 1738, c. III. On trouve d'ailleurs aussi des ethnarques en Égypte (Strabo, XVII, p. 798), bien que l'on ne sache pas bien d'une manière certaine ce qu'ils sont. Ἔθνος signifie aussi *classis*, *ordo*, et on dit ἔθνος ἱερέων, δημιουργῶν, etc. (Voy. Letronne, sur l'inscription de Rosette, lin. 17; *Rec.*, t. I, p. 278.) Aucune preuve ne justifie l'identité admise par Valesius, (*Ad Euseb. H. E.*, II, 5, p. 24), et par Kuhn, (*op. cit.*, t. II, p. 506), après lui, entre l'ethnarque des Juifs et l'Alabarque.

(4) Philo, *In Flacc.*, X, p. 528, éd. Mang.

(5) Telle est la raison pour laquelle l'*Ed. Ti. Alex.*, (lin. 33), distingue τοὺς ἐγγενεῖς Ἀλεξανδρεῖς καὶ ἐν τῇ πόλει διὰ φιλεργίαν κατοικοῦντας.

(6) Diodor., XVII, 52.

(7) Inscription de *Palmyra*, de l'an 263, dans Waddington, n° 2606ᵃ : ‘Η

suivante : Seigneur, écoute-moi ou renvoie-moi devant l'ἀρχιδικαστής (Κύριε ἢ διάκουσαί μου ἢ ἀνάπεμψον ἐπὶ τὸν ἀρχιδικαστήν) (1) ; d'où il est permis de conclure que le *praefectus Aegypti*, comme lieutenant du roi et magistrat supérieur, renvoyait probablement les plaideurs devant la juridiction compétente.

Outre le *iuridicus* et l'ἀρχιδικαστής, la ville d'Alexandrie avait encore trois magistrats particuliers (2) : l'ἐξηγητής, préposé à l'ἐπιμέλεια τῶν τῇ πόλει χρησίμων, c'est-à-dire la *cura annonae* (3), l'ὑπομνηματογράφος et le νυκτερινὸς στρατηγός, *praefectus vigilum*, ayant sous ses ordres un corps de νυκτοφύλακες (4). Parmi ces magistrats, l'ὑπομνηματογράφος dépend du *praefectus Aegypti* ; il reçoit les demandes judiciaires et en fait l'objet d'un rapport, en suivant l'ordre, lorsqu'elles sont de la compétence du préfet (5). Il renvoie sans doute aussi les autres affaires devant les tribunaux qui ont qualité pour en connaître.

L'Égypte érigée en diocèse de l'Orient. Sous Dioclétien, l'Égypte devint un diocèse de l'Orient, et, plus tard, un diocèse particulier, Αἰγυπτιακὴ διοίκησις (6), dont le premier magistrat, le *praefectus Aegypti*, était assimilé aux *vicarii*

βου[λὴ καὶ ὁ δῆ]μος Σεπτίμ[ιον Οὐορώδην] τὸν κράτιστον ἐ[πίτροπον] Σεβαστοῦ δουκην[άριον, δι]κεοδότην τῆς μητροκολωνείας. M. Waddington repousse, il est vrai, cette comparaison, parce qu'il regarde avec Franz le *iuridicus Alexandriae* comme un légat du préfet ; mais je crois avoir montré plus haut qu'il n'en était pas ainsi.

(1) Voy. Egger, dans le *Bulletin de la Société des antiquaires*, 1862, p. 128 ; — Lumbroso, *Recherches*, p. 213.

(2) Strabo, XVII, p.797 : τῶν δ' ἐπιχωρίων ἀρχόντων κατὰ πόλιν μὲν ὅ τε ἐξηγητής ἐστι, πορφύραν ἀμπεχόμενος καὶ ἔχων πατρίους τιμὰς καὶ ἐπιμέλειαν τῶν τῇ πόλει χρησίμων, καὶ ὁ ὑπομνηματογράφος καὶ ὁ ἀρχιδικαστής, τέταρτος δὲ ὁ νυκτερινὸς στρατηγός.

(3) *C. I. Gr.*, n° 4688. — Voy. Franz, *C. I. Gr.*, t. III, f°° 291ᵃ. 321 b.

(4) Philo, *In Flaccum*, XIV, p. 534, éd. Mang.

(5) On lit, à son sujet, dans Lucien, (*Apologia pro mercede conductis*, XII) : ἔγωγ' οὖν, εἰ σκέψαιο, δόξαιμ' ἄν σοι οὐ τὸ σμικρότατον τῆς Αἰγυπτίας ταύτης ἀρχῆς ἐγκεχειρίσθαι, τὰς δίκας εἰςάγων καὶ τάξιν αὐταῖς τὴν προσήκουσαν ἐπιτιθέναι, καὶ τῶν πραττομένων καὶ λεγομένων ἁπαξαπάντων ὑπομνήματα γράφεσθαι καὶ τάς τε ῥητορείας τῶν δικαιολογούντων ῥυθμίζων, καὶ τὰς τοῦ ἄρχοντος γνώσεις πρὸς τὸ σαφέστατον ἅμα καὶ ἀκριβέστατον σὺν πίστει τῇ μεγάλῃ διαφυλάττειν καὶ παραδιδόναι δημοσίᾳ πρὸς τὸν ἀεὶ χρόνον ἀποκεισομένας. — Philo, *In Flaccum*, XVI : Προςεστὼς γὰρ τοῖς ἡγεμόσιν ὁπότε δικάζοιντο, ὑπεμνηματίζετο τὰς δίκας εἰςάγων ὡς ἔχων τάξιν. — Comp. M. Lumbroso, dans la *Rivista di filologia*, t. IV, (1876), pp. 473 et suiv.

(6) *C. I. Gr.*, n° 4639.

praefecti praetorio (1). Ce diocèse comprenait, à l'époque de Dioclétien, cinq provinces, savoir : 1. *Aegyptus Iovia*, la Basse-Égypte, à l'Ouest du Nil ; 2. *Aegyptus Herculia*, plus tard *Augustamnica* ou *Augusta prima*; 3. *Thebais*; 4. *Libya inferior* (*Marmarion* ou *Mareotis*, voisine de l'Égypte à l'Ouest); 5. *Libya superior* (*Cyrenaica*) (2). Par la suite, une sixième province vint s'y joindre : 6. l'*Arcadia*, qui doit son nom à Arcadius, fils de Théodose I (3)*, et qui fut séparée de l'*Aegyptus Herculia* (4). La division en nomes subsista encore jusqu'au septième siècle après J.-C. (5).

---

(1) Voy., sur ce point, M. Mommsen, dans les *Abhandl. der Berl. Acad.*, 1862, pp. 494 et suiv.

(2) *Liste de Vérone*, dans Mommsen, *ubi supra*, pp. 499. 500. — Dans Ammien, (XXII, 16), les provinces s'appellent : 1. *Aegyptus;* 2. *Augustamnica;* 3. *Thebais;* 4. *Libya siccior;* 5. *Libya pentapolis.*

(3)* [Sur Arcadius, voy. M. Ett. de Ruggiero, *Dizionar. epigr.*, fascic. 20, *Roma*, 1890, pp. 636, col. 2, et suiv.]

(4) Eustathius, *Ad Dionys. Perieg.*, v. 251: ὅσσοι δ'ἑπτάπολιν μεσάτην ἤπειρον ἔχουσιν : ὅτι ἡ κατ' Αἴγυπτον Ἑπτάπολις καὶ Ἀρκαδία, ὡς ἀπὸ τοῦ βασιλέως Ἀρκαδίου ὕστερον ἐκλήθη, πρὸ δὲ τούτου καὶ Ἑπτάνομος ἢ Ἑπτανομία ὠνομάσθη. Καὶ τοῦτο μὲν ἐκαλεῖτο διὰ τὸ ἑπτὰ ἔχειν νομούς.

(5) Voy. Franz, *op. et loc. citt.*, f° 322.

XII. CRETA ET CYRENAICA.

Histoire primitive.

Le littoral du Nord de l'Afrique se divisait, au temps des empereurs romains, en quatre provinces, la *Cyrenaica*, l'*Africa*, la *Numidia* et la *Mauretania* (1). En effet, les anciens géogra-

---

(1) Pour toutes ces provinces, j'ai mis à contribution : *Carte de l'Afrique sous la domination des Romains, dressée au dépôt de la guerre d'après les travaux de M. Fr. Lacroix* par le capitaine Nau de Champlouis, (Paris), 1864 et 1865, 2 feuilles avec une *Notice sur la carte*, etc., dans laquelle se trouve une liste des localités romaines, avec la détermination de leur situation et l'indication des sources ; — en outre, un volume de l'*Univers* comprenant : *Afrique, esquisse générale de l'Afrique et Afrique ancienne*, par M. D'Avezac; *Carthage*, par Dureau de la Malle et J. Yanoski ; *Numidie et Mauritanie*, par L. Lacroix ; *L'Afrique chrétienne*, par J. Yanoski, Paris, 1844, in-8 ; — L. Müller, *Numismatique de l'ancienne Afrique*. Vol. I. *Les monnaies de la Cyrénaïque*, Copenhague, 1860, in-4 ; Vol. II. *Les monnaies de la Syrtique, de la Byzacène et de la Zeugitane*, 1861 ; Vol. III. *Les monnaies de la Numidie et de la Mauritanie*, 1862. [Un *Supplément* a paru en 1874, in-4.] — [Voy. surtout *infra*, la bibliographie générale des provinces africaines donnée en la note initiale du chapitre suivant; — sur Carthage : MM. Alfr.-J. Church and Arth. Golman, *Carthage, or the empire of Africa*, dans *The Story of the nations*, Nouv. sér., I, London, 1888, 1 vol. in-8 ; — l'article de M. E. Babelon, dans *La Grande Encyclopédie*, t. IX, h. v., pp. 599, col. 1, et suiv., et spécialement, pp. 603, col. 2, et suiv. (Comp. aussi MM. Movers, *Das Opferwersen der Karthager*. *Commentar zur Opfertafel von Marseille*, Breslau, 1847, 1 vol. in-8, — et W. Soltau, *Die Römisch-Karthagischen Verträge*, dans le *Philogus*, Vol. XLVIII, fascic. 1, 2. Hälfte, et fascic. 2.)—Sur la Crète et la Cyrénaïque, voy., en dehors des ouvrages citées ci-dessous p. 427, note 4, MM. Théodore Mommsen, *Hist. rom.*, trad. franç. par MM. R. Cagnat et J. Toutain, t. X,

phes rattachaient l'Égypte à l'Asie; et, bien que Ptolémée les ait critiqués et ait commencé à donner pour frontières aux deux parties du monde la mer Rouge et l'isthme de Suez (1), l'Égypte n'en figure pas moins encore après Dioclétien, nous l'avons vu, sous le rapport administratif, parmi les provinces de l'Orient. A l'Ouest de l'Égypte, le sol s'élève en grandes terrasses, le *Catabathmus parvus* et le *Catabathmus magnus*; ce dernier sépare l'Égypte de *Cyrene* (2), qui, occupant un plateau fertile, s'étend à l'Ouest jusqu'aux autels des *Philaeni*, à la frontière de la province d'Afrique (3). *Cyrene* (4), colonie

---

pp. 93 et 118, et t. XI, pp. 140 et 156; — Henri Kiepert, *Manuel de géographie ancienne*, trad. franç. par M. Émile Ernault, Paris, 1887, pp. 126 et suiv., 144 et suiv.; — W. Liebenam, *Forschungen*, I Bd., Leipzig, 1888, pp. 132-133; — J. W. Kubitschek, *Imp. Rom. trib. discr.*, Prag., Vindob., Lips., 1889, p. 260. — Sur la Crète, en particulier, voy. : Comparetti, *Inscriptions crétoises* (et l'étude grammaticale de ces inscriptions faite par M. J. Baunack, dans la *Berliner philologische Wochenschrift*, 1886, n°ˢ 52 et suiv.); — Sainte-Croix, *Des anciens gouvernements fédératifs et de la législation de la Crète*, Paris, an VII; — C. Hoeck, *Kreta. Ein Versuch..... der Geschichte und Verfassung dieser Insel*, Göttingen, 1823-1826; — O. Müller, *Die Dorier*, 2ᵗᵉ Aufl., 1844; — V. Raulin, *L'île de Crète*, 1860, in-8; — Schömann, *Griechische Alterthümer*, 3ᵗᵉ Aufl., Berlin, 1871, t. I, pp. 312-329 = dans la trad. franç. de M. Galuski, t. I, Paris, 1884, pp. 340-357; — E. Caillemer, dans le *Dictionn. des Antiq. grecq. et rom.*, de MM. Ch. Daremberg et Edm. Saglio, 10ᵉ fascic., Paris, 1886, V° *Cretensium respublica*, t. 1, pp. 1563-1568.; — F. Halbherr, *Iscrizioni Cretesi*, dans le *Museo Italiano*, t. III, pp. 1-190; — Th. Mommsen : *Constitutiones duae Cretenses*, dans l'*Ephemeris epigr.*, Vol. VII, fascic. 3ᵘˢ, Berol., 1890, pp. 416-423, et *Spicilegium titulorum latinorum ex Creta et ex Aegypto*, cod., pp. 423-428 ; — J.-N. Svoronos, *Numismatique de la Crète ancienne, accompagnée de l'histoire, la géographie et la mythologie de l'île*. Iʳᵉ partie (seule encore parue) : *Description des monnaies ; Histoire et géographie des villes, suivie de 35 pl. en phototypie*, Mâcon, 1890, 1 vol. in-4 de texte et 1 vol. de pl. (*Adde* un supplément à ce travail dans l'Ἐφημερὶς ἀρχαιολογική, Athènes, 1890, p. 194, pl. XI-XIII.) — Voy. enfin M. B. Haussoullier, *Note sur les trois tribus doriennes en Crète*, dans le fascic. LXXII de la *Bibliothèque de l'École pratique des Hautes Études*. — P. L.-L.]

(1) Ptolem., II, 1, 6; IV, 5, 1 sqq.
(2) Sallust., *Iug.*, XIX ; — Polyb., XXXI, 26 ; — Strabo, XVII, p. 798.
(3) Sallust., *ubi supra*, et c. LXXIX; — Strabo, XVII, p. 836.
(4) Sur la topographie de *Cyrene*, voy. : I. R. Pacho, *Relation d'un voyage dans la Marmarique, la Cyrénaïque et les Oasis d'Audjelah et de Maradèh*, Paris, 1827, in-4, avec Atlas in-fol.; — H. Barth, *Wanderungen durch die Küstenländer des Mittelmeeres*, Berlin, 1849, in-8, pp. 418 et suiv.; — Kiepert's *Karte der Cyrenaica* avec G. Rohlf's *Routen*, dans la *Zeitschrift der Gesellsch. für Erdkunde zu Berlin*, 1870, Taf. 5; — sur les découvertes les plus récentes : *History of the recent discoveries at Cyrene made during an expedi-*

dorienne, forma d'abord un royaume soumis à la domination des Battiades (c. 624 (1) — 450), puis un État libre (c. 450 — 322) qui, en dépit de troubles civils incessants, parvint à un haut degré de prospérité, jusqu'à sa conquête opérée en 322 avant J.-C. par le premier Ptolémée. Ce n'est qu'après la mort de Ptolemaeus Physcon ou Euergetes II, qu'elle fut définitivement séparée de l'Égypte en 117 et attribuée à Ptolemaeus Apion, lequel, mourant sans postérité en 658=96, la laissa par son testament aux Romains (2). Il y avait alors dans ce pays, avec *Cyrene*, et à côté d'un grand nombre de localités de moindre importance, quatre villes plus considérables, qui, toutes, tiraient leur origine de *Cyrene*, et qui, bien que réunies sous la désignation géographique de *Pentapolis* (3), étaient en possession d'une autonomie politique complète et ne semblent avoir été organisées en confédération qu'après la chute de la royauté. Depuis lors, en effet, on les voit à plusieurs reprises faire campagne en commun, frapper une monnaie unique qui, sous les Ptolémées, portait en légende le κοινόν (4). Ces cinq villes

Cyrene échoit aux Romains.

Pentapolis.

---

tion to the Cyrenaica in 1860-61 by R. Murdoch Smith and E. A. Porcher, London, 1864, in-fol.; — sur l'histoire de Cyrène : Thrige, *Res Cyrenensium*, Hafniae, 1828, in-8; — Gottschick, *Gesch. der Gründung und Blüthe des hellen. Staates in Kyrenaika*, Leipzig, 1858, in-8; — B. Kolbe, *Der Bischof Synesius von Cyrene oder Forschungen auf dem Gebiete der Erdkunde und Geschichte der libyschen Pentapolis*, Berlin, 1850, in-8; — L. Müller, *op. sup. cit.*, Vol. I, pp. 1 et suiv.; — Pauly, *Realencycl.*, t. I, pp. 1081 et suiv.; t. II, pp. 825 et suiv.; — D'Avezac, *op. et loc. sup. citt.*, pp. 74-158. — M. W. Rossberg a dernièrement fait une étude consciencieuse de la province dans sa monographie intitulée *Quaestiones de rebus Cyrenarum provinciae Romanae*, Frankenberg, s. d., in-8. — [Voy. aussi les auteurs cités *supra*, en la note initiale de ce chapitre, et M. Studniczka, *Kyrene*, 1890, (*ibiq. Deutsche Litteraturzeitung*, 1890, n° 43).]

(1) Voy. A. Schaefer, dans le *Rheinisches Mus.*, N.F., t. XX, pp. 263 et suiv.
(2) Appien, (*Bell. civ.*, I, 111), place à tort cet événement en l'an 74, et Tite-Live, (*Epit.*, LXX), entre les années 97 et 92. L'année 96 est indiquée avec raison par Iulius Obsequens, (*De prod.*, XLIX), par Eusèbe, (*Chron. Can.*, p. 133, éd. Schoene), et dans la Cassiodori *Chron.*, (*ad ann.* 658). — Voy., pour de plus amples détails, Thrige, *op. cit.*, p. 258; — Clinton, *Fasti Hell.*, t. III, p. 389.
(3) Plin., *Nat. hist.*, V, 31; — Ptolem., IV, 4, 4; — Sex. Rufus, *Brev.*, XIII; — Synesius, *Ep.*, XIV. XLVII. LVIII. LIX. LXVII, et beaucoup d'autres. — Voy. Thrige, *op. cit.*, p. 15.
(4) Voy. L. Müller, *ubi supra*, pp. 30. 37.

étaient (1) : 1. *Cyrene* [ruines de Grêne]; 2. *Barce* [ruines de Medînet-el-Merdj], fondée par les Battiades vers 550, depuis les Ptolémées, le port de *Barce*, *Ptolemais* [ruines de Tolmêta] (2); 3. *Euesperides* ou *Hesperis*, colonie d'Arcesilas IV, plus tard *Berenice* [Benghâzi] (3); 4. *Apollonia* ou *Sozusa* [Marsa Sûza] (4); 5. *Teuchira* ou *Arsinoe* [ruines de Tôkra] (5). Le gouvernement romain, tout en acceptant cet héritage, hésita cependant à ériger dès l'abord en province une région aussi éloignée, d'une étendue relativement considérable, et nécessitant une protection de tous les instants; il se contenta de prendre possession des domaines royaux des Ptolémées (6), de lever un impôt (7) sur le principal produit du pays, le *silphium* (8), et,

---

(1) Strabo, XVII, p. 837; — Plin., *Nat. hist.*, V, 31; — Mela, I, 8, p. 13, éd. Parthey. — Parmi ces villes, les plus importantes étaient *Cyrene*, *Barce*, *Euesperides*, dont nous possédons de nombreuses monnaies. Au lieu d'*Apollonia*, Ammien, (XXII, 16, 4), nomme *Darnis* [Derna], ville qui, conjointement avec *Balagiae*, n'a frappé qu'une monnaie. (Voy. L. Müller, *op. cit.*, Vol. I, p. 96.)
(2) Voy. Thrige, *op. cit.*, pp. 132 et suiv. — Strabon, (XVII, p. 837), nomme encore *Barce*; Pline, (*Nat. Hist.*, V, 32), *Ptolemais, antiquo nomine Barce*; Ptolémée, (IV, 4, 4), *Ptolemais*, tandis qu'au § 11 il cite *Barce* parmi les villes de l'intérieur du pays. — *Barce* paraît avoir été un *vicus* sous les Romains, et le droit de ville avoir été transporté à *Ptolemais*. (Voy., sur ce point, Rossberg, *op. cit.*, p. 13.)
(3) Voy. Thrige, *op. cit.*, pp. 180 et suiv.
(4) Voy. Thrige, *op. cit.*, p. 101.
(5) Voy. Thrige, *op. cit.*, p. 114.
(6) Cic., *De lege agr.*, II, 19, 51: *Adscribit eidem auctioni Corinthios agros, — — et Cyrenenses, qui Apionis fuerunt*; — Hygin., dans les *Gromat. vett.*, t. I, p. 122, éd. Lachm.: *In provincia Cyrenensium — — agri sunt regii, id est illi, quos Ptolemaeus rex populo Romano reliquit*; — Tacit., *Ann.*, XIV, 18: *Idem Cyrenenses reum agebant Acilium Strabonem, praetoria potestate usum et missum disceptatorem a Claudio agrorum, quos regi Apioni quondam habitos et populo Romano cum regno relictos proximus quisque possessor invaserant, diutinaque licentia et iniuria quasi iure et aequo nitebantur. Igitur abiudicatis agris orta adversus iudicem invidia.*
(7) Plin., *Nat. hist.*, XIX, 40: *Quo minus omittendum videtur C. Valerio M. Herennio coss. (661 = 93) Cyrenis advecta Romam publice laserpici pondo XXX, Caesarem vero dictatorem initio belli civilis inter aurum argentumque protulisse ex aerario laserpici pondo MD.*
(8) Le *silphium*, qui était employé comme médicament et dont le prix était très élevé, a donné lieu à une bibliographie considérable. De tous les auteurs, celui qui en traite le mieux est L. Müller, *op. et loc. sup. citt.*, pp. 13-16. 31. 104-109, où l'on trouvera fournis des renseignements plus étendus. Il y avait le *silphium* médique et le *silphium* cyrénaïque; ce dernier était déjà de-

pour le surplus, de donner aux cinq villes leur liberté et l'administration de leur territoire (1). Mais les villes avaient déjà perdu l'habitude de se gouverner elles-mêmes; *Cyrene* fut, à diverses reprises, en butte à une cruelle tyrannie (2), et lorsque, en 668 = 86, Lucullus vint fortuitement à *Cyrene* réquisitionner des navires pour Sulla, ou recourut à lui pour obtenir un remaniement de la constitution en vigueur (3). A la suite de cela, la *Cyrenaica* devint, quelque temps après, c'est-à-dire en 680 = 74, une province (4), dont un *quaestor pro praetore* eut d'abord l'administration (5).

Formation de la province.

venu fort rare sous Néron, et il n'existe plus aujourd'hui. Quant à l'autre, le botaniste anglais Falkoner l'a de nouveau découvert récemment dans le Cachemire du Nord, et il correspond exactement à celui qui est figuré sur les monnaies cyrénaïques. (Voy. J. Friedländer, dans la *Numismatische Zeitschrift* de Huber, 1872, pp. 430 et suiv.)

(1) Tit. Liv., *Epit.*, LXX.

(2) Voy. Thrige, *op. cit.*, pp. 270 et suiv., et spécialement Plutarch., *De mulierum virt.*, XIX, p. 315 éd. Dübner.

(3) Plutarch., *Lucull.*, II; — Joseph., *Ant. Iud.*, XIV, 7, 2.

(4) Cette année est indiquée d'une façon positive par Appien, (*Bell. civ.*, I, 111). Si Zumpt, (*Stud. Rom.*, p. 48), et M. Mommsen, (*Röm. Gesch.*, t. III, [7nte Aufl.], p. 55 [= dans la trad. franç. de M. Alexandre, t. VI, p. 187]), se prononcent en faveur de l'année 679 = 75, cette opinion trouve sa raison d'être dans ce fait que ces auteurs font également devenir la Bithynie province en 75, et que, suivant Appien, l'organisation de cette province et celle de la Cyrénaïque furent simultanées. Mais la Bithynie, nous l'avons établi ci-dessus, a été elle-même érigée en province non pas en 75, mais en 74.

(5) C'est ce que dit le fragment de Salluste, (*Hist.*, II, 39, éd. Dietsch (47, éd. Kritz)), découvert par Heine, et publié pour la première fois par Pertz : P[ublius ?]q[ue] *Lentulus Marcel[linus] codem a[u]ctore quaest[or] in novam provinci[am] Curenas missus est [quod] ea mortui regis Apio[nis] testamento nobis d[ata] prudentiore quam [illas] per gentis et minus g[lo]riae avidi imperio co[nti]nenda fuit.* Sur ce fragment, voy. Pertz, *Ueber ein Bruchstück des 98. Buchs des Livius*, Berlin, 1848, in-4; — Kreyssig, *Comm. de T. Livii historiarum reliquiis ex palimpsesto Toletano erutis*, Misenae, 1849, in-4; — Mommsen, dans les *Berichte der sächs. Gesellsch. der Wissensch., Phil. Hist. Cl.*, 1850, p. 190, où est insérée une lettre de Borghesi, dans laquelle il rétracte l'opinion par lui émise dans son mémoire *Sull'età, in cui la Cirenaica divenne provincia Romana*, (*Œuvres*, t. II, pp. 395 et suiv.) ; — Huschke, dans la *Zeitschr. für gesch. Rechtswiss.*, t. XV, 3, p. 273 ; — Bergk, dans la *Zeitschr. für Alterthumswiss.*, t. X, p. 880 ; — Heerwagen, dans Kreyssig, *Epist. ad Fr. Kritzium*, Misenae, 1852 ; — K. L. Roth, dans le *Rhein. Mus.*, t. VIII, (1853), p. 436. — Plus tard aussi on trouve comme gouverneurs de la province des questeurs, par exemple : A. Pupius Rufus ταμίας ἀντιστράτηγος sur des monnaies de Cyrène, dont l'époque n'est pas susceptible de détermination précise

En l'an 686 = 68, le proconsul Q. Caecilius Metellus fit la guerre à la Crète (1), et cette guerre eut aussi, l'année suivante (687 = 67), pour conséquence l'érection de la Crète en province (2); la même année, *Cyrene* paraît avoir également assisté à la réorganisation de la province (3), à la suite de la lutte contre les pirates, qui avaient sans doute des intelligences dans la *Cyrenaica* (4). Mais il est permis de douter, en l'absence de tout renseignement formel (5), que, dès cette époque, la province combinée de *Creta-Cyrene* ait été constituée, ainsi qu'on l'admet communément (6); nos doutes s'autorisent de ce que, après la mort de César, en 44, le Sénat donna séparément ces

---

(voy. L. Müller, *op. cit.*, Vol. I, p. 161); P. Septimius Geta ταμίας καὶ ἀντιστράτηγος Κρήτης καὶ Κυρήνης (*C. I. Gr.*, n° 2591).

(1) Dio Cass., *fr.* 178, 1, p. 102, éd. Bekk. — Voy. Drumann, [*Gesch. Roms*], t. II, pp. 52 et suiv.

(2) L'organisation de la province dura jusqu'en 688 = 66. — Vellei. Paterc., II, 34 : *Per id tempus a Q. Metello Creta insula in populi Romani potestatem redacta est, quae — per triennium Romanos exercitus fatigaverat*; — Eutrop., VI, 11. — Voy., au surplus, Dio Cass., XXXVI, 2, (p. 103, éd. Bekk.); — Iustin., XXXIX, 5 : *Creta Ciliciaque piratico bello perdomitae in formam provinciae rediguntur*; — Tit. Liv., *Ep.*, C : *Q. Metellus perdomitis Cretensibus liberae in id tempus insulae leges dedit*; — Cic., *Pro Mur.*, XXXV, 74 : *Cretes) nostri imperii praesidio disciplinam suam legesque conservant*; — Cic., *Pro Flacco*, XIII, 30.

(3) Dans la liste des victoires de Pompée (*Fr. Vat. Diodori*, XL, 19, Vol. III, p. 141, éd. Dind.), on lit: ὑποτάξας — καὶ τὴν κατὰ Κιλικίαν, Συρίαν, Ἰουδαίαν, Ἀραβίαν, Κυρηναϊκήν. A cela paraît aussi se référer le passage suivant d'Eutrope, (VI, 11): *Quo tempore* (en 67) *Libya quoque Romano imperio per testamentum Apionis, qui rex eius fuerat, accessit.* Les mêmes mots se trouvent répétés dans les *Hist. miscella*, VI, 10. — Cf. Hieronymus, Euseb. *Chron. Can.*, p. 135, éd. Schoene, qui, sur l'Ol. 178, 4 = 65 avant J.-Chr., porte cette note : *Libya per testamentum Apionis regis Romanis relicta*. Enfin, la ville de *Berenice* a une ère, qui, vraisemblablement, doit être placée en l'an 67. (Voy. l'étude de Gibert et de Goepel, dans Franz, *C. I. Gr.*, n° 5361.)

(4) Voy. Borghesi, *Œuvres*, t. II, p. 398.

(5) Le *quaestor* M. Iuventius Lateranensis (691 = 63), dont Cicéron, (*Pro Planc.*, XXVI, 63), dit : *Cyrenis liberalem in publicanos, iustum in socios fuisse*, ne prouve qu'une chose : c'est que Cyrène était alors province; mais était-elle réunie à la Crète, et sous quel gouverneur ? Voilà ce que ce passage ne nous apprend pas. — Toute cette question est traitée par Zumpt, dans ses *Comment. epigr.*, t. II, pp. 241 et suiv.

(6) Voy. Boeckh. *C. I. Gr.*, n° 2588, d'après Pighius, qui fait administrer la province réunie par un préteur et par deux questeurs, mais sans fournir aucune preuve.

provinces à Brutus et à Cassius (1), la Crète à Brutus, Cyrène à Cassius (2), et de ce que, en 718 = 36, la province de Cyrène fut de nouveau transformée en royaume par Antoine et attribuée, avec une portion de la Crète, à sa fille Cléopâtre (3). C'est seulement après la mort d'Antoine que la province fut rétablie par Octave (4); lors du partage des provinces, en 727 = 27, la Cyrénaique et la Crète furent définitivement réunies et administrées, depuis cette époque, sous le nom de *Creta Cyrenae*, de *Creta et Cyrenae*, ou même de *Creta* ou de *Cyrenae* tout seul (5), comme province du Sénat (6), par un *propraetor* (7), investi du titre de *proconsul* (8), et ayant sous ses ordres un *lega-*

En marge : Réunion de la Crète et de Cyrène.

---

(1) Appian., *Bell. civ.*, III, 12. 16. 36. Obscur dans III, 8; IV, 57. — Dio Cass., XLVII, 21.

(2) Cic., *Phil.*, II, 38, 97 : *Nuper fixa tabula est, qua civitates locupletissimae Cretensium vectigalibus liberantur statuiturque ne post M. Brutum proconsulem sit Creta provincia;* — *Phil.*, XI, 12, 27 : *Num igitur Brutus exspectavit decreta nostra, cum studia nosset? Neque enim est in provinciam suam Cretam profecturus;* — Dio Cass., XLV, 32; XLVI, 23; — Appian., *Bell. civ.*, V, 2. — Selon Plutarque, (*Brut.*, XIX), Brutus reçut la Crète, Cassius Λιβύην. Il faut entendre, par ce dernier terme, la *pentapolis Libyae* (Sex. Ruf., *Brev.*, XIII; — ἡ Λιβύη ἡ περὶ Κυρήνην, Dio Cass., XLIX, 41, et Plutarque emploie également en ce sens le mot Λιβύη, (*Vit. Anton.*. LIV)}, et non la province d'Afrique; et, en effet, cette dernière était administrée, en l'an 44, par Cornificius (voy. Drumann, *op. cit.*, t. II, p. 619). — Voy., au surplus, Drumann, *op. cit.*, t. I, p. 139 : — Borghesi, *OEuvres*, t. II, p. 400.

(3) Dio Cass., XLIX, 32. 41; — Plutarch., *Anton.*, LIV.

(4) *Monum. Ancyr.*, V, 31, p. 81, éd. Mommsen [= dans la dernière éd., Berol., 1883, p. 118 = M. A. Allmer, *Les gestes du Dieu Auguste*, Vienne, 1889, p. 120; voy. aussi pp. 252 et suiv.] : *Provincias omnis, quae trans Hadrianum mare vergun[t a]d orien[te]m, Cyrenasque, iam ex parte magna regibus eas possidentibus — — reciperavi.*

(5) Caesius Cordus *pro consule Cretae* (Tacit., *Ann.*, III, 38). Il est accusé par les *Cyrenenses*, (*ibid.*, 70); — *M. Aurelius — Seranus — q(uaestor) provinciae Cretae.* (Guérin, *Voy. arch. dans la Rég. de Tunis*, t. II, p. 253, n° 461 [= *C. I. L.*, t. VIII, 1, n° 971]). — Voy. d'autres exemples dans les notes suivantes.

(6) Dio Cass., LIII, 12. 14.

(7) Strabo, XVII, p. 840. — Sur les monnaies de Cyrène figure un L. Lollius, que Borghesi, (*OEuvres*, t. II, p. 400), et L. Müller, (*op. cit.*, Vol. I, p. 158), regardent comme le premier *propraetor* de Cyrène, et il aurait rempli cette fonction de 67 à 66 avant Jésus-Christ.

(8) Nous connaissons Scato *procos.*, sur des monnaies de Cyrène, sous Auguste et après l'an 23 avant J.-Chr. (L. Müller, *op. cit.*, Vol. I, p. 166); — [M. Lollius] Palik(anus) *pr(oconsul)*, de la même époque (L. Müller, *op. cit.*, Vol. I, p. 167); — Occius Flamma (Seneca, *Contr.*, IX, p. 273, éd. Burs. :

tus (1) et un *quaestor* (2). La *Marmarica*, qui s'étend entre la *Pentapolis* et l'Égypte, et qui était, comme aujourd'hui encore, habitée par des tribus nomades, ne doit avoir été conquise qu'à cette époque, et cette conquête est attribuée à P. Sulpicius Qui-

---

secutus erat in provinciam Cretam Occium Flammam proconsulem; cf. p. 439); — Caesius Cordus, *proconsule Cretae* sous Tibère (Tacit., *Ann.*, III, 38) ; — Cornelius Lupus *Cos.* 795 = 42, antérieurement ἀνθύπατος, sur des monnaies de Crète (voy. Borghesi, *Œuvres*, t. I, p. 437) ; — Cn. Petronius Probatus — — *procons. provinc. Cretae* (après Claude) (Henzen, nº 6451 [= Mommsen, *I. R. N.*, nº 1988 = *C. I. L.*, t. X, 1, nº 1254]) ; — A. Iulius Quadratus [ἀνθύπατος] Κρήτης Κυρήνης (Waddington, nº 1722a; *C. I. Gr.*, nº 3582, et c'est également ainsi qu'il convient de lire dans l'inscription publiée au *C. I. Gr.*, sous le nº 3548, relative à ce même Quadratus, et qui porte actuellement Κρήτης Κύπρου (de l'époque de Domitien)); — Q. Gargilius — — Macer — — *trib. pleb. praet(or), procos. prov. Cretae Cyr(enarum)* (Grut., fº 415, nº 5 = *C. I. L.*, t. II, nº 4120) ; — Sex. Tadius — Paulinus *pro cos. sortitus prov. Cret. Cyr.* (Orelli, nº 3658 [= *C. I. L.*, t. IX, nº 4119]) ; — M. Nonius Balbus *procos.* (Henzen, nº 5296 [= Mommsen, *I. R. N.*, nº 2405 = *C. I. L.*, t. X, 1, nº 1430]); — Q. Caecilius Rufinus — ἀνθύπατος Κρήτης καὶ Κυρήνης (*C. I. Gr.*, nº 2588). — L'inscription publiée par Gruter, (fº 476, nº 5 [= *C. I. L.*, t. XI, 1, nº 3004]), n'appartient pas à cet ordre d'idées. (Voy. Borghesi, *Œuvres*, t. III, p. 186.) — Voy. aujourd'hui dans Rossberg, (*op. cit.*, pp. 58 et suiv.), la liste des gouverneurs connus, [et aussi dans M. W. Liebenam, *Forsch.*, I Bd., pp. 132-133].

(1) Orelli, nº 3659 = *Hermes*, t. III, p. 114 [= Wilmanns, *Exempla*, t. I, nº 1164 = *C. I. L.*, t. XIV, nº 2925] : *C. Iulio — Cornuto Tertullo — — legato pro praetore provinc. Cretae et Cyrenarum;* — Maffei, *Mus. Ver.*, fº 416 = de Boissieu, *Inscr. ant. de Lyon*, fº 82 [= Borghesi, *Œuvres*, t. II, p. 404] : *C. Alfidio Gallo — — leg. pr. pr. provinciae Cretae et Cyrenarum.*

(2) Suet., *Vespas.*, II : *Quaestor Cretam et Cyrenas provinciam sorte cepit;* — Dio Cass., LVII, 14 : τότε δὴ ἡ Κρήτη, τοῦ ἄρχοντος αὐτῆς ἀποθανόντος τῷ τε ταμίᾳ καὶ τῷ παρέδρῳ αὐτοῦ τὸν λοιπὸν χρόνον προσετάχθη. Sur les monnaies de Cyrène figurent : A. Pupius Rufus ταμίας ἀντιστρά(τηγος) (L. Müller, *op. cit.*, Vol. I, p. 161); — Capito *Q(uaestor)* (L. Müller, *op. cit.*, Vol. I, p. 168). — Les inscriptions nous font connaître : L. Fabius Cilo — — *quaest. prov. Cret. Cyr.* (Marini, *Iscr. Alb.*, p. 50 [= Wilmanns, *Exempla*, t. I, nº 1202 = *C. I. L.*, t. VI, 1, nº 1408]); le même, avec le titre *Q. prov. Cretae* (*ibid.*, p. 51 [= Wilmanns, *Exempla*, t. I, nº 1202a = *C. I. L.*, t. VI, 1, nº 1409]); — un anonyme *Quaes[to]r provinciae [C]retae et Cyrenar(um)* (*ibid.*, p. 53 [= Wilmanns, *Exempla*, t. I, nº 1146 = *C. I. L.*, t. X, 1, nº 6659]); — Bellicius Sollers, *Q. Cret. et C[yr.]* (Henzen, nº 6942 [cf. p. 521 = Le Bas-Waddington, t. III, nº 1910 = *C. I. L.*, t. III, 1, nº 201]); — C. Luxilius Sabinus —, *quaest. pr(o) pr(aetore) prov. Cretae Cyr.* (Grut., fº 433, nº 1 = Orelli, nº 3143 [= Wilmanns, *Exempla*, t. I, nº 1215]); — Marcellinus ταμίας (*C. I. Gr.*, nº 2589); — P. Septimius Geta ταμίας καὶ ἀντιστράτηγος Κρήτης καὶ Κυρήνης (*C. I. Gr.*, nº 2591); *quaest. pro [pr. pr]ovinciae Cretae et Cyren(arum)* (Henzen, nº 6766 [= Mommsen, *I. R. N.*, nº 383 = *C. I. L.*, t. X, 1, nº 135]) ; — un *pro q. provinc. Cretae et Cyrenarum* (Borghesi, *Œuvres*, t. III, p. 186).

rinius (1), dont le proconsulat doit être vraisemblablement placé en 734 = 20 (2). Ce n'est que sous Dioclétien que l'union des provinces de Crète et de Cyrène fut de nouveau supprimée, et que le désert de Libye fut réuni au *dioecesis Orientis*, plus tard au *dioecesis Aegypti*, sous le nom de *Libya inferior*, avec *Paraetonium* [Kasr Medjed] pour chef-lieu, ainsi que la *Pentapolis*, sous le nom de *Libya superior*, avec *Sozusa* pour chef-lieu (3)*; quant à la Crète, avec son chef-lieu Gor-

---

(1) Florus, II, 31 : *Musulamos atque Gaetulos accolas Syrtium (Augustus) Cosso duce compescuit, unde illi Gaetulici nomen latius quam ipsa victoria*. (Cet événement se produisit en l'an 6 de notre ère; Dio Cass., LV, 28.) *Pariter Marmaridas atque Garamantas Quirinio subigendos dedit; potuit et ille redire Marmaricus, sed modestior in aestimanda victoria fuit.*

(2) Voy. M. Mommsen, *Res gestae D. Aug.*, p. 120 [= dans la dernière éd., Berol., 1883, p. 171; comp., au surplus, pp. 170 et suiv.]. — Il faudrait alors admettre qu'à cette époque le proconsul de Cyrène avait encore une armée, comme le proconsul d'Afrique, et le nom de la *legio III Cyrenaica*, qui doit évidemment son nom à Cyrène, militerait en faveur de cette opinion. Mais la détermination de l'année est tout ce qu'il y a de plus incertain. (Comp. Zumpt, *Comment. epigr.*, t. II, pp. 91 et suiv.; — Henzen, *Inscr.*, [t. III], p. 496.)

(3)* [Sur la Libye, voy. MM. Jos. Michon, *Quid Libicae geographiae auctore Plinio Romani contulerint* (Thèse de Doct. ès-Lett.), Lutetiae Parisiorum, 1859, in-8; — Henri Kiepert, *Manuel de géogr. anc.*, trad. fr. par M. Émile Ernault, Paris, 1887, pp. 126 et suiv. — M. l'abbé Thédenat a communiqué à la *Société nationale des Antiquaires de France*, dans sa séance du 7 novembre 1888, (voy. le *Bulletin* de cette *Société*, 4ᵉ trimestre de 1888, pp. 273-275), une inscription latine trouvée récemment alors à Louqsor, faisant connaître un personnage militaire important du règne de Constantin, et mentionnant la division bien connue des deux Libyes. Nous croyons utile de reproduire ici le texte même de ce document épigraphique d'après la copie par nous prise sur l'épreuve photographique envoyée au R. P. Thédenat et que nous devons à son obligeance d'avoir eue entre les mains :

    FORTISSIMO aC PIISSIMO ·
    IMP·DNFL · VAl cONSTANTINO
    PFINVICTO AVGVSTO ·
    VAL · ROMETALCAVPDVX
    AEG·ETTHEB·VTRARVMQ Є
    LIBB·NMQ · EIVSSEMPER
    DICATISSIMVS.

Suivant nous, la ligne 5 se termine par un mot unique, *utrarumq[u]e*, et ce mot doit être considéré comme se rapportant plutôt au mot LIBB·, qui le suit immédiatement, qu'au mot THEB·, qui le précède; il convient, par suite, de lire (lin. 4 et suiv.) : *Val(erius) Rometalca, v(ir)p(erfectissimus), dux Aeg(ypti) et Theb(aidos) utrarumq(u)e Lib(yarum), n(umini) m(ajestati) q(ue)*

tyne [Hagii-Deka], elle fut rattachée au *dioecesis Moesiae* (1).

La population de la ville de Cyrène comprenait quatre classes distinctes d'habitants (2) : les πολῖται, c'est-à-dire des Grecs qui, comme ceux d'Alexandrie, s'étaient mêlés aux indigènes par le mariage (3) ; les γεωργοί, c'est-à-dire des Libyens ; les μέτοικοι et les Ἰουδαῖοι ; ces derniers formaient, depuis les Ptolémées, une grande partie de la population (4) et jouissaient du droit de cité (5) ; mais, de même qu'à Bérénice, ils étaient constitués à Cyrène en commune particulière (πολίτευμα), sous neuf ar-

La commune urbaine de Cyrene.

---

eius semper dicatissimus, et non :...... *dux Aeg(ypti) et Theb(aidum) utrarumq(ue) e(t) Lib(yarum)*.... Si cette seconde lecture devait être admise, il en résulterait que notre texte nous mettrait en présence d'un fait tout nouveau : celui de la division, *à l'époque de Constantin*, de la Thébaïde en deux provinces, division à coup sûr éphémère, la séparation définitive n'ayant eu lieu que beaucoup plus tard. (Voy. *Bull. critiq.*, 1888, n° 24, [15 décembre], p. 465 *sub fin.*) — *L'année épigraphique. Revue des publications épigraphiques relatives à l'antiquité romaine (1889)*, par M. René Cagnat, Paris, 1890, in-8, contient la reproduction de l'inscription (p. 64, col. 2, n° 152), et nous sommes heureux de voir que notre lecture est conforme à celle du R. P. Thédenat. — Comp. *Hermes*, t. XXIV, p. 211, note 2. — P. L.-L.]

(1) *Liste de Vérone*, dans les *Abhandl. der Berl. Acad.*, 1862, pp. 499. 508; — Zosimus, II, 33 ; — Boecking, *Notit. Dignit.*, t. I, pp. 135. 137 ; — Hierocles, pp. 649. 732. 733. — [A Gortyne a été découverte récemment, en 1884, une inscription grecque du vi° siècle avant J.-Chr., dont l'importance, au point de vue de l'histoire du droit dans l'antiquité, est considérable, et qui a donné lieu en Allemagne à une très nombreuse bibliographie, qu'il serait hors de propos de relever ici. Nous nous bornerons à renvoyer à la savante étude publiée par M. R. Dareste, sous le titre *La loi de Gortyne. Texte, traduction et commentaire*, Le Puy, 1886, broch. in-8 de 51 pp. *Extrait de l'Annuaire de l'Association pour l'encouragement des études grecques en France.* Année 1886, ainsi qu'aux travaux de MM. Person, dans *Upsala Universitets Arsskrift*, 1887-1888 ; — Kirchner, dans le *Rhein Mus.*, Vol. XLIII, 1888, 1 ; — A. Skias, *Zum Gesetz von Gortyn*, dans *Hermes*, Vol. XXIV, fascic. 3. — N.-B. : Une nouvelle édition de la loi de Gortyne, avec commentaire, par le Dr A. Gemoll, (*Das Recht von Gortyn*, [Schulprogramm]), a paru en 1889 à Striegau et à Leipzig, broch. in-4 de 26 pp. (Voy., à cet égard, l'article de M. R. Meister, dans la *Berliner Philolog. Wochenschr.*, 1890, pp. 184 et suiv., et les quelques corrections au texte proposées par M. A. Ludwich, *ibid.*, pp. 363 et 876.) — P. L.-L.]

(2) Strabo, dans Joseph., *Ant.*, XIV, 7, 2.

(3) Voy. Thrige, *op. cit.*, p. 122.

(4) Voy. Thrige, *op. cit.*, p. 219.

(5) Joseph., *Ant.*, XVI, 6, 1 : τῶν μὲν προτέρων βασιλέων ἰσονομίαν αὐτοῖς παρεσχημένων (à Cyrène).

Décadence de la ville.

chontes (1). Le commerce, autrefois florissant, de la ville déchut depuis la fondation d'Alexandrie ; il baissa dans la mesure où celle-ci s'éleva (2), et le gouvernement romain paraît avoir fait peu de choses (3) pour arrêter une décadence qui atteignit son apogée au temps de Synesius (4). La Crète, jadis célèbre par ses cent cités, tout en conservant encore sous les Romains son ancienne communauté de villes, le κοινόν (5) soumis au Κρητάρχης (6), ne se releva jamais non plus des ravages que la conquête romaine avait apportés avec elle (7). A l'époque où écrivait Strabon, les plus grandes villes de la province étaient *Knossos* [Makrótichos], *Gortyna* et *Kydonia* ; le premier rang appartenait à *Knossus*, comme *metropolis* de la Crète (8). Auguste ayant établi ses soldats à Capoue en 718 = 36, et ayant acquis, pour suppléer à l'insuffisance du sol, les champs des Campaniens, indemnisa, sur le territoire de *Knossus*, les propriétaires expropriés (9). A partir de cette époque,

---

(1) Ils sont mentionnés dans une inscription de Bérénice (*C. I. Gr.*, n° 5361).

(2) Voy. Thrige, *op. cit.*, p. 336.

(3) Eckhel, (t. IV, p. 127), conclut d'une monnaie qui porte pour légende ΦΛΑΥΙα ΚΥΡΗΝΗ, que Vespasien a particulièrement bien mérité de la ville; mais Müller, (*op. cit.*, p. 173), n'a pas pu découvrir cette monnaie. Il est tout aussi douteux, en ce qui concerne le *ius coloniae*, qu'il se trouve octroyé aux villes de Cyrène et de *Tauchira* (*Arsinoe*) dans la *Tabula Peutingeriana*.

(4) Synesius, évêque de *Ptolemaïs*, dit de Cyrène, dans son *Orat. de regno*, prononcée en l'an 399 de notre ère, (p. 2) : πόλις Ἑλληνίς, παλαιὸν ὄνομα καὶ ἐν φδῇ μυρίᾳ τῶν πάλαι σοφῶν, νῦν πένης καὶ κατηφὴς καὶ μέγα ἐρείπνιον καὶ βασιλέως δεόμενον, εἰ μέλλει τι πράξειν τῆς περὶ αὐτὴν ἀρχαιολογίας ἐπάξιον. De semblables plaintes se rencontrent chez lui en nombre de passages cités par Thrige, (*op. cit.*, p. 21).

(5) Voy. Eckhel, t. II, p. 300.

(6) *C. I. Gr.*, n° 2744. — Voy. Hoeck, *Creta*, t. II, pp. 6. 290. — [Voy. aussi M. G. Perrot, dans le *Dictionn. des Antiq. grecq. et rom.*, de MM. Ch. Daremberg et Edm. Saglio, V° *Cretarcha*, 10° fascic., Paris, 1886, t. I, pp. 1562, col. 2 *in fine*, et suiv., et comp. p. 256, note 5.]

(7) Servius, *Ad Verg. Aen.*, III, 106 : *Et primo quidem centum habuit civitates (Creta), unde et Hecatompolis dicta est, post viginti et quattuor, inde duas, Gnoson et Hierapydnam, quamvis Livius plures a Metello expugnatas dicat.*

(8) Strabo, X, p. 476.

(9) Dio Cass., XLIX, 14 : τὴν τε χώραν τὴν Κνωσίων, ἣν καὶ νῦν ἔτι καρποῦνται, ἀντέδωκε. Ταῦτα μὲν οὖν ὕστερον ἐγένετο. La conduite de la colonie eut

Knossus est une colonie romaine (1), qui porte le nom de *Colonia Iulia N(obilis?) Cnossus* (2), et qui, encore au IV⁰ siècle, entretient des relations avec la Campanie, sa mère patrie (3).

---

donc lieu plus tard. L'expresion de Velleius, (II, 81) : *Pro his (agris) longe uberiores reditus duodecies sestertium in Creta insula redditi* a été comprise par moi en ce sens que les revenus du territoire de *Knossus* ont dû être affectés à la caisse communale de Capoue (voy. *Staatsverwaltung*, t. II, p. 96 [= dans la trad. franç. de M. Albert Vigié, *De l'organisation financière chez les Romains*, t. X de cette collection, Paris, 1888, p. 124], ce que je rectifie ici. [Voy. la note 5 de M. Vigié, *ubi supra*, qui déclare cette rectification erronée.]
  (1) Strabo, X, p. 477 : νῦν δὲ Κνωσσὸς καὶ Ῥωμαίων ἀποικίαν ἔχει.
  (2) Les monnaies portant la légende *C. I. N. C.* ont été primitivement attribuées à Carthage; le premier, M. J. Friedlaender, (dans la *Zeitschrift für Numismatik* de von Sallet, t. VI, (1879), p. 12), a établi l'existence de monnaies avec la légende *C. I. N. CNO*, sur lesquelles sont également nommés des *IIviri*.
  (3) Voy. *C. I. Gr.*, n° 2597, *ibiq.* Boeckh.

[N. B. : Voy. de nouvelles inscriptions de Crète, publiées par M. F. Halbherr, dans le *Museo Italiano di Antichità classica*, Vol. III, 1890, pp. 559 et suiv.; voy. aussi M. René Cagnat, dans la *Revue archéol.*, 3⁰ sér., t. XVI, Novembre-Décembre 1890, pp. 443 et suiv., n⁰ˢ 135-140 = *L'année épigraphique (1890)*, Paris, 1891, mêmes n⁰ˢ. Parmi ces inscriptions, il en est deux, trouvées à Gortyne, qui nous font connaitre : la première, un questeur du proconsul de Crète et Cyrénaïque, M. Roscius Lupus Murena (voy. M. R. Cagnat, *locc. sup. citt.*, n⁰ 135); l'autre, (M. R. Cagnat, *eod.*, n⁰ 137), le proconsul de Crète et Cyrène, L. Plotius Vicinas, qui n'était pas encore connu (comp. cependant Th. Mommsen, *I. R. N.*, n⁰ 1004 = *C. I. L.*, t. IX, n⁰ 935), et dont le gouvernement est de l'an 4/3 avant J.-C., ainsi que l'apprend cette inscription. Enfin, un dernier texte, découvert dans la même localité, (M. R. Cagnat, *eod.*, n⁰ 138), mentionne, à sa dernière ligne, une μητρόπολις, qui n'est autre que Gortyne. — P. L.-L.]

AFRICA ET NUMIDIA.

[BIBLIOGRAPHIE GÉNÉRALE].

(1) En dehors des ouvrages cités p. 426, note 1, et relatifs à toutes les provinces africaines, il convient de mentionner pour l'*Africa*, la *Numidia* et la *Mauretania*, parmi les sources anciennes : les inscriptions d'Afrique dans O. Falconerii *Inscriptiones athleticae*, Romae, 1668, in-4, pp. 157-164 ; — Maffei, *Mus. Veron.*, f°s 427 et suiv.; — Th. Shaw, *Travels or observations relating to several parts of Barbary and the Levant*, London, 1738, in-4 ; — Janssen, *Musei Lugduni-Batavi inscriptiones Graecae et Latinae*, Lugd. Bat., 1842, in-4 ; — Hefner, dans *Abhandl. der bayer. Acad., Phil. Cl.*, t. V, 2, (1849). C'est aux travaux français que nous sommes redevables des premières connaissances approfondies en ce qui concerne notamment la *Numidia* et la *Mauretania Caesariensis*. Il faut citer, à cet égard : *Exploration scientifique de l'Algérie pendant les années 1840-44. Archéologie*, par de la Mare, Paris, 1850, 3 voll. in-4 ; — *Beaux-arts, architecture et sculpture*, par A. Ravoisié, Paris, 1846, 2 voll. in-fol.; — Renier, *Inscriptions romaines de l'Algérie*, Vol. I, Paris, 1860, in-fol. ; c'est l'œuvre capitale, dont la seconde partie n'a pas encore paru [et ne paraîtra malheureusement jamais] ; — *Annuaire de la société archéologique de la province de Constantine*, Constantine, voll. in-8, de 1853 à 1862 ; à partir de cette époque, ce recueil porte pour titre *Recueil des Notices et Mémoires de la Société archéologique de la province de Constantine*, de 1863 jusqu'à 1878 ; — Guérin, *Voyage archéologique dans la régence de Tunis*, Paris, 1862, 2 voll. in-8 ; — Gustave Boissière, *Esquisse d'une histoire de la conquête et de l'administration Romaines dans le Nord de l'Afrique*. [*et particulièrement dans la province de Numidie*], Paris, 1878, in-8. — L'exposé qui suit a pris spécialement pour base les *Abhandlungen* (Études) de M. Mommsen dans les *Berichte der sächs. Gesellsch. d. Wiss., ph.-h. Cl.*, 1852, pp. 213-230 ; — Henzen, dans les *Annali dell' Inst.*, 1860, pp. 23-99. — Comp. Desjardins, dans la *Revue archéologique*, Nouvelle série, t. XXVI, (1873), p. 65. — [Depuis la seconde édition du *Manuel* de Marquardt, dont nous donnons ici la traduction, cette bibliographie est fort arriérée, et il convient de la compléter à l'aide des indications suivantes :

[I. SOURCES ÉPIGRAPHIQUES. — Voy. notre *Introd. bibliogr. gén.*, I, B, 2°, sous les noms ou titres ci-après : Thomas Shaw ; — Steph. Ant. Morcelli, 1°, et Mgr. Ant. Ad. Dupuch ; — Grenville T. Temple ; — Clarac ; — *Exploration scientifique de l'Algérie pendant les années 1840 à 1844* ; — De la Mare ;

— Léon Renier, 2º, et le N. B. final; — Edm. Le Blant, *L'épigraphie chrétienne en Gaule et dans l'Afrique romaine*, Paris, 1890, broch. in-8 avec 5 pl. en héliogr.; —Victor Guérin; — *C. I. L.*, t. VIII, en 2 voll. in-fol.; voy. aussi t. XIV, fº 572, col. 2, Vº *Mauretania*; — *Ephem. epigr.*, Vol. V, fascic. 3 et 4, et Vol. VII, fascic. 1 et 2; — Th Mommsen : *Cognomina Africana*, dans l'*Ephem. epigr.*, Vol. IV, 1881, pp. 520 et suiv.; *Officialium et militum Romanorum sepulcreta duo Carthaginiensia*, eod., Vol. V, 1884, pp. 105-121; *Ordo salutationis sportularumque sub imp. Iuliano in provincia Numidia*, eod., pp. 629-646; — E. Ferrero, 3º; — M. Hoffmann; — A. Poulle; — Ant. Héron de Villefosse; — Gustave Boissière; — R. de La Blanchère; — Alexandre Papier; — J. Schmidt et Masqueray; — R. Cagnat et E. Fernique; — R. Cagnat, la note et les renvois; — G. Wilmanns et H. Thédenat, et les renvois; — A. Clément Pallu de Lessert; — Émile Espérandieu, 1º, 2º, 3º, 4º, 7º; — Camille Jullian, 1º; — Charles Tissot et Salomon Reinach; — S. Reinach et E. Babelon; — Phil. Berger; — Johannes Schmidt, dans le *Rhein. Mus.*, 1889, pp. 481 et suiv.; 1890, p. 158, et pp. 599 et suiv. (comp. *Bulletin archéol. du Comité*, 1889, p. 365); — L. Bruzza, dans les *Studi e Documenti di storia e diritto*, 1889, pp. 79 et suiv.; — J.-B. de Rossi : *Capsella argentea africana* dans le *Bullett. di archeol. crist.*, 4º série, ann. V, (1887), paru en septembre 1889, pp. 118-129; *La Capsella argentea africana offerta al Sommo Pontefice Leone XIII d' all' emo sig. Card. Lavigerie, arcivescovo di Cartagine*, Roma, 1889, in-fol., avec 3 pl. (*ibiq.* M. René Cagnat, *L'année épigraphique* (*1889*), Paris, 1890, p. 75, coll. 1 et suiv., et *Revue archéol.*, 3ª série, t. XV, mars-avril 1890, pp. 315, col. 2, et suiv. — N. B. : Le mémoire du commandeur J.-B. de Rossi a été tout récemment traduit et publié par M. J. de Laurière, sous le titre suivant : *La Capsella d'argent africaine offerte au Souverain Pontife Léon XIII par S. E. le cardinal Lavigerie, Archevêque de Carthage*, Caen et Paris, 1890, gr. in-8 de 87 pp., avec pl.); — R. P. Delattre. — I. W. Kubitschek, *Imp. Rom. trib. discr.*, Pragae, Vindonae, Lipsiae, 1889, pp. 133-138 (*Africa et Mauritaniae*); pp. 138 *in fine* — 162 (*Africa*); pp. 162-167 (*Mauretania Caesariensis*); p. 167 (*Mauretania Tingitana*). — Voy., au surplus, sur les autres documents épigraphiques concernant les provinces africaines, notre INTROD. BIBLIOGR. GÉN., *Appendice aux sources épigraphiques latines*, et notamment la rubrique *France*; voy., en particulier: *Compte-rendu des séances de l'Acad. des Inscr. et Bell.-Lett.*; — les périodiques mentionnés sous la rubrique AFRIQUE; — *Bulletin de la Soc. nat. des Antiq. de France* (les derniers renseignements publiés se trouvent dans les *Bullet.* du 4º trimestre de 1889, pp. 228, 231 et suiv., 246 et suiv., 288 *in fine* et suiv., et du 1er trimestre de 1890, pp. 64 et suiv.) ; — *Bulletin critique*; — René Cagnat, *L'année épigraphique* (voy. *1888*, Paris, 1889 : pp. 1; 6, col. 1; 8 [sous la rubrique REVUE ARCHÉOLOGIQUE 1887]; 12 et suiv., nºs 28 et suiv.; 14, col. 2, nºs 37 et 38; 15, col. 2 *in fine*; 21, coll. 1 et suiv.; 22; 27 et suiv.; 43, col. 2, et suiv.; 49, col. 1. et suiv.; 57, col. 1, nº 156; 59, col. 2, et suiv. — *1889*, Paris 1890 : pp. 1, nº 1; 3 *in fine* et suiv., nºs 11 et suiv.; 16, col. 2, nºs 54 et 55; 26 et suiv.; 35 et suiv., nºs 89 et suiv., 40, col. 2, et suiv., nºs 113 et suiv. (= par suite d'une erreur typographique, pp. 50, col. 2, et suiv., mêmes nºs); 60-62; 64, col. 1, nº 150; 65, col. 2, nº 155; 67, coll. 1 et suiv., nºs 160 et suiv.; 71, coll. 1 et suiv.; 72, col. 2, et suiv. 74, nº 187. — *1890*, Paris, 1891 : nºs 107, 114, 126, 127, 128, 132, (156), 158) ; voy. encore de nouvelles inscr. d'Afrique, publiées par M. R. Cagnat dans le *Bulletin archéol. du Comité des trav. histor.*, 1889, pp. 361 et suiv.; 1890, pp. 227 et suiv., et dans la *Revue archéol.*, 3º série, t. XVI, Juillet-Août 1890, *Revue des public.*

épigr. relatives à l'antiq. rom., pp. 136, col. 1, et suiv., et Novembre-Décembre, pp. 435, col. 2; 437, n° 144; 441, n°ˢ 126-128; 442, n° 132; 448, col. 2, n° (156); 499 et suiv., n° 158; — *Bulletin archéologique du Comité des travaux historiques* (voy. les derniers documents publiés par M. le Dr Carton, 1890, pp. 149 et suiv., et par M. R. Cagnat, *locc. sup. citt.*); — *Bulletin des Musées* (voy. 1890, p. 311); — *Cosmos*; — *Gazette archéologique*; — *Revue archéologique*; — *Revue critique d'histoire et de littérature*. *Revue épigr. du Midi de la France* (voy., dans le n° 60, janvier, février, 1891, [t. III], p. 79, la note sur les *Flamines perpétuels* en Afrique). — Voici, d'autre part, parmi les derniers renseignements épigraphiques venus à notre connaissance, ceux qui nous paraissent présenter le plus d'intérêt :

[1° M. Héron de Villefosse a communiqué à l'*Acad. des Inscr. et Bell.-Lett.*, (séance du 14 octobre 1887; voy. le *Bulletin critique*, 1887, n° 24, [15 décembre], pp. 478 *in fine* et suiv.), entre autres inscriptions romaines trouvées en Afrique, un fragment d'inscription découvert à Tanger par M. de la Martinière. Cette inscription mutilée prouverait, d'après M. Héron de Villefosse, que, vers l'époque de Marc-Aurèle, la province de Maurétanie Tingitane a été pendant un temps rattachée à l'Espagne. Elle mentionnerait, en effet, suivant lui, une *provincia* N̂o[va Hispania] Ulterior Ti[ngitana], et le changement administratif que trahit cette dénomination pourrait remonter à la fin du IIᵉ siècle de notre ère. (Voy. *Revue archéologiq.*, 1887, n° de Nov.-Déc., p. 282; comp. pl. XIX; — M. René Cagnat, *L'année épigr.* (*1888*), Paris, 1889, p. 8, col. 1);

[2° M. Héron de Villefosse a annoncé à l'*Acad. des Inscr.*, (séance du 17 août 1888; *Journal off.* du 26 août suiv., p. 3618), que douze inscriptions avaient été découvertes, au mois de juin 1888, par M. de la Martinière, à *Volubilis* (aujourd'hui Ksar Fara'ûn, près de Mulei Edris), en Afrique. L'une d'elles est consacrée à Valicli, mère de Trajan; une autre à Titus, avant son avénement au principat; les autres, pour la plupart funéraires, contiennent les noms de diverses familles, — et, (séance du 3 janvier 1890; *Journal offic.* du 8 janv. suiv., p. 137, col. 3), que M. de la Martinière est retourné à *Volubilis* (comp. *infer.* IV, 8°, p. 444), d'où il a rapporté 34 inscriptions nouvelles, dont 13 sont des dédicaces provenant de bases de statues qui ornaient probablement le *forum* de la ville. Deux de ces textes sont grecs; un autre a été apporté d'une localité voisine.

[3° M. Philippe Berger a lu à la même *Académie*, (séance du 24 janvier 1890; voy. le *Bulletin critiq.*, 1890, n° 5, [1ᵉʳ mars], p. 100), un mémoire sur une série de 67 inscriptions néo-puniques d'époque impériale romaine, découvertes à Makteur (Tunisie) par MM. Bordier, vice-consul de France, et Delherbe. Ces inscriptions sont fort curieuses par les nombreux symboles qu'elles représentent (le poisson surtout et le dauphin), et par les noms des auteurs des dédicaces. M. Berger, aidé de M. Cagnat, est arrivé à reconnaître, dans presque tous ces noms, des noms romains transformés en noms puniques. Ces noms, de même que les symboles, se rapportent à la religion punique, telle qu'elle est décrite par saint Augustin;

[4° M. Héron de Villefosse a donné à l'*Acad. des Inscr.*, (séance du 12 décembre 1890; *Journ. offic.* du 15 déc., p. 6033, col. 2, *sub fin.*), lecture d'une communication adressée à cette *Académie* par M. Carton, médecin militaire en Tunisie. Il s'agit d'une inscription découverte à Sidi-Mohamed-el-Azreg, concernant un temple de Saturne, et qui confirmerait ce que l'on sait déjà sur la forme des édifices consacrés à cette divinité dans l'Afrique romaine.

[N. B. : 1° Il n'a été découvert jusqu'à ce jour qu'une seule inscription chrétienne dans l'ancienne Maurétanie Tingitane (comp., pour la Maurétanie césarienne, *infer.*, III, p. 442; voy. aussi pp. 446, § séance du 22 mars 1889); Elle date du IV° siècle et a été trouvée au Maroc, près de Tanger, par M. de la Martinière; c'est l'épitaphe de Crementia, « *ancilla Christi* », ce qui signifie qu'elle a consacré sa virginité au Christ. La photographie de ce document a été communiquée par M. l'abbé Duchesne à la *Société nat. des Antiquaires de France*, dans sa séance du 26 mars 1890. (Voy. *Revue critiq. d'hist. et de littér.*, 1890, n° 16, [21 avril], p. 320, *sub fin*.) ;

[2° Les fascic. IV et V du 10° Volume des *Mélanges d'archéol. et d'hist.*, Paris et Rome, décembre 1890, contiennent, (pp. 397-588), un rapport détaillé, rédigé par M. Aug. Audollent, de la mission épigraphique de MM. Aug. Audollent et J. Letaille en Algérie. De nombreuses inscriptions y sont reproduites.

[Voy. enfin, pour le surplus, *infra*, sous les rubriques GÉOGRAPHIE ET ITINÉRAIRES et ADMINISTRATION ROMAINE.

[II. NUMISMATIQUE. — Voy. notre *Introd. bibliogr. gén.*, I, C, et, spécialement, Ludwig Müller et L. Charrier, ainsi que l'*Appendice*. — Voy. aussi le *Bulletin de la Soc. nat. des Antiq. de France*, 4° trimestre 1889, pp. 225 et suiv. (notamment monnaies de la colonie latine de *Cirta*, et une nouvelle monnaie de bronze de la colonie de *Babba*, en Maurétanie.)

[III. HISTOIRE. — Voy. les ouvrages d'ensemble et les monographies spéciales cités dans notre *Introd. bibliogr. gén.*, II, A et B. — Voy., en particulier : Charles Guichard, *Mémoires militaires sur les Grecs et les Romains, avec une dissertation sur l'attaque et défense des places des anciens, et l'analyse de la campagne de Jules César en Afrique*, Lyon, 1760, in-8, nombr. cartes et pl. ; — D' Wilhelm, *Geschichte der Carthager nach den Quellen bearbeitet*, Berlin, 1827, in-8 ; — H. Fisquet, *Histoire de l'Algérie, depuis les temps anciens jusqu'à nos jours, publiée d'après les écrits et les documents les plus officiels*, illustrée de lithogr. et de vign., Paris, 1842, 1 vol. in-8 ; — Léon Galibert : *Histoire de l'Algérie ancienne et moderne, depuis les premiers établissements des Carthaginois jusques et y compris les dernières campagnes du général Bugeaud*, Paris, 1843, 1 vol. in-8, ou :... *jusqu'à la prise de la Smalah d'Abd-el-Kader*, Paris, Furne et C¹ᵉ, 1844, 1 vol. gr. in-8, nombr. vignettes, grav., planches et une carte ; *L'Algérie ancienne et moderne depuis les temps les plus reculés jusqu'à nos jours*, Paris, Furne, 1846, in-8, nombr. fig. ; — *Histoire de l'Algérie française*, Paris, Morel, 1846, 2 voll. in-8, nombr. fig.; — E. Hennebert, *Histoire d'Annibal*, t. I, [seul paru], Paris, Impr. imp., 1870, 1 vol. in-8 ; — Gustave Boissière, *op. sup. cit.* au début de cette note, et *L'Algérie romaine*, 2° éd., Paris, 1883, 2 voll. in-16 ; — Theodor Mommsen, *Römische Gesch.*, t. II, 7ᵗᵉ Aufl., Berlin, 1881, pp. 21 et suiv. = dans la trad. franç. de M. Alexandre, t. IV, pp. 312 et suiv., et t. V, 3ᵈᵉ Aufl., Berlin, 1886, Kap., XIII, pp. 620 et suiv. = dans la trad. franç. de MM. R. Cagnat et J. Toutain, t. XI, pp. 251 et suiv ; — R. de La Blanchère, *De rege Juba, regis Jubae filio* (Thèse de doct. ès-Lettr.), Parisiis, 1883, in-8 ; — Biereye, *Res Numidarum et Maurorum annis inde ab a. 648 usque ad a. 708 ab U. C. perscribantur*, Halle, 1885 ; — Eugène Robe, *Origines, formation et état actuel de la propriété immobilière en Algérie*, Paris, 1885, in-8, pp. 7-23; voy. aussi la *Préface* de M. R. Dareste, pp. X et suiv. ; — le colonel C. Trumelet, *Blida. Récits selon la légende, la tradition et l'histoire*, Alger, 1887, 2 voll. in-12 ; — Beckurts, *Die Kriege der Römer in Africa, 334-347*, 1888 ; — Th. Zielinski, *Die Schlacht bei Cirta und die Chronologie von 203-202*, dans les *Ammentationes philologae quibus Ottoni Ribbeckio praeceptori inlustri, sexagesimum aetatis, magisterii Lipsiensis decimum annum exactum congratulantur discipuli Lipsien-*

ses, Teubner, 1888, III, *Zur Chronologie und Quellenkunde*; — Ernest Mercier, *Histoire de l'Afrique septentrionale* (Berbérie) *depuis les temps les plus reculés jusqu'à la conquête française (1830)*, Paris, 1888-1891, 3 voll. in-8, avec cartes. — Voy. aussi la savante et utile monographie de M. O. Meltzer, *De pace a U. C. 513 inter Romanos et Poenos constituta, et De belli Punici secundi primordiis*. — Notons enfin que M. l'abbé Duchesne a lu à l'*Acad. des Inscr. et Bell.-Lettres*, (séance du 14 mars 1890; *Revue critiq. d'hist. et de littér.*, 1890, n° 12, [24 mars], p. 240), une notice intitulée : *Une martyre africaine inconnue*. Il s'agit d'un texte hagiographique qui vient d'être publié dernièrement, la Passion de Sainte-Salsa, martyre à *Tipasa* (Tefessad), dans la Maurétanie césarienne. Le récit est curieux par l'histoire et la topographie antique de la côte africaine. On y trouve notamment des détails sur la révolte du prince maurétanien Firmus, au temps de l'empereur Valentinien. (Adde : *Une jeune martyre africaine au IV° siècle*, dans les *Précis historiques*, Bruxelles, Novembre 1890, et surtout la communication toute récente faite à l'*Acad. des Inscr. et Bell.-Lett.*, dans sa séance du 13 mars 1891, (*J. Off.* du 15 mars, pp. 1253 *in fine* et suiv.), par M. l'abbé Duchesne, à l'occasion de deux inscriptions nouvelles relatives à la même martyre africaine, Sainte-Salsa, et découvertes par M. Gsell dans les fouilles de *Tipasa*.)

[IV. GÉOGRAPHIE ET ITINÉRAIRES. — Voy. les ouvrages mentionnés dans notre *Introd. bibliogr. gén.*, IV, et spécialement : Konrad Mannert, 1° ; — P.-A. Latreille; — Fr. Aug. Ukert; — Albert Forbiger, le volume consacré à l'Afrique; — Ernest Desjardins, 4° et 8°; — Petermann; — W. Smith; — Vivien de Saint-Martin; — Charles Tissot, et Salomon Reinach, 1°-5° inclus; — Naud de Champlouis; — J. Partsch; — Cl. Perroud; — Camille Jullian, 1°, 2° et 3°; — D' Rouire, 1° et 2°; — Lieutenant-colonel E. Rondaire; — Henri Kiepert, 1° et 2°=dans la trad. franç. par M. Émile Ernault, pp. 15; 113 et suiv.; 127 et suiv.; — Rinn; — O. Mac Carthy; — E. Cosneau; — A. du Paty de Clam; — E. Goebel; — Schubert; — K. Miller; — Clément Pallu de Lessert; —Vivien de Saint-Martin et L. Rousselet. — Voy. aussi M. Junker, *Reisen in Africa*, 1875-1886, dont le t. I a paru en 1889. — Sur Carthage, en particulier, voy. MM. : C. T. Falbe, *Recherches sur l'emplacement de Carthage*, Paris, 1833, broch. in-8 de 132 pp., 5 pl. et 8 cartes; — Beulé, *Fouilles à Carthage*, Paris, 1861, in-8 (ouvrage traduit en allemand, Leipzig, 1863, in-8); — Davis, *Carthago and her remains*, London, 1861, in-8; — David, *Ruined cities within Numidian and Carthaginian territories*, London, 1862, in-8; — Charles Gaux, *Note sur les fortifications de Carthage à l'époque de la troisième guerre punique*, dans la *Bibliothèque de l'École des hautes Études*, 35° fascic., Paris, 1878, pp. 175 et suiv.; — G. Wilmanns, dans le *C. I. L.*, t. VIII, 1, Berol., 1881, f° 133; — Dott. N. Salza, *Cartagine dalle origini alle guerre puniche : ricerche storiche*, Casale, 1886, broch. in-16 de xiv-96 pp.; — F. B., *Devotion aus Karthago*, dans le *Rhein Mus.*, 1886, pp. 160 et suiv.; — *Ancien sanctuaire de Sarapis à Carthage*, dans le *Bulletin de la Soc. nat. des Antiq.*, 1887, 3° sem., pp. 233 et suiv.; — Alfr.-J. Church and Arth. Golman, *Carthage*, etc., dans *The Story of the Nations*, Nouv. sér., I, London, Unwin, 1888, 1 vol. in-8, traduit en espagnol sous le titre : *Historia de Cartago; versión española con ampliaciones y notas*, Madrid, 1889, 1 vol. in-4;— Babelon, *Carthage*, dans *La Grande Encyclopédie*, Paris, 1889, 213° livraison — t. IX, pp. 597 et suiv. (comp. p. 426, note 1, *supra*.) — Voici enfin, parmi les renseignements les plus récents de nous connus, ceux qui nous semblent présenter la plus grande importance :

[1° Le *Bulletin de l'Académie d'Hippone*, n° 22, (1ᵉʳ fascic. de 1887), contient une notice historique et géographique de la ville de *Tebessa* — (on sait que l'*Itinéraire d'Antonin* indique pour la première fois son nom de *Thevertum* et le titre de colonie) — et de l'oasis d'El-Oued ;

[2° M. Héron de Villefosse a présenté à l'*Académie des Inscr. et Bell.-Lett.*, dans sa séance du 17 juin 1887, (*Journal officiel* du 24 juin, p. 2771), au nom de M. Demaeght, commandant du recrutement à Oran, les inscriptions de trois bornes milliaires découvertes par cet officier au Sud de Mascara, aux environs de Tagremaret, le long de la route qui suivait les limites du désert. La première est ainsi conçue :

```
        IMP·CAES·M·AV
        RELIO·CLAVDIO
        QVINTILO·INVIC
        TO·PIO·FELICI·AVG
        PONT·MAXIMO·TR
        IB·POTEST·P·P·A·COH
        BREVC·
           M·P·IIII
```

c'est-à-dire : *Imperatori Caesari Marco Aurelio Claudio Quintillo, Invicto, Pio, Felici, Augusto, Pontifici Maximo, Tribuniciae Potestatis, Patri Patriae, a Cohorte Breucorum Millia passuum quatuor.* Ce qui fait l'intérêt de ce monument, c'est qu'il a été élevé pendant le règne éphémère de Quintille, frère de Claude le Gothique; il appartient sans doute à l'année 270 de notre ère. Or, les inscriptions en l'honneur de ce prince sont de la plus insigne rareté. Un *aureus* de Quintille, pièce unique, provenant de la collection Ponton d'Amécourt, a été acquis par le Cabinet des médailles au prix de six mille cent vingt francs. — La seconde inscription, trouvée au même endroit, nomme l'empereur Carus et ses fils Carin et Numérien, et se termine par la même indication géographique, celle de la localité appelée *Cohors Breucorum*, qui n'est autre que Tagremaret, et que portait le nom de la cohorte qui y stationnait. — Quant à la troisième inscription, elle mentionne l'empereur Maximin, et donne comme point de départ de la supputation des distances la localité *Kaputurbs*. C'est là un nom géographique nouveau. Le nom de *Kaputurbs* fait probablement trait à sa situation à l'extrémité du terrain cultivé et à l'entrée du Sahara.

[3° J. Canal, *Marnia (Lallu-Maghrnia)*, dans la *Revue de l'Afrique française*, n° 27, (juillet 1887), pp. 241 et suiv.;

[4° Une inscription de Carthage, récemment découverte, fait connaître le nom véritable de la ville actuelle de Crich el-Oued, *Thisiduo*, et non *Chisiduo*, donné par les Itinéraires.'(Voy. M. J. Letaille, *Inscriptions latines de la collection de M. le commandant Marchand, à l'Ariana, près Tunis*, dans la *Gazette archéologique*, 1887, n°s 9-10 ; — *Revue archéol.*, 1887, Nov.-Déc., p. 290 ; — M. René Cagnat, *L'année épigr.* (*1888*), Paris, 1889, p. 8, col. 2) ;

[5° Note du P. Delattre, chapelain de Saint-Louis de Carthage sur l'emplacement de la ville de *Neferis*, qui joua un rôle si considérable durant la dernière guerre punique. Mannert avait à tort, sur les données de Strabon et d'Appien, identifié cette ville avec Mraïssa, laquelle est l'ancienne *Carpis*. Tissot avait, sur le rapport de M. le capitaine Prudhomme, adopté une localité qui n'était point encore le lieu précis de la forteresse d'Asdrubal, l'emplacement même de *Neferis*, où Asdrubal avait établi son camp, et que Scipion résolut de réduire avant d'assiéger Carthage. Deux dédicaces impériales en l'honneur : l'une, de Septime Sévère, l'autre, de Caracalla, ont été récemment retrouvées par le P. Delattre au Khangat-el-Hadjadj, sur la route de Tunis à Grombalia, qui passe entre le Bou-Kornein et le Djebel-Ressas, au lieu dit Henchir-bou-Beker; l'une et l'autre contiennent le nom de la cité de *Neferis*, *civitas Neferitana*. — La colline appelée Henchir-bou-Beker est donc bien l'emplacement de l'ancienne ville de *Neferis*, et la plaine de Kangat-el-Hadjadj a été, pendant la troisième guerre punique, le témoin des exploits de Scipion et le théâtre des dernières luttes des Carthaginois contre les Romains unis aux Numides. (Voy. *Acad. des Inscr. et Bell.-Lettr.*, séance du 7 juin 1889, *Journal officiel* du 14 juin suiv., p. 2755; — *Comptes-rendus de l'Acad. des Inscr. et Bell.-Lett.*, mai-juin 1889; — *Bulletin archéologiq. du Comité des travaux historiq.*, 1889, pp. 269 et suiv.; — M. René Cagnat, *L'année épigraphiq.* (*1889*), Paris, 1890, p. 62, et n° 139);

[6° M. Henri Lensa a publié dernièrement à part un très intéressant article inséré par lui dans la *Nouvelle Revue*, (n° du 1er octobre 1889), sous le titre : *Une ville romaine nouvellement découverte en Numidie*, Paris, 1889, broch. in-8. — C'est le récit d'une visite faite par l'auteur aux ruines de *Thamugas*. Quatre phototypies reproduisent les ruines de *Thamugas*. (Voy. *Bulletin critique*, t. XI, 1890, n° 1, [1er janvier], *Chronique, in init.*, p. 16];

[7° *Académie des Inscr. et Bell.-Lett.*, séance du 3 janvier 1890 : M. Héron de Villefosse signale un travail de M. Rouire relatif à l'emplacement de la bataille entre Xantippe et Régulus. L'auteur arrive à cette conclusion que le point précis qui satisfait à toutes les indications de Polybe et d'Appien se trouve à quelques kilomètres de la sebkha Djiriba, dans l'intérieur des terres. C'est là qu'il retrouve le lac que l'armée romaine a dû longer pendant une journée. (Voy. le *Journal officiel* du 8 janvier 1890, pp. 137, col. 3 *sub fin.*, et 138, col. 1);

[8° *Académie des Inscr. et Bell-Lett.*, séances des 7 et 14 mars 1890; M. H.-M.-P. de la Martinière, qui venait alors d'être chargé par le Ministère de l'instruction publique de poursuivre en Tingitane les recherches archéologiques qu'il y a entreprises avec tant de succès depuis huit années, notamment sur les emplacements des antiques cités phéniciennes de *Volubilis* (aujourd'hui ruines de Kasr Fara'ûn; comp. *supra*, I, *sub fin.*, 2°, p. 440) et de *Lixus* (aujourd'hui el-Arisch ou Araisch, *vulgo* Larache), a rendu compte de sa mission archéologique au Maroc et de son exploration de la seconde de ces deux villes dans la province de Tingitane. Il a pu prendre les photographies et lever les plans de l'ancienne acropole de *Lixus* et des murailles phéniciennes. (Voy. *Journal officiel*, des 25 mars 1890, p. 1605, col. 1, et 2 avril suiv., p. 1784, col. 1 *in fine*) ;

[9° *Bulletin de la Société Nat. des Antiq. de France*, 1er et 2e trimestre de 1890, pp. 64 et suiv.: Fixation de l'emplacement du *Castellum Muteci*.

[N. B.: Sur l'histoire et la géographie, voy. encore M. Cl. Perroud, *De Syrticis Emporiis*, [Thèse de Doct. ès-Lett.], Paris, 1881, 1 vol. in-8 avec 1 carte (*ibiq.*, M. Charles Graux, dans la *Revue critiq. d'hist. et de littér.*, 4 juillet 1881 = *Notices bibliographiques*, Paris, 1884, pp. 241-249).

[V. ADMINISTRATION ROMAINE. — Indépendamment des deux ouvrages d'ensemble de M. W. Liebenam: *Beiträge zur Verwaltungsgeschichte des röm. Kaiserreichs*, I, Iena, 1886, pp. 25, 28 et suiv. (et Tab. n° 22, p. 40), 31 et suiv. (et Tab. n° 26, p. 41); *Forschungen zur Verwaltungsgeschichte des röm. Kaiserreichs*, I Bd., Leipzig, 1888, pp. 9-33 (*Africa*), 264-265 (*Mauretania*), 302-325 (*Numidia*); voy. aussi pp. 408 *sub fin.* — 410, 425 *sub fin.*, 428 *in fine* 430, et enfin, pp. 439 et suiv., *passim*, 469 et suiv., *passim*, et *Zur Geschichte und Organisation des römischen Vereinswesens*, Leipzig, 1890, in-8, — nous

nous bornerons à renvoyer ici aux monographies ou dissertations suivantes : MM. Th. Mommsen : *Quinquefascalis titulus Cirtensis*, dans l'*Ephem. epigr.*, Vol. I, 1872, pp. 128 et suiv.; *Album ordinis Thamugadensis*, eod., Vol. III, 1876, pp. 77-84; — *De imperii Romani provinciis Africanis*, et *De re militari provincarium Africanarum*, dans le *C. I. L.*, t. VIII, 1, Berol., 1881, fos XV-XIX et fos XIX-XXIII; — R. Dareste, *Essai de restitution des lois I et II au Code de Justinien, De officio praefecti praetorio Africae* (I, 27), dans la *Revue de législation ancienne et moderne, française et étrangère*, t. III, Paris, 1873, pp. 42 et suiv.; — G. Wilmanns, *SC. De Nundinis saltus Beguensis*, dans l'*Ephem. epigr.*, Vol. II, 1875, pp. 271-284; — E. Vinet, dans le *Dict. des Antiq. grecq. et rom.*, de MM. Ch. Daremberg et Edm. Saglio, V° *Africa*, 1er fascic., 2e éd., Paris, 1875, t. I, p. 128, col. 2; — Gustave Boissière, *opp. sup. citt.* au début de cette note, p. 438, et III, HISTOIRE, p. 441; — Cat, *Une hypothèse de M. Mommsen*, dans le *Bulletin de correspondance africaine*, 4e année, 1885, fascic. 3-4. (L'auteur établit dans ce travail que c'est à tort que M. Mommsen a affirmé qu'il n'y avait point de procurateurs gouverneurs dans la Maurétanie Césarienne, de 238 à 253, puisqu'il s'en trouve au moins un dans les inscriptions, et que c'est également à tort qu'il a placé toute la légion *XXII*e *Primigenia* à Ténès dans ces mêmes années, étant donné que l'étude des conditions stratégiques montre qu'il ne peut y avoir eu là qu'un simple détachement et qu'en outre ce détachement y était installé dès la fin du Ier siècle, ou le commencement du IIe); — F. Charvériat, *De l'assimilation des indigènes dans l'Afrique romaine*, dans la *Revue algérienne et tunisienne de législation et de jurisprudence*, n° de février 1886, pp. 45-60; — H. Pigeonneau, *L'annone romaine et les navicularii en Afrique*, dans la *Revue de l'Afrique française*, 5e année, t. IV, 1886, pp. 220 et suiv.; — E. M., *Les leçons du passé. La colonisation romaine en Algérie*, dans le *Journal des Économistes*, t. XXXVI, n° d'octobre 1886, pp. 109-113 (Lettre extraite du *Journal des Débats*); — R. Cagnat, *Note sur le praefectus urbi qu'on appelle à tort Aconius Catullinus et sur le proconsul d'Afrique du même nom*, dans les *Mélanges d'archéologie et d'histoire*, t. VII, Paris et Rome, 1887, pp. 258 et suiv.; — P. Monceaux *Note sur le poète Avienus*, dans la *Revue archéologique*, mars-avril 1887. (L'auteur établit dans cet article que le poète Avienus a certainement été proconsul d'Afrique; mais la date exacte de son proconsulat est inconnue); — Ett. de Ruggiero, *Dizionar. epigr.*, V° *Africa*, fascic. 11, Roma, 1888, pp. 324 et suiv.; — Charles Lécrivain, *Explication d'une loi du Code Théodosien* (L. 13, *De indulgentiis debitorum*, XI, 28), dans la *Revue historique*, de M. Monod, t. XXXIX, Paris, 1889, pp. 323-325. (Cette loi accorde une forte remise d'impôts à deux provinces de l'Afrique, la Proconsulaire et la Byzacène. Elle est de l'an 422) ; — Johannes Schmidt, *Statut einer Municipalcurie in Africa*, dans le *Rhein. Mus.*, N.-F., Bd. XLV, 1890, pp. 593-611. — Voy. aussi enfin M. R. de La Blanchère, *L'art provincial dans l'Afrique romaine*, Paris, 1889, broch. in-8.

Voici, d'autre part, les derniers renseignements épigraphiques importants de nous connus sur la matière :

[*Académie des Inscr. et Bell-Lett.*: Séance du 14 octobre 1887, (*Bulletin critique*, 1887, n° 24, [15 décembre], p. 479): Communication, par M. Héron de Villefosse, entre autres inscriptions romaines trouvées en Afrique, de fragments recueillis par le P. Delattre, à Carthage, sur la colline de Byrsa, et qui donnent les noms de deux proconsuls, Maecilius Hilarianus, en 324, et Sextius Rusticus Iulianus, 371-373 ;

[Séance du 6 juillet 1888, (*Journal officiel* du 16 juillet suiv., p. 3078, col. 1) :

M. Héron de Villefosse y a signalé deux inscriptions romaines recueillies au Maroc par M. de la Martinière, sur l'emplacement de l'ancienne *Volubilis* (aujourd'hui Ksar ou Kar-Fara'ûn) ; la première est une dédicace en l'honneur d'Isis ; quant à la seconde, elle mentionne la curie au sénat de la cité (*Ordo Volubilitanorum*). — On sait que les inscriptions romaines sont fort rares dans la Maurétanie Tingitane, et que nous n'en connaissons encore qu'un très petit nombre. (Comp. t. I de cette trad. = t. VIII de la collection, p. 271, suite de la note 1 de la p. 270);

[Séance du 22 mars 1889, (*Journ. off.* du 3 avril suiv., p. 1638, col. 3): Communication, par M. Héron de Villefosse, sur l'exploration archéologique entreprise à la fin de 1888 au Maroc, par M. de la Martinière. Cette campagne a donné lieu à la découverte, à *Volubilis*, de deux inscriptions contenant des dédicaces impériales aux empereurs Volusien et Gordien, ainsi que d'un petit texte très mutilé se rapportant à une flaminique de la province Tingitane, et qui prouve que cette province possédait, comme l'Afrique proconsulaire, la Numidie et la Maurétanie Césarienne, une assemblée provinciale. — A la séance du 16 mai 1890, M. l'abbé Duchesne a présenté à l'Académie, au nom de la Société des Bollandistes et du R. P. de Smedt, son président, une brochure intitulée *Passiones tres martyrum Africanorum*. (Extrait des *Analecta Bollandiana*.) Elle contient trois documents martyrologiques qui présentent un intérêt tout particulier pour l'histoire du christianisme et des institutions romaines d'Afrique. La troisième pièce, notamment, mentionne pour la première fois le *concilium* officiel de la province de Maurétanie Césarienne. (Voy. *Journal off.* du 20 mai 1890, p. 2430, col. 2);

[Séance du 31 mai 1889, (*Journ. off.* du 4 juin suiv., p. 2584, col. 2, et *Comptes-rendus de l'Acad. des Inscr. et Bell.-Lett.*, mai-juin 1889): Communication, par M. Georges Perrot, d'une note de M. Victor Waille, qui continuait alors ses explorations à Cherchel, où il venait de lire une inscription latine de douze lignes, exhumée sur la place de cette ville par M. le capitaine Clouet, et intéressant l'histoire de la Maurétanie Césarienne. C'est une dédicace à Licinius Hiéroclès (et non Héraclès ; voy. *Revue critiq. d'hist. et de littér.*, n° du 10 juin 1889, p. 460 ; — *Bulletin critiq.* du 1er août, p. 299), gouverneur de cette province, dont le nom nous était déjà connu, notamment par une dédicace à Orbiana, femme de Sévère-Alexandre (297 après J.-Chr.). (Voy. les renvois du *C. I. L.*, t. VIII, 2, f° 1006, col. 3, à ce nom, et f° 1069 *in fine*.) — Outre le nom du gouverneur, la présente inscription, reproduite d'abord par *La Vigie algérienne*, (n° du vendredi, 14 juin 1889), et, depuis, par M. R. Cagnat, (*Revue archéol.*, Août-Décembre 1889 ; — *L'année épigraphique* (*1889*), Paris, 1890, p. 74, n° 187), mentionne les fonctions qu'il a précédemment remplies ; elles sont énumérées dans l'ordre inverse. De ce *cursus honorum* il résulte que Licinius Hiéroclès appartient à l'ordre équestre, puisqu'il est qualifié, à la ligne 1, de *vir egregius* ; il a commencé par être primipile, puis successivement tribun de la XI° cohorte urbaine, chef du contingent de cavaliers et de fantassins indigènes ou Jeunes Maures, tribun de la VIII° cohorte prétorienne, *procurator hereditatium*, préfet de la *II° legio Parthica*, gouverneur de la procuraire de Sardaigne, enfin procurateur d'Auguste (administrateur impérial), gouverneur (*praeses*) de la *provincia Mauretania Caesariensis*. Le dédicant est un vétéran, du nom de M. Aessa Liuturninus ;

[Séance du 20 décembre 1889, (*Journ. off.* du 28 décembre suiv., p. 6457, coll. 2 et suiv. = *Comptes-rendus de l'Acad. des Inscr. et Bell.-Lett.*, 1889, p. 428 = M. R. Cagnat, dans la *Revue archéologique*, 3° série, t. XV, mars-avril 1890, p. 318, col. 2, n° 54): Le P. Delattre, correspondant de l'Académie, a adressé une inscription trouvée à Carthage, qui mentionne le proconsulat du célèbre orateur Symmaque. Elle est gravée sur un piédestal haut de 1 m. 44 c., dont la largeur est d'environ 0 m. 48 c. La hauteur des lettres est de 0 m. 10 c. Il est difficile de décider si elle était ou non surmontée d'une statue. En tout cas, le texte gravé nous apprend qu'elle avait été placée par ordre du proconsul d'Afrique *Q. Aurelius Symmachus*, plus connu sous le nom simple de Symmaque. A raison de l'intérêt particulier que présente ce nouveau document épigraphique, nous croyons devoir en donner ici la reproduction :

```
        Q.AVRELIVS.
      SYMACHVS·V·C
      PROCONSVLE·P·A
     ·V·S·I·CONSTITVI.IVSSIT
```

c'est-à-dire : *Quintus Aurelius Symmachus, v(ir) c(larissimus), proconsule p(rovinciae) A(fricae), v(ice) s(acra) j(udicans), constitui iussit.*

[Si l'on trouve bien, il est vrai, au Code Théodosien, une Constitution du 30 novembre 373, (Const. 73, *De decurion.*, XII, 1), adressée par les empereurs Valentinien, Valens et Gratien à Symmaque, proconsul d'Afrique, du moins n'avait-on découvert jusqu'ici en Afrique aucun monument épigraphique intact se rapportant à son administration. Sur un fragment très mutilé d'une inscription municipale de *Calama* (aujourd'hui Guelma), perdu actuellement, et qui ne nous est connu que par de mauvaises copies, Léon Renier avait reconnu la mention de ce proconsulat, que l'on place soit en 370, soit en 373, soit en 375. (Voy. Renier, *Inscr. Rom. de l'Algérie*, n° 2740 = *C. I. L.*, t. VIII, 1, n° 5347 ; comp. Hase, dans le *Journal des savants*, 1837, p. 717 ; — Grenville de Temple et C. T. Falbe, *Relation d'une excursion de Bône à Guelma et à Constantine*, ou *Excursions dans l'Afrique septentrionale*, Paris, 1838, in-8, n° 13.) En comptant une inscription de Rome qui contient des renseignements sur la carrière de Symmaque (Orelli, n° 1187 = Wilmanns, *Exempla*, t. I, n° 1235 = *C. I. L.*, t. VI, 1, n° 1699), le texte que nous signalons est le troisième relatif à cet illustre personnage qui nous soit connu ;

[N. B. : A la même séance, M. le docteur Carton, médecin-major de 1re classe des hôpitaux de Tunisie, a adressé une note sur les dispositions du bûcher funéraire employé par les habitants de *Bulla Regia* (aujourd'hui Hammam Darradji, près de Scheschia Beni). Cette note a été renvoyée à la Commission du Nord de l'Afrique. (Voy. *Journ. off.*, *ubi supra*, p. 6458, col. 1. Voy. surtout *Revue archéologique*, 3e série, t. XV, Janv.-Févr. 1890, pp. 16-29, *Les nécropoles païennes de Bulla Regia*, avec planche II) ;

[Séance du 2 janvier 1891, (*Journ. off.*, du 5 janvier, p. 91, col. 2) : M. Héron de Villefosse communique divers envois qui lui ont été adressés par le R. P. Delattre, correspondant de l'Académie à Carthage ; parmi eux, le 1er et le 3me présentent pour nous de l'intérêt :

[1° Le premier envoi contient l'épitaphe d'un soldat de la première cohorte urbaine. Déjà on a retrouvé à Carthage et sur divers autres points de l'Afrique, en Numidie et en Maurétanie, différentes mentions épigraphiques de cette cohorte, qui appartenait à la garde municipale de Rome. Il paraît certain que cette cohorte avait été envoyée en Afrique par l'empereur, pour fournir aux procurateurs impériaux une milice capable de les aider dans la perception des revenus impériaux, en même temps que pour leur prêter main-forte dans la garde des domaines de l'empereur;

[3° Quant au troisième envoi, il consiste en un petit fragment d'inscription provenant de Carthage, qui appartient à une liste de soldats. La colonne qui subsiste contient des noms géographiques indiquant la patrie de ces soldats. Ces noms sont tous des noms de villes de la Lusitanie et de l'Italie. Il s'agit donc de légionnaires recrutés dans ces deux pays;

[Séance du 23 janvier 1891, (*Journ. off.* du 27 janvier, p. 439, col. 3) : M. Geffroy fait à l'*Académie* la communication suivante :

[A Sarzano, en Étrurie, sur l'emplacement de l'antique *Luna*, les fouilles de M. le marquis Gropallo ont mis au jour un grand nombre d'objets : des bases de statues d'empereurs, des restes d'édifices et des inscriptions, dont une concernant *Lucilius Constantius, praeses Mauretaniae et Tingitaniae, vir clarissimus, consularis Tusciae et Umbriae* ;

[Séance du 13 février 1891, (*Journ. off.* du 16 février, p. 770, col. 2) : M. Héron de Villefosse signale à l'*Académie* les résultats de la dernière campagne de M. de la Martinière au Maroc. A *Lixus*, le jeune explorateur a trouvé une inscription votive en caractères phéniciens. C'est le premier document lapidaire sémitique découvert dans cette localité, et tout fait espérer que d'autres textes du même genre ne tarderont pas à s'ajouter à celui-ci. A *Volubilis*, la récolte épigraphique a été, comme toujours, abondante ; elle comprend trente-cinq inscriptions inédites, dont la plupart sont des épitaphes. Mentionnons à part une grande dédicace gravée en l'an 158 après Jésus-Christ par les membres d'un collège religieux, les *cultores domus Augustae*. Cette inscription, qui contient le nom d'un nouveau gouverneur de la province, Q. Aeronius Morivanus, a été découverte à l'intérieur d'un grand édifice, qui était probablement le lieu de réunion des membres du collège.

[Un autre texte, de l'époque de Marc-Aurèle, mentionne une conférence du procurateur de la Tingitane avec un chef de tribu (*princeps gentium*), dont le nom manque. La tribu mentionnée devait être celle des *Baquates*, une des plus importantes du pays.

[Parmi les épitaphes romaines, il est curieux d'en trouver une qui se lit, non pas de gauche à droite, comme tous les textes romains, mais de droite à gauche, comme les textes phéniciens.

[Notons enfin qu'à Announa, il a été découvert récemment une inscription qui mentionne, (lin. 7), un certain *Val(erius) Paulus v(ir) p(erfectissimus) p(raeses) p(rovinciae) N(umidiae)*, qui n'était pas encore connu. (Voy. *Comptes-rendus des séances de l'Académie d'Hippone*, 1889, n° 13 = M. R. Cagnat, Revue des publications épigr. relatives à l'antiquité romaine, dans la *Revue archéol.*, 3° série, t. XV, Janv.-Févr. 1890, p. 140, col 2, n° 21.)

[N. B. : Nous avons appris, le 8 juillet 1890, que M. René Cagnat, secrétaire la Commission archéologique de Tunisie et d'Algérie, professeur au Collège de France, est chargé de publier, sous les auspices du Ministère de l'Instruction publique, un ouvrage sur l'armée d'Afrique pendant l'occupation romaine. M. Salomon Reinach, membre de la Commission, est nommé commissaire responsable de cette publication.

[VI. BIBLIOGRAPHIE. — Jean Gay, *Bibliographie des ouvrages relatifs à l'Afrique et à l'Arabie. Catalogue méthodique de tous les ouvrages français et des principaux en langues étrangères traitant de la géographie, de l'histoire, du commerce, des lettres et des arts de l'Afrique et de l'Arabie*, Paris et San-Remo, 1875, 1 vol. in-8; — Th. Mommsen, dans le *C. I. L.*, t. VIII, 1, f°s XXIII—

XXXIV; — *Recherche des antiquités dans le Nord de l'Afrique. Conseils aux archéologues et aux voyageurs.* (Instructions adressées par le Comité des travaux historiques et scientifiques aux Correspondants du Ministère de l'Instruction publique), Paris, Leroux, 1890, 1 vol. gr. in-8, avec pl. (On trouvera dans ces *Instructions* un résumé de l'histoire de l'Afrique du Nord ancienne, des notions sur les documents archéologiques de toute nature qu'on y peut rencontrer, édifices, inscriptions, monnaies, les procédés à suivre pour fouiller le sol, pour relever les inscriptions, pour dresser des plans d'ensemble ou de détail. Ce livre, rédigé sous la haute direction de M. G. Perrot, membre de l'Institut, est dû à la collaboration des savants les plus compétents dans chaque matière : M. S. Reinach, attaché au Musée de Saint-Germain ; M. Duveyrier, le voyageur bien connu ; M. Ph. Berger, un des rédacteurs du *Corpus inscriptionum semiticarum* ; MM. Cagnat et Saladin, les explorateurs de la Tunisie ; M. Babelon, attaché au cabinet des médailles. M. le général Derrécagaix, directeur du service géographique de l'armée, y a apporté aussi, pour les instructions topographiques, l'appui de son autorité. Un appendice contient la reproduction de la carte de Peutinger et de l'itinéraire d'Antonin (partie africaine), ainsi qu'une carte de l'Afrique romaine.) — Comp. *Missions Françaises.— Les travaux scientifiques en Algérie et en Tunisie,* dans *Le Matin,* n° du vendredi 15 août 1890, f° 1, col. 3.] — P. Louis-Lucas.

[N.-B. : Le fascicule I-II des *Mélanges d'archéologie et d'histoire* (1891) contient la curieuse inscription relative à Sainte-Salsa, découverte par M. Gsell, dans la basilique de *Tipasa*, près d'Alger, et dont nous avons parlé ci-dessus, (III, p. 442). M. de Rossi, dans la séance publique de l'*Académie d'archéologie chrétienne,* du dimanche 26 avril 1891, a émis l'opinion que ce texte intéressant datait de l'an 446 environ. Un légat du Saint-Siège, Potentius, aurait réparé et décoré l'autel de la Sainte, après les désastres de l'invasion des Vandales. (Voy. *Acad. des Inscr. et Bell.-Lett.,* séance du 1er mai 1891, *J. Off.* du 4 mai, p. 1996, col. 3.) — P. L.-L.]

XLII. XLIII. AFRICA ET NUMIDIA (1)*.

<small>Fondation de la province.</small> Ce que les Carthaginois possédaient lors de la troisième guerre punique, n'était qu'un faible reste du vaste territoire qui leur avait autrefois appartenu et qui comprenait toute la côte Nord de l'Afrique, depuis la frontière de la Cyrénaïque jusqu'au détroit de Gibraltar (2). Protégé par les Romains, Masinissa, roi du pays voisin de Numidie, avait profité de ce que leur politique astucieuse avait, par le second traité de paix conclu par eux en 553 = 201, désarmé les Carthaginois, pour s'emparer non seulement de la partie Ouest, mais encore de la partie Sud et de la partie Est de leurs possessions. Ce qu'ils en avaient gardé en 608 = 146, c'est-à-dire la région comprise entre le *Tusca* (3), aujourd'hui Oued Zaïn ou Oued Berber, à l'embouchure duquel est située l'île de *Tabraca* [Tabarka] avec la ville du même nom, et *Thena* [Tine] (4) sur le golfe des Gabes, au Sud, fut, après la dévastation cruelle de Carthage (5), et l'extermination de ses habitants, dont le nombre était antérieurement évalué à 700.000, érigé en province par Scipion, aidé de dix

---

(1)* [A raison de son étendue, cette note a été transportée en tête de ce chapitre, sous le titre de : AFRICA ET NUMIDIA. — *Bibliographie générale*, pp. 438-449.]

(2) Voy. Kuhn, [*Die städt. und bürgerl. Verf. des röm. Reichs*], t. II, pp. 431 et suiv.

(3) Plin., *Nat. hist.*, V, 22. 23; — Ptolem., V, 3, 21. 28.

(4) Plin., *Nat. hist.*, V, 25.

(5) Appian., *Pun.*, CXXIX. CXXX; — Tit. Liv., *Epit.*, LI; — Oros., V, 22.

legati, à ce que rapporte Appien (1), mais plus vraisemblablement par une commission de *decemviri*, élus par le peuple (2). Quant au territoire occupé par Masinissa et conservé, après sa mort en 606 = 148, à ses trois fils Micipsa, Gulussa et Mastanabal (3), il allait sur le littoral du *Tusca* au *Mulucha* [Wêd-Mulûya]; il s'enfonçait profondément vers le Sud, et s'étendait à l'Est jusqu'à *Cyrene* [ruines de Grêne] (4). La guerre contre Jugurtha n'apporta aucun changement à cet état de choses, si ce n'est que la ville de *Leptis magna* [ruines de Lebda] se déclara pour les Romains et en reçut une garnison (5). Cette ville était située dans la *Syrtica*, c'est-à-dire dans la région intermédiaire entre la petite Syrte et la grande Syrte, et formait, sous le nom de *Tripolis*, avec les villes d'*Oea* [en arabe, Tarâbulus; en italien, Tripoli] et de *Sabrata* [Zoara; en italien, Tripoli-vecchia], une confédération (κοινόν), dont il est encore fait mention au quatrième siècle (6). On peut donc admettre que toute la *regio Tripolitana* fut alors réunie à la province d'Afrique, dont elle dépend plus tard (7). Les Romains ne prirent possession de la

<small>Réunion de la Numidie à l'Afrique.</small>

---

(1) Appian., *Pun.*, CXXXV. — De même aussi Cicéron, *De lege agr.*, II, 19, 51.

(2) Voy. M. Mommsen, *Staatsrecht*, t. II, 2, p. 624. [La traduction franç. de ce volume, parvenu aujourd'hui à sa 3ᵉ éd., Leipzig, 1887, par M. P. F. Girard, n'a pas encore paru.] — Salluste, (*Bell. Iug.*, XIX), dit que la province ne comprenait que les dernières possessions des Carthaginois : *Igitur bello Iugurthino pleraque ex Punicis oppida et finis Carthaginiensium, quos novissume habuerant, populus Romanus per magistratus administrabat ; Gaetulorum magna pars et Numidae usque ad flumen Muluccham sub Iugurtha erant. Mauris omnibus rex Bocchus imperitabat.*

(3) Sallust., *Bell. Iug.*, V. XI. XIII sqq. ; — Strabo, XVII, p. 833 ; — Appian., *Pun.*, CVI.

(4) Appian., *Pun.*, CVI ; — Sallust., *Bell. Iug.*, XIX. XCII. — Ce territoire comprenait donc non pas seulement la Numidie, mais aussi ce qui devint plus tard la province de *Mauretania Caesariensis*. Sur les limites des royaumes numides et sur celles des provinces ultérieures de cette contrée, on peut mettre mettre à profit une étude de M. Poulle, qui se trouve insérée dans le *Recueil de la Société archéol. de Constantine*, (1863, pp. 1-159).

(5) Sallust., *Bell. Iug.*, LXXVII. LXXVIII.

(6) Ammian., XXVIII, 6, 7 : *Qua spe Tripolitani frustrati — — adlapso legitimo die concilii, quod apud eos est annuum, Severum et Flaccianum creavere legatos.* — Il est vraisemblable que cette confédération existait depuis la fondation des villes. (Voy. Movers, *Die Phoenicier*, t. II, 2, p. 482.)

(7) Plin., *Nat. hist.*, V, 27. 38 ; — Ptolem., IV, 3, 12. 13. — La ville de *Gergis* frappa sous Auguste des monnaies de cuivre avec la légende *per-*

Numidie qu'après la bataille de *Thapsus* [Dìmâs] (708 = 46), et ils en firent une province désignée sous le nom d'*Africa nova* (1); mais elle n'eut qu'une existence éphémère. En effet, Octave la restitua, en 724 = 30, à Juba, fils du feu roi Juba de Numidie (2), et, lorsqu'il la lui reprit, en 729 = 25, moyennant l'abandon à son profit du royaume de Maurétanie (3), la Numidie fut rattachée à la vieille province d'Afrique (4), qui, désormais, eut pour limites, à l'Ouest l'*Ampsaga* (5) (Oued Rhumel ou Kebir), à l'Est, la Cyrénaïque. Ainsi composée, l'Afrique fut, à partir d'Auguste, administrée comme province sénatoriale, non pas, ainsi qu'il était de règle sous la République, par un *praetor*, puis par un *propraetor* (6), mais par un consulaire, ayant

<small>L'Afrique gouvernée par un proconsul,</small>

---

m(issu) *L. Volusi pro cos.* (Müller, t. II, p. 35, n° 65); un conflit entre les villes d'*Oea* et de *Leptis magna* fut aplani en l'an 70 par Valerius Festus, le légat impérial d'Afrique (Tacit., *Hist.*, IV, 50), et, en l'an 163, sous Marc-Aurèle et Verus, un *arcus* est dédié dans la ville d'*Oea* (Tripolis) par Ser. Cornelius Orfitus *procos.* (*Africae*) et par son légat Uttedius Marcellus. (Maffei, *Mus. Veron.*, f° 467, n° 2 [= *C. I. L.*, t. VIII, 1, n° 24]. — Voy. Borghesi, *Œuvres*, t. III, p. 60.)

(1) *Auct. bell. Afr.*, XCVII : *Ex regnoque provincia facta, atque ibi Crispo Sallustio pro consule cum imperio relicto, ipse (Caesar) Zama egressus Uticam se recepit.* De même Dio Cassius, XLIII, 9, qui poursuit ainsi : καὶ τὰ ἔθνη τὰ ἐν τῇ Λιβύῃ ταῦτα τὸ μὲν περὶ τὴν Καρχηδόνα, ὃ δὴ καὶ Ἀφρικὴν καλοῦμεν, παλαιόν, ὅτι ἐκ πολλοῦ κατείργαστο, τὸ δὲ δὴ τῶν Νομάδων νέον, ὅτι νεωστὶ εἴληπτο, ἐπωνομάσθη. — Appian., *Bell. civ.*, II, 100 : καὶ τὴν ἀρχὴν τὴν Ἰόβα Καῖσαρ ὑποτελῆ Ῥωμαίοις ἐποίησεν, αὐτῇ Σαλούστιον Κρίσπον ἐγκαταστήσας. IV, 53 : Λιβύης Ῥωμαῖοι τὴν μὲν ἔτι καλοῦσι παλαιάν, ὅσην Καρχηδόνιους ἀφείλοντο· ἣν δὲ Ἰόβας εἶχεν, ὕστερόν τε ἔλαβον ἐπὶ Γαΐου Καίσαρος, καὶ διὰ τοῦτο νέαν προςαγορεύουσι Λιβύην. Le gouverneur de la nouvelle province était alors (711 = 43) T. Sextius, et celui de l'ancienne province, Cornificius. (Dio Cass., XLVIII, 21. — Voy. Drumann, [*Gesch. Roms*], t. II, p. 618.) Cf. Plin., *Nat. hist.*, V, 25 : *Ea pars, quam Africam appellavimus, dividitur in duas provincias, veterem et novam*; — Ptolem., IV, 3, 21 : κατὰ τὴν Νουμιδίαν τὴν καὶ Νέαν ἐπαρχίαν.

(2) Dio Cass., LI, 15.
(3) Dio Cass., LIII, 26 ; — Tacit., *Ann.*, IV, 5.
(4) Strabo, XVII, p. 840.
(5) Plin., *Nat. hist.*, V, 22 ; — Ptolem., IV, 2, 1 ; IV, 3, 3 ; IV, 3, 28.
(6) Appian., *Pun.*, CXXXV : καὶ στρατηγὸν ἐτήσιον αὐτοῖς ἐκ Ῥώμης ἐπιπέμπειν ἔκριναν. — Parmi les propréteurs, on connaît : en l'an 94 avant notre ère, P. Sextilius *pr. p. Af.* sur les monnaies d'*Hadrumetum* [Sûsa] (Müller, t. II, p. 51. — Plutarch., *Marius*, XL ; — Appian., *Bell. civ.*, I, 62, passage dans lequel il faut écrire Σεξτιλίου, au lieu de Σεξτίου) ; — en l'an 76, L. Licinius Lucullus (Cic., *Acad.*, II, 1, 1 ; — Aurel. Vict., *De vir. ill.*, LXXIV); — en l'an 66, L. Sergius Catilina (Cic., *Pro Caelio*, IV, 10 ; — Asconius, p. 85

le titre de *proconsul*, dont les *legati* se partageaient l'administration du pays, comme il arrivait en Espagne, nous l'avons vu (1). Il y avait un *dioecesis Carthaginiensis* (2), un *dioecesis Hipponiensis* (3), ayant pour chef-lieu *Hippo Diarrhytus* [Binsert], un *dioecesis Numidica* (4), ayant pour chef-lieu *Cirta* [Constantine; en arabe, Ksentîna]; chacun de ces diocèses avait à sa tête un *legatus* du proconsul; d'autre part, on trouve un *dioecesis Hadrumetina*, circonscription administrative procuratorienne (5).

[éd. Orelli]); — en l'an 61, Q. Pompeius Rufus, qui, dans Cicéron, (*Pr. Cael.*, XXX, 73), porte, il est vrai, le nom de *proconsul*, mais qui n'avait été que *praetor*. (Voy. Drumann, *op. cit.*, t. IV, p. 316.)

(1) Suivant Dion Cassius, (LIII, 14), le *proconsul Africae* avait trois légats. Il faut admettre que lui-même administra le district de Carthage, et les légats, les autres diocèses, jusqu'à ce qu'un *legatus* impérial eût été institué pour la Numidie et que, par suite de cette création, l'un des trois légats existants dût désormais vaquer à l'administration de Carthage. Le proconsul lui-même déléguait la juridiction à ces légats. (L. 4, [pr., fr. Macer, *De officio eius, cui mandata est iurisdictio*], D., I, 21 :..... *Imperatores Severus et Antoninus Braduae proconsuli Africae. Cum propriam iurisdictionem legatis tuis dederis, consequens est, ut etiam de suspectis tutoribus possint cognoscere.* — Cf. L. 1, § 4, [fr. Ulpian., *De suspect. tutor. et curator.*], D., XXVI, 10.)

(2) L. Minicius — Natalis, *q(uaestor) candid(atus divi) Hadriani Aug. et eodem tem(pore) leg. prov. Africae dioecesios Ca(rthag.) procos. patris sui* (*C. I. L.*, t. II, nos 4510. 4511. — Henzen, n° 6498 [= *C. I. L.*, t. XIV, n° 3599]). C'est à ce même personnage que se rapporte l'inscription grecque de *Megara* (dans Le Bas, t. II, n° 57). (Voy., sur lui, Borghesi, *Œuvres*, t. VIII, pp. 46 et suiv. [et M. W. Liebenam, *Forschungen*, pp. 12, n° 6, et suiv., et p. 306, n° 8.]) — M. Acenna — *trib. pleb. leg. provinciae Africae dioecesis Carthaginiensium* (Henzen, n° 6012 = *C. I. L.*, t. II, n° 1262).

(3) [*Leg. prov. Afr*]*icae regionis Hipponiensis* (Henzen, n° 6482 [=Mommsen, *I. R. N.*, n° 4237 = *C. I. L.*, t. X, 1, n° 5178]); — *legatus prov. Afric. dioeceseos Hipponensis* (Mommsen, *I. R. N.*, n° 1433 [= *C. I. L.*, t. IX, n° 1593]). Déjà Pline, (*Ep.*, IX, 33), mentionne Octavius Avitus, *legatus proconsulis*, qui a son siège à *Hippo Diarrhytus*. — Comp. M. Mommsen, dans l'*Ephem. epigr.*, 1872, p. 133. — [Sur *Hippo Diarrhytus*, voy. G. Wilmanns, dans le *C. I. L.*, t. VIII, 1, f° 152, et comp., *eod.*, f° 516.]

(4) Gruter, f° 404, n° 3 [et non n° 7, comme l'indique Marquardt par erreur, p. 467, note 3 = *C. I. L.*, t. VI, 1, n° 1406.] — [Sur *Cirta*, voy. *C. I. L.*, t. VIII, 1, fos 618 et suiv.]

(5) *Recueil — de la Société arch. de Constantine*, 1869, p. 690, n° 11 [= *C. I. L.*, t. VIII, 1, n° 7039] : *M. Claudio Q. f. Quir. Restituto, proc. Aug. dioeceseos regionis Hadrumetinae et Thevestinae* ; — Henzen, n° 6931 [= Millin, *Voyage*, t. I, p. 525; — de Boissieu, *Inscr. de Lyon*, V, 5, p. 156; comp. M. Mommsen, dans les *Ann. dell' Inst. arch.*, 1853, p. 63] :...... *cui divus Aurel. Antoninus centenariam procuration(em) pro(vinciae) Hadrimetinae dedit.* Cette *provincia* ou ce *dioecesis* paraît avoir eu plusieurs *regiones*. C'est qu'en ef-

Le proconsul d'Afrique tirait une situation toute particulière de ce qu'il commandait une armée, tandis que toutes les autres provinces, qui réclamaient une défense militaire, avaient été attribuées à l'empereur, lors du partage de 727 = 27. L'Afrique était le siège de la *legio III Augusta* (1) et de divers corps auxiliaires (2), donnant un total d'environ 10.000 hommes; parfois aussi une deuxième légion vint s'y joindre (3). Caligula mit fin à ce régime exceptionnel, en 37 après J.-C. (4), en nommant lui-même le *legatus* qui devait commander l'armée en Afrique (5), sans opérer toutefois une division absolue de la province en deux parties (6), ce qui aurait présenté des inconvénients pratiques au point de vue militaire. Comme la garnison avait surtout pour

<small>qui commande une légion.</small>

<small>Ce commandement passe à un *legatus* impérial.</small>

---

fet, on trouve également sous Commode un *proc. reg. Thevestinae* (Maffei, *Mus. Veron.*, f° 272, n° 10 [= *C. I. L.*, t. VI, 1, n° 790; *adde*, t. XIV, n° 170, et t. VIII, 1, f° 215, col. 2]). M. Desjardins, (*op. et loc. sup. citt.* [en la note initiale de ce chapitre], p. 72), admet encore l'existence d'un cinquième diocèse, la *dioecesis Tripolitana*, avec *Leptis magna* pour chef-lieu, et il fait administrer ce diocèse, de même que l'*Hadrumetina*, par un *legatus*, de telle sorte qu'à ses yeux le *proconsul Africae* aurait eu cinq *legati*. Mais ces différentes opinions ne peuvent jusqu'ici s'autoriser d'aucune preuve.

(1) Tacit., *Ann.*, II, 52; *Hist.*, II, 97; IV, 48. 49; — Dio Cass., LV, 23. — De cette légion les inscriptions font de fréquentes mentions. — [Voy., sur elle, M. M. Fiegel, *Historia legionis III Augustae*, Berolini, 1882.]

(2) Henzen, (*Annali*, 1860, pp. 52-71), traite en détail des troupes de la province. [Voy. aussi M. Th. Mommsen, *C. I. L.*, t. VIII, 1, f°⁵ XIX-XXIII.]

(3) Tacit., *Ann.*, III, 9; IV, 5; IV, 23. — De même, L. Clodius Macer, qui tenta de se rendre indépendant en l'an 68 de notre ère, établit encore à côté de la *leg. III Aug.* une *leg. I Macriana liberatrix*, que mentionnent ses monnaies. (Voy. Müller, t. II, p. 171.)

(4) Voy. Borghesi, *Œuvres*, t. V, p. 217.

(5) Tacit., *Hist.*, IV, 48 : *Legio in Africa auxiliaque tutandis imperii finibus sub divo Augusto Tiberioque principibus proconsuli parebant. Mox C. Caesar turbidus animi et Marcum Silanum obtinentem Africam* (32-37 après J.-Chr.) *metuens, ablatam proconsuli legionem misso in eam rem legato tradidit, aequatus inter duos beneficiorum numerus, et mixtis utriusque mandatis discordia quaesita auctaque pravo certamine. Legatorum vis adolevit diuturnitate officii, vel quia minoribus maior aemulandi cura, proconsulum splendidissimus quisque securitati magis quam potentiae consulebant.* Le successeur de Silanus fut L. Piso. Aussi Dio Cassius, (LIX, 20), dit-il : ἐπειδή τε Λούκιος Πείσων — ἄρξας τῆς Ἀφρικῆς ἔτυχεν, ἐφοβήθη μὴ νεωτερίσῃ τε ὑπὸ μεγαλαυχίας, ἄλλως τε καὶ ὅτι δύναμιν πολλὴν καὶ πολιτικὴν καὶ ξενικὴν ἕξειν ἔμελλε· καὶ δίχα τὸ ἔθνος νείμας, ἑτέρῳ τό τε στρατιωτικὸν καὶ τοὺς Νομάδας τοὺς περὶ αὐτὸ προσέταξε· καὶ ἐξ ἐκείνου καὶ δεῦρο τοῦτο γίγνεται.

(6) Tacit., *Hist.*, I, 11; IV 44. Ptolémée, (IV, 3), compte pareillement la Numidie dans l'Afrique.

mission de défendre contre les invasions des nomades d'alentour la vieille province, dont le sol fertile était pour la ville de Rome un grenier d'abondance nécessaire, elle était divisée en postes échelonnés sur toute la frontière militaire, qui décrivait un immense arc de cercle de la Maurétanie à la Cyrénaïque (1) ; elle communiquait avec le *legatus*, dont le quartier général était à *Lambaesis* [ruines de Tazzût ou Tazzûlet ou Tezzulet = Lambèse] (2), par les routes qui sillonnaient la province (3) et qui lui amenaient son fourrage (4). Le fait que les routes militaires traversaient la vieille province (5), et qu'elles étaient construites et entretenues sur l'ordre du *legatus* par les soldats de la troisième légion (6), suffit à établir que les provinces d'Afrique et de Numidie n'ont pas été dès le début séparées (7). D'un

---

(1) M. Mommsen, (*loc. sup. cit.* p. 438, en la note initiale de ce chapitre, p. 216), cite une inscription du légat de Numidie Q. Anicius Faustus de l'an 201, qui a été découverte près de Bonjem, dans le désert qui sépare Tripolis de la frontière Cyrénaïque. [Cette inscription figure aujourd'hui au *C. I. L.*, t. VIII, 1, n° 6. — Voy., sur ce légat, M. W. Liebenam, *Forsch.*, pp. 295 *in fine*, n° 9, et suiv., et p. 316 *in init.*, n° 33.]

(2) Voy. *Recueil — de la Société arch. de Constantine*, 1866, p. 236. [Voy. aussi G. Wilmanns, dans le *C. I. L.*, t. VIII, 1, f°° 283 et suiv. ; — De la Mare ; — R. Cagnat, G. Wilmanns et H. Thédenat, *opp. citt.* dans la note initiale de ce chapitre, I, *Sources épigraphiques*, p. 439.]

(3) En l'an 70, Tacite, (*Hist.*, IV, 50), dit du légat impérial Valerius Festus: *Adrumeto, ubi speculabundus substiterat, ad legionem contendit*. Il séjourna donc dans la province proconsulaire.

(4) Les *horrea* à Hadrumetum [Sûza] (*Itin. Ant. Aug.*, pp. 52. 56. 58) et en beaucoup d'autres lieux de la province doivent avoir servi à cette fin. — [Voy. une inscription trouvée dernièrement à Carthage et mentionnant des *Horrea Augustae* à Utique, dans la *Revue archéol.*, n° de nov.-déc. 1887, p. 291.]

(5) C'est ainsi qu'une route conduisait de *Lambaesis* par Theveste [Tebessa] et *Thenae* [Tine] à *Leptis magna* (*Itin. Ant.*, pp. 33. 46. 57). M. D'Avezac, (*L'Afrique ancienne*, pp. 172-189), traite d'une manière très sommaire de tout le réseau routier. [Voy., à cet égard, M. Ett. de Ruggiero, *Dizionar. epigr.*, fascic. 11, Roma, 1888, V° *Africa*, pp. 346 et suiv.]

(6) Ainsi, sous Hadrien, le légat P. Metilius Secundus fait construire la voie de Carthage à Theveste *per legionem III Aug*. (Orelli, n° 3564 [et non 3563, comme l'indique à tort Marquardt, p. 468, note 8 = *C. I. L.*, t. VIII, 2, n° 10048] ; — *Recueil de Constantine*, 1867, p. 392, n° 36 [= *C. I. L.*, t. VIII, 2, n° 10144]). — [Sur ce légat, voy. M. W. Liebenam, *op. cit.*, pp. 307, n° 10, et suiv., 461 et 467].

(7) J'ai moi-même, dans la première édition de ce livre, suivi l'opinion qui se présente tout d'abord, à savoir que la Numidie aurait toujours for-

autre côté, le proconsul avait également besoin d'un petit commandement qui, puisque l'ensemble des troupes était placé sous les ordres du *legatus*, devait lui être délégué par ce dernier (1). Ce partage, tout à fait inusité au cours de la première période impériale, du pouvoir militaire et du pouvoir civil, avait sans doute de graves inconvénients et donnait sans cesse au *legatus* impérial l'occasion d'étendre ses attributions (2) ; il explique la modification graduelle apportée au rôle de ce dernier, qui se manifeste tout d'abord dans son titre. Dans les deux premiers siècles, il porte, soit, comme tout autre *legatus*, seulement le titre de sa fonction impériale, *leg. Aug. pr. pr.* (3), soit le titre de commandant de légion, *leg. Aug. leg. III Aug. pr. pr.* (4) ; lorsque la province y est indiquée, c'est l'Afrique. Le *legatus* (5) L. Clodius Macer, qui, en 68 après J.-C., tenta de se rendre indépendant et fut mis à mort par Galba (6), s'intitule sur ses monnaies *propraetor Africae* (7), et les autres titres que l'on rencontre sont les suivants : *leg. pro praet. ex(ercitus*

---

mé une province particulière, et Zumpt, (*Studia Romana*, pp. 135 et suiv.), lui est, de son côté, demeuré fidèle, même après les discussions de M. Mommsen. Mais, en présence des sources que nous possédons aujourd'hui, elle ne peut plus être soutenue.

(1) Dans un ordre du jour de l'empereur Hadrien (Inscription de *Lambaesis*, Renier, n° 5 B [= *C. I. L.*, t., VIII, 1, n° 2532, f° 289, *in init.*]), on lit : *cohors abest, quod omnibus annis per vices in officium pr(ocon)sulis mittitur*.

(2) Tacite, (*Hist.*, IV, 48), en fait expressément la remarque.

(3) Renier, n°ˢ 11. 1634 [= *C. I. L.*, t. VIII, 1, n°ˢ 2536. 2501], et surtout dans Henzen, *Annali*, 1860, pp. 31. 32. [Voy. de préférence aujourd'hui *C. I. L.*, t. VIII, 2, f°ˢ 1065 et suiv.; — MM. Ett. de Ruggiero, *ubi supra*, pp. 334, col. 1, et suiv. ; — W. Liebenam, *Forsch.*, *locc. citt.* dans la note initiale de ce chapitre, V, *Administration romaine*, *in init.*, p. 444.]

(4) Renier, n° 2296 [= *C. I. L.*, t. VIII, 2, n° 10296] (sous Hadrien) ; n° 46 [= *C. I. L.*, t. VIII, 1, n° 2744] (sous Marc-Aurèle), et nombre d'autres ; en l'an 206 encore, il porte, dans Tertullien, (*Ad Scap.*, IV), le nom de *praeses legionis*. Le fait que le titre *leg. Aug. leg(ionis) III Aug.* (sans l'addition *pr. pr.*) se trouve dès avant l'année 37, ne me paraît pas avoir encore été démontré par Renier, (*Comptes rendus*, 1876, p. 431).

(5) Ainsi le nomme Suétone (*Galba*, XI).

(6) Tacit., *Hist.*, I, 7. 11. 37. 73 ; II, 97 ; IV, 49; — Plutarch., *Galba*, VI. XIII. XV.

(7) Müller, t. II, p. 170, n° 380. — [Voy., sur ce légat, M. W. Liebenam, *Forsch.*, pp. 11, n° 3, et 453. — Voy. aussi *C. I. L.*, t. VIII, 1, f° XX, col. 1, et les renvois.]

Afric)ae (1) *missus ab imp. Vespasiano Aug. legatus pro praetore ad exercitum, qui est in Africa* (2); *(leg.) imp. Caesaris Traiani Hadriani Aug. (pr. pr.) leg. III Aug. et exercitus Africani* (3); *legatus Augusti pr. pr. provinciae Africae* (4); *praetorius legatus provinciae Afr. imp. Caes. Aug.* (5); *leg. Aug. prov. Afr. dioeces(eos) Numidicae* (6); mais, dès le début du troisième siècle (7), le titre est tout différent: *leg. III Aug. praeses provinciae Numidiae* (8); *leg. Aug. pr. pr. provinciae Numidiae* (9), ou, en abrégé, *Numidiae legatus* (10). De *dioecesis Africae*, la Numidie doit être alors devenue une province particulière; et ce fait se produisit, si l'on en juge par

La Numidie, province particulière.

---

(1) Henzen, n° 6495 = *C. I. L.*, t. V, 1, n° 531. — Tacit., *Hist.*, IV, 49 : *Sed tum legionem in Africa regebat Valerius Festus*.
(2) Murat., f°ˢ 766, n° 5 : 858, n° 4. [Voy. Henzen, t. III, p. 75 *in init.*, ad n. 773 Orelli ; — Wilmanns, *Exempla*, t., I, n° 1149.]
(3) Orelli, n° 3382 [*ibiq.* Henzen, t. III, p. 335 = Marini, *Arvali*, t. II, p. 771 = *C. I. L.*, t. XI, 1, n° 3718].
(4) Renier, n°ˢ 19. 1817 [= *C. I. L.*, t. VIII, 1, n°ˢ 2747. 7036].
(5) Orelli, n° 773 [*ibiq.* Henzen, t. III, p. 75 *in init.* = Wilmanns, *Exempla*, t. I, n° 1148].
(6) Gruter, f° 404, n° 3 [et non n° 7, comme l'indique Marquardt par erreur p. 469, note 13 = *C. I. L.*, t. VI, 1, n° 1406]. La date de cette inscription ne peut pas être fixée avec certitude. Cependant Henzen, (*loc. cit.*, p 438, au début de la note initiale de ce chapitre, p. 33), la place dans le second siècle de notre ère et apporte à l'appui de son opinion des raisons sérieuses.
(7) Voy. Desjardins, *loc. cit.* p. 438, au début de la note initiale de ce chapitre, p. 71, note 1.
(8) Orelli, n° 946 ; inscription corrigée par Henzen, dans les *Annali*, 1860, p. 33 [= *C. I. L.*, t. X, 1, n° 6569]. — Comp. Desjardins, *loc. sup. cit.* p. 438, au début de la note initiale de ce chapitre, p. 74.
(9) Renier, n°ˢ 1505. 101 [= *C. I. L.*, t. VIII, 1, n°ˢ 2392. 2615].
(10) Tryphoninus, (L. 7, [*De legatis praestandis contra tabulas bonor. possess. petita*], D., XXXVII, 5), cite une *constitutio divi Pii ad Tuscium Fuscianum Numidiae legatum*. Si ce Tuscius Fuscianus doit, ainsi que Renier l'estime, être identifié à L. Matuccius Fuscinus, que l'on rencontre sous Antonin-le-Pieux comme *legatus Aug. pr. pr.* (Renier, n°ˢ 23. 24. 1631 [= *C. I. L.*, t. VIII, 1, n°ˢ 2630. 2637. 2501]), il s'ensuit que Tryphoninus, qui rédigea, ses *Disputationum libri XXI* sous Caracalla et Géta en l'an 211 (voy. Fitting *Ueber das Alter der Schriften römischer Juristen*, Basel, 1860, in-4, p. 32 [adde John Roby, trad. ital. de Giovanni Pacchioni, *Introduzione allo studio del Digesto Giustinianeo*, Firenze, 1887, in-8, pp. 200 *sub fin.* et suiv.; — Paul Krüger, *Geschichte der Quellen und Litteratur des Römischen Rechts*, Leipzig, 1888, in-8, p. 201 *in fine*]), formule le titre du légat, tel qu'il existait de son temps. — [Voy., sur le légat dont il s'agit ici, M. W. Liebenam, *Forsch.*, p. 310, n° 19.]

les inscriptions, sous Septime Sévère (1) (193 — 211), à partir duquel l'administration financière de la Numidie est confiée, non plus au *quaestor Africae*, mais à un *procurator* impérial (2). Le *legatus* conserva le commandement, certainement jusqu'en 260 (3), mais probablement jusqu'à Aurélien (4) (270—275); depuis ce prince, l'administration civile de la Numidie appartint à un *praeses* n'ayant pas rang sénatorial (*vir perfectissimus*) (5);

---

(1) C'est sous le règne de cet empereur que se place la plus ancienne des inscriptions citées (Orelli, n° 946 [= *C. I. L.*, t. X, 1, n° 6569; voy., ci-dessus, p. 457, note 8); voy., sur ce document, Eckhel, [*Doct. Num.*], t. VII, p. 245. MM. Mommsen, (*loc. sup. cit.* p. 438, au début de la note initiale de ce chapitre, p. 220), et Henzen, (*Annali, ubi supra*, p. 34), établissent sa date avec précision. Si le dernier de ces auteurs admet que l'année 194 est celle où se place le commencement de la province de Numidie, en traduisant, dans l'inscription rapportée par Renier sous le n° 1611 [= *C. I. L.*, t. VIII, 1, n° 2465], les sigles *VPN* par *anno quinto provinciae Numidiae*, encore convient-il d'attendre, pour confirmer cette conjecture, que l'on ait trouvé ailleurs une ère de la Numidie non découverte jusqu'à ce jour.

(2) Sous Sévère, Caracalla et Géta, L. Iulius Victor Modianus était *procurator per Numidiam* (Renier, n° 1833 [= *C. I. L.*, t. VIII, 1, n° 7053), un peu plus tard Clodianus (Renier, n° 2535 [= *C. I. L.*, t. VIII, 1, n° 8329]). Comp. Henzen, dans les *Annali*, 1860, p. 48.

(3) Sous Alexandre Sévère (222-235), il est encore parlé de P. Iulius Iunianus Martialianus, *c(larissimus) v(ir), leg. leg. III Aug. Severianae Alexandrianae, praeses (Numidiae)* (Renier, n° 1839 [= *C. I. L.*, t. VIII, 1, n° 7049]); en l'an 237, Capellianus commanda l'armée contre les Gordiens comme légat de Numidie (Herodian., VII, 9, *ibiq*. M. Mommsen, *loc. sup. cit.* p. 438, au début de la note initiale de ce chapitre, p. 221), et à l'époque où Dion Cassius écrivait (c'est-à-dire avant 238 ; voy. Eckhel, t. VIII, p. 383), ce commandement existait encore (Dio Cass., LIX, 20). Le dernier légat prétorien, dont il soit fait mention, est C. Macrinius Decianus *v. c. leg. Augg. pr. pr. prov. Numidiae* en l'an 259 ou 260. (Renier, n° 101 = Henzen, *Inscr.*, [t. III], n° 7414γ [= *C. I. L.*, t. VIII, 1, n° 2615.] — [Sur les différents *legati* dont il vient d'être parlé et sur les autres, voy. MM. Ett. de Ruggiero, et W. Liebenam, *Forsch., locc. citt.* en la note initiale de ce chapitre, V, *Administration romaine*, pp. 444 et suiv.]

(4) Voy. Henzen, dans les *Annali*, 1860, p. 39.

(5) Les exemples sont : M. Aurelius Decimus, *v. p. p(raeses) p(rovinciae) N(umidiae)*, sous Carinus (283) et Dioclétien (Renier, n°s 1843. 103. 104. 105. 106. 1732 [= *C. I. L.*, t. VIII, 1, n°s 7002. 2529. 2530. 2643. 2663. 4578]) ; — M. Aurelius Diogenes *v. p. p. p. N.* (Renier, n°s 110. 111. 112 [= *C. I. L.*, t. VIII, 1, n°s 2574. 2575. 2573]), sous Dioclétien et Maximien ; — [Aurelius M]aximianus, sous les mêmes empereurs, *v. p. p. p. N.* (Renier, n° 1844 [= *C. I. L.*, t. VIII, 1, n° 7003]) ; — Concordius *praeses* (c'est ainsi qu'il faut lire, au lieu de *proconsul*) *Numidiae* en l'an 295 (Const. 27 (28), [*Ad leg. Iul. de adulter. et de stupro*], C. Iust., IX, 9) ; — en outre, sous Constantin-le-Grand : Aurelius Alvacius *v. p. p. p.* (Renier, n° 1674 [= *C. I. L.*, t. VIII, 1,

mais le commandement militaire en fut séparé (1).

Un nouveau morcellement de la province eut lieu sous Dioclétien : à partir de ce prince, elle nous apparaît divisée en quatre circonscriptions administratives, indépendantes l'une de l'autre, savoir : *Nouvelle division opérée par Dioclétien.*

1. La Numidie, avec *Cirta* [Constantine ; en arabe, Ksentîna] pour chef-lieu, d'où son autre nom de *Numidia Cirtensis* (2). La province avait eu à endurer de cruelles épreuves par le fait de Maxentius, dans les années 308 à 311, à la suite du soulèvement d'Alexander et de sa répression (3) ; mais Constantin-le-Grand paraît avoir beaucoup fait pour lui rendre son ancienne prospérité, lorsqu'il prit possession de l'Afrique, après la défaite de Maxentius (312). En effet, non seulement *Cirta*, restaurée par lui, s'appela dès lors *Constantina* (4), mais la province elle-même lui emprunta le nom de *Numidia Constantina* (5) ; et si, dans les premières années de son règne, on

n° 4469]) ; Tallius Antiochus *v. p. praeses prov. Numid.* (Renier, n° 1845 [= *C. I. L.*, t. VIII, 1, n° 7005]) ; Severinius Apronianus *v. p. p. p. N.* (Renier, n° 117 [= *C. I. L.*, t. VIII, 1, n° 2664]).

(1) C'est ainsi qu'on lit dans une inscription de *Lambaesis* recueillie par Renier sous le n° 109 [= *C. I. L.*, t. VIII, 1, n° 2572] : *Aquaeductum leg(ionis) III. Aug. — Diocletianus et Maximianus Aug(usti) curante Aurelio Maximiano v. p. p. p. N., et Clodio Honorato, v. e(gregio), praef(ecto) leg(ionis) eiusd(em) — — restituerunt.* — Il n'est pas établi, pour la Numidie tout au moins, que cet officier ait porté le titre de *dux limitis*, d'ailleurs usuel déjà à cette époque (Trebell. Pollio, *Trig. tyr.*, XXIX ; — Vopiscus, *Aurelian.*, XIII. — Voy. M. Mommsen, *ubi supra*, p. 223).

(2) Tel est le nom que porte la province dans la *Liste de Vérone*, (p. 545, éd. Mommsen). — [Sur *Cirta*, voy. G. Wilmanns, dans le *C. I. L.*, t. VII, 1, f° 618 et suiv.]

(3) Zosimus, II, 12. 14 ; — Aurel. Vict., *De Caesar.*, XL, 17. 19.

(4) Aurel. Vict., *De Caes.*, XL, 28 : *Cirtaeque oppido, quod obsidione Alexandri ceciderat, reposito exornatoque nomen Constantina inditum.* Depuis lors, la ville s'appelle *civitas Constantina Cirtensium* [*Circensium* ed. Haenel] (Const. 29, [*De decurion.*], C. Th., XII, 1, *ibiq.* Gothofredus) ; *colonia Constantina* (*Annuaire*, 1860, p. 136, n° 1 ; — *Recueil*, 1865, p. 170 = 1866, p. 29 [= *C. I. L.*, t. VIII, 1, n°ˢ 7042. 7034]) ; *Constantina civitas* (*Annuaire*, 1860, p. 138, n° 2 [= *C. I. L.*, t. VIII, 1, n° 7013]) ; — Rescrit de Constantin de l'an 330, chez Dupin, dans Optatus, *De schism. Donat.*, p. 189, (éd. 1702)).

(5) Renier, n°ˢ 1852. 2170. 2171. 2542 [= *C. I. L.*, t. VIII, 1, n°ˢ 7015. 7979. 7976. 8324] ; — *Annuaire*, 1862, p. 144, n° 209 ; — *Recueil*, 1865, p. 170 = 1866, p. 29 ; 1867, p. 239, n° 63 [= *C. I. L.*, t. VIII, 1, n°ˢ 7975. 7034. 4767 ; *adde* n°ˢ 2216. 7015. 7976. 7979. 8324, et, 2, n° 10897. Voy., au surplus, *C. I. L.*, t. VIII, 2, f° 1063 *in fine* et 1064 *in init.*]

trouve encore comme gouverneur un *praeses* (1), plus tard les fonctions de ce dernier furent dévolues à un gouverneur de rang sénatorial, portant le titre de *legatus pro praetore provinciae Numidiae* (2), ou de *consularis Numidiae* (3), qui, sous Valentinien et Valens, fut encore élevé d'un degré et reçut le titre de *vir clarissimus consularis sexfascalis provinciae Numidiae Constantinae* (4), correspondant à la dignité de

---

(1) Voy., ci-dessus, p. 458.
(2) Orelli, n° 3672 [= *C. I. L.*, t. VI, 1, n° 1690] : *L. Aradius Proculus v. c. legatus pro praetore provinciae Numidiae.* Il fut *consul ordinarius* en 340 (dans Orelli, le nombre 390 se trouve indiqué par erreur par suite d'une faute d'impression) et gouverneur de Numidie antérieurement à cette date, au commencement de sa carrière.
(3) Les *consulares* dont MM. Mommsen et Henzen ont déjà rassemblé les noms, sont : Zenophilus *v. c. consularis* en l'an 320 ou 329 (*Acta purgationis Caeciliani*, dans Optatus, *De schism. Donat.*, Antverpiae, 1702, in-fol., f° 167 ; — Augustin., *Epist.*, XLIII, c. 6, n. 17); — M. Aurelius Valerius Valentinus *consularis Numidiae* 330 (Const. 7, [*De episc., eccles. et cleric.*], C. Th., XVI, 2; — De Costanzo, *Disamina degli scrittori e de' monumenti risguardanti S. Rufino, con appendice delle iscrizioni*, Assisi, 1797, in-4, n° 56); — Alfenius Ceionius Iulianus Kamenius *consularis provinciae Numidiae* (Orelli, n° 2351 [= *C. I. L.*, t. VI, 1, n° 1675]) ; — Clodius Celsinus *v. c. cons. p. N.* entre 333-337 (Renier, n° 1848 [= *C. I. L.*, t. VIII, 1, n° 7011]) ; — Ilicus, *consularis Numidiae* 353 (Const. 3, [*De offic. vicar.*], C. Th., I, 15); — Ianuarius *cons. Num.* 399 (Const. 17, [*De lustral. collat.*], C. Th., XIII, 1); — Generosus *cons. Num.* 410 (Augustin., *Epist.*, CXVI).
(4) Le premier personnage, qui porte ce titre, est Publilius Caeionius Caecina Albinus, dont nous possédons six inscriptions de l'époque de Valentinien, de Valens et de Gratien, avec ses titres. On y lit : *vir clarissimus consularis* (Renier, n° 1520 [= *C. I. L.*, t. VIII, 1, n° 2388]) ; (*consula)ris p. N.* (Renier, n° 4146 [=*C. I. L.*, t. VIII, 1, n° 7035]); *v. c. cons. p. N. C.* (*Recueil — de Constantine*, 1867, p. 239, n° 63 [= *C. I. L.*, t. VIII, 1, n° 4767]); mais ensuite : *v. c. cons(ularis) sexf. p. N. Cons[tantinae]* (*Annuaire de Const.*, 1862, p. 144, n° 209 [= *C. I. L.*, t. VIII, 1, n° 7975]); *v. c. consularis s. f. p. N. Constantinae* (*Recueil*, 1866, p. 29, n° 2 [= *C. I. L.*, t. VIII, 1, n° 7034]); [*v. c. cons.*] *sexfascalis provinciae* [*N. Constantinae*] (*Recueil*, 1866, p. 167, n° 179 [= *C. I. L.*, t. VIII, 1, n° 2242*. — Voy. encore *C. I. L.*, t. VIII, 2, f° 1012, col. 3 *in fine*, et f° 1064, *in init.*]). Il semble, par suite, n'avoir reçu le titre de *sexfascalis* qu'au cours de ses fonctions, et les deux *sexfascales* que l'on trouve en dehors de lui (Henzen, *Inscr.*, [t. III] , n°° 6508. 6509 = Renier, n°° 1852. 2542 [= *C. I. L.*, t. VIII, 1, n°° 7045. 8324]), doivent être considérés comme ses successeurs. [Voy. *C. I. L.*, t. VIII, 2, f°° 1063 *in fine* et 1064 *in init.* — Marquardt nous paraît, au surplus, avoir confondu ici le *consularis* dont il parle avec Caecina Decius Albinus iunior ; voy. *C. I. L.*, t. VIII, n°° 7034. 7035, et, 2, f°° 993, col. 3, à ce dernier nom, et 1063 *in fine.* — Voy. une inscription récemment découverte à Cuicul et mentionnant (*Publilius*) *Caeionius Caecin(a)* (*Albinus v. c.*) *consularis sex(fascalis provin)ciae Numidiae*, dans le

proconsul (1).

2. L'*Africa proconsularis* ou *Zeugitana*, les anciens diocèses d'*Hippo* et de *Carthago*, avec *Carthago* pour chef-lieu (2).

4. *Byzacium* (3), l'ancien *dioecesis Hadrumetina*, nommé *provincia Valeria Byzacena* en l'honneur de Dioclétien (4), ayant *Hadrumetum* [Sûsa] pour chef-lieu (5), et placée sous l'autorité d'un *consularis* (6).

4. La *Tripolitana* (7), avec *Tacapae* (Gabes) pour chef-lieu, sous un *praeses* (8).

Bulletin archéol. du Comité des trav. hist., 1887, n° 2, p. 311 = R. Cagnat, *L'année épigr.* (*1888*), Paris, 1889, p. 13, col. 1, *in. init.*, n° 30.]

(1) Voy. Gothofred., *Notit. Dignit. Cod. Theod.*, f° 22, éd. Ritter; — M. Mommsen, *loc. sup. cit.*, p. 225, et *Bullett.*, 1852, p. 171.

(2) *Liste de Vérone*, p. 515, éd. Mommsen; — S. Rufus, [*Brev.*], IV; — Polemius Silvius, [*Laterc.*], p. 253, éd. Mommsen. — Voy. Boecking, *Notit. Dignit. Occid.*, p. 147. — [Sur Carthage, voy. le renvoi de la note initiale de ce chapitre, IV, *Géographie et Itinéraires*, p. 442.]

(3) *Notit. Dignit. Occid.*, p. 67; — S. Rufus, IV; — Orelli, n° 3672 [= *C. I. L.*, t. VI, 1, n° 1690].

(4) Orelli, n° 1079 [=Wilmanns, *Exempla*, t. II, n° 2859= *C. I. L.*, t. VI, 1, n° 1688; *adde ibid.*, n°° 1684 et suiv., 1689 et suiv.].

(5) Orelli, n° 3058 [= *C. I. L.*, t. VI, 1, n° 1687; comp. les renvois de la note précédente]; — Const. 2, [*De appellat. et poen. ear. et consultat.*], C. Th., XI, 30; — Isidor., *Orig.*, XIV, 5, 7. — [Sur *Hadrumetum*, voy. M. G. Wilmanns, dans le *C. I. L.*, t. VIII, 1, f°° 14 et 15.]

(6) En l'an 321, Q. Aradius est *praeses prov. Val. Byzac.*; seul, il est un *praeses v. c.*, c'est-à-dire de rang sénatorial (Orelli, n°° 1079. 3058. 3672 [= *C. I. L.*, t. VI, 1, n°° 1688. 1687. 1690]; plus tard, les gouverneurs sont toujours *consulares*; ainsi: en 363 (Const. 1, [*De collatione donator. vel releval. possess.*], C. Th., XI, 20); en 369 (S. Rufus, IV); en 372 (Const. 12, [*De div. offic. et apparitor. et probat. eor.*], C. Th., VIII, 7); en 400 (*Notit. Dignit. Occid.*, pp. 5. 67), et encore sous Justinien (Const. 1, § 2, [§ 12, éd. P. Krueger, *De offic. praef. praet. Afric. et de omni eiusd. dioeces. statu*], C. Just., I, 27).

(7) Dans la *Liste de Vérone*, cette province porte le nom de *Numidia miliciana*, ce qui est sans doute une corruption du nom *Tripolitana*. Tel est le sentiment de M. Mommsen. M. Desjardins, (*ubi supra*, pp. 79 et suiv.), est, à cet égard, d'un avis contraire.

(8) Rufus, (c. IV), indique en l'an 369 la province comme soumise à un *praeses*; vers 400, la *Notit. Dignit. Occid.*, (p. 67), en fait autant. Il est fait mention d'un *praeses* en 370 (Ammian., XXVIII, 6, 22) et en 399 (Const.59, [*De appellat.*], C. Th., XI, 30); lors donc qu'on lit dans la Const. 12, [*De divers. offic. et apparit. et probat. eor.*], au C. Th., VIII, 7, datée de l'année 372 : *Nullum militem a quolibet numero ad stationes agendas per consulares Byzacenam et Tripolitanam provincias destinari iubemus*, il semble bien qu'il y ait là une leçon fautive. La Const. 33, [*De appellat.*], au C. Th., XI, 30, *ibiq.* Gothofr.,

462   ORGANISATION DE L'EMPIRE ROMAIN.

Habitants de la province.

Maintenant que nous avons étudié la condition extérieure de la province, en nous attachant à son développement historique, il nous reste à jeter un coup d'œil sur sa situation intérieure.

Berbères,

Trois nationalités s'y rencontraient : la population primitive était formée par les Libyens ou Berbères, qui, bien que distribués en tribus nombreuses, appartiennent cependant, par la langue, à une même famille (1). Ils ont conservé, sous les Romains, leur nom (2), leur culte (3) et au moins en partie aussi l'autonomie politique de leurs tribus(4); leur langue s'est pareillement maintenue (5).

Phéniciens.

A côté d'eux, on trouve les Phéniciens qui, possédant depuis un millier d'années tout le littoral africain (6), constituaient la population dominante dans les villes, dont un grand nombre avaient été fondées par eux. Aussi longtemps que la province subsista, l'élément phénicien y demeura plus ou moins prépondérant ; la religion resta l'ancienne religion punique (7) ; les monnaies des villes, tant qu'on en frappa, c'est-à-dire jusqu'à Tibère, portent pour la plupart des inscriptions puniques ; les *duumviri* s'appellent *sufetes* dans les villes puniques (8), et l'idiome punique non seulement se con-

---

prouve qu'à cette époque la colonie de *Tacapae* était métropole de la province. — [Sur *Tacapae*, voy. M. G. Wilmanns, *C. I. L.*, t. VIII, 2, f° 1096, col. 2, h. v.]

(1) Voy. Movers, *Die Phoenizier*, t. II, 2, pp. 363-411.
(2) Voy. Henzen, dans les *Annali*, 1860, pp. 80 et suiv.
(3) Voy. Henzen, *ubi supra*, p. 82.
(4) Voy. Henzen, *ubi supra*, p. 51.
(5) Sur la langue berbère, voy. les justifications dans Movers, *op. et loc. sup. citt.*, p. 364. Comp. Renan, *La société Berbère*, dans la *Revue des Deux-Mondes*, 1873, Septembre.
(6) Voy. Movers, *ubi supra*, pp. 363. 412 et suiv. — [Sur les Phéniciens, indépendamment de l'ouvrage de Movers, voy. celui de M. Pietschmann, *Geschite der Phönicier*, publié en 1890 (*ibiq. Deutsche Literaturzeitung*, 1891, n° 1).]
(7) Voy. Henzen, *ubi supra*, p. 63.
(8) Monnaie de Carthage avec les têtes de César et d'Auguste et la légende *Aristo Mutumbal Ricoce Suf*. (Müller, t. II, p. 149, n° 319) ; il est fait mention d'un *sufes* de la *civitas Themetra* en Afrique de l'an 27 de notre ère dans Orelli, n° 3056 [= Maffei, *Mus. Veron.*, f° 472] ; de *sufetes* de la *civitas Apisia*, dans Orelli, n° 3057 [Cf. *C. I. L.*, t. VIII, 1, f° 97, V] ; de *sufetes* de la *civitas Avittensis Bibba* (Guérin, *op. cit.*, t. I, p. 429, n° 204 [= *C. I. L.*, t. VIII, 1, n°797]; d'un *sufes* de la *civitas Thibicaensis* (Guérin, t. II, p. 364, n° 520 [= *C. I. L.*, t. VIII, 1, n° 765]. — [Voy. encore *C. I. L.*, t. VIII, 2,

serva d'une manière générale jusqu'au sixième siècle (1), mais fut longtemps encore la langue usuelle des lettrés et celle de l'Église dans beaucoup de communautés chrétiennes. La sœur de l'empereur Septime Sévère, lequel était né à *Leptis magna*(2), parlait si mal le latin, que l'empereur ne put pas la garder à Rome (3); Ulpien admet la validité d'une *verborum obligatio*, même contractée dans la langue punique (4); lorsque Saint Augustin institua, vers l'an 423, un évêché à *Fussala*, *castellum* situé près d'*Hipno*, en Numidie, il désigna, pour l'occuper, un homme, *qui et Punica lingua esset instructus* (5); dans un de ses propres discours, il emploie un proverbe punique et ajoute : *Latine vobis dicam, quia Punice non omnes nostis* (6); et l'on voit un autre évêque, auquel le dialecte punique est étranger, obligé, pour faire un sermon, de recourir à un interprète (7). Toutefois, quelque obstinée que fût la résistance opposée aux conquérants par la double population indigène, les Romains arrivèrent avec le temps, non seulement à consolider leur domination extérieure sur la province, mais encore à y développer une vie intellectuelle, dans laquelle apparaît, avec une romanisation active du pays, l'influence impossible à mé-

Romanisation.

---

f° 1102, col. 2, *in init.*, les renvois, ainsi que les recueils épigraphiques plus récents cités dans la note initiale de ce chapitre, I, *Sources épigraphiques*, p. 439.]

(1) Arnobius iunior mentionne encore, vers 460, dans le *Comment. ad Psalm.*, CIV (p. 481, éd. Migne), le *sermo Punicus* comme étant la langue des Garamantes dans la petite Syrte. Nous possédons différentes inscriptions puniques de *Leptis magna*, datant de l'époque impériale romaine. (Voy. Movers, *op. sup. cit.*, t. II, 2, pp. 476. 477.) Procope, (*De bell. Vand.*, II, 10), dit encore: καὶ εἰς ἐμὲ τῇ Φοινίκων φωνῇ χρώμενοι ᾤκηνται.

(2) Spartian., *Sev.*, I.

(3) Spartian., *Sev.*, XV : *Cum soror sua Leptitana ad eum venisset vix Latine loquens ac de illa multum imperator erubesceret — redire mulierem in patriam praecepit.*

(4) L. 1, § 6, [*De verbor. obligat.*], D., XLV, 1. Cf. L. 11, pr., [*De legat. et fideic.* III], D., XXXII, 1 : *Fideicommissa quocumque* [sic ed. Mommsen ; — Marquardt, p. 473, note 12 : *quocunque*] *sermone relinqui possunt, non solum Latina vel Graeca, sed etiam Punica vel Gallicana...*

(5) Augustin., *Epist.*, CCIX, 3.

(6) Augustin., *Sermon.*, CLXVII, 4.

(7) Augustin., *Epist.*, CVIII, 14.

connaître du caractère national indigène. Carthage elle-même (1) fut le centre d'une civilisation africo-romaine particulièrement maniérée, mais cependant remarquable à plus d'un titre ; cette civilisation trouva, au point de vue littéraire, non seulement des représentants considérables chez les écrivains profanes et ecclésiastiques, tels qu'Apuleius, Tertullien, Arnobius, Cyprien et Augustin, mais encore une manifestation caractéristique dans les inscriptions en vers et en prose trouvées dans des régions parfois même lointaines. Aussi est-il intéressant de suivre, dans la mesure du possible, la marche progressive de l'influence romaine en Afrique.

Communes :   Lors de l'occupation du pays (2), sept villes qui, pendant la troisième guerre punique, avaient combattu du côté des Romains (3),
Civitates liberae, avaient été déclarées *civitates liberae* et ou bien laissées en possession de l'intégralité de leurs domaines, ou bien récompensées par un agrandissement territorial ; ce sont : *Utica* [ruines de Bu Schater] (4), *Hadrumetum* [Sûsa] (5), *Thapsus* [Dîmâs] (6), *Leptis minor* [ruines de Lamta] (7), *Achulla* [Badrîa] (8),

---

(1) Salvianus, *De gub. Dei*, VII, p. 149, éd. 1688, in-4 : *Illic* (à Carthage) *omnium officiorum publicorum instrumenta, illic artium liberalium scholae, illic philosophorum officinae, cuncta denique vel linguarum gymnasia vel morum*.

(2) Sur la constitution primitive de la province, la source principale est le plébiscite de l'an 643 = 111, que Rudorff, (*Das Ackergesetz des Sp. Thorius*, dans la *Zeitschr. für gesch. Rechtswissenschaft*, Bd. X), et M. Mommsen, (*C.I. L.*, t. I, f° 75, n° 200), ont publié avec d'excellents commentaires.

(3) Appian., *Pun.*, LXXV ; — Polyb., XXXVI, 1 ; — Tit.-Liv., *Ep.*, XLIX,

(4) Appian., *Pun.*, CXXXV ; — *Lex agr. anni* 643, lin. 79. 80 : *extraque eum agrum, quei ager intra finis populorum leiberorum Uticensium H(adrumetinorum T)ampsitanorum Leptitanorum Aquillitanorum Usalitanorum Teudalensium, quom in ameicitiam poplei Romani proximum venerunt, fuit.* [Voy., sur cette ville, M. G. Willmanns, *C. I. L.*, t. VIII, 1, f° 149.]

(5) Cette ville s'appelle *oppidum liberum* (Plin., *Nat. hist.*, V, 25). — [Voy., sur elle, *C. I. L.*, t. VIII, 1, f° 14 et suiv.]

(6) Plin., *Nat. hist.*, V, 25. — [Voy. *C. I. L.*, t. VIII, 1, f° 11.]

(7) Hirtius, *Bell. Afr.*, VII : *Pervenit ad oppidum Leptim, liberam civitatem et immunem.* — [Sur *Leptis minor*, voy. *C. I. L.*, t. VIII, 1, f° 14 ; comp. f° 11.]

(8) Cette ville qui, dans les auteurs, porte le nom d'*Acholla*, d'*Achilla*, et, dans la loi de 643, celui d'*Aquilla*, s'appelle *Achulla* sur ses monnaies (voy. Müller, t. II, pp. 43 et suiv.). Hirtius, (*Bell. Afr.*, XXXIII), et Pline, (*Nat. hist.*, V, 30), la citent comme *civitas libera*. — [Voy., sur elle, *C. I. L.*, t. VIII, 1, f° 11.]

Usalis (1) et *Theudalis* (2). Quant aux localités restées fidèles à Carthage, qui, tout au moins tant que la guerre avait duré, n'avaient pas passé dans le camp des Romains, elles furent détruites (3); leurs habitants furent mis à mort ou vendus comme esclaves; enfin, tout leur territoire fut réuni à l'*ager publicus* et reçut trois destinations (4). — Le territoire de la ville de Carthage reçut de C. Gracchus, en 632 = 122, une colonie romaine qui prit le nom de *Iunonia* (5). Mais, l'emplacement qu'avait occupé Carthage ayant été solennellement voué par Scipion aux dieux infernaux (6), cette colonie fut supprimée l'année suivante par une loi du tribun de la plèbe Minucius Rufus (7); et la construction d'une ville nouvelle sur les ruines de Carthage dut en conséquence demeurer provisoirement suspendue. Toutefois, les terres attribuées aux colons ne leur en furent pas moins assignées *viritim* (8); et c'est

Colonisations romaines.

---

(1) *Lex agrar.*, *loc. sup. cit.* — [Le P. Delattre a signalé à l'*Acad. des Inscr. et Belles-Lettres*, dans sa séance du 24 février 1888, (*Journal officiel* du 28 févr. suiv., p. 885, col. 3), une lecture nouvelle d'une inscription depuis longtemps connue et provenant sans doute des environs d'Utique. Cette lecture, acceptée par M. Héron de Villefosse, est due à un ecclésiastique qui a désiré garder l'anonymat. L'inscription dont nous parlons avait été lue : COTVZAE SACRAE, ce qui ne donnait aucun sens plausible. (Voy. *C. I. L.*, t. VIII, 1, n° 1204 et la note.) COL. VZALITANAE, qui a été proposé, donne précisément le nom de la colonie romaine d'*Uzalis*, dont l'existence et la situation à dix-huit kilomètres d'Utique sont attestées par des témoignages concordants. — Comp. *Uzelis* (Udjel), *C. I. L.*, t. VIII, 1, f° 589 *in fine*. — P. L.-L.]

(2) *Immune oppidum* (Plin., *Nat. hist.*, V, 23).

(3) Appian., *Pun.*, CXXXV : ὅσαι δὲ πόλεις συμμεμαχήκεσαν τοῖς πολεμίοις ἐπιμόνως ἔδοξε καθελεῖν ἁπάσας.

(4) Ce sujet est traité en détail par M. Mommsen, (*C. I. L.*, t. I, f° 96 et suiv.).

(5) Plutarch., *C. Gracch.*, X. XI. XIV; — Appian., *Bell. civ.*, I, 24; *Pun.*, CXXXVI; — Vellei. Paterc., I, 45; II, 7; — Fronto, *Ad Verum*, II, p. 125, éd. Nabsr : *Iam Gracchus locabat Asiam et Karthaginem viritim dividebat;* — Tit. Liv., *Epit.*, LX; — Solin., XXVII; — Eutrop., IV, 21; — Oros., V, 11. [Sur Carthage, voy. les renvois de la note initiale de ce chapitre, IV, *Géographie et Itinéraires*, p. 442.]

(6) Appian., *Pun.*, CXXXV; *Bell. civ.*, I, 24 ; — Cic., *De leg. agr.*, I, 2, 5; II, 19, 51 ; — L. 21, [fr. Modestin., *Quib. mod. ususfruct. vel us. amitt.*], D., VII,4 ; — Zonaras, IX, 30.

(7) Appian., *Pun.*, CXXXVI; *Bell. civ.*, I, 24 ; — Oros., V, 11; — Florus, II, 3.

(8) Voy. M. Mommsen, *loc. sup. cit.*, f° 97.

Organisation Romaine, t. II

ainsi qu'environ six mille citoyens romains s'établirent en Afrique. — Une autre portion du sol fut vendue par l'État à des particuliers (1); les acquéreurs furent vraisemblablement des spéculateurs romains ; il est d'autant moins permis d'en douter, que, plus tard encore, les biens ruraux africains furent achetés en bloc avec empressement et se trouvèrent, comme *latifundia*, aux mains d'un petit nombre de capitalistes romains (2). — Enfin, une troisième partie du territoire africain demeura domaine de l'État et fut, soit abandonnée, moyennant le paiement d'un *stipendium* (3), aux habitants qui avaient fait encore en temps utile leur soumission aux Romains, soit affermée par les censeurs (4), et, dans ce cas, une partie des fermiers étaient encore Romains. Ainsi, si, d'une part, l'extermination de la population indigène à la suite de la guerre sanguinaire qui lui avait été faite ouvrait carrière aux

---

(1) Il sera traité ailleurs des conditions de cette vente. — Voy. M. Mommsen, *loc. sup. cit.*, f° 98.

(2) Frontin., dans les *Gromat. vett.*, [t. I], p. 53, él. Lachm. : ..... in *Africa, ubi saltus non minores habent privati quam respublica territoria : quin immo multis saltus longe maiores sunt territoriis : habent autem in saltibus privati non exiguum populum plebeium et vicos circa villam in modum munitionum.* C'est ce que mentionne de son côté Horace, (*Od.*, I, 1, 10): *Illum (iuvat) si proprio condidit horreo, Quidquid de Libycis verritur areis*, et, d'une manière plus précise, Pline, (*Nat. hist.*, XVIII, 35) : *Sex domini semissem Africae possidebant, cum interficit eos Nero princeps.* — Cf. Horat., *Od.*, III, 16, 31. — Sur les biens impériaux en Afrique, nous possédons aujourd'hui un document très remarquable dans le décret de Commode pour le *saltus Burunitanus*. (Voy. M. Mommsen, dans *Hermes*, t. XV, (1880), pp. 385 et suiv. [pp. 385-411 ; 478-480]. — [*Adde :* Lettre de M. Ch. Tissot à M. E. Desjardins : *Acad. des Insc. et Bell.-Lett.* (*Comptes-rendus des séances de l'année 1880;* Bulletin de janvier-février-mars, pp. 80-85) ; — A. Esmein, *Les colons du Saltus Burunitanus*, dans le *Journal des Savants*, novembre 1880, et surtout dans ses *Mélanges d'histoire du Droit et de critique.*— *Droit romain*, Paris, 1886, in-8, pp. 293-321 ; — R. Cagnat et E. Fernique, dans la *Revue archéologique*, février 1881, pp. 94 et suiv.; mars 1881, pp. 137 et suiv. ; — Fustel de Coulanges, *Recherches sur quelques problèmes d'histoire*, Paris, 1885, in-8, pp. 25 et suiv. — L'inscription dont il est ici question a été découverte à Souk-el-Khmis, sur la route de Carthage à *Bulla Regia*, entre Sidi-Ali-Djibin et Henchir-el-Karia; elle est gravée sur pierre, et cette pierre a été transportée à Paris. Le texte épigraphique figure au *C. I. L.*, t. VIII, 2, n° 10570. — P. L.-L.]

(3) *Lex agraria*, de l'an 111, lin. 80. 81 : *cum agrum locum, quem IIvir ex hac lege stipendiariis dederit adsignaverit.*

(4) La loi traite ce point lin. 83-89.

colonisations romaines, de l'autre, dans les villes puniques demeurées debout, les relations commerciales et l'administration étaient des agents efficaces de romanisation. *Utica, Hadrumetum* et *Thapsus* devinrent des chefs-lieux judiciaires (*conventus*) (1); la première de ces villes, alors située au bord de la mer (2), non seulement attira à elle le commerce de Carthage, mais fut, dès le début, la principale cité de la province (3); elle reçut de César la latinité (4), d'Auguste le droit de cité (5) et le nom de *Municipium Iulium Uticense* (6); enfin, sous Hadrien, elle devint colonie romaine (7), sous le nom de *Colonia Iulia Aelia Hadriana Augusta Utikensis* (8), et, sous Septime Sévère, *colonia iuris Italici* (9). Toutefois, elle perdit le premier rang, lorsque Carthage, colonisée à nouveau par César, en 44 avant J.-C. (10), et agrandie, grâce à Auguste, en l'an 29, par un second envoi de trois mille colons (11), fut rede-

---

(1) César, (*Bell. civ.*, II, 36), mentionne *Utica* comme *conventus*, et Hirtius, (*Bell. Afr.*, XCVII), mentionne comme tels *Hadrumetum* et *Thapsus*. — [Sur ces trois villes, voy. M. G. Wilmanns, *C. I. L.*, t., VIII, 1, f° 149. 14 et 11.]

(2) La côte s'est profondément modifiée depuis cette époque, et le golfe d'Utique est comblé. (Voy. Müller, t. II, p. 162.)

(3) Caesar, *Bell. civ.*, I, 31 ; II, 36 ; — Hirtius, *Bell. Afr.*, LXXXVII, LXXXVIII.

(4) C'est ce qui paraît ressortir de César, (*Bell. civ.*, II, 36) : *Uticenses pro quibusdam Caesaris in se beneficiis illi amicissimi*; — Hirtius, *Bell. Afr.*, LXXXVII : *M. Cato, quod Uticensibus propter beneficium legis Iuliae parum in suis partibus praesidii esse existimaverat, plebem inermem oppido eiecerat*. — Voy. M. Mommsen, *Röm. Gesch.*, t. III, [7ᵗᵉ Aufl.], p. 555 [= dans la trad. franç. de M. Alexandre, t. VIII, p. 172), et *C. I. L.*, t. I, f° 98. [*Adde* les ouvrages cités en notre note initiale de ce chapitre, III, *Histoire*, pp. 441 et suiv.]

(5) Dio Cass., XLIX, 16 : *Utica civium Romanorum* ; — Plin., *Nat. hist.*, V, 24.

(6) Sur les monnaies de Tibère, Utique se nomme *M. MVN. IVL. VTICEN*, ce que Borghesi, (*Œuvres*, t. I, p. 475), explique ainsi, en s'appuyant sur Hirtius, (*Bell. Afr.*, LXXXVIII): *municipium munitum Iulium Uticense*, tandis qu'Eckhel, ([*Doct. Num.*], t. IV, p. 147), lit: *municipes municipii Iulii Uticensis*.

(7) Gellius, XVI, 13.

(8) Voy. Janssen, *Musei Lugduno — Batavi Inscr. Gr. et Lat.*, p. 80 [= *C. I. L.*, t. VIII, 1, n° 1181].

(9) L. 8, § 11, [fr. Paul., *De censibus*], D., L, 15.

(10) Strabo, XVII, p. 833 ; — Plutarch., *Caes.*, LVII ; — Pausanias, II, 1, 2 ; — Dio Cass., XLIII, 50 ; — Appian., *Pun.*, CXXXVI.

(11) Dio Cass., LII, 43 ; — Appian., *Pun.*, CXXXVI. — Sur les monnaies,

venue — et cela ne se fit pas attendre — la ville la plus importante d'Afrique (1). Ainsi, tandis qu'Utique, la plus ancienne des villes puniques, finit seulement par être complètement romaine, Carthage, au contraire, apparaît, dans le développement de la province, comme ayant été dès l'origine un élément romain ; et cette double méthode de romanisation graduelle, d'une part, de colonisation directe, de l'autre, se retrouve désormais, pendant toute la période impériale. Au temps de Pline, la province, qui était alors encore indivise et s'étendait de la frontière de la Maurétanie à celle de la Cyrénaïque, comptait trente villes libres (2), dont une partie ne semble avoir obtenu le privilège de la liberté que depuis la formation de la province (3), quinze *oppida civium Romanorum* et six colonies.

Fondations de villes. Plus tard, les villes libres se transforment, ainsi que les *castella*, les *turres* et les *pagi*, auxquels le droit de ville faisait en général défaut, en municipes et en colonies ; et il est regrettable que nous n'ayons pas encore les moyens de suivre chronologiquement ces fondations de villes. Contentons-nous, quant à présent, de rappeler les faits d'une manière générale ; à cet effet,

---

Carthago s'appelle *Kar. Veneris* ou *C. I. C.*, ce qui pourrait être lu *Colonia Iulia Carthago*. (Voy. Müller, t. II, pp. 149. 152. 153.)

(1) Strabo, XVII, p. 833 ; — Mela, I, 7, 2 ; — Herodian., VII, 6, 1 : ἡ γοῦν πόλις ἐκείνη καὶ δυνάμει χρημάτων καὶ πλήθει τῶν κατοικούντων καὶ μεγέθει μόνης Ῥώμης ἀπολείπεται, φιλονεικοῦσα πρὸς τὴν ἐν Αἰγύπτῳ Ἀλεξάνδρου πόλιν περὶ δευτερείων. — Ausonius, *De claris urb.*, II. — Les recherches entreprises au sujet de l'ancien territoire de la ville n'ont produit jusqu'à ce jour que de très maigres résultats. (Voy. Boulé, *Fouilles à Carthage*, Paris, 1861, in-8, traduit en allemand, Leipzig, 1863, in-8 ; — Davis, *Carthago and her remains*, London, 1861, in-8 ; — David, *Ruined cities within Numidian and Carthaginian territories*, London, 1862, in-8. [Voy. aussi la note initiale de ce chapitre, IV, *Géographie et Itinéraires*, p. 442.]) Il en ressort cependant tout au moins que la *Carthago* romaine a été, en dépit de la *devotio*, construite à la place de l'ancienne Carthage. (Voy. Davis, *Carthage*, p. 120.)

(2) Plin., *Nat. hist.*, V, 29.

(3) *Leptis magna* [ruines de Lebda] reçut vraisemblablement sa liberté pendant la guerre contre Jugurtha (Sallust., *Iug.*, LXXVII. LXXVIII) ; *Clupea* (Ἀσπίς) [Kalibia], que Pline appelle ville libre, avait, durant la dernière guerre punique, embrassé le parti des Carthaginois (Appian., *Pun.*, CX), et elle n'était probablement pas encore libre sous Tibère, puisqu'elle a frappé sous cet empereur des monnaies *permissu L. Apronii proconsulis, permissu P. Dolabellae proconsulis* (voy. Müller, t. II, pp. 155. 156), permission dont les villes libres n'avaient pas besoin.

AFRICA ET *NUMIDIA.*

nous allons donner une liste des villes romaines de la province, dans laquelle, au risque de commettre une erreur de délimitation, l'ancienne province d'Afrique sera distinguée de la province ultérieure de Numidie (1)*. En Afrique, on connaît, en fait de *coloniae*: *Colonia Abitensis*, à l'époque de Dioclétien (2), qui n'est autre, sans doute, que la *civitas Avittensis Bibba* [Hr. bu Ftis] (3); *Bisica Lucana* (Tastour, près de Tunis) (4), *Byzacium* ou *Colonia Byzacena* (5), *Capsa* [Gafsa] (6), *Colonia Iulia Carpitanorum* [El Merîssa] (7) *Carthago*, *Cuina* (8), *Colonia Iulia Curubis* [Kurba] (9), *Hadrumetum* ou *Colonia Concordia Ulpia Traiana Augusta Frugifera Hadrumetina* [Susa] (10); *Hippo Diarrhytus* [Binsert] (11); *Leptis magna* [Lebda] (12); *Maxula* ou *Ma-*

---

(1) * [Sur la liste qui va suivre, nous nous bornons à renvoyer, d'une manière générale: 1° aux auteurs indiqués dans la note initiale de ce chapitre, IV, *Géographie et Itinéraires*, p. 442; — 2° au *C. I. L.*, t. VIII, 2, *Index* X, f°ˢ 1088 *in fine* et suiv. ; — 3° à M. Jos. W. Kubitschek, *opp. et locc. citt.* en la note précitée, I, *Sources épigraphiques*, p. 439. — Voy. aussi, pour les compléments, cette même note initiale, I, *Sources épigr.*, et II, *Numismatique*, pp. 438 *in fine* — 441.]

(2) Voy. Ruinart, *Acta mart.*, éd. 1713, p. 385.

(3) Guérin, t. I, p. 429, n° 204 [= *C. I. L.*, t. VIII, 1, n° 797]. — [Voy. *C. I. L.*, t. VIII, 1, f° 100.]

(4) Orelli, n° 1072 = Guérin, t. II, p. 165 [= *C. I. L.*, t. VIII, 1, n° 1357]. — [Voy. *C. I. L.*, t. VIII, 1, f° 938 ; comp. f° 169.]

(5) Reines., f° 458, n° 122 ; — Ptolem., IV, 3, 39, [Comp. *C. I. L.*, t. VIII, 1, n° 1127.]

(6) *Tab. Peuting.* ; — Cyprian., *Ep.*, LIII ; — Spon, *Misc.*, p. 162, n° 2. [Voy. *C. I. L.*, t. VIII, 1, f° 22, et 2, f° 1090, col. 1, *in fine*.]

(7) Guérin, t. II, p. 23, n° 209 [= *C. I. L.*, t. VIII, 1, n° 1206]. — [Voy. *C. I. L.*, t. VIII, 1, f° 130.]

(8) Ptolem., IV, 3, 34.

(9) Dans l'inscription rapportée par Orelli sous le n° 530, il ne faut pas lire COL. FVLminatrix CVRVBIS, mais, suivant M. Guérin, (t. II, p. 243), COL. IVL. CVRVBIS [= *C. I. L.*, t. VIII, 1, n° 980]. — [Voy. *C. I. L.*, t. VIII, 1, f° 127.]

(10) Orelli, n° 3058 [= *C. I. L.*, t. VI, 1, n° 1637]. Cette colonie est également mentionnée par Ptolémée, (IV, 3, 9), et par Spartien, (*Did. Iulian.*, 1). — [Voy. *C. I. L.*, t. VIII, 1, f° 14.]

(11) Guérin, t. II, p. 23, n° 209 [= *C. I. L.*, t. VIII, 1, n° 1206]; — Plin., *Epist.*, IX, 33. — [Voy. *C. I. L.*, t. VIII, 1, f° 152.]

(12) Cette ville reçut le *ius Italicum* sous Septime Sévère et Caracalla (L. 8, § 11, [fr. Paul., *De censibus*], D., L, 15). Nous ignorons si elle était déjà colonie antérieurement, étant donné qu'elle n'est mentionnée comme telle qu'au Digeste, (L. 30, [fr. Iulian., *De vulg. et pupill. substit.*], XXVIII, 6), dans l'*Itinéraire d'Antonin*, (p. 63), et dans la *Table de Peutinger*. Les mon-

xula Prates [Ghâdes](1); *colonia Iulia Neapolis* [Nebel kedim](2); *Oea* [Trablus ou Tripoli] (3) ; *Sabrata* [Zoara ; en italien, Tripoli-vecchia] (4); *colonia Scillitana* [Hr. Gasrîn](5); *Sufes* ou *colonia Sufetana* [Hr. Sbiba](6); *Tacape* (Gabes) (7) ; *Thaena* ou *colonia Aelia Augusta Mercurialis Thaenitana* [Hr. Tinae] (8); *Thelepte* [ruines de Medinet-kedima=*urbs vetus*] (9); *Thugga* [Dugga], encore *civitas* sous Hadrien (10), appelée plus tard *Alex. Sever. municipium liberum Thugga* (11), enfin *Colonia Licinia Septimia Alexandriana Thuggensium* (12); *colonia Iulia Aurelia Commoda Thuburbo maius* [Hr. Kasbat](13); *Thysdrus* ou *colonia Thysdritana* [El Djem] (14); *Uthina* [Udena](15);

---

naies qui portent pour légende COL. VIC IVL LEP, et que l'on a d'ailleurs regardées comme se rapportant à *Leptis magna*, se réfèrent à *Celsa Lepida* [Ielsa], en Espagne. (Voy. Müller, t. II, p. 15). — [Sur *Leptis magna*, voy. M. G. Wilmanns, au *C. I. L.*, t. VIII, 1, f°° 2 et suiv.]

(1) Plin., *Nat. hist.*, V, 24 ; — *Itin. Ant.*, p. 57, éd. Wess. — [Voy. aussi *C. I. L.*, t. VIII, 1, f° 131, col. 1.]

(2) Guérin, t. II, p. 231, n° 460 [= *C. I. L.*, t. VIII, 1, n° 968] ; — Ptolem., IV, 3, 8. — [Voy. *C. I. L.*, t. VIII, 1, f° 125.]

(3) *Itiner.*, p. 62 ; — *Tab. Peut.* — [*C. I. L.*, t. VIII, 1, f° 5.]

(4) *Itiner.*, p. 61. — [*C. I. L.*, t. VIII, 1, n° 2868,71.]

(5) Guérin, t. I, p. 324, n° 85 = Maffei, *Mus. Veron.*, f° 462, n° 3, lequel a *Cilitana* [= *C. I. L.*, t. VIII, 1, n° 210]. Cette localité s'appelle aussi *Cilium* dans l'*Itiner.*, (p. 54). — [Voy. *C. I. L.*, ubi supra, f° 33.]

(6) Guérin, t. I, p. 372, n° 146 [= *C. I. L.*, t. VIII, 1, n° 262 ; adde n° 258] ; — Augustin., *Ep.*, L. — [Voy. *C. I. L.*, t. VIII, 1, f° 44.]

(7) *Itiner.*, p. 59 ; — *Tab. Peut.* [Voy. *C. I. L.*, t. VIII, 1, f° 8, et 2, f° 1096, col. 2, V° *Tacapae*.]

(8) *Itiner.*, p. 59 ; — Gruter, f° 363, n° 3. — [Voy. *C. I. L.*, t. VIII, 1, f° 10.]

(9) Guérin, t. I, p. 313 = Maffei, *Mus. Veron.*, f° 461, n° 3 [= *C. I. L.*, t. VIII, 1, n° 211] ; — Guérin, t. I, p. 321, n° 80 [= *C. I. L.*, t. VIII, 1, n° 216] ; — *Tab. Peuting.* — [Voy. *C. I. L.*, t. VIII, 2, f° 1097, col. 1, V° *Thelepte*.]

(10) Henzen, n° 5330 [= *C. I. L.*, t. VIII, 1, n° 1479].

(11) Temple, *Excursions. Append.*, n° 37 [= *C. I. L.*, t. VIII, 1, n° 1484 adde n° 1500].

(12) Henzen, n° 5329 = Guérin, t. II, p. 123, n° 336 [= *C. I. L.*, 1, n° 1487]. — [Sur *Thugga*, voy. *C. I. L.*, t. VIII, 1, f° 182.]

(13) Guérin, t. II, p. 372 [= *C. I. L.*, t. VIII, 1, n° 848] ; — Plin., *Nat. hist.*, V, 29. — [Voy. *C. I. L.*, t. VIII, 1, f° 106.]

(14) Henzen, n° 5326 = Guérin, t. I, p. 98 [= *C. I. L.*, t. VIII, 1, n° 51] ; — *Itiner.*, p. 59 ; — *Tab. Peut.* — [Voy. *C. I. L.*, t. VIII, 1, f° 12, et 2, f° 1097, col. 2, sub fin., V° *Thysdrus*.]

(15) Plin., *Nat. hist.*, V, 29. — [Voy. *C. I. L.*, t. VIII, 1, f° 112 et n° 3067.]

Vallis [Hr. Sidi Médiān] (1). Il faut y joindre les municipes suivants: *Municipium Abtugnense* (2), mun. *Agbiensium* [Hr. Ain Edja] (3), mun. *Canapium* (4), *Gigthi* [Hr. Djorf bu Grara] (5), mun. *Giufitanum* [Hr. Mscherga] (6), *Macomades minores municipium* [Ksùr el-Ahmar] (7); mun. *Mizigitanum* [Duêla] (8); mun. *Seressitanum* [Hr. Um el Abuab] (9); mun. *Severianum (Antoni)nianum liberum Thibussicensium Bure* [Tebursuk] (10), mun. *Aurelia Vina* [Hr. Elmden] (11), mun. *Zita* (12). Certains villages reçurent aussi des vétérans (13); mais ils donnèrent petit à petit naissance à des villes, comme les *castella* et les *turres*; on en trouve un exemple dans la *turris Tamalleni*

---

(1) Guérin, t. II, p. 178, n° 420 [= *C. I. L.*, t. VIII, 1, n° 1275]. — On trouve une fois encore les *Vallitani* mentionnés ibid., p. 181, n° 429 [= *C. I. L.*, t. VIII, 1, n° 1282; adde n°⁸ 1280 et 1285]. — [Sur *Vallis*, voy. *C. I. L.*, t. VIII, 1, f° 160.]

(2) *Acta purgationis Felicis*, dans Baluze, *Misc.*, t. II, p. 81, où cependant on trouve écrit *municipium Aulumnitanorum*; — *Caecilianus, magistratus Aptugnitanorum* (Augustinus, *Contra Cresconium*, III, 81).

(3) Henzen, n° 5328 = Guérin, t. II, p. 144 [= *C. I. L.*, t. VIII, n° 1550]. — [Voy. *C. I. L.*, t. VIII, 1, f° 189; comp. f° 173. Voy. aussi M. Ett. de Ruggiero, *Dizionar. epigr.*, V° *Agbia*, fascic. 11 et 12, Roma, 1888, pp. 352 *in fine* et suiv.]

(4) Morcelli, t. I, p. 117.

(5) *Municipium Giti* (*Itiner.*, p. 60). Mais, quant aux habitants, ils s'appellent *Gigthenses* (Guérin, t. I, p. 225, n° 31 [= *C. I. L.*, t. VIII, 1, n° 26; adde Guérin, t. I, p. 227, n° 32 = *C. I. L.*, eod., n° 30]). — [Voy. *C. I. L.*, t. VIII, 1, f° 6.]

(6) Shaw, t. I, p. 231; — Guérin, t. II, p. 376 [= *C. I. L.*, t. VIII, 1, n° 865; adde, n°⁸ 864 et 866]. — [Voy. *C. I. L.*, t. VIII, 1, f° 108.]

(7) *Itiner.*, p. 59. — [Voy. *C. I. L.*, t. VIII, 1, f° 480, et 2, f° 923.]

(8) Guérin, t. II, p. 298 [= *C. I. L.*, t. VIII, 1, n° 991]. — [Voy. *C. I. L.*, t. VIII, 1, f° 130.]

(9) Guérin, t. II, p. 354, n° 507 [= *C. I. L.*, t. VIII, 1, n° 937]. — [Voy. *C. I. L.*, t. VIII, 1, f° 119.]

(10) Guérin, t. II, p. 111, n° 307 [= *C. I. L.*, t. VIII, 1, n° 1439]. — [Voy. *C. I. L.*, t. VIII, 1, f°⁸ 173, LXIIII, et 177.]

(11) Guérin, t. II, p. 264, n° 466; p. 266, n° 469 [= *C. I. L.*, t. VIII, 1, n°⁸ 960, 961; adde *C. I. L.*, eod., n° 959]. — [Voy. *C. I. L.*, t. VIII, 1, f° 123.]

(12) *Itiner.*, p. 60.

(13) Gori, *Inscr. Etr.*, t. I, p. 6, n° 2 [= Henzen, n° 5314 = *C. I. L.*, t. VIII, 1, n° 885.]: *ex decreto paganorum pagi Mercurialis veteranorum Medelitanorum* [*Medelitanorum* = Sidi Nassar Bergù ou Scivâdes].

[Telmin] (1) qui, dans une inscription, célèbre Hadrien comme *conditor municipii* (2).

Colonisation de la Numidie. La Numidie a, dès le commencement, été colonisée par des établissements militaires (on n'y rencontre qu'une seule ville libre, *Bulla Regia* [Hammam Darradji, près de Scheschia Beni]) (3), et les nombreuses inscriptions découvertes dans ce pays permettent d'affirmer avec certitude que la population romaine s'y composait surtout de soldats actifs et de vétérans. Sa ville principale, *Cirta* [Constantine] (4), autrefois résidence de Syphax (5) et de Masinissa (6), fut attribuée par César, avec un territoire étendu, à P. Sittius qui, d'abord partisan de Catilina, s'était enfui en Maurétanie et, en 708=46, avait rendu à César, avec une armée recrutée par lui-même, des services signalés; le pays ainsi donné fut affecté à l'entretien de ses troupes (7) et *Cirta* constituée par lui en colonie romaine. Depuis cette époque, la ville porte le nom de *colonia* (8), ou de *colonia Sittianorum* (9), et elle doit vraisemblablement à César lui-même (10) celui de *Cirta Iulia* (11) ou de *colonia Iulia Iuvenalis Honoris et Virtutis Cirta* (12). De *Cirta* dépendait un territoire considérable, dont les *pagi* sont devenus plus tard des communes particulières, quelques-uns des colonies ; au deuxième siècle, on en trouve trois

---

(1) *Itiner.*, pp. 73. 74. — [Voy. aussi *C. I. L.*, t. VIII, 1, f° 21, *in init.*]
(2) Guérin, t. I, p. 244, n° 37 [= *C. I. L.*, t, VIII, 1, n° 83].
(3) Plin., *Nat. hist.*, V, 22. — [Voy., sur *Bulla Regia*, MM. Tissot, dans la *Revue critiq. d'hist. et de littér.*, 1er mars 1880, et G. Wilmanns, dans le *C. I. L.*, t. VIII, 1, f° 157, et 2, f° 934.]
(4) Voy. M. Mommsen, *Die Stadtverfassung Cirtas und der Cirtensischen Colonien*, dans *Hermes*, t. I, pp. 47-68. — [Voy. aussi M. G. Wilmanns, dans le *C. I. L.*, t. VIII, 1, f°. 618 et suiv.]
(5) Mela, I, 6, 1; — Tit. Liv., XXX, 12; — Appian., *Pun.*, XXVII.
(6) Tit. Liv., XXX, 44, 12; — Strabo, XVII, p. 832.
(7) Appian., *Bell. civ.*, IV, 54.
(8) Mela, I, 6, 1 ; — Plin., *Nat. hist.*, V, 22 ; — Renier, n° 172 [= *C. I. L.*, t. VIII, 1, n° 2595] et nombre d'autres. [Voy. *C. I. L.*, t. VIII, 2, f° 1091, col. 1, V° *Cirta.*]
(9) Mela et Pline, *ubi supra*.
(10) Zumpt, (*Comment. epigr.*, t. I, p. 380), attribue la colonie à Auguste.
(11) Ptolem., IV, 3, 28; VIII, 14, 8.
(12) Renier, n° 1824 = Henzen, n° 5317 [= *C. I. L.*, t. VIII, 1, 7041].

réunies à *Cirta* dans une administration communale unique, sous le nom de *IIII Cirtenses* (1) ou *coloniae Cirtenses* (2), savoir : *colonia Veneria Rusicade* (3) Philippeville), la ville maritime de *Cirta, colonia Minervia Chullu* [Kollo] (4) et *colonia Sarnensis Mileu* (5), qui ont en commun des *III viri IIII coloniarum* (6), des *aediles IIII coloniarum* (7), des *decuriones IIII coloniarum* (8), des *patroni IIII coloniarum* (9), jusqu'à ce que, vers la fin du troisième siècle, cette union prit fin et que les quatre colonies recouvrèrent leur autonomie (10). Parmi les autres colonies, on connaît (11) : *Aphrodi-*

---

(1) Renier, n°° 2529 [= *C. I. L.*, t. VIII, 1, n° 8318]. 2530 = Henzen, n° 6592 [= *C. I. L.*, t. VIII, 1, n° 8319], de l'année 169. C. Iulius Crescens — — *flamen perp. quatuor Cirtensibus et Cuiculitana, pontifex omnibusque honoribus in quinque coloniis functus*.

(2) Renier, n° 1868 [= *C. I. L.*, t. VIII, 1, n° 6942] : *Concordiae coloniarum Cirtensium sacrum*.

(3) Renier, n°° 1884. 2174. 2323. 2324. [= *C. I. L.*, t. VIII, 1, n°° 7124. 7060. 6710. 6711] ; — *Annuaire*, 1853, p. 25. — [*Adde C. I. L.*, t. VIII, 1, n° 7969. Voy., au surplus, *C. I. L.*, t. VIII, 1, f° 684, et 2, f° 1095, col. 2, *in init.*, V° *Rusicade.*]

(4) Renier, n°° 2323. 2324 [= *C. I. L.*, t. VIII, 1, n°° 6710. 6711]. — [Sur *Chullu*, voy. *C. I. L., eod.*, f° 700.]

(5) Renier, n°° 2323. 2324 [= *C. I. L.*, t. VIII, 1, n°° 6710. 6711 ; *adde eod.*, n°° 3266. 6950]. — *Ordo coloniae Milevitanae* (*Annuaire*, 1860, p. 138, n° 2 [= *C. I. L.*, t. VIII, 1, n° 7013, où on indique *ann. de Const.* 1860-61, p. 137 ; *adde eod.*, n°° 7094-7098. 7103. 7115. 7125. 7130. 8210 = *Colonia Mil(l)evitana*]) ; — *Gen(io) col(oniae) Mil(evitanae)* (*Recueil*, 1868, p. 395, n° 1 [= *C. I. L.*, t. VIII, 1, n° 8202]). — [Voy., au surplus, *C. I. L.*, t. VIII, 2, f° 1094, col. 1, v° *Mileu.*]

(6) Renier, n° 1888 [= *C. I. L.*, t. VIII, 1, n° 7125].

(7) Renier, n° 1879, d'après la restitution de M. Mommsen [= *C. I. L.*, t. VIII, 1, n° 7126].

(8) Renier, n° 2175 [= *C. I. L.*, t. VIII, 1, n° 7983].

(9) Renier, n° 1812 [= *C. I. L.*, t. VIII, 1, n° 7059], et M. Mommsen, *op. et loc. sup. citt.*, p. 55.

(10) Les inscriptions permettent d'établir l'union des *quattuor coloniae* environ de 138 à 225 (voy. M. Mommsen, *ubi supra*, p. 61) ; plus tard, on trouve un *ordo coloniae Milevitanae* particulier (*Annuaire*, 1860, p. 138 [= *C. I. L.*, t. VIII, 1, n° 7013 ; voy., à cet égard, note 5, *supra*]). M. Mommsen rapporte à cette séparation l'inscription d'abord lue par lui avec exactitude et publiée par Renier sous le n° 2308 [=*C. I. L.*, t. VIII, 1, n° 8210] ; d'après ce document, un *IIIvir [reso]luta contributione a Cirtensib(us)* devient *iterum in col(onia)* (*Mileu.*), *patria sua, primus IIIIvir*. — [Sur les quatre *coloniae Cirtenses*, voy. M. G. Wilmanns, au *C. I. L.*, t. VIII, 1, f°° 618 et suiv.]

(11) Les travaux de Zumpt, (*Comment. epigr.*, t. 1, pp. 422 et suiv.), et de Henzen, (*Annali*, 1860, pp. 88 et suiv.), qui, cependant, peuvent aujourd'hui

sium (1); *colonia Fl(avia) Ammaedera* [Hidra ou Heidra] (2); *Colonia Iulia Assuras* (3) (Zanfour), que Pline (4) appelle encore *Oppidum civium Romanorum Assuritanum*, et que Ptolémée, lui aussi, ne désigne pas comme colonie; *Kalama* [Gelma], d'abord *municipium* (5), puis plus tard colonie (6); *Cuicul* [Djemila], d'abord *respublica* (7), depuis Severus et Caracalla colonie (8); *Hippo Regius* (Bona [Bône]) (9); *Lambaesis* [Lambèse], dont Pline ne fait encore aucune mention, dans Ptolémée Λάμ-βαισα, autrefois *municipium* (10), sous Constantin, colonie (11);

être modifiés et complétés sur quelques points, servent de base à l'énumération qui va suivre. — [Sur les compléments et additions épigraphiques, voy. notre note initiale de ce chapitre, I, *Sources épigraphiques*, pp. 438 *in fine* et suiv.]

(1) Ptolem., IV, 3, 5.
(2) Renier, n° 3194 [= *C. I. L.*, t. VIII, 1, n° 302; *cf.* n°ˢ 308. 309]; *IIviri Ammaedarensium* (*ibid.*, n°ˢ 2715. 3196 [= *C. I. L.* t. VIII, 1, n°ˢ 5351. 314]). [Voy. *C. I. L.*, t. VIII, 1, f° 50, et M. Ett. de Ruggiero, *Dizionar. epigr.*, fascic. 15, Roma, 1889, V° *Ammaedara*, pp. 450, col. 2 *in fine*, et suiv.]
(3) Guérin, t. II, p. 90 [= *C. I. L.*, t. VIII, 1, n° 1798; cf. n° 631]. Ἄσσουρος, dans Ptolémée, (IV, 3, 30). — [Voy. *C. I. L.*, t. VIII, 1, f° 211.]
(4) Plin., *Nat. hist.*, V, 29.
(5) Renier, n°ˢ 2715. 2719. 2821. 2824 [= *C. I. L.*, t. VIII, 1, n°ˢ 5351. 5328. 5376. 5373]. Comme tel, *Kalama* a des *IIIIviri* (Renier, n°ˢ 2754. 2755 [= *C. I. L.*, t. VIII, 1, n°ˢ 5292. 5368]).
(6) Renier, n°ˢ 2726. 2735 [= *C. I. L.* t. VIII, 1, n°ˢ 5332. 5340]; — Augustin., *De civ. Dei*, XXII, 8, 20, p. 505, éd. Dombart. — La colonie a des *IIviri* (Renier, n°ˢ 2756. 2757. 2767 [= *C. I. L.*, t. VIII, 1, n°ˢ 5367. 5298. 5297]). — [Sur *Calama* ou *Kalama*, voy. *C. I. L.*, t. VIII, 1, f° 521.]
(7) Renier, n° 2531 [= *C. I. L.*, t. VIII, 1, n° 8309].
(8) Renier, n°ˢ 2529. 2533. 2535 [= *C. I. L.*, t. VIII, 1, n°ˢ 8318. 8326. 8329]; — Ptolem., IV, 3, 29. — [Sur *Cuicul*, voy. *C. I. L.*, t. VIII, 1, f° 708.]
(9) Augustin., *Ep.*, XXXV; *De civit. Dei*, XXII, 8, p. 503, éd. Dombart; — *Itiner.*, p. 44. — *Hippo Regius* a des *IIviri* (Renier, n° 2871 [= *C. I. L.*, t. VIII, 1, n° 5276]). — [Voy. *C. I. L.*, t. VIII, 1, f° 516.]
(10) Renier, n°ˢ 76. 1282. 1524 [= *C. I. L.*, t. VIII, 1, n°ˢ 2611. 2776. 2467].
(11) *Ordo col. Lamb.* (Renier, n° 116; comp. n° 187 [= *C. I. L.*, t. VIII, 1, n°ˢ 2720. 3297]); *Lambesitana colonia* (Cyprian., *Ep.*, LV); on trouve fréquemment dans les inscriptions *RESP. C. L.*, c'est-à-dire *respublica coloniae Lambaesitanorum* (Renier, n°ˢ 118, 4314. 4316. 4364. 4367. 4368 [= *C. I. L.*, t. VIII, 1, n° 2721; 2, n°ˢ 10253. 10259. 10256. 10228. 10229).]. Mention est faite de *duumviri* dans les inscriptions rapportées sous les n°ˢ 79. 85. 237. 1282. 1406. 1710 [= *C. I. L.*, t. VIII, 1, n°ˢ 2734. 2677. 2757. 2776. 2620. 4436]. — [Voy., au surplus, *C. I. L.*, t. VIII 1, f°ˢ 283 et suiv., et les renvois de la note 2, p. 455, *supra*.]

Lares]Lorbus] (1,) ou *colonia Aelia Augusta Lares* (2), que Justinien réédifia (3); *Madauri* [Mdaurusch] (4), *Sicca Veneria* [Schak-Benâr el Kef] (5), ou *colonia Iulia Cirta nova* (6) ; *Sigus* [Bordj-ben-Zekri] (7); *Simultu* [Simithu ; Hr. Schemtû ou R'issât] (8); *Thabraca* [Tabarka Cap Roux. La Calle], dans Pline, (V, 22), *oppidum civium Romanorum*, plus tard *colonia* (9); *Thamugas* [Timgâd], colonie de Trajan, fondée en l'an 100 après J.-C., sous le nom de *colonia Marciana Traiana Thamugas*, par la *leg. III Aug.* (10) ; *Theveste*

---

(1) *Itinerar.*, p. 26.
(2) Henzen, n° 5327 = Guérin, t. II, p. 73, n° 266 [= *C. I. L.*, t. VIII, n° 4779].
(3) Corripus, *Iohann.*, VI, 143 :

> *Urbs Laribus mediis surgit tutissima silvis*
> *Et muris munita novis, quos condidit ipse*
> *Iustinianus apex.*

[Sur *Lares*, voy. *C. I. L.*, t. VIII, 1, f° 209.]
(4) Tel est le nom que l'on trouve dans Saint-Augustin, (*Conf.*, II, 3); on lit, au contraire, Μάδουρος dans Ptolémée, (IV, 3,'30). L'inscription recueillie par Renier sous le n° 2924 [=*C. I. L.*, t. VIII, 1, n° 4672] atteste l'existence de la colonie. — Apul., *Apol.*, XXIV, p. 447 : *Neque hoc eo dixi, quo me patriae meae poeniteret, etsi adhuc Syphacis oppidum essemus : quo tamen victo ad Masinissam regem munere populi Romani concessimus ac deinceps veteranorum militum novo condilu splendidissima colonia sumus, in qua colonia patrem habui loco principis duumviralem, cunctis honoribus perfunctum.* — [Sur *Madaura*, voy. *C. I. L.*, t. VIII, 1, f° 472.]
(5) Ptolem., IV, 3, 30 ; — Plin., *Nat. hist.*, V, 22.
(6) Guérin, t. II, p. 58, n° 233 [=*C.I.L.*, t. VIII, 1, n° 1648]. *Cirthenses Siccenses* (Guérin, t. II, p. 59, n° 234 [=*C. I. L.*, t. VIII, 1, n° 1641 ; cf. n°* 1636 et 1647]. — [Voy. *C. I. L.*, t. VIII, 1, f° 197.]
(7) D'abord *respublica Siguitanorum* (Renier, n° 2468 [= *C. I. L.*, t. VIII, 1, n° 5693 ; *adde* Renier, n°* 1829. 2466. 2467 = *C. I. L.*, t. VIII, 1, n°* 5699. 5700. 5701]), ou *municipium* (Renier, n° 2472 [= *C. I. L.*, t. VIII, 1, n° 5704]); ensuite *colonia* ([Falbe], *Excursions dans l'Afrique septentrionale*, Paris, 1837 [1838], in-8, n° 87, dans une inscription de Caracalla [= Renier, n° 1829 = *C. I. L.*, t. VIII, 1, n° 5700; ce texte ne nous paraît pas avoir été bien lu par Falbe et Marquardt, et nous pensons avec Renier et le *Corpus* qu'il vaut mieux lire *respubLica*, à la dernière ligne, que *coLonia*.— P. L.-L.]).—[Sur *Sigus*, voy. *C. I. L.*, t. VIII, 1, f° 552.]
(8) *Itiner.*, p. 43. — [Voy. *C. I. L.*, t. VIII, 1, f° 158.]
(9) Ptolem., IV, 3, 5. — [Voy. *C. I. L.*, t. VIII, 1, f° 513, XXXIV, et M. J. Toutain. *Trois Inscriptions de Tabraca (Tabarka*, Tunisie), dans ses *Mélanges d'archéologie et d'histoire*, t. XI. fasc. I-II, Paris et Rome, avril 1891, pp. 81-91 ; voy. aussi du même auteur, *Fouilles de M. le capitaine Dautheville à Tabarka*, *eod.*, pp. 185-187.]
(10) Renier, n° 1479 [= *C. I. L.*, t. VIII, 1, n° 2355], mentionnée aussi

[Tebessa] (1) *Thieba* (2) *Thubursicum* [Khamisa] (3); *Thunudromum* (4) *Tuburnica* [Hr. Aïn Tubernok], au temps de Pline *oppidum civium Rom.*, plus tard colonie (5); *colonia Septimia Vaga* [Bedja] (6); *colonia Aelia Hadriana Augusta Zama Regia* [Lehs] (7); *colonia Iulia Zarai* [Zraya] (8). Néanmoins, tous les établissements ne devinrent pas immédiatement colonies ; mais les *pagi* et les *castella* s'élevèrent graduellement au rang de villes de constitution romaine, ainsi que nous le montrent divers exemples. *Arsacal* [(El Gulia). Aïn-Kerma], un *cas-*

---

comme colonie dans les n°⁸ 1505. 1508. 1509. 1510 sqq. et fréquemment ailleurs [= *C. I. L.*, t. VIII, 1, n°⁸ 2392. 2380. 2381. 2382 sqq. ; adde n°⁸ 2357. 2371. 2376. 2385a. 2386. 2387. 2403. 2407. 2409. 2437. 2699. 2700 ; 2, n°⁸ 10200. 10202. 10203. 10206. 10207. 10211. 10212. 10213. 10214. 10216. 10218. 10222. 10223. 10224.]. Voy. l'*album ordinis Thamugadensis* découvert par Wilmanns, dans l'*Ephem. epigr.*, Vol. III, pp. 77 et suiv. [= *C. I. L.*, t. VIII, 1, n° 2403]. — [Sur *Thamugadi*, voy. *C. I. L.*, t. VIII, 1, f° 250, et, *supra*, la note initiale de ce chapitre. IV, *Géographie et Itinéraires*, 6°, p. 444. Voy. enfin la note de M. Cagnat lue par M. G. Boissier à l'*Acad. des Inscr. et Bell.-Lett.*, séance du 15 mai 1891, (*Journ. off.* du 17 mai, p. 2175, coll. 1 *in fine* et suiv.). M. Cagnat se propose de faire sur Tingad, avec M. Boeswilwald, une publication développée, dont le 1ᵉʳ fascicule seul a déjà paru. — P. L.-L.]

(1) *Itiner.*, p. 27. — [Voy. *C. I. L.*, t. VIII, 1, f°⁸ 245 et suiv.]

(2) Θίηβα κολωνία (Ptolem., IV, 3, 29, éd. Wilberg), ailleurs écrit Θιγίβα, peut-être identique avec l'*oppidum civium Romanorum Tibigense* (Plin., *Nat. hist.*, V, 29) et avec la *civitas Thibica* [Hr. bir Magra] (Guérin, t. II, p. 362, n° 515 ; p. 364, n° 520 [= *C. I. L.*, t. VIII, 1, n°⁸ 767. 765.]). — [Sur *Thibica*, voy. *C. I. L.*, t. VIII, 1, f° 96. — Wilmanns déclare ce municipe absolument distinct de *Thieba* et de l'*oppidum* dont parle Pline.]

(3) *Respub. coloniae Thuburs. Numidarum* (*Recueil*, 1866, p. 134, n° 117 [= *C. I. L.*, t. VIII, 1, n° 4876]. — [Sur *Thubursicum Numidarum*, qu'il faut se garder de confondre avec *Thubursicum Bure*, ci-dessus mentionné, p. 471, note 10, voy. *C. I. L.*, t. VIII, 1, f° 489.]

(4) Θουνούδρομον κολωνία (Ptolem., IV, 3, 29, suivant la leçon de Wilberg).

(5) Plin., *Nat. hist.*, V, 29 ; — Ptolem., IV, 3, 29. — [Sur le *municipium Tubernuc*, voy. *C. I. L.*, t. VIII, 1, f° 124 ; il est à noter ici que, si Wilmanns identifie ce municipe à l'*oppidum civium Romanorum Tuburnicense* mentionné par Pline, *Nat. hist.*, V, 4, 29, du moins le déclare-t-il entièrement différent de la Θουβούρνικα κολωνία de Ptolémée, *loc. sup. cit.*]

(6) Guérin, t. II, p. 40, n° 216 ; p. 41, n° 217 [= *C. I. L.*, t. VIII, 1, n°⁸ 1222. 1217]. — [Voy. *C. I. L., cod*, f° 154.]

(7) Gruter, f° 364, n° 1 ; — Reinesius, f° 458, n° 122. — [Voy. *C. I. L.*, t. VIII, 1, f°⁸ 210 *in fine*, LXXV, et suiv. ; comp. f° 89.— Voy. aussi M. Th. Mommsen, dans *Hermes*, t. XX, 1885, pp. 144 et suiv.]

(8) Renier, n°⁸ 5 F. 4113 [= *C. I. L.*, t. VIII, 1, n°⁸ 2532 C, f° 289. 4511]. — [Voy. *C. I. L.*, eod., f° 455.]

tellum (1), dépendant de *Cirta* (2), se nomme *respublica* (3); *Cisus* s'appelle *municipium* (4); de même, *Diana* [Ain Zana] (5), *Lamasba* [Hr. Meruâna] (6), *Mastar* [Ruffach], *castellum* près de *Cirta*, portent le nom de *respublica* (7); le *pagus Phuensium* [Phua=Ain Fua], placé sous l'autorité d'un *magister pagi* (8) ou *castelli* (9), est aussi une *respublica* et a des décurions (10); *Thagaste* [Sùk Aghas; *vulgo* Arrhas] est un *municipium* (11), ainsi que *Thignica* [Hr. Ain Tunga], qui se nomme d'abord *civitas* (12), puis est connue sous le nom de *municipium Septimium Aurelium Antoninianum Herculeum Frugiferum Thignica* (13); ainsi encore

(1) Renier, n° 2364 [= *C. I. L.*, t. VIII, 1, n° 6041].
(2) Il élève un monument à un *patronus coloniarum*, un autre au *genius coloniae*, ce par quoi il faut sans doute entendre *Cirta*. (Voy. *Annuaire*, 1862, p. 80, n° 2; p. 107, n° 111 [= *C. I. L.*, t. VIII, 1, n°ˢ 6048. 6042].)
(3) *Annuaire*, 1862, p. 80, n° 2 [= *C. I. L.*, t. VIII, 1, n° 6048]. — [Sur *Arsacal*, voy. *C. I. L.*, eod., f° 573.]
(4) *Itiner.*, p. 16.
(5) Renier, n°ˢ 1721. 4323 [= *C. I. L.*, t. VIII, 1, n° 4589, et 2, n° 10381]. Comme dans l'*Itinéraire d'Antonin*, (p. 35), *Diana* est appelée *Diana veteranorum*, et comme elle a des *IIviri* (Renier, n°ˢ 1718. 1729. 1730 et maints autres [= *C. I. L.*, t. VIII, 1, n°ˢ 4600. 4596. 4597; *adde* n°ˢ 4577. 4579. 4580. 4583. 4585. 4588. 4600 *bis*]), Henzen, (*Annali*, 1860, p. 89), incline à la tenir pour une colonie. — [Voy., sur *Diana*, *C. I. L.*, t. VIII, 1, f° 462.]
(6) Renier, n° 1452 [= *C. I. L.*, t. VIII, 1, n° 4253]; — *respublica Lamasbensium Antoniniana* (Renier, n° 4332 [= *C. I. L.*, t. VIII, 2, n° 10403]). — [Sur *Lamasba*, voy. *C. I. L.*, t. VIII, 1, f° 445.]
(7) *Annuaire*, 1858, p. 209 [= *C. I. L.*, t. VIII, 1, n° 6356]. — [Voy. *C. I. L.*, eod, f° 591.]
(8) Renier, n°ˢ 2379. 2381 [= *C. I. L.*, t. VIII, 1, n°ˢ 6267. 6268; *adde* n°ˢ 6270. 6271. 6273. 6274. 6278. 6283. 6284. 6286. 6288].
(9) Renier, n°ˢ 2399. 2403 [= *C. I. L.*, t. VIII, 1, n°ˢ 6298. 6272].
(10) Renier, n°ˢ 2375 sqq. [= *C. I. L.*, t. VIII, 1, n°ˢ 6303; *adde* n°ˢ 6268. 6269. 6270. 6271. 6272. 6275. 6276. 6278. 6282. 6283. 6285. 6286. 6287. 6288. 6289. 6306. 6307; et 2, n° 10326]. — [Sur *Phua*, voy. *C. I. L.*, t. VIII, 1, f° 586 *in fine*.]
(11) *Bullett.*, 1859, p. 33 [= *C. I. L.*, t. VIII, 1, n° 5145]. — Il est fait mention de son *ordo* dans les inscriptions rapportées par Renier sous les n°ˢ 2902. 2904 [= *C. I. L.*, t. VIII, 1, n°ˢ 5146. 5150]. — [Sur *Thagaste*, voy. *C. I. L.*, eod., f° 508.]
(12) Guérin, t. II, p. 157 = Maffei, *Mus. Ver.*, f° 464, n° 4 [= *C. I. L.*, t. VIII, 1, n° 1419; — *adde* Guérin, t. II, p. 153, n° 386 = *C. I. L.*, t. VIII, 1, n° 1413].
(13) Guérin, t. II, p. 152, n° 384, d'après lequel le n° 5325 de Henzen peut être complété d'une manière plus exacte qu'il ne l'a été [= *C. I. L.*, t. VIII, 1, n° 1406]. — [Sur *Thignica*, voy. *C. I. L.*, eod., f°ˢ 173 et suiv.]

que *Tiddis* [Kheneg] (1), *Tigava* (2), *Tubuna* [*Tubunae* = Tobna] (3), *Uzelis* [Udjel] (4), et l'ancien *vicus Verecunda* [Henschir Markuna] (5).

---

(1) Cette localité a des décurions, des édiles, des questeurs (Renier, n°ˢ 2321. 2323 sqq. [voy. *C. I. L.*, t. VIII, 1, n°ˢ 6701. 6702. 6706. 6710. 6711]. — [Voy. *C. I. L.*, *eod.*, f° 606.]
(2) *Itiner.*, p. 38.
(3) Renier, n° 1657 [= *C. I. L.*, t. VIII, 1, n° 4485]; cette inscription mentionne un *duumvir*. [*Adde C. I. L.*, t. VIII, 1, n° 4482.] — [Sur *Tubunae*, voy. *C. I. L.*, *eod.*, f° 453.]
(4) Renier, n° 2456 [= *C. I. L.*, t. VIII, 1, n° 6341]. — [Voy. *C. I. L.*, *eod.*, f° 589.]
(5) *Possessores vici Verecundensis* (Renier, n° 1410 [= *C. I. L.*, t. VIII, 1, n° 4199; *adde*, n°ˢ 4194. 4205]). Le *vicus* a déjà des décurions (Renier, n°ˢ 1411. 1413 [= *C. I. L.*, t. VIII, 1, n°ˢ 4234. 4205]); mais, plus tard, il s'appelle *municipium* (Renier, n°ˢ 1437. 1438. 1439 [= *C. I. L.*, t. VIII, 1, n°ˢ 4225. 4226. 4227]). — [Sur *Verecunda*, voy. *C. I. L.*, *eod.*, f° 423.]

[N. B.: Sur les travaux d'archéologie faits dans l'Afrique romaine et le profit que l'on en peut tirer, voy. le remarquable discours prononcé par M. Gaston Boissier à l'assemblée générale du *Congrès des Sociétés savantes et des Sociétés des Beaux-Arts de Paris et des départements*, le 27 mai 1891, (*Journ. off.* du 29 mai, pp. 2378, col. 3 *sub. fin.*, et suiv. — P. L.-L.]

XLIV. XLV. MAURETANIAE (1)*.

Toute la Maurétanie, c'est-à-dire la partie Nord-Ouest de l'Afrique, depuis l'*Ampsaga* [Wêd el-Kebir] (2), était possédée, sous Auguste, par Juba II, fils de ce Juba qui avait perdu son royaume dans la bataille de *Thapsus* (46 avant J.-C). Époux de Cleopatra Selene, fille d'Antoine et de la célèbre Cléopâtre (3), il fut fait par Octave, en 25 avant J.-C., roi des deux Maurétanies, et vécut jusqu'en 23 après J.-C.; son fils Ptolemaeus lui succéda et régna de 23 à 40 après J.-C. (4). Ce dernier, encore comblé

---

(1)* [Pour la bibliographie de ces provinces, voy., ci-dessus, pp. 438 et suiv., et p. 478, N. B. final. — Voy. aussi *C. I. L.*, t. VIII, 1, f°s XVIII, col. 2, et suiv. — N. B.: On annonce (fin mai 1891) comme devant paraître prochainement, de M. Em. Masqueray, *Inscriptions de la Maurétanie Césarienne et de la Numidie.* — P. L.-L.]

(2) Voy., ci-dessus, p. 452. — [Sur l'*Ampsaga*, voy. M. Ett. de Ruggiero, *Dizionar. epigr.*, fascic. 15, Roma, 1889, V° *Amsaga*, p. 462 *in fine*.]

(3) Dio Cass., LI, 15.

(4) Strabo, XVII, pp. 828. 831. 840; — *C. I. L.*, t. II, n° 3417. — La durée du règne de ces deux rois, qui a été très différemment appréciée, ressort des monnaies nombreuses de ces princes, monnaies qui sont datées d'après l'année du règne et qui prouvent que Juba II régna 48 ans et Ptolemaeus 18. Or, comme ce dernier mourut en l'an 40 de notre ère, et comme, par suite, il monta sur le trône en l'an 23, il s'ensuit que l'avènement de Juba doit être placé en l'an 25 av. J.-Chr. (Voy. L. Müller, *Numismatique de l'ancienne Afrique*, t. III, pp. 114. 115.) Il en résulte de même, comme le remarque L. Müller, (*ubi supra*, p. 82, note 3), que c'est une erreur d'expliquer, ainsi que le fait Boeckh, (*C. I. Gr.*, n° 360), l'inscription athénienne ὁ δῆμος βασιλέα Πτολεμαῖον, βασιλέως Ἰούβα υἱόν, βασιλέως Πτολεμαίου ἔκγονον, en disant que Ptolemaeus a eu un fils du nom de Juba et que, de son côté, celui-ci a également eu un fils du nom de Ptolemaeus. Cette inscription se rapporte beaucoup plutôt au Ptolemaeus dont il est question, lequel est nommé un descendant du Ptolémée d'Égypte.

Mauretania Tingitana et Caesariensis.

Ère de la province.

par Tibère de présents et de marques de faveur (1), fut mandé par Caligula à Rome, en l'an 40, et là mis à mort (2). Puis Claude forma avec l'ancien royaume deux provinces, la *Mauretania Tingitana*, avec *Tingis* (Tanger) pour chef-lieu (3), et la *Mauretania Caesariensis*, ayant pour chef-lieu *Iol*, qu'on appelait *Caesarea* depuis Juba (Cherchell, dans la province d'Oran) (4) ; elles étaient séparées l'une de l'autre par le *Mulucha* [Wêd-Mulûya] (5), que Ptolémée appelle Μαλούα et qui sépare aujourd'hui encore la province d'Oran du Maroc. La fondation de la province est fixée par une ère particulière, qui demeura en usage aussi longtemps que subsista la province elle-même, et dont la première année correspond à l'an 40 de l'ère chrétienne (6) ; mais, à raison de la résistance opposée par les Mau-

---

(1) Tacit., *Ann.*, IV, 24. 26.
(2) Dio Cass., LIX, 25 ; — Suet., *Cal.*, XXVI. XXXV ; — Seneca, *De tranq. an.*, c. XI.
(3) Cette province n'a fait qu'à une époque toute récente l'objet d'une étude consciencieuse. Voy. Tissot, ministre plénipotentiaire de France au Maroc, *Recherches sur la géographie comparée de la Maurétanie Tingitane* (avec une carte), dans les *Mémoires présentés par divers Savants à l'Académie des Inscriptions et Belles-Lettres. Première série.* Tome IX, 1878, pp. 139-322, et sur les inscriptions, d'ailleurs peu nombreuses, trouvées par Tissot, Desjardins, dans la *Revue archéologique*, Nouvelle série, t. XXIV, (1872), pp. 360 et suiv. — [Sur *Tingis* ou *Tingi*, voy. C. I. L., t. VIII, 2, f° 854.]
(4) Dio Cass., LX, 9 : ὁ Κλαύδιος διχῇ τοὺς Μαύρους τοὺς ὑπηκόους ἔνειμεν, ἔς τε τὰ περὶ Τέγγιν καὶ ἐς τὰ περὶ Καισάρειαν. Ἀφ' ὧνπερ καὶ ὀνομάζονται, καὶ δύο ἄρχουσιν ἱππεῦσι προςέταξε. — Plin., *Nat. hist.*, V, 2 : *Principio terrarum Mauretaniae appellantur, usque ad C. Caesarem Germanici filium regna, saevitia eius in duas divisae provincias.* 11 : *Romana arma primum Claudio principe in Mauretania bellavere Ptolemaeum regem a Gaio Caesare interemptum ulciscente liberto Aedemone.* — Aurel. Vict., *De Caes.*, IV. — [Sur *Caesarea*, voy. C. I. L., t. VIII, 2, f° 800, et M. Victor Waille, *De Caesareae monumentis quae supersunt*, (Thèse de Doct. ès-Lett.), Paris, mai 1891.]
(5) Sur les manières très différentes d'orthographier ce nom, voy. Tissot, *op. sup. cit.*, pp. 142 et suiv.
(6) Il est fait de fréquentes mentions de l'*aera*, et elle se trouve établie avec certitude. (Voy. Henzen, n°s 5337. 5338. 5859 [= C. I. L., t. VIII, 2, n°s 8426. 8630. 8433] ; — Renier, *Inscr. de l'Alg.*, n°s 3455. 3504. 3568. 3520 [= C. I. L., t. VIII, 2, n°s 8777. 8375. 9042. 8937], et les études approfondies de MM. Prévost, dans la *Revue Archéol.*, 1848, p. 800 ; — Hefner, dans les *Abhandlungen der K. bayer. Acad.*, *Phil. Cl.*, t. V, 2, (1849), pp. 198 et suiv. ; — Creuly, dans l'*Annuaire de Constantine*, 1858, pp. 1-8 ; — Renier, dans la *Revue Archéol.*, 1854, octobre, pp. 445 et suiv. ; — Victor de Buck, *Explication de deux épigraphes chrétiennes*, etc., dans la *Collection de précis historiques*,

rétaniens à l'occupation de leur pays, il fallut au moins deux ans encore, pour que le pays fût effectivement aux mains des Romains (1). Chaque province reçut comme gouverneur un *procurator* de la classe équestre (2), dont l'existence est certaine jusqu'aux Gordiens (3), et qui, à la différence des autres *procuratores* en fonctions en Maurétanie (4), s'appelle aussi *procurator pro legato* (5). Il arriva parfois que les deux Mauré-

Administration procuratorienne.

Bruxelles, 1854, (septembre), p. 477; — De Rossi, *Inscr. Christ. U. R.*, t. I, p. VI; — A. Poulle, dans l'*Annuaire de Constantine*, 1862, pp. 261 et suiv., et dans le *Recueil de Constantine*, 1869, p. 710.) — Il suffit de mentionner ici que l'année 158 de la province correspond à l'an 197 de notre ère (Renier, *Inscr. de l'Alg.*, n° 3520 [= *C. I. L.*, t. VIII, 2, n° 8937]), l'année 110 de la province à l'an 149 après J.-Chr. (Inscription de Sétif, *Annuaire de Const.*, 1862, p. 261 [= *C. I. L.*, t. VIII, 2, n° 8438]), l'année 413 de la province à l'an 452 de notre ère (*Ann. de Const.*, 1862, pp. 264, 268 [= *C. I. L.*, t. VIII, 2, n°s 8631, 9877]). — [Voy., au surplus, la concordance des années de la *provincia Mauretania Caesariensis* avec celles de l'ère chrétienne, dans le *C. I. L.*, t. VIII, 2, f°s 1062 et 1063.]

(1) C'est ce que raconte d'une façon circonstanciée Dion Cassius, (LX, 9).

(2) Dio Cass., LX, 9; — Plin., *Nat. hist.*, V, 11 : *Equitibus quoque Romanis, qui ex eo* (depuis Claude) *praefuere ibi, Atlantem penetrasse in gloria fuit*; — Tacit., *Hist.*, I, 11 : *Duae Mauretaniae, Raetia, Noricum, Thracia et quae aliae procuratoribus cohibentur*; II, 58 : *Isdem diebus accessisse partium utramque Mauretaniam, interfecto procuratore Albino, nuntii venere.*

(3) On trouve la liste des *procuratores* connus des deux provinces dans Henzen, *Annali*, 1860, p. 43. [*Adde C. I. L.*, t. VIII, 2, f°s 1069, *sub fin.*, et 1070, et les autres recueils d'inscriptions mentionnés en la note initiale de ce chapitre, I, *Sources épigr.*; pp. 438 *in fine* et suiv.] Le dernier d'entre eux est Catellius Rufinus, *proc. M. Caesariensis* sous Gordien (Renier, *Inscr. de l'Alg.*, n° 3804 [= *C. I. L.*, t. VIII, 2, n° 9963]). Il y faut joindre C. Vallius Maximianus *proc.* — *Mauretan. Tingitanae* sous Marc-Antonin (*C. I. L.*, t. II, n° 1120); — Furius Celsus, *proc.* de la même province sous Alexandre Sévère (Lamprid., *Alex.*, LVIII); — M. Aurelius Atho Marcellus, sous les Philippes (*Annuaire*, 1860, p. 226 [= *C. I. L.*, t. VIII, 2, 8809]).

(4) C'est ainsi que l'on trouve, sous Alexandre Sévère, Q. Axius Aelianus *proc. rat. priv. prov. Maur. Caes.* (Henzen, n° 6932 = *C. I. L.*, t. III, [1], n° 1456), et de nouveau avec le titre de *proc. Aug. r. p. per Caesariensem* (Renier, *Revue archeol.*, t. X, (1864), p. 218 = *Recueil de Const.*, 1864, p. 101, n° 12 [= *C. I. L.*, t. VIII, 2, n° 8812]). Il est fait mention d'un *subprocurator provinciae Mauretaniae Tingitanae* dans l'inscription d'Éphèse, publiée par M. C. Curtius dans *Hermes*, (t. IV, pp. 218, 219 = *C. I. L.*, t. III, [2], n° 6065).

(5) On en trouve un de ce genre sous Trajan (Orelli-Henzen, n° 3570, et Vol. III, p. 372 [= *C. I. L.*, t. VIII, 2, n° 9990]); un autre sous Hadrien (*Recueil de Const.*, 1864, p. 104, n° 12 [= *C. I. L.*, t. VIII, 2, n° 8813; *adde* n° 8814, et 1, n° 2728, 59]). — [Voy., à cet égard, *C. I. L.*, t. VIII, 1, f° XVIII, col. 2 *in fine*, et M. Clément Pallu de Lessert, *Études sur le droit public et l'organi-*

tanies fussent gouvernées par un seul *procurator*, par exemple, au temps de Galba, par Lucceius Albinus (1) ; sous Severus, Caracalla et Geta (209-211), par Cn. Haius Diadumenianus, et, un peu plus tard, par Q. Sallustius Macrinianus (2); de même, sous Hadrien, Q. Marcius Turbo paraît avoir exercé le commandement dans les deux provinces, avec le titre de *praefectus* (3). La réunion des deux provinces avait tout d'abord pour objet de concentrer les troupes sous une direction unique. En effet, bien que les Maurétanies n'eussent pas de légion, elles étaient occupées par de nombreuses troupes auxiliaires, de cavalerie notamment (4) ; ces troupes étaient commandées par le *procurator*, à moins que les dangereux soulèvements, qui se répétaient sans cesse, ne réclamassent des forces plus considérables, sous les ordres d'un *legatus* impérial (5). Sous Dioclé-

---

sation sociale de l'Afrique romaine. II. — *Les gouverneurs des Maurétanies*, Paris, 1885, broch. in-8, notamment, p. 101, note 4, et p. 117. — Le texte cité par Marquardt, p. 484, note 1, à l'appui de ce second exemple, avait été mal lu, et il a été plus correctement publié depuis; voy. nos renvois, *supra*. De cette seconde lecture il ressort qu'il convient d'effacer la mention d'un *procurator pro legato* sous Hadrien. — P. L.-L.]

(1) Tacit., *Hist.*, II, 58: *Lucceius Albinus a Nerone Mauretaniae Caesariensi praepositus, addita per Galbam Tingitanae provinciae administratione, haud spernendis viribus agebat. Decem novem cohortes, quinque alae, ingens Maurorum numerus aderat, — apta bello manus.*

(2) Le premier porte le titre de proc. Auggg. utrarumque Mauretaniarum (Renier, n° 3891 [= *C. I. L.*, t. VIII, 2, n° 9366]); l'autre, celui de proc. Aug(g.) utriusq(ue) prov. Mauretaniae (*Bullett. dell'Inst.*, 1859, p. 49 [= *C. I. L.*, t. VIII, 2, n° 9371]).

(3) Spartian., *Hadr.*, V: *Lusium Quietum sublatis gentibus Mauris, quos regebat — exarmavit, Marcio Turbone Iudaeis conpressis ad deprimendum tumultum Mauretaniae destinato*; c. VI: *Marcium Turbonem post Mauretaniae praefecturam* (c'est ainsi, en tout cas, qu'il convient de lire) — *Pannoniae Daciaeque ad tempus praefecit*. — Sur ce général d'ordre équestre qui, à supposer toutefois que Spartien lui attribue un titre officiel, était *praefectus Mauretaniae*, c'est-à-dire *procurator* gouvernant, voy. MM. Henzen, dans les *Annali*, 1860, p. 45 ; — Mommsen, *C. I. L.*, t. III, [1], n° 1462.

(4) Tacit., *Hist.*, II, 58. (Voy., ci-dessus, note 1.) — Les corps de troupes qui étaient stationnés dans la *Mauretania Caesariensis*, se trouvent énumérés dans Henzen, (*Annali*, 1869, pp. 71 et suiv.). — [Voy. aussi *C. I. L.*, t. VIII, 2, *Index* VII, *Res militaris*, f°* 1072 et suiv.]

(5) Capitolin., *Anton. P.*, V : *Per legatos suos plurima bella gessit — et Mauros ad pacem postulandam coegit*; *Vit. Anton. phil.*, XXI : *Cum Mauri Hispanias omnes vastarent, res per legatos bene gestae sunt*; — Spartian., *Vit. Sept. Sev.*, II. — Voy. Zumpt, *Studia Romana*, p. 144. — Lorsque M. Momm-

tien, le gouverneur des deux provinces porte le titre de *praeses* (1), que l'on rencontre en 288 pour la *Mauretania Caesariensis*, alors encore indivise (2) ; quelque temps après, toute l'administration des provinces fut modifiée, en ce que la *Mauretania Tingitana* fut rattachée au *dioecesis Hispaniarum*, tandis que la *Mauretania Caesariensis* se divisait en deux parties, séparées par l'Oued Flitoun d'aujourd'hui (3), dont l'une, celle de l'Ouest, conserva l'ancien nom, et l'autre, celle de l'Est, reçut, sous le nom de *Mauretania Sitifensis*, un *praeses* particulier. L'organisation nouvelle existait dès 297 (4) et le nom de *Mauretania Sitifensis* apparaît pour la première fois dans l'inscrip-

Mauretania Sitifensis.

---

sen, (*Bericht der sächs. Gesellsch.*, *Ph. Hist. Cl.*, 1852, p. 216), admet que le pouvoir militaire du légat de Numidie a, d'une manière générale, dû s'étendre sur les Maurétanies, cette opinion est en soi vraisemblable, étant donné que les *procuratores* relevaient toujours du commandement supérieur le plus voisin ; mais l'inscription, sur laquelle il s'appuie, ne fournit aucune preuve à cet égard, puisqu'elle appartient non pas à *Sitifis* [Sétif], mais à *Diana* (Zana). (Voy. Renier, n° 1749 [= *C. I. L.*, t. VIII, 1, n° 4582].) D'un autre côté, que des troupes fussent requises d'Espagne pour la Tingitane, c'est ce que nous apprennent les inscriptions de T. Varius Clemens (Gruter, f° 482, n°s 5. 6. 7. 8 = *C. I. L.*, t. III, [2], n°s 5211. sqq.), dans lesquelles ce personnage apparaît comme *praefectus auxiliorum in Mauretaniam Tingitanam ex Hispania missorum*. L'inscription fait trait à la guerre d'Antonin-le-Pieux, mentionnée par Capitolin, (*Ant. P.*, V), et par Pausanias, (VIII, 43, 3).

(1) *C. I. L.*, t. II, n° 4135 : *Ael. Ianuario — — [prae]sidi prov. Ting[it.], [praesi]di prov. Mau[ret. Caesariensis]*. — Dans le même ordre d'idées rentre aussi, en l'an 298, Anastasius Fortunatus, au sujet de qui on lit dans Ruinart, (*Acta prim. martyrum*, Amstelod., 1713, p. 302) : *In civitate Tingitana, procurante Fortunato praeside*. Il commande une *legio Traiana*, et est nommé, c. 2 *praeses legionis*. Ceci doit faire allusion à la *legio II Traiana*, qui tenait habituellement garnison à *Alexandria*, mais qui, cette année-là, si l'on peut ajouter foi aux *Acta*, doit avoir établi son quartier à *Tingi*.

(2) C'est à cette année que se rapporte l'inscription de *Sitifis* (Sétif), publiée dans l'*Annuaire de Constantine*, (1862, p. 173 [= *C. I. L.* t. VIII, 2, n° 8474]) : *D. N. imp. Caes. C. Valerio Aure. (Diocletiano) invic. pio fel. Aug. pontif. max. trib. (p.) V cons. III p. p. procos. Flavius Pecuarius v(ir) p(erfectissimus) p(raeses) p(rovinciae) Maur. Caes. devotus numini maiestatique eius*. Comme cette inscription a été posée à *Sitifis* en l'honneur du *praeses Maur. Caes.*, il est permis d'en conclure qu'il n'existait point encore à cette époque une *Mauretania Sitifensis*.

(3) Voy. *Recueil de Constantine*, 1863, p. 8.

(4) La *Liste des provinces de Vérone* (voy. M. Mommsen, dans les *Abh. der Berl. Acad.*, 1862, pp. 514. 515) en fait déjà mention.

tion de *Saldae* (Bougie) (1), dont il ressort qu'Aurelius Litua, *praeses* de la *Mauretania Caesariensis* (2), administrait les deux provinces lors de la guerre avec les *Quinquegentanei*. Cette guerre commença en 289 (3), dura pendant quelques années (4), et fut menée à sa fin par Maximianus, en 297 (5) ; la division des provinces paraît donc avoir été opérée, antérieurement à cette guerre, la première année du règne de Dioclé-

---

(1) *Annuaire de Constantine*, 1862, p. 170 [= *C. I. L.*, t. VIII, 2, n° 8924] : *Iunoni ceterisq. diis immortalibus gratiam referens, quod coadunatis secum militibus D. D. NN invictissimorum Augg. tam ex Maure. Caes. quam etiam de Silifensi adgressus Quinquegentaneos rebelles — — repressa desperatione eorum victoriam reportaverit Aurel. Litua v. p. p(raeses) p(rovinciae) M. Caes.*

(2) Il en est encore fait mention dans l'inscription de *Caesarea* (Renier, Inscr. de l'Alg., n° 4035 [= *C. I. L.*, t. VIII, 2, n° 9324]) : *Iovi optimo maximo ceterisque dis immortalibus gratum referens, quod erasis funditus barbaris transtagnensibus secunda praeda facta salvus et incolumis cum omnib. militibus D. D. NN. Diocletiani et Maximiani Augg. regressus Aurel. Litua v. p. p. M. C. votum libens posui.* [Voy. encore *C. I. L., eod.,* n° 9041.]

(3) Euseb., *Chr. Can.*, p. 187, éd. Schoene.

(4) Dans le *panegyricus genethliacus* de Mamertinus, prononcé en 291 en l'honneur de Maximien, on lit (c. XVI) : *Sed etiam suo ipso lucis occasu, qua Tingitano litori Calpetani montis obvium latus in mediterraneos sinus admittit oceanum, ruunt omnes in sanguinem suum populi, quibus nunquam contigit esse Romanis, obstinataeque feritatis poenas nunc sponte persolvunt.* — C. XVII : *Furit in viscera gens effrena Maurorum.*

(5) *Incerti panegyricus Maximiano et Constantino* (prononcé en 307), c. VIII : *Tu ferocissimos Mauretaniae populos, inaccessis montium iugis et naturali munitione fidentes expugnasti recepisti transtulisti* ; — Eutrop., IX, 23 : *Maximianus quoque Augustus bellum in Africa profligavit, domitis Quinquegentianis et ad pacem redactis*. Cette victoire est, suivant Eutrope, contemporaine de celle remportée par Dioclétien sur Achilleus, qu'Eusèbe place dans la treizième année du règne de cet empereur, c'est-à-dire en 297/8. Quant aux *Quinquegentanei*, mentionnés également par Eutrope, (IX, 22), Aurelius Victor, (Caes., XXXIX, 22), Orose, (VII, 25), Eusèbe, (*Chr. Can.*), p. 187, éd. Schoene), Iulius Honorius, (dans Mela, éd. Gronov., 1696, in-8, p. 18), ce ne sont pas, ainsi que l'a admis Scaliger, (*Thes. temp.*, Amstelod., 1658, fol. *Animadv.*, p. 243 b), les habitants de la *Pentapolis Cyrenaica*, mais des tribus mauresques, qui sont appelées par Paeanius, (*Metaphr.*, IX, 22. 23), Γεντιανοί, par Zonaras, (XII, 31), πέντε τινὲς Γεντιανοί, et qui habitaient dans la *Mauretania Caesariensis*. Il en est déjà fait mention dans l'inscription de C. Macrinius Decianus, placée vers l'année 260 de notre ère (Renier, n° 101 = Orelli — Henzen, n° 7444 γ [=*C.I.L.* t. VIII, 1, n° 2615]), et que l'on doit aujourd'hui restituer avec certitude de la manière suivante : *tertioque [Quinquege]ntaneis gentilibus Mauretaniae Caesariensis — caesis fugatisque.* — [Voy., sur les *Quinquegentanei, C. I. L.*, t. VIII, 2, f° 1081, K. *Bella et expeditiones*, Vis *Bavares et Quinquegentaneorum turbae, etc.*]

tien (1); quant au pouvoir militaire, il demeura momentanément, semble-t-il, aux mains du *praeses* (2). On trouve ici, encore au commencement du cinquième siècle, qui nous montre, à côté du *praeses*, un *dux limitis Mauretaniae Caesariensis* (3), comme dans d'autres provinces (4), deux dignités réunies sur la tête du *dux et praeses provinciae Mauretaniae Caesariensis*, qui avait sous ses ordres huit *praepositi limitum* (5). Sous le rapport de l'administration financière, les Maurétanies étaient, tout au moins depuis Constantin-le-Grand, réunies à la Numidie et placées dans les attributions d'un *rationalis* unique (6); toutefois, il n'est pas sûr qu'elles aient aussi relevé pendant quelque temps du *praeses Numidiae* (7).

(1) Depuis cette époque, à côté des *praesides Mauretaniae Caesariensis* (Renier, nos 3886. 3888 [= *C. I. L.*, t. VIII, 2, nos 9360. 9359]), on trouve aussi les *praesides Mauretaniae Sitifensis* sous Constance Chlore, c'est-à-dire entre 292 — 304 (Renier, n° 3284 [= *C. I. L.*, t. VIII, 2, n° 8475]), sous Constantin-le-Grand (Renier, nos 3285. 3286. 3555 [= *C. I. L.*, t. VIII, 2, nos 8476. 8477. 8442]), sous Valentinien II, Théodose et Arcadius, c'est-à-dire entre 383 — 394 (Renier, n° 3289 [= *C. I. L.*, t. VIII, 2, n° 8480]), et au commencement du v° siècle (*Notit. Dignit. Occid.*, p. 63).

(2) Le *praepositus limitis*, dont il est fait mention en l'an 262 de la province = 301 après J.-Chr. [et non 223, comme l'indique par erreur Marquardt, p. 486, note 2; voy., du reste, dans la *Mauretania Caesarea* (Renier, n° 3567 [= *C. I. L.*, t. VIII, 2, n° 9025]), aurait été, si cette conjecture est exacte, placé sous l'autorité du *praeses*.

(3) *Notit. Dignit. Occid.*, c. I, § 21ᵃ.

(4) C'est ainsi que l'on trouve en 382 un *dux et praeses Sardiniae* (Const. 3, [*Ad legem Iul. repetund.*], C. Th., IX, 27). Cf. Const. 32, § 1, [Const. 32, § 1 *a* (1), éd. Paulus Krueger], *De appellat. et consultat.*], C. Iust., VII, 62: *Quod si a duce fuerit appellatum, si idem et praeses sit, praefectura necessario tantum iure ordinario in sacro auditorio iudicabit.*

(5) *Notit. Dignit. Occid.*, c. XXIX. — Il est déjà fait mention d'un *praepositus limitis* de ce genre en l'an 262 de la province = 301 de notre ère (Renier, n° 3567 [= *C. I. L.*, t. VIII, 2, n° 9025]).

(6) *Recueil de Constantine*, 1860, p. 679 [= *C. I. L.*, t. VIII, 1, n° 7010]: *Iulius Iuvenal(is) vir. Numidiae et Mau(reta)niarum*. Dans la Constitution du Code Théodosien, de l'an 346, qui lui est adressée (Const. 4, [*De bonis vacant.*], C. Th., X, 8), il porte le titre abrégé de *rationalis Numidiae*. — *Annuaire de Constantine*, 1860, p. 144, n° 4 [= *C. I. L.*, t. VIII, 1, n° 7009]: *Vettius Florentinus v. p. rationalis Numid. et Mauret.* [Voy. aussi *C. I. L.*, eod., n° 7008]; d'après ce texte, il convient également de lire ainsi qu'il suit l'inscription recueillie par Renier sous le n° 1847 [= *C. I. L.*, t. VIII, 1, n° 7007]: [*rationa*]*lis Numidiae et Maur*(*etaniarum*), et non pas, comme le veut cet auteur, [*consularis sexfasca*]*lis Numidiae et Mauretaniae*.

(7) Sous Dioclétien apparaît à plusieurs reprises *Valerius Florus v. p. p.*

ORGANISATION DE L'EMPIRE ROMAIN.

Établissement de colonies.

Parmi les colonies à l'établissement desquelles les Romains avaient poussé avec ardeur dans les deux provinces, nous en connaissons sept pour la *Mauretania Tingitana* (1), savoir : trois d'Auguste, lesquelles, fondées encore à l'époque du royaume maurétanien, étaient alors comptées dans la province de *Baetica* : *Zilis* [Arzilla] (2), *Babba* (3) et *Banasa* [Sidi-Ali-Bu-Djenûn] (4) ; — deux de Claude : *Tingis* [Tanger] (5) et *Lixus* ou *Lix* [el-Arisch ou Araisch] (6) ; — deux d'une époque postérieure : *Rusadder* [Melila, *ad prom.* Râs-ed-dêr] et *Volubilis* [Ksar Faraûn, près de Mulei Edris] (7). On en connaît un beau-

---

p. NM, ce que Renier, (n°s 1513. 1514. 1515 [= *C. I. L.*, t. VIII, 1, n° 2347. 2346. 2345 ; — cf. *eod.*, n° 4324]), traduit par *vir perfectissimus praeses provinciae Numidiae Mauretaniae* (comp. Henzen, *Annali*, 1860, p. 37). Mais on peut se demander s'il ne faudrait pas lire *NVM*, étant donné que le *V* est enchâssé dans l'*N*. C'est ainsi que lit aussi M. Mommsen, (*Ephem. epigr.*, 1872, p. 125). [Cf. *C. I. L.*, *locc. sup. citt.*]

(1) Sur les colonies des deux Maurétanies, voy. Zumpt, *Comment. epigr.*, t. I, pp. 381. 424 ; sur celles de la *Mauretania Caesariensis*, voy. Henzen, dans les *Annali*, 1860, pp. 92 et suiv. — [Voy. aussi les renvois faits en la note initiale de ce chapitre, pp. 438 et suiv., *supra*.]

(2) Le nom est écrit Ζῆλις, dans Strabon, (III, p. 140 ; XVII, p. 827) ; Ζιλεία, dans Ptolémée, (IV, 1, 13, p. 249, éd. Wilberg ; VIII, 13, 4) ; *Zilis*, dans l'*Itinéraire d'Antonin*, (p. 8), tandis que, dans Pline,(*Nat. hist.*, V, 2), les meilleurs manuscrits portent : *In ora Oceani colonia Augusti Iulia Constantia Zulil, regum dicioni exempta et iura in Baeticam petere iussa*. Dans Mela, (III, 10, 6), où Vossius a lu *Zilia*, les manuscrits portent *colonia et fluvius Gna*, dénomination qui, d'ailleurs, est tout à fait inconnue. — Sur cette ville, voy. Tissot, *op. sup. cit.*, pp. 200 et suiv.

(3) *Iulia Campestris Babba, Augusti colonia* (Plin., *Nat. hist.*, V, 5) ; sur les monnaies *C. C. I. B.*, c'est-à-dire *colonia Campestris Iulia Babba* (Müller, t. III, p. 173). — Voy. Tissot, *op. cit.*, pp. 302 et suiv.

(4) *Colonia Valentia Banasa* (Plin., *Nat. hist.*, V, 5). Dans une inscription de Commode (Tissot, *op. cit.*, p. 279 = Desjardins, *loc. sup. cit.*, p. 364 [= *C. I. L.*, t. VIII, 2, n° 9992]), on lit *Col(onia) Aelia* [ce nom nous paraît fort douteux] *Banasa*. — [Sur *Banasa*, voy. *C. I. L.*, t. VIII, 2, f° 855, III.]

(5) Plin., *Nat. hist.*, V, 2 : *Tingi — a Claudio Caesare, cum coloniam faceret, appellatum Traducta Iulia*. — Comme la ville porte déjà sur les monnaies d'Auguste le nom de *Iulia Tingis* (Müller, t. III, p. 146), parce que ce prince lui avait conféré le droit de cité (πολιτεία) (Dio Cass., XLVIII, 45), il est probable qu'antérieurement déjà elle était *municipium*. (Comp. Zumpt, *ubi supra*, p. 387 ; — Tissot, *op. cit.*, pp. 185 et suiv.) — [Sur *Tingi*, voy. *C. I. L.*, t. VIII, 2, f° 854.]

(6) Plin., *Nat. hist.*, V, 2 ; — *Itiner. Anton.*, p. 7. — Voy. Tissot, *op. cit.*, p. 203. — [Voy. aussi *C. I. L.*, t. VIII, 2, f° 855, *in init.*, II, et, *supra*, la note initiale de ce chapitre, IV, *Géographie et Itinéraires*, *in fine*, 8°, p. 444.]

(7) *Itiner. Anton.*, pp. 11. 23. — Peut-être y avait-il encore une huitième

coup plus grand nombre pour la *Mauretania Caesariensis* ; savoir : huit d'Auguste (1) : *Cartenna* [Tenes], colonisée par la *leg. II* (2) ; *Gunugi*, établissement d'une *cohors praetoria* (3)* ; *Igilgili* [Djidjelli] (4) ; *Rusguniae* [Temendfust ou Cap Matifou] (5) ; *Rusazus* [Râs Sighli] (6)** ; *Saldae* (7) (Bougie), ou *colonia Iulia Augusta Saldantium Septimanorum immunis* (8) ; *Zuccubar* [Affreville] (9) ; *colonia Iulia Augusta legionis VII Tupusuctu* [Tiklat] (10) ; — deux de Claude (11) : *Caesarea* [Cherchel] (12) et *Oppidum novum* [Duperré ; en arabe, Ain Kha-

---

colonie, la *Colonia Sala*. C'est qu'en effet, dans l'*Itinéraire d'Antonin*, (p. 7, éd. Wess.), la plupart des manuscrits portent non pas *Sala*, mais *Salacona* ou *Salaconia*, et telle est la raison pour laquelle Tissot, (*op. cit.*, p. 233), veut lire *Sala colonia*. Dans une inscription publiée par cet auteur, (p. 289 [= *C. I. L.*, t. VIII, 2, n° 9994]), *Volubilis* s'appelle *municipium Volubilitanum*. — [Sur *Volubilis*, voy. *C. I. L.*, t. VIII, 2, f° 855, IV, et, *supra*, la note initiale de ce chapitre, I, *Sources épigraphiques, in fine*, 2°, p. 440, et V, *Administration romaine*, *Acad. des Inscr. et Bell-Lett.*, séances du 6 juillet 1888, du 22 mars 1889 et du 13 février 1891, pp. 445 *in fine* et suiv., et p. 448.]

(1) Toutes sont citées par Pline, (*Nat. hist.*, V, 20).

(2) *Colonia* (Renier, n° 3851 = Henzen, n° 5334 [et non 3334, comme l'indique Marquardt par erreur, p. 487, note 9 = *C. I. L.*, t. VIII, 2, n° 9663]). — [Sur *Cartenna*, voy. *C. I. L.*, cod., f° 824.]

(3)* [Située à *XII m. p. a Caesarea Cartennam versus* ; voy. *C. I. L.*, t. VIII, 2, f° 1092, col. 2, V° *Gunugi*, et eod., n°s 9071 et 9423.]

(4) *Itiner.*, p. 18. — [Voy. *C. I. L.*, t. VIII, 2, f° 715.]

(5) *Colonia Rusguniensis* (Renier, n°s 3579. 3580 [= *C. I. L.*, t. VIII, 2, n°s 9047. 9045]. La première de ces inscriptions se trouve également dans Maffei, *Mus. Veron.*, f° 463, n° 1). — [Sur *Rusguniae*, voy. *C. I. L.*, t. VIII, 2, f° 792.]

(6)** [Voy. *C. I. L.*, t. VIII, 2, f° 765, et n° 8994 (?).]

(7) Ptolem., IV, 2, 9 ; — *Itiner.*, p. 17.

(8) Renier, n°s 3511. 3512 [= *C. I. L.*, t. VIII, 2, n°s 8931. 8933] ; — *Recueil*, 1869, p. 125. — [Voy. *C. I. L.*, t. VIII, 2, f° 760, XXIII.]

(9) Ce nom se trouve dans l'inscription reproduite par Renier sous le n° 3691 [= *C. I. L.*, n° 10450 (c'est ainsi qu'il faut lire, au lieu de 100450)]. — [Sur *Zuccubar* ou *Zuccabar* (sic : *C. I. L.*), voy. *C. I. L.*, t. VIII, 2, f° 822.]

(10) Inscription de Bona, de l'an 55 de notre ère, publiée par M. Hübner, dans les *Monatsberichte der Berliner Acad.*, 1861, 2te Hälfte, p. 984 [= *C. I. L.*, t. VIII, 2, n° 8837]. — Dans les textes qui nous sont parvenus, on trouve d'ordinaire écrit *Tubusuptu* (Plin., *Nat. hist.*, V, 21 ; — Ptolem., IV, 2, 31 ; — Ammian., XXIX, 5, 41) [ou encore *Tubusuctu* ; voy. *C. I. L.*, t. VIII, 2, n° 8836]. — [Sur *Tupusuctu*, voy. *C. I. L.*, t. VIII, 2, f° 754.]

(11) Plin., *Nat. hist.*, V, 20.

(12) *Colonia Caesariensis* (Renier, n° 3913 [= *C. I. L.*, t. VIII, 2, n° 9401]) ; — *C(olonia) C(laudia) C(aesariensium)* (Renier, n° 3927 [= *C. I. L.*, t. VIII, 2, n° 9400]). — [Sur *Caesarea*, voy. *C. I. L.*, cod., f° 800, et M. Victor Waille,

dra] (1); — une de Nerva : *Sitifis* (Sétif), qui portait le nom de *colonia Nerviana Augusta Martialis* (2); — de plus, appartenant à une époque ultérieure : *Aquae Calidae* [Hammâm-Rîgha] (3) ; *Arsennaria* [Sidi Bû Râs, *ad promunt.* Magraua], au temps de Pline, *oppidum Latinum*, puis colonie (4); *Auzia* (Aumale), sous Tibère un *castellum semirutum* (5), plus tard *colonia Septimia Aurelia Auziensium* (6); *Bida* (7); *Gilva* (8); *Icosium* (Alger), dans Pline, *oppidum Latinum*, puis colonie (9) ; *colonia Kasturrensis* (10) ; *colonia Lemellefensium* [Kherbet Zembia] (11);

De Caesareae monumentis quae supersunt, (Thèse de Doct. ès-Lett.), Paris, 14 mai 1891. — Comp. aussi M. R. Mowat, *L'atelier du statuaire Myrismus à Césarée de Maurétanie*, dans la *Revue archéol.*, 1888.]

(1) Ptolem., IV, 2, 25. 34. — [Voy. *C. I. L.*, t. VIII, 2, f° 823.]

(2) Renier, n° 3270 [= *C. I. L.*, t. VIII, 2, n° 8467] : *col.* (*Nerv.*) *Aug. Mart. veter(anorum) Sitif(ensium)*; — ibid., n°ˢ 3274. 3277. 3282; cf. n° 3297 [= *C. I. L.*, t. VIII, 2, n°ˢ 10337. 10362. 8473 ; cf. n° 8441 ; — adde, eod., n°ˢ 10338. 10345. 10347. 10353] ; — *Bullett. dell' Inst.*, 1880, p. 207 ; — plus tard aussi *resp. Sitifensium Ner. Antoninianor(um)* (Renier, n°ˢ 3275 [et non 3575, comme l'indique Marquardt, p. 488, note 4]. 3278. 3279 [= *C. I. L.*, t. VIII, 2, n°ˢ 10340. 10341. 10344 ; — adde, eod., n°ˢ 10342. 10359. 10360. 10365. 10366 ; — *Ephem. epigr.*, Vol. V, p. 511, n° 1149]. — [Sur *Sitifis*, voy. *C. I. L.*, t. VIII, 2, f°ˢ 722, VII, et suiv.]

(3) Ὕδατα θερμὰ κολωνία (Ptolem., IV, 2, 26). — [Voy. *C. I. L.*, t. VIII, 2, f° 819, XXI, et M. Ett. de Ruggiero, *Dizionar. epigr.*, fascic. 18, Roma, 1890, V° *Aquae (Calidae)* 5), p. 575, col. 2.]

(4) Plin., *Nat. hist.*, V, 19 ; — Ptolem., IV, 2, 3. — [Voy., sur *Arsenaria* (sic : *C. I. L.*), *C. I. L.*, t. VIII, 2, f° 828 *in init.*, XXVII.]

(5) Tacit., *Ann.*, IV, 25.

(6) Renier, n° 3574 [= *C. I. L.*, t. VIII, 2, n° 9062 ; — adde, eod., n° 9063]; — *colonia* (Renier, n°ˢ 3578. 3579. 3581 [= *C. I. L.*, t. VIII, 2, n°ˢ 9068. 9047. 9020 ; — adde, eod., n°ˢ 9014. 9023. 9044. 9045. 9048. 9066. 9069]).— [Sur *Auzia*, voy. *C. I. L.*, t. VIII, 2, f° 769.]

(7) Ptolem., IV, 2, 28.

(8) *Itiner.*, p. 13.

(9) Plin., *Nat. hist.*, V, 20 ; — *Itiner.*, p. 15. — [Voy. *C. I. L.*, t. VIII, 2, f° 794.]

(10) *Recueil*, 1864, p. 104, n° 12 = *C. I. L.*, t. III, [1], n° 1456 ; inscription de l'an 170 de notre ère. [*Adde C. I. L.*, t. VIII, 2, n° 8812.]

(11) *Annuaire*, 1860, p. 228 [= *C. I. L.*, t. VIII, 2, n° 8808]. L'*oppidum Lemellefense*, aujourd'hui Zembia, est situé au Sud-Ouest de *Sitifis*, et dépend aussi, d'après les listes ecclésiastiques, de la *Mauretania Sitifensis* (Dupin, p. XII ; — Morcelli, t. I, p. 204). Par suite, il faut lire, dans l'inscription des Philippes (244-249), publiée dans l'*Annuaire*, (1860, p. 226 [= *C. I. L.*, t. VIII, 2, n° 8809]): *instantia M. Aurelii Alhonis Marcelli v(iri) e(gregii) proc. Augg. rarissimi praesidis n(ostri)*, et non pas *Numidiae*, suivant la restitution des éditeurs de ce document. — [Sur l'*oppidum* dont il est ici question, **voy.** *C. I. L.*, t. VIII, **2**, f° 754, *in init.*, XVIII.]

Quiza (1) ou *Equiza* [Pont du Cheliff] (2); *Rusuccurium* [Tagzirt], investie par Claude du droit de cité (3), encore sous Severus *municipium* (4), plus tard colonie (5) ; *Siga* (6) ; *Tipasa* [Tefessad ou Tipaza] (7) ; *colonia Usinazensis* [Saneg] (8) ; et, en outre, un certain nombre de municipes (9).

(1) *Quiza Cenitana peregrinorum oppidum* (Plin., *Nat. hist.*, V, 19) ; — Κούιζα κολωνία (Ptolem., IV, 2, 3) ; — *Quiza municipium* (*Itiner.*, p. 13) ; — *DISPunctor REIP. Quizensium* (Renier, n° 3844 [= *C. I. L.*, t. VIII, 2, n° 9699]).
(2) *Colonia Equiz(ensis)* (Renier, n° 3580 [= *C. I. L.*, t. VIII, 2, n° 9045]). — [Sur *Quiza*, voy. *C. I. L.*, t. VIII, 2, f° 828, XXVIII.]
(3) Plin., *Nat. hist.*, V, 20.
(4) Renier, n° 4070 [= *C. I. L.*, t. VIII, 2, n° 8995].
(5) *Itiner.*, pp. 16, 39. — [Sur *Rusuccuru*, voy. *C. I. L.*, t. VIII, 2, f° 766, III. — N. B. : A la séance de l'*Acad. des Inscr. et Bell.-Lett.* du 14 mai 1886, M. Héron de Villefosse a lu une note de M. A. Nicaise sur l'emplacement de la ville antique de *Rusuccuru* ou *Colonia Rusuccuritana* ; il semble, d'après cet auteur, qu'il y eut sur la côte, à l'Ouest de Dellys, deux villes du même nom. — Voy., au surplus, M. A. Nicaise, *La position de Rusuccurium*, dans les *Comptes rendus de l'Acad. des Inscr.*, avril-juin 1886. — P. L.-L.]
(6) Ptolem., IV, 2, 2. — [*C. I. L.*, t. VIII, 2, n° 10470.]
(7) Dans Pline, (*Nat. hist.*, V, 20), *oppidum Latinum* ; ensuite, *colonia* (Renier, n° 4041 [= *C. I. L.*, t. VIII, 2, n° 9290]). — *Itiner.*, p. 15. — *Ordo Tipasensium* (*C. I. L.*, t. II, n° 2110. [Cf. *C. I. L.*, t. VIII, 2, n°s 9290, 9293]). — [Sur *Tipasa*, voy. *C. I. L.*, t. VIII, 2, f° 797. Voy. aussi M. J. Toutain, AFRIQUE ROMAINE. — *Fouilles de M. Gsell à Tipasa. La basilique de Sainte-Salsa*, dans les *Mélanges d'archéol. et d'hist.*, t. XI, fasc. I-II, Paris et Rome, avril 1891, pp. 179-185 (voy., au surplus, à cet égard, ci-dessus, p. 449, N. B. final). — N. B. : Il s'agit ici de la ville de *Tipasa*, dans la Maurétanie Césarienne, qu'il ne faut pas confondre avec la ville du même nom située en Numidie, aujourd'hui Tifesch ; voy., sur cette dernière, *C. I. L.*, t. VIII, 1, f° 487.]
(8) L'existence de cette colonie ressort sans aucun doute d'une restitution de l'inscription publiée par Renier sous le n° 3659 [= *C. I. L.*, t. VIII, 2, n° 9228], document d'après lequel Sévère et Caracalla « *coloniaM* [*C. I. L.* : *burguM*] *VSINAZENSEM PER.... CONSTITVERVNT.* » — [Sur *Usinaz*, voy. *C. I. L.*, t. VIII, 2, f° 790, X.]
(9) Ces derniers ont déjà été réunis par Henzen, (*loc. sup. cit.*, p. 94). En font partie : *Iomnium municipium* (*Itiner.*, p. 17 [voy. *C. I. L.*, t. VIII, 2, f° 766, *in init.*, II) ; — *municipium Aelium Choba* [Ziama] (Renier, n° 3504 [= *C. I. L.*, t. VIII, 2, n° 8375 ; voy. *C. I. L.*, eod., f° 716]) ; — *Portus magnus* [Vieil Arzew, ou Saint-Leu], dans Pline, (V, 19), *civium Romanorum oppidum*; *respublica Portuensium* (Renier, n° 3825 [= *C. I. L.*, t. VIII, 2, n° 9759 ; — *adde* n° 10457 ; le *Corpus* lit : *res publica Portumag(nensis)*]), avec des *duumviri* (Renier, n° 3828 [= *C. I. L.*, t. VIII, 2, n° 9173. — Voy., sur ce municipe, *C. I. L.*, eod., f° 835]), — et d'autres localités qui, d'ailleurs, ne sont pas autrement connues.

N. B. : — Sur la Maurétanie césarienne, voy. M. Edouard Cat, *Essai sur la province romaine de Maurétanie césarienne* (Thèse de doct. ès-lett.), Paris, 29 juin 1891.

TABLEAU.
I. — PROVINCES ROMAINES EN L'AN 117 APRÈS J.-CHR.

	ÉPOQUE DE LA FONDATION.	ADMINISTRATION.	DIVISION DE CES PROVINCES VERS 400 APRÈS J.-CHR.
1. Sicilia..................	513=241.............	sénatoriale............	1. *Sicilia* (indivise).
2. Sardinia et Corsica........	523=231.............	d'abord sénatoriale, puis impériale............	2. *Sardinia*. 3. *Corsica*.
3. Hispania Tarraconensis ou citerior.............	557=197.............	impériale.............	4. *Tarraconensis*. 5. *Carthaginiensis*. 6. *Gallaecia et Asturia*. 7. *Insulae Baleares*.
4. Baetica ou Hispania ulterior.	557=197.............	sénatoriale............	8. *Baetica*, dont dépend la 9. *Tingitana*.
5. Lusitania.................	séparée de l'*Hispania ulterior* en 727=27.....	impériale.............	10. *Lusitania*.
			(XVII Provinces Gauloises :) 11. *Lugdunensis I*. 12. *Lugdunensis II*. 13. *Lugdunensis III*.
6. Gallia Narbonensis.........	634=120.............	en 727=27, impériale; depuis 732=22, sénat.	14. *Lugdunensis Senonia*. 15. *Belgica I*.
7. Aquitania.................	conquises en 704=50; devinrent des prov. particulières en 17 apr. J.-C.	impériale.............	16. *Belgica II*.
8. Lugdunensis..............		impériale.............	17. *Germania I*.
9. Belgica...................		impériale.............	18. *Germania II*.
10. Germania superior.........	prov. part. en 17 apr. J.-C.	impériale.............	19. *Maxima Sequanorum*.
11. Germania inferior..........	prov. part. en 17 apr. J.-C.	impériale.............	20. *Alpes Graiae et Poeninae*.
12. Alpes Maritimae...........	767=14 apr. J.-C.	impériale.............	21. *Viennensis*.
13. Alpes Cottiae.............	sous Néron............	impériale.............	22. *Aquitanica I*.
14. Alpes Poeninae............	exista au II* siècle......	impériale.............	23. *Aquitanica II*. 24. *Novempopulana*. 25. *Narbonensis I*. 26. *Narbonensis II*.

15. Britannia	43 apr. J.-C.	impériale	28. *Maxima Caesariensis.* 29. *Flavia Caesariensis.* 30. *Britannia I.* 31. *Britannia II.* 32. *Valentia.*
16. Raetia	739=15	impériale	33. *Raetia I.* 34. *Raetia II.*
17. Noricum	739=15	impériale	35. *Noricum mediterraneum.* 36. *Noricum ripense.*
18. Pannonia superior 19. Pannonia inferior	10 apr. J.-C. Partagées sous Trajan, entre 102 et 107.	impériales	37. *Pannonia I.* 38. *Pannonia II.* 39. *Savia.* 40. *Valeria.*
20. Illyricum, plus tard Dalmatia.	entre 587=167 et 695=59	sénatoriale; impériale dep. l'an 11 av. J.-C.	41. *Dalmatia.* 42. *Praevalitana.*
21. Moesia superior 22. Moesia inferior	725=29. Partagées sous Domitien	impériales	43. *Moesia I.* 44. *Dacia ripensis.* 45. *Dacia mediterranea.* 46. *Dardania.* 47. *Moesia II* } comptées dans 48. *Scythia.* } la Thrace. ... abandonnée sous Aurélien (270-275).
23. Dacia	107 apr. J.-C.	impériale	
24. Thracia	46 apr. J.-C.	impériale	49. *Europa.* 50. *Thracia.* 51. *Haemimontus.* 52. *Rhodope.*
25. Macedonia	608=146	sénatoriale; (impériale de Tibère à Claude.)	53. *Macedonia I.* 54. *Macedonia II.* 55. *Thessalia.* 56. *Epirus nova.*
26. Achaia	608=146 (réunie d'abord à la Macédoine).	sénatoriale; (impériale de 15 à 44 apr. J.-C.).	57. *Achaia.*
[27. Epirus.]	depuis Vespasien ?		58. *Epirus.*

	ÉPOQUE DE LA FONDATION.	ADMINISTRATION.	DIVISION DE CES PROVINCES VERS 400 APRÈS J.-CHR.
28. Asia....................	621=133...............	sénatoriale...........	59. *Asia proconsularis.* 60. *Hellespontus.* 61. *Lydia.* 62. *Phrygia salutaris.* 63. *Phrygia pacatiana.* 64. *Caria.* 65. *Insularum provincia.*
29. Bithynia et Pontus........	680=74 ; étendue en 63; puis en 7 av. J. C....	sénatoriale, jusqu'à 135 apr. J.-C.; puis impériale............	66. *Bithynia.* 67. *Honorias.* 68. *Paphlagonia.* 69. *Helenopontus.* 70. *Pontus Polemoniacus.*
30. Galatia.................	729=25...............	impériale............	71. *Galatia I.* 72. *Galatia salutaris.* 73. *Lycaonia.* 74. *Pisidia.*
31. Cappadocia..............	17 apr. J.-C...........	impériale............	75. *Cappadocia I.* 76. *Cappadocia II.* 77. *Armenia I.* 78. *Armenia II.*
32. Pamphylia et Lycia.......	729=25, et la *Lycia* en 43 ap. J.-C..........	impériale jusqu'à 135 ap. J.-C.; puis sénator...	79. *Pamphylia.* 80. *Lycia.*
33. Cilicia..................	[102]. La *Cilicia aspera* conquise en 687=67; la *Cilicia campestris*, en 66. Org. de la prov., en 690=64.	impériale............	81. *Cilicia I.* 82. *Cilicia II.* 83. *Isauria.*
34. Cyprus..................	Occupée en 696-58; province particulière en 727=27............	impériale de 27 à 22 av. J.-C.; puis sénatoriale.................	84. *Cyprus.*
35. Syria...................	690=64...............	impériale. Partagée sous Sévère en : 1. *Syria Coele*.......... 2. *Syria Phoenice*.......	85. *Euphratensis.* 86. *Syria I.* 87. *Syria II.* 88. *Phoenicia I.* 89. *Phoenicia II.*

36. Arabia.....................	105 apr. J.-C.........	impériale.............	92. *Palaestina III.*
37. Armenia....................	114 apr. J.-C.........	impériale.............	93. *Arabia.*
38. Mesopotamia................	115 apr. J.-C.; abandonnée en 117 ; reconquise en 165........	impériale.............	abandonnée en 117 apr. J.-C.. 94. *Osrhoëne.* 95. *Mesopotamia.*
39. Assyria....................	115 apr. J.-C.........	impériale.............	abandonnée en 117 apr. J.-C...
40. Aegyptus...................	724=30................	impériale.............	96. *Aegyptus.* 97. *Augustamnica.* 98. *Heptanomis (Arcadia).* 99. *Thebais.* 100. *Libya inferior.*
41. Creta et Cyrenaica..........	Cyrenaica, en 680=74; Creta, en 687=67; leur réunion en 727=27...	sénatoriales..........	101. *Libya superior.* 102. *Creta.*
42. Africa.....................	608=146...............	sénatoriale...........	103. *Africa proconsularis.* 104. *Byzacena.* 105. *Tripolitana.*
43. Numidia....................	conquise en 708=46 ; province particulière, depuis Sept. Sever. (193–211).............	impériale.............	106. *Numidia.*
44. Mauretania Tingitana.......	40 apr. J.-C.........	impériale.............	dépendait de la *Baetica.* (Voy., ci-dessus, n° 4.) 107. *Mauretania I (Sitifensis).*
45. Mauretania Caesariensis....		impériale.............	108. *Mauretania II (Caesariensis).*

* A cette liste, il convient de joindre encore les provinces italiennes :

109. *Venetia et Histria.*
110. *Aemilia.*
111. *Liguria.*
112. *Flaminia et Picenum annonarium.*
113. *Tuscia et Umbria.*
114. *Picenum suburbicarium.*
115. *Campania.*
116. *Apulia et Calabria.*
117. *Lucania et Brittii.*
118. *Samnium.*
119. *Valeria.*
120. *Alpes Cottiae.*

II. — TABLEAU CHRONOLOGIQUE.

A. — PROVINCES DE LA RÉPUBLIQUE.

1.	Organisation de la Sicilia.....	513=241.
2.	Organisation de la Sardinia...	523=231.
3.	Hispania citerior.............	} 537=197.
4.	Hispania ulterior.............	
5.	Organisation de l'Illyricum....	après 587=167.
6.	Organisation de la Macedonia..	608=146.
7.	Conquête de l'Achaia.........	608=146.
8.	Organisation de l'Africa......	608=146.
9.	Asia.........................	621=133.
10.	Gallia Narbonensis	634=120.
11.	Gallia Cisalpina	673=81 ?
12.	Bithynia.....................	680=74.
13.	Cyrene et Creta..............	680=74; *Creta*, en 687=67.
14.	Cilicia.......................	[652=102] 690=64.
15.	Syria........................	690=64.

B. — PROVINCES DES PREMIERS TEMPS DE L'EMPIRE.

1.	Aegyptus	724=30.
2.	Moesia	725=29 ?
3.	Aquitania....................	} conquises depuis 704=50;
4.	Lugdunensis	divisées en 17 apr. J.-C.
5.	Belgica	
6.	Lusitania	727=27 ?
7.	Germania superior............	} 17 apr. J.-Chr.
8.	Germania inferior.............	
9.	Cyprus	727=27.
10.	Galatia	729=25.
11.	Pamphylia	729=25.
	et Lycia	43 apr. J.-C.
12.	Raetia.......................	739=15.
13.	Noricum.....................	739=15.
14.	Alpes Maritimae	740=14.
15.	Pannonia	10 apr. J.-C.
16.	Cappadocia...................	17 apr. J.-C.
17.	Mauretania Tingitana.........	} 40 apr. J.-C.
18.	Mauretania Caesariensis	
19.	Britannia....................	43 apr. J.-C.
20.	Thracia......................	46 apr. J.-C.
21.	Alpes Cottiae................	sous Néron.
22.	Epirus.......................	sous Vespasien ?
23.	Arabia.......................	105 apr. J.-C.
24.	Dacia........................	107 apr. J.-C.
25.	Armenia.....................	
26.	Mesopotamia.................	} 115 apr. J.-C.
27.	Assyria......................	
28.	Numidia.....................	entre 193 et 211.
29.	Alpes Poeninae..............	au IIe siècle.

N. B. — La différence avec le nombre des provinces portées au tableau I, provient de la *Gallia Cisalpina* et des provinces de *Moesia* et de *Pannonia* qui figurent ici non partagées.

PROVINCES SÉNATORIALES.		PROVINCES IMPÉRIALES.		
CONSULAIRES.	PRÉTORIENNES.	CONSULAIRES.	PRÉTORIENNES.	PROCURATORIENNES.
1. Asia. 2. Africa.	1. Baetica. 2. Narbonensis. 3. Sardinia et Corsica. 4. Sicilia. [Illyricum 27—11 av. J.-C.] 5. Macedonia. 6. Achaia. 7. Creta et Cyrene. 8. Cyprus. 9. Bithynia jusqu'en 135 apr. J.-C. (Strabon, XVII, p. 840.)	1. Tarraconensis. 2. Germania superior. 3. Germania inferior. 4. Britannia. 5. Pannonia sup. 6. Pannonia inf. 7. Moesia sup. 8. Moesia inf. 9. Dacia. 10. Dalmatia. 11. Cappadocia, depuis Vespasien. 12. Syria.	1. Lusitania. 2. Aquitania. 3. Lugdunensis. 4. Belgica. 5. Galatia. 6. Pamphylia et Lycia, jusqu'en 135 apr. J.-C. 7. Cilicia. 8. Arabia. 9. Armenia? 10. Mesopotamia? 11. Assyria? 12. Numidia.	1. Alpes maritimae. 2. Alpes Cottiae. 3. Alpes Poeninae. 4. Raetia, jusqu'à M. Aurèle. 5. Noricum, jusqu'à M. Aurèle. 6. Thracia. 7. Epirus. 8. Mauretania Tingitana. 9. Mauretania Caesariensis. Il faut mentionner à part : 10. Aegyptus, sous un *praefectus*, investi de la puissance consulaire. Ont appartenu momentanément à cette classe: *a.* Cappadocia, avant Vespasien. *b.* Iudaea, 6—41 apr. J.-C. et 44—70 apr. J.-C.

IV. — ADMINISTRATION DE L'EMPIRE ROMAIN VERS 400 APRÈS J.-CHR.

I. PRAEFECTUS PRAETORIO GALLIARUM.	II. PRAEFECTUS PRAETORIO ITALIAE.	III. PRAEFECTUS PRAETORIO ILLYRICI.	IV. PRAEFECTUS PRAETORIO ORIENTIS.
A. Vicarius Hispaniae. 1. *Consularis Baeticae.* 2. » *Lusitaniae.* 3. » *Gallaeciae.* 4. *Praeses Tarraconensis.* 5. » *Carthaginiensis.* 6. » *Tingitanae.* 7. » *Insularum Balearium.* **B. Vicarius septem provinciarum.** 1. *Consularis Viennensis.* 2. » *Lugdunensis.* 3. » *Germaniae I.* 4. » *Germaniae II.* 5. » *Belgicae I.* 6. » *Belgicae II.* 7. *Praeses Alpium Maritimarum.* 8. » *Alpium Poeninarum et Graiarum.* 9. » *Maximae Sequanorum.* 10. » *Aquitanicae I.* 11. » *Aquitanicae II.* 12. » *Novempopulanae.*	**A. Vicarius urbis Romae.** 1. *Consularis Campaniae.* 2. » *Tusciae et Umbriae.* 3. » *Piceni Suburbicarii.* 4. » *Siciliae.* 5. *Corrector Apuliae et Calabriae.* 6. » *Bruttiorum et Lucaniae.* 7. *Praeses Samnii.* 8. » *Sardiniae.* 9. » *Corsicae.* 10. » *Valeriae.* **B. Vicarius Italiae.** 1. *Consularis Venetiae et Histriae.* 2. » *Aemiliae.* 3. » *Liguriae.* 4. » *Flaminiae et Piceni Annonarii.* 5. *Praeses Alpium Cottiarum.* 6. » *Raetiae I.* 7. » *Raetiae II.* Voir, pour plus de détails : Boecking (Not. Dignit...)	**A.** Il a directement sous son autorité le diocèse de Dacia. (Voy. Boecking, Not. Dignit., t. I. p. 126.) 1. *Consularis Daciae mediterraneae.* 2. *Praeses Moesiae I.* 3. » *Praevalitanae.* 4. » *Dardaniae.* 5. *Dux Daciae ripensis.* **B. Sous un Proconsul :** *Achaia.* **C. Sous le Vicarius Macedoniae :** 1. *Consularis Macedoniae.* 2. » *Cretae.* 3. *Praeses Thessaliae.* 4. » *Epiri veteris.* 5. » *Epiri novae.* 6. » *Macedoniae salutaris.* Une partie de cette dernière dépendait du *Dioecesis Dacia.* — En tout : 12.	**A. Comes Orientis.** 1. *Consularis Palaestinae I.* 2. » *Phoenices.* 3. » *Syriae I.* 4. » *Ciliciae.* 5. » *Cypri.* 6. *Praeses Palaestinae II.* 7. » *Palaestinae Salutaris.* 8. » *Phoenices Libani.* 9. » *Eufratensis.* 10. » *Syriae Salutaris.* 11. » *Osrhoeae.* 12. » *Mesopotamiae.* 13. » *Ciliciae II.* 14. *Comes rei militaris Isauriae.* 15. *Dux Arabiae.* **B. Praefectus Augustalis.** 1. *Praeses Libyae Superioris.* 2. » *Libyae Inferioris.* 3. » *Thebaidos.* 4. » *Aegypti.* 5. » *Arcadiae.* 6. *Corrector Augustamnicae.* **C. Vicarius dioeceseos Asianae.**

16. » *Lugdunensis III.*
17. » *Lugdunensis Senoniae.*

C. **Vicarius Britanniarum.**

1. *Consularis Maximae Caesariensis.*
2. » *Valentiae.*
3. *Praeses Britanniae I.*
4. » *Britanniae II.*
5. » *Flaviae Caesariensis.*

En tout ..29.

Illyricum Occidentale

II.
9. *Corrector Saviae.*
10. *Praeses Pannoniae I.*
11. » *Dalmatiae.*
12. » *Norici mediterranei.*
13. » *Norici ripensis.*
14. *Dux Valeriae ripensis.*

C. **Vicarius Africae.**

1. *Consularis Byzacii.*
2. » *Numidiae.*
3. *Praeses Tripolitanae.*
4. » *Mauretaniae Sitifensis.*
5. » *Mauretaniae Caesariensis.*

Le proconsul *Africae* relevait immédiatement de l'empereur et non du *praef. pr. Italiae.* — Boecking, *Notit. Dignit.*, t. II, p. 146.

En tout : 30.

4. » *Lyciae.*
5. » *Lycaoniae.*
6. » *Pisidiae.*
7. » *Phrygiae Pacat.*
8. » *Phrygiae Salut.*

D. **Vicarius Ponticae.**

1. *Consularis Bithyniae.*
2. » *Galatiae.*
3. *Corrector Paphlagoniae.*
4. *Praeses Honoriados.*
5. » *Galatiae Salutaris.*
6. » *Cappadociae I.*
7. » *Cappadociae II.*
8. » *Helenoponti.*
9. » *Ponti Polemon.*
10. » *Armeniae I.*
11. » *Armeniae II.*

E. **Vicarius Thraciarum.**

1. *Consularis Europae.*
2. » *Thraciae.*
3. *Praeses Haemimonti.*
4. » *Rhodopae.*
5. » *Moesiae II.*
6. » *Scythiae.*

Le proconsul *Asiae* relevait directement de l'empereur; il avait sous ses ordres :
1. *Consularis Hellesponti.*
2. *Praeses insularum.*

En tout : 49.

2. — ADMINISTRATION DES PROVINCES.

Organisation de la province.

L'aperçu que nous avons donné des éléments dont se composait l'empire romain, nous permet de limiter nos développements aux principes généraux que les Romains ont appliqués dans l'administration des pays conquis par eux. L'observation constante de ces principes eut pour résultat de fondre, sous l'influence d'une administration, d'une législation et de mœurs romaines, des provinces à l'origine entièrement dissemblables à tous égards, en un corps un, aussi bien au fond qu'en la forme, dans lequel vinrent se perdre plus ou moins les diverses nationalités, avec leurs particularités politiques, juridiques et sociales (1).

---

(1) Sur l'administration des provinces, voy., en dehors des ouvrages cités ci-dessus p. 43, note 1 : Sigonius, *De ant. iure provinc. lib. III* [et non *lib. II*, comme l'indique Marquardt, p. 497, note 1], [dans ses *Opp. omnia*, t. V, Mediolani, 1736, f°⁸ 473-674, et dans *Thes. antiq. Roman.*, de Graevius, t. II, f°⁸ 1527-1682]; — Du Pui, *De iure provinciarum imperii Romani*, Lugd. Bat., 1807, in-4; — G. C. Th. Frankii *Prolegom. in Cic. orat. Verr. de provinciarum Romanarum forma atque administratione*, dans Friedemann und Seebode, *Misc. Crit.*, t. II, 2, (1823), pp. 293 et suiv.; — Walter, *Gesch. d. röm. Rechts*, [3ᵗᵉ Aufl., Bonn, 1860, t. I], §§ 233 et suiv.; — Rein, dans la *Pauly's Realencyclopaedie*, t. VI, pp. 144 et suiv.; — Bergfeld, *Die Organisation der römischen Provinzen*, Neustrelitz, 1846, in-4; — Kuhn, *Die Verf. des R. Reichs* [= *Die städtische und bürgerliche Verfassung des Römischen Reichs bis auf die Zeiten Justinians*, Leipzig, 1864-1865, 2 voll. in-8]; — Voigt, *Ius naturale*, t. II, pp. 373-492; 517-525; — Edgard Marx, *Essai sur les pouvoirs du gouverneur*

ORGANISATION DE LA PROVINCE.

Le mot *provincia* est beaucoup plus ancien que les conquêtes réalisées par les Romains hors d'Italie, auxquelles nous avons jusqu'ici donné le nom de provinces ; il veut être expliqué (1).

<small>Notion de la province.</small>

---

de province sous la république Romaine et jusqu'à Dioclétien, Paris, 1880, in-8. — Il est traité spécialement des gouverneurs des provinces au cours des années 59-49 avant Jésus-Christ, par Chr. Godt, *Quomodo provinciae Romanae per decennium bello civili Caesariano antecedens administratae sint*, Kiliae, 187 in-4 ; dans les *Schriften der Universität zu Kiel*, Band XXIII, (1877), h. VII, Phil. 4. — On trouve dans G. Kretschmar, (*Ueber das Beamtenthum der römischen Kaiserzeit*, Giessen, 1879, in-8), une exposition brève et générale, 6, mais remplie d'idées et pleine d'intérêt, de tout le gouvernement de l'empire.— [Nous nous bornerons à renvoyer ici, d'une manière générale, sur le contenu de ce qui va suivre, à notre *Introd.* bibliogr. gén., VI et IX ; voy. aussi I, B et C, II, VIII ; nous y indiquons les ouvrages les plus importants à consulter sur le sujet. — Contentons-nous de mentionner, en dehors du *Manuel des Antiquités romaines* de MM. Mommsen-Marquardt (voy. notamment M. Theodor Mommsen, *Röm. Staatsrecht*, t. III, 2, Leipzig, 1888, pp. 1211-1216 = dans la traduction franç. de M. Paul-Frédéric Girard, t. VII de la collection, Paris, 1891, pp. 436-442 ; — comp., sur le gouvernement de l'Italie et des États autonomes de l'empire, M. Th. Mommsen, *ubi supra*, pp. 1194-1210 = dans la trad. franç., *loc. cit.*, pp. 417-435), parmi les travaux les plus récents, ceux de MM : J.-B. Mispoulet, *Les institutions politiques des Romains*, t. II, Paris, 1883, pp. 87 et suiv. ; — Alois von Brinz, *Zum Begriff und Wesen der römischen Provinz*, München, 1885, broch. in-4 ; — Otto Karlowa, *Römische Rechtsgeschichte*, t. I, Leipzig, 1885, pp. 321 et suiv., 567 et suiv. ; — A. Bouché-Leclercq, *Manuel des Institutions romaines*, Paris, 1886, pp. 195-217 ; — Lando Landucci, *Storia del diritto romano*, fasc. 8, Padova 1887, pp. 158 et suiv. ; — P. Willems, *Le droit public romain*, 6ᵉ éd., Louvain et Paris, 1888, pp. 366 et suiv. ; 527 et suiv. ; 576 et suiv. ; voy. aussi, du même auteur, *Le Sénat de la République romaine, Complément de la première édition en deux volumes. Appendices du tome I et Registres*, Paris, 1885, pp. 33, col. 1, Vᵒ *Provincia*, et suiv. ; — A. von Domaszewski, *Zur Geschichte der römischen. Provinzialverwaltung*, dans le *Rhein. Mus.*, N. F., Bd. XLV, 1890, pp. 1 et suiv., 203 et suiv. — Sur les gouverneurs de province en particulier, voy. le P. GrégoireLambier, *Les gouverneurs établis par les Romains dans la Belgique*, et MM. P. Parrocel, *Du rôle et des attributions des gouverneurs dans l'administration des provinces romaines*, Marseille, 1886 ; — Ch. Lécrivain, *Le Sénat romain depuis Dioclétien à Rome et à Constantinople*, 1888, in-8, pp. 97 et suiv. ; — Otto Hirschfeld, *Die ritterlichen Provinzialstatthalter*, dans les *Sitzungber. der Berl. Acad.*, 1889, pp. 417-442 ; — I. Kaerst, *Die römische Nachrichten Diodors, und die consularische Provinzenvertheilung in der älteren Zeit der römischen Republik*, dans le *Philologus*, Vol. XLVIII, 1889, fasc. 2 ; — Théodore Reinach, *Legatus pro praetore*, dans la *Revue de philologie*, Nouv. sér., année et t. XIV, 2ᵉ livraison, (Avril à Juin 1890), pp. 146-150 -(Il s'agit de l'explication du titre de *legatus pro praetore*, dans une inscription de *Nemi* (C. I. L., t. XIV, nᵒ 2218), appliqué à un lieutenant de Lucullus). — et, ci-dessous, pp. 531 et suiv., le chapitre relatif au gouverneur et à ses agents. — P. L.-L.]

(1) Voy. M. Mommsen, *Die Rechtsfrage zwischen Caesar und dem Senat*,

Aussi longtemps que la royauté demeura debout à Rome, le roi détenait seul l'*imperium*, c'est-à-dire le pouvoir militaire et le pouvoir judiciaire illimités (1) ; mais, lorsque l'*imperium* fut conféré, au début de la République, à deux consuls (2),

---

Breslau, 1857, in-8 (étude également publiée dans les *Abhandlungen der hist. phil. Gesellsch. zu Breslau*, Bd. I), pp. 1-11. [Ce mémoire a été traduit presque en entier par M. Alexandre, et inséré en Appendice dans le t. VII de sa traduction de l'*Histoire romaine* de M. Mommsen ; voy. Appendice D, *La question de droit entre César et le Sénat romain*, pp. 375 et suiv. — Voy. aussi, sur le même sujet, MM. : Paul Guiraud, *Le différend entre César et le Sénat (59-49 av. J.-C.)*, Paris, 1878, broch. in-8 ; — Iginio Gentile, *Il Conflitto di Giulio Cesare col Senato*, 1888, broch. in-8. Comp. M. Fustel de Coulanges, dans le *Journal des Savants*, juillet 1879] ; — le même, *Staatsrecht*, t. I, 2ᵉ éd., pp. 50 et suiv. [=dans la trad. franç. de M. Paul-Frédéric Girard, t. I, Paris, 1887, pp. 58, *sub fin.*, et suiv. ; — une 3ᵉ éd. allemande de ce vol. a paru à Leipzig en 1887] ; — Festi *Epit.*, p. 226 [éd. Müller = p. 283, éd. Aem. Thewrewk de Ponor, pars I, Budapestini, 1889] : *Provinciae appellantur, quod populus Romanus eas provicit, id est ante vicit* ; p. 379 [éd. Müller = p. 578 *in fine*, éd. de Ponor] : *vinciam dicebant continentem* : dans cette dernière observation, *vincia* paraît avoir été opposée à *provincia*. (Voy. M. Mommsen, *Die Rechtsfrage*, p. 2 [= dans la traduction de M. Alexandre, p. 376].) L'explication de Niebuhr, (*Röm. Gesch.*, t. III, p. 727 [= dans la trad. franç. de M. de Golbéry, t. VI, pp. 406 et suiv.], suivant laquelle *provincia = proventus*, c'est-à-dire bien productif d'impôt pour l'État, est insoutenable. M. Budenz,(*Lateinische Etymologien*, dans Kuhn, *Zeitschrift*, t. VIII, (1859), dissertation sur laquelle M. le Dʳ Wilbrandt a appelé mon attention), admet, (p. 292), l'existence d'un adjectif *provincius*, qu'il rapproche du mot gothique *frauja*, maître. — [Sur le sens du mot *provincia*, voy. encore MM. : Gustave Hugo, *Histoire du droit romain*, trad. franç. par M. Jourdan, t. I, Paris, 1822, p. 219, note 1 ; — Becker-Marquardt, *Handb.*, t. II, 2, 1846, p. 115, note 252 ; — Albert Dupond, *De la constitution et des magistratures romaines sous la République*, Paris, 1877, in-16, p. 152, texte et note 6 ; — E. Desjardins, *Géogr. hist. et admin. de la Gaule*, t. II, 1878, p. 284 ; — Abel Bergaigne, *Le nom de la province romaine*, trad. franç. dans la *Bibliothèque de l'École des Hautes Études*, 35ᵉ fascic., Paris, 1878, pp. 115-119 ; — P. Louis-Lucas, *Étude sur la vénalité des charges et fonctions publiques*, t. I, Paris, 1882, p. 243 *in fine*, note 3 — p. 249 *in fine* ; — P. Willems : *Le Sénat de la Rép. Rom.*, t. II, 1883, pp. 521 éd. et suiv. ; *Le droit publ. rom.*, 6ᵉ éd., 1883, p. 212, note 7 ; — J.-B. Mispoulet, *op. cit.*, t. II, 1883, p. 75 ; — Alois von Brinz, *op. sup. cit.*, 1885 ; — Michel Bréal et Anatole Bailly, *Dictionnaire étymologique latin*, Paris, 1885, in-8, p. 286, col. 1, Vᵒ *provincia* ; — A. Bouché-Leclercq, *op. cit.*, 1886, p. 35, note 5, et pp. 42. 105.195 ; — Paul Viollet, dans la *Revue historique*, de M. Monod, t. XXXIX, I, Janvier-Février 1889, p. 3, note 2, et Droit public.— *Histoire des institutions politiq. et administ. de la France*, t. I, Paris, 1890, p. 27, note 3. — P. L.-L.]

(1) Voy. M. Mommsen, *Staatsrecht*, t. I, 2ᵉ éd., pp. 22 et suiv. [= dans la trad. franç. de M. P. F. Girard, t. I, pp. 24 *in fine* et suiv. — Voy., à cet égard, p. 499, note 1, *supra*.]

(2) Les consuls ont *regium imperium, regiam potestatem*. (Voy. M. Momm-

puis, en 387 = 367, à un *praetor* (1), ensuite enfin, en 507 = 247, à un second *praetor* (2), il devint nécessaire de réglementer les pouvoirs en principe illimités que ces magistrats avaient reçus, et d'assigner à chacun une compétence déterminée, dont la *provincia* est la formule officielle. On entend donc par *provincia* la sphère d'action spécialement attribuée à un consul ou à un préteur, par une loi, par un sénatus-consulte, ou même par le sort ou un accord, dans laquelle il exerce son *imperium* ; c'est en ce sens que l'on dit : *consulibus Ligures provincia decernitur* (3), *consulibus Italia provincia decernitur* (4), et que l'on appelle la fonction du *praetor urbanus* et celle du *praetor peregrinus*, *provincia urbana* (5) et *provincia peregrina* (6). Au contraire, les magistrats qui n'ont pas d'*imperium*, n'ont pas non plus de *provincia* ; en effet, lorsqu'on parle de provinces des questeurs, il s'agit, en réalité, de celle du consul ou du préteur, sous l'autorité duquel le questeur exerce ses fonctions (7).

Après la prise de possession de la Sicile et de la Sardaigne, on nomma, en 527 = 227, quatre préteurs, au lieu des deux qui avaient jusqu'alors existé (8) ; et l'*imperium* fut aussi

---

sen, *Staatsrecht*, t. I, 2ᵉ éd., p. 22 [= dans la trad. de M. P. F. Girard, t. I, p. 25].)

(1) Tit. Liv., VI, 42.
(2) Tit. Liv., *Epit.*, XIX ; — Lydus, *De magistr.*, I, 38. 45.
(3) Tit. Liv., XXXIX, 45.
(4) Voy. M. Mommsen, *Staatsrecht*, t. I, 2ᵉ éd., p. 54 [= dans la trad. franç. de M. P. F. Girard, t. I, p. 63].
(5) Cic., *Accus. in Verr.*, I, 40, 104 : *Sortem nactus est urbanae provinciae.* — Cic., *Pro Mur.*, XX, 41 : *Huius sors ea fuit, quam omnes — tibi optabamus, iuris dicundi : — — egregia et ad consulatum apta provincia.*
(6) Tit. Liv., XXXIX, 45 : *Praetores ita sortiri iussi, uti (C. Valerio) flamini diali utique altera iuris dicendi Romae provincia esset; peregrinam est sortitus.*
(7) Voy. M. Mommsen, *Staatsrecht*, t. I, 2ᵉ éd., p. 56 [= dans la trad. franç. de M. Girard, t. I, p. 66]. Dans le langage usuel, toute attribution porte le nom de *provincia*. Plaut., *Mil.*, v. 1159 : *Nunc tibi hanc ego impero provinciam — Militem lepide et facete et laute ludificarier*; — *Captiv.*, v. 474 : *Ipsi opsonant, quae parasitorum ante erat provincia.* — Terent., *Phorm.*, I, 2, 23 : *O Geta, provinciam cepisti duram.* — Cic., *Pro Sulla*, XVIII, 52 : *Illam — provinciam depoposcit, ut — me in meo lectulo trucidaret.*
(8) Tit. Liv., *Epit.*, XX ; — L. 2, § 32, [fr. Pomponius, *De orig. jur.*], D. I, 2. [Voy., à cet égard, M. P. Louis-Lucas, *op. cit.*, t. I, p. 242, note 1.]

territorialement délimité, de telle sorte que deux préteurs réunirent dans les nouvelles circonscriptions le pouvoir militaire et le pouvoir judiciaire, c'est-à-dire l'ancien *imperium* consulaire ; il en fut de même par la suite pour les autres préteurs, et, plus tard, pour les proconsuls et les propréteurs. Depuis cette époque, le mot *provincia* sert à désigner un gouvernement d'outre-mer, et signifie désormais, tantôt, en un sens abstrait, le commandement dans un pays situé hors d'Italie (1), tantôt, en un sens concret, la région elle-même soumise à l'autorité du gouverneur (2). Mais le sol provincial tout entier diffère du territoire italique, en ce qu'il est grevé de redevances, c'est-à-dire astreint à payer le *vectigal* ou le *tributum* (3) ; en effet, tout au moins depuis les Gracques (4), c'est un principe incontesté du droit public, que la propriété du sol provincial a passé au peuple romain, et que les provinciaux n'en ont que l'usufruit ; que, par conséquent, la province est un *praedium populi Romani* (5), dont les revenus alimentent la caisse de l'État. Il suit de là que la province peut être définie une circonscription administrative de l'empire romain, limitée dans sa surface, relevant d'un magistrat supérieur permanent et soumise à l'impôt. Cette dernière obligation est un caractère si essentiel

---

(1) Voy. M. Mommsen, *Rechtsfrage*, p. 11. [= dans la trad. de M. Alexandre, p. 380].

(2) Cic., *In Verr. accus.*, II, 2, 1 . (Sicilia) prima omnium, id quod ornamentum imperii est, provincia appellata.

(3) Gaius, II, 7 : *Sed in provinciali solo placet plerisque, solum religiosum non fieri, quia in eo solo dominium populi Romani est vel Caesaris, nos autem possessionem tantum et usum fructum habere videmur.* — II, 21 : *In eadem causa sunt provincialia praedia, quorum alia stipendiaria, alia tributaria vocamus : stipendiaria sunt ea, quae in his provinciis sunt, quae propriae populi Romani esse intelleguntur ; tributaria sunt ea, quae in his provinciis sunt, quae propriae Caesaris esse creduntur.* — Cic., *In Verr. accus.*, III, 6, 12 : *Inter Siciliam ceterasque provincias — hoc interest, quod ceteris aut impositum vectigal est certum, quod stipendiarium dicitur, ut Hispanis et plerisque Poenorum, — aut censoria locatio constituta est, ut Asiae lege Sempronia.* — Frontinus [et Agen. Urbicus], dans les *Gromat.*, [éd. Lachm., t. I], pp. 36, 63.

(4) Voy. M. Mommsen, *Röm. Gesch.*, t. II, [7te Aufl.], p. 117 [= dans la trad. franç. de M. Alexandre, t. V, p. 69].

(5) Cic., *In Verr. accus.*, II, 3, 7 : *Et quoniam quasi quaedam praedia populi Romani sunt vectigalia nostra atque provinciae, quemadmodum vos propinquis vestris praediis maxime delectamini, sic populo Romano iucunda suburbanitas est huiusce provinciae.*

ORGANISATION DE LA PROVINCE.

de l'idée de province, que les historiens font figurer parmi les provinces tout territoire conquis en fait par les Romains et astreint par eux à l'impôt, alors même qu'il n'en aurait pas encore reçu une administration régulière (1), et que les dynasties, dont nous avons signalé l'existence, par exemple en Cilicie et en Syrie, bien que ne relevant pas directement des gouverneurs, sont considérées, par cela seul qu'elles payent tribut, comme faisant partie intégrante de l'empire (2).

Il était procédé à l'organisation de la province, sous la République, par le général qui avait fait la conquête lui-même, avec le concours d'une commission de dix sénateurs (3), délégués à cet effet par le Sénat (4), et conformément aux instructions de

Procédure de l'organisation.

---

(1) C'est ainsi qu'en l'année 587 = 167, Tite-Live, (XLV, 26, 11), nomme l'*Illyricum provincia*, encore que précisément à cette époque il eût été déclaré libre; de même en est-il pour la Macédoine en 586 = 168 (Tit. Liv., *Epit.*, XLV); dans Velleius, (II, 39), le *Noricum* s'appelle *provincia*, bien qu'en ce temps-là il fût encore demeuré *regnum* et qu'il fût administré par un vice-roi, et, dans l'inscription recueillie par Orelli, sous le n° 750 [= *C. I. L.*, t. XIV, n° 3608], la *Chersonesus Taurica* est nommée *provincia*.

(2) Strabo, XVII, p. 839 : ταύτης δὲ τῆς συμπάσης χώρας τῆς ὑπὸ Ῥωμαίοις ἡ μὲν βασιλεύεται, ἣν δ' ἔχουσιν αὐτοὶ καλέσαντες ἐπαρχίαν καὶ πέμπουσιν ἡγεμόνας καὶ φορολόγους. P. 840 : τὰς δὲ ἄλλας ἐπαρχίας ἔχει Καῖσαρ, ὧν εἰς ἃς μὲν πέμπει τοὺς ἐπιμελησομένους ὑπατικοὺς ἄνδρας, εἰς ἃς δὲ στρατηγικούς, εἰς ἃς δὲ καὶ ἱππικούς· καὶ βασιλεῖς δὲ καὶ δυνάσται καὶ δεκαρχίαι τῆς ἐκείνου μερίδος καὶ εἰσὶ καὶ ὑπῆρξαν ἀεί. — Tacit., *Agric.*, XIV : *Vetere ac iam pridem recepta populi Romani consuetudine, ut haberet instrumenta servitutis et reges*. C'est pourquoi Auguste considérait les *regna* comme *membra partesque imperii* (Suet., *Aug.*, XLVIII; — Tacit., *Ann.*, I, 11). La situation du royaume de Judée, dont il a été traité ci-dessus (voy. p. 353), est instructive à ce point de vue. La condition des rois alliés a fait récemment l'objet de l'examen de MM. Bohn, *Qua conditione iuris reges socii populi Romani fuerint*, Berolini, 1876, in-8, et Arnold, *The Roman system of Provincial administration*, London, 1879, in-8, pp. 10 et suiv.

(3) Lors de l'organisation de la province, les *decem legati* sont mentionnés en Macédoine (Tit. Liv., XLIV, 17), en Achaie (voy., ci-dessus, p. 216), en Asie (Strabo, XIV, p. 646), lors de la seconde organisation de la Sicile après la guerre servile (Cic., *Accus. in Verr.*, II, 10, 40), lors de l'organisation de l'Espagne après la prise de Numance (Appian., *Hisp.*, XCIX). Dans les premiers temps, toutefois, le peuple élisait à cet effet une commission de *decemviri*, et c'est ce qui eut encore lieu lors de l'organisation de la province d'Afrique. (Voy. M. Mommsen, *Staatsrecht*, t. II, 2ᵉ éd., p. 624. [Ce volume, dont une 3ᵉ éd. a été publiée à Leipzig en 1887, n'a pas encore été traduit en français par M. P. F. Girard.])

(4) M. Mommsen traite en détail des dix *legati* dans son *Staatsrecht*, t. II, 2ᵉ éd., pp. 672 et suiv. — [Voy. la note précédente, *in fine*.]

cette assemblée (1); la loi fondamentale de la province (*lex provinciae*) ainsi arrêtée (2) formait pour tout l'avenir la charte de l'administration, tandis que même plus tard des dispositions relatives au droit privé pouvaient être mises en vigueur dans les provinces, soit par des lois romaines (3), soit par l'édit du gouverneur (4). Les décisions de la commission se rapportaient notamment aux points suivants :

On commençait par diviser à nouveau toute la province en un certain nombre de circonscriptions administratives, ayant pour centre une ville importante, là où il y en avait ; nous avons vu que la Sicile comptait environ 68 de ces diocèses urbains (voy. p. 52) ; les trois Gaules, 64 (voy. p. 129); l'Asie, 44 (voy. p. 246); la portion de la Bithynie qui, en 63 avant J.-C., fut érigée en province, l'*Ora Pontica*, 11 (voy. p. 265); le *Pontus Polemoniacus*, 6 ; la Lycie, 23 (voy. pp. 306 et suiv.) ; la Sy-

Circonscriptions urbaines.

---

(1) Tit. Liv., XLV, 17. 18; — Polyb., XXII, 7 : δόντες δὲ τοὺς τύπους τούτους ὑπὲρ τῆς ὅλης διοικήσεως ἐξέπεμπον τοὺς δέκα πρὸς Γνάϊον τὸν ὕπατον εἰς τὴν Ἀσίαν. — Tit. Liv., XXXIII, 31 : *In senatus consulto, quo missi decem legati ab urbe erant, ceterae Graeciae atque Asiae (urbes) haud dubie liberabantur.*

(2) De ces lois de fondation, qui sont des *leges datae*, et non des *leges rogatae* (voy. t. I de cette traduction = t. VIII de la collection, pp. 88 et suiv.), nous connaissons la *lex Rupilia* pour la Sicile (voy., ci-dessus, p. 50), a *lex* d'Aemilius Paulus pour la Macédoine (voy., ci-dessus, p. 203), la *lex* de Q. Metellus pour la Crète (Tit. Liv., *Epit.*, C), la *lex Pompeia* pour la Bithynie (voy., ci-dessus, p.265), et pour d'autres provinces d'Asie. — Dio Cass., XXXVII, 20 : τά τε πλείω ἔθνη τῶν ἐν τῇ Ἀσίᾳ τῇ ἠπείρῳ τότε αὐτοῖς ὄντων νόμοις τε ἰδίοις καὶ πολιτείας κατεστήσατο (Πομπήϊος) καὶ διεκόσμησεν, ὥστε καὶ δεῦρο αὐτοὺς τοῖς ὑπ' ἐκείνου νομισθεῖσι χρῆσθαι. Comp. Arnold, *op. sup. cit.*, pp. 23 et suiv.

(3) Ulpian., *Fragm.*, XI, 18 : *Sed quia lex Atilia Romae tantum locum habet, lege Iulia et Titia prospectum est, ut in provincia quoque similiter a praesidibus earum dentur tutores.* — Gaius, I, 185; III, 122. Cicéron, (*Ad Att.*, V, 21, 11 et 12), mentionne des *senatus consulta* relatifs au droit privé des provinces.

(4) Gaius, I, 6 : *Ius autem edicendi habent magistratus populi Romani. Sed amplissimum ius est in edictis duorum praetorum, urbani et peregrini, quorum in provinciis iurisdictionem praesides earum habent, item in edictis aedilium curulium, quorum iurisdictionem in provinciis populi Romani quaestores habent.* — Cic., *In Verr. accus.*, I, 43, 110 ; I, 45, 115; I, 46, 118; II, 13, 33 ; III, 10, 26. — [Sur le *jus edicendi*, voy., d'une manière générale, MM. P. Louis-Lucas et A. Weiss, dans le *Dictionn. des Antiq. grecq. et rom.*, de MM. Ch. Daremberg et Edm. Saglio, V° EDICTUM, DECRETUM, 14° fascic., Paris, 1890, t. II, pp. 456, col. 2, EDICTUM, et suiv.]

rie, 17 (voy. p. 383 *in fine*); *Cyrene*, 5. Les magistrats et le sénat de ces villes, bien qu'ayant pour première mission de veiller aux affaires de leur commune, secondent aussi le gouvernement, puisqu'ils se chargent de faire rentrer l'impôt dans la circonscription qui leur est assignée (1); sous le rapport de la juridiction, les territoires urbains se groupent, d'autre part, en ressorts judiciaires plus étendus, *conventus*, διοικήσεις, au chef-lieu desquels le gouverneur tient des assises régulières (2); enfin, des associations de fêtes, réunissant de temps à autre les habitants de la province, ont également leur siège dans les villes dites privilégiées. Dans les provinces où les villes faisaient défaut, les diocèses urbains étaient remplacés par des districts ruraux ; pour y arriver, on dissolvait les unités politiques existantes, et on brisait, dans la mesure où cela pouvait sembler nécessaire, les liens ayant autrefois existé entre les peuples, par une répartition et un groupement arbitraires de localités (3); parfois même, on supprimait le *commercium* entre les divers territoires urbains (4);

---

(1) L. 17, § 7, [fr. Papinian., *Ad municip. et de inc.*], D., L,1 : *Exigendi tributi munus inter sordida munera non habetur et ideo decurionibus quoque mandatur.* — Voy., ci-dessus, t. I de cette trad. = t. VIII de la collection, p. 19, et *Staatsverwaltung*, t. II, p. 189 [= dans la traduction française de M. Albert Vigié, t. X de la collection, p. 247].

(2) Il y avait 7 *conventus* dans l'*Hispania Tarraconensis* ; il y en avait 4 en Bétique, 3 en Lusitanie, 3 en Illyrie, 8 en Cilicie au temps de Pompée, 11 environ en Asie. — [Sur les *conventus* et les διοικήσεις, voy. MM. G. Humbert et C. Jullian, dans le *Dictionnaire des Antiq. grecq. et rom.*, de MM. Ch. Daremberg et Edm. Saglio, V° *Conventus* et *Dioecesis*, 10° fascic., Paris, 1886, t. I, p. 1496, et 13° fascic., Paris, 1889, t. II, p. 226, col. 1.]

(3) C'est ce que nous montrent de la manière la plus claire les dispositions prises en Macédoine (voy., ci-dessus, p 204), et la suppression des confédérations en Achaïe (voy., ci-dessus, p. 222). Strabon, (XIII, p. 629), dit de l'Asie: τὰ δ' ἑξῆς ἐπὶ τὰ νότια μέρη τοῖς τόποις τούτοις ἐμπλοκὰς ἔχει μέχρι πρὸς τὸν Ταῦρον, ὥστε καὶ τὰ Φρύγια καὶ τὰ Λύδια καὶ τὰ Καρικὰ καὶ ἔτι τὰ τῶν Μυσῶν δυςδιάκριτα εἶναι, παραπίπτοντα εἰς ἄλληλα : εἰς δὲ τὴν σύγχυσιν ταύτην οὐ μικρὰ συλλαμβάνει τὸ τοὺς Ῥωμαίους μὴ κατὰ φῦλα διελεῖν αὐτούς, ἀλλὰ ἕτερον τρόπον διατάξαι τὰς διοικήσεις, ἐν αἷς τὰς ἀγοραίους ποιοῦνται καὶ τὰς δικαιοδοσίας. — Auguste procéda de la même manière en Gaule, où il laissa disparaître les anciens centres des tribus, et chercha à élever des villes nouvelles. (Strabo, IV, p. 177.)

(4) Ce fait se produisit de diverses sortes en Macédoine (voy., ci-dessus, p. 204), en Achaïe (voy., ci-dessus, p. 222), et en Sicile: Cic., *In Verr. accus.*, III,

ce qui, à raison des entraves ainsi apportées pour les provinciaux à l'aliénation des terres, amenait l'établissement de possesseurs romains dans la province et la formation de vastes domaines entre leurs mains (1). On étendait le territoire des villes favorisées par l'accession de villes et de terres qui, par cela même, perdaient leur existence propre (2) ; on élevait et on agrandissait de cette manière celles qui s'étaient données aux Romains, tandis qu'on anéantissait entièrement celles qui leur avaient résisté (3). On laissait, au cœur de la province, à des dy-

---

40, 93: *Arabat is (Diocles) agrum conductum in Segestano, nam commercium in eo agro nemini est.* — Voy. surtout Kuhn, [*Die Städt. und bürg. Verf.*], t. II, pp. 9 et suiv. — Seuls, les *Centuripini* avaient le droit d'acquérir des terres dans d'autres villes. Cic., *In Verr. accus.*, III, 45, 108: *Centuripini, qui agri Aetnensis multo maximam partem possident;* et, plus loin : *Centuripini, quod in omnium fere finibus possessiones habent, etiam ceterarum civitatum damna ac detrimenta senserunt.* Telle est la raison pour laquelle *Centuripae* [Centorbi] devint « *civitas totius Siciliae multo maxima et locupletissima* » (Cic., *In Verr. accus.*, IV, 23, 50), alors que, dans les autres villes, le nombre des propriétaires fonciers diminua de telle manière, qu'à l'époque de Cicéron, il n'y en avait à *Leòntini* [Lentini] que 88, à *Mutyce* que 188, à *Herbita* [Nicosia] que 257, à *Agyrium* [S. Filippo d'Argiro] que 230. Voigt, (*Ius nat.*, t. II, p. 398), tient cette opinion, que je partage avec Kuhn, pour « totalement fausse », et il soutient qu'en principe nul *commercium* n'est nécessaire en ce qui concerne le fonds provincial. Il est cependant hors de doute que les terres soumises aux impôts furent achetées et vendues (L. 66, [fr. Papinian., *De evictione et duplae stipul.*], D., XXI, 2), que les *Centuripini* pouvaient s'en rendre acquéreurs, mais non pas les autres Siciliens, qu'en outre, en Macédoine, en Achaïe et en Sicile, il existait une interdiction de *commercium* entre les villes provinciales. Voigt est absolument dans l'erreur, lorsqu'il apprend à Kuhn, que, dans cette phrase de Cicéron, (*In Verr. accus.*, II, 50, 124): *ut ista intelligeret, ei se illum locum vendidisse, cui ne commercium quidem esse oporteret*, le mot *cui* ne se rapporte pas à *ei*, mais qu'il faut entendre ce passage ainsi qu'il suit : Verrès lui vend un *locus* de telle nature (un siège au sénat), *cui ne commercium quidem esse oporteret*.

(1) Voy. Kuhn, *op. cit.*, t. II, p. 11.

(2) C'est ainsi, par exemple, qu'Athènes se vit attribuer *Haliartus*, en Béotie, *Paros* [Paros], *Imbros* [Imvros], *Delos* [Deli], *Skyros* [Skyros], *Aegina* [Aégina ; voy., sur cette île, M. Ett. de Ruggiero, *Dizionar. epigr.*, fascic. 9, Roma, 1888, p. 275, coll. 1 *in fine* et suiv.], *Ikos* [Khilidromia, *id est* Ἀχίλλεως δρόμος], *Keos* [Kea], *Tzia*], *Skiathos* [Skiathos] et *Peparethos* [Skopelos] (Polyb., XXX, 18 ; — Tit. Liv., XXXIII, 30 ; — Appian., *Bell. civ.*, V, 7), sous Hadrien aussi *Kephalenia* [Kefalónia] (Dio Cass., LXIX, 16) ; — que *Sikyon* [ruines près de Vasiliká] reçut une partie du territoire corinthien (voy., ci-dessus, p. 223), *Utica* [ruines de Bu Schater], une partie de celui de Carthage (Appian., *Pun.*, LXXV). Voy., dans Kuhn, (*op. cit.*, t. II, pp. 41 et suiv.), une opulente collection d'exemples de ces changements de territoires.

(3) Voy. le t. I de cette traduction = t. VIII de la collection, p. 21, note 6.

nasties indigènes, les territoires montagneux et déserts, dont l'administration aurait été difficile et, dans tous les cas, le rendement minime, jusqu'au jour, souvent assez éloigné, où l'on croyait pouvoir en toute sûreté les placer aussi sous l'autorité directe du gouverneur.

Nous avons exposé ci-dessus (voy. t. I de cette traduction = t. VIII de la collection, pp. 95 à 124) les différences introduites par ces mesures dans la condition politique des villes provinciales, les unes reconnues comme des communes alliées et libres, d'autres — et c'était le plus grand nombre — mises au nombre des villes sujettes et soumises à l'impôt, d'autres encore transformées en municipes et colonies romains. Mais il nous reste à déterminer ici quels sont les moyens auxquels les Romains eurent recours pour constituer la province en unité administrative.

LES ASSEMBLÉES PROVINCIALES.

<small>Assemblées antérieures à la conquête romaine.</small> Il existait depuis longtemps dans les pays grecs, que les Romains soumirent à leur domination, des associations entre les différentes communes, fondées sur les affinités de races et organisées dans des vues politiques et religieuses. Les Romains, qui avaient mis fin, lors de la conquête de l'Italie, aux confédérations de peuples (voy. le t. I de cette traduction = t. VIII de la collection, pp. 34 et suiv.), agirent de même au début dans les provinces, notamment en Sicile, en Macédoine et en Grèce. Si, plus tard, ils laissèrent se reconstituer les associations supprimées, il faut en chercher la première raison dans les solennités religieuses qui s'y rattachaient. Mais le développement que cette institution prit par la suite montre que les empereurs l'utilisèrent dans un but politique. En effet, les assemblées (*communia, concilia* (1), κοινά) ne fonctionnèrent pas seulement dans les pays où elles avaient existé dès l'antiquité, comme, par exemple, en Lycie (voy., ci-dessus, p. 306); mais elles furent modifiées ou organisées d'une manière entièrement nouvelle, suivant la configuration des provinces, qui était loin de correspondre tou-

---

(1) Tacit., *Ann.*, XV, 22.

LES ASSEMBLÉES PROVINCIALES. 509

jours aux limites ethnographiques. Il s'attache à ces assemblées un intérêt tout particulier, tenant à ce qu'on peut y voir le premier vestige d'un système représentatif que, pendant la période républicaine, la constitution romaine n'avait jamais pu réaliser (1). Leur mission était double. En premier lieu, le *commune*

<small>Assemblées nouvellement organisées.</small>

---

(1) Aux données acquises au sujet des assemblées provinciales romaines par Godefroy, (sur le Code Théodosien, [*De legatis et decretis legationum*], XII, 12 ; [*De paganis, sacrificiis et templis*], XVI, 10), et par C. Menn, (*Ueber die römischen Provincial-Landtage*, Köln und Neuss, 1852, in-4), qui s'en est inspiré, sont venus se joindre par la suite de nouveaux et riches matériaux, dont j'ai réuni les éléments dans l'*Ephemeris epigraphica*, (1872, pp. 200-214). Je renvoie à cette étude, aussi bien en ce qui touche les sources, que je ne cite ici que partiellement, qu'en ce qui concerne les opinions divergentes, qui s'y trouvent discutées en détail ; je me borne à consigner ici les renseignements nouveaux que ces dernières années ont portés à notre connaissance sur cette matière.

[Nous croyons, quant à nous, devoir dresser la bibliographie générale des assemblées proviciales, de façon à mettre aux mains de ceux que cette étude intéresse les instruments essentiels de travail. Voici donc les auteurs qui devront plus spécialement être consultés : Godefroy, *locc. sup. citt.* ; — Drakenborg, *ad Tit. Liv.*, V, 47 ; — P. Berthaidus, *De ara*, capp. XXV et suiv., dans le *Thesaur. Antiq. Roman.*, de Graevius, t. VI, Traject. ad Rhen., Lugd. Batavor., 1697, fos 370 et suiv. ; — abbé Dubos, *Histoire critique de l'établissement de la monarchie françoise dans les Gaules*, liv. Ier, chap. IV, éd. de 1742, pp. 44 et suiv. ; — MM. : Raynouard, *Histoire du droit municipal en France, sous la domination romaine et sous les trois dynasties*, Paris, 1829, t. I, pp. 189, 203 et suiv. ; — Krause, Νεωκόρος, Lips., 1844 ; — Ch. Giraud, *Hist. du dr. franç. au moyen-âge*, Paris et Leipzig, 1846, t. I, p. 86 ; — F. Laferrière, *Histoire du dr. franç.*, t. II, Paris, 1846, pp. 312 et suiv. ; — C. Menn, *Ueber die römischen Provinzial-Landtage. Ein Beitrag zur Staats-und Rechtsgeschichte*, Köln und Neuss, 1852, in-4 ; — F. Walter, *Gesch. des röm. Rechts*, 3te Aufl., Bonn, 1860, § 313, t. I, pp. 470 et suiv. ; — Aug. Bernard, *La Gaule, gouvernement représentatif sous les Romains*, dans la *Revue archéologique*, Nouv. série, 5e année, IXe vol., Paris, 1864, pp. 1-12 ; — A. de Barthélemy, *Les assemblées nationales dans les Gaules avant et après la conquête romaine*, dans la *Revue des questions historiques*, 3e année, t. V, Paris, 1868, pp. 5-48 ; — L. Bouchard, *Étude sur l'administration des finances de l'Empire romain dans les derniers temps de son existence*, Paris, 1871, pp. 439-443 ; — J. Marquardt, *De provinciarum Romanarum conciliis et sacerdotibus*, dans l'*Ephemeris epigraphica*, Vol. I, 3e fascic., Romae et Berolini, 1872, pp. 200 et suiv. ; — P. Foucart, *Des associations religieuses chez les Grecs, Thiases, Éranes, Orgéons, avec le texte des inscriptions relatives à ces associations*, Paris, 1873, 1 vol. gr. in-8 ; — G. Boissier : *La religion romaine d'Auguste aux Antonins*, t. I, Paris, 1874, pp. 166 et suiv., et mot *Apotheosis*, dans le *Dictionn. des antiq. grecq. et rom.*, de MM. Ch. Daremberg et Edm. Saglio, 3e fascic., Paris, 1874, t. I, pp. 323, col. 2, à 327 ; — E. Saglio, *ibid.*, Vo *Ara*, pp. 347, col. 1, à 353 ; — R.-J.-A. Houdoy, *Le droit municipal*, I, Paris, 1876, pp. 111, *in fine*, et suiv., et pp. 641 et suiv. ; — Fustel de Coulanges, *Hist. des institut. politiq. de l'ancienne France*, 1re partie, 2e éd., Paris, 1877,

provinciae était une association de fêtes, ayant désormais son

pp. 86 et suiv., 105 et suiv., 114 et suiv.; Hist. des instit. politiq. de l'anc. France. — *La Gaule Romaine*, éd. Camille Jullian, Paris, 1891, 1 vol. in-8, pp. 210 et suiv. ; — J.-M.-E. Flandin, *Des assemblées provinciales dans l'Empire romain et dans l'ancienne France*, (Thèse de Doct. en Droit), Paris, 7 novembre 1878 ; — E. Desjardins : *Le culte des Divi et le culte de Rome et d'Auguste*, dans la *Revue de Philologie*, t. III, Paris, 1879, pp. 49-55 ; le même, *Géographie historiq. et administr. de la Gaule Romaine*, t. III, Paris, 1885, pp. 195 et suiv.; — Madvig, *Röm. Verf.*, t. II, pp. 130-134, et pp. 723-726 (= dans la trad. franç. de M. Ch. Morel, t. III, pp. 143 et suiv.; t. V, pp. 153 *in fine* et suiv.); — V. Duruy : *Formation d'une religion officielle dans l'Empire romain*, dans les *Comptes-rendus des séances et travaux de l'Acad. des sciences morales et politiques*, Nouv. série, t. XIV (ou CXIV de la collection), Paris, 1880, pp. 328-347, et tirage à part ; le même, *Les assemblées provinciales au siècle d'Auguste*, eod., t. XV (ou CXV de la collect.), Paris, 1881, pp. 238-245, et tirage à part ; le même, *Hist. des Romains*, éd. illustrée, gr. in-8, renvois de la *Table analytique générale*, au mot *Assemblées provinciales*, t. VII, p. 625, col. 2 ; — J.-B. Mispoulet, *Les institut. politiq. des Romains*, t. II, Paris, 1883, pp. 99, *in fine*, et suiv.; — P. Willems, *Le droit public romain*, 5ᵉ éd., Paris, 1884, pp. 526-528, et pp. 598 et suiv.; 6ᵉ éd., Louvain et Paris, 1888, pp. 534 et suiv., et p. 582; — A. Clément Pallu de Lessert, *Les assemblées provinciales et le culte provincial dans l'Afrique romaine*, dans le *Bulletin trimestriel des Antiquités africaines*, 3ᵉ année, fascic. 7, janvier 1884, pp. 5-67,et fascic. 10, août 1884, pp. 321-344 ; tirage à part sous le titre : *Études sur le droit public et sur l'organisation sociale de l'Afrique romaine*, Paris, 1884, broch. in-8 (fait partie de la Bibliothèque des Antiquités africaines ; — *adde*, à cet égard, M. Ett. de Ruggiero, *Dizionar. epigr.*, fascic. 11, Roma, 1888, pp. 341, col. 2 [*Concilium (provinciae Africae)*], et suiv.); — G. Humbert : dans le *Dict. des Antiq. grecq. et rom.*, de MM. Ch. Daremberg et Edm. Saglio : fascic. 9, Paris, 1884, mots *Communia*, IV, t. I, pp. 1410, col. 1, et suiv., et *Concilium*, I et III, *eod.*, pp. 1432, col. 2, et suiv.; fascic. 10, Paris, 1886, mot *Conventus*, IV, *cod.*, p. 1496, col. 2; comp. fascic. 4, Paris, 1875, mot *Augustus*, p. 561, col. 2 ; le même, *Essai sur les finances et la comptabilité publique chez les Romains*, Paris, II, renvois de l'*Index général*, mot *Concilium provinciae*, p. 467; — P. Monceaux, *De communi Asiae provinciae* (ΚΟΙΝΟΝ ΑΣΙΑΣ) (Thèse de Doct. ès-Lettres), Paris, 1885, in-8; — A. Bouché-Leclercq, *Manuel des instit. rom.*, Paris, 1886, pp. 201 et 556; — Ett. de Ruggiero, *Dizionar. epigr.*, Vᵒ *Aedes, Aedicula, passim*. spécialement t et III, fascic. 5-7, Roma, 1886-87, pp. 139-158, et pp. 190, col. 2, à 202, et Vᵒ *Ara*, fascic. 19, Roma, 1890, pp. 594, col. 2, et suiv., à 607, col. 1, *passim*; — E. Glasson, *Hist. du dr. et des instit. de la France*, t. I, Paris, 1887, pp. 290, *in fine*, et suiv. ; — P. Guiraud, *Étude historique sur les assemblées provinciales dans l'Empire romain*, Paris, 1887, 1 vol. in-8 (ouvrage capital et fort remarquable, couronné par l'Institut de France, *Acad. des sciences morales et politiq.* ; il convient d'y joindre les importantes notices que lui ont consacrées M. l'abbé Beurlier, dans le *Bulletin critiq.*, 1888, nᵒ 6, [15 mars], art. 29, pp. 101-106, et M. R. Dareste, dans le *Journal des Savants*, janvier 1891, pp. 46-54) ; — G. Lacour-Gayet, *Antonin le Pieux et son temps* (Thèse de doct. ès-Lett.), Paris, 1888, 1 vol. in-8, pp. 231 et suiv. ; — Otto Hirschfeld, *Zur Geschichte des römischen Kaisercultus*, dans les *Sit-*

pivot dans le culte de l'empereur. En effet, ainsi que les Ptolé-

---

zungsberichte der Königlich Preussisch. Akademie der Wissenschaften zu Berlin, Philos.-histor. Classe, 19 Juli 1888, Berlin, 1888, t. XXXV, pp. 833-862, et tirage à part (cette étude, essentielle à connaître et à méditer, a été récemment l'objet d'une traduction française dans le t. II de la *Revue épigraphique du Midi de la France*; voy. n° 51, Octobre, novembre, décembre 1888, pp. 398-402, et n° 52, Janvier, février, mars 1889, pp. 413-418; le texte *seul* est malheureusement traduit, sans les notes de l'original) ; — L.-Fr. Eug. Duval, *Études sur quelques points de droit romain au V*e *siècle d'après les lettres et les poèmes de Sidoine Apollinaire* (Thèse de Doct. en Droit), Paris, 1888, gr. in-8; voy. III, *Préfecture et vicariat des Gaules. L'assemblée d'Arles*, pp. 29-36 ; — Paul Viollet, Droit public. — *Hist. des instit. politiq. et admin. de la France*, t. I, Paris, 1890, pp. 105-116 (*Des assemblées nationales dans la Gaule Romaine*); — E. G. Hardy, *The Provincial Concilia from Augustus to Diocletian*, dans *The English Historical Review*, avril 1890 ; — l'abbé E. Beurlier, *Le Culte impérial, son histoire et son organisation depuis Auguste jusqu'à Justinien* (Thèse de Doct. ès-Lettr.), Paris, 1891, 1 vol. gr. in-8 ; — Édouard Beaudouin, *Le culte des empereurs dans les cités de la Gaule Narbonnaise*, 2 fascicules gr. in-8, Grenoble, 1891 (Extrait des *Annales de l'Enseignement supérieur de Grenoble*, t. III, n°s 1 et 2, voy., sur le 1er fascicule de cette étude, M. Allmer, dans la *Revue épigr. du Midi de la France*, n° 62, Mai, juin 1891, [p. 111 *sub fin.* et suiv.). [N. B. : Ces deux dernières monographies sont l'une et l'autre d'une importance considérable.] — Comp. MM. : Baudi di Vesme, *Vicende della proprietà in Italia*, 1835, p. 178 ; — C. Menu, *De accusandorum magistratuum Romano iure*, Düren, 1845; — Léon Renier, dans son édition de Jacob Spon, *Recherche des antiquités et curiosités de la Ville de Lyon*, Lyon, 1857, p. 144, note 1; — Georges Dubois, *Essai sur les municipes dans le droit romain*, Paris, 1862, in-8, pp. 60-62; — Robiou, *Histoire des Gaulois d'Orient*, Paris, 1866, pp. 280-282; — Hübner, *ad C. I. L.*, t. II, Berolini, 1869, f° 541 ; — G. Perrot, *Sur quelques inscriptions inédites des côtes de la Mer noire*, dans la *Revue archéologique*, Nouv. série, t. XXVIII, Paris, 1874, pp. 10 et 24 ; voy. aussi, du même auteur, les articles *Asiarcha* et *Bithyniarcha*, dans le t. I du *Dict. des Antiq. grecq. et rom.*, de MM. Ch. Daremberg et Edm. Saglio, pp. 467 *in fine* et suiv., et p. 713, *in init.*; — de la Berge, *Essai sur le règne de Trajan*, Paris, 1877, pp. 126-131; — Fr. Lenormant, *La monnaie dans l'antiquité*, Paris, 1878-1879, t. II, pp. 188 et suiv. ; — Henri Beaune, *Introduction à l'étude historiq. du droit coutumier français jusqu'à la rédaction officielle des coutumes*, Lyon et Paris, 1880, 1 vol. in-8, pp. 68 et suiv.; — Éd. Cuq, *Études d'épigraphie juridique* (fascic. XXIe de la *Bibliothèq. des Écoles franç. d'Athènes et de Rome*), Paris, 1881, p. 14; — Hertzberg, *Histoire de la Grèce sous la domination romaine*, trad. franç. par M. Scheurer, t. 1, Paris, 1886, p. 474 ; — Th. Mommsen : *Röm. Gesch.*, t. V, 3te Aufl., Berlin, 1886, pp. 84 et suiv. (= dans la trad. franç. de MM. R. Cagnat et J. Toutain, t. IX, Paris, 1887, pp. 118 et suiv.); p. 233, note 1 (= trad. franç., t. X, Paris, 1888, p. 75, note 1); le même, *Röm. Staatsr.*, t. III, 1, Leipzig, 1887, p. 744 et les renvois (=dans la trad. franç. de M. P. F. Girard, t. VI de la collection, 2e Partie, Paris, 1889, pp. 382 et suiv.) ; — t. I de cette trad. = t. VIII de la collect., pp. 242 et suiv. et les notes, et, ci-dessus, p. 77, note 1*, et pp. 130 et suiv. ; — Teresio Trincheri, *Le consecrazioni di uomini in Roma. Studio storico-giuridico*, Roma, 1889, 1

mées en Égypte (1), les empereurs romains croyaient, en se faisant rendre les honneurs divins, donner à leur monarchie usurpatrice une base légitime, tandis que, avec le titre d'*Augustus* ou de σεβαστός (2), ils affirmaient être d'une essence supérieure à la race humaine et toute différente ; ce qui leur permettait d'exiger de leurs sujets une obéissance absolue. Du vivant d'Auguste, ce culte se concentrait à une *ara Romae et Au-*

<small>Culte de l'empereur.</small>

---

vol. in-8 ; — Georges Sérullaz, *Essai sur la religion romaine et sur les rapports de l'État romain avec quelques religions étrangères. — Druidisme. — Judaïsme. — Christianisme* (t. I d'une thèse de Doctorat soutenue devant la Faculté de Droit de Lyon), Lyon, 1889, 1 vol. in-8, pp. 72 et suiv. ; — Ett. Ciccotti, *Étude sur les sacerdoces municipaux et provinciaux de l'Espagne et les Augustales à l'époque impériale*, dans la *Rivista di filologia e d'istruzione classica*, 1890, pp. 1 et suiv. — En ce qui concerne les assemblées nationales primitives, voy. notamment M. Post, *Bausteine für eine allgemeine Rechtswissenschaft*, t. II, Oldenburg, 1881, pp. 130-135.

[Rappelons enfin, au point de vue épigraphique :

[1° Que l'inscription de Narbonne, dont nous avons indiqué ci-dessus la bibliographie (voy. p. 122, note 3, *supra*), — et à laquelle M. Zocco Rosa, savant professeur à l'Université de Catane consacrera prochainement une étude détaillée, actuellement en préparation, fournit sur ce qui va suivre de précieux renseignements.

[2° Qu'aux inscriptions grecques multiples dans lesquelles il est fait mention de κοινά, il convient de joindre aujourd'hui une inscription bilingue (phénicienne et grecque), récemment découverte, et présentée par M. Renan à l'*Académie des Inscriptions et Belles-Lettres*, dans sa séance du 27 janvier 1888 : elle nous révèle l'existence du κοινὸν τῶν Σιδωνίων. (Voy. la *Revue critiq. d'hist. et de littér.*, 1888, n° 6, p. 119.) — Voy. M. P. Guiraud, *Les assemblées prov.*, pp. 39 et suiv. ;

[3° Que M. Héron de Villefosse, en faisant à la même *Académie*, dans sa séance du 22 mars 1889, une communication sur l'exploration archéologique entreprise à la fin de 1888 au Maroc par M. de la Martinière, a signalé que cette campagne a donné lieu à la découverte, à *Volubilis*, d'une inscription relative aux assemblées provinciales de la Maurétanie Tingitane. (Voy., ci-dessus, AFRICA ET NUMIDIA, *Bibliographie générale*, V, *Administration romaine*, p. 446, Séance (de l'*Acad. des Inscr. et Bell.-Lett.*) du 22 mars 1889.)

[Relativement au culte impérial, consulter encore un curieux édit émané d'Antiochus II (262-247) pour instituer le culte officiel de la reine Laodicé, sa femme et sa sœur, dans le *Bulletin de corresp. hellén.*, n° de décembre 1889. — P. L.-L.]

(1) Voy. Letronne, *Recueil*, t. I, p. 362.

(2) Dio Cass., LIII, 16 : Αὔγουστος, ὡς καὶ πλεῖόν τι ἢ κατὰ ἀνθρώπους ὢν ἐκλήθη. — Suet., *Oct.*, VII. — Ovid., *Fast.*, I, 609. — Lydus, *De mens.*, IV, 72. — Vegetius, II, 5 : *Nam imperatori, cum Augusti nomen accepit, tanquam praesenti et corporali deo fidelis est praestanda devotio et impendendus pervigil famulatus.*

gusti (1); mais, après sa mort et sa consécration, le culte de la famille impériale passa au premier rang; toutes les grandes villes élevèrent des *templa Augusti* ou *Augustorum*, *Caesarea* et σεβαστεῖα (2), et toute négligence à l'égard de ce culte fut sévèrement jugée et punie (3). L'association de fêtes de la province se réunissait donc aussi au lieu où se trouvait le sanctuaire impérial, soit dans la capitale de la province, soit, alternativement, dans les diverses villes où existaient des temples consacrés à l'empereur ; et toutes les villes qui possédaient un de ces temples, ou qui contribuaient à leur entretien et aux fêtes communes (4), portaient le nom de servantes du temple impérial (νεωκόροι) (5). L'association de fêtes était dirigée par un prêtre, fonctionnaire du rang le plus élevé, le *sacerdos provinciae* (6),

Sacerdos provinciae.

(1) Suet., *Oct.*, LII : *Templa, quamvis sciret etiam proconsulibus decerni solere, in nulla tamen provincia nisi communi suo Romaeque nomine recepit.* — [N. B. : Une nouvelle inscription a été dernièrement découverte à Rome sur la rive gauche du Tibre (région du Champ de Mars), entre le pont Saint-Ange et Ripetta. Ce nouveau texte est daté du consulat de C. Caesar et de L. Aemilius Paulus, (754 de Rome). Il mentionne la dédicace d'une *ara augusta*, et serait à rapprocher, d'après M. le Professeur Gatti, des *tituli laribus augustis a magistris vicorum dedicati*. (Voy. la communication de M. Geffroy à l'*Académie des Inscr. et Bell.-Lett.*, séance du 23 janvier 1891; *Journ. offic.* du 27 janvier, p. 439, col. 3.) — P. L.-L.]
(2) Voy., à cet égard, J. Marquardt, *Staatsverwaltung*, t. III, p. 445 [éd. 1878 = dans la trad. franç. de M. Brissaud faite sur la seconde éd. de ce volume donnée en 1885 par M. G. Wissowa, *Le Culte*, t. II = t. XIII de la collection, Paris, 1890, pp. 211 et suiv.]. — Le culte commença dans l'*Hispania Tarraconensis* en l'an 15 de notre ère ; dans la *Narbonensis*, vers la même époque [voy. les *Leges arae Augusti Narbonensis* dans C. G. Bruns, *Fontes iuris Romani antiqui*, ed. 5ª, Frib. in Brisg., 1887, pp. 242 (et note 12) et suiv.; — *C. I. L.*, t. XII, n° 4333; — *adde* M. Éd. Cuq, *Les juges plébéiens de la colonie de Narbonne*, dans les *Mélanges d'archéologie et d'histoire*, t. I, Paris et Rome, 1881, et MM. l'abbé Beurlier et Éd. Beaudouin, *opp sup. citt.*]; en Asie, en l'an 19 après J.-Chr.
(3) Tacit., *Ann.*, IV, 36 : *Obiecta publice Cyzicenis incuria caerimoniarum divi Augusti — et amisere libertatem.*
(4) Dion Chrysostome, (Vol. II, p. 70, éd. R.), dit de Κελαιναί [Celaenae, auj. Dinér], en Phrygie : καὶ μὴν τῶν ἱερῶν τῆς Ἀσίας μέτεστιν ὑμῖν, τῆς τε δαπάνης τοσοῦτον, ὅσον ἐκείναις ταῖς πόλεσιν, ἐν αἷς ἐστι τὰ ἱερά.
(5) Voy. Eckhel, *Doct. Num.*, t. IV, pp. 288 et suiv.; — l'étude de J. Marquardt intitulée *Cyzicus und sein Gebiet*, pp. 84 et suiv. — Krause, Νεωκόρος, Lipsiae, 1844, in-8.
(6) Hermogenianus, L. 17, [*De muner. et honor.*], D., L, 4 : *Sponte provinciae sacerdotium iterare nemo prohibetur.* — C. Th. : Const. 46, [*De decurion.*], XII, 1 ; Constt. 75. 174, [*De decurion.*], XII, 1 ; Const. 38, [*De episc.*,

Organisation Romaine, t. II. 33

ἀρχιερεύς, dont le titre varie avec les différentes provinces. Élu parmi les personnes les plus considérées et les plus riches, ayant exercé dans leur ville toutes les magistratures, ou ayant obtenu le rang de chevalier romain (1), il administrait, avec le concours de plusieurs employés subalternes (2), les fonds nécessaires à l'entretien des temples qui devaient être fournis par la province, ainsi que les capitaux légués ou donnés, en vue de subvenir aux fêtes (3); il présidait l'assemblée du κοινόν (4) ainsi que les jeux (5), qu'il instituait à ses frais (6); et, tout au moins

---

eccles. et cler.], XVI, 2. Son *sacerdotium* s'appelle *archierosyna*](Const. 112, [*De decurion.*], G. Th., XII, 1). Sur le titre ἀρχιερεύς, voy. ci-dessous. — [Sur l'*archiereus*, voy. M. E. Caillemer, dans le *Dict. des Antiq. grecq. et rom.*, de MM. Ch. Daremberg et Edm. Saglio, 3ᵉ fascic., Paris, 1874, *h. v.*, t. I, p. 374, col. 1.Comp. M. Ett. de Ruggiero, *Dizionar.'epigr.*, fasc. 21, Roma, 1891, *h.v.*, p. 644, col. 2.— Voy. aussi, à titre de documents épigraphiques récents : un ἀρχιερεύς τῆς ['A]σίας, dans M. J.-R. Sillington Sterret, *An epigraphical journey in Asia Minor* (= t. II des *Papers of the american School of classical Studies at Athens*), p. 34, n° 33 = M. René Cagnat, *Revue archéol.*, oct.-nov.-déc. 1888, et *L'année épigraphique (1888)*, Paris, 1889, p. 63, col. 1, n° 173 ; et un [ἀρχι]ερεὺς Σεβ[αστοῦ], dans le *Bulletin de corresp. hellén.*, 1889, p. 307, n° 14 (Inscr. de Paphlagonie, découverte à Tasch-Keupru) = M. René Cagnat, *Revue archéol.*, août-décembre 1889, et *L'ann. épigr. (1889)*, Paris, 1890, p. 63 *in init.*, n° 143.]

(1) Voy. Const. 77, [*De decurion.*], C. Th., XII, 1, et M. Hübner, dans le *C. I. L.*, t. II, f° 544. — Ce fait est l'objet de très fréquentes mentions, par exemple dans l'inscription rapportée par Herzog (*Galliae Narb. Hist.*, App., n° 501 [Inscription de Rome]: *Sex. Allius Sex. fil. Volt. Creticus Viennensis, omnibus honoribus in patria sua functus, flamen provinciae Narbonensis*. Les dépenses que le prêtre provincial était obligé de faire expliquent que, par exemple, les Asiarques aient été à diverses reprises élus dans les mêmes familles riches. Voy. l'inscription de *Cibyra* publiée dans la *Bulletin de correspondance hellénique*, 1878, p. 594 : ['Αγαθῇ] τύχῃ. Κατὰ τὰ δόξαντα τῇ βουλῇ καὶ τῷ δήμῳ τῆς λαμπροτάτης Καισαρέων Κιβυρατῶν πόλεως ἡ σεμνοτάτη συνεργασία τῶν σκυτοβυρσέων Τιβέριον Κλαύδιον Πολέμωνα Ἀσιάρχην, ἱππικόν (c'est-à-dire *equitem Romanum*), Τιβερίου Κλαυδίου Ἱέρωνος Ἀσιάρχου δὶς καὶ ἀρχιερέως δὶς υἱόν, Τιβερίου Κλαυδίου Δηϊοτηριανοῦ Ἀσιάρχου ἀδελφόν, Μαρκίου Δηϊοτηριανοῦ Λυκιάρχου καὶ Φλαβίου Κρατέρου Ἀσιάρχου δὶς καὶ ἀρχιερέως ἔκγονον, ἀνθ' ὧν τῶν δημοσίων ἔργων μετὰ ἐπιμελείας προενοήσατο.

(2) Dans cet ordre d'idées rentrent l'ἀργυροταμίας τῆς Ἀσίας (*C. I. Gr.*, n° 2782); en Gaule, le *iudex arcae Galliarum* et l'*allector Galliae* (voy., ci-dessus, pp. 132 *in fine* et suiv.).

(3) Boeckh, *C. I. Gr.*, n° 2741.

(4) *C. I. Gr.*, n° 3487.

(5) *Epistola ecclesiae Smyrnaeae*, dans Dressel, *Patrum apostol. opp.*, pp. 394 et suiv. 460 = Euseb., *H. E.*, IV, 15, 27.

(6) Const. 109, [*De decurion.*], G. Th., XII, 1 ; — Const. 1, [*De spectac.*], C. Th., XV, 5. — Philostrat., *Vit. Soph.*, I, 21, 2 : ἀρχιερεὺς μὲν γὰρ ἐγένετο

à une époque plus reculée, au quatrième siècle notamment, il exerçait une juridiction disciplinaire sur tous les prêtres de la province, en qualité de prêtre supérieur (1).

Sa fonction est annuelle (2) et renouvelable (3)* ; dans tous

---

τῆς Ἀσίας αὐτός τε καὶ οἱ πρόγονοι αὐτοῦ, παῖς ἐκ πατρὸς πάντες, ὁ δὲ στέφανος οὗτος πολὺς καὶ ὑπὲρ πολλῶν χρημάτων. — Augustin., *Ep.*, V.

(1) A l'origine, ce fait ne se rencontre qu'en Égypte. A Alexandrie, il y avait un ἀρχιερεὺς πάσης Αἰγύπτου, qui était en même temps ἐπιστάτης τοῦ Μουσείου, et, à l'époque grecque, prêtre chargé du culte des Ptolémées. Sous Hadrien, la fonction était occupée par un Romain. Cet ἀρχιερεύς était le chef suprême de tous les prêtres en Égypte ; ces derniers, par exemple, avaient besoin de son autorisation pour placer une inscription, et il exerçait aussi une censure sur les écrits des membres du Museum. (Voy. Letronne, *Explication de deux inscriptions inédites, tracées d'or sur le piédestal de l'obélisque trouvé à Philes*, dans le *Journal des Savants*, 1841, pp. 737 et suiv., et *Recueil*, t. I, pp. 257 et suiv.) Mais, au IVᵉ siècle, alors que le Christianisme prenait une extension de plus en plus considérable, Maximinus (305-313) nomma, ainsi qu'Eusèbe, (*H. E.*, VIII, 14, 9), le rapporte, ἱερέας τε εἰδώλων κατὰ πάντα τόπον καὶ πόλιν καὶ ἐπὶ τούτων ἑκάστης ἐπαρχίας ἀρχιερέα τῶν ἐν πολιτείαις ἕνα γέ τινα τὸν μάλιστα ἐμφανῶς διὰ πάσης ἐμπρέψαντα λειτουργίαις, et, sous Julien (360-363), on connaît trois prêtres supérieurs de ce genre: Theodorus, ἀρχιερεὺς τῆς Ἀσίας, à qui Julien, (*Ep.*, LXIII), écrit: τί ποτ' οὖν ἐστιν, ὅ φημί σοι νῦν ἐπιτρέπειν ; Ἄρχειν τῶν περὶ τὴν Ἀσίαν ἱερῶν ἁπάντων, ἀρχόμενος τῆς χώρας καὶ τῶν πόλεων ἱερέων καὶ ἀπονέμων τί τὸ πρέπον ἑκάστῳ, — puis Arsacius-ἀρχιερεὺς τῆς Γαλατίας, à qui il recommande, (*Ep.*, XLIX), d'exercer une discipline sévère, de récompenser les prêtres soumis, de déposer les indisciplinés : καὶ οὐκ ἀπόχρη τὸ σὲ μόνον εἶναι τοιοῦτον, ἀλλὰ πάντας ἁπαξαπλῶς οἵ περὶ τὴν Γαλατίαν εἰσὶν ἱερεῖς· οὓς ἢ δυσώπησον ἢ πεῖσον εἶναι σπουδαίους ἢ τῆς ἱερατικῆς λειτουργίας ἀπόστησον, εἰ μὴ προσχοιντο μετὰ γυναικῶν καὶ παίδων καὶ θεραπόντων τοῖς θεοῖς. Ἔπειτα παραίνεσον ἱερέα μήτε θεάτρῳ παραβάλλειν μήτε ἐν καπηλείῳ πίνειν, ἢ τέχνης τινὸς — αἰσχρᾶς — προΐστασθαι, καὶ τοὺς μὲν πειθομένους τίμα, τοὺς δὲ ἀπειθοῦντας ἐξώθει. Enfin, Chrysanthius, au sujet duquel on lit dans Eunape, (p. 57, éd. Boiss.): ὁ δὲ (Iulianus) ἀρχιερέα ἀποδείξας τόν τε ἄνδρα καὶ τὴν γυναῖκα τῆς Λυδίας (la Lydie était, depuis Dioclétien, une province particulière) καὶ ὑπ' ἐκείνοις ἐπιτρέψας εἶναι τῶν ἄλλων τὴν αἵρεσιν, αὐτὸς ἐπὶ τὸν Περσικὸν συνήγετο πόλεμον, — et encore, (p. 111): ὁ δὲ Χρυσάνθιος τὴν ἀρχιερωσύνην τοῦ παντὸς ἔθνους λαβὼν — οὐ βαρὺς ἦν κατὰ τὴν ἐξουσίαν — — οὔτε λυπῶν τινας τῶν Χριστιανῶν περιττῶς. — [Comp. p. 513, note 6, *supra*.]

(2) Les prêtres urbains de la maison impériale étaient ordinairement des *flamines perpetui*, tandis que les prêtres provinciaux n'exerçaient pas, au contraire, de fonctions viagères. Ils portent, après l'achèvement de leurs fonctions, le titre de *consummato honore flamonii* (*C. I. L.*, t. II, nᵒ 2221), *peracto honore flamonii* (*ibid.*, nᵒ 2344), *functi flaminatu provinciae* (*ibid.*, nᵒ 3711), *flaminales* (*ibid.*, nᵒˢ 983, 4248) ; quant à *flaminalis* et *sacerdotalis*, ce sont les titres des prêtres sortis de charge, ainsi que *duumviralis* est celui du fonctionnaire qui a été *duumvir*. Déjà l'analogie des anciens titres romains *consulares, praetorii, aedilicii, quaestorii* permet de conclure que la fonction, si elle n'était pas à vie, devait être annuelle ; nous avons, à cet

(3)* Voir cette note à la page suivante.

Sacerdotales. les cas, le titre lui reste, de telle sorte que les anciens prêtres provinciaux, *sacerdotales* (1), en Asie les Asiarques (2), forment dans les villes provinciales une classe jouissant d'une considération exceptionnelle (3), possèdent l'immunité personnelle (4)

<hr/>

égard, des témoignages précis, que nous fournissent le *sacerdos, quem anniversaria vice Umbria dedit* (Henzen, n° 5580), le prêtre de l'*ara Ubiorum*, de qui Tacite, (*Ann.*, I, 57), dit : *anno, quo Germaniae descivere, sacerdos creatus est Segismundus*, le Syriarque (voy. Noris, *Opp.*, t. II, f° 274) et l'Asiarque, parmi lesquels ce dernier est éponyme pour l'année. (*C. I. Gr.*, n° 3487 ; — Ruinart, *Acta Mart.*, p. 45.) — [Voy., sur les titres dont il est question au cours de cette note, l'*Index* des différents Voll. du *C. I. L.* relatif aux *Sacerdotes*. — Voy. aussi l'inscription de Narbonne rappelée ci-dessus, p. 509, note 1, *sub fin.*, 1°.]

(3)' L. 17, [fr. Hermogen., *De muner. et honor.*], D., L, 4 : *Sponte provinciae sacerdotium iterare nemo prohibetur*. De là le titre d'Ἀσιάρχης β', γ' (voy. Eckhel, *Doct. Num.*, t. IV, 207. 210 ; — *C. I.| Gr.*, n° 3190), et celui de δὶς Γαλατάρχης (*C. I. Gr.*, n°⁵ 4075. 4076).

(1) Const. 2, [*Quemadm. mun. civil. indic.*], C. Th., XII, 5 ; — Orelli, n° 1108, et maintes autres mentions du même genre. — Un *Sacerdotalis Daciae* est mentionné dans l'inscription publiée dans l'*Ephemeris epigr.*, Vol. IV, p. 63. — L'*ordo sacerdotalium* fait l'objet de mentions particulièrement fréquentes en Afrique. (Voy. Gothofr., *Paratitlon ad Cod. Theod.*, [*De pagan., sacrific. et templ.*], XVI, 10 ; — Ammiam., XXVIII, 6, 10 ; — Renier, *Inscr. de l'Alg.*, n°⁵ 28. 1440. 1527. 1718. 1851. 2547 [= *C. I. L.*, t. VIII, 1, n°⁵ 2579. 4252. 2406. 4600. 7014. 8348] ; — Guérin, *Voy. archéol.*, t. I, n° 35 [= *C. I. L.*, t. VIII, 1, n° 27] ; — O. Hirschfeld, dans les *Annali*, 1866, pp. 69 et suiv. ; — De Rossi, dans le *Bullettino di archeologia christiana*, 1878, pp. 31 et suiv. [Voy. aussi les sources épigraphiques auxquelles nous renvoyons ci-dessus, p. 438, note 1, I, et comp. les renvois de la p. 515, note 1, *in fine, supra*.]

(2) *C. I. Gr.*, n° 3489 : Ἡ βουλὴ καὶ ὁ δῆμος Λούκιον Αὐρήλιον Ἀριστομένην — υἱὸν Λ. Αὐρηλίου Ἀριστομένους καὶ Αὐρηλίας Τατίας τῶν ἀγωνοθετῶν καὶ ἀρχιερέων τῆς Ἀσίας. — N° 4014 : Κλ. Αἰμίλιον Φιλωνίδην τοῦ Γαλατάρχου Αἰμιλίου Στατοριανοῦ υἱόν. — Cf. n°⁵ 3420. 3421. 3495. — Strabon, (XIV, p. 649), dit de *Tralles* : συνοικεῖταί δὲ καλῶς εἴ τις ἄλλη τῶν κατὰ τὴν Ἀσίαν ὑπὸ εὐπόρων ἀνθρώπων, καὶ ἀεί τινες ἐξ αὐτῆς εἰσιν οἱ πρωτεύοντες κατὰ τὴν ἐπαρχίαν, οὓς Ἀσιάρχας καλοῦσιν. — *Act. Apost.*, XIX, 31 : τινὲς δὲ καὶ τῶν Ἀσιαρχῶν ὄντες αὐτῷ φίλοι. A cela se rapporte sans doute aussi le passage de Dion Chrysostome, (Vol. II, p. 66, éd. R.). C'est à tort que l'on a conclu du passage de l'*Histoire des Apôtres*, que plusieurs Asiarques remplissaient leurs fonctions simultanément. — [Sur l'Asiarque, voy. M. G. Perrot, dans le *Dict. des Antiq. grecq. et rom.*, de MM. Ch. Daremberg et Edm. Saglio, 3ᵉ fascic., Paris, 1874, t. I, pp. 467 *in fine* et suiv.]

(3) Censorinus, (XV), dit en l'an 238 : *Tu tamen officiis municipalibus functus, honore sacerdotii in principibus tuae civitatis conspicuus*. — Voy. Gothofr., *Paratitl. ad Cod.* Th., XVI, 10.

(4) Philostrate, (*Vit. Soph.*), nomme la fonction de l'ἀρχιερεὺς Λυκίων une ἀλειτουργησία. — Voy., au surplus, L. 8, [fr. Papinian., *De vacat. et excusat. munér.*], D., L, 5 ; — Const. 75, [*De decurion.*], C. Th., XII, 1 ; — Gothofr., *ad Cod. Th.*, XVI, 10.

et sont souvent chargés de missions auprès de l'empereur (1).

L'assemblée se réunissait chaque année (2) et se composait des députés (3) (*legati*, σύνεδροι (4), κοινόβουλοι (5)) des circonscriptions urbaines comprises dans la province; ainsi que cela avait eu lieu en Lycie, au temps de la Confédération libre, et

<small>Députés à l'assemblée.</small>

---

(1) Philostrate, (*Vit. Soph.*, I, 21, 6), dit de Scopelianus, qui était ἀρχιερεὺς Ἀσίας: οὐ γὰρ ὑπὲρ Σμυρναίων μόνον —, ἀλλ' ὑπὲρ τῆς Ἀσίας ὁμοῦ πάσης ἐπρεσβεύθη. — Ἐδόκει τῷ βασιλεῖ (c'est à Domitien qu'il est fait allusion), τῇ Ἀσίᾳ μὴ εἶναι ἀμπέλους — ἀλλ' ἐξῃρῆσθαι μὲν τὰς ἤδη πεφυτευμένας, ἄλλας δὲ μὴ φυτεύειν ἔτι. Ἔδει δὲ πρεσβείας ἀπὸ κοινοῦ· — αἱροῦνται τοίνυν Σκοπελιανὸν πάντες.

(2) Nous possédons, sur ce point, deux témoignages tardifs: Ammian., XXVIII, 6, 7: *Tripolitani* — — *adlapso legitimo die concilii, quod apud eos est annuum, Severum et Flaccianum creavere legatos*, — et la Constitution d'Honorius et de Théodose pour les *septem Galliae provinciae*, c'est-à-dire la *dioecesis Viennensis* de l'an 418 (Haenel, *Corp. leg.*, p. 238): *Quum propter privatas ac publicas necessitates de singulis civitatibus, non solum de provinciis singulis ad examen magnificentiae tuae vel honoratos confluere vel mitti legatos aut possessorum utilitas aut publicarum ratio exigat functionum, maxime opportunum et conducibile iudicamus, ut, servata posthac quotannis singulis consuetudine, constituto tempore in metropolitana, id est in Arelatensi urbe, incipiant septem provinciae habere concilium*. — Si, comme nous l'avons vu plus haut, les prêtres provinciaux étaient élus annuellement, et si la faculté accordée à l'assemblée d'accuser les gouverneurs sortant de charge, faculté dont nous allons parler incontinent, était sérieuse, — et elle devait l'être, — force était bien que le *concilium* tînt des assises annuelles. Néanmoins, Ammien paraît donner à entendre que les choses ne se passaient point ainsi dans toutes les provinces, et peut-être y a-t-il quelque rapport entre ce fait et la circonstance que, dans quelques provinces, les fêtes n'avaient lieu que tous les cinq ans. C'est ainsi que l'inscription crétoise rapportée au *C. I. Gr.*, sous le n° 2583, mentionne: ξυσταρχην ἱεροῦ ἀγῶνος πενταετηρικοῦ τοῦ κοινοῦ τῶν Κρητῶν, et que Suétone, (*Oct.*, LIX), dit, d'une manière générale: *Provinciarum pleraeque super templa et aras ludos quoque quinquennales paene oppidatim constituerunt*. — [Il convient aujourd'hui de joindre au contenu de cette note l'inscription de Narbonne qui confirme pleinement pour l'origine l'assertion de Marquardt sur la réunion annuelle des assemblées provinciales; voy. le renvoi fait *supra*, p. 509, note 1, *sub fin.*, 1°.]

(3) Dans les *tres Galliae*, les députés s'appellent *legati*, et ils reçoivent de la ville, qui les délègue, des *mandata* définis. (Voy. l'inscription de Torigny de l'an 238, dans M. Mommsen, *Berichte der sächs. Gesellsch.*, 1852, p. 235: *Solemnis iste meus proposito eorum restitit, provocatione scilicet interposita, quod patria eius, cum inter ceteros legatum eum creasset, nihil de accusatione mandassent.*)

(4) Ils portent le nom de σύνεδροι en Asie (Aristides, Vol. I, p. 531, éd. Dind.) et en Lycie (Inscr. dans M. Waddington, n° 1221), dont Strabon, (XIV, p. 664), appelle l'assemblée κοινὸν συνέδριον.

(5) On trouve cette dénomination en Bithynie, où l'assemblée délibérante de la province est également appelée κοινοβούλιον. (Voy. M. Waddington, sur le n° 1176.)

en Macédoine, avant son érection en province. Non seulement elle prenait part aux jeux, où des places d'honneur lui étaient réservées (1), mais, après leur clôture, elle formait le *concilium provinciae*, dont la compétence s'étendait sur les objets suivants : tout d'abord, il fallait arrêter les comptes de la caisse (*arca*) (2), préparer un budget nouveau pour l'entretien des temples (3), procéder à l'inventaire de leurs esclaves et de leurs affranchis (4), faire le relevé des contributions (5) à édicter pour l'année à venir ; puis venaient des décisions de diverse nature (6), relatives notamment à l'érection de statues et de monuments honorifiques (7), l'élection du prêtre provincial pour l'année suivante (8). D'autre part, on voyait des remerciements au gouver-

<small>Compétence de l'assemblée.</small>

---

(1) Voy. de Boissieu, *Inscr. de Lyon*, pp. 461 et suiv.

(2) Il est fait de fréquentes mentions de l'*arca*. (Voy. de Boissieu, *op. sup. cit.*, pp. 278. 279.) — [Sur l'*arca*, voy. MM. G. Humbert, dans le *Dict. des Antiq. grecq. et rom.*, de MM. Ch. Daremberg et Edm. Saglio, 3ᵉ fascic., Paris, 1874, t. 1, p. 366, col. 2 *in init.*, Vᵒ *Arca provinciae* ; — F. Fuchs, dans le *Dizionar. epigr.*, de M. Ett. de Ruggiero, fascic. 20, Roma, 1890, Vᵒ Arca, II *L'arca come cassa o scrigno*, *passim*, et III *L'arcarius*, pp. 621 et suiv., 632 col. 2, et suiv., et les auteurs cités au début de cette section, p. 509, note 1.]

(3) Le temple était construit et entretenu par les villes de la province (Strabo, IV, p. 192).

(4) Il est fait mention d'un *libertus trium Galliarum* dans l'inscription publiée par Henzen sous le nᵒ 6393 [= *C. I. L.*, t. XIV, nᵒ 327 ; cf. *eod.*, nᵒˢ 326 et 328].

(6) Dion Chrysostome, (Vol. II, p. 70, éd. R.), en fait mention.

(5) Voy. un décret de la province *Phoenice*, *C. I. L.*, t. III, [1], nᵒ 167 ; un δόγμα τοῦ κοινοῦ τῆς Κρητῶν ἐπαρχίας, au *C. I. Gr.*, nᵒˢ 2595. 2596. 2597.

(7) *C. I. L.*, t. II, nᵒˢ 2221. 2344. Les monuments sont érigés au nom de la province, comme, par exemple, par la *provincia Hispania citerior* (voy. *C. I. L.*, t. II, fᵒˢ 563 et suiv.), par les *tres Galliae* (Orelli, nᵒˢ 3650. 3653 ; — Henzen, nᵒˢ 5968. 6944. 6950). — [Voy. aussi l'inscription de Narbonne ; voy., à cet égard, le renvoi fait *supra*, p. 509, note 1, *sub fin.*, 1ᵒ.]

(8) L'élection du *sacerdos provinciae* est mentionnée dans la *Baetica* (*C. I. L.*, t. II, nᵒ 2344 : *hic provinciae Baeticae consensu flaminis munus est consequutus*) ; dans les *tres Galliae* (Tit. Liv., *Epit.*, CXXXIX ; — de Boissieu, *op. cit.*, pp. 91.92 = Mommsen, *Annali*, 1853, p. 60) ; dans les *Germaniae* (Tacit., *Ann.*, I, 57) ; de la manière la plus explicite en Asie. Aristide raconte notamment dans les *Orationes sacrae*, qu'il écrivit en l'an 175 de notre ère (voy. M. Waddington, *Vie du rhéteur Aristide*, dans les *Mémoires de l'Acad. des Inscr.*, 1867, p. 252), qu'il avait été proposé par la ville de Smyrne pour la ἱερωσύνη ἡ κοινὴ τῆς Ἀσίας, puis il ajoute: καὶ συμβαίνει μετὰ τοῦτο, συνέδρους μὲν ἐξιέναι Σμυρναίων εἰς Φρυγίαν ἄνω καὶ μέλλειν φέρειν τοὐμὸν ὄνομα ἐν τῷ συνεδρίῳ τῷ κοινῷ· — καὶ γίγνομαι τρίτος ἢ τέταρτος τῇ χειροτονίᾳ. Si on en élut ici trois ou quatre, cela ne pouvait avoir d'autre but que de faire confirmer un des élus

LES ASSEMBLÉES PROVINCIALES. 519

neur sortant (1), ou bien on formulait des griefs contre son administration (2), et l'on envoyait des ambassades au Sénat ou à l'empereur (3), sans recourir, semble-t-il, à l'intervention du gouverneur, dont l'autorisation était d'ailleurs nécessaire pour les pétitions des particuliers et des communes prises isolément (4). En effet, la réponse impériale était directement

par le gouverneur. Et la Const. unique, au Code de Justinien, [*De periculo successorum parentis*], X, 61 [63, éd. Paulus Krueger], est conforme à cette manière de voir : *Si de proprio suo patrimonio muneris editionem tuo nomine pater tuus repromisit, ideoque etiam sacerdotem te creari impetravit, onus erogationis commune omnium heredum eius esse praeses provinciae non ignorabit*, ainsi que que la Const. 148, [*De decurion.*], C. Th., XII, 1 : *Cum super ordinando sacerdote provinciae publicus esset ex more tractatus, idem nostra auctoritate decretum est, ut ad subeunda patriae munera dignissimi et meritis et facultatibus eligantur.* Que, d'ailleurs, ces élections donnassent prise à l'*ambitus*, c'est ce que nous apprend Paul, (*Sentent. rec.*, V, 30ª) : *Petiturus magistratum vel provinciae sacerdotium si turbam suffragiorum causa conduxerit, servos advocaverit, alianve quam multitudinem conduxerit, convictus ut vis publicae reus in insulam deportatur.* — [Comp. aussi ,sur le début de cette note, comme sur ce qui va suivre, l'inscription de Narbonne; voy., à cet égard, la note précédente, *in fine.*]

(1) Auguste avait sur ce point rendu une Constitution. Dio Cass., LVI, 25 : καὶ τῷ ὑπηκόῳ προςπαρήγγειλε, μηδενὶ τῶν προςτασσομένων αὐτοῖς ἀρχόντων μήτε ἐν τῷ τῆς ἀρχῆς χρόνῳ, μήτε ἐντὸς ἑξήκοντα ἡμερῶν μετὰ τὸ ἀπαλλαγῆναι σφᾶς, τιμήν τινα διδόναι· ὅτι τινὲς μαρτυρίας παρ' αὐτῶν καὶ ἐπαίνους προςπαρασκευαζόμενοι, πολλὰ διὰ τούτου ἐκακούργουν. Sous Néron (Tacit., *Ann.*, XV, 20 sqq.), un Crétois est accusé, *quod dictitasset, in sua potestate situm, an proconsulibus, qui Cretam obtinuissent, grates agerentur*, et, à la suite de ce fait, il fut décidé : *ne quis ad concilium sociorum referret agendas apud senatum propraetoribus proveconsulibus grates, neu quis ea legatione fungeretur.* Cet usage de faire décerner un éloge au gouverneur sortant par une ambassade envoyée au Sénat existait déjà à l'époque de la République et se conserva même après le règne de Néron. (Lamprid., *Alex. Sev.*, XXII : *praesides provinciarum, quos vere, non factionibus laudari comperit, — muneribus adiuvit;* — Ammian., XXX, 5, 8 ; — Cassiod., *Ep.*, VII, 2.) — Mais, au temps de la République, ce n'étaient pas seulement des *laudationes* qui partaient des différentes villes, comme en Sicile (Cic , *In Verr. accus.*, II, 5, 13; II, 26, 64 ; V, 22, 57) et en Asie (Cic., *Pr. Flacco*, XXVI, 63 ; — *Ad famil.*, III, 8) ; c'étaient aussi des plaintes (Cic., *Div. in Caecil.*, IV, 14 ; — *In Verr. accus.*, I, 32, 82 ; I, 35, 90 ; II, 4, 10).

(2) Plin., *Ep.*, III, 4, 2. Une motion relative à une plainte est portée à l'assemblée de Lyon en 238. (Inscr. de Torigny, dans M. Mommsen, *Berichte der sächs. Gesellschaft der Wiss., Phil. hist. Cl.*, 1852, p. 242 : *His accedit, quod, cum Cl. Paulino, decessori meo, in concilio Galliarum, instinctu quorundam, qui ab eo propter merita sua laesi videbantur, quasi ex consensu provinciae accusationem instituere temptarent, Solemnis iste meus proposito eorum restitit.*

(3) *Lex* 3. 4. 5. 12, [*De legatis et decretis legationum*], C. Th., XII, 12 ; — Const. 5, [*De legation.*], C. Just., X, 65 (63).

(4) Voy., dans Philo Iud., (*In Flaccum*, XII, Vol. II, p. 531, éd. Mang. ; —

adressée à l'assemblée (1). Si l'administration des provinces valait beaucoup mieux au début de l'Empire que sous la République, il est permis de croire que ce résultat est dû, entre autres moyens appliqués à sa réalisation, sinon par Auguste lui-même, tout au moins par Tibère, dont la bienveillance à l'égard des provinces n'est pas douteuse, à l'institution d'une procédure régulière et simplifiée, destinée à assurer, par l'intermédiaire de l'assemblée provinciale, le redressement des torts du gouverneur (2). Après Constantin, alors que, dans toutes les provinces, les assemblées tenaient des sessions annuelles, aussi bien pour célébrer une fête solennelle que pour délibérer en commun sur les intérêts de la province, le droit d'adresser à l'empereur des requêtes, notamment en matière de contributions (3), et des réclamations, leur fut de nouveau reconnu, et le gouverneur mis dans l'impossibilité de s'y opposer ; on ne peut nier que, dans cette période, la mission principale des assemblées consistait dans le contrôle qu'elles exerçaient sur les fonctionnaires impériaux (4). Mais la liste suivante des provin-

Toutes les provinces ont leurs assemblées.

Leg. ad Caium, XXXII. Vol. II, p. 580, éd. Mang.), deux cas de ce genre, dans lesquels le *praefectus Aegypti* et le *legatus Aug. Syriae* avaient autorisé et facilité la pétition; voy. un troisième cas dans Josèphe, (*Ant.*, XX, 1, 1). Comp. Const. 6, [*De legation.*], C. Just., X, 63 [65, éd. Paulus Krueger].

(1) C'est ainsi qu'Hadrien adressa un rescrit au *concilium Baeticae* (L. 1, [fr. Ulpian., *De abigeis*], D., XLVII, 14 = *Coll.*, XI, 7, 1) ; — qu'Antonin-le-Pieux en adressa un au κοινὸν τῶν Θρᾳκῶν (L. 1, [fr. Ulpian., *De appellat. et relation.*], D., XLIX, 1) ; — que ces deux empereurs en adressèrent un au κοινὸν τῶν Θεσσαλῶν (L. 37, [fr. Callistrat., *De iudic.*], D., V, 1 ; — L. 5, § 1, [fr. Marcian., *Ad leg. Iul. de vi publ.*], D., XLVIII, 6) ; — que le dernier de ces princes en adressa également un au κοινὸν 'Ασίας (Euseb., *H. E.*, IV, 13). Depuis Constantin, les rescrits adressés *ad Afros, Lusitanos*, etc., sont fréquents. Haenel en a dressé une liste dans sa *Praef. ad Cod. Theod.*, (p. XXXIX).

(2) C'est à cela qu'il est fait trait, lorsque, dans Tacite, (*Ann.*, XV, 20), Paetus Thrasea parle de la *nova provincialium superbia* et qu'il dit (c. 21) : *Olim quidem non modo praetor aut consul, sed privati etiam mittebantur, qui provincias viserent et, quid de cuiusque obsequio videretur, referrent; trepidabantque gentes de existimatione singulorum. At nunc colimus externos et adulamur; et quomodo ad nutum alicuius grates, ita promptius accusatio decernitur. Decernaturque et maneat provincialibus potentiam suam tali modo ostentandi: sed laus falsa et precibus expressa perinde cohibeatur quam malitia, quam credulitas.*

(3) Const. 33, [*De annona et tributis*], C. Th., XI, 1.

(4) Voy. Gothofr., *Paratitl. ad Cod. Th.*XII, 12 [*De legatis et decret. legat.*];

ces, sur les *concilia* desquelles nous possédons des renseignements, va nous montrer combien d'assemblées existaient déjà à une époque antérieure.

La *Sicile*, dont l'assemblée n'est pas mentionnée sous les empereurs, avait déjà, au temps de la République, été réunie en un *commune*, qui célébrait en l'honneur de Verrès des jeux solennels (*Verria*) et lui élevait des statues (1). — La *Sardaigne* avait, sous l'empire, un *sacerdotium provinciae*. Les anciens prêtres, *sacerdotales* (2), y formaient, comme en Afrique (voy., ci-dessus, p. 516, note 1), un *ordo*, dans lequel le *concilium provinciae* admettait parfois, *honoris causa*, des personnages qui n'avaient pas exercé le sacerdoce (3). — L'*Hispania Tarraconensis* édifia, en l'an 15 après J.-C., un temple d'Auguste, et, depuis lors, on y trouve un *concilium provinciae Hispaniae citerioris* et un *sacerdotium provinciae*, notamment un *sacerdos* ou *flamen* pour le culte de l'empereur ; sa femme, *flaminica*, préside en qualité de prêtresse au culte des femmes de la maison impériale (4). — La *Baetica* envoya sous Tibère une ambassade au Sénat romain (5), et accusa, sous Trajan, son proconsul Caecilius Classicus (6). Le *concilium universae*

Liste des assemblées.

— MM. Dirksen, *Civilistische Abhandlungen*, II, p. 16 ; — de Boissieu, *Inscr. de Lyon*, p. 263 ; — Mommsen, *Epigraph. Analekten*, n° 9, dans les *Berichte der K. sächs. Ges. der Wiss.*, 1850, *Phil. hist. Cl.*, p. 208.

(1) Cic., *In Verr. accus.*, II, 46, 114 : *Denique nunc vide, quid inter te, cuius nomine apud Siculos festi dies aguntur et praeclara illa Verria celebrantur, cui statuae Romae stant inauratae, a communi Siciliae, quemadmodum inscriptum videmus, dalae;* — *Ibid.*, II, 59, 145 : (*imperasti*), *ut iidem pro parte in commune Siciliae conferrent;* — *Ibid.*, II, 63, 154 : *Huic etiam Romae videmus in basi statuarum maximis litteris incisum, a communi Siciliae datas.* — Cf. II, 42, 103 : *Dicit praeterea testimonium tota Sicilia, quae in communibus postulatis civitatum omnium consulibus edidit, « rogare atque orare patres conscriptos, ut statuerent, ne absentium nomina reciperentur »;* — II, 59, 146 : *Nam legationes omnium civitatum in postulatis communibus — etiam hoc ediderunt, ut statuas ne cui, nisi cum is de provincia decessisset, pollicerentur.*

(2) Un *sacerdotalis provinciae Sardiniae* est mentionné dans l'inscription rapportée dans le recueil d'Orelli-Henzen, sous le n° 5969 [= *C. I. L.*, t. X, 2, n° 7518].

(3) Della Marmora, *Voyage en Sardaigne*, t. II, p. 483, n° 44 [= *C. I. L.*, t. X, 2, n° 7917] : *allectus inter sacerdotales provinciae Sardiniae ab splendidissimo ordine Cornensium ex consensu provinciae Sardiniae*.

(4) Voy., ci-dessus, p. 79.
(5) Tacit., *Ann.*, IV, 37.
(6) Plin., *Ep.*, III, 4, 2.

provinciae Baeticae (1), qui se réunissait à *Corduba* [Córdova ; Cordoue], et qui reçut d'Hadrien un rescrit (2), élisait chaque année un *flamen Augustalis*, qui, à l'expiration de sa fonction annuelle, prenait le titre de *flaminalis* (3). — Enfin, la *Lusitania* confiait le sacerdoce à un *flamen divi Augusti provinciae Lusitaniae* (4), et à sa femme, la *flaminica provinciae Lusitaniae* (5). — Dans la *Gallia Narbonensis*, la ville de *Narbo* [Narbonne] érigea, en l'an 11 après J.-C., une *ara Augusti* (6) ; un peu plus tard, on y rencontre un *flamen provinciae Narbonensis* (7), ἀρχιερεὺς πρῶτος ἐπαρχείας τῆς ἐκ Ναρβῶνος (8). — Les *tres Galliae* conquises par César (*Lugdunensis, Aquitania, Belgica*), tenaient, le 1ᵉʳ août de chaque année, à *Lugdunum* [Lyon], une assemblée commune, dont il a été ci-dessus (voy., *supra*, pp. 130 et suiv.) parlé avec détail. — Quant aux *Germaniae*, sur la fidélité desquelles on comptait avant le désastre de Varus, elles avaient conservé l'*ara Ubiorum*, que desservait, en l'an 9 après J.-C., un Chérusque, comme prêtre provincial élu (9). — Dans les *Alpes Cottiae*, il y avait un *flamen Augusti provinciae Cottianae* (10); dans les *Alpes maritimae*, un *flamen provinciae Alpium maritimarum* (11); dans la *Britannia*, l'une des premières mesures avait été l'érection d'un *templum Divi Claudii* à *Camulodunum* (Colchester) (12).—De même, un *conci-*

(1) *C. I. L.*, t. II, n° 2221.
(2) L. 1, [fr. Ulpian., *De abigeis*], D., XLVII, 14 = *Coll.*, XI, 7, 1.
(3) Voy., ci-dessus, p. 78 *in fine*.
(4) *C. I. L.*, t. II, n° 473. Cf. nᵒˢ 35. 160. 396. 397.
(5) *Ibid.*, nᵒˢ 32. 114. 122. 195. 339. 397. 395.
(6) Orelli, n° 2489 [= *C. I. L.*, t. XII, n° 4333]. — [Voy., à cet égard, p. 513, note 1, *supra*.]
(7) Voy. M. Herzog, *Gall. Narb. hist.*, p. 255 ; *Append.*, nᵒˢ 106. 107. 108 [= *C. I. L.*, t. XII, nᵒˢ 3184. 3183. 3213].
(8) Voy. J. Marquardt, dans l'*Ephem. epigr.*, 1872, p. 203. — [Sur les trois notes précédentes, voy. l'inscription de Narbonne, *C. I. L.*, t. XII, n° 6038 ; voy., à cet égard, le renvoi fait *supra*, p. 509, note 1, *sub fin.*, 1°.]
(9) Tacit., *Ann.*, I, 57.
(10) *C. I. L.*, t. V, [2], n° 7259.
(11) Inscription de l'année 181, au *C. I. L.*, t. V, [2], n° 7907. Cf., *cod.*, n° 7917. Il est également fait mention de décisions de cette province dans les nᵒˢ 7979. 7980.
(12) Tacit., *Ann.*, XIV, 31: *Ad hoc templum divo Claudio constitutum quasi arx aeternae dominationis aspiciebatur, delectique sacerdotes specie religionis omnis fortunas effundebant.* Ils donnaient évidemment des jeux lors de la

lium provincial et un culte provincial se manifestent dans la *Pannonia superior* (1) et *inferior* (2), dans la *Dalmatia* (3), dans la *Moesia inferior* (4); — à l'intérieur de cette dernière province, cinq, plus tard six villes grecques formaient encore un κοινὸν τῶν Ἑλλήνων particulier, sous un ἄρχων, également appelé Ποντάρχης (5) ; — puis, dans la *Dacia* (6) et la *Thracia* (7). — La province de *Macedonia* formait un κοινὸν τῶν Μακεδόνων (8),

réunion du *concilium* de la province. Seneca, *Apocolocynt.*, VIII : *Parum est, quod templum in Britannia habet ? Quod hunc barbari colunt et ut deum orant ?* — Voy. Hübner, dans le *C. I. L.*, t. VII, f° 33, et dans la *Rundschau*, t. IV, 8, (1878), p. 234.

(1) Cette province a des *sacerdotales* (*C. I. L.*, t. III, [1], n°s 4183. 4178) et une *ara Augusti* à *Savaria* [Stein-am-Anger ; en hongrois, Szombat-hély] (*ibid.*, n°s 4170. 4192. 4193, *ibiq.* M. Mommsen, f° 525).

(2) A *Aquincum* [Alt-Ofen], on trouve un *sacerdos provinciae* (*C. I. L.*, t. III, [1], n°s 3485. 3626), dont le titre complet est : *sacerdos arae Augusti nostri provinciae Pannoniae inferioris* (*Ephem. epigr.*, Vol. II, p. 358, n° 581). — [Sur *Aquincum*, voy. M. Ett. de Ruggiero, *Dizionar. epigr.*, fascic. 19, Roma, 1890, pp. 591, col. 2, et suiv.]

(3) Tout au moins une partie de la Dalmatie, la *Liburnia*, avait une *ara Augusti in Scardona* [Scardona] (*C. I. L.*, t. III,, [1] n° 2810).

(4) Il est fait mention d'un *sacerdos provinciae* dans une inscription de *Troesmis* [ruines près d'Iglitza] (*C. I. L.*, [t. III, 1], n° 773), qui se trouve aujourd'hui à Paris, et qui a été publiée de nouveau par Desjardins dans les *Annali dell' Inst.*, 1868, p. 75.

(5) Voy., ci-dessus, p. 186.

(6) Le *concilium provinciarum Daciarum trium* se rassemblait à ou près de *Sarmizegetusa* [ruines de Várhely ou Gradischtye, près de Hatszeg], (*C. I. L.* t. III, [1], n° 1452; — voy. M. Mommsen, dans l'*Ephem. epigr.*, t. IV, p. 65), où un *sacerdos arae Aug.* (*C. I. L.*, t. III, [1], n°s 1209. 1433. 1509. 1513) était en fonctions, qui porte aussi le nom de *coronatus Daciarum trium* (*Ibid.*, n° 1433 = Orelli, n° 2171 ; — voy. *Ephem. epigr.*, t. IV, p. 65). *Coronatus* est un titre ordinaire des prêtres provinciaux. (Voy. M. Mommsen, dans les *Berichte der sächs. Gesellsch. der Wiss.*, 1850, p. 217, et la lettre du Pape Innocent aux évêques du synode de Tolède de l'an 400, dans Harduini *Concil.* t. I, f° 1020.) C'est conformément à cette donnée que Philostrate, (*Vit. soph.*, I, 21, 2), appelle la dignité de l'ἀρχιερεὺς τῆς Ἀσίας un στέφανος. Un *sacerdotalis Daciae* est mentionné dans l'inscription publiée dans l'*Ephem. epigr.*, t. IV, p. 63, n° 198.

(7) Antonin-le-Pieux adressa un rescrit au κοινὸν τῶν Θρᾳκῶν (L. 1, [fr. Ulpian., *De appellat. et relation.*], D., XLIX, 1). Il se réunissait à *Philippopolis* [en turc, Filibé ; en slave, Plovdiv]. Voy., ci-dessus, p. 201 *in fine*.

(8) *C. I. Gr.*, Vol. II, f° 993, n° 1999b ; il est aussi désigné sur les monnaies sous le nom de κοινὸν Μακεδόνων νεωκόρων. (Voy. Eckhel, *Doct. Num.*, t. IV, p. 292 ; — Mionnet, t. I, p. 459 ; Suppl. III, pp. 12. 13. 39 ; — MM. Ποσταλάκας, [*lege* Ποστολάκα], Κατάλογος τῶν ἀρχαίων νομισμάτων τοῦ Ἀθήνησι νομισματικοῦ μουσείου. Τόμος Α, n°s 1562-1569 ; — Leake, *Numismata Hellenica. European Greece*, pp. 65 et suiv.)

sous la présidence d'un ἀρχιερεὺς τῶν σεβαστῶν ou ἀρχιερεὺς τοῦ κοινοῦ Μακεδόνων (1) ; mais, pour la *Thessalia*, il existait encore sous les empereurs un *concilium* ou κοινόν particulier (2), qui se réunissait à *Larissa* [Lárissa] (voy., ci-dessus, p. 207), et faisait frapper des monnaies (3), où le στρατηγός de la Confédération figure comme magistrat éponyme (4). — Lors de l'organisation de la province d'*Achaia*, les Romains trouvèrent divers κοινά dans les différentes tribus ; ils les supprimèrent d'abord, puis les rétablirent bientôt après comme associations de fêtes (5) ; toutefois, dès les premiers empereurs, la plupart d'entre eux furent groupés en un κοινόν unique, qui s'appelle tantôt τὸ τῶν Ἀχαιῶν καὶ Βοιωτῶν καὶ Λοκρῶν καὶ Φωκέων καὶ Εὐβοέων κοινόν, tantôt, en abrégé, τὸ κοινὸν τῶν Ἀχαιῶν ou ἡ σύνοδος τῶν Πανελλήνων (6) ; il se réunissait à *Argos* (7) et avait à sa tête un στρατηγὸς τῶν Ἀχαιῶν, à côté duquel on voit fonc-

---

(1) *C. I. Gr.*, nos 2007. 2007b. — Voy. Delacoulonche, dans la *Revue des sociétés savantes*, 1858, II, nos 35 et 44.
(2) Hadrien et Antonin-le-Pieux adressèrent des rescrits au κοινὸν τῶν Θεσσαλῶν (L. 37, [fr. Callistrat., *De iudic.*], D., V, 1 ; — L. 5, § 1, [fr. Marcian., *Ad leg. Iul. de vi publ.*], D., XLVIII, 6).
(3) Voy. Leake, *Numismata Hellenica. European Greece*, p. 103. Les monnaies indiquées dans cet ouvrage avec la légende ΚΟΙΝΟΝ ΘΕΣΣΑΛΩΝ vont de Marc Aurèle jusqu'à Maximin.
(4) Voy. Eckhel, *Doct. Num.*, t. II, p. 135 ; — Leake, *ubi supra*, p. 103. De même, dans l'inscription de *Kierion* [*Cierium* ; aujourd'hui Mataranga], gravée sous Tibère, et publiée par Le Bas, (n° 1189), on voit mentionnés un συνέδριον τῶν Θεσσαλῶν et un στρατηγός. (Voy., sur cette inscription, Heuzey, *Mission*, pp. 421 et suiv.)
(5) Voy., ci-dessus, p. 218. — Dans l'inscription publiée dans le *C. Inscr. Attic.*, (t. III, n° 568), et qui appartient encore au temps de la République, on lit : Τὸ κοινὸν Βοιωτῶν Εὐβοέων Λοκρῶν Φωκέων Δωριέων Μάρκον Ἰούνιον Μάρκου υἱὸν — — Σειλανόν.
(6) Sur la manière dont, sous l'empire, s'établirent les rapports des κοινά grecs entre eux, Dittenberger a, le premier, (*C. Inscr. Attic.*, t. III, n° 18), fourni des éclaircissements. Dans l'inscription composée sous Caligula et publiée par Keil, (*Sylloge Inscr. Boeoticarum*, p. 116, n° 31), ce *concilium* est cité sous les dénominations synonymes de τὸ κοινὸν Ἀχαιῶν καὶ Βοιωτῶν καὶ Λοκρῶν καὶ Εὐβοέων καὶ Φωκέων (lin. 1 et 22), οἱ Πανέλληνες (lin. 10), πάντες οἱ Ἕλληνες (lin. 14), σύνοδος τῶν Ἑλλήγων (lin. 15), κοινὸν τῶν Πανελλήνων (lin. 59), ἡ τῶν Ἀχαιῶν σύνοδος (lin. 50), οἱ Ἀχαιοί (lin. 98).
(7) Dans l'inscription également posée sous Caligula (*C. I. Gr.*, n° 1625 (voy. Keil, *op. et loc. sup. citt.*)), on lit : ἐν τῷ τῶν Ἀχαιῶν καὶ Πανελλήνων συνεδρίῳ ἐν Ἄργει. — [Sur *Argos*, voy. M. Ett. de Ruggiero, *Dizionar. epigr.*, fascic. 21, Roma, 1891, p. 664, col. 1, V° *Argi*.]

tionner un ἀρχιερεὺς καὶ Ἑλλαδάρχης διὰ βίου τοῦ κοινοῦ τῶν Ἀχαιῶν et une ἀρχιέρεια τοῦ κοινοῦ τῶν Ἀχαιῶν (1). Athènes ne ressortissait pas, autant qu'il nous est permis d'en juger, à cette Confédération; mais elle était encore sous Hadrien un lieu de réunion pour une autre association, dont les membres se nommaient également Πανέλληνες et se composaient en grande partie d'habitants des îles de la mer Égée. Mais, lorsque, sous ce prince, Athènes fut redevenue la première cité de la Grèce, il semble que les κοινά qui avaient survécu jusque-là se fondirent et transportèrent leur siège d'*Argos* à Athènes (2). — Le culte de la famille impériale, lié à l'institution de l'assemblée, était des plus raffinés dans les provinces de l'Orient, particulièrement dans celle d'Asie, qui entretenait pour lui un ou plusieurs temples non seulement dans la capitale, mais dans un grand nombre de villes, parmi lesquelles on peut citer *Pergamus, Smyrna, Ephesus, Sardes, Cyzicus* et *Philadelphia*, et tenait son assemblée annuelle alternativement dans chacune d'elles (3). Ces villes ont un prêtre urbain particulier qui porte le titre d'ἀρχιερεὺς Ἀσίας ναῶν τῶν ἐν Περγάμῳ, ἀρχιερεὺς Ἀσίας ναοῦ τοῦ ἐν Ἐφέσῳ κοινοῦ τῆς Ἀσίας, etc., et qu'il ne faut pas confondre avec le grand prêtre de la province sous l'autorité duquel il est placé, et que l'on appelle ἀρχιερεὺς τῆς Ἀσίας, sans autre addition, ou Ἀσιάρχης. Il n'est pas douteux, en effet, que ces deux dernières dénominations soient synonymes (4). Toutes les autres provinces de l'Orient ont un prêtre

Asiarques.

---

(1) *C. I. Gr.*, n° 1718.
(2) C'est ce qui ressort de l'inscription publiée au *C. Inscr. Attic.*, (t. III, n° 18), qui fut placée à Athènes sous le règne de Caracalla ou d'Élagabale, et qui commence par les mots suivants : [Ἐπὶ στρατη]γοῦ τῶν Ἀχαιῶν Πο. Ἐγνατίου Βραχ[ύλλου] ἔδοξε τῷ κοινῷ τῶν Ἀχαιῶν.
(3) Voy., ci-dessus p. 254, et *Ephem. epigr.*, t. I, pp. 209 et suiv.
(4) Eckhel, (*Doct. Num.*, t. IV, p. 207), a indiqué une partie de l'ancienne bibliographie relative aux Asiarques. Voy., en outre: Ruinart, *ad Acta Martyr.*, (1713, in-fol.), f° 34 ; — Heineccius, *Ad leg. Iuliam et Papiam Poppaeam*, Amstelod., 1726, in-4, pp. 141 et suiv. ; — Gothofr., *ad Cod. Theod.*, Const. 2, [*De expensis ludorum*], C. Th., XV, 9 ; — P. E. Müller, *De genio aevi Theodosiani*, Havniae, 1797, in-8, pp. 56 et suiv. ; — Reiske, *ad Liban.*, t. II, p. 557 ; — Krause, Νεωκόρος, Lips., 1844, pp. 71 et suiv. ; — Meier, dans Ersch und Grubers *Encycl.*, Sect. III, Bd. XVI, p. 425.— Je me suis déjà prononcé antérieurement en faveur de l'identité des titres ἀρχιερεὺς τῆς

semblable, empruntant son nom à la province; ce sont: le

'Ασίας et 'Ασιάρχης, et MM. Kuhn,([Die städt. und bürg. Verf.], t. I, pp. 107 et suiv.), et Henzen,(Annali, 1863, p. 285), ont adopté mon opinion; par contre, MM. Waddington, (sur le n° 885),et Perrot, (De Galatia provincia, pp. 150 et suiv. [voy. aussi l'article Asiarcha du même auteur,dans le Dictionnaire des Antiquités grecques et romaines, de MM. Ch. Daremberg et Edm. Saglio, 3ᵉ fascic., Paris, 1874, t. I, pp. 467 in fine — 469]), estiment, à l'exemple d'Eckhel, que les deux dignités étaient différentes. Voici, quant à moi, les raisons qui me déterminent :
En premier lieu: l'Asie avait le même sacerdoce que toutes les autres provinces (L. 8, pr., [fr. Papinian., De vacat. et excusat. numer.], D.,L, 5 :.... In Asia provincia [ce dernier mot ne figure pas dans l'éd. de M. Mommsen] sacerdotium [provinciae ; sic éd. Mommsen] suscipere non coguntur numero liberorum quinque subnixi: quod — Severus Augustus decrevit ac postea in ceteris provinciis servandum esse constituit) ; or, ces dernières n'avaient qu'un seul prêtre. L'ἀρχιερεύς administrait le sacerdotium Asiae, (voy., ci-dessus, pp. 513 in fine et suiv.), τὴν ἱερωσύνην κοινὴν τῆς 'Ασίας (Aristides, Vol. I, p.534), τὴν ἀρχιερωσύνην τοῦ παντὸς ἔθνους (Eunap., p. 111), et il est en possession de l'immunité, que mentionne le passage précité du Digeste. Lors donc que Modestin, (L. 6, § 14, [De excusalion.], D., XXVII, 1), dit: ἔθνους ἱερωσύνη (c'est ainsi qu'il convient de lire avec Politien ; du moins la Florentine ne porte pas ἱεραρχία [telle est cependant aujourd'hui la leçon que l'on trouve dans l'éd. de M. Mommsen]), οἶον 'Ασιαρχία, Βιθυνιαρχία, Καππαδοκαρχία, παρέχει ἀλειτουργησίαν ἀπὸ ἐπιτροπῶν, τοῦτ' ἔστιν, ἕως ἂν ἄρχῃ, il est impossible d'admettre que le jurisconsulte parle d'une autre personne que de l'ἀρχιερεύς. Dans tous les cas,il est certain qu'il y avait encore des asiarques à l'époque du christianisme, époque à laquelle ils n'exerçaient plus de fonctions ecclésiastiques, et cependant leur charge continuait alors à s'appeler toujours sacerdotium (Const. 1, [De naturalib. lib.], C. Iust., V, 27), ou ἀρχιερωσύνη (Const. 112, [De decurion.], C. Th., XII, 1), et l'on n'admettait pas dans le clergé chrétien ceux, qui post baptismum vel coronati fuerint, vel sacerdotium, quod dicitur, sustinuerint et editiones publicas celebraverint (Innocentii Papae Ep. de l'an 400, dans Harduini Concil., t. I, f° 1020). Comme les Grecs et les Asiatiques avaient un goût particulier pour les titres éclatants (Dio Chrys., t. II, p. 148, éd. R.), la désignation primitive d'ἀρχιερεύς fut remplacée par un nouveau titre, dont se parent d'ailleurs non pas seulement les prêtres provinciaux, mais aussi les prêtres urbains, ainsi que le prouve le triple exemple que nous rencontrons de l''Ασιάρχης τῆς πρώτης καὶ μεγίστης μητροπόλεως τῆς 'Ασίας καὶ β νεωκόρων τῶν Σεβαστῶν 'Εφεσίων πόλεως (C. I. Gr., n° 2990), de l'Asiarcha templorum splendidissimae civitatis Ephesiorum (Henzen, n° 6156 = Waddington, n° 1821 [= C. I. L., t. III, 1, n° 296]), de l''Ασιάρχης β'ναῶν τῶν ἐν 'Εφέσῳ (Wood, Discoveries at Ephesus. Inscriptions from the great Theatre, p. 68, n° 18).
En second lieu: Sur le martyre de Polycarpe que subit ce Saint le 23 février 155, d'après M. Waddington, (Vie du rhéteur Aristide, p. 233 ; Fastes des provinces Asiatiques, n° 144), nous avons une epistola ecclesiae Smyrnaeae, qui se trouve en partie dans Eusèbe, (H. E., IV, 15), et qui est publiée complètement dans Ruinart, (Act. Mart.,fᵒˢ 37 et suiv.), et dans Dressel, (Patrum apostol. opp., pp. 391 et suiv.). On y lit, (p.42,éd. R.=Euseb., IV, 15, 27): ταῦτα λέγοντες ἐπεβόων καὶ ἠρώτων τὸν 'Ασιάρχην Φίλιππον, ἵνα ἐπαφῇ τῷ Πολυκάρπῳ λέοντα, et, (p. 45, éd. R. = 466, éd. Dr.) : συνελήφθη δὲ ὑπὸ 'Ηρώδου,

Βιθυνιάρχης (1), le Ποντάρχης (2) le Γαλατάρχης (3), le Καππα-

---

ἐπὶ ἀρχιερέως Φιλίππου Τραλλιανοῦ, ἀνθυπατεύοντος Στατίου Κοδράτου. Ainsi donc, le président des jeux du κοινὸν Ἀσίας à Smyrne est appelé d'abord Ἀσιάρχης et ensuite ἀρχιερεύς.

En troisième lieu : De même que les ἀρχιερεῖς urbains exercent leurs fonctions simultanément avec leurs femmes (*C. I. Gr.*, nᵒˢ 4363. 4385. 3495), et que les femmes des ἀρχιερεῖς de la province sont également ἀρχιέρειαι (*C. I. Gr.*, nᵒˢ 3092. 3489 ; — Eunap., p. 57), ainsi femme et mari ont la dignité d' Ἀσιάρχης, comme en témoigne, par exemple, le nᵒ 3342 du *C. I. Gr.* : Μ. Αὐρ. Ζήνων καὶ Μ. Κλ. Ἰουλιανὴ Ἀσιάρχαι δίς, et telle est la raison pour laquelle le *sacerdos provinciae*, c'est-à-dire le Phéniciarque ou Syriarque, ne pouvait pas épouser une esclave (Const. 1, [*De natural. lib.*], C. Iust., V, 27 ; — Marciani *Nov.* IV). Or, comme la femme de l'asiarque est ἀρχιέρεια, ainsi que cela ressort de l'inscription publiée au *C. I. Gr.*, sous le nᵒ 3677 : Πλωτίου Αὐρ. Γράτου Ἀσιάρχου καὶ Ἰουλίας Αὐρ. Ἀσκληπιοδώρας, τῆς γυναικὸς αὐτοῦ, ἀρχιερείας, l'Ἀσιάρχης doit aussi être tenu pour l'ἀρχιερεύς.

Enfin, on a voulu tirer de deux inscriptions galates la preuve que les deux dignités ne devaient point être confondues. Dans l'une (*C. I. Gr.*, nᵒ 4016), T. Fl. Gaianus est appelé ἀρχιερεὺς τοῦ κοινοῦ τῶν Γαλατῶν, Γαλατάρχης, Σεβαστοφάντης ; dans l'autre (*C. I. Gr.*, nᵒ 4031), Aelius Macedo porte le titre de ἀρχιερασάμενος τοῦ κοινοῦ τῶν Γαλατῶν, Γαλατάρχης, σεβαστοφάντης διὰ βίου τῶν θεῶν Σεβαστῶν. Pour bien comprendre ces inscriptions, il faut se souvenir que le *sacerdos provinciae* n'est né que parmi les personnes qui ont revêtu tous les *honores municipales* (voy., ci-dessus, p. 514). De même donc que, dans l'inscription publiée par M. Waddington sous le nᵒ 2741, Eurycles commence par être ἀρχιερεὺς Ἀσίας ναῶν τῶν ἐν Σμύρνῃ, c'est-à-dire prêtre des temples provinciaux dans la ville de Smyrne, mais qu'ensuite il est désigné pour remplir les fonctions d'ἀρχιερεὺς τῆς Ἀσίας, de même aussi Gaianus et Macedo devinrent d'abord Σεβαστοφάνται διὰ βίου, c'est-à-dire *flamines perpetui* de la ville d'*Ancyra*, puis ἀρχιερεῖς τοῦ κοινοῦ, τῶν Γαλατῶν, c'est-à-dire prêtres du temple célèbre, que le κοινὸν Γαλατῶν avait construit à *Ancyra*, et enfin Γαλατάρχαι. Mais l'ordre des titres est ainsi indiqué, qu'il est d'abord fait mention de la fonction provinciale inférieure, puis de la supérieure, et enfin, à côté, de la fonction urbaine viagère. — [N.B. : Une inscription de *Mylasa*, [Milâs ; en grec Melissós], récemment découverte, et publiée de le *Bulletin de correspondance hellénique*, est venue confirmer pleinement l'opinion de Marquardt sur l'identité de l'ἀρχιερεὺς τῆς Ἀσίας et de l'Ἀσιάρχης. — Voy. MM. Cousin et Diehl, dans le *Bull. de corresp. hellén.*, 1888, p. 12. — Comp. aussi *supra*, p. 513, note 6.]

(1) Waddington, nᵒˢ 1142. 1178 ; — L. 6, § 14, [fr. Modestin., *De excusat.*], D., XXVII, 1. — Il est également mentionné dans la Constitution de Valentinien et de Valens (364-367), dans Hænel, (*Corp. leg.*, p. 220), et peut-être est-ce lui qu'il convient de reconnaître dans le ἄρξας τοῦ κοινοῦ τῶν ἐν Βειθυνίᾳ Ἑλλήνων (dans M. Perrot, *Exploration*, p. 32, nᵒ 22 = Mordtmann, *Berichte der bayerischen Acad.*, 1863, 1, p. 228). Le κοινὸν τῶν ἐν Βιθυνίᾳ Ἑλλήνων apparaît également dans Paul, (L. 23, [*De appellat. et relat.*], D., XLIX, 1), comme étant le titre officiel de l'assemblée.

(2) *C. I. Gr.*, nᵒˢ 4157. 4183 ; — Waddington, nᵒ 1178. — Ἀρχιερεὺς τοῦ Πόντου (*C. I. Gr.*, nᵒ 4149).

(3) *C. I. Gr.*, nᵒˢ 4014. 4016. 4031. 4039. 4075. 4076.

δοκάρχης (1), le Παμφυλιάρχης (2), le Λυκιάρχης (3), le Κιλικάρχης (4), le Συριάρχης (5), le Φοινικάρχης (6); seulement, jusqu'ici, on n'a pas trouvé trace d'un Κυπριάρχης, ce qui semble étrange, étant donné qu'il y avait un κοινὸν τῶν Κυπρίων (7). Dans les provinces africaines, nous trouvons un κοινόν, non pas, il est vrai, pour la province combinée de *Creta Cyrene*, mais pour la *Creta* seule (8), puis pour la province de *Tripolis*, organisée par Dioclétien (9), pour l'*Africa proconsularis*, dont les fêtes se célébraient à Carthage (10), pour la *Numidia* (11), et pour la *Mauretania* (12).

---

(1) L. 6, § 14, [fr. Modestin., *De excusat.*], D., XXVII, 1.

(2) *Annali*, 1852, p. 179 = Waddington, n° 1224.

(3) *C. I. Gr.*, n°ˢ 4198. 4274; — *Bulletin de correspondance hellénique*, 1878, p. 594. — Ἄρξας τοῦ Λυκίων ἔθνους (Waddington, n° 1219); — Λυκιαρχικός (Waddington, n° 1224).

(4) *Revue Numismatique*, 1854, p. 93; — Waddington, n° 1480.

(5) Const. 1, [*De praediis senatorum*], C. Th., VI, 3; Const. 2, [*De expensis ludorum*], C. Th., XV, 9; — [Const. unic., *De officio comitis Orientis*], C. Iust., I, 36; Const. 1, [*De naturalib. lib.*], C. Iust., V, 27. — Voy. Borghesi, *Œuvres*, t. IV, p. 144.

(6) Const. 1, [*De naturalib. lib.*], C. Iust., V, 27; — Iustin. *Nov.* LXXXIX, 15. — Voy. un décret de la province de Phénicie, au *C. I. L.*, t. III, [1], n° 167.

(7) *C. Inscr. Attic.*, Vol. III, n° 478; — Eckhel, *Doct. Num.*, t. IV, p. 429; — Waddington, n° 2734; — *Comptes-rendus*, 1871, p. 257.

(8) Le *concilium Cretensium* est mentionné par Tacite, (*Ann.*, XV, 22); le *commune Cretensium*, dans les inscriptions reproduites par M. Mommsen, (*I. R. N.*, n°ˢ 2405. 2406. 2407 [= *C. I. L.*, t. X, 1, n°ˢ 1430. 1431. 1432]); le κοινὸν τῶν Κρητῶν, au *C. I. Gr.*, n° 2583, et sur les monnaies depuis Tibère jusqu'à Marc-Aurèle; un δόγμα τοῦ κοινοῦ τῆς Κρητῶν ἐπαρχίας, au *C. I. Gr.*, n° 2595; un δόγμα τοῦ κοινοῦ πάσης τῆς ἐπαρχίας, *ibid.*, n°ˢ 2596. 2597; un Κρητάρχης, *ibid.*, n° 2744.

(9) Ammian., XXVIII, 6, 7.

(10) M. O. Hirschfeld, (*Annali*, 1866, pp. 69-77), traite avec soin des prêtres de cette province. — Il est remarquable que, sous Constantin encore, un nouveau *sacerdotium Flaviae gentis* ait été institué en Afrique (Aurel. Vict., *De Caes.*, XL, 28), et que, vers l'année 368, dans une inscription, (Henzen, n° 6904 [= *C. I. L.*, t. VI, 1, n° 1736]), un proconsul, Festus Hymettus [Hymetius], est loué, *quod studium sacerdotii provinciae restituerit, ut nunc a competitoribus adpetatur, quod antea formidini fuerit*.

(11) Un *flamen provinciae Numidiae* est mentionné dans une inscription publiée dans l'*Annuaire de Constantine*, 1861, p. 237, n° 1 [= *C. I. L.*, t. VIII, 1, n° 7987]. — Voy. un *flamen divi Iulii* à *Rusicade*, dans l'inscription publiée par Wilmanns, ([*Exempla*, t. II], n° 2388 [= *C. I. L.*, t. VIII, 1, n° 7986]).

(12) Il est fait mention d'un *flamen provinciae Mauretaniae* dans une ins-

Et même, lorsque l'Italie reçut une organisation provinciale, à une époque où l'ancien culte avait déjà perdu son importance, ces provinces nouvelles eurent, comme celles du passé, une réunion de fêtes et un sacerdoce (1). Nous devons donc admettre que l'assemblée était une institution commune à toutes les provinces, inhérente à leur organisation ; que le régime de cette assemblée était, dans ses traits essentiels, partout le même, et qu'il ne présentait de particularités que là où l'assemblée existait antérieurement et avait été maintenue. Tel est le cas dans les provinces combinées de *Bithynia Pontus*, de *Pamphylia Lycia*, de *Creta Cyrene*, qui ont des κοινά doubles. Partout ailleurs où, à côté du *commune provinciae*, on trouve encore des κοινά moindres, comme, en Asie, le κοινὸν Ἰώνων ou κοινὸν γι' πόλεων (2), et le κοινὸν Λεσβίων (3), dont le président porte aussi le titre de Λεσβάρχης (4), puis, en Mésie, la *Pentapolis* grecque, dont le

---

cription recueillie par Renier, (*Inscr. de l'Alg.*, n° 3915 [= *C. I. L.*, t. VIII, 2, n° 9408]). L'inscription de *Tingis*, publiée par Tissot, (*Mémoires présentés par divers savants à l'Académie des Inscriptions*. Première série, t. IX, (1878), p. 185 [= *C. I. L.*, t. VIII, 1, n° 685]), et qui commence par ces mots : [*Romae*] et *Aug*[*usto*] *sacrum*, permet de conclure que *Tingis* a dû être le centre du culte impérial. — [Sur les cinq notes précédentes, voy. aussi les recueils épigraphiques auxquels nous renvoyons ci-dessus, pp. 438 *in fine* et suiv., note, I, *Sources épigraphiques*. — Voy. enfin l'inscription relative aux assemblées provinciales de la Tingitane par nous mentionnée *supra*, p. 446, note, [Séance du 22 mars 1889].]

(1) Ce sont le *sacerdos provinciae Campaniae* (Henzen, n° 6112 [= Mommsen, *I. R. N.*, n° 3571 = *C. I. L.*, t. X, 1, n° 3792]) ; le *praetor Etruriae XV populorum* (Orelli, n°ˢ 96, 97 [= *C. I. L.*, t. XI, 1, n°ˢ 2699, 1941], 3149 [= Mommsen, *I. R. N.*, n° 5491 = *C. I. L.*, t. IX, n° 3667] ; — Henzen, n°ˢ 6183, 6497 [= *C. I. L.*, t. XI, 1, n° 3364]) ; le *iuratus ad sacra Etruriae* (Orelli, n° 2182 [= *C. I. L.*, t. XI, 1, n° 1848]) ; le *sacerdos, quem anniversaria vice Umbria dedit* (Henzen, n° 5580) ; le *coronatus Tusciae et Umbriae*, dont M. Mommsen, (*Epigr. Anal.*, n°ˢ 8, 9, dans les *Berichte der sächs. Gesellsch. der Wiss.*, 1850, pp. 199 et suiv.), traite d'une façon approfondie, ainsi que d'une manière générale, des assemblées de ces provinces.

(2) Voy. Eckhel, *Doct. Num.*, t. II, p. 508.

(3) Voy. Eckhel, *Doct. Num.*, t. II, p. 501 ; — Mionnet, t. III, p. 35 ; *Suppl.* VI, pp. 49-51.

(4) Il se rencontre dans une inscription d'*Amastris* [Amasra], publiée par M. Perrot dans la *Revue archéologique*, Nouv. Série, t. XXVIII, (1874), p. 8 = *Mémoires d'archéologie*, p. 168 : Ἀγαθῇ τύχῃ. Ἡ βουλὴ καὶ ὁ δῆμος ἐτείμησεν Α[ὖλον] Καικίλιον Γαίου υἱὸν Κλουστουμείνᾳ Πρόκλον τὸν Ποντάρχην καὶ Λεσβάρχην καὶ υἱὸν τῆς Λέσβου πρωτεύοντα τῶν ἐπαρχειῶν πάσης ἀρετῆς χάριν.

prêtre s'appelait Πoντάρχης (1), enfin, dans l'Achaïe, qui, avec le κοινὸν 'Αχαιῶν, nous présente encore sous les empereurs les associations particulières des Béotiens, Locriens, etc. (2), il ne faut y voir que des associations de fêtes ayant un but exclusivement religieux, et n'ayant rien de commun avec l'assemblée générale de la province.

(1) Voy., ci-dessus, p. 186.
(2) C'est ainsi que l'on trouve, dans l'inscription déjà signalée et publiée par Keil, (*Sylloge inscr. Boeot.*, p. 118), sous Caligula, une mention, du κοινὸν Βοιωτῶν (lin. 51), et, de même, il y avait encore, à l'époque romaine, un κοινὸν 'Αμφικτυόνων. (Voy. Wescher, dans les *Mémoires présentés par divers savants à l'Académie des Inscriptions et Belles-Lettres*. Première série, t. VIII. Première partie, (1869), pp. 166. 167.)

LE GOUVERNEUR ET SES AGENTS (1).

Diverses mesures ont été prises sous la République, et, en particulier, lors de l'avénement d'Auguste, relativement aux fonctionnaires auxquels était confiée l'administration des provinces : on peut, à ce point de vue, diviser leur histoire en trois périodes : la première, allant des premiers temps de l'administration provinciale à Sulla ; la seconde, de Sulla à Auguste ; la troisième, d'Auguste à Dioclétien. Dans la première de ces périodes, l'élection donnait aux provinces des préteurs spéciaux; depuis 527 = 227, il y en eut deux pour la Sicile et la Sardaigne (2) ; depuis 557 = 197, il y en eut deux nouveaux pour l'*Hispania citerior* et l'*Hispania ulterior* (3), et le nombre de

Préteurs.

---

(1) Dans les développements qui vont suivre, je me borne à dessein aux faits dont la discussion est indispensable pour la cohésion de mon exposé. M. Mommsen a traité aujourd'hui le sujet d'une manière détaillée et approfondie dans son *Staatsrecht*,(t. II, 2te Aufl., pp. 185-228, et spécialement dans le chapitre relatif au gouverneur de province, t. II, 2te Aufl., pp. 228-260, auquel je renvoie. [La trad. franç., par M. P. F. Girard, de ce volume, dont une 3e éd. a été publiée à Leipzig en 1887, n'a pas encore paru]). L'opinion de M. Ussing, (*Den egentlige Betydning af Udtrykket provinciae consulares og praetoriae*, dans *Saertryk af Det philologisk — historiske Samfunds Mindeskrift i Anl. af dets 25 aarige Virksomhed 1854-1879*, Kjøbenhavn, 1879, in-8), diffère en plusieurs points importants de celle de M. Mommsen. — [Voy. encore, sur ce sujet, les renvois faits *supra*, p. 498, note 1.]

(2) Tit. Liv., *Ep.*, XX : *Praetorum numerus ampliatus est, ut essent IIII.*

(3) Tit. Liv., XXXII, 27, 6 : *Sex praetores illo anno primum creati, crescentibus iam provinciis et latius patescente imperio.* D'après la *lex Baebia*, qui

six préteurs se maintint jusqu'à Sulla, qui le porta à huit (1). Dans la seconde période, au contraire, tous les préteurs restèrent à Rome pendant l'année de leurs fonctions et ne se rendirent dans leurs provinces que l'année suivante, *prorogato imperio* (2), avec le titre de *pro praetore* ou de *propraetor* (3). Ce changement s'explique, d'une part, par l'accroissement du nombre des provinces, à la suite de l'accession de la Macédoine, de l'Afrique, de l'Asie, de la *Gallia Narbonensis*, de la Cilicie ; de l'autre, par ce que les cours de justice criminelles successivement instituées à Rome (*quaestiones perpetuae*), sous la présidence des préteurs, y réclamaient la présence de tous ces derniers. On ne voit nulle part à quelle année et à quelle loi ce changement remonte; on peut, pour l'attribuer à Sulla (4), se fonder sur ce que la durée des fonctions consulaires et prétoriennes, si longtemps annuelles, avait été portée en fait par lui à deux années, dont l'une se passait à Rome, l'autre dans le gouvernement d'une province, et qu'ainsi la prorogation de ces deux magistratures était, grâce à lui, devenue la règle, alors qu'auparavant, et depuis fort longtemps, elle n'était accordée qu'en cas de besoin (5). La première *quaestio perpetua* fut créée

Propréteurs,

réguliers, à compter de Sulla,

---

fut vraisemblablement promulguée en 573 = 181, et qui fut abrogée en 575 = 179, on devait élire alternativement six et quatre préteurs. (Voy. M. Mommsen, *Staatsrecht*, t. II, 2ᵗᵉ Aufl., p. 190.)

(1) César porta à dix le nombre des préteurs (Dio Cass., XLII, 51), en en ajoutant deux au nombre alors existant (L. 2, § 32. [fr. Pomponius, *De orig. iur.*], D. I, 2). Par suite, Sulla ne peut pas avoir institué quatre prétures nouvelles, ainsi qu'il est dit dans le dernier passage cité, mais seulement deux. (Voy. Drumann, [*Gesch. Roms*], t. II, p. 485. — [Voy. aussi, sur ce point, M. P. Louis-Lucas, *Étude sur la vénal. des charges et fonctions publ.*, t. I, p. 242, note 1.])

(2) Voy. M. Mommsen, *Staatsrecht*, t. II, 2ᵗᵉ Aufl., pp. 615 et suiv.

(3) Sur les formules *proconsul* et *proconsule*, *propraetor* et *propraetore*, entre lesquelles il n'existe aucune différence de sens, voy. Soldan, *Quaestionum de aliquot partibus proconsulum et propraetorum capita sex*, Hanov., 1831, in-8, pp. 16-32, et Marini, *Arvali*, t. I, p. 54.

(4) Voy. Borghesi, *Œuvres*, t. I, p. 233 ; — M. Mommsen, *Staatsrecht*, t. II, 2ᵗᵉ Aufl., p. 191; *Rechtsfrage*, p. 9. [= dans la trad. franç. de M. Alexandre, t. VII, p. 380].

(5) Voy. M. Mommsen, *Röm. Gesch.*, t. II, [7ᵗᵉ Aufl.], pp. 352 et suiv. [= dans la trad. franç. de M. Alexandre, t. V, pp. 367 et suiv.]; *Staatsrecht*, t. II, 2ᵗᵉ Aufl., pp. 191. 205, et, sur ces passages, Ussing, *op. et loc. citt.*, pp. 3 et suiv.

dès l'an 605 = 149, à la suite de la *lex de pecuniis repetundis*, proposée par le tribun de la plèbe, L. Calpurnius Piso (1); tout d'abord placée sous la présidence du *praetor peregrinus* (2), elle avait déjà, en 659 = 95, son président propre, en la personne du *praetor repetundarum* (3), qui paraît avoir été institué en l'an 632=122 par la *lex repetundarum*, dont le texte nous a été conservé (4). Trois préteurs étant donc alors nécessaires à Rome, il n'en restait que trois disponibles pour les dix provinces existantes; aussi trouvons-nous souvent, dès avant Sulla, des propréteurs faisant fonctions de gouverneurs, par exemple dans l'*Hispania ulterior*, en 641 = 113 (5), dans la *Sardinia*, en 650 = 104 (6), dans l'*Africa*, en 666 = 88 (7).

en service extraordinaire, dès 632=122.

La transformation commencée en 122 et sanctionnée par les

---

(1) Cic., *Brut.*, XXVII, 106 : *Nam et quaestiones perpetuae hoc (Carbone) adolescente constitutae sunt, quae antea nullae fuerunt; L. enim Piso tribunus pl. legem primus de pecuniis repetundis Censorino et Manilio consulibus tulit.* — Cic., *De offic.*, II, 21, 75 ; *Accus. in Verr.*, III, 84, 195; IV, 25, 56.

(2) *Lex repet.* de l'an 632 (*C. I. L.*, t. I, n° 198), lin. 12.

(3) Cette annnée-là (Cic., *Accus. in Verr.*, II, 49, 122), C. Claudius Pulcher était *iudex quaestionis veneficiis* et *praetor repetundis* (Orelli, n° 569 = *C. I. L.*, t. I, f° 279, n° IX). Il y avait donc alors déjà deux *quaestiones perpetuae*.

(4) Voy. M. Mommsen, *C. I. L.*, t. I, f° 65. — [Sur les *quaestiones perpetuae*, voy. notamment MM.: W. Wilmanns, *Ueber die Gerichtshöfe während des Bestehens der Lex Cornelia judiciaria*, dans le *Rhein. Mus.*, t. XIX, 1864, pp. 528-544; — Chr. Lohse, *De quaestionum perpetuarum origine, praesidibus, consiliis*, Plaviae, 1876; — Chr. Petersen, *De causis publicis Romanis inde ab anno CXXI usque ad annum LXXXI a. Chr. n. actis*, Kiliae, 1880 ; — H. Fritzsche, *Die sullanische Gesetzgebung*, (Gymn.-Progr.), Essen, 1882; — P. Willems, *Le Dr. publ. rom.*, 6° éd., Louvain et Paris, 1883, pp. 313 et suiv. — Nombre de Thèses de Doctorat en Droit existent sur ce sujet. — P. L.-L.]

(5) Plutarque, (*Mar.*, VI), dit de Marius, qui fut *praetor* sept ans avant son consulat (Cic., *De offic.*, III, 20, 79), par conséquent en 640 = 114 : μετὰ δὲ τὴν στρατηγίαν, κλήρῳ λαβὼν τὴν ἐκτὸς Ἰβερίαν, λέγεται καθᾶραι λῃστηρίων τὴν ἐπαρχίαν.

(6) C'est en cette année que l'on place, d'une manière tout au moins approximativement exacte, le gouvernement de T. Albucius (voy. Drumann, *op. sup. cit.*, t. III, p. 126; t. IV, p. 319; — Klein, *Die Verwaltungsbeamten*, I, 1, p. 236. — Cic., *In Pison.*, XXXVIII, 92; *De offic.*, II, 14, 50), que Cicéron, (*De prov. cons.*, VII, 16), appelle *propraetor*.

(7) Lorsque Marius s'enfuit cette année-là en Afrique, Sextilius, qu'Appien (*Bell. civ.*, I, 62), appelle Sextius, y était gouverneur (Plutarch., *Mar.*, XL). Sur les monnaies d'*Hadrumetum* [Sûsa], ce fonctionnaire s'appelle *P. SEXTILIVS PRoPraetor AFricae*. (Voy. Müller, *Numismatique de l'ancienne Afrique*, t. II, 51 ; cet auteur se trompe cependant dans la fixation de l'année.)

lois de Sulla, d'après laquelle les gouverneurs administraient leurs provinces non comme *praetores*, mais *propraetore*, ne s'appliqua néanmoins qu'aux provinces qui semblaient pacifiées et pouvaient être gouvernées sans grand déploiement de forces militaires : celles dont le sol était encore le théâtre de luttes violentes furent, aussi bien dans la seconde que dans la première période, attribuées ou bien aux consuls en fonctions (1), ou bien, exceptionnellement, à un chef élu spécialement à cet effet, avec le titre *proconsule* (2), soit que l'on prorogeât au consul de l'année précédente son *imperium*, pour lui permettre de continuer la guerre (3), soit que l'on donnât l'armée consulaire et l'*imperium* à un ancien consul (4), à un ancien *praetor* (5),

Proconsuls.

---

(1) Les exemples de ce fait sont fréquents. — [Voy., à cet égard, M. G. Zippel, *Die Losung der consularischen Proconsuln in der früheren Kaiserzeit* (Gymn. Progr.), Königsberg, 1883.]

(2) Dans les fastes triomphaux de la République, le titre de *proconsul* n'est, jusqu'à l'époque de César, jamais conféré à un personnage, qui n'aurait point été consulaire, à l'exception de L. Cornelius Dolabella, qui triompha *proconsule* en 656 = 98, alors que, cependant, il ne figure pas dans les fastes consulaires; toutefois, il pourrait avoir été aussi *consul suffectus*. Par contre, au temps de César et après lui, on voit triompher comme *proconsules* : en 709 = 45, Q. Pedius; en 711 = 43, L. Plancus; en 720 = 34, C. Sosius : tous personnages dont aucun n'avait été consul. — Voy. M. Mommsen, *C. I. L.*, t. I, f°ˢ 567. 568.

(3) Ce fait se produisit pour la première fois en 427 = 327. — Tit. Liv., VIII, 23, 12 : *Actum cum tribunis est, ad populum ferrent, ut, quam Publilius Philo consulatu abisset, pro consule rem gereret, quoad debellatum cum Graecis esset*; — VIII, 26, 7 : *Duo singularia haec ei viro primum contigere, provogatio imperii, non ante in ullo facta, et acto honore triumphus*.

(4) C'est ainsi qu'en l'an 290 = 464, comme l'un des deux consuls restait à Rome, tandis que l'autre menait une campagne malheureuse contre les Èques, le consul de l'année précédente, T. Quinctius, fut chargé *proconsule* de la conduite de la guerre.

(5) Voy. la liste dans Soldan, *op. cit.*, pp. 69 et suiv. — Citons, à titre d'exemples : Tit. Liv., XLI, 12 : *Ti. Claudius proconsul, qui praetor priore anno fuerat*; — Cic., *De leg.*, I, 20, 58 : *Cum proconsule ex praetura in Graeciam venisset* (*Gellius*); — Plutarch., *Aem. Paull.*, IV : ἐπὶ τοῦτον ὁ Αἰμίλιος ἐξεπέμφθη στρατηγός, οὐχ ἓξ ἔχων πελέκεις, ὅσους ἔχουσιν οἱ στρατηγοῦντες, ἀλλὰ προσλαβὼν ἑτέρους τοσούτους, ὥστε τῆς ἀρχῆς ὑπατικὸν γενέσθαι τὸ ἀξίωμα. — Nous avons, relativement à ces proconsuls prétoriens, fourni, à propos de chacune des différentes provinces, les renseignements nécessaires. Cicéron devint *ex praetura proconsul Asiae*; C. Octavius, père d'Auguste, *ex praetura proconsul Macedoniae* (voy. Drumann, *op. cit.*, t. IV, p. 230). Quant au titre particulier de ces proconsuls prétoriens, c'était *praetor pro consule*, ainsi que le prouvent les exemples cités par M. Mommsen, (*C. I. L.*, t. 1,

ou, chose plus rare, à un particulier qui n'avait encore été revêtu d'aucune dignité supérieure (1) ; il en fut ainsi, en 543 = 211, pour Scipion (2), en 548 = 206, pour L. Cornelius Lentulus (3), en 677 = 77, pour Pompeius (4). Le gouvernement d'une province par un préteur, au cours de l'année de sa magistrature, ne se rencontre plus qu'une fois, dans la confusion belliqueuse de l'an 705 = 49, alors que C. Fannius, dont la préture se place, semble-t-il, en cette année (5), gouvernait l'Asie, et portait, dans l'exercice de cette dignité, le titre de στρατηγὸς ὕπατος (6), qui, au sixième siècle, est en grec celui du consul (7), et qui, attribué à un préteur, ne peut signifier qu'une chose : c'est

---

f° 188), de Vinicianus, *pr. pro cos.* (*C. I. L.*, t. I, n° 641), M'. Cordius *pr. procos.* (Orelli, n° 3142 [= *C. I. L.*, t. XIV, n° 2603]), T. Mussidius Pollio — *pr. procos. provinc. Galliae Narb.* (Gruter, f° 440, n° 2 [= *C. I. L.*, t. VI, 1, n° 1466]), M. Nonius Balbus *pr. pro cos.* et en outre seulement *procos.* (Mommsen, *I. R. N.*, n°ˢ 2405-2413 [= *C. I. L.*, t. X, 1, n°ˢ 1430. 1431. 1432. 1434. 1433. 1425. 1426. 1429. 1428]).

(1) Voy. M. Mommsen, *Staatsrecht*, t. II, 2ᵗᵉ Aufl., p. 633.
(2) Tit. Liv., XXVI, 18.
(3) Tit. Liv., XXVIII, 38; XXXI, 20 : *Per idem tempus* (554 = 200) *L. Cornelius Lentulus pro consule ex Hispania rediit. Qui quum in senatu res ab se per multos annos fortiter feliciterque gestas exposuisset postulassetque, ut triumphanti sibi invehi liceret in urbem, res triumpho dignas esse censebat senatus; sed exemplum a maioribus non accepisse, ut, qui neque dictator neque consul neque praetor res gessisset, triumpharet : pro consule illum Hispaniam provinciam, non consulem aut praetorem obtinuisse.*
(4) Tit. Liv., *Ep.*, XCI : *Cn. Pompeius cum adhuc eques R. esset, cum imperio proconsulari adversus Sertorium missus est;* — Cic., *Phil.*, XI, 8, 18 : *Nam Sertorianum bellum a senatu privato datum est, quia consules recusabant; cum L. Philippus pro consulibus eum se mittere dixit, non pro consule;* — Cic., Pro leg. Manil., XXI, 61.
(5) Voy. M. Mommsen, *Gesch. des Röm. Münzw.*, p. 375, note 33 [= dans la trad. franç. de MM. de Blacas et de Witte, t. II, p. 60, note 4]; — Waddington, *Fastes*, n° 34, et Mendelssohn, dans son compte-rendu des *Fastes* de Waddington, (*Jenaer Literaturzeitung*, 1874, n° 341). — MM. Zumpt, (*Comment. epigr.*, t. II, p. 213), Mommsen, (*Gesch. des Röm. Münzw.*, p. 375, note 33, et p. 704, note 33 [= dans la trad. franç. de MM. de Blacas et de Witte, t. II, p. 60, note 4, et t. III, p. 301, note 4]), et Waddington, (*op. cit.*, p. 64), estiment que Fannius a administré l'Asie en qualité de *praetor*; mais M. Wehrmann, (*Fasti praetorii*, p. 72), le conteste. Cependant, sur les cistophores frappés en Asie que nous possédons de lui, il porte le titre de C. FANnius PONTifex PRaetor .
(6) Joseph., *Ant.*, XIV, 10, 15. Dans un autre passage, (*Ant.*, XIV, 10, 13), il est appelé ἀρχιστρατηγός.
(7) *C. I. Gr.*, n°ˢ 1770. 1325. 3800; — Polyb., I, 52, 5; VI, 14, 2; XVIII, 46 (29), 5.

que ce dernier est investi de l'*imperium* consulaire (1) ; même après Sulla, les consuls ont encore exercé quelquefois un commandement extérieur, comme Lucullus et Cotta, en 680 = 74, dans la guerre contre Mithridate (2), et M'. Acilius Glabrio, dans la Bithynie, en 687 = 67 (3). Mais il était de règle qu'ils ne quittassent pas Rome, pendant l'année de leurs fonctions (4).

<small>Provinces proconsulaires et provinces proprétoriennes.</small> La différence entre le *proconsul* et le *propraetor* ne dérive pas uniquement de l'ordre des préséances (5), suivant lequel l'un a douze *fasces*, tandis que l'autre n'en a que six (6) ; mais, à l'origine tout au moins, de l'armée consulaire, que le consul avait sous ses ordres (7). Les mêmes provinces étaient donc, selon qu'elles réclamaient des forces militaires plus ou moins consi-

---

(1) M. Mommsen s'explique en détail sur ce titre dans l'*Ephem. epigr.*, 1872, pp. 223 et suiv.

(2) Tit. Liv., *Epit.*, XCIII. XCIV ; — Eutrop., VI, 6. — Walter, (*Gesch. des Röm. Rechts*, [3te Aufl., Bonn, 1860, t. I], § 135), tient ce cas pour le dernier de ce genre, ce qui se trouve réfuté par l'exemple postérieur que nous citons immédiatement après.

(3) Dio Cass., XXXV, 2 ; — Sallust., *Fr. hist.*, V, 14. — Voy. MM. : Kritz, dans Priscian., XVIII, 4, 41 ; — Drumann, *op. cit.*, t. IV, p. 159 ; — Mommsen, *Reschtsfrage*, p. 30. — Zumpt, (*Stud. Rom.*, p. 73), pense qu'après la *lex Vatinia* de 695 = 59 aucun consul n'a plus reçu de province extérieure ; car le fait que Crassus dans le dernier mois de son consulat dirigea une expédition contre les Parthes (Cic., *Ad Att.*, IV, 13), et qu'en l'an 711 = 43 les consuls Hirtius et Pansa partirent pour la guerre, n'est pas décisif pour trancher la question dont il s'agit.

(4) Voilà pourquoi Cicéron, (*De deor. nat.*, II, 3, 9), dit : *Tum enim bella gerere nostri duces incipiunt, quum auspicia posuerunt ;* — (*De div.*, II, 36, 76) : *Bellicam rem administrari maiores nostri nisi auspicato noluerunt ; quam multi anni sunt, cum bella a proconsulibus et a propraetoribus administrantur, qui auspicia non habent!* Et, dans Dion Cassius, (XLV, 20), Cicéron reproche à Antoine, ὅτι τὴν πόλιν ἐν τῷ τῆς ὑπατείας χρόνῳ ἐκλιπὼν ἐκπεριέρχεται τὴν χώραν πορθῶν καὶ λυμαινόμενος.

(5) Cic., *Pro Planc.*, VI, 15 : *Sed servari necesse est gradus, cedat consulari generi praetorium.* — Plutarch., *Cato min.*, LV : οὕτω δὴ διαβαλὼν εἰς Κέρκυραν (*Cato*)ὅπου τὸ ναυτικὸν ἦν, ἐξίστατο μὲν Κικέρωνι τῆς ἀρχῆς, ὡς ὑπατικῷ στρατηγικός. Ibid., c. LVII : ἀξιούντων δὲ πάντων ἄρχειν αὐτόν, καὶ πρώτων τῶν περὶ Σκιπίωνα καὶ Οὔαρον ἐξισταμένων καὶ παραδιδόντων τὴν ἡγεμονίαν, οὐκ ἔφη καταλύσειν τοὺς νόμους — οὐδ' ἑαυτὸν ἀντιστράτηγον ὄντα, παρόντος ἀνθυπάτου, προστάξειν.

(6) Voy. M. Mommsen, *Staatsrecht*, t. I, 2te Aufl., pp. 368 et suiv. [De cette partie du 1er volume, parvenu aujourd'hui à la 3e éd., Leipzig, 1887, la traduction française par M. P.-F. Girard n'a pas encore paru.]

(7) Cic., *De prov. cons.*, VII, 15 : *Est primum dissimile res in Sardinia cum mastrucatis latrunculis a propraetore una cohorte auxiliaria gesta et bellum cum maximis Syriae gentibus et tyrannis consulari exercitu imperioque confectum.*

dérables, administrées tantôt par des proconsuls, tantôt par des propréteurs (1) ; à la fin de la République seulement, on voit le titre de *proconsul* conféré, en dehors de toute armée consulaire (2).

C'est au Sénat qu'il appartenait de déterminer les provinces consulaires et les provinces prétoriennes (*decernere* ou *nominare provincias*) ; et, dans la première période, cette décision était prise sur la proposition des consuls, soit avant, soit après l'entrée en fonctions des nouveaux magistrats. Là dessus, les provinces consulaires étaient attribuées par le sort ou d'un commun accord aux consuls ; puis l'attribution des provinces prétoriennes aux préteurs se faisait de la même manière (3). Pour la seconde période, la *lex Sempronia de provinciis* (631 = 123) arrêta, comme procédure ordinaire (l'*imperium* fut, en effet,

(1) Les preuves de cette assertion sont fournies à propos des différentes provinces. En Macédoine, par exemple, au *proconsul* Piso succéda le *propraetor* Q. Ancharius, et Tite-Live, (XLI, 8), dit de la Sardaigne : *Propter belli magnitudinem provincia consularis facta est*. Ce changement explique que différents titres soient donnés à un seul et même gouverneur, comme, dans Tite-Live, M. Fulvius est d'abord *proconsul* (XXXV, 22), et ensuite *propraetor* (XXXVI, 2). Comp. Duker, (*Ad Liv.*, XXXIX, 29). — Spécialement, le titre de *praetor* n'est pas seulement attribué aux *propraetores* (Cic., *Ad famil.*, XIII, 55. — Voy. Nipperdey, *Die leges annales*, pp. 29.30) et à ceux des *proconsules*, qui étaient allés *ex praetura* en province, comme à Q. Cicéron, qui fut *proconsul Asiae* de 693—696 = 61—58 et qui s'appelle *praetor* dans Cicéron, (*Ad Q. fr.*, I, 1, 7), ou, à une époque postérieure, au *proconsul* Bithyniae (Tacit., *Ann.*, I, 74) ; mais, suivant son sens originaire, il est employé d'une manière générale pour désigner tout gouverneur quelconque, ainsi que l'établissent déjà les expressions *cohors praetoria*, *porta praetoria*, *navis praetoria* et *praetorium*, c'est-à-dire la demeure officielle du gouverneur dans la province (Cic., *Accus. in Verr.*, IV, 28, 65 ; cf. IV, 53, 118 ; — πραιτώριον, Marci *Evang.*, XV, 16 ; — Joh. *Evang.*, XVIII, 28 ; — Liban., I, p. 111, éd. R. ; — Iustinian. *Nov.* XXIV ; — Perizonii *Disquisitio de praetorio*, Franequerae, 1690, in-8). C'est pourquoi Cicéron dit de lui-même, du *proconsul Ciliciae* et ancien consul, (*Ad Att.*, V, 21, 11) : *Homines dicere — quod praetori dare consuesserent, — se a me quodammodo dare*, et de Bibulus, *proconsul Syriae*, (*Ad famil.*, II, 17, 2) : *Quod ego officio quaestorio te adductum reticere de praetore tuo (Bibulo) non molestæ ferebam*. — Voy. d'autres exemples dans Eckhel, *Doct. Num.*, t. IV, p. 236, et dans Garatoni, *Ad Cic. accus. in Verr.*, II, 10.

(2) C'est ainsi que, tandis que Q. Cicéron gouvernait l'Asie en qualité de *proconsul*, il régnait dans la province *summa pax, summa tranquillitas* (Cic., *Ep. ad Q. fr.*, I, 1, 1. 5).

(3) Voy. M. Mommsen, *Staatsrecht*, t. II, 2te Aufl., pp. 199 et suiv.; 329 et suiv. [Voy. aussi M. G. Zippel, *op. sup. cit.*, p. 534, note 1.]

même plus tard, souvent conféré *extra ordinem*), que, en vue d'empêcher toute injustice, le Sénat désignerait chaque année, devant les comices consulaires, les deux nouvelles provinces consulaires ; puis, les consuls les tiraient encore au sort comme *designati* (1), et les tribuns renonçaient de leur côté à se prévaloir, à l'encontre de cette désignation, du *ius intercessionis*, qui leur appartenait d'ailleurs (2), et qui demeura par la suite en vigueur pour les provinces prétoriennes, dont le tirage au sort se faisait pendant l'année des fonctions urbaines des préteurs (3). A partir du moment où les consuls et les préteurs ne prirent le gouvernement de la province qu'après avoir accompli l'année de leur magistrature, il s'écoulait donc entre la *nominatio provinciarum* et l'entrée en fonctions dans l'administration de la province, un intervalle de dix-huit mois pour les consuls, de dix mois pour les préteurs (4), puisque les comices se réunissaient ordinairement en Juillet ; un sénatus-consulte de l'an 701 = 53 (5), et la *lex Pompeia* de l'année suivante augmentèrent ce délai, en exigeant que la prise de possession de toutes les provinces n'eût lieu que cinq ans après le consulat ou la préture (6). Cette loi, abrogée par César après la bataille de Pharsale, en vue d'écarter les partisans de Pompée du commandement dans les provinces (7),

Époque de l'entrée en fonctions.

Lex Pompeia.

---

(1) Cic., *Accus. in Verr.*, III, 95, 222.
(2) Tit. Liv., XXXII, 28.
(3) Cic., *Pr. domo*, IX, 24 ; *Pr. Balbo*, XXVII, 64 ; *Ad famil.*, I, 7, 10 ; *De prov. cons.*, II, 3 ; VII, 17 ; — Sallust., *Iug.*, XXVII, 3 ; — Ferratii *Epist.*, III, 8. — Au sujet de l'intercession, Cicéron, (*De prov. cons.*, VII, 17), dit : *Faciam, inquit, illas praetorias, ut Pisoni et Gabinio succedatur statim. Si hic sinat. Tum enim tribunus intercedere poterit, nunc non potest.* — Cf. XV, 36.
(4) Voy. Cic., *De prov. cons.*, VII, 17, et l'explication de ce passage par M. Mommsen, (*Die Rechtsfrage*, pp. 49, 50 [= dans la trad. franç. de M. Alexandre, t. VII, pp. 399 et suiv.]).
(5) Dio Cass., XL, 46 : δόγμα δὲ ἐποιήσαντο, μηδένα μήτε στρατηγήσαντα, μηδ' ὑπατεύσαντα, τὰς ἔξω ἡγεμονίας, πρὶν ἂν πέντε ἔτη διέλθῃ, λαμβάνειν.
(6) Dio Cass., XL, 56 : τό τε δόγμα τὸ μικρὸν ἔμπροσθεν γενόμενον, ὥστε τοὺς ἄρξαντας ἐν τῇ πόλει μὴ πρότερον ἐς τὰς ἔξω ἡγεμονίας, πρὶν πέντε ἔτη παρελθεῖν, κληροῦσθαι, ἐπεκύρωσεν.
(7) Dio Cass., XLII, 20 : τάς τε ἡγεμονίας τὰς ἐν τῷ ὑπηκόῳ τοῖς μὲν ὑπάτοις αὐτοὶ δῆθεν ἐκλήρωσαν, τοῖς δὲ δὴ στρατηγοῖς τὸν Καίσαρα ἀκληρωτὶ δοῦναι ἐψηφίσαντο· ἔς τε γὰρ τοὺς ὑπάτους καὶ ἐς τοὺς στρατηγοὺς αὖθις παρὰ τὰ δεδογμένα σφίσιν ἐπανῆλθον. — Voy. Zumpt, *Comment. epigr.*, t. II, p. 232.

mais remise en vigueur sous Auguste (1), supprima entièrement la solidarité qui avait existé jusqu'alors entre la fonction urbaine et celle de gouverneur, et transforma cette dernière, de promagistrature qu'elle était, en une fonction de sa nature indépendante (2).

La liberté républicaine était avant tout garantie à Rome par la règle, qui ne permettait pas qu'une fonction publique fût exercée plus d'un an (3), et, pour les magistratures urbaines, cette durée ne pouvait être prolongée. Il en était autrement pour un commandement militaire exercé au dehors (4), et, ce qui revient au même, pour l'administration d'une province. Sans doute, même pour ce commandement, la durée annuelle était la règle, correspondant vraisemblablement à l'année de service militaire, que l'on comptait du 1er mars au dernier jour de février (5), et toute prolongation de la magistrature, constituant une mesure exceptionnelle, réclamait à l'origine une *prorogatio* formelle, c'est-à-dire l'intervention du peuple, qui fixait un nouveau terme, soit jusqu'à la fin de la campagne, soit pour une année à venir ; mais, au sixième siècle tout au moins, un sénatus-consulte, indépendant de toute ratification populaire, était suffisant (6). Toutefois, il est de la nature du commandement militaire que le général, aussi bien que le soldat, ne quitte pas son poste avant d'en avoir été relevé ; aussi le *pro-*

Durée de la fonction.

---

(1) Dio Cass., LIII, 14. Cf. LII, 20 ; — Suet., *Aug.*, XXXVI.
(2) Voy. M. Mommsen, *Staatsrecht*, t. II, 2te Aufl., p. 231.
(3) Dans Tite-Live, (IV, 24), Mam. Aemilius dit : *Maximam libertatis custodiam esse, si magna imperia diuturna non essent, et temporis modus imponeretur, quibus iuris imponi non posset.*
(4) M. Mommsen a traité en détail à trois reprises de la prorogation et de la notion de la promagistrature : *Die Rechtsfrage zwischen Caesar und dem Senat*, pp. 26 et suiv. [= dans la trad. franç. de M. Alexandre, t. VII, pp. 386 *in fine* et suiv.] ; — *Röm. Gesch.*, t. III, [7nte Aufl.], p. 141 [= dans la trad. franç. de M. Alexandre, t. VI, p. 253] ; — *Staatsrecht*, t. I, 2te Aufl., pp. 615 et suiv. [De cette partie du 1er vol., parvenu aujourd'hui à sa 3e éd., Leipzig, 1887, la trad. franç. par M. P. F. Girard n'a pas encore paru.
(5) Voy. M. Mommsen, *Rechtsfrage*, pp. 14 et suiv. ; p. 27 [= dans la trad. franç. de M. Alexandre, t. VII, pp. 381 et suiv.; p. 387], et, en sens contraire, M. Ussing, *op. cit.*, pp. 6. 7.
(6) Voy. M. Mommsen, *Staatsrecht*, t. I, 2te Aufl., pp. 620 et suiv. [Voy. la note 4, *supra*.]

consul ou le *propraetor* restait-il là jusqu'à l'arrivée de son successeur (1), et plus le théâtre de la guerre s'éloignait du chef-lieu, plus on rencontre des prolongations de commandement suprême, qui, pour n'avoir pas été consacrées par une loi de prorogation, n'en étaient pas moins aussi fréquentes qu'iné-

Lex Cornelia. vitables (2). La *lex Cornelia de provinciis ordinandis* de Sulla disposait même, en vue des généraux qui désiraient le triomphe et devaient, à cet effet, être en possession de l'*imperium*, que les proconsuls et préteurs quittant leurs provinces après l'arrivée de leurs successeurs conserveraient l'*imperium*, aussi bien pendant les trente jours qui leur étaient donnés pour se préparer au départ (3), que jusqu'à leur arrivée à Rome (4). Dès lors, le temps du gouvernement doit être considéré comme étant compris, non pas entre l'époque de l'entrée en fonctions du gouverneur et la remise du service à son successeur, mais entre le jour de son départ de Rome et celui de son retour (5), et dépasse ainsi toujours plus ou moins l'année. Le principe que le gouverneur doit attendre l'arrivée de son successeur (6) rendait inutile sa prorogation formelle et faisait dépendre la durée de l'administration dans les provinces de la volonté du Sénat (7); aussi trouvons-nous après Sulla toute une série de gouverneurs

---

(1) Ulpian., L. 10, [pr., *De offic. procons. et leg.*], D., I, 16: *Meminisse oportebit, usque ad adventum successoris omnia debere proconsulem agere, cum sit unus proconsulatus et utilitas provinciae exigat. esse aliquem, per quem negotia sua provinciales explicent: ergo in adventum successoris debebit ius dicere.* Cf. Dig., [*De offic. praef. August.*], I, 17.

(2) Voy. M. Mommsen, *Staatsrecht*, t. I, 2te Aufl., pp. 617 et suiv. [Voy. p. 539, note 4, *supra*.]

(3) Cic., *Ad famil.*, III, 6, 3.

(4) Cic., *Ad famil.*, I, 9, 25: *Appius—dictitabat—se, quoniam ex senatus consulto provinciam haberet, lege Cornelia imperium habiturum, quoad in urbem introiisset.*

(5) Voy. M. Mommsen, *Die Rechtsfrage*, p. 35 [= dans la trad. franç. de M. Alexandre, t. VII, p. 390].

(6) Aucun document ne prouve que ce principe ait été posé dans la *lex Cornelia*, mais cela est vraisemblable. M. Mommsen, (*Röm. Gesch.*, t. II, [7nte Aufl.], p. 354 [= dans la trad. franç. de M. Alexandre. t. V, p. 370]), estime, de son côté, que cette loi a limité à un an d'une manière absolue la durée des fonctions de gouverneur; c'est là une assertion qui ne peut actuellement s'appuyer davantage sur aucune preuve.

(7) Cic., *Phil.*, X, 11, 26: *Senatuique placere Q. Hortensium pro consule cum quaestore prove quaestore et legatis suis provinciam Macedoniam obtinere, quoad ei ex senatusconsulto concessum sit.*

en fonctions depuis plus d'un an (1), sans qu'il soit pour cela parlé de prorogation, dans le sens primitif de ce mot (2), et les lettres de Cicéron, écrites de Cilicie, nous montrent qu'il recourt à tous les moyens pour ne pas rester plus d'un an dans la province (3). En effet, du moment que les huit préteurs, en fonctions depuis Sulla, et les deux consuls ne suffisaient pas à occuper tous les gouvernements, il fallait tous les ans trouver une combinaison, ou proroger quelques gouverneurs. En 704 = 50, par exemple, il y avait quatorze provinces, dont cinq consulaires et neuf prétoriennes. Parmi les consulaires, deux, savoir les Gaules transalpine et cisalpine avec l'*Illyricum*, avaient été attribuées à titre extraordinaire à César; deux, c'est-à-dire les deux Espagnes citérieure et ultérieure, à Pompée; pour la cinquième, la Syrie, aucun consulaire n'étant disponible, on la laissa au proconsul de l'année précédente, Bibulus (4); mais, pour pourvoir aux neuf places prétoriennes, à la suite de la *lex Pompeia*, il fallut revenir aux préteurs de plusieurs années (5). Ces difficultés ne prirent fin qu'avec César qui, d'une part, éleva le nombre des préteurs à dix (6), puis à qua-

(1) Qu'il me suffise de citer ici quelques exemples. Les autres ont été mentionnés à propos des différentes provinces. En Asie, L. Licinius Murena demeura de 670 — 672 = 84 — 82; L. Lucullus, une année comme consul et sept ans comme proconsul, de 680 — 688 = 74 — 66 ; Q. Cicéron, trois ans, de 693 — 696 = 61 — 58 (Waddington, *Fastes*, t. I, nos 13. 20. 28) ; — en Cilicie, P. Servilius Isauricus, trois ans, de 676 — 679 = 78 — 75; Lentulus, trois ans, de 698 — 701 = 56 — 53 (voy. Drumann, *op. cit.*, t. II, p. 544); Appius, du mois de juillet 701 = 53, au mois de juillet 703 = 51 (voy. Drumann, *op. cit.*, t. II, p. 191); — en Macédoine, Pison, deux ans ; — en Syrie, Gabinius, trois ans ; — en Sicile, Verrès, trois ans.
(2) Cicéron, (*Accus. in Verr.*, IV, 20, 42), dit seulement des Siciliens sous Verrès : *Intellexerunt — Q. Arrium non succedere*.
(3) Cic., *Ad Att.*, V, 1 : *Quo magis erit tibi videndum, ne quid novi decernatur; ut hoc nostrum desiderium ne plus sit annuum ;* — V, 2 : *Hortensio mandavi, ne pateretur, quantum esset in ipso, prorogari nobis provincias, et*, plus loin : *Noli putare mihi aliam consolationem esse huius ingentis molestiae, nisi quod spero, non longiorem annua fore ;* — V, 11 : *Ne provincia nobis prorogetur, dum ades, quidquid provideri potest, provide.* — V, 13, 3, V, 17, 5 ; — *Ad famil.*, XV, 14, 5 ; VIII, 10, 5.
(4) Voy. Drumann, *op. cit.*, t. II, p. 101.
(5) Cic., *Ep. ad famil.*, VIII, 8, 8. — Voy. M. Mommsen, *Die Rechtsfrage*, p. 46, note 148 [= dans la trad. franç. de M. Alexandre, t. VII, p. 396, note 3] ; — Zumpt, *Comment. epigr.*, t. II, p. 209.
(6) Dio Cass., XLII, 51.

torze (1), enfin à seize (2), et, de l'autre, décida en conséquence, par la *lex Iulia de provinciis* de 708 = 46, que les provinces consulaires seules auraient une administration de deux ans, tandis que les provinces prétoriennes recouvreraient leur administration annuelle (3). La *lex Antonia de provinciis* (710 = 44), souvent citée par Cicéron (4), ne paraît avoir apporté en principe aucune modification à ce système, lorsqu'elle porta à cinq ou à six ans la durée de l'administration consulaire des provinces; sa *rogatio* n'a eu d'autre objet, semble-t-il, que de prolonger les fonctions des consuls de l'année courante, Antoine et Dolabella, comme il avait été fait pour César par la *Lex Vatinia* (5).

Après la distribution définitive des provinces, chaque gouverneur recevait la sienne en vertu d'un sénatus-consulte, avec des indications précises sur ses limites (6) ; il recevait aussi tout un équipement (*ornatio*) en argent, en troupes, en navires et en employés subalternes (7). Pleins pouvoirs lui étaient con-

---

(1) Dio Cass., XLIII, 47.
(2) Dio Cass., XLIII, 51.
(3) Cic., *Phil.*, I, 8, 19 : *Quae lex melior, utilior, optima etiam republica saepius flagitata, quam ne praetoriae provinciae plus quam annum, neve plus quam biennium consulares obtinerentur ?* — Cic., *Phil.*, V, 3, 7 ; VIII, 9, 28 ; — Dio Cass., XLIII, 25. — Voy. Drumann, *op. cit.*, t. III, p. 624.
(4) Cic., *Phil.*, I, 8, 19 ; I, 10, 24 ; II, 42, 109 ; V, 3, 7 ; VIII, 9, 28 ; — *Ad Att.*, XV, 11, 4.
(5) Voy. M. Mommsen, *Die Rechtsfrage*, p. 43, note 111 [= dans la trad. franç. de M. Alexandre, t. VII, p. 323, note 7]. — Drumann, (*op. cit.*, t. I, pp. 117. 165), considère cette loi comme contenant l'abrogation de la *lex Iulia*; mais aucune raison décisive ne vient justifier cette assertion.
(6) Tit. Liv., XXIV, 44, 4 ; — Cic., *In Pison.*, XVI, 37 ; XXI, 49 ; XXIV, 57.
(7) Cic., *De leg. agrar.*, II, 13 : *Deinde ornas apparitoribus, scribis, librariis, praeconibus, architectis; praeterea mulis, tabernaculis, supellectili ; Ad Attic.*, III, 24 ; *Ad famil.*, II, 3, 1 ; — Lamprid., *Alex. Sev.*, XLII, 4 : *Iudices cum promoveret, exemplo veterum, ut et Cicero docet, et argento et necessariis instruebat, ita ut praesides provinciarum acciperent argenti pondo vicena, mulas senas, mulos binos, equos binos, vestes forenses binas, domesticas binas, balnearas singulas, aureos centenos, cocos singulos;* — Suet., *Caes.*, XVIII ; — Cic., *In Pison.*, II, 5 : *Ego provinciam Galliam, senatus auctoritate exercitu et pecunia instructam et ornatam — in concione deposui ;* — *Ibid.*, XXXV, 86 : *Nonne sestertium centies et octogies, quod, quasi vasarii nomine in venditione mei capitis adscripseras, ex aerario tibi attributum, Romae in quaestu reliquisti?* — Cic., *Accus. in Verr.*, I, 14, 36 ; *Ad famil.*, XII, 3 : *Legato tuo viaticum eripuerunt.* — Les fournitures d'*argentum* (argenterie), de *vestis* (Cic., *Accus. in Verr.*, IV, 5, 9), de *muli*, etc., l'équipement de la suite et de l'armée étaient adjugés au rabais par voie de licitation (Dio Cass., LIII, 15 ; — Gell.,

férés dans l'exercice de ses fonctions (1), et une *lex curiata* l'investissait de l'*imperium*, sous des auspices solennels (2). Quant aux agents inférieurs, ils consistaient en un ou plusieurs *legati*, un questeur, et de nombreux subalternes.

Le Sénat nomme les *legati* (3), parmi les personnages de rang sénatorial ; leur nombre variait avec les nécessités ; dans les provinces prétoriennes, il y en avait ordinairement un ; dans les provinces consulaires, trois (4); dans des cas particuliers, on en prenait même davantage (5); quoique fonctionnaires de l'État (6), ils ne l'étaient qu'en sous-ordre, puisqu'ils exerçaient leurs fonctions par délégation et sous la responsabilité du gouverneur (7). Il dépend donc du gouverneur de présenter pour ces fonctions des personnes de son entourage (8), voire même de

Legati pro praetore

XV, 4 ; — Suet., *Oct.*, XXXVI). — Quant à la forme d'un sénatusconsulte relatif à l'*ornatio*, on peut s'en rendre compte par Cicéron, (*Phil.*, X, 11, 25). — Il sera question, dans la partie consacrée aux finances, de la façon dont il était pourvu aux frais de cette *ornatio*. (Voy. MM. Hofmann, *De provinciali sumptu populi Romani*, Berlin, 1851, in-4 ; — Mommsen, *Staatsrecht*, t. I, 2ᵗᵉ Aufl., pp. 280 et suiv. [= dans la trad. franç. de M. P. F. Girard, t. I de la collection, Paris, 1887, pp. 330 et suiv.].)

(1) Voy. Rein, dans la *Pauly's Realencyclopädie*, t. IV, p. 853.
(2) Voy. M. Mommsen, *Staatsrecht*, t. I, 2ᵗᵉ Aufl., pp. 588 et suiv. [Voy. p. 539, note 4, *supra*.]
(3) Cic., *In Vatin.*, XV, 35 : *Et quoniam legationis tuae facta mentio est, volo audire de te, quo tandem senatusconsulto legatus sis*. — *Pr. Sest.*, XIV, 33.
(4) Cic., *Ad famil.*, I, 1, 3 ; I, 2, 1 ; I, 4, 1 ; *Ad Q. fr.*, I, 1, 3, 10 ; — Strabo, III, p. 166.
(5) Cic., *Phil.*, II, 13, 31. — César reçut, en 698= 56, dix *legati* (Cic., *Ad famil.*, I, 7, 10 ; voy. Drumann, *op. cit.*, t. III, p. 233) ; — Pompée s'en vit attribuer quinze par la *lex Gabinia* (Plutarch., *Pomp.*, XXV ; — Dio Cass., XXXVI, 20) ; — Cicéron, en Cilicie, quatre (Cic., *Ad famil.*, XV, 4, 8).
(6) Cic., *Ad Q. fr.*, I, 1, 3, 11 : (*legati), quos comites et adiutores negotiorum dedit ipsa respublica*. Ils s'appellent *legati populi Romani* ; ils sont, comme le gouverneur lui-même, équipés par le Sénat (Cic., *Ad famil.*, XII, 3 ; *Accus. in Verr.*, I, 14, 36 ; 22, 60), et, dans le cas où ils sont l'objet d'une accusation, ce n'est point par le gouverneur, mais à Rome qu'ils sont jugés. (Voy. Garatoni, *Ad Cic. act. I in Verr.*, 1, 1.)
(7) Tit. Liv., XXIX, 19 ; — Caes., *Bell. civ.*, II, 17 ; III, 51. — Voy. Rein, *Röm. Criminalrecht*, pp. 192. 606.
(8) *Schol. Bob.*, p. 323, ed. Orelli : *Nullo iure Vatinium dicit in legationem esse profectum, quum soleat hoc a senatu peti, ut praesides provinciarum possint, quos velint, amicos suos habere legatos*. C'est ce qui explique pourquoi le choix de ces *legati* est parfois attribué d'une manière inexacte au gouverneur lui-même. (Cic., *De prov. cons.*, VII, 11 ; *Ad famil.*, XIII, 55 ; *Ad Attic.*, XV, 11, 4. — Voy. Garatoni, *Ad Cic. act. I in Verr.*, 23.)

sa propre famille (1), et, si elles s'y montrent impropres, de les révoquer à son gré (2); dans l'hypothèse contraire, rien ne l'empêche de leur confier un commandement particulier (3), la juridiction dans une partie de la province (4), enfin la mission de le remplacer d'une manière générale en cas d'empêchement (5); c'est pourquoi ces fonctionnaires portent le titre complet de *legati pro praetore* (6), et ont les *fasces*, mais sans la

(1) Laelius était légat de Scipio junior Africanus (Cic., *De rep.*, II, 40, 67; — Appian., *Pun.*, CXXVI); — P. Scipio Africanus était légat de son frère L. Scipio (Cic., *Phil.*, XI, 7, 17). De même, sous les empereurs, on rencontre nombre de cas de ce genre, par exemple, un *legatus soceri sui proconsulis in Achaia* (Henzen, n° 6483 [= *C. I. L.*, t. VIII, 1, n° 7059]); un *legatus prov. Africae proconsulis patris sui* (Henzen, n° 6493 [= *C. I. L.*, t. XIV, n° 3599]); un *legatus patris sui proconsulis Asiae* (Henzen, n° 6500 [= *C. I. L.*, t. VIII, 1, n° 6706, qui donne une lecture toute différente]).

(2) Cic., *Accus. in Verr.*, III, 58, 134.

(3) Les exemples sont fréquents dans César. (Voy. *Bell. Gall.*, I, 10. 21. 54; *Bell. civ.*, II, 17. — Cic., *Pro Mur.*, IX, 20.)

(4) Ce point a été établi ci-dessus à propos des provinces d'Espagne et d'Afrique.

(5) Caesar, *Bell. Gall.*, I, 10. 54; V, 8; VII, 34; VIII, 52; — Tit. Liv., XXXV, 8; — Lydus, *De mag.*, III, 3.

(6) Parmi les légats de César, l'un, qui est son remplaçant habituel, T. Labienus, porte même, quand César est présent, le titre de *leg. pr. pr.*; et telle est la raison pour laquelle Schneider, (*Ad Caes., Bell. Gall.*, I, 21), pense qu'au nombre des légats de César celui-ci a dû être le premier et avoir reçu ce titre en signe de distinction. Cependant, dans d'autres cas, la suppléance est confiée à tous les légats (Tit. Liv., V, 8, et nombre d'autres passages), et, dans les provinces sénatoriales de l'époque impériale, le *legatus pro praetore* est le titre officiel pour tous les légats, alors bien qu'ils ne remplissent pas les fonctions du gouverneur en son lieu et place durant son absence. C'est ainsi qu'on lit dans l'inscription des Arvales (Marini, *Atti*, t. II, p. 756): *leg. pr. pr. provinciae Ponti et Bithyniae proconsulatu patris sui*. [Il s'agit ici de L. Iulius L. f. Marinus Caecilius Simplex; voy. l'inscription dont il est question dans Wilmanns, *Exempla*, t. I, n° 1159 = *C. I. L.*, t. IX, n° 4965. — Voy., sur ce légat, M. W. Liebenam, *Forschungen*, I Bd., Leipzig, 1888, p. 131, n°3]. Cf. Gruter, f° 493, n° 5, où il convient de lire : *leg. p R. PR. PATRIS PROVINC. AFRICAE* [= *C. I. L.*, t. II, n° 4509. Il s'agit ici du légat L. Minicius L. f. Natalis Quadronius Verus; voy., sur lui, M. W. Liebenam, *op. cit.*, pp. 12, *in fine*, n° 6, et suiv., et p. 457.] Ce fait a été de la part de Marini, (*Atti*, t. II, pp. 738-756), l'objet de commentaires qui épuisent le sujet. Dans Marini, (*Iscr. Alb.*, pp. 50. 51), le même légat L. Fabius Cilo porte dans deux inscriptions différentes le titre, dans l'une, de *leg. pr. pr. prov. Narb.* [= Wilmanns, *Exempla*, t. I, n° 1202 = *C. I. L.*, t. VI, 1, n° 1408]; dans l'autre, de *leg. prov. Narbonens.* [= Wilmanns, *Exempla*, t. I, n°1202 *a* = *C. I. L.*, t. VI, 1, n° 1409]. [Voy., sur ce légat, M. W. Liebenam, *op. cit.*, pp. 179, n° 23, et suiv., et p. 458.] — Sur les monnaies, où se trouvent mentionnés des *leg.* et *leg. pr. pr.*, voy. Eckhel, *Doct. Num.*, t. IV, p. 232. — En

hache (1), à moins que cela ne leur ait été formellement interdit (2). Remportaient-ils une victoire, l'honneur et le triomphe qui pouvait s'en suivre étaient pour le gouverneur; en effet, ils n'ont pas d'auspices propres, mais sont placés sous ceux du proconsul (3); de même, leur juridiction repose sur le mandat du gouverneur (4), et se limite aux affaires civiles, tandis que la juridiction criminelle, dérivant de l'*imperium merum*, ne peut être déléguée (5).

Quant aux questeurs, d'abord au nombre de deux, puis de quatre (6), plus tard de huit (7), sous Sulla de vingt (8), sous César de quarante (9), puis de nouveau, sous Auguste, de vingt (10), il y en avait un pour chaque province, sauf pour la Sicile, qui en avait deux ; et ils étaient désignés, non sur la proposition du gouverneur, mais par la voie du sort (11). Étant donnée la différence d'âge qui séparait le questeur du préteur, la désignation aveugle du sort suffisait, au moins dans les premiers temps, à créer entre eux un rapport de piété qui

Quaestores.

---

grec, παρεδρεύοντες ou πρεσβευταί (Fabric., *Ad Dion.*, LIII, 14). Lydus, *De mag.*, III, 3 : οἱ πραίτωρες ἢ λεγάτοι (ἀντὶ τοῦ στρατηγοὶ καὶ πρεσβευταί), οὓς κατελίμπανον οἱ ὕπατοι ἀνθ' ἑαυτῶν ἤδη τοῦ τῆς ὑπατείας αὐτοῖς συντελουμένου χρόνου, εἰς τὸ ἐφεστάναι τῷ στρατῷ ἄχρι τῆς τοῦ μέλλοντος ὑπάτου ἐπὶ τὸν πόλεμον παρουσίας, πρεσβευταὶ καὶ ἀντιστράτηγοι.

(1) Tit. Liv., XXIX, 9 ; — Cic., *Ad famil.*, XII, 30, 7 ; *Accus. in Verr.*, I, 26, 67 ; — Spartian., *Sever.*, II. — Voy. Zumpt, sur Cic., *Accus. in Verr.*, I, 22.
(2) Cic., *Ad famil.*, XII, 30, 7.
(3) Que les *legati* triomphent, c'est là un fait qui ne se rencontre qu'à une époque tardive et que d'une façon exceptionnelle. (Dio Cass., XLVIII, 42 ; XLIX, 4. 21.)
(4) Digest., I, 21 (*De off. eius, cui est mandata* [*cui mandata est*; éd. Mommsen] *iurisdictio*) ; — L. 17, [fr. Ulpian., *De iuridict.*], D., II, 1.
(5) Digest., I, 16, *De off. proconsulis et legati*.
(6) Tit. Liv., IV, 43.
(7) Tit. Liv., *Epit.*, XV.
(8) Tacit., *Ann.*, XI, 22.
(9) Suet., *Caes.*, XLI ; — Dio Cass., XLIII, 47 ; 51.
(10) Voy. M. Mommsen, *Staatsrecht*, t. II, 2te Aufl., p. 516. [Voy., à cet égard, p. 534, note 1, *supra*.]
(11) Cic., *Accus. in Verr.*, I, 13, 34 ; *Ad Q. fr.*, I, 1, 3, 11 ; *Ad Att.*, VI, 6, 4, et nombre d'autres passages. — Voy. M. Mommsen, *Staatsrecht*, t. II, 2te Aufl., p. 521. [Voy. la note précédente.]

Organisation Romaine, t. II.

obligeait le questeur à honorer le préteur comme son père (1), à ne pas l'abandonner (2), et à ne pas témoigner contre lui en justice, dans le cas où il serait accusé de concussion, à raison de ses fonctions (3). Sous la République, il était de règle que les questeurs allassent dans la province pendant l'année de leurs fonctions, et, en conséquence, ils prennent le simple titre de *quaestor*. Néanmoins, le *quaestor* est remplacé dans deux cas par un fonctionnaire qui porte le titre *pro quaestore*. D'une part, en effet, le gouverneur pouvait, en cas de mort du *quaestor* ou de toute circonstance qui l'empêchait d'en disposer, confier les attributions de ce questeur à un autre de ses agents subalternes : ainsi Cn. Dolabella, propréteur de Cilicie en 674 = 80, appela son *legatus* Verrès (4) à remplir les fonctions de *legatus pro quaestore*, à la suite de la mort de son questeur Malleolus (5); et le *legatus* de Sentius Saturninus, propréteur de Macédoine en 667 = 87 (6), Bruttius Sura, prend la même qualité sur ses tétradrachmes macédoniennes (7). Mais, d'autre part, lorsque le nombre des questeurs désignés pour toutes les provinces n'était pas suffisant, on envoyait dans telle ou telle province un ancien questeur (*quaestorius*) (8) ; c'est ainsi que P. Sestius, qui avait été questeur du consul Antoine, l'année de la conjuration de Catilina (691 = 63) (9), alla l'année suivante comme *pro quaestore*, avec Antoine, dans la province de Macédoine (10), et que, sous Auguste encore, L. Aquillius Florus

Pro quaestore.

---

(1) Cic., *Div. in Caecil.*, XIV, 46 ; XIX, 61 ; XX, 65 ; *Pr. Planc.*, XI, 28 ; *Post red. in sen.*, XIV, 35 ; *Ad famil.*, XIII, 10, 1 ; XIII, 26, 1 ; *De orat.*, II, 50, 202.
(2) Cic., *Accus. in Verr.*, I, 14, 37 ; 15, 40.
(3) Cic., *Div. in Caecil.*, XVIII, 60 ; XIX, 62 ; *Act. I in Verr.*, 4, 11.
(4) Cic., *Act. I in Verr.*, 17, 44.
(5) Cic., *Act. I in Verr.*, 36, 91.
(6) Voy. Zumpt, *Comment. epigr.*, t. II, p. 175.
(7) Voy. Borghesi, *Œuvres*, t. II, p. 239.
(8) Que ce fait ait été le cas habituel, c'est ce que montre la manière dont est conçue la formule du sénatus-consulte dans Cicéron (*Phil.*, X, 11, 26) : *Senatuique placere, Q. Hortensium pro consule cum quaestore prove quaestore — provinciam Macedoniam obtinere.*
(9) Cic., *Pr. Sest.*, III, 8.
(10) Cicéron, (*Pr. Sest.*,V, 13), parle de sa *quaestura Macedoniae,* mais, (*Ad*

fut d'abord *quaestor imp. Caesaris Augusti*, puis *pro quaestore provinciae Cypri* (1). Le titre *pro quaestore*, en grec ἀντιταμίας (2), est officiel dans les deux cas, sous le régime de la liberté (3); mais, sous l'empire, il disparaît presque entièrement (4) et est d'ailleurs remplacé par un autre titre, auquel nous allons revenir.

Le questeur recevait à Rome la caisse pour l'administration de la province; il y puisait les ressources nécessaires à l'entretien de tous les fonctionnaires (5), et y versait les sommes formant les contributions de la province qui devaient lui être payées ; il en faisait le compte, à la fin de l'année, en son nom et au nom de son gouverneur (6), et, suivant les prescriptions de la *lex Iulia de provinciis*, l'original en était déposé dans l'*Aerarium* à Rome, tandis que deux copies en restaient dans la province (7). Le questeur a une juridiction propre, correspon-

---

famil., V, 6), il lui adresse une lettre avec l'*inscriptio*: P. Sestio, L. f. proq. Car c'est ainsi qu'il faut lire, et non pas *proc*.
(1) Henzen, n° 6456 a = *C. I. L.*, t. III, [2], f° 985, [col. 1, ad] n. 551.
(2) *C. I. Gr.*, n° 5597; — *Ephem. epigr.*, 1872, p. 151.
(3) Lucullus fut *proquaestor* de Sulla dans la guerre contre Mithridate (Cic., *Acad. pr.*, II, 4, 11; — cf. Plutarch., *Lucull.*, II. — Voy. Drumann, *op. cit.*, t. IV, p. 121); — Caninius Sallustianus (le nom est douteux) *proquaestor* de Bibulus en Syrie (Cic., *Ad famil.*, II, 17. — Voy. Drumann, *op. cit.*, t. II, p. 110). En outre, on trouve dans les inscriptions et sur les médailles mention de : C. Bruttius C. f. pro q., en l'an 697 = 57 (Mommsen, *I. R. N.*, n° 321 [= *C. I. L.*, t. X, 1, n° 219]); — L. Manlius pro q. à l'époque de Sulla (Borghesi, *Œuvres*, t. I, p. 361); — M. Nerva pro q. en l'an 713 = 41 (Borghesi, *Œuvres*, t. I, p. 433); — L. Manlius proq.; Varro pro q.; Cn. Piso pro q.; P. Minat. Sabin. pro q., à l'époque de Pompée. (Voy. Eckhel, *Doct. Num.*, t. IV, p. 246.)
(4) Voy. Borghesi, *Œuvres*, t. I, p. 482. — Je ne trouve plus le titre qu'une seule fois dans une inscription de l'époque de Vespasien (Borghesi, *Œuvres*, t. III, p. 186), dans laquelle un personnage — le nom ne nous est pas parvenu — commence par être appelé Q. *urbanus*, et ensuite pro q. *provinc. Cretas et Cyrenarum*.
(5) Cic., *Accus. in Verr.*, I, 13, 34 ; 14, 36 ; III, 76, 177 ; — *Ad famil.*, II, 17, 4.
(6) *Rationes referl.* (Cic., *Act. I in Verr.*, 13, 36 ; 38, 95 sq.) Du gouverneur, sur qui pèse la responsabilité de ce chef, il est dit la même chose. (Cic., *Ad famil.*, V, 20, 1. 2 ; *Ad Att.*, VI, 7, 2 ; — Plutarch., *Ti. Gracch.*, VI. — Voy. M. Mommsen, dans *Hermes*, t. I, p. 170.)
(7) Cic., *Ad famil.*, V, 20, 2; *Ad famil.*, II, 17, 2 ; *Ad Att.*, VI, 7, 2 ; *In Pison.*, XXV, 64 ; — Plutarch., *Cato min.*, XXXVIII ; — Dio Cass., XXXIX, 23. — Il ressort du décret de Sardaigne (dans M. Mommsen, *Hermes*, t. II,

dant à celle des édiles à Rome (1); toutefois, le gouverneur peut encore lui déléguer sa juridiction personnelle (2), et, d'une manière générale, le droit de le remplacer ; en pareil cas, il devient *quaestor pro consule* (3) ou *quaestor pro praetore* ; il prend les *fasces* du propréteur (4) et exerce désormais une double fonction (5), dont le titre grec ταμίας καὶ ἀντιστράτηγος (6), ou, si le remplaçant est lui-même un *proquaestor*, par conséquent un *proquaestor pro praetore* (7), celui d'ἀντιταμίας καὶ ἀντιστράτηγος (8) marque la différence. C'est ainsi que Marius se fit temporairement remplacer, pendant la guerre contre Jugurtha, par le *quaestor* Sulla (9) ; Cicéron le fut de même, lors de son départ de la province de Cilicie, par son questeur Caelius (10) ; après la mort du proconsul Trebonius, en 711 = 43, l'Asie fut aussi administrée par son questeur avec le titre de *proquaestor propraetore* (11) ; et, après la mort de Crassus, en 701 = 53, la province de Syrie par son questeur Cassius (12).

Quaestor pro praetore.

p. 120) que les gouverneurs eux-mêmes déposaient également leurs actes dans les archives de Rome, et, en particulier, les rescrits qu'ils avaient rendus. — [Sur l'*aerarium*, voy., d'une manière générale, M. Ett. de Ruggiero, *Dizionar epigr.*, fasc. 10, Roma, 1888, *h. v.*, pp. 300, col. 1, et suiv., *passim*.]

(1) Gaius, I, 6: *Item in edictis aedilium curulium, quorum iurisdictionem in provinciis populi Romani quaestores habent*.

(2) Suet., *Caes.*, VII ; — Cic., *Divin. in Caecil.*, XVII, 56 ; *Accus. in Verr.* II, 18, 44.

(3) Sur un denier de M. Antonius, M. Silanus se nomme *q. pro cos.* (Eckhel, *Doct. Num.*, t. IV, p. 246).

(4) Le questeur provincial a des licteurs, alors même qu'il exerce ses fonctions sous les ordres du gouverneur ; mais leur nombre n'est pas connu (Cic., *Pr. Planc.*, XLI, 98. — Voy. M. Mommsen, *Staatsrecht*, t. I, 2ᵗᵉ Aufl., p. 369 [Cette partie du t. I, dont une 3ᵉ éd. a été publiée à Leipzig en 1887, n'est pas encore traduite en franç. par M. P. F. Girard]) ; mais, quand il remplaçait le gouverneur, il devait avoir les *fasces* prétoriens, et c'est eux que Cicéron a en vue (*Accus. in Verr.*, II, 4, 11), lorsqu'il dit des questeurs laissés par Verrès dans la province : *Quaestores utriusque provinciae, qui isto praetore fuerunt, cum fascibus mihi praesto fuerunt*.

(5) Voy. M. Mommsen, *C. I. L.*, t. I, sur le nᵒ 644.

(6) Voy. Marini, *Arvali*, [t. II], pp. 738 et suiv. — *C. I. Gr.*, nᵒˢ 364. 1133. 1327. 3990.

(7) Cic., *Ad famil.*, XII, 15, *Inscriptio*.

(8) Ioseph, *Ant.*, XIV, 10, 17, et beaucoup d'autres passages.

(9) Sallust., *Iug.*, CIII : *Ad Sullam perfugiunt, quem consul in expeditionem proficiscens pro praetore reliquerat*.

(10) Cic., *Ad famil.*, II, 15, 4.

(11) Cic., *Ad famil.*, XII, 15 ; — Waddington, *Fastes*, nᵒˢ 38. 40.

(12) Voy. Drumann, *op. cit.*, t. II, p. 118.

Parfois, il arrive également qu'un *quaestor pro praetore* soit envoyé de Rome dans la province à la place du propréteur, en vertu d'une décision du peuple ou du Sénat ; c'est ainsi qu'en 679 = 75, Publius Lentulus Marcellinus se rendit à *Cyrene* pour y remplir cette fonction (1); que, dans ce même but, Cn. Piso se rendit, en 689 ou 690 = 65 ou 64, dans l'*Hispania citerior* (2), et Caton, en 696 = 58, à *Cyprus* (3); mais tous ces exemples appartiennent exclusivement à la période de la liberté ; car, sous l'empire, tout *quaestor*, qui sert sous les ordres d'un gouverneur, porte le titre de *quaestor pro praetore*, de même que chaque *legatus* de ce gouverneur s'appelle *legatus pro praetore* (4); si donc il s'intitule simplement *quaestor*, ce qui n'est pas rare, il

---

(1) Sallust., *Hist.*, II, 39, éd. Dietsch : *Publiusque Lentulus Marcellinus eodem auctore quaestor in novam provinciam Cyrenas missus est.*

(2) Sallust., *Cat.*, XIX : *Postea Piso in citeriorem Hispaniam quaestor pro praetore missus est.* Sur sa pierre tumulaire, qui existe encore, se trouve l'inscription (Gruter, f° 383, n° 5 = *C. I. L.*, t. I, n° 598) : *Cn. Calpurnius Cn. f. Quaestor pro pr. ex S. C. provinciam Hispaniam citeriorem optinuit.* — Voy. Drumann, *op. cit.*, t. II, pp. 87 et suiv. ; — M. Mommsen, dans *Hermes*, t. I, p. 47.

(3) Vellei., II, 45 : (*Clodius*) *legem tulit, ut is* (*Cato*) *quaestor cum iure praetorio, adiecto etiam quaestore, mitteretur in insulam Cyprum.* — Voy. Drumann, *op. cit.*, t. V, p. 166.

(4) Cette proposition est rigoureusement établie par Borghesi, (*Œuvres*, t. I, pp. 484 et suiv.). Parmi les exemples qu'il cite, (p. 485), il suffit d'en rappeler quelques-uns. C'est ainsi que C. Luxilius Sabinus est, à l'époque des Gordiens, *quaestor pr. pr. prov. Cretae Cyr*(*enarum*) (Orelli, n° 3143) : — Ti. Claud. Frontinus *quaestor propraet. provinc. Achaiae* (Orelli, n° 3113 = Mommsen, *I. R. N.*, n° 1879 [= *C. I. L.*, t. X, 1, n° 1122]) ; — M. Iulius Priscus *q. pr. pr. provinciae Africae* (Orelli, n° 2369 [= *C. I. L.*, t. II, n° 1371]) ; — L. Novius Crispinus — *Quaestor pro praet. provinciae Macedoniae* (Henzen, n° 7420 α [= Renier, *Inscr. de l'Alg.*, n° 19 = *C. I. L.*, t. VIII, 1, n° 2747]) ; — Cn. Domitius Lucanus *quaest. pro praetore provinc. Afric.* (Orelli, n° 773); — P. Cornelius Scipio ταμίας καὶ ἀντιστράτηγος d'Achaïe (*C. I. Gr.*, n° 364). Au demeurant, l'inscription de Sicile publiée par Orelli sous le n° 151 [= *C. I. L.*, t. X, 2, n° 7192] est décisive : *dedicantibus M. Haterio Candido procos. et L. Cornelio Marcello q. pr. pr.*, ainsi que le décret du proconsul de Sardaigne L. Helvius Agrippa, publié par M. Mommsen, (*Hermes*, t. II, pp. 102 et suiv. [et aujourd'hui reproduit au *C. I. L.*, t. X, 2, n° 7852]), d'après lequel le *legatus pr. pr.* et le *q. pr. pr.* font partie du *consilium* du proconsul ; car ces deux documents nous montrent que même le questeur qui exerce ses fonctions, le proconsul étant présent, porte ce titre. — Comp. Borghesi, *Œuvres*, t. II, p. 404 ; t. I, p. 252 ; *Bullett.*, 1849, p. 123 ; — De Rossi, *Bull.*, 1852, p. 57 ; — Müller, *Numismatique de l'anc. Afrique*, t. I, p. 163 ; t. II, pp. 62. 165.

ne faut voir là qu'une abréviation de son titre. Mais, lorsqu'un fonctionnaire inférieur remplace le proconsul, on lui applique, sous l'empire, une formule différente, et on l'appelle alors *legatus* ou *quaestor vice proconsulis* (1).

Quaestor vice proconsulis.

Le reste de la suite du gouverneur comprend les *comites*, les employés subalternes et les gens à son service personnel (2). Comme l'administration et la juridiction étendues du gouverneur réclamaient un personnel auxiliaire, ce dernier emmenait ordinairement avec lui dans la province un certain nombre d'attachés propres à ce service, jeunes le plus souvent, et appartenant aux classes supérieures, qui, après avoir terminé leurs études de droit, se proposaient de compléter par eux-mêmes leur instruction, en servant l'État, comme *assessores* près les tribunaux (3),

Comites.

---

(1) C'est ainsi que L. Caesonius Lucillus est *legatus prov. Africae, eodem tempore vice proconsulis* (Orelli, n° 3042 [= Wilmanns, *Exempla*, t. I, n° 1218 = *C. I. L.*, t. XIV, n° 3902]). [Voy., sur ce légat, M. W. Liebenam, *op. cit.*, pp. 28, n° 22, et suiv.]. — Borghesi, (*Œuvres*, t. I, p. 486), donne d'autres exemples.

(2) Voy. MM. Mommsen, *Die comites Augusti der früheren Kaiserzeit*, dans *Hermes*, t. IV, [1868], pp. 120 et suiv.; Mommsen, *De apparitoribus magistratuum Romanorum*, dans le *Rheinisches Museum*, N. F., t. VI, (1848), pp. 1-57; — Naudet, *Mémoire sur la cohorte du préteur*, dans les *Mém. de l'Instit. Acad. des Inscr.*, t. XXVI, 2, [1867], pp. 499-555, monographie que le *Staatsrecht* de M. Mommsen, (t. I, pp. 306-355 [= dans la trad. franç. de M. P. F. Girard, t. I de la collection, Paris, 1887, pp. 362-421]), a rendue inutile. — [*Adde* MM. : Naudet, *De la cohorte du préteur et du personnel administratif dans les provinces rom.*, dans le *Compte-rendu des séances et travaux de l'Acad. des sciences mor. et polit.*, t. XCIII, Paris, 1870, pp. 5-42, et pp. 384-403; — E. Wölfflin, *Die Leibwache des jüngern Scipio*, dans le *Philologus*, t. XXXIV, 1876, p. 413; — Th. Mommsen, *Die Gardetruppen der römischen Republik und der Kaiserzeit*, dans *Hermes*, t. XIV, 1879, pp. 25-35, et p. 160 ; t. XVI, 1881, pp. 643-647 ; — Fr. Fröhlich, *Die Gardetruppen der römischen Republik*, Aarau, 1882 ; *Erweiterungen*, u. s. w., Aarau, 1884 ; — G. Humbert, dans le *Dictionn. des Antiq. grecq. et rom.*, de MM. Ch. Daremberg et Edm. Saglio, 9e fascic., Paris, 1884, V° *Comes*, t. I, pp. 1372 et suiv.]

(3) Lorsque fut rendu le jugement du proconsul de Sardaigne en l'an 68 de notre ère (voy. M. Mommsen, dans *Hermes*, t. II, pp. 102 et suiv. [= *C. I. L.*, t. X, 2, n° 7852]), le *consilium* se composait du *legatus*, du *quaestor* et de six personnes sans titre, qui signèrent en qualité d'*assessores*. — On trouve aussi comme titre *comes et adsessor legati* — *comes et adsessor procos. provinciae Galliae* (*Narbon.*). (Voy. *C. I. L.*, t. II, n° 2129). — [Comp., sur les *assessores*, M. G. Humbert, dans le *Dictionn. des Antiq. grecq. et rom.*, de MM. Ch. Daremberg et Edm. Saglio, 3e fascic., Paris, 1874, V° *Assessor*, pp. 474, col. 2, et suiv.]

LE GOUVERNEUR ET SES AGENTS.

ou en collaborant à l'administration, et qui étaient également prêts à travailler sous la direction du gouverneur. Dans la suite de Cicéron figuraient en Cilicie, outre quatre *legati* et un *quaestor*, son propre fils Marcus (1), le fils de son frère Quintus (2), et Q. Volusius, parent d'Atticus, auquel Cicéron délégua une juridiction sur les Cypriotes (3); dans celle de C. Memmius, propréteur de Bithynie (697 = 57), se trouvait le poète Catulle (4). Ces personnes forment ce que l'on appelle les *comites* (5), *contubernales* (6), la *cohors* (7), *cohors amicorum* (8), *cohors comitum* (9) ou *cohors praetoria* (10); mais remarquons que cette dernière expression, qui désigne, dans son sens véritable, le corps d'élite ou la garde du général (11), a été improprement étendue à cette suite, avec laquelle elle n'avait, à l'origine, rien de commun (12); en effet, outre ses *comites*, Cicéron, par exem-

Cohors praetoria.

---

(1) Cic., *Ad Att.*, V, 9, 3.
(2) Cic., *Ad Att.*, V, 17, 3 ; V, 20, 9.
(3) Cic., *Ad Att.*, V, 21, 6.
(4) Catull., X, 7 : XXVIII, 9.
(5) Dig. : L. 4, [fr. Papinian., *De offic. adsess.*], I, 22 ; — L. 16, [fr. Macer, *De offic. praes.*], I, 18 ; — L. 5, [fr. Macer, *De lege Iul. repet.*], XLVIII, 11 ; — L. 6, § 1, [fr. Ulpian., *De poenis*], XLVIII, 19 ; — Orelli, n°s 3446 [= Mommsen, *I. R. N.*, n° 2438 = *C. I. L.*, t. X, 1, n° 1468]. 3447 [= *C. I. L.*, t. III, 1, n° 253].
(6) Cic., *Pr. Caelio*, XXX, 73 : *Quum autem paullum iam roboris accessisset aetati, in Africam profectus est, Q. Pompeio proconsuli contubernalis.* — *Pr. Planc.*, XI, 27. — Frontin., *Strateg.*, IV, 1, 11. 12 : *Q. Metellus Cos. quamvis nulla lege impediretur, quin filium contubernalem perpetuum haberet, maluit tamen, eum in ordine manere. P. Rutilius Cos. quum secundum leges in contubernio suo filium habere posset, in legione militem fecit.* — Suet., *Caes.*, XLII.
(7) Cic., *Accus. in Verr.*, XXVII, 66 : (*Verres dixit se*) *iudicem de sua cohorte daturum.*
(8) Suet., *Calig.*, XIX.
(9) Iuvenal., VIII, 127.
(10) Cic., *Accus. in Verr.*, I, 14, 36 : *Dedi stipendio, frumento, legatis, pro quaestore, cohorti praetoriae HS mille sexcenta triginta quinque milia.*
(11) Voy., à cet égard, la partie relative à l'armée (*Staatsverwaltung*, T. II, p. 389 [= dans la traduction franç. de M. Brissaud, t. XI de la collection, pp. 106 et suiv.]. — *Festi Epit.*, p. 223 [éd. Müller = éd. Æm. Thewrewk de Ponor, Pars I, Budap., 1889, p. 279] : *Praetoria cohors est dicta, quod a praetore non discedebat. Scipio enim Africanus primus fortissimum quemque delegit, qui ab eo in bello non discederent et cetero munere militiae vacarent et sesquiplex stipendium acciperent.*
(12) Cic., *Ad Q. fr.*, I, 1, 4, 12 : *Quos vero aut ex domesticis convictionibus aut ex necessariis apparitionibus tecum esse voluisti, qui quasi ex cohorte prae-*

ple, avait des *cohortes praetoriae* militaires (1), et soldats et officiers ne font pas en général partie des *comites*. Quoiqu'ils fussent choisis par le gouverneur lui-même (2), sous sa responsabilité (3), les noms des *comites* devaient être indiqués au Sénat (4); ils sont entretenus aux frais de l'État, et reçoivent sous l'empire un traitement fixe (5); c'est pourquoi il appartient au Sénat de fixer leur nombre (6). Il faut joindre, en second lieu, aux *comites* un personnel nombreux d'employés subalternes et de serviteurs publics (*apparitores*), tous appointés, savoir les *scribae, lictores, accensi, nomenclatores, viatores, tabellarii, praecones, pullarii, victimarii, haruspices, medici, interpretes* et *architecti* (7); puis venaient, en troisième lieu, les affran-

Apparitores.

---

toria appellari solent, horum non modo facta, sed etiam dicta omnia praestanda nobis sunt.
(1) Cic., *Ad famil.*, XV, 4, 7.
(2) Comme Fronto devait, vers l'an 155 de notre ère, prendre possession du proconsulat d'Asie, il écrit, (*Ep. ad Anton. Pium* VIII, p. 169, éd. Naber): *Post illa quaecumque ad instruendam provinciam adtinerent, quo facilius a me tanta negotia per amicorum copias obirentur, sedulo praeparavi. Propinquos et amicos meos, quorum fidem et integritatem cognoveram, domo accivi. Alexandriam ad familiares meos scripsi, ut Athenas festinarent, ibique me operirentur, iisque graecarum epistularum curam doctissimis viris detuli. Ex Cilicia etiam splendidos viros, quod magna mihi in ea provincia amicorum copia est, — ut venirent, hortatus sum. Ex Mauretania quoque virum amantissimum mihique mutuo carum Iulium Senem ad me vocavi, cuius non modo fide et diligentia, sed etiam militari industria circa quaerendos et continendos latrones adiuvarer.*
(3) Cic., *Ad Q. fr.*, I, 1, 4, 12; — Cato, *Or. de sumptu suo*, p. 37, éd. Jordan: *Nunquam ego argentum pro vino congiario inter apparitores atque amicos meos disdidi atque eos malo publico divites feci.* — Dig.: L. 1, pr., [fr. Marcian., *De lege Iulia repet.*], XLVIII, 11; — L. 5, [fr. Macer, *De lege Iulia repet.*], XLVIII, 11; — L. 33, [fr. Modestin., *De reb. cred.*], XII, 1.
(4) L. 32, [fr. Modestin., *Ex quib. caus. maiores*], D., IV, 6: ...... *comites legatorum, qui ad aerarium delati aut in commentarium principis relati* [*delati*, éd. Mommsen] *sunt.*
(5) L. 4, [fr. Papinian., *De offic. adsessor.*], D., I, 22: *Diem functo legato Caesaris salarium comitibus residui temporis, quod a legatis praestitutum est, debetur...*
(6) L. 41, § 2, [fr. Hermogenian., *De excusation.*], D., XXVII, 1: *Eorum, qui rei publicae causa absunt, comites, qui sunt intra statutum numerum, — excusantur.*
(7) Voy. M. Mommsen, *Staatsrecht*, t. I, 2ᵉ Aufl., pp. 306 et suiv. [= dans la trad. franç. de M. P. F. Girard, t. I de la collection, pp. 362 et suiv.]. — [Voy. aussi, sur les *apparitores*, MM. G. Humbert: dans le *Dictionn. des Antiq. grecq. et rom.*, de MM. Ch. Daremberg et Edm. Saglio, 3ᵉ fascic., Paris, 1874, h. v., t. I, pp. 327 *in fine* et suiv., et *Essai sur les finances et la*

LE GOUVERNEUR ET SES AGENTS.   553

chis et les esclaves, que le gouverneur employait à ses propres affaires et à son service personnel (1), et qui ne font pas partie de la cohorte (2). Au temps de la République, il n'était pas permis au proconsul ou au *propraetor* de se faire accompagner dans la province par sa femme (3); on considérait, en effet, la présence de cette dernière comme une charge pour la province et un embarras en temps de guerre (4); les empereurs l'autorisèrent (5), sous la responsabilité du mari (6).

Service personnel.

Après avoir accompli au Capitole les sacrifices prescrits et prononcé ses vœux (*votis nuncupatis*), le gouverneur, accompagné de cette suite, et vêtu du costume de guerre en pourpre (*paludamentum*) (7), se mettait en route (8), précédé des lic-

Départ.

---

comptabil. publiq. chez les Romains, Paris, 1887, t. II, renvois de l'*Index général*, p. 461, mot *Apparitores*; — Ett. de Ruggiero, *Dizionar. epigr.*, fascic. 1, Roma, 1886, V° *Accensus*, p. 18, col. 1, et pp. 20, col. 1, et suiv.; fascic. 17, Roma, 1890, V° *Apparitor*, pp. 522, col. 1, et suiv.]

(1) Cicéron avait avec lui son affranchi Tiro, un esclave, M. Tullius, dont il se servait comme secrétaire, et d'autres esclaves encore. — Voy. Hartung, *De proconsulatu Ciceronis*, p. 27.

(2) De même, les *apparitores* n'en font pas non plus partie, à proprement parler, et voilà pourquoi Cicéron dit, (*Pr. Rab. Post.*, VI, 13) : *Ut tribuni, ut praefecti, ut scribae, ut comites omnium magistratuum lege hac tenerentur.*

(3) Seneca, *Contr.*, IX, 25, p. 251, éd. Bursian = p. 400, éd. Kiessling.

(4) Tacit., *Ann.*, III, 33.

(5) Sueton., *Oct.*, XXIV. — Germanicus avait toujours Agrippine avec lui; de même, Caesennius Paetus était en Arménie avec sa femme (Tacit., *Ann.*, XV, 10), Pline, en Bithynie, avec la sienne (Plin., *Ep.*, X, 120. 121), de même que les préfets d'Égypte (Letronne, *Recueil*, t. II, n° 334), et les procurateurs de Judée (Matth., *Evang.* XXVII, 19; — *Act. Apost.*, XXIV, 24). Alexandre Sévère rétablit l'interdiction (Lampr., *Al. Sev.*, XLII). Voy. un exemple de l'époque postérieure à Constantin dans les *Acta Martyrum*, éd. Ruinart, f° 596.

(6) L. 4, § 2, [fr. Ulpian., *De offic. procons. et leg.*], D., I, 16.

(7) Tit.-Liv., XLII, 49 : *Votis in Capitolio nuncupatis paludatus ab urbe est profectus*; — XXI, 63; XXV, 16; XXXI, 14 : XXXV, 3; XXXVII, 4; XL, 26; XLI, 14; XLII, 27; XLV, 39; — Caes., *Bell. civ.*, I, 6; — Cic., *In Pison.*, XIII, 31; *Ad Att.*, IV, 13; *Ad famil.*, XV, 17; — Plin., *Paneg.*, LVI. — Sur le *paludamentum*, Val. Max., I, 6, 11 : *ducturus erat* (Crassus) *a Carris adversus Parthos exercitum. Et pullum traditum est paludamentum, cum in proelium exeuntibus album aut purpureum dari soleret.* Le *paludamentum* est aussi appelé vêtement de pourpre par Pline, (*Nat. hist.*, XXII, 3), Silius Italicus, (XVII, 396), Isidore, (*Orig.*, XIX, 24, 9), César, (*Bell. Gall.*, VII, 88). — Voy. Ferrarius, *De re vestiaria vett.*, II, 3, 5.

(8) Sous Auguste, le départ avait lieu du *templum Martis Ultoris* (Suet., *Aug.*, XXIX).

teurs couverts du *sagulum* (1), dès qu'il avait reçu l'*imperium* ; car l'*imperium* n'avait d'effet qu'en dehors des portes de Rome et le séjour du gouverneur dans la ville lui aurait enlevé toute valeur (2) ; de même aussi, lors du retour, les *insignia imperii* devaient être déposés aux portes de Rome (3), à moins qu'un décret spécial du peuple n'eût permis au gouverneur de les conserver à son entrée dans la ville, en vue du triomphe (4).

Voyage. — Le voyage s'effectuait suivant un itinéraire déterminé (5). Voitures ou navires étaient fournis, partie par l'État, partie par les provinces que traversait cet itinéraire (6) ; la loi fixait la

Entrée. — part contributoire de celles-ci à cet effet (7). Le jour de l'arrivée dans la province, où le gouverneur entrait ordinairement par

---

(1) Silius Ital., IX, 419. — Cic., *In Pison.*, XXIII, 55 : *Togulae lictoribus ad portam praesto fuerunt : quibus illi acceptis, sagula reiecerunt.* — Varro, *De ling. Lat.*, VII, 37 : *Ideo ad bellum quom exit imperator ac lictores mutarunt vestem et signa incinuerunt, paludatus dicitur proficisci.*

(2) Ulpian., L. 16, [*De offic. procons. et leg.*], D., I, 16 : *Proconsul portam Romae ingressus deponit imperium.* — Cic., *Accus. in Verr.*, V, 13, 34.

(3) Cic., *In Pison.*, XXIII, 55 ; *Ad famil.*, I, 9, 25 ; — Appian., *Bell. civ.*, I, 80 ; — Dio Cass., LIII, 13.

(4) C'est ce qui explique pourquoi les gouverneurs restent parfois *ad urbem* (Pseudo-Ascon., p. 147, éd. Orelli), ou *extra portam* (Cic., *Ad Att.*, VII, 1, 5), pour attendre la permission du triomphe. Lucullus séjourna après son retour d'Asie trois ans devant la ville, jusqu'à ce qu'il eût été autorisé à triompher. (Voy. Drumann, *op. cit.*, t. IV, pp. 161 et suiv.)

(5) Cic., *In Vatin.*, V, 12 : *Quum illud iter Hispaniense pedibus fere confici soleat, aut, si quis navigare velit, certa sit ratio navigandi, venerisne in Siciliam atque inde in Africam.*

(6) Lors de la proscription des triumvirs, en l'an 42 av. J.-Chr., Pomponius s'enfuit, revêtu des insignes prétoriens (Appian., *Bell. civ.*, IV, 45) : καὶ παρὰ ταῖς πύλαις ὀχημάτων τε δημοσίων ἐπέβη, καὶ τὴν Ἰταλίαν διώδευεν — μέχρι καὶ δημοσίᾳ τριήρει διέπλευσε πρὸς ἐκεῖνον (τὸν Πομπήϊον). Avant l'année 584=173, c'est exclusivement aux frais de l'État que voyageaient les fonctionnaires romains. Tit.-Liv., XLII, 1 : *Ante hunc consulem* (L. Postumium) *nemo unquam sociis in ulla re oneri aut sumtui fuit. Ideo magistratus mulis tabernaculisque et omni alio instrumento militari ornabantur, ne quid tale imperarent sociis. Privata hospitia habebant. — — Legati, qui repente aliquo mitterentur, singula iumenta per oppida, iter qua faciundum erat, imperabant : aliam impensam socii in magistratus Romanos non faciebant.* — Cic., *Accus. in Verr.*, V, 18, 45 : *Quid enim tibi navi? Qui si quo publice proficisceris, praesidii et vecturae causa sumtu publico navigia praebentur.* — Cicéron se rendit en Cilicie sur des navires rhodiens (*Ad Att.*, V, 13 ; VI, 8).

(7) Notamment par la *lex Iulia de provinciis* (Cic., *Ad Att.*, V, 10, 2 ; V, 16, 3 ; V, 21, 5 ; *In Pison.*, XXXVII, 90).

LE GOUVERNEUR ET SES AGENTS. 555

un endroit déterminé (1), fixait le point de départ et le terme de l'année pendant laquelle il exercerait ses fonctions. Mais ce jour différait sensiblement, paraît-il, suivant l'éloignement de la province et les difficultés du voyage. Cicéron quitta Rome au début de mai (2), parvint en Cilicie le 31 juillet, après un voyage de trois mois, et remit ses fonctions le 30 juillet de l'année suivante (3) ; Pline n'arriva que le 17 septembre en Bithynie (4) ; Agricola, en Bretagne, qu'au milieu de l'été (5) ; et comme, sous les empereurs, les proconsuls (6) demeuraient parfois longtemps à Rome et en Italie, pour régler leurs affaires, avant de s'expatrier (7), Tibère décida qu'ils devraient être partis avant le 1er juin (8) ; Claude, avant le 1er avril (9).

---

(1) Ulpian., L. 4, § 5, [*De offic. procons. et leg.*], D., I, 16 : *In ingressu* [*Ingressum*, éd. Mommsen] *etiam hoc cum (proconsulem) [observare,* éd. Mommsen] *oportet, ut per eam partem provinciam ingrediatur, per quam ingredi moris est, et quas Graeci* ἐπιδημίας *appellant sive* κατάπλουν, *observare, in quam primum civitatem veniat vel applicet : magni enim faciunt [faciunt,* éd. Mommsen] *provinciales servari sibi consuetudinem istam et huiusmodi praerogativas. Quaedam provinciae etiam hoc habent, ut per mare in eas* [*in eam provinciam,* éd. Mommsen] *proconsul veniat, ut Asia scilicet ; usque adeo, ut imperator noster Antoninus Augustus ad desideria Asianorum rescripserit* [*rescripsit,* éd. Mommsen], *proconsuli necessitatem impositam per mare Asiam applicare,* καὶ τῶν μητροπόλεων Ἔφεσον *primam attingere.* — Cic., *Ad Att.*, V, 15, 1.
(2) Cic., *Ad Att.*, V, 3.
(3) Cic., *Ad Att.*, V, 15. — Voy. Drumann, *op. cit.*, t. VI, pp. 121. 179.
(4) Plin., *Ep.*, X, 17 A.
(5) *Media iam aestate* (Tacit., *Agric.*, XVIII).
(6) Cette observation ne s'applique pas aux *legati* des provinces impériales, car ceux-ci, en tant qu'officiers, partaient immédiatement après l'ordre. (Voy. M. Mommsen, dans *Hermes*, t. III, p. 81.)
(7) De même, Cicéron commença, après son départ de Rome, par se rendre dans ses terres et par prendre congé de ses amis. (Voy. Drumann, *op. cit.*, t. VI, p. 116.)
(8) Dio Cass., LVII, 14 : Ἐπειδή τε συχνοὶ τῶν τὰ ἔθνη κληρουμένων ἐπὶ πολὺ ἔν τε τῇ Ῥώμῃ καὶ ἐν τῇ λοιπῇ Ἰταλίᾳ ἐνδιέτριβον, ὥστε τοὺς προάρξαντας αὐτῶν παρὰ τὸ καθεστηκὸς χρονίζειν, ἐκέλευσέ σφισιν ἐντὸς τῆς τοῦ Ἰουνίου νουμηνίας ἀφορμᾶσθαι.
(9) Dio Cass., LX, 11 : Κατέδειξε δὲ καὶ τάδε, τούς τε κληρωτοὺς ἄρχοντας πρὸ τῆς τοῦ Ἀπριλίου νουμηνίας, ἐπειδήπερ ἐπὶ πολὺ ἐν τῷ ἄστει ἐνεχρόνιζον, ἀφορμᾶσθαι. En posant en règle que, sous l'empire, l'année proconsulaire se comptait du 1er juin au 31 mai, Borghesi, (*Œuvres*, t. I, p. 489), dont M. Mommsen, (*Hermes*, t. II, p. 110 ; t. III, p. 81), suit également l'opinion, a négligé le second passage cité de Dion Cassius, et, d'autre part, il n'a pas pris en considération que Dion ne parle que du jour terminal du

Pouvoirs. Le gouverneur réunit entre ses mains toute la force gouvernementale dans la province : et le commandement supérieur des troupes qui y sont stationnées, qu'il a reçu de la *lex curiata*, et le droit de faire des levées d'hommes, aussi bien parmi les citoyens romains que parmi les habitants de la province (1), ainsi que celui de réquisitionner pour les besoins de la guerre (2), et la juridiction criminelle et civile, l'une comprenant le droit de vie et de mort, contre lequel les seuls citoyens romains ont le *ius provocationis* (3), l'autre, soumise à des règles écrites soit dans la *lex provinciae*, soit dans l'édit que le gouverneur publiait lui-même avant d'entrer en charge (4), soit dans les lois indigènes des communes, dans la mesure où la constitution de la province ou l'édit les avait respectées. Lorsque Cicéron prit la Cilicie, il apporta avec lui un édit qu'il avait rédigé (5) à Rome (6), à l'aide de l'édit publié par Q. Mucius Scaevola pour l'Asie, en 637=117 (7), et qui ne contenait que les dispositions rendues nécessaires par la situation particulière de la province ; en effet, il s'était engagé à prendre, sur tous les autres points, l'édit urbain pour base de ses décisions (8). Les dispositions mentionnées se réfèrent surtout au régime des

---

départ de Rome, tandis que l'année officielle du proconsulat commence, ainsi que cela ressort avec certitude de l'administration de Cicéron en Cilicie, au jour de l'arrivée dans la province. — Comp. Urlichs, *Comment. de vita et honoribus Agricolae*, Wirceburgi, 1868, in-4, p. 12. — M. Mommsen, (*Staatsrecht*, t. II, 2ᵗᵉ Aufl., p. 245 [voy., à cet égard, p. 531, note 1, *supra*]), admet, en dernier lieu, la date du 1ᵉʳ juillet comme date normale du changement de fonction.

(1) Cic., *Ad Att.*, V, 18, 2 ; *Ad famil.*, XV, 1, 5.
(2) Cic., *Accus. in Verr.*, V, 17, 43 ; *Pr. Flacc.*, XII, 27.
(3) Cic., *Accus. in Verr.*, V, 54, 141. — Pour une époque postérieure, comp. l'exemple de l'Apôtre Paul (*Act. Apost.*, XXII. XXV sqq.; XXV, 10; XXVI, 32).
(4) Voy. Rudorff, *Röm. Rechtsgesch.*, t. I, § 60 ; — Bethmann-Hollweg, *Der Röm. Civilprocess*, t. II, § 60 ; — L. 4, § 4, [fr. Ulpian., *De offic. procons. et leg.*], D., I, 16.
(5) M. C. Hartung, (*De proconsulatu Ciceronis*, pp. 34 et suiv.), donne à cet égard de bons développements.
(6) Cic., *Ad famil.*, III, 8, 4.
(7) Cic., *Ad Att.*, VI, 1, 15.
(8) Cic., *Ad Att.*, VI, 1, 15 : *Breve autem edictum est propter hanc meam* διαίρεσιν, *quod duobus generibus edicendum putavi: quorum unum est provinciale, in quo est de rationibus civitatum, de aere alieno, de usura, de syngra-*

biens des communes et des particuliers (1) ; elles sont relatives d'abord à l'état des dépenses, à la reddition des comptes, aux dettes des communes, au taux de l'intérêt, au régime juridique des *publicani* ; en second lieu, dans le domaine des intérêts privés, à la *bonorum possessio* (2), à la procédure de la contribution (3), à la vente des biens en cas d'insolvabilité, tandis que tous les autres procès civils des provinciaux étaient jugés par les juges urbains, conformément aux lois particulières des communes (4). Sous les empereurs, on trouve un *edictum provinciale*, que Gaius a commenté, et l'on admet généralement qu'il a dû être rédigé pour l'usage commun de toutes les provinces, rendant ainsi inutiles des édits spéciaux (5). Enfin, en ce qui touche l'administration du proconsul, nous en mesurerons la difficulté, en fournissant immédiatement quelques détails sur la situation générale des provinces au temps de la République.

Le rapport établi par le droit public romain entre le *populus Romanus* et les provinces est, en grand, celui que nous avons déterminé entre les municipes ou les colonies, d'une part, et les *agri fructuarii* qui leur sont attribués, de

État des provinces sous la République.

---

plis, in eodem omnia de publicanis ; alterum, quod sine edicto satis commode transigi non potest, de hereditatum possessionibus, de bonis possidendis, magistris faciundis, vendendis, quae ex edicto et postulari et fieri solent. Tertium, de reliquo iure ἄγραφον reliqui. Dixi me de eo genere mea decreta ad edicta urbana accommodaturum.

(1) Cicéron dit lui-même, (*Ad famil.*, III, 8, 4): *Diligentissime scriptum caput est, quod pertinet ad minuendos sumptus civitatum*.

(2) Voy. Boecking, *Römisches Privatrecht*, Bonn, 1862, in-8, pp. 262 et suiv. ; — Leist, *Die bonorum possessio*, Göttingen, 1844, in-8. — [Voy. aussi les auteurs cités dans notre *Introd. bibliog. gén.*, VII et VIII.]

(3) C'est à cet ordre d'idées que se rapporte l'expression *magistros facere*. (Voy. Walter, *Gesch. d. Röm. Rechts*, [3te Aufl., Bonn, 1860, t. II], § 754.)

(4) Cic., *Ad Att.*, VI, 1, 15.

(5) Voy, Walter, *Gesch. d. Röm. Rechts*, [3te Aufl., Bonn, 1860, t. II], § 440; — Bethmann-Hollweg, *Röm. Civilprocess*, t. II, p. 83, note 19 ; — Huschke, *Ueber den zur Zeit der Geburt Jesu Christi gehaltenen Census*, Breslau, 1840, in-8, p. 22, et *Iurispr. Antciustin.*, p. 77. — M. Mommsen est d'un avis opposé, (*Gaius ein Provincialjurist*, dans Bekker und Muther, *Iahrbuch des gemeinen deutschen Rechts*, Bd. III, pp. 1-15) : suivant lui, Gaius a commenté l'édit d'une province particulière soumise à l'autorité d'un proconsul.—[Sur le contenu de cette note, voy. notre *Introd. bibliogr. gén.*, I, A, et *Ap-*

l'autre (1) ; les provinces sont des *praedia* du peuple romain, et leur importance au point de vue de l'État réside uniquement dans les revenus qu'elles lui fournissent (2). De ce point de vue il résulte que le gouvernement n'a pas le moins du monde à se préoccuper des intérêts des personnes qui composent la population de la province ; avant tout, il se propose de développer et de maintenir l'état matériel du pays. Aussi les Romains n'ont-ils jamais hésité, soit à exterminer les populations de pays tout entiers (3), soit à les transporter dans d'autres contrées, soit à leur dicter les conditions les plus dures. Mais, une fois qu'ils avaient pris possession d'un pays — et il arrivait parfois qu'en raison du petit avantage qu'ils en auraient retiré ils dédaignaient de le faire (4), — l'impulsion par eux donnée à la culture du sol, la colonisation, la création de routes et de débouchés commerciaux pour l'écoulement des produits locaux, le portaient quelquefois à un haut degré de prospérité (5); et partout les Romains appliquaient ce principe d'une sage économie politique, consistant à prévenir, par une administration régulière et un régime fiscal modéré qui, quelque élevées

---

pendices, 2° ; VII et VIII. — N. B. : Voy., d'une manière générale, sur les *decreta* et les *edicta*, l'article consacré à ce sujet par MM. P. Louis-Lucas et A. Weiss, dans le *Dictionn. des Antiq. grecq. et rom.*, de MM. Ch. Daremberg et Edm. Saglio, V° *Edictum-Decretum*, 14° fascic., Paris, 1890, t. II, pp. 452 et suiv., et M. V. Boisseau, *De l'édit. provincial* (Thèse de Doct. en droit), Poitiers, 1890, in-8.]

(1) Cicéron, (*Ad famil.*, VIII, 9, 4), emploie cette expression.
(2) Voy., ci-dessus, p. 502.
(3) Les exemples sont fournis à cet égard par l'histoire romaine tout entière. — Sur le sort fait à Carthage, voy. p. 465, *supra*. — César vendit 53.000 *Aduatici* d'un seul coup. (Voy. Drumann, *op. cit.*, t. III, p. 231). — Sur les agissements de Tibère en Pannonie, voy., ci-dessus, p. 166. — Cicéron, (*De prov. cons.*, XII, 31), dit, au sujet des victoires de Pompée : *Nulla gens est, quae non aut ita sublata sit, ut vix exstet: aut ita domita, ut quiescat: aut ita pacata, ut victoria nostra imperioque laetetur.*
(4) Ainsi en fut-il sous Auguste pour la Bretagne (Strabo, IV, p. 201). Appian., *Praef.*, VII : ὅλως τε δι' εὐβουλίαν τὰ κράτιστα γῆς καὶ θαλάσσης ἔχοντες αὔξειν ἐθέλουσι μᾶλλον, ἢ τὴν ἀρχὴν ἐς ἄπειρον ἐκφέρειν ἐπὶ βάρβαρα ἔθνη πενιχρὰ καὶ ἀκερδῆ. ὧν ἐγώ τινας εἶδον ἐν Ῥώμῃ πρεσβευομένους τε καὶ διδόντας ἑαυτοὺς ὑπηκόους εἶναι, καὶ οὐ δεξάμενον βασιλέα ἄνδρας οὐδὲν αὐτῷ χρησίμους ἐσομένους.
(5) Strabo, II, p. 127.

que fussent les contributions, n'avait rien d'excessif, l'épuisement du pays, qui n'aurait pas manqué de se traduire par un déficit dans le rendement de la province. De même, les diverses lois qui se sont proposé d'organiser l'administration des provinces et d'y réprimer les concussions (1), semblent avoir été inspirées plutôt par la crainte de leur ruine matérielle, que par les considérations humanitaires, que Cicéron a mises en avant, par un artifice de rhéteur (2), bien qu'il soit évident que l'application de ce sage principe d'économie politique pouvait seul alléger dans une certaine mesure la triste situation des provinciaux. Seulement, cette application se heurtait à des impossibilités. En effet, les Romains, que leurs fonctions ou leurs intérêts privés avaient amenés dans les provinces, étaient persuadés que ces dernières n'existaient pour le peuple romain qu'à raison des revenus qu'il pouvait en tirer; mais, se regardant eux-mêmes comme les représentants immédiats du peuple, ils s'empressaient de revendiquer ces revenus en leur nom personnel; et la seconde règle, consistant à ménager l'avenir, par un emploi mesuré des ressources de la province, ne pouvait, étant donné le court passage qu'ils y faisaient, avoir plus d'importance à leurs yeux qu'elle n'en aurait eue pour un fermier, obligé de remettre l'année suivante à un autre le bien confié à son administration. L'abandon de cette règle d'économie politique eut pour conséquence de livrer les provinces à un

---

(1) Ce sont : la *lex Calpurnia* de 605 = 149 ; — la *lex Iunia*, la *lex Acilia*, la *lex Servilia Glauciae*, la *lex rep.*, qui ne porte pas de nom, de 632 = 122 (*C. I. L.*, t. I, n° 198), appelée sans raison par Klenze *Servilia* ; — la *lex Cornelia*, et la *lex Iulia* de 695 = 59. — Voy. Rudorff, *Röm. Rechtsgesch.*, t. I, § 31. — [Voy. encore MM.: Walter, *Gesch. des Röm. Rechts*, 3te Aufl., Bonn, 1860, t. II, § 814 ; — Rudorff, *op. cit.*, t. II, § 120 ; — Rein, *Criminalrecht*, pp. 604 et suiv.; — C. G. Zumpt, *De legibus iudiciisque repetundarum*, Berlin, 1845 et 1847 ; — Mommsen, dans le *C. I. L.*, t. I, f°s 54 et 555 ; — A. W. Zumpt, *Criminalrecht*, t. II, 1, pp. 1-54, et pp. 357-375 ; 2, pp. 294-352. Sur la *lex Acilia* en particulier, voy. : Rudorff, *Ad legem Aciliam de pecuniis repetundis*, dans les *Mém. de l'Acad. de Berlin*, Hist. Phil. Cl., 1861, pp. 411 et suiv.; — Huschke, dans la *Zeitschr. für Rechtsgesch.*, t. V, pp. 64 et suiv. ; — Zumpt, *Criminalr.*, t. II, 1, pp. 100 et suiv. ; — Th. Mommsen, *C. I. L.*, t. I, f°s 49-71 ; — de Ruggiero, *Dizionar. epigr.*, fascic. 2, Roma, 1886, V° *Acilia (lex)*, pp. 41, col. 2 *in init.*, et suiv.]

(2) Cic., *Div. in Caecil.*, V, 17 ; XX, 65 ; *Accus. in Verr.*, II, 6, 15.

pillage sans fin. Les Romains résidant dans les provinces appartenaient à trois catégories: le gouverneur et sa suite, les fermiers des impôts (*publicani*) (1)* et les banquiers (*negotiatores*). Des prescriptions formelles déterminaient ce que le gouverneur était en droit d'exiger des provinciaux ; il lui était défendu d'acheter (2), de recevoir des présents (3) et des services (4) ; toutefois, les dépenses occasionnées par la brigue de la préture ou du consulat, rarement obtenus sans corruption, celles nécessitées par les jeux, pendant l'exercice des magistratures urbaines, les dettes résultant pour la plupart des membres de l'aristocratie de prodigalités excessives, enfin la perspective d'un procès en concussion et des sommes considérables qu'il faudrait débourser pour en triompher par la corruption (5), mettaient d'ordinaire le gouverneur — abstraction faite de l'absence de scrupules, si commune chez la noblesse des derniers temps de cette période — dans l'obligation de se rendre, par tous les moyens que la province mettait à sa disposition, indemne pour le passé et sûr de l'avenir (6). A ce point de

---

(1)* [Sur les *publicani*, voy., *supra*, les renvois de la p. 242, note 5. — Voy. aussi M. Dietrich, *Die rechtliche Natur der Societas publicanorum* (Schulprogramm), Meissen, Fürstenschule, 1889, broch. in-8 de 25 pp. — P. L.-L.]
(2) Cic., *Accus. in Verr.*, IV, 5, 9. 10.
(3) Cic., *De leg.*, III, 4, 11. — Sous l'empire, il fut permis de recevoir des présents jusqu'à concurrence d'une certaine somme (L. 6, [fr. Venulei. Saturn.] et L. 8, [fr. Paul., *De leg. Iul. repet.*], D., XLVIII, 11), et, de tout temps, il exista une contribution pour le triomphe éventuel, *aurum coronarium* (Cic., *In Pison.*, XXXVII, 90). — [Sur l'*aurum coronarium*, voy. M. G. Humbert, dans le *Dictionn. des Antiq. grecq. et rom.*, de MM. Ch. Daremberg et Edm. Saglio, 4e fascic., Paris, 1875, *h. v.*, t. I, pp. 578 et suiv., et *Essai sur les finances et la comptabil. publique chez les Romains*, Paris, 1887, t. I, pp. 369. 413. 466. 492 ; t. II, p. 13.]
(4) L. 4, pr., [fr. Ulpian., *De offic. procons. et leg.*], D., I, 16.
(5) Cic., *Accus. in Verr.*, XIV, 40.
(6) Le tableau que trace Cicéron dans ses *Verrines* de l'administration de la Sicile par Verrès convient à la plupart des administrations provinciales, et c'est ce que nous montre Cicéron lui-même, (*De imp. Pompeii*, XXII, 65) : *Difficile est dictu, Quirites, quanto in odio simus apud exteras nationes propter eorum, quos ad eas per hos annos cum imperio misimus, libidines et iniurias.* — Mais, dans d'autres provinces, il y avait encore d'autres occasions d'exaction, comme, par exemple, le logement des soldats, qui amena la ruine de villes tout entières. (Cic., *De imp. Pomp.*, XIII, 38 : *Utrum plures arbi-*

vue, l'administration annuelle était deux fois malheureuse pour la province, puisque les exactions devaient s'accumuler dans un laps de temps très court et recommençaient tous les ans (1). Le seul recours possible contre ce fléau était, à l'origine, une plainte portée, le plus souvent sans succès, devant le Sénat; à partir de 605=149, les lois dites de concussion ouvrirent tout au moins aux griefs des provinciaux une voie légale; mais ces griefs devaient être présentés par un *patronus* (2), qui

---

tramini per hosce annos militum vestrorum armis hostium urbes, an hibernis sociorum civitates esse deletas.) Aussi des villes riches offraient-elles au gouverneur de grosses sommes, pour s'affranchir de cette charge. (Cic., *Ad Att.*, V, 21, 7 : *Civitates locupletes, ne in hiberna milites reciperent, magnas pecunias dabant, Cyprii talenta attica ducenta.*) — [Voy. MM. Haentjes, *De l'arbitraire et des concussions dans l'administration des provinces romaines* (en allemand), Köln, 1863; — Émile Bourgeois, *Quomodo provinciarum Romanarum (qualem sub fine Reipublicae Tullius effinxit) conditio principatum peperisse videatur*, (Thèse de Doct. ès-Lett.), Paris, 1885, broch. in-8.]

(1) Une des formes les plus usuelles du *quaestus* était l'usure, à laquelle se livraient le gouverneur lui-même et sa suite. (L. 33, [fr. Modestin., *De reb. cred.*], D., XII, 1 : *Principalibus constitutionibus cavetur, ne hi qui provinciam regunt quive circa eos sunt negociantur* [*negotientur*, éd. Mommsen] *mutuamve pecuniam dent faenusve exerceant.*)

(2) *Lex repet.* de 632 (*C. I. L.*, t. I, n° 198, lin. 9. 11. 12; — Cic., *Div. in Caecil.*, XX, 66 sq.). — La plupart des provinces avaient à Rome des *patroni* appartenant à certaines familles déterminées, dans lesquelles le patronat se transmettait; ainsi, en Sicile, les *Marcelli* (Cic., *Div. in Caec.*, IV, 13, et nombre d'autres passages); à Chypre, les *Catones* (Cic., *Ad famil.*, XV, 4). Voy. un plus grand nombre d'exemples cités par Rein, dans la Pauly's *Realencycl.*, t. V, pp. 1247 et suiv. — Toutefois, les Siciliens ne jugèrent pas à propos de s'adresser aux *Marcelli* dans leur procès contre Verrès, mais ils eurent recours à Cicéron. — Sous l'empire, l'institution des *patroni* se perpétua également (Orelli, n° 529 [= *C. I. L.*, t. VIII, 2, n° 9047]. 3058. 3063 [= *C. I. L.*, t. VI, 1, n°s 1687. 1751]. 3661 [= *C. I. L.*, t. XIV, n° 2508]). — [Sur les *patroni*, voy. le t. I de cette trad. = t. VIII de la collection, pp. 276 et suiv.; — MM. Mommsen, *Röm. Forsch.*, t. I, p. 361, note 10, et *Ephem. epigr.*, Vol. II, pp. 146-148; — E. Sebastian, *De patronis coloniarum atque municipiorum rom.*, Halle, 1884; — Dr B. Leist, *Das römische Patronatsrecht*, 2 Thle, mit Tab., Erlangen, 1891.] — N. B.: M. Héron de Villefosse a présenté à l'*Académie des Inscr. et Bell.-Lett.*, dans sa séance du 13 juin 1890, (*Journ. off.* du 16 juin, p. 2834, col. 3), une plaque de bronze portant une inscription romaine, et qui n'est autre qu'une table de patronat. Cette plaque, découverte à Bénévent au commencement du siècle, avait, depuis, été perdue. M. Léon Palustre l'a retrouvée dernièrement au château de Valençay. Il est probable que les habitants de Bénévent en avaient fait don à Talleyrand, qui l'avait transportée à Valençay. Cet original permettra de donner une lecture plus certaine de l'inscription. — P. L.-L.]

appartenait ordinairement à l'aristocratie romaine; l'accusation elle-même nécessitait de nouveaux débours, par l'envoi de députés et de témoins, et son jugement était subordonné à la réunion des jurés ; néanmoins, le procès pouvait aboutir à une issue favorable, en dépit des tentatives de corruption probables et des obstacles suscités soit par les nobles romains en possession des fonctions urbaines, soit par le successeur du gouverneur accusé dans la province, qui dissuadait les députés et les témoins de partir et les retenait au besoin (1). — A côté de l'aristocratie, qui se servait de la place de gouverneur pour exploiter la province, les *publicani* et les *negotiatores*, appartenant à la classe équestre, faisaient leurs affaires, les uns en cherchant à accroître leurs bénéfices par des spéculations de toute nature (2), les autres en immigrant en masse (3), pour venir en aide aux finances épuisées des communes et des particuliers dans les provinces (4), en leur prêtant leurs capitaux moyennant des intérêts fabuleux (5); à cet effet, des sénateurs

---

(1) Cic., *Act. in Verr.* I, 10. 11.

(2) Cic., *Ad Q. fr.*, I, 11, 33, et J. Marquardt, *Hist. eqq. Rom.*, pp. 18 et suiv. — Comp. Tit. Liv., XLV, 18 : *Metalli quoque Macedonici, quod ingens vectigal erat, locationesque praediorum rusticorum tolli placebat. Nam neque sine publicano exerceri posse, et ubi publicanus est, ibi aut ius publicum vanum aut libertatem sociis nullam esse.* L. 12, [fr. Ulpian., *De public. et vectigal.*] D., XXXIX, 4.

(3) Sur les *negotiatores*, voy. Ernesti, *Opusc. philol. et crit.*, pp. 1-20, et dans la *Clavis* des Œuvres de Cicéron. De même, dans les inscriptions, on rencontre souvent les expressions *negotiatores, qui negotiantur*, οἱ πραγματευόμενοι ou ἐργαζόμενοι. (Voy. *C. I. Gr.*, n° 2053, et l'ensemble des documents cités par M. K. Keil, *Analecta epigr. et onomat.*, p. 80.) — [Sur les *negotiatores*, voy. encore MM. Belot, *Hist. des chevaliers rom.*, t. II, pp. 150 et suiv. ; — Szanto, dans les *Wiener Studien*, t. XIII, 1886, pp. 18 et suiv. ; — G. Humbert, *Essai sur les finances*, t. I, p. 488, note 190 ; p. 490, note 205 ; t. II, pp. 357 et suiv.]

(4) On pourrait donner un tableau détaillé de la manière effrayante dont les provinces étaient obérées. César chercha à y porter remède en Espagne. Voy. Drumann, *op. cit.*, t. III, p. 189.) — Sur l'Asie, voy. Cicéron, *Pr. Flacco*, IX, 20 : *In aerario nihil habent civitates, nihil in vectigalibus. Duae rationes conficiendae pecuniae, aut versura aut tributo* ; — *Ad Q. fr.*, I, 1, 25. — Sur la Cilicie, voy. Cicéron, *Ad famil.*, III, 8, 2: *Sumptus egentissimarum civitatum.* — Dans les provinces asiatiques, après la dernière guerre civile, éclata une banqueroute d'État générale, à la suite de laquelle Auguste accorda une remise d'impôts. (Dio Chrys., Vol. I, p. 604, éd. R., *ibiq.* Casaubon.)

(5) Cic., *Pr. Font.*, I: *Referta Gallia negotiatorum est, plena civium Roma*

romains, auxquels de semblables opérations étaient défendues par la loi, n'hésitaient pas à mettre eux-mêmes des capitaux à leur disposition, en stipulant une part dans les bénéfices. Sans doute, les exactions des *publicani* et les usures illicites pratiquées par les *negotiatores* pouvaient être dénoncées au gouverneur, et il n'est pas sans exemple que ce magistrat ait remédié au mal par d'énergiques mesures ; mais la répression n'était pas pour lui sans danger, non seulement au temps où la justice était aux mains des chevaliers (1), et où ceux-ci vengeaient par la condamnation certaine du gouverneur les injures faites aux membres de leur ordre (2), mais surtout, d'une manière générale, parce que l'influence de l'aristocratie financière, formée par les chevaliers (3), et l'intervention des personnes lésées dans quelque procès de concussion étaient à craindre pour le gouverneur (4). Dans cette situation diffi-

---

norum. Nemo Gallorum sine cive Romano quidquam negotii gerit; nummus in Gallia nullus sine civium Romanorum tabulis commovetur. — Cet état de choses se perpétua sous l'empire (Tacit., *Ann.*, III, 40).

(1) Cic., *Accus. in Verr.*, III, 41, 94 : *Antea, quum equester ordo iudicaret* (123-80 av. J.-Chr.), *improbi et rapaces magistratus in provinciis inserviebant publicanis : ornabant eos, qui in operis erant ; quemcunque equitem Romanum in provincia viderant, beneficiis ac liberalitate prosequebantur.*

(2) L'exemple le plus connu est celui de Q. Mucius Scaevola, qui, après n'avoir cessé d'opposer une barrière, dans son excellente administration de l'Asie, aux fourberies des *publicani*, se vit condamner par les juges appartenant à l'ordre des *equites*. (Voy. Diodor., *Exc.*, p. 610, éd. Wess.; Vol. IV, p. 152, éd. Dind., et, sur l'ensemble du sujet, J. Marquardt, *Hist. eqq. Rom.*, pp. 28-36.)

(3) Appian., *Bell. civ.*, II, 13 ; — Cic., *Pr. Planc.*, IX. — Velleius, (II, 11), nous montre comment agissaient les *publicani*, en tant que parti politique : *Bellum deinde Iugurthinum gestum est per Q. Metellum.* — — *Huius legatus fuit C. Marius.* — — *Hic per publicanos aliosque in Africa negotiantes criminatus Metelli lentitudinem, trahentis iam in tertium annum bellum, et naturalem nobilitatis superbiam morandique in imperiis cupiditatem, effecit, ut —* — *consul crearetur.*

(4) La raison principale pour laquelle l'Asie tomba aux mains de Mithridate, consista dans les inhumaines oppressions des *publicani*. Plutarch., *Lucull.*, VII, 20 : Τὴν ἐπαρχίαν ἄρρητοι καὶ ἄπιστοι δυστυχίαι κατεῖχον, ὑπὸ τῶν τελωνῶν καὶ τῶν δανειστῶν πορθουμένην καὶ 'ἀνδραποδιζομένην, πιπράσκειν ἰδίᾳ μὲν υἱοὺς εὐπρεπεῖς, θυγατέρας τε παρθένους, δημοσίᾳ δ' ἀναθήματα, γραφάς, ἱεροὺς ἀνδριάντας ἀναγκαζομένων· αὐτοῖς τε τέλος μὲν ἦν προσθέτοις γενομένοις δουλεύειν. — En cherchant à porter remède à cette détresse, Lucullus s'attira la haine des *publicani*, qui s'opposèrent ensuite à lui de toutes manières à Rome.

cile(1), il fallait non seulement de la droiture, mais de l'énergie, pour ne pas sacrifier sans hésitation les intérêts de la province. L'exemple de Caton l'Ancien, s'opposant délibérément aux trafics usuraires des Romains en Sardaigne (2), n'a été que rarement suivi ; la conduite irrésolue de Cicéron en Cilicie ne fut pas beaucoup préférable au procédé ordinaire, par lequel les gouverneurs contractaient alliance avec les *publicani*, et, au lieu de réprimer leurs injustices, mettaient avec empressement à leur disposition, comme à celle des *negotiatores*, la force armée pour assurer la perception des sommes réclamées par eux. C'est ainsi que M. Iunius Brutus, le meurtrier de César, dont les vertus et la loyauté sont célèbres (3), avait prêté, sous un autre nom, à la ville de *Salamis* [ruines d'Hagios Sergis], dans l'île de Chypre, une somme d'argent, au taux de 48 0/0, alors que le taux légal en Cilicie était de 12 0/0. Le *negotiator* Scaptius, qui s'était occupé de cette affaire, ayant réclamé aux habitants de *Salamis*, sous le proconsulat d'Appius Claudius, le prédécesseur de Cicéron en Cilicie, 200 talents, au lieu de 106, par l'accumulation des intérêts, obtint de ce magistrat des cavaliers, dont il prit lui-même le commandement, et bloqua le sénat de *Salamis* dans la curie, jusqu'à ce que cinq sénateurs y fussent morts de faim. Lorsque Cicéron arriva en Cilicie en l'an 51, il enleva la préfecture à Scaptius, encore que Brutus eût insisté tout particulièrement pour qu'on la lui laissât; les Salaminiens s'offrirent à payer le capital, avec les intérêts à 12 0/0, et à en faire la consignation, puisque l'édit de Cicéron lui-même fixait à ce taux le maximum de l'inté-

---

(Voy. Drumann, *op. cit.*, t. IV, p. 140. — Voy. d'autres exemples dans J. Marquardt, *Hist. eqq. Rom.*, p. 20.)

(1) Cic., *Ad Q. fr.*, I, 1, 11, § 33 : *Illa causa publicanorum quantam acerbitatem afferat sociis, intelleximus ex civibus, qui nuper in portoriis Italiae tollendis non tam de portorio, quam de nonnullis iniuriis portitorum querebantur. Quare non ignoro, quid sociis accidat in ultimis terris, cum audierim in Italia querelas civium. Hic te ita versari, ut et publicanis satisfacias — et socios perire non sinas, divinae cuiusdam virtutis esse videtur.*

(2) Tit. Liv., XXXII, 7. 8. 27 ; — Plutarch., *Cato min.*, VI; — Nepos, *Cat.*, I.

(3) Voy. Drumann, *op. cit.*, t. IV, p. 41.

rêt exigible. Cicéron se trouvait dans la nécessité de donner raison aux Salaminiens ; mais il ne tenait pas à mécontenter Brutus. Aussi refusa-t-il d'accepter la consignation de l'argent déposé, et laissa-t-il l'affaire en suspens, permettant à Brutus d'espérer en l'avenir, c'est-à-dire en l'arrivée d'un gouverneur moins scrupuleux, peut-être prêt à la besogne qui répugnait à Cicéron. Tel était le degré de protection dont jouissaient les habitants de *Salamis*, sous une administration exemplaire comme celle de Cicéron (1).

La fin de la République marqua pour les provinces le début d'une ère plus heureuse, qui, sauf quelques interruptions (2), survécut à la période des Antonins. Déjà la concentration du pouvoir en une seule main avait mis fin à des exactions rendues insupportables par la foule de personnes, qui, parallèlement ou successivement, avec une cupidité toujours nouvelle, mettaient les provinces au pillage ; mais la modification la plus importante que reçut la condition de ces dernières est due au principe de la monarchie, qui consistait à effacer de plus en plus toute différence entre les citoyens romains, maîtres de l'Empire, et les provinciaux sujets, et, en assimilant toujours davantage ces deux éléments, à assurer aux habitants des provinces la protection des lois, des secours, en cas de nécessités extraordinaires (3), les bienfaits d'une administration

<small>Période impériale.</small>

---

(1) Voy., sur cette affaire, Savigny, *Ueber den Zinswucher des M. Brutus*, dans les *Abhandl. der Berliner Acad.*, 1818. 1819, pp. 179-188, et dans ses *Verm. Schr.*, t. I, pp. 386-406. — Le philosophe Sénèque fit plus tard de la même manière des marchés usuraires en Bretagne. (Dio Cass., LXII, 2.)

(2) Sur les rapines de Tibère dans les derniers temps de son règne, voy. Suétone, *Tib.*, XLIX ; — sur l'état des choses en Cilicie sous Domitien, voy. Philostr., *Vit. Apoll.*, VII, 23 ; — sur les voyages de Néron en Grèce, *eod.*, V, 7. — A cela venait s'ajouter cette circonstance que, sous les premiers empereurs, les provinces se ressentaient encore très fortement de l'épuisement dont la période républicaine les avait rendues victimes, et qu'elles continuaient à être toujours exploitées par les gouverneurs, autant que cela était en leur pouvoir. (Voy. la description dans Juvénal, VIII, 87-120.)

(3) Suet., *Oct.*, XLVII. — Sur les secours que la province d'Asie reçut d'Auguste, voy. Dio Cass., LIV, 30 ; — Dio Chrys., Vol. I, p. 604, éd. R. ; — sur *Tralles* [Aïdin-Güzelhissâr], voy. Agathias, *Hist.*, II, 17 ; — *C. I. Gr.*, n°ˢ 2923, 2927 ; — sur *Nysa* [ruines de Sultanhissâr], *C. I. Gr.*, n°ˢ 2943-2948 ; — sur *Paphos* [Bafa], Dio Cass., LIV, 23 ; — Letronne, *Analyse du*

régulière et souvent même des privilèges appréciables. Lorsqu'Auguste eut reçu, en 731 = 23, la puissance proconsulaire sur toutes les provinces (1), il y eut, de par la loi, une autorité qui, placée au-dessus des gouverneurs, limitait avec précision leurs attributions (2), connaissait des appels (3) et des griefs dirigés contre eux ; et les constitutions, par lesquelles Auguste réorganisa l'administration, aussi bien que la rigueur avec laquelle Tibère veilla à leur application (4), établirent dans les provinces un régime légal régulier. Les premiers siècles de l'Empire sont pour quelques pays la période florissante de leur histoire ; il a déjà été fait allusion, tout au moins en passant, à la richesse et au luxe des villes de Syrie, aux constructions grandioses édifiées par les empereurs dans cette province, à l'accroissement de la population en Égypte, à la prospérité matérielle, et même, à certains points de vue, littéraire de l'Espagne, de la Gaule et de l'Afrique (5).

Mesures prises par Auguste. Les réformes d'Auguste commencèrent en 727 = 27, avec le partage des provinces, par lequel il se réserva à lui-même l'administration des pays qui réclamaient une garnison militaire, attribuant au Sénat les régions entièrement pacifiées (6). Le premier groupe comprenait, suivant le témoignage de Dion Cassius, douze provinces : celles de *Tarraconensis, Lusitania, Narbonensis, Lugdunensis, Aquitania, Belgica, Germania superior, Germania inferior, Syria, Cilicia, Cyprus, Aegyptus ;*

---

recueil de M. Vidua, p. 32 ; — sur *Tarsus* [Tersûs], Dio Chrys., Vol. II, p. 36, éd. R. ; — sur les services rendus par Tibère aux provinces, Tacit., *Ann.*, II, 47 ; IV, 13.

(1) Dio Cass., LIII, 32.

(2) Ulpien, (L. 1, [*Quando appellandum sit*], D.. XLIX, 4), fournit, à cet égard, des renseignements circonstanciés, ainsi que la correspondance échangée entre Pline et Trajan.

(3) Suet., *Oct.*, XXXIII ; — Dig., L. 27, [fr. Modestin., *De re iudic.*], XLII, 1 ; — L. 33, [fr. Callistrat., *De re iudic.*], XLII, 1 ; — [*De appellationibus et relationibus*], XLIX, 1.

(4) Tacit., *Ann.*, IV, 6.

(5) M. Arnold, (*The Roman system of Provincial administration*, London, 1879, pp. 123 et suiv.), traite ce sujet à fond.

(6) Suet., *Octav.*, XLVII ; — Dio Cass., LIII, 12 ; — Strabo, XLVII, p. 840.

LE GOUVERNEUR ET SES AGENTS. 567

le second en comprenait dix: les provinces d'*Africa, Asia, Achaia, Illyricum* ou *Dalmatia, Macedonia, Sicilia, Creta* avec *Cyrene, Bithynia, Sardinia, Baetica*. Divers changements ont été, par la suite, apportés à ce partage (1); mais les provinces acquises après 727 = 27 tombèrent dans le lot de l'empereur (2). Dans les provinces du Sénat, les gouverneurs étaient, d'une manière générale, désignés suivant le mode ancien, c'est-à-dire par le sort (3), et pour un an (4), sauf les

<small>Provinces du Sénat.</small>

---

(1) Strabon, (*ubi supra*), compte non pas dix, mais douze provinces sénatoriales. Il parle de la période comprise entre les années 22—11 avant J.-Chr., au cours de laquelle la *Narbonensis* et *Cyprus* furent attribuées au Sénat.
(2) Dio Cass., LIII, 12.
(3) Suet., *Octav.*, XLVII; — Dio Cass., LIII, 13; — Spartian., *Sever.*, IV; — Tacit., *Ann.*, III, 58. Voilà pourquoi on distingue les gouverneurs impériaux, appelés αἱρετοί, des proconsuls, nommés κληρωσάμενοι. (Philostr., *Vit. Apoll.*, V, 36.) Sosius Priscus, *procos. Asiae* en 183-184, s'appelle encore *proconsul Asiae sortitus* (Orelli, n° 2761 [= *C. I. L.*, t. XIV, n° 3609]); et, en 217, il est encore question, relativement à l'Asie, de ἡ τοῦ κλήρου τάξις, et on trouve, à la même époque, un *procos. Africae*, τὴν Ἀφρικὴν κατακληρωσάμενος, mentionné dans Dio Cass., LXXVIII, 22; mais, ensuite, Lampride, (*Alex. Sever.*, XXIII), dit: *Provincias proconsulares ex senatus voluntate ordinavit* (*Alex. Severus*), et, après Alexandre Sévère (222—235), l'ancienne méthode qui présidait au choix pour les provinces du Sénat paraît prendre fin. (Voy. M. Waddington, *Fastes des provinces asiatiques*, t. I, Paris, 1872 (je cite la 8° éd.), p. 263.) — Aussi lit-on dans Capitolinus, (*Gord. tres*, II): *Ipse post consulatum, quem egerat cum Alexandro, ad proconsulatum Africae missus est ex senatus consulto*. Et il en est toujours ainsi depuis lors. (Voy. Borghesi, *Œuvres*, t. V, p. 469.)
(4) Apuleius prononça sa *declamatio*, intitulée *Florida*, devant le Proconsul Africae de l'an 163, Scipio Orfitus (voy. *Flor.*, c. XVII), et il dit, (c. IX): *Nullo nisi tuo anno ad coercenda peccata plus pudor quam timor valuit*. Et plus loin: *Quid nobis cum istis proconsulum vicibus, quid cum annis brevibus et festinantibus mensibus?* — Suet., *Oct.*, XLVII; — Dio Cass., LIII, 13; — Tacit., *Ann.*, III, 58; *Hist.*, III, 46. — La prescription de Pescennius Niger (Spartian, *Pesc. Nig.*, VII), *ut nulli ante quinquennium succederetur provinciae praesidi*, ne resta pas en vigueur. — Cyprianus, (*Ep.* XV *ad Moysen et Maximum presb.*), écrit encore en 253: *Eant nunc magistratus et consules sive proconsules annuae dignitatis insignibus et duodecim fascibus glorientur*. Néanmoins, on rencontre de fréquents exemples de ce fait que même des proconsuls restent en fonction plusieurs années, ainsi que nous l'attestent les inscriptions et les monnaies de la province, qui nous montrent le gouverneur éponyme (*C. I. Gr.*, n°s 2965. 2963c. 2966. 2993. 3146. 3170. 3179. 3180. 3211, et nombre d'autres), et où l'on voit indiquées les années de son administration, par exemple: ἐπὶ ἀνθυπάτου τὸ β' Ἐγνατίου Λολλιανοῦ (*C. I. Gr.*, n° 2870. Cf. n°s 2570. 2562. 3516. 3517. — Voy. Eckhel, *Doct. Num.*, t. IV, pp. 147; 229-232; — MM. Zumpt, *Comment. epigr.*, t. II, p. 111; — Mom-

modifications suivantes : quoique maintenue, la distinction entre les provinces consulaires et les provinces prétoriennes, étant donné que la raison qui, sous la République, faisait envoyer des proconsuls dans les provinces, c'est-à-dire un grand commandement militaire, avait disparu sous l'empire, dans les provinces du Sénat, se réduisit à ceci, que deux provinces seulement, celles d'*Asia* et d'*Africa*, furent toujours consulaires, tandis que toutes les autres étaient prétoriennes (1), et cette distinction se conserva jusqu'à Constantin-le-Grand (2). L'entrée en fonctions avait lieu, sous Auguste, suivant la loi *Pompeia*, c'est-à-dire cinq ans après l'exercice du consulat ou de la préture (3), et en se conformant à l'ancienneté (4). Les deux plus anciens consulaires tiraient d'abord au sort les provinces consulaires ; puis, les préteurs les plus anciens en faisaient autant pour les provinces prétoriennes, à moins que l'empereur, qui approuvait la liste et fixait, suivant les besoins du service, le nombre des candidats à nommer (5), ne les eût exclus du tirage, soit qu'il leur réservât d'autres fonctions, soit qu'il les

Entrée en fonctions.

---

msen, *Res gestae Divi Aug.*, pp. 112. 127-129 [= dans la nouv. éd., Berol., 1883, pp. 162, III. 179-182]). Eprius Marcellus fut *proconsul Asiae* de 70 à 73, par conséquent trois ans (Henzen, n° 5425 [=*C. I. L.*, t. X, 1, n° 3853] ; — Waddington, *Fastes*, n° 96) ; — M. Silanus *proconsul Africae*, de 32—37, par conséquent six ans (Borghesi, *Œuvres*, t. V, p. 217) ; — P. Petronius *proconsul Asiae*, de 29—35, également six ans (Waddington, *Fastes*, n° 76). Dio Cassius, (LVIII, 23), dit, d'une manière générale, des dernières années, de Tibère : τοσοῦτον γὰρ πλῆθος τῶν τε ἄλλων καὶ τῶν βουλευτῶν ἀπώλετο, ὥστε τοὺς ἄρχοντας τοὺς κληρωτούς, τοὺς μὲν ἐστρατηγηκότας ἐπὶ τρία, τοὺς δ' ὑπατευκότας ἐπὶ ἓξ ἔτη τὰς ἡγεμονίας τῶν ἐθνῶν ἀπορίᾳ τῶν διαδεξομένων σχεῖν. En dépit de ces exceptions, les fonctions des proconsuls et des propréteurs demeurèrent encore légalement annuelles jusqu'à l'époque postérieure au règne de Constantin. (Voy. Gothofr., *Notit. Dignit. Cod. Theod.*, f° 22 et suiv. 23b ; — Boecking, *Ad Notit. Dignit.*, t. II, p. 419.)

(1) Strabo, XVII, p. 840 ; — Dio Cass., LIII, 13.
(2) Voy. Borghesi, *Œuvres*, t. V, p. 449.
(3) Dio Cass., LIII, 14 ; — Suet., *Oct.*, XXXVI. — Voy. Borghesi, *Œuvres*, t. I, p. 309 ; t. III, p. 185.
(4) Voy. Gronov., *Ad Tacit. Ann.*, III, 58 ; *ibid.*, 71 : *Ita Asiae sors in eum, qui Consularium Maluginensi proximus erat, conlata*. Cet état de choses cessa pareillement sous Alexandre Sévère. (Voy. Borghesi, *Œuvres*, t. V, p. 469.)
(5) Dio Cass., LIII, 14 : ἰσαρίθμους τε γὰρ τοῖς ἔθνεσι, καὶ οὓς ἂν ἐθελήσῃ, κληροῦσθαι κελεύει.

LE GOUVERNEUR ET SES AGENTS.   569

tint pour indignes (1). Même après la mort d'Auguste, la loi *Pompeia* demeura en vigueur, en ce sens que le laps de cinq ans resta le minimum légal de l'intervalle entre les fonctions urbaines et celles de gouverneur ; mais, en fait, dès Tibère, il avait été porté, aussi bien pour les *praetorii* (2) que pour les *consulares* (3), à dix ans et davantage, ordinairement à treize

---

(1) Tacit., *Ann.*, VI, 27. 40.

(2) Septime Sévère, qui devint par la suite empereur, fut *praetor* en 178, *propraetor* avec le titre de *proconsul* de Sicile en 189. (Voy. Borghesi, *Œuvres*, t. III, pp. 191. 192.)

(3) Bien que les excellentes études de M. Waddington ne soient que partiellement publiées, elles n'en ont pas moins mis dès maintenant ce point en plein jour d'une manière complète pour les *proconsulés Asiae*. On y trouve les dates suivantes, établies d'une manière absolument certaine :

M. Iunius Silanus, Cos. 729 = 25, *procos. Asiae* 740 = 14.
Cn. Cornelius Lentulus Augur, Cos. 740 = 14, *procos. Asiae* 753 — 754.
C. Iunius Silanus, Cos. 10 apr. J.-Chr., *procos. Asiae* 20-21.
M. Aemilius Lepidus, Cos. 6, *procos. Asiae* 21-22.
C. Fonteius Capito, Cos. 12, *procos. Asiae* 23-24.
M'. Aemilius Lepidus, Cos. 11, *procos. Asiae* 26-27.
P. Petronius, Cos. 19, *procos. Asiae* 29-35.
C. Calpurnius Aviola, Cos. 24, *procos. Asiae* 38-39.
C. Cassius Longinus, Cos. 30, *procos. Asiae* 40-41.
M. Iunius Silanus, Cos. 46, *procos. Asiae* 54.
L. Salvius Otho, Cos. 52, *procos. Asiae* 62-63.
L. Antistius Vetus, Cos. 55, *procos. Asiae* 64-65.
M'. Acilius Aviola, Cos. 54, *procos. Asiae* 65-66.
M. Ulpius Traianus, Cos. 70 ou 71, *procos. Asiae* 79-80.
Ti. Iulius Ferox, Cos. 99, *procos. Asiae* 116-117.
Cornelius Priscus, Cos. 103, *procos. Asiae* 120-1 21.
C. Minicius Fundanus, Cos. 107, *procos. Asiae* 124-125.
L. Venuleius Apronianus, Cos. 123, *procos. Asiae* 138-139.
T. Statius Quadratus, Cos. 142, *procos. Asiae* 154-155.
Pedo Apronianus, Cos. 191, *procos. Asiae* 204-205.
Q. Anicius Faustus, Cos. 198, *procos. Asiae* 217-218.

Parmi les *proconsules Africae*, les exemples suivants peuvent suffire :

L. Passienus Rufus, Cos. 750, *procos. Africae* 756 = 3. (Voy. Borghesi, *Œuvres*, t. V, p. 159.)

Cornelius Lentulus Cossus, Cos. 753, *procos. Africae* 759. (Voy. M. Waddington, *Fastes*, p. 105.)

M. Iunius Silanus, Cos. 19 apr. J.-Chr., *procos. Africae* 34-37. (Voy. Borghesi, *Œuvres*, t. V, p. 216.)

L. Calpurnius Piso, Cos. 27 (Tacit., *Ann.*, IV, 62), *procos. Africae* 40 (Dio Cass., LIX, 20).

A. Caecilius Faustinus, Cos. 99, *procos. Africae* 116-117. (Voy. M. Waddington, *Fastes*, p. 187.)

Scipio Orfitus, Cos. 149, *procos. Africae* 163.

ans (1). Prenaient part au tirage non seulement les anciens *consules ordinarii*, mais aussi les *suffecti*, non seulement les anciens préteurs (*praetura functi*) (2), mais tous les *praetorii* (3), par conséquent aussi les *allecti inter praetorios* (4), et, puisqu'il pouvait arriver alors qu'un *praetorius* parvînt au consulat, avant que le sort fût venu jusqu'à lui, il était possible qu'après son consulat, il reçût une province prétorienne, avant d'en recevoir une consulaire (5). D'autre part, le Sénat, prenant en considération le *ius liberorum* (6), ou certaines raisons particulières, par exemple la connaissance que tel candidat pouvait avoir d'une province (7), ou sa capacité exceptionnelle, opérait parfois une désignation *extra ordinem* (8) ; quelquefois aussi, l'empereur prenait momentanément une province du Sénat (9), sans que la situation juridique de cette dernière fût en conséquence modi-

---

Serius Augurinus, Cos. 156, *procos. Africae* 169-170. — (Voy., sur ces deux derniers, M. Waddington, *op. cit.*, p. 231.)

Après Alexandre Sévère, ces longs intervalles cessent également pour l'Afrique : Cassius Dio, Cos. 291, fut *procos. Africae* en 295 ; — Annius Anulinus, Cos. 295, devint *procos. Africae* en 302. — Voy. Morcelli, *Africa Christ.*, t. II, pp. 175. 181 ; — Borghesi, *Œuvres*, t. V, p. 449.

(1) Voy. Borghesi, *Œuvres*, t. IV, p. 535 ; t. V, p. 143.

(2) Tacit., *Ann.*, 11, 33. 67 ; III, 31. 65 ; IV, 68 ; V, 8 ; VI, 7. 38 ; XIII, 29 ; XIV, 12.

(3) Tacit., *Ann.*, II, 47 ; III, 28 ; VI, 3. 9. 18. 48 ; XIV, 40.

(4) Orelli, n° 3659 [= *C. I. L.*, t. XIV, n° 2925].

(5) Voy. Borghesi, *Œuvres*, t. IV, pp. 145 et suiv. — Les exemples sont : C. Iulius Cornutus Tertullus, *allectus inter praetorios a divis Vespasiano et Tito censoribus* (ann. 71-74), Consul *ann.* 100, puis *proconsul prov. Narbonensis*, enfin *proconsul Asiae* (Orelli, n° 3659 [= *C. I. L.*, t. XIV, n° 2925]) ; en outre, A. Iulius Quadratus, qui commença par devenir, après le consulat, *proconsul* de la *provincia* de Crète et Cyrène, laquelle était une province prétorienne (*C. I. Gr.*, n° 3532).

(6) Dio Cass., LIII, 13 ; — Fronto, *Ep. ad Antoninum Pium*, VIII.

(7) On trouve nombre d'exemples de ce fait que des proconsuls reçurent comme provinces celles où ils avaient été antérieurement *legati*. De la sorte, ils acquéraient une *familiaritas* et une *coniunctio* avec la province, qui leur servaient de titres à recommandation. (L. 4, § 3, [fr. Ulpian., *De offic. procons. et leg.*], D., I, 16. — Voy. *C. I. Gr.*, n° 3548.) Sévère fut *legatus* en Afrique, puis *proconsul* (Spartian., *Sev.*, II). — Voy. un plus grand nombre d'exemples dans Marini, *Atti*, t. II, p. 737.

(8) Suet., *Galb.*, VII : *Africam proconsule biennio obtinuit, extra sortem electus ad ordinandam provinciam, et intestina dissensione et barbarorum tumultu inquietam.*

(9) Dio Cass., LIII, 14 ; LIV, 30 ; LV, 28 ; — Tacit., *Ann.*, I, 76.

LE GOUVERNEUR ET SES AGENTS. 571

fiée pour l'avenir (1). Tous les gouverneurs des provinces du Sénat portent également le titre de *proconsul*; la seule différence de rang qui existe entre eux, c'est que les *proconsules Asiae et Africae* ont douze licteurs, les autres seulement six (2); ils n'ont pas le pouvoir militaire; aussi partent-ils revêtus de la *toga*, et non plus, comme au temps de la République, du *paludamentum* et *cum gladio* (3); ils n'ont à leur disposition que des forces restreintes, suffisantes seulement pour maintenir l'ordre dans la province (4); même la légion que le proconsul d'Afrique commandait sous Auguste, fut, peu après, placée sous les ordres du *legatus* de Numidie (5), ce qui permet à Tacite d'appeler toutes les provinces proconsulaires *iurisdictiones*, en opposition avec les provinces impériales, administrées militairement (6). Le personnel administratif resta le même; mais on trouve, à côté de lui, dans toutes les provinces du Sénat, préposés à l'administration des impôts à payer au fisc et des domaines impériaux, des *procuratores*, dont il sera spécialement question plus loin.

Les provinces impériales, dont le nombre se tripla jus- Provinces impériales.

---

(1) L. 123, [§ 1, fr. Ulpian., *De div. reg. iur. ant.*], D., L, 17: *Temporaria permutatio ius provinciae non innovat*.
(2) Dio Cass., LIII, 13, et, sur les *fasces*, Spanheim, *De pr. et usu Num. diss.* X, Vol. II, pp. 106. 114; — M. Mommsen: dans le *Bullett.*, 1852, p. 175; — *Epigr. Anal.*, 1852, p. 226. Au sujet du titre, nous avons donné des exemples dans notre exposé statistique. A la place du terme grec ἀνθύπατος, on trouve aussi des désignations inexactes, comme σατράπης (Philostr. *Vit.*, *Soph.*, I, 22; — voy. Schoenemann, *Ad. Plut. Agin.*, p. 101); ἄρχων (Philostr., *Vit. Apoll.*, VII, 10; — voy. Letronne, *Recherches*, p. 266); ἡγεμών (Aristides, Vol. I, p. 532, éd. Dind.); ὕπατος (*C. I. Gr.*, n° 1325).
(3) Dio Cass., LIII, 13.
(4) Des troupes, en effet, étaient stationnées même dans les provinces du Sénat, par exemple en Sicile sur l'*Eryx* [monte San Giuliano] (*C. I. Gr.*, n°⁸ 5501. 5598), en Bithynie (voy. p. 270, *supra*). Il est pareillement fait mention de soldats en Asie (*C. I. Gr.*, n°⁸ 3898. 3902ᵉ. 3902ˢ. 3002τ. 3932. 3965), bien que les dernières inscriptions citées doivent peut-être être entendues comme parlant d'indigènes de la province, qui avaient servi dans l'armée. (Voy. MM. Jung, dans la *Zeitschr. f. d. Oestreichischen Gymnasien*, 1874, p. 677; — R. Cagnat, *De municipalibus et provincialibus militiis in imperio Romano*, Lutetiae Parisiorum, 1880, in-8.)
(5) Tacit., *Hist.*, IV, 17.
(6) Tacit., *Ann.*, I, 80, *ibiq.* Ernesti.

qu'au règne de Trajan, étaient administrées par l'Empereur lui-même, représenté par des lieutenants, et se divisaient, suivant le rang de ces derniers, en trois classes (1). Les plus grandes et les plus importantes, sur le territoire desquelles stationnait une armée, avaient à leur tête des *legati Augusti pro praetore*, πρεσβευταί καὶ ἀντιστράτηγοι τοῦ Σεβαστοῦ (2), qui, comme les proconsuls de l'époque impériale, étaient les uns *consulares*, les autres *praetorii* (3). Les provinces où se trouvaient plusieurs légions avaient généralement des *legati* de la première espèce, que l'on appelle aussi en toutes lettres *legati*

Legati Aug. pr. pr.

consulares,

---

(1) Strabo, XVII, p. 840 : τὰς δὲ ἄλλας ἐπαρχίας ἔχει Καῖσαρ· ὧν εἰς ἃς μὲν πέμπει τοὺς ἐπιμελησομένους ὑπατικοὺς ἄνδρας, εἰς ἃς δὲ στρατηγικούς, εἰς ἃς δὲ καὶ ἱππικούς.

(2) Le titre est *legatus Augusti pr. pr. Moesiae inferioris* (Grut., f° 49, n° 6 [= *C. I. L.*, t. XIV, n° 3554]), en grec πρεσβευτὴς Σεβαστοῦ ἀντιστράτηγος (Waddington, nᵒˢ 2296. 2525. 2074. 2399), ou πρεσβευτὴς καὶ ἀντιστράτηγος Σεβαστοῦ (Grut., f° 69, n° 8 [= *C. I. Gr.*, n° 5977, et *C. I. L.*, ad n. 3554 *in fine*]). Voy. une collection d'exemples relatifs à ces titres dans Marini, (*Arvali*, [t. II], p. 739) ; — Labus, (*Ara antica scoperta in Hainburgo*, Milano, 1820, in-4, pp. 31 et suiv.) ; — Borghesi, (*Œuvres*, t. III, p. 68) ; — Boeckh, (*C. I. Gr.*, n° 364, et *ad n.* 3548). — Le titre est aussi conçu de la manière suivante : *legatus Caesaris, legatus Augusti, legatus pr. pr. Augusti.* (Voy. Marini, *op. et loc. sup. citt.*, p. 742.) Mais il est très rare de trouver la forme *legatus pr. pr.* sans l'addition du nom de l'empereur, car ce titre appartient aux légats des proconsuls. Par contre, l'addition *pro praetore* peut faire défaut dans la désignation de l'une et de l'autre de ces deux sortes de *legati* (L. 1, fr. Macer, [*De offic. praes.*], D., I, 18 : *Praesidis nomen generale est, eoque et proconsules et legati Caesaris — appellantur* ; — *Ibid.*, L. 20, [fr. Papinian. — Sur ces deux LL. 1 et 20, *De officio Praesidis*, voy. le *Bullett. dell' Ist. di dir. rom.*, t. I, Roma, 1888, pp. 97 et suiv.] ; — L. 7, [fr. Gaius, *De manum. vind.*], D., XL, 2] ; et, de même, les mots *Caesaris* ou *Augusti* sont omis dans les documents juridiques, lorsque le nom de la province est indiqué, et qu'ainsi tout malentendu se trouve écarté. (*Coll. leg. Mos. et Rom.*, XV, 2 : *Exstat denique decretum divi Pii ad Pacatum, legatum provinciae Lugdunensis* ; — L. 7, [fr. Tryphon., *De leg. praest. contr. tab. bon. poss. petita*], D., XXXVII, 5 : *ad Tuscium Fuscianum, Numidiae legatum* ; — *Fr. Vatic.*, § 223.) — Il en est de même dans les inscriptions (Marini, *Arvali*, [t. II], p. 750, n° 109), et sur les monnaies (voy. Eckhel, t. IV, p. 233). — [Sur les *legati*, voy. M. W. Liebenam, *Forschungen zur Verwaltungsgeschichte des röm. Kaiserreichs*, I Bd., *Die legaten in den römischen Provinzen von Augustus bis Diocletian*, Leipzig, 1888, in-8.]

(3) Strabon, (III, p. 166), et Suétone, (*Tib.*, XLI ; *Vesp.*, VIII), disent expressément que certaines provinces ont toujours des *legati consulares*, tandis que d'autres ont toujours des *legati praetorii*.

LE GOUVERNEUR ET SES AGENTS. 573

consulares (1) ou *consulares* (2), ὑπατικοί (3). En effet, le titre commun aux deux classes de *legatus Augusti pro praetore* ne permettant pas de reconnaître le rang, les *legati* qui avaient exercé le consulat ou même obtenu seulement de l'empereur *per codicillos* le rang consulaire, joignaient à ce titre celui de *vir consularis*, qui les désignait dans la vie ordinaire, et ce dernier remplaçait l'appellation complète de *legatus Augusti pro praetore, vir consularis*. Le titre de *Consularis* doit donc, au deuxième siècle, être entendu dans un sens restreint, et il désigne un gouverneur qui n'a reçu le commandement qu'après avoir été consul ; mais il perdit peu à peu sa signification primitive, et, au quatrième siècle, il devint la dénomination officielle d'une classe déterminée de gouverneurs de province qui n'avaient jamais été consuls (4). Au contraire, les provinces, où une seule légion était suffisante, reçurent des *legati praetorii* (5), πρεσβευταὶ στρατηγικοί (6) ; en effet, si les historiens appellent quelquefois du nom de *propraetores* ou de *praetores* les *legati* impériaux, consulaires ou prétoriens, il y a là une négligence qui ne doit pas nous donner le change (7),

---

(1) Tacit., *Hist.*, I, 56 ; II, 86 ; — Suet., *Tib.*, XLI ; *Calig.*, XIV ; *Claud.*, XXIV ; *Vesp.*, IV. VI ; — Capitolin., *Gord. tres*, VIII ; — Orelli, n° 3666 [*ibiq.* Henzen, t. III, p. 386, *ad h. n.*]. On trouve aussi *legatus consulari potestate* (Orelli, n° 1172 [= *C. I. L.*, t. V, 2, n° 5262]). — [Sur les *consulares*, voy. M. G. Humbert, dans le *Dictionn. des Antiq. grecq. et rom.*, de MM. Ch. Daremberg et Edm. Saglio, 10° fascic., Paris, 1886, V° *Consularis*, t. I, pp. 1482 et suiv.]
(2) *Consularis Britanniae* (Henzen, n° 6701 [= *C. I. L.*, t. VII, n° 1003]) ; — *consularis trium Daciarum* (*C. I. L.*, t. III, [1], n°s 1092. 1174. 1178. 1393).
(3) Waddington, n°s 2237. 2308. 2213. 2212. — Ces titres brefs se rencontrent d'une façon extrêmement fréquente dans les désignations des fonctionnaires militaires, par exemple *beneficiarius consularis* (*C. I. L.*, t. III, [1], n°s 823. 826. 827. 1906. 1909. 1910, et nombre d'autres ; — Henzen, *Index*, [t. III], p. 143), βοηθὸς κορνικουλαρίων ὑπατικοῦ (Waddington, n° 2700).
(4) Voy., à cet égard : Vales., *Ad Euseb. H. E.*, IV, 2—6 ; — Waddington, sur les n°s 1950. 2212. 2309. 2602 ; — Borghesi, dans les *Annali*, 1856, p. 51 ; — M. Mommsen, *Epigr. Analekten*, n° 20, dans les *Berichte der sächs. Ges. der Wiss., Phil. hist. Classe*, 1852, p. 225, et dans le *Bullettino*, 1852, p. 171 ; — Kuhn, [*Die städt. und bürg. Verf.*], t. I, pp. 192 et suiv.
(5) Tacit., *Agric.*, VII ; — Spartian, *Hadr.*, III ; — Lamprid., *Al. Sev.*, XXIV ; — Plin., *Nat. hist.*, XXVI, 4.
(6) Strabo, III, p. 166.
(7) L'expression de Dion Cassius, (LIII, 13) : τοὺς δὲ ἑτέρους ὑπό τε ἑαυτοῦ

mais qui s'explique parce que les désignations des provinces, suivant leur administration, ont reçu, depuis les réformes d'Auguste, un sens tout différent de celui qu'elles avaient eu sous la République ; car, depuis lors, on entend par provinces consulaires et prétoriennes les provinces impériales, tandis que celles du Sénat sont appelées proconsulaires (1).

Les *legati* impériaux étaient nommés par l'empereur lui-même (2) et demeuraient en fonctions aussi longtemps qu'il lui plaisait (3), sans qu'il y eût pour eux une durée fixe ; ils avaient le *ius gladii* (4) ; tous, sans distinction, avaient cinq *fasces*; et c'est pourquoi les *legati* prétoriens, lorsqu'ils portent un titre abrégé, se nomment *quinquefascales* (5) ; ils avaient sous leurs ordres autant de *legati* inférieurs qu'ils commandaient

<small>Quinquefascales.</small>

αἱρεῖσθαι καὶ πρεσβευτὰς αὐτοῦ ἀντιστρατήγους τε ὀνομάζεσθαι — διέταξε, qui se rapporte au titre grec πρεσβευτὴς καὶ ἀντιστράτηγος, dans lequel le mot καὶ est régulier, comme dans ταμίας καὶ ἀντιστράτηγος, *quaestor pro pr.*, a été dans ce passage faussement entendue comme impliquant que le terme *propraetor* aurait été le titre habituel des gouverneurs impériaux (voy. Lipsius, *Ad Tacit. Ann. 1 exc. M.*, et encore Höck, *Röm. Gesch.*, t. I, 2, p. 188). Les inscriptions dans lesquelles on trouve *propraetor*, au lieu de *leg. Aug. pr. pr.*, sont fausses ou mal lues (voy. Marini, *Atti*, t. II, p. 741) ; seulement, les écrivains se permettent ici, comme pour tous les titres, des inexactitudes. C'est ainsi que Tacite, (*Ann.*, I, 74), nomme aussi le proconsul de Bithynie *praetor*, et, (*Ann.*, II, 66), le *leg. pr. pr. Moesiae propraetor* ; de même que, (IV, 73), le *leg. Aug. Germ. inf.* Cette impropriété de termes se rencontre déjà au temps de la République (Tit. Liv., XXII, 8, passage dans lequel le légat C. Centenius envoyé par le Consul s'appelle *propraetor*, au lieu de *leg. pr. pr.*). — Voy. Alschefski, sur les passages suivants : X, 25 : *praepositoque castris L. Scipione pro praetore* ; — XXIX, 6 : *Q. Pleminio propraetori*. Que ce dernier fût *legatus*, c'est ce qui est dit expressément XXIX, 8. — Voy. Marini, *Arvali*, [t. II], p. 759.

(1) Capitolin., *M. Anton. phil.*, XXII : *Provincias ex proconsularibus consulares aut ex consularibus proconsulares aut praetorias pro belli necessitate fecit.*

(2) Dio Cass., LIII, 13. — C'est pourquoi Tacite, (*Ann.* II, 43), distingue *qui sorte aut missu provincias tenerent.*

(3) Dio Cass., LIII, 13 ; — Tacit. *Ann.*, I, 80 ; — Spartian., *Anton. Pi.* V ; — Appian., *De r. Hisp.*, CII.

(4) Dio, *ubi supra*.

(5) Dio, LIII, 13 : ῥαβδούχαις δὲ δὴ πέντε πάντες ὁμοίως οἱ ἀντιστράτηγοι χρῶνται, καὶ ὅσοι γε οὐκ ἐκ τῶν ὑπατευκότων εἰσί, καὶ ὀνομάζονται ἐπ' αὐτοῦ τοῦ ἀριθμοῦ τούτου. Le Venetus et le Mediceus donnent le nombre πέντε, et ce n'est que depuis Xylander qu'il a été changé en ἕξ, parce que l'on ne comprenait pas la chose. Le premier, M. Mommsen l'a tirée au clair, (*Epigr. Anal.*, n° 20, dans les *Berichte der sächs. Gesellsch. der Wiss., Ph. hist. Cl.*, 1852, p. 227).

de légions (1). Les divers *legati*, dont nous avons parlé jusqu'ici, et qui ne peuvent être distingués avec certitude que par l'indication complète de leurs titres, se divisent donc en quatre classes, savoir deux classes de gouverneurs proprement dits: *legati Augusti pro praetore, viri consulares legati; Augusti pr. pr., viri praetorii*; et deux classes de commandants subalternes : les *legati pro praetore*, qui fonctionnent dans les provinces du Sénat comme auxiliaires des proconsuls et portent, en grec, non seulement le nom de πρεσβευταί (2), mais encore celui de παρεδρεύοντες (*assessores*) (3), parce que leurs attributions avaient trait exclusivement à la justice et à l'administration; et les *legati legionum* (4), qui, dans les provinces impériales, n'ont que le commandement d'une légion. Ces derniers, dont il nous reste à parler ici, tout en étant toujours, depuis Auguste, de rang sénatorial, prenaient ordinairement leurs

Quatre classes de *legati*.

— [Voy. aussi, sur ce point, Zumpt, *Studia Rom.*, pp. 110 et suiv.] — *Bullettino*, 1852, pp. 172 et suiv.), et cela, en prenant pour base les données suivantes. Dans l'inscription de Torigny, (*Anal. epigr.*, n° 22, *op. et loc. sup. citt.*, p. 242), on voit citer une lettre d'Aedinus Iulianus, *leg. Aug. prov. Lugdunensis*, laquelle commence par ces mots : *In provincia Lugdunense quinquefascalis cum agerem, plerosque bonos viros perspexi*. Il se nomme donc tout court *quinquefascalis* en tant que légat prétorien. Pareillement, des *legati* extraordinaires de l'empereur ont 5 *fasces*. (Dio Cass., LVII, 17: ταῖς τε ἐν τῇ Ἀσίᾳ πόλεσι ταῖς ὑπὸ τοῦ σεισμοῦ κακωθείσαις ἀνὴρ ἐστρατηγηκὼς σὺν πέντε ῥαβδούχοις προςετάχθη. — Tacit., *Ann.*, II, 47 ; — de même aussi Ti. Severus, πρὸς πέντε ῥάβδους πεμφθεὶς εἰς Βειθυνίαν διορθωτής. *C. I. Gr.* n°s 4033. 4034. — Comp., ci-dessus, p. 23 et suiv.) — Par la suite, Borghesi, (*Œuvres*, t. V p. 412), et Henzen, (sur le n° 6509 [= *C. I. L.*, t. VIII, 1, n° 8324]), ont traité cette question, en approuvant les conclusions de M. Mommsen, et ce dernier auteur lui-même est encore revenu sur elle (voy. *Hermes*, t. III, p. 98; — *Staatsrecht*, t. I, [2¹⁰ Aufl.]., p. 369 [et non p. 308, comme l'indique Marquardt, p. 550, note 5; — voy. aussi p. 372, note 2; M. P. F. Girard n'a pas encore fait paraître la trad. franç. de cette partie du t. I, dont une 3ᵉ éd. a été publiée à Leipzig en 1887] ; — *Ephem. epigr.*, 1872, p. 128). Le plus récent éditeur de Dion Cassius, M. L. Dindorf (1864), n'a tenu aucun compte de tout cela. — [Sur la désignation de *quinquefascales*, voy. encore *C. I. L.*, t. VIII, 1, n° 7044.]

(1) Le *legatus praetorius* de la *Lusitania* avait un *legatus* ; le *legatus consularis* de la *Tarraconensis*, trois légions et trois *legati*. (Voy. Strabo, III, p. 166.)

(2) *C. I. Gr.*, n° 3548. — Voy. Curtius, dans le *Rhein. Museum*, 1842, p. 105, n. 5.

(3) Dio Cass., LIII, 14; LX, 25 ; LXXII, 5.

(4) Tacit., *Ann.*, II, 36; IV, 73; XIV, 32 ; XV, 7 ; — Suet., *Tib.*, XIX; *Vesp.*, IV; *Oct.*, XXIII; — Veget., II, 9 ; — *Fr. Vatic.*, § 222.

fonctions avant la préture (1), tandis que, plus tard, ils ne les reçoivent qu'après la préture (2) et deviennent alors, dans cette dernière période, capables d'administrer eux-mêmes une province. En pareil cas, ils combinent le second et le quatrième titres et se nomment *legatus Augusti pr. pr. legionis*, ce qui arrivait notamment, nous l'avons vu (voy., ci-dessus, pp. 456 et suiv.), pour le gouverneur de Numidie. Il est plus difficile de se prononcer sur une cinquième variété de *legati*, qui se rencontre, depuis Hadrien et surtout depuis les Antonins, dans diverses provinces, les *legati iuridici* (3). Le

Iuridici.

---

(1) Voy. Borghesi, *Œuvres*, t. V, p. 474. — Tacit., *Ann.*, II, 36; *Agric.*, VII.

(2) Orelli, n° 3382 [= *C. I. L.*, t. XI, 1, n° 3748]. — Voy. Borghesi, *Œuvres*, t. V, p. 93, *ibiq.* M. Mommsen, note 2.

(3) Sur ces *iuridici*, voy. Borghesi, *Œuvres*, t. II, p. 404; t. V, pp. 70. 362; t. VIII, pp. 428 et suiv.; — Henzen, n° 6487; — Zumpt, *Comment. epigr.*, t. II, p. 40 ; *Stud. Rom.*, pp. 446 et suiv. ; — M. Mommsen, *Staatsrecht*, t. I, 2te Aufl., pp. 223 et suiv. [= dans la trad. franç. de M. P. F. Girard, t. I du *Manuel*, pp. 263 et suiv.]. On trouve :

C. Octavius — Iavolenus Priscus *iurid. prov. Britanniae* (*C. I. L.*, t. III, [1], n° 2864, et [2], f° 1062).

M. Crescens Calpurnianus, *iurid(icus) Brit(anniae) vice leg(ati)* (*C. I. L.*, t. VI, [1], n° 1336).

M. Vettius Valens, *iurid. prov. Britan.* (Henzen, n° 6488 [= *C. I. L.*, t. XI, 1, n° 383]).

C. Sabucius Maior Caecilianus, *leg. iurid. prov. Britanniae* (Henzen, n° 7420 = *C. I. L.*, t. VI, [1], n° 1509).

Allius Maximus, *v. c. leg. iur. prov. Hisp. Tarraconensis* en l'an 280 (*C. I. L.* t. II, n° 3738).

M. Caecilius Novatillianus, *v. c. leg. iur.* (*Hisp. Tarr.*) (*C. I. L.*, t. II, n° 4113).

Le même personnage porte le titre de *iuridicus Hispan. cit.* dans l'inscription rapportée sous le n° 1420 des *I. R. N.* de M. Mommsen [= *C. I. L.*, t. IX, n° 1572].

T. Iulius Maximus, *(leg.) iuridicus Hisp. citerior. Tarraconensis* (Borghesi, *Œuvres*, t. IV, p. 214).

(Sans nom) *iuridicus Hispaniae citerioris* (Inscription de la *Mauretania Sitifensis*, dans le *Recueil de la Société archéologique de Constantine*, 1874, p. 373, n°8 [= *C. I. L.*, t. VIII, 2, n° 8421]).

Triarius Ma(gnus), *leg. iur. v. c.* (*Asturiae et Gallaeciae*) (*C. I. L.*, t. II, n° 2415).

Sex. Pedius Hirrutus, *leg. Aug. iurid. Asturiae et Gallaeciae* (Henzen, n° 6498 [= *C. I. L.*, t. XIV, n° 3599]).

P. Ranius Optatus, — *v. c. leg. Aug. iuridicus Asturiae et Gallaeciae* (Borghesi, *Œuvres*, t. IV, p. 433).

[Voy. encore, sur ces *legati iuridici*, en dehors de l'ouvrage précité de M.

LE GOUVERNEUR ET SES AGENTS.

iuridicus provinciae (1) ne présente aucune analogie, semble-t-il, avec le *iuridicus Alexandriae* (voy., ci-dessus, pp. 419 et suiv.) (2) et le *iuridicus* de *Palmyra* (voy., ci-dessus, p. 423). L'un est un *legatus* prétorien, dont la juridiction s'étend sur une province; les deux autres sont des juges urbains, de rang procuratorien; d'autre part, l'institution du *iuridicus Alexandriae* remonte si haut, qu'il est même impossible d'établir un rapport chronologique entre lui et les *iuridici* provinciaux. Le mot grec δικαιοδότης, qui paraît n'avoir été employé que pour désigner d'une manière peu exacte le gouverneur lui-même (3), ne fournit, de son côté, aucun éclaircissement à cet égard, et il ne reste qu'une opinion, celle qui fait apparaître en même temps l'institution des *iuridici Italiae* (voy., ci-dessus, p. 17),

---

W. Liebenam, *Forsch.*, les *Indices* du *C. I. L.*, relatifs aux *honores publici*; — MM. Mommsen, dans l'*Ephem. epigr.*, t. IV, p. 225, et t. V, p. 656; — S. Gsell, *Notes d'épigraphie*, I, dans les *Mélanges d'archéol. et d'hist.*, t. VIII, 1888, pp. 69 et suiv.]
 (1) *Iuridicus provincialis* (Apul., *Met.*, 1, 6, p. 29, éd. Oudend).
 (2) M. Mommsen émet un avis contraire (*Staatsrecht*, t. I, 2ᵗᵉ Aufl., p. 223, note 5 [= dans la trad. franç. de M. P. F. Girard, t. I du *Manuel*, p. 263, note 2]). — [Sur le *iuridicus Aegypti* ou *Alexandreae*, voy. M. Ett. de Ruggiero, *Dizionar. epigr.*, fascic. 9, Roma, 1888, v° *Aegyptus*, pp. 280, col. 2, c), et suiv., et fascic. 13, Roma, 1889, V° *Alexandrea (Aegypti)*, pp. 398, col. 2, et suiv.]
 (3) Voy. Borghesi, *Œuvres*, t. VIII, pp. 428 et suiv. — Dans l'inscription de *Tlos* [ruines de Düver], en Lycie (*C. I. Gr.*, n° 4237) : Ἰουλίαν Τερτύλλαν, γυναῖκα Ἰουλίου Μαρείνου τοῦ δικαιοδότου, il s'agit de L. Iulius Marinus Caecilius Simplex (*C. I. Gr.*, n° 4238ᵉ), Cos. suff. 855 = 102, qui, dans l'inscription publiée par Marini, (*Arvali*, n° 58, [t. II, p. 753 = Wilmanns, *Exempla*, t. I, n° 1159 = *C. I. L.*, t. IX, n° 4965]), porte le titre de *leg. imp. Nervae Traiani Aug. Germ. provincia(e) Lyciae et Pamphyliae*, et, par conséquent, de gouverneur impérial de la province [voy., sur lui, M. W. Liebenam, *Forsch.*, I Bd., p. 134, n° 3] ; — le personnage appelé, dans l'inscription reproduite au *C. I. Gr.*, sous le n° 4236, Δομίτιος Ἀπολλεινάριος ὁ δικαιοδότης est le même que l'inscription n° 4240 nomme πρεσβευτὴν καὶ ἀντιστράτηγον Αὐτοκράτορος Λυκίας καὶ Παμφυλίας, ἀγνὸν δικαιοδότην [voy. M. W. Liebenam, *op. cit.*, p. 260, n° 8] ; — dans Josèphe, (*Ant.*, XVIII, 1, 1), Quirinius s'appelle ὑπὸ Καίσαρος δικαιοδότης τοῦ ἔθνους ἀπεσταλμένος, et, de même, dans l'inscription de Sparte, publiée au *C. I. Gr.*, sous le n° 1346, il convient d'entendre l'Aemilius Iuncus ὁ δικαιοδότης dont il y est question, comme étant soit un *proconsul Achaiae*, soit un διορθωτής (voy., ci-dessus, p. 23). Sur ce dernier fonctionnaire, voy. M. Dittenberger, dans l'*Ephem. epigr.*, t. I, pp. 247 et suiv., et, en sens contraire, M. Mommsen, *Staatsrecht*, t. II, 2ᵗᵉ Aufl., p. 1037, note 3. [La trad. franç., par M. P. F. Girard, de ce volume, dont une 3ᵉ éd. a été publiée à Leipzig en 1887, n'a pas encore paru.]

dans quelques provinces impériales. Les gouverneurs impériaux étant eux-mêmes des *legati pro praetore* de l'empereur, et tenant leur juridiction de sa délégation, il ne leur est pas permis de la subdéléguer à d'autres (1); aussi ne trouve-t-on pas dans les provinces impériales, comme dans celles du Sénat, des *legati* du gouverneur. En effet, les *legati legionum* étaient des officiers qui n'avaient rien de commun avec la juridiction. Pour pourvoir à ce *desideratum*, l'Empereur lui-même nommait, dans la mesure du nécessaire, des *iuridici* pour ses provinces ; tenant leur juridiction, non du gouverneur, mais de l'empereur, ceux-ci prennent le titre de *legati Augusti iuridici*, mais non celui de *legati pro praetore*, parce que ce titre appartient au gouverneur lui-même (2), tandis que les *iuridici* sont placés, par le rang, sous l'autorité du gouverneur et ne sont appelés à le remplacer que dans le cas d'une vacance (3). — Quant aux autres agents subalternes, le gouverneur impérial avait, pour diriger l'administration financière, non pas un questeur, — car ce fonctionnaire est propre aux provinces du Sénat (4), — mais, en ses lieu et place, un *procurator provinciae*, qui ne doit pas être confondu avec les divers *procuratores*, préposés, à côté de lui, aux différents intérêts fiscaux.

---

(1) L. 5, pr., [fr. Paul., *De officio eius, cui mandata est iurisdictio*], D., 1, 21; — L. 5, [fr. Iulian., *De iurisdict.*], D., II, 1.

(2) Voy. M. Mommsen, *Staatsrecht*, t. I, 2ᵗᵉ Aufl., p. 223, note 5 [= dans la trad. franç. de M. P. F. Girard, t. I du *Manuel*, p. 263, note 2]. — On a d'ailleurs découvert depuis peu de temps une inscription (voy. MM. Benndorf et Hirschfeld, *Archaeologisch — epigraphische Mittheilungen aus Oesterreich*, t. I, p. 168 = M. Mommsen, dans l'*Ephem. epigr*., t. IV, pp. 124 et suiv.), dans laquelle T. Statilius Maximus, Cos. 144, porte le titre de *iuridicus pro praetore utriusque Pannoniae*. [Voy., sur ce *iuridicus*, M. W. Liebenam, *op. cit.*, pp. 334 *in fine*, n° 6, et suiv.] MM. Hirschfeld et Mommsen expliquent cette exception, en disant qu'en l'année 136 L. Aelius Caesar fut envoyé comme *proconsul* dans les deux *Pannoniae* (voy. M. Mommsen, *C. I. L.*, t. III, [1], n° 4366), et que, pour l'aider dans l'exercice de la juridiction, on lui donna un *iuridicus*, dont on ne trouve nulle part ailleurs de mention dans les *Pannoniae*.

(3) Voy. l'exemple ci-dessus cité, (p. 576, note 3), de M. Crescens Calpurnianus, *iurid. Brit. vice leg.*

(4) Gaïus, I, 6 : *Nam in provincias Caesaris omnino quaestores non mittuntur.*

Il était pourvu à l'absence de magistrats provinciaux en fonctions permanentes, au moyen de commissaires militaires et civils (*praefecti*) (1), tels que l'on en rencontre, dès les temps anciens, en Italie, sous les noms de *praefecti iure dicundo* (voy. t. I de cette trad. = t. VIII du *Manuel*, pp. 55 et suiv.; 216 ; 235 et suiv. ; comp. pp. 12 *in fine* et suiv.), de *praefecti sociorum* (2), de *praefecti frumenti dandi* (3), etc. Lors donc que le gouverneur se préparait à prendre possession de sa province, il appelait de lui-même à ce service des personnes investies de sa confiance(4), ou bien il faisait honneur aux recommandations de ses amis (5) ; ceux-ci lui désignaient parfois des hommes, qui, bien que désireux, le plus souvent, de prendre part, avec un mandat officiel, au pillage de la province (6), demeuraient entre temps en Italie, tant qu'on ne les avait pas utilisés ; en effet, y résidant en qualité d'*absentes reipublicae causa* (7), ils étaient affranchis des services et charges personnels (*munera*), notamment des fonctions judiciaires, auxquelles on ne se prêtait pas volontiers (8). Tous les *praefecti*

Praefecti.

---

(1) Voy. aujourd'hui, sur ce sujet, M. Madvig, *Quelques remarques sur les officiers dits praefecti pendant les derniers temps de la République romaine*, dans la *Revue de philologie*, t. II, (1878), pp. 177 et suiv.

(2) Voy. J. Marquardt, *Staatsverwaltung*, t. II, [1·rte Aufl., 1876], p. 383 [= dans la trad. franç. de M. Brissaud, t. XI du *Manuel*, p. 99].

(3) Voy. J. Marquardt, *Staatsverwaltung*, t. II, p. 127 [= dans la trad. franç. de M. Albert Vigié, t. X du *Manuel*, p. 164]. — [Voy. aussi MM. Mommsen, *Die praefecti frumenti dandi*, dans *Hermes*, t. IV, 1870, pp. 364 et suiv. ; — Hirschfeld, *Die Getreideverwaltung in der römischen Kaiserzeit*, dans le *Philologus*, t. XXIX, 1870, pp. 1-96, *passim*, et *Untersuch.*, 1·ter Bd., Berlin, 1876, pp. 123-139, *passim*.]

(4) Cornelius Nepos, *Attic.*, VI : *Multorum consulum praetorumque praefecturas delatas sic accepit, ut neminem in provinciam sit secutus, honore fuerit contentus, rei familiaris despexerit fructum.*

(5) Cic., *Ad Att.*, VI, 3, 6.

(6) Cic., *De or.*, II, 67, 269 : *Scaevola Septumuleio illi Anagnino, cui pro C. Gracchi capite erat aurum repensum, roganti, ut se in Asiam praefectum duceret, quid tibi vis, inquit, insane? Tanta malorum est multitudo civium, ut tibi ego hoc confirmem, si Romae manseris, te paucis annis ad maximas pecunias esse venturum.*

(7) L. 41, § 2, [fr. Hermogenian., *De excusat.*], D., XXVII, 1. — Voy., ci-dessus, p. 552, note 6.

(8) Voy. M. Madvig, *op. et loc. sup. citt.*, pp. 182 et suiv.

recevaient une indemnité de service (*cibaria*) (1) ; mais leurs noms devaient d'abord être notifiés (*deferri*) à l'*aerarium* par le gouverneur (2), et, dans le cas où la province était impériale, être inscrits, comme ceux des *comites*, dans les registres impériaux (3).

Le plus souvent, on confiait aux *praefecti* le commandement de postes militaires (4), comme aux *praefecti castrorum* (5) ; mais ils avaient aussi mission pour poursuivre, par voie de

---

(1) Cic., *Ad Att.*, VI, 3, 6. — [Sur les *cibaria*, voy. M. E. Saglio, dans le *Dictionn. des antiq. grecq. et rom.*, de MM. Ch. Daremberg et Edm. Saglio, 8ᵉ fascic., Paris, 1882, h. v., t. I, p. 1169, coll. 1 et suiv.]

(2) Cic., *Ad Att.*, V, 7 ; d'après M. Madvig, (*op. et loc. sup. citt.*, p. 470), il convient de lire ce passage de la manière suivante : *Sed tamen, ut mandatum scias me curasse quot ante ait se Pompeius quinos praefectos delaturum novos vacationis iudiciariae causa.* — On dit *deferre praefectum*, comme l'on dit *deferre reum, deferre nomina iudicum ad aerarium* (Cic., *Phil.*, V, 5, 15), *deferre aliquem ad aerarium inter beneficia* ou *in beneficiis* (Cic., *Pro Arch.*, V, 11 ; *Ad famil.*, V, 20, 7 : *Quod scribis de beneficiis, scito a me et tribunos militares et praefectos et contubernales dumtaxat meos delatos esse*). — Voy. M. Madvig, *ubi supra*, p. 185.

(3) L. 32, [*in fine*, fr. Modestin., *Ex quib. caus. maior.*], D., IV, 6 :..... *comites legatorum, qui ad aerarium delati aut in commentarium principis relati sunt.* — [Sur les *Commentarii principis* ou *principales*, voy. M. l'abbé H. Thédenat, dans le *Dictionn. des Antiq. grecq. et rom.*, de MM. Ch. Daremberg et Edm. Saglio, 9ᵉ fascic., Paris, 1884, V° *Commentarium, Commentarius*, VIII, 2°, et spécialement c, t. I, p. 1405, col. 1.]

(4) A cet ordre d'idées se rattachent le *praefectus ripae fluminis Euphratis* (Orelli-Henzen, n° 6943 [=*C. I. L.*, t. XII, n° 1357]); — le *praefectus ripae Tibissi* (Orelli, n° 3234 [*falsa*: voy. *C. I. L.*, t. III, 1, f° 11*, col. 2, n° 90*, et f° 229, texte, col. 2, *in fine*]); — le *tutor ripae Rheni a Vitellio praefectus* (Tacit., *Hist.*, IV, 55); — le *praefectus orae maritimae* dans l'*Hispania Tarraconensis* (*C. I. L.*, t. II, n°ˢ 4438. 4217. 4225. 4226. 4239 ; — Henzen, dans le *Bullett. dell' Inst.*, 1874, p. 119) ; — le *praef. civitatium Moesiae et Triballiae* [c'est *Treballiae* qu'il faut lire], *praef. civit. in Alpib. maritumis* (Henzen, n° 6938 [= *C. I. L.*, t. V, 1, n° 4838]), — et la *praef[ectura] N[ymphaei] portu[s] in Sardinia* (Bormann, dans le *Bullett. dell' Inst.*, 1869, p. 182 [= *C. I. L.*, t. X, 2, n° 7930, *ibiq.* M. Th. Mommsen]). — Sur les *praefecti orae maritimae*, comp. M. Cagnat, *De municipalibus et provincialibus militiis*, pp. 16 et suiv.

(5) Voy. J. Marquardt, *Staatsverwaltung*, t. II, [1ʳᵉ Aufl., 1876], pp. 443 et suiv. [= dans la trad. franç. de M. Brissaud, t. XI du *Manuel*, pp. 178 et suiv.]. — [Voy. encore, sur ce sujet, MM. Renier, *Mémoire sur les officiers qui assistaient au Conseil de guerre tenu par Titus*, dans les *Mém. de l'Inst. Acad. des Inscr. et Belles-Lettres*, t. XXVI, Paris, 1867, pp. 302 et suiv. ; — Mommsen, dans l'*Archaeologische Zeitung*, t. XXVII, 1869, pp. 123 et suiv. ; — Wilmanns, *De praefecto castrorum et praefecto legionis*, dans l'*Ephem. epigr.*, Vol. I, 1872, pp. 81-105.]

contrainte, le paiement des impôts (1) et des dettes (2) ; parfois, ils remplacent entièrement le gouverneur dans les endroits où il ne peut se rendre en personne que rarement ou même jamais (3).

La troisième classe des provinces impériales est formée par *Procuratores* (4)*. celles où la nature du sol, comme dans les régions alpestres, le degré de la civilisation, comme en Maurétanie et en Thrace, le caractère obstiné des habitants, comme en Judée et en Égypte, rendaient impossibles, sinon pour toujours, tout au moins dans les premiers temps, l'introduction du régime ordinaire des provinces et l'application du droit romain. Aussi furent-elles d'abord exploitées comme domaines et placées sous l'autorité non d'un fonctionnaire de l'État, mais d'un administrateur nommé par l'empereur et personnellement responsable devant lui, qui doit être considéré comme remplissant dans

---

(1) Caesar, *Bell. civ.*, III, 32.

(2) Un des plus grands vices consistait en ce que les gouverneurs se prêtaient à faire rentrer par voie de contrainte les créances d'usuriers romains, besogne qu'ils confiaient à un *praefectus*. Cicéron nous en parle, (*Ad Att.*, V, 21, 10), ainsi que du préfet Scaptius mentionné ci-dessus, (p. 564), (*Ep. ad Att.*, VI, 2 et 3).

(3) Des exemples absolument certains nous sont, à cet égard, fournis pour la période impériale par le *praefectus pro legato insularum Baliarum* (Orelli, n° 732 [= *C. I. L.*, t. XI, 1, n° 1331*b*]), et par *Olennius, regendis Frisiis impositus* (Tacit., *Ann.*, IV, 72). Toutefois, Cicéron parle aussi, d'une manière visible, d'un *praefectus*, lorsqu'il dit, (*Ad Att.*, V, 21, 6) : Q. *Volusium — — misi in Cyprum, ut ibi pauculos dies esset ; ne cives Romani pauci, qui illic negotiantur, ius sibi dictum negarent : nam evocari ex insula Cyprios non licet.* — Comp. M. Kuhn, *Verfassung des R. Reichs*, t. II, p. 83, note 645.

(4)* [Voy., d'une manière générale, sur les diverses sortes de *procuratores*, indépendamment des auteurs cités ci-après et des *Indices* du *C. I. L.*, consacrés aux *Honores publici* : Gotfr. Mascovius, *Exercitatio de procuratore Caesaris*, dans Gotfridi Mascovii *Opuscula iuridica et philologica*, éd. J. L. E. Püttmann, Lipsiae, 1776, 2 voll. in-8, Vol. I, pp. 1-30 ; — MM. O. Eichhorst, *Die procuratores iure gladii der römischen Kaiserzeit*, dans les *Iahrbb. für Philol.*, t. XCI, 1865, pp. 197-207 ; — O. Hirschfeld, *Die procuratorische Carrière*, dans ses *Untersuchungen*, Bd. I, Berlin, 1876, pp. 240-280 ; — W. Liebenam, *Beiträge zur Verwaltungsgeschichte des römischen Kaiserreichs*. 1. *Die Laufbahn der Procuratoren bis auf die Zeit Diocletians*, Iena, 1886, in-8 ; — Ett. de Ruggiero, *Di un procuratore del fisco Alessandrino*, dans le *Bullettino dell' Istituto di Diritto Romano*, ann. I, fascic. VI, Roma, 1889, pp. 261 et suiv. — Voy. aussi, dans les ouvrages de MM. Mispoulet, Bouché-Leclercq, G. Humbert (*Essai sur les finances*), P. Willems (6ᵉ éd.), les renvois des tables. — P. L.-L.]

le pays les fonctions de vice-roi avec des pouvoirs très variables, et qui porte officiellement le titre de *procurator*, en Égypte, celui de *praefectus*; ce n'est que plus tard, lorsque les obstacles locaux furent aplanis, qu'elles furent, au moins en partie, organisées en provinces proprement dites: il en fut ainsi de la Thrace, de la Cappadoce, de la Judée et de la Rétie.

Sous la République, le *procurator* est le fondé de pouvoirs général d'un particulier romain (1), qui voyage pour ses affaires ou a un fonds de terre à administrer hors d'Italie (2). Ce qui caractérise donc le changement apporté par la monarchie dans le personnel administratif, c'est que les magistrats de la République, dont la sphère d'attributions se restreignait tous les jours davantage, furent remplacés soit par des autorités militaires, telles que les quatre *praefecti*, le *praefectus praetorio*, *urbis*, *vigilum* et *annonae*, à Rome même, et les *legati Augusti*, dans les provinces impériales, soit par des officiers de la maison de l'Empereur; et c'est dans cette dernière classe qu'il convient de faire rentrer les *procuratores*. Ils étaient pris, ainsi que les titulaires des offices de la cour, parmi les chevaliers ou les affranchis, jamais parmi les sénateurs (3), et étaient préposés soit à la perception et au versement des impôts au fisc, à Rome, en Italie, et dans toutes les provinces (4), même celles du Sénat (5) — dans ces dernières, ils ne relevaient pas, à ce point

---

(1) Cic., *Pr. Caecina*, XX, 56. — Voy. E. Huschke, dans J. G. Huschke, *Analecta literaria*, Lips., 1826, in-8, pp. 283-290.

(2) Const. 16 [et non Const. 6, comme l'indique Marquardt, p. 535, note 2], [*De procuratoribus*], C. Iust., II, 12 (13); — Columella, *De r. r.*, I, 6, 7. — Voy. Rein, dans la Paulys *Realencycl.*, t. VI, p. 87.

(3) Voy. MM. Friedländer, *Darstellungen*, t. I, 3tte Aufl., pp. 160 et suiv.; — Mommsen, *C. I. L.*, t. III, [2], f° 1131, *annot.*

(4) Voy. MM. Marquardt, *Staatsverwaltung*, t. II, p. 296 [= dans la trad. franç. de M. Albert Vigié, t. X du *Manuel*, p. 389]; — O. Eichhorst, *Quaestionum epigr. de procuratoribus imperatorum Rom. specimen*, Regimonti, 1861, in-8, et dans Iahns *Iahrb.*, 1864; — Kuhn, [*Die städt. und bürg. Verf.*], t. II, pp. 203 et suiv.; — Mommsen, dans *Hermes*, t. IV, p. 108.

(5) Il est fait mention d'un *proc. Asiae* dans : Orelli, n° 3651 [= Wilmanns, *Exempla*, t. I, n° 691 = *C. I. L.*, t. V, 1, n° 875]; — Henzen, nos 5530. 6924 [= *C. I. L.*, t. VIII, 2, n° 8934]. 6928 [= *C. I. L.*, t. II, n° 1970]; — *C. I. L.*, t. III, [1], n° 431; [2], n° 6575; — Tacit., *Ann.*, IV, 15; — Boeckh, *Ad C. I. Gr.*, n° 2977; — Wood, *Discoveries at Ephesus. Inscriptions from the site of the*

de vue, du proconsul (1), — soit à toute l'administration financière des provinces impériales (2), enfin à l'administration particulière des provinces appelées procuratoriennes (3). Ceux des *procuratores*, qui n'étaient que des agents financiers et que, plus tard, on appelle *rationales* (4), n'avaient, sous les premiers empereurs, aucune attribution judiciaire (5) ; ce n'est qu'à partir de Claude qu'un sénatus-consulte leur attribua juridiction dans les affaires du *fiscus* (6), dont la connaissance en appel

---

temple of Diana, p. 6 ; — d'un *procurator Phrygiae* (ἐπίτροπος τῆς Φρυγίας), dans M. Perrot, (*Comptes-rendus*, 1876, p. 77) ; — de *procuratores Africae*, dans: Tacit., *Hist.*, IV, 50 ; — Wood, *ubi supra* = *Ephem. epigr.*, Vol. IV, p. 37, n° 67 ; — Ruinart, *Act. Mart.*, pp. 95. 231 ; — Capitolin., *Maximini duo*, XIV ; — *C. I. L.*, t. III, [2], n° 5776 ; — [voy. aussi les renvois faits ci-dessus, p. 438, note 1, [1]] ; — de *proc. Baeticae*, dans Orelli-Henzen, n° 3570 [= *C. I. L.*, t. VIII, 2, n° 9990]. 6524 [= *C. I. L.*, t. II, n° 1085]. 6928 [= *C. I. L.*, t. II, 1970] ; — *Siciliae*, dans : *C. I. L.*, t. III, [1], n° 4423 ; — Gruter, f° 437, n° 7, et f° 1023, n° 6 [= *C. I. L.*, t. IX, n° 4753] ; — Klein, *Die Verwaltungs- beamten*, I, 1, pp. 177 et suiv. ; — d'un *proc. provinc. Narbonens.*, dans Henzen, n° 5456 [= *C. I. L.*, t. X, 1, n° 5829] ; — d'un *proc. Achaiae*, dans : Orelli, n° 804 ; — *C. I. L.*, t. III, [1], n° 535 ; n° 6098 ; — *C. I. Gr.*, n°s 1328. 1329 ; — *Ciliciae*, dans Orelli, n° 485 [= *C. I. L.*, t. III, 2, n° 5212] ; — *Cypri*, dans Henzen, n° 6927 [= Mommsen, *I. R. N.*, n° 3596 = *C. I. L.*, t. X, 1, n° 3847] ; — *Cretae*, dans l'*Ephem. epigr.*, Vol. IV, p. 38, n° 69. — [Voy., au surplus, les renvois faits *supra*, p. 581, note 4*.]

(1) L. 9, [pr., fr. Ulpian., *De offic. procons. et leg.*], D., I, 16 : *Sane si fiscalis pecunia* [*pecuniaria*, éd. Mommsen] *causa sit, quae ad procuratorem principis respicit, melius fecerit (proconsul), si abstineat.*

(2) Dio Cass., LIII, 15 ; — Gaius, I, 6 ; — Capitolin., *Anton. P.*, VI. — Dion distingue, dans le passage indiqué, les deux catégories mentionnées de *procuratores*, tout ainsi que le fait Paul, (L. 35, § 2, [*Ex quib. caus. maiores*], D., IV, 6) : *Item procurator Caesaris, non solum cui rerum provinciae cuiusque procuratio mandata erit, sed et is, cui rerum quamvis non omnium.* — C'est pourquoi le *procurator* de la province tout entière s'appelle, après Constantin, *proc. summae rei* (Const. 3, [*Si propter publicas pensitat.*], C. Iust., IV, 46 [et non 36, comme l'indique Marquardt par erreur, p. 556, note 2]), dans les *Basiliques*, καθολικός. Cf. Lydus, *De mag.*, III, 7 ; *catholicianus* (Const. 9, [§ 3, *De bonis proscript.*], C. Just., IX, 49). — *C. I. Gr.*, n° 4807 = Letronne, *Recueil*, t. II, n° 219 ; cf. n° 4892. — Franz, *C. I. Gr.*, t. III, f° 324ᵃ.

(3) Tacit., *Hist.*, I, 11 : *Duae Mauretaniae, Raetia, Noricum, Thracia, et quae aliae procuratoribus cohibentur.* — De ces provinces, il a été traité ci-dessus en particulier.

(4) Voy. Bethmann-Hollweg, *Röm. Civilprocess*, t. III, p. 78.

(5) Dans Tacite, (*Ann.*, IV, 15), Tibère dit, lors de l'accusation du *procurator Asiae* Capito : *Non se (illi) ius nisi in servitia et pecunias familiares dedisse ; quod si vim praetoris usurpasset, manibusque militum usus foret, spreta in eo mandata sua.* — Dio Cass., LVII, 23.

(6) Tacit., *Ann.*, XII, 60 ; — Suet., *Claud.*, XII.

584 ORGANISATION DE L'EMPIRE ROMAIN.

était réservée à l'empereur (1) ; dans la suite, on voit cependant qu'ils reçurent, comme autrefois les *legati* et les *quaestores*, non seulement dans les provinces impériales (2), mais aussi *Procurator vice* dans les provinces sénatoriales (3), le droit de remplacer le gou-*praesidis.* verneur, et dans ce cas alors ils administrent eux-mêmes la province *vice praesidis*. Au contraire, les *procuratores*, auxquels ont été remises les provinces procuratoriennes, portent, *Procurator et* comme gouverneurs particuliers, les titres de *procurator et* *praeses.* *praeses* (4), *procurator pro legato* (5), *procurator cum iure gladii* (6), *praeses* ; ce dernier titre d'ailleurs était communé-

---

(1) LL. 47. 48. 50, [fr. Paul., *De iure fisci*], D., XLIX, 14. Ils n'avaient d'autre juridiction que celle relative aux affaires du *fiscus* (C. Just. : Const. 2, [*De modo multar.*], I, 54 ; Const. 4, [*Ad legem Fabiam*], IX, 20 ; Const. 2, [*De poenis*], IX, 47 ; — [*Mosaic. et Romanar. leg.*] *Collat.*, XIV, 3).

(2) Tacite, (*Ann.*, XIV, 32), dit, au sujet de la *Britannia* : *Sed quia procul Suetonius aberat, petivere a Cato Deciano procuratore auxilium*. — Il est dit de la Galatie, au *C. I. L.*, t. III, [1], n° 251 : C. Iul. Senecio, *proc. prov. Galat. item vice praesidis ciusd. prov. et Ponti*; — on trouve, dans la *Gallia Lugdunensis* : Badius Cominianus *proc. et vice praesidis agens* (Mommsen, *Ep. Anal.* 22, dans les *Ber. der sächs. Gesellsch.*, 1852, p. 242) ; — en Dacie : Q. Axius — *proc. prov. Dac. Apul(ensis) bis vice praesidis* (Henzen, n° 6932 [= *C. I. L.*, t. III, 1, n° 1456]) ; — dans la Maurétanie, Orelli, n° 3570 [= *C. I. L.*, t. VIII, 2, n° 9990] ; — Henzen, n° 6934 [et non n° 6933, comme l'indique Marquardt, p. 556, note 8] [= *C. I. L.*, t. VIII, 1, n° 7053] ; — dans la *Moesia inferior*, Orelli, n° 3664 [= *C. I. L.*, t. II, n° 484] ; — en Arabie, on rencontre un *proc. prov. Arabiae, ibi vice praesidis* (Henzen, n° 5530). — Dans les sources juridiques, il est fait de fréquentes mentions de ces *procuratores*, — *qui partibus praesidis funguntur* (L. 23, [§ 1, fr. Papinian., *De appellat. et relat.*], D., XLIX, 1 ; — [*Mosaic. et Roman. leg.*] *Collat.*, XIV, 3), — *qui vice praesidis funguntur* (Const. 2, [*De poenis*], C. Just., IX, 47), — *qui vicem praesidis tuentur* (Const. 4, [*Ad legem Fabiam*], C. Just., IX, 20), — *qui vice praesidis agunt* (Const., 1, [*De pedan. iudic.*], C. Just., III, 3].

(3) Orelli, n° 3651 = *C. I. L.*, t. V, [1], n° 875 : *proc. provinciae Asiae, quam mandatu principis vice defuncti procos. rexit*. — Ruinart, *Acta Mart.*, p. 95 : *Hilarianus procurator, qui tunc* (ann. 202), *loco proconsulis Minucii Timiniani defuncti ius gladii acceperat* (à *Carthago*) ; p. 231 (vers l'an 260 de notre ère) : *rapti sumus ad procuratorem, qui defuncti proconsulis partes administrabat*.

(4) Orelli, n°ˢ 74. 3601 [= *C. I. L.*, t. VI, 1, n°ˢ 1636. 1643 ; *adde, eod.*, n° 1642] ; — Henzen, n° 5190 [= *C. I. L.*, t. X, 2, n°ˢ 8023. 8024].

(5) Orelli, n°ˢ 488 [= *C. I. L.*, t. V, 1, n° 3936]. 3570 [= *C. I. L.*, t. VIII, 2, n° 9990] ; — Henzen, n° 6933 [= *C. I. L.*, t. IX, n° 4678] ; — *Recueil de Constantine*, 1866, p. 85, n° 103. [Il ne figure, au t. VIII du *C. I. L.*, d'autre *procurator pro legato* que celui mentionné sous le n° 9990 précité.]

(6) Orelli, n°ˢ 3664 [= *C. I. L.*, t. II, n° 484]. 3888 [= Wilmanns, *Exempla*, t. I, n° 690 = *C. I. L.*, t. IX, n° 5439] ; — Ruinart, *Act. Mart.*, p. 95 ; — et

LE GOUVERNEUR ET SES AGENTS.

ment donné à toutes les espèces de gouverneurs (1) ; mais, dans un sens spécial, on l'opposait à ceux de *legatus* et de *proconsul* (2). Aussi avaient-ils, d'une manière générale, une situation égale à celle des autres gouverneurs (3), encore que, sous certains rapports tout au moins, ils fussent placés sous la dépendance du *legatus* impérial le plus proche et eussent à requérir de ce dernier, en cas de besoin, un appui militaire (4). Toutefois, au troisième siècle — et, suivant Borghesi, ce fut à partir d'Alexandre Sévère (222 — 235), — il se produisit dans le régime des provinces impériales un changement important (5) et durable : la séparation de l'administration civile et du commandement militaire, l'une confiée à un *praeses*, l'autre remis à un *dux* (6). Depuis cette mesure, qui, peut-être, fut appliquée d'une

---

de plus nombreux exemples dans Marini, *Arvali*, [t. II], pp. 623ᵇ. 624ᵇ. 547. 763. 771.

(1) L. 1, [fr. Macer, *De officio praesidis*], D., I, 18 : *Praesidis nomen generale est eoque et proconsules et legati Caesaris et omnes provincias regentes, licet senatores sint, praesides appellantur : proconsulis appellatio specialis est.* [Voy., sur ce texte, M. V. Scialoja, *Due note critiche alle Pandette lib. I*, dans le *Bullettino dell'Istituto di diritto Romano*, ann. I, fasc. II e III, Roma, 1888, pp. 97 et suiv.] — [Voy., au sujet des quatre notes précédentes, les renvois faits ci-dessus, p. 581, note 4*.]

(2) Voy. Borghesi, *Œuvres*, t. V, p. 405, *ibiq.* M. Mommsen, note 5.

(3) Joseph., *Ant.*, XVIII, 1, 1.

(4) Les *procuratores* de Judée furent à plusieurs reprises destitués par le *leg. Aug. pr. pr. Syriae* (Joseph., *Ant.*, XVIII, 4, 2 ;— Tacit., *Ann.*, XII, 54).

(5) Lamprid., *Al. Sever.*, XXIV : *Provincias legatorias praesidiales plurimas fecit.* — Voy. Borghesi, *Œuvres*, t. III, p. 277 ; t. V, pp. 397. 405 ; — Kuhn, dans les *Jahrbücher für classische Philologie*, 1877, p. 713. — Suivant M. Arnold, (*The Roman system of Provincial administration*), c'est à Aurélien que doit être attribuée cette organisation. Il fonde cette manière de voir sur l'exemple de la Numidie, où, en l'année 260 encore, on trouve un légat prétorien, tandis qu'en l'année 283, on rencontre déjà un *praeses Numidiae*. — Voy., ci-dessus, pp. 457 et suiv.

(6) C'est ainsi, par exemple, que la *Moesia superior* est, à cette époque, gouvernée par un *praeses* (voy. Borghesi, *Œuvres*, t. V, p. 396), tandis qu'à la tête de l'armée se trouvait un *dux totius Illyrici*, investi du commandement en Thrace, dans les deux *Moesiae*, en Dalmatie, dans les deux Pannonies et en Dacie. Il est mentionné sous Valérien (253-260) par Trebell. Pollio, (*Claud.*, XV). Sous cet empereur, il y avait un *dux Scythici limitis*, un *dux orientalis limitis*, un *dux Illyriciani limitis* (Vopisc., *Aurel.*, XIII) ; le *dux limitis provinciae Scythiae* se rencontre ensuite à l'époque de Dioclétien (*C. I. L.*, t. III, [1], n° 764), et, plus tard, dans la *Notit. Dignit. Or.* (c. XXXVI). — Voy. d'autres *duces* dans Henzen, nᵒˢ 5579 [= Wilmanns,

manière graduelle et dont les premiers développements échappent à notre étude, les *praesides* sont des fonctionnaires civils, très différents des anciens gouverneurs de provinces.

Traitement. Tous les fonctionnaires romains, en dehors de Rome, reçurent, à compter d'Auguste, au lieu des anciennes prestations en nature, un traitement fixe (1); il en fut ainsi aussi bien des proconsuls (2) et des *legati Augusti*, que des *procuratores*; ces derniers s'appelaient *sexagenarii* (3), *centenarii* (4), *ducenarii* (5), *trecenarii* (6), suivant que leurs appointements s'élevaient à soixante mille, cent mille sesterces, ou au delà (7). Cependant,

---

Exempla, t. I, n° 1065 = *C. I. L.*, t. III, 1, n° 5565]. 6510 [= *C. I. L.*, t. III, 1, n° 4039]. — [Voy. surtout les *Indices* du *C. I. L.* relatifs à la *Res militaris*, sous la rubrique *Munera* ou *Officia militaria et classiaria*.]

(1) Dion Cassius, (LII, 25), fait dire à Mécène : λαμβανέτωσαν δὲ μισθὸν πάντες οὗτοι οἱ τὰς ἔξω τῆς πόλεως ἀρχὰς ἐπιτρεπόμενοι. Cf. LII, 23. — D'après le sénatusconsulte mentionné par Frontin, (*De aquaed.*, c. C), les *curatores aquarum* recevaient aussi, « *quum eius rei causa extra urbem essent* », *mercedem* et *cibaria annua*. Comp. M. Mommsen, *Staatsrecht*, t. II, 2¹ᵉ Aufl., p. 283. [La trad. franç., par M. P. F. Girard, de ce volume, dont une 3ᵉ éd. a été publiée à Leipzig en 1887, n'a pas encore paru.] — [Sur les *curatores aquarum*, voy. M. l'abbé Henri Thédenat, dans le *Dictionn. des Antiq. grecq. et rom.*, de MM. Ch. Daremberg et Edm. Saglio, 11ᵉ fascic., Paris, 1887, v° *Cura aquarum*, t. I, pp. 1615-1617. — Sur les *cibaria* des fonctionnaires, voy. M. E. Saglio, *eod.*, 8ᵉ fascic., Paris, 1882, t. I, p. 1169, col. 1.]

(2) Le *salarium proconsulare* (Tacit., *Agric.*, XLII) s'élevait, suivant Dion Cassius, (LXXVIII, 22), pour l'Afrique à 250.000 drachmes ou un million de sesterces, c'est-à-dire 72.000 thaler [= 270.000 fr.]. — Trebellius Pollion, (*Div. Claud.*, XIV. XV), fournit les indications particulières sur les différents traitements et sur les prestations en nature qui s'y trouvaient comprises.

(3) Orelli, n° 3178 [= *C. I. L.*, t. VI, 1, n° 1624]; — Henzen, n° 6930 [= *C. I. L.*, t. VIII, 2, n° 9760]; — Const. 1, [*De exactionibus tribut.*], C. Iust., X, 19. — Voy. de plus nombreux exemples dans Marini, *Arvali*, t. II, p. 674.

(4) Dio Cass., LIII, 15; — Orelli, n° 946 [et non n° 996, comme l'indique Marquardt, p. 558, note 4] [= Wilmanns, *Exempla*, t. I, n° 1208 = *C. I. L.*, t. X, 1, n° 6569], et nombre d'autres.

(5) Orelli, n°ˢ 946 [= Wilmanns, *Exempla*, t. I, n° 1208 = *C. I. L.* t. X, 1, n° 6569]. 3444 [= *C. I. L.*, t. XIV, n° 3626]. 3342 [= *C. I. L.*, t. V, 2, n° 7870]. 2648 [= Wilmanns, *Exempla*, t. I, n° 1286 = *C. I. L.*, t. X, 1, n° 6662]; — Henzen, n° 6356 [= Mommsen, *I. R. N.*, n° 3948 = *C. I. L.*, t. X, 1, n° 4721]; — *C. I. Gr.*, n°ˢ 2509. 3751. 6627. 375; — Waddington, n°ˢ 2606. 2607 sqq.; — Suet., *Claud.*, XXIV; — Capitolin., *Pert.*, II: *Inde ad ducenum HS. stipendium translatus in Daciam*. — Voy. Marini, *Arvali*, [t. II], pp. 805 et suiv. — [Voy. sur ce qui précède, M. W. Liebenam, *Beiträge*, pp. 123 et suiv.]

(6) Orelli, n° 3450.

(7) Voy. M. Hirschfeld, *Röm. Verwaltungsgeschichte*, pp. 258 et suiv.

les exactions dont les provinces étaient le théâtre ne cessèrent pas entièrement sous les empereurs ; mais du moins les réclamations des provinciaux furent facilitées par l'établissement d'une procédure régulière qui se poursuivait devant le Sénat, dans laquelle les plaignants étaient représentés par un avocat pris dans ce corps (1) et admis à se servir de la langue grecque (2). Les sujets trouvaient encore un allègement sensible, d'une part, dans la réunion parfois opérée de plusieurs provinces sous un seul gouverneur impérial (3); de l'autre, dans la longue durée de l'administration, en usage dans les provinces de l'empereur. Ajoutons que la fonction du gouverneur était beaucoup moins indépendante qu'au temps de la République, puisqu'il en était référé à l'empereur de toutes les affaires d'une certaine importance, et qu'il s'en réservait lui-même la solution (4). — En vue d'établir à cet effet des rapports réguliers entre Rome et toutes les provinces, Auguste avait organisé dans tout l'empire romain un service postal, dont le développement complet ne se place d'ailleurs qu'après Constantin, à une époque dont nous n'avons pas à parler ici, mais dont les débuts tout au moins ont droit à une mention (5). De même que le réseau de routes créé

Service des postes.

---

(1) Voy. Walter, *Gesch. des R. Rechts*, [3te Aufl., Bonn, 1860], t. I, § 311, et les sources qui y sont indiquées : Tacit., *Ann.*, III, 66-70 ; IV, 15 ; XV, 20 ; — Suet., *Domitian.*, VIII ; — Plin., *Ep.*, II, 11 ; II, 12 ; III, 9 ; IV, 9 ; V, 20 ; VI, 29 ; VII, 6 ; VII, 7 ; VII, 10 ; VII, 33 ; X, 3 (20) ; X, 56 (64).
(2) Quintil., *Instit.*, VI, 1, 14 ; — Dio Cass., LVII, 14.
(3) Tacit., *Ann.*, I, 76.
(4) Eusèb., *H. E.*, II, 2 : παλαιοῦ κεκρατηκότος ἔθους τοῖς τῶν ἐθνῶν ἄρχουσι, τὰ παρὰ σφίσι καινοτομούμενα τῷ τὴν βασίλειον ἀρχὴν ἐπικρατοῦντι σημαίνειν, ὡς ἂν μηδὲν αὐτὸν διαδιδράσκοι τῶν γινομένων.
(5) Sur les postes des Romains, voy. : N. Bergier, *De publicis et militaribus imperii Romani viis*, dans Graevii *Thes. antiq. Rom.*, Vol. X, et sous le titre *Hist. des grands chemins de l'empire Rom.*, Bruxelles, 1736, 2 voll. in-4, lib. IV, c. 4 ; — I. Gutherius, *De officiis domus Augustae*, Lips., 1672, in-8, lib. III, c. 14 et suiv. ; — Le Quien de la Neufville, *De l'origine des Postes chez les anciens et les modernes*, Paris, 1708 et 1730, in-12 ; — Colleschi, *Diss. sulle poste degli antichi*, 1746 ; — Rüdiger, *De cursu publico imperii Romani*, Breslau, 1846, in-4 ; — Teuffel, dans la Paulys *Realencycl.*, t. V, pp. 1944-1948 ; — Henzen, dans les *Annali*, 1857, pp. 94 et suiv. ; — A. Flegler, *Zur Geschichte der Posten*, Nürnberg, 1858, in-8 ; — [E.] Hudemann, *Geschichte des Postwesens der Röm. Kaiserzeit*, Kiel, 1866, in-4 ; 2te Aufl., Berlin, 1875, in-8, et *Appendices*, Berlin, 1878 ; — Naudet, *De l'administra-*

par les Romains sur tout leur territoire n'avait pas en vue l'avantage du commerce et l'agrément des voyages de plaisir, mais uniquement le transport des armées et du matériel de guerre

---

tion des postes chez les Romains, dans les Mémoires de l'Institut. Acad. des Inscr. et Bell.-Lett., t. XXIII, 2, (1858), pp. 166-240 ; — H. Stephan, Das Verkehrsleben im Alterthum, dans Raumers Hist. Taschenbuch., 1868, pp. 83 et suiv. ; — E. Hartmann, Entwickelungsgeschichte der Posten von den ältesten Zeiten bis zur Gegenwart, Leipzig, 1868 ; — A. de Rothschild, Histoire de la poste aux lettres, Paris, 1873 [et 1879], in-8 ; — G. v. Rittershain, Die Reichspost der römischen Kaiser, Berlin, 1880, in-8 ; — Mommsen, Staatsrecht, t. II, 2¹ᵉ Aufl., pp. 987-989 [voy., à cet égard, p. 586, note 1, supra] ; — Hirschfeld, Römische Verwaltungsgeschichte, I, [Berlin, 1876], pp. 98-108. — [Adde : F. Walter, Gesch. des röm. Rechts, 3ᵗᵉ Aufl., Bonn, 1860, t. I, § 362 ; — Serrigny, Droit publ. et admin. rom., t. II, nᵒˢ 955 et suiv., pp. 259 et suiv.;— Stobbe, Beitrag zur die Chronolog. der Plin's Brief., dans le Philologus, t. XXV, pp. 778 et suiv. ; t. XXX, pp. 378 et suiv. ; — G. Humbert: Des postes chez les Romains, dans le Recueil de l'Acad. de législ. de Toulouse, 1868, pp. 298-420 ; mots Combina et Cursus publicus, dans le Dictionn. des Antiq. grecq. et rom., de MM. Ch. Daremberg et Edm. Saglio, 9ᵉ et 11ᵉ fascic., Paris, 1884 et 1887, t. I, pp. 1371, col. 2 et suiv., et pp. 1645 in fine-1672 ; Essai sur les finances, t. II, Paris, 1887, p. 470, renvois de l'Index général, Vᵒ Cursus publicus ; — L. Bouchard : Étude sur l'administr. des finances de l'empire romain, Paris, 1871, passim ; Système financier de l'ancienne monarchie, Paris, 1891, in-8, liv. I, chap. I, p. 9 ; — van Gondoever, Medelingen de heerbanen en de cursus publicus in roemische Rik ; — Friedländer, Darstellungen aus der Sittengeschichte Roms, 3ᵗᵉ Aufl., Leipzig, 1874, t. II, pp. 13 et suiv. (voy. aussi la trad. franç. libre de M. Vogel) ; — Eisold, Ueber die roem. Wagen, dans Postarchiv, 1877, pp. 496 et suiv. ; — Ernest Desjardins, Les tabellarii, courriers porteurs de dépêches chez les Romains, dans la Bibliothèq. de l'École des Hautes Études, 35ᵉ fascic., Paris, 1878, pp. 51 et suiv. ; — Madvig, Verfass. und Verwalt. des röm. Staats, Leipzig, 1882, t. I, p. 592 ; t. II, pp. 740 et suiv. (voy., dans la trad. franç. de M. Ch. Morel, t. II, p. 324 ; t. V, pp. 172 et suiv.) ; — J. B. Mispoulet, Les institutions politiq. des Romains, t. II, Paris, 1883, pp. 244 et suiv. ; — Camille Jullian, Les transformations politiq. de l'Italie, Paris, 1883, pp. 76 et suiv. ; — Otto Karlowa, Roem. Rechtsgesch., Bd. I, Leipzig, 1885, § 101, pp. 874 et suiv. ; — W. Liebenam, Beiträge, Iena, 1886, pp. 50 et suiv. ; — Bouché-Leclercq, Manuel des instit. rom., Paris, 1886, pp. 156. 204, note 1 228 in fine et suiv. ; — Alexis Belloc, Les postes françaises. Recherches historiques sur leur origine, leur développement, leur législation, Paris, 1886, 1 vol grand in-8 ; — E. Glasson, Hist. du dr. et des instit. de la France, t. I, Paris, 1887, pp. 157 et suiv., passim ; — P. Willems, le Droit public rom., 6ᵉ éd., Louvain et Paris, 1888, pp. 472. 559. 578. 604, note 7 ; — De Rossi, dans le Bulletin critique, 1888, nᵒ 24, p. 465 ; — R. de La Blanchère, La poste sur la voie Appienne de Rome à Capoue, dans les Mélanges d'archéologie et d'histoire, t. VIII, fascic. I, II, Paris et Rome, mars 1888, pp. 54-68 ; — Aug. Audollent, Les veredarii émissaires impériaux sous le Bas-Empire, dans les Mélanges d'archéologie et d'histoire, t. IX, Paris et Rome, 1889, fascic.

sur tous les points stratégiques (1), de même aussi leur service postal n'avait pas pour objet la correspondance du public, le transport des personnes, et la perception qui aurait pu en résulter pour l'État, mais seulement l'expédition des dépêches du gouvernement et des fonctionnaires (2), et ce n'est qu'en vertu d'une autorisation supérieure, qu'un particulier pouvait, par exception, recourir à la poste. Sous la République, on s'était borné à imposer aux provinciaux l'obligation légale de pourvoir aux relais et à l'entretien des fonctionnaires romains en voyage; mais des particuliers appartenant à la classe sénatoriale obtinrent eux-mêmes du Sénat, par l'effet d'une *legatio libera* (3), la permission de voyager ainsi gratuitement ; et il résultait de ce bénéfice une charge d'autant plus lourde pour les provinces, que les mêmes personnes en profitaient ordinairement pendant une longue suite d'années (4). Toutefois, la correspondance des gouver-

---

III-V, décembre 1889, pp. 249-278 ; — Lucien Maury, *Les Postes romaines. Étude précédée d'une notice historiq. sur l'origine et l'organisation du service des postes chez différents peuples anciens et modernes*, Paris, 1890, 1 vol. in-18 (livre destiné aux employés des postes et télégraphes et n'ayant aucun caractère scientifique ; voy. *Berl. philolog. Wochenschift*, 1891, n° 16). — Comp. le t. 1 de cette trad. = t. VIII du *Manuel*, p. 185. — Voy. enfin, sur le *stationarius* (maître de postes), l'inscription publiée dans le *Bulletin de la Soc. nat. des Antiq. de France*, 1886, p. 187, n° II. — P. L.-L.]

(1) Sur les voies romaines, voy. Bergier, *op. et loc. sup. citt.* ; sur celles d'Italie en particulier, voy. Forbiger, *Handb. der alten Geogr.* t. III, pp. 703 et suiv. — Les sources principales résident dans les *Itinéraires*, surtout dans l'*Itinerarium Antonini Augusti et Hierosolymitanum*, edd. G. Parthey et M. Pinder, Berolini, 1848, in-8. — [Voy., sur le contenu de cette note, notre *Introd. bibliogr. gén.*, IV.]

(2) Le service des postes romaines n'a jamais eu d'autre but. — Procop., *Hist. arc.*, c. XXX : οἱ μὲν γὰρ Ῥωμαίων αὐτοκράτορες ἐν τοῖς ἄνω χρόνοις γεγενημένοι, προνοήσαντες ὅπως ἅπαντά τε σφίσιν ἐπαγγέλλοιτο τάχιστα καὶ μηδεμιᾷ διδῷτο μελλήσει, τά τε πρὸς τῶν πολεμίων ἐν χώρᾳ ἑκάστῃ ξυμπίπτοντα καὶ ταῖς πόλεσι κατὰ στάσιν ἢ ἄλλο τι ἀπρόοπτον συμβαίνοντα πάθος τά τε πρὸς τῶν ἀρχόντων καὶ τῶν ἄλλων ἁπάντων πανταχόθι πρασσόμενα τῆς Ῥωμαίων ἀρχῆς, ὅπως τε οἱ τοὺς φόρους παραπέμποντες τοὺς ἐπετείους διασώζοιντο βραδυτῆτός τε καὶ κινδύνου χωρίς, δημόσιον ὀξύν τινα πανταχόσε πεποίηνται δρόμον.

(3) Cic., *De leg.*, III, 8, 18 : *Iam illud apertum est profecto, nihil esse turpius quam est quemquam legari nisi reipublicae causa. Omitto, quemadmodum isti se gerant atque gesserint, qui legatione hereditates aut syngraphas suas persequuntur*, etc. — Cic., *Ad famil.*, XI, 1, 2 ; XII, 21 ; *Pr. Flacco*, XXXIV, 86 ; — Suet., *Tib.*, XXXI ; — L. 14, [L. 15, éd. Mommsen, fr. Ulpian., *De legation.*], D., L, 7.

(4) Cicéron limita durant son consulat le temps de la *libera legatio* à un

neurs était, en général, transmise par des messagers spéciaux (*tabellarii*) (1), ou par des ordonnances (*statores*) (2), parfois aussi par les *tabellarii* des *publicani* (3), alors qu'il n'y avait pas d'autre mode d'expédition. Au contraire, la réforme d'Auguste consista à organiser militairement une poste d'État, chargée de transmettre les dépêches officielles de station en station par des courriers (4), appelés *speculatores* sous l'Empire (5), quelquefois même par des navires; et, dans ce but, il y avait à Ostie [*Ostia*] un *procurator pugillationis et ad naves vagas* (6). Le transport

an (Cic., *De leg.*, III, 8, 18); César en fixa la durée à cinq années (Cic., *Ad Att.*, XV, 11, 4). — [Sur la *legatio libera*, voy. MM. Zumpt, *Criminalrecht*, t. II, 2, pp. 316 et suiv.; — E. A. Thurm, *De Roman. legatis reipublicae liberae temporibus ad exteras nationes missis*, Leipzig, 1883.]

(1) Auct. *De bello Hispan.*, II : *Simulque captos tabellarios, qui a Cn. Pompeio dispositi omnibus locis essent, quo certiorem Cn. Pompeium de Caesaris adventu facerent.*.

(2) Cic., *Ad famil.*, II, 17, 1 : *Binas litteras a te mihi stator tuus reddidit Tarsi*; II, 19 : *ut ad te statores meos et lictores cum litteris mitterem*. — L'opinion de M. Mommsen, (*Staatsrecht*, t. II, 2ᵗᵉ Aufl., p. 253, note [voy., à cet égard, p. 586, note 1, *supra*]), d'après laquelle le messager porteur de lettres doit être le *strator* (palefrenier, [écuyer de l'empereur]), tandis que le *stator* apparaît chez Ulpien, (L. 10, [*Ex quib. caus. maiores*], D. IV, 6), comme étant un geôlier, est-elle exacte, il faudra alors changer également dans les deux passages de Cicéron la leçon du manuscrit *stator* en *strator*.

(3) Cic., *Ad Att.*, V, 15, 2; — *De prov. cons.*, VII, 15.

(4) Suet., *Oct.*, XLIX : *Et quo celerius ac sub manum annunciari cognoscique posset, quid in provincia quaque gereretur, iuvenes primo modicis intervallis per militares vias, dehinc vehicula disposuit.*

(5) Tit.-Liv., XXXI, 24 : *Et respondisset (eventus), ni speculator, — hemerodromos vocant Graeci — ingens die uno cursu emetientes spatium — contemplatus regium agmen e specula quadam, praegressus nocte Athenas pervenisset.* — Suet., *Calig.*, XLIV : *Magnificas Romam litteras misit, monitis speculatoribus, ut vehiculo ad forum usque et Curiam pertenderent.* — Tacit., *Hist.*, II, 73 : *Vix credibile memoratu est, quantum superbiae socordiaeque Vitellio adoleverit, postquam speculatores e Syria Iudaeaque adactum in verba eius orientem nuntiavere.* Ces *speculatores* se trouvaient aussi bien dans la suite de l'empereur (Suet., *Aug.*, LXXIV; *Claud.*, XXXV; — Tacit., *Hist.*, II, 11 : *Ipsum Othonem comitabantur speculatorum lecta corpora cum celeris praetoriis cohortibus*; ibid., 33), que dans les cohortes prétoriennes (Tacit., *Hist.*, I, 29. 31) et dans les légions, dont chacune a 10 *speculatores*. — Voy. Labus, *Ara antica scoperta in Haimburgo*, Milano, 1820, in-4, p. 63; — S. G. Schwarz, *De speculatoribus veter. Roman.*, Altdorf, 1726; — Eckhel, *Doct. Num.*, t. VI, pp. 53 et suiv.; — J. Marquardt, *Staatsverwaltung*, t. II, p. 530 [= dans la trad. franç. de M. Brissaud, t. XI du *Manuel*, p. 289]. — Aristaenet, (*Ep.*, I, 26), mentionne un courrier de ce genre : πολλὰς τοίνυν ἅτε ταχὺς τῆς πολιτείας ἱππεὺς διελήλυθα πόλεις.

(6) Voy. Henzen, dans le *Bullett. dell' Inst*,, 1875, pp. 5 et suiv. — [Sur

des personnes se limitait, comme sous la République, aux fonctionnaires ; à cet effet, les stations étaient divisées en *mutationes* (relais de chevaux) et *mansiones* (gites de nuit), et dans ces dernières des *palatia* étaient affectés à l'usage du gouverneur et de l'empereur lui-même (1). Quant aux particuliers, l'emploi des postes d'État dans la province leur fut accordé pendant quelque temps, par autorisation spéciale du gouverneur (*diploma*) (2), plus tard seulement par autorisation de l'empereur lui-même, délivrée sous certaines justifications (3). Les dépenses occasionnées par le service des postes étaient supportées par chaque localité (4) ; ce service passa aux mains de l'empereur, dès Nerva, en Italie (5), sous Hadrien (6), Antonin-le-Pieux (7) et Sévère (8) dans le reste de l'empire, mais seulement en ce qui touche la fourniture des bêtes de trait et des voitures, et l'administration postale ; car les frais n'incombaient pas au fisc (9). Le service des postes — cela résulte d'une manière générale des divers règlements du quatrième et du cinquième siè-

---

Ostia, voy. M. H. Dessau, *C. I. L.*, t. XIV, f⁰ˢ 1 et suiv. ; voy. aussi M. Kubitschek, *Imp. rom. trib. discr.*, pp. 26 et suiv. et p. 266.]

(1) Cod. Theod., [*Ne quis in palatiis maneat*], VII, 10.

(2) C'est à ces διπλώματα que se réfère l'Édit du *praefectus Aegypti* Capito, de l'an 49 après J.-Chr. (*C. I. Gr.*, n° 4956), et Pline délivra des *diplomata* de ce genre en Bithynie (Plin., *Ep.*, X, 45 (54) ; 64 (14) ; 120. 121). Au temps de la République (Cato, *Fr. or.*, II, p. 37, éd. Jordan), comme aussi à l'époque postérieure de l'empire (Salmas., *Ad Capitolin. Pertin.*, I), cette autorisation s'appelle *evectio*. (Comp. Boecking, *Ad Notit. Dignit. Or.*, pp. 14 et suiv.) Des exemples de personnes, qui se servent du *cursus publicus*, nous sont fournis par Sidon. Apoll., (*Ep.*, I, 5) : *Egresso mihi Rhodanusiae nostrae moenibus publicus cursus usui fuit, utpote sacris apicibus accito*, et par Gregorius Thaumaturgus, (*Orat. ad Originem*, (Greg. Opp., éd. Mogunt., 1603, in-4), p. 187) : ὁ στρατιώτης — φέρων ἐξουσίαν πλειόνων τῶν δημοσίων ὀχημάτων τῆς χρήσεως καὶ σύμβολα πλείονος ἀριθμοῦ.

(3) Cod. Theod., [*De cursu publ., angar. et parangar.*], VIII, 5 : Constt. 12. 38. 40. 43. 52. — Voy. Boecking, *ubi supra*.

(4) Plutarch., *Galb.*, VIII.

(5) Voy. Eckhel, *Doct. Num.*, t. VI, p. 408.

(6) Spartian., *Hadr.*, VII : *Cursum fiscalem instituit, ne magistratus hoc onere gravarentur*.

(7) Capitolin., *Antonin. P.*, XII.

(8) Spartian., *Sever.*, XIV.

(9) Voy. Rüdiger, *op. sup. cit.*, pp. 9 et suiv.

cles qui nous ont été conservés (1) — avait une triple fonction : la poste aux lettres était desservie par des courriers (*veredarii*), qui, outre le cheval qu'ils montaient eux-mêmes, conduisaient à la main un cheval (*parhippus*), chargé de la valise postale (*averta*) (2)*; le transport des personnes s'effectuait au moyen de diligences (*rhedae*) attelées de chevaux ou de mulets ; enfin, celui du matériel de guerre et des bagages était opéré par des camions (*clabularia*) (3)* traînés par des bœufs ; de plus, les stations de bateaux existant sur tous les cours d'eau servaient également à transporter les lettres, les personnes et le matériel (4).

Police des frontières. Auguste ne s'était pas seulement occupé de l'organisation intérieure de la monarchie romaine ; mais il l'avait encore fortifiée au dehors, en la défendant par de grands fleuves ou de vastes déserts contre les invasions de voisins ennemis, et en recommandant à ses successeurs, par son testament politique, l'adoption d'une ligne de conduite pacifique et ayant pour but, non l'extension, mais la conservation des frontières qu'il avait données à l'empire (5). Après la fondation de nouvelles provinces par Claude et Trajan, on revint sous Hadrien à cette politique, et l'on se contenta de fermer tout l'empire par un *limes imperii*, formé, à défaut de frontières naturelles, par des murs, des fossés, des retranchements (6). Toutefois, ces retran-

---

(1) La source principale est le Code Théodosien, [*De cursu publico*], VIII, 5, et le Code de Justinien, [*De cursu publico*], XII, 51 [50, éd. Paulus Krueger].

(2)* [Voy., à cet égard, M. E. S., dans le *Dictionn. des Antiq. Grecq. et Rom.*, de MM. Ch. Daremberg et Edm. Saglio, 4ᵉ fascic., Paris, 1875, Vᵒ *Averta* t. I, p. 589, col. 1.]

(3)* [Voy. M. G. Lafaye, dans le *Dictionn. des Antiq. Grecq. et Rom.*, de MM. Ch. Daremberg et Edm. Saglio, 8ᵉ fascic., Paris, 1882, Vᵒ *Clabularis* ou *Clavularis*, t. I, p. 1220, coll. 1 et suiv.]

(4) Sur ce dernier point, voy. Sirmond, *Ad Sidon. Apoll. Notae*, p. 12.

(5) Tacit., *Ann.*, I, 11 : *Addideratque consilium coercendi intra terminos imperii, incertum, metu an per invidiam*.

(6) Je dois en partie les remarques qui suivent sur la situation des frontières de l'empire romain à une étude encore inédite de M. C. F. Samwer, que l'auteur a eu l'extrême bonté de me communiquer pour la mettre à profit. [Cette monographie, aujourd'hui publiée depuis longtemps, porte pour titre : *La police des frontières de l'Empire romain* ; elle a été rééditée par M. Zange-

chements étaient tels, qu'ils semblaient avoir pour objet moins de défendre les frontières contre une invasion nombreuse que d'empêcher en général toute communication (1). Dans une vue semblable, on imposa, entre autres conditions de paix, aux tribus des Quades, des Marcomans, des Iazyges et des Buriens qui habitaient au-dessus du Danube, l'obligation de laisser au Nord de la frontière un certain nombre de milles de terre inhabités et déserts (2), même de n'avoir aucun bateau sur le fleuve (3), alors que la flottille romaine du Danube surveillait les communications par eau ; et la rigueur de la police exercée aux frontières au regard des personnes et des marchandises apparaît dans des cas nombreux appartenant à des époques très

---

meister en 1887, dans la *Westdeutsche Zeitschrift*, t. V, pp. 311-321.] — Au sujet du *limes* de la province de *Pannonia inferior*, on lit, dans l'inscription recueillie sous le n° 3385 du t. III, [1], du *C. I. L.* : *Imp. Caes. M.* [*Aur. Commodus An*]*toninus Aug. Pius Sar*[*mat. Germ.*] *Brit. Pont. Max. trib. pot.* X [*imp. VII*] *Cos. IIII. P. P. ripam omnem bu*[*rgis*] *a solo exstructis item praesidis per loca opportuna ad clandestinos latrunculorum transitus oppositis munivit*, — Une description littéraire détaillée du *limes* se trouve dans Aristides, (Vol. I, pp. 355 et suiv., édition Dindorf). — [Voy. encore, sur ce sujet: MM. Hirschfeld, *L'administration des frontières du Rhin dans les trois premiers siècles de l'Empire*, dans les *Comment. philol. in honor. Th. Mommseni*; — von Cohausen, *Le rempart-limite en Allemagne*, Wiesbaden, 1884 ; — les études de M. H. Haupt, Würzburg, 1885 ; — Emil Hübner : *Nouvelles études sur le rempart-limite en Allemagne*, dans les *Iahrb. des Vereins von Alterth. im Rheinlande*, 1885 ; *Römische Herrschaft in Westeuropa*, Berlin, 1890, in-8, pp. 39 et suiv. ; 71 et suiv. ; — M. Duncker, *Sur l'état actuel des recherches au sujet du limes*, dans le *Verhandl. der 38ᵒⁿ Versammlung der deutschen Philol.*, Giessen, 1885, pp. 33 et suiv. ; — Alex. Riese, *Zu den römischen Quellen deutscher Geschichte*, III, Limites de l'empereur Domitien *per centum viginti milia passuum* (Frontière contre les Chattes), dans le *Rhein. Mus.*, 1886, p. 640 ; — Fr. Ohlenschlager, *Le rempart-limite en Bavière*, dans les *Mémoires de l'Acad. de Munich*, 1887 ; — G. Humbert, *Decumates agri*, dans le *Dictionn. des antiq. grecq. et rom.*, de MM. Ch. Daremberg et Edm. Saglio, 11ᵉ fascic., Paris, 1887, t. II, pp. 38, col. 2, et suiv.— Comp., au surplus, ci-dessus, notre *Bibliographie générale des provinces gauloises*, pp. 81 et suiv., et, spécialement, pp. 93 et suiv.]

(1) C'est ce que permettent d'observer non seulement les restes encore subsistants des remparts-limite, mais cela résulte en outre du passage suivant de Spartien, (*Hadr.*, XII) : *Per ea tempora et alias frequenter in plurimis locis, in quibus barbari non fluminibus sed limitibus dividuntur, stipitibus magnis in modum muralis saepis funditus iactis atque connexis barbaros separavit*.

(2) Dio Cass., LXXI, 15. 16 ; LXXII, 3.

(3) Dio Cass., LXXI, 19.

Organisation Romaine, t. II

différentes, d'où l'on peut conclure à l'existence de certaines règles appliquées pendant toute la durée de l'Empire. Les étrangers ne peuvent franchir les frontières que de jour, après avoir déposé leurs armes, et sous une escorte militaire qu'ils doivent payer (1); de temps en temps même, l'accès des frontières était interdit à quiconque n'apportait pas des dépêches à l'empereur (2). Au contraire, la circulation des marchandises est libre, mais sous certaines conditions. Tout d'abord, elles payent un droit de sortie et un droit d'entrée (3), et ce dernier est dû même par les envoyés des nations étrangères, dans le cas où ils ont avec eux quelque chose sujette à l'impôt (4). D'autre part, l'exportation de certains objets est entièrement interdite ; il en était ainsi pour le fer brut ou travaillé, pour les armes de toute nature, le vin, l'huile, le grain, le sel (5) et l'or (6). Enfin, les marchés ne sont tenus qu'à certaines époques et en certains lieux, où la surveillance et la police des autorités romaines peuvent s'exercer (7). Et,

---

(1) Lorsqu'en l'année 70 de notre ère la *colonia Agrippinensis* s'unit aux Germains, les envoyés des *Tencteri* qui lui sont députés disent : *Vobisque gratulamur, quod tandem liberi inter liberos ertis. Nam ad hunc diem flumina ac terras et coelum quodammodo ipsum clauserant Romani, ut colloquia congressusque nostros arcerent, vel, quod contumeliosius est viris ad arma natis inermes ac prope nudi sub custode et pretio coiremus.* Dans la réponse des *Agrippinenses* on lit ensuite : *Vectigal et onera commerciorum resolvimus. Sint transitus incustoditis, sed diurni et inermes.* (Voy. Tacit., *Hist.*, IV, 63-65.) — Il est encore fait mention de l'escorte au Code de Justinien, dans la Const. 6, [pr., *De commerciis et mercatorib.*], IV, 63 : *Si qui inclytas [inditas, éd. Paulus Krueger] nominatim vetustis legibus civitates transgredientes ipsi vel peregrinos negotiatores* SINE COMITE *commerciorum suscipientes fuerint deprehensi, nec proscriptionem bonorum, nec poenam perennis exilii ulterius evadent.*

(2) Const. 2, [*De litorum et itinerum custodia*], C. Th., VII, 16 : *Omnes stationes navium, portus, litora, omnes abscessus provinciarum, abdita quin etiam loca et insulae tuae magnificentiae dispositione solerti custodiantur indagine, ut nullus vel vi vel clam vel aperte [aperto,* éd. Haenel*] vel etiam occulto nostri possit imperii regiones inrepere [irrepere,* éd. Haenel*], qui non aut interiectis prohibeatur obicibus, aut, cum accesserit, illico teneatur, nisi sacros apices — ad me perferre — monstraverit.*

(3) C'est ce que relate Strabon, (XVII, p. 798), pour l'Égypte.

(4) Const. 8, [*De vectigal. et commiss.*], C. Just., IV, 62 [61, éd. Paul. Krueger].

(5) Voy. Gothofr., *Ad Cod. Theod.*, Const. 3, [*De lit. et itin. cust.*], VII, 16. — Constt. 1 et 2, [*Quae res export. non deb.*], C. Just. IV, 31 [et non 21, comme l'indique Marquardt, p. 563, note 5].

(6) Const. 2, [*De commerciis et mercatorib.*], C. Just., IV, 63.

(7) En l'an 174 de notre ère, il ne fut pas permis en général aux *Quadi* de

lorsque l'acquéreur voulait emporter dans sa province ce qu'il avait acheté, il devait, en général, se munir d'une autorisation, c'est-à-dire d'une passe délivrée par le gouverneur (1).

Ainsi rigoureusement tenu à l'écart de ses voisins l'Empire romain constituait, au point de vue extérieur, un tout homogène; mais, au dedans de ses frontières, il se divisait encore, au début de l'empire, nous l'avons vu, en des éléments très différents, dont l'administration romaine avait respecté la religion, la langue, la législation et les mœurs. Pendant quatre siècles, ces particularités nationales ont été, sinon entièrement effacées, tout au moins visiblement battues en brèche par l'influence romaine; et ce serait une étude intéressante que de rechercher les causes qui ont contribué à l'assimilation progressive des provinces entre elles. Dans l'état actuel des sources, qui sont encore rares sur ce point, nous pourrons nous borner à quelques indications.

Disparition des diversités nationales.

Nous avons souvent observé que, dans les pays de civilisation ancienne, où la vie sociale avait revêtu une forme définitive et résistante, où notamment le système des villes s'était développé, on commença par conserver, autant que possible, toutes les institutions existantes, parce que l'on était forcé de les utiliser pour les besoins de l'administration, faute d'un personnel suffisant de fonctionnaires romains. Dans cette période de l'Empire

---

fréquenter un marché romain (Dio Cass., LXXI, 11); par contre, les Marcomans se virent, à cet égard, fixer un lieu et un jour déterminés (Dio Cass., LXXI, 15), et de nouveau accorder, en 180, la tenue de marchés sous la surveillance d'un *centurio* romain, par conséquent, sans aucun doute, le commerce avec les Romains (Dio Cass., LXXII, 2). Pareillement, le marché entre les Perses et les Romains était limité aux trois villes de *Nisibis* [Nesibin], d'*Artaxata* [ruines d'Ardaschar] et de *Callinicos* [Rakka (Ragga)] (voy., sur la dernière place, Ammian., XXIII, 3, 7), et toute contravention aux prescriptions relatives à ce commerce était punie de peines sévères (Const. 4, [*De commerc. et mercator.*], C. Just., IV. 63.) — La permission d'établir des marchés de ce genre était sollicitée du Sénat, ainsi que nous l'apprend le sénatus-consulte *De nundinis saltus Bequensis in t[erritorio] Casensi*, sur la limite qui sépare l'*Africa proconsularis* et la *Numidia*. (Voy. M. Wilmanns, *Ephem. epigr.*, Vol. II, pp. 271 et suiv. [et *C. I. L.*, t. VIII, 1, n° 270].)

(1) C'est ainsi que Dion Cassius, (LXXI, 19), dit des Iazyges : ἐφῆκεν αὐτοῖς (M. Antoninus phil.) πρὸς τοὺς Ῥοξολάνους διὰ τῆς Δακίας ἐπιμίγνυσθαι, ὁσάκις ἂν ὁ ἄρχων αὐτῆς ἐπιτρέψῃ σφίσιν.

romain, dont l'histoire interne est pour nous si difficile à suivre en l'absence de documents, c'est-à-dire dans la période qui va des Antonins à Constantin, il s'était cependant formé peu à peu un régime bureaucratique, que nous trouvons fonctionnant avec son complet développement au quatrième siècle (1). Par là, les magistrats urbains devinrent plus ou moins inutiles pour l'administration de l'Empire ; les provinces, partagées par Dioclétien en districts de peu d'importance, passèrent sous l'administration directe et spéciale du Gouvernement (2) ; et l'influence d'une grande hiérarchie de fonctionnaires, savamment ordonnée, fit aussitôt disparaître, avec les libertés des villes, les différences innombrables que ce Gouvernement lui-même avait jusqu'alors conservées. Tandis que les provinces espagnoles, gauloises et bretonnes, plus tard les provinces danubiennes (3), acceptèrent vite et sans résistance la romanisation pleine et entière, elle se produisit lentement et d'une manière moins complète, quoique certaine, dans les pays de civilisation phénicienne et grecque. Sans doute, « la puissance magique » de la langue grecque lutta pendant des siècles contre l'introduction du latin, étant donné surtout qu'elle était employée comme langue des affaires dans tout l'Empire romain (4), et qu'il en était fait

---

(1) Voy. Kuhn, [*Die städt. und bürgerl. Verfass.*], t. I, pp. 149 et suiv.
(2) Lactantius, *De mort. persec.*, VII : *Adeo maior esse coeperat numerus accipientium quam dantium, ut enormitate indictionum consumtis viribus colonorum desererentur agri.* — *Et, ut omnia terrore complerentur, provincias quoque in frusta concisae, multi praesides et plura officia singulis regionibus ac paene iam civitatibus incubare.* Ce procédé est dépeint à la fin du quatrième siècle par Claudien, (*In Eutrop.*, II, 586) :

provincia quaeque superstes
Dividitur, geminumque duplex passura tribunal
Cogitur. — — hac arte reperta
Rectorum numerum terris pereuntibus augent.

Comp. M. Preuss, *Kaiser Diocletian und seine Zeit*, Leipzig, 1869, in-8, pp. 86 et suiv.
(3) Vellei. Paterc., II, 110 : *In omnibus Pannoniis non disciplinae tantummodo, sed linguae quoque notitia Romanae.*
(4) Voy. Valckenaer, *Schol. ad Acta Apost.*, p. 351 ; — Bernhardy, *Gr. Syntax*, p. 34, note 59.

usage dans les actes des magistrats romains (1), ainsi que dans ceux de la justice (2) ; toutefois, si cette langue se conserva même jusqu'au delà du moyen âge dans certaines contrées de l'Italie, par exemple en Calabre (3), si elle arriva parfois à dominer de nouveau dans les colonies romaines (4), et si elle demeura seule en usage, tout au moins en Asie, au temps de l'empire byzantin (5), l'élément romain n'en gagna pas moins sans cesse en influence, non seulement dans l'Italie inférieure, dès la *lex Iulia*, mais même tout d'abord en Sicile (6), et, à partir des Antonins, dans tout l'Orient, où, tandis que la culture grecque perdait tous les jours de son ancienne valeur (7), l'étude du droit romain, considérée comme le meilleur moyen de s'élever dans les fonctions officielles (8), était toujours plus en faveur ; dès le commencement du troisième siècle, l'école de

---

(1) Les édits qui nous sont parvenus des préfets d'Égypte et un grand nombre d'inscriptions trouvées en Asie nous en fournissent la preuve.
(2) Philostrat., *Vit. Apoll.*, V, 36 *in fine*. — Voy. Bethmann-Hollweg, *Civilproc.*, t. III, § 148.
(3) Voy. Niebuhr, *Röm. Gesch.*, t. I, p. 69 [= dans la trad. franç. de M. de Golbéry, t. I, pp. 87 et suiv.].
(4) Dio Chrysost., Vol. II, p. 114, éd. R. : ὅτι Ῥωμαῖος ὢν ἀφηλληνίσθη, ὥσπερ ἡ πατρὶς ἡ ὑμετέρα (la colonie de Corinthe). De même, sur les monnaies de beaucoup de colonies, se trouvent des légendes grecques. (Voy. Eckhel, *Doct. Num.*, t. IV, pp. 470 et suiv.)
(5) Voy. Bethmann-Hollweg, *ubi supra*.
(6) Diodor., I, 4 ; V, 6.
(7) Aristides, εἰς βασιλέα, Vol. I, p. 105, éd. Dind. : εἰ δ'αὖ τὸ φιλέλληνα εἶναι καλὸν καὶ πρέπον βασιλεῖ, τῷ προσήκων ὁ ἔπαινος οὕτως ; οὕτω γὰρ σφόδρα φιλέλλην ἐστὶν ὁ βασιλεὺς (Antonin-le-Pieux) καὶ τοσοῦτον αὐτῷ περίεστι τούτου τοῦ καλοῦ, ὥστε ἠμελημένης τῆς τῶν Ἑλλήνων παιδείας καὶ καταπεφρονημένης, ἀνῃρημένων δὲ τῶν ἐπ' αὐτῇ τιμῶν, παρεωσμένου δὲ καὶ ἐν οὐδενὸς ὄντος μέρει παντὸς τοῦ Ἑλληνικοῦ, οὐκ ἠμέλησεν ὁ βασιλεύς.
(8) Déjà, sous Néron, un Arcadien envoie son fils à Rome, pour étudier le droit (Philostr., *Vit. Apoll.*, VII, 42). Plus tard, les rhéteurs grecs se plaignent volontiers de la décadence de l'art oratoire grec et de l'envahissement des études juridiques. L'ἐπίπαππος de Libanius, un Grec d'*Antiochia*, connaissait le latin et écrivait des discours dans cet idiome (Liban., Vol. I, p. 4, éd. R.). Festus, gouverneur de Syrie au temps de Libanius, ne comprenait pas le grec, ce que Libanius trouve toutefois inouï (Vol. I, p. 103, éd. R.). Celui qui aspire aux fonctions publiques doit faire des exercices oratoires latins (Liban., Vol. I, pp. 133. 143. 185 ; cf. Vol. II, p. 215 ; Vol. III, p. 438). De son côté, Iohannes Chrysost. remarque dans son écrit πρὸς τοὺς πολεμοῦντας τοῖς ἐπὶ τὸ μονάζειν ἐνάγουσιν, lorsqu'il parle de l'éducation des

droit de Béryte y était florissante (1), et, avec la langue (2) et le droit des Romains, leurs mœurs et leur goût (3) s'y acclimataient toujours davantage. Lorsque la monarchie eut aboli les privilèges politiques des citoyens romains, l'émigration en masse des Romains dans les provinces eut pour conséquence l'attribution du droit de cité à des peuplades tout entières ; enfin, la continuité des relations commerciales et judiciaires aboutit à l'unité absolue de condition juridique et sociale dans tout l'Empire ; et la concession de la *civitas* faite par Caracalla à tous ses habitants doit être considérée comme ayant consacré d'une manière définitive cette œuvre d'assimilation (4). Avec la Constitution de ce prince prennent également fin la classe des *peregrini* et l'ancien privilège du *connubium*, dans la sphère des

---

enfants, que l'art oratoire et la connaissance du latin sont les plus puissants leviers pour aller loin.

(1) Voy., ci-dessus, pp. 380 *in fine* et suiv.

(2) Sur la diffusion de l'idiôme latin comme langue des affaires dans toute l'étendue de l'Empire romain, voy. les déclarations des évêques au concile d'Éphèse de 431 (dans Mansi, t. IV, f° 1282) et au concile de Chalcédoine (dans Mansi, t. IV, f°ˢ 56. 456).

(3) Je mentionne, à titre de particularité, l'usage de la *toga* chez les décurions d'*Antiochia* (Liban., Vol. II, p. 142, éd. R.), et le beau passage de Dion Chrysostôme, (Vol. I, pp. 630 et suiv., éd. R.), sur l'introduction des jeux de gladiateurs en Grèce : οἶον εὐθὺς τὰ περὶ τοὺς μονομάχους οὕτω σφόδρα ἐζηλώκασι (οἱ Ἀθηναῖοι) Κορινθίους, μᾶλλον δὲ ὑπερβεβλήκασι τῇ κακοδαιμονίᾳ κἀκείνους καὶ τοὺς ἄλλους ἅπαντας, ὥστε οἱ Κορίνθιοι μὲν ἔξω τῆς πόλεως θεωροῦσιν ἐν χαράδρᾳ τινί — Ἀθηναῖοι δὲ ἐν τῷ θεάτρῳ θεῶνται τὴν καλὴν ταύτην θέαν ὑπ' αὐτὴν τὴν ἀκρόπολιν, οὗ τὸν Διόνυσον ἐπὶ τὴν ὀρχήστραν τιθέασιν· ὥστε πολλάκις ἐν αὐτοῖς τινα σφάττεσθαι τοῖς θρόνοις, οὗ τὸν ἱεροφάντην καὶ τοὺς ἄλλους ἱερεῖς ἀνάγκη καθίζειν.— On trouve dans Welcker, (*Sylloge epigr.*, p. 58), et dans Boeckh, (*C. I. Gr.*, n° 2663), une riche collection de documents relatifs à la diffusion des jeux de gladiateurs en Grèce. — [Comp., à cet égard, M. P. J. Meier, *Die Gladiatorentesseren*, dans le *Rhein. Museum*, t. XLII, 1, pp. 122-137 ; — l'excellente monographie de M. J.-Adrien Blanchet, *Tessères antiques théâtrales et autres*, Paris, 1889, broch. in-8 (Extr. de la *Revue archéol.*); — M. W. Liebenam, *Zur Geschichte und Organisation des Röm. Vereinswesens*, Leipzig, 1890, in-8, pp. 121 *in fine* et suiv.)] — L'étude de Heyne, intitulée *De usu sermonis Romani in administrandis provinciis a Romanis probato*,(*Comm. soc. reg. scient. Goetting. rec.*, Vol. I), est très insuffisante. Par contre, M. A. Budinszky, (*Die Ausbreitung der lateinischen Sprache über Italien und die Provinzen des römischen Reiches*, Berlin, 1881, in-8), a récemment traité de l'influence du latin sur la langue grecque, et, si le sujet n'est point encore épuisé, du moins est-il abordé avec soin.

(4) Dio Cass., LXXVII, 9 ; — Ulpian., L. 17, [*De statu hominum*], D., I, 5.

droits privés, et commence la fusion, par des liens de famille, des éléments divers entre lesquels la population s'était si longtemps partagée. Les principales phases de l'histoire ancienne sont marquées par les événements qui abaissent l'une après l'autre les barrières naturelles qui ont séparé à l'origine les diverses races ; ainsi, la guerre du Péloponnèse mit fin à l'isolement des races dorienne et ionienne l'une par rapport à l'autre ; et les conquêtes d'Alexandre, à la vieille rivalité de la Grèce et de l'Orient barbare. Avec la réunion extérieure de tout le monde ancien sous une domination unique, définitivement accomplie au premier siècle de l'Empire, s'ouvre la dernière période de son histoire : la fusion intime des nationalités, reliées désormais entre elles par des liens durables, la clôture, achevant, d'une part le développement de cet ancien monde, préparant, de l'autre, des temps nouveaux, dont l'avénement n'a pas échappé à la clairvoyance des contemporains (1).

---

(1) La mission civilisatrice de la domination romaine est déjà indiquée par Pline, (*Nat. hist.*, III, 39): *Terra (Italia), — numine Deum electa, quae — sparsa congregaret imperia ritusque molliret et tot populorum discordes ferasque linguas sermonis commercio contraheret, colloquia et humanitatem homini daret, breviter una cunctarum gentium in toto orbe patria fieret.* — Voy. la même idée exprimée dans Rutil. Nemesian., (*Itin.*, I, 63) : *Fecisti (Roma) patriam diversis gentibus unam*, etc. ; — dans Claudian., (*De cons. Stilich.*, III, 154 sqq.) ; — dans Gregorius Thaumaturg., (*Or. pan. in Orig.*, p. 171) : οἱ θαυμαστοὶ ἡμῶν τῶν σοφῶν νόμοι, οἷς νῦν τὰ πάντων τῶν ὑπὸ τὴν Ῥωμαίων ἀρχὴν ἀνθρώπων κατευθύνεται πράγματα. — Origenes et Prudentius signalent déjà la concentration politique et sociale de l'ancien monde comme une préparation à la diffusion de la religion chrétienne, appelée à devenir la religion universelle, et comme le commencement des temps chrétiens. Origenes, (*Contra Celsum*, II, 30): καὶ σαφές γε ὅτι κατὰ τὴν Αὐγούστου βασιλείαν ὁ Ἰησοῦς γεγέννηται, τοῦ (ἵν'οὕτως ὀνομάσω) ὁμαλίσαντος διὰ μιᾶς βασιλείας τοὺς πολλοὺς τοὺς ἐπὶ γῆς· ἦν γὰρ ἂν ἐμπόδιον τοῦ νεμηθῆναι τὴν Ἰησοῦ διδασκαλίαν εἰς πᾶσαν τὴν οἰκουμένην τὸ πολλὰς εἶναι βασιλείας κ. τ. λ. — Prudentius, (*Contra Symmach.*, II, 609 sqq.) :

> *Vivitur omnigenis in partibus, haud secus ac si*
> *Cives congenitos concludat moenibus unis*
> *Urbs patria atque omnes Lare conciliemur avito.*
> *Distantes regione plagae, divisaque ponto*
> *Litora conveniunt nunc per vadimonia ad unum*
> *Et commune forum, nunc per commercia et artes*
> *Ad coetum celebrem, nunc per genialia fulcra*

Externi ad ius connubii. Nam sanguine mixto
Texitur alternis ex gentibus una propago.
Hoc actum est tantis successibus atque triumphis
Romani imperii: Christo iam tunc venienti
Crede, parata via est, etc.

FIN.

TABLE DES MATIÈRES

DU TOME DEUXIÈME.

CHAPITRE DEUXIÈME

	Pages.
LES CIRCONSCRIPTIONS ADMINISTRATIVES	1-600

A. — L'ITALIE SOUS LES EMPEREURS............ 1-42

Frontières de l'Italie, 4. — *Gallia cisalpina*, 6. — Division de l'Italie en onze régions, 7. — Liste de ces régions, 10. — A. Italie supérieure, 10. — B. Italie centrale, 12. — C. Italie inférieure, 14. — Vices des administrations urbaines, 15. — L'Italie est placée sous l'autorité de quatre personnages consulaires, 16. — Puis sous celle de *iuridici*, 17. — Situation des municipes par rapport aux *iuridici*, 21. — *Correctores* dans les provinces, 22. — *Correctores* en Italie, 24. — Suppression de l'exemption d'impôts, 26. — *Regio annonaria* et *regio urbicaria*, 26. — Partage de l'Empire sous Dioclétien, 27. — *Praefectura Italiae*, 28. — Provinces ressortissant au *Vicarius Italiae*, 31. — Provinces ressortissant au *Vicarius Urbis*, 34.

B. — LES PROVINCES ROMAINES............ 43-600

1. — Aperçu statistique............ 43-497

I. *Sicilia*............ 48-56
Formation de la province, 48. — Administration, 50. — Communes, 52.

II. *Sardinia et Corsica*............ 57-63

III-V. *Les provinces espagnoles*............ 64-80
Formation, 64. — *Hispania citerior et ulterior*, 67. — Division de l'Espagne en trois provinces, 68. — *Tarraconensis*, 70. — Com-

munes, 72. — *Baetica*, 74. — *Lusitania*, 75. — Romanisation de l'Espagne, 76. — Assemblées (*concilia*) des trois provinces, 77. — Division de l'Espagne après Dioclétien, 79.

VI-XIV. *Les provinces gauloises* 81-152

Bibliographie générale 81-114

Formation de la *provincia Narbonensis*, 115. — A partir de César, on trouve quatre provinces en Gaule, 118. — Provinces de la période impériale, 122. — 1. *Narbonensis*, 123. — 2. *Aquitania*, 125. — 3. *Lugdunensis*, 126. — 4. *Belgica*, 126. — Administration, 127. — Régime des *pagi*, 129. — Formation des grandes villes, 130. — Assemblée à *Lugdunum*, 130. — 5. 6. *Germania superior* et *Germania inferior*, 134. — Romanisation des provinces gauloises, 144. — 7. *Alpes maritimae*, 145. — 8. *Alpes Cottiae*, 146. — 9. *Alpes Poeninae*, 147. — Division de la Gaule après Dioclétien, 149.

XV. *Britannia* 153-159

Organisation de la province, 156. — Administration, 158.

Les provinces danubiennes 160-196

XVI. *Raetia*, 160. — Province procuratorienne, 161. — Elle reçoit un *legatus*, 162, — et est réunie à l'Italie, 162.

XVII. *Noricum*, 163. — Le *regnum Noricum*, 163, — sous un *procurator*, 164, — reçoit un *legatus*, 165.

XVIII. XIX. *Pannonia*, 165. — Conquête du pays, 165. — Division en *Pannonia inferior* et en *Pannonia superior*, 167. — Création de villes, 169. — Division ultérieure, 170.

XX. *Illyricum*, plus tard *Dalmatia*, 171. — Acception ethnographique du mot *Illyricum*, 171. — Premières conquêtes, 173. — Débuts de la province, 174. — Son administration, 176. — Elle reçoit le nom de *Dalmatia*, 177. — Communes, 179.

XXI. XXII. *Moesia*, 180. — Premières conquêtes, 180. — Organisation de la province, 181. — Son partage, 182. — Création de villes, 185. — Action politique des Romains sur la côte septentrionale de la mer Noire, 186.

XXIII. *Dacia*, 189. — Organisation de la province, 191. — Sa division en deux, 191, — puis en trois provinces, 191. — Fondation de villes, 193. — Abandon de la province, 195.

XXIV. *Thracia* 197-202

Province procuratorienne. Ann. 46, 198. — Province prétorienne, 199. — Villes, 200. — Division de la province, 202.

XXV. *Macedonia*.. 203-210

Organisation provisoire en 168, 203. — Province en 146, 205. — Limites, 206. — Administration, 207. — Colonies, 209. — Division de la province, 210.

XXVI. XXVII. *Achaia* et *Epirus*............................. 211-233

Politique suivie par les Romains en Grèce, 217. — Soumission de la Grèce en 146, 220. — Détermination des territoires urbains, 222. — Nouvelles constitutions données aux villes, 224. — Cités libres, 224. — Réunion de l'Achaïe à la Macédoine en 146, 226. — L'Achaïe, province particulière, 27 avant J.-C., 229. — Thessalie. Épire, 230. — Administration, 230. — Colonies, 231. — État de la province, 232.

XXVIII. *Asia*.. 234-262

Elle devient province en 133, 237. — Ère de la province, 237. — Limites, 237. — Gouvernement, 240. — Constitution de Sulla. Ann. 84, 241. — Division de l'Asie en 44 districts, 246. — *Conventus iuridici*, 247. — Métropoles, 252. — Assemblée, 254. — Villes libres, 257. — Colonies, 259. — Division de la province par Dioclétien, 259. — *Insularum provincia*, 260.

XXIX. *Bithynia* et *Pontus*.................................... 263-275

La Bithynie, province en 74, 263. — *Pontus*, 65, 265. — Administration, 266. — Plinius en Bithynie, 267. — Double assemblée, 272. — Districts urbains, 273. — Villes libres, 274. — Colonies, 274. — Partages opérés au IVe siècle, 275.

XXX. *Galatia* et *Pontus Polemoniacus*..................... 276-288

Province, en l'an 25, 277. — Éléments dont se composait cette province, 277. — *Galatia*, 277. — *Pisidia*, 278. — *Phrygia*, 278. — *Lycaonia*, 278. — *Isauria*, 278. — *Paphlagonia*, 278. — *Pontus Galaticus*, 279. — *Pontus Polemoniacus*, 279. — *Armenia minor*, 280. — Administration, 281. — Villes, 285. — Division ultérieure, 287.

XXXI. *Cappadocia*... 289-302

Étendue, 289. — Division en stratégies, 290. — Province procuratorienne, 291. — Province consulaire, 291. — Frontières depuis

Trajan, 292. — *Armenia minor*, 294. — Importance politique de la province, 295. — Création de villes nouvelles, 299. — Division ultérieure, 301.

XXXII. *Lycia* et *Pamphylia*.................................... 303-310

Province, en 74 après J.-C., 305.—Constitution fédérale lycienne, 306. — Assemblée de Pamphylie, 309. — Séparation des deux parties de la province, 310.

XXXIII. *Cilicia*.. 311-326

Province, en 102 avant J.-C., 312. — Organisation en 64, 315. — Ressorts judiciaires, 316. — Constitution de César, 317. — Auguste change l'étendue de la province, 318. — Dynastie d'*Elaiussa*, 318. — Dynastie d'*Olbe*, 319. — Dynastie de Tarcondimotus, 320. — La Cilicie est réunie à la Syrie, 321. — La Cilicie, province particulière, 322. — Villes libres, 323.

XXXIV. *Cyprus*... 327-330

Dépendance de la Cilicie, 327. — Province du Sénat, 328. — Villes, 329.

XXXV. *Syria*... 331-384

Province, en 64 avant J.-C., 331.—Population, 333. — Territoires urbains, 334. — Liberté des villes, 338. — Dynasties dans la province, 339. — Commagène, 340. — *Chalcis*, 343. — Abilène, 345. — *Arethusa* et *Emesa*, 347. — *Damascus*, 348. — *Iudaea*, conquise par Pompée, 349. — Herodes-le-Grand, 353. — Les fils d'Herodes, 355. — Herodes Agrippa, 357. — *Procuratores* de Judée, 358. — *Palmyra*, 360. — Administration de la province, 363. — La Judée, province particulière, en 70 après J.-C., 368. — Division de la province en *Syria Coele* et *Syria Phoenice*, 373. — Division ultérieure en sept provinces, 376. — Communes urbaines, 378. — Colonies, 380. — Régime des *sacra*, 383.

XXXVI. *Arabia*... 385-390

Ère de la province, 386. — Division de la province, 388.

XXXVII. *Armenia*... 391-392

XXXVIII. *Mesopotamia*. XXXIX. *Assyria*.................... 393-398

Conquête, 393. — Administration, 395. — Abandon, 397.

TABLE DES MATIÈRES. 605
Pages.

XL. *Aegyptus*... 399-425

Administration sous un vice-roi, 402. — *Praefectus Aegypti*, 405.
— Centralisation administrative, 409. — Epistratégies, 409. —
Nomes, 412. — Toparchies, 414. — Komes, 415. — Villes exemptes,
417. — *Iuridicus Alexandriae*, 419. — Population d'Alexandrie,
422. — Communauté juive, 423. — L'Égypte érigée en diocèse
de l'Orient, 424.

XLI. *Creta* et *Cyrenaica*...................................... 426-437

Histoire primitive, 426. — *Cyrene* échoit aux Romains, 428. —
Pentapolis, 428. — Formation de la province, 430. — Réunion de
la Crète et de Cyrène, 432. — La commune urbaine de *Cyrene*,
435. — Décadence de la ville, 436.

XLII. XLIII. *Africa et Numidia*.......................... 438-478
Bibliographie générale.................................... 438-449

Fondation de la province, 450. — Réunion de la Numidie à l'Afrique, 451. — L'Afrique gouvernée par un proconsul, 452, — qui
commande une légion, 454. — Ce commandement passe à un
legatus impérial, 454. — La Numidie, province particulière, 457.
— Nouvelle division opérée par Dioclétien, 459. — Habitants de
la province, 462. — Berbères, 462. — Phéniciens, 462. — Romanisation, 463. — Communes, 464. — *Civitates liberae*, 464. — Colonisations romaines, 465. — Fondations de villes, 468. — Colonisation de la Numidie, 472.

XLIV. XLV. *Mauretaniae*................................... 479-489

Mauretania Tingitana et *Caesariensis*, 480. — Ère de la province,
480. — Administration procuratorienne, 481. — *Mauretania Sitifensis*, 483. — Établissement des colonies, 486.

TABLEAUX.

I. Provinces romaines en l'an 117 après J.-C................ 490
II. Tableau chronologique...................................... 494
III. Division des provinces au point de vue administratif, au premier siècle et au commencement du second..................... 495
IV. Administration de l'Empire romain vers 400 après J.-C..... 496

2. — Administration des provinces...................... 498-600
Organisation de la province............................. 498-507
Notion de la province, 499. — Procédure de l'organisation, 503.
— Circonscriptions urbaines, 504.

ORGANISATION DE L'EMPIRE ROMAIN.

Pages.

Les Assemblées provinciales............................... 508-530

Assemblées antérieures à la conquête romaine, 508. — Assemblées nouvellement organisées, 509. — Culte de l'empereur, 512. — *Sacerdos provinciae*, 513. — *Sacerdotales*, 516. — Députés à l'assemblée, 517. — Compétence de l'assemblée, 518. — Toutes les provinces ont leurs assemblées, 520. — Liste des assemblées, 521. — Asiarques, 525.

Le Gouverneur et ses agents............................... 531-600

Préteurs, 531. — Propréteurs, 532, — réguliers, à compter de Sulla, 532, — en service extraordinaire, dès 632 = 122, 533. — Proconsuls, 534. — Provinces proconsulaires et provinces prétoriennes, 536. — Époque de l'entrée en fonctions, 538. — *Lex Pompeia*, 538. — Durée de la fonction, 539. — *Lex Cornelia*, 540. — *Lex Iulia*, 542. — *Ornatio provinciae*, 542. — *Legati pro praetore*, 543. — *Quaestores*, 545. — *Pro quaestore*, 546. — *Quaestor pro praetore*, 548. — *Quaestor vice proconsulis*, 550. — *Comites*, 550. — *Cohors praetoria*, 551. — *Apparitores*, 552. — Service personnel, 553. — Départ, 553. — Voyage, 554. — Entrée, 554. — Pouvoirs, 556. — État des provinces sous la République, 557. — Période impériale, 565. — Mesures prises par Auguste, 566. — Provinces du Sénat, 567. — Entrée en fonctions, 568. — Provinces impériales, 571. — *Legati Aug. pr. pr.*, 572, — *consulares*, 572. — *Quinquefascales*, 574. — Quatre classes de *legati*, 575. — *Iuridici*, 576. — *Praefecti*, 579. — *Procuratores*, 581. — *Procurator vice praesidis*, 584. — *Procurator et praeses*, 584. — Traitement, 586. — Service des postes, 587. — Police des frontières, 592. — Disparition des diversités nationales, 595.

TABLES GÉNÉRALES

DES DEUX VOLUMES

DE L'ORGANISATION DE L'EMPIRE ROMAIN.

I.

INDEX GÉOGRAPHIQUE.

[N. B. : I. — Le lecteur pourra consulter, sur chacun des noms géographiques dont la liste suit, les auteurs et les livres mentionnés dans notre INTRODUCTION BIBLIOGRAPHIQUE GÉNÉRALE, (IV, *Géographie et Itinéraires*), ainsi que les *Indices* spéciaux des différents volumes parus du *Corpus Inscriptionum Latinarum*, placés sous les rubriques : *Geographica et Topographica*; — *Geographica*; — *Provinciae. Civitates. Pagi. Vici. Fluvii* (Vol. II, f⁰ˢ 746 et suiv. ; — Vol. III, 2, f⁰ˢ 1168 et suiv. ; — Vol. IV, f⁰ 248; — Vol. V, 2, f⁰ˢ 1184 et suiv. ; — Vol. VII, f⁰ˢ 327 et suiv. ; — Vol. VIII, 2, f⁰ˢ 1088 et suiv. ; — Vol. IX, f⁰ˢ 775 et suiv. ; — Vol. X, 2, f⁰ˢ 1139 et suiv. ; — Vol. XII, f⁰ˢ 931 et suiv. ; — Vol. XIV, f⁰ˢ 570 et suiv.), et le *Dizionario epigrafico di Antichità Romane*, de M. Ettore de Ruggiero, qui comprend, à l'heure présente, (septembre 1891), 22 fascicules et s'arrête à l'article *Arvales*. Il pourra, de la sorte, combler aisément les inévitables lacunes de nos renvois, dont quelques-unes sont dues à ce que certains fascicules des ouvrages actuellement en cours de publication n'ont été édités que postérieurement au tirage définitif des feuilles de cette traduction, où le renseignement qu'ils contiennent aurait dû être indiqué, comme cela est arrivé, par exemple, pour les mots *Armenia-Arvales* du *Dictionnaire* de M. Ett. de Ruggiero.

[II. — Nous avons pris soin d'indiquer entre crochets, [ ], les noms modernes des localités antiques mentionnées dans le t. I de cette traduction, lorsqu'elles ne se trouvent pas rappelées dans le t. II, où nous n'avons jamais manqué, autant que cela nous a été possible, de fournir cette utile indication.

[III. — Enfin, dans le double but d'éviter une trop longue liste d'*addenda* et de munir le lecteur du plus grand nombre de renseignements possibles sur chaque localité, nous mentionnons dans des notes spéciales, en tant que de besoin, les références omises ou celles dont nous n'avons eu connaissance qu'après le tirage. — P. L.-L.]

A.

Noms.	Tome.	Pages et Notes.
Abae	II.	P. 225, note 4.
Abdera	II.	P. 200.
Abella [ruines d'Avella vecchia] . .	I.	P. 222, note 1.
Abellinum [ruines de Civita, *pr.* Avellino]	I.	PP. 160. 205. 221.
Abila Leucas	II.	P. 337.
Abila Lysaniae	II.	P. 345.
Abitensis colonia	II.	P. 469.
Abonoteichos	II.	PP. 266. 275.
Abtugnense municipium	II.	P. 471.
Acarnania	II.	P. 230.
Acerrae (1)*	I.	PP. 39. 57, *in fine*. 159, *in init.* 164, note 1.
Achaia	I.	P. 106, note 1 [où il faut lire : pour l'Achaia].
	II.	P. 60.
Achaia, *Provincia* (2)*	II.	PP. 211 et suiv. 229 et suiv.
	I.	P. 104.
Achulla	II.	P. 464, *in fine*.
Acinipo [Ronda-la-vieja]	I.	P. 188, *in fine*.
Acrae	II.	P. 50, *in init.*.

---

(1)* [Il existe deux villes du nom d'*Acerrae* : l'une, située en Campanie, (auj. Acerra); l'autre, dans la *Gallia Transp.*, (auj. Gera, *pr.* Pizzighettone).]

(2)* [T. II, p. 211, note 1*, 2°. — *Adde* : H. Reynald, *Libertati apud veteres Graeciae populos quid defuerit*, (Thèse de Doct. ès-Lett.), Parisiis, 1856, broch. in-8 ; — Brunet de Presles et Blanchet, *La Grèce depuis la conquête romaine jusqu'à nos jours*, Paris, 1860, 1 vol. in-8, avec 40 pl.

[P. 214, note, ligne 9. — Le t. III de l'ouvrage de M. Holm a aujourd'hui paru ; voy., sur lui, la *Deutsche Literaturzeitung*, 1891, n° 14.

Noms.	Tome.	Pages et Notes.
Acraephiae ou Acraephium (1)*	II.	P. 211, note 1*, 1°.

[P. 215, 3°. — *Adde*: MM. Kalkmann, *Pausanias der Perieget*, Berlin, 1886 (*ibiq*. M. Hauvette, dans la *Revue critiq. d'hist. et de littér.*, 1887, II, p. 193); — Gurlitt, *Ueber Pausanias*, Graz, 1890 (*ibiq*. M. Hauvette, dans la même *Revue*, 1890, I, p. 202, et la *Berliner Philolog. Wochenschrift*, 1890, p. 842); — Antoine Miliaraki, Γεωγραφία πολιτική νέα καὶ 'αρχαία τοῦ νόμου Κεφαλληνίας, Athènes, 1890, 1 vol. de 300 pp., plus une carte.

[P. 215, note, *sub fin.* : à propos de l'ouvrage de M. Ch. Diehl, voy. aussi celui de M. Constantin Carapanos, *Dodone et ses ruines*, texte et planches, Paris, 1878, 2 voll. in-4, dont 1 de 63 pl.

[P. 215, *in fine.* — Voy. encore, de M. H. Schliemann, *Ithaque, le Péloponnèse, Troie. Recherches archéologiques*, Paris, 1869, 1 vol. in-8, grav.

[P. 216, note, ligne 13. — *Adde* M. E. Boetticher, *Hissarlik wie es ist. Fünftes Sendschreiben über Schliemann's Troja*, Berlin, 1890, chez l'auteur, in-4. (Comp. *Berliner Boersen-Courier*, n° du 24 août 1890.) Voy. aussi M. Belger, dans la *Berliner Philolog. Wochenschrift*, n° du 25 janvier 1890, et M. Virchow, dans les *Verhandlungen der Berliner anthropologischen Gesellschaft*, 1890, p. 130. — Voy., au demeurant, sur la question: MM. Salomon Reinach, dans la *Revue archéol.*, 1890, I, pp. 310-312, et Sept.-Oct. 1890, pp. 254 et suiv. ; — Niemann, *Kampf um Troja*, dans la *Kunstchronik*, de Lützow, n° du 20 février 1890, et *Hissarlik — Ilion*, dans les *Mittheilungen der anthropol. Gesellschaft in Wien*, 1890, pp. 1-10; — [Schliemann], *Hissarlik — Ilion*, Leipzig, Brockhaus, 1890; — Émile de Munck, *Documents nouveaux sur la question troyenne*, avec annotations de M. le Dr Schliemann, Bruxelles, 1890, (Extr. des *Annales de la Société d'archéologie de Bruxelles*, t. III et IV); — von Duhn, dans *Deutsches Wochenblatt*, n^{os} des 26 juin et 3 juillet 1890; — Hörnes, dans *Nord und Süd*, n° de juin 1890 ; — Perrot, Rapport [cité] de M. Babin sur le congrès du mois de mars 1890, auquel cet ingénieur a pris part avec MM. Calvert, von Duhn, Grempler, Hamdi bey, Humann, Virchow et Waldstein, sous la direction de MM. Schliemann et Doerpfeld, présenté à la séance du 18 juillet 1890 de l'*Acad. des Inscr. et Bell. Lett.* ; — Articles de M. Schliemann dans la *Neue Freie Presse*, n° du 11 juin 1890 ; *Berliner Philolog. Wochenschrift*, 1890, p. 809 ; comp. *Frankfurter Zeitung*, n° du 12 juin 1890. Voy. enfin *Athen. Mittheil.*, t. XV, pp. 217 et suiv., et pp. 226 et suiv. (M. Doerpfeld).

[Voici, au surplus, la liste des principales publications de M. H. Schliemann:

[1° TROIE. — *Ithaka, der Peloponnes und Troja*, Leipzig, 1869 ; — *Trojanische Alterthümer*, Leipzig, 1874 (éd. franç. par M. Rangabé, Paris, 1874) ; — *Troy and its remains*, London, 1875 ; — *Ilios, Stadt und Land der Trojaner*, Leipzig, 1880 (éd. franç. très augmentée, par Mme Egger, Paris, 1885) ; — *Reise in der Troas*, Leipzig, 1881 ; — *Troja. Ergebnisse meiner neuesten Ausgrabungen*, Leipzig, 1884 (le contenu de ce dernier livre a passé dans l'édition française d'*Ilios*), — *Hissarlik-Ilion*, Leipzig, 1890 ; — *Inscriptions d'Ilion*, dans les *Mittheilungen des Kaiserl. deutsch. archaeolog. Inst., Athen. Abtheil.*, t. XV, Hft 1 et suiv., *Mélanges* ; — *Adde* M. Ernest Boetticher, *La Troie de Schlie-*

---

(1)* [Voy. la très intéressante étude sur la constitution de la ville d'*Acraephiae* d'après l'épigraphie, par M. Maurice Holleaux, dans le *Bulletin de corresp. hellén.*, t. XIV, pp. 1-64, et pp. 181-203.]

Noms.	Tome.	Pages et Notes.
Actium.	II.	P. 232, *in init.*
Acumincum.	II.	P. 168.
Acusio	II.	P. 145.
Adraa(Der'ât)	II.	P. 387.
Adramyttium.	II.	P. 248.
Aeclanum [Grotte di Mirabella] . .	I.	P. 208, note 3. P. 265, *in init.*
Aedui.	II.	P. 144, *in fine.*
Aegae, *in Cilicia* (1)*	II.	P. 317, note 7. P. 324.
Aegina	II.	P. 227.
Aegyptus. — Administration de la Province (2)*.	I. / II.	P. 23. P. 116, note 3. / PP. 399 et suiv.

mann, *une nécropole à incinération à la manière assyro-babylonienne*, Leipzig, 1890, 1 vol in-8, avec 12 pl., et, sur l'historique des dernières fouilles de Schliemann à Troie, *Revue archéol.*, 1890, II, p. 254.

[N. B. — M. Georges Perrot publie actuellement, dans le *Journal des Savants*, un rapport fort détaillé sur les fouilles de M. Henri Schliemann à Troie. Le 1er article a paru dans le n° de Juin 1891, pp. 338-346.

[2° ITHAQUE. — *Ithaka, der Peloponnes und Troja*, Leipzig, 1869; — *Ilios*, (éd. allemand), pp. 54 et suiv. — (Comp. Dr Jos. Partisch, *Mittheilungen aus Justus Perthes'geographischer Austalt*. Ergänzungsheft Nr. 98. *Kephallenia und Ithaka. Eine geograph. Monographie*, Gotha, 1891, 1 vol. in-8, pl.)

[3° MYCÈNES. — *Mykenae.... und Tiryns*, Leipzig, 1878 (éd. franç., par M. J. Girardin, avec préface de M. Gladstone, Paris, 1879, gr. in-8 illustré de 589 grav. et 8 cartes et plans); — *Catalogue des trésors de Mycènes au Musée d'Athènes*, Leipzig, 1882. (Comp. *Zeitschr. f. Ethnol.*, 1888, p. 23.)

[4° ORCHOMÈNE. — *Orchomenos. Bericht über meine Ausgrabungen*, Leipzig, 1881 (publié en anglais dans le *Journal of Hellenic Studies*).

[5° TIRYNTHE. — *Tiryns, der prähistorische Palast*, Leipzig, 1886 (trad. franç., Paris, 1886). — Comp. *Revue archéol.*, 1888, I, p. 67.

[N. B.: Le rapport de M. Georges Perrot sur Tirynthe, mentionné aux lignes 3 et suiv. de la note de la p. 216, et indiqué comme étant inachevé, est aujourd'hui terminé: le 4e et dernier article a paru dans le *Journal des Savants*, 1890, pp. 457 et suiv.

[6° CYTHÈRE. — *Ausgrabungen auf Cerigo*, dans la *Zeitschrift für Ethnologie*, 1888, p. 20. — Comp. *Revue archéol.*, 1888, I, p. 76.

[Sur Henri Schliemann, voy. M. Salomon Reinach, dans la *Revue archéol.*, 3e série, t. XV, Nov.-Déc. 1890, pp. 416-419.

[P. 216, note, 4°. — Adde M. J.-P. Mahaffy, *The Greek World under Roman Sway, from Polybius to Plutarch*, London, 1891, 1 vol. in-8.]

(1) * [Voy. encore, sur cette ville, M. Salomon Reinach, dans les *Comptes-rendus de l'Académie des Inscriptions et Belles-Lettres*, 23 mai 1890, et *Chronique d'Orient*, (N° XXIII), dans la *Revue archéol.*, 3e série, t. XV, Septembre-Octobre 1890, p. 257, AEGAE.]

(2)* [Voy. encore, sur l'Égypte, le *Recueil de Travaux relatifs à la Philologie et à l'Archéologie égyptiennes et assyriennes*, t. I-XIV, et MM. H. Brugsch: *Religion und Mythologie der alten Aegypter, nach den Denkmälern bearbeitet,*

INDEX GÉOGRAPHIQUE.

Noms.	Tome.	Pages et Notes.
Aelia Mursa. — Voy. à la lettre **M**.		
Aelium Viminacium. — Voy. à la lettre **V**.		
Aemilia (Regio VIII)	II.	PP. 11. 32 et suiv.
Aenus	II.	PP. 200. 202, 2°.
Aequum	II.	PP. 180, *in init.* 195.
Aesernia [Isernia]	I.	P. 68, n° 31. P. 73.
Aeso [Isona]	I.	P. 209, note 4.
Aezani	I.	P. 8, note 2.
	II.	P. 241, note 5. P. 278.
Africa et Numidia, *Provincia* (1)'. .	II.	PP. 438 et suiv. [*Bibliographie générale*]. PP. 450 et suiv.

mit Namenregister, 1891, 1 vol. in-8 ; — *Thesaurus inscriptionum Aegyptiacarum*, Abth. 1-6, pp. 1-1578 (voy., sur cet important ouvrage, actuellement en cours, *Literarisches Centralblatt*, 1891, n° 24) ; — Xavier Charmes, *L'Égypte: archéologie, histoire, littérature*, Paris, 1891, 1 vol. in-8 ; — Georges Guillaumot, *L'Égypte, province romaine*, (Thèse de doct., Fac. de Dr. de Paris), Paris, 21 février 1891. — Voy. enfin *infer.*, V° *Syria*.

[P. 412, note 3. — Après l'indication de l'étude du Vicomte J. [et non I.) de Rougé, ajoutez : et tirage à part. Voy. aussi, du même auteur, *Les personnages sur les monnaies des nomes*, Paris, 1891, broch. in-8. (Cette nouvelle étude intéresse particulièrement la géographie ancienne de l'Égypte.)]

(1)' [1° Voy. de nouvelles inscriptions d'Afrique publiées par M. R. Cagnat, dans le *Bulletin archéol. du comité des travaux historiq.*, 1890, pp. 452 et suiv., et dans la *Revue archéol.*, 3e série, t. XVII, Mars-Avril, 1891, pp. 258 et suiv., n°s 4-10 inclus.

[P. 440, lignes 8 et 9. — Voy., à cet égard, M. O. Hirschfeld, *Die flamines perpetui in Africa*, dans *Hermes*, Vol. XXVI, fascic. 1, *Miscellen*.

[2° M. Babelon a montré à la *Société nationale des Antiquaires de France*, dans sa séance du 6 mai 1891, une monnaie du roi numide Massinissa ; c'est la première fois que le nom de ce roi se rencontre sur une monnaie ; la légende, en caractères puniques, porte : *Massinissan hamameleket*. (Voy. le *Bulletin critique*, 1891, n° 14, [15 juillet], p. 278 *in fine*.)

[3° M. Héron de Villefosse a communiqué à l'*Académie des Inscriptions et Belles-Lettres*, dans sa séance du 10 juillet 1891, de la part de M. le comte du Paty, contrôleur civil suppléant de Tozeur, une inscription romaine fort intéressante, qui a été récemment découverte dans le Bled-Tarfasui, entre Tozeur et Gafsa, par les agents du service forestier de Tozeur, chargés de creuser un puits en cet endroit.

[Ce texte a été gravé sous le règne de Nerva, en l'an 97 de notre ère. Il contient le nom complet d'un personnage très imparfaitement connu jusqu'à ce jour, et dont la carrière, avant son élévation au consulat, était tout à fait ignorée. C'est Q. Fabius Barbarus Valerius Magnus Iulianus, mentionné sous le nom de Q. Fabius Barbarus dans un diplôme de Trajan conservé au Musée de Saint-Germain. (Comp., sur lui, M. W. Liebenam, *Forschungen zur Verwaltungsgesch. des röm. Kaiserreichs*, I Bd., Leipzig, 1888, p. 279, ad n. 5.)

Noms.	Tome.	Pages et Notes.
Africa proconsularis. — Voy. Zeugitana.		
Agbi [*Agbia*; auj. Edja]	I.	P. 189.
Agbiensium municipium	II.	P. 471, *in init.*
Ager Campanus. — Voy. à la lettre **C**.		
Ager Gallicus	II.	P. 40, *in init.*

[Cette mention nouvelle permet de combler une lacune dans la liste des gouverneurs de Numidie, où ce personnage doit prendre rang immédiatement avant L. Munatius Gallus, légat de Trajan, fondateur, en l'an 100 après J.-Chr., de la colonie de Thamugadi. (Voy., sur lui, M. W. Liebenam, *op. cit.*, p. 305, n° 7.)

[De plus, cette inscription renferme un nom géographique et fait connaitre un poste fortifié, le *Castellum Thigensium*, établi sur une voie importante, qui mettait en communication la région des oasis et la province proconsulaire d'Afrique.

[Enfin, elle permet d'affirmer une fois de plus que toute la région saharienne située au Sud de la proconsulaire était placée sous l'autorité du légat impérial de Numidie, chargé avec ses troupes d'assurer, dans cette région, la sécurité des voyageurs. — (Voy. *Journ. offic.* du 13 juillet 1891, p. 3531, col. 3.)

[4° M. Jules Toutain a découvert près de Tunis, sur le sommet appelé Bou-Kourneïn, le sanctuaire d'un Baal africain romanisé : *Saturnus Balcaranensis Augustus... dominus... deus magnus.* — Le succès des fouilles de M. Toutain en Tunisie est, du reste, considérable, puisqu'elles ont déjà donné cinq cents fragments de stèles et d'inscriptions, dont un assez grand nombre offre un réel intérêt, toute une série de textes absolument intacts, avec plusieurs dates consulaires nouvelles. Le 17 juin 1891, la fouille commençait à mettre à jour un des angles de la construction où étaient contenus ces débris. M. Toutain est sans doute en présence des fondations mêmes du temple. (Voy. la lettre écrite de Rome par M. Geffroy, le 23 juin 1891, à *l'Académie des Inscr. et Bell.-Lett.*, et lue à la séance du 26 juin; *Journ. off.* du 28 juin, p. 3436, coll. 2 et suiv. — Adde Dr A. Vercoutre, *Sur quelques divinités topiques africaines*, dans la *Revue archéol.*, 3° série, t. XVII, Mars-Avril 1891, pp. 156-161.)

[5° Afrique romaine, dans les *Mélanges d'archéologie et d'histoire*, XI° année, Paris et Rome 1891, fascic. III, Juin [paru dans la seconde moitié de juillet], pp. 305-326, savoir :

[*A.* — M. J. Toutain, *Notes sur les poteries communes d'Afrique*, (pp. 305-313);

[*B.* — M. R. Cagnat, *Deux inscriptions militaires d'Afrique*, (pp. 314-322);

[*C.* — M. A. L. Delattre, *Quelques marques doliaires trouvées à Carthage en 1891*, (pp. 323-326). — (Voy. encore, du P. Delattre, *Inscriptions de Tunisie*, dans *Cosmos*, 1891, pp. 375 et suiv.)

[6° Afrique romaine. Chronique. — *Académie des inscriptions et belles-lettres. Séances des 13 février et 15 mai 1891*; — *Revue archéologique*. Troisième série. — Tome XVII. Janvier-février et Mars-avril 1891; — *La dépêche tunisienne*, Tunis, 31 mai 1891, et du 15-16 juin, — dans les mêmes *Mélanges, ubi supra*, pp. 327-331.

[7° Clément Pallu de Lessert, *Nouvelles observations sur les assemblées pro-*

Noms.	Tome.	Pages et Notes.
Agrigentum (1)*.	II.	P. 53.
Agrippinensis Colonia	I.	P. 117, note 1.
	II.	PP. 136. 143, *sub fin.* 150, *in init.* 594, note 1.
Alabanda.	I.	P. 108, note 2.
	II.	PP. 248. 257.
Alba.	I.	PP. 67, n° 21. 70, *sub fin.* 314, note 6.
	II.	P. 39.
Alba Helviorum	II.	P. 120.
Alba Pompeia [Alba].	I.	P. 208, note 2.
Albona.	II.	P. 177.
Aleria	I.	P. 148.
	II.	P. 62.
Alesa.	II.	P. 53.
Aletrium [Alatri].	I.	PP. 63. 221.
Alexandria (*Aegypti*)	II.	P. 421.
Alexandria, *in Cilicia*.	II.	P. 318, note 7.
Alexandria Troas.	I.	P. 9, note 5. P. 105.
	II.	P. 259.
Alexandrianum municipium [Hr. [Mscherga].	I.	P. 266.
Alifae [*Allifae*; auj. Allife].	I.	P. 58, *in init.*
Alpes Cottiae.	II.	PP. 34, n° 5. 146, *in fine,* et suiv.

---

vinciales et le culte provincial dans *l'Afrique Romaine*, Paris 1891, broch. in-8 de 53 pp.

[8° Paul Monceaux, *La légende des Pygmées et les nains de l'Afrique équatoriale*, dans la *Revue historique*, de M. Monod, 16° année, t. XLVII°, I, Septembre-Octobre 1891, pp. 1-64.

[N. B. : 1° M. de La Martinière a exposé à l'*Académie des Inscr. et Bell.-Lett.* les résultats principaux de son voyage dans le Sous et de sa traversée de l'Atlas lors de sa dernière mission, dans ses séances des 18 et 25 septembre 1891. (Voy. *Journ. offic.* du 22 sept., p. 4600, coll. 2 et suiv., et du 28 sept., p. 4696, col. 1.);

[2° L'ouvrage de M. René Cagnat dont il est question au t. II, p. 448, *sub fin.*, N. B., et qui est actuellement sous presse, doit porter pour titre: *L'armée romaine d'Afrique et l'occupation militaire de l'Afrique par les Romains*; les 200 premières pages en étaient tirées au mois de février 1891. (Voy. M. Georges Goyau, *Chronologie de l'Empire Romain*, Paris, 1891, p. LIX.)]

(1)* [Quelques érudits de Girgenti ont fondé en 1890 une société, la *Biblioteca patria Agrigentina*, qui se propose de recueillir les œuvres des écrivains agrigentins relatives à l'histoire passée et présente, et tout ce qui a été écrit et s'écrira sur Acragas, Agrigente et la moderne Girgenti.]

Noms.	Tome.	Pages et Notes.
Alpes Graiae	II.	PP. 149, *in init.* 150, n°8.
Alpes Maritimae	II.	PP. 145, *in fine*, et suiv. 150, *in fine*. 151, n° 7.
Alpes Poeninae (1)*	II.	PP. 147, *in fine*, et suiv. 150, n° 8.
Aluntium	II.	P. 54.
Alveritae	I.	P. 8, note 2.
Amantini	II.	P. 208, note 8.
Amanus (*mons*)	II.	PP. 320. 340.
Amasia.'	II.	PP. 279. 298, note 4. 301.
Amastris	II.	PP. 266, *in init.* 272, *in fine*.
Amathus	II.	P. 339.
Ameria [Amēlia]	I.	P. 314, note 6.
Amida	II.	P. 398.
Amisus	I.	PP. 89, note 1. 102, *in init.* 193, *in init.*
	II.	PP. 265. 266, *in init.* 274. 301.
Amiternum	I.	PP. 240, note 4. 301.
	II.	PP. 39. 41, *in init.*
Ammaedera *Colonia Fl(avia)*	II.	P. 474, *in init.*
Amorgos [Amurgos]	I.	P. 315, note 3.
Amorium	II.	P. 278, *in init.*
Amphipolis	II.	P. 204, *in init.*
Amphissa	II.	P. 222, note 1.
Anagnia [Anagni]	I.	PP. 39. 57. 203, *in init.* 204.
Anatilia	II.	P. 120.
Anauni	I.	P. 18.
Anazarbus	I.	P. 115, note 3.
Anazarbus (*Caesarea Cilic.*)	II.	P. 323.
Anchialus	II.	PP. 201. 202.
Ancona	II.	P. 39.
Ancyra	I.	P. 21, note 7. P. 312, note 4.
	II.	P. 241, note 5. P. 277.

---

(1)* [Sur le régime des *civitates* des Alpes en général, voy. M. I. Jung, *Ueber Rechtsstellung und Organisation der alpinen Civitates in der römischen Kaiserzeit*, dans la *Wiener Studien-Zeitschrift für klassische Philologie*, Vol. XII, 1890, fasc. 1.]

INDEX GÉOGRAPHIQUE.

Noms.	Tome.	Pages et Notes.
Andania................	II.	P. 227.
Andautonia............	II.	P. 170, *in init*.
Andrapa...............	II.	P. 278, *in fine*.
Anemurium	II.	P. 318, notes 6 et 7.
Anthedon..............	II.	P. 336, *in fine*.
Anthemusia	II.	P. 394.
Antiates	I.	P. 64, note 16.
Anticyra [en Phocide ; ruines d'As praspitia]..............	I.	P. 8, note 2.
Antinoe................	II.	P. 417.
Antiochia *ad Hippum* (Hippos)...	II.	P. 337.
Antiochia *Phrygiae*	II.	P. 239, *in fine*.
Antiochia *Pisidiae*.........	I.	P. 9, note 5.
	II.	PP. 278, *in init*. 287, *in init*.
Antiochia [*Syriae*]	I.	P. 89, note 1. P. 105, note 8. P. 106, note 3. P. 114, note 2. P. 116, note 2. P. 271, note 5. P. 313.
	II.	P. 335, note 3. P. 365. P. 376, n° 1.
Antiphellus (1)*...........	II.	P. 307, n° 7.
Antipolis...............	II.	P. 120, *in init*.
Antium [Porto d'Anzo, *pr*. Nettuno]	I.	P. 66, n° 7.
Anxur ou Terracina [Terracina]..	I.	P. 52, n° 3.
Apamea, *in Asia*...........	II.	P. 248, *in fine*.
Apamea, *in Bithynia*........	I.	P. 118, note 2. P. 120, *in fine*. P. 122, note 2.
	II.	PP. 273 et suiv.
Apamea, *in Phrygia*........	II.	PP. 236 et suiv. 260. 314, *in init*.
Apamea, *in Syria*.........	I.	P. 20, note 4.
	II.	P. 335, note 3.
Aperlae, *in Lycia*..........	I.	P. 23, note 4.
	II.	P. 307, n° 8.
Aphrodisias, *in Caria*(2)*.....	I.	P. 103, note 2. P. 260, note 5.
	II.	P. 237. P. 260, n° 6.

---

(1) * [Voy. encore, sur cette ville, M. J. Imbert, *La ville d'Antiphellus et un passage d'Hérodote*, dans *Le Muséon*, n° d'avril 1891.]

(2) ' [Voy., sur les inscriptions d'*Aphrodisias* relatives à la célébration

Noms.	Tome.	Pages et Notes.
Aphrodisium Colonia.	II.	P. 473, in fine.
Apollonia, in Illyrico.	II.	PP. 173. 207.
Apollonia, in Lycia.	I.	P. 23.
	II.	P. 308, in init.
Apollonia, in Pisidia.	II.	P. 239, note 5.
Apollonia, ad Rhyndacum.	II.	P. 241, note 5.
Apollonia, in Thracia.	II.	P. 186, in init.
Apollonia ou Sozusa, in Cyrene.	II.	PP. 429, n° 4. 434, in fine.
Apollonidea.	I.	P. 105. P. 114, note 2.
	II.	P. 257.
Apri (Colonia Claudia Aprensis).	II.	PP. 201. 202, 1°.
Apros.	II.	P. 198, note 4.
Apsarus.	II.	P. 293.
Apta.	I.	P. 211, note 7.
	II.	P. 145.
Apulia et Calabria (REGIO II).	II.	PP. 14. 38, in init.
Apulum.	II.	PP. 192, in init. 194.
Aquae calidae.	II	P. 488.
Aquae Sextiae.	I.	P. 204, in init.
	II.	P. 116, texte et note 1. PP. 120, in fine. 125. 151.
Aquileia (1)*.	I.	PP. 69, n° 39. 73. 74. 82. 234, note 5.
	II.	P. 31, n° 1.
Aelia Aquincum (2)	II.	PP. 169 et suiv.

des jeux, M. O. Liermann, *Analecta epigraphica et agonistica*, dans les *Dissertationes Halenses*, t. X, pp. 241 et suiv. — A la suite de ce travail se trouvent d'excellents index.]

(1)* [Voy., au sujet des antiquités de cette ville, M. Majonica, *Nachrichten über das K. K. Staats Museum in Aquileja*, dans les *Mittheilungen der K. K. Central-Commission zur Erforschung und Erhaltung der Kunst-und historischen Denkmale*, Nouvelle série, t. XVI, 1890, pp. 126-128 ; 157-161.]

(2)* [M. von Domaszewski a publié, dans la *Korrespondenzblatt der Westdeutschen Zeitschrift*, 9e année, (1890), n° 1, p. 9, une inscription d'Alt-Ofen, relative à G. Iul(ius) Sept(imius) Castinus co(n)s(ul) desig(natus) leg(atus) Aug(ustorum trium) [AVGGG., sur la pierre] pr(o) pr(aetore) P(annoniae) I(nferioris), etc., personnage déjà connu. (Voy. M. W. Liebenam, *Forschungen*, I Bd., Leipzig, 1888, p. 339, n° 15.) Cette inscription, reproduite par M. R. Cagnat, (*Revue des publications épigraphiques relatives à l'antiquité romaine*, Avril-Juin, dans la *Revue archéol.*, 3e sér., t. XVI, Juillet-Août 1890, p. 139 n° 82 = *L'année épigraphique (1890)*, Paris, 1891, p. 21, coll. 1 sub fin. et

INDEX GÉOGRAPHIQUE.

Noms.	Tome.	Pages et Notes.
Aquitania.............	II.	PP. 118. 125. 137, *in fine.*
Aquitanica (*Provincia*).......	II.	P. 150.
Arabia, Provincia (1)*.......	II.	PP. 385 et suiv.
Aradus (Arados)..........	II.	PP. 335. 377, n° 4, *in fine.*
Arausio [*colonia Iulia Firma Arausio Secundanorum*] (2)*........	I. P. 265, *in fine.* II. P. 119.	
Araxa................	II.	P. 308, n° 19.
Archelais.............	II.	P. 299, *in init.*
Ardea [Ardea]...........	I.	P. 66, n° 8.
Arelate...............	II.	P. 119.
Arethusa et Emesa.........	II.	PP. 347 et suiv.
Argos................	II.	P. 226, note 2. P. 227, *in init.*
Ariarathia.............	II.	PP. 299, *in init.* 301, *in fine.*
Aricia [Ariccia].........	I.	P. 40, note 3. PP. 201. 204.
Ariminum	I. P. 7, note 7. P. 9, note 5. P. 68, n° 28. PP. 73. 159. 206. P. 216, note 6. PP. 231. 235, *in init.* II. PP. 5. 34, *in init.*	
Armenia minor..........	II.	PP. 280 et suiv. 292, *in fine*, n° 3.
Armenia, Provincia (3)*.......	II.	PP. 391 et suiv.

---

suiv., n°82), parle de *defectores* et de *rebelles*, qui sont Pescennius Niger et Clodius Albinus.

[N. B. : D'après l'inscription dont la mention précède, et qui a fourni à M. Domaszewski l'occasion, de consacrer un article intéressant aux *Vexillations de l'armée du Rhin*, le personnage dont s'agit étant désigné sous le titre de *iurid(icus) per Apu(liam) Cal(abriam) Luc(aniam) Brutt(ios)*, il convient de le joindre à la liste dressée t. II, p. 20, note 2.]

(1)* [T. II, p. 385, note 1 *. — Sur l'ouvrage de M. Eduard Glaser, *Skizze*, etc., voy. *Goettingische gelehrte Anzeigen*, 1891, n° 10. — Voy. encore, sur l'Arabie, M. Nöldeke, *Geschichte der Perser und Araber zur Zeit der Sasaniden, aus der arabischen Chronik des Tabari*, Leyde, 1879.]

(2)* [Voy. le fragment d'inscription honorifique trouvé à Rome et publié par M. Vaglieri, dans les *Notizie degli Scavi di Antichità*, 1890, p. 286 = M. René Cagnat, dans la *Revue archéol.*, 3° série, t. XVII, Mars-Avril, 1891, p. 274, n° 40. — Voy. encore, au sujet de cette ville, M. Caristie, *Monuments antiques à Orange, arc de triomphe et théâtre*, Paris, 1856-1857.]

(3)* [P. 391, note 1*, ajoutez : Voy. encore MM. Egli, *Feldzüge in Armenien von 41-63 n. Chr.*, dans le t. I des *Untersuchungen* de Büdinger, Leipzig, 1868 ; — Langlois, *Collection des historiens anciens et modernes de l'Arménie,*

Noms.	Tome.	Pages et Notes.
Arpinum [Arpino]	I.	P. 39. P. 42, note 3. PP. 45. 58, *in init.* 206, note 1. 234.
Arretium [Arezzo]	I.	P. 63, *in fine*.
Arsacal	II.	PP. 476,*in fine*, et suiv.
Arsagalitanum	I.	P. 14, note 2.
Arsennaria	II.	P. 488.
Arsinoe	II.	P. 429, n° 5.
Artaxata	II.	P. 594, note 7.
Arva	I.	P. 188, note 9.
Arycanda	II.	P. 307, n° 9.
Ascalon	II.	P. 336, *in fine*. P. 339, note 1.
Ascalonia	II.	P. 415, note 2.
Asculum	II.	P. 40.
Asia, *Provincia* (1)*	II.	PP. 234 et suiv.
Asia proconsularis	II.	P. 259, n° 1.
Asido	I. / II.	P. 209, note 4. / P. 75, note 2.
Asisium [Assisi]	I.	P. 265, *in init*.
Aspendus	II.	P. 309.
Asseriates	I.	P. 8, note 2.
Assuras *Colonia Iulia*	II.	P. 474, *in init*.

Paris, 1868-1869, 2 voll. ; — Ernest Babelon, *Les Rois de Syrie, d'Arménie et de la Commagène*, Paris, 1890, 1 vol. gr. in-8, avec 30 pl. en héliotypie et 2 pl. de monogrammes.]

(1)* [T. II, p. 235, note, 1er alinéa, lignes 22 et suiv., lisez : *Inscriptions inédites d'Asie Mineure et de Syrie......*, 1890, pp. 48-85. — *Adde* MM. Humann et Puchstein, *Reisen in Kleinasien und Nordsyrien*, 1890 ; — J.-H. Mordtmann, *Sur l'épigraphie de l'Asie Mineure*, dans les *Mittheilungen des Kaiserl. deutsch. archaeol. Inst., Athen. Abtheil.*, t. XV, Hft 2, (Juillet 1890); — *Asia*, dans le *Dizionar. epigr.*, de M. Ett. de Ruggiero, fascic. 23, Roma, 1891, pp. 714 *in fine* — 735.

[N. B. : 1° M. Kiepert a commencé la publication de sa grande carte de la partie occidentale de l'Asie Mineure, qui doit comprendre quinze feuilles. Une *Préface*, distribuée avec les cinq premières, indique les sources de cet énorme travail. L'auteur a pu disposer d'une quantité de matériaux inédits, en partie recueillis par lui-même au cours de ses quatre voyages en 1841-42, 1870, 1886 et 1888 ;

[2° On trouve de nombreuses descriptions de « paysages asiatiques » dans l'ouvrage de M. Gustave Schlumberger, intitulé *Un empereur byzantin au dixième siècle* ; *Nicéphore Phocas*, (Paris, 1890, 1 vol. in-4, avec 4 chromolith., 3 cartes et 249 grav. et héliogr.), et dans celui de M. Théodore Reinach, qui porte pour titre *Mithridate Eupator, roi de Pont* (Thèse de Doct. ès-Lett., Paris, 1890, 1 vol. gr. in-8, cartes et plans, héliogr., zincograv.) ;

Noms.	Tome.	Pages et Notes.
Assyria, *Provincia* (1)*.......	II.	PP. 393 et suiv.
Astae................	II.	P. 201, note 1.
Astigi...............	II.	P. 75, note 2, n° 6.
Asturia et Callaecia........	II.	PP. 70, a). 79 et suiv.
Astypalaea	I.	P. 100, note 5. P. 102, *in init.*
	II.	P. 257.
Atella [S. Elpidio *j.* Aversa] ...	I.	P. 9, n. 5. PP. 39, *in init.* 57, *in fine.* 159, *in init.*

[3° A la séance du 28 août 1891 de l'*Académie des Inscr. et Bell.-Lett.*, (*Journ. off.* du 30 août, p. 4289, col. 3), M. Homolle, directeur de l'*École française d'Athènes*, en communiquant à l'Académie des renseignements intéressants sur la campagne d'été des membres de l'École, a dit, entre autres, qu'en Asie, l'exploration a été confiée à MM. Legrand et Chamonard; elle a porté notamment sur Dinair et les environs, dans les vilayets de Aïdin et de Brousse ; elle a donné une récolte de 200 textes nouveaux, dont quelques-uns éclairent très utilement l'histoire et la géographie de la région.

[4° P. 243, note, ligne 21, *in init.* — Avant Dirksen, suppléez Saulnier, *Recherches historiques sur les droits de douane depuis les temps les plus reculés jusqu'à la révolution de 1789*, Paris, 1840, 1 vol. in-8.

[5° P. 258, note 2, *in fine.* — Sur l'inscription de Magnésie sur le Méandre, voy. M. A. E. Contoléon, dans les *Mittheil. des Kais. deutsch. archaeol. Inst.*, (*Athen. Abtheil.*), t. XIV, Hft. 3, 1889, *Mélanges.* — Sur Magnésie du Méandre, voy. encore M. Salomon Reinach, *Chronique d'Orient*, (N° XXIII), dans la *Revue archéol.*, 3° série, t. XV, sept.-oct. 1890, p. 260.

[P. 264, note 1. — Au sujet de l'île de *Thasos*: A propos d'une inscription thasienne publiée dans la *Revue archéol.*, (1887, II, p. 82), et par M. Hicks, dans le *Journal of Hellenic Studies*, (t. VIII, p. 401), dont il a repris l'étude, M. Szanto est entré dans d'intéressants détails sur la constitution et l'histoire de l'île au v° siècle. (Voy. *Zur Geschichte von Thasos*, dans les *Athen. Mittheil.*, t. XV, pp. 72-83.)]

(1) * [T. II, p. 393, note 1*, II, *adde* : abbé Raboisson, *Description géographique des anciens empires d'Assyrie ;* le 1er fascicule de ce travail a paru à Paris en 1891.

[N. B. : M. Oppert a présenté à l'*Académie des Inscriptions et Belles-Lettres*, dans sa séance du 30 janvier 1891, de la part de M. Schrader, le chef éminent de l'école assyriologique d'Allemagne, un mémoire sur les textes datés des Arsacides. M. Schrader y examine de nouveau la question, qui a été discutée entre M. Epping et M. Oppert, de savoir si ces textes, portant généralement une date double, dont l'une est de 64 ans plus récente que l'autre, ont pour base l'ère des Séleucides. M. Oppert avait signalé les objections qui s'opposent à cette opinion ; M. Schrader accepte ces objections, en les appuyant d'un nouveau texte, et incline à penser, avec M. Oppert, qu'on doit fixer l'époque des Arsacides en 187 avant J.-Chr. (Voy. *Journ. off.* du 1er février 1891, p. 525, col. 3.) — Comp. MM. : J. Saint-Martin, *Fragments d'une histoire des Arsacides*, Paris, 1850, 2 voll. ; — Schneiderwirth, *Die Parther oder das neupersische Reich unter den Arsaciden*, Heiligenstadt, 1874 ; — Terrien de Lacouperie, *L'ère des Arsacides en 248 avant Jésus-Chris*

620   ORGANISATION DE L'EMPIRE ROMAIN.

Noms.	Tome.	Pages et Notes.
Ateste [Este]............	I.	P. 8, note 2. PP. 159, *in fine*. 161. 166, note 6.
Athenae (1)*............	I.	P. 102, note 9. P. 115, note 2. P. 313.
	II.	PP. 223 et suiv. P. 255, note 8.

selon les inscriptions cunéiformes, dans le *Muséon* [belge], n° de Janvier 1891, et tirage à part, présenté par M. Oppert à l'*Acad. des Inscr. et Bell.-Lettres*, dans sa séance du 9 octobre 1891. Voy. *Journ. offic.* du 10 octobre, p. 4874, col. 2, *in fine*).]

(1)* [T. II, p. 223, note 1. Voy. surtout, sur Athènes, le grand ouvrage de M. Curt. Wachsmuth, *Die Stadt Athen im Alterthum*, dont la 1ʳᵉ partie du second volume a paru à Leipzig, chez Teubner, en 1890, après un intervalle de près de vingt ans sur la publication du 1ᵉʳ volume. — Voy. aussi MM^{mes} Jane Harrison et Margaret Verrall, *Mythology and Monuments of ancient Athens*, London, 1890 (*ibiq*. M. Talfourd Ely, dans *The Academy*, 1890, I, p. 431). — *Adde* enfin *Neue Inschriften von der Akropolis zu Athen* (voy., à cet égard, la *Berliner Philolog. Wochenschrift*, 1891, n° 18).

[On a retrouvé récemment, au British Museum de Londres, le précieux manuscrit d'une *Histoire constitutionnelle d'Athènes*, que l'on s'accorde en général à attribuer au philosophe Aristote. Il a été édité par M. F. G. Kenyon, sous le titre suivant : Ἀθηναίων πολιτεία. *Aristotle on the Constitution of Athens, edited by* F. G. Kenyon, M. A., Fellow of Magdalen College, Oxford, Assistant in the Department of Manuscripts, British Museum. *Facsimile of Papyrus CXXXI in the British Museum. Printed by order of the Trustees of the British Museum*, London et Oxford, 1891, 22 pl. gr. in-fol. — Un exemplaire de l'édition de cet ouvrage, qui se vend au Musée même, et, à Londres, chez Longmans, Quaritch, Asher, Kegan Paul ; à Oxford, chez Henry Frowde, a été présenté par M. Léopold Delisle à l'*Académie des Inscriptions et Belles-Lettres*, le 6 février 1891, (voy. *Journ. off.* du 10 février, p. 661, col. 1), de la part du Conseil des Trustees et de M. Thompson, principal bibliothécaire du Musée britannique. — (Sur la publication de M. Kenyon, voy. MM. : Wyse et Ridgeway ; Tyrrell ; Bury ; Benn et Adam ; Paton, dans *The Academy*, 1891, n°ˢ 981-984, *Aristotle on the constitution of Athens*, et dans *The Athenaeum*, (*The fragm. of the Athenian constitution* ; — *The notes on the constitution of Athens*), 1891, *passim*, notamment, n°ˢ 3307 et 3310 ; — Mayor, dans *The Academy*, 1891, n° 986 ; — *The Classical Review*, 1891, *passim*, et, spécialement, n° 5 et n° de juin 1891 ; — *Literarisches Centralblatt*, 1891, n° 10 ; — *Berliner philolog. Wochenschrift*, 1891, n°ˢ 17-20 (4 articles) ; — *Revue de l'instruction publique en Belgique*, t. XXXIV, 1891, 2ᵉ livr. (1ᵉʳ article)., et livr. suiv. ;— B. Haussoullier, dans la *Revue critiq. d'hist. et de littér.*, 1891, n° 10, [9 mars], art. 123, pp. 181 et suiv. ; — Henri Weil, dans le *Journal des Savants*, avril 1891, pp. 197-214 ; — R. Dareste, *eod.*, mai 1891, pp. 257-273, et à l'*Académie des sciences morales et politiques*, séance du 9 mai 1891, (*Journ. off.* du 11 mai, pp. 2080, col. 3, et suiv.)).— Voy. encore, en ce qui concerne les travaux spéciaux auxquels la découverte dont nous nous occupons a donné lieu, MM. : Fraenkel, *Die Schrift des Aristoteles über die athenische Staatsverfassung*, dans la *Deutsche Zeitschrift für Geschichtswissenschaft*, 1890, t. V, I, 1ʳᵒ livr. ; — B. Haussoullier, *La Constitution d'Athènes d'Aristote*, dans la *Revue des*

Noms.	Tome.	Pages et Notes.
Atina [Atina]	I.	P. 45, *in fine.* P. 208, note 2.

études grecq., 1890, n° 12 ; — *Aristotle on the constitution of Athens* (Richards), dans *The Academy*, 1891, n° 989 ; — *The grave of Aristotle* (Waldstein), *eod.*, et n° 990 ; — Torr, *The date of the Constitution of Athens*, dans *The Athenaeum*, 1891, n° 3316 ; — Schvarcz, *Kritik der Staatsformen des Aristoteles* (*ibiq. Deutsche Literaturzeitung*, 1891, n° 17) ; — Georg Kaibel und Adolf Kiessling, *Aristoteles Schrift vom Staatswesen der Athener verdeutsch*, 1. u. 2. unveränd. Aufl., Strassburg i. E., 1891, broch. in-8 (*ibiq.* M. B. Haussoullier, dans la *Revue critiq. d'hist. et de littér.*, 1891, n° 18, [4 mai], art. 220, pp. 344 et suiv., et *Deutsche Literaturzeitung*, 1891, n° 24) ; — Th. Gomperz, *Aristoteles und seine neuentdeckte Schrift von der Staatsverfassung der Athener*, dans *Die deutsche Rundschau*, n° de mai 1891 ; — van Herwerden, *Nachträgliche Bemerkungen zu Aristote, Constitution of Athens*, dans la *Berliner philolog. Wochenschr.*, 1891, n° 20 ; — O. Immisch, *Zu Aristote de re publica Ath. 71*, dans la même Revue, 1891, n° 23 ; — Barthélemy Saint-Hilaire, *Mémoire lu à l'Académie des sciences morales et politiq.*, dans sa séance du 7 mars 1891, (*Journ. off.* du 10 mars, pp. 1147, col. 3, et suiv.) ; M. Jules Simon a offert à cette Académie, dans sa séance du 16 mai 1891, de la part de M. Barthélemy Saint-Hilaire, l'exposé de la Constitution athénienne, d'après le manuscrit récemment découvert d'Aristote (voy. *Journ. off.* du 20 mai 1891, p. 2192, col. 2) ; — R. Dareste, *Étude sur le manuscrit d'Aristote nouvellement découvert*, Paris, 1891, broch. in-8 ; — F. Cauer, *Hat Aristoteles die Schrift vom Staate der Athener geschrieben?* Stuttgart, 1891, broch. in-12 de 78 pp. (*ibiq. The Academy*, 1891, n° 996 ; — *Polybiblion*, Partie littéraire, août 1891, (2ᵉ série, t. XXXIV° = LXII° de la collection), p. 177). (Cette étude tend à démontrer que le manuscrit récemment découvert sur la constitution d'Athènes n'est pas d'Aristote) ; — C. Ferrini, *Aristotile. La costituzione degli Ateniesi. Testo greco, versione italiana, introduzione e note per cura di C. Ferrini*, 1891, broch. in-8 de 160 pp. ; — C. G. Zanetti, *Aristotele. La costituzione di Atene, tradotta da C. G. Zanetti*, Torino, 1891, broch. in-8 de 88 pp. ; — Théodore Reinach : *Aristote et Critias*, Mémoire lu à *l'Académie des Inscr. et Bell.-Lett.*, dans sa séance du 5 juin 1891. (L'auteur soutient que trois des morceaux qu'on lit dans l'ouvrage d'Aristote nouvellement découvert, *La Constitution d'Athènes*, ne sont pas d'Aristote ; ce seraient des interpolations tirées d'un ouvrage perdu de Critias, l'un des trente tyrans' — Voy. *Journ. off.* du 11 juin, p. 2689, col. 2) ; *Aristote. La république Athénienne*, traduite en français pour la première fois par Théodore Reinach, Paris, 1891, 1 vol. petit in-16. (Cette traduction a été présentée à l'*Acad. des Inscr. et Bell.-Lett.*, par M. Henri Weil, le 7 août 1891 ; voy. le *Journ. off.* du 10 août, p. 4003, col. 1 *sub. fin.*)

[Notons enfin : 1° qu'une édition du manuscrit dont nous venons de parler a paru tout dernièrement en Allemagne sous le titre : *Aristoteles. Ueber die Constitution von Athen : ein Papyrus Manuskript von den verlorenen gegangenen Werke. Typographische Ausgabe*, 1891 ; — 2° que la *Revue historique* de M. Monod, (t. XLVI, II, Juillet-Août 1891), annonçait, (p. 457 *ad fin.*), pour la livraison de Septembre-Octobre, une étude sur la Constitution

Noms.	Tome.	Pages et Notes.
Attalea.	II.	P. 314.
Aufidena [Castel di Sangro pr. Alfidena].	I.	P. 208, note 2.
Augusta Praetoria Salassorum. — Voy. Salassorum Augusta Praetoria.		
Augusta Taurinorum.		
Augusta Trevirorum.		Voy. à la lettre **T**.
Augusta Tricastinorum.		
Augusta Vindelicorum. — Voy. à la lettre **V**.		
Αὐλαίου τεῖχος.	II.	P. 201.
Aulona.	II.	PP. 173, *in init.* 206, *sub fin.*
Auranitis.	II.	PP. 356, n° 2. 373, *in fine.*
Aurelia Vina. — Voy. à la lettre **V**.		
Auximum [Osimo].	I.	P. 202, *in fine.*
Auzia.	I.	P. 266, *in fine.*
	II.	P. 488.
Avaricum.	II.	P. 130.
Avenio.	I.	P. 204, *in init.* P. 211, note 7.
	II.	P. 120.
Aventicum (1)*.	II.	PP. 130. 145.
Avittensis civitas Bibba.	II.	P. 469.
Axima.	II.	P. 148.
Azotus.	II.	PP. 336, *in fine.* 415, note 2.

d'Athènes, qui n'y figure pas encore; — 3° enfin, que le prochain fascicule, de l'*École pratique des Hautes-Études*, (Paris, 1891), contiendra la traduction de *La Constitution d'Athènes d'Aristote* faite, sous la direction de M. B. Haussoullier, par MM. Bourguet, Jean Brunhes et Eisenmann, élèves de l'École Normale supérieure.]

(1) * [Voy. aussi, au sujet de cette ville, les *Bulletins* de l'Association *Pro Aventico*, dont trois ont paru jusqu'ici.]

B.

Noms.	Tome.	Pages et Notes.
Babba	II.	P. 486.
Baeterrae	II.	P. 119.
Baetica(1)*	II.	PP. 68. 74 et suiv. 80, *in init.*
Bagiennorum Iulia Augusta	I.	P. 160, *in init.*
Balanea	II.	P. 335. P. 345, note 7.
Balbura	II.	P. 308.
Baleares insulae	II.	PP. 71. 80.
Banasa	II.	P. 486.
Barce	II.	P. 429, *in init.*
Batanaea, *in Syria*	I.	P. 22, note 4.
	II.	PP.356,*sub fin.*373,*in fine.*
Belgica	II.	PP. 118. 138, *in init.*
Beneventum	I.	PP. 68, n° 29. 73. 159, *in init.* 204. 221, *in init.* 259, note 4. 296, note 6.
	II.	P. 14, *in init.*
Berbères	II.	P. 462.
Berenice	II.	PP. 429, n° 3. 435, *in fine.*
Bergomum [Bergama]	I.	P. 228, note 1.
Beroea, *in Syria*	II.	PP. 335. 376, n° 1.
Beroea, *in Thracia*	II.	PP. 202, 3°. 208, note 7.
Berytus	II.	P. 366, note 2. P. 380.
Bibba. — Voy. Avittensis civitas Bibba.		
Bida	II.	P. 488.
Bisica Lucana	II.	P. 469.
Bithynia	I.	PP. 311 et suiv.
Bithynia et Pontus, *Provincia* (2)*	II.	PP. 263 et suiv.

---

(1)* [Consulter, sur la Bétique, M. Arthur Engel, *Note sur quelques manuscrits archéologiques conservés à Séville*, dans la *Revue archéol.*, 3ᵉ série, t. XVII, Janvier-Février 1891, p. 100-104.]

(2) *[Adde* MM. Théodore Reinach, *Essai sur la numismatique des rois de Bithynie*, Paris, 1888, 1 vol. in-8, illustré de 9 pl. tirées à part ; — Wroth, *Catalogue of Greek coins. Pontus, Paphlagonia, Bithynia and the Kingdom of*

Noms.	Tome.	Pages et Notes.
Bithynium................	II.	P. 273.
Biturigum civitas...........	II.	P. 151, n° 5.
Bocchoritanorum civitas......	I.	P. 204, in init.
Boeotia..................	II.	P. 221.
Boiodurum...............	II.	P. 172, note 3.
Bononia [Bologna; Bologne]....	I.	PP. 69, in init. 73. 74. 160, n° 25. 173, note 4. 277, note 2.
Bosporos cimmericus (1)*......	II.	PP. 187 et suiv.
Bostra...................	II.	P. 362.
Bostra. — Aera............	II.	P. 374, note 1. P. 378, note 2. P. 385, note 2. P. 388, sub fin.
Bovillae.................	I.	P. 193, note 6.
Bracara Augusta...........	II.	P. 73, in fine.
Brigetio (2)*...............	II.	PP. 168, sub fin. 169, sub fin.
Britannia (3)*..............	II.	PP. 153 et suiv.

Bosphorus (voy., à cet égard, *The Athenaeum*, 1890, n° 3281, et *Berliner philolog. Wochenschrift*, 1891, n° 16); — H. Brunnhofer, *Vom Pontus bis zum Indus, historisch-geographische und ethnologische Skizzen*, 1890, 1 vol. in-8.
[N. B.: T. II, p. 263, note 1. — Sur le *Mithridate Eupator, roi de Pont*, de M. Théodore Reinach, voy. M. Gaston Boissier, dans le *Journal des Savants*, Novembre 1890, pp. 657-665.]

(1)* [Voy., *infra*, v° Gallia. — *Bibliographie générale*, note, *ad* PP. 104 et suiv., MARSEILLE.]

(2)* [Voy. de nouvelles inscriptions de O-Szöny (*Brigetio*), publiées par M. Kubitschek ;dans les *Archaeologisch-epigraphische Mittheilungen aus Oesterreich*, 1891, pp. 130 et suiv. — Voy. aussi M. René Cagnat, dans la *Revue archéol.*, 3° série, t. XVII, Mai-Juin 1891, p. 412, col. 1, n° 79.]

(3)* [*Adde*: Rapin de Thoyras, *Histoire d'Angleterre*, Paris, 1749, 16 voll. in-4; — John Lingard, *The history of England from the first invasion by the Romans to the accession of William and Mary in 1688*, 6° éd., London, 1855, 10 voll. in-8. (N. B.: Une traduction française de cet ouvrage a été faite sur une édition antérieure par MM. de Roujoux et A. Pichot, 1825-1831, 14 voll. in-8, avec continuation, depuis 1688 jusqu'en 1837, par M. de Marlès, 1831-1838, 6 voll. in-8. — Il en existe une autre traduction française, due à M. L. de Wailly, Paris, 1843-1844, 6 voll. in-8); — Oliv. Goldsmith, *Histoire d'Angleterre, depuis Jules César*, continuée jusqu'à nos jours par M. Ch. Coote, trad. de l'anglais, Paris, 1825, 6 voll. in-8; — Th. Wright, *The Celt, The Roman, The Saxon. A history of the early inhabitants of Britain*, London, 1852, 1 vol. in-8, avec fig.; — E. Hübner, *Römische Herrschaft in Westeuropa*, Berlin, 1890, 1 vol. in-8, chap. I.]

Noms.	Tome.	Pages et Notes.
Britannia prima, secunda	II.	P. 159.
Brixia [Brescia]	I.	PP. 18. 159, *in fine*. P. 208, note 3, *in fine*. P. 228, note 1. P. 235, note 8. PP. 265, *in init*. 306.
Brundisium [Brindisi]	I.	PP. 68, n° 32. 73.
Bruttii	I.	P. 62, *in fine*.
Brutii et Lucania (REGIO III)	II.	PP. 14. 37.
Bubon	II.	P. 308.
Bulla regia	II.	P. 472.
Burdigala	II.	P. 151, n° 6.
Bure.—Voy. Thibussicensium Bure.		
Buriens	II.	P 593.
Burnum	II.	P. 177.
Buthrotum	II.	P. 232, *in init*.
Buthrotus	I.	P. 127, note 2.
Byblus	II.	P. 336, *in init*.
Byllis	II.	P. 209.
Byzacium	II.	PP. 461, n° 4. 469.
Byzantium	I.	P. 21, note 6. P. 104, note 5. P. 114.
	II.	P. 200.

C.

Cabellio	I.	P. 211, note 7.
	II.	PP. 119, *in fine*. 145.
Cabira	II.	P. 300, *in fine*.
Cadi, *in Phrygia Epictetus* [Gediz]	I.	P. 21, note 7.
Caenicenses	II.	P. 120.
Caere [Cerveteri]	I.	PP. 38, *in fine*. 40, note 3. 45, *in init*. 60. 188, *in fine*. 201, *in fine*. 204. 212, note 1. 221. 232, note 2.
Caesaraugusta	II.	P. 73.
Caesarea *ad Libanum*	I.	P. 8, note 2, *sub fin*.
	II.	P. 382.
Caesarea *Cappadociae*	II.	P. 301, n° 3.

Noms.	Tome.	Pages et Notes.
Caesarea *Ciliciae*. — Voy. Anazarbus.		
Caesarea, d'abord Iol. — Voy Iol.		
Caesarea *Mauretaniae*.	II.	P. 487, *in fine*.
Caesarea Paneas.	II.	P. 357, *in init*.
Caesarea *Syriae*	II.	PP. 373, *in init*. 378, *in fine*. 381.
Caesarea Tralles. — Voy. Tralles.		
Caesarodunum Turonum	II.	P. 150, n° 9.
Caiatia [Cajazzo].	I.	P. 208, note 2. P. 222, note 1.
Calabria. — Voy. Apulia.		
Calama [Gelma].	I.	P. 266, *in fine*.
Calatia [ruines de Galazze, entre Caserta et Maddaloni].	I.	P. 57, *in fine*.
Calatis	II.	P. 202, 5°.
Cales [Calvi]	I.	PP. 67, n° 13. 70. 314, note 6.
Callaecia. — Voy. Asturia. .		
Callinicos.	II.	P. 594, note 7.
Cameria.	I.	P. 49, note 7.
Camerinum [Camerino]	I.	P. 63, *in fine*.
Campania (REGIO I).	II.	PP. 13, *in fine*, et suiv. P. 36, n° 9.
Ager Campanus	I.	PP. 150. 152. 155.
Campus Stellatis	I.	PP. 150. 152.
Camulodunum, *Colonia*	I.	P. 164, note 2. P. 166, note 5.
	II.	P. 156.
Camunni [Val Camonica]	I.	P. 211, note 8.
Canabae	II.	P. 194.
Canapium *municipium*	II.	P. 471, *in init*.
Canusium [Canosa]	I.	P. 208, note 3. P. 271, note 5.
Canusium (*Album*).	I.	PP. 276, *in init*. 295, note 1.
Capitulum Hernicorum	I.	PP. 203, *in init*. 204, *sub fin*.
Cappadocia.	II.	P. 280.
Cappadocia, *Provincia* (1)*.	II.	PP. 289 et suiv.

---

(1)* [*Junge* M. Théodore Reinach, *Essai sur la numismatique des rois de Cap-*

INDEX GÉOGRAPHIQUE.

Noms.	Tome.	Pages et Notes.
Capsa.	II.	P. 469.
Capua [S. Maria di Capoa vetere].	I.	PP. 40 et suiv. 57, *sub fin.* 157?, note 2. 159, n° 13. 207, note 2. 212, note 1. 216, note 6. 264. 265. 271, note 5.
Carales.	II.	P. 63.
Carcaso.	I.	P. 203, *in fine*.
	II.	P. 125.
Caria (1)*.	II.	PP. 236 et suiv. 260, n° 6.

---

padoce, Paris, 1887, 1 vol. gr. in-8, illustré de 4 pl. tirées à part ; — *Notes from Isauria and Cappadocia*, dans The *Athenaeum*, 1890, n° 3277.]

(1)*[*Adde* MM. Foucart, dans le *Bulletin de corresp. hellén.*, t. XIV, 1890, pp. 363-376. (Cet auteur y publie neuf textes inédits provenant du temple d'Hécate, à *Lagina*, en Carie ; l'un d'eux contient une liste de villes s'ajoutant à celles qui sont énumérées à la fin du sénatus-consulte de l'an 81 (*Bull. de corresp. hellén.*, t. IX, pp. 450, 471) ; on y trouve, pour la première fois, Apamée Kibotos appelée *Apamée du Méandre*, et Séleucie dite *Séleucie sur le golfe d'Issus*); — G. Doublet et G. Deschamps, dans le même *Bulletin*, t. XIV, 1890, pp. 603-630. (Ces auteurs y publient trente-six inscriptions de la province de Carie, parmi lesquelles il convient surtout de remarquer une courte dédicace où paraît le nom de l'historien Publius Cornelius Tacitus, (p. 621) ; nous apprenons par là qu'il fut proconsul d'Asie et que son prénom, sur lequel on avait des doutes jusqu'à présent, était bien *Publius*); — René Cagnat, *L'année épigraphique (1890)*, Paris, 1891, n°ˢ 108-111, inclus ; — V. Bérard et Colardeau, dans le *Bulletin de corresp. hellén., ubi supra*, pp. 643 et suiv. = M. R. Cagnat, *loc. sup. cit.*, n° 112 (inscription grecque provenant des ruines de *Phaselis* et qui mentionne Q. Voconius Saxa Fidus, que nous savions déjà avoir été légat de Lycie et de Pamphylie, de l'an 142 à l'an 149 ou 150 après J.-Chr. ; voy., sur lui, M. W. Liebenam, *Forschungen*, Leipzig, 1888, p. 261, n° 11) ; — W. Judeich: *Olymos*, en Carie, dans les *Mittheilungen des Kaiserl. deutsch. archaeol. Inst.*, (*Athen. Abtheil.*), t. XIV, Hft 4, 1889 ; Inscriptions de Carie, *eod.*, t. XV, Hft 3, 1890, pp. 252 et suiv. (*Adde, eod.*, Hft 4, *Mélanges*, M. W. R. Paton, *Note sur la page 335 du t. XV* (Inscription de Carie)). — Voy. aussi M. René Cagnat, dans la *Revue archéol.*, 3ᵉ série, t. XVII, Mars-Avril 1891, p. 274, n° 39 ; — D. Chabiaras, *Kasareia en Carie*, dans le Volume publié par le Syllogue de Constantinople à l'occasion du 25ᵉ anniversaire de sa fondation (1861-1886), 1888 (distribué seulement au cours de l'été 1890), avec inscriptions.

[N. B. : M. Hicks a publié dans le *Journal of Hellenic Studies*, t. XI, 1890, pp. 109-128, une série d'inscriptions découvertes par M. W.-R. Paton à *Ceramus* (Kéramo), sur le golfe de Cos. Ces textes épigraphiques sont précédés d'une description de la localité et de quelques renseignements sur son histoire.]

Noms.	Tome.	Pages et Notes.
Carmo [Carmona] (1)*.	I.	P. 209, note 4.
Carni.	I.	PP. 18, *in fine*. 234. 265, note 12. 274, note 3.
Carnuntum.	II.	P. 167, note 3. PP. 168, *in fine*. 169, *in fine*.
Carpitanorum Colonia.	II.	P. 469.
Carrhae.	II.	P. 396.
Carseoli	I.	PP. 67, n° 23. 208, note 1. 314, note 6.
	II.	P. 40, *in fine*.
Carteia.	II.	P. 75, note 2.
Cartenna.	II.	P. 487, *in init*.
Carthagène.—Voy. Nova Carthago.		
Carthaginiensis provincia	II.	P. 80, *in init*.
Carthago (2)*.	I.	P. 127, note 2. P. 143. P. 146, note 1.
	II,	P. 426, note 1. P. 442, IV.
Carthago nova.	II.	PP. 67, *in fine*. 73.
Cassandria	II.	P. 209, *in fine*.
Castabala (3)*.	II.	PP. 238. 299, *in fine*.
Castrimoenium [Marino].	I.	P. 271, note 5.
Castrum novum, *in Piceno*, plus tard Colonie [Terravecchia, *pr*. Giulianova].	I.	P. 11, note 6. P. 202, *in fine*. P. 222, note 1.
Catali.	I.	PP. 18, *in fine*. 265, note 12. 274, note 3.
Catina.	II.	P. 55, *sub fin*.
Caunos.	II.	P. 257.
Celaenae [Dinêr].	I.	P. 116, note 2.
Cemenelum	II.	P. 146.

---

(1)* [Voy., au sujet de cette ville, MM. George Bonsor et Arthur Engel, *La nécropole romaine de Carmona*, dans la *Revue archéol.*, 3e série, t. XVII, Mai-Juin 1891, pp. 384-390.]

(2)* [Voy. encore, sur cette ville, M. Dureau de la Malle, *Recherches sur la topographie de Carthage*, avec notes par Dusgate, Paris, 1835, 1 vol. in-8, pl; —Adde le P. A.-L. Delattre, *Les tombeaux puniques de Carthage.—Nécropole de la colline de Saint-Louis*, dans la *Revue archéol.*, 3e série, t. XVII, Janvier-Février 1891, pp. 52-70. Voy. également le tirage à part, Lyon, Mougin-Rusand, 1891, in-8.]

(3)* [Voy., *infer.*, V° *Cilicia*, p. 629, note 2*.]

INDEX GÉOGRAPHIQUE.   629

Noms.	Tome.	Pages et Notes.
Centuripae	I.	P. 107, note 1. P. 314, note 6.
	II.	PP. 53, *in init.* 54.
Centuripini	II.	P. 505, note 4.
Ceos [Kea ; Tzia].	I.	P. 109, note 4.
Cerasus.	II.	P. 279, note 10. P. 301.
Ceutrones.	I.	P. 8, note 2.
	II.	P. 148.
(plus exactement que Centrones) .	II.	P. 148, note 5.
Chaeronea	II.	P. 229.
Chalcedon	II.	P. 273.
Chalcis, *in Euboea*	II.	P. 220, *in fine*.
Chalcis, *in Syria*	II.	PP. 343 et suiv.
Charax	II.	P. 360.
Chersonesus thracica	II.	P. 238, *in init*.
Chios (1)*.	I.	P 103, note 3. P. 104, note 7. P. 114.
	II.	P. 257, *sub fin*.
Chullu colonia Minervia.	II.	P. 473.
Cibyra	II.	PP. 239. 255, note 8. 308, note 1.
Cibyra *Tetrapolis*	II.	P. 313, note 3.
Cibyraticum forum	II.	P. 317, *in init*.
Cilicia (2)*.	II.	PP. 311 et suiv.

(1)* [Voy. des inscriptions inédites de *Chios* publiées par M. Latyschew, d'après des copies de M. Papadopoulos-Kerameus, dans les *Mémoires de la Société impériale d'archéologie russe*,(1889) ; — voy. aussi d'intéressantes inscriptions découvertes à *Chios* publiées ou rééditées par M. Haussoullier, dans la *Revue des Études grecques*, 1890, pp. 206-213.]

(2)* [Consulter encore, sur cette province, M. J.-T. Bent, Récentes découvertes dans la Cilicie orientale, dans *The Journal of Hellenic Studies*, Vol. XI, n° 2, Octobre 1890, avec pl. VIII (Fixation de la position d'*Hieropolis Castabala*). Voy. aussi le même auteur, *The site of Hieropolis Castabala*, dans *The Athenaeum*, n° 3273, 1890, II, p. 105. — *Adde* M. L. Hicks, Explication des inscriptions recueillies dans cette exploration, *eod.*, pp. 236 et suiv., et M. René Cagnat, dans la *Revue archéol.*, 3ᵉ série, t. XVII, Mars-Avril 1891, pp. 262, col. 2, et suiv., n°ˢ 26 à 31 inclus. (N. B.: L'inscription grecque publiée par M. R. Cagnat sous le n° 28, p. 264, contient le nom d'un légat de Cilicie, M. Domitius Valerianus, qui est nouveau. — Sur l'inscription honorifique de ce gouverneur, récemment découverte à *Hieropolis Castabala*, voy. MM. Hicks, *loc. sup. cit.*, pp. 251 et suiv. ; — Th. Mommsen, *Zur Kritik des Codex Iustinianus*, dans la *Zeitschr. der Savigny Stiftung für Rechtsgesch.*, XIIᵗᵉʳ Bd. (= XXV Bd. de la *Zeitschr. f. Rechtsgesch.*), 1stes Heft, Roman. *Abth.*, Weimar, 1891, pp. 149—152.)]

Noms	Tome	Pages et Notes
Circeii [Monte-Circello]	I.	P. 65, *in fine*.
Cirta	I.	P. 230, note 5. P. 235, *in init.* P. 242, note 6. P. 266, *in fine*.
	II.	PP. 453. 472 et suiv.
Cisus	II.	P. 477, *in init*.
Cius	I.	P. 315, note 3.
	II.	P. 273.
Civitas ou oppidum Ubiorum, plus tard Colonia Agrippinensis. — Voy. Agrippinensis Colonia, Ubiorum civitas, Ubiorum oppidum.		
Claritas Iulia (Ucubi)	II.	P. 75, note 2, n° 3.
Claudiopolis	II.	PP. 273. 286, *in fine*. 300.
Claudiopolis. — Voy. aussi Ninive.		
Clitae	II.	P. 318, note 6. P. 322.
Clunia	I.	P. 209, note 4, *in fine*.
	II.	P. 73, *sub fin*.
Clupea	I.	P. 261, note 3.
	II.	P. 468, note 3.
Clusium [Chiusi]	I.	P. 63, *sub fin*.
Cnidus	II.	P. 257, *sub fin*.
Cnossus [Makrótichos]	I.	P. 261, note 3, *in fine*.
Collipo [*prope* Alcobaça et Leyria].	I.	P. 265, *in fine*.
Coloe	II.	P. 244, note 5.
Cologne. — Voy. Agrippinensis Colonia, Ubiorum civitas, Ubiorum oppidum.		
Colonia Aelia Capitolina. — Voy. Ierusalem.		
Colonia Agrippinensis. — Voy. Agrippinensis Colonia, Ubiorum civitas, Ubiorum oppidum.		
Colonia Equestris — Voy. Equestris Colonia.		
Colonia Iulia Augusta Usellis. — Voy. à la lettre **U**.		
Colonia Scillitana. — Voy. à la lettre **S**.		
Colonies romaines en Grèce	II.	PP. 231 et suiv.
Comana	II.	PP. 279. 300. 301.

Noms.	Tome.	Pages et Notes.
Commagene (1)*	II.	PP. 340 et suiv.
Comum [Como; Côme]	I.	P. 264, *in init.*
Concordia, d'abord *vicus*, ensuite Colonie [Concordia]	I.	P. 11, note 3. PP. 265, *in init.* 274, note 3.
Condate	II.	P. 130.
Condatus pagus (Lugdunum)	I.	P. 16, note 2.
Condevincum	II.	P. 130.
Constantia. — Voy. Salamis.		
Constantina (Cirta)	II.	P. 459, *sub fin.*
Constantinople	I.	P. 121, note 5.
Copia	I.	PP. 68, n° 36. 73.
Copia (Thurii)	I.	P. 221, *in init.*
Cora [Cori]	I.	PP. 66, n° 4. 202. 204, *in fine.* 221.
Corcyra (2)*	II.	P. 173, *in fine.* P. 174, note 2.
Corduba	II.	PP. 68, *in init.* 74.75, *in init.* 78, *in init.*
Corinienses	I.	P. 8, note 2.
Corinthus	I.	P. 123, note 5. P. 127, note 2. P. 313, note 8.
	II.	PP. 220 et suiv. 231.
Coronea, *in Boeotia*	II.	PP. 219 et suiv.
Coronea, *in Messenia*	II.	P. 227, *in init.*
Cornus	II.	P. 62, *in fine.*
Corsica (3)*	II.	PP. 42, n° 17. 57 et suiv. 61 et suiv.
Corycus	II.	P. 314, note 7. P. 324, *in init.*

---

(1)* [Voy. encore M. Théodore Reinach, *La dynastie de Commagène*, dans la *Revue des Études grecques*, t. III, 1890, n° 12, Octobre-Décembre, et, *supra*, la note sur le mot Armenia *Provincia*, p. 617, note 3*.]

(2)* [Voy., à ce sujet, MM. Bernhard Schmidt, *Korkyraeische Studien. Beitraege zur Topographie Korkyras und zur Erklaerung des Thukydides, Xenophon und Diodoros*, Leipzig, 1890, broch. in-8, avec 2 cartes (*ibiq.* M. Salomon Reinach, dans la *Revue critiq. d'hist. et de littér.*, 1891, n° 19, [11 mai], art. 235, pp. 367, 3, et suiv.).]

(3)* [*Adde* : MM. de Boureulle, *La Corse historique depuis l'antiquité jusqu'à l'an 1769*, Épinal, 1884, in-8 ; — Étienne Michon, *Inscriptions inédites de la Corse*, dans les *Mélanges d'archéologie et d'histoire*, t. XI, fascic. I-II, Paris et Rome, avril 1891, pp. 106-132.]

Noms.	Tome.	Pages et Notes.
Cos (1)*	II.	P. 257, *sub fin.*
Cosa	I.	P. 68, no 26.
Cotiaeum	II.	P. 244, note 5.
Cragus	II.	P. 307, no 10.
Cratia-Flaviopolis	II.	P. 273.
Cremna	II.	P. 287.
Cremona [Cremona ; Crémone]	I.	PP. 18. 68, n° 34. 73. 74. 82.
Creta	I.	P. 157, note 2.
Creta et Cyrenaica, *Provincia* (2)*	II.	PP. 426 et suiv.
Croton [Cotrone]	I.	P. 61, note 6.
Crustumerium [Monte rotondo]	I.	P. 48, note 2. P. 54, note 5.
Cuicul	I.	P. 267, *in init.*
	II.	P. 474.
Cuina	II.	P. 469.
Cumae	I.	PP. 39,*in init.* 57,*in fine.* 159,*in init.* 164, note 1. 203, note 5. 204.
Cures [Arci, *pr.* Correse]	I.	P. 274, note 5.
Curia	II.	P. 34.
Colonia Iulia Curubis	I.	P. 261, note 3.
	II.	P. 469.
Cyaneae	II.	P. 307, *sub fin.*
Cybistra	II.	PP. 238. 300,*in init.* 301.
Cyprus (3)*	II.	PP. 316. 321. 327 et suiv.

(1)* [Voy., sur *Cos*, M. Th. Mommsen, *Inscrhift von Kos*, dans la *Zeitschr. der Savigny, Stiftung für Rechtsgesch.*, XIter Bd. (= XXIV Bd. de la *Zeitschr. f. Rechtsgesch.*), 2tes Heft, Roman. *Abtheil.*, Weimar, 1890, pp. 34-87.]

(2)* [Voy. encore, au point de vue épigraphique, *Costituzione imperiale scoperta a Creta*, dans le *Bullettino dell' Istit. di Dir. Rom.*, Ann. III, fasc. V-VI, Roma, 1891, *Miscellanea epigrafica*, I, pp. 258—264.

[T. II, p. 429, note 8. — Comp. MM. Imhoof-Blumer und O. Keller, *Tier- und Pflanzenbilder auf Münzen und Gemmen des Klassischen Alterthums*, 1890 (ibiq., *Berliner philolog. Wochenschr.*, 1891, n° 8).]

(3)* [Voy. encore, sur Chypre, MM. Cobham, *The bibliography of Cyprus*, dans *The Academy*, 1891, n° 983 ; — Babelon, Lecture à la *Société nationale des Antiquaires de France*, (séance du 25 mars 1891), d'un mémoire sur Demonicus, roi de *Citium* (Larnaka), dans l'île de Chypre. (Voy. le *Bulletin critiq.*, 1891, n° 13, [1er juillet], p. 256) ; — Ohnefalsch, *Richter's Ausgrabungen in Kypern*, dans la *Berliner philolog. Wochenschr.*, 1891, n° 24 ; — *Cypern im Alterthume*, dans *Die Nation*, n° du 27 juin 1891. — Le dernier travail de nous connu sur

Noms.	Tome.	Pages et Notes.
Cyrenaica. — Voy. Creta et Cyrenaica..		
Cyrene	I.	P. 116, note 2.
	II.	PP. 427 et suiv.
Cyrrus	II.	P. 335, note 4. P. 343.
Cyzicus (1)*	I.	P. 104, note 5. P. 107, note 3. P. 311.
	II.	PP. 248 et suiv.

D.

Dacia (2) *	II.	PP. 189 et suiv.
Dalisandus	II.	P. 285.

Chypre est l'étude, actuellement en cours, que lui consacre en grec M. Sakellarios, et qui constitue un recueil gigantesque de notes.]

(1)* [M. Homolle, Directeur de l'*École française d'Athènes*, a adressé à l'*Académie des Inscriptions et Belles-Lettres* un mémoire de M. Joubin, traitant des lécythes d'Érétrie et des inscriptions de Cyzique. (Voy. *Acad des Inscr.*, séance du 15 mai 1891, dans le *Journ. off.* du 17 mai, p. 2175, col. 3.) — Voy. encore M. A. S. Murray, *Bas-reliefs de Cyzique*, dans la *Revue archéol.*, 3e série, t. XVII, Janvier-Février 1891, pp. 10-13.

[P. 248, note 6 *in fine* : Voy. surtout M. Th. Reinach, *Lettre à M. le commandeur J. B. de Rossi au sujet du temple de Cyzique* (publication de curieuses notes inédites de Cyriaque d'Ancône, qui permettent de présenter une restitution du temple d'Hadrien), dans le *Bulletin de corresp. hellén.*, t. XIV, 1890, pp. 517-545.]

(2)* [Sur la Dacie, voy. encore Dr J.-F. Neigebaur, *Dacien aus den Ueberresten des klassischen Alterthums, mit besonderer Rücksicht auf Siebenbürgen, topographisch zusammengestellt*, Kronstadt, 1851, 1 vol. in-8 avec cartes ;—M M. Tóglás et Király, Inscriptions nouvelles de Dacie, dans les *Archaeologisch-epigraphische Mittheilungen aus Oesterreich*, 1890, pp. 192 et suiv. = M. René Cagnat, *Revue des public. épigr. relatives à l'antiq. rom.*, Juin-Décembre 1890, dans la *Revue archéol.*, 3e série, t. XVI, Nov.-Déc. 1890, pp. 434 et suiv., nos 100 et suiv. = *L'année épigraphique (1890)*, Paris, 1891, mêmes nos, pp. 27 et suiv. — De nouvelles inscriptions de Dacie ont été publiées par M. Cumont, dans les *Archéol. epigr. Mittheil*, 1891, pp. 108 et suiv. Voy. aussi M. René Cagnat, dans la *Revue archéolog.*, 3e série, t. XVII, Mai-Juin 1891, p. 414, col. 2, n° 78, et surtout le *C. I. L.*, Vol III, *Supplem.*, fascic. sec., Berolini, septembre 1891, fos 1373-1445.

[M. Geffroy a annoncé à l'*Académie des Inscr. et Bell.-Lett.*, dans sa séance du 23 janvier 1891, (*Journ. off.* du 27 janvier, pp. 439, col. 3, et suiv.), que M. Tocilesco, professeur à l'Université de Bucharest, qui se trouve en ce moment à Rome, l'a informé qu'il venait de découvrir dans la Dobrutcha, près du village Adamklissi, un monument triomphal érigé en 108 ou 109

Noms.	Tome.	Pages et Notes.
Dalmatia (1)*	II.	PP. 118, *in init.* 171 et suiv.
Dalmatia ou Delmatia ?	II.	P. 171, note 9. P. 177.
Damascus	II.	PP. 344. 348 et suiv. 360 et suiv. 373. 382.
Danaba	II.	P. 362.
Danubiennes (Provinces) (2)*	II.	PP. 160 et suiv.
Darantasia	II.	PP. 148, 150, n° 8.
Dardania	II.	P. 196.
Dascylium	II.	P. 273.
Dea [Die]	I.	P. 204, *in init.*
Dea Augusta Vocontiorum. — Voy. à la lettre V.		
Decapolis, syrienne	II.	P. 337.

par Trajan, à la suite de ses expéditions contre les Daces. Sur un massif cylindrique en pierre de taille, qui devait avoir 26 mètres de hauteur et 30 mètres de diamètre, s'élevait un trophée de 4 mètres. Ce massif était garni d'un revêtement, dont M. Tocilesco a retrouvé presque toutes les pièces : 2 frises, 52 métopes et 54 colonnes. La partie supérieure du monument est couronnée de créneaux, dont chacun représente un prince barbare, les mains liées derrière un arbre ; il y a 36 de ces prisonniers. Viennent ensuite la toiture et la base hexagonale du trophée, avec 6 statues de barbares plus grandes que nature. Le trophée se compose d'un tronc d'arbre, sur lequel on voyait une grande *lorica* avec toute sorte d'armes : arcs, boucliers, casques, etc. Le monument a tout autour un escalier circulaire, dont 8 marches sont conservées. Voici l'inscription de l'une des faces, d'après la restitution de M. Tocilesco : *Moesiae ultor imp. Caesar, div. Nervae f. Nerva Traianus Aug. Germ. Dacicus pont. max. trib. pot. XIII, imp. VI cos. V p. p...*]

(1)* [Voy. encore, sur cette province, au point de vue épigraphique, M. Giuseppe Gatti, *Di una iscrizione Dalmata*, dans le *Bullettino dell' Istituto di Dir. Rom.*, Anno III, fasc. I, II. III e IV, Roma, 1890, pp. 1-5, et surtout le *C. I. L.*. Vol. III, *Supplem.*, fascic. sec., Berolini. Septembre 1891, f°s 1472-1667. Voy. aussi Mgr Bulii, dans le *Bullettino di archeologia e storia Dalmata*, 1889, p. 145; comp. p. 179. — *Adde* également, *infer.*, p. 643. note, lignes 2 *in fine* et suiv., CHALONS-SUR-MARNE.]

(2)* [Voy. encore, sur ces provinces, au point de vue épigraphique, M. Frankfurter, Inscriptions de Bulgarie, dans les *Archaeologisch-epigr. Mittheil. aus Oesterreich*, 1891, pp. 143 et suiv. Voy. aussi M. René Cagnat, dans la *Revue archéol.*, 3e série, t. XVII, Mai-Juin 1891, pp. 412, col. 1, et suiv., n°s 80 à 88 inclus. (N. B : Le n° 40 de la p. 155 des *Archaeol.-epigr. Mittheil.*=M. R. Cagnat, n° 84, pp. 412, col. 2, et suiv., mentionne un gouverneur de Thrace inconnu. — Au n° 43 de la p. 157 des *Mittheil.* = M. R. Cagnat, n° 86, p. 413, col. 1, *sub. fin.*, il est parlé d'un légat du nom de Iulianus, lequel ne s'est pas encore rencontré.)]

INDEX GÉOGRAPHIQUE.

Noms.	Tome.	Pages et Notes.
Delminium.	II.	P. 177.
Delos (1)	I.	P. 21, note 6. P. 109, note 4.
	II.	PP. 223. 261, note 1.
Delphi (2)	I.	P. 8, note 2.
	II.	P. 225, note 4.
Delta (Basse-Égypte)	II.	P. 409.
Derbe.	II.	PP. 238. 302.
Dertona [Tortona]	I.	P. 159, *in fine*.
Develtus.	II.	P. 201.
Diana.	I.	P. 267, *in init*.
	II.	P. 477.
Dienses.	I.	P. 8, note 2.
Diocaesarea.	II.	PP. 300. 339.
Dionysopolis	II.	P. 202, 5°.
Dioscurias (Sebastopolis)	II.	P. 293.
Diospolis	II.	P. 300, *in fine*.
Diospontus	II.	P. 301.
Dium.	II.	PP. 209, *in fine*. 337, *in fine*.
Dora	II.	P. 336.
Dorylaeum	II.	P. 260.
Drobetarum municipium	II.	P. 195, *in init*.
Durocortorum Remorum	II.	PP. 127. 149, n° 2.
Dyme.	II.	P. 221, note 4. P. 228.
Dyme. — *Colonie romaine*	II.	P. 231, *in fine*.
Dyrrhachium	I.	P. 107, note 3. P. 123, note 5.
	II.	PP. 173 et suiv. 207 et suiv.

---

(1) * [Sur Délos, joignez aux auteurs cités MM. Nöthe, *Einrichtung und Verfassung des Delischen Bundes* (Schulprogramm), Magdeburg, 1889, Dom-Gymnasium, broch. in-8; — Homolle, *Les Travaux de l'École française d'Athènes dans l'île de Délos*, Paris, Impr. Nat., 1890, broch. in-8.]

(2) * [Voy. M. Aug. Mommsen, *Delphika*, Leipzig, 1878, 1 vol. in-8.]

E.

Noms.	Tome.	Pages et Notes.
Ἐακκαία. — Voy. Σακκαία.		
Eburodunum	II.	PP. 129, *in fine*. 146 et suiv.
Edessa	II.	PP. 394. 396.
Elaiussa, *insula*	II.	P. 318.
Elatea	I.	PP. 105, *in init.* 106., note 6.
	II.	P. 221, note 8. P. 225, note 4.
Éleuthérolaconiennes (villes) (1)*.	II.	PP. 222. 225, note 4.
Elorum	II.	P. 50.
Elusa	II.	P. 151, n° 4.
Emerita	II.	PP. 76,*in init.* 78,*in init.*
Emesa	II.	PP. 347 et suiv. 362. 373,*sub fin.* 382,*in init.*
Emmaus. — Voy. Nicopolis.		
Emona	II.	P. 169.
Ephesus	I.	PP. 105. 266. 311.
	II.	PP. 241, *in init.* 249 et suiv.
Epidamnus	I.	P. 127, note 2.
Epidaurus (2)*	II.	P. 179, *in fine*.
Epiphanea sur l'Orontes [Hamah sur le Nahr el-Asi]	I.	P. 20, note 4.
Ephiphania, *in Cilicia*	II.	P. 318, note 7, n° 2.
Epirus	II.	P. 230.
Epirus nova	II.	P. 210.

---

(1)* [Voy. l'article de M. P. Foucart, *Éleuthérolakones*, dans le *Dict. des Antiq. grecq. et rom.*, de MM. Ch. Daremberg et Edm. Saglio, 15° fascic., Paris, 1891, t. II, p. 582, col. 1, *in init.*]

(2)* [Voy. MM. V. Gardthausen, *Inschriften aus Epidaurus*, dans le *Rheinisches Museum*, N. F., Bd. XLV, 1890, pp. 612 et suiv;— J. Baunack, *Aus Epidauros. Eine epigraphische Studie*, Leipzig, 1890, 1 vol. gr. in-4; — A. Ludwich, dans la *Berliner philolog. Wochenschrift*, 1890, pp. 419 et 449 ; —Salomon Reinach, dans *La Médecine moderne*, 1890, p. 127 ; — Charles Normand, dans *L'Ami des Monuments*, 1890, pp. 140-457; —A. Defrasse et H. Lechat, *Notes sur Épidaure*, dans le *Bulletin de corresp. hellén.*, t. XIV, Mai-Décembre 1890.]

INDEX GÉOGRAPHIQUE. 637

Noms.	Tome.	Pages et Notes.
Eporedia [Ivrea].	I.	PP. 82. 208, note 2.
Eques.	I.	P. 64, note 16.
Equestris colonia.	II.	P. 127, *in init.*
Equiza.	II.	P. 489, *in init.*
Erythrae [ruines de Ritri] (1)*.	I.	P. 104, *in fine.*
Etruria (REGIO VII) (2)*.	II.	PP. 12 et suiv.
Étrusques.	I.	P. 64, note 16.
Euboea.	II.	P. 224.

(1)* [M. Salomon Reinach a communiqué à l'*Académie des Inscriptions et Belles-Lettres*, dans sa séance du 31 juillet 1891, une inscription grecque récemment découverte à Érythrée, dont une copie lui a été envoyée par un antiquaire de Smyrne, M. Contoléon. C'est un petit poème grec, d'une facture agréable, gravé sur un bloc de marbre dans une grotte consacrée aux nymphes naïades, où se trouvait une fontaine ornée de sculptures. La sibylle y raconte qu'elle est fille d'une naïade et d'un certain Théodore, qu'elle est née à Érythrée et qu'elle a vécu neuf cents ans, pendant lesquels elle a parcouru toute la terre. « Maintenant, ajoute-t-elle, je suis de nouveau assise auprès de la pierre sur laquelle j'ai rendu mes oracles, jouissant de l'agréable fraîcheur des eaux; je suis heureuse de voir venir le jour où j'ai prédit qu'Érythrée serait bien gouvernée et prospère à l'arrivée d'un nouvel Erythros dans ma chère patrie. » Le personnage ainsi désigné est sans doute un empereur romain du deuxième siècle après Jésus-Christ, peut-être Lucius Verus, qui visita l'Asie Mineure en 164. Il existait une vieille querelle entre la ville d'Érythrée et celle de *Marpessos*, qui prétendaient l'une et l'autre avoir donné le jour à la sibylle : le but principal de cette inscription est d'affirmer les droits d'Érythrée.

[M. Reinach a ensuite fait connaître quelques autres textes découverts au même endroit et a exprimé le vœu que des fouilles y fussent instituées; elles ne manqueraient pas, selon lui, de donner des résultats intéressants. (Voy. le *Journ. off.* du 2 août 1891, p. 3883, coll. et 2 suiv., *La Sibylle d'Erythrée.*)]

(2)* [T. II, p. 12, note 3, lignes 15 et suiv.: après la mention de l'ouvrage de M. Charles Casati, *Fortis Etruria*, ajoutez : nouv. éd., Paris, 1888, 1 vol. in-8. — *Adde* : MM. Dr Dorow, *Voyage archéologique dans l'ancienne Étrurie*, trad. de l'allemand par Eyriès, Paris, 1829, in-4, pl. nombr.; — A. Noël des Vergers, *L'Étrurie et les Étrusques ou dix ans de fouilles dans les Maremmes Toscanes*, Paris, 1862 — 1864, 2 tomes avec atlas (*ibiq.* M. E. Beulé, dans le *Journal des Savants*, 1864 et 1865) ; — Eug. Bormann, *L'Étrusque à l'époque romaine*, dans les *Archaeol.-epigr. Mittheil. aus Oesterreich-Ungarn*, 1887, pp. 94-126; — Th. Seemann, *Die Kunst der Etrusker nach den Forschungen unserer heutigen Wissenschaft als Supplement zur allgemeinen Kunstgeschichte*, 1891, 1 vol. gr. in-8 (76 pp., 26 pl. phototyp.). — Voy. enfin M. Stéphane Gsell, *Fouilles dans la nécropole de Vulci* (= *Bibliothèque des Écoles françaises d'Athènes et de Rome*, 2ᵉ série, n° 10), Paris, 1891, 1 vol. in-4, avec 101 vignettes dans le texte, 1 carte et 23 planches.]

Noms.	Tome.	Pages et Notes.
Eucarpia.	II.	P. 241, note 5. P. 260, n° 5.
Euesperides.	II.	P. 429, n° 3.
Eumenia	II.	P. 241, note 5. P. 249.
Euphratensis	II.	P. 378.
Europa (*Thraciae Provincia*).	II.	P. 202, 1°.
Eusebia.	II.	P. 299.

F.

Fabrateria [Ceccano].	I.	PP. 53, n° 28. 202, *in init*.
Falerienses.	I.	P. 8, note 2.
Falerio [Fallerone].	I.	P. 301.
Fanum.	II.	PP. 34, *in init*. 39.
Faustinopolis.	II.	PP. 300, *in init*. 301, n° 4.
Ferentinum [Ferentino].	I.	PP. 63. 203, *in init*. 205, *in init*. 221.
Ficulea regio.	I.	P. 7, note 7.
Fidenae [Castel Giubileo].	I.	P. 201, note 8.
Firma Colonia Augusta (Astigi).	II.	P. 75, note 2, n° 6.
Firmiani.	I.	P. 8, note 2.
Firmum.	I.	PP. 68, n° 30. 73. 160, *in init*. 212, note 1. 301.
	II.	P. 40.
Flaminia et Picenum annonarium.	II.	PP. 33. 39 et suiv.
Flanona.	II.	P. 177.
Flavia Caesariensis.	II.	P. 159, n° 4.
Flaviopolis.	II.	PP. 201. 321, note 2.
Florentia.	I.	P. 148, note 1. P. 160, n° 28.
	II.	P. 35, *in init*.
Forath.	II.	P. 360.
Formiae [Mola di Gaëta] [Formia]].	I.	PP. 39, *in init*. 42, note 3. 45. 57, *in fine*. 192, note 5. 206. 234.
Forum Isauricum; Pamphylium; Cibyraticum; forum d'Apamea et de Synnada.	II.	PP. 316, *in fine*, et suiv.

INDEX GÉOGRAPHIQUE.

Noms.	Tome. Pages et Notes.
Forum Iulii............	II. P. 119.
Forum Popilii (1) *........	I. P. 192, note 5.
	II. P. 33, *in fine.*
Forum Voconii...........	II. P. 120.
Fregellae [Opio, *j.* Ceprano].....	I. P. 67, n° 14.
Frentani..............	I. P. 64, *in init.*
Frentinum, *castrum*.........	I. P. 11, note 6. P. 68, note 12.
Frusino [Frosinone].........	I. P. 58, *in init.*
Fundi [Fondi]............	I. PP. 39,*in init.* 42, note 3. 45. 57, *in fine.* 206. 234.
Furfo vicus [ruines de Furfona]..	I. P. 10, note 6. P. 11, notes 2, 3 et 4.
Fussala...............	II. P. 463.

G.

Gabala...............	II. P. 339, note 3. P. 376, n° 1.
Gadara...............	II. PP. 337. 339. 382.
Gades................	I. P. 102, note 9. P. 209, note 4. P. 264, note 2. P. 295, note 1.
	II. P. 75, *in init.*
Galatia, (*Provincia*)........	II. PP. 276 et suiv.
Galilaea..............	II. P. 357.
Galillenses.............	I. P. 8, note 2.
Gallaecia.............	II. PP. 70, *sub fin.*, et suiv. 80, *in init.*
Gallia. — *Bibliographie générale* (2)*.	II. PP. 81 et suiv.

---

(1)* [Voy., sur cette ville, M. Em. Rosetti, *Forlimpopoli e dintorni: storia e descrizione*, Milano, 1889, 1 vol. in-8.]

(2)* [PP. 82 et suiv., II. SOURCES ÉPIGRAPHIQUES. — 1° *Gaule*: P. 83, ligne 3: après Robert Mowat, *adde* Borrel. — P. 83, ligne 4: après Émile Espérandieu.... 12°, *adde*: 13°. — P. 83, ligne 8: après Block, *adde* E. Taillebois. — P. 83, lignes 13 et suiv.: L'inscription restituée d'après M. Mommsen se trouve aussi éditée par M. R. Cagnat, dans sa *Revue des publications épigraphiques relatives à l'antiquité romaine*, Avril-Juin 1890, dans la *Revue archéol.*, 3ᵉ série, t. XVI, Juillet-Août 1890, p. 142, n° 94 = *L'année épigr.* (*1890*), Paris, 1891, p. 24, col. 1, même n°. Comp. *L'année épigr.* (*1889*), Pa-

Noms.	Tome.	Pages et Notes.
Gallia Braccata	II.	P. 116, note 6.
Gallia Celtica ou Transalpina	II.	P. 115.

ris, 1890, p. 40, n° 100. — *Adde* aux renvois épigraphiques relatifs à la Gaule: *Les inscriptions romaines d'Angoulême*, dans la Revue poitevine et saintongeaise, septembre 1890 ; — A. Blanchet, Mémoire sur l'épigraphie gallo-romaine de Langres, dans le *Bulletin de la Soc. nat. des Antiq. de France*, 2º trimestre de 1890, Paris, 1891, pp. 66-77. (N. B. : Ce travail ne fait pas double emploi avec le mémoire de M. R. Mowat, publié dans la *Revue archéol.*, 1889-1890), sur les inscriptions conservées à Dijon et à Langres.)

[P. 85, *sub fin*. L'ouvrage de Schoepflin a été traduit en français par M. Ravenez, sous le titre: *L'Alsace illustrée, ou recherches sur l'Alsace pendant la domination des Celtes, des Romains, des Francs, des Allemands et des Français*, Mulhouse, 1849-1856, 5 voll. gr. in-8, nombr. pl.

[PP. 86, *sub fin*., et suiv. Joignez aux ouvrages modernes concernant la *Gaule celtique* : Fried. Koerner, *Keltische Studien. Abhandlung ueber die Wohnsitze der Kelten, ueber deren Sprachverwandtschaft mit den indogermanischen Völkern und ueber den Einfluss ihrer Mythologie auf die Sagenbildung des Mittelalters*, Halle, 1849, in-4 ; — M. K. Henning, *Les Germains et les peuples voisins*, dans la *Westdeutsche Zeitschr. für Gesch. und Kunst*, de MM. Hettner et Lamprecht, 8º année, Trèves, 1889, 1rstes Hft (travail important); — le livre récent de M. Léo Joubert, *La Gaule et les Gaulois jusqu'à la conquête romaine*, Paris, 1890, 1 vol. in-8, illustré ; — R. P. Thédenat, *Noms gaulois, barbares ou supposés tels, tirés des inscriptions*, dans la *Revue celtique*, 1891, nºs 1 et suiv. ; — MM. d'Arbois de Jubainville, Ernault et Dottin, *Les noms gaulois chez César et Hirtius de bello Gallico*, 1rº partie (seule parue) : *les composés dont « rix » est le dernier terme*, Paris, 1891, in-12; — H. d'Arbois de Jubainville : *Les témoignages linguistiques de la civilisation commune aux Celtes et aux Germains pendant le Vº et le IVº siècle avant J.-C.*, dans la *Revue archéol.*, 3º série, t. XVII, Mars-Avril 1891, pp. 187-214 ; *Le droit des femmes chez les Celtes*, dans la *Nouv. Rev. hist. de dr. franç. et étr.*, Mai-Juin 1891, pp. 301-309 ; *Les noms Gaulois dont le dernier terme est Rix dans le De Bello Gallico. Leçons faites au Collège de France en décembre 1890*, dans la *Revue archéol.*, 3º série, t. XVIII, Juillet-Août 1891, pp. 82-99 (à suivre).

[Sur le passage des Alpes par Annibal, ajoutez aux auteurs cités MM. : J.-A. De Luc, *Histoire du passage des Alpes par Annibal*, Genève, 1818, in-8, carte ; — Félix Beaujour, *Dissertation sur le passage du Rhône et des Alpes par Annibal, l'an 218 avant notre ère*, Paris, 1821, in-8. (Comp., du même auteur, *L'expédition d'Annibal en Italie et de la meilleure manière d'attaquer et de défendre la péninsule italienne*, Paris, 1832, in-8) ; — Larauza, *Histoire critique du passage des Alpes par Annibal*, Paris, 1826, 1 vol. in-8, carte ; — Général Saint-Cyr-Nugues, *Notice sur le passage des Alpes par Annibal*, Paris, 1837, in-8, carte; — G. Bujack, *De Sileno scriptore Hannibalis*; — Replat, *Note sur le passage d'Annibal; Réfutation* par Schaub ; — Chaix, *Notes on the passage of Hannibal across the Alps, and on the Valley of Beaufort, in upper Savoy* ; — l'abbé Ducis, *Le passage d'Annibal du Rhône aux Alpes* ; — Secrétan, *Du passage des Alpes par Annibal* ; — Gilles, *Annibal et P. C. Scipion* (passage du Rhône) ; — de la Barre Duparcq, *Hannibal en Italie*. (N. B. : Ces différentes dissertations ont été publiées de 1851 à 1869, cartes);— Dr Ollivier,

Noms.	Tome.	Pages et Notes.
Gallia cisalpina	II.	P. 6.
Gallia comata	II.	P. 122.

Une voie gallo-romaine dans la vallée de l'Ubaye et le passage d'Annibal dans les Alpes. Étude historique, Digne, 1889, broch. in-8 (*ibiq. Berliner philolog. Wochenscrift,* 1890, n° 28).

[N. B. : La 2e éd. de l'ouvrage de M. A. Bertrand, *La Gaule avant les Gaulois,* (voy. p. 91, *sub fin.*), a paru tout récemment à Paris (août 1891).

[P. 92, lignes 16 *in fine* et suiv.: après l'indication du Mémoire de M. Salomon Reinach, *Le passage du pseudo-Scymnus sur les Celtes,* ajoutez : *Journ. off.* du 26 août, p. 4335, col. 1.

[P. 92, lignes 21 et suiv. — Sur le *Dieu au maillet,* voy. encore la *Revue épigraphique du Midi de la France,* n° 61, Mars, avril 1891, t. III, pp. 84 et suiv., *ad n.* 853. Comp. également *ad n.* 854 *in init.*

[PP. 93 et suiv. — Aux indications bibliographiques fournies touchant la *Gaule Romaine* et les *Provinces gauloises romaines,* ajoutez les suivantes: MM. Picot, *Histoire des Gaulois depuis leur origine jusqu'à leur mélange avec les Francs,* Genève, 1804, 3 voll. in-8 ; — Michel-Jean-François Ozeray, *Histoire générale, civile et religieuse de la cité des Carnutes et du pays Chartrain, vulgairement appelé la Beauce, depuis la première migration des Gaulois jusqu'à l'année de Jésus-Christ 1697, époque de la dernière scission de notre territoire par l'établissement du diocèse de Blois,* Chartres, 1834, 2 voll. in-8 ; — Henrion, *Histoire de France,* Paris, 1837, 4 voll. in-8 ; — Delandine de Saint-Esprit, *Histoire de la Gaule 539 ans av. J.-C. — 752 ap. J.-C., les Phocéens et les Mérovingiens,* Paris, 1843, 1 vol. in-12 ; — Gabourd, *Histoire de France, depuis les origines gauloises jusqu'à nos jours,* Paris, 1843, 3 voll. in-12 ; — Eph. Houël, *Histoire du cheval chez tous les peuples depuis les temps les plus reculés jusqu'à nos jours,* Paris, 1848 ; — Coste, *L'Alsace romaine,* 1850, in-8 (voy. aussi, sur ce point, *supra,* p. 640, *ad* P. 85 *sub fin.*) ; — Bergmann, *Les Gètes, ou la filiation généalogique des Scythes aux Gètes et des Gètes aux Germains et aux Scandinaves,* Strasbourg, 1859, in-8 ; — Georges Gandy, *Histoire de France,* Paris, 1860, 2 voll. in-8 ; — L. Demierre, *Histoire de Suisse depuis les temps les plus reculés jusqu'en 1860,* Paris, 1860, in-8 ; — Sarrette, *Champ de bataille où César défit Arioviste,* Toulouse, 1864, broch. in-8 ; — [Rectification à la p. 97 *sub fin.*]: Jacques Maissiat, *Jules César en Gaule,* Paris, 1865-1870-1881, 3 voll. in-8, dont le troisième est relatif au blocus d'*Alesia* ; — P. de Jouvencel, *Le droit des Gaules,* Paris, 1867, broch. in-8 ; — J.-J. Clamageran, *Histoire de l'impôt en France,* Paris, 1867-1876, 3 voll. in-8 ; voy. le t. I ; — A. Dederich, *Die Feldzüge des Drusus und Tiberius in das Nordwestliche Germanien,* Köln, 1869, in-8 ; — Abraham, *Zur Geschichte der germanischen und pannonischen Kriege unter Augustus.* Berlin, 1875, in-8, — D. Franç. Chamard, *Les églises du monde romain, notamment celles des Gaules pendant les trois premiers siècles,* Paris, 1877, 1 vol. in-8 ; — Arth. de la Borderie, *L'émigration bretonne en Armorique,* Paris, 1885, broch. in-8 ; — Riese, *Forschungen zur Geschichte der Rheinlande in der Römerzeit,* Leipzig, 1889 (*ibiq. Berliner philolog. Wochenschr.,* 15 février 1890) ; — Dr Ludwig Hoff, *Die Kenntniss Germaniens im Altertum bis zum 2. Iahrhundert nach Christ.,* Leipzig, 1890, broch. in-8 ; — J. Jung, *Rechtsstellung und Organisation der alpinen civitates in der römischen Kaiserzeit,* dans les *Wiener Studien,* XII, 1, 1890, pp. 98 et suiv.; — Em. Hübner, *Römische Herrschaft in Westeuropa,* Berlin, 1890, 1 vol. in-8, chap.

Organisation Romaine, t. II.

Noms.	Tome.	Pages et Notes.
Gallia Narbonensis	I. P. 203. II. PP. 116. 123 et suiv.	

II ; — Fröhlich, *Das Kriegswesen Cäsar's* (*ibiq. Literar. Centralblatt*, 1890, n° 35) ; — G. de la Noé, *Principes de la fortification antique, depuis les temps préhistoriques jusqu'aux croisades, pour servir au classement des enceintes dont le sol de la France a conservé la trace.* 1er Fascicule. *Fortification préhistorique et fortification gauloise*, Paris, 1890, broch. in-8, fig. et planches ; 2e Fascicule : *Fortification romaine*, Paris, 1890, broch. in-8, 5 pl. ; — l'Abbé Duchesne, *Mémoire sur* l'*origine des diocèses épiscopaux dans l'ancienne Gaule*, lu à la Société nationale des Antiquaires de France, dans sa séance du 25 juin 1888, et inséré dans la cinquième série, t. Xeme, *Mémoires de 1889*, Paris, 1890 (paru le 1er mars 1891), pp. 337-416 ; — Vauvillé, *Mémoire sur plusieurs enceintes antiques du département de l'Aisne*, lu dans la séance du 4 juillet 1888 de la même *Société*, et inséré eod., pp. 295-320 ; — d'Arbois de Jubainville : Note sur le pays de Cimbres, lue à l'*Académie des Inscriptions et Belles-Lettres*, dans sa séance du 12 décembre 1890, (*Journ. offic.* du 15 décembre, p. 6033, col. 3 *in init.*) ; *Étude sur la plus ancienne histoire des Teutons* (Lecture faite à l'Acad. des Inscr. et .Bell.-Lett., dans sa séance du 19 décembre 1890 ; *Journ. off.* du 23 décembre, p. 6181, col. 2) ; — *Revue épigraphique du Midi de la France*, t. III : Les Gabales. — Javols, n° 58, Juillet, août, septembre 1890, pp. 40-42 ; — Les Cadurques. — Le Querci l'entier département du Lot et la partie nord de celui de Tarn-et-Garonne, n° 60, Janvier, février 1891, *ad n.* 845 *bis*, pp. 69-74 ; — l'*Aquitaine romaine*, n° 61, Mars, avril 1891, pp. 82 et suiv., *ad n.* 852 ; — les Arvernes, eod., pp. 87 et suiv., *ad n.* 855, et n° 62, Mai, juin 1891, pp. 110 et suiv. ; — Les Bojates, le Bogium du moyen âge, l'actuel pays de Bueys ou de Buch, n° 63, Juillet, août, septembre 1891, n° 862 *bis*, pp. 117 et suiv. ; — Fustel de Coulanges, Histoire des institutions politiques de l'ancienne France. — *La Gaule romaine*, éd. Camille Jullian, Paris, 1891, 1 vol. in-8 ; — L. Bouchard, *Système financier de l'ancienne monarchie*, Paris, 1891, livre Ier, chap. Ier, pp. 3-19 (*Administration des finances en Gaule avant la conquête*) ; — Raymond Saleilles, *De l'établissement des Burgundes sur les domaines des Gallo-Romains*, dans la Revue Bourguignonne de l'enseignement supérieur, t. I, 1891, n° 1, pp. 43-103 ; n° 2, pp. 345-407 ; — C. Jullian, *Ausone et son temps.* — Première partie. *La vie d'un Gallo-Romain à la fin du* IVe *siècle*, dans la Revue historique, de M. Monod, t. XLVIIe, II, Novembre-Décembre 1891, pp. 241-266 (à suivre).

[P. 103, lignes 13 *in fine* et suiv. : La monographie de M. W. Wiegand est extraite du 3e fascicule des *Beiträge zur Landes und Volkskunde von Elsass-Lothringen*.

[PP. 104 et suiv. Appendice I. — Au début de la bibliographie relative à *Alesia*, il convient de citer la monographie de M. Victor Revillout, intitulée : *Alaise, Alise, ni l'une ni l'autre ne peut être Alésia. Études critiques d'histoire et topographie*, Paris, 1856, 1 vol. gr. in-8. — Voy. encore, *supra*, p.641,note, lignes 31 et suiv. [Rectification à la p. 97 *sub fin.*], Jacques Maissiat, t. III. — Arles : adde M. J.-J. Estrangin, *Études archéologiques, historique et statistiques sur Arles, contenant la description des monuments antiques et modernes, ainsi que des notes sur le territoire*, Aix, 1838, 1 vol. in-8, fig. au trait. — Bibracte [Autun] : Voy. encore M. Brandes, *Ueber das frühchrist-*

Noms.	Tome.	Pages et Notes.
Galliarum dioecesis	II.	P. 149.
Gangra.	II.	P. 278, *in fine*.

liche Gedicht Laudes domini. Nebst einem Excurse: Die Zerstörung von Autun unter Claudius I, Brunschwig, 1887, in-8. — CHALONS-SUR-MARNE : Il a été récemment découvert, aux environs de Châlons-sur-Marne, deux monuments funéraires ornés de sculptures et d'inscriptions, qui paraissent remonter au IV⁰ siècle de notre ère et qui concernent deux cavaliers faisant partie d'un détachement de Dalmates stationné à cet endroit. D'autres documents épigraphiques nous ont appris que la cinquième cohorte des Dalmates était, sous le haut empire, cantonnée en Germanie supérieure. (Voy. la communication faite à cet égard par M. Héron de Villefosse à l'*Acad. des Inscr. et Bell.-Lett.*, dans sa séance du 28 novembre 1890; *Journ. off.* du 2 décembre, p. 5842, col. 1 *in init.*) — FORUM IULII : *adde* M. Hayaux, *Nouvelle lecture de la Table de Peutinger en ce qui concerne Forum Julii*, 1891, broch. in-8 de 40 pp. — LYON: *adde* M. J.-B. Monfalcon, *Histoire de la ville de Lyon*, Lyon, 1847, 2 voll. gr. in-8, cartes. — MARSEILLE : Voy. aussi Cary, *Dissertations sur la fondation de la ville de Marseille, sur l'histoire des rois du Bosphore Cimmérien et sur Lesbonax, philosophe de Mitylène*, Paris, 1744, 1 vol. in-12, pl.(Petit opuscule curieux, surtout à cause de l'essai chronologique sur les rois du Bosphore) ; — Pénon, *Étude sur les origines de Marseille*, Marseille, 1889, in-8. — NANTES : voy. M. A. Legendre, *Nantes à l'époque gallo-romaine, d'après les découvertes faites à la porte Saint-Pierre*, Nantes, 1891, impr. Mellinet, 1 vol. in-4 de 138 pp. — PORTUS ITIUS : *adde* MM. : l'abbé D. Haigneré, *Le Portus–Itius de Boulogne-sur-Mer ; observations sur le procès-verbal d'une séance de la Société des Antiquaires de la Morinie sur l'opinion de M. Fallue et sur l'opinion du général Creuly*, Boulogne-sur-Mer, 1864, broch. in-8 ; — De Laroière, *Étude sur le Portus Itius*, Lille, 1870, broch. in-8, cartes. — Comp. M. Alph. Wauters, *Portus Iccius (Wissant, l'ancien)*, Bruxelles, 1879, broch. in-8, avec 2 cartes. — REIMS : *adde Essai historique sur la ville de Reims*, par un de ses habitants (M. Camus-Daras), Reims, 1823, 1 vol. in-8 ; — Jean Lacourt, *Durocort ou les Rémois sous les Romains*, Reims, 1844, pet. in-18. — SAINT-REMY : M. Deloche, *Mémoire historique sur la ville de Saint-Remy de Provence*, lu à l'*Acad. des Inscr. et Bell.-Lett.*, dans ses séances des 5 et 12 septembre 1890, (*Journ. off.* du 9 sept., p. 4525, col. 3, et du 17 sept., pp. 4660, col. 3 *in fine*, et suiv.). Une seconde lecture de ce *Mémoire* a été donnée aux séances des 3 et 10 octobre suivant, (*Journ. off.* du 7 octobre, p. 4917, col. 1, et du 16 octobre, p. 5054, col. 1 *in fine*).

[PP. 111 et suiv. APPENDICE II. — M. Babelon a lu, de la part de M. Prost, à la *Société nationale des Antiquaires de France*, dans sa séance du 12 novembre 1890, le commencement d'une dissertation sur les différents noms d'Aix-la-Chapelle ; — Baron Raverat, *Encore Lugdunum. Recherches sur la véritable étymologie du nom de corbeau dans toutes les langues. Nouvelles études historiques et archéologiques*, Lyon, 1890, broch. in-8.

[PP. 112 et suiv., V. GÉOGRAPHIE et ITINÉRAIRES. — P. 112 *sub fin.* : après W. Smith, ajoutez Amédée Piette ; — après baron de Bonstetten, ajoutez J.-P. Marie Morel et Ant. Gautier ; — après F. Berger, *adde* Lenteric. — Voy. encore MM. : Paul Bial, *Chemins, habitations et oppidum de la Gaule au temps de César*. 1ère Partie : *Chemins celtiques*, Paris, 1864, 1 vol. in-8,

Noms.	Tome.	Pages et Notes.
Gaulonitis	II.	P. 356, *sub fin.*
Gaulos	II.	P. 54, *sub fin.*
Gaza	II.	PP. 337, *in init.* 382.
Augusta Gemella	II.	P. 75, note 2, n° 7.
Genava	II.	P. 117, note 2.
Genetiva, *Colonia*	I.	PP. 179. 185. 188. 190. 231,*in fine*, et suiv. 240, *in fine*. 259. 261, note 3.
Genetiva urbanorum, *Colonia* . . .	II.	P. 75, note 2, n° 8.
Geneva	I.	P. 11, note 4. P. 17, note 6.
Genua [Genova]	I.	P. 8, note 2. P. 12, *in init.*
Gerasa	II.	PP. 338., *in init.* 388.
Gergis	II.	P. 451, note 7.
Germania superior et inferior . . .	II.	PP. 134 et suiv. 138 et suiv.
Germanicopolis	II.	P. 278, *in fine.*
Germe	II.	P. 286.

pl. ; — Caix de Saint Aymour, *La grande voie romaine de Senlis à Beauvais et l'emplacement de Litanobriga ou Latinobriga*, Paris, 1873, 1 vol. in-8, 2 cartes ; — K. Miller, *Reste aus röm. Zeit in Oberschwaben; Karte der röm. Strassen und Niederlassungen in Oberschwaben* (*ibiq. Berliner philolog. Wochenschrift*, 1891, n° 2) ; — J. Schneider : *Die alten Heer-und Handelswege der Germanen, Römer und Franken im deutschen Reich*, I-VII (1890) ; *Voies romaines dans le district d'Aix-la-Chapelle*, dans la *Zeitschrift des Aachener Geschichtsvereins*, 1890 ; — E.-A. Pigeon, *Voie romaine dans les départements de la Manche et de l'Ille-et-Vilaine*, dans la *Revue archéol.*, 3ᵉ série, t. XVI, Septembre octobre 1890, pp. 158 171 ; C. Thouriot, *Une station gallo-romaine en Bourgogne. Malain*, Dijon, 1890, 1 vol. in-18; — Frère Meunier, *De Bordeaux à Jérusalem par les voies romaines*, Avignon, 1891, Seguin, broch. in-16 de 24 pp. (Cet opuscule comprend la Syrie et la Palestine.)

[P. 113, fin du 1ᵉʳ alinéa. Parmi les études les plus récentes relatives aux camps romains, bornons-nous à signaler celle du Dʳ G. Wolff, *Das römische Lager zu Kesselstadt bei Hanau, nebst einem Anhang : Fundstücke von Kesselstadt von* Dʳ R. Suchier, Hanau, 1890, 1 vol. in-4, avec 4 pl. (*ibiq. Berliner philolog. Wochenschrift*, 1891, n° 17) ; — celle de M. Ornstein, *Étude sur les ruines de Szamos-Ujvár. Description du camp romain qui y existait. Inscriptions inédites*, dans les *Archaeologisch-epigr. Mittheil. aus Oesterreich*, 1891, pp. 166 et suiv., — et celle de MM. Caudéran et Surgand, *Le camp romain de Saint-Médard-en-Jalles*, Bordeaux, 1891, broch. gr. in-8 de 32 pp. et 2 pl. (Extr. de la *Revue catholique* de Bordeaux.)

[PP. 113 et suiv. VI. BIBLIOGRAPHIE. — *Adde* MM. Ch.-V. Langlois et H. Stein, *Les Archives de l'Histoire de France*. Le 1ᵉʳ fascicule de cet ouvrage, qui doit en comprendre deux et former 1 vol. in-8, a paru en 1891. L'ouvrage est annoncé comme devant être terminé en 1891.]

Noms.	Tome.	Pages et Notes.
Geroda	II.	P. 362.
Gigarta	I.	P. 8, note 2, *in fine*.
Gigthi, *in Africa*	I.	P. 183, note 2.
	II.	P. 471.
Gilva	II.	P. 488.
Giufitanum municipium	II.	P. 471.
Glanum Livii	II.	P. 120.
Gordu-Kome	II.	P. 273.
Gordus	II.	P. 241, note 5.
Gortyna	I.	P. 266.
	II.	PP. 434, *in fine*, et suiv.
Graviscae	I.	P. 159, n° 5. P. 173, note 4, *in fine*.
Grumentum [Saponara]	I.	P. 205.
Gunugi	II.	P. 487.
Gyaros	II.	P. 221, note 8.

H.

Hadria	II.	P. 40, *sub fin*.
Hadrianopolis	II.	P. 202, 4°.
Hadrumetum	I.	PP. 104, *sub fin*. 108, note 2.
	II.	PP. 464. 467.
Dioecesis Hadrumetina	II.	PP. 453, *in fine*. 461, n°4.
Haemimontus	II.	P. 202, 4°.
Halesae [Tusa]	I.	P. 107, note 1.
Haliartus, *in Boeotia*	I.	P. 21, note 6. P. 109, note 4.
	II.	P. 219.
Halicarnassus	II.	P. 253, note 6.
Halicyae	II.	P. 53.
Hasta Regia	II.	P. 75, note 2, n° 5.
Hatria [Adria]	I.	P. 68, n° 25.
Helenopontus	II.	P. 301, n° 1.
Heliopolis	II.	PP. 344, *in init*. 373, *sub fin*. 381.
Hellespontus	II.	P. 259, *in fine*.
Helvetiorum civitas	II.	P. 129.

Noms.	Tome.	Pages et Notes.
Henna	II.	P. 54.
Heptanomis	II.	P. 409.
Heraclea, *in Bithynia*	II.	P. 252, note 2.
Heraclea, *in Caria*	I.	P. 109, note 5.
	I.	P. 236, note 4.
Heraclea Chersonesus	II.	P. 188.
Heraclea, *in Italia* [ruines de Policoro]	I.	P. 64.
Heraclea, dans le *Pontus*	II.	PP. 265 et suiv.
Herculaneum [ruines *sub* Portici] . .	I.	P. 208, note 2.
Pagus Herculaneus	I.	P. 16, note 4.
Hermione	II.	P. 227, *in init*.
Ἑρμούπολις μικρά	II.	P. 418.
Herniques (villes des)	I.	PP. 34. 203, *in init*.
Hesperis	II.	P. 429, n° 3.
Hieropolis	II.	P. 335, note 4.
Hippo Diarrhytus	II.	PP. 453. 469, *in fine*.
Hippo Regius	I.	P. 189.
	II.	P. 474.
Regio Hipponiensis	II.	PP. 453. 461, n° 2.
Hippos. — Voy. Antiochia *ad Hippum*.		
Hirpini	II.	P. 14.
Hispal	II.	P. 75, *in init*.
Hispania, *Provinciae* (1)*	II.	PP. 64 et suiv.
Hispania citerior et ulterior . . .	II.	PP. 67. 70. 79 et suiv.
	I.	P. 204, *in init*.
Hispania Tarraconensis	II.	PP. 70 et suiv. 79 et suiv.
Hispellum [Spello]	I.	PP. 205. 221. 228, note 1.
Histonium [Vasto]	I.	P. 296, note 3.

---

(1)* [Ajouter aux auteurs cités MM : G. B. Depping, *Histoire générale de l'Espagne, depuis les temps les plus reculés jusqu'à la fin du XVIII*e *siècle*, Paris, 1811, 2 voll. in-8 (= t. I et II seuls parus de ce vaste ouvrage, qui devait former 6 ou 8 voll.); — H. Oldenberg, *De Hispano Antiquo*, dans l'*Ephemeris epigraphica*, Vol. III, 1876, pp. 17-31 ; — Schirrmacher, *Geschichte von Spanien* (le t. V de cet important ouvrage a paru en 1890); — E. Hübner, *Römische Herrschaft in Westeuropa*, Berlin, 1890, in-8, chap. III ; — E. Ciccotti, *I sacerdozi municipali e provinciali della Spagna e gli Augustali nell'epoca imperiale romana*, dans la *Rivista di filologia e istruzione classica*, ann. XIX, 1890, fascic. 1-3; — S. Sampere y Miquel, *Topografia antigua de Barcelona. Rodalia de Corbeva*, Barcelona, 1890, in-4.

Noms.	Tome.	Pages et Notes.
Histria. —Voy.Venetia et Histria .		
Honorias, *Provincia*	II.	P. 275.
Hypata [Neápatra [Hypati]]. . . .	I.	P. 8, note 2.
Hyssi portus	II.	P. 293.

I.

Iader.	II.	P. 180, *in init.*
Iamneia.	II.	PP. 336, *in fine.* 415, note 2.
Iazyges.	II.	P. 593.
Iconium (1)*.	II.	PP. 285. 292,*in fine* .301, *in fine.* 316,*sub fin.* 320, *in init.*
Icosium.	II.	P. 488.
Iericho.	II.	P. 339.
Ierusalem (2)*.	II.	PP. 339, 349, note 8* (P. 351).
Ou *Colonia Aelia Capitolina*	II.	PP. 360, *in init.* 381,*in fine.*
Igilgili	II.	P. 487.
Iguvium [Gubbio].	I.	P. 63, *in fine.*
Ilipula minor (3)*	I.	P. 209, note 4, *in fine.*
Ilium (4)*.	II.	P. 257, *in fine.*

[Voy. aussi, dans le *Rheinisches Museum*, N. F., 1890, pp. 1 et suiv., les commentaires de certaines inscriptions du *C. I. L.* relatives à l'administration de la Mésie, de l'Espagne et de la Pannonie inférieure.]

(1)* [Une inscription trouvée à Koniah (Karamanie), par M. Cl. Huart, et publiée par M. Héron de Villefosse, dans les *Comptes rendus de l'Acad. des Inscr. et Bell.-Lett.*, (1890, p. 442 = M. René Cagnat, dans la *Revue archéol.*, 3e série, t. XVII, Mai-Juin 1891, p. 414, col. 2, *in init.*, n° 90), donne les noms officiels de la ville d'*Iconium* : *Col(onia) Ael(ia) Hadriana Aug(usta) Iconiensium*. — Voy. encore la dédicace à L. Aelius César (an 137), publiée par M. H. de Villefosse, *ubi supra*, p. 443.]

(2)* [*Adde* MM. de Saulcy, *Les derniers jours de Jérusalem*, Paris, 1866, in-8 ; — Salomon Reinach, *L'arc de Titus et les dépouilles du temple de Jérusalem*, Paris, 1890 (ibiq. The *Academy*, 1890, n° 970, et *Berliner philolog. Wochenschr.*, 1890, n° 49).]

(3)* [Voy. *C. I. L.*, t.° II, f200, X.]

(4)* [T. II, p. 253, note 1. — Voy. encore M. H. Schliemann, *Inscriptions d'Ilion*, dans les *Mittheil. des Kais. deutsch. archaeol. Inst.*, (*Athen. Abtheil.*), t. XIV, Hft 4, *Mélanges*. — Voy. aussi, à cet égard, *supra*, p. 609, notes sous le mot *Achaia, ad* PP. 215 *in fine*, et 216, note, ligne 13, ainsi que la liste des principales publications de M. H. Schliemann, 1°.]

Noms.	Tome.	Pages et Notes.
Illyricum (1)*............	II.	PP. 166. 171 et suiv.
Illyricum occidentale.......	II.	P. 28.
Industria [ruines de la Lustra, j. Monteù del Po]...	I.	P. 209, note 1, *in fine*.
Insulae Baleares. — Voy. Baleares insulae.		
Insularum provincia........	II.	PP. 260, n° 7, et suiv.
Interamna [Ruines de Termini]..	I.	P. 67, n° 19. P. 210, note 4. PP. 231. 314, note 6.
Interamnium [Teramo].......	I.	P. 148, note 1.
Iol, plus tard Caesarea (2)*....	II.	P. 480.
Ionopolis..............	II.	P. 266, *in init*.
Ioppe................	II.	PP. 336, *sub fin*. 339, note 3.
Iotapa *Ciliciae*...........	I.	P. 315, note 3.
Isaura...............	II.	PP. 285. 314, *in fine*.
Isauria (3)*.............	II.	P. 278, n° 5. PP. 285. 286.
Forum Isauricum..........	II.	P. 316, *sub fin*.
Isauricus..............	II.	P. 315, *in init*.
Isinda, *in Lycia*...........	I.	P. 23.
Issa................	II.	P. 174, note 2.
Istrie................	II.	P. 118, *in init*.
Istros...............	II.	P. 185, *sub fin*.
Italia, Nom et frontières (4)*....	II.	PP. 4 et suiv. P. 29.

---

(1)* [T. II, p. 171, note 9 *in fine*. — Voy. aussi la lettre de M. A. Gérard et la note de M. R. Cagnat, dans la *Revue archéol.*, 3° série, t. XV, Mai-Juin 1890, pp. 434-437. — Voy. encore *infra*, V° *Moesia*.]

(2)* [Voy., sur cette ville, MM. Victor Waille et Paul Gauckler, *Inscriptions inédites sur Cherchel*, dans la *Revue archéol.*, 3° série, t. XVII, Janvier-Février 1891, pp. 13-36, et Mars-Avril, pp. 129-150. — Voy. aussi Mai-Juin, pp. 399 et 400.]

(3)* [Voy., *supra*, la note sous le mot *Cappadocia*.]

(4)* [Joindre aux sources indiquées MM. Wil. Abeken, *Mittelitalien vor den Zeiten römischer Herrschaft, nach seinen Denkmalen*, Stuttgart und Tübingen, 1843, 1 vol. in-8 ; — G. Santamaria — Scalaricci, *Del sacro nome d'Italia e della più probabile opinione sull'origine degli antichi popoli italiani*, Bologna, 1890, 1 vol. in-8 ; — C. Pauli, *Altitalische Forschungen*, Bd. I-III, 3 voll. in-8 avec pl., dont le 1er a paru en 1885 et le 3° en 1891.

[T. II, p. 18, note 1, M. Vigneaux, *Essai sur l'histoire de la praefectura urbis à Rome* : ajoutez aux indications données : 1890, pp. 506 et suiv. ; 1891, pp. 47 et suiv. — *Eod.*, lignes 32 et 33, lisez : M. G. Tomassetti, *Note sui li prefetti di Roma*, dans le *Museo italiano*, etc., t. III, Firenze, 1890.

[P. 18, note 1 : *adde* M. Luigi Cantarelli, *Fastes des préfets de la ville*, dans

Noms.	Tome.	Pages et Notes.
Italia Transpadana	II.	P. 10, *in fine*.
Ituci	II.	P. 75, note 2, n° 2.
Ituraea	II.	PP. 344. 356, *sub fin*.
Iudaea (1)*	II.	PP. 349, *in fine*, et suiv. 368 et suiv.
Iulia Augusta Bagiennorum. — Voy. Bagiennorum Iulia Augusta.		
Iulia Neapolis, *in Africa*. — Voy. sous la lettre **N**.		
Iulia Romula ou Hispalis	II.	P. 75, note 2, n° 1.
Iulias	II.	P. 358.
Iuliopolis	II.	P. 273.
Iulium Carnicum, d'abord *vicus*, ensuite colonie [Zuglio]	I.	P. 11, note 3. P. 15, note 2.

K.

Kalama	II.	P. 474.
Kanata	II.	P. 337, note 8.
Kanatha	II.	P. 337, note 8. P. 388, note 5.
Kasturrensis	II.	P. 488, *in fine*.
Knossos	II.	P. 436.
Kydonia	II.	P. 436.

---

le *Bullettino della Commissione archeologica comunale di Roma*, 1890, pp. 27 et suiv.; 79 et suiv.

[PP. 34 et suiv. — Voy. MM. Luigi Cantarelli, *La serie dei vicarii urbis Romae*, dans le *Bullettino della Commissione archeol. comunale di Roma*, 1890, cahiers 2-4; — G. B. Lugari, *La serie dei vicarii urbis Romae e gli atti di S. Urbano*, cod., 1800, cahier de juin.]

(1)* [T. II, p. 350, note. — A propos de l'ouvrage de M. Emil Schärer, au lieu de : *Erster Theil, erste Haelfte*, lisez : *erste et zweite Haelfte*, Leipzig, 1890, VII, 256 pp., et pp. 257-751 (*ibiq.* M. Maurice Vernes, dans la *Revue critiq. d'hist. et de littér.*, 1891, n° 6, [9 février], art. 70, pp. 104 et suiv.);

[P. 351, suite et fin de la note 8* de la p. 349. — Joindre aux travaux cités sur la Terre-Sainte le livre de M. F. de Saulcy, *Voyage en Terre-Sainte*, Paris, 1865, 2 voll. in-8, pl. et cartes.

[Sur la Judée, voy. encore *infer.*, V° *Syria*.]

L.

Noms.	Tome.	Pages et Notes.
Lacanatis...............	II.	P. 318, note 7, n° 3. P. 342, note 4.
Lacédémone...........	I.	P. 115, note 2. P. 277, note 2.
	II.	P. 225, note 4, *in init*.
Lamasba...............	II.	P. 477.
Lambaesis.............	I.	PP. 189. 208, note 2. 257, note 8. 267, *in init*.
	II.	PP. 455. 474, *sub fin*.
Lamia [Zituni; auj. encore Lamia].	I.	P. 8, note 2.
Lampsacus.............	I.	P. 99, note 2.
	II.	PP. 253, *in init*. 255.
Lanuvini...............	I.	P. 40.
Lanuvium [Civita Lavinia]....	I.	PP. 188. 201. 204. 265.
Laodicea *ad Libanum*........	II.	P. 337.
Laodicea *ad Lycum*.........	I.	P. 105.
	II.	P. 242, note 4. PP. 249, et la note 3. 260.
Laodicea *ad mare*...........	II.	P. 339, note 3.
Laodicea *Syriae*...........	II.	P. 335, note 3. PP. 376, n° 1. 382, *in init*.
Lapethus, dans l'île de Chypre..	II.	P. 329.
Lares Colonia............	II.	P. 475, *in init*.
Larissa, *in Macedonia*........	II.	P. 207.
Larissa, en Thessalie. — Voy., *infra*, V° *Thessalia*, note.		
Latovicorum Municipium.....	II.	P. 169, *in fine*.
Pagus Laverni, près de Sulmo [Sulmona].................	I.	P. 17, note 5.
Lavici.................	I.	P. 49, note 1.
Lavinium [Pratica].........	I.	PP. 63. 202. 204.
Lemellefense oppidum. — Voy. Zembia.		
Lemellefensium colonia......	II.	P. 488, *in fine*.
Leontini...............	II.	P. 50.
Ager Leontinus...........	I.	P. 155.
Leptis magna............	II.	PP. 451. 463. 469, *in fine*.

Noms.	Tome.	Pages et Notes.
Leptis minor	I.	PP. 104. 106, note 6.
	II.	P. 464, *in fine*.
Liburnia	II.	PP. 178 et suiv.
Libya inferior et superior	II.	P. 434.
Libyens ou Berbères	II.	P. 462.
Liguria (Regio IX)	II.	PP. 11. 31, *in fine*, et suiv.
Ligurum Cornelianorum Colonia [Baselice?]	I.	P. 16, note 3.
Lilybaeum Colonia Augusta	I.	P. 188.
	II.	PP. 52, *in init.* 53. 55, *in fine*.
Limnae	II.	P. 227.
Limyra	II.	P. 307, n° 12.
Lingones	II.	P. 145, *in init*.
Lipara	II.	P. 54.
Lissus	II.	P. 173.
Liternum [Patria]	I.	PP. 58, *in init.* 159, n° 10.
Lix ou Lixus	II.	P. 486.
Locri [ruines près de S. Ilario]	I.	P. 64.
Locri Ozolae	II.	P. 222, note 1.
Lousonna	II.	P. 129, *in fine*.
Luca	II.	P. 36.
Lucania (1) * et Brittii	II.	P. 37.
Lucaniens	I.	P. 64, note 16.
Lucenses	I.	P. 46.
Luceria [Lucera]	I.	P. 9, note 5. PP. 67, n° 15. 70. 208, note 1.
Lucus Augusti (2) *	I.	P. 85, note 3.
	II.	P. 73, *in fine*.
Lugdunensis	II.	PP. 126. 137, *in fine.* 150, n°s 6, 7, 9 et 10.
Lugdunum	II.	P. 78, notes 3 et 4. PP. 130 et suiv. 150, n° 6.
Luna, Colonia [ruines de Luni]	I.	P. 53, n° 26.
Lusitania	II.	PP. 68. 75 et suiv. 80, *in init*.

(1)* [Sur la Lucanie, voy. l'ouvrage récent de M. A. Bozza, *La Lucania, studi storico-archeologici* (ibiq. *Berliner philolog. Wochenschr.*, 1890, n° 42).]

(2)* [Voy., dans la *Revista archaeologica* (de Lisbonne), 1890, pp. 73 et suiv., un travail de M. Villa Anul y Castro sur Lugo à l'époque romaine.]

Noms.	Tome. Pages et Notes.
Lycaonia...............	II. PP. 236. 238. 278. 292, in fine.301, in fine. 318, note .7, n° 4. 323, in init. 342, note 4.
Lycia et Pamphylia (1) *......	II. PP. 303 et suiv.
Lycie................	II. PP. 236. 242, note 4. 306 et suiv.
Lydie................	II. PP. 236. 260, in init.
Lystra................	II. P. 302.

(1)* [T. II, p. 303, not. 1*, in init. — Sur le second volume des *Reisen in Lykien*, voy. les deux articles pleins d'intérêt publiés par M. G. Hirschfeld dans la *Berliner philolog. Wochenschrift*, 1890, pp. 685 et suiv., 717 et suiv. — Sur ces voyages, voy. encore M. Salomon Reinach, *Chronique d'Orient*, dans la *Revue archéol.*, 1889, II, p. 132.

[Même note, in fine. — Sur le livre de MM. Lanckoronski, Niemann und Petersen, *Städte Pamphyliens und Pisidiens*, voy. la *Berliner philolog. Wochenschrift*, 1890, n°s 48, 49 et 50, et M. Th. Mommsen, [*Pamphylische Inschriften*], dans la *Zeitschr. der Savigny-Stiftung für Rechtsgesch.*, XIter Bd. (ou XXIV de la *Zeitschr. f. Rechtsgesch.*), 2tes Heft, *Roman. Abth.*, Weimar, 1890, *Miscellen*, pp. 303 et 304. — A propos de cet important ouvrage, il convient d'ajouter ce qui suit aux pp. 234, note 1, 3°*in fine* (p. 236), et 303, note 1* *in fine*: *Les villes de la Pamphylie et de la Pisidie*, ouvrage publié avec le concours de MM. G. Niemann et E. Petersen par le comte Charles Lanckoronski. Volume premier: *La Pamphylie*, Paris, 1890, 1 vol. in-4 de 202 pp., avec 2 cartes, 2 plans en couleur, 31 héliogr. et 114 illustrations dans le texte (*ibiq.* M. Salomon Reinach, *Chronique d'Orient*, (N° XXIII), dans la *Revue archéol.*, 3° série, t. XVI, Sept.-Oct. 1890, p. 262, et M. Georges Radet, *Les villes de la Pamphylie*, dans la *Revue archéol.*, eod., pp. 203-224). — Le premier volume de ce grand ouvrage a paru simultanément en allemand et en français au printemps de 1890. La traduction française est due à M. Colardeau.

[Sur la Lycie, voy. encore une inscription de *Phaselis*, découverte par MM. Bérard et Colardeau, et qui fait connaître le *cursus honorum* du consul Voconius Saxa, gouverneur de Lycie et Pamphylie de 142 à 149 ou 150 après J.-Chr. (Voy., à cet égard, *supra*, V° *Caria*.)

[Parmi les inscriptions de *Telmessos* découvertes à Makri par MM. Bérard et Fougères, (*Bulletin de corresp. hellén.*, t. XIV, 1890, pp. 162-176), il faut signaler: 1° un décret en l'honneur de Ptolémée, fils de Lysimaque, gouverneur de *Telmessos*, qui avait diminué les impôts de la ville et en avait régularisé la perception; — 2° un double décret du κοινόν des Lyciens, (p. 171);—3° une inscription, (p. 173), qui donne à *Telmessos* le titre de μητρόπολις τοῦ Λυκίων ἔθνους.

[Signalons encore une nouvelle inscription funéraire de *Myra*, en Lycie, publiée par M. Diamantaras, dans les *Athen. Mittheil.*, t. XIV, 1890, p. 412, et où se trouve le mot κιθαρηφόρος, désignant les monnaies à l'effigie de la cithare, que présente la numismatique de *Myra* et d'autres villes lyciennes.]

M.

Noms.	Tome.	Pages et Notes.
Macedonia	II.	PP. 203 et suiv.
Macomades minores municipium. .	II.	P. 471.
Madauri	I.	P. 267, *in init.*
	II.	P. 475, *in init.*
Maeonia	II.	P. 241, note 5.
Magnesia *ad Sipylum*	I.	P. 105, *in init.*
	II.	P. 253, note 6. P. 258, *in init.*
Magnopolis (Megalopolis) (1) * . . .	II.	P. 304, *in init.*
Malaca [Malaga]	I.	PP. 188, *in fine.* 190. 195 et suiv. 220. 263.
Mallus	II.	P. 324, *in fine.*
Maluensis Colonia	II.	PP. 192. 195.
Mantinea (2)*	II.	P. 227, *in init.*
Marcianopolis	II.	PP. 201. 202, 6°.
Marcomans	II.	P. 593.
Mariana, *in Corsica*	I.	P. 8, note 2.
	II.	P. 62.
Maritima	II.	P. 145.
Marmarica	II.	P. 433.
Maronea	II.	P. 202, 2°.
Marrucini	I.	P. 64, *in init.*
Marsi	I.	P. 64, *in init.*
Civitas Marsorum	I.	P. 209, note 1.
Marsyas, *in Syria*	II.	P. 344, *in init.*
Masicytus	II.	P. 307, *sub fin.*
Massilia	I.	PP. 101, note 1. 102, note 9. 311, note 1.
	II.	PP. 108 et suiv. 118.
Mastar	II.	P. 477.

---

(1)* [Voy. *An inscr. of Megalopolis*, dans *The Athenaeum*, 1890, n° 3279.]

(2)* [T. II, p. 227, note 4 *in fine*. — Voici la citation complète du *Bulletin de corresp. hellén.*: t. XIV, 1890, pp. 65-90, pl. I; pp. 245-271, pl. XVII et XVIII. (Le plan de la ville antique a été dressé par M. Félix de Billi; ceux du théâtre et de l'*agora*, par M. Bérard et par M. Fougères.) — Voy. aussi, dans *L'Ami des Monuments*, 1890, pp. 158-162, une notice anonyme sur les fouilles de Mantinée.]

Noms.	Tome.	Pages et Notes.
Mauretania Caesariensis (1)*....	II.	PP. 451, note 4. 480 et suiv.
Mauretania Sitifensis........	II.	PP. 483 et suiv.
Mauretania Tingitana........	II.	PP. 79, *sub fin*. 480 et suiv.
Maxima Caesariensis........	II.	P. 159, n° 3.
Maximianopolis...........	II.	P. 202, 2°.
Maxula Prates...........	II.	P. 469, *in fine*.
Mazaca...............	II.	P. 299, *in init*.
Mediolanum.............	I.	P. 9, note 5, *in fine*. PP. 18. 301.
	II.	PP. 29. 32, *in init*.
Mefianus pagus...........	I.	P. 7.
Megalopolis. — Voy. Magnopolis .		
Megalopolis (Sebasteia)......	II.	PP. 279. 301, *in init*.
Megara................	II.	P. 226, *in fine*.
Megara, *in Sicilia*.........	II.	P. 50.
Melite................	II.	P. 54.
Melitene...............	II.	PP. 294 et suiv. 300. 301, *in fine*.
Melos.................	II.	P. 261, *in init*.
Merida................	II.	P. 76, *in init*.
Mesambria.............	II.	P. 186, *in init*.
Mesopotamia, *Provincia*......	II.	PP. 393 et suiv.
Messana...............	I.	P. 102, note 10. P. 108, note 2.
	II.	PP. 52. 54. 56.
Messene...............	II.	P. 227, *in init*.
Metellinensis colonia........	II.	P. 76, *in init*.
Methymna..............	II.	P. 260, *sub fin*.
Metropolis (ville)...........	II.	P. 260.
Milet.................	I.	P. 311.
	II.	P. 255.
Mileu Sarnensis colonia......	II.	P. 473.
Milyas................	II.	P. 236. 314.
Minervia Colonia..........	I.	P. 53, n° 29.
Minervius pagus..........	I.	P. 7.
Minnodunum............	II.	P. 130, *in init*.

---

(1)* [Voy., sur cette province, la monographie de M. Édouard Cat, *Essai sur la province romaine de Maurétanie Césarienne*, (Thèse de Doct. ès-Lett.), Paris, 1891, 1 vol. gr. in-8, carte.]

Noms.	Tome.	Pages et Notes.
Minturnae [ruines, *pr.* Traetto]	I.	PP. 52, n° 4. 159, n° 12.
Mizigitanum municipium	II.	P. 471.
Moesia (1)*	II.	PP. 180 et suiv.
Moguntiacum (2)*	I.	P. 9, note 5, *in fine.*
	II.	P. 149, *in fine.*
Monoecus	II.	P. 146.
Mopsuestia	I.	PP. 102. 115, note 3.
	II.	P. 324.
Mopsus ou Mopsuestia	II.	P. 324.
Mothone	II.	P. 225, note 4.
Munda	II.	P. 75, note 2, *in fine.*
Aelia Mursa	II.	P. 168, *in init.*
Mutina [Módena; Modène]	I.	PP. 53, n° 23. 82. 173, note 4.
Mutuesca. — Voy. Trebula Mutuesca.		
Mylasa	II.	P. 258.
Myra (3)*	II.	P. 307, n° 3.
Mysie	II.	P. 236.
Mytilene	I.	P. 105, note 8. P. 107, note 3.
	II.	PP. 255. 258. 260, *in fine.*

(1)* [T. II, p. 180, note 4. — *Adde*, sur la *Moesia superior*, C. I. L., Vol. III, *Supplem.*, fascic. 2, Berol., Sept. 1891, Pars secunda, f°⁵ 1445-1472, et l'étude de M. de Domaszewski sur les limites de la Mésie supérieure et la douane de l'*Illyricum* d'après les inscriptions, dans les *Archaeologisch-epigraphische Mittheilungen aus Oesterreich*, 1890, pp. 129 et suiv. — Voy. encore deux inscriptions trouvées à Kasapkioi publiées dans la même Revue, (1891, pp. 20 et 21), et reproduites par M. René Cagnat dans la *Revue archéol.*, 3ᵉ série, t. XVII, Mai-Juin 1891, p· 406, n°⁵ 52 et 53. Dans la première, il est question de T. Statilius Iulius Severus, le consul de l'an 171, qui fut légat de Mésie Inférieure en 159 de notre ère, et, dans la seconde, de M. Servilius Fabianus Maximus, qui fut légat de Mésie Inférieure en 162 après J.-Chr. — Voy. enfin, *supra*, V° *Hispania*, 2ᵉ aliéna de la note.]

(2)* [Voy. de nouvelles inscriptions romaines de Mayence publiées par MM. J. Keller et Velke dans la *Korrespondenzblatt der Westdeutschen Zeitschrift für Geschichte und Kunst*, 8ᵉ année, (1889), n°⁵ 8, 10 et 11.]

(3)* [Voy., *supra*, V° *Lycia et Pamphylia*, note, p. 652, *sub fin.*]

N.

Noms.	Tome.	Pages et Notes.
Nacolia, dans la *Phrygia salutaris* [Sidi-Ghazi]............	I.	P. 23.
Nantuatium civitas.........	II.	P. 148, note 4.
Napoca, *Colonia*...........	II.	PP. 193. 194,*in fine*.
Narbo...............	I.	PP. 54. 146, note 1. 164, note 2. 203, *in fine*. 297, *in fine*, et suiv.
	II.	PP. 116,*in fine*. 119. 151, n° 2.
Narbonensis............	II.	PP. 116, *in fine*. 123 et suiv.150,*in fine*. 151,*in init.*, et n°ˢ 2 et 3.
Narnia [Narni]..........	I.	PP. 67, n° 22. 192, note 5. 314, note 6.
Narona..............	I.	P. 297.
	II.	P. 179, *in init.* et *in fine*.
Naukratis (1)*...........	II.	P. 447, *in fine*.
Nazala..............	II.	P. 362.
Nazianzus.............	II.	P. 304, n° 4.
Iulia Neapolis, *in Africa*......	I.	P. 189.
	II.	P. 470, *in init*.
Neapolis [Napoli; Naples] (2) *..	I.	PP. 61. 61, notes 6 et 7. 164, note 1. 312.

---

(1)* [Voy. M. G. Hirschfeld, *Les inscriptions de Naucratis et l'histoire de l'alphabet ionien*, dans la *Revue des Études grecques*, t. III, Juillet-Septembre 1890.]

(2) * [Une inscription récemment publiée dans l'*Archivio storico per le provincie napolitane*, (1890, p. 636 = M. R. Cagnat, *L'année épigraphique (1890)*, Paris, 1891, n° 106), donne les différents surnoms de la ville de Naples. En voici la reproduction :

COLONIA· AVRELIA· AVG
ANTONINIANA· FELIX·
·NEAPOLIS·

[Voy. encore, sur cette ville, M. Julius Beloch, *Campanien. Geschichte und Topographie der antiken Neapel und seiner Umgebung*, Breslau, 1891, 1 vol. in-8, avec 13 pl.]

Noms.	Tome	Pages et Notes.
Neapolis, *in Ponto*	II.	P. 300.
Neapolis *Syriae Palaestinae*	II.	PP. 372, *sub fin.* 377, n° 6. 382.
Neditae	I.	P. 8, note 2.
Nemara	II.	P. 362.
Nemausus	I.	P. 8, note 3. P. 71, note 2. P. 117, note 2. P. 118, note 1. PP. 203, *in fine.* 207. 211, note 7. 234, note 6. 314, note 1.
	II.	PP. 119, *sub fin.* 145.
Neocaesarea	II.	PP. 279. 285, *in fine.* 301, n° 2.
Neoclaudiopolis	II.	P. 278, *in fine.*
Nepesini	I.	P. 46.
Nepete [Nepi]	I.	PP. 65. 67, n° 11.
Neptunia	I.	P. 53, n° 30.
Netum	II.	PP. 50, *in init.* 52, *in fine.* 54.
Neviodunum	II.	P. 170, *in init.*
Nicaea *Bithyniae*	II.	P. 253, note 9. P. 255, note 9. P. 273.
Nicaea, dans la *Gallia Narbonensis*	II.	P. 146.
Nicomedia	I.	P. 167.
	II.	P. 253, note 9. P. 272, *in fine.*
Nicopolis, *in Armenia*	II.	PP. 300. 301, n° 5.
Nicopolis (Emmaus)	II.	P. 381.
Nicopolis, *in Epiro*	II.	P. 225, notes 2, *sub fin.*, et 4. P. 230, note 2.
Nicopolis, *in Moesia*	II.	PP. 185. 202, 6°.
Ninive (Ninus, Claudiopolis)	II.	PP. 394. 396.
Ninus — Voy. Ninive.		
Nisibis	II.	PP. 396, *in fine.* 594, note 7.
Nola [Nola]	I.	PP. 64. 224, note 2. P. 234, note 5.
Nolani	I.	P. 46.
Nomentum [Mentana]	I.	PP. 201. 204.
Norba (*latina Colonia*)	I.	P. 66, n° 6.
Norba colonia Caesarina	II.	P. 76.
Noricum	II.	PP. 163 et suiv.

Organisation Romaine, t.II

Noms.	Tome.	Pages et Notes.
Nova Carthago	II.	P. 66.
Novae	II.	P. 185.
Novempopulana	II.	P. 150, *sub fin.*
Noviodunum	II.	P. 127, *in init.*
Noviomagus	II.	P. 130.
Novum Comum [Como ; Côme]	I.	P. 75, note 7. P. 264, *in init.*
Nuceria [Nocera]	I.	PP. 64. 159, n° 6. 265.
Numantia [Carrae, *pr.* Soria]	I.	P. 130, note 4.
Numidia, *Provincia*	II.	PP. 450 et suiv.
Numidia Cirtensis	II.	P. 459.
Nursia	I. / II.	P. 210, note 4. / P. 41, *in init.*
Nysa	II.	PP. 250. 565, note 3.
Nyssa	II.	P. 301, n°3.

O.

Ocriculum [Otricoli]	I.	P. 63, *in fine.*
Octodurum	II.	P. 148, note 4. P. 150, n° 8.
Odessus	II.	P. 186, *in init.*
Oea, *in Africa*	II.	PP. 451. 470, *in init.*
Oenanda	II.	P. 308, note 1.
Oescus	II.	P. 185.
Olba	II.	P. 324, *in fine.*
Olbasa	II.	P. 286, *in fine.*
Olbe	II.	PP. 319 et suiv.
Olbia	II.	P. 188, *in fine.*
Olossonii	I.	P. 8, note 2.
Olympus (1) *	II.	PP. 307, n° 2. 314.
Ombriens	I.	P. 64, note 16.

---

(1) * [La maison Asher, de Berlin, a annoncé, au mois de novembre 1890, la publication d'un grand ouvrage intitulé *Olympia. Die Ergebnisse der von dem deutschen Reich veranstaltenen Ausgrabung.* L'ouvrage doit être publié par MM. E. Curtius et F. Adler, avec la collaboration de MM. Doerpfeld, Graeber, Graef, Partsch, Bormann, Treu, Dittenberger et Purgold. Il comprendra cinq volumes in-4 et 4 volumes gr. in-fol., plus un carton gr. in-fol. avec cartes et plans.]

Noms.	Tome.	Pages et Notes.
Opitergium [Oderzo].	I.	P. 208, note 1, *in fine*.
Oppidum novum	II.	P. 487, *in fine*.
Oppidum Ubiorum. — Voy. Agrippinensis Colonia, Ubiorum civitas, Ubiorum oppidum.		
Orcistus, dans la *Phrygia salutaris* .	I.	P. 23.
	II.	P. 278, n° 3.
Orestae.	II.	P. 208, note 8.
Oroanda	II.	P. 314.
Oscenses.	II.	P. 73, note ?.
Osrhoëne (1)*.	II.	PP. 394 et suiv.
Ossigi [Maquiz].	I.	P. 265.
Ossonoba [Faro]	I.	P. 209, note 4, *in fine*.
Ostia [Ostia]	I.	P. 48, note 4. P. 160, note 9, n° 1. P. 239, note 4. P. 265.
Ovilava.	II.	P. 165.
Ozolae. — Voy. Locri Ozolae.		

P.

Paestum	I.	P. 68, n° 27.
Palaestina salutaris vel tertia (2)*.	II.	P. 389.
Παλέων πόλις τῆς Κεφαλληνίας	II.	P. 225, note 4.
Pallantion	II.	P. 221, note 8. P. 225, note 4, *in fine*.
Palmyra	I.	P. 313, note 8.
	II.	PP. 360 et suiv. 373, *in fine*. 382, *in init*.
Paltos	II.	P. 376, n° 1.
Paluicenses.	I.	P. 8, note 2.
Pamphylia (3) *.	II.	PP. 236, *in fine*. 238. 270, *in init*. 303 et suiv. 313.

(1)* [T. II, p. 394, note 5 : Voy. aussi M. Gutschmid, *Geschichte Osroenes*, dans les *Mémoires de l'Académie de Saint-Pétersbourg*, t. XXXV, 1887.]

(2) * [T. II, p. 332, note. — A la bibliographie indiquée de la Palestine, ajouter : MM. S. Munk, *Description géographique, historique et archéologique de la Palestine*, Paris, 1845, in-8, fig. et cartes ; — Victor Guérin, *Mission scientifique en Palestine de 1863*, Paris, 1864, broch. in-8 ; — Dr Reinhold Röhricht, *Bibliotheca geographica Palaestinae. Chronologisches Verzeichniss der auf die Geographie des heiligen Landes bezüglichen Litteratur von 333 bis 1878 und Versuch einer Cartographie*, Berlin, 1890, 1 vol. gr. in-8 ; — Maurice Vernes, *La Palestine primitive*, dans ses *Essais bibliques*, Paris, 1891, 1 vol. in-18. — Voy. encore *infer.*, note sous le mot *Syria*.]

(3) * [Voy., *supra*, V° *Lycia et Pamphylia*.]

Noms.	Tome.	Pages et Notes.
Pannonia (1)*.	II.	PP. 165 et suiv.
Dioecesis Pannoniarum	II.	P. 28.
Panormus	I.	P. 108, note 2. P. 265, *in fine*.
	II.	PP. 53. 55, *in fine*. 56.
Paphlagonia (2)*.	II.	P. 278.
Paphos	II.	PP. 329. 330. 565, note 3.
Paraetonium, *in Libya*.	II.	P. 434.
Parium	II.	P. 259.
Parlais	II.	P. 286.
Parma [Parma ; Parme]	I.	PP. 82. 159. 173, note 4.
Paros	II.	P. 260, *in fine*.
Patara	II.	PP. 307, n° 1. 309.
Patavium [Padova; Padoue]	I.	P. 8, note 2. P. 235, note 8. P. 295, note 1.
Patrae	I.	P. 107, note 3. PP. 120. 161, *in fine*.
	II.	P. 225, note 4. P. 231.
Patricia Colonia (Corduba)	II.	P. 75, note 2, n° 4.
Pax Iulia	II.	P. 76, *in init*.
Pelagonia	II.	P. 204.
Peligni	I.	P. 64, *in init*.
Pella	II.	PP. 204. 209.
Pella, *in Syria*	II.	P. 337, *in fine*.
Peltuinum [ruines de S. Paolo di Peltuino]	I.	P. 301.
Penneloci	II.	P. 148, note 4, *in fine*.
Peraea	II.	PP. 237, *in fine*. 357.
Pergamum (3)*.	II.	PP. 250. 253, *in init*. 255, *in init*.
Perge	II.	P. 309, *sub fin*.
Perinthus	II.	P. 202, 1°.

(1)* [Voy., *supra*, V° *Hispania*, 2° alinéa de la note, p. 647. et V° *Gallia*. — *Biblio-graphie générale*, p. 644, note, lignes 37 et suiv. — Voy. encore MM. Robert Mowat, *Diplôme de congé d'un soldat de l'armée de Pannonie supérieure*, dans la *Revue archéol.*, 3° série, t. XVII, Mars-Avril 1891, pp. 214-226, et pl. IV et V ; — R. Fröhlich, Inscriptions romaines de Pannonie, dans les *Archaeologisch-epigraphische Mittheilungen aus Oesterreich*, 1891, pp. 50 et suiv. Voy. aussi M. René Cagnat, dans la *Revue archéol.*, 3° série, t. XVII, Mai-Juin 1891, pp. 408-411, n°s 56-77.]

(2)* [Voy., *supra*, V° *Bithynia et Pontus, Provincia*.]

(3)* [T II, p. 250, note 3. — Voy. aussi M. Max Fränkel, *Allerthümer von Pergamon*, t. I — VIII, voll. in-4, publiés à Berlin, chez Spemann.]

INDEX GÉOGRAPHIQUE.

Noms.	Tome.	Pages et Notes.
Perusia [Perugia].	I.	PP. 63, *sub fin.* 159, n° 16. 210, note 4.
Pessinus	I.	P. 277, *sub fin.*
Petelia [Strongoli].	I.	P. 61, note 6. P. 64.
Petra *Colchorum*.	II.	P. 293, note 7.
Petra, *in Palaestina*.	II.	P. 386.
Phaena.	II.	P. 415, note 3.
Phanagoria.	II.	P. 279, *in init.*
Pharos.	II.	PP. 173. 174, note 2.
Pharsalus.	II.	P. 225, note 4.
Phaselis (1) *.	II.	PP. 308. 314. 415, note 2.
Phasis.	II.	P. 293.
Φαζημών.	II.	P. 300.
Phellus.	II.	P. 307, *in fine*, n° 14.
Phéniciens (2) *.	II.	P. 462.
Philadelphia *Lydiae*.	I.	P. 266.
	II.	P. 241, note 5. PP. 250. 255, *in init.*
Philadelphia, *in Syria*.	II.	PP. 338, *in init.* 388.
Philippi	I.	P. 123, note 5.
	II.	P. 209.
Philippopolis, *in Arabia*	II.	P. 387.
Philippopolis, *in Thracia*.	I.	P. 9, note 2.
	II.	PP. 201, *sub fin.* 202, 3°.
Philomelium	II.	PP. 250, *in fine.* 317.
Phocaea	I.	P. 110, note 1.
	II.	P. 258.
Phrygia maior.	II.	PP. 238. 313.
Phrygia παρώρειος	II.	P. 239.
Phrygia prima ou Pacutiana.	II.	P. 260, *in init.*, n° 4.
Phrygia secunda ou salutaris.	II.	P. 260, n° 5.
Phuensium pagus.	II.	P. 477.
Picentes	I.	P. 64, *in init.*
Picenum (REGIO V).	II.	PP. 13. 33.
Pinara	II.	P. 307, n° 6.
Pisa [Pisa; Pise].	I.	P. 235, note 9. P. 279, note 2. P. 314, note 6.

---

(1)* [Voy., *supra*, V¹ˢ *Caria*, et *Lycia et Pamphylia*.]
(2)* [Sur la Phénicie, voy. M. Georges Rawlinson, *History of Phoenicia*, London, 1889, 1 vol. in-8 (*ibiq.* M. Clermont-Ganneau, dans la *Revue historique*, de M. Monod, t. XLVI, II, Juillet-Août 1891, pp. 392 et suiv.).]

Noms.	Tome.	Pages et Notes.
Pisaurum	I.	P. 173, note 4.
	II.	P. 34, *in init.*
Pisidia (1)*	II.	PP. 236, *in fine.* 238. 278, *in init.* 313, *sub fin.*
Placentia	I.	P. 51, note 2. PP. 68, n° 35. 73. 74. 82. 208, note 2. 209, note 1, *in fine.*
	II.	P. 33,
Plarasa	I.	P. 103, note 2.
Plotinopolis	II.	P. 201.
Podalia	II.	P. 307, *in fine*, n° 15.
Poetovio	II.	P. 167, note 3. PP. 169. 171, *in init.* 173, note 1.
Polemonium	II.	PP. 279. 301, n° 2.
Pompeii [Pompéi] (2)*	I.	PP. 192. 210, note 3. 212, note 1. 222, note 1. 234. 265. 278, note 1, 297.
Pompeiopolis	II.	PP. 278, *in fine.* 285, *sub fin.*
Pontiae [Ponza]	I.	P. 67, n° 17.
Pontus, *Provincia.* — Voy. Bithynia et Pontus, *Provincia.*		
Pontus Cappadocicus	II.	PP. 279, *in fine.* 292, *sub fin.*
Pontus Galaticus	II.	PP. 279. 280. 292, *sub fin.* 300.

(1)* [Voy., *supra*, V° *Lycia et Pamphylia.*]
(2)* [Voy. encore, sur Pompéi, M. Jon. Kalinderu, *Viata municipala la Pompei*, Bucuresci, 1890, broch. in-8 de 123 pp.
[N. B. : M. Geffroy, directeur de l'École française de Rome, a donné à l'*Académie des Inscriptions et Belles-Lettres*, dans sa séance du 14 mars 1890, par une lettre adressée au président de cette *Académie*, des détails sur les dernières découvertes faites à Pompéi. Outre deux nouvelles empreintes de cadavres, dont les moulages en plâtre sont maintenant exposés, on a trouvé l'empreinte d'un arbuste, avec ses branches, ses feuilles et ses fruits. Le moulage a pu en être opéré et on a reconnu un laurier, dont les baies ne mûrissent qu'à la fin de l'automne. On doutait jusqu'ici, à cause du désaccord des manuscrits de Pline, si l'éruption du Vésuve avait eu lieu le 24 août ou le 23 novembre; la preuve est aujourd'hui en faveur de cette dernière date. (Voy. *Revue critiq. d'hist. et de littér.*, 1890, n° 12, [24 Mars], p. 240. — Comp. *Académie des sciences morales et politiques*, Séance du 4 octobre 1890, dans le *Journ. off.* du 7 octobre, p. 4917, col. 2.)]

INDEX GEOGRAPHIQUE.

Noms.	Tome.	Pages et Notes.
Pontus [Polemoniacus ou Polemonianus	II.	PP. 279. 280. 292, *sub fin*. 300. 301, n° 2.
Populonia [ruines, près de Piombino]	I.	P. 63.
Porolissum	II.	P. 192.
Poroselene	II.	P. 260, *sub fin*.
Posidonia	I.	P. 64, note 16.
Potaissa	II.	P. 194, *sub fin*.
Potentia	I.	P. 173, note 4.
	II.	P. 40.
Potidaea	II.	P. 209, *in fine*.
Praeneste [Palestrina]	I.	PP. 61.63. 71. 148, note 1. 202. 204, *in fine*. 222, note 1. 296, note 3.
Praevalis ou Praevalitana	II.	P. 179.
Privernum [Piperno vecchio] . . .	I.	P. 58, *in init*.
Provinciae transmarinae	I.	P. 154, note 3.
Prusa	I.	P. 111, note 4. P. 112, note 3. PP. 193, *in init*. 272, note 4.
	II.	P. 249, note 2. P. 274, *in init*.
Prusias	I.	P. 311, note 8. P. 312, notes 3 et 4.
	II.	PP. 273. 275.
Ptolemais	II.	P. 339, note 3. PP. 381. 409. 417. 429.
Puteoli [Pozzuoli ; Pouzzoles] . . .	I.	PP. 53, n° 12. 58, *in init*. 88, note 7. 119, note 4. 157, note 3. 159, n° 7. 212, note 1. 220. 222, note 1. 271, note 5. 296, note 6.
Pyrgi [S. Severa]	I.	P. 53, n° 11.

Q.

Noms.	Tome.	Pages et Notes.
Quades.	II.	P. 593.
Quinquegentanei (peuplade maurétanienne).	II.	P. 484.
Quiza.	II.	P. 489, *in init.*

R.

Noms.	Tome.	Pages et Notes.
Raetia, *Provincia*.	II.	PP. 34. 160 et suiv.
Raphia.	II.	P. 337, *in init.*
Ratiaria.	II.	PP. 185. 196.
Raurica, *Colonia*.	II.	P. 127.
Ravenna.	II.	PP. 5, *in fine*. 33, n° 4. 39.
Reate.	II.	P. 41, *in init.*
Regepodandus.	II.	P. 301, n° 3.
Régions d'Auguste (Liste des).	II.	PP. 10 et suiv.
Reii Apollinares.	I.	P. 211, note 7.
	II.	P. 145, *sub fin.*
Rhegium.	I.	P. 61, note 6. P. 64. P. 155, note 8. P. 157, note 2.
	II.	P. 37.
Rhesaena.	II.	P. 396.
Rhodiapolis.	II.	P. 307, *in fine*, n° 16.
Rhodope.	I.	P. 202, 2°.
Rhodus.	I.	PP. 102. 104, note 5.
	II.	PP. 260 et suiv.
Ripa Thracia.	II.	PP. 183, *in fine*, et suiv.
Roma (comprenant 265 *vici*).	I.	P. 9, note 5. P. 192, note 5. PP. 193. 264, *in fine.*
	II.	P. 14, *sub fin.*
Romanus pagus.	I.	P. 7.
Rotomagus.	II.	P. 150, n° 7.
Rusadder.	II.	P. 486, *in fine.*
Rusazus.	II.	P. 487.
Ruscino.	II.	P. 125.
Rusellae [Ruines de Roselle].	I.	P. 63, *sub fin.*
Rusguniae.	II.	P. 487.

Noms.	Tome.	Pages et Notes.
Rusicade	I.	P. 267.
	II.	P. 473.
Rusuccurium	II.	P. 489, *in init.*

S.

Sabini	I.	P. 45, *sub fin.*
Sabora	I.	P. 209, note 4. P. 216, note 6.
Sabrata	II.	PP. 451. 470, *in init.*
Sagalassus	I.	P. 102.
	II.	P. 278, note 2. P. 285.
Saguntum	II.	P. 66.
Saitta	II.	P. 241, note 5.
Σακκαία ou ’Εακκαία	II.	P. 382, *in fine.*
Sala, Salacona Colonia	II.	P. 486, note 7.
Salaminias	II.	PP. 343. 362.
Salamis (Chypre), plus tard Constantia	II.	PP. 329. 330. 564 et 565.
Salaria	II.	P. 73, note 1, n° 10.
Salassorum Augusta Praetoria [Aosta ; Aoste] (1)*	I.	PP. 159, *in fine*, et suiv.
Saldae	II.	P. 487.
Salernum [Salerno ; Salerne]	I.	P. 53, n° 15.
Salinae	II.	P. 146.
Salodurum	II.	P. 130, *in init.*
Salona [Salona, *j.* Spalato]	I.	P. 241, note 4.
Salonae	I.	P. 266, *in init.*
	II.	P. 175, note 6. PP. 179. 180, *in init.*
Salpensa	I.	PP. 214. 234.
Saltus Castulonensis	II.	P. 67.
Salutaris pagus	I.	P. 7.
Salvius pagus	I.	P. 7.
Samaria	II.	PP. 338, *in init.* 382, *in init.*
Samarobriva	II.	P. 130.

(1)* [Comp. sur Aoste, dans le canton du Pont-de-Beauvoisin, dép. de l'Isère, la *Revue épigr. du Midi de la France*, n° 63, juillet, août, septembre 1891, t. III, n° 876, pp. 126 *sub. fin.*, et suiv.]

Noms.	Tome.	Pages et Notes.
Samnites.	I.	P. 64, note 16.
Samnium (Regio IV) (1)*.	II.	PP. 13. 38.
Samos.	II.	PP. 255. 258.
Samosata.	II.	PP. 342. 384, *in init.*
Samothrace.	II.	P. 200.
Sanitium.	II.	P. 146.
Saraceni.	II.	P. 377, *in fine.*
Sardes.	II.	PP. 254, *in init.* 255, *in init.* 260, *in init.*
Sardinia (2)*.	II.	PP. 41, n° 15. 57 et suiv. 64 et suiv.
Sarmizegetusa.	I.	P. 166, note 2.
	II.	PP. 192. 194.
Satala.	II.	PP. 295, *in fine.* 301, n° 5.
Saticula [S. Agata].	I.	P. 67, n° 18.
Satricum [Conca ?].	I.	P. 64, note 16. P. 66, n° 9.
Saturnia [Saturnia].	I.	P. 58, *in init.*
Savaria.	II.	PP. 169. 171.
Savia.	II.	P. 171.
Scallabis.	II.	P. 76, *in init.*
Scarbantia.	II.	P. 170, *in init.*
Scardona.	II.	PP. 178, 179.
Colonia Scillitana.	I.	P. 189.
	II.	P. 470.
Scodra.	II.	PP. 174. 179.
Scotussaei.	II.	P. 208, note 8.
Scupi.	II.	PP. 185. 196, *in fine.*
Scylacium [Squillace].	I.	P. 143, *in fine.*
Scyros.	II.	P. 223.
Scythia.	II.	P. 202, 5°.

---

(1)* [T. II, p. 13, note 3. — Voy. aussi, sur le *Samnium*, M. Alf. Perrella, *L'antico Samnio e l'attuale provincia di Molise*, Vol. I, Isernia, 1890, in-8.]

(2)* [Voy. de nouvelles inscriptions de Sardaigne, trouvées près de Buonanaro, dans les *Notizie degli Scavi di Antichità*, p. 49 = M. René Cagnat, *Revue des publications épigr. relatives à l'antiquité romaine*, Avril-Juin 1890, dans la *Revue archéol.*, 3e série, t. XVI, Juillet-Août 1890, p. 140, col. 2, n°s 87 et 88 = *L'année épigraphique (1890)*, Paris, 1891, mêmes n^{os}, p. 22, col. 2.]

INDEX GÉOGRAPHIQUE.

Noms.	Tome.	Pages et Notes.
Scythopolis.	II.	P. 337, *in fine*.
Sebaste.	II.	P. 241, note 5. PP. 300, *in fine*. 318. 319. 378, *in fine*. 382, *in init*.
Sebasteia.	II.	PP. 279. 301, *in init*.
Σεβαστηνοί.	II.	P. 277.
Sebasteia. — Voy. Megalopolis (Sebasteia).		
Sebastopolis. — Voy. Dioscurias (Sebastopolis).		
Sebastopolis	II.	PP. 300. 301.
Sedunorum civitas	II.	P. 148, note 4.
Segesta.	II.	PP. 53. 54.
Segodunum	II.	P. 117, note 3.
Segusio.	I.	P. 208, note 2.
	II.	P. 147.
Seleucia.	I.	P. 105.
	II.	P. 323.
Seleucia *ad Calycadnum*	II.	P. 324.
Seleucia, *in Pieria*.	II.	P. 335, *in init*.
Selge.	II.	P. 278, note 2.
Selinus.	II.	P. 324, *in fine*.
Selinus, plus tard Traianopolis.	II.	P. 324, note 7.
Sena.	I.	P. 52, n° 6.
	II.	P. 34, *in init*.
Senonum civitas	II.	P. 150, note 10.
Sepphoris.	II.	P. 339.
Serdica.	II.	PP. 196. 201, *sub fin*.
Seressitanum municipium.	II.	P. 471.
Setia [Sezze]	I.	PP. 65. 67, n° 12. 202. 205.
Sicca Veneria. (1)*	II.	P. 475, *in init*.
Sicilia (2)*	II.	PP. 41, *in fine*, n° 15. 48 et suiv.

---

(1)* [Voy. M. E. Toutain, *L'inscription alimentaire de Sicca* (lo Kof), Paris, 1891. (Extrait des *Collections du Musée Alaoui*.)

(2)* [T. II, p. 48, note 1. — Ajouter à la bibliographie de la Sicile, indépendamment du grand ouvrage de J.-Cl. Richard, abbé de Saint-Non, *Voyage pittoresque, ou description du royaume de Naples et de Sicile*, Paris, 1781-1786, 4 tomes en 5 voll. gr. in-fol., fig. et plus nombr., MM. P. Audo-Gianotti, *Principali vicende storiche della Sicilia*, Noto, 1889, 1 vol. in-16 de 118 pp. ; — A. Parisotti, *Dei magistrati che ressero la Sicilia dopo Diocleziano*, dans les

Noms.	Tome.	Pages et Notes.
Sicyon	II.	P. 223. P. 225, note 2.
Side	II.	P. 309.
Sidon (1)*	II.	PP. 336, in init. 382.
Siga	II.	P. 489.
Sigarra [Cegarra]	I.	P. 209, note 4, in fine.
Signia [Segni]	I.	P. 48, note 4. PP. 65, in fine, n° 1. 202. 205, in init.
Sigus (2)*	II.	P. 475.
Silandus	II.	P. 241, note 5.
Simena, in Lycia	I.	P. 23.
Simultu, Colonia	II.	P. 475.
Sinduni	I.	P. 18.
Singara	II.	P. 396, sub fin.
Singidunum	II.	P. 185.
Sinis Colonia	II.	P. 300.
Sinope	II.	PP. 266. 274, sub fin. 301, n° 1.
Sinuessa [Mondragone]	I.	P. 52, n° 5.
Siphnos	II.	P. 260, in fine.
Sipontum [ruines de S. Maria di Siponto, pr. Manfredonia]	I.	P. 53, n° 17.
Sirmium	II.	PP. 169. 170.
Siscia	II.	PP. 166. 167, note 3. 169. 171.

Studi e Documenti di Storia e Diritto, ann. XI, fascic. 2°—3° (Aprile-Settembre 1890), Roma, 1890, pp. 209-253 (travail très important);— Allcroft and Masom, *A history of Sicily*, 1890 (*ibiq. Berliner philolog. Wochenschr.*, 1890, n° 41) ; — — U. Hölscher, *Die Verwaltung der römischen Provinzen zur Zeit der Republik*. I. *Prov. Siciliae* (Schulprogramm), Goslar, 1890, broch. in-4 de 16 pp.; — E.-A. Freeman, *The history of Sicily, from the earliest times*, 2 voll. in-8 actuellement parus (avec cartes) de ce grand ouvrage en cours de publication (*ibiq. The Athenaeum*, 1891, n° 3312, et *Deutsche Litteraturzeitung*, 1891, n° 24).]

(1)* [Voy. M. E. Babelon, *Les monnaies et la chronologie des rois de Sidon*, dans le *Bulletin de corresp. hellén.*, 15e année, (1891), n° III-IV, mars-juin.]

(2)* [M. Héron de Villefosse a communiqué à la *Société nationale des Antiquaires de France*, dans sa séance du 21 janvier 1891, l'estampage qui lui a été remis par M. J. Letaille d'une inscription de *Sigus* conservée à Constantine. La publication de ce texte a déjà été faite, mais elle peut être améliorée par cet estampage. Cette inscription a été gravée en exécution d'un décret des décurions de *Sigus* en l'honneur d'un personnage dont le nom manque ; mais le monument contient la liste intéressante des membres de l'*ordo* de la *Respublica Siguitanorum*. (Voy. le *Bulletin critique*, 1891, n° 12, [15 juin], pp. 237 *in fine* et suiv.)]

INDEX GÉOGRAPHIQUE.

Noms.	Tome.	Pages et Notes.
Sitifis............	I.	P. 267.
	II.	P. 488, *in init*.
Sittianorum colonia (Cirta)....	II.	P. 472.
Smyrna............	I.	PP. 104, *sub fin*. 107, note 3. 193. 315, note 3.
	II.	PP. 251.253, *in init*. 255, *in init*. 258.
Soloi.............	II.	P. 311.
Sopianae...........	II.	P. 170.
Sophene...........	II.	P. 296.
Sora [Sora].........	I.	P. 49, note 7. PP. 67, n° 20. 70, *sub fin*. 159, n° 8. 208, note 1.
Sozusa............	II.	PP. 429, n° 4. 434, *in fine*.
Sparta............	II.	PP. 223, *sub fin*. 225, notes 2 et 4. P. 577, note 3.
Spoletium [Spoleto].......	I.	PP. 68, n° 33. 73. 74. 148, note 1. 296, note 4.
Stobi.............	II.	P. 210, *in init*.
Stratonicea..........	II.	P. 258.
Suessa [Sessa]........	I.	PP. 67, n° 16. 265. 314, note 6.
Suessa Pometia........	I.	P. 66, n° 3.
Suessula [ruines, *pr*. Cancello]...	I.	PP. 39, *in init*. 57, *in fine*.
Sufes, Sufetana Colonia.....	II.	P. 470.
Surrentum [Sorrento ; Sorrente]..	I.	P. 208, note 2.
Sutrium [Sutri]........	I.	PP. 65. 67, n° 10. 201 *in fine*. 204.
Synaus [Simâw].......	I.	P. 21, note 7.
Synnada...........	II.	PP. 238, *sub fin*. 251. 260, n° 5. 314, *in init*.
Syracusae (1)*.........	I.	P. 112.
	II.	PP. 50, *in init*. 55, *sub fin*.
Syria (2)*..........	II.	PP. 331 et suiv. 373 et suiv.
Syrtica...........	II.	P. 451.

(1)* [Voy. encore, sur cette ville, M. P. Orsi, *Scoperte archeologico — epigraphiche nella città e provincia di Siracusa: relazione*, Roma, tip. della R. Accademia dei Lincei, 1889, broch. in-4 de 24 pp.]

(2)* [Aux auteurs cités sur la Syrie, joindre encore MM. Léon de La

T.

Noms.	Tome.	Pages et Notes.
Tabae (1)*.............	II.	P. 251, *in fine*.
Tabraca *insula*...........	II.	P. 450.
Tacapae.............	II.	PP. 461, n° 4. 470.
Tanagra (2)*............	II.	P. 225, note 4.
Tarentum [Taranto; Tarente]...	I.	PP. 62, *sub fin*. 143.
Taricheae.............	II.	P. 358.
Tarnaiae.............	II.	P. 148, note 4.
Tarquinii [ruines de Turchina, *j.* Corneto]........	I.	PP. 61. 63.
Tarraco..............	II.	P. 70.
Tarraconensis...........	II.	PP. 70 et suiv. 80, *in init*.
Tarsus..............	I.	PP. 106, note 1. 108, note 2. 193, *in init*. 310. 312, note 4.
	II.	P. 224, note 1. PP. 316, n° 1. 323. 565, note 3.
Tarvisium [Treviso; Trévise]...	I.	P. 281, note 6.
Augusta Taurinorum [Torino; Turin]....	I.	PP. 159, n° 15. 208, note 1.

---

borde, *Voyage de la Syrie, par MM. Alexandre de Laborde, Hall et Léon de Laborde, rédigé et publié par* Léon de Laborde, Paris, 1837, 1 vol. in-fol. illustré de 89 pl.; — le baron Taylor et L. Reybaud, *La Syrie, l'Égypte, la Palestine et la Judée, considérées sous leur aspect historique, critique et archéologique*, Paris, 1839, 2 voll. in-4, ornés de 150 pl.; — le vicomte Eugène Melchior de Vogüé, *Syrie, Palestine, Mont-Athos. Voyage au pays du passé*, Paris, 1876, 1 vol. in 12; — Gab. Charmes, *Voyage en Syrie, impressions et souvenirs*, Paris, 1891, 1 vol. in-12. — Voy. aussi, *supra*, notes sous les mots Armenia *Provincia*, Gallia. — *Bibliographie générale*, p. 644, lignes 11 et suiv.., Frère Meunier, et *Palaestina salutaris vel tertia*, et V°*Asia, ad* t. II, p. 235, note, 1ᵉʳ alinéa, lignes 22 et suiv.]

(1)* [T. II, p. 251, note 5 *in fine*. — Voy. encore, sur le sénatus-consulte y mentionné, M. P. Viereck, *Das Senatusconsult von Tabae*, dans *Hermes*, Bd. XXV, 1890, pp. 624-631.]

(2)* [Sur les fragments Περὶ τῶν ἐν Ἑλλάδι πολέων, publiés par C. Müller, (*Fragm. Histor. Graec.*, t. II, p. 254), qui contiennent une description souvent citée de *Tanagra*, voy. M. Salomon Reinach, *Chronique d'Orient*, (n° XXIII), dans la *Revue archéol.*, 3ᵉ série, t. XVI, Sept.-Oct. 1890, pp. 239 *in fine* et suiv.]

Noms.	Tome.	Pages et Notes.
Tauromenium............	II.	PP. 50. 52, *sub fin.* 53, *sub fin.*
Tauroscythae............	II.	P. 188, *in fine.*
Tavium...............	II.	P. 277, *in fine.*
Teanum Sidicinum [Teano ou Tiano]...	I.	PP. 64. 159. 208, note 3. 221. 235, *in init.* 265.
Teate................	II.	P. 13, note 4.
Telesia [Telese]..........	I.	P. 205.
Telmissus (1)*...........	II.	P. 308, *in init.*, n° 20.
Tempsa...............	I.	P. 53, n° 18.
Tenedos	II.	P. 260, *in fine.*
Tenos................	II.	P. 260, *in fine.*
Teos	II.	P. 258.
Tereventum [Trivento]......	I.	P. 209, note 1.
Tergeste (Trieste).........	I.	PP. 18, *in fine.* 208, note 2. 234. 265.
	II.	P. 7.
Termera..............	II.	P. 258.
Termessus	I.	P. 108, note 1.
Termessus Maior	II.	P. 286, *in init.*
Terracina [Terracina].......	I.	P. 52, n° 3.
Teuchira ou Arsinoe.......	II.	P. 429, n° 5.
Thabraca, *Colonia*.........	II.	P. 475.
Thagaste..............	I.	P. 189, *sub fin.*
	II.	P. 477.
Thamugas	I.	PP. 189. 267. 283.
	II.	P. 475.
Thapsus	I.	PP. 104. 108, note 2.
	II.	PP. 464, *in fine.* 467.
Thebae (2)*	II.	P. 220, *in fine.*

(1)* [Voy., *supra*, V° *Lycia et Pamphylia.*]
(2)* [T. II. p. 220, note 5 *in fine.* — Sur Thèbes, voy. encore M. Ernst Fabricius, *Theben. Eine Untersuchung über die Topographie und Geschichte der Hauptstadt Bœotiens*, Freiburg im Brisgau, 1890, broch. in-4 de 32 pp., avec 1 carte en couleurs (ibiq. M. Salomon Reinach, dans la *Revue critiq. d'hist. et de littér.*, 1890, n° 29, [21 juillet], art. 318, pp. 41 et suiv.). — Voy. aussi, dans *Hermes*, 1890, pp. 1 - 16, l'article développé de M. O. Kern sur le sanctuaire des Cabires découvert près de Thèbes par l'Institut allemand Comp. *Revue archéol.*, 1890, I, p. 277), et M. Funk, *De Thebanorum ab anno 378 usque ad annum 362 actis* (ibiq. *Berliner Philolog. Wochenschrift*, 1891, n° 17).]

Noms.	Tome.	Pages et Notes.
Thebais................	II.	P. 409.
Thelepte...............	II.	P. 470.
Themiscyra.............	II.	P. 279, *in init.*
Thena.................	II.	PP. 450. 455, note 5. 470.
Thera.................	II.	P. 261, *in init.*
Therma................	II.	P. 301, n° 3.
Thermae [Sciacca]........	I.	P. 112, *sub fin.*
Thermae Himerenses.......	II.	P. 55, *in fine.*
Thespiae..............	II.	P. 225, note 4.
Thessalia (1)*...........	II.	P. 230.
Thessalonice............	I.	P. 107, note 3. P. 108, note 3.
	II.	PP. 204. 208. 210.
Theudalis..............	I.	P. 104, *sub fin.*
	II.	P. 465, *in init.*
Theveste..............	I.	PP. 189. 244, note 4. 267.
	II.	P. 453, note 5. P. 475, *in fine.*
Thibaritanum municipium....	I.	P. 189, *in fine.*
Thibica................	I.	P. 267.
Thibussicensium Bure......	II.	P. 471.
Thieba................	II.	P. 476, *in init.*
Thignica...............	II.	P. 477.
Thisbae, *in Boeotia* (2)*......	I.	P. 110, note 1.
	II.	P. 219.
Thracia...............	II.	PP. 197 et suiv.
Dioecesis Thraciae.........	II.	P. 202.
Thuburbo maius.........	II.	P. 470, *in fine.*
Thubursicum...........	II.	P. 476, *in init.*
Thuburticum [Khamisa].....	I.	P. 267.
Thugga, *Colonia*..........	I.	P. 166, note 5.
	II.	P. 470.

---

(1)* [M. Giannopoulos a publié dans le *Bulletin de corresp. hellén.*, (t. XIV, 1890, pp. 240-244), une inscription d'*Alos*, en Thessalie; c'est un décret de proxénie en l'honneur d'un citoyen de *Larissa* [Lárissa], qui nous donne pour la première fois quelques renseignements sur la constitution de cette ville. — Voy. encore M. A. Wilhelm, *Inscriptions de Thessalie*, dans les *Mittheil. des Kaiserl. deutsch. archaeol. Inst., Athen. Abtheil.*, t. XV, Hft 3, 1890.]

(2)* [T. II, p. 219, note 2. — *Adde* M. Johannes Schmidt, *Zu den Senatsbeschlüssen über die Thisbaeer*, dans le *Rheinisches Museum*, N. F., Bd. XLV, 1890, pp. 482 et suiv.]

Noms.	Tomo.	Pages et Notes.
Thunudromum	II.	P. 476, *in init.*
Thurii	I.	PP. 64. 221.
Thyatira	I.	P. 315, note 4.
	II.	P. 251, *in fine.*
Thysdrus	II.	P. 470, *in fine.*
Tiberias	II.	PP. 358. 372, *in fine.* 378, *in fine.*
Tibur	I.	PP. 61. 63. 71. 164, note 1. 221.
	II.	PP. 39 et suiv. 63.
Tiddis	II.	P. 478.
Tigava	II.	P. 478.
Tingis	II.	P. 486.
Tingitana Mauretania	II.	PP. 480. 486.
Tipasa	II.	P. 489.
Tium	II.	P. 266, *in init.*
Tius	II.	P. 273.
Tlos	II.	PP. 307, n° 4. 309. 577, note 3.
Tolosa	I.	P. 211, note 7.
	II.	P. 145, *sub fin.*
Tomi(1)*	II.	PP. 185, *sub fin.* 202, 5°.
Trabala	II.	P. 307, *in fine*, n° 17.
Trachonitis	II.	PP. 356. 373, *in fine.* 415, note 3.
Trajana, *Colonia*	II.	P. 145.
Trajanopolis. — Voy. Selinus .		
Trajanopolis	II.	PP. 201. 241, note 5.
Tralles	I.	PP. 193, *in init.* 314, note 1. 315, note 4.
	II.	PP. 251, *in fine.* 255. 565, note 3.
Caesarea Tralles	II.	P. 259.

---

(1)* [Voy. une inscription récemment découverte à Kustendjé (*Tomi*) publiée dans les *Archaeolog.-epigr. Mittheil. aus Oesterreich*, 1891, p. 24, et reproduite par M. René Cagnat, dans la *Revue archéol.*, 3ᵐᵉ série, t. XVII, Mai-Juin 1891, pp. 406 et suiv., n° 54, et dans laquelle il s'agit de l'institution d'une milice à *Tomi*, pour garder la ville contre les incursions subites des pirates.]

Organisation Romaine, t. II.

Noms.	Tome.	Pages et Notes.
Regio Transpadana (Reg. XI)	II.	PP. 10, *in fine*, et suiv. 31, *in fine*, et suiv.
Trapezus	II.	PP. 279, *in fine*. 293. 301, n° 2.
Trebenna (Trabala)	II.	P. 307, *in fine*, n° 17.
Trebula [Treglia]	I.	P. 39.
Trebula Mutuesca [Monteleone]	I.	P. 210, note 4.
Trevirorum, Augusta	II.	PP. 145. 149, n° 1.
Tricastinorum, Augusta [Aouste]	I.	P. 85, note 3.
Tridentum [Trento]	I.	P. 18.
Tripolis	II.	P. 335, *sub fin.*
Tripolis, *regio in Africa*	II.	PP. 451. 461, n° 4.
Troesmis (1)*	II.	P. 185.
Truentum	II.	P. 40.
Tubuna	I.	P. 267.
	II.	P. 478.
Tuburnica	II.	P. 476, *in init.*
Tubusuctus ou Tupusuctu	I.	P. 267, *in fine.*
	II.	P. 487, *sub fin.*
Tucci	II.	P. 75, note 2, n° 7.
Tulliasses	I.	P. 18.
Turicum	II.	P. 130, *in init.*
Ad turrim Libysonis	II.	P. 62, *in fine.*
Turris Stratonis	II.	PP. 336. 355, *in init.*
Turris Tamalleni	II.	PP. 471, *in fine*, et suiv.
Turritana, *Colonia*	I.	P. 266, *in init.*
Turuza	I.	PP. 189, *in fine*, et suiv.
Tuscia (Reg. VII)	II.	PP. 12, *in fine*. et suiv. 34, *sub fin.*, et suiv.
Tusculum [ruines, *j.* Frascati]	I.	PP. 38, *in fine*. 44, *in fine*. 201. 204.
Tyana	II.	PP. 299, *in init.* 301, n° 4.
Tyndaris	II.	P. 55, *in fine.*
Tyras, *in Moesia*	I.	P. 110, note 5.
	II.	P. 187.
Tyrus	I.	P. 102.
	II.	PP. 252, note 2. 336, *in init.* 382, *in init.*

---

(1)* [Voy. M. J. Toutain, *Une nouvelle inscription de Troesmis (Iglitza)*, dans les *Mélanges d'archéologie et d'histoire*, xi° année, fascicule III, Paris et Rome, Juin 1891, pp. 241-260.]

U.

Noms.	Tome	Pages et Notes.
Ubiorum civitas............	II.	P. 136. (Voy. aussi Agrippinensis Colonia.)
Ubiorum oppidum..........	II.	P. 143, *sub fin.* (Voy. aussi Agrippinensis Colonia.)
Ucubi....................	II.	P. 75, note 2, n° 3.
Umbria (Reg. VI).........	II.	PP. 13, *in init.* 34, *sub fin.*, et suiv.
Urbinates................	I.	P. 46.
Urci.....................	II.	P. 70.
Urso.....................	II.	P. 75, note 2, n° 8.
Usalis...................	I.	P. 104, *sub fin.*
	II.	P. 465, *in init.*
Colonia Iulia Augusta Usellis....	II.	P. 62, note 9.
Usinazensis..............	II.	P. 489.
Uthina...................	II.	P. 470, *in fine.*
Utica....................	I.	PP. 104, *sub n.* 108, note 2. 123, note 1.
	II.	PP. 464, *sub fin.* 467.
Uzelis...................	II.	P. 478.

V.

Vaga....................	II.	P. 476.
Valentia.................	I.	P. 68, *in fine,* n° 37. P. 73.
	II.	PP. 125. 159.
Valeria *provincia*..........	II.	P. 41, n° 14.
Valeria *Pannoniae*.........	II.	P. 170.
Valerius pagus...........	I.	P. 7.
Vallensium civitas........	II.	P. 148, note 4. P. 150, n° 8.

Noms.	Tome.	Pages et Notes.
Vallis..................	II.	P. 471, *in init.*
Vanacini	I.	P. 8, note 2.
Vasio [Vaison]...........	I.	P. 204, *in init.*
Veii [ruines d'Isola Farnese]....	I.	P. 212, note 1. P. 224, note 4. P. 271, note 5.
Velia [ruines de Castellamare della Bruca]..............	I.	P. 64.
Velitrae [Velletri]...........	I.	P. 48, note 3. PP. 66, n° 5. 131, note 2.
Venafrum [Venafro].........	I.	P. 160, n° 26.
Venerius pagus	I.	P. 7.
Venetia et Histria (REGIO X)...	II.	PP. 11. 30, n° 2. 31, *sub fin.*, n° 1.
Venusia [Venosa; Venise].....	I.	P. 68, *in init.*, n° 24. P. 235, *in init.*
Vercellae [Vercelli].........	I.	P. 301.
	II.	P. 32, note 1.
Verecunda.............	I.	PP. 190, *in init.* 267, *in fine.*
	II.	P. 478.
Verona [Verona; Vérone].....	I.	PP. 18. 159, n° 18.
Verulae [Veroli]...........	I.	P. 63.
Vesontio...............	II.	P. 150, n° 5.
Vestini................	I.	P. 64, *in init.*
Vettonia...............	II.	P. 75, note 5.
Vibo [Monteleone *j.* Bivona]....	I.	P. 155, note 8. P. 173, note 4.
Vicetia [Vicenza]..........	I.	P. 8, note 2.
Vienna...............	II.	PP. 117. 125. 151, n° 1.
Viennenses.............	I.	P. 8, note 2.
Aelium Viminacium........	II.	P. 185.
Aurelia Vina............	I.	P. 268, *in init.*
	II.	P. 471.
Augusta Vindelicorum	II.	P. 34, n°s 6 et 7. P. 162, *in fine.*
Vindobona.............	II.	PP. 168, *in fine.* 170.
Vindonissa.............	II.	P. 130.
Vintium	II.	P. 146.
Virtus Iulia (Ituci).........	II.	P. 75, note 2, n° 2.
Virunum...............	II.	P. 165.
Vitellia, *Colonia*..........	I.	P. 66, note 6.
Vitudurum	II.	P. 130, *in init.*

	Tome.	Pages et Notes.
Dea Augusta Vocontiorum.	II.	P. 145.
Volaterrae [Volterra]	I.	PP. 63. 73, *in init.*
Volceii [Buccino]	I.	P. 209, note 1.
Volsinii	II.	P. 34, *in fine.*
Volturnum [Castellamare di Volturno]	I.	PP. 56. 58, *in init.* 159, n° 11.
Volubilis	II.	P. 486, *in fine.*

X.

| Xanthus | II. | PP. 307, n° 5. 309. |

Z.

Zama Regia	II.	P. 476.
Zarai (Colonia Iulia)	II.	P. 476.
Zaytha	II.	P. 396, *in fine.*
Zela	II.	PP. 279. 300, *sub fin.*
Zembia (Lemellefense oppidum)	II.	P. 488, note 11.
Zerna	I.	P. 166, note 2.
	II.	P. 495.
Zeugitana ou Africa proconsularis (1)*	II.	P. 461, n° 2.
Zilis	II.	P. 486.
Zita	II.	P. 471.
Zuccubar	II.	P. 487.

(1)* [A la fin de septembre 1891, a paru, en même temps que le fascic. 2 du Supplément au Vol. III du *C. I. L.* (VOLUMINIS TERTII SUPPLEMENTUM. — *Inscriptionum Orientis et Illyrici Latinarum Supplementum ediderunt* Theodorus Mommsen, Otto Hirschfeld, Alfredus Domaszewski ; *Fasciculus secundus* ; PP. 1373-1667), la première partie d'un Supplément au t. VIII de ce même *C. I. L.*, dont voici le titre : VOLUMINIS OCTAVI SUPPLEMENTUM. PARS I. *Inscriptionum Africae proconsularis Latinarum Supplementum ediderunt* Renatus Cagnat et Iohannes Schmidt, *commentariis instruxit* Iohannes Schmidt, Berolini, 1 vol. in-fol.]

[N.-B.: — Au cours de l'impression de ces dernières feuilles, ont paru : 1° le fascicule 23 du *Dizionario epigrafico*, de M. Ettore de Ruggiero (*Arvales-Asisium*); — 2° le fascicule I d'un *Dizionario di Antichità classica*, qui a pour auteur M. Arturo Pasdera (Torino et Palermo, Carlo Clausen), et dans lequel le lecteur trouvera également d'utiles indications ; — 3° Salomon Reinach, CHRONIQUES D'ORIENT. — *Documents sur les fouilles et découvertes dans l'Orient hellénique de 1883 à 1890*, Paris, 1891, 1 vol. gr. in-8 ; — 4° le second et le 3° article (ce dernier avec 1 plan), de M. G. Perrot (Voy. p. 610, note, lignes 4 et suiv.), dans les cahiers d'août et d'octobre du *Journal des Savants* (il y en aura un 4° et dernier) ; — 5° H. d'Arbois de Jubainville, *Juliae Alpis ou Vallis Duriae*, dans la *Revue de Philologie*, année et tome XV, 1er livraison, (Janvier à Mars), pp. 51 et suiv. ; — 6° B. Haussoullier, *Aristote*. AΘHNAIΩN ΠΟΛΙΤΕΙΑ, dans la *Revue de philologie*, année et tome XV, 2e livraison, (Avril à Juin 1891), pp. 98-100 ; — 7° Barthélemy Saint Hilaire, *Aristote et la Constitution d'Athènes*, dans les *Séances et travaux de l'Acad. des Sciences mor. et politiq.*, Nouv. Sér., t. XXXVI° (CXXXVI° de la collection), Août 1891, pp. 145 et suiv. ; — 8° R. Dareste, *La Constitution Athénienne d'après Aristote*, eod., Septembre-Octobre 1891, pp. 341 et suiv. (Voy., sur ces trois derniers nos, pp. 620 et suiv., note) ; — 9° Pierre-Paris, *Élatée. — La ville. — Le temple d'Athéna Cranaia*, (Thèse de Doct. ès-Lett.), Paris, 21 décembre 1891 (forme le fascic. LX de la *Bibliothèq. des Écoles franç. d'Athènes et de Rome*, 1re série) 1 vol. in-8, avec nombr. fig., et 15 pl. hors texte.

[Observons enfin que M. Perrot a communiqué à l'*Académie des Inscr. et Bell.-Lett.*, dans sa séance du 4 décembre 1891, (*Journ. offic.* du 7 décembre, p. 5882, coll. 2 *in fine* et suiv.), au nom de M. Victor Waille, professeur à l'École supérieure des Lettres d'Alger, qui continue les fouilles entreprises à Cherchell pour le compte du *Comité des travaux historiques*, un monument épigraphique d'une haute importance. C'est un diplôme militaire, le premier document de ce genre qui ait été trouvé en Algérie. Il a été recueilli dans une tombe, au cours des fouilles que poursuivent, sous la direction de M. Waille, les détenus militaires placés sous les ordres de M. le capitaine Clouet; on l'a découvert sur la place, près de la porte d'Alger.

[Le titulaire de ce diplôme est un soldat de la quatrième cohorte des Sicambres, nommé Lovessius. L'empereur de qui ce vétéran reçoit, avec son congé, le droit de cité romaine, est Trajan. Lovessius, quoique engagé dans une cohorte de Sicambres, est originaire de *Bracara* [Braga], en Tarraconnaise : c'est un Espagnol. On peut conclure de ce fait, a dit M. Perrot que ces contingents auxiliaires étaient des corps mixtes, comme notre légion étrangère, et qu'il leur arrivait de renforcer leurs effectifs en recrutant sur place des combattants appartenant à une autre nationalité que celle dont la cohorte portait le nom.

[La conservation du monument est remarquable. Des deux tablettes de bronze qui le composaient, une est intacte, et on y voit encore attaché le fil qui la reliait à l'autre tablette. Celle-ci est brisée en plusieurs morceaux, mais qui se rapprochent aisément. Grâce au fait que le même texte se répète à l'intérieur et à l'extérieur des deux feuilles de bronze qui composaient cette sorte de livret, il ne manque pas un mot.

[Le monument, dont la date correspond au 24 novembre 107 de notre ère, nous apporte plusieurs renseignements précieux. Il fait connaître deux nouveaux consuls pour les derniers mois de l'an 107, C. Iulius Longinus et C. Valerius Paulinus, et un nouveau gouverneur de la Maurétanie Césarienne, M. Coesernius Macedo ; il fixe la lecture de l'ethnique des Murritains et donne l'effectif des troupes réunies dans la Maurétanie au temps de Trajan ; il en signale dont le nom était ignoré.

[La découverte de M. Waille, a conclu M. Perrot, est une des plus intéressantes qu'ait faites, depuis longtemps, l'épigraphie africaine.

[A la même séance, M. Th. Reinach a fait une communication sur une inscription inédite de l'île de *Cos*. C'est un règlement relatif aux sacrifices, qui impose des offrandes déterminées à toute une catégorie de personnages officiels, fermiers d'impôts et de domaines, et qui jette une vive lumière sur l'organisation de cette île. On y trouve la mention d'un impôt sur le vin blanc additionné d'eau de mer, qui était une spécialité de l'île. L'inscription date de l'époque de la suprématie rhodienne, c'est-à-dire du deuxième siècle avant notre ère. (Voy. *Journ offic.*, *ubi supra*, p. 5883, col. 1.) — P. L.-L.]

II.

TABLE ANALYTIQUE (1)*.

A.

Actuarius limes *ou* quintarius I, 171.
Adoptare patronum, I, 278, 4.
Aediles vici, I, 11.
— pagi, I, 17.
Aeditui, I, 244.
Aequum foedus *entre Rome et le Latium*, I, 31.
Aera *de* Macedonia, II, 205, 8.
— *d'*Achaïa, II, 226.
— *d'*Asia, II, 237 et 241.
— *de* Bithynia, II, 265.
— *de* Cilicia, II, 305, 3, et 325.
— *de* Syria, II, 334.
— *d'*Arabia, II, 386.
— *d'*Alexandria, II, 227.
— *de* Mauretania, II, 480.
Aerarium militare, I, 163.
Aes (*plan*), I, 8, et 172, 5.
 I, 130.
Ager privatus, I, 133, 4.
Ager publicus (*Notion et formation*),
Agri occupatorii, I, 133, 1.
— regii, I, 150, 5.
Agri intra clusi, I, 172.
ἀγορανόμος, II, 416.
Album *de* Canusium, I, 276 et 284.
Album ordinis *de* Thamugas, I, 283.

Allecti, allectio, I, 280 ; 281, 6 ; 290
Allector arcae Galliarum, II, 133, 1.
Ambitus, I, 260.
Amyntas, rex Galatiae, II, 276 et 318.
Annona (*prestations en nature*), I, 19;
 pour la cour impériale, II, 26.
ἀντιταμίας, *titre*, II, 546.
Apex, I, 257.
Apparitores, II, 552.
Ara Augusti, II, 77; 128, 2; 131 ; 178,
 5; 512 *in fine* et suiv.
Arabarches *et* ἀλαβάρχης, II, 410.
Arae Flaviae, II, 141, 4.
Arca Galliarum, II, 132.
Archelaus, rex Cappadociae, II, 291.
ἀρχιερεύς, II, 514.
ἄρουρα (*mesure*), II, 409.
Arx, I, 4.
Asie ; sa constitution par Sulla, II, 241.
Asie, divisée en 44 districts, II, 246.
Assignatio agrorum, I, 136.
Augustales, I, 291 et suiv.
Aurum coronarium, II, 560, 3·
αὐτονομία, I, 105.
Avènement (don d'), I, 264.
Averta (*valise postale*), II, 592.

---

(1)* [Le chiffre romain indique le volume; le premier chiffre arabe, la page; le second chiffre arabe, séparé du premier par une virgule, la note s'il y a lieu.]

B.

Bacilli, I, 257.
βασιλικὸς γραμματεύς, II, 416.

Bisellium, bisellarius, I, 259.

C.

Caerites tabulae, I, 38, 4.
Canaba, cannaba, canapa, I, 25, 1.
Cardo maximus, I, 171.
Castellum, I, 4, 7, 8.
Castella ou castra, I, 11.
Cautionnement des fonctionnaires, I, 263.
Census sénatorial, I, 263.
Centum viri. I, 271, 5.
Centuriae (carrés pour l'établissement de colonies), I, 170.
Cista, I, 197.
Cistophores de la province d'Asie, II, 237.
Civitas sine suffragio, I, 37.
Civitas libera, 1, 97.
— foederata, I, 100.
— sine foedere immunis et libera, I, 104.
Civitates foederatae, I, 59 et 100.
Civitates vectigales ou stipendiariae, I, 96.
Clabularia, II, 592.
Cohors praetoria, II, 551.
Coloni, I, 10.
Coloniae, I, 7.
— Latinae, I, 64.
— Romanae, I, 46.

Coloniae immunes, I, 121.
Coloniae iuris italici, I, 121.
Coloniae maritimae, I, 69.
Colonies de citoyens (liste des), I, 51 et 126.
Colonies (fondation des). Rites usités, I, 167.
Comites du gouverneur, II, 550.
Commune provinciae, II, 509.
Communia, concilia, κοινά, II, 508.
Conciliabula, I, 5; 7; 13; 15, 2.
Connubium, I, 71, in fine et note 7; 74 (1)*.
Consaeptum, I, 197.
Constituta Sullae, II, 242, 2.
Consulares quatuor Italiae, II, 16.
Consularis (Titre au II° siècle), II, 572.
Conventus iuridici en Asie, II, 248.
Cooptare (explication de ce terme), I, 272, et 278, 4.
Coronatus (titre sacerdotal), II, 523, 6.
Correctores, I, 115; 225; II, 23 et suiv.
Culte de l'Empereur, II, 512.
Cultores Augusti, I, 294.
Curator = λογιστής, I, 115; 225;
Curator rei publ., I, 226; 314; II, 24.
Curator veteranorum, civium Roman., I, 26.

---

(1)* [Le dernier document de nous connu relatif au *jus connubii* est un diplôme militaire inscrit sur une plaque de bronze, dont une lettre de M. Geffroy, lue par M. Wallon à l'*Acad. des Inscr. et Bell.-Lett.*, dans sa séance du 23 mai 1890, (*Journ. off.* du 25 mai, p. 2500, col. 2), a annoncé la découverte le 3 du même mois. (Voy. aussi le *Bullett. dell' Istit. di Dir. Rom.*, Anno III, fascic. 1, II, III e IV, Roma, 1890, *Notizie*, pp. 172 *in fine* et suiv., et surtout Anno IV, fascic. I e II, Roma, 1891, *Miscellanea epigrafica*, I, *Diploma militare*, pp. 157 et suiv.) Ce diplôme a été publié, avec un savant commentaire, par M. le professeur Barnabei dans les *Monumenti antichi pubblicati per cura della R. Accademia dei Lincei*, Vol. I, punt. 2ª, anno 1891, coll. 429 et suiv.) — *Adde*, d'une manière générale, sur le sujet, la thèse récente de M. C. Piccioni, *Les concessions du connubium*, (Thèse de Doct., Fac. de Dr. de Paris), Paris, 1891.]

TABLE ANALYTIQUE. 683

Curia Alexandriae, II, 422, 3.
Curiae *de citoyens*, I, 187.
Curiales, I, 274; 289.
— vicorum, I, 14, 2.

Curies (leur décadence), I, 287; 290.
Cursus publicus. — Voy., *infer.*, *Postes*.
Custodes *du vote*, I, 197.

D.

Decemprimi, δεκάπρωτοι, I, 314.
Decemvir maximus, I, 309.
Decuma (*introduction en Asie*), II, 242.
Decumanus maximus, I, 169.
Decuriones, I, 274; 288.
In deditionem venire, I, 99 (1)*.
Defensor civitatis, I, 316.
διδόναι αὑτοὺς εἰς τὴν Ῥωμαίων ἐπιτροπήν, I, 109, 5.
δικαιοδότης, II, 420, 2; 577.
δικολόγος, II, 420, 2; 577.
Dictator, I, 201.
διωγμῖται, I, 314.
διοίκησις (*sens du mot*), I, 20, 3.

διοίκησις = conventus, II, 249, 2; 273 5; 505.
διορθωταί, I, 115; 225; II, 23.
Diploma (*dans le régime postal*), II, 594.
Diribitores, I, 197.
Dispensator, II, 274, 2.
Dispunctores, I, 259.
Douanes (stations de) en Gaule, II, 133, 4; 140, 4.
Duoviralicii, I, 279.
Duoviri iure dicundo (*dans les municipes*), I, 207 et suiv., 211 et suiv. (2)*.

E.

Edictum provinciale, II, 557.
ἐθνάρχης, II, 423.
ἔθνος (*acceptions diverses*), II, 423, 3.
εἰρήναρχος, I, 314.

ἔκδικος, I, 316.
ἔτος Σεβαστόν, II, 205, 8.
Evectio, II, 594, 2.
ἐξηγητής *en Égypte*, II, 424.

F.

Fasces municipales, I, 257.
In fidem p. R. venire, I, 99.
Finances (agents des) en Bithynie, II, 271.
Flamen Augusti; fl. perpetuus, I, 244.
Flamen municipalis, I, 244, 4.

Flamen Romae et divorum Augustorum prov. II, 79.
Flamines annui, I, 244, 4.
Flaminica Augustae, I, 244.
Fora, I, 5; 7.
Leur situation, I, 15, 2.

---

(1)* [Sur la *deditio* et les *dediticii*, voy. le travail récent de M. Carlo Segré, *La deditio e i dediticii Aeliani*, dans le *Bullett. dell' Istit. di Dir. Rom.*, Anno III, fascic. I, II, III e IV, Roma, 1890, pp. 19-41.]

(2)* [Sur les *duoviri iure dicundo*, joignez aux auteurs indiqués M. G. Humbert, dans le *Dictionn. des antiq. grecq. et rom.*, de MM. Ch. Daremberg et Edm. Saglio, 14e fascic., Paris, 1890, V° *Duumviri juridicundo*, t. III, pp. 416, col. 2, à 425.]

Forma (*plan*), I, 8; 172, 5.
Frontières (*police des*), II, 592 (1)*.
Fundi, I, 10; 16.
— concessi, I, 132, 1.
Fundus = auctor, I, 71, 1.
Furfo vicus, I, 10, 6; 11, 2 et 3.

G.

Γαλατάρχης, II, 285.
Grecque (*langue*) dans l'empire romain, II, 596.
Groma, I. 171, 2.

H.

Heredium, I, 133.
Hononariam summam r. p. inferre, I, 264.
Honores municipales, I, 183.
Hospitium publicum, I, 60.
ὑπατικός (*sens de ce mot au temps d'Eusebius*), II, 369, 8.
ὑπομνηματογράφος *en Égypte*, II, 424.

I.

Immunitas, I, 119.
Imperium (*sens de ce mot*), II, 500.
Impôts (*exemption d'*); *sa disparition*, II, 26.
Incolae, I, 181; 196.
Interrex, I, 237.
Isopolitie (*sa définition*), I, 32; 43.
Italie (*son nom et ses limites*), II, 4.
Italia tributim descripta, I, 55.
Iugerum, I, 172, 4.
Iuncus (cognomen), II, 264, 3.
Iuridici, II, 17; 20, 1 et 2 (2)*.
Iuridici Italiae, II, 17; 577.
Iuridicus Alexandriae, II, 419; 577.
Iuridicus provinciae, II, 577.
Ius decurionis, I, 274, 3.
Ius Italicum, I, 119.
Ius Latii *des provinces*, I, 84.
Ius sponsaliorum *des Latins*, I, 71, 1.
Ius trium liberorum, I, 152, 4.

K.

κατάπλους Ἐφεσίων, II, 241, 2.
Κιλικάρχης, II, 325.
κῶμαι, II, 415.
κωμάρχαι, I, 22.
κώμη = ῥεγεών, I, 20, 2.
κωμογραμματεύς, I, 22, 4; II, 417.

---

(1)* [Voy. encore, sur ce sujet, MM. Th. Mommsen, *L'unité dans les recherches sur le « limes »*, dans la *Korrespondenzblatt der westdeutschen Zeitschrift für Geschichte und Kunst*, 9ᵉ année, (1890), n° 12; — A. Hammeran, *Le « limes » du Taunus*, dans la *Westdeutsche Zeitschr. f. Gesch. und Kunst*, de MM. Hettner et Lamprecht, 8ᵉ année, Trèves, 1889, 4ᵉ cahier; — Zangemeister, *État actuel des recherches sur le « limes »*, dans la même *Revue*, 9ᵉ année, Trèves, 1890, 1ᵉʳ cahier.]

(2)* [Voy. aussi, *supra*, p. 616, note 2*, *in fine*, N. B.]

L.

Langenses, I, 12, 4.
Lares, *divinités des* vici, I, 10, 6.
Latifundia ; *leur formation*, I, 138.
Latii iure, *ou* per Latium venire in civitatem, I, 77.
Latine (Confédération), I, 31.
Latini coloniarii ; *leur condition juridique*, I, 70 ; 75; 84.
Latini Iuniani, I, 84.
Latium minus *et* maius, I, 77.
Lectio senatus, I, 272.
Legati; *leurs quatre variétés*, II, 575.
Legati consulares, II, 572.
Legati exercitus superioris (inferioris), II, 139.
Legati iuridici, II, 576.
Legati legionum, II, 575.
Legati pro praetore, II, 543.
Legati pro quaestore, II, 546.
Legatio libera, II, 589.
Legatus Augusti pro praetore, II,572.
Lemonia tribus ; *origine de son nom*, I, 6.
Lex = *Constitution*, I, 89, 6 ; 106.
Legem dare = *accorder le droit de ville*, I, 89.
Legibus suis uti, I, 105.
Lex Bithynorum, II, 273, 4.
Lex municipalis, lex municipii : *double signification*, I, 89 ; 206.
Lex Acilia repetundarum, I, 76.
Lex Aemilii Pauli, II, 504, 2.
Lex Antonia de prov., II, 542.
Lex Antonia de Termessibus, I, 89, 1 ; 100, 5.
Lex Antonia de colonis in agros deducendis, I, 155.
Lex agraria *de* L. Antonius, I, 154.
Lex Appuleia, I, 146.
Lex Atilia, II, 504, 2.
Lex Baebia, II, 531, 3.
Lex Coloniae Genetivae, I, 88, 7 ; 90,
1 ; 153, 3 ; 179 ; 212 ; 284.
Lex Cornelia de civitate, I, 82.
Lex Cornelia de prov. ordin., II,540.
Lex Flavia, I, 151.
Lex Iulia, I, 81.
Lex Iulia municipalis, I, 7 ; 92 ; 206.
Lex Iulia Norbana, I, 84.
Lex Iulia de prov., II, 542.
Lex Licinia et Mucia de civibus regundis, I, 75, 6 ; 80.
Lex Livia, I, 143 ; 147.
Lex Mamilia Roscia Peducaea Alliena Fabia, I, 153.
Lex Q. Metelli, II, 504, 2.
Lex Petronia, I, 237.
Lex Plautia Papiria, I, 81.
Lex Plotia, I, 149.
Lex Pompeia, I, 18 ; 83.
Lex Pompeia *pour la Bithynie*, II, 504, 2 ; 538.
Lex Rubria, I, 7 ; 91 ; 143.
Lex Rupilia, II, 50 ; 504, 2.
Lex Servilia repetundarum, I, 76.
Lex Servilia, I, 149 ; 271, 5.
Lex Sempronia agraria, I, 142.
Lex Thoria, I, 144.
Lex Titia, I, 147.
Lex Valeria, I, 77, 1.
Leges agrariae, I, 144 et suiv. (1)*.
Leges Iuliae agrariae, I, 151.
Leges Porciae, I, 77, 1.
Leges Salpensana et Malacitana, I, 178 ; 185.
Liber Regionum *d'Auguste*, II, 8, 2.
Libertas, I, 119.
Limites, I, 170.
— linearii, I, 171.
Lixae (*vivandiers*), I, 25.
Loca relicta et extra clusa, I, 173.
λογιστής = curator, I, 115 ; 225 ; 314; II, 22 (2)*.
Lyciarque, II, 308.

---

(1)* [Voy. encore, sur ce sujet, le discours prononcé le 16 octobre 1890 à la rentrée solennelle de la Cour d'appel d'Angers par M. l'avocat général Bissaud, et intitulé *Les lois agraires à Rome et les Gracques*, Angers, 1890, broch. gr. in-8.]

(2)* [La dernière mention de nous connue qui soit faite d'un *logiste* se trouve sur la base de statue relative à *Iulius Publius*, procurateur, *logista*

M.

Magistri Augustales Larum Aug., I, 296.
Magistri fani, I, 241 ; 286.
Magistri pagi, I, 17, 2 ; 264.
Magistri vici, I, 11, 3.
Magistri vicorum à Rome, I, 294 296.
Maiestas p. R .,I, 100.
Mansiones (gîtes de nuit), II, 591.
Marsyas; son identité avec Silenus, I, 120.
Meddix à Capua, I, 42.
Mercatores, I, 23.
μητροκωμία, II, 379, 2 ; 415.
Métropoles, leur pluralité dans une même province, II, 252.
Militaires (colonies), I, 128 ; 136.
— d'Auguste, I, 156.
Ministri Mercurii Maiae Augusti, I, 297.

Montani, I, 6.
Munera civilia personalia, mixta, I, 184 et suiv.
Munera patrimonii, I, 186.
Municipale (Censure), I, 220.
Municipale (Constitution), I, 177 et suiv.
Municipale (juridiction); ses limites, II, 21.
Municipaux (comices), I, 190.
Municipaux (Fastes), I, 223.
Municipium ; sens de ce mot, I, 175.
Municipium ; étymologie, I, 35.
Municipia, I, 7.
Municipia civium Romanorum, I, 175.
Municipia Flavia, I, 210.
— Latina, I, 175.
Munitio, II, 286.
Mutationes (relais), II, 591.

N.

Ναὸς τῆς 'Ασίας, II, 254.
Negotiatores, II, 560.
νεωκόροι, II, 513.
νομάρχης, II, 413.
Nomen Latinum, I, 71.
νομός, dans le sens de province, II,

304, 2.
νομός (circonscription urbaine), II, 412.
νυκτερινὸς στρατηγὸς, en Égypte, II, 424.
νυκτοστρατηγός, I, 314.

O.

Oppida I, 7.
— attributa, I, 9, 2.
Oppidani, opposés aux pagani, I, 10, 1.

Originales, origine curiales, I, 289, 6.
Ornamenta decurionalia, I, 282.
Ornatio provinciae, II, 542.

---

de la cité d'Iconium. (Voy. M. Héron de Villefosse, Inscriptions trouvées à Konia (Karamanie), par M. Cl. Huart, dans les Comptes-rendus de l'Acad. des Inscr. et Bell.-Lett., 1890, p. 443.]

P.

Pagani, I, 6.
— opposés aux oppidani, I, 10, 1.
Pagi, I, 4, 3.
— de Capua, I, 264.
Pagus, I, 4.
— Ianiculensis, Aventinensis, I, 6.
Parhippus, II, 592.
Patroni, I, 276 et suiv.
Pedani, pedanei, pedarii, I, 281.
Polemo, rex Ponti, II, 279.
πολιτογράφος, I, 312.
Pomerium, II, 7, 2.
Portoria (douanes); leur introduction en Asie, II, 242.
Possessio, I, 131.
Possessores, I, 288.
— Sullani, I, 149, 1.
Postes; leur organisation par Auguste, II, 587 et suiv. (1)*.
Praefecti dans les provinces, II, 579.
Praefecturae, I, 7; 55.
— communes rurales, I, 12.
Praefectus praetorio, II, 18; 27.
Praefectus urbi, II, 18.
Praeses (titre de), II, 585.
Praetextati, I, 281.
Préteurs, II, 531.
Prêtres des municipes, I, 241.
Princeps coloniae, municipii, I, 279, 2.

Principalis, I, 309; 311, 1.
Proconsul Galliae cisalpinae, II, 7.
Proconsules Achaiae, II, 231.
Proconsuls, II, 534.
Procurator provinciae, II, 578,
— distingué d'avec les procuratores, II, 582.
Procurator vice praesidis, II, 584.
Propréteurs, II, 532.
Proscriptio (dans les opérations électorales), I, 196.
Pro quaestore, II, 546.
πρώτη, titre de villes asiatiques, II, 255.
Provincia; sens de ce mot, II, 499.
Provinciam obtinere, II, 220, 3.
Province; mode de son établissement, II, 503.
Provinces, proconsulaires et propréloriennes, II, 536; 568; 574.
Provinces du Sénat, II, 567; 574.
— de l'Empereur, II, 571.
Provinciale (ère) en Achaïe, II, 226.
— en Asie, II, 237 et 241.
— en Arabie, II, 386. Comp., super., V° Aera.
Provinciales (Assemblées), II, 508 et suiv. (2)*.
Publicani, II, 560.
Publicanorum societas Bithynica, II, 271.

Q.

Quadragesima Galliarum, II, 133, 4.
Quaestores, II, 545.
Quaestor pro consule, pro praetore, II, 548.
— vice proconsulis, II, 550.

Quaestor veteranorum, I, 26.
Quatuorviri iure dicundo dans les municipes, I, 207.
Quinquefascales, II, 574.
Quinquennales, I, 216; 272; 275.

---

(1)* [Voy. encore, sur ce sujet, l'édit rendu par Claude en l'an 48 sur la poste impériale (Ephem. epigr., Vol, V, p. 187).]
(2)* [A notre bibliographie des assemblées provinciales, joignez les nouveaux documents indiqués ci-dessus, à l'Index géographique, sous les mots Africa et Numidia, note 1*, 6°, (p. 642), et Hispania.]

R.

ῥεγεών = κώμη, I, 20, 2.
Regio (pagus), I, 5, 3; 6; 7.
Regio annonaria, II, 26.
— suburbicaria, II, 26.

Régions d'Auguste, II, 7.
Regnum Cottii, II, 147.
Rhedae, II, 592.

S.

Sacerdos coloniae, publicus; urbis, I, 242.
Sacerdos provinciae, II, 543.
Sacerdotales, II, 316.
Salarium proconsulare, II, 586, 2.
Scriptura (taxe de pacage); son introduction en Asie, II, 242.
Sella curulis, insigne des prêtres, I, 258.
Sententiam rogare, dicere, ferre, I, 285.
Seviri Augustales, I, 293; 297.
— Claudiales, I, 302.
Sex. Iulius Severus et Ti. Iul. Severus, II, 268.
Silène, symbole de la Liberté, I, 120.
Silphium (médicament), II, 429.
Socius; sens de ce mot, I, 98.
Sodales Augustales, I, 242; 294.

Sortes, divisions des centuriae, I, 173.
Speculatores (courriers), II, 590.
Statores et stratores, II, 590.
Stipendiarii, I, 98; 106; 109.
στρατηγὸς ἐπὶ τὰ ὅπλα, I, 310; 313.
στρατηγὸς ἐπὶ τῆς εἰρήνης, I, 314.
στρατόπεδον; sens de ce mot dans Dion, II, 297, 8.
Subruncivi, I, 171.
Subseciva, I, 173; II, 8.
Suburana ou Succusana trikus; origine de ce nom, I, 6, 2.
Sufetes, I, 308.
— en Afrique, II, 462.
Summa honoraria, I, 264; 304.
σύνδικος, I, 316.
σύνεδροι τῶν Μακεδόνων, II, 205.
συνοδία, συνοδιάρχης, II, 360, 5.

T.

Tabella, I, 197; 286.
Tabellarii, II, 590.
Tabula hospitalis ou patronatus, I, 264.
Tabularium, II, 8.
ταμίας καὶ ἀντιστράτηγος, II, 548.
Territorium, I, 7, 6.
Θηβάρχης, II, 417, 1.
Θέμις Παμφυλιακή, II, 309.
τιμηταί, I, 312.
τοπογραμματεῖς, II, 416.

τόποι, II, 415.
τόπος; sens de ce mot, II, 415, 6.
τοπαρχίαι, II, 416.
Traités d'amitié, I, 60.
Tribunal des prêtres, I, 259.
Tribus; leur nombre et leurs divisions, I, 54; 55.
Tribus de citoyens, I, 187.
Tribus Oufentina, I, 301.
Tributa (impôts), I, 19.

U.

Urbica dioecesis, II, 19.

V.

Vectigal alabarchiae, II, 412.
Veredarii, II, 592.
Via Egnatia, II, 207, 3.
Vicani, I, 10.
Vicarius Italiae, II, 29; 162.
Vicarius Urbis, II, 29.
Vici, I, 4, 3; 7; 8.

Vicus Augustinorum, I, 15, 1.
Vicus Censorglacensis, I, 15, 2.
Vicus Spurianus, I, 10, 2.
Villes; leur régime et leur développement, I, 3 et suiv.
Virgae, I, 257.

III.

TABLE DES SOURCES EXPLIQUÉES

	Tome.	Pages et Notes
Ammianus, XV, 11, 6	II.	P. 139, noté 2.
Appianus, *Hisp.*, CII	II.	P. 68, note 4.
— *Illyr.*, VI	II.	P. 172, note 3.
— *Illyr.*, XXX	II.	P. 181, note 8.
Asconius, p. 3, [ed. Orelli]	I.	P. 51, note 2.
Caesar, *Bell. civ.*, III, 3	II.	P. 225, note 2.
Capitolinus, *Gord. tres*, XXXII, 6	II.	P. 271, note 8.
Chronic. Paschale, p. 472, (éd. Bonn)	II.	P. 386, note 2.
Cicero, *Phil.*, II, 38, 97	I.	P. 113, note 4.
— *Ad Attic.*, XIV, 12, 1	II.	P. 55, note 3.
— *Ad famil.*, V, 6	II.	P. 546, note 10.
Dio Cassius, LXXVI, 9	II.	P. 183, note 2.
Eustath., *Ad Dionys. perieg.*, v. 270	II.	P. 199, note 1.
Festus, P. 371, [ed. Mueller]	I.	P. 13, note 5.
— P. 127, [ed. Mueller]	I.	PP. 39, *in fine*, et suiv. P. 43.
Gellius, V, 13, 6	II.	P. 264, note 3.

INSCRIPTIONS :

Mommsen, *I. R. N.*, n° 6793	I.	P. 246, note 7.
— *I. R. N.*, n° 1413	II.	P. 36, note 5.
— *I. R. N.*, n° 210*	II.	P. 38, note 1.
C. I. L. t. II, n° 4055	II.	P. 78, note 3.
— t. II, n° 4114	II.	P. 240, note 3.
C. I. Gr., n° 3548	II.	P. 432, note 8.
— n° 360	II.	P. 479, note 4.
de Rossi, *Inscr. Christ.*, Vol. I, f° 155, n° 355	II.	P. 294, note 7.
— Inscription des Philippi (244-249), dans l'*Annuaire de Constantine*, 1860, p. 226	II.	P. 488, note 11.

	Tome.	Pages et Notes.
[Inscription de Narbonne].....	I.	P. 247, note 2*. — Voy. aussi t. II, p. 122, note 3.]
Iosephus, *Bell. jud.*, I, 20,4....	II.	P. 354, note 3.
Isidor., *Orig.*, XV, 2, 14......	I.	P. 13, note 2.
Iustinus, XXXVII, 1........	II.	P. 238, note 5.
Lex Iulia municip., lin. 83......	I.	P. 14, note 4.
Livius, XXXI, 15, 7.........	I.	P. 44, note 1.
— XLII, 46, 7.........	II.	P. 219, note 2.
Malalas, X, p. 262, (éd. Bonn)...	II.	P. 199, note 1.
Paulus, p. 127, (ed. Mueller)....	I.	P. 46.
Paulus Diaconus, *De gest. Longob.*; II, 16................	II.	P. 32, note 2.
Plotii *Biblioth.*, p. 347, (ed. Bekker).	II.	P. 387, note 1.
Plinius, *Nat. hist.*, III, 11......	II.	P. 75, note 2.
— — III, 18.....	II.	P. 72, note 3.
— — IV, 35.....	II.	P. 208, note 8.
— — XXXIV, 47..	II.	P. 137, note 2.
Plutarchus, *Ti. Gr.*, VIII.....	I.	P. 132, note 2.
— *Caesar*, II........	II.	P. 264, note 3.
Polybius, XXVII, 5..........	II.	P. 219, note 2.
Spartianus, *Hadr.*, V........	II.	P. 482, note 3.
Strabo, IV, p. 187..........	I.	P. 234, note 6.
— XVII, p. 840 (μέχρι Θετταλίας).	II.	P. 230, note 1.
Suetonius, *Vesp.*, VIII........	II.	P. 198, note 7. P. 319, note 1.
Tacitus, *Ann.*, I, 57. II, 73....	II	P. 135, note 5.
— — III, 46. XI, 19...	II.	P. 135, note 4.
— — II, 67.......	II.	P. 198, note 3.
— — IV, 5.......	I.	P. 74, note 1.
— — XII, 58......	I.	P. 122, note 2.
— — XIII, 54......	II.	P. 137, note 2.
— *Agricola*, XV...	II.	P. 135, note 4.
— *Germania*, XLI...	II.	P. 163, note 1.
— *Historiae*, IV, 68..	II.	P. 177, note 7.
Velleius Paterculus, II, 42.....	II.	P. 264, note 3.

ERRATA.

P. 3, note, ligne 36, au lieu de : *Handb. der Klassich.*, lisez : *Handb. der Klassisch.*

P. 7, ligne 3 *in init.*, au lieu de : [Varo] (1), lisez : [Varo ; le Var] (1).

P. 12, note 3, ligne 9, au lieu de : A. Klügmam, lisez : A. Klügmann.

P. 18, note 1, lignes 31 *in fine* et 32, lisez : *Adde* M. G. Tomassetti, *Note sui prefetti di Roma*, dans le *Museo italiano di antichità classiche* [et non *classica*], Voll. III et IV, 1888-1889.

P. 44, note, ligne 2, au lieu de : *der Monarchie Th.*, t. I, lisez : *der Monarchie*, I,....

P. 46, note, ligne 10, au lieu de : *dans l'empire romain* dans, lisez : *dans l'empire romain*, dans.

P. 46, note, ligne 38, au lieu de : J. Jung, lisez : J. Jung :

P. 46, note, ligne 40, au lieu de : et Julius Beloch), lisez : et Julius Beloch);

P. 46, note, ligne 42, au lieu de : Von I, Müller ; — lisez : von I. Müller ; —

P. 47, note, ligne 17 *in init.*, au lieu de : *Rom. Staatsr.*, lisez : *Röm. Staatsr.*

P. 64, titre : avant LES PROVINCES ESPAGNOLES, suppléez III — V.

P. 65, note, ligne 11, au lieu de : *tempos*, lisez : *tiempos*.

P. 65, note, ligne 13, au lieu de : 18 voll., lisez : 23.

P. 65, note, suppléez un [au début du second alinéa.

P. 74, note 4, lignes 7 et suiv. — L'inscription n° 3670 d'Orelli est indiquée à tort comme ne figurant pas au t. XI, 1, du *C. I. L.*, où elle se trouve, en effet, rapportée sous le n° 14.

P. 79, ligne 2, dernier mot, au lieu de : *flami*, lisez : *flami* —

P. 84, note, III, ligne 25, au lieu de : nombr. cartes et fig. ; =, lisez : nombr. cartes et fig. ; —

P. 85, ligne 45 *in init.*, après Tacite, suppléez une virgule avant l'ouverture de la parenthèse.

P. 87, ligne 14 *in fine*, au lieu de : 1 vol. in-8 : — lisez : 1 vol. in-8 ; —

P. 88, ligne 24 *in fine*, au lieu de : Berlin, 1871, in-8 ; lisez : Berolini, 1868-1871, 1 vol. gr. in-8.

P. 89, ligne 37 *in fine*, au lieu de : Lemière, lisez : Lemierre.

P. 89, ligne 42, *in init.*, au lieu de : *Étude*, lisez : *Études*, et, après 1876, ajoutez : et 1881.

P. 92, ligne 16, lisez : Alfred Holder, *Alt-celtischer Sprachschatz*, Leipzig, 1891, 1er fascic., 255 pp., lex.-8, (*ibiq.* M. Paul Lejay, dans le *Bulletin critique*, 1891, n° 12, [15 juin], art. 58, pp. 223 et suiv.) ; —

P. 92, ligne 17, au lieu de : *Pseudo-Symnus*, lisez : *Pseudo-Scymnus*.

P. 93, ligne 2 *in fine*, au lieu de : 1882, lisez : 1822.

P. 93, ligne 42 *in init.*, au lieu de : Lyon, 1888., lisez : Lyon, 1888,.

P. 97, ligne 48 *in fine*, au lieu de: Jacques Mas —, lisez: Jacques Mais —.

P. 98, ligne 22, au lieu de : Paris, 1875, broch., in-8, lisez : Paris, 1875, broch. in-8.

P. 98, ligne 32, au lieu de : *et honoribus, Agricolae*, lisez : *et honoribus Agricolae*.

P. 99, ligne 42 *in init.*, au lieu de : *Anfange*, lisez : *Anfänge*.

P. 103, *sub fin.*, 3° avant-dernière ligne, après de cette *Soc.*, suppléez une virgule.

P. 103, avant-dernière ligne *in fine*, dernier mot, au lieu de : *Kriegstheater*. lisez : *Kriegs-theater*.

P. 107, ligne 18, au lieu de : doit paraître en 1890)., lisez : était annoncé comme devant paraître en 1890.)

P. 105, lignes 11 et suiv., lisez : A. Gravot, *Étude sur l'Alésia de César, Alize-Izernore (Ain)*, Paris, 1862, 1 vol. in-8.

P. 108, Lyon, *adde*: M. G. Boissier a présenté à l'Acad. des Inscr. et Bell.-Lett., dans sa séance du 18 décembre 1891, (*Journ. Offic.* du 25 décembre, p. 6271, col. 1), au nom de M. Jullien, professeur adjoint à la Faculté des Lettres de Lyon, un mémoire intitulé *La fondation de Lyon*.

P. 108, ligne 48, au lieu de : *De Massiliensium cum eois..*, lisez : *De Massiliensium cum Eois...*

P. 109 *sub fin.*, Noyon, ligne 1, au lieu de : *Antiquités de Noyon. Étude...*, lisez : *Antiquités de Noyon, ou Étude...* — *Eod.*, ligne 3, *in fine*, au lieu de : Rennes, lisez : Noyon.

P. 113, ligne 7, au lieu de : *Carte de la Gaule*, lisez : *Carte itinéraire de la Gaule*.

P. 117, note 2, ligne 4 *in init.*, au lieu de : p. 107, lisez : p. 108.

P. 119, note 2 *in fine*, au lieu de : pp. 105 et suiv., lisez : pp. 106 et suiv.

P. 119, note 3 *in fine*, au lieu de : p. 108, lisez : p. 109.

P. 120, note 1 *in fine*, au lieu de : pp. 105 et suiv., lisez : pp. 106 et suiv.

P. 121, à la fin de la note 1 de la p. 120, au lieu de : 349, col. 2.) — [P. L. — L.], lisez : 349, col. 2.) — P. L. — L.]

P. 125, note 1 *in fine*, au lieu de : p. 121, note 3, et suiv., lisez : pp. 122, note 3, et suiv.

P. 126, note 7, lignes 4 *in fine* et suiv., au lieu de : pp. 107 *in fine* et 111, lisez : pp. 108 et 112.

ERRATA.

P. 128, note 1, ligne 2, au lieu de : ainsi que nous apprend, lisez : ainsi que nous l'apprend.
P. 130, note 6 *in fine*, au lieu de : pp. 107 *in fine* et suiv., et p. 130, note 3, *infer.*, lisez : p. 108 et p. 131, note 3, *infer.*
P. 131, note 3, ligne 14 *in fine*, avant J.-B., supprimez un —.
P. 132, note 1, ligne 5 *in init*, au lieu de : cités p. 130, note 3, *supra*, lisez : cités p. 131, note 3, *supra*.
P. 133, note 1, ligne 24 *in init.*, au lieu de : *supra*, p. 121, note 3, lisez : *supra*, p. 122, note 3.
P. 134, note 2, ligne 8, au lieu de : p. 130, note 3, *supra*, lisez : p. 131, note 3, *supra*.
P. 136, ligne 3, au lieu de : pp. 129 et suiv., lisez : pp. 130 et suiv.
P. 140, note 3, ligne 5 *in init.*, au lieu de : 3, n° 2981, lisez : 3, n° 22981.
P. 141, note 1, ligne 2, avant le verbe place, suppléez une virgule.
P. 143, note 7, au lieu de : [Voy. *supra* , p. 135, note 1*.], lisez :[Voy. *supra*, p. 136, note 1*.]
P. 146, note 7, dernière ligne de la page, au lieu de : p. 144, lisez : p. 145.
P. 148, suite de la note 7 de la p. 147, ligne 4, au lieu de : p. 144, lisez : p. 145. — *Eod.*, ligne 5, au lieu de : p. 145, lisez : p. 146.
P. 163, note 2, dernière ligne, au lieu de : p.159, lisez : p. 160.
P. 164, note 4, ligne 12, *in init.*, au lieu de : 2, n° 9363]; — lisez : 2, n° 9363]) ; —.
P. 165, note 7, avant-dernière ligne, au lieu de : p. 162, lisez : p. 163.
P. 169, note 1, *in init.*, au lieu de : *Illyr.*., lisez : *Illyr.*,
P. 172, suppléez une virgule après le premier mot du texte.
P. 172, suite de la note 9 de la p. 171, ligne 11, au lieu de : p. 162, lisez : p. 163.
P. 174, note 2, ligne 6, *in init.*, au lieu de : Tit. Liv.., lisez : Tit. Liv.,
P. 175, ligne 5 du texte, au lieu de : *Drillo*, lisez : *Drilo*.
P. 175, note 1, au lieu de : Tite. Live, lisez : Tite-Live.
P. 176, ligne 17 du texte, au lieu de : p. 165, lisez : p. 166.
P. 177, note 2, au lieu de : p. 166, lisez : p. 167.
P. 177, note 7, ligne 2, *in init.*, au lieu de : *et XIII*, lisez : *et VIII*.
P. 179, *in init.*, après (1), remplacez la virgule par ;
P. 180, note 4, ligne 16, *in init.*, au lieu de : p. 162, lisez : p. 163.
P. 185, note 1, ligne 2, *in fine*, au lieu de : p. 179, lisez : p. 180.
P. 188, ligne 12 du texte, au lieu de 'Ρωμαίων, lisez : 'Ρωμαίων.
P. 188, note 7, *in fine*, au lieu de : p. 181, lisez : p. 182.
P. 189, note 2, ligne 12, au lieu de *Uberresten*, lisez : *Ueberresten*.
P. 190, suite de la note 2 de la p. 189, ligne 11, *in fine*, au lieu de : 1 13 janvier, lisez : 1/13 janvier. —
Ibid., ligne 15, *in fine*, au lieu de : p. 159, lisez : p. 160.
P. 194, note 11, *in fine*, au lieu de : n° 3010, lisez : n° 1030.
P. 197, note 1, ligne 13, *in fine*, au lieu de : p. 159, lisez : p. 160.

P. 201, à l'avant-dernière ligne du texte, 1er mot, au lieu de [Povdiv], lisez : Plovdiv, et supprimez les deux crochets qui encadrent ce nom.

P. 206, suite de la note 8 de la p. 205, ligne 25, au lieu de : [Aiwaly], lisez : [Aiwalÿ].

P. 216, note, ligne 6, au lieu de : C. Schuchardt, lisez : Schuchhardt, et, après la citation du titre de l'ouvrage, ajoutez : Leipzig, 1890, avec 6 plans, 2 portraits (M. et Mme Schliemann), et 290 grav.

P. 219, ligne 5 du texte, au lieu de : *Thisbca*, lisez : *Thisbae.*

P. 235, note, 2°, ligne 6, *in init*, au lieu de : 3 ^{tte} Aufl,, lisez : 3 ^{tte} Aufl.,

P. 242, note 5, ligne 1, au lieu de : Atonius, lisez : Antonius.

P. 249, suite de la note 6 de la p. 248, ligne 5, au lieu de : l'*Acad. des Inser.*, lisez : l'*Acad des Inscr.*

P. 254, note 2, ligne 7, au lieu de : *I. Gr.*, n° 2987 ^{b}, lisez : *I. Gr.*, n° 2987 ^{b} ;

P. 256, note 5, ligne 4, au lieu de : πράγματος., lisez : πράγματος,

P. 260, manchette, au lieu de : *provincia*, lisez : *Insularum provincia.*

P. 261, note 1, ligne 10, au lieu de : Torr, *Rhodes in ancient times*, lisez : Cecil Torr, *Rhodes in ancient times*, Cambridge, 1885, 1 vol. in-8, avec 6 pl.

P. 263, note, lignes 5 et suiv. Le titre complet de l'ouvrage cité au début de l'*adde* est le suivant : MM. G. Perrot, Guillaume et Delbet, *Exploration archéologique de la Galatie et de la Bithynie, d'une partie de la Mysie, de la Phrygie, de la Cappadoce et du Pont, exécutée en 1861*, Paris, 1862-1872, 2 voll. in-fol. (pl).

P. 272, note 3, ligne 2, au lieu de : p. 132, lisez : p. 133.

P. 275, *Addendum*, ligne 4, au lieu de : Hftz, lisez : Hft 3, et, à la suite [de la citation de M. R. Cagnat, ajoutez = *L'année épigraphique (1890)*, Paris, 1891, pp. 19 *in fine* et suiv.

P. 292, note 1, ligne 10, au lieu de : *les auteurs originaux grecs et latins*. lisez : *les auteurs orientaux*, grecs et latins,

P. 301, note 1, ligne 3, au lieu de : V° *Cabira*, lisez : V° *Cabira.*

P. 325, suite de la note 9 de la p. 324, ligne 3, au lieu de : AII, lisez : AII.

P. 329, note 4, ligne 3, au lieu de : ἄφχοντα, lisez : ἄρχοντα.

P. 332, suite de la note 1 de la p. 331, ligne 6, la mention : Th. Bent, *The site* (et non *The si te*) doit être effacée. (Voy., au surplus, *super.*, p. 629, *Index géographique*, le début de la note 2*, sous le mot *Cilicia.*)

P. 332, même note, avant-dernière ligne, *in fine*, au lieu de : p. 348, lisez : p. 349.

P. 349, note 8*, ligne 1, au lieu de : p. 330, lisez : p. 331.

P. 350, note : ligne 30, après l'indication du titre de l'ouvrage de M. P. Manfrin, lisez : Roma, Bocca, 1888-1890, 2 voll. in-8 ; — ligne 39, au lieu de : Gust. Ad. Müller *Pontius Pilatus*, lisez : Gust. Ad. Müller, *Pontius Pilatus* ; — ligne 43, après 1890, effacez la)° ; — ligne 45, *in fine*, au lieu de : Morrisson, lisez : Morrison.

P. 369, note 8, lignes 8, *in fine*, et suiv., au lieu de : [Sur Herodes Atticus, voy. M. C. Huelsen, etc., lisez : Sur Herodes Atticus, voy. Cl. Salmasius

ERRATA.

(Saumaise), *Duarum inscriptionum veterum Herodis Attici rhetoris et Regillae conjugis honori positarum explicatio*, 1619, in-4 ; — MM. P. Vidal — Lablache, *Hérode Atticus, étude critique sur sa vie*, Paris, 1872, 1 vol. in-8 ; — C. Huelsen, etc......]

P. 377, note 2* : Suppléez l'ouverture du crochet initial qui manque.

P. 382, note 6, ligne 3, *in init.*, au lieu de : ΔΑΜΑC., lisez : ΔΑΜΑC.

P. 385, titre : après le chiffre XXXVI, suppléez un point qui manque.

P. 385, note 1*, lignes 1 et 2, au lieu de : pp. 330 et 348, lisez : pp. 331 et 349.

P. 386, note 2, *in init.*, au lieu de : La, lisez : Le.

P. 393, note 1*, ligne 12, *in fine* : effacez le chiffre 5.

P. 400, ligne unique du texte, au lieu de : καταβαμός, lisez : καταβυθμός.

P. 403, manchette, au lieu de : *Praefectu*, liséz : *Praefectus*.

P. 420, note 2, ligne 14, remplacez, après le dernier mot, le point et virgule par un point.

P. 426, Titre, au lieu de : XII, lisez : XLI.

P. 427, note, ligne 11, après V. Raulin, suppléez : G. Perrot, *L'île de Crète*, Paris, 1867, 1 vol. in-18.

P. 440, ligne 7, au lieu de : *Revue critique d'histoire et de littérature. Revue épigr......* lisez : *Revue critique d'histoire et de littérature ; — Revue épigr.....*

P. 449, après le premier trait, au lieu de : [N.-B.:...., lisez : [N. B.:....

P. 450, ligne 14 du texte, au lieu de : sur le golfe des Gabes, lisez : sur le golfe de Gabes.

P. 475, note 9, ligne 2 : après Toutain, remplacez le point par une virgule, et, au lieu de : dans ses *Mélanges*, lisez : dans les *Mélanges*.

P. 476, suite de la note 10 de la p. 475, ligne 11, au lieu de : Tingad, lisez : Timgad.

P. 489, *in fine* : le N. B. : doit être mis entre crochets [....].

P. 494, col. 4, n° 47 : après *Moesia II*, ajoutez un point.

P. 498, note 1, et PP. 592 et suiv. : *Adde* M. Otto Hirschfeld, *Die Sicherheitspolizei im römischen Kaiserreich. 2. Die Sicherheitspolizei in Italien und den Provinzen*, dans les *Sitzungsber. der Kön. preuss. Akad. der Wissensch. zu Berlin*; Sitzung der philos.-hist. Classe vom 30 Juli 1891, pp. 15 et suiv. du tirage à part.

P. 511, note, ligne 19, au lieu de : t. III, n°ˢ 1 et 2, voy...., lisez : t. III, n°ˢ 1 et 2 ; voy...

P. 536, note 5, ligne 2, au lieu de : οὕτυ, lisez : οὕτω. — Ligne 3, *in init.*: après (*Cato*), suppléez une virgule qui manque.

P. 539, note 5, ligne 2, *in init.*, au lieu de : ranç., lisez : franç.

P. 543, manchette : après le mot *praetore*, suppléez un point qui manque.

P. 555, note 9, ligne 3, *in init.*, au lieu de : ἄσθαι, lisez : μᾶσθαι.

P. 572, première manchette, après *pr. pr.*, suppléez une virgule, qui manque à tort.

P. 572, note 2, avant-dernière ligne, au lieu de : *Die, legaten*, lisez : *Die Legaten*.

P. 592, note 2*, ligne 2 : après le dernier mot, *Averta*, suppléez une virgule.

P. 608. — La seconde accolade doit se trouver en regard du mot Achulla, et non en regard du mot Achaia, *Provincia*.

P. 610, suite de la note de la p. 609, ajoutez au 9° alinéa : et M. F. von Duhn, *Heinrich Schliemann*, dans les *Neue Heidelberger Iahrbücher*, t. I, Heidelberg, 1891, pp. 145 et suiv.

P. 611, note 1*. Ajoutez : Voy. encore, sur la province d'Afrique, M. O. Karlowa, *Die Rangklassen des Ordo salutationis sportularumque provinciae Numidiae, insbesondere die coronati*, dans les *Neue Heidelberger Jahrbücher*, t. I, Heidelberg, 1891, pp. 165 et suiv. — N. B. : Dans la séance de l'*Acad. des Inscr. et Bell.-Lett.*, du 18 décembre 1891, M. de la Blanchère a lu un travail sur l'aménagement de l'eau courante dans l'Afrique romaine. (Voy. *Journ. Offic.* du 25 décembre 1891, p. 6270, col. 3.)

P. 620, note 1*, *adde* : dans la séance du 19 nov. 1891 de la *Société historiq.* de Londres, M. Oman a lu un travail sur la Πολιτεία τῶν Ἀθηναίων. Il attribue ce traité à un disciple d'Aristote. Voy. *Bulletin critiq.* 1892, n° 2, [15 janvier], *Chronique*, p. 37, n° 10.)

P. 624, ligne 2, *adde* : Voy., sur *Les Bituriges*, la *Revue épigr. du Midi de la France*, n° 64, octobre, novembre, décembre 1891 [paru en janvier 1892], n° 886, pp. 135 et suiv.

P. 628, texte : col. 1, ligne 18 : suppléez une ligne de points qui manque ; — col. 2, ligne 16, après II, remplacez la virgule par un point.

P. 632, note 1*, ligne 2, supprimez la virgule après *Savigny*.

P. 632, note 2*. *Adde* M. Ettore Ciccotti, *Le istiuzioni pubbliche cretesi*, dans les *Studi e Documenti di Storia e Diritto*, anno XII, fascic. 3° — 4°, (Luglio-Dicembre 1891), pp. 205-241 (à suivre).

P. 633, note 2*, ligne 10, au lieu de : *Mittheil*, 1891, lisez : *Mittheil.*, 1891.

P. 634, note 1*, ligne 4, au lieu de : le *C. I. L..*, lisez : le *C. I. L.*,; — même ligne, après le mot Berolini, remplacez le point par une virgule ; — ligne 5, au lieu de : Mgr Bulif, lisez : Mgr Bulić ; — ligne 7, *in init.*, après 643, remplacez le point par une virgule.

P. 640, note : fin du 1er alinéa : *adde* MM. L. Decombe, T. Bézier et Ém. — J. Espérandieu, *Les milliaires de Rennes*, Paris, 1892, broch. gr. in-8, avec 14 pl. ; — 3° alinéa, ligne 14, après : H. d'Arbois de Jubainville, lisez d'abord : *Études grammaticales sur les langues celtiques*. Première partie : *Introduction, phonétique et dérivation bretonnes*, Paris Émile Bouillon, éd., 1 vol. gr. in-8.

P. 642, note, dernière ligne du 1er alinéa : La deuxième partie de l'étude de M. C. Jullian, (*Ausone et son temps*), intitulée : *La vie dans une cité gallo-romaine à la veille des invasions*, a paru dans le t. XLVIII°, I, Janvier-Février 1892, pp. 1-38. — N. B. : M. Schlumberger a présenté à l'*Acad. des Inscr. et Bell.-Lett.*, dans sa séance du 23 décembre 1891, (*Journ. Offic.* du 29 *décembre*, p. 6319, col. 3), un ouvrage de M. Blanchet, intitulé *Les Gaulois et les Germains sur les monnaies romaines*.

P. 642, note, 3ᵉ alinéa, 1ʳᵉ ligne, dernier mot, au lieu de : rela-tive, lisez : relative.

P. 643, note, ligne 27, au lieu de : brohc. in-8, lisez : broch. in-8.

P. 646, note 1*. *Adde* : M. Léopold Delisle a présenté à l'*Acad. des Inscr. et Bell.-Lettr.*,(Séance du 23 décembre 1891 ; *Journ. Offic.* du 29 déc., p. 6319, col. 3), de M. Chevalier, correspondant de l'Académie, une monographie intitulée *Souvenirs d'une excursion archéologique en Espagne.*

P. 655, note 1*. *Adde* M. A. von Domaszewski, *Die Entwicklung der Provinz Moesia*, dans les *Neue Heidelberger Iahrbücher*, t. I, Heidelberg, 1891, pp. 190 et suiv.

P. 660, note 1*, ligne 1 : après p. 647, remplacez le point par une virgule.

P. 668, suite de la note 2* de la p. 667, ligne 4, au lieu de : *Die Werwaltung*,lisez: *Die Verwaltung* ;— ligne 6,supprimez la virgule après *Sicily*, et, sur l'ouvrage de M. Freeman, voy. aussi M. A. Holm, dans la *Revue historiq.*, de M. Monod, t. XLVIIIᵉ, I, Janvier-Février 1892, pp. 140 et suiv.

Verso de la page 671, au lieu de : 662, lisez : 672.

Après la p. 674, lisez : 675, au lieu de : 5.

P. 677 *in fine*. Le fascicule 24 du *Dizion. epigr.*, de M. Ett. de Ruggiero, (*Aslitana-Ab auctoritatibus*), a paru.

P. 678 : ligne 7, le 4ᵉ article annoncé de M. G. Perrot a paru dans le cahier de décembre 1891 ;— ligne 9, au lieu de : 1ᵉʳ livraison, (Janvier à Mars), lisez : 1ʳᵉ livraison, (Janvier à Mars 1891) ; — ligne 16, *in fine*, supprimez le trait d'union ; — ligne 19, après la fermeture de la parenthèse, suppléez une virgule.

P. 681, col. 1, au-dessous du mot Aes (*plan*), supprimez I, 130, et reportez cette indication après le mot Ager publicus (*Notion et formation*).

P. 688, col. 1, ligne 2, au lieu de : Regio (pagus), I, 5, 3 ; 6 ; 7., lisez : Regio (pagus), I, 5, 3 ; 6 ; 7, 7.

P. 692, col. 2, ligne 26, au lieu de : II P. 135, note 5, lisez : II. P. 135, note 4.

ERNEST THORIN, ÉDITEUR

MANUEL
DES
ANTIQUITÉS ROMAINES
PAR
Théodore MOMMSEN et Joachim MARQUARDT
TRADUIT DE L'ALLEMAND SOUS LA DIRECTION DE
M. Gustave HUMBERT
Professeur honoraire à la Faculté de droit de Toulouse, ancien Garde des Sceaux, ancien Vice-Président du Sénat, premier Président de la Cour des comptes.

Le **Manuel des antiquités romaines** formera 15 tomes en 16 beaux volumes grand in-8° raisin ainsi divisés :

TOMES I A VII (en 8 vol.)

LE DROIT PUBLIC ROMAIN, par M. Th. Mommsen, traduit de l'allemand avec l'autorisation de l'auteur et de l'éditeur allemand, par Paul-Frédéric Girard, professeur agrégé de droit romain à la Faculté de droit de Paris. 7 tomes en 8 vol.
  Première Partie : La **Magistrature**, 2 volumes.
  Deuxième Partie : Les différentes **Magistratures**, 3 volumes.
  Troisième Partie : Le **Peuple et le Sénat**, 2 tomes en 3 volumes.

TOMES VIII A XIII

L'ADMINISTRATION ROMAINE, par J. Marquardt, traduite de l'allemand avec l'autorisation de l'auteur et de l'éditeur allemand, par MM. A. Weiss, P. Louis-Lucas, A. Vigié, Brissaud, V. Henry.
Première Partie : **L'Organisation de l'Empire romain**, traduite en français par MM. A. Weiss, professeur agrégé à la Faculté de droit de Paris, et P. Louis-Lucas, professeur agrégé à la Faculté de droit de Dijon, 2 vol.
Deuxième Partie : **L'Organisation financière**, traduite en français par M. Albert Vigié, doyen de la Faculté de droit de Montpellier, lauréat de l'Institut de France. 1 vol. — **L'Organisation militaire**, traduite en français par M. Brissaud, professeur à la Faculté de droit de Toulouse, 1 vol.
Troisième Partie : Le **Culte**, traduit en français par M. Brissaud, professeur à la Faculté de droit de Toulouse. 2 vol.

TOMES XIV ET XV

LA VIE PRIVÉE DES ROMAINS, par J. Marquardt, traduite de l'allemand en français, avec l'autorisation de l'auteur et de l'éditeur allemand, par M. Victor Henry, chargé de cours à la Sorbonne. 2 vol.

ÉTAT ACTUEL DE LA PUBLICATION (septembre 1891).

EN VENTE :

Tome I. — **Le Droit public romain** (*La Magistrature*). T. I.   10 fr.
Tomes VI, 1 — VI, 2 — VII. — **Le Droit public romain** (*Le Peuple et le Sénat*). T. VI, 1 — VI, 2 — VII, 3 vol. Chaque vol.   10 fr.
Tomes VIII — IX. — **L'Administration romaine** (*L'Organisation de l'Empire romain*). 2 vol.   25 fr.
N.-B. On vend séparément : T. I.   10 fr.
                       T. II.   15 fr.
Tome X. — **L'Administration romaine** (*L'Organisation financière*).   10 fr.
Tome XI. — **L'Administration romaine** (*L'Organisation militaire*).   10 fr.
Tomes XII — XIII. — **L'Administration romaine** (*Le Culte*), 2 volumes. Chaque volume.   10 fr.

SOUS PRESSE

Tome II. — **Le Droit public romain** (*La Magistrature*). T. II.
— XIV-XV. — **La Vie privée des Romains**, 2 vol.

Imprimerie générale de Châtillon-sur-Seine. — Pichat et Pepin.

www.ingramcontent.com/pod-product-compliance
Lightning Source LLC
Chambersburg PA
CBHW050321020526
44117CB00031B/1315